임상면담
기초와 적용

John Sommers-Flanagan · Rita Sommers-Flanagan 공저
조성근 · 양재원 · 김현수 · 임숙희 공역

Clinical Interviewing Sixth Edition

학지사

역자 서문

임상면담은 정신건강 전문가가 내담자를 평가, 진단을 하는 과정이다. 전문가는 이 과정을 통해 내담자에게 정보를 얻고, 그 정보를 이용하여 사례 개념화를 하며, 치료 계획을 세운다. 정신건강 전문가들은 상담의 과정 내내 내담자를 이해하고 또 이에 근거해 적절히 개입하려 노력한다. 상담이 진행되는 동안에서 이루어지는 평가와 개입의 과정 중 어느 한순간도 중요하지 않은 과정은 없을 것이다. 이런 과정은 특히 상담의 초기에 더욱 중요하다. 전문가가 내담자와 관계를 형성하고 평가하며 개입의 출발점이 되기 때문이다.

임상면담이 가진 중요성에 비해 이를 다루는 교재는 국내에 거의 소개된 바 없다. 기껏해야 상담 과정을 소개하는 한 부분으로만 다루어지는 것이 일반적이었다. 이런 상황에서 Sommers-Flanagan과 Sommers-Flanagan의 『Clinical Interviewing』(6th ed.)을 접하고 공부하며 이를 번역하게 된 것은 매우 큰 행운이었다.

이 책이 가진 가장 큰 장점은 쉽게 쓰였다는 것이다. 다양한 사례를 제시하여 정신건강 전문 영역의 초심자도 비교적 쉽게 따라 할 수 있도록 했다. 다양한 상황이나 목적에 필요한 임상면담을 포괄적으로 제시하고 있다는 점에서 임상면담에 대해 폭넓게 공부하고자 하는 전문가들에게도 많은 도움이 될 것이라 생각한다.

비록 글이 쉽긴 하지만 번역 역시 쉬웠던 것은 아니었다. 원어와 국어 그리고 그 책에서 다루는 내용 모두 능숙하여 번역이 새로운 창작물로 완벽했으면 좋았겠으나, 우리가 그만한 능력을 가지지 못했음은 고백해야 하겠다. 대신에 번역의 과정에서 될 수 있으면 원저자의 의미가 그대로 전달될 수 있도록 노력했다. 독자들께서 번역상의 오류나 더 좋은 번역을 지적하고 제안해 준다면 이후 이를 보완하도록 하겠다.

이 책을 번역하기로 마음먹고 작업을 시작한 지도 3년이 지났다. 재정적으로도 큰 도움이 되지 않을 책을 내기로 하고 또 번역의 지연도 참아 준 학지사 김진환 사장님과 편집 과정에서 많은 수고를 해 준 편집부 이세희 선생님께 깊은 감사를 드린다. 또한 원문의 의도와 가깝게 번역하는 과정에 큰 도움을 준 오성주 선생, 책 전체를 숙독하며 매끄럽게 교정을 해 준 허은혜 선생, 중구난방이었던 역자들의 편집 양식을 통일된 양식으로 정리해 준 이수진 선생에게도 감사의 마음을 전한다. 마지막으로, 번역된 책이 나오기 전에 원서를 가지고 함께 공부했던 충남대학교와 가톨릭대학교 심리학과 대학원생들에게도 감사의 말씀을 전한다. 모쪼록 이 책이 상담과 심리치료를 공부하는 분들에게 도움이 되었으면 한다.

2020년 8월
역자 일동

저자 서문

> 이 저서는 다른 사람들을 조력하기 위해 자신의 삶을 바치기로 결정한 많은 학생과 문화적으로 다양한 학생들을 위한 것이다. 당신의 기술이 평생에 걸쳐 발전하기를, 그리고 항상 개인, 부부, 가족의 삶을 향상시키는 데 사용되기를 바란다.

임상면담은 사실상 모든 정신건강 작업의 초석이다. 이는 다양한 수준의 심리학적/정신의학적 평가 및 치료를 통합하는 것을 포함한다. 이 저서의 초판은 1993년에 출판되었다. 우리는 임상면담이 계속 발전하고, 정신건강 장면에서 광범위하게 적용되는 것에 경외심을 갖고 있다.

용어 선택

우리는 용어를 통해 논쟁을 만들고 프레임을 짜는 포스트모던 시대에 살고 있다. 우리가 선택하는 용어는 메시지에 영향을 미치지 않을 수 없다. 용어는 (광고나 정치에서처럼) 조종하는 데 사용될 수 있기 때문에, 당신이 우리가 가지고 있는 성향과 관점에 대한 통찰력을 가질 수 있도록, 우리가 선택한 용어 중 일부에 대해 설명할 필요가 있다.

환자, 내담자 또는 방문객

임상면담은 다양한 분야에서 활용된다. 본문을 개정하면서 의사, 심리학자, 사회복지사, 전문상담자 등으로부터 의견을 구했다. 놀랍지 않게도, 의사와 심리학자들은 우리가 **환자**(patients)라는 용어를 고수할 것을 제안한 반면에, 사회복지사와 상담자들은 **내담자**

(clients)라는 용어를 강하게 선호했다. 세 번째 선택사항으로, 이 저서의 중국어판에서는 방문객(visitor)이라는 용어가 사용되었다.

이 딜레마에 대해 잠시 고심해 본 후, 환자라는 용어가 이전에 인용된 자료에서 사용된 경우를 제외하고, 이 저서에서는 내담자라는 용어를 사용하기로 결정했다. Carl Rogers가 환자에서 내담자로, 그리고 인간으로 용어를 바꿔 놓은 것처럼, 우리는 의학 모형으로부터 어느 정도 멀어지고 있다는 것을 알게 되었다. 이는 우리가 의학 모형을 존중하지 않는다는 뜻이 아니라, 의도적으로 건강/복지(wellness)를 강조하는 좀 더 포괄적인 용어를 선택한다는 것을 의미한다.

생물학적 성(sex)과 사회학적 성(gender)

다양한 성 인지 관점에 대한 민감성은 대화와 글에서 성을 언급하는 방법을 복잡하게 만들었다. 전통적 관점과 현대적 관점에 따라 가능하면 복수형(즉, 그들)을 사용했다. (사례 예시에서와 같이) 단수형으로 말할 때, 우리는 사례 당사자의 식별된 성(gender)에 기초하여 그 또는 그녀라는 용어를 사용했다. 필요한 경우, 우리가 알고 있거나 양쪽 성 중 어디에 속하지 않는 것으로 생각되는 사람들을 설명할 때 그들이라는 복수형을 사용하곤 했다.

면담자, 심리치료자, 상담자, 치료자, 임상가 혹은 실무자

때때로 삶에는 너무 많은 선택지들이 있는 것처럼 느껴진다. 이 저서는 여러 분야의 정신건강 전문가 지망생들을 위해 쓰여졌기 때문에, 우리는 선택의 고삐를 늦추지 않기로 결정했다. 결과적으로, 우리는 임의적이고 예측 불허한 방식으로 치료자(therapist), 임상가(clinician), 면담자(interviewer), 상담자(counselor), 심리치료자(psychotherapist) 그리고 때로는 실무자(practitioner)를 번갈아 가며 사용했다. 우리가 바라는 것은 모든 사람이 포함되었다고 느끼게 하는 것이다.

제6판의 새로운 점은

제6판은 새로운 내용과 예시가 추가되었으며, 임상면담의 최신 연구 및 실제의 내용을 반영했다. 또한 전판보다 15% 더 얇아졌다. 이러한 개정 작업은 리뷰어들의 의견에 따라 이루어졌다. 그 결과 명확성과 교수 효율성이 향상되었다.

문화 관련 내용

문화와 다양성은 어디에나 존재하기 때문에, 우리는 본문 전반에 걸쳐 문화와 다양성 관련 내용을 통합했다. 다문화 관련 내용은 특정 장에서만 다루는 대신, 모든 장에 걸쳐 전반적으로 다루었다. 또한,

- 최신 연구와 정책을 접목하기 위해 다문화 역량 관련 내용을 재작업했다.
- 새로운 문화적 지향 개념인 문화적 겸손을 추가했다.
- 더 많은 사례들을 통해 LGBTQ 관련 이슈를 포함한 문화적 다양성을 반영했다.

필수 기술, 재구성, 고급 기술

이 저서에서는 항상 기초 임상/상담 기술을 고급 면담 및 평가와 연결시키는 고유한 접근법을 취해 왔다. 우리의 관점에서, 고급 평가면담은 항상 기본 기술을 바탕으로 해야 하며, 학생들은 이 두 가지가 어떻게 통합되는지 분명히 배워야 한다. 이 교육 목표를 달성하기 위해 이 판에서 두 가지 구성의 변화를 꾀했다.

이전 판의 제6장 면담 과정의 개요는 제3장으로 옮겨졌다. 이는 학생들에게 면담에 대한 큰 그림을 더 일찍 볼 수 있게 해 준다.

우리는 이전 판 제4장 지시적 기법: 질문 및 행동 기술을 두 장으로 나누었다. 그 결과 제5장은 지시적 경청 기술, 제6장은 내담자를 행동으로 이끄는 기술로 다루는 영역이 확대되었다. 이러한 변화는 내담자의 통찰력과 행동을 촉진하는 특정 임상 기술의 적용 범위를 강화하고 심화시킨다.

정의 및 명확성

임상면담에 대한 정의는 재작업한 후 제1장 가장 앞부분에 배치했다. 또한 제1장에서는 임상면담과 상담 또는 심리치료의 차이점에 대해 새롭고 유익한 논의를 제공한다.

학습을 촉진하기 위한 사례 예시

그 어느 때보다도 단편 사례가 많아졌다. 이러한 구체적인 예시는 학생들이 면담 기술과 개념을 '이해하고' 적용하는 데 도움이 된다.

학습 목표

능동적인 학습을 촉진하기 위해 모든 장의 학습 목표를 재구성하고 다시 썼다.

윤리

윤리적 이슈는 더 눈에 띄게 그리고 본문 전체에 걸쳐 다루어지고 있다. 임상가의 가치관, 사람 우선 언어 대 장애 우선 언어, 임상가의 사회적 행동에 대해 새롭고 업데이트된 논의를 제공한 것이 특징이다.

신경과학

필요한 경우, 독자들이 뇌에서 일어날 수 있는 현상과 임상면담자/내담자 행동 사이에 더 깊은 연관성을 이해하는 데 도움을 주기 위해 신경과학 관련 개념을 다룬다.

기술 장비

제15장에서는 기술 장비 기반 면담에 대한 최신 정보를 담고 있다. 제2장에서는 새로운 섹션을 통해 기술 장비를 사용하여 메모하는 방법을 소개한다.

임상가 스트레스 관리 및 자기돌봄

임상가의 자기관리 중요성과 관련된 더 많은 정보와 자료를 포함시켰다.

자살평가

자살평가 장에서는 현시대 연구 결과 및 관행과 일관되게 자살 예측 수단으로 자살 위험 요인을 강조하지 않는다. 대신, 자살 예방의 기초가 되는 임상가–내담자 관계 요인을 더 강조한다. 특히, 자살에 대한 생각, 이전 자살 시도 그리고 자살과 관련된 다른 문제들에 대해 내담자와 이야기를 나누는 방법은 우리가 다른 문헌에서 본 그 어떤 내용보다 더 명확하게 기술되어 있다.

진단 및 치료 계획

진단 및 치료 계획 장에 ICD–10–CM과 DSM–5 관련 내용이 포함되어 있다. 또한 치료 계획 섹션에는 내담자 요인에 따라 치료 전략과 기술을 맞추는 방법에 대한 새로운 증거 기반 정보가 포함되어 있다. 이 정보는 임상가가 근거에 기반한 치료 계획을 개발하는 데 도움이 될 것이다.

커플 및 가족면담

정서중심 커플치료와 가트만(Gottman) 접근법에 부합하는 새로운 내용과 사례 예시가 제공된다.

모든 장

다양한 정신건강 분야의 미국 전역 수십 명의 대학원생과 교수들의 의견을 통해 본문 전체적으로 내용이 수정되고 편집되었다. 또한 새로운 예시가 추가되었고, 임상면담 연구 결과와 관행의 최신 추세에 맞춰 업데이트 되었다.

감사의 글

힘든 날에도 우리는 작가, 교수, 치료자로서 행운을 누리고 있다는 것을 알고 있다. 우리는 함께 시간을 보내고 저서를 집필할 뿐만 아니라 John Wiley & Sons 출판사와 작업하기도 한다. 이것은 태어나 보니 3루 바로 근처에 있는 것과 같다.

이 저서가 나오는 데 도움을 준 모든 사람에게 감사하고 경의를 표해야 할 곳이 바로 여기다. 하지만 이 저서는 여섯 번째 판이기 때문에, 우리가 아는 거의 모든 사람에게 빚을 지고 있다. 그래서 우리는 우리의 짐을 덜어 주고, 조언과 길잡이를 제공하며, 정서적인 지원을 해 준 많은 사람들에게 감사의 인사로 시작하고자 한다.

좀 더 구체적으로 말하자면, Wiley 출판사 편집자인 Tisha Rossi와 Rachel Livsey에게 감사한 마음을 전하고 싶다. 둘 다 든든하고, 잘 반응해 주며, 큰 도움이 되었다. 또한 Stacey Wriston, Mary Cassells, Melissa Mayer 그리고 그 외 Wiley 출판사 직원들에게 감사한 마음을 전하고 싶다. 우리의 질문이나 요청에 단 한 번도 반응하지 않은 적이 없었다.

훌륭한 Wiley 출판사 팀 외에도, 이런저런 중요한 방법으로 이 판이나 다른 판에 기여한 사람들이 다음 목록에 포함되어 있다. 당신들 모두 끝내준다.

Roberto Abreu, MS, EdS, University of Kentucky

Amber Bach-Gorman, MS, North Dakota State University

Carolyn A. Berger, PhD, Nova Southeastern University

Rochelle Cade, PhD, Mississippi College

Sarah E. Campbell, PhD, Messiah College

Anthony Correro, MS, Marquette University

Carlos M. Del Rio, PhD, Southern Illinois University Carbondale

Christine Fiore, PhD, University of Montana

Kerrie (Kardatzke) Fuenfhausen, PhD, Lenoir-Rhyne University

Kristopher M. Goodrich, PhD, University of New Mexico

Jo Hittner, PhD, Winona State University

Keely J. Hope, PhD, Eastern Washington University

David Jobes, PhD, Catholic University of America

Kimberly Johnson, EdD, DeVry University Online

Charles Luke, PhD, Tennessee Tech University

Melissa Mariani, PhD, Florida Atlantic University

Doreen S. Marshall, PhD, Argosy University-Atlanta

John R. Means, PhD, University of Montana

Scott T. Meier, PhD, University at Buffalo

Teah L. Moore, PhD, Fort Valley State University

Shawn Patrick, EdD, California State University San Bernardino

Jennifer Pereira, PhD, Argosy University, Tampa

Gregory Sandman, MSEd, University of Wyoming

Kendra A. Surmitis, MA, College of William & Mary

Jacqueline Swank, PhD, University of Florida

Christopher S. Taylor, MA, Capella University

John G. Watkins, PhD, University of Montana

Wesley B. Webber, MA, University of Alabama

Ariel Winston, PhD, Professional School Counselor

Janet P. Wollersheim, PhD, University of Montana

Carlos Zalaquett, PhD, University of South Florida

이 저서에 도움을 준 사람들 명단이 아주 길다. 이 모든 도움을 매개로 좋은 저서가 만들어졌으면 한다.

차례

제3장 면담 과정의 개요 • 97

제2부
경청과 관계 발달

제4장 비지시적 경청 기술 • 143

제9장 정신상태검사 • 355

제10장 자살평가 • 401

제14장 커플 및 가족과 면담하기 • 585

제15장 전자면담과 전화면담 • 633

임상면담

제1부 | 임상면담의 기초

제1장

임상면담의 개요

소개

임상면담(clinical interviewing)은 임상가와 내담자 간의 첫 만남이거나, 때로는 지속적인 만남을 지칭하는 일반적인 표현이다. 임상면담에는 다양한 요인에 따라, 여러 종류의 심리평가와 생물심리사회적 개입이 포함된다. 여러 정신건강 관련 분야에서 임상면담은 치료의 중요한 시작점이 된다. 이 장에서는 임상면담의 정의와 임상면담을 위한 학습 모형 및 정신건강 전문가에게 필요한 다문화적 역량에 중점을 둔다.

●학습목표●

이 장을 읽은 후 다음을 수행할 수 있다.

- 임상면담 정의하기
- 임상면담과 상담 또는 심리치료 간의 차이점 (그리고 유사점) 구분하기
- 임상면담을 위한 학습 모형 설명하기
- 필수적인 네 가지 다문화적 역량 적용하기
- 다문화적 겸손 그리고 고정관념이 자연스러운 현상이지만 적절하지 않은 이유 설명하기

여행을 환영합니다

우리는 정직과 친절이 현시대 의사의 기본적인 책무라고 당연시해 왔다. 우리가 그런 상황에 놓이면 환자의 마음을 잘 어루만질 수 있으리라는 확신이 있었다.

　　　　　　　-Atul Gawande, *Being Mortal*, 2014, p. 3.

당신의 첫 내담자와 직접 마주 보고 앉아 있다고 상상해 보도록 하라. 당신은 옷차림을 신중하게 선택했다. 당신

은 의도적으로 좌석을 배치했고, 비디오카메라를 설치했으며, 접수면담 기록지를 작성했다. 회기를 시작하며 당신은 자세와 얼굴 표정을 통해 내담자에게 따뜻함과 도움을 주려는 느낌을 전달하려고 최선을 다하고 있다. 다음의 내담자를 상상해 보도록 하라.

- 말투, 몸짓 또는 적대적인 신념으로 당신을 불쾌하게 하는 내담자
- 대화를 거부하는 내담자
- 이야기를 끊을 수 없을 만큼 말이 많은 내담자
- 상담을 서둘러 마칠 것을 요구하는 내담자
- 울기 시작하는 내담자
- 인종적 또는 민족적 차이로 인해 자신을 절대 이해하지 못할 것이라 말하는 내담자
- 갑자기 화를 내거나 겁을 먹고 뛰쳐나가는 내담자

위의 예시는 첫 번째 임상면담에서 직면할 수 있는 내담자의 행동이다. 위의 상황 중 어느 한 상황에 처한다면 당신은 어떻게 반응할 것인가? 무엇을 말할 것인가? 무엇을 할 것인가?

각각의 내담자는 다른 도전 과제를 제시한다. 당신의 목표는 내담자와 라포를 형성하고, 작업 동맹을 맺으며, 정보를 수집하고, 희망을 심어 주고, 도움이 되는 그리고 비판단적인 태도를 유지하는 것이다. 또한 사례 개념화를 하고, 필요하다면 명확하고 도움이 되는 전문적인 개입을 하는 것이다. 다음으로 당신은 정해진 시간에 면담을 마무리해야 한다. 그리고 때로는 당신을 신뢰하지 않거나 당신에게 상담 받는 것을 원치 않는 내담자와 함께 이 모든 과정을 진행해야 할 때도 있을 것이다.

이는 작은 일이 아니다. 그래서 인내심을 발휘하는 것이 중요하다. 임상면담을 잘 수행하는 것은 전문적인 기술이다. 어느 누구도 임상면담이나 다른 그 어떠한 분야에서 처음부터 완벽할 순 없다.

정신건강 전문가가 되기 위해 당신에게는 꾸준함, 지적 능력 개발에 대한 관심, 성숙한 대인관계, 정서적으로 균형 잡힌 삶, 상담/심리치료 기술, 자비심, 진정성, 용기가 필요하다. 상담 분야는 끊임없이 진화하고 발전하기 때문에 당신은 정신건강 분야의 최신 기술을 알고, 전문적이고 숙련된 기술을 유지하기 위해 평생 배우는 자세를 잃지 않아야 한다. 이 과정은 결코 쉽지 않지만, 흥미롭고 성취감 있는 전문가의 길이 될 것이다(Norcross & Karpiak, 2012; Rehfuss, Gambrell, & Meyer, 2012). Norcross(2000)는 다음과 같이 이야기했다.

대부분의 정신건강 전문가들은 자신의 직업에 만족하며, 자신이 경험하는 정신건강 전문가에 대한 현 상황이 "기꺼이 이 직업을 다시 선택한다"는 의견에 영향을 주지 않을 것이다. 대부분의 정신건강 전문가들은 정서적으로 깊은 안정감을 느끼며, 삶 속에서 풍성한 축복을 누리고 있다(p. 712).

임상면담은 전문상담, 정신의학, 심리학, 사회복지학에서 정신건강 훈련의 가장 기본적인 구성 요소다(Jones, 2010; J. Sommers-Flanagan, 2016). 임상면담은 조력자와 도움이 필요한 사람 사이를 연결하는 기본적인 요소다. 임상면담은 치료적 관계의 시작과 심리평가의 기반이 되며, 이 책의 초점이기도 하다.

이 책은 기초 및 고급 임상면담 기술을 습득하는 데 도움이 될 것이다. 이 책에서는 정신 상태검사, 자살평가 및 진단면담과 같은 보다 심층적이고 전문적인 활동에 기본이 되는 경청 기술을 안내한다. 우리는 당신을 새로운 배움의 동반자 또는 동료로서 열렬히 환영한다.

많은 사람은 이 책을 통해 실제적인 정신건강 훈련을 처음으로 경험하게 될 것이다. 이미 상당한 임상 경험을 가지고 있다면, 이 책은 보다 체계적인 학습 상황에서 이전 경험을 이해하는 데 도움을 줄 것이다. 어떤 경우든, 우리는 이 책이 당신에게 도전이 되길 바라고, 당신이 유능하고 전문적인 임상면담 수행에 필요한 기술을 개발하는 데 도움이 되기를 바란다.

임상면담이란 무엇인가

임상면담(clinical interviewing)은 다양한 분야의 정신건강 전문가가 치료를 시작하는 데 사용하는 융통성 있는 절차다. 1920년 Jean Piaget는 현시대 임상가와 유사한 방식으로 '임상'과 '면담'이라는 단어를 처음 사용했다. 그는 기존의 정신과적 면담 절차가 아동의 인지발달 연구에 적절하지 않다고 믿었기 때문에 '반구조화된 임상면담'을 고안했다.

당시 Piaget의 접근 방식은 참신했다. 그의 반구조화된 임상면담은 엄격하게 구조화된 면담 질문과 구조화되지 않거나 즉흥적인 질문을 결합시켜, 풍부한 아동의 사고 과정을 탐색하는 방법으로 사용되었다(Elkind, 1964; J. Sommers-Flanagan, Zeleke, & Hood, 2015). 흥미롭게도, 이 두 가지의 다른 면담 방법(즉, 구조화 대 즉흥적) 간의 팽팽함(tension)은 오늘날에도 계속된다. 정신과 의사와 심리학자는 주로 구조화된 임상면담 접근법을 사용한다. **구조화된 임상면담**(structured clinical interviews)은 표준화되어 있으며, 모든 내담자에게 동일한 순서로 같은 질문을 던진다. 구조화된 면담은 신뢰롭고 타당한 평가 자료를 수집하기 위해 만들어졌다. 사실상 모든 연구자들은 특정 문제(또는 정신장애 진단)와 관련된 신뢰롭고 타당한 평가 정보를 수집하려면, 구조화된 임상면담이 최선의 방법이라는 것에 동의한다.

이와 대조적으로 포스트모던과 사회정의(social justice)의 관점을 가진 임상 실무자들은 일반적으로 비구조화된 임상면담을 사용한다. **비구조화된 임상면담**(unstructured clinical interviews)은 주관적이고 즉흥적인 관계적 경험을 수반한다. 관계적 경험은 상담 과정을 협력적으로 시작하는 데 사용된다. Murphy와 Dillon(2011)은 이 스펙트럼의 한쪽 끝에 있는 덜 구조화된 임상면담을 이렇게 표현했다.

> 임상면담은 존중과 상호성, 신속성과 따뜻함, 강점과 잠재력에 중점을 둔 대화를 의미한다. 임상면담은 본질적으로 관계적이기 때문에, **무엇을** 이야기하고 행동하는지뿐만 아니라 **어떻게** 말하고 행동하는지에 지속적인 주의를 요구한다. 이러한 관계를 강조하는 것은 '다양한 주제의 대화', 즉 임상면담의 핵심이다(p. 3).

진단을 위해 구조화된 임상면담을 사용하는 연구 중심의 심리학자와 정신과 의사는 Murphy와 Dillon의 '다양한 주제의 대화'에 대한 설명을 신뢰로운 평가에 반하는 것으로 볼 것이다. 반면 임상 실무자들은 종종 고도로 구조화된 진단면담 절차를 아주 무익하고 비인간적이라고 여긴다. 아마도 가장 흥미로운 점은 이러한 실질적인 개념적 차이에도 불구하고 구조화된 접근 방법과 비구조화된 접근 방법 모두 임상면담을 수행하는 데 적합한 방법이라는 것이다. 임상면담은 구조화, 비구조화 또는 두 면담 방식의 적절한 조합으로 이루어질 수 있다(반구조화된 임상면담에 대한 논의는 제11장 참조).

임상면담의 기본 정의는 두 가지 주요 기능 또는 목표를 강조한다(J. Sommers-Flanagan, 2016; J. Sommers-Flanagan, Zeleke, & Hood, 2015).

1. 평가
2. 조력(의뢰 포함)

이러한 목표를 달성하기 위해 모든 임상면담에는 치료적 관계나 작업 동맹을 맺는 것이 포함된다. 이상적으로, 치료적 관계는 신뢰롭고 타당한 평가 자료를 얻거나 효과적인 생물심리사회적 개입을 제공하는 수단이 된다.

이러한 배경을 바탕으로 우리는 **임상면담**(clinical interviewing)을 다음과 같이 정의하고 자 한다.

> 임상면담은 전문적인 서비스 제공자와 내담자 간 발생하는 복잡하고 다차원적인 대인관 계 과정이다. 주요 목표는 ① 평가와 ② 조력이다. 이러한 목표를 달성하기 위해 임상가는 구 조화된 진단 질문, 즉흥적이고 협력적인 대화와 경청하기 또는 두 가지 모두 강조할 수 있다. 임상가는 사례 개념화와 치료 계획을 세우기 위해 초기 임상면담에서 얻은 정보를 사용한다.

이러한 정의를 바탕으로 학생들은 자주 "임상면담과 상담 또는 심리치료 간의 차이점은 무엇인가?"라고 질문하곤 한다. 이는 미묘한 차이가 있는 답을 들을 수 있는 훌륭한 질문 이다.

임상면담 대 상담 및 심리치료

임상면담을 하는 동안 임상가는 동시에 치료적 관계를 시작하고, 평가 정보를 수집하 며, 대부분의 경우 치료를 시작한다. 이는 정신건강치료, 사례관리 혹은 다양한 방식의 상 담을 위한 시작점이다. 임상면담은 장면(setting), 임상가의 학문적 분야, 이론적 배경 등 다양한 요인에 따라, ① 접수면담, ② 초기면담, ③ 정신과면담, ④ 진단면담, 또는 ⑤ 첫 만 남으로 알려져 있다(J. Sommers-Flanagan, 2016).

초기 임상면담은 치료적 차원을 포함하지만 대개 평가 절차로 간주된다. 그러나 1980년 대 개인의 특성에 맞춘 심리평가에 대한 Constance Fischer의 연구를 시작으로, 1990년대 에는 Stephen Finn의 치료적 평가(therapeutic assessment) 개발이 계속되었다. 또한 임상평 가가 잘 이루어졌을 때, 평가뿐만 아니라 동시에 치료가 될 수 있다는 것도 분명해졌다(권 장도서 및 자료에서 Fischer와 Finn의 책 참조).

일부 이론적 배경에서는 초기 임상면담이 치료적 개입으로 전환될 정도로 공식적인 평 가를 무시하거나 덜 강조한다. 또 다른 경우, 임상 장면이나 내담자의 문제로 인해 단일 회 기 내에 상담이나 심리치료의 전체 과정이 포함되어야 하는 경우도 발생한다. 예를 들면,

> 위기 상황에서 정신건강 전문가는 신속하게 개입할 수 있도록 다음과 같이 구성된 임상면 담을 실시할 수 있다. 동맹 맺기, 평가 자료 수집하기, 초기 치료 계획 수립 및 논의하기, 치

료 개입 실시 및 의뢰하기(J. Sommers-Flanagan, Zeleke, & Hood, 2015, p. 2).

이러한 관점에서 볼 때 임상면담은 상담, 심리치료, 사례관리의 출발점이 되기도 하지만, 다양한 요소와 선택사항으로 인해 종착점이 될 수도 있다.

일반 치료 회기가 임상평가로 전환되어야만 하는 예외 상황이 있을 수 있다. 가장 일반적인 예는 자살평가면담(제10장 참조)이다. 만약 내담자가 자살에 관한 이야기를 시작하면 정신건강 및 의료 전문가를 위한 표준 지침은 상황에 관계없이 자살평가면담으로 초점을 전환하는 것이다.

따라서 명확하게 구분하는 것이 바람직할지라도, 상담이나 심리치료의 전 과정에서 일어나는 모든 일이 한 번의 임상면담 회기에서도 일어날 수 있으며, 그 반대의 경우도 마찬가지일 수 있다. 이 책에 나오는 상담자가 가져야 하는 전반적인 태도, 기술, 전략은 보다 발전되고 특정한 이론 기반 상담이나 심리치료를 수행하는 데 필요한 것과 동일하다. 또한 일부 임상가들은 모든 치료 회기를 임상면담으로 언급한다.

다음은 임상면담의 몇 가지 중요한 측면에 대해 설명한다.

1. 전문적 관계의 특성
2. 치료에 대한 내담자의 동기
3. 협력적인 목표 설정

윤리적이고 전문적인 관계의 특성

모든 전문적 관계는 한 당사자가 다른 당사자에게 서비스를 제공한다는 명시적인 합의를 수반한다. 상담이나 심리치료에서 이 명시적인 합의는 **사전 동의**(informed consent)라고 불린다(Pease-Carter & Minton, 2012). 명시적인 사전 동의 절차를 사용하면 내담자가 치료에 대해 이해하고 자유롭게 동의할 수 있다(Welfel, 2016). 사전 동의에 대한 내용은 이 장의 뒷부분에서 다루어진다.

전문적 관계에는 일반적으로 서비스에 대한 보상이 포함된다(Kielbasa, Pomerantz, Krohn, & Sullivan, 2004). 치료자는 직접 비용을 받거나(개업의 경우), 간접적으로(정신건강센터, 저소득층 의료보장제도, 기타 제3자에 의해) 비용을 받는다. 어떤 상황에서는 내담자의 경제적 수준에 따라 차등적 비용이나 무료로 제공되는 경우도 있다. 전문적이고 윤리적인 실무자는 내담자가 적은 비용을 지불하거나 비용을 전혀 내지 않는 상황에서도 일관되고 우수한 서비스를 제공한다.

전문적 관계는 권력의 차이를 수반한다. 소위 전문가는 전문성을 갖춘 권위자다. 내담자는 이러한 전문성을 필요로 한다. 전문가가 주류 문화권(dominant culture) 출신이거나, 내담자가 소수계층(less dominant culture)에 속해 있을 때 이러한 권력의 차이는 더욱 커질 수 있다. 흔히 내담자는 자신의 문제 해결을 도와줄 전문가를 만나러 간다고 생각하기 때문에, 도움이 되지 않는 지도, 피드백, 조언을 받아들이는 데 취약할 수 있다. 윤리적인 전문가는 치료실 안팎 권력의 불균형에 민감하다(Patrick & Connolly, 2009).

전문적 관계는 어느 정도의 정서적 거리와 객관성을 암시한다. 실제로, '**전문적인**(professional)'이라는 단어를 찾아보면 '전문가(expert)'라는 동의어를 찾을 수 있다. 또한 '임상(clinical)'이라는 단어는 '과학적인(scientific)', '분리된, 거리를 두는(detached)'과 같은 단어와 관련이 있다. 그러나 정신건강 전문가는 일반적으로 내담자에게 거리를 두는 전문가가 아니다. 대신에 확립된 치료적 관계에는 상호성, 존중, 따뜻함이 포함된다. 때문에 임상가가 상호성과 따뜻함을 포함하는 전문성과 객관성을 바탕으로 전문적인 관계를 맺을 수 있는지 궁금해할 수 있다. 이에 대한 대답은 '그렇다'이다. 이는 가능하지만 반드시 쉬운 일은 아니다. 유능한 정신건강 전문가는 전문적인 거리와 객관성을 유지하면서도, 내담자를 존중하고 따뜻하며 협력적인 관계를 맺을 수 있는 전문가다. 이 균형을 유지하는 것은 실로 도전적이지만 큰 만족감을 가져다준다(실제 적용하기 1-1 참조).

● 실제 적용하기 1-1: 적절한 관계의 경계에 대해 정의하기

평소 우리는 관계의 '경계'에 대해 자주 생각하지 않지만, 경계는 대부분의 관계를 정의한다. 역할과 관련된 기대치, 책임, 한계에 익숙해지는 것은 좋은 치료자가 되는 중요한 요소다. 일반적인 전문적 관계의 경계에서 다음과 같은 잠재적인 일탈(deviations)을 고려하도록 하라. 조원들과 각 항목에 대해 심각성을 평가하고 토론해 보도록 하라. 다음의 상황은 내담자와 전문적 관계의 경계에서 경미하게 벗어났는가, 다소 심각하게 벗어났는가, 혹은 매우 심각하게 벗어났는가?

- 면담 후 카페에서 내담자와 커피 마시기
- 당신의 차가 있는 곳까지 데려다 달라고 내담자에게 부탁하기
- 내담자와 함께 공연 관람하기
- 자녀의 숙제를 돕기 위해 수학 교사인 내담자에게 질문하기
- 내담자에게 돈 빌리기
- 둘 다 알고 있는 사람에 대해 내담자와 잡담하기

- 다른 내담자에 대해 이야기하기
- 내담자와 성관계를 갖는 것에 대해 상상하기
- 내담자가 먹을 것 없이 긴 주말을 맞이한다는 것을 알아 소정의 돈 제공하기
- 교회, 성당 또는 종교모임에 내담자 초대하기
- 내담자의 재정적인 조언을 바탕으로 행동하기
- 내담자와 데이트하기
- 내담자의 취업 알선을 위한 추천서 작성해 주기
- 내담자로 하여금 당신의 취업을 위한 추천서 작성하게 하기

내담자는 왜 치료를 받으려 하는가

사람들이 정신건강평가와 도움을 찾는 이유는 무엇일까? 일반적으로 다음의 이유 중 하나로 찾아온다.

- 내담자는 주관적인 고통, 불만 또는 삶에 제약을 주는 문제를 겪고 있다(주: 내담자의 고통은 대인관계 문제에 대한 반응일 수 있다.).
- 누군가, 아마도 내담자의 배우자, 친척 혹은 보호관찰관(probation officer)이 상담을 강요했을 수 있다. 이는 보통 내담자가 다른 사람을 짜증 나게 했거나 법률을 위반했음을 의미한다.
- 개인의 성장과 발전.

주관적인 고통으로 인해 치료자를 찾는 내담자의 경우, 이들은 종종 자신이 처한 문제를 해결하지 못하거나 대인관계에 적절하게 대처할 수 없었기 때문에 의기소침해져 있다(Frank, 1991; Frank & Frank, 1991). 동시에 내담자의 문제로 인한 고통이나 대가가 오히려 변화에 대한 동기를 자극할 수도 있다. 이러한 동기 부여는 치료자와의 협력과 치료에 대한 희망으로 이어질 수 있다.

반면에 내담자는 낮은 동기를 가지고 치료 장면에 오기도 한다. 그들은 타의에 의해 상담을 받도록 재촉 받았거나, 강압적으로 치료 장면에 왔을 수 있다. 이러한 경우, 내담자의 주된 동기는 치료를 종료하거나 "좋아졌다"라는 말을 듣는 것일 수 있다. 동기 부여가 되지 않은 내담자와 치료적 관계를 수립하고 유지하는 것은 어려울 것이 분명하다.

개인적인 성장과 발전을 추구하는 내담자의 경우 대부분 동기 수준이 높다. 이러한 내

담자와의 상담은 동기 수준이 낮은 내담자와 상담하는 것보다 훨씬 수월할 수 있다.

문제해결중심 치료자는 내담자의 동기를 기술하는 데 있어 위와 유사한 세 가지 체계를 사용한다(Murphy, 2015). 체계는 다음과 같이 구성된다.

1. **치료를 받는 방문객**(visitors): 강제적인 경우에만 치료에 참여하는 내담자. 이들은 변화에 대해 관심이 없다.
2. **불평하는 사람**(complainants): 다른 사람의 권고에 의해 치료를 받는 내담자. 이들은 변화에 대해 관심이 약간은 있다.
3. **변화를 위해 온 고객**(customers): 특히, 증상을 완화하거나 개인적인 성장을 위한 변화에 관심이 있는 내담자.

많은 연구자와 임상가들은 치료자가 내담자의 동기를 높일 수 있는 섬세한 방법에 대해 기술했다(Berg & Shafer, 2004; W. R. Miller & Rollnick, 2013). 이 책의 제3장과 제12장을 통해 다시 상담 및 심리치료에서 내담자의 동기, 변화에 대한 준비, 변화의 단계에 대해 논의할 것이다(Prochaska & DiClemente, 2005). 이러한 개념을 이해하는 것은 임상면담에서 필수적이다.

협력적인 목표 설정

협력적인 목표 설정(collaborative goal-setting)은 초기 임상면담 과정에서 다루어야 할 일반적인 임상 업무다(Tryon & Winograd, 2011). 협력적인 목표 설정과 관련된 긍정적인 결과는 특정 문제와 걱정뿐만 아니라 개인적 희망, 꿈, 목표에 대해서도 내담자와 상호적인 대화가 가능하다는 것이다(Mackrill, 2010). 치료자의 이론적 배경에 따라, 이러한 과정에서 공식적인 평가와 진단을 어느 정도 활용할 수 있다.

인지행동치료 관점에서 볼 때, 협력적인 목표 설정은 치료자가 내담자와 협력하여 문제 목록을 작성할 때 시작된다. 문제 목록을 만들면 내담자의 문제를 밝히는 데 도움이 되고, 공감적 경청을 할 수 있는 기회를 제공하며, 문제를 목표로 전환하기 시작한다. J. Beck(2011)은 인지행동치료자가 상담 초기에 내담자와 목표 설정에 대해 어떻게 이야기 나누는지 예시를 제공했다.

치료자: (종이 상단에 '목표'라고 쓴다.) 목표는 실제로 문제의 반대되는 측면이에요. 우리

는 다음 회기에서 보다 구체적인 목표를 세울 거예요. 그러나 대략적인 목표를 세운다면 어떻게 될까요: 우울 낮추기? 불안 낮추기? 학교생활 잘하기? 사람들과 다시 잘 어울리기?(p. 54)

J. Beck(2011)은 또한 내담자와 함께 문제 목록을 만들면 내담자가 보다 많은 자기관리를 포함하는 방식으로 목표 설정을 하도록 돕는다고 언급했다.

협력적인 목표 설정은 이론적 배경과 상관없이 긍정적인 치료 결과에 기여하는 과정이다. Mackrill(2010)은 실존적 관점에서 요구되는 협력적 민감성(collaborative sensitivities)을 다음과 같이 설명했다.

치료자는 목표를 언어로 처음 표현하는 내담자가 느끼는 고립감과 취약성에 민감해야 한다. 치료자는 미래를 생각하는 것이 내담자에게 익숙하지 않은 것일 수도 있다는 사실에 민감해야 한다. 치료자는 목표와 과제에 초점을 맞추는 것이 내담자 자신에게 얼마나 형편없고, 세상에서 아무것도 아니라는 것에 직면하게 할 수 있다는 사실에 민감해야 한다. 치료자는 이것이 치료의 핵심일 수 있다는 것을 알고, 기꺼이 내담자와 함께 그러한 도전에 대해 이야기할 필요가 있다(p. 104).

내담자와 치료자가 내담자의 문제(들)에 동의할 때 치료 목표를 세우는 것은 상대적으로 쉬워진다. 그러나 때때로 내담자와 치료자는 목표에 대한 의견이 일치하지 않을 수 있다. 이러한 불일치는, ① 내담자의 결여된 동기나 통찰력, ② 의문의 여지가 있는 치료자의 동기나 통찰력, ③ 사회문화적 차이와 같은 다양한 원인으로 인해 일어날 수 있다. 치료자와 내담자 모두 협력적인 목표 설정을 하는 과정에서 일어나는 상호작용에 기여하는 전문성을 가지고 있다.

전문가로서의 치료자

치료자는 사회적으로 인정받는 정신건강 분야의 전문가이며, 치료를 진행하기 전에 전문적으로 내담자를 평가해야 할 책임을 가지고 있다. 최소 첫 회기 평가에서는 내담자가 겪고 있는 문제와 문제 상황 또는 촉발 요인에 대한 평가, 내담자의 기대나 치료 목표 분석, 이전의 문제 해결 노력에 대한 검토가 포함된다. 대부분의 경우, 초기 평가에서 치료자가 내담자의 문제를 도울 수 없다는 것이 밝혀지면 다른 치료자나 기관으로 의뢰할 수 있다. 그러나 치료자와 내담자 간 문화나 가치관의 차이가 있을 때가 아닌, 치료 기술이나 역량이 부족할 때만 의뢰하는 것이 윤리적이다(Herlihy, Hermann, & Greden, 2014).

임상가는 몇 가지 요인으로 인해 내담자에 더 권위적이고 덜 협력적이 될 수 있다. 때로는 수년간의 훈련과 경험을 통해, 임상가는 자신의 상담 방식이 옳다고 과한 확신을 하게 된다. 다른 경우에 임상가는 내담자의 문제를 신속하게 해결해야 한다는 압박감으로 부적절한 평가에 근거해 조급하게 개입할 수 있다. 이러한 경우 여러 가지 부정적인 결과가 발생할 수 있다(Castonguay, Boswell, Constantino, Goldfried, & Hill, 2010).

1. 치료자는 잠재적으로 내담자에게 해가 되는 부적절한 접근법을 선택할 수 있다(예: 내담자의 불안이 감소하지 않고 증가한다.).
2. 내담자는 치료자로부터 제대로 이해 받지 못하고, 치료를 서두른다는 느낌을 받아, 자신의 문제가 너무 심각하거나 치료자가 유능하지 못하다는 결론을 내릴 수 있다.
3. 내담자는 치료자의 편협하거나 성급한 지도에 따른 후, 치료에 실망하고 좌절할 수 있다.
4. 치료자는 내담자에게 이미 과거에 성공적이지 못했던 치료법을 권장할 수 있다. 이는 치료자에 대한 신뢰도를 떨어뜨릴 수 있다.

현명하고 유능한 치료자는 내담자와 협력한다. 협력에는 라포를 형성하고, 신중하게 경청하며, 내담자의 문제와 강점을 평가하고, 합리적인 목표를 세우는 것이 포함된다. 또한 변화를 위한 특정 전략을 사용하기 전에 내담자의 참여를 요청하는 것이 포함된다.

전문가로서의 내담자

내담자가 자신과 이전의 경험에 대해 최고의 전문가라는 것을 치료자가 인정하고 지지하는 것은 중요하다. 이는 너무 분명해서 언급하는 것이 이상하게 보일 수 있지만, 불행하게도 치료자는 자신의 전문성에만 몰두하여 내담자의 권위를 간과할 수 있다. 비록 특이하고 때로는 부정확하지만, 내담자의 이야기와 자신의 삶에 대한 설명은 내적으로 타당(internally valid)하므로 존중 받아야 한다.

사례 예시 1-1 **좋은 의도**

최근 나(John)는 수년 전 양극성장애로 진단 받았던 내담자에게 그녀가 더 이상 '양극성장애'가 아니라고 설득하는 데 정신이 팔려 있었다. 나의 좋은 의도에도 불구하고(젊은 내담자에게 양극성장애 꼬리표가 없는 편이 나을 것 같았다), 내담자에게는 자신이 양극성장애라는 정체감을 유지하는 것이 중요했다. '심리 전문가'로서 나는 '진단명'이라는 꼬리표가 내담자의 많은 장점들을 오히려 약화시켰다고 생각했다. 따라서 나는 내담자가 신념 체계를 바꾸도록 설득하기 위해 필사적으로 노력했다. 나는 내담자에게 양극성장애의 진단 기준을 충족시키지 못했다고 설명했지만, 내담자가 진단명을 포기하도록 설득하는 데 실패했다.

이 사건에 대해 명확하게 말하자면, 내가 치료자로서 진단에 대한 권한을 가지고 있었음에도 불구하고 내담자의 관점을 바꿀 수 없었다는 것이다. 내담자는 자신을 계속 양극성장애라 부르고 싶어 했고, 아마도 이는 내담자에게 오히려 좋은 일이었을지 모른다. 어쩌면 진단명이 내담자에게 위안을 주지 않았을까? 아마도 내담자는 자신의 행동을 설명하는 데 도움이 되는 진단명에서 위안을 느꼈을 것이다. 아마 내담자는 결코 '양극성장애'라는 진단명을 놓지 않을 것이다. 아마도 내가 진단명이 내담자에게 도움이 되는 결과라고 받아들일 필요가 있었던 사람일 것이다.

최근 몇 년 동안, 많은 이론적 관점에서 실무자들은 전문 치료자가 내담자의 삶의 경험에 대해 들을 때 나서지 말아야 할 필요성을 더 솔직하게 이야기했다. 여러 다양한 접근법에서 내담자의 관점에 대한 존중과 심도 있는 협력을 강조한다. 여기에는 진전도 모니터링(progress monitoring), 내담자가 보고하는 효과, 치료적 평가가 포함된다(Finn, Fischer, & Handler, 2012; Meier, 2015).

당신의 전문가적 의견이 내담자의 관점과 상충되는 경우, 적어도 상담 초기에는 내담자의 의견을 따르는 것이 좋다. 시간이 흐르면 당신의 전문성만큼이나 내담자의 전문성이 필요할 것이다. 내담자가 협력하지 않고 자신의 전문성을 공유하지 않으려 하는 경우, 임상가는 조력자로서 역량을 발휘하지 못할 것이다.

임상면담을 위한 학습 모형

임상면담 능력은 구체적인 태도와 기술을 기반으로 한다. 다음 순서로 학습하는 것이 좋다.

1. (당신의 생각이나 감정에 집중하는 대신) 내면의 소리를 줄이고 경청하는 방법
2. 모든 내담자들에게 도움이 되는 태도와 비판단적인 태도를 취하는 방법
3. 다양한 배경[연령, 능력, 장애, 인종/문화적 배경, 성(性)적 지향, 사회적 위치, 지적 기능]을

가진 내담자와 라포 및 협력적인 관계 형성을 위해 구체적인 임상면담 기술을 사용하는 방법

4. 내담자와 내담자의 문제, 목표, 안녕감에 대해 타당하고 신뢰로우며, 문화적으로 적절한 진단 정보나 평가 정보를 효율적이고 협력적으로 수집하는 방법

5. 문화적 민감성을 바탕으로 한 상담이나 심리치료 개입을 적용하고 개별화하는 방법

6. 상담이나 심리치료 방법 및 기법에 대한 내담자의 반응을 평가하는 방법(예: 효과평가)

이 책은 처음 네 가지 기술에 중점을 둔다. 5번과 6번 항목을 이따금 언급하겠지만, 상담이나 심리치료의 시행과 평가는 이 책의 주된 초점이 아니다.

내면의 소리를 줄이고 경청하기

유능한 임상가가 되려면 내면의 소리를 줄이고 다른 사람의 말을 경청해야 한다. 이는 쉽지 않다. 조언을 하거나 진단을 내리고 싶은 충동을 참는 것은 어렵지만, 대개는 기다릴 수 있다. 대신 당신은 내담자에 귀를 기울이고 내면에서 들려오는 소리와 편견을 줄이는 데 초점을 맞춰야 한다. 일부 수련생과 임상가들은 상담 장면에 일찍 도착해, 몇 분 동안 앉아서 마음을 가다듬고 호흡에 집중하며, 지금 여기에 초점을 맞추는 것이 도움 된다고 한다.

● 실제 적용하기 1-2: 조언하지 않고 경청하기

조언을 해 주거나 당신의 의견을 나누지 않고 조용히 앉아 다른 사람의 이야기를 경청하는 데 어려움을 겪어 본 적이 있는가? 우리는 지시하거나 지도하거나 조언하지 않고 경청하는 것을 어려워하는 경험 많은 정신건강 전문가들을(우리 자신을 포함하여) 알고 있다. 많은 사람들에게 있어 조언을 하는 것은 제2의 본성이다(심지어 자신만의 협소한 인생 경험을 토대로 한 조언인 경우일지라도). 문제는 당신 앞에 앉아 있는 내담자가 당신과 매우 다른 삶의 경험을 가지고 있다는 것이다. 따라서 조언이, 특히, 다소 성급하고 공감적 경청에 기반하지 않은 경우, 일반적으로 잘 받아들여지지 않을 것이다. 부모(또는 다른 권위자)가 조언을 했을 때 당신이 어떻게 느꼈는지 기억해 보도록 하라. 때로는 수긍할 만하고 도움이 되었을 수도 있다. 다른 때는 조언을 무시하거나 조언에 대해 저항감을 느꼈을 수도 있다. 조언을 할 때는 정확성, 타이밍, 전달력이 중요하다. 치료 기법으로서 조언을 제공하는 것은 이론적 배경 및 치료 목표와도 관련이 있다. 치료 초기에 조언에 너무 집중하는 것은 현명한 전략이 되지 못하는 경우가 거의 대부분이다.

만약 당신이 내면의 소리를 줄이고 경청할 수 있다면, 내담자는 내면의 목소리를 듣고 자신의 이야기를 할 수 있게 될 것이다. 대부분의 임상면담 장면에서 가장 좋은 출발점은 내담자가 자신의 생각, 감정, 행동을 스스로 탐색할 수 있도록 하는 것이다. 가능하면 내담자 혼자 힘으로 발견할 수 있게 도와야 한다(Meier & Davis, 2011). 최소한 초기에는 내담자가 자기표현을 할 수 있도록 **격려하는** 것이 당신의 책임이다. 다른 한편으로는 상담과 심리치료의 제한된 시간을 고려할 때, 당신은 내담자의 자기표현을 적절하게 **제한할** 책임도 있다. 당신이 내담자의 자기표현을 격려하거나 제한하는 경우, 큰 어려움은 바로 능숙하고 전문적으로 하는 것이다. 또한 지시하지 않고 경청하는 것과 내담자의 자기표현을 촉진하는 것이 임상가가 수동적으로 행동한다는 의미가 아님을 유의해야 한다(Luke, 개인교신, 2012년 8월 5일). 경청하기는 구체적인 태도와 기술이 요구되는 능동적인 과정이다(제3장과 제4장 그리고 실제 적용하기 1-2 참조).

다음 지침은 당신에게 유용할 수 있다. 아무리 뒤쳐진 것처럼 보이더라도, 내담자를 적극적으로 돕거나 지시하고 싶은 충동에 저항하는 것부터 시작하도록 하라. 대신 최대한 심도 있고, 온전하며, 주의 깊게 경청하도록 하라. 이렇게 하면 섣부른 도움을 주는 경우보다 내담자에게 큰 도움이 될 것이다(W. R. Miller & Rollnick, 2013; Rogers, 1961).

사례 예시 1-2 **나의 이야기를 들어줄 누군가가 필요하다**

미국 Oregon 주, Portland의 치료자인 Jerry Fest는 거리의 젊은이들을 위한 방문상담센터(drop-in counselling center)에서 일하고 있었다(Boyer, 1988). 어느 날 밤, 한 젊은 여성이 찾아왔다. 그녀는 몹시 불안해하고 괴로워했다. Jerry는 그녀가 이전에도 방문하여 그녀를 알고 있었고, 그녀의 이름을 부르며 인사를 건넸다. 그녀는 "저기요. 제 말을 들어줄 누군가가 필요해요."라고 말했다. 그는 그녀를 상담실로 안내했고, 몇 분 동안 그녀가 처한 믿을 수 없을 정도의 큰 어려움에 대해 들었다. 그 후 그가 생각할 때 그녀를 이해하고 지지할 수 있는 말을 해 주었다. 그러나 젊은 여성은 즉시 말을 멈췄다. 잠시 후 그녀가 다시 말하기 시작했을 때, 자신의 말을 들어줄 사람이 필요하다고 재차 말했다. 이전과 동일한 패턴이 재차 발생했다. 두 번째로 그녀가 말을 멈추고, 들어줄 사람이 필요하다고 말한 후, Jerry는 이전과 다르게 그녀의 이야기를 경청하며 90분 동안 조용히 앉아 있었다. 그녀는 마음을 쏟아 이야기한 뒤 마침내 평정을 되찾았다. 그녀는 떠날 준비를 하며 Jerry에게 말했다. "이게 바로 제가 당신을 좋아하는 이유예요. 처음에는 제가 원하는 것을 제대로 파악하지 못했을지라도 결국에는 이해해요."

이 젊은 여성은 방해하지 않고 경청해 줄 것을 분명히 말했다. 우리는 내담자 앞에서 무조건 조용히 앉아 있는 것이 적절한 경청이라고 설명하기 위해 이 사례를 제공한 것이 아니다. 대신에 이 사례는 정서적으로 민감하거나 위기 상황에 처한 내담자에게는 누군가 자신의 지시를 있는 그대로 따라주는 것이 필요할 수 있으며, 그 방에 있는 전문가의 비언어적 존재가 얼마나 강력한 의미를 가질 수 있는지와 같은 경청의 복잡성을 보여 준다.

모든 내담자들에게 도움이 되는 태도와 비판단적인 태도 취하기

모든 내담자들에게 비판단적인 태도를 유지하는 것은 불가능하다. 왜냐하면 내담자의 행동과 가치관이 당신의 것과 완전히 상반되는 경우도 있기 때문이다. 일부 내담자들은 다량의 술과 마약을 즐긴다고 보고할 것이다. 다른 내담자들은 당신이 허용할 수 있는 범위를 넘어서는 성행위에 관해 이야기할 것이다. 또 다른 사람들은 당신이 혐오감을 느낄 수 있는 개인적 신념 체계(예: 사탄 숭배)를 받아들이고 분명하게 표현할 수도 있다. 그러나 내담자에게 도움이 되는 태도와 비판단적인 태도를 유지했으면 하는 기대는 변함없다.

Carl Rogers는 1957년 「The Necessary and Sufficient Conditions of Therapeutic Personality Change」라는 제목의 고전적 논문에서 무조건적 긍정적 존중에 대한 진술문 예시를 제시했다. 이 진술문은 다음과 같다.

- 나는 내담자가 말하는 것이 어떤 것이든 혐오하지 않는다.
- 나는 내담자가 말하는 것에 대해 찬성하거나 반대하지 않고 그저 수용한다.
- 나는 내담자의 잠재력뿐만 아니라 약점과 문제에 대해서도 따뜻함을 잃지 않는다.
- 나는 내담자가 이야기하는 것에 대해 판단을 내리려 하지 않는다.
- 나는 내담자가 좋다(p. 98).

심지어 최고의 정신건강 전문가조차 내담자에 종종 판단적이게 된다. 중요한 것은 치료자가 자신의 판단적인 사고와 감정을 관리하여 부정적인 결과를 초래하는 행동으로 '튀어나오지' 않도록 하는 것이다. 이 책 전반에 걸쳐 이러한 임상면담의 필수적인 태도에 대해 언급하지만, 특히 제3장과 제6장에서 심도 있게 다룰 것이다.

라포 및 긍정적인 치료적 관계 형성하기

내담자와 긍정적인 작업 동맹을 수립하는 것은 모든 정신건강 개입의 토대가 된다. 여기에는 긍정적인 라포의 형성과 유지로 이어지는 문화적 민감성 및 대인관계 태도뿐만 아니라 적극적 경청, 공감적 반응, 감정 타당화 및 기타 다른 행동 기술들이 포함된다(Rogers, 1957; Shea & Barney, 2015). 사실상 모든 이론적 배경의 상담자와 심리치료자는 치료 개입 전에 내담자와 긍정적인 관계를 형성하는 것이 중요하다는 것에 동의한다(Norcross & Lambert, 2011). 어떤 이론가들은 이를 **라포**(rapport)로 표현하고, 다른 이들은 '작업 동맹', '치료적 관계' 또는 '상담 관계'라는 용어를 사용한다(Bordin, 1979, 1994; Wright-McDougal & Toriello, 2013). 이 책의 제3장에서 제6장까지는 긍정적인 치료적 관계를 형성하는 데 필요한 태도와 기술을 다룰 것이다.

진단 및 평가 기술 배우기

모든 정신건강 전문가들은 진단과 평가를 위한 훈련이 필요하다. 여전히 심리평가와 정신장애 진단에 논란의 여지가 있음에도 불구하고 이는 사실이다(Hansen, 2013; Szasz, 1970).

평가와 진단의 주목적은 내담자가 문제 상태에서 긍정적인 해결책이나 성장으로 이동하는 데 필요한 치료 계획을 지원하는 것이다. 그러나 '평가 + 진단 + 치료 계획 = 목표 달성' 과정은 선형적이거나 일차원적이지 않다. 권위 있는 임상가가 혼자 진단을 내리고 치료 계획을 세운다면, 목표 달성은 불가능하다. 협력적이고 존중하는 방식으로 이루어질 때 효과적인 평가, 진단, 치료 계획이 가장 잘 굴러간다는 사실이 점점 더 분명해지고 있다(Meier, 2015; Norcross, 2011).

비록 내담자와의 회기가 한 번만 이루어질 가능성이 있다고 하더라도, 임상가는 다음과 같은 네 가지 조건이 충족된 후에만 특정 개입을 사용하기 시작해야 한다.

1. 내면의 소리를 줄이고 공감적 경청을 했다.
2. 도움이 되는 태도와 비판단적인 태도를 취했다.
3. 긍정적인 치료적 관계 또는 작업 동맹을 형성했다.
4. 내담자의 개인적인 욕구와 치료 목표를 파악하기 위해 협력적이고 존중하며 문화적으로 민감한 평가와 진단 과정을 사용했다.

다문화적 역량

세계는 모든 사람들에게 영향을 주고, 더 풍부하고, 더 흥미롭고, 지속 가능한 미래를 위한 가능성을 제공하는 다문화 혁명의 한가운데에 있다(Hays, 2013, p. 2).

상담, 심리치료, 임상면담의 역사 중 많은 부분은 서유럽 출신의 백인 이성애자가 서유럽 출신의 다른 백인 이성애자에게 서비스를 제공하는 것을 포함한다. 우리는 의도적으로 무뚝뚝하고 도발적인 방식으로 이런 말을 하고 있다. 동유럽과 남유럽도 정신건강 서비스 업무와 제공에 미친 영향이 있지만, 이 과정의 기반은 뚜렷하게 서유럽, 이성애자, 백인이다.

이러한 기반은 종종 그 목적을 아주 잘 수행해 왔다. 수년에 걸쳐 많은 내담자들이 정신건강 서비스 제공자로부터 큰 도움을 받았다. 그러나 1960년대부터 현재까지 상담 및 심리치료 이론이 때때로(항상 그런 것은 아니지만) 인종차별주의적이고, 성차별주의적이며, 동성애 혐오적이라는 인식이 증가하고 있다(J. Sommers-Flanagan & Sommers-Flanagan, 2012). 우리의 직업이 때로는 인종차별, 성차별, 동성애 혐오에 민감하지 않았고, 임상 업무에서 이들을 고려하지 않았으며, 다양한 소수계층을 소외시켜 왔다는 많은 정보들은 다음의 자료에서 참고하길 바란다(Brown, 2010; Shelton & Delgado-Romero, 2013; D. W. Sue & Sue, 2016).

다문화적 성향을 갖는 것은 이제 모든 정신건강 서비스 업무를 위한 핵심 원리이자 윤리적 요건이다. 여기에는 미국이 점점 더 다양해져 가고 있다는 사실을 포함하여 여러 가지 이유가 존재한다. 게다가 수십 년 전만 해도 대부분의 소수계층 내담자는 단 한 번의 임상면담 후 심리치료를 그만둔 것으로 알려졌다(S. Sue, 1977). 적어도 이러한 사실은 전통적으로 행해졌던 임상면담과 소수계층 내담자의 욕구나 관심이 잘 부합하지 않는다는 것을 의미한다.

미국의 다양성이 증가할수록 정신건강 전문가는 흥미롭고도(다양한 인구가 우리 사회에까지 퍼져 나가는 풍요로움과 문화 간 교류를 통해 나타나는 전문적이고 개인적인 성장), 만만찮은 경험(문화적 접근법을 배우고 실천하는 것과 관련해 높아진 전문가의 책임)을 할 수 있다(Hays, 2013). 좋은 소식은 정신건강 전문가를 위한 다문화교육이 다양한 내담자에 대한 서비스 제공과 치료 효과를 크게 향상시킨다는 것이다(Griner & Smith, 2006; T. Smith, Rodriguez, & Bernal, 2011).

다문화적 역량은 임상면담을 수행하는 법을 배우는 데 있어 필수적인 요소로 우선시 되

고 중심이 되어야 한다. 이 책에서 이 메시지를 반복해서 들을 것이다. 이 메시지는 놀랍게
도 잊기 쉬운 메시지이기 때문에 우리는 반복해서 다룰 것이다. 마찬가지로, 다문화적 역
량을 달성하지 못하는 것은 다문화적 역량을 달성하는 것보다 훨씬 쉽다. 이처럼 어려운
길에 우리와 함께하기를 바란다.

다문화적 역량의 네 가지 원리

문화는 어디에나 존재한다. 모든 인간들은 더 큰 공동체와 문화적 맥락에서 가족이
나 개인으로 태어난다(Matsumoto, 2007). 이 공동체 내의 구성원, 가치관, 신념, 위치, 행
동 패턴을 일반적으로 **문화**(culture)라고 한다. 이와 같이 문화는 모든 인간 발달이 이루어
지는 매개체로 이해될 수 있다. 정신건강 관점에서 "건강한 성격을 구성하는 것은 무엇인
가?" 또는 "사람이 인생에서 무엇을 위해 노력해야 하는가?" 또는 "이 사람이 비정상인가?"
와 같은 질문에 대한 대답은 임상가와 내담자의 문화적 배경에 따라 크게 영향을 받는다
(Christopher, Wendt, Marecek, & Goodman, 2014).

지난 20년 동안 많은 전문 분야에서 교육, 연구, 실무를 안내하기 위해 다문화적 원리를
수립했다. 구체적으로, 세 가지 주요 비의료 정신건강 분야(전문상담, 심리학, 사회복지학)에
서는 최소 네 가지의 공통된 다문화 실무 역량에 대해 분명하게 말했다.

1. 임상가의 문화적 자기인식
2. 다문화 지식
3. 문화 관련 전문성
4. 문화에 민감한 지지

이제부터 이 네 가지 차원에 대해 간단히 살펴볼 것이고, 또한 이 책의 전반에 걸쳐 다룰
것이다.

문화적 자기인식

권력을 가진 사람들은 문화가 없는 것처럼 보이지만, 권력이 없는 사람들은 문화적 존재
또는 '소수민족'으로 간주된다(Fontes, 2008, p. 25).

문화와 자기인식은 여러 가지 방식으로 상호작용한다. 주류 문화권 출신의 사람들은 보이지 않는 문화적인 불로이득(unearned culturally based advantages)을 인식하지 못하고 저항하는 경향이 있다. 이러한 '불로자산(unearned assets)'은 흔히 **백인 특권**(White privilege)이라고 한다(McIntosh, 1998).

자기인식을 개발하는 것은 특히 문화와 관련이 있을 때 어려울 수 있다. 이를 표현하는 한 가지 방법은 "우리는 우리가 모르는 것을 알지 못한다"라고 언급하는 것이다. 누군가 우리 자신에 대해 우리가 인식하지 못하는 무언가를 보고 이해할 수 있도록 도와주면, 우리는 방어적이고 저항적이기 쉽다. 이 과정에 내재된 도전에도 불구하고, 우리는 당신이 가능한 한 변화와 성장에 열정을 갖도록 격려하고, 다음의 세 가지 권장사항을 제안한다.

1. 자신의 문화적 정체감을 탐색하는 데 개방적인 태도를 가지도록 하라. 당신이 속한 민족의 뿌리에 대한 인식을 높이는 것은 흥미로울 수 있다.
2. 만약 당신이 주류 문화권의 구성원이라면, 당신이 소수계층(예: 트랜스젠더, 장애인)에 대해 겉으로 드러나지 않게 판단하거나 편견을 가질 수 있는 방법뿐만 아니라, 당신의 특권(예: 백인 특권, 부의 특권, 건강 특권)을 탐색하는 것에도 개방적인 태도를 가지도록 하라.
3. 만약 당신이 소수계층의 구성원이라면, 당신과 동일한 소수계층 구성원뿐만 아니라 다른 소수계층 구성원에게도 개방적인 태도를 가지도록 하라. 그리고 주류 문화권의 구성원이 문화적 인식이 증가함에 따라 종종 보이는 거부감과 죄책감을 헤쳐 나갈 때 겪을 수 있는 어려움에 대해 개방적인 태도를 가지도록 하라.

다문화 이론가와 전문가들은 문화적 자기인식을 높이는 것이 자문화중심주의와 문화적으로 편향된 관점에서 다문화적 방향으로 진실하게 나아가기 위한 전제 조건이라고 믿는다. 다른 관점을 이해하는 것은 내담자에게 당신 자신의 문화적 가치를 강요하지 않도록 도울 것이다(Christopher et al., 2014). 다문화 하이라이트 1-1은 문화적 자기인식을 촉진하는 활동을 포함한다.

다문화 하이라이트 1-1　　　　**당신의 문화적 존재 탐색하기**

첫 번째 다문화적 역량은 자기인식에 초점을 두고 있다. D. W. Sue, Arredondo와 McDavis (1992)는 다음과 같이 표현했다.

> 문화적으로 숙련된…… [치료자]는 문화적으로 인식하지 못하던 것에서 자신의 문화유산에 대해 인식하고 민감하게 반응하는 것으로, 그리고 차이를 중시하고 존중하는 것으로 옮겨 갔다(p. 482).

다음의 활동을 위해서는 동료와 함께 작업해야 한다.

1. 동료에게 당신을 문화적 존재로서 묘사하도록 하라. 당신의 민족적 유산은 무엇인가? 당신의 유산을 어떻게 알게 되었는가? 당신이 유산은 오늘날 당신의 삶에서 어떻게 나타나고 있는가? 당신의 유산 중 특히 자랑스럽거나 그렇지 않게 여기는 부분은 무엇이고, 그 이유는 무엇인가?

2. 당신은 '정신적으로 건강한' 개인을 구성하는 것이 무엇이라고 생각하는가? 이 질문에 대한 당신의 기존 생각 외에 다른 생각도 해 볼 수 있는가?

3. 인종차별이나 차별을 경험한 적이 있는가? (그렇지 않다면, 당신이 가진 독특한 특성 때문에 괴롭힘을 당하거나 무언가를 하지 못하게 된 적이 있는가?) 동료에게 이 경험을 설명해 보도록 하라. 이 경험과 관련된 당신의 생각과 느낌은 무엇이었는가?

4. 당신과 다른 사람에 대해 가지고 있는 편견으로 인해 그들을 대하는 방식이 달라진 때를 기억할 수 있는가? 다른 문화권에 대해 당신이 현재 가지고 있는 믿음 중 고정관념화돼 있거나 냉담하다고 볼 수 있는 것은 무엇인가?(Berger, 개인교신, 2012년 8월 10일).

5. 당신은 '미국 문화'를 어떻게 묘사할 것인가? 당신은 이 문화의 어떤 부분을 받아들이는가? 어떤 부분을 거부하는가? '정신적으로 건강한 개인'에 대한 당신의 기준에, 내면화된 미국 문화가 어떻게 영향을 미치는가?

이 활동이 끝난 후 자신의 문화적 정체감에 대해 새로워진 인식이 있으면 곰곰이 생각해 보고 기록해 보도록 하라.

다문화 지식

문화적 자기인식은 좋은 출발점이지만 충분하지는 않다. 문화적 역량에는 다양한 문화적 가치, 행동, 존재 방식에 대해 적극적으로 자신을 훈련시키는 것이 포함된다. 이 전문 분야에서는 수동적인 것은 적절하지 않다. 또한 특정 소수계층의 이슈에 대해 배울 목적으로 내담자에게만 의존하는 것은 용납되지 않는다.

당신이 다문화 지식을 축적해 나가는 데 도움을 주기 위해, 우리는 이 책 전반에 걸쳐 다문화 하이라이트 글상자 및 구체적인 다양성 관련 이슈들을 포함시켰다. 또한 각 장의 끝에 있는 권장도서 및 자료에 다문화 지식에 초점을 맞춘 자료를 포함시켰다.

다양한 문화적 지식을 습득하기 위해 독서는 유용한 방법이지만 한계가 있다. 다문화주의적으로 민감하고 유능하려면 경험적인 학습도 필요하다. 우리는 최근 한 애도에 관한 콘퍼런스에서 이러한 한계를 보여 주는 대화를 기억한다. 콘퍼런스가 진행되는 동안 아메리카 원주민 토론 참가자와 질의응답 시간이 있었다. 어느 순간, 한 백인 참가자가 다음과 같은 질문을 했다. "백인으로서 제가 아메리카 원주민을 더 잘 이해하고 관계를 맺을 수 있는 방법은 무엇인가요?" 아메리카 원주민 토론자 중 한 명이 "원주민 친구를 사귀어 보세요!"라고 재빨리 말했다. 청중의 웃음이 뒤따랐고, 그중 일부는 아마도 불편함으로 인해 웃었을 수 있다. 그러나 그녀의 의도는 그녀가 말하는 원주민 유머와 함께 확실히 전달되었다. 토론이 진행될수록 그녀는 경험적 문화 학습(exp-eriential cultural learning)을 계속 주장했다.

> 우리를 이해하고 싶다면 우리와 함께 시간을 보내야 해요. Pow-wow[1]와 원주민이 즐겨 먹는 빵에 관한 자료를 읽을 순 있지만, 원주민 문화를 실제로 경험하고 싶다면, pow-wow 행사에 직접 참여해 보고, 실제로 원주민이 즐겨 먹는 빵을 먹어 보며, 아메리카 원주민 친구를 사귀기 위해 손을 내밀 필요가 있어요.

면담, 슈퍼비전, 삶의 경험이 다양할수록, 내담자의 세계관과 경험을 통해 내담자를 이해하는 데 필요한 폭넓은 지식 기반을 개발할 가능성이 높아진다(D. W. Sue & Sue, 2016).

문화 관련 전문성

문화 관련 전문성(culture-specific expertise)은 임상가가 다양한 소수계층과 효과적으로

---

1) 역자 주: 아메리카 원주민의 연례축제 행사다.

작업하는 기술을 배울 필요가 있음을 말해 준다. 예를 들면, 긍정치료(affirmative therapy)와 관련된 태도와 기술을 배우는 것은 성소수자 내담자를 상담하는 임상가에게 중요하다. 마찬가지로 아프리카계 미국인, 라틴계인, 아메리카 원주민 그리고 종교를 가진 내담자와의 상담에 영적인 요소를 통합하는 것이 때로는 필수적이다(R. Johnson, 2013).

Stanley Sue(1998, 2006)는 다양한 문화를 다루는 과학적 사고와 역동적 조정의 두 가지 일반적인 기술을 설명했다.

과학적 사고(scientific mindedness)는 섣부른 결론에 도달하기보다는 내담자 문화에 대한 가설을 세우고 검증하는 것을 포함한다. 비록 많은 사람들의 경험은 보편적이지만, 당신이 내담자, 특히 소수계층 내담자 행동의 근본적인 의미를 알고 있다고 가정하는 것은 위험하다. 사례 예시 1-3에서 알 수 있듯이, 문화적으로 민감한 임상가는 고정관념에 기반한 일반화를 피한다.

사례 예시 1-3 악수는 허용되지 않는다

파키스탄 출신의 젊은 여성이 미국의 한 대학원에서 물리학을 공부하고 있었다. 그녀는 학과 파티에 참석했고, 그녀에 따르면 "남자 대학원생과 대화하면서 무서웠어요."라고 말했다. 그녀는 몹시 불쾌하여 교내에 있는 학생상담센터에서 상담을 받기로 결정했다. 한 남성 상담자가 그녀를 대기실에서 만나 자신을 소개하고 악수하기 위해 손을 내밀었다. 파키스탄 여학생은 멈칫했다. 남성 상담자는 그녀가 수줍음이 많거나 남자와의 관계에서 문제가 있다고 생각했다. 그녀에게 파티에서 무례한 남학생에 관한 이야기를 들었을 때, 상담자는 '남자 문제'에 대한 자신의 가설이 맞았을 가능성을 고려했지만, 그는 그렇게 결론 내리지 않았다. 대신, 그는 두 가지 가능성에 대해 개방적인 입장을 고수했고, 결국 그녀의 행동이 남자 문제라기보다 종교와 더 연관이 있다는 결론을 내렸다.

과학적 사고는 치료자가 내담자의 특정한 행동에 대한 결론을 도출하기 전에 대안적인 문화적 설명을 찾아보도록 요구한다. 과학적 사고를 하지 않고, 잘 알려지지 않고 이해되지 않는 설명을 탐색하지 않는다면, 상담자는 무슬림 여성에게는 남성에게 손대는 것(심지어 악수를 하는 것조차)이 적절하지 않다는 것을 깨닫지 못할 것이다. 그녀가 움츠러들었던 이유는 그녀의 종교와 관련이 있었지, 그녀가 이야기한 사건과는 아무런 관련이 없었다.

이 사례는 임상면담의 원리와 실제로서 과학적 사고의 중요성을 보여 준다. 그가 과학적 사고를 연마하지 않았다면, 이 사례에서 상담자는 파키스탄인 내담자가 '남자 문제'를 가졌다고 부정확하게 결론지었을 것이다. 그녀는 사실 자신의 종교적 신념과 일관되게 행동하고 있었다.

역동적 조정(dynamic sizing)은 임상가가 개별 내담자가 속한 특정 문화 집단을 바탕으로 언제 일반화해야 하는지, 하지 말아야 하는지 안내하는 복잡한 다문화 개념이다. 예를 들면, 효도는 특정 아시아 가족 및 문화와 관련된 가치다(Chang & O'Hara, 2013). 효도(filial piety)는 부모와 조상을 존경하고 돌보는 것을 의미한다. 그러나 모든 아시아인들이 이 특정 가치를 믿거나, 이 특정 가치에 의해 그들의 삶이 영향을 받는다는 생각은 과한 판단일 것이다. 이러한 가정을 하는 것은 내담자 행동에 대한 당신의 기대에 그릇된 영향을 미칠 수 있다. 동시에, 일부 가족들에게는 효도의 영향력이 크다는 것을 알지 못한다면, 그리고 많은 아시아인들이 삶에서 관계를 맺고 직업을 선택하는 데 있어 효도가 큰 역할을 할 수도 있다는 가능성에 대해 당신이 알지 못한다면, 당신은 그들을 이해하려고 노력하지 않은 것이다. 임상가가 역동적 조정을 적절히 사용하면 중요한 문화적 영향에 대해 개방적인 태도를 취하는 반면, 고정관념을 가지고 내담자를 대하는 위험을 최소화할 수 있다.

역동적 조정의 또 다른 측면은 치료자가 자신의 경험을 내담자에게 일반화할 시점을 아는 것이다. S. Sue(2006)는 차별과 편견을 경험한 소수계층 구성원이 이 경험을 통해 비슷한 경험을 한 사람들의 어려움을 보다 완벽하게 이해할 수 있다고 설명했다. 그러나 내담자와 유사한 경험을 한 경우, 공감적 반응을 하기보다 자신의 생각과 감정을 내담자에게 투사할 수 있다. 역동적 조정은 당신이 알고 이해하는 것뿐만 아니라, 알지 못하고 이해하지 못하는 것도 요구한다. 이 책에서는 이따금 역동적 조정에 대해 다룰 것이다.

문화에 민감한 지지

미국의 주류 문화가 소수계층 구성원을 지속적으로 불리하게 만들고, 소외시키고, 때로는 억압한다는 평가가 있다. 이러한 차별 경험은 다양한 양상과 규모로 나타난다. 예를 들면, 미국에서 일어난 흑인 인권 운동(Black Lives Matter movement)은 거듭되는 대규모 인종 프로파일링(racial profiling)[2]과 차별에 대한 대응으로 일어난 것이다. 일부 사람들은 객관적인 근거를 통해 아프리카계 미국 청소년들에게서 총격 사건의 비율이 높다고 주장할 수 있지만, 앞서 언급된 차별은 이미 만연한 현상이다.

인종차별이나 소수계층에 대한 차별은 눈에 잘 띄지 않기도 한다. 이러한 작은 형태의 차별을 먼지차별이라고 한다. 먼지차별(microaggressions)은 다음과 같이 정의된다.

의도적이든 의도적이지 않든 적대적이거나 경멸적이거나 부정적인 인종, 성별, 성정체감

---

2) 역자 주: 경찰이 특정 인종으로 조사 대상을 좁혀, 그 인종에 속한 사람에 대해 임의로 심문, 검사 등을 행하는 것이다.

그리고 종교적 경시 및 모욕을 대상 인물이나 집단에 전달하는 간단하고 흔한 일상적인 언어적·행동적·환경적 모욕을 담은 표현(D. W. Sue, 2010, p. 5).

먼지차별은 '간단하고 흔한 것'으로 일상생활에서 일어난다. 길거리, 식료품점, 영화관(영화 속 포함) 그리고 다양한 배경을 가진 사람들이 상호작용하는 곳이면 어디서든 쉽게 볼 수 있다. 여기 예시가 있다.

> 세 명의 라틴계 남성이 식료품점 주차장에 차를 세웠다. 그들이 자동차에서 내릴 때, 40대 백인 남성은 그들과 눈을 마주치고는 차 열쇠를 꺼내어 버튼을 눌러 차문을 잠갔다. 백인 남성에게 있어, 라틴계 청년들을 보는 것은 차문을 잠가야 한다는 것을 상기시켜 주었다. 라틴계 남성에게 있어, 이 간단하고 흔한 행동은 그들이 잠금 해제된 자동차에 침입할 가능성이 있다는 경멸적 의심으로 이어진다.

많은 소수계층 내담자가 일상생활에서 이따금씩 일어나는 크고 작은 차별을 경험할 수 있다는 점을 감안할 때, 임상가는 내담자가 이러한 차별 경험에 대처할 수 있게 도울 준비가 되어 있어야 한다. 문화적으로 민감한 지지는 다문화적 역량의 핵심이 되었다(Ratts, Singh, Nassar-McMillan, Butler, & McCullough, 2015 참조). **지지**(advocacy)는 임상가가 내담자가 직면한 사회적 또는 문화적 장벽을 인식하고, 이러한 장벽을 건설적으로 해결하기 위해 내담자와 협력하는 과정이다.

차별은 사람을 무기력하게 만든다. 소수계층 내담자들은 차별을 경험하면 분노나 슬픔을 경험한다. 그들은 또한 적절하게 대응하는 방법을 모를 수도 있다. 이러한 경험은 정부나 기관의 정책, 고용 상황 또는 학교와 지역사회에서의 상호작용에서 일어날 수 있다. 예를 들면, 트랜스젠더의 경우, 공중 화장실에서 위협 받는 경우가 빈번하다고 보고되고 있다. 최소한 임상가는 내담자의 차별 경험에 대해 공감을 해 주어야 한다. 임상가는 자신의 이론적 배경, 전문 분야 및 기타 요인에 따라 임상면담 장면에서 지지자 역할을 수행하는 것이 적절할 수 있다.

사례 예시 1-4 양성애자 남성을 지지하는 기독교인 치료자

입원 청소년 수련 시설에서 일하는 기독교인이며 보수적인 동료(Paul이라고 부름)는 우리에게 양성애적인 면을 탐색하고 있는 젊은 남성의 사례에 대해 자문해 달라고 부탁했다.

또한 젊은 남성은 '수인(furry)'이 되고자 하는 욕구를 탐색하고 있었다. '수인'은 다른 사람들과 함께 역할을 수행함으로써 성적 만족을 얻는 사람들을 묘사하는 명칭이며, 이들 모두는 동시에 다양한 동물 역할을 맡는다. 우리는 Paul이 이 청년과 함께 상담을 진행하는 것이 불편할지도 모른다고 생각했다. 그러나 Paul은 호기심이 많고, 개방적이며, 자신의 내담자를 위해 효과적인 상담자이자 지지자가 되려고 마음을 깊이 쏟았다. Paul이 그 청년을 부정적인 방식으로 판단하고 있다는 증거는 조금도 없었다. 이 예시는 수용적이고 힘을 북돋우는 핵심 태도를 통해, 매우 보수적인 가치관을 지닌 전문가도 내담자와 작업할 수 있다는 것을 보여 준다. 우리는 Paul이 그랬던 것처럼, 당신이 다양한 내담자와 효과적으로 작업할 수 있게 전력을 다하길 권장한다.

다문화적 겸손

지금까지 우리는 다문화상담 및 심리학 관련 문헌과 일관되게 '다문화적 역량'이라는 용어를 사용해 왔다. 그러나 우리는 이에 대해 유보적인 입장을 가지고 있다. 왜냐하면 이는 임상가가 문화적 유능성을 달성할 수 있다는 것을 암시하기 때문이다. 사실 임상가가 다양한 사람들과 관계를 맺고 작업할 수 있는 능력에 대해 과도한 자신감을 가지게 되면, 종종 문화적 민감성을 잃게 되는 것 같다. 우리는 이와 비슷한 우려를 나타내는 Vargas(2004)의 의견에 동의한다.

문화적 역량에 초점을 맞추는 것 또한 우려스럽다. 나는 내담자에게 문화적으로 반응하려고 매우 노력한다. 그러나 내가 '문화적으로 유능하다'고 말할 수 있는가? 절대로 그렇지 않다! 나의 많은 진정한 노력에도 불구하고, 나는 진정한 의미에서 그들을 모두 이해했다고 말하기엔 부족하다(p. 20).

이런 저런 이유로, 우리는 **다문화적 민감성**(multicultural sensitivity)과 **다문화적 겸손**(multi-cultural humility)이라는 용어를 선호하며, 다문화적 역량이라는 용어는 상황에 맞춰 언급한다(Stolle, Hutz, & Sommers-Flanagan, 2005).

지난 10년간, 연구자와 작가들은 문화적 역량과 문화적 겸손을 구분하기 시작했다. 문화적 겸손은 정신건강 전문가가 가지고 있을 수도 있고, 그렇지 않을 수도 있는 가장 중요한 다문화 지향 또는 관점으로 간주된다. 이는 주류 문화권이나 모든 문화권의 개인이 종종 그들의 문화적 관점을 옳고 좋으며, 때로는 우월하다고 보는 자연적인 경향성을 가지고 있다는 생각에서 비롯된 것이다. 이러한 경향성은 다문화적 역량을 습득하는 것만으로는 임상가가 문화적으로 다양한 내담자에게 효과적이기에는 충분하지 않다는 것을 의미한다. 임상가는 자신의 문화적 관점을 버리고 내담자의 다양한 관점을 소중히 여길 수 있어야 한다(Hook, Davis, Owen, Worthington, & Utsey, 2013).

다문화적 겸손의 세 가지 대인관계 차원은 다음과 같다.

1. 자기지향보다 타인지향
2. 타인, 그들의 가치관, 존재 방식에 대한 존중
3. 우월감이 없는 태도

다문화적 겸손은 다문화적 역량과 밀접한 관련이 있지만 같은 것은 아니다. 일반적으로 다문화적 역량에 대한 보완책으로 제시되고 있다. 이는 자체적인 연구 기반을 가지고 있고, 임상적 효과에 독립적으로 기여하는 것으로 보인다. 최근의 연구에서 내담자는 자신의 치료자가 더 높은 수준의 문화적 겸손을 가지고 있다고 보았을 때, 작업 동맹을 더 높게 평가하고 더 나은 상담 효과를 얻은 것으로 인식했다(Hook et al., 2013).

고정관념은 자연스러운 현상이지만, 왜 적절하지 못한가

인간의 뇌는 세상의 혼란과 무질서를 조직하고 이해하도록 설계되었다. 이러한 일이 일어나는 한 가지 과정은 추상화와 일반화를 포함하는 범주화다. 추상적인 일반화의 예시는 매우 많다. 과일, 채소, 가구, 지리적 환경, 동물 및 동물의 품종, 음악 장르, 나무, 구름 그리고 물론 사람에 대한 범주가 있다.

인간은 자연스럽게 다른 인간들을 민족 또는 문화 집단으로 조직화한다. 이 과정은 유용한 정보를 제공할 수 있다. 진화심리학자들은 의심의 여지없이 이러한 '고유한' 경향성이 생존 가치 때문에 존재한다고 주장할 것이다. 일반적으로 우리 자신과 유사하다고 인식되는 사람들은 더 안전하다고 판단되며, 다르게 보이는 사람들은 위험하다고 분류될 수 있다.

다음은 간단한 고정관념의 예시다. 많은 사람들이 이탈리아인과 이탈리아게 미국인은 표현을 잘하고, 감정적이라고 생각한다. 이러한 일반적인 정보를 알면, 이탈리아인 룸메이트의 가족 저녁식사에 참석할 때 당신의 경험을 설명할 수 있다. 흥미롭게도, 당신의 개인력과 현재의 태도에 따라 당신이 전형적인 게르만 민족의 무뚝뚝한 태도를 가지고 있을 지라도, 이탈리아 문화에 끌릴 수 있다. 또는 이탈리아 문화 체험에 대해 혐오감을 느껴, 가능하다면 이를 피하게 될 수도 있다.

그러나 안타깝게도 이탈리아인 룸메이트와 그녀의 가족에 대한 지식을 이탈리아인 전체에 걸쳐 일반화하는 것은 고정관념의 기초가 된다. 이는 S. Sue(1998)의 역동적 조정이 이루어지는 시작점이 된다. 당신은 이탈리아 유산을 가진 모든 사람들이 감정적으로 변덕스럽다고 결론지을지도 모른다. 이는 이탈리아인 룸메이트의 가족과 함께 한 어느 날 밤 단 한 번의 경험에 바탕을 두고 있을 수 있다. 또는 흔히 그렇듯이, 당신은 그 단 한 번의 경험을 이탈리아계 미국인에 대한 기존의 생각에 덧붙여, 결국 확고하고 일반적인 고정관념을 가지게 될 수도 있다. 이 과정은 구체적이고 상황에 근거한 묘사(즉, 내 친구의 가족이 내가 방문한 날 밤에 사교적이고 감정 표현을 잘했다)로부터 추상적이고 일반적인 묘사(즉, 모든 이탈리아인들은 사교적이고 감정 표현을 잘한다)로 옮겨 가는 것을 포함한다. 이러한 일반화는 긍정적이거나 부정적인 귀인과 쉽게 융합될 수 있다(즉, 나는 이탈리아인의 풍부한 표현력이 좋다 vs 나는 감정적으로 변덕스러운 이탈리아인의 성격이 싫다). 마지막으로, 이러한 설명과 가정은 대부분 해롭지 않은 것처럼 보일 수 있지만, 당신이 전문가로서 이탈리아계 미국인 이민자를 만나 그녀가 조용하고 수줍음이 많으며 감정 표현이 부족하다는 것을 알게 된다면, 당신의 광범위한 고정관념에 근거한 가정은 빠르게 무너질 수 있다. 더 나쁜 것은, 그녀의 행동이 당신의 고정관념과 일치하지 않더라도 당신이 가진 이탈리아계 미국인에 대한 고정관념에 맞춰야 한다고 느낄지도 모른다. 또는 당신의 가정이 맞다면, 그녀가 감정을 폭발적으로 쏟아낼 때 "그녀는 그저 전형적인 이탈리아인의 특징을 보여 주고 있을 뿐이야"라고 생각하며 당신이 가진 신념으로 내담자를 내버려두거나 억압할 수 있다.

우리가 고정관념과 역동적 조정을 설명하고자 다음의 소수계층 중 하나를 사용했다고 상상해 보도록 하라. 다음 목록을 읽으면서 다양한 문화 집단에 집중하고, 각 집단에 대한 반응으로 자신의 생각, 감정, 잠재적 고정관념에 집중하도록 하라.

- 도시의 흑인 청소년
- 도시의 백인 경찰
- '미국 남부 출신의 미인'이라고 묘사할 수 있는 여성
- 미국 Wyoming 주에 있는 시골 목장 주인과 농부
- 게이 남성
- 전 게이 남성

- 레즈비언 여성
- 여성 성전환자(남성에서 여성으로)
- 보수적인 기독교인
- 진보적인 기독교인
- 무슬림
- 몰몬교인
- 무신론자
- 유대인
- 불교도
- 원주민(일명 아메리카 원주민)
- 나바호족(Navaho)
- 라틴계인
- 푸에르토리코인
- 도미니카인
- 쿠바인
- 백인 남아프리카인
- 흑인 남아프리카인
- 아시아인
- 중국인
- 일본인
- 라오스 몽족(Hmong)

고정관념은 범주화하고 일반화하려는 자연적인 경향성 때문에 나타날 수 있으며, 이는 어느 정도 보편적일 수 있다. 그럼에도 불구하고, 고정관념에 근거해 대인관계를 맺거나 임상면담을 하는 것은 적절하지 않다. 당신의 목표는 모든 고정관념 경향성을 없애는 것이 아니라, 내담자에게 역동적 조정이라는 다문화적 기술을 건설적이고 도움이 되는 방법으로 적용할 수 있도록 자기인식에 대한 작업을 계속 하는 것이다.

요약

임상면담은 전문상담, 정신의학, 심리학, 사회복지학에서 정신건강 훈련의 가장 기본적인 구성 요소다. 이는 Piaget가 반구조화된 임상면담이라고 칭한 절차에 뿌리를 두고 있다. Piaget는 아동의 인지 능력을 평가하는 수단으로 구조화된 질문과 즉흥적인 질문을 통합하여 사용하는 것에 관심이 있었다. 임상면담에 대한 구조화된 접근과 즉흥적인 접근 사이의 팽팽함은 오늘날에도 여전히 계속된다.

임상면담은 복잡하고 다차원적인 과정이다. 이는 평가와 조력의 두 가지 주요 기능으로 구성된다. 모든 임상면담에는 내담자와 서비스 제공자 간의 전문적인 관계가 포함된다. 임상가는 초기 임상면담에서 얻은 정보를 통해 사례 개념화와 치료 계획을 세운다.

임상면담은 보통 평가 절차로 분류된다. 그러나 장기간 상담이나 심리치료 과정에서 사용되는 기술과 절차가 단일 회기의 임상면담에서 나타날 수 있으며, 일부 전문가들은 심리치료의 매 회기를 임상면담으로 언급하기도 한다. 또한 심리치료나 상담의 어느 시점에서든, 임상가는 자살평가와 같은 보다 집중적인 평가 절차로 전환할 수 있다.

내담자는 다양한 이유로 전문적인 도움을 구한다. 어떤 이유와 동기수준이든지 간에 임상가는 내담자가 자기 자신에 대한 최고의 전문가임을 인정하고 존중해야 한다. 이것이 달성되는 한 가지 방법은 임상면담 동안 내담자와 협력하여 목표를 세워 나가는 것이다.

이 책은 다음과 같은 단계로 구성된 학습 모형을 강조하기 위해 구성되어 있다. ① 내면의 소리를 줄이고 경청하기, ② 모든 내담자들에게 도움이 되는 그리고 비평가적인 태도 취하기, ③ 라포 및 긍정적인 치료적 관계 형성하기, ④ 진단 및 평가 기술 배우기.

문화적 역량을 키우는 것은 현시대 정신건강 업무와 임상면담을 위한 핵심적인 원리다. 다문화적 역량의 네 가지 원리는 자기인식, 다문화 지식, 문화 관련 전문성, 문화에 민감한 지지다. 다문화적 겸손은 다문화적 역량 중 하나로 간주되지는 않지만, 이는 긍정적인 치료 효과와 독립적으로 관련이 있는 태도다.

권장도서 및 자료

다음의 자료는 전문 기술 개발 및 다문화 민감성을 위한 유용한 토대를 제공한다.

Cormier, L. S., Nurius, P. S., & Osborn, C. J. (2017). *Interviewing and change strategies for helpers: Fundamental skills and cognitive-behavioral interventions* (8th ed.). Boston, MA: Cengage.

이 훌륭한 저서는 본 교재와 유사하지만 인지행동적 관점이 더 강하다.

Fadiman, A. (1997). *The spirit catches you and you fall down: A Hmong child, her American doctors, and the collision of two cultures.* New York, NY: Farrar, Straus & Giroux.

이 저서는 의료적 상황에서 충돌하는 문화를 탐색한다. 이는 현시대 의학 패러다임과 라오스 몽족 가족의 질병에 대한 문화적 신념의 차이를 비교한다.

Finn, S. E., Fischer, C. T., & Handler, L. (2012). *Collaborative/therapeutic assessment: A casebook and guide.* Hoboken, NJ: Wiley.

이 저서는 협력적 또는 치료적 평가의 원리와 실제를 특정 사례에 적용한다. 이 저서를 다 읽지 않더라도 온라인에 접속해서 Fischer가 개별적이고 협력적인 평가에 관심을 갖게 된 경위를 읽어야 한다.

Fischer, C. (1994). *Individualizing psychological assessment: A collaborative and therapeutic approach.* Hillsdale, NJ: Erlbaum.

원래 1985년에 출판된 Constance Fischer의 저서는 심리평가에서 더 큰 민감성과 협력을 위한 길을 열었다.

Hays, P. A. (2013). *Connecting across cultures: The helper's toolkit.* Tousand Oaks, CA: Sage.

이 실용적인 저서에서 Pamela Hays는 임상가가 다양한 내담자와 강력한 치료 동맹을 맺을 수 있는 방법에 대해 많은 구체적인 예시를 제공한다.

Lee, C. (Ed.). (2013). *Multicultural issues in counseling* (4th ed.). Alexandria, VA: American Counseling Association.

이 편집된 저서에는 아메리카 원주민, 아프리카 디아스포라, 라틴계인, 아랍계 미국인 등 특정 소수민족과 상담하는 것과 관련된 장이 있다.

Kottler, J. A. (2010). *On being a therapist* (4th ed.). Hoboken, NJ: Wiley.

이 저서에는 치료자의 여정, 고난, 불완전함, 우리가 스스로에게 하는 거짓말, 그리고 다른 많은 주제들이 포함되어 있다. 이 책에서는 치료자가 되고, 치료자가 되는 길에 대한 하나의 관점을 제공한다.

Ratts, M. J., Singh, A. A., Nassar-McMillan, S., Butler, S. K., & McCullough, J. R. (2015). *Multicultural and social justice counseling competencies*. Alexandria, VA: American Counseling Association.

또한 ACA의 승인을 받은 이 웹 기반 문서는 다문화상담 및 개발협회가 제공하는 다문화 역량에 대한 최신 버전이다. 이 문서는 http://www.counseling.org/knowledge-center/competencies에서 접속할 수 있다.

Sue, S. (2006). *Cultural competency: From philosophy to research and practice*. *Journal of Community Psychology, 34*(2), 237-245.

이 논문에는 Stanley Sue의 과학적 사고와 역동적 조정에 대한 개념이 실려 있다.

Yalom, I. (2002). *The gift of therapy*. New York, NY: Harper Collins.

유명한 치료자인 Irvin Yalom은 심리치료에 대한 상위 85개의 임상적 통찰을 제시한다. 각각의 통찰은 각각의 장으로 매우 짧게 구성되어 있다.

제2장

준비

소개

일반적으로 삶에서 준비와 계획은 중요하다……. 특히 임상면담에서 그렇다. 이 장에서는 실제로 내담자를 만나기 전에 평소 생각하지 않았던 모든 것들을 생각하도록 도와줄 것이다. 비록 새내기 임상가가 완전히 준비되었다고 느끼는 경우는 드물지만, 이 장을 읽는 것은 당신이 그렇지 않을 때보다 더 준비되었다고 느끼는 데 도움이 될 것이다.

물리적 환경

아마도 내 인생에서 가장 중요한 것은, "가지고 있는 수단을 활용해 가능한 한 모든 순간에 최선을 다해 준비한다면…… 기회가 생겼을 때 폭넓은 경험을 할 수 있는 기회를 얻을 수 있을 것이다. 그렇지 않다면 기회를 얻을 수 없을 것이다."라는 것을 발견한 것이다.

—Eleanor Roosevelt, *The Autobiography of Eleanor Roosevelt*, 1937/1992, p. xix.

● 학습목표 ●

이 장을 읽은 후 다음을 수행할 수 있다.

• 좌석 배치, 노트 필기, 영상 녹화 및 음성 녹음과 같은 면담의 필수적인 물리적 측면 다루기
• 내담자에게 자신을 소개하는 방법, 시간 관리, 비밀 보장 및 사전 동의에 대한 논의, 문서화 절차 등을 포함해 윤리적 문제를 다루기 위한 실제적인 방법 적용하기
• 선주민(First Nation peoples), 흑인 또는 아프리카계 미국인, 히스패닉 또는 라틴계 미국인, 아시아계 미국인, 기타 소수계층 내담자와 작업하기 위한 기본적인 다문화 지식 설명하기
• 개인적인 스트레스 관리 및 자기돌봄을 위한 방법과 전략 나열하기

많은 환경적 요인은 임상면담의 과정과 결과에 영향을 미친다. 이 장은 당신이 이러한 요인들을 이해하고 실행하는 데 있어 의식적이고 의도적으로 행동할 수 있도록 도와줄 것이다.

공간

임상면담을 위해 어떤 공간이 가장 적합할까?

당신의 실무 장면에서는 면담에 사용되는 공간이 정해져 있을 수 있다. 또한 일부 대학원 프로그램에는 면담을 위한 사적인 공간이 없을 수도 있다. 재난이나 위기 상황에서 일하는 전문가는 체육관이나 벤치에 앉아 면담을 하기도 한다. 때로는 임상적인 이유로 특정 환경에서 면담이 이루어지기도 한다. 예를 들면, 행동치료자는 노출기반치료를 시행하기 위해 내담자를 상담실 밖 불안을 유발하는 환경으로 데려가기도 한다(McKay & Ojserkis, 2015). 초기면담과 이후의 치료 회기는 조깅을 하면서, 걷는 도중에, 춤을 추는 동안 또는 날씨가 좋은 날 나무 아래 앉아 있는 상황처럼 외부에서 이루어질 수 있다. 이러한 많은 예외에도 불구하고, 우리는 당신이 방에서 시작하는 것을 추천한다.

개인 정보 보호는 필수적이다. 전문적인 인테리어 또한 중요하다. 사람들은 학생 회관(student union building)에서 커피를 마시며 자신의 가장 깊은 두려움이나 비밀을 드러내고 싶어 하지는 않는다. 적어도 개방된 공간에서는 처음 만난 사람에게 공개하고 싶어 하지 않는다. 그렇다고 커다란 책상과 그 뒤에 전문가 자격증이 걸려 있는 공간에서 할 필요도 없다. 공간을 선택할 때, 전문적인 격식과 가벼운 편안함 사이에서 균형을 잡는 것이 유용하다. 상담실을 전문적 자아(professional self)의 연장으로 생각하도록 하라. 초기면담에서 당신의 주요 목적은 신뢰와 희망을 키우고, 라포를 형성하며, 내담자가 솔직하게 이야기할 수 있도록 돕는 것이다. 당신의 공간 선택은 그 목적을 반영한다.

통제는 상담실을 구성하는 데 중요한 이슈다. 내담자는 의자 선택과 같은 작은 선택권이 주어질 수 있다. 하지만 전반적으로 당신이 환경을 통제해야 한다.

임상면담과 다른 사회적 만남의 한 가지 차이점은 전문적인 면담이 방해되어서는 안 된다는 것이다. 방해는 시간을 소모하고 회기의 흐름을 방해한다. 또한 비밀 보장을 침해할 수 있다.

개인 정보가 보장되는 공간이 없다면 '회기가 진행 중이니 방해하지 마시오.'라는 문구를 문 앞에 배치하여 최대한 면담 중 방해를 줄여야 한다. 전화 벨소리, 휴대전화, 자동 응답기는 꺼야 한다. 내담자가 마음속 깊은 곳에 숨겨둔 개인적인 이야기를 공개하기 시작할 때, 당신의 휴대전화 진동이 울리는 것을 결코 원하지 않을 것이다.

당신은 방해 받지 않도록 합당한 조치를 취해야 하지만 문은 **잠그지 말도록** 하라. 만약 충동성이 높은 내담자가 화를 낸다면, 빨리 빠져나가는 것이 최선이다. 마찬가지로 당신은 내담자와 문 사이에 앉아서는 안 된다. 당신과 내담자 모두 쉽게 일어나서 떠날 수 있어야 한다.

때때로 최선의 노력에도 불구하고 면담이 방해되는 경우가 발생한다. 세 가지 주요 방해 유형이 있다.

첫째, 부주의로 인한 짧은 방해가 있다. 새로 입사한 접수 담당자(receptionist)는 개인 정보 보호 사안을 이해하지 못하고 상담실 문을 두드리거나 들어 올 수 있다. 이 경우, 접수 담당자에게 만남이 비공개임을 조심스럽게 알리고 면담 장면으로 돌아가도록 하라.

둘째, 처리하는 데 시간이 걸리는 정당한(legitimate) 방해가 있을 수 있다. 어쩌면 학교로부터 당신의 열 살짜리 딸이 아프다는 전화를 받고 데리러 가야 할 수도 있다. 접수 담당자가 이 상황을 알려 준다. 사전에 이러한 상황에 대한 대처 방안을 마련해 두었기 때문에, 친구나 가족에게 연락하여 대신 자녀를 데리러 가게끔 조치를 취할 때까지 몇 분이 소요될 수 있다. 내담자에게 잠시 중단이 필요함을 알리고 사과한 뒤 전화를 걸 수 있다. 회기로 돌아오면 다시 사과하고, 회기에서 놓친 시간을 보상하여 진행할 수 있다(예: "오늘 5분 더 할 수 있나요?" 또는 "다음 회기에서 오늘 채우지 못한 5분을 보충해도 될까요?"). 이때는 가능한 한 부드럽게, 면담이 중단된 부분부터 시작하면 된다.

셋째, 긴급한 상황으로 인해 면담이 방해 받을 수 있다. 이 경우 회기를 종료하는 것에 대해 사과하고, 일정을 변경해야 하며, 다음 회기를 무료로 제공(또는 중단된 회기에 대해 비용을 환불)해야 한다. 이때 내담자에게 잘 설명하는 것이 중요하다.

> 죄송하지만 갑작스럽게 일이 생겨 오늘은 면담 진행이 어려울 거 같아요. 양해를 부탁드리지만, 일정을 다시 잡아야 해요. 오늘 같은 상황은 매우 이례적인 일이에요. 불편을 끼쳐 드려 정말 죄송해요.

이론적 배경, 개인적 선호 또는 규정(office policy)에 따라 긴급한 상황의 세부 내용을 공개할 수도 있고, 그렇지 않을 수도 있다.

요약하면, 면담이 방해 받을 경우, ① 침착함을 유지하고 문제 해결 기술을 사용하며, ② 중단한 것에 대해 사과하고, ③ 시간 손실에 대해 보상하도록 하라. 또한 방해 받을 때 당신이 메모를 하고 있는 경우, 방을 나가기 전 필기한 메모를 안전한 곳에 두도록 하라.

좌석 배치

전문적인 면담을 위한 좌석 배치에는 다양한 방식이 있다. 일부 임상가들은 얼굴을 맞대고 앉을 것을 제안한다. 다른 이들은(일반적으로 텔레비전 치료자; television therapists)[1] 자신과 내담자 사이에 책상을 두는 것을 좋아한다. 또 다른 사람들은 내담자와 치료자가 서로 불편해하지 않고 바라볼 수 있도록 90~120도 사이의 각도로 앉는 것을 선호한다. 일부 정신분석치료자들은 여전히 내담자를 소파에 누워 있도록 한다(치료자는 소파 뒤에 보이지 않게 앉는다.).

일부 수련 클리닉은 사전에 좌석 배치를 미리 결정해 놓는다. 우리가 운영한 이전 클리닉에는 두세 개의 딱딱한 나무의자와 함께, 한 개의 부드러운 안락의자가 있었다. 부드러운 안락의자는 내담자에게 자유롭게 표현하도록 자극할 수 있는 편안하고 여유로운 공간을 제공했다. 안락의자는 또한 최면 유도와 점진적 근육 이완을 하는 데 탁월했다. 안타깝게도 내담자를 위한 지정석은 불편함을 유발할 수 있다. 우리 수련 클리닉에 찾아오는 내담자는 거의 항상 쿠션이 있는 안락의자에 앉는 것을 피했다.

이론적 배경을 포함해 좌석 배치 선택을 결정하는 몇 가지 요인들이 있다. 당신에게 가장 좋은 것이 무엇인지 알기 위해 다양한 배치를 시도할 수도 있다. 그렇다고 해서 마음에 드는 방식으로 선택하는 것이 최선이라는 뜻은 아니지만, 자신의 선호도를 알아보는 것은 도움이 될 수 있다. 또한 내담자의 선호도에 대해서도 민감해야 한다.

일반적으로, 우리는 초기면담 동안 임상가와 내담자가 90~150도 사이의 각도로 앉는 것을 권고한다. Benjamin(1987)은 이러한 배치에 대한 근거를 제시했다.

> (나는) 작은 테이블 옆에 두 개의 편안한 의자가 90도 각도로 놓여 있는 것을 선호한다……. 내담자는 나를 대면하고 싶을 때 그렇게 할 수 있고, 다른 때에는…… 나에게 방해받지 않고 정면을 바라볼 수 있다. 나 또한 방해 받지 않는다. 사이에 놓인 테이블은 본연의 목적으로 쓰이고, 불필요한 상황에서는 아무에게도 방해가 되지 않는다(p. 3).

90도 각도의 좌석 배치는 많은 치료 장면에서 광범위하게 받아들여지고 있다. 당신은 내담자를 보다 직접적으로 볼 수 있지만, 마주 보지는 않을 정도의 각도(아마도 120도)를 선호할 수도 있다.

---

1) 역자 주: 텔레비전에 출연하는 저명한(또는 최악의) 치료자를 의미한다.

내담자는 종종 의자를 움직여 미리 준비한 좌석 배치를 흩뜨린다. 보통은 이런 상황을 허용하고, 그 행동을 머릿속에 기억하며 면담을 진행하는 것이 현명하다.

이 일반적인 규칙에 대한 예외는 내담자(보통 어린이나 청소년)가 적절한 자리에 앉기를 거부하거나, 아예 앉지 않을 경우 발생할 수 있다. 당신의 이론적 배경이나 개인적인 스타일에 따라, 당신은 내담자가 원하는 대로 서 있게 하거나, 어디든 앉게 하거나, 정중하게 두세 개 앉을 수 있는 자리 중 선택하도록 하게 할 수 있다(사례 예시 2-1 참조).

사례 예시 2-1 **저는 서 있는 게 편해요, 고맙지만 괜찮거든요?**

나(Rita)는 수용 시설(residential facility)에 살고 있는 17세 소녀를 만나기로 예정되어 있었다. 우리는 전에 만난 적이 없었다. 그녀가 약속 장소에 도착했을 때, 그녀의 외상 경험과 강한 성격에 맞게 그녀는 나와 면담하는 것에 대해 전적으로 반대한다는 것을 분명히 했다. 그녀는 문 앞에 서서 "저는 앉지 않을래요!"라고 말했다.

나는 뭔가를 고집하는 대신, 그저 그녀가 와준 것에 대해 감사해하면서 "물론 원하지 않는다면 앉을 필요는 없어요."라고 말했다. 그리고 나서 우리 만남의 목적을 부드럽게 설명했다. 그녀는 방 안으로 한 발짝 들어왔다. 5분도 안 돼 그녀는 문을 닫고 자리에 앉았다. 10분도 안 돼 그녀는 의자에 털썩 주저앉아 터놓고 이야기했다. 20분도 안 돼 그녀는 울고 있었다. 면담이 끝났을 때, 그녀는 일어나서 "제가 안아도 될까요?"라고 물었다.

상담실의 어수선함과 장식

우리 중 한 명(John)은 가끔 치료 회기를 준비하는 꿈을 꾼다. 치료 시작 직전에 자신의 사무실이 완전히 엉망진창인 것을 알아차린다. 여기저기 온통 더러운 세탁물, 책, DVD, 서류들이 널려 있다. 마지막 순간에 그는 내담자가 도착할 것을 예상하고, 책상 아래에 서류와 세탁물 더미를 쑤셔 넣으며 서두른다. 불행하게도 청소는 끝나지 않았고, 내담자가 방에 들어왔을 때는 설명하기 어려운 난처한 상황이 발생한다.

꿈 해석에 관심이 있는 사람들은 John이 치료 회기 중에 표출되는 과도한 심리적 부담감을 가지고 있다고 생각할지도 모른다. 비록 이 해석이 사실일 수 있지만, John이 상담실을 깔끔하게 정돈하고 유지하는 데 문제가 있는 것은 분명하다(그러나 그는 상담실에 더러워진 세탁물이 널려져 있는 것에 대해서는 강력히 부인한다.). 중요한 점은 당신의 상담실 인테리어와 정리정돈을 의도적이고, 절제적이며, 세련되게 해야 한다는 것이다.

상담실은 당신의 성격과 가치를 나타낸다. 당신은 어느 정도 내담자에 대한 예의를 갖추고, 어느 정도 세련되며, 어느 정도 자신을 드러낼 수 있게 상담실을 의도적으로 꾸밀 수 있다. 다양한 사람들이 편안함을 느낄 수 있는 상담실을 만들기 위해 노력하는 것은 중요하다. 상담실과 대기실이 내담자에게 보내는 메시지에 주의를 기울여야 한다. 다양한 인종 또는 성소수자 집단에 맞는 읽을거리를 제공하는 것이 좋다. 예를 들면, 아메리카 원주민 내담자를 상담하는 치료자는 대기실이나 상담실에 멋진 아메리카 원주민 예술품을 두기 원할 수 있다. 그러나 다문화를 상징하는 예술품으로 장식한다고 해서 다문화 인식, 노출, 훈련, 슈퍼비전이 필요하지 않은 것은 아니다.

학생으로서 당신은 상담실을 완전히 통제하지 못할 수도 있지만, 적어도 상담실을 깔끔하게 정리할 수는 있다. 우리 학생들 중 일부는 자신이 중요하다고 느끼거나, 자신을 진정시키고 집중시키는 데 도움이 되는 작은 장식품을 가져오기도 한다.

노트 필기

노트 필기는 다양한 분야에서 관심 받는 주제다(Pipes & Davenport, 1999). 일부 전문가들은 회기가 끝난 후에만 노트 필기를 권고하지만, 다른 전문가들은 치료자가 완벽한 기억력을 가지고 있지 않기 때문에, 회기 중에 기록하는 것이 바람직하다고 지적한다(Shea, 1998). 노트 필기는 일부 내담자들을 짜증 나게 할 수 있다. 다른 경우, 노트 필기는 라포와 신뢰감을 높일 수 있다. 노트 필기에 대한 내담자의 반응은 일반적으로 그들의 대인관계 역동, 노트 필기와 관련된 과거 경험, 치료자 기술의 산물이다. 다음과 같이 먼저 설명하는 것이 도움이 된다.

나는 대개 면담이 어느 정도 진행되기 전까지는 클립보드를 집어 들지도 않는다. 필기를 시작할 때, 존중의 표시로 나는 종종 환자에게 "제가 모든 걸 정확하게 기억하고 있는지 확인하기 위해 몇 가지 메모를 하려고 해요. 괜찮을까요?"라고 말한다. 내담자는 이런 간단한 존중의 표시에 매우 잘 반응하는 것 같다. 이러한 목적을 설명하는 것은 또한 환자가 때로 노트 필기에 투사하는 편집증을 감소시키는 경향이 있다. 왜냐하면 내담자는 임상가가 자신의 모든 생각과 행동을 미친 듯이 분석하고 있는지 궁금해하기 때문이다(Shea, 1998, p. 180).

노트 필기를 하면서 그리고 하지 않으면서 면담을 연습해 보는 것이 좋다.

기술 장비와 노트 필기

역사적으로, 노트 필기에는 클립보드, 종이와 펜 또는 연필이 사용되었다. 그러나 세월 은 변한다. 기술 장비(technology)는 이제 노트 필기를 할 때 사용할 수 있는 선택사항이 되 었다.

최근 한 연구에서 임상면담자들을 세 가지 노트 필기 방법 중 하나에 배정했다. ① 펜과 종이, ② 애플 아이패드(스타일러스 사용), 또는 ③ 노트북 컴퓨터(Wiarda, McMinn, Peterson, & Gregor, 2014). 각각 다른 노트 필기 방법이 치료 동맹에 영향을 미치는지 여부를 알아보 기 위해 자료를 수집했다. 연구자들은 서로 다른 방법을 취하는 것이 치료 동맹에 영향을 미치지 않는다고 보고했지만, 다음과 같이 경고했다.

> 기술 장비 사용에는 많은 윤리적인 함의가 있다. …… 기술 장비 사용 시 환자의 개인 정보 보호와 비밀 보장이 무엇보다 중요하다. …… 심리치료자가 사용하는 기술 장비는 윤리적인 진정성을 훼손시키지 않는 선에서 사용되어야 한다(Wiarda et al., 2014, p. 445).

비밀 보장을 위한 조치를 취하는 한, 기술 장비를 사용하는 것은 개인 취향의 문제인 것 같다.

노트 필기 규칙

다음 목록은 노트 필기의 일반적인 규칙을 요약한 것이다.

1. 노트 필기가 면담의 흐름이나 라포에 방해가 되지 않도록 하라. 항상 노트보다 내담 자에게 더 많은 주의를 기울이도록 하라.
2. 내담자에게 노트 필기의 목적을 설명하도록 하라. 보통 모두 기억할 수 없다는 말만 으로도 충분하다. 일부 내담자들은 노트 필기를 하지 않으면 실망한다. 필요한 경우, 노트 필기를 하지 않는 이유에 대해 설명하도록 하라.
3. 노트를 숨기거나, 덮어버리거나, 어떤 식으로든 내담자가 볼 수 없도록 하지 마라.
4. 노트에 내담자가 읽지 않았으면 하는 내용은 적지 말도록 하라. 사실대로 기록하도록 하라. 당신이 혼자만 보려고 무언가를 적는다면, 내담자는 그것을 보고 싶어 할 것이 다. 일부 내담자들은 당신이 작성한 내용에 대해 의심을 품고, 노트를 읽으려고 고집 을 부릴 것이다.
5. 내담자가 당신이 작성한 내용을 확인해달라고 요청하는 경우, 노트를 읽을 수 있도록

하고 내담자가 걱정하는 것이 무엇인지 탐색하도록 하라. 내담자가 이와 같은 요청을 할 때, 규칙 4를 따른 것을 다행이라 생각할 것이다.

영상 녹화와 음성 녹음

회기를 녹화/녹음하는 경우에는 공개적으로 하되, 눈에 띄지 않도록 하라. 녹화/녹음하는 것에 대해 자연스럽게 이야기할수록, 내담자는 녹화/녹음에 대해 더 빠르게 편안함을 느낄 것이다. 당신이 자연스럽게 이야기하는 것은 말로는 쉬우나 실제로는 그렇지 않다. 왜냐하면 당신이 녹화/녹음하는 것에 대해 내담자보다 더 긴장할 수 있기 때문이다. 비록 녹화/녹음 동의서가 필요하겠지만, 구두로도 이 문제를 논의하길 원할 것이다. 당신은 다음과 같이 말할 수 있다.

> 상담 회기를 녹화/녹음하는 주된 이유는 슈퍼바이저가 제가 상담하는 걸 볼 수 있도록 하기 위해서예요. 이렇게 하면 당신이 가능한 최상의 서비스를 받고, 제 상담 기술을 향상시키는 데 도움을 줄 수 있어요.

장비를 켜기 전에 반드시 내담자의 서면 및 구두 동의를 얻어야 한다. 내담자 모르게 녹화하는 것은 개인 정보와 신뢰를 침해한다. 녹화/녹음의 추후 사용 가능성과 저장, 처리, 파기하는 방법을 설명하는 것도 중요하다.

사례 예시 2-2 **카메라가 켜져 있나요**

회기가 시작될 때부터 내담자와의 상호작용을 기록하기 위해 인턴은 내담자가 방에 들어오기 전에 카메라를 켰다. 그는 회기 초반 내담자와의 중요한 상호작용을 먼저 녹화한 후, 내담자의 허락을 받으려 했다. 내담자는 자신이 녹화되고 있다는 사실을 알아차렸을 때, 면담을 계속 하는 것에 대해 거부했다. 게다가 그녀는 녹화한 것에 대해 가혹한 질책을 했다(그리고 이러한 질책 역시 잘 녹화되었다.). 인턴은 면담 초기에 신뢰와 라포를 파괴할 수 있는 훌륭한 방법을 찾아냈다. 그는 녹화를 하기 위해 사전에 동의를 구하지 않았다.

회기 녹화/녹음에 대한 최종 소견: 최고의 면담을 수행했을 때 항상 기술적 결함이 있었고, 회기가 제대로 녹화/녹음되지 않았다는 것을 알게 된다. 그리고 물론, 당신이 잊고 싶

은 회기를 수행했을 때, 장비는 완벽하게 작동하고 슈퍼바이저가 먼저 녹화된 회기를 보자고 요청할 것이다. 이러한 머피의 법칙이 일어나기 때문에, 우리는 매 회기 전에 녹화/녹음 장비를 신중하게 점검하는 것을 권고한다.

전문적이고 윤리적인 이슈

여러 다른 전문 분야의 실무자들은 평가 정보를 수집하고 치료를 시작하기 위해 임상면담을 한다. 모든 직업과 마찬가지로, 각 분야(예: 상담학, 심리학, 정신의학, 사회복지학)는 구체적인 윤리 규정을 가지고 있다. 이 섹션에서는 임상면담과 관련된 여러 전문적이고 윤리적인 문제에 초점을 맞춘다. 추가적인 윤리 관련 정보는 본문 전체에 걸쳐 제시되고 있다. 보다 구체적인 윤리 지침이 필요한 경우, 각 분야의 윤리 강령을 검토하고, 슈퍼바이저 및 동료와 상의하도록 하라.

자기표현과 사회적 행동

당신은 성공적인 면담을 위한 기본 도구다. 자신을 표현하는 것은 전문적인 임상면담에서 중요한 부분이다.

차림새와 복장

전문적인 복장을 고르는 것은 어려울 수 있다. 일부 학생들은 이 사안을 무시한다. 또 다른 사람들은 딱 맞는 옷을 고르는 것에 집착하기도 한다. 어떻게 옷을 입느냐에 대한 질문은 보다 더 큰 맥락에서 생각해 볼 수 있다. 당신은 얼마나 진지하게 자신을 전문가로 생각하는가? 찢어진 청바지를 벗고, 코걸이를 빼고, 문신을 감추거나 하이힐을 벗을 때인가? 답답한 정장이나 정성을 들여 다리미질한 스커트를 입을 때인가? 걱정하지 말도록 하라. 우리는 의도적으로 당신 복장의 자율성에 대해 생각해 보게 만든 것이다. 우리는 당신이 어떻게 옷을 입거나, 몸을 치장해야 하는지 말하는 것에 별로 관심이 없다. 대신, 우리는 당신이 전문가 복장에 대해 의식하고 신중하도록 설득하는 데 관심이 있다. 당신이 자신의 차림새와 복장에 신경 쓰지 않는다고 해도, 당신의 내담자—그리고 슈퍼바이저—는 아마 그렇게 생각하지 않을 것이다.

우리는 여러 색으로 염색한 짧은 머리, 큰 귀걸이, 특이한 종류의 스카프, 조끼, 스웨터,

조깅용 타이즈와 샌들을 착용한 독특한 스타일의 학생을 알고 있다. 우울증으로 클리닉에 의뢰된 중년의 낙농업자나, 훈육에 어려움을 겪고 있는 모자 관계를 상상해 보도록 하라. 의사소통을 목적으로 하고, 실제로 그렇게 한다면 옷, 보디 아트(body art), 보석은 중립적이지 않다(Human & Biesanz, 2012). 개성을 나타내는 옷차림에서 비롯될 수 있는 부정적인 영향은 해결 가능하지만, 그렇게 하는 것은 다른 사안에 투자할 수 있는 시간과 에너지를 뺏을 수 있다(실제 적용하기 2-1 참조). 치료자로서 당신은 긍정적인 첫인상을 주는 방식으로 자신을 표현하기 원한다. 여기에는 라포, 신임, 신뢰성을 증진시키는 옷과 차림새가 포함된다.

한 고전적인 연구에서 Hubble과 Gelso(1978)는 내담자가 평소의 복장보다 약간 더 격식을 차려 입은 심리치료자에게 덜 불안하고, 긍정적인 감정을 느낀다고 보고했다. 당연하겠지만 이 연구가 시사하는 바는, 적어도 의복이 더 이상 내담자에게 부정적인 영향을 미치지 않는다는 것을 확신할 수 있을 때까지는 중립적이거나 보수적인 편이 더 좋다는 것이다. 우리의 동료는 학생들에게 "내담자가 상담실을 나설 때 당신이 입은 복장만 기억에 남게 해서는 안 됩니다."라고 말한다(S. Patrick, 개인교신, 2015년 6월 27일).

가슴골과 가랑이에 대한 솔직한 이야기

가슴골과 가랑이 그리고 이와 관련된 문제들이 공개적으로 논의되는 전문적이거나 학문적인 상황은 많지 않다. 이 섹션의 목표는 그러한 관례를 깨는 것이고, 당신도 함께 그러한 관례를 깨기를 독려하는 것이다. 우선, 우리는 이 주제를 (글을 통해서 혹은 직접) 제기한다는 생각 자체가 우리를 어색하고 나이 들었다고 느끼게 한다는 것을 고백하고자 한다. 하지만 우리는 이 선택이 나이 듦과 함께 오는 지혜와 관점을 반영하기 희망한다.

최근 몇 년 동안 우리는 여성 상담자와 심리학과 학생(특히, 젊은 여성)들이 도발적으로 보일 수 있는 방식으로 옷을 입는 경향이 더 크다는 것을 알게 되었다. 여기에는 가슴골이 심하게 노출되는 낮은 목선의 옷이 포함된다. 우리는 또한 남성의 딱 붙는 바지, 눈에 잘 띄는 문신, 체모를 드러내는 것도 발견할 수 있었다. 남성의 옷 선택은 내담자를 불편하게 하거나 성적으로 자극할 수 있다. 남성의 성기를 드러내는 꽉 끼고 신축성 있는 바지나 몸의 자세는, 가슴 털이나 문신이 드러날 정도로 셔츠나 블라우스 단추를 많이 풀어 입는 것만큼 내담자에게 불편감을 줄 수 있다.

다른 사안들 중에서도, 가슴골과 의복 문제는 2012년 상담자교육 및 감독협회(Counselor Education and Supervision: CES)의 단체 이메일을 통해 수차례 논의되었다. CES 논의는 다음에 나오는 내용들에 영감을 주었다.

아래 글을 읽고, 교육 활동으로 이에 대해 논의해 보도록 하라.

- 학생은 옷 입는 방식을 통해 자신을 표현할 권리가 있으며, 원하는 방식으로 옷을 입을 수 있어야 한다.
- 여학생의 복장에 대해 언급하고 추천하는 것은 성차별주의자로 간주될 수 있다.
- 단체 및 기관은 유급 직원과 자원봉사자 복장에 관한 규정을 제정할 권리가 있다.
- 가부장적인 사회의 족쇄에서 여성을 해방시키려는 평등주의적이고 페미니스트적인 노력에도 불구하고, 항상 그렇지는 않지만 여성이 옷을 입는 방식은 여전히 성별과 성적인 사회적 메시지를 가지고 있는 것으로 해석된다.
- '섹시하게' 옷을 입는 여성에 대한 사회적 생각을 바꾸려는 노력에는 캠퍼스 내 '슬럿워크(slut-walks)[2]'와 같은 활동이 포함될 수 있지만, 상담이나 심리치료 회기는 아마도 사회와 페미니스트적 변화에 대한 대화를 시작하는 장소는 아닐 것이다.
- 좋든 나쁘든, 대부분의 중학교 남학생과 중년 남성들(그리고 두 연령대 사이의 많은 '사람들')은 치료자의 가슴이 보이는 가까운 위치에서는 주의가 산만해질 가능성이 있고, 상담 경험에서 이익을 얻을 수 있는 능력이 손상될 수 있다. 마찬가지로, 중학교 여학생과 모든 연령대의 여성들은 남성 상담자의 꽉 끼는 바지나 자세로 인해 나타나는 성기의 윤곽이 주의를 산만하게 하는 것을 발견할 수도 있다.
- 자신의 상담 역할극을 녹화한 영상을 시청하는 것은 유용할 수 있다. 당신의 옷, 보석 및 그 외 다른 것들이 다양한 유형의 내담자에게 줄 인상을 상상해 보도록 하라.

우리는 가슴골이 드러나는 옷, 꽉 끼는 바지 또는 잠재적으로 각성시킬 가능성이 있는 복장 선택에 대해 완벽한 답을 가지고 있지 않지만, 이러한 요소들은 당신의 전문적인 성장과 내담자를 치료하는 데 있어 영향을 준다는 것을 말하고 싶다. 앞서 언급한 지침은 부분적으로 면담 장면과 특정 내담자 집단에 따라 달라진다. 최소한 우리는 당신이 전문 복장과 관련해서 생각해 보고 동료 학생들, 슈퍼바이저와 공개적으로 이 사안을 논의할 것을 권고한다.

이러한 사안에는 명백하게 문화적 고정관념, 규범, 기대가 가득하다. 이 주제에 대한 적용 범위를 확대하기 위한 노력의 일환으로, 우리는 전문가와 동료들에게 이 섹션에 대해

---

2) 역자 주: '헤픈 여자의 행진'이라는 의미의 시위 문화를 말한다. 2011년 캐나다의 한 경찰관이 성폭행 예방을 위한 강연에서 여성들이 '헤픈 여자'처럼 입고 다니지 않아야 한다는 취지로 말한 것에 대한 반발로 시작되었다.

온라인으로 피드백 줄 것을 요청했다. 이 피드백에 대한 요약은 실제 적용하기 2-1에 포함되어 있다.

● 실제 적용하기 2-1: 가슴골과 가랑이에 대한 피드백

남성 치료자에 대한 경고:

남성 치료자는 유혹하는 행동을 조심해야 한다. 이러한 행동에 대해 의구심이 든다면 여성 동료와 상의할 수 있다. 나는 대부분의 남성이 가슴골에 대해 문제가 없다는 것을 알고 있지만, 그들은 가끔 "당신도 알다시피, 자신의 사랑스러운 성적 매력을 받아들이고 그걸 유리하게 이용해야 해요."와 같이 자극적인 말을 하기도 한다. 이는 내가 지어낸 말이 아니다. 또한, 그들은 "당신은 너무 예뻐요. 당신의 성적 매력은 남자들이 당신을 원하게 만들 거라고 장담해요."라고 말하고 싶어 할지도 모른다. 이 또한 내가 지어낸 말이 아니다(J. Hocker, 개인교신, 2015년 6월 27일).

여성 치료자의 복장을 넘어 남성 치료자의 복장에 관해:

흥미롭게도, 나는 외모에 대한 대화를 남성들과 함께 나누어야 한다는 것을 알게 되었다. 예를 들면, 조리 샌들, 커다란 보석 또는 '근육'이 훤히 드러나는 셔츠를 입고자 하는 남학생. 우리는 또한 문신을 드러내는 옷을 입을지 말지의 여부, 머리 스타일 등에 대해서도 이야기한다. 그래서 이제 남성은 여성 못지않게 이 주제와 관련된 대화의 일부가 되었다고 생각한다(S. Patrick, 개인교신, 2015년 6월 27일).

공인 학교상담자의 메시지:

나는 위생 상태가 좋지 않고, 때때로 가슴골이 보이는 드레스를 입고 상담하는 학교상담자를 알고 있다. 학생들은 이에 대해 신경 쓰게 되는데, 이는 바람직하지 않다. 공인 학교상담자로서 학생들이 나를 편하고, 깨끗하며, 안전한 공간을 제공하고 귀 기울여 주는 사람으로 보길 바란다. 나는 학생들이 결코 가슴골을 보지 않기를 바란다. 이는 주의를 분산시킨다. 가슴골은 섹시하고, 어떻든 간에 관심을 끈다. 나는 여성에게 성적으로 끌리지 않지만, 가슴골은 상당히 정신을 산만하게 한다. 나는 여성에게 끌리는 사람이 어떻게 반응할지 도저히 상상할 수 없다. 직장 밖에서 데이트와 사회적인 기능을 통해 섹시한 자기의 모습을 찾을 수 있지만, 학생을 상담하는 직업에는 그것이 적합하지 않다고 생각한다. 그렇다, 여성들은 그들이 원하는 옷을 입을 수 있어야 한다. 하지만 현실은, 당신이 가슴골을 과시하고 다닌다면 모든 사람들의 주목을 받을 것이며, 가슴골을 과시할 수 있는 시간과 상황은 따로 있다. 아마도 일을 하는 장소는 그런 곳이 아닐 것이다(M. Robbins, 개인교신, 2015년 6월 30일).

성적인 것에 의해 주의산만해지는 것은 남녀 모두 동일하다:

일반적인 담론에서 일관되게 관찰되는 것은 남성이 여성보다 성적으로 더 관심을 가진다는 것이다. 이는 여러 측면에서 문제가 있다. 연구에 따르면, 남성이 여성보다 시각적 자극에 의해 각성이 어느 정도 더 증가했지만, 남성과 여성 모두 시각적 자극에 의해 각성되는 것으로 나타났다. 여성과 남성 모두 단지 관계를 유지하기 위한 수단이 아닌 육체적 쾌락을 위해 성관계를 원한다. 성별에 따라 이런 것들이 어느 정도 인정되는지는 차이가 있지만, 실제로는 남성과 여성이 신체에 의해 성적으로 산만해질 수 있는 정도에 차이가 있다는 설득력 있는 증거는 보지 못했다(C. Yoshimura, 개인교신, 2015년 6월 28일).

사회적 행동 모니터링하기

성적으로 암시적일 수 있는 의식적이거나 무의식적인 의복 선택 외에도, 고려해야 할 다양한 사회적 행동들이 있다. 사회적 상호작용 영역에서 정신건강 전문가에 대한 기준은 높다. 상담 장면과 과정을 생각하면 이러한 높은 기준은 이해가 된다. 내담자는 종종 임상 면담에서 마음속 깊은 감정을 드러낸다. 자신을 드러내고, 자비심을 가지고 이를 경청하는 행동 둘 다 성적 친밀감과 관련된 감정을 불러일으킬 수 있다. 많은 사회적 환경에서 친근함을 표현하려는 행동들은 의도치 않게 유혹하는 행동으로 변할 수 있다. 정신건강 전문가로서 당신은 이 가능성을 충분히 의식하고, 유혹한다고 해석될 수 있는 행동을 자제해야 한다. 전문상담자, 심리학자, 사회복지사와 관련된 모든 윤리 강령은 치료자와 내담자 사이의 성적 접촉을 금지한다. 요점은 정신건강 전문가나 수련생으로서 직접적으로나 간접적으로 내담자를 유혹하지 않도록 옷차림과 행동을 면밀히 모니터링하는 것은 당신의 책임이다.

내담자와 신체적 접촉은 괜찮은가

때로 당신은 내담자와 신체적 접촉을 하고 싶을 수도 있다. 이는 자연스러운 현상이다. 여러 가지 이유로 이러한 충동을 느낄 수 있다. 아마도 내담자가 울고 있고, 당신이 손을 내밀거나 포용하고 싶어 할지도 모른다. 아니면 당신의 손길이 치유의 원천이 될 것이라고 믿는지도 모른다. 또한 당신은 누군가의 뒤에서 토닥여 주거나 포용하거나, 아니면 도움의 손길을 내미는 경향의 사람일 수 있다. 그러나 치료적 관계에서 신체적 접촉은 다른 많은 사회적 충동과 마찬가지로 신중하게 검토하고 고려해야 한다.

Gazda, Asbury, Balzer, Childers와 Walters(1984)는 상담자가 내담자와의 신체적 접촉을 원할 때 스스로에게 물어보아야 한다고 권고했다. "이 접촉은 누구를 위한 것인가? 나를 위해서? 내담자를 위해서? 아니면 보는 사람들을 감동시키기 위해서?"(p. 111). 이 권고안은 지침을 내포하고 있다. 내담자에게 적절한 접촉을 하기 전에, 임상가는 자신의 행동에 내재된 동기를 탐색해야 한다.

신체적 접촉은 위협적이거나 강압적인 느낌이 들지 않아야 한다. 어렵지만 신체적 접촉이 잘못 해석되지 않도록 확실히 해야 한다. 왜냐하면 과거 성적 학대 경험이 있는 내담자는 신체적 접촉을 의도와는 다른 방식으로 해석할 수 있기 때문이다. 어떻게 해석될지 의심이 든다면, 신체적 접촉을 하지 말아야 한다.

Welfel(2016)은 "내담자에 대해 성적 매력을 느끼는 것은 치료자들 사이에서 거의 보편적인 현상이다. 그러나 물론, 대부분은 그러한 매력에 따라 행동하지 않고 책임감 있는 태도로 자신의 반응을 다루기 위해 노력한다."(p. 199)라고 말했다. 신체적 접촉을 주의 깊게 살펴야 하는 한 가지 이유는, 신체적 접촉이―의도와는 상관없이―친밀하고 낭만적이거나 명백하게 성적인 것으로 느껴질 수 있기 때문이다. 또한 치료자가 내담자에게 신체적 접촉을 할 때 성적인 관계로 발전할 수 있는데, 치료자와 내담자 간의 성적인 관계는 절대 허용될 수 없는 비윤리적이고, 종종 불법적인 행위다. 우리는 치료자와 내담자 간 성적인 관계에 대해 Pope(1990)가 말한 전문 용어에 동의한다. 그는 성적인 관계를 내담자에 대한 성적 학대라고 말했다.

이 시나리오를 생각해 보도록 하라. 한 내담자와 상담을 하고 있다. 당신이 내담자에게 성적 매력을 느껴 "저는 당신에게 성적 매력을 느껴요."라고 말한다. 이러한 표현은 어떻게 해석될 수 있다고 생각하는가? 성적 매력을 언급하는 것에는 대개 유혹하는 것이 포함된다. 그리고 당신은 권위를 가지고 있기 때문에 내담자를 악용할 수 있는 위치에 있다. 요점: 내담자에게 성적 매력을 느낄지라도 이를 말하지 말도록 하라. 대신 슈퍼비전과 지도를 받도록 하라(Murray & Sommers-Flanagan, 2014).

경력 소개하기

적절한 방법으로 자신을 소개하는 것이 어려울 수도 있다. 자신을 '단지 학생'이라고 언급하면, "그렇다면 제가 당신의 실험 대상인가요?"와 같은 비판적인 대답이나 생각을 유발할 수 있다. 우리의 조언은 내담자의 이름을 따뜻하고 분명한 목소리로 부르면서, 당신의 수련 현황에 대해 정확히 설명하라는 것이다. 예를 들면, "제 이름은 Aalia Farran이고, 저는 대학원에서 임상심리학을 전공하고 있어요." 또는 "저는 정신건강상담 석사 과정에 재학 중이에요." 또는 "저는 임상면담 고급 과정을 배우고 있어요." 이 설명이 끝나면, 잠시 멈추고 내담자에게 질문하고 직접 대답할 수 있는 기회를 제공하도록 하라. 상담 역할극이든 실제 상담이든 상관없이 항상 당신의 신분을 명확하고 솔직하게 소개하도록 하라. 경력을 과장하는 것은 윤리 위반이다. 아무리 경험이 부족하거나 스스로 떳떳하지 못하다고 생각해서, 허위 진술을 통해 보상하지 말도록 하라.

자신을 소개하는 것을 연습하는 것은 중요하다. 자세한 내용을 읽기 전에, 새로운 내담 자에게 자신을 어떻게 소개하고 싶은지 만들어 보도록 하라. 소개글을 작성할 수도 있고, 녹음기에 대고 말할 수도 있다. 소개하는 것을 연습하면 이런 말을 피하는 데 도움이 된다. "글쎄, 전 그냥 학생이고 음, 이 면담 과정을 수강하고 있어요. 음, 전 연습을 해야 해요. 그러니까…… 어, 여기 있어요."

학생이라는 것은 아무 문제도 없고, 경험 부족에 대해 사과할 필요도 없다. 사과하는 태도는 당신의 신뢰성을 떨어뜨릴 수 있다. 실제 내담자와 상담 기술을 '연습하는' 것에 죄책 감을 느낀다면, 이에 대해 스스로 인지적인 개입을 하도록 하라. 기억하도록 하라. 사람들은 보통 자신에 대해 이야기할 기회를 즐긴다. 사람들이 다른 사람의 관심을 100% 받는 것은 드문 일이다. 잘 경청함으로써 내담자에게 긍정적인 경험을 제공한다.

수련생은 보통 슈퍼비전을 받는다. 자신의 경력을 소개할 때 이 정보는 반드시 포함해야 한다. 이를 명확하게 전달하기 위해 당신은 다음과 같이 말할 수 있다.

> Gutierrez 박사님은 이 클리닉에서 제 상담을 지도해 주세요. 즉, 당신이 최상의 서비스를 받을 수 있도록 하기 위해 우리의 상담 내용을 박사님과 검토할 거예요. Gutierrez 박사님은 자격증을 소지한 전문가예요. 박사님 역시 상담 내용에 대해 비밀을 지킬 거예요.

경력을 소개할 때, 내담자의 질문이나 걱정하는 사항에 대해 솔직하고, 명확하며, 신속하게 대응하도록 하라.

시간

전문적인 서비스 제공의 한 가지 특징은, 내담자가 비용을 지불하는 경우 그 비용은 당신의 시간에 기반해 책정된다는 것이다. 임상면담은 유용하고, 적극적이며, 복합적인 과정이다. 시간은 당신이 제공하는 서비스에 대한 가장 직접적인 척도다.

일반적으로 임상면담은 50분 동안 지속된다. 이 시간은 임의적이지만 편리하다. 이를 통해 치료자가 매 시간마다 내담자를 만날 수 있고, 매 회기의 마지막과 시작 부분에 몇 분 동안 노트를 작성하고 자료를 읽을 수 있다. 어떤 상황에서는 더 짧은 회기 시간(예: 학교상담)이 요구된다. 다른 상황(예: 초기면담 또는 평가면담)에서는, 사례를 개념화하고 치료 목표를 설정하는 데 필요한 정보를 얻기 어렵기 때문에 50분 이상 걸리기도 한다. 위기 상황 또한 유연성이 요구된다.

정시에 회기를 시작하도록 하라

면담을 정시에 시작하는 것은 최우선 과제다. 당신이 늦었다면 사과하고 보상에 대해 제안하는 것이 적절하다. 다음과 같이 말할 수 있다. "제가 늦은 것에 대해 사과드려요. 상담 전에 긴급한 전화가 왔어요. 제가 상담에 10분 늦었기 때문에 이번 회기나 다음 회기를 10분 더 연장할 수 있어요." 비용을 받는 경우라면 다른 방안으로, 남은 시간만큼 비용을 청구하는 것이다.

시간이 되더라도 일찍 회기를 시작하지 말아야 한다. Pipes와 Davenport(1999)는 간단 명료하게 언급했다. "내담자가 일찍 나타나서 회기가 가능한지 물어볼 것이다. 위급 상황이 아니라면 대답은 '아니요'다(p. 18)."

시간을 엄수하는 것은 존중 받는다는 느낌을 준다. 내담자는 예정된 시간에 회기를 시작하는 전문가에게 감사해한다. 종종 우리 학생들은 시간 엄수에 대해 심리치료자와 의사(정신과 의사를 제외하고) 간의 차이점을 논의했다. 많은 의사들이 환자와의 약속에 늦는 것으로 악명이 높다. 이러한 지연은 의사-환자의 관계에 대한 메시지를 전달한다. 대조적으로, 심리치료자는 내담자의 시간을 존중하는 태도를 분명히 보여 준다.

내담자가 늦었을 때, 당신은 회기를 늦은 만큼 연장해서 진행하거나, 회기를 취소함으로써 불이익을 주고 싶을 수도 있다. 그러나 어떤 선택도 바람직하지 않다. 내담자는 늦은 것에 대한 책임이 있으며, 이로 인해 회기가 짧아지는 것이 당연하다는 것을 경험해야 한다. 이는 내담자가 지각한 이유와 상관없이 적용될 수 있다. 내담자는 지각에 대해 후회하며 추가 시간을 요청할 수 있다. 다음과 같이 공감하되 단호하게 말하도록 하라.

> 이번 상담이 짧게 끝나서 유감이에요. 우리는 예정된 약속 시간을 지키는 게 중요해요. 다음 주에는 상담을 예정된 시간만큼 다 진행할 수 있기를 바라요.

내담자가 늦게 도착할 때 한 가지 방안은 추가 일정을 잡는 것이다. "우리가 오늘 채우지 못한 시간을 보충하고 싶으면, 이번 주 후반에 다시 약속을 잡을 수 있어요." 그러나 당신이 명심해야 할 것은, 만약 내담자와 (누락된 시간을 보충하기 위해) 추가 회기를 계획하면, 그들은 이때도 마찬가지로 '약속 후 연락 없이 나타나지 않는' 문제를 보일 수 있다.

늦거나 약속을 지키지 않은 내담자에게 분노나 짜증을 느끼는 것은 드문 일이 아니다. 이러한 감정적 반응이 생기는 것에 대해 내담자에게 알리고 표현하는 것은 좋지만, 행동을 취하는 것은 좋지 않다. 만성적으로 지각하는 내담자를 위해 10분을 기다린 후, 상담실에서 필사적으로 나가고 싶어도 그 충동에 저항해야 한다. 대신, 지각에 대한 규정을 명확히 하도록 하라(예: "당신이 늦는 경우, 20분 정도 기다렸다가 상담실을 떠날 수 있어요."). 여기에 대해서는 동의서가 필요할 수 있다. 내담자가 상담에 오지 않은 경우, 일정을 변경하거나 치료를 계속할 것인지 묻는 메시지를 보낼 수 있고, 또한 내담자가 새로운 약속을 잡기 위해 연락 오기까지 기다릴 수 있다. 일부 클리닉이나 임상가들은 이메일, 문자 메시지 또는 다른 형태의 장비를 사용해 내담자와 연락한다. 당신의 상담 환경 내에서 이러한 연락 방법들을 사용할 수 있는지, 그리고 연락 시 계속해서 비밀 보장이 가능한지에 대해 논의해야 한다.

경우에 따라서 내담자가 상담을 시작하기 24시간 전에 약속을 취소하지 않으면, 1시간에 해당하는 비용을 부과해야 하는 규정이 있을 수 있다. 그렇게 하는 경우, 내담자에게 이규정에 대한 정보를 제공해야 한다. 마찬가지로, 수업 시간에 자원하여 진행되는 상담의 경우 내담자에게 약속을 지키지 못할 때 생길 수 있는 결과(예: 추가 보너스 점수 없음)에 대해 알리도록 하라. 당신은 놓친 시간에 대해 보험 회사에 청구할 수 없다. 그렇게 하는 것은 보험 사기다.

정시에 회기를 종료하도록 하라

전문적인 임상면담은 정시에 끝난다. 회기가 연장되어야 하는 여러 이유가 있음에도 불구하고, 이러한 이유들의 대부분은 사전에 설정된 회기 시간을 연장할 이유로 충분하지 않다. 우리 학생들(그리고 우리 자신)로부터 들었던 몇 가지 이유들은 다음과 같다.

1. 우리는 해결책을 찾기 직전이었다.
2. 내담자가 끝나기 5분 전에 임상적으로 중요한 문제를 꺼냈다.
3. 내담자는 계속 이야기하고 있었고, 나는 이를 끊는 것에 불편함을 느끼고 있었다.
4. 나는 매우 비효율적이었으며, 내담자가 더 많은 시간을 가지길 원한다고 느꼈다.
5. 나는 시계 보는 것을 깜빡했고, 나의 자리에서 시계를 볼 수 없었다.

이와 같은 상황에서 치료자는 침착하고 요령 있게 다음과 같이 말할 수 있다.

"오늘 우리에게 주어진 시간이 다 되었군요. 만약 당신이 지금 말한 걸 중요하게 생각한다면, 다음 회기 시작할 때 우리는 이 주제에 대해 계속 이야기 나눌 수 있어요."

상담자는 시계를 볼 수 있는 위치에 앉아 있어야 한다. 면담을 하는 동안 시계를 보기 위해 어깨를 돌리는 것은 무례한 행동이며, 상담에 대한 집중을 방해할 수 있다.

일반적으로, 긴급한 상황 이외에 시간을 연장해야 하는 경우는 거의 없다. 이러한 상황은 내담자가 자살, 살인 또는 정신병적 증상을 보이는 경우가 포함된다. 한번은, 우리 동료 중 한 명의 내담자가 상담 종료 후 40분 동안 총으로 위협을 가해 동료를 붙잡은 적이 있었다. 이 상황은 확실히 시간 경계가 무의미한 상황이다(비록 우리는 내담자가 "오늘은 끝마칠 시간이 다 된 것 같군요."라고 짧게 말하면서 총을 내려놓고 떠났으면 하는 동료의 바람을 알고 있지만).

시간과 문화

당신이 앞서 시간 경계(time boundaries)[3]를 다루는 방법에 대해 읽었을 때, 이를 의식하고 존중하는 직업에 종사하는 것에 대해 만족할지도 모른다. 또는 정시에 시작하고 종료하는 것을 엄수해야 된다는 점에 충격 받았을 수 있다. 이러한 다른 반응들은 자연스러운 것이며, 일부는 문화와 관련이 있다(Trimble, 2010). 예를 들면, 아메리카 원주민은 시간에 대해 보다 유연한 태도를 취하는 경향이 있다. 다른 문화 집단은 문제 해결 방법을 찾을 때까지 시간 제약이 없는 대화를 원할 수 있다. 임상가는 다양한 문화적 관점에 대해 개방적인 자세를 취하면서, 회기의 시작과 종료를 정확히 지키는 것에 유연한 태도를 가지는 것이 좋다(Fontes, 2008). 당신은 다음과 같은 것을 필요로 할 수 있다. ① 사전 동의서에 지각에 대한 규정 포함시키기, ② 필요에 따라 시간 문제에 대해 논의할 준비하기, ③ 다양한 민족적 배경을 가진 내담자와의 상담에서 문화마다 다르게 인식되는 시간 경계를 고려해 합리적인 유연성 발휘하기.

비밀 보장

임상면담을 하는 동안 내담자는 당신을 신뢰하여 자신의 사적이고 개인적인 정보를 제공할 것이다. 일반적으로, 내담자와 치료실에서 나눈 모든 것들은 치료실 밖으로 나가지 않는다.

---

3) 역자 주: 계획된 일을 수행하기 위해 정해진 시간을 의미한다.

비밀 보장(confidentiality)이란 내담자의 사적이고 개인적인 정보들을 비밀로 유지하는 윤리적 의무와 내담자와의 신뢰로운 관계를 존중하는 법적 의무 모두를 말한다. 이는 주로 윤리 강령, 윤리 원칙, 전문가가 추구하는 덕목에 기반한 도덕적 의무다(Welfel, 2016, p. 117).

비밀 보장의 한계

비밀 보장에는 몇 가지 한계가 있다(실제 적용하기 2-2 참조). 예를 들면, 내담자는 다음과 같이 말할 수 있다.

> "저는 우울하고 사는 게 지겨워요. 이 비참한 시간을 가족과 함께 보내는 걸 그만두기로 결심했어요……. 그래서 자살할 거예요. 이번 주말에 집에 있는 총으로 자살할 계획이에요."

이 경우, 당신은 비밀을 깨고 내담자의 자살 계획에 대해 해당 당국자(예: 경찰, 지역의 정신건강 전문가 또는 정신병원 입원 담당자)와 가족에게 보고할 의무가 있다. 하지만 법과 윤리는 시간이 지남에 따라 변한다. 따라서 해당 지역에서 현재 시행되고 있는 윤리적 · 법적 의무에 대해 아는 것이 중요하다.

● 실제 적용하기 2-2: 비밀 보장과 한계

다음 지침은 비밀 보장과 관련된 윤리 및 법률을 이해하는 데 도움을 줄 수 있다.

1. 내담자의 허락 없이는 개인 정보를 공유할 수 없다. 누군가 당신의 사무실에 전화를 걸어 당신이 Jennifer Lawrence와 상담하고 있는지 묻는다면, "죄송해요. 규정상 그런 이름을 가진 사람이 여기서 상담 받는지 여부는 말할 수 없어요."라고 말해야 한다. 만약 그 사람이 집요하게 계속 묻는다면, 당신은 다음과 같은 말을 정중히 덧붙일 수 있다. "당신이 우리 센터에 누군가 있는지 알고 싶다면, 서명된 정보 공개 동의서가 있어야 합법적으로 정보를 제공할 수 있어요. 서명된 동의서가 없으면 Jennifer Lawrence라는 이름을 들어 본 적이 있는지조차 말할 수 없어요." 또한 비밀 보장을 위해서는 내담자의 기록을 안전한 장소(물리적, 전자적 저장소 모두)에 보관해야 한다.

2. 대부분 다음과 같은 상황에서는 비밀 보장을 깨뜨릴 수 있다.
   a. 내담자(또는 내담자의 법적 대리인)로부터 허락을 받았다.
   b. 내담자가 자신에게 해를 가한다.
   c. 내담자가 다른 사람들에게 심각하고 예측 가능한 위험 행동을 할 계획이다.

　　d. 아동 내담자에게 성적·신체적 학대 또는 방임이 의심되는 증거가 있다.

　　e. 내담자가 미성년자를 학대하고 있다는 증거가 있다.

　　f. 노인 학대가 일어나고 있다는 증거가 있다(노인 내담자와 상담하거나 당신의 내담자가 노인 학대 가능성을 나타내는 정보를 공개).

　　g. 법원으로부터 내담자 정보를 제공하라는 명령을 받았다.

3. 이러한 비밀 보장 한계에 대한 설명은 모두 초기 회기 시작 시 서면과 구두로 제공되어야 한다.

주: 18~64세(즉, 아동과 노인이 아닌 사람) 사이의 내담자가 과거에 불법 행위를 했다고 이야기하더라도—비록 그 불법 행위가 살인과 관련되어 있을지라도—대부분의 경우 당신은 그러한 정보를 공개할 필요도 없고 공개할 수도 없다. 어떤 조치를 취하기 전에 해당 주 및 연방 법률을 슈퍼바이저 및 변호사와 반드시 상의하고 확인하도록 하라.

내담자에게 비밀 보장에 대해 설명하기

윤리적인 임상가는 면담 시작 시 구두와 서면으로 내담자에게 비밀 보장의 법적 한계를 알린다. 내담자가 전문적인 조력 관계의 기본 원칙을 명확하게 이해하는 것은 중요하다.

초기에 비밀 보장의 한계에 대해 들은 적이 없는 내담자가 자살에 대해 이야기하기 시작하는 시나리오를 상상해 보도록 하라. 그 시점에서 임상가는 갑자기 내담자에게 비밀을 깨뜨릴 것이라고 알려야 한다는 압박감을 느낄 수 있다(그리고 당연히 느껴야 한다.). 그러나 내담자가 자살에 대해 이야기하기 시작한 후, 이 정보가 비밀로 유지되지 않을 것이라고 알려 주면 배신감을 느낄 수 있다. 이는 치료적 관계에 심각한 손상을 초래할 수 있으며, 일반적으로 정신건강 전문가에 대한 내담자의 신뢰를 약화시킬 수 있다. 물론 내담자가 비밀 보장의 한계를 이해하면, 그들은 선택적으로 이야기할 수 있다. 이는 비밀 보장의 법적 및 윤리적 한계의 자연스러운 부작용이다.

일부 내담자들은 비밀 보장의 한계를 이미 알고 있다고 할 수 있다. 그럼에도 불구하고, 모든 내담자들에게 비밀 보장에 대해 알리고 논의하는 것은 윤리적 의무다. 때로는 회기가 진행 중인 내담자에게 비밀 보장의 본질을 상기시켜야 할 수도 있다(신규 내담자에게 비밀 보장에 대해 소개하기 위해 말할 수 있는 자세한 예시는 제3장에 나와 있다.).

<표 2-1> 비밀 보장과 관련된 윤리적 규정

미국심리학회(APA, 2010a)
기준 4: 사생활과 비밀 보장
4.02 비밀 보장의 한계에 대한 논의

심리학자는 과학적인 또는 전문적인 관계를 맺는 개인(합법적으로 사전 동의를 할 수 없는 자 및 법적 대리인 포함) 및 조직과 다음을 논의한다. ① 비밀 보장의 적절한 한계, ② 심리적 활동을 통해 생성된 정보의 예측 가능한 이용. (기준 3.10 사전 동의 참조)

실행 가능하지 않거나 금기사항이 아닌 한, 비밀 보장에 관한 논의는 관계가 시작되는 시점에 그리고 이후에 요구되는 상황이 발생할 경우에 이루어진다.

전자 전송을 통해 서비스, 제품 또는 정보를 제공하는 심리학자는 내담자/환자에게 개인 정보 보호 위험 및 비밀 보장의 한계에 대해 알린다.

미국상담학회(ACA, 2014)

섹션 B: 비밀 보장, 면책 특권 정보, 사생활 보호

B.1.a 다문화/다양성 고려사항

상담자는 비밀 보장 및 사생활 보호에 대한 문화적 의미를 인식하고 감수성을 유지해야 한다.

B.1.c. 비밀 보장

상담자는 잠재적인 내담자 및 현재 내담자의 비밀 정보를 보호한다. 상담자는 적절한 동의나 건전한 법적 또는 윤리적 정당성을 가지고만 정보를 공개한다.

B.1.d. 한계 설명

상담자는 상담 초기 및 상담 전반에 걸쳐 내담자에게 비밀 보장의 한계를 알리고, 비밀 보장이 침해되어야 하는 상황을 파악하려고 노력한다.

B.2. 예외사항

B.2.a. 심각하고 예측 가능한 피해 및 법적 요구사항

상담자가 정보를 비밀로 유지해야 한다는 일반적인 요구사항은, 내담자를 보호해야 하는 상황이나 심각하고 예측 가능한 위험으로부터 확인 가능한 타인을 구해야 하는 상황 또는 법적인 요구 상황에서 적용되지 않는다. 상담자는 예외사항의 타당성에 대해 의심스러울 때 다른 전문가와 상의한다. 죽음과 관련된 문제를 다룰 때 추가 고려사항이 적용된다.

전국사회복지사협회(National Association of Social Workers: NASW, 2008)

1.07 사생활 보호와 비밀 보장

사회복지사는 내담자 개인 정보 보호 관련 권리를 존중해야 한다. 사회복지사는 서비스를 제공하거나 사회복지 평가 또는 연구를 수행하는 것이 필수적인 경우가 아니라면, 내담자로부터 개인 정보를 요청해서는 안 된다. 개인 정보가 공유되면 비밀 보장의 기준이 적용된다.

사회복지사는 내담자 또는 내담자를 대신해 법적으로 위임을 받은 사람으로부터 유효한 동의를 얻어 적절한 때에 비밀 정보를 공개할 수 있다.

사회복지사는 설득력 있는 전문적 이유를 제외하고는 전문 서비스 과정에서 얻은 모든 정보에 대해 비밀을 보호해야 한다. 사회복지사가 정보를 비밀로 유지할 것이라는 일반적인 기대는 내담자 또는 확인 가능한 타인에게 심각하고 예측 가능하며 임박한 위험을 방지하기 위해 공개가 필요할 때 적용되지 않는다. 모든 경우, 사회복지사는 원하는 목적을 달성하는 데 필요한 최소한의 비밀 정보를 공개해야 하며, 공개 목적과 직접적으로 관련 있는 정보만 공개해야 한다.

참고: 실제 규정에는 보다 많은 비밀 보장과 관련된 내용들이 포함되어 있다. 이 표에 있는 정보는 전체 APA, ACA 및 NASW 윤리 강령에서 발췌한 것이다. 전체 규정은 아래 사이트에서 볼 수 있다.

http://www.apa.org/ethics/code/index.aspx

http://www.counseling.org/resources/aca-code-of-ethics.pdf

http://www.socialworkers.org/pubs/code/code.asp

자문의 중요한 역할

전문적인 자문은 모든 윤리적 의사결정 모형에서 중요한 요소다. 부정적으로 표현하면, 윤리적 딜레마는 혼자 힘으로 해결하려고 노력하지 말아야 한다. 전문적인 자문 기술 및 습관을 개발하기 위한 제안에는 다음이 포함된다.

- 당신의 전문 분야 및 소속 주 전문협회의 비밀 보장에 대한 기준 및 법률을 정기적으로 검토하도록 하라.
- 강사, 슈퍼바이저, 다른 학생들과 함께 윤리 기준에 대해 토론하도록 하라. 비밀 보장을 깨야 할 필요성이 불분명한 특정 사례들에 대해 브레인스토밍해 보고, 그러한 상황에서 해야 할 일에 대해 토론하는 것은 유용하다.
- 지속적인 상호 지원을 위한 자문 집단을 구성하기 위해 신뢰할 수 있는 동료와 전문적인 관계를 맺도록 하라.
- 국가 또는 주 차원의 전문협회들은 종종 윤리적 문제에 대해 실무자에게 자문을 해 주는 직원을 두고 있다(예: 미국심리학회 1-800-374-2721, 미국상담학회 1-800-422-2648, 전국사회복지사협회 1-800-638-8799).

사례 예시 2-3   비밀 보장에 대한 고찰

La Shell은 공립학교에서 일하는 정신건강상담자다. 그녀는 한 교사로부터 눈이 멍들고 부어오르고, 턱에 찰과상을 입은 채 학교에 온 8학년 남학생인 Thomas와의 만남을 요청 받는다. 교사는 Thomas가 의붓아버지로부터 폭행당한 것을 다른 학생들을 통해 들었다고 말한다. 그러나 Thomas는 남동생과 말놀이(horseplay)를 하면서 벽에 눈을 부딪치고, 턱이 긁혔다고 La Shell에게 말한다. 그녀가 어떤 식으로 질문하든 Thomas는 폭력을 부인한다. Thomas가 수업에 돌아간 후, La Shell은 비밀을 깨고 소속 주의 아동보호 서비스(Child Protective Services: CPS) 사무실에 연락을 해야 할지 말지 불확실하다고 느낀다. 이러한 불확실성으로 인해 La Shell은 윤리적 의사결정 프로토콜을 따르기로 결심한다. 첫째, 그녀는 상사에게 연락한다. 안타깝게도 그녀의 상사와 연락이 되지 않는다. 둘째, 그녀는 동료와 상의한다. 그녀의 동료 역시 La Shell이 비밀을 깨야 할지 말지에 대해 불확실하다고 말한다. 셋째, 그녀는 전국 전문가 협회가 후원하는 윤리 헬프라인에 연락한다. 전문상담자는 La Shell에게 소속 주 CPS 사무실에 연락해, 당직 사회복지사에게 '가정적인(hypothetical)' 말로 상황을 설명하고, 소속 주 CPS 직원의 지침을 따르라고 권고한다. La Shell은 이를 따르고, CPS 직원은 La Shell에게 사건을 보고할 것을 권고한다. 이후 La Shell은 아동 학대를 보고하기 위해 근무 기관의 프로토콜을 따른다.

1. 그녀는 교장에게 아동 학대를 신고할 것이라 알린다.
2. 그녀는 CPS에 Thomas의 부상에 대해 전화할 필요가 있다고 알리려고 그를 상담실로 불렀다. 그녀는 Thomas와의 신뢰 관계를 유지하기 위해 최선을 다하며, 그의 안전과 복지뿐만 아니라 자신의 법적 의무에 대해 설명한다.
3. 그녀는 부모에게 연락해 이 상황을 의무적으로 보고해야 한다고 설명한다. 그녀는 경청 및 상담 기술을 사용하여 부모에게 이것이 표준 절차임을 다시 확인시키고, 수사가 추후 폭력의 우려를 잠재울 수 있다고 말한다.
4. 그녀는 CPS 직원에게 연락해 그곳에서 요청한 정보를 제공한다.
5. 그녀는 자신이 한 관찰, 상담, 행동에 대해 서면 문서를 작성한다.
6. 그녀는 이 문서를 매우 안전한 방법으로 보관한다.

사전 동의

사전 동의(informed consent)는 치료의 성격을 내담자에게 알리기 위한 윤리적 그리고 때로는 법적인 의무를 포함한다. 치료의 성격을 이해하는 데 어려움이 없는 성인 내담자는 치료에 동의하거나 거부할 수 있다. 내담자가 어리거나 동의 능력이 없는 경우 사전 동의는 더욱 복잡하다.

사전 동의를 구하고 얻는 것은 어려운 작업이다. 많은 의료 및 정신건강 서비스 제공자들에게는 내담자의 문제와 가능한 치료 방법에 대해 명확하게 설명하기 어려울 수 있다. 전문가들은 종종 전문 용어로 말한다(예: "당신의 공포증 치료를 위해 체계적 둔감화가 필요해 보여요."). 또한 내담자는 대개 신체적으로나 심리적으로 고통 받고 있어, 절차를 완전히 이해하지 못하더라도 어떤 것이든 동의할 수 있다.

최소한, 사전 동의서에는 당신의 배경, 이론적 배경, 자격, 당신이 주로 사용하는 상담 기법의 근거에 대해 쉬운 말로 설명하는 두세 개의 단락이 포함된다. 또한 비밀 보장의 한계, 진단의 사용, 가족 구성원의 잠재적 포함 가능성(특히 부부상담 또는 미성년자 상담의 경우), 자문 또는 슈퍼비전에 관한 내용, 노쇼(no-show)에 대한 규정, 긴급 상황에서 연락할 수 있는 방법도 포함되어야 한다. 많은 전문가는 상담 과정과 이 과정에서 일어날 수 있는 정서적 경험에 대해 한두 문장을 포함시킨다(R. Sommers-Flanagan & Sommers-Flanagan, 2007).

장기치료의 경우, 시간이 지남에 따라 사전 동의서를 재검토할 필요가 있다.

사전 동의서만으로는 사전 동의의 의의를 완전히 충족시킬 수는 없지만, 사전 동의의 첫 시작으로는 적절하다. 사전 동의서는 내담자에게 그들이 치료적 관계에서 중요한 권리를 가지고 있다는 메시지를 전달한다. 사전 동의서는 또한 내담자에게 치료 과정을 알리는 데 도움이 된다. 잘 작성되고, 읽기 쉽고, 보기 좋은 양식의 동의서는 내담자에게 치료자에 대한 호감과 전문성에 대해 좋은 인상을 줄 수 있으며, 상담 효과에 긍정적인 영향을 미칠 수 있다(Wagner, Davis, & Handelsman, 1998).

문서화 절차

임상 업무를 문서화하는 작업은 아마도 당신의 하루에서 가장 즐거운 일은 아닐 것이다. 반면, 임상 업무를 제대로 기록하지 않으면 당신의 하루를 망칠 수도 있다(요점을 말하자면, 당신이 시간이 없어 사례 일지를 쓰지 않았다고 말할 때, 어두운 표정으로 고개를 젓는 변호사를 상상해 보도록 하라.). 전문가는 내담자와 상호작용 후, 일어난 일에 대해 명확하고 신중하게 기록할 필요가 있다.

노트 필기를 잘하면 많은 장점들이 있다. 그중 하나는 상담자와 내담자가 말한 내용과 함께 계획한 내용을 더 잘 기억할 수 있다는 것이다. 또한 다른 전문가가 노트를 보내달라고 요청하거나 내담자가 노트를 검토하고 싶어 한다면, 당신은 읽기 쉽고, 논리 정연하게 노트 필기한 것을 다행이라 생각할 것이다. 만약 내담자와의 상호작용이 예상치 못한 방향으로 흘러가면, 노트를 다시 살펴보고 패턴을 찾아볼 수 있다. 만약 내담자와의 상담이 잘 진행되지 않아 과실(malpractice)로 고소당하게 되는 경우, 노트는 당신을 방어하는 데 필수적인 요소가 된다.

<표 2-2> SOAP 방식 필기의 예

S: Joyce는 "아 씨× 머리가 아프고 코가 막혀서 너무 짜증이 났어요. 러시아 선생님들이 너무 늦게까지 춤을 추지만 않았어도, 저는 그렇게 지치거나 짜증 나지 않았을 거예요. 저는 싫다는 말을 못해요. 저는 집에 가고 싶었는데, 선생님들이 나름 재밌었고 귀여웠어요. 예전에도 그랬어요."라고 말했다.
O: Joyce는 제 시간에 도착했지만, 피곤하고 집중을 못하는 것처럼 보였다. 그녀는 청바지와 스웨터를 입고 있었지만, 회기 내내 목에 스카프를 감고 있었다. 그녀는 재채기를 하고 코를 비볐다. 그녀는 자신의 삶이 더 평화롭고 고요해지기를 바라지만, 죄책감을 느끼지 않고 거절하는 것이 힘들다고 말했다. 그녀는 지쳐 있었고, 거절을 못하는 것 때문에 괴로워하는 것 같았다.

A: Joyce는 자신이 왜 그렇게 쉽게 다른 사람들의 요구를 거절하지 못하는지 더 깊이 이해할 수 있었다. 그녀는 이틀에 한 번씩 자신만을 위한 자유시간을 갖기 시작했다. Joyce가 다른 사람들을 기쁘게 해야 한다는 욕구를 다스리는 데 어려움을 겪는 것이 분명했지만, 그녀는 변화를 결심한 것처럼 보였다.

P: Joyce는 자신의 시간을 어떻게 사용하는지 수첩에 기록해 모니터링할 것이다. 우리는 그녀의 시간 활용에 대해 분석해 보고, 더 균형 잡힌 삶을 위해 그녀의 목표를 더욱 명확하게 할 것이다. 그녀는 최소한 한 번 이상의 부탁을 거절하겠다는 목표를 세웠으며, 다음 주에 이에 대해 보고할 것이다.

SOAP 노트

대부분의 경험 많은 치료자들은 각자 선호하는 필기 방식이 있다. 많은 사람들은 SOAP 노트를 사용한다. SOAP의 각 철자는 주관적(subjective), 객관적(objective), 평가(assessment), 계획(plan)을 의미한다. SOAP 노트에는 다음이 포함된다.

S: 괴로움에 대한 내담자의 주관적인 묘사
O: 내담자의 복장, 상태 등에 대한 치료자의 객관적 관찰
A: 회기 진행 상황에 대한 치료자의 평가
P: 다음 회기 계획 또는 치료 경과에 관한 치료자 의견

노트 필기는 형식보다는 핵심적인 내용을 포함하고, 지속적이며 중립적으로 작성하는 것이 중요하다(〈표 2-2〉 참조). 회기 중 논의된 모든 내용들이 노트 필기에 포함될 수는 없다. 치료자는 각 회기에서 핵심 정보가 무엇인지 알아내어, 이를 인신공격적이거나 지나치게 모호하지 않게 간결하고 전문적인 방법으로 기록해야 한다. 우리 동료는 문서를 ABC 형식으로 기록할 것을 권고했다. 정확(A; accurate), 간단(B; brief), 명료(C; clear) (D. Scherer, 개인교신, 1998년 10월).

기록 보관 지침

미국심리학회에는 심리학자들을 위해 기록 보관과 관련된 온라인 지침서가 있다. 전체 지침을 보려면 http://www.apa.org/practice/guidelines/record-keeping.aspx를 방문하도록 하라. 다음은 미국심리학회 지침을 간략하게 요약한 것이다.

미국심리학회 지침의 도입 부분에서, 임상 기록은 내담자와 실무자 모두에게 유익하다는 것을 강조한다. 임상 기록이 잘 보관된다면 다음의 기능을 할 수 있다.

1. 계획이 수립되었음을 문서화
2. 치료 서비스에 대한 안내
3. 제공자가 자신의 업무를 검토하고 모니터링할 수 있도록 허용
4. 치료가 중단되거나 다른 제공자에게 의뢰 시 치료의 지속성 향상
5. 법적 또는 윤리적 절차 과정에서 내담자와 제공자 보호
6. 보험 또는 제3자의 환급(reimbursement) 요구사항 충족

미국심리학회의 문서는 지침일 뿐 의무사항은 아니다. 미국심리학회는 지침에 바탕이 되는 중요한 경험적 연구 기반이 없다고 말한다. 대신 이 지침은 미국심리학회 정책, 전문가들의 합의, 기타 윤리 및 법률 정보에 광범위하게 기반을 두고 있다.

다음 목록은 미국심리학회의 13가지 지침을 의역하고 요약한 것이다.

1. **책임.** 실무자는 자신의 임상 기록을 작성하고 관리하는 데 책임이 있다. 여기에는 내담자 기록을 적절하게 기밀로 처리하는 담당자교육이 포함된다.
2. **기록 내용.** 기록에는 제공되는 치료에 대한 정보(성격, 제공 방법, 진행 상황, 효과, 비용)가 포함된다. 포함된 정보는 내담자가 서비스를 받게 된 목적과 직접적으로 관련이 있다. 내담자의 요구사항, 의뢰원(referral source), 또는 제3자 비용 지불인, 서비스 제공 환경 등을 포함해 많은 요소들이 필기나 보고서의 세부 수준에 영향을 준다.
3. **비밀 보장.** 비밀 보장은 필수적이다. 기록에 접근할 수 있는 사람이 누구인지 명확하지 않을 때(예: 아동 양육권 분쟁), 제공자는 의사결정을 하는 데 있어 안내 역할을 하는 법적 정보를 찾는다.
4. **사전 동의.** 실무자는 비밀 보장의 한계를 포함해 기록 보관 절차에 관한 정보를 내담자에게 제공한다.
5. **기록 관리.** 기록 시 의료 정보 보호법(Health Insurance Portability and Accountability Act: HIPAA)[4]을 준수하고, 정확하게 해야 한다.
6. **기록 보안.** 기록은 물리적 손상으로부터 안전하게 보관된다. 기록에 대한 접근은 잠금 장치가 있는 캐비닛, 잠금 장치가 있는 보관 장소, 암호, 데이터 암호화 등 다양한 방법을 통해 통제된다.
7. **기록 보관.** 기록은 법적 요건에 부합하는 기간 동안 보관된다. 일반적인 지침으로 성인

---

4) 역자 주: 미국의 건강보험 양도 및 책임에 관한 법을 말한다.

대상 서비스는 종료 후 7년, 미성년자는 18세 이후 3년이다(이 둘 중, 더 늦은 기간까지).

8. **맥락.** 내담자의 증상이나 상태는 상황적 맥락에 따라 다를 수 있으므로, 제공자는 내담자의 역사적 맥락을 고려해 기록 내용을 구성한다.

9. **전자 기록.** 전자 기록의 사용과 보관에는 지속적인 어려움이 있다. 최선의 지침은 실무자가 HIPAA 보안 규칙을 따르고, 보안 분석을 수행하며, 기술 변화를 따라잡기 위해 정책과 업무를 지속적으로 개선하는 것이다.

10. **기관 내 기록.** 실무자는 전문가 윤리 규정과 기관 규정 사이에서 균형을 유지해야 한다. 미국심리학회는 세 가지 주요 영역을 제시한다. ① 기관 요구사항과 다른 요구사항 간 충돌, ② 기록의 소유권, ③ 기록에 대한 접근.

11. **여러 명의 내담자 기록.** 연인, 가족 또는 집단을 대상으로 하는 서비스에서 기록 관리는 복잡해질 수 있다. 모든 내담자들에 대해 개별적으로 기록하거나, 주요 내담자를 정해 그 내담자에 대한 기록을 보관하는 것을 고려할 수 있다.

12. **재정 기록.** 비용 약정(물물교환 계약 포함)뿐만 아니라, 계정의 잔액도 명시해야 한다. 재정 기록에는 분류 코드, 치료 기간, 지불된 비용, 비용 약정, 서비스 일자 등이 포함된다.

13. **기록 폐기.** 예기치 않은 사건이 발생하면, 기록의 이관이나 폐기가 필요할 수 있다. 이는 해당 규정을 시행할 필요가 있을 경우, 현재 및 이전 내담자에게 이를 어떻게 통보할 것인지에 대한 정보를 포함하여 기록물의 이관 및 폐기에 대한 규정이 필요함을 의미한다.

미국심리학회 지침은 다양한 전문 분야의 임상가들에게 안내 역할을 할 수 있는 포괄적인 자료다.

다문화 대비

다문화 대비(multicultural preparation)에 대해 여러 학문 분야에서 말하고 있는 진언(mantra)은 **인식**(awareness)−**지식**(knowledge)−**기술**(skill)−**지지**(advocacy)다. 우리는 제1장에서 문화적 **인식**에 대해 논의했다. 이 섹션에서는 소수민족과 소수계층에 대한 **지식**에 초점을 맞춘다. 다문화 **기술**은 책 전반에 걸쳐 논의된다. **지지**에 대해서는 짧지만 간헐적으로 후속 장들에서 다루어진다. 추가 자료는 이 장과 다른 장 마지막 부분에 있는 권장도서 및 자료 섹션에 있다.

문화에 대한 지식은 다양한 방법을 통해 얻을 수 있다. 함께 작업하고자 하는 내담자가 당신이 속하지 않은 특정 소수계층의 구성원이라면, 우리는 CIM이라고 알려져 있는 지역 문화 몰입 프로젝트(cultural immersion project: CIM)를 추천한다(Hipolito-Delgado, Cook, Avrus, & Bonham, 2011). CIM은 의미 있고 직접적인 접촉을 통해, 시간이 지남에 따라 서로 다른 사회 집단 간 긴장과 오해를 줄일 수 있다는 생각에 기반한다(DeRicco & Sciarra, 2005). 적절한 CIM을 위해서는 지역사회 내에서 3~6개월간 헌신적인 활동이 필요할 수 있다. 이러한 활동에 참여하는 학생들은 CIM 도중 그리고 후에 다문화 관련 슈퍼비전을 받아야 한다(Hipolito-Delgado et al., 2011).

왜 우리는 다른 소수민족과 그들의 문화에 대한 **지식**이 필요할까? 간단히 말하자면, 주류 문화권 구성원이 소수계층의 구성원을 억압하는 경향이 있다는 데 역사적이고 동시대적인 증거가 있다(Bombay, Matheson, & Anisman, 2014; Nagata, Kim, & Nguyen, 2015). 당신의 목표는 이러한 경향성을 피하는 것이다. 정신건강 전문가로서, 우리는 ① 의도적으로 또는 의도치 않게 소수계층 내담자를 학대할 수 있는 가능성을 인지하고, ② 다양한 내담자와 작업할 수 있는 능력을 가져야 하는 윤리적 책임이 있다. 소수계층과 효과적으로 작업하는 방법에 대한 지식을 습득하면, 오해나 억압의 가능성이 줄어든다.

당신은 임상가와 내담자의 관계를 설명하는 데 **억압**(oppress)이라는 단어를 사용하는 것이 너무 강렬하다고 느낄 수 있다. 억압의 동의어에는 **횡포**(tyrannize), **박해**(persecute), **지배**(subjugate)가 포함된다. 우리는 정신건강 전문직에 종사하는 사람들이 소수계층을 박해하기 위해 이러한 단어들을 사용한다고 믿지는 않는다. 이러한 자극적인 단어가 당신을 방해하지 않도록 하라. 당신이 주류 문화권 출신이든 소수계층 출신이든 간에, 당신이 오해 받는다고 느낄 때 그리고 당신이나 당신의 내담자가 깊고, 고통스러우며, 부분적으로 이해되는 감정을 표현하기 위해 강렬한 언어가 필요할 때가 있을 것이다. 문화적으로 유능한 임상가의 특징 중 하나는 자비심을 잃지 않으면서 강렬한 정서적 언어를 다룰 수 있는 능력이다.

선주민 문화

Yellow Bird(2001)는 "인디언(Indians), 아메리카 인디언(American Indians), 아메리카 원주민(Native Americans)은 선주민(First Nation Peoples)의 정체감을 억압하는 '식민지화된' 그리고 '부정확한' 명칭"이라고 기술했다(p. 61). 이와는 대조적으로 Dean(2003)은 "미국에서 토착민을 언급하는 가장 정확한 용어가 아메리카 원주민(Native American)이다."라는 다른 견해를 보였다(p. 62).

우리는 블랙풋족(Blackfeet), 크로우족(Crow), 샐리시족(Salish), 쿠트나이족(Kootenai), 북샤이엔족(Northern Cheyenne), 나바호족(Navaho), 블러드족(Blood), 아시니보인족(Assiniboine) 나코타족(Nakota), 치페와-크리족(Chippewa-Cree), 그로 반트족(Gros Ventre), 오거라라 수족 국가(Ogalala Sioux Nations) 출신의 대학원생 및 동료들과 긴밀히 협력할 수 있는 행운을 누렸다. 흥미롭게도, 우리는 몇 년에 걸쳐 선주민 출신의 동료, 학생, 내담자에게 어떻게 불리고 싶은지를 물어보았을 때, 대부분은 Yellow Bird와 Dean과는 반대로 '인디언'이라고 말한다. 이들과 어느 정도 이야기를 한 후, 우리는 종종 다음과 같은 말을 듣는다. "당신이 정중하게 말하는 한, 우리를 인디언으로 부르든, 아메리카 원주민으로 부르든 선주민으로 부르든 상관없어요."

위 내용에서 우리는 선주민뿐만 아니라 원주민, 아메리카 원주민이라는 용어를 사용하며, 이러한 용어에 대한 선호도가 그들이 대표하는 민족마다 다르다는 것을 이해한다. 우리는 또한 이 중요한 소수계층에 대한 존중을 전달하는 방식으로 이러한 용어를 사용하는 데 최선을 다한다.

선주민들 사이에서 존재하는 것보다 더 많은 공통점을 가정하는 것은 실수다. 동시에 여러 다른 부족 출신의 많은 원주민들은 유럽 정착민에 의해 자행된 대량 학살을 경험했다는 공통점이 있다. 이러한 경험과 관련된 외상, 세대 간 슬픔, 절망은 대부분의 부족 문화에서 강력한 힘으로 남아 있다. 많은 원주민들은 현재 많은 보호 구역에 존재하는 빈곤을 문화적 억압으로 본다. 당신의 문화적 민감성과 평등주의적 가치와는 상관없이 일부 선주민 내담자들은 당신을 원주민의 권리를 계속해서 침해하고 있는 주류 문화권의 대표자로 인식할 것이다(Goodkind et al., 2011).

다음 내용을 이해하면 원주민 내담자와 함께 작업하는 데 도움이 될 수 있다.

1. **부족의 정체감.** 비록 당신이 내담자가 속한 부족에 대해 친숙하지 않더라도, 그 부족에 대해 (정확한 발음과 철자를 포함해) 정중하게 묻는 것은 도움이 될 수 있다. 내담자가 소속 부족을 밝힌 후 취할 수 있는 쉬운 후속 조치는 예를 들면 다음과 같다. "아시니보인족(Assiniboine)이 가장 가치 있게 여기는 것이 무엇인지 저에게 말해 주세요."

2. **가족의 역할.** 확대 가족은 원주민에게 매우 중요하다. 장례식, 결혼식, 출산, 지역사회 및 가족 행사는 매우 중요하며, 종종 다른 의무들보다 우선한다. 때때로 가족은 부족 원로와 주술사를 가족으로 생각하기도 한다. 이러한 사람들을 임상면담에 포함하는

것이 적절할 수 있다(Sutton & Broken Nose, 2005).

3. **유머.** 어느 내담자나 소수계층에게든지 유머를 사용하는 것은 위험할 수 있다. 하지만 기회가 생긴다면, 원주민 내담자와 함께 웃는 것은 깊은 치료적 관계를 맺는 데 도움을 줄 수 있다.

4. **영성.** 영적 세계는 종종 중요하다. 부족 구성원들, 산 자, 죽은 자, 아직 태어나지 않은 자들 사이; 자연과 인간 사이; 창조자와 피조물 사이에는 신성한 관계가 있다. 존중과 경의는 원주민들 사이에서 중요한 가치다. 이러한 소수계층과 작업할 때는 그들의 영성에 대한 존중과 경의를 표하는 것이 특히 중요하다.

5. **나눔과 물질적 재화.** 나눔과 선물은 경의를 표하는 데 있어 문화적으로 공통된 행위다 (Sutton & Broken Nose, 2005). 아메리카 원주민은 자본적 가치와 대조되는 관대함과 비유물론을 강조한다. 젊은 원주민의 경우, 고유한 문화적 정체감과 주류 문화권 삶 사이에서 조화를 이루려고 할 때 가치관의 충돌을 일으킬 수 있다. 원주민 내담자가 감사의 표시로 치료자에게 선물을 주는 것은 드문 일이 아니다. 일반적으로 윤리 강령에서는 선물을 받지 못하게 하지만, 문화적 민감성을 위해 선물을 감사히 받아들여야 한다(R. Sommers-Flanagan & Sommers-Flanagan, 2007).

6. **시간.** 원주민 내담자는 미래보다 지금-여기를 더욱 지향한다(Sutton & Broken Nose, 2005). 현재 상담에 대한 필요성을 느낄 때 상담을 찾는다. 그러나 미래에 대한 계획에 동의하는 것은 미래가 현재가 되었을 때 일어나는 일에 따라 잘될 수도 있고 안 될 수도 있다.

7. **의사소통 방식.** 침묵은 존중의 표시다. 다른 사람의 말을 주의 깊게 경청하는 것은 대단한 경의의 표시다. 경청하지 않는 것은 무례한 것으로 간주된다. 질문하는 것은 경청하는 것으로 간주되지 않고, 무례한 것으로 간주될 수 있다. 또한 당신은 원주민 내담자로부터 많은 질문들을 기대해서는 안 된다. 당신이 내담자에게 질문할 것이 있는지 물어본 후, 잠시 기다리도록 하라. 그들은 아마도 많은 질문들을 하기보다는 자신의 생각을 하나의 질문에 담아 잘 표현할 수 있게 충분한 시간을 원할지도 모른다. 직접적으로 눈을 마주치지 않도록 좌석을 배치하면 편안함과 대화를 촉진시킬 수 있다. 일부 원주민 내담자들에게는 노트 필기를 하는 것이 무례한 것으로 여겨질 수 있다. 노트 필기를 하는 경우, 그 기능에 대해 설명하여 노트 필기가 방해되지 않도록 하라.

흑인 또는 아프리카계 미국인 문화

선주민과 마찬가지로 아프리카계(흑인) 미국인과 유럽 정착민 간의 관계는 상호적이고 자발적인 관계로 시작하지 않았다. 이 두 소수계층은 모두 백인과의 관계에서 가족 구조의 파괴, 심각한 질병, 재산 및 관습의 상실, 자유의 상실을 경험했다. 1518년에서 1870년 사이에 약 1,500만 명의 아프리카인들이 신세계에 노예로 강제 동원되었다(Black & Jackson, 2005). 그 결과, 아프리카계 미국인 문화에서는 세대 간 외상, 역할 혼란, 슬픔, 상실감이 퍼져 있다. 아프리카계 미국인 문화 전반에 걸쳐 놀라운 성공 이야기와 치유, 깊은 지식, 지혜의 사례가 있지만 세대 간 외상은 여전히 분명하다.

또한 선주민들과 마찬가지로 미국 흑인들도 다양성을 가지고 있다. 이러한 다양성은 연구 및 임상 업무에서 종종 간과되고 있다(Bryant, Taylor, Lincoln, Chatters, & Jackson, 2008). Fort Valley State University의 교수인 Teah Moore는 다음과 같이 기술했다.

> 책에 언급된 적은 없지만, 아프리카계 미국인을 다른 아프리카계 사람과 비교하는 것은 불쾌한 일입니다. 우리는 매우 다릅니다. 우리는 다른 종류의 인종차별을 경험합니다. 심지어 남부의 흑인과 북부의 흑인조차 다른 인종적 경험을 가지고 있습니다. 다양한 인종차별이 있습니다(개인교신, 2012년 8월 11일).

다음의 문화적 요소를 이해하면 아프리카계 미국인/흑인 내담자와 작업할 때 도움이 될 수 있다.

1. **가족 역할**. 핵가족과 확장된 혈연 체계는 매우 중요하다. 가장은 아버지, 어머니 혹은 나이 많은 형제자매가 될 수 있다. 가족과 관련 없는 지역사회 구성원(대부모, 목사, 친한 친구)은 중요한 가족 역할을 할 수 있다. 가계도가 평가나 치료에 도움이 될 수 있지만, 아프리카계 미국인의 혈연 체계에는 공개적으로 인정되지 않은 정보들이 포함될 수 있다. 가족의 사생활을 주의 깊게 존중하고, 가족 관련 정보를 있는 그대로 개방하는 것에 대해 현실적인 기대를 유지해야 한다.

2. **종교와 영성**. 많은 아프리카계 미국인들은 전문 서비스 제공자 대신 그들의 지역사회나 성직자에게 지원을 요청한다(Bell-Tolliver & Wilkerson, 2011). 그러나 모든 아프리카계 미국인들이 종교 지향적이라는 고정관념을 가지지 않는 것이 중요하다(Hardy, 2012). 미용실이나 이발소와 같은 아프리카계 미국인 지역사회 자원

도 그들이 이야기를 털어놓고, 조언을 구하는 곳이다(T. Moore, 개인교신, 2012년 8월 11일). 신뢰를 유지하는 것은 상담자와의 상호 문화적 관계에 특히 도움이 되기 때문에, 비밀 보장에 대해 분명히 하는 것이 필수적이다(Mattis & Grayman-Simpson, 2013).

3. **커플 및 성역할.** Franklin(2007)은 백인 문화가 흑인 남성을 소외시키고 마치 보이지 않는 것처럼 취급하는 두려움에 기반한 경향을 언급하면서 **비가시성 증후군**(invisibility syndrome)이라는 용어를 만들었다. 아프리카계 미국인 남성은 주로 살인, 투옥, 마약 및 알코올 남용, 위태로운 고용 상황으로 인해 백인 남성보다 평균 수명이 낮다(Franklin, Boyd-Franklin, & Kelly, 2006). 서비스 제공자는 사회에서 비롯된 이러한 흑인 남성의 건강과 안전 관련 사안에 민감해야 한다. 흑인 여성은 가족 내에서 강력한 역할을 담당하고 있다. 이들은 가족 부양자일 수도 있고, 양육에 있어 동등하거나 주도적인 역할을 할 수도 있으며, 전문적인 도움을 받을지 여부에 대한 결정을 포함해 가족 내에서 의사결정할 때 상당한 권한을 행사할 수 있다.

4. **가정.** 흑인과 백인 미국인의 관계는 복잡하다. 이는 임상가나 내담자가 흑인이든 백인이든 간에 마찬가지다. 사회에서 특권을 가진 백인 임상가는 문화적으로 억압 받거나 반복적으로 먼지차별(microaggression)을 경험할 수 있는 흑인 내담자에게 정중하게 행동해야 한다(D. W. Sue 2010). 마찬가지로, 주류 문화권의 구성원에 대한 고정관념을 가지지 않으려면 흑인 임상가는 백인 내담자와 작업할 때 과학적 사고를 해야 한다.

히스패닉계/라틴계 미국인 문화

이 장의 목적상, 우리는 Marin과 Marin(1991)의 '히스패닉'이라는 용어의 의미를 사용하고자 한다. 이들에 따르면 히스패닉계 사람은 "미국에 거주하면서 스페인어를 사용하는 사람으로, 라틴 아메리카 국가 또는 스페인 중 한 곳에서 태어났거나 그곳에 가족 배경을 둔 사람"을 의미한다(p. 1). 하지만 이 용어는 완벽하지 않으며, Gallardo(2013)는 문화적으로 일관된 용어로 '라틴계(Latina/o)'를 사용하는 것을 선호한다(p. 44). Gallardo의 견해와 일치되게, 일부 멕시코계 미국인들은 스페인 정복자를 상기시키지 않기 때문에 히스패닉계보다는 라틴계라는 용어를 선호한다(Dana, 1993).

히스패닉계 또는 라틴계 사람들은 많은 다양한 국가, 문화, 사회 정치사를 대표한다. 따라서 임상면담을 시작할 때 내담자의 출신 국가에 대해 질문하는 것이 중요할 수 있다. 이는 '자신의 국적을 알리는 것'이 라틴계 사람들에게는 매우 중요할 수 있기 때문이다(Garcia-Preto, 1996, p. 142).

1. **종교와 신념 체계.** 가톨릭교회는 영향력이 크다. 정신건강 문제는 때로 악령에 의해 야기된 것으로 보이므로, 교회는 도움을 구하는 합당한 장소로 여겨질 수 있다(Cuéllar & Paniagua, 2000). 정신건강 전문가에게는 다른 모든 수단을 거친 후 연락할 수 있다. 일부 히스패닉계/라틴계 사람들은 본인 스스로가 문제를 자초하고, 타인을 악의적으로 보는 **말 데 오호**(mal de ojo)[5](악마의 눈; Cuéllar & Paniagua, 2000)를 통해 타인에게 문제를 야기할 수 있다고 믿는다. 이러한 신념은 운명론과 관련이 있다(즉, 사람들이 자신의 운명에 대해 많은 것을 할 수 없다는 믿음)(Ho, Rasheed, & Rasheed, 2004). 운명론이나 외적 통제 소재(external locus of control)에 관해 히스패닉계/라틴계 사람들과 맞서는 것은 바람직하지 않다.

2. **인격주의, 존중, 잡담.** 질적 및 양적 연구는 히스패닉계/라틴계 내담자에게 인격주의, 존중 및 잡담을 활용하는 것을 지지한다(Gallardo, 2013). **인격주의**(personalismo)는 개성 있고 친절한 태도를 의미한다. 존중(respeto)은 관계에서 존중의 표현을 의미한다. 또한 **잡담**(charlar)은 가벼운 대화를 의미한다. 초기에 상호작용할 때 친근하게 가벼운 대화를 나누는 것이 중요하지만, 형식을 유지하는 것도 중요하다. 첫 면담에서 내담자의 성을 불러 주고 의도적으로 존중을 표하면, 이 과정을 용이하게 할 수 있다. 인격주의의 한 가지 표현으로 문화적 민감성을 가지고 다루어야 하는 선물 제공이 포함될 수 있다. 히스패닉계/라틴계 사람들은 존중 받을 만한 사람에게 적절한 존중을 표하는 사람을 교육을 잘 받았거나 잘 양육된 사람으로 간주한다(Guilamo-Ramos et al., 2007).

3. **가족 역할.** 가족은 히스패닉/라틴계 사람들에게 매우 중요하며, 전통적인 백인 미국인의 핵가족보다 더 광범위하게 정의된다. 이들은 상담 일정을 잡기 전, 아마도 자신의 가족에게 먼저 조언을 구했을 가능성이 높기 때문에 임상면담에 가족을 포함하는 것은 도움이 될 수 있다. 개인의 욕구보다는 가족(집단주의자)의 욕구를 강하게 강조한다. 일반적으로 가족의 역할은 명확하게 정의된다. 아버지는 가장이며 그렇게 존경받아야 한다. 어머니는 주부이며 자녀를 돌본다. 가족의 의무, 명예, 책임은 뿌리 깊게 자리 잡고 있다(Gibbs & Huang, 2003).

4. **성 역할.** 남성우월주의와 마리아숭배주의는 대인관계, 특히 남녀 관계에 영향을 미치는 주요 개념이다. **남성우월주의**(machismo)는 신체적 기량, 공격성, 여성에게 보

---

5) 역자 주: 지중해와 서아시아 인근의 문화권에서 믿는 저주로 인한 눈병을 말한다. 구약 성서에도 종종 등장하며, 악마의 눈이라고도 한다.

이는 매력, 가족의 보호로 입증되는 남성성을 의미한다. **마리아숭배주의**(marianismo)
나 전통적인 히스패닉계/라틴계의 여자다움은 성모 마리아에 대한 가톨릭 신앙에 바
탕을 두고 있다. 이는 순종, 수줍음, 혼전 순결, 감성, 상냥함을 의미한다. Comas-
Díaz(1994)에 따르면, 남성우월주의의 개념은 남성에 의해 유발되는 모든 고통을
견디는 여성의 영적 우월성에 대한 믿음을 포함하고 있다(Claudia L. Moreno, 2007;
Vazquez & Clauss-Ehlers, 2005).

아시아계 미국인 문화

전형적인 아시아계 미국인 내담자가 존재한다는 것과 이들이 면담을 위해 스스로 상담
실을 찾을 것이라는 생각은 명백하게 잘못됐다. Chang과 O'Hara(2013, p. 34)는 아시아인
으로 분류된 사람들의 범위를 설명했다.

2000년과 2010년 미국의 인구 조사에서는 아시아인 관련 범주가 포함되었다……. ① 아
시아계 인도인, ② 중국인, ③ 필리핀인, ④ 일본인, ⑤ 한국인, ⑥ 베트남인 또는 ⑦ 기타 아
시아인. 태평양 섬 주민 범주는 다음과 같다. ① 하와이 원주민, ② 괌 주민 또는 차모르족,
③ 사모아인, 또는 ④ 기타 태평양 섬 주민. 또 다른 하나의 난제는 아시아 대륙의 모든 개인
이 아시아인으로 분류되지 않는다는 것이다. 예를 들면, 이란, 인도 또는 러시아 혈통의 사람
들은 지역(예: 남아시아, 중동)으로 또는 출신 국가로 구분하는 것을 선호할 수 있다. 이러한
사례는 인종 범주가 유동적이며, 아시아계 미국인이 하위 집단 간 및 하위 집단 내에서 모두
이질적이라는 사실을 강조한다.

다음에 제시되는 정보는 당신이 **아시아계 미국인**이라는 용어로 분류되는 40개 이상의
이질적인 문화권 집단의 사람들과 작업하는 데 도움이 될 것이다.

1. **가족 역할.** 아시아 문화는 주로 집단주의 문화로, 구성원에게 가족의 이익을 위한 역
   할이 주어진다. 예를 들면, 아시아계 가정에서 종종 보고되는 강한 성취 지향적인 모
   습은 자신만을 위한 것이 아니라 가족의 명예와 명성을 위한 것이다(Chang & O'Hara,
   2013). 가족에 영향을 미치는 의사결정(대부분 또는 모든 결정을 포함)은 개인주의적 요
   소가 강한 성취 부문일지라도 대개 가족에 의해 결정된다. 가족은 또한 충분히 강하
   고 현명해야 하며, 개인이 직면한 문제를 다룰 수 있는 충분한 자원을 가지고 있어야

한다. 이 과정에서 실패해 상담과 같은 형태로 외부에 도움을 청하면 체면이 손상될 수 있다(C. M. Chao, 1992). 상당한 스트레스로 인해 아시아계 내담자가 도움을 요청하게 되었을지도 모른다(Chang & O'Hara, 2013). 히스패닉계/라틴계 가족 구조와 마찬가지로, 생물학적 성(sex)/사회적 성(gender)에 따라 가족 내외적으로 강력한 계층 관계가 존재할 수 있다. 아버지는 가장으로 간주되고, 어머니는 수동적이고 복종하는 편이며, 아이들은 가족의 화합과 권위를 존중하도록 배운다(Chang & O'Hara, 2013). 미국에 거주하는 많은 아시아계 가정들은 문화적으로 적응하는 과정에 있다. 자녀들이 2개 국어에 능통해지면서, 그들은 가족 내의 전통적인 역할에서 벗어나 개인주의적인 삶을 영위하려 한다(Khanna, McDowell, Perumbilly, & Titus, 2009).

2. **권위에 대한 지향.** 아시아계 문화는 위계적이다(Matsumoto & Yoo, 2005; Negy, 2004). 이는 **효도**(filial piety)와 관련이 있으며, 윗세대에 대한 명예, 존경, 순종, 충성을 의미한다(Cheung, Kwan, & Ng, 2006). 권위에 대한 존중은 임상면담에서 나타날 수 있다. 아시아계 미국인 내담자는 종종 임상가가 권위를 가지고 행동하기를 기대한다. 같은 맥락에서, 정신건강 전문가와의 언어적 의사소통이 직접적이지 않을 수도 있다. 이 유형의 내담자는 조화로운 관계를 중요하게 생각하기 때문에, 상담실에서 갈등이나 불확실성에 직면했을 때 가장 정중하고 긍정적인 반응을 할 가능성이 높다. 또한, 특히 더 높은 지위나 권위를 가진 사람과 교류할 때 직접적으로 눈을 마주치는 것은 공격적이고 무례한 것으로 간주된다(Fouad & Arredondo, 2007). 나이가 많은 아시아계 미국인 내담자는 격식을 차리면 잘 반응할 수 있다. Mr, Mrs, Ms 및 성을 사용하는 것은 존중을 표현하는 것이며, 내담자가 달리 언급하기 전까지 중단해서는 안 된다. 많은 아시아계 미국인 내담자들이 구체적이고 실질적인 조언을 기대하지만, 이는 대부분의 교육 모형에 반하는 것이다. 따라서 당신은 몇 가지 방안을 고려할 필요가 있다. ① 내담자에게 당신의 접근 방식에는 직접적인 조언이 포함되지 않는다는 것을 설명하도록 하라. ② 내담자에게 조언을 제공하겠다고 설명하되, 평가를 마치기 전까지는 하지 말도록 하라. 또는 ③ 도움이 될 수 있다고 믿는 연구에 기반한 조언을 제공할 준비를 하도록 하라(C. Berger, 개인교신, 2012년 8월 13일).

3. **영적 및 종교적 문제.** 조상에 대한 경외심과, 조상의 영혼, 소망 또는 가족 문제에 대한 다양한 믿음은 개인, 가족 기능, 의사결정에 있어 중심이 될 수 있다. 아시아계 미국인의 출신 국가 수만큼 종교적 성향(불교, 이슬람교, 힌두교, 기독교, 자이나교 등 다양한 신념 체계) 또한 다양하다. 종교 및 철학 관련 문헌에서 서양의 마음이나 세계관 그리고 동양의 마음이나 세계관에 관해 많은 내용이 쓰여져 왔다. 이러한 차이를 이해하면

통찰력을 얻을 수 있다.

다른 소수계층의 내담자

이 외에도 미국에는 많은 소수계층이 존재한다. 이 계층의 대부분은 오해받거나 억압받거나 소외된 경험이 있다. 항상 그렇지는 않지만, 이러한 경험은 때때로 소수계층의 사회적 지위와 관련이 있다. 사실 미국의 백인 남성 기독교인이 억압받고 소외감을 느낀다고 보고하는 것은 드문 일이 아니다. 비록 이러한 감정을 이해하기 어려울지라도, 개별 내담자가 보고하는 억압적인 경험의 질이나 양을 판단하는 것은 당신의 일이 아니다. 대신, 당신의 초기 우선순위는 경청하고, 공감적 이해를 제공하며, 내담자의 정서적 적응과 증상 감소를 돕는 것이다. 또한 이러한 우선순위에는 보다 적응적인 개인 대처 전략 개발에 대한 직접적인 피드백, 직면, 코칭이 포함될 수 있다.

레즈비언, 게이, 양성애자, 성전환자, 성소수자

성정체감과 성적 지향은 지극히 개인적이고 때로는 논란의 여지가 있지만, 치료에 중요한 요소다. 수년 동안 동성애는 정신장애로 간주되었고, 오늘날까지 동성애자를 '치료'하기 위해 고안된 논란의 여지가 있는 치료법들이 존재한다(Flentje, Heck, & Cochran, 2014). 이는 레즈비언, 게이, 양성애자, 성전환자, 성소수자(Lesbian, Gay, Bisexual, Transgender, Queer: LGBTQ) 공동체의 대부분에 대한 모욕이며, LGBTQ 및 기타 성소수자가 정신건강 전문가를 불신하는 데 기여했다.

많은 LGBTQ들은 언어적 학대, 신체적 학대, 외로움을 견뎌 왔다(Jeltova & Fish, 2005). 가혹한 판단과 거절에 대한 두려움을 줄이기 위해 대기실에 LGBTQ와 관련된 팸플릿이나 서적을 배치하는 것이 도움 될 수 있다(Amadio & Pérez, 2008; Kort, 2008). 또한, 이성애자란 가정이 포함된 특정 단어를 사용하지 않는 것이 중요하다. 친밀한 관계에 대해 질문을 할 때, '남자친구'나 '여자친구'보다는 '연애 상대'라는 용어를 사용해야 한다. 이를 통해 내담자가 준비되면, 파트너의 성별과 성적 지향을 밝힐 수 있다. LGBTQ 내담자를 위한 긍정 심리치료(affirmative psychotherapy)는 상담 및 심리치료 분야에서 주요 흐름으로 등장하고 있다(Heck, Flentje, & Cochran, 2013).

장애가 있는 사람

신체적·발달적 또는 정서적으로 장애가 있는 내담자와 함께 작업하기 원하는 치료자를 위한 방대한 문헌이 존재한다(Dell Orto & Power, 2007). 특수교육, 재활상담, 재활심리학 분야에서 대학원 수준의 교육 프로그램이 제공되고 있다. 개방적이고 수용적인 태도를 취하는 것이 이 일에 필수적인 전제 조건이지만, 자비로운 태도는 능력과 결합되어야 한다(Falvo, 2011).

가끔은 명백한 장애가 있는 내담자를 면담할 때 전문가는 목발, 사지 절단, 휠체어 또는 심지어 맹인임을 나타내는 지팡이를 무시하는 것이 더 예의 바르다고 생각한다. 그러나 '차이'에 대해 직접 묻는 것은 대개 환영 받는다. "평생 휠체어를 사용했나요, 아니면 최근에 사용하게 되었나요?"와 같은 질문은 장애에 대한 솔직한 대화의 문을 열 수 있다. 장애에 대한 구체적인 정보는 대화를 시작하는 수단으로써, 이는 내담자의 접수 양식을 통해서도 얻을 수 있다.

신앙심이 깊은 사람

상담 및 심리학에서는 영적 차원을 치료에 통합하려는 개방성이 점점 더 커져가고 있다(R. Johnson, 2013). 이러한 추세에도 불구하고, 보다 보수적인 가치를 지닌 신앙인은 세속적인 도움을 구하는 것에 불편함을 느낄 수 있다(Stern, 1985). 신앙심이 깊은 일부 사람들의 경우, 가족이나 개인에게 닥친 위기로 인해 초기 임상면담을 할 수 있다.

눈에 보이지는 않지만 상담자와 내담자 사이의 종교적 차이는 두드러져 갈등을 일으킬 수 있어, 이에 대한 인식과 구체적인 임상 기술이 필요하다(Onedera, 2008). 당신은 초기면담에서 당신의 종교적 신념에 대해 직접적으로 질문을 받을 수도 있다. 우리는 다음과 같은 균형 잡힌 반응을 권장한다.

- 내담자의 걱정에 대해 공감하도록 하라(예: "우리의 영적 신념이 맞지 않는 것에 대해 걱정하는 거 같아요.").
- 정직하고 신중한 대답을 준비하도록 하라. 당신의 전문적 역할 뒤에 숨지 말도록 하라. 당신의 영성에 대해 간략하게라도 알리지 않는다면, 내담자의 걱정은 악화될 것이다.
- 공개한 후에는 내담자가 당신과 작업할 때 어떤 감정을 느끼는지에 대한 주제로 돌아가도록 하라.
- 절대로 신앙에 대해 토론하지 말도록 하라.

일부 정신건강 전문가들은 자신의 광고, 명함 또는 사전 동의서에 자신의 종교를 밝힌다. 다른 전문가들은 영적 문제를 다루는 전문성을 개발한다. 신앙심이 깊은 내담자와 작업할 때, 영적 문제에 초점을 맞추는 종교 지도자나 정신건강 전문가에게 자문을 구하는 것이 유용할 수 있다(R. Johnson, 2013).

소수계층 전문가를 위한 고려사항

훈련 프로그램에 참여하는 소수계층 출신의 대학원생은 문화적 다양성과 통찰력을 높여 준다는 점에서 매우 가치가 있다. 이들은 또한 먼지차별과 광범위한 인종차별을 경험한다. 당신이 소수계층의 구성원이라면, 당신의 커리어를 위해 문화적 정체감을 포기해야 한다는 압박감을 느낄 수 있다. Monika Sharma는 『유색인종의 목소리: 소수민족 치료자의 1인칭 시점 이야기(Voices of Color: First Person Accounts of Ethnic Minority Therapists)』에서 "더 이상 나는 동화되어 눈에 띄지 않으려고 노력하지 않습니다. 대신, 나는 이제 당당하게 사람들이 나를 다방면의 모습을 가진 인도계 미국인 여성으로서 보길 원합니다."라고 기술했다(Rastoqi & Wieling, 2004, p. 20).

유색인종 치료자에게 다문화 민감성과 관련된 문제는 복잡하다. 당신의 내담자가 주류 문화권 출신인 것처럼 보인다면, 당신은 즉각적인 역전이를 경계해야 할 것이고, 동시에 당신을 억압해 온 문화권에서 온 사람과 치료 동맹을 맺기 위해 노력해야 할 것이다. 당신의 내담자가 다른 소수계층 출신인 것처럼 보인다면, 극복해야 할 다른 가정이나 고정관념이 있을 수 있다. 마지막으로, 당신의 내담자가 당신과 같은 문화적 또는 인종적 배경 출신인 것처럼 보인다면, 경험의 다양성을 감안할 때 당신과 유사하다는 가정은 정확하지 않거나, 관계에 유용하지 않을 수도 있다.

스트레스 관리와 자기돌봄

정신건강 서비스를 제공하는 임상가는 스트레스를 많이 받는 환경에서 일하고 있다. 스트레스 관련 요인은 다음과 같다.

- 외상 경험을 이야기하는 내담자(예: 군인, 성폭력 생존자, 아동 학대 희생자)와 작업하기
- 심한 정신건강 문제가 있는 가족이나 내담자와 작업하기
- 자살 충동을 느끼고 입원이 필요할 수 있는 내담자와 작업하기

- 자살로 죽어 가는 내담자 경험하기
- 기관에서 또는 개업하여 일하는 것과 관련된 시간 관리 문제
- 청구서, 관료적 형식주의, 기록 요청, 기타 보험 및 관리 의료 관련 문제 다루기
- 과도하게 많은 상담 사례 처리하기

스트레스 수준은 특히 수련생에게서 높다(El-Ghoroury, Galper, Sawaqdeh, & Bufka, 2012; Fuenfhausen & Cashwell, 2013).

지난 수십 년 동안, 임상가의 자기관리가 윤리적 문제라는 것이 분명해졌다(Wise, Hersh, & Gibson, 2012). 대부분의 윤리 강령에서 자기관리에 대해 규정하지 않지만, 업무 수행에 해를 끼칠 수 있는 개인적인 문제(예: 알코올 남용, 개인적 외상)를 다루는 전문가에 대해 강조한다. 만약 개인적인 스트레스나 업무 스트레스에 잘 대처하지 못한다면, 당신이 정신 건강 전문가로서 최적의 성과를 낼 가능성은 낮을 것이다.

실수하기

당신은 아마도 완벽한 상담자가 되길 원할 것이다. 아니면 적어도 당신의 실수로 인해 내담자에게 피해를 줄까 봐 두려워하고 걱정한다. 이러한 두려움은 현실에 근거를 두고 있다. 당신은 인간이기 때문에 완벽할 수는 없다. 문제는 자신의 실수를 인정하고, 그 실수를 만회하며, 지속적인 학습과 성장을 위해 실수를 활용하는 것이다. 때로는 당신의 실수가 내담자에게 인간적인 것으로 보일 수 있다. 왜냐하면 매우 존경 받는 치료자조차도 완벽하지 않다는 것을 보여 주기 때문이다.

미국 전역에 걸쳐 유명한 정신과 의사이자 워크숍 리더인 Shea(1998)는 면담을 하면서 저지른 실수에 대해 다음과 같이 말했다.

> 실수는 발생하기 마련이고, 나는 면담할 때마다 실수를 한다. 면담하는 것은 인간을 이해하는 것과 같이 너무 복잡해서 실수를 피할 수 없다……. 모든 실수로부터 나는 배우려고 노력한다(p. 694).

우리는 불안 수준이 높고, 손가락 주변의 피부를 뜯는 경향이 있다고 보고한 수련생을 알고 있었다. 그는 첫 회기에 손에 축축한 것이 느껴질 때까지 손가락을 뜯었다. 그는 "너무 떨려서 손에 땀이 나네!"라고 생각했다고 보고했다. 결국 그는 자기 손을 살짝 내려다보

앉고, 충격적이게도 손가락에서 피가 흐르고 있다는 것 발견했다. 그는 남은 시간 동안 피를 감추려고 노력했고, 내담자가 피가 흐르는 손가락을 봤을까 봐 걱정했다. 이러한 사례는 흔치 않지만, 초조함과 불안이 임상면담에 얼마나 방해가 될 수 있는지를 잘 보여 준다. 스트레스를 효과적으로 관리하는 것은 중요한 이슈다.

스트레스 관리 방법과 자기돌봄

스트레스 관리와 자기돌봄을 위한 다양한 방법이 있다. 잠재적인 스트레스 관리 범주 및 기법에 대한 개략적인 목록은 다음과 같다.

- 신체 운동(예: 심장 강화 운동, 웨이트 리프팅, 요가) 및 이완(예: 점진적 근육 이완, 치료 마사지)을 포함한 **신체적 방법**
- 전통적인 명상, 마음챙김 명상, 자애명상을 포함한 **심리적 또는 정신적 방법**. 자기최면, 개인상담이나 심리요법
- 친구와의 대화, 문화적 활동(예: Pow-wow[6] 참석), 자원봉사, 정서 표현을 포함한 **사회-문화-정서적 방법**
- 종교적 또는 영적 서비스, 기도, 성가대, 하이킹/캠핑 또는 자연과의 교감을 포함한 **종교적 또는 자연 기반 방법**

위의 방법 모두 효과성에 대한 경험적 또는 일화적 지지를 받고 있다. 어떤 것이 당신에게 가장 좋은지 알겠지만, 다양한 스트레스 관리와 자기관리 방법을 시도해 보는 것도 좋은 체험이다. 정신건강 서비스 제공자가 소진을 피하고 앞으로 오랫동안 일하기 원한다면, 이러한 방법 중 하나 이상을 정기적으로 수행하는 것이 필수적이다. 예를 들면, 연구자들은 마음챙김과 자애명상을 정기적으로 하면 건강과 복지의 여러 지표에서 크지는 않지만 유의한 장기적인 긍정적 효과를 나타낸다고 보고했다(Creswell, Pacilio, Lindsay, & Brown, 2014). 따라서 이 장을 마치기 전에, 우리는 스트레스가 많은 업무를 하는 당신에게 도움이 되는 자기관리 습관을 기를 것을 권장한다(Skovholt & Trotter-Mathison, 2011). 구체적인 스트레스 관리 정보는 권장도서 및 자료를 참조하도록 하라.

---

6) 역자 주: 아메리카 원주민의 연례축제 행사다.

사례 예시 2-4 스트레스 관리를 위한 자문

학생건강센터의 한 내담자는 주기적으로 자신의 치료를 맡은 수련생이 너무 냉담하다고 비난했다. 내담자는 다음과 같이 말했다. "당신은 아무 감정도 드러내지 않는군요. 저는 지금 제 마음을 쏟아내고 있는데, 당신은 아주 뻣뻣해요. 저한테 신경을 안 쓰나요?"

수련생은 이 피드백이 신경 쓰였다. 그는 건강센터 집단 슈퍼비전에서 이에 대한 이야기를 나누었다. 집단 슈퍼비전에 참여한 사람들은 수련생을 안심시켰다. "걱정하지 마세요. 당신은 매우 친절하고 자상한 사람이에요."

얼마 지나지 않아 수련생은 또 다른 여성 내담자를 만나기 시작했다. 역설적이게도, 이 내담자는 수련생을 '너무 감정적'이라고 생각한다고 말했다.

수련생은 혼란스럽고 화가 났다. 그는 슈퍼바이저에게 찾아갔다. 슈퍼바이저는 이 내담자들이 모두 매우 괴로워하고 있으며, 사회적 단서를 잘못 인식하는 경향이 있는 것으로 보았다. 슈퍼바이저는 또한 수련생이 회기에서 내담자에게 어떻게 반응하고 있는지 탐색하도록 격려했다. 수련생은 자신의 감정에 더 많이 접촉하기 시작하면서, 내담자에 대한 자신의 반응이 어떻게 내담자들의 오해를 악화시키고 있는지 깨달았다. 어느 정도 내담자들이 옳았다. 수련생은 첫 번째 내담자와 감정적인 교류를 하는 것에 대해 꺼려 했지만, 두 번째 내담자에 대해서는 깊은 연민을 느꼈다.

이 이야기의 교훈은 비록 내담자가 당신에 대해 왜곡된 인식을 가질 수도 있고, 가지기도 하겠지만, 그들에 대한 당신의 반응이 불난 집에 부채질할 수도 있다는 것이다. 동료와 슈퍼바이저로부터 피드백을 받고 회기 중에 일어나는 정서적 반응을 탐색하면, 이러한 문제를 보다 효과적으로 다루는 데 도움이 될 수 있다. 그리고 개인치료를 받아 보는 것도 좋은 생각일 수 있다.

요약

내담자와 만나기 전에 치료자는 실제적·전문적·윤리적 요소를 많이 고려한다. 이러한 요소에는 공간, 좌석 배치, 상담실의 어수선함과 장식, 노트 필기, 영상 녹화와 음성 녹음이 포함된다. 전문적이고 윤리적인 이슈로는 자기소개 및 사회적 행동, 시간 경계 유지, 비밀 보장, 사전 동의, 문서화 절차가 있다. 이러한 사안들은 기본적이고, 기초적이다. 이것들은 면담 활동을 지지하며, 이것들이 없으면 전체적인 면담 구조가 악화되거나 붕괴될 수 있다.

다문화 지식은 현시대 임상가에게 필수적이다. 네 개의 주요 소수계층 집단에는 선주민, 흑인 또는 아프리카계 미국인, 히스패닉/라틴계 미국인, 아시아계 미국인이 포함되어 있다. 또 다른 중요한 소수계층에는 LGBTQ 내담자, 장애가 있는 내담자, 신앙인 등이 있다. 임상면담 시 소수계층 출신의 임상가는 주류 문화권 출신의 임상가가 겪지 않는 문제에 직면한다.

정신건강 전문가의 업무는 높은 수준의 스트레스를 동반한다. 불완전한 점을 받아들이고, 자기돌봄 및 스트레스 관리를 위해 다양한 전략을 사용하는 것이 중요하다.

권장도서 및 자료

다음의 읽을거리는 자기돌봄, 스트레스 관리, 먼지차별에 대한 통찰력을 제공할 수 있다.

Goldfried, M. (2001). *How therapists change: Personal and professional recollections*. Washington, DC: American Psychological Association.

이 저서는 전문가들이 어떻게 개인적인 변화를 겪었는지에 대한 내부자의 견해를 알려 준다. 이는 당신에게 상담 및 심리치료라는 직업이 당신에게 개인적으로 어떤 영향을 미칠지 느끼게 해 준다.

Hays, P. A. (2014). *Creating well-being: Four steps to a happier, healthier life*. Washington, DC: American Psychological Association.

Pamela Hays는 저명한 작가이자 심리학자다. 그녀는 실제 사례와 좋은 유머를 사용하여, ① 스트레스 요인 인식하기, ② 부정적인 사고의 덫 피하기, ③ 사고 재검증하기, ④ 행동하기 등에 과학 기반을 둔 네 가지 단계를 안내한다.

Kashdan, T. B., & Ciarrochi, J. (Eds.). (2013). *Mindfulness, acceptance, and positive psychology: The seven foundations of well-being*. Oakland, CA: Context Press.

이 편집된 저서는 여러 가지 다른 이론적 배경의 관점에서 복지를 달성하는 방법에 초점을 맞춘다. 이는 사랑, 자기자비, 전념 행동, 조망 수용, 죄책감 수용하고 수치심 버리기에 대한 장을 포함한다. 이 모든 것은 정신건강 전문가가 성장하는 데 도움이 될 수 있다.

Norcross, J. C., & Guy, J. (2007). *Leaving it at the office: A guide to psychotherapist self-care*. New York, NY: Guilford Press.

이 저서는 심리치료자가 되는 것의 긍정적인 측면에 초점을 맞추고, 건강하게 신체적·인지적 자기관리를 하며, 심리치료에 합리적인 개인적 경계를 설정하는 방법을 제공하는 치료자 가이드북이다.

Shelton, K., & Delgado-Romero, E. A. (2013). Sexual orientation microaggressions: The experiences of lesbian, gay, bisexual, and queer clients in psychotherapy. *Psychology of Sexual Orientation and Gender Diversity, 1*, 59-70.

이 논문은 LGBTQ 내담자의 독특한 먼지차별 경험을 중점적으로 다루고 있다.

Skovholt, T. M., & Trotter-Mathison, M. J. (2011). *The resilient practitioner: Burnout prevention and self-care strategies for counselors, therapists, teachers, and health professionals*. New York, NY: Taylor & Francis Group.

이 저서는 대인관계 비중이 높은 직업에 종사하는 사람들이 지속적인 자기관리 기술을 개발하고 실천하는 데 도움을 주기 위해 고안되었다. 각 장은 자기관리 기술의 습득을 돕기 위해 고안된 자기성찰 연습으로 마무리된다.

Sue, D. W. (2010). *Microaggressions in everyday life: Race, gender, and sexual orientation*. Hoboken, NJ: Wiley.

이 저서에서 Derald Wing Sue는 특정 소수계층의 먼지차별 문제에 대한 해결책을 설명하고 제공한다. 이는 다문화 인식을 촉진하는 훌륭한 저서다.

Zeer, D., & Klein, M. (2000). *Office yoga: Simple stretches for busy people*. San Francisco, CA: Chronicle Books.

이 짧은 저서는 바쁜 전문가들을 위한 기본적인 요가 스트레칭 자세를 제공한다. 여기에는 삽화와 실행하기 쉬운 스트레스 감소 스트레칭 운동이 포함되어 있다.

제3장
면담 과정의 개요

소개

모든 면담은 초기, 중기, 종결로 이루어진다. 제1장에서 언급했듯이, 임상면담은 구조화되거나 구조화되지 않거나 혹은 그 중간쯤에 있을 수 있다. 이 장에서는 모든 면담에서 나타나는 고유의 흐름과 패턴에 대해 살펴본다. 주요 목표는 당신이 많은 필수 면담 과업들을 한 회기의 초기, 중기, 종결에 매끄럽게 통합해 나가는 방법을 이해하게 돕는 것이다.

임상면담의 단계

여정의 끝이 있다는 것은 좋은 일이다. 하지만 결국 중요한 것은 여정 그 자체다.

−Ursula K. LeGuin,

The Left Hand of Darkness, 1969, p. 109.

임상면담을 배우는 것은 저글링이나 춤과 같이 새로운 기술을 배우는 것과 유사하다. 당신은 저글링을 하는 방법이나 탱고를 추는 방법에 대한 것은 무엇이든 읽을 수 있

●학습목표●

이 장을 읽은 후 다음을 수행할 수 있다.

- 임상면담 단계 구분하기
- 당신의 시작 진술, 내담자의 시작 반응, 내담자에 대한 치료적 반응으로 구성된 면담의 시작 단계를 용이하게 하는 면담 기술 나열 및 적용하기
- 면담의 본론 단계와 관련된 평가 작업 및 개입 기술을 수행하기 위한 면담 기술 나열 및 적용하기
- 내담자 지지, 역할 유도 재검토, 핵심 이슈 및 주제 요약, 초기 사례 개념화 제공, 내담자 안내 및 힘 실어 주기, 진전도 모니터링, 희망 불어넣기, 회기 종료 전 마무리하기로 구성된 면담의 정리 단계를 용이하게 하는 면담 기술 나열 및 적용하기
- 시간 한계, 회기 종료 활동 관리, 종결 직면하기, 종결에 대한 내담자의 감정 다루기와 같은 면담의 종료 또는 종결 단계를 용이하게 하는 면담 기술 나열 및 적용하기

지만, 처음으로 그 기술을 수행할 때 어색함을 느끼고, 그다음에 무엇을 해야 하는지 계속해서 상기시킬 필요가 있다.

저글링이나 춤을 추는 것처럼, 임상면담 또한 어느 정도 단계별 형식이 있다(그러나 임상면담 지침서는 저글링 세트와 함께 제공되는 지침서보다는 다소 길다.). 이 장과 다른 장들을 읽은 후, 당신은 적절한 시점에 적절한 면담 단계를 밟는 것에 대해 걱정할 수도 있다. "여기에서 라포 형성을 해야 한다……. 이제는 정보를 이끌어 낼 시간이다……. 정리할 시간이다."

임상면담을 단계별로 조직하는 것은 당신이 어디에 있는지 그리고 다음에 어디로 가야 하는지를 알려 주어, 목적지에 원활하고 효율적으로 도달할 수 있게 해 주는 지도를 가지고 있는 것과 같다. Shea(1998)는 임상면담을 다음의 단계로 구분했다.

1. 도입(introduction)
2. 시작(opening)
3. 본론(body)
4. 정리(closing)
5. 종결(termination)

Shea의 모형은 포괄적이며 특정 이론에 근거하지 않는다. 모형은 거의 모든 면담 상황에서 적용이 가능하다. 마찬가지로, Foley와 Sharf(1981)는 면담에 공통된 다섯 가지 순차적 과업을 제시했다.

1. 환자에게 편안함 주기
2. 정보 이끌어 내기
3. 통제 유지하기
4. 라포 유지하기
5. 종결하기

Foley와 Sharf의 모형 역시 특정 이론에 근거하지 않으나, 각 단계에서의 일반적인 과업을 안내한다.

비록 이론에 기반한 많은 면담 모형들이 존재함에도 불구하고, 현재 우리의 초점은 비이론적인 모형에 맞춰져 있다. 그 이유는 인지행동치료자나 이야기치료자, 또는 여성주의 치료자에 따라 면담의 내용이 달라질 수 있으나, 이론적 배경과 상관없이 면담의 과정이나 단계는 여전히 동일하기 때문이다.

다섯 가지 면담 단계를 통해 내담자를 이끌어 가는 것은 당신의 일이다. 만약 당신이 보다 비구조화된 접근을 사용한다면, 당신은 필요에 따라 내담자와 주어진 주제를 간략하게 또는 자세하게 다룰 것이다(K. D. Jones, 2010). 반대로, 만약 구조화된 접근이나 반구조화된 접근을 사용한다면, 당신의 프로토콜은 내담자가 어떤 이야기를 할지—거의 대부분—정할 것이다. 구조화된 정도와 상관없이, 당신은 시간을 관리하고 면담 요소를 원활하게 통합하며, 정해진 시간을 지키고 필수적인 요소를 다루는 것을 담당한다.

도입 단계

Shea(1998)는 **도입 단계**(introduction stage)를 다음과 같이 정의했다.

> 도입은 임상가와 환자가 서로 처음 만났을 때 시작된다. 이 단계는 환자가 도움을 요청한 이유에 대해 물을 수 있을 만큼 임상가가 충분히 편안함을 느낄 때 종료된다(p. 58).

도입 단계에서 조력 관계가 시작된다. 당신의 첫 번째 과업은 내담자가 치료자를 찾게 된 문제에 대해 솔직하고 협력적인 논의를 할 수 있도록 내담자를 편안하게 하는 것이다.

첫 접촉

도입 단계는 온라인이나 전화상으로 시작될 수도 있다. 온라인 응대나 전화 응대, 서류 작업, 내담자를 분명하고 따뜻하게 맞이하는 것을 능숙하게 하면, 내담자가 편안함을 느낄 수 있다. 그러나 능숙하게 하지 못하면, 내담자가 혼란이나 위협감을 느낄 수 있다. 당신, 당신의 웹 페이지 혹은 사무실 직원과의 첫 접촉에서 임상가-내담자의 관계가 시작된다.

다음 내용은 첫 전화 연락을 보여 준다.

치료자: 여보세요, Bob Johnson 씨와 통화하려고 해요.

내담자: 저예요.

치료자: Bob, 저는 Chelsea Brown이에요. 저는 학생상담센터의 학생 치료사예요. 상담에 관심이 있다고 들었어요. 일정을 잡고 싶은지 알고 싶어 전화 드렸어요.

내담자: 네, 설문지는 다 작성했어요.

치료자: 그렇군요. 여전히 상담 받기 원하시면 일정을 잡아야 해요. 만나기 가장 좋은 요일과 시간이 언제인가요?

내담자: 화요일이나 목요일이 가장 좋아요…… 2시 이후부터…… 6시까지가 좋겠네요.

치료자: 그럼 이번 주 24일 목요일 4시는 어떤가요?

내담자: 네, 괜찮아요.

치료자: 저희 센터로 찾아오는 방법은 알고 계신가요?

내담자: 네. 설문지 작성하러 간 적이 있었어요.

치료자: 좋아요. 3시 50분에 미리 오셔서 접수해 주면 좋겠어요. 접수 담당자가 작성해야 할 몇 가지 서류를 드릴 건데요. 그렇게 해야 4시에 시작하기 전에 끝낼 수 있어요. 괜찮으신가요?

내담자: 네, 물론이죠.

치료자: 좋아요. 그럼 24일 목요일 오후 4시에 뵙도록 할게요.

내담자: 네, 그때 뵐게요.

이 대화에서 몇 가지 부분은 설명할 필요가 있다.

첫째, 첫 약속 일정을 잡는 것은 협력적인 과정이다. 협력은 시작부터 필요하다. 이는 내담자와 임상가가 동맹을 형성하고 함께 문제를 해결해 나가는 증거 기반 과정의 징조를 나타낸다(제7장 참조; J. Sommers-Flanagan, 2015). 만약 당신이 약속 일정을 잡는 데 원만하게 협력할 수 없다면, 더 큰 문제를 효과적으로 함께 해결해 나가는 데 있어 나쁜 징조일 수 있다. 앞의 대화에서는 간단하게 일정을 조율하는 과정이 묘사되어 있다. 당신이 연락을 취하기 전에 자신의 가능한 일정을 분명히 파악한다면, 이후 과정이 원활해질 것이다.

둘째, 임상가는 자신, 자신의 신분(즉, 학생 치료사)과 소속을 밝힌다. 명확하고 구체적으로 하는 것이 핵심이다. 자신을 잘못 표현하지 않도록 매우 조심하도록 하라. 당신이 만약 자격증이나 전문적인 지위가 없다면, 자신을 심리학자나 상담자라고 부를 수 없다.

셋째, 임상가는 내담자가 면담 장소에 오는 방법을 알고 있는지 확인한다. 비록 많은 내담자들이 인터넷을 통해 면담 장소로 가는 길을 찾는다고 하더라도, 전화 걸기 전 길을 알려 줄 준비가 되어 있어야 한다. 또한 약도나 대중교통 수단 정보를 제공하는 것도 도움이 된다.

넷째, 임상가는 잠재적 내담자에게 어느 날, 어느 시간대가 가장 좋은지 물어본다. 이러한 질문은 당신의 일정을 자유롭게 조정할 수 있을 때만 적절하다. 만약 당신의 일정이 빡

빠하다면, 빈 시간을 확인하는 것부터 시작해야 한다. 어떤 경우든, 특정 시간에 만날 수 없는 이유에 대해 구체적으로 설명할 필요는 없다. 내담자와의 첫 전화에서 "아, 제 딸을 학교에서 데리고 와야 해서 그때는 볼 수 없을 거 같네요.", "제가 그때는 수업이 있어요."라고 말하는 것은 지나치다.

다섯째, 임상가는 다시 한번 약속 시간을 확인하며 전화를 마무리하고, 내담자와의 만남에 대한 기대감을 표현한다. 임상가는 또한 내담자가 센터에 도착했을 때 무엇을 해야 하는지 명확히 설명한다(즉, 접수 담당자에게 접수하세요.). 여기서 주의할 점은 "접수 담당자에게 접수하면 저를 바로 만날 수 있어요."와 같은 표현은 삼가야 한다는 것이다. 왜냐하면 언제 내담자가 도착할지 모르기 때문이다. 만약 내담자가 25분 일찍 도착한다면 당신은 곤란한 상황에 처할 것이다. 당신이 내담자를 25분 일찍 만나거나 전화상으로 이야기한 것을 결국 지키지 못하게 된다.

수업 시간에 또는 도움을 주는 친구나 가족과 전화 통화하는 것을 연습해 보도록 하라. 준비되지 않은 질문에 잘 대처할 수 있도록, 그들에게 당신이 전혀 예상하지 못할 질문 한두 가지를 던지도록 부탁하도록 하라. 만약 당신이 연습을 했다면, 약속 시간을 잡는 데 있어 내담자와 좀 더 원활하게 작업할 수 있을 것이다.

첫 면대면 만남

대부분의 기관들은 다른 내담자들과 공유하는 대기실(public waiting room)을 두고 있다. 이러한 기관에서 내담자의 신원을 익명으로 유지하는 것은 한 명의 치료자가 운영하는 개인 상담소(private practice)에서보다 힘들다. 만약 당신이 공공 장면에서 일한다면, 내담자의 사생활을 존중할 수 있는 최선책을 고려해야 한다. 한 가지 방법은 접수 담당자가 새로운 내담자를 말해 주도록 하여, 당신이 다가가 대기실에 있는 다른 사람에게 들리지 않을 만큼 조용하고 상냥한 목소리로 내담자의 이름을 부르는 것이다. 악수는 적절할 수도 혹은 그렇지 않을 수도 있다(자세한 내용은 나중에 설명). 당신은 "만나서 반가워요."라거나 "이쪽으로 오세요."와 같은 말로 내담자를 상담실로 안내할 수 있다.

당신이 내담자를 만났을 때, 당신과 내담자는 동시에 서로에 대해 그리고 상황에 대해 평가한다. 일관성을 유지하기 위해 당신은 다음 중 일부 또는 전부를 포함하는 도입 절차(introductory ritual)를 따르고 싶을 수 있다.

1. 악수하기(주의: 문화에 따라 적절하지 않을 수 있다. 예를 들면, 무슬림 여성이나 정통파 유

대인은 종교적인 이유로 이성과 악수를 하지 않는다.)

2. 가능한 경우, 차, 커피 또는 물 제공하기

3. 상담실로 걸어가면서 중립적인 주제에 대해 이야기 나누기

● 실제 적용하기 3-1: 표준화된 도입

　　표준화는 좋은 평가 기술의 한 부분이다(Groth-Marnat, 2009). 표준화된 방식은 당신이 관찰한 것에 대해 신뢰도와 잠재적인 타당도를 높여 준다. 만약 당신이 순간순간의 기분을 기준으로 도입 절차를 바꾼다면, 당신이 관찰하는 것은 당신의 기분에 관한 것이지 내담자에 관한 것이 아니다.

　　그러나 동시에, 당신은 기계적으로 접근하지 않아야 한다. 각 내담자의 독특한 개인 특성뿐만 아니라 사회나 문화 집단에서 나타나는 전형적인 차이를 반영해 반응하는 것이 중요하다. 남자 청소년과 여성 노인에게 같은 방식으로 접근하는 것은 적절하지 않을 것이다.

　　두 집단에 속한 사람들은 서로 다른 관계 스타일을 가졌기 때문에, 이들을 동일한 방식으로 대하는 것은 적절하지 않을 것이다. 또한, 일률적인 표준화는 라포 형성에 역효과를 미칠 수 있다. 당신을 소개할 때, 다음 두 가지 일반적인 지침이 도움 될 수 있다.

　　1. 기본적인 규칙을 따르도록 하라: 내담자의 문화, 연령, 성별과 같은 기본적인 인구통계학적 정보에 맞는 태도로 내담자를 맞이하도록 하라.

　　2. 불쾌감을 최소로 만들 수 있는 대안을 선택하도록 하라: 그러면 실수를 해도 사소한 실수에 그칠 것이다.

　　당신은 표준화나 정해진 절차를 무시할 수도 있다. 우리는 각각의 내담자에게 특별하고(unique) 인간적인 반응을 보여야 하지 않을까? 대답은 '아니요'와 '그렇다'이다. '아니요'는 단지 판에 박힌 반응을 피하기 위해 각각의 내담자에게 다른 대답을 할 필요가 없다는 것을 의미한다. 그리고 '그렇다'는 각각의 내담자에게 인간적인 반응을 해야 함을 의미한다. 단지 당신이 똑같은 것을 수십 번 말했다고 해서 당신이 자동조종 모드를 작동하고 있다고 말할 수 없다.

　　마지막으로, 가장 중요한 점은 의도적이어야 한다는 것이다. 만약 대기실에서 상담을 시작하고 싶지 않다면, "어떻게 지내세요?"와 같은 사교적이고 즉흥적인 말로 내담자를 맞이하지 말도록 하라. 당신이 내담자를 맞이하는 방법은 임상면담을 수행할 때 필요한 '의도'의 연장선상에 있다.

일관된 방법으로 내담자를 맞이하는 것은 당신이 더 많은 것들을 관찰할 수 있도록 한다. 표준화된 절차는 관찰을 통한 추론 능력을 강화시켜 준다(실제 적용하기 3-1 참조). 그러나 많은 치료자들은 각각의 내담자에게 개별화된 반응을 하는 것을 선호한다. Lazarus(1996)는 이를 **진정한 카멜레온**(authentic chameleon)이라고 명명했다. 때에 따라, 악수 또는 기분을 북돋우는 사회적 농담을 하기도 한다. 다른 경우에서는, 악수를 하지 않고 농담도 덜 한다. 우리의 조언은 표준적인 절차로 시작하되, 필요에 따라 다르게 하라는 것이다.

내담자에 대한 호칭은 어떻게 해야 할까? 경우에 따라 이름(first name)[1]을 부르는 것이 가장 좋다. 다른 경우에서는 Mr, Ms, Mrs, 또는 Dr로 부르는 것이 가장 좋다. 어떤 사람에게 어떤 호칭을 사용할지 구분하는 것은 어려울 수 있다. 당신이 스페인어에 익숙하고 라틴계 내담자와 작업하고 있다면, Señor, Señora, 또는 Señorita로 시작하는 것이 적절하다. 호칭을 어떻게 불러야 할지 의문이 든다면, 눈을 마주치면서 내담자의 성과 이름을 부르되 지나치게 눈을 마주치지 말도록 하라. 이후에도 호칭에 대해 확신할 수 없다면 "제가 어떻게 불러드리면 될까요?"라고 물어볼 수 있다. 만약 잘못된 인사 전략을 사용한 것 같으면 내담자에게 확인한 후, 정정하고 사과하도록 하라("제가 Rodriguez 씨라고 부르는 게 더 괜찮은가요? 그렇군요. 이 부분에 대해 사과드려요.). 내담자가 원하는 방식으로 부르기 위한 노력은 문화적으로 민감한 존중을 전달하며, 수용을 전달할 수 있는 구체적인 방법이다.

라포 형성

라포(rapport)란 타인과 특별히 조화로운 관계를 맺는 것으로 정의된다. 이러한 관계는 즉시 발생하거나 장기간의 상호작용이 필요할 수 있다. 제4장에서 논의될 많은 기술적 반응들은 라포를 형성하는 데 도움이 된다(예: 의역, 감정 반영, 감정 타당화). 당신이 다른 문화권의 내담자나 젊은 내담자를 만났을 때, 라포 형성은 다양한 대화 방식, 언어 사용 그리고 개인의 가치관에 대한 수용에 따라 달라질 수 있다(Hays, 2013).

---

1) 역자 주: 미국과는 달리 우리나라에서는 적절하지 않을 수도 있다.

내담자가 갖는 흔한 두려움과 의심에 대한 민감성

내담자는 자연스럽게 치료에 대한 두려움과 의심을 갖고 있다. 이러한 점을 알아차리는 것은 라포 형성에 도움이 된다. 내담자들이 흔하게 갖는 걱정은 다음과 같다.

- 치료자가 실력이 있나?
- 이 사람이 나를 도와줄 수 있을까?
- 이 치료자는 나, 나의 문화와 종교, 나의 문제에 대해 이해할까?
- 내가 미쳐 가고 있는 건가?
- 이 사람을 믿을 수 있나?
- 하고 싶지 않은 말을 하라는 압박을 받을까?

모든 정신건강 전문가들은 권위자다. 내담자는 의사나 선생님과 같은 다른 권위자를 대하는 방식으로 당신을 대해야 한다고 생각할 수 있다. 내담자는 당신이 자신의 삶에서 이전의 권위자가 행동했던 대로 행동하기를 바랄지도 모른다. 이는 따뜻하고, 자상하고, 현명하고, 도움이 되는 것에서부터 가혹하고, 차갑고, 거부되는 것까지 다양하다. 내담자는 권위자에 대한 의식적이고 무의식적인 가정 둘 다 가지고 상담을 받으러 오기 때문에, 협력을 하려는 당신의 의도에 대해 분명히 말할 필요가 있다. 당신과 내담자 간 동반자 관계를 구축하는 것에 대해 말하는 것은 도움이 된다. 예시는 다음과 같다.

- 오늘 당신과 함께 이야기하는 걸 기다렸어요.
- 우리가 서로 잘 모르기 때문에 상담이 처음에는 어색하게 느껴질 수 있지만, 지금부터 우리가 같이 상담하는 게 편해지길 바라요.
- 오늘은 서로에 대해 알아가는 시간이기 때문에, 평소보다 많은 질문들을 할 수 있어요.
- 오늘 우리가 함께 대화할 때, 당신이 원하는 질문은 언제라도 저에게 물어봐도 괜찮아요.

사례 예시 3-1 **협력을 위한 초청 빨리 하기**

Sophia는 두 자녀를 둔 26세의 엄마이며, 상담을 위해 자녀의 소아과 의사로부터 의뢰되었다. 그녀는 상담자와 함께 앉았을 때 다음과 같이 말했다.

저는 상담 같은 건 믿지 않아요. 저는 스트레스를 받고 있어요. 이건 사실이에요. 저는 제 얘기를 다른 사람에게 잘 하지 않는 성격이고, 제 문제에 대해서는 다른 누구도 아닌 제가 다루어야 한다고 굳게 믿고 있어요. 게다가 당신은 열여덟 살 정도로밖에는 보이질 않고, 결혼은 했는지, 아이는 있는지 의문스럽네요. 그래서 상담이 어떻게 도움이 될지 잘 모르겠어요.

첫 회기에서 Sophia와 같이 내담자가 치료와 상담자에 대한 의심을 쏟아낸다면 당신은 흔들리기 쉽다. 우리의 최선의 조언은 다음과 같다. ① 이러한 상황에 대해 준비하도록 하라. ② 본인 탓으로 여기지 말도록 하라. Sophia는 자신의 의심에 대해 말한 것이기 때문에 이것이 당신의 의심이 되도록 하지 마라. ③ 내담자의 핵심 메시지에 직접적으로 반응할 수 있도록 준비하라. ④ 협력을 위한 초청으로 답변을 마무리하도록 하라. 협력을 위한 초청은 내담자에게 함께 작업할 기회를 분명하게 제공하는 임상가의 진술이다. 경우에 따라 협력을 위한 초청은 주어진 시간 동안 "한번 시도해 보고 판단하자"는 제안이기도 하다.

다음은 Sophia에 대한 상담자의 반응 예시다.

상담자: 잘 알겠어요. 상담에 대해 믿지 못하고 있고, 본인의 이야기를 다른 사람에게 잘하는 성격이 아니군요. 그리고 제가 당신을 이해하거나 돕는 데 필요한 경험이 없다고 우려하고 있네요.

Sophia: 맞아요. [때때로 상담자가 분명하게 내담자의 핵심 메시지를 반영했을 때(위와 같이 "제가 당신을 이해하거나 돕는 데 필요한 경험이 없다고 우려하고 있네요."), 내담자는 이러한 걱정에서 물러나 "그런데 그건 그렇게 큰 문제는 아니에요."라고 말할 것이다. 그러나 Sophia는 이렇게 말하지 않는다.]

상담자: 그렇다면 당신이 왜 이곳에 오고 싶어 하지 않았는지 알 거 같아요. 그리고 당신이 맞아요. 저는 당신만큼 많은 인생 경험을 하진 못했어요. 하지만 저는 양육과 관련해 스트레스 받고 걱정하는 사람들에 대한 전문 지식과 상담 경험을 가지고 있어요. 그리고 저는 당신에게 도움이 될 수 있는 기회를 갖고 싶어요. 당신이 여기에 왔으니 오늘 우리가 같이 상담해 보고, 시간이 끝날 때쯤에 다시 확인하는 시간을 가질 테니 그때 상담이 도움이 될지 안 될지 판단해 보는 건 어떨까요?

Sophia: 알겠어요, 꽤 일리 있는 거 같네요.

이 사례에서 상담자는 Sophia에게 직접적으로 그리고 공감적으로 Sophia에게 반응한 다음, 협력을 위한 초청을 제안했다. 회기가 끝날 때, Sophia는 상담자의 초청에 응할 수도 응하지 않을 수도 있다. 그러나 어느 쪽이든, 상담자의 숙련된 반응은 협력 관계가 발전할 수 있는 기회를 제공한다.

내담자에게 지지와 안심(reassurance)을 제공하는 것 또한 중요하다. 그러나 일반적인 안심시키기("걱정하지 마세요, 모든 것이 괜찮아질 거예요.")나 시기상조의 안심시키기("큰 문제는 없을 거예요.")는 부정확하고 건방진 것으로 비춰질 수 있다. 대신에 보편성을 촉진시키는 방식으로 안심시키기를 사용하도록 하라. Carl Rogers는 "도움이 될 가능성이 있는 유일한 안심시키기 유형은 내담자의 이상하거나 고립된 느낌을 덜어 주는 것이다."고 밝혔다(1942, p. 165). 당신은 안심시키기가 적절할 수 있다는 증거를 보거나 듣기 전까지는 안심시키기를 삼가도록 하라. 적절한(보편화된) 안심시키기 예시는 다음과 같다.

- 상담을 받으러 오는 대부분의 사람은 처음에 불편함을 느껴요. 하지만 함께 작업을 하면 할수록, 보통 더 편안함을 느끼게 돼요.
- 많은 내담자가 당신과 비슷한 걱정을 하고 있고, 대개 상담이 도움이 된다는 걸 알게 돼요.

내담자에게 편안함 주기

당신은 비밀 보장에 대해 설명한 후, 다음과 비슷한 진술을 사용할 수도 있다.

상담은 모든 사람들에게 특별해요. 첫 만남은 서로에 대해 알 수 있는 기회예요. 저의 주요 목표는 당신의 희망과 걱정을 파악하는 거예요. 때로는 당신의 이야기를 들을 거고, 때로는 질문을 할 거예요. 첫 만남은 또한 제가 상담을 어떻게 하는지 당신이 볼 수 있는 기회예요. 만약 질문이 있다면 언제든지 자유롭게 질문해 주세요.

이 소개를 당신만의 말로 바꾸어 말하면 내담자를 편안하게 하는 데 도움이 될 수 있다. 이를 통해 치료자와 내담자가 '서로를 알아가는' 사실을 알게 되고, 내담자가 질문을 할 수 있게 한다.

일상적인 대화와 가벼운 대화

일상적인 대화와 사적인 이야기는 내담자에게 편안함을 주는 데 도움이 되는 흔한 방법이다.

- 당신이 Steven Green이군요. [첫 인사]
- Steven, Steve 혹은 Mr. Green으로 불러드리면 좋을까요? [내담자가 본인을 어떻게 부르길 원하는지 또는 이름을 어떻게 발음해야 하는지 분명히 하기]
- 센터[혹은 주차장]를 찾기 쉬웠나요? [가벼운 대화와 공감적 관심]
- 여기 오는 길에 교통은 어땠어요? [교통과 관련된 어려움 인정]
- [아동 또는 청소년과 함께할 때] Miami Heat[2] 모자를 쓰고 왔네요. Heat의 팬인가요? [가벼운 대화; 내담자의 관심사에 다가가려는 시도]

담소(chatting)는 성인 내담자에게는 중요할 수도 중요하지 않을 수도 있다. 반면에, 아동 · 청소년 또는 다른 문화권의 내담자와 함께할 때는 초기의 일상적인 대화가 면담을 촉진시키거나 방해할 수도 있다. 젊은 사람과의 면담을 성공적으로 만드는 이유 중 일부는 첫 회기가 시작할 때 내담자가 가장 좋아하는 음악, TV 프로그램, 비디오 게임, 장난감, 음식, 취미, 스포츠 팀에 대해 이야기를 나누기 때문이다.

인격주의와 문화적 연계

다양한 문화권의 내담자들과 작업할 때, 라틴계 사람의 규범과 인격주의의 실천을 기억하도록 하라. 인격주의(Personalismo)는 비공식적인 사회적 연계(social connection)에 대한 상대적인 강조를 의미하며, 많은 다른 문화권의 내담자들과의 관계에 있어 매우 중요하다. 아프리카계 미국인의 경우, 이러한 비공식적 대인 간 상호작용을 **사람과 사람의 만남**(person-to-person connection)이라고 부르며, 때때로 아메리카 인디언은 **존중과 상호주의**(respect and reciprocity)로 부른다(Hays, 2008).

인격주의를 실천하기 위해 치료자는 사회적 공통점에 대해 일상적이며 형식에 구애받지 않은 대화를 할 필요가 있다(Ayón & Asienberg, 2010). 여기에는 날씨, 최근 뉴스, 교통 상황, 주차 가능 여부, 스포츠팀, 보석류, 의복 및 기타 주제에 관한 대화가 포함될 수 있다. 그러나 날씨에 대해 언급하는 것처럼 일상적인 대화도 위험의 소지가 있어 주의가 요구된다(John은 날씨에 대한 자신의 특이한 생각을 표현할 때 자주 곤경에 처하게 된다.).

인격주의는 치료자를 주류 문화권의 권위자에서, 교통 상황을 다루고 내담자가 입고 있는 옷이나 다른 문제에 대해 호기심 많고 관심을 가지는 현실적인 사람으로 변화시키는 데

---

2) 역자 주: 미국 프로 농구팀 중 하나다.

도움을 준다. 또한 내담자와 치료자가 서로 다른 문화권인 상황에서는, 인격주의가 자기 개방의 상황이나 목적에 따라 당신이 자녀가 있는지(혹은 없는지)를 공유할 수 있는 연결고 리를 만든다. 자기개방은 하나의 기법이기 때문에, 개방할 때는 사려 깊게 그리고 목적을 가지고 하는 것이 중요하다(제5장 참조).

자기개방: 균형 맞추기

임상면담은 일반적인 사회적 상황이 아니다. 치료적 맥락에서 자기개방의 목적은 친 분을 쌓는 것보다 라포 형성을 위한 것이다. 너무 많은 자기개방이나 가벼운 대화로 면 담을 시작하면, 내담자는 면담을 사회적 만남으로 생각하도록 오도할 수 있다. 우리는 당신이 슈퍼바이저의 지도하에 합리적이고 제한적인 자기개방을 시도해 보길 권한다. Weiner(1998)에 따르면, 첫 회기에서는 자기개방을 제한적으로 하는 것이 바람직하다.

마치 환자가 전문적 외양 뒤에 숨고 비인격적인 자세에서 벗어나지 않는 치료자의 실제 인 물을 확인하는 데 어려움을 겪듯이, Fred도 첫 방문 때 "안녕하세요, 제 이름은 Fred예요. 당신을 보면 제가 대학 때 알고 지낸 친구를 떠올리게 해서 걱정이 좀 돼요. 그 친구와 경쟁할 만큼의 실력이 부족하다고 생각하게 만들었거든요."라고 말하며 자신을 상담실로 안내하는 치료자를 비현실적으로 볼 것이다(p. 28).

역할 유도와 내담자의 기대 평가하기

역할 유도(role induction)는 내담자에게 자신의 역할과 평가 및 치료 과정에서 무엇을 기 대할지에 대해 교육하는 것을 포함한다. 잘 시행되면 역할 유도는 내담자를 교육할 뿐만 아니라 내담자의 기대에 대한 대화식 토론(interactive discussion)을 용이하게 한다. 역할 유도는 심리교육과 유사하나(제6장 참조), 내담자의 기대와 치료 과정에 주된 초점을 맞추 고 있다는 점에서 다르다. 현재의 관행은 초기 임상면담에 역할 유도를 통합하는 것이다 (Strassle, Borckardt, Handler, & Nask, 2011). 또한 역할 유도는 심리치료 내내 간헐적으로 지 속된다.

많은 내담자가 임상면담이나 상담에서 무엇을 하는지 이해하지 못하기 때문에 역할 유 도가 필요하다. 내담자는 치료에서 무엇을 기대하고 어떻게 행동해야 할지 알면 도움이 된다(Walitzer, Dermen, & Conners, 1999).

치료자가 '역할 유도'를 하고 치료 과정에 대한 교육을 제공한다면, 내담자가 중도 탈락할 가능성은 적어질 것이다(Teyber & McClure, 2011, p. 52).

도입 단계에서 역할 유도는 다음에 발생할 일에 대해 내담자에게 알리는 것을 포함한다. 회기가 시작되면, 당신은 내담자가 작성한 접수 양식(사전 동의서 포함)을 검토하는 것으로 시작할 수 있다.

시작하기 전에 검토하고 이야기할 서류가 몇 가지 있어요.

역할 유도는 사전 동의 과정의 일부분이다. 이는 간단명료하고 대화식이어야 하며, 내담자가 이미 긴 사전 동의서 양식에 정보를 작성하고 서명을 했더라도 이행되어야 한다. 기억하도록 하라. 그 어떤 많은 양의 서류도 치료에 대한 대화를 대신할 수 없다(J. Sommers-Flanagan & Sommers-Flanagan, 2007b).

다음과 유사한 대화를 권장한다.

상담자: 이전에 **비밀 보장**(confidentiality)에 대해 들어본 적이 있나요?

내담자: 그런 거 같아요.

상담자: 비밀 보장이 의미하는 바에 대해 간략하게 설명할게요. 즉, 여기에서 당신이 말하는 건 밖으로 나가지 않는다는 의미예요. 저는 당신이 저에게 이야기한 내용에 대해 비밀을 지킬 거예요. 하지만 비밀 보장이 지켜지지 않는 예외의 경우도 있어요. 저에게 오는 모든 사람들에게 이와 같은 한계에 대해 이야기해요. 당신과 공유하는 정보를 통해 제가 당신이 자살이나 살인을 할 위험이 있다고 생각하게 되면, 저는 그 정보를 비밀로 할 수 없어요. 또한 당신이 아동 학대나 노인 학대와 관련된 정보를 얘기하면, 이때도 그 정보를 비밀로 할 수 없어요. 이건 당신을 의심한다는 말이 아니에요. 전 모두에게 동일하게 이 말을 먼저 해요. 마지막으로, 당신의 기록을 다른 전문가에게 공개하도록 당신이 저에게 서면으로 허락하거나 당신의 기록에 대해 법원의 명령을 받는다면 전 그 요청에 협조할 거예요. 비밀 보장에 대해 질문이 있나요?

비밀 보장에 대해 편안하게 설명할 수 있는 것은 중요하다. 앞서 말한 것을 사용해서 자신의 말로 연습하면 도움이 된다. 또한 내담자의 연령, 문화, 언어 능력 및 기타 요인에 따라 당신의 언어를 바꿀 필요성이 있다는 점을 명심하도록 하라.

어떤 경우, 비밀 보장에 대한 설명을 마친 후 내담자가 농담을 할 것이다. 대개는 어색한 농담이다(예: "글쎄요, 저는 시어머니나 다른 어떤 사람도 죽일 계획이 없는걸요."). 다른 경우, 내담자는 구체적인 질문으로 반응할 것이다(예: "제가 당신에게 하는 말을 기록할 건가요?" 또는 "당신 이외에 누가 당신의 파일에 접근할 수 있나요?"). 내담자가 비밀 보장에 대해 질문할 때 내담자는 호기심을 표현하고 있거나, 특히 신뢰에 대해 걱정할 수 있다. 내담자는 자살이나 살인에 대한 생각을 가지고 있어서 자신이 해야 할 말과 해서는 안 되는 말에 대해 분명히 하고 싶어 할 수도 있다. 어떤 경우든, 질문에 직설적으로 명확하게 답변하는 것이 가장 좋다. "네, 저는 상담 기록을 보관할 겁니다. 하지만 관리자(office manager)와 저만 이 파일에 접근할 수 있어요. 그리고 관리자도 당신의 기록을 기밀로 유지할 거예요."

당신이 슈퍼비전을 받고 있고, 슈퍼바이저가 당신의 상담 노트와 녹음 자료에 접근할 수 있다면, 그것도 분명히 해두도록 하라. 예를 들면

저는 대학원생이기 때문에, 제 일을 점검하는 슈퍼바이저가 있어요. 때때로 다른 대학원생들이 있는 소규모 집단에서 저의 일에 대해 논의하기도 해요. 하지만 이러한 논의의 목적은 당신에게 가능한 최고의 서비스를 제공하기 위한 거예요. 제가 언급한 것 이외에는 어떤 정보도 당신의 허락 없이는 이 클리닉 밖으로 나가지 않아요.

역할 유도는 또한 면담의 목적을 알리고 확인하는 데 사용된다. 예를 들면, 1차 진료 의사가 진단적 평가를 위해 내담자를 의뢰한 경우 다음과 같이 말할 수 있다.

임상가: 아시다시피, Singh 박사님이 당신이 경험하고 있는 증상에 대해 더 많은 정보들을 원했기 때문에 당신을 저에게 의뢰했어요. 박사님은 불안이나 우울 증상과 더불어 당신을 힘들게 하는 요인에 대해 전반적인 평가를 요청했어요. 이 만남에 대해 당신이 알고 있는 것과 일치하나요?

내담자: 네, 저는 요즘 제정신이 아닌 것 같아요. 저한테 어떤 일이 일어나고 있는지 알고 싶어요.

임상가: 그렇군요. 제가 듣기에 당신은 상담에 대한 준비가 된 거 같네요. 우선 당신의 이야기를 좀 들어 본 후, 당신의 생활, 증상 그리고 그 밖의 다른 중요한 것에 대해 많은 질문들을 할 거예요. 괜찮은가요?

내담자: 물론이에요. 시작하죠.

당신이 제공하는 설명은 당신이 어떤 면담을 수행하느냐에 따라 달라진다. 면담의 목적에 대한 전반적인 설명을 통해 내담자는 회기 내 일어날 일에 대한 기대를 명확하게 할 수 있다. 이는 또한 내담자와 치료자의 역할과 행동을 명확히 하는 데 도움이 될 수 있다. 예비입양 부모에 대한 평가면담을 수행해 온 심리학자는 다음과 같이 말했다.

> 이 면담의 목적은 입양 기관이 두 분이 입양 부모로서 자격이 있는지 평가하도록 돕는 거예요. 저는 두 분이 왜 입양에 관심이 있는지 그리고 두 분 자신에 대한 이야기를 자유롭게 말하는 방식으로 면담을 시작하고자 해요. 하지만 나중에는 두 분의 어린 시절에 대해 구체적으로 물어볼 거예요. 마지막으로 면담이 끝날 때쯤, 두 분의 양육 방식에 대해 매우 구체적인 질문을 드릴 거예요. 시작하기 전에 궁금한 점이 있나요?

Job Corps[3]에서 정신건강 상담자로 일할 때, 우리는 종종 정서적인 문제나 행동적인 문제가 있는 신입생을 면담하곤 했었다. 많은 청소년들이 정신건강 전문가와의 만남을 좋아하지 않았다. 우리는 역할과 목적에 대해 명확히 했어야 했다.

> 시작하기 전에, 제가 학생에 대해 알고 있는 것과 우리가 만난 이유에 대해 이야기할게요. 학생이 우울증에 걸린 적이 있다고 해서 상담 선생님이 저에게 학생을 만나 줄 것을 요청했어요. 선생님은 학생이 이곳에서 어떻게 적응하는지 확인하길 원했어요. 그래서 저는 먼저 학생을 알아가는 데 시간을 보내고, 이후에 우울증과 다른 것에 대해 물어볼 거예요. 참고로, 제 일은 학생이 여기서 잘 지내도록 돕는 거예요. 상담을 받는다고 해서 문제가 있다는 건 아니에요. 저는 많은 학생들을 만나요. 비록 제가 오늘 질문을 많이 하겠지만, 학생이 저에게 물어보고 싶은 게 있다면 언제든지 물어봐도 돼요.

도입 단계에서 명확히 해야 하는 다른 주제는 회기 시간에 대한 것이다. 서류에 명시되어 있어도, 내담자에게 회기 시간이 정해져 있다는 것을 구두로 설명해 주는 것이 중요하다.

> 분명히 하자면, 오늘 50분 정도의 시간을 함께 하게 돼요. 2시에 시작했으니 끝나는 시간은 2시 50분이 될 거예요. 괜찮나요?

---

3) 역자 주: 미국의 16~24세 청소년을 위한 무료 주거교육 및 직업훈련 프로그램이다.

<표 3-1> 도입 단계 체크리스트

치료자 과업	경험 기반 관계 요소 (자세한 사항은 제7장 참조)
□ 1. 상호 합의하여 일정 잡기	작업 동맹, 긍정적 관심, 상호성
□ 2. 치료자 소개하기	일치성, 매력, 긍정적 관심
□ 3. 내담자가 원하는 호칭 확인하기	긍정적 관심, 힘 실어 주기
□ 4. 일상적인 대화나 가벼운 대화 나누기	공감, 라포
□ 5. 내담자를 적절한 자리로 안내하기(또는 내담자 가 선택하게 하기)	전문성, 공감, 라포
□ 6. 자격 증명이나 지위 밝히기(필요한 경우)	전문성
□ 7. 비밀 보장에 대해 설명하기	신뢰성, 라포
□ 8. 면담 목적에 대해 설명하기	작업 동맹, 전문성
□ 9. 면담에 대한 내담자의 기대를 점검하여 치료자 의 목적과의 유사성 및 호환성 확인하기	작업 동맹, 상호성, 힘 실어 주기
□ 10. 회기 시간 명확히 하기	작업 동맹, 전문성

내담자에게 역할 유도에 대한 정보를 명시적으로 제공하는 것을 잊어버릴 때마다―비록 회기 길이와 같이 간단한 것이라 할지라도―우리는 항상 그 실수에 대해 후회하게 된다(〈표 3-1〉 도입 단계 체크리스트 참조).

시작 단계

시작(opening) 단계는 약 5~8분 정도 지속되는 비지시적 또는 비구조화된 면담 단계다(Shea, 1998). 이 단계에서, 내담자의 자기개방을 촉진하기 위해 주의 기울이기 기술(attending skills)과 비지시적 경청 반응이 사용된다. 당신의 주요 임무는 내담자가 자신의 이야기를 시작할 수 있도록 방해하지 않고 귀를 기울이는 것이다.

시작 진술

시작 진술은 내담자에게 가벼운 대화, 소개, 사전 동의 절차가 끝났다는 것과 본격적인 면담을 할 시간이 되었다는 것을 알려 준다. **시작 진술**(opening statement)은 처음으로 당신이 내담자의 어려움에 대해 직접적인 질문을 하는 것이다. 이 진술은 차분하고 쉬운 방법으로 전달되므로 면접 흐름을 방해하지 않지만, 가끔 당신은 면담을 시작하기 위해 단호하게 끼어들 필요가 있을 것이다.

대부분의 임상가들은 표준화된 시작 진술을 사용한다. 여기엔 내담자가 자신의 문제에 대해 이야기하도록 고안된 열린 질문이나 촉진 질문(prompt)으로 구성되어 있다. 일반적인 시작 진술 중 하나는 "이곳에 어떻게 오게 되었나요?"이다. 조금 더 구체적으로 하자면 "이 시점에 상담[또는 치료]에 어떻게 오게 되었는지 저에게 이야기해 주세요."이다. 이 문장은 다음의 요소들로 이루어져 있다.

- **저에게 이야기해 주세요.** 치료자는 내담자가 하고자 하는 이야기를 듣는 데 관심을 보이며, 내담자가 그 이야기를 자유롭게 할 수 있게 한다.
- **어떻게 오게 되었는지.** 내담자에게 촉발 사건이나 어려움에 대해 이야기하도록 안내한다.
- **상담에.** 이 문구는 상담을 하러 오는 것이 분명하게 목표 지향적이거나 도움을 구하는 행동이라는 것을 인정한다. 이는 해결책으로서 '문제'를 상담과 연결시킨다.
- **이 시점에.** 도움을 구하는 것은 원인뿐만 아니라 시점에도 기반을 둔다. 이는 "왜 지금인가요?"라는 촉진 질문을 내포하고 있다.

당신은 이 특정 단어들에 대해 익숙할 수도 그렇지 않을 수도 있다. 시작 진술을 위의 네 가지 요소를 고려하여 결정하도록 하라.

대안적으로 사용할 수 있는 시작 진술은 많다. 당신이 원하는 것은 무엇이든지 말할 수 있지만, 시작 진술에서 열린 질문(즉, '무엇' 또는 '어떻게'로 시작하는 질문)이나 부드러운 촉진 질문을 포함하는 것이 유용하다. 앞서 언급된 시작 진술은 "저에게 이야기해 주세요."라는 표현으로 시작하는 부드러운 촉진 질문이다. 다른 가능한 표현들은 다음과 같다.

- 이곳에 어떻게 오게 되었나요?
- 이야기를 어디서부터 시작하면 좋을까요?
- 제가 어떻게 하면 도움이 될 수 있을까요?
- 당신 자신이나 상황에 대해 중요하다고 생각하는 것을 이야기해 주는 것으로 시작할 수 있을 거 같아요.
- 이 만남에서 당신의 목표는 무엇인가요?

앞의 첫 번째와 두 번째 시작 진술은 비구조화되어 있다. 목록 아래로 내려갈수록 표현의 구조화나 지시성(direction)이 증가한다. 어떤 내담자는 구조화된 시작 진술에 더 잘 반응하는 반면, 다른 내담자는 덜 구조화되어 있고 표현을 더 자유롭게 하는 시작 진술에 더 잘 반응할 것이다.

당신의 시작 진술은 내담자가 자신과 자신의 문제에 대해 어떻게 이야기를 시작할지 알려 준다. 확률 상, 당신이 무언가에 대해 물어본다면 그것에 대해 듣게 될 것이라는 것이다. 만약 "어떻게 지내세요?"라고 묻는다면, 아마도 보다 가벼운 사교적 답변을 얻을 수 있을지 모른다. "지난 한 주는 어떻게 보내셨어요?"라고 질문한다면, 지난 한 주에 대한 답변을 얻을 것이다. (그런데 우리는 당신의 목표가 지난주에 대해 이야기하는 것이 아니라면, 이런 식으로 회기를 시작하는 것을 결코 권하지 않는다. 온전히 지난주에 대해 이야기하는 것을 목표로 잡는 것은 매우 드물다.) 반대로 "제가 어떻게 하면 도움이 될 수 있을까요?"는 내담자가 도움이 필요하고, 당신은 조력자로서 기능을 할 것이라는 가정을 전달한다. 완벽한 시작 진술은 없다. 일반적으로 시작 진술의 목적은 내담자가 전문적인 도움을 필요로 하는 개인적인 어려움에 대해 자유롭게 이야기할 수 있도록 돕는 것이다.

내담자의 시작 반응

당신의 시작 진술 직후, 주목(spotlight)은 내담자로 옮겨 간다. 내담자의 시작 반응(opening response)을 주의 깊게 듣는 것은 최고의 평가 기회다. 내담자가 당신의 시작 진술에 응할 것인가? 아니면 그 진술에 대해 망설이고, 적절한 말을 하려고 애쓰며, 보다 직접적인 질문을 요청할 것인가?

비구조화된 시작 진술(예: "이곳에 어떻게 오게 되었나요?")에 대한 내담자 반응을 통해 내담자가 덜 구조화된 상황에서 어떻게 반응하는지 알 수 있다. 정신역동 혹은 대인관계 지향적(interpersonally oriented) 임상가는 이러한 초기 행동을 내담자의 대인관계 패턴이나 성격 역동을 이해하는 데 중요하다고 보았다(Teyber & McClire, 2011). Cabaniss, Cherry, Douglas와 Scwartz(2011)는 시작 진술이 왜 개방적이어야 하는지 다음과 같이 설명한다.

> 시작 진술은 개방적이어야 하며, 따라서 보통, 열린 질문으로 구성되어야 한다. 회기의 시작은 내담자가 자유롭게 이야기할 수 있는 시간이므로, 시작 진술을 통해 이를 촉진해야 한다. 환자가 잠시 동안(약 5분 정도) 자신의 방식으로 말하도록 하라. 이는 당신이 환자의 대화 패턴과 사고 과정에 대한 정보를 얻는 데 도움이 될 것이다. 또한 환자가 어떤 문제를 먼저

말하고, 우선적으로 다루고 싶은 문제가 무엇인지 볼 수 있다(p. 100).

준비된 내담자의 반응

어떤 내담자의 시작 반응은 마치 준비된 것처럼 들릴 것이다.

• 글쎄요, 제 어린 시절부터 이야기해 볼게요.
• 현재, 제 증상은……
• 제가 이야기하고 싶은 것이 세 가지 정도 있어요.

첫 면담에 답변을 미리 준비해오는 내담자와 함께 작업하는 것은 장단점이 있다. 장점은 내담자가 자신의 개인적인 문제에 대해 생각해 왔고, 자신이 왜 치료를 받으러 왔는지에 즉시 초점을 맞춘다는 것이다. 만약 내담자가 통찰력이 있고 왜 자신이 도움을 원하는지 잘 이해한다면, 면담은 원활하게 진행될 것이다.

또는, '준비된 면담'을 암시하는 내담자의 시작 반응에는 자연스러움이 부족할 수 있다. 내담자는 방어를 하기 위해 미리 준비된 답변을 할 수도 있다. 그들은 정서적으로 결핍되거나 거리감을 두고 행동할 수 있다. 내담자가 준비된 그리고 정서적으로 거리감을 두는 시작 반응을 할 때, 이는 정서적 교감이 내담자 문제의 일부라는 신호일 수도(또는 아닐 수도) 있다.

자기표현에 어려움이 있는 내담자 돕기

내담자는 여러 가지 이유로 자신을 표현하는 데 어려움을 겪는다. 이것은 치료자의 잘못(즉, 명확하지 않은 시작 진술)일 수 있다. 비구조화된 시작 진술은 내담자가 가장 원하지 않았던 것일 수 있다. 이는 문화적인 문제와 관련될 수 있다. 아니면 적극성을 가지고 자기표현을 하는 것이 치료의 중심 이슈나 목표로 떠오를 수 있다.

자기표현을 하는 데 어려움을 보이는 내담자를 다루는 방법은 흔히 치료자의 이론적 배경에 따라 결정된다. 우선 다음의 증거 기반 관계 지침을 고려하도록 하라.

공감과 긍정적 기대감 표현하기. 만약 내담자가 "무슨 말을 해야 할지 모르겠어요."라고 말한다면, "처음에는 무슨 말을 해야 할지 결정하기 어려울 수 있지만, 괜찮아요……. 어디부터 시작하고 싶은지 생각해 볼 시간을 가져 보세요."라고 말하도록 하라.

치료의 유용성에 대한 긍정적 기대감 분명하게 표현하기. 내담자가 주저할 때, "특정 주제에 대해 이야기하는 건 어려울 수 있지만, 어려운 일에 대해 이야기하면서 직면하는 건 도움이 될 수 있어요."라고 말하는 것을 고려하도록 하라.

내담자가 주도권을 잡도록 격려하기. 만약 내담자가 "제가 무슨 이야기를 해야 하나요?"라고 묻는다면 "나중에 질문하겠지만, 우선 하고 싶은 말은 무엇이든지 해도 좋아요."와 같이 비지시적으로 말하도록 하라. 내담자는 자신의 삶에서 최고의 전문가이기 때문에, 어디서부터 이야기를 시작할지 선택할 수 있도록 하는 것은 유용하다.

협력 강조하기. 내담자에게 당신이 일하는 방식이 유연하다는 사실을 알게 하도록 하라. "때로는 당신이 원하는 걸 무엇이든 말하면서 회기를 매우 자유롭게 시작하는 것이 좋아요. 어떤 때는 제가 구체적인 질문을 하는 게 좋아요. 저는 당신의 이야기를 조용히 듣거나 질문을 할 수도 있어요. 아니면 들으면서 질문을 할 수도 있어요. 어떤 방법으로 시작하면 좋을까요?"

상황에 따라 조정하기. 내담자는 좀 더 구조화된 시작을 필요로 하거나 원할 수 있다. 한 가지 이유는 문화와 관련이 있을지도 모른다. 다문화 연구자들은 문화적으로 유능한 치료자가 되려면 상황에 따른 조정(adaptation)이 필요하다는 것을 제안한다(T. Smith, Rodriguez, & Bernal, 2011). 문화적 조정에는 통역사를 동반하는 것, 첫 면담에 가족을 초대하는 것, 마실 것을 제공하는 것, 가벼운 대화(스페인어로 일명 잡담)로 더 많은 시간을 보내는 것, 자기개방을 하는 것 그리고 전통적인 임상면담에서 벗어난 기타 다른 방법들을 사용하는 것이 포함될 수 있다(Hays, 2008). 또한 당신은 자기개방[가족치료자는 이를 합류하기(joining)라고 표현한다]을 할 수도 있고, 보다 구조화된 방법으로 시작할 수 있다. "처음에는 어떤 이야기를 해야 할지 잘 모르기 때문에 회기의 시작이 어려울 수 있다는 걸 종종 알게 돼요. 가계도를 그리는 것으로 시작하는 건 어떨까요? 그렇게 하면 당신의 가족 배경에 대해 좀 더 알 수 있을 거 같아요."

모든 내담자는 각기 다른 필요와 목표를 가지고 찾아올 것이다. 어떤 내담자는 과거에 대해 이야기하는 것을 불편해하고, 다른 내담자는 지금-여기(here and now) 자신의 감정에 대해 이야기하는 것을 꺼린다. 때로는 단순하고, 구조화되고, 격의 없는 시작이 이야기하는 것을 어려워하는 내담자에게 가장 잘 통한다. 다음과 같이 물어보도록 하라. "오늘 하루는 어떻게 지냈는지부터 이야기해 보는 건 어떨까요?"

시작 진술에 다른 반응을 보이는 내담자

시작 진술에 대한 내담자의 이상적인 반응은 대개 신중함과 협력적인 동맹의 시작을 나타낸다. 예를 들면,

제가 여기 온 이유나 왜 지금 여기 오기로 결정했는지 잘 모르겠어요. 요즘 직장 스트레스로 인해 일상생활이 굉장히 힘든데, 그게 제 가정생활에도 영향을 미치고 있어요. 일이나 가족에 대한 이야기로 시작해 볼까 하는데, 제가 이야기하는 게 당신이 알아야 할 내용인지 말해 주세요.

이 경우에, 비록 내담자가 완벽하게 통찰력이 있는 것은 아니지만, 이러한 반응은 치료 과정에 참여하려는 동기와 개방적인 태도를 의미한다.

어떤 내담자는 우려를 즉시 불러일으키는 특이한 방식으로 면담을 시작할 것이다. 다음과 같은 내담자의 반응을 상상해 보도록 하라.

- 다른 사람들이 가 보라고 해서 왔어요. 당신은 제 증인이 되겠군요.
- 지금, 저는 살아갈 의지를 잃어버렸어요.
- 제가 지금 당신 앞에 앉아 있는 건 하나님의 은혜예요. 시작하기 전에 기도를 해도 될까요?

앞선 내담자의 반응들이 의미가 있는 것은 분명하지만, 그 의미는 명확하지 않다. 첫 번째 내담자는 정신병적이거나 망상에 빠졌을 수 있고, 두 번째 내담자는 자살할 것 같으며, 세 번째 내담자는 매우 종교적인 것으로 보인다. 하지만 대개 평가를 목적으로 내담자의 첫 번째 진술을 사용할 때는 주의하여 진행하는 것이 일반적인 관행이다. 이는 과학적 사고의 원리(제1장 참조)에 부합한 가설을 세울 수 있지만, 단정적인 결론을 피할 수 있다는 것을 의미한다. 내담자의 첫 번째 진술은 내담자를 이해하는 데 도움이 될 수 있으나 첫인상을 확인하기 위해서는 더 많은 자료와 시간이 필요하다.

시작 단계에서 내담자의 행동에 대한 평가 및 반응하기

내담자가 이야기를 시작하면, 당신은 내담자의 반응을 관찰하고 그에 맞게 접근 방법을 수정할 것이다. 내담자가 말이 매우 많은 경우, 면담 중 이른 시기에 그리고 자주 끼어들 필요가 있을 것이다. 당신은 아마 다음과 같이 할 수도 있다.

1. 내담자의 독백을 막기 위해 점진적으로 닫힌 질문을 많이 사용하도록 하라. (질문하는 것에 대한 더 많은 정보들은 제5장 참조)
2. 심리교육(제6장 참조)을 통해 당신이 내담자의 말을 정확하게 따라가는지 확인하기 위해서는 때로 말하는 도중에 끼어들 것이라고 설명하도록 하라.
3. 열린 질문이나 탐색적 질문을 피하도록 하라.

당신이 알아차릴 수 있는 또 다른 내담자 유형에는 문제를 설명할 때 내적 참조 틀 (internal frame of reference)을 사용하는 경향이 있는 것이다. 예를 들면,

> 저는 사람들이 모여 있는 상황에서 불안감을 느껴요. 모두가 저를 쳐다보는 거 같아요. 지금까지 이런 식으로 살아왔어요. 그리고 제가 하고 싶은 일을 할 수 없기 때문에 우울해요. 완전히 엉망이에요.

내적 틀을 사용하는 내담자는 자기비판적이며 자기비난적인 경향이 있다. 그들은 자기비판으로 회기를 시작하고 끝날 때까지 멈추지 않을 수 있다. 그들은 때로 자신의 문제 원인이 내부에 있다고 설명하기 때문에 **내재론자**(internalizers)라고 불리기도 한다. 내재화하는 내담자는 "나에게 뭔가 문제가 있어요."라고 말하는 것 같다.

외재론자(externalizers)로 묘사되는 내담자도 있다. 그들은 "나는 괜찮지만 내 인생의 다른 모든 사람들에게는 문제가 있어요."라는 메시지를 전달한다. 외재화하는 경향이 있는 내담자는 다음과 같이 말할 수 있다.

> 제가 문제가 있다면 그건 터무니없는 상사 때문에 그래요. 그는 무례하고, 어리석고, 거만하기까지 해요. 사실, 남자들은 대개 무신경하고, 제가 다시는 다른 남자와 상대하지 않아도 된다면 제 삶은 괜찮을 거예요. 제 딸은 제가 무례하다고 생각하지만, 딸이 무례한 거고, 그건 제 동료들도 마찬가지예요.

외재화 경향성이 있는 내담자는 자신의 문제가 다른 사람들로부터 비롯된다고 믿는다. 사실일지도 모르지만, 내담자가 책임을 받아들이고 자신의 감정, 생각, 행동에 집중하도록 하는 것은 어려울 수 있다.

사실 내담자의 문제는 대개 개인(내재적)과 상황(외재적) 요소의 조합으로 나타난다. 특히 시작 단계에서 내담자가 자신의 문제에 대해 너무 많이 또는 너무 적은 책임을 지는 것처럼 들리는지 귀를 기울이는 것이 유용하다.

〈표 3-2〉는 면담 시작 단계에서의 과업을 나열하고 있다.

<표 3-2> 시작 단계 체크리스트

치료자 과업	기술적 접근 방식
☐ 1. 라포 작업 계속하기	비지시적 경청
☐ 2. 내담자의 삶과 문제에 대한 관점에 초점 맞추기	열린 질문, 부드러운 촉진 질문
☐ 3. 필요한 경우 구조화와 지지 제공하기	감정 반영, 시작 단계의 목적 명확히 하기, 시작 질문의 초점 좁히기
☐ 4. 문화적으로 적절한 경우, 내담자가 외재적 참조 틀 대신 내재적 참조 틀을 선택하도록 돕기	비지시적 경청, 치료적 질문
☐ 5. 면담이 어떻게 진행되는지 평가하고, 본론 단계에서 가장 효과적인 접근법이 무엇인지 생각해 보기	의역, 요약, 역할 유도, 치료적 질문

본론 단계

모든 임상면담은 지속적이고 다양한 수준의 평가 및/또는 조력을 포함한다. 도입 단계에서의 첫 번째 접촉을 다시 생각해 보면, 평가(즉, 자료 수집)와 조력(작업 동맹을 구축하기 위한 초기 협력)이 포함된다는 점을 기억하게 될 것이다. 앞으로 (곧) 평가와 조력은 면담의 정리 단계와 종결 단계에서도 일부 포함되어 있다는 것을 알게 될 것이다.

본론(body) 단계는 임상면담에서 가장 긴 단계다. 대부분의 평가와 조력 활동이 수행되는 단계다. 면담의 본론 단계 동안 내용과 과정을 이끌어 내는 요인이 적어도 네 가지가 있다. ① 면담 목적, ② 장소, ③ 이론적 배경, ④ 내담자의 문제 또는 욕구. 비록 본론 단계가 면담에서 가장 핵심적인 단계지만, 다른 면담 단계와 관련된 업무를 잘 처리한다면 평가 자료는 더 타당하고, 개입은 더 효과적일 것이다(사례 예시 3-2 참조).

사례 예시 3-2 DSM-5 장애에 대한 구조화된 임상면담 실시하기-임상가 버전(SCID-5-CV)

Malik은 보훈 병원에서 심리학 인턴으로 일한다. 그와 다른 인턴들은 새로운 환자가 입원후 72시간 내에 병원의 접수 과정의 일환으로 DSM-5 장애에 대한 구조화된 임상면담을 실시한다. 평가를 위해 자신에게 배정된 모든 새로운 환자들에 대해, 그는 병원에서 환자를 찾아자신을 소개하며(첫 번째 접촉을 하고) 일정을 잡는다. 그 후에 SCID-5-CV를 실시하기 위해각 환자를 만난다. 환자와 만나는 동안 그는 회기를 시작하고, 비밀 보장의 한계에 대해 논의하고, SCID-5-CV 실시 과정(즉, 역할 유도에 대한 설명)을 설명하고 SCID-5-CV를 실시하며,면담을 정리하고, 피드백을 제공하고, 병원 임상의에게 사례를 배정하기 위해 추후 약속을 잡는다. 비록 면담 대부분의 시간은 SCID-5-CV 실시로 구성되나, Malik은 모든 면담 단계에 민감하게 반응해 환자가 그 과정을 이해하고 더 큰 혜택을 얻을 수 있도록 도와준다.

평가

내담자를 평가할 때, 임상가는 다음과 같은 여러 가지 문제들에 대한 일련의 판단을 내린다.

- 내담자가 정상인지 비정상인지의 여부
- 내담자의 사회적 또는 대인관계 기술의 수준과 정교함(sophistication)
- 내담자가 경험하는 고통의 정도
- 내담자가 갖고 있는 대처 기술의 종류
- 내담자가 어느 정도 호감 가고, 적대적이고, 자기도취적이고, 강박적이고, 내재적이고, 외재적인지의 여부
- 내담자와 내담자의 현재 문제(들)에 가장 적합한 이론적 배경

전체 평가 과정의 주요 문제점은 우리 모두 편견과 맹점이 있다는 것이다. 인간으로서우리는 주관적이고, 우리 자신의 감각뿐만 아니라 경험을 통해 정보를 걸러낸다. 따라서평가에서 오류가 발생하기 쉽다.

평가에서 주관성의 문제를 줄이기 위해, 임상가는 과학적인 원리를 이용한다. 특히, 우리는 개인차와 편향을 줄이는 표준화된 절차를 사용한다. 이를 통해 일관되고(신뢰로운)진정한(타당한) 자료 수집을 용이하게 할 수 있다. 또한 가능한 경우, 수집한 자료를 적절한 모집단 규준과 비교한다. 일반적으로 더 구조화된(표준화된) 임상면담은 더 신뢰롭고

타당한 자료를 만든다(진단면담에 대한 구체적인 정보와 지침은 제11장 참조).

임상가가 표준화된 방법을 사용하여 신뢰롭고 타당한 자료와 규준 표본을 만든다고 해도, 다른 사람을 완전히 파악하기에는 부족할 것이다. 문화적 차이는 표준화된 평가 절차에 따라 각 내담자에 대한 확고한 결론을 내리는 능력을 더욱 저해한다(Hardin, Robitschek, Flores, Navarro, & Ashton, 2014). 이를 보완하기 위해, 임상가는 평가 과정과 평가 결과를 보고할 때 겸손하고 협력적인 자세를 유지하는 것이 매우 중요하다.

정신장애 정의하기

때로는 임상면담만의 독점적 기능은 정신과적 진단을 제공하는 것이다. 진단을 내리는 데 도움이 되는 체크리스트와 의사결정나무(decision tree)를 사용할 수 있지만, 정상/건강 기능과 이상/장애 기능을 감별하는 방법을 이해하는 것이 도움이 된다. 더불어, 진단평가 면담을 실시할 때,『국제질병분류 10판(International Classification of Diseases-10th edition: ICD-10)』(Word Health Organization, 2004)이나『정신장애 진단 및 통계편람 5판(Diagnostic and Statistical Manual of Mental Disorders: DSM-5)』(American Psychiatric Association, 2013)을 숙지하는 것이 필수적이다.

ICD-10과 DSM-5가 정신장애 진단에 대한 권위 있는 지침을 제공한다는 사실 때문에, 이를 정신건강 문제를 가장 잘 정의하는 방법에 대한 길고 끊임없는 투쟁을 기각하는 데 사용해서는 안 된다. DSM-5의 출판과 관련된 장황한 논쟁에서 알 수 있듯이 이 투쟁은 때로는 정치적인 문제이기도 하다(Frances & Widiger, 2012). 정신과적 진단 과정에 내재된 기본적인 물음은 다음과 같다. "개인이 정신장애를 겪고 있는지 여부를 어떻게 가장 잘 판단할 수 있을까?"

일부 저명한 학자와 실무자들은 정신질환(mental illness)이 존재하지 않는다는 입장을 취한다(Szasz, 1970). 엄밀히 말하면 이 입장이 옳다. 아무도 정신질환으로 진단받은 적이 없다. 정신질환이 현대 사회에서 대중적인 용어이지만 정신과적 진단을 내리는 정신건강 전문가는 이 용어를 사용하지 않는다. '정신장애(mental disorder)'가 정신과적 진단을 내릴 때 사용하는 표준 용어다(제11장 참조).

정신장애에 대한 일반 기준

정신과적 진단에 대한 이해를 높이기 위해, DSM과 ICD 진단 기준을 일시적으로 제쳐두는 것이 도움이 될 수 있다. DSM과 ICD 체계가 없더라도, 특정 인간의 행동이나 조건이 정신장애로 분류될 수 있는지 여부는 다음 네 가지 질문을 사용해 조사할 수 있다.

1. 행동이나 상태가 중요한 사회적 또는 직업적 기능을 방해하는가? 이는 **손상 또는 장애 기준**(impairment or disability criterion)이다(예: 주의력 결핍/과잉행동장애 또는 사회불안장애).

2. 행동이 심각한 개인적 고통을 야기하는가? 이것은 **고통 기준**(distress criterion)이다(예: 공황장애 또는 주요우울장애).

3. 다른 사람들은 그 행동이 지속적으로 방해가 된다고 생각하는가? 이것은 **방해 기준**(disturbance criterion)이다(예: 품행장애, 반사회성 성격장애 또는 물질관련장애).

4. 행동이 합리적으로나 문화적으로 정당화될 수 있는가, 아니면 의학적 상태로 인해 발생하는가? 이것은 **보편적인 제외 기준**(universal exclusion criteria)이며, 진단에서 맥락의 중요성을 말한다. 만약 합리적 사고, 문화적 맥락 또는 의학적 상태가 문제의 행동을 설명한다면 정신장애로 진단해서는 안 된다.

앞서 언급한 목록에는 정신장애의 기준으로 통계적 규준에서 벗어난 행동이 포함되어 있지 않다는 사실을 알아차렸으면 한다. 이는 흥미로운 주제다. 엄밀히 말하면, 통계적으로 벗어난 행동이 '비정상적'이기는 하지만, 그것이 손상, 고통 또는 방해를 야기하지 않는 한 비정상적인 행동으로 진단할 수 없다.

네 가지 원리 적용하기

이 네 가지 원리는 면담 중에 일어나는 거의 모든 임상 관찰에 적용될 수 있다. 예를 들면, 내담자가 우울이나 슬픔의 증상을 보일 경우, 다음과 같은 질문을 고려할 수 있다.

1. 슬픔이 내담자의 대인관계, 업무수행 능력 또는 여가 활동의 즐거움에 부정적인 영향을 미치는가?

2. 슬픔이 내담자를 심란하게 하거나 화나게 만드는가?

3. 슬픔은 특히 내담자의 주변 사람들에게 방해가 되는가?

4. 내담자의 슬픔에 대한 합리적, 문화적 또는 의학적 설명이 가능한가? 예를 들면, 내담자의 슬픔(예: 사랑하는 사람의 죽음 또는 일련의 실패)과 논리적으로 연관된 사건이 있었는가?

앞서 제시한 지침은 정신병리나 정신장애에 대한 당신의 생각을 돕기 위해 고안되었다. 이 지침은 또한 내담자의 목표나 치료의 초점을 확인할 때 도움이 될 수 있다. 물론, 당신은 정신장애 여부를 결정하기 위해 이러한 기준 중 하나에 전적으로 의존해서는 안 된다. 각각의 기준은 (독립적으로 적용되었을 때) 상당한 단점을 가지고 있다.

문제는 어디에 있는가? 내담자의 문제에 대한 사회의 영향 탐색하기

저명한 가족치료자인 Salvador Minuchin은 아동과 청소년의 섭식장애와 천식에 대한 연구 및 임상 자료를 수집했다(Minuchin, Rosman, & Baker, 1978). 그는 신체적인 문제에 대한 개입은, 단지 고통 받는 개인이 아닌 온 가족을 포함시키는 것이 효과적일 수도 있다는 것을 발견했다. 그는 이러한 문제에 대한 병리학적 소재가 **개인에게** 있는 것이 아니라, 가족 내에 중심을 두고 있다고 결론 내렸다.

Minuchin과는 대조적으로, 『정신장애 진단 및 통계편람(Diagnostic and Statistical Manual of Mental Disorders: DSM)』에서는 정신장애가 개인 내에 존재하는 것으로 정의한다(American Psychiatric Association, 2013).

DSM과 Minuchin의 관점만을 알고 있다면, 당신은 이 두 가지 관점이 개념적 연속체의 서로 반대쪽 끝에 있다고 생각할지도 모른다. 사실, DSM과 Mlinuchin 모두 '중도(moderate)'의 병인론적 관점을 나타낸다. 생물정신의학 지지자들은 더 극단적인 견해를 가지고 있다. 그들은 정신장애가 생물유전학적으로 개인 내에서 타고난 것이라고 본다(Horwiz & Wakefield, 2007).

이와는 대조적으로, 여성주의(feminist), 다문화, 사회정의(social justice)에 뿌리를 둔 임상가는 억압적인 사회 및 문화적 요소가 개인의 문제를 야기한다고 보았다. 그들은 정신장애가 유전, 가족 혹은 개인에 의해 야기되는 것이 아니라고 보았다. 이전에 방해했거나 현재 방해하는 사회적 요소가 근본 원인이다.

생물정신의학자는 심지어 **정신장애**라는 용어가 부정확하다고(그리고 **정신질환**이라는 용어가 더 정확하다고) 주장할 수도 있지만, Thomas Szasz(1970)와 William Glasser(2003)는 정신질환 같은 것은 없다고 주장했다. 〈표 3-3〉은 이러한 네 가지 관점을 설명한다.

〈표 3-3〉 정신건강 문제에 대한 네 가지 설명

생물정신의학	DSM-5	Minuchin	여성주의 혹은 다문화
내담자의 문제는 개인의 생물유전학적 산물이다.	내담자의 문제는 개인에게서 오나, 문화적 요소에 의해 촉발되거나 유지될 수 있다.	내담자의 문제는 가족과 환경적 맥락의 산물이다.	내담자의 문제는 사회 및 문화적 억압에 의해 야기된다.

이 논쟁에서 당신은 어느 관점에 해당하는가? 내담자 문제에 대한 이러한 설명 중 하나가 다른 것보다 더 설득력이 있다고 생각하는가? 아니면 이 모든 관점들이 장점을 가지고 있다고 생각하는가?

개입

면담의 본론 단계에서 치료자는 내담자의 변화를 촉진하기 위해 개입할 수 있다. 이상적으로, 대부분의 개입은 적절한 평가가 이루어진 이후에 적용될 것이다. 그러나 많은 경우, 평가와 개입은 동시에 이루어진다.

해결중심적(solution-focused) 또는 구성주의적(constructive) 관점에 따르면, 평가와 개입은 분리될 수 없다. 이는 모든 변화가 언어적 구성(linguistic construction)에 기반을 둔다는 근본적인 철학 때문이다. 결론적으로, 구성주의 치료자가 "치료자는 단지 역사를 듣고 있는 것이 아니다. 역사를 써 나가고 있는 것이다."라고 말하는 것은, 내담자의 지나온 삶과 잠재적 미래에 대해 어떻게 이야기하느냐에 따라 변화가 시작될 가능성을 의미한다.

이론적 배경이 무엇이든, 당신은 치료적 관계를 확립하고 적절한 배경 정보를 얻은 후에, 면담의 본론 단계에서 변화를 위해 적극적으로 노력하게 될 것이다. 행동치료자는 이 단계에서 강화, 반응 대가(response cost), 참여자 모델링(participant modeling), 노출을 사용할 것이다. 인지치료자는 부적응적인 사고에 대해 의문을 제기하고, 내담자의 핵심 스키마를 탐색할 것이다. 인간중심치료자는 치료적 관계를 통해 내담자가 자기(self)와 더 깊은

<표 3-4> 본론 단계 체크리스트

치료자 과업	치료자 도구
☐ 1. 비시지적 경청에서 보다 지시적 경청으로 전환하기	역할 유도 사용하기: 내담자에게 경청 방식의 변화에 대해 설명하기
☐ 2. 정보 수집하기	열린 질문과 닫힌 질문 사용하기(제5장 참조)
☐ 3. 진단적 정보 수집하기	DSM, ICD-10 또는 구조적 진단면담 프로토콜 사용하기
☐ 4. 적절한 개입 적용하기	이론적 배경에 따라 해석, 직면, 치료적 질문 또는 기타 개입 사용하기
☐ 5. 정보 수집 또는 개입에서 정리 단계로 이동하기	시간이 지나가고 있음을 인정하기; 주요 주제를 요약할 필요성에 대해 설명 및 논의하기

만남을 가질 수 있게 할 것이다. 정신분석치료자는 경청하고 해석할 것이다. 구성주의치료자는 치료적 질문을 사용할 것이다. 여성주의치료자는 권력과 사회적 힘이 내담자의 고통과 어떻게 연결되었는지에 초점을 맞출 것이다.

치료적 활동은 면담의 본론 단계에서 이루어진다. 그러나 본론에서 정리 단계로 옮겨가는 것은 동일하게 중요하다. 그리고 이론적 배경과 상관없이 정리 단계로 넘어갈 것이다. 〈표 3-4〉에는 면담 본론 단계에서의 과업이 제시되어 있다.

정리 단계

면담을 하는 동안, 시간이 지날수록 당신은 압박감을 느끼기 시작할지도 모른다. 50분 또는 90분 동안 모든 것을 다 할 수 있는지 알아보기 위한 경주처럼 느껴질 수 있다. Chad Luke(개인교신, 2012년 8월 10일)는 순조로운 정리를 위한 핵심은 상담이 반쯤 지났을 때 "상담이 반쯤 지났는데, 저는 당신이 오늘 함께한 시간에 대해 어떻게 생각하고 있는지 궁금해요."와 같은 질문을 하여 회기에 대해 돌아보는 과정을 가지는 것이다. 이는 내담자에게 피드백을 제공할 수 있는 기회를 제공하고, 시간의 경과를 측정하는 지표 역할을 한다 (Lambert & Shimokawa, 2011). 원활한 정리를 위한 또 다른 핵심은 면담이 끝나기 5~10분 전에 의식적으로 새로운 정보를 수집하는 것을 중단하는 것이다. Shea(1998)는 "슈퍼비전을 하면서 내가 가장 자주 보는 문제 중 하나는, 면담의 본론 단계가 너무 길어져 임상가가 정리를 서두르게 된다는 것이다."라고 말했다(p. 130).

내담자 또한 시간이 지날수록 긴장감이 고조될 수 있다. 그들은 자신에 대해 적절하게 표현했는지, 그리고 도움을 받을 수 있을지에 대해 걱정할 수도 있다. 또한 내담자는 때때로 면담이 시작되었을 때보다 더 기분이 나빠지는 경우도 있는데, 이는 거의 한 시간 동안 자신의 문제에 대해서만 이야기하기 때문이다. 마무리할 시간을 충분히 남겨 두면, 이런 잠재적인 문제를 해결 수 있다.

내담자 안심시키기와 지지하기

내담자는 최소 두 가지 영역에서 안심과 지지를 필요로 한다. 첫째, 첫 면담 동안 자신을 표현할 수 있었던 것에 대해 안심과 지지를 필요로 한다. 전문가의 도움을 찾는 대다수의 내담자들은 면담 동안 최선을 다한다. 첫 접촉은 도전적이고, 때로는 불안을 유발할 수 있다. 다음과 같은 말이 도움 될 수 있다.

- 오늘 많은 걸 했어요.
- 당신에 대해 말해 줘서 감사해요.
- 첫 회기는 다루어야 할 게 너무 많고, 시간은 너무 적기 때문에 어려울 수 있어요.
- 아주 짧은 시간 안에 당신에 대해 잘 설명해 줬어요.
- 저에게 많은 걸 솔직하게 말해 줘서 감사해요.

이는 면담 상황이 어려울 수 있음을 인정하고, 내담자의 노력에 대해 칭찬하는 말이다.

둘째, 대부분의 내담자는 치료에 대해 양가감정을 가지고 있다. 내담자는 도움에 대한 희망이 있지만 그 경험을 두려워한다. 그러므로 당신은 전문적인 서비스를 받고자 한 내담자의 결정과 같은 희망적인 부분을 지지해 주어야 한다. 예를 들면,

- 약속에 오기로 결정한 건 참 잘했어요.
- 오늘 여기에 잘 왔어요. 상담 받는 건 어려울 수 있어요. 당신의 문제를 드러내야 한다는 두려움이 있을 수도 있는데도 도움을 구하러 왔다는 건 당신에게 힘이 있다는 거예요.

이러한 말은 전문적인 도움을 구하는 것이 얼마나 어려울 수 있는지에 대한 현실을 인정해 주는 것이다.

내담자가 방어적으로 행동하고 정보를 공개하지 않을 때에도, 당신은 그들이 최선을 다하고 있다는 것을 인식하고 인정해야 한다. 내담자가 문제를 드러내는 데 있어 어려움이나 말하기를 꺼려 하는 것처럼 보였던 점에 대해 언급하는 것이 유용할 수 있다. 분노나 실망감을 표현하는 것은 피해야 한다. 낙관적인 관점을 유지해야 한다.

오늘 이야기하는 게 힘들었다는 걸 알아요. 놀라운 일은 아니에요. 어쨌든, 우린 아직 서로를 잘 몰라요. 보통 상담은 시간이 지날수록 그리고 우리 둘 다 편안해질수록 더 쉬워져요.

역할 유도, 재검토

정리 단계에서 역할 유도를 다시 다루는 것은 드문 일이 아니다. 예를 들면, 첫 회기가

끝날 무렵 내담자가 당신에게 자신의 불안감에 대해 말한다고 상상해 보도록 하라.

> 제가 이 이야기를 꺼내야 할지 잘 모르겠어요. 하지만 당신이 제가 자유롭게 이야기를 할 수 있게 해 줘서 이야기를 했는데, 제가 필요한 이야기를 다 했는지는 잘 모르겠어요.

이러한 진술은 최소 세 가지 가능성을 반영한다.

1. 내담자는 치료 중 어떤 이야기를 하는 것이 괜찮고, 괜찮지 않은지 진짜 모르기 때문에, 무엇이 중요한지에 대한 교육과 안심시키기가 필요하다.
2. 내담자는 자기회의감을 나타내고 있고, 자신의 수행 능력에 대해 부적응적인 인지를 가지고 있다. 내담자는 자신의 수행에 대해 자연스럽게 되돌아보고, 어떠한 맥락에서 자기회의감이나 부적응적인 인지가 나타나는지 확인할 필요가 있다.
3. 내담자는 초기 전이 반응을 경험하고 있다. 내담자는 자신이 이야기하고 싶은 것에 대해 이야기했다는 것을 알지만, 치료자가 자신에 대해 어떻게 생각하는지 걱정한다.

세 가지 경우 모두, 내담자의 개방을 지지하는 진술로 시작하는 것이 가장 좋다. 당신의 역할 유도는 다음 중 하나와 같을 수 있다.

- 걱정거리를 함께 나누어서 다행이에요. 이는 상담에 있어서 중요한 부분이에요. 저는 당신이 여기서 항상 솔직하게 말할 수 있기를 바라요. 당신이 솔직하게 말하지 않으면, 도움이 되는 방법을 알기가 더 어려워질 거예요.
- 이걸 이야기해도 되나 싶은 궁금증이 들기 시작할 때는 그냥 이야기하세요. 그러면 우리는 이에 대해 더 깊이 이야기해야 할 필요가 있는지 함께 결정할 수 있어요.

만약 이런 상황에서 인지행동적 관점을 통해 작업하고 있다면, 당신은 자동적 사고에 대한 심리교육(제6장 참조)을 제공할 수 있을 것이다.

> 당신이 방금 한 말은 중요해요. 이 말은 당신이 자신과 상담에 대해 부정적인 자동적 사고를 하고 있음을 보여 줘요. 이건 우리가 정확하게 이야기를 나누어야 할 부분인 거 같아요. 왜냐하면 상담이 도움이 될 수도 있고 도움이 되지 않을 수도 있지만, 우리 둘 중 어느 누구도 당신의 상황이 절망적이며 상담이 도움이 되지 않을 거라는 결론을 내리기에는 너무 이르기

때문이에요.

위의 상황에서 또 다른 가능성은, 45분 동안 내담자가 자신의 힘든 삶에 대해 이야기한 후, 상담을 시작할 때보다 더 많은 위축감이나 사기가 저하된 모습을 보이는 것이다. 그렇다면 다음과 같은 심리교육이 적절할 것이다.

> 때때로 당신의 문제에 대해 말하는 것만으로도 일시적으로 기분이 나빠질 수 있어요. 마치 집을 청소할 때와 비슷하고, 시작할 때는 위압감과 절망감을 느껴요. 하지만 집안 청소처럼, 상담을 계속 받으면 상담이 끝날 때 훨씬 기분이 좋아져요.

내담자가 상담 과정에 대해 확신이 없고 상담을 '제대로' 하고 있는지의 여부를 모를 때, 당신의 일은 이 혼란을 줄이는 것이다.

중요한 주제나 이슈 요약하기

아마도 정리 단계에서 가장 중요한 과업은 "두 번째 상담을 받으려거나 임상가의 의뢰를 따르려는 환자의 마음을 굳히는 것"이다(Shea, 1998, p. 125). 환자의 재방문 동기를 향상시키는 훌륭한 방법은 치료 목표를 정확하게 요약하는 것이다.

> 오늘 이야기한 걸 토대로 정리해 보면, 당신이 이곳에 온 이유는 사회적 상황에서 남의 시선을 좀 덜 의식하고 싶은 거로 보여요. 당신은 자신에 대해 좀 더 긍정적으로 느끼고 싶어 해요. 당신은 "나 자신을 믿고 싶다."라고 말했고, 또한 느끼고 있는 내면의 감정을 어떻게 설명할 수 있는지에 대해 알고 싶어 하고, 당신이 아끼는 사람과 감정을 어떻게 나눌 건지에 대해서도 이야기했어요.

만약 당신이 내담자가 자신의 삶을 개선하고 싶어 하는 구체적인 방법들을 요약해 줄 수 있다면, 내담자는 당신을 만나기 위해 재방문하거나, 당신의 조언을 따를 가능성이 더 높을 것이다. 이 요약을 제공하는 것은 또한 당신이 내담자의 이야기를 듣고 이해했다는 것을 보여 준다.

초기 사례 개념화 제공하기

사례 개념화는 효과적인 치료를 위한 초석이다(Persons, 2008). **사례 개념화**(case formulation)는 뒤이은 치료 작업을 안내하기 위해, 평가를 통해 얻은 정보와 이론적으로 지지되거나 증거 기반 접근을 통합하는 것을 말한다. 사례 개념화가 실제 사용되는 맥락 속에서 보자면, 치료 계획은 내담자의 문제를 해결하기 위해 당신과 내담자가 무엇을 함께 할 것인가에 초점을 맞춘다. 사례 개념화는 왜 특정 치료 계획을 선택했는지에 대한 설명 이다.

거의 한 세기 전에, Alfred Adler(1930)는 내담자의 통찰력이 동기를 강화시킨다고 강조 했다. 최근에, 치료 계획을 협력적으로 세우는 것이 경험적으로 지지된 치료적 요소라는 것이 분명해졌다(Tryon & Winograd, 2011). 내담자의 핵심 문제를 설명하고 치료에서 이 문 제를 어떻게 해결할 수 있는지 설명할 수 있다면, 내담자는 종종, ① 통찰력, ② 이해받는 느낌, ③ 향상된 동기, ④ 변화에 대한 희망을 경험할 것이다.

첫 회기가 끝날 때 종합적인 사례 개념화와 치료 계획을 원활하게 표현하는 것은 새내기 치료자에게 크게 기대하기 어렵다. 경험 많은 치료자조차도 때로는 두 번째 또는 세 번째 회기까지 보류해서 명확한 치료 계획을 제공한다(Ledleym, Marx, & Heimberg, 2010). 그러나 만약 치료 계획을 제공할 준비가 되어 있다면, 그것은 면담의 정리 단계에 잘 들어맞는다.

최소한, 가능한 치료 접근법에 대해 잠정적인 설명(그리고 이것이 현재의 문제에 어떻게 잘 맞는지)과 함께 내담자의 문제에 대한 요약을 제공해야 한다. 내담자에게 동의를 구하는 것은 이 과정을 용이하게 한다.

> 당신의 주된 걱정거리에 대한 제 생각과, 상담에서 이런 걱정거리를 어떻게 해결할 수 있 을지에 대해 함께 이야기하려고 하는데 괜찮을까요?

거의 모든 경우에, 내담자는 이러한 요청에 긍정적으로 반응할 것이다.

내담자의 동의를 받은 후에, 당신은 초기 사례 개념화를 제공할 수 있다. 분노 조절 문 제가 있는 내담자와의 정리 단계에서 다음과 같은 사례 개념화가 제공되었다(J. Sommers-Flanagan & Sommers-Flanagan, 2004에서 발췌).

> 오늘 우리는 분노에 대해 많은 이야기를 나눴어요. 저는 당신의 분노와 당신 자신 그리고 다른 사람에 대한 높은 기준이 어떻게 관련되어 있는지를 알 수 있었어요. 한 마디로 표현해

보자면, 당신은 **완벽주의자**라고 말하고 싶어요. 당신의 완벽주의가 분노와 관련이 있는 것처럼 보여요. 그래서 우리가 함께 작업할 때, 당신 자신에 대해 가지고 있는 생각과 기대 그리고 이게 당신을 다른 상황에서 어떻게 화나게 하는지에 집중하는 것이 매우 도움이 될 것 같아요. 어떻게 들리나요?

또는, 우울 증상을 보이는 내담자에게 다음과 같은 초기 사례 개념화를 제공할 수 있다.

당신이 얼마나 우울한지 저에게 이야기해 줬어요. 괜찮다면 당신과 우울한 기분을 느끼는 당신의 성향에 대한 제 생각을 이야기해도 될까요? [내담자가 긍정적으로 반응함].

우울적한 기분을 증가시키는 것처럼 보이는 한 가지는 당신과 당신의 행동에 대한 —매우 자주, 매우 빠르게 그리고 매우 부정적으로—내용을 담고 있는 자동적인 사고 과정을 가지고 있다는 거예요. 사회적 상황에 있을 때, 그런 생각들이 당신의 머릿속에 넘쳐나고, 자신이 입고 있는 옷에 대해 부정적으로 생각하고, 바보 같은 말을 하고 있다고 믿고, 아무도 나를 좋아하지 않는다고 스스로에게 말하게 돼요. 당신이 모임 이후에 스스로 즐거운 시간을 보내지 못하고 비참함을 느끼는 건 그리 놀라운 일은 아니에요. 제 설명이 잘 전달됐나요? [내담자가 "정말 그래요."라고 답한다.]

좋아요. 이게 말이 된다니 다행이에요. 우리의 계획 중 하나는, 괜찮다면, 이러한 자동적 사고에서 벗어날 수 있는 전략을 개발하는 거예요. 마음챙김 활동을 해 보거나, 당신의 생각이 타당한지에 대해 조심스럽게 질문을 해 보거나, 그 부정적인 목소리를 머릿속에서 떨쳐내는 데 도움이 되는 구체적인 행동도 해 볼 수 있을 거 같아요. 어떤가요? [내담자는 "저에게 도움이 될 거 같아요."라고 대답한다.]

초기 사례 개념화에서는 단순하고, 간단하며, 전문 용어 사용을 최소화해야 한다. 또한 당신이 지금껏 이야기해 온 내용을 토대로 심도 있게 설명하지 말고, 간략하게 설명해야 한다. 첫 회기가 잘 진행된다면, 나중에 더 깊이 들어갈 기회가 있을 것이다.

사례 예시 3-3 문화적인 요소가 증상, 사례 개념화, 치료 계획에 어떻게 영향을 미치는가

  면담의 본론 단계에는 개입이 포함될 수 있지만, 첫 면담에서 본론 단계는 주로 사례 개념화와 치료 계획을 이끌어 내는 평가와 정보 수집을 포함한다. 다음 사례 예시는 문화적으로 민감한 평가가 어떻게 사례 개념화와 문화적으로 적절한 치료 계획의 개발로 이어지는지 보여 준다.

  푸에르토리코의 한 젊은 남성은 어머니와 함께 미국에 거주하고 있고, 한 여성과 교제 중이며 결혼을 계획하고 있다. 그는 여자친구와 침대에 누워 있거나 잠을 자는 동안에 커다란 하얀 유령이 나타나는 환각을 겪기 시작했다. 유령은 그의 가슴 위에 앉아서 숨을 쉬지 못하게 했다. 서구에서 훈련받은 많은 전문가들은 이러한 증상을 정신병적 장애의 발병과 연결시킬지도 모른다.

  이 젊은 남성은 접수면담을 받기 위해 왔다. 면담 자리에서, 그는 여자친구가 아닌 남성에게 매력을 느끼고 있다고 말했다. 그의 일부는 자신이 동성애자라고 말하고 있었지만, 또 다른 부분은 그에게 그 이미지를 거부하라고 말하고 있었다. 왜냐하면 동성애자가 되는 것은 문화적으로 받아들여질 수 없기 때문이다. 그는 만약 자신이 동성애자인 것을 밝히면 어머니가 죽을 것이라고 믿었다.

  면담 동안에, 그는 여자친구와 침대에 누워 있을 때만 유령이 나타난다고 보고했다. 더 많은 탐색적 질문들을 통해, 임상가는 그 남성의 고향 문화(home culture)에서 유령이 덮치는 현상이, 특히 내적 갈등을 겪고 있을 때 드문 일이 아니라는 것을 알게 되었다.

  면담이 진행되는 동안, 이 사례에 대한 임상가의 가설은 극적으로 바뀌었다. 처음에 임상가는 정신병적 증상이나 수면 개시(sleep-onset)와 관련된 환각에 대해 관심을 가졌다. 이후에는 내적인 갈등으로 발생하는 과도한 스트레스에 대해 관심을 가졌다. 결국 임상가는 유령이 환각이 아니라 갈등에 대한 문화적 징후를 나타냈다는 것을 깨닫게 되었다. 마침내 임상가는 이러한 사례 개념화를 통해 치료 계획을 세울 수 있었다. 약물평가를 위해 내담자를 정신과 의사에게 의뢰하는 대신, 치료에는 내담자가 고국을 방문하고, 동성애에 친화적인 성직자를 찾으며, 결국 여자친구와 헤어질 수 있도록 지원하는 것이 포함되었다. 유령이 나타나는 현상은 가라앉았고, 이 경험은 내담자의 개인사에서 흥미로운 참고 자료가 되었다.

내담자 안내하기와 힘 실어 주기

  당신은 전에 만나본 적도 없는 누군가와 40~45분 정도의 시간을 보냈고, 두려움, 고통, 혼란, 문제, 목표에 대해 들었다. 당신은 잘 듣고, 그 과정에서 요약하고, 필요할 때 내담자

에게 중요한 내용에 대해 이야기하도록 잘 이끌었길 바랐을 것이다. 당신이 얼마나 수용했는지에 상관없이, 내담자가 당신의 판단에 대해 걱정하는 것은 자연스러운 일이다. 당신이 얼마나 많은 협력을 제안했든 간에 내담자는 여전히 그 경험이 일방적이라고 느낄지도 모른다. 결국, 당신은 내담자에 대해 꽤 알고 있지만 내담자는 당신에 대해 거의 알지 못한다. 그러므로 정리 단계에서 내담자에게 분명하게 힘을 실어 주는 것(empowering)이 유용하다. 예를 들면, 당신은 이렇게 말할 수도 있다.

- 저는 당신에게 많은 질문들을 했어요. 마치기 전에 저에게 하고 싶은 질문이 있나요?
- 이 면담은 당신이 예상했던 대로 진행됐나요?
- 혹시 우리가 놓친 부분이나 우리가 다시 만난다면 더 자세하게 이야기하고 싶은 부분이 있나요?
- 오늘 함께했던 시간에서 어떤 걸 기억하고 싶나요?

면담이 끝날 때 즈음 통제권을 유지하고 싶더라도, 그 통제권을 공유하는 것도 중요하다. 대부분의 경우, 내담자는 질문이나 말을 많이 하지 않는다. 그러나 정리를 하는 동안 다시 협력을 제안하는 것은 내담자에게 힘을 실어 준다. 또한 내담자의 질문, 의견, 피드백을 통해 당신의 전문성 성장을 도모할 수 있다.

진전도 모니터링

> 치료 접근법에 진전도 모니터링 자료를 추가하면, 치료 실패를 줄일 수 있어 신뢰성을 증가시킬 수 있다(Meier, 2015, p. 3).

이 시점에서 분명해야 한다. 치료 효과에 대한 최신 문헌을 따르는 임상가가 되기 원한다면, 내담자와의 협력을 추구하고 내담자의 참여를 방해하는 권위적인 접근법을 지양해야 한다.

진전도 모니터링(progress monitoring)은 간단한 증상 중심의 설문지를 사용해 치료 진행에 대한 내담자의 피드백을 이끌어 내는 증거 기반 접근 방식이다. 연구자들은 정규적인(formal) 진전도 모니터링이 치료 실패의 감소와 치료 후 즉시 그리고 6개월 추적 조사에서 더 긍정적인 치료 효과와 관련이 있다고 일관되게 보고했다(Byrne, Hooke, Newnham, & Page, 2012; Meire, 2015). 진전도 모니터링을 통해 내담자는 대개 각 치료 회기가 끝날 무렵에 자신의 증상에 대한 피드백을 임상가에게 제공할 수 있다.

정규적인 진전도 모니터링은 초기 임상면담의 정리 단계에서 소개될 가능성이 있다. 다음과 같이 말할 수 있다.

> 연구 결과에 따르면 치료가 어떻게 진행되고 있는지, 기분이 나아졌는지, 더 나빠졌는지, 아니면 같은지 저에게 말해 주는 것이 매우 중요해요. 한 가지 방법은 제가 당신에게 직접적으로 물어보는 거예요……. 그리고 가끔씩 그렇게 할 거예요. 하지만 회기가 거의 끝날 즈음에 간단한 질문지를 작성하는 것 또한 중요해요. 이 질문지는 의사가 진료를 시작할 때마다 혈압이나 체온을 재는 것과 비슷해요. 오늘은 회기 이후 질문지를 작성하겠지만, 앞으로는 매주 우리가 만나기 바로 전에 질문지를 작성할 거예요. 그렇게 하면 당신이 저에게 직접 말해 주는 것 외에도, 저는 당신이 어떻게 지내는지 일관되게 측정할 수 있을 거예요. 괜찮을까요?

어떤 내담자는 정규적인 진전도 모니터링에 저항할 것이다. 만약 그런 경우, 당신은 정기적으로 그리고 약식으로 내담자의 현재 증상과 치료 진행에 대한 피드백에 대해 물어보아야 한다. 증상을 중심으로 하는 진전도 모니터링뿐만 아니라, 많은 임상가들은 매 회기의 정리 단계에서 치료적 관계의 질을 평가하고 모니터링하기 위해 짧은 질문지를 사용하기도 한다(Meier, 2015).

희망 불어넣기

내담자가 전문적인 도움을 구하는 이유에 대해 정확하게 요약하고, 초기 사례 개념화한 것을 설명하는 것은 내담자에게 암묵적으로 희망을 불어넣을 수 있다. 그러나 희망은 오랫동안 치료 효과에 있어 중심적인 역할을 해 왔기 때문에, 상담에 대해 명백하게 희망적이거나 긍정적인 진술을 하는 것도 이치에 맞는다(Frank & Frank, 1991; J. Sommers-Flanagan, Richardson, & Sommers-Flanagan, 2011). 이러한 희망적인 진술은 매우 간단할 수 있다. 예를 들면, "상담을 하기로 한 건 현명한 결정이에요. 전 이게 도움이 될 거라고 생각해요."

희망적인 진술은 초기 사례 개념화에서도 통합될 수 있다.

> 이 분노는 한동안 당신을 괴롭혔고, 당신은 이에 대처하기 위해 엄청 노력해 왔어요. 그러나 당신이 완벽주의에 대해 깊이 파고들어 완벽주의와 분노를 어떻게 다룰 수 있는지 구체적인 계획을 세운다면, 우리 치료 작업이 성공할 거라고 생각해요.

만약 당신이 치료가 도움이 될 수 있다고 믿는다면, 당신의 역할 중 일부는 그 믿음을 전달하는 것이다. 많은 내담자는 심리치료의 잠재적인 이점(그리고 손해)에 대해 무지하다. 물론 정말로 치료가 도움이 될 수 있고 이를 전달하는 것이 당신의 역할이라고 생각한다면, 긍정적이고 희망적인 진술을 해야만 한다.

끝마무리하기

마지막 공식적인 과업은 더 이상의 전문적인 만남을 가질지를 명확히 하는 것이다. 여기에는 다음 약속 일정을 정하고, 비용 지불을 처리하며, 특정 장면(setting)과 관련된 기타 행정적인 문제를 처리하는 것과 같은 구체적인 단계가 포함된다. 〈표 3-5〉에는 정리 단계 체크리스트가 제시되어 있다.

<표 3-5> 정리 단계 체크리스트

치료자 과업	치료자 도구
□ 1. 내담자 안심시키기와 지지하기	감정 반영, 타당화(validation), 표현하고자 노력하는 내담자에게 공개적인 감사 표현하기
□ 2. 주요 주제나 이슈 요약하기	요약하기, 해석을 통해 내담자의 통찰 그리고 주제나 쟁점을 통합하는 능력 파악하기
□ 3. 초기 사례 개념화 제공하기	질문, 요약하기, 심리교육
□ 4. 희망 불어넣기	제안, 상담 과정과 상담이 보통 어떻게 도움이 되는지 설명하기
□ 5. 내담자 안내하기와 힘 실어 주기	질문, 내담자에게 의견이나 질문 요청하기
□ 6. 끝마무리하기	질문, 명료화, 다음 약속 함께 잡기

회기 종료하기(종결)

일부 전문가들은 각 회기의 종료가 삶 자체를 포함해 종료되는 모든 것을 무의식적으로 상기시키는 것이라고 믿는다. 면담의 종료와 죽음을 비교하는 것은 다소 과장되지만, 우리의 삶에서 종료가 얼마나 중요한지 보여 준다. 많은 사람들에게 있어 작별 인사를 하는 것은 어렵다. 우리 중 일부는 그 문제를 완전히 피하며 도망간다. 다른 사람들은 그것이 일어나지 않길 바라면서 머뭇거린다. 그러나 또 다른 사람들은 분노, 슬픔, 안도감과 같은 정서적 반응을 보이기도 한다. 내담자가 회기의 종료에 대처하는 방법은 언젠가 일어나는 치료 종결의 징조를 나타내는 것일 수 있다. 또한 종결에 대한 반응은 분리와 개별화(individuation), 문화적 차이 또는 상황적 스트레스 요인에 대한 우리 자신이나 내담자의 정신역동을 나타낼 수 있다. 종결(일명 종료)은 임상면담에서 필수적이고, 종종 간과되는 구성 요소다.

시계 보기

문자 그대로, 아니 적어도 노골적으로 시계를 봐서는 안 된다. 하지만 당신은 제시간에 회기를 끝낼 책임이 있다. 이는 시간이 지나가는 것을 매우 잘 알고 있다는 것을 의미한다. 당신의 목표는 매끄러운 정리와 종료를 경험하는 것이다. 만약 내담자가 선형적(linear) 시간 관념이 부족한 문화권에서 왔다면, 이러한 차이를 인정하고 임상적 상황에서는 공식적인 시간 한계(time boundary)를 준수해야 한다는 사실에 대해 사과할 필요가 있을 것이다(Hays, 2013).

이상적인 것은, 종결에 대한 내담자의 행동을 관찰할 수 있도록 모든 임상 업무를 제 시간에 끝내는 것이다. 회기를 종료해야 할 때 내담자는 대인관계 역동, 치료 이슈, 정신병리 및 진단에 대한 단서를 제공하는 방식으로 생각하고, 느끼고, 행동하기 시작하는 경우가 많다(실제 적용하기 3-2 참조). 어떤 내담자는 종료 단계에서 즉각적인 주의를 기울여야 하지만, 다른 내담자는 "당신이 흥미로운 부분을 언급했어요. 다음 주에 거기에서 시작하죠."와 같이 단호하지만 친절한 표현을 요구할 뿐이다.

종료 안내하기 또는 관리하기

양 당사자가 만남이 끝났다는 것을 인정함에 따라 임상면담의 **종결**(termination) 또는 **종료**(ending)가 발생한다. 이는 편안한 작별 인사를 건네는 것과 내담자를 배웅해 주는 과정을 포함한다. 우리의 동료 중 한 명은 항상 상냥하지만 끝을 의미하는 톤으로 "잘 가요."라고 말한다. 일부 임상가들은 다음 약속을 잡고 "그때 봐요."라고 말하면서 끝내기를 좋아한다. 또한 우리는 한 동료가 사무실 밖으로 얼굴만 내민 채 다소 아쉬운 톤으로 내담자에게 "힘내세요!"라고 말하는 것을 기억한다.

회기를 어떻게 종료하고 싶은지 미리 생각해 볼 가치가 있다. 동료와 함께 미리 다양한 결말을 연습하는 것도 현명한 방법이다. 회기를 단호하면서도 부드럽게 마무리하는 편안한 방법을 찾아보도록 하라.

● 실제 적용하기 3-2: 문손잡이 진술

문손잡이 진술(doorknob statements)은 내담자가 떠나려고 일어나거나, 문을 나서는 순간에 하는 진술이다. 소그룹이나 파트너와 함께 다음 문손잡이 진술과 행동을 살펴보고, 이의 잠재적인 중요성에 대해 논의하도록 하라.

- [매 회기가 끝날 때 악수하거나 포옹을 하려는 시도와 함께 이 말을 하는 것을 상상해 보도록 하라.] 오늘 시간을 내줘서 정말 감사해요. 당신은 최고예요!
- 그런데 자살에 대한 생각이 지난 며칠 전부터 정말로 심해졌어요. [내담자는 때때로 자살 사고를 언급하기 위해 회기의 마지막 순간까지 기다린다.]
- 언제 커피 마시러 같이 갈 수 있을까요?
- 그래서 그게 다예요? 제가 언제 기분이 나아지기 시작할까요?

때로는 내담자가 적극적으로 회기를 종료한다. 시간을 주의 깊게 보던 내담자가 있었다. 그리고 회기가 끝나기 2분, 5분, 또는 심지어 15분 전부터 시계를 자주 보고, 갑자기 일어나면서, "오늘은 여기까지만 하죠." 또는 "시간이 다 된 거 같네요."라고 말한다.

일반적으로 면담 회기는 정해진 종결 시간이 있고, 내담자가 일찍 끝내려고 하는 것을 당연하듯이 받아 주지 말아야 한다(비록 청소년과 같은 특정 내담자가 보통 더 이상 말할 것이 없다며 일찍 보내달라고 요구할지라도). 성인 내담자가 일찍 끝내기 원할 때, 이는 불안의 신호일 수도 있다. 떠나려는 욕구는 의식적이든 아니든 무언가 어려운 일에 대해 경험하고 이야기하는 것을 피하기 위해 고안된 방어책일 수 있다. 또한 상담 경험이나 당신에 대한 분노나 실망을 표출하는 간접적인 방법이 될 수 있다.

내담자가 어떤 동기로 회기를 일찍 마치려고 하는지에 대해 탐색하는 것은 가치가 있지만, 더 깊은 정서적 또는 대인관계 역동이 있을 수 있기 때문에 당신은 민감하게 탐색해야 한다. 때로는 시간 한계에 대한 부드러운 설명과 요약을 제공하는 것이 효과적이다.

사실, 우리에게 6분 정도의 시간이 남았어요. 괜찮다면, 이 시간 동안 오늘 회기에서 가장 도움이 되었던 점과 도움이 되지 않았던 점에 대해 듣고 싶어요.

다음은 면담을 일찍 끝내고 싶어 하는 내담자를 만날 때 사용할 수 있는 몇 가지 다른 전략이다.

- 남는 시간에 내담자에게 회기 및 당신과 함께한 작업이 어땠는지 물어보도록 하라.
- 면담 중에 다루고 싶은 이슈를 모두 다루었는지 여부를 확인하기 위해 노트나 요점 (outline)을 참조하도록 하라. (예: "다시 확인해 볼 게 있는지 제 노트를 살펴볼게요.").
- 내담자에게 "아직 시간이 많이 남아 있어요."라고 말함으로써 서두를 필요가 없다는 것을 알리고, 종결 작업을 계속 진행하도록 하라.

내담자는 일찍 끝내고 싶어 안달이 날지도 모른다. 내담자를 상담실에 계속 머무르게 하기 위해 힘겨루기를 하는 것은 좋은 생각이 아니다. 대신, 내담자의 선택을 수용하고, 다음 회기가 예정되어 있다면 일찍 끝낸 이유를 탐색하기 위해 메모를 하도록 하라. 만약 내담자가 일찍 끝내고 다시 돌아올 의사가 없는 것처럼 보인다면, 당신은 내담자에게 언제든지 다시 만남을 요청하거나 다른 전문가를 방문할 수도 있다는 말을 할 수 있다. 예를 들면

아직 시간이 많이 남아 있지만, 지금 당장 끝내고 싶은 걸 알겠어요. 어쩌면 당신은 하고 싶었던 이야기를 다 했거나, 개인적인 문제에 대해 더 깊이 생각하고 싶지 않을 수도 있어요. 저는 당신이 여기 남아서 이야기하도록 강요하고 싶지 않아요. 하지만 더 이야기하고 싶으면 나중에 다시 와서 저나 다른 사람을 만나면 좋겠어요.

종결 직면하기

우리 자신의 문제가 종결을 어떻게 다루는지에 영향을 미칠 수 있다. 만약 우리가 성격적으로 걱정이 많고 조급해한다면, 이는 작별 인사를 하는 방식으로 보일 수 있다. 만약 우리가 자신에 대해 확신하지 못하거나 잘 해 냈다는 확신이 들지 않는다면, '의도치 않게' 상담을 계속 이어 가게 되어 시간이 초과될 수도 있다. 우리가 대개 적극적이고 내담자가 계속 '한 가지만 더' 공유하려고 한다면, 당신은 다시 상담방으로 내담자를 안내해 상담을 이어 가려고 할 수도 있다.

시간제한은 실용적 및 해석적인 관점에서 중요하다. 자신의 직업적 생존을 위해, 당신은 제시간에 시작하고 끝내야 한다. 더 깊은 수준에서는, 치료는 삶과 같이 시간, 장소, 현실 세계의 요구에 얽매여 있다는 메시지를 내담자에게 전달하기 위해 시간 한계 모형을 따라야 한다. 당신은 전지전능하지 않다. 내담자가 겪었던 힘든 삶을 보상하기 위해 내담자에게 여분의 시간을 줄 수는 없다. 내담자와 만나는 시간이 얼마나 좋았든 간에 이는 반드시 끝나야 한다. 내담자가 시간 한계를 넘길 때 당신은 단호해야 한다.

학생들은 때때로 제시간에 회기를 단호하게 끝내는 것에 대해 죄책감을 느낀다. 그들은 내담자가 규칙을 어느 정도 어기는 것을 허용한다. 비록 내담자가 특별한 대접을 받는다고 느끼거나 비용에 비해 서비스를 좀 더 받았다고 생각할지라도, 결국에는 내담자에게 도움이 되지 않는다. 사실, 특별한 자격을 바라거나 요구하는 것은 내담자가 직면해야 하고 작업해야 하는 부분일 수도 있다. 현실은 녹록치 않고, 면담의 종료 역시 쉽지 않다. 친절하고 시의적절하며, 전문적인 방식으로 면담을 종료함으로써 당신이 내담자에게 주는 메시지는 다음과 같다. "저는 규칙을 따를 거예요. 당신 역시 그렇게 할 수 있을 거라고 믿어요. 다음 주에도 저는 여기에 있을 거예요. 저는 당신을 긍정적으로 여기고 당신을 돕는 것에 관심이 있지만, 저는 마법을 부리거나 현실을 바꿀 수는 없어요."

〈표 3-6〉에는 면담 종료 단계의 과업이 제시되어 있다.

<표 3-6> 종료 단계 체크리스트

치료자 과업	치료자 방법
□ 1. 시계 보기	치료자가 볼 수 있는 곳에 시계 두기, 의역, 감정 반영하기
□ 2. 내담자의 의미 있는 문손잡이 진술 관찰하기	시간이 거의 다 되었다고 알려 주기
□ 3. 종결 안내하거나 관리하기	표준화된 종료 사용하기, 따뜻하고 편안한 종결 진술하기, 내담자와 종결 및 시간 한계에 대해 논의하기
□ 4. 종결에 직면하기	회기 종료에 대한 자신의 반응 평가하기, 시간 한계 벗어나지 말기

요약

연구자나 임상가는 다양한 모형을 사용해 임상면담 중에 발생하는 시간적(temporal), 과정적(process) 구조를 설명한다. 이 장에서 소개된 일반적인 모형은, ① 도입, ② 시작, ③ 본론, ④ 정리, ⑤ 종료 또는 종결의 다섯 가지 단계로 구성되어 있다.

도입 단계는 첫 접촉으로 시작한다. 여기에는 온라인, 전화 혹은 대면 접촉이 포함될 수 있다. 잠재적 내담자와의 첫 접촉을 어떻게 다룰 것인지를 계획하는 것은 중요하다. 치료자는 환자를 처음 만날 때 표준 절차를 따르는 것이 좋지만, 융통성 역시 필요하다. 도입 단계 동안 치료자는 비밀 보장과 면담의 목적 같은 주요 이슈에 대해 내담자에게 교육한다. 더불어 치료자가 내담자와의 초기 라포 형성을 위해 사용할 수 있는 많은 전술과 전략들이 있다. 여기에는 교육, 안심시키기, 정중한 소개, 가벼운 대화 그리고 융통성이 포함된다. 소수 문화권 집단에 속한 내담자와 함께 작업할 때는 친근하고 소소한 대화를 통한 개별화된 접근이 도움이 된다.

면담의 시작 단계는 치료자가 내담자의 상태에 대해 첫 번째 열린 질문을 던질 때 시작된다. 시작 단계는 치료자의 시작 진술, 내담자의 시작 반응, 내담자의 행동에 대한 치료자의 관찰과 같은 여러 가지 요소가 포함된다. 시작 단계는 내담자가 전문적인 도움을 받으러 온 이유에 대한 주요한 이유를 주의 깊게 경청했을 때 끝나게 된다.

면담의 본론 단계는 주로 정보 수집에 초점을 맞추고 있으나, 개입 역시 포함될 수 있다. 정보를 수집하는 것은 사례 개념화와 치료 계획을 세우기 위한 것이다. 때때로 면담의 본론 단계는 정신장애 진단에만 전적으로 중점을 둔다. 정신장애에 대한 일반적인 기준은 내담자의 손상이나 고통을 유발하고, 다른 사람들을 상당히 방해하며, 합리적이거나 문화적으로 정당화될 수 없는지 여부다.

정리 단계에서는 정보 수집에서 종결을 위해 내담자를 준비시키는 활동으로 전환된다. 내담자와 치료자는 시간이 부족하고, 대개 더 많은 정보들을 얻을 수 있거나 다루지 않은 감정이 있을 수 있기 때문에 압박감을 느끼기도 한다. 치료자는 회기에서 논의한 주요 이슈에 대해 요약하고, 초기 사례 개념화를 제공하며, 진전도 모니터링을 소개하고, 희망을 불어넣으며, 내담자에게 질문이나 피드백이 있는지 물어봄으로써 내담자에게 힘을 실어주어야 한다.

면담 종료를 통해 내담자와 치료자 모두에게 중요한 분리나 상실 이슈가 수면 위로 떠오를 수 있다. 내담자는 면담이 끝날 때 분노, 실망감, 안도 또는 기타 강한 정서를 표출할 수 있다. 이러한 감정은 내담자가 이전에 중요한 사람으로부터 분리되었던 경험에 대해 가지고 있는 미해결된 감정을 반영할 수 있다. 시간 관리 또한 중요하다. 치료자는 면담을 가장 효과적으로 종료할 수 있는 방법을 계획하는 것이 중요하다.

권장도서 및 자료

이 장에는 임상면담의 구조와 순서를 정하는 것과 관련된 수많은 주제들이 포함되어 있다. 다음의 읽을거리는 이러한 이슈에 대한 이해를 더 높이는 데 도움이 될 수 있다.

Carlson, J., Watts, R. E., & Maniacci, M. (2006). *Adlerian therapy: Theory and practice*. Washington, DC: American Psychological Association.

이 저서는 Adler의 이론적 관점에서 면담과 상담의 단계로 당신을 안내한다.

O'Donohue, W. T., & Cucciare, M. (Eds.). (2008). *Terminating psychotherapy: A clinician's guide*. New York, NY: Routledge.

이 편집된 저서에서는, 다양한 저자들이 종결에 대한 기본적인 사항을 단계적으로 접근한다. 이 책에는 '관리 의료와 종결'과 '치료적으로 심리치료 종결하기' 장이 있다.

Shea, S. C. (1998). *Psychiatric interviewing: The art of understanding* (2nd ed.). Philadelphia, PA: W. B. Saunders.

Shea의 저서의 제2장은 '면담의 역동적 구조'라는 제목으로 대부분의 진단임상면담의 전형적인 시간 구조에 대한 철저하고 실제적인 논의를 제공한다.

Teyber, E., & McClure, F. H. (2011). *Interpersonal process in therapy: An integrational model* (6th ed.). Belmont, CA: Brooks/Cole.

이 저서는 치료자와 내담자의 통찰력을 촉진하기 위해 대인관계 과정인 치료자와 내담자 간 역동을 활용할 수 있는 기본적인 방법을 설명한다.

임상면담

제2부 | 경청과 관계 발달

제4장
비지시적 경청 기술

소개

대부분의 사람들은 누군가를 만나면 그 사람이 경청을 잘하는 사람인지 안다. 사람들이 솔직하고 자유롭게 말하도록 하기 위해, 좋은 경청자가 무엇을 해야 하는지 정확하게 알아내기란 쉽지 않다. 이 장에서는 효과적인 집중 및 경청 기술의 구조를 분석한다.

경청 기술

내가 제시한 이론들은 해석…… 자유연상, 꿈 분석, 최면…… 생활양식 해석, 암시 등과 같은 기법에…… 본질적인 가치를 두지 않는다.

– Carl R. Rogers, "The Necessary and Sufficient Conditions of Therapeutic Personality Change," in *Journal of Consulting Psychology*, 1957, pp. 102–103.

이 장에서는 (그리고 다음 두 장에서는), 치료자가 임상면담 중 사용할 수 있는 기술을 설명한다. 우리의 목표는 당

●학습목표●

이 장을 읽은 후 다음을 수행할 수 있다.

- 치료자 기술과 태도 간의 차이 설명하기
- 내담자와의 상담에서 치료적 태도 취하기
- 경청 행동을 세 가지 일반적인 범주로 조직화하기
- 치료적 침묵, 재진술, 명료화, 감정 반영, 요약으로 구성된 비지시적 경청 행동을 나열하고 임상면담에 적용하기
- 내담자의 상이한 문화적 배경과 성별에 맞춰 경청 기술 조정하기

신이 이러한 전문 기술을 이해하고 연습하도록 하여 내담자를 다음과 같이 도울 수 있게 하는 것이다.

• 내담자 자신, 문제, 바람에 대해 솔직하게 말하는 것
• 내담자가 자신의 문제를 관리하고 더 나은 안녕감(wellness)을 성취하기 위해 무엇을 할 수 있는지에 대해 통찰력이나 새로운 생각을 얻는 것
• 긍정적인 행동 변화를 시작하도록 하는 것

이러한 전문 기술은 촉진 행동(facilitative behaviors), 조력 기술(helping skills), 미세 기술(microskills), 촉진 기술(facilitation skills), 상담 행동(counseling behaviors) 등으로 불린다(Hill, 2014; Ivey, 1971; M. E. Young, 2013).

우리가 기술 향상에 초점을 두면 동시에 불편한 감정들—위대한 Carl Rogers가 우리가 언급하는 내용들에 대해 전혀 동의하지 않을 것이라는 인식에서 비롯된 불편감—을 느끼게 된다. Rogers에게 성공적인 치료를 위한 특별한 재료는 **기법이나 기술 또는 행동이 아니다.** 대신 그는 성공적인 치료를 위해(단일 회기의 임상면담이라 할지라도) **치료적 태도** 그리고 이후 '특정한 유형의 관계' 발달에 기반을 두어야 한다고 주장했다(Rogers, 1942, 1957, 1961; 더 자세한 내용은 제6장 참조).

Carl Rogers와 논쟁하기는 어렵다. 그의 온화하고, 자상하며, 반영적인 목소리는 우리에게 공감 훈련을 위한 기술을 발달시키는 것을 포기하라고 계속 촉구한다. 그의 요점은 가치 있고 심오하다. 하지만 현시대의 치료자, 학자 및 그 밖의 다른 사람들은 인간중심상담의 본질을 이해하지 못하고 있다(J. Sommers-Flanagan, 2007). Rogers의 개념은 단순한 반영 기술(예: 의역 및 감정 반영)로 축소되는 경우가 너무 많다. 그 결과 너무 많은 전문가 수련생들이 상당히 성가시고, 특별히 치료적이지 않은 앵무새 기술(parroting skills)을 배우게 된다.

이 장을 시작하면서, 우리는 양심상 당신이 좋은 치료자가 되기 위해 수십 가지의 행동 기술을 배우기만 하면 된다고 결론짓게 하는 위험을 감수할 수 없다. Rogers가 옳았다. 그런 방식으로 되지 않는다.

치료적 태도 취하기

1940년대, 1950년대, 1960년대 Rogers는 치료적 변화에 필요하고 충분하다고 믿는 핵

심 조건(일명 상담자 태도)에 대해 광범위하게 기술했다. 만약 그가 오늘날 살아 있다면, 치료자가 일치성, 무조건적 긍정적 존중, 공감적 이해로 구성된 핵심 태도를 경험하고 표현하지 않는 한, 치료자가 하는 어떤 것도 치료적일 수 없다는 점을 지적하면서 미세 기술 교육을 강조하는 현대의 관점과 싸웠을 것이다.

비록 핵심 조건이 모두 필요한 것은 아니지만, 이것이 빠진다면 치료적 변화는 일어나지 않을 것이다. 대부분의 상담 및 심리치료 연구들은 Rogers의 핵심 조건이 필수적이라는 주장을 뒷받침해 오고 있다(Malin & Pos, 2015; Norcross, 2011). 현대 신경과학 연구에서조차 Rogers의 견해를 광범위하게 지지하고 있다.

신경 생성과 공감적 경청

신경 생성(neurogenesis)은 뉴런의 생성을 의미하며, 최근 뇌 연구에서 가장 큰 발견 중 하나다. 비록 신경 생성은 주로 태아기 뇌 발달 동안 발생하지만, 최근 연구 결과에서 인간은 일생에 걸쳐 새로운 뉴런(뇌세포)을 만들어 낼 수 있다는 것이 밝혀지고 있다. 성인기에 신경 생성이 나타나면, 새로운 뉴런들은 현존하는 신경 회로에 통합된다.

약 25년 전, 연구자들은 반복적인 촉각 경험이 성체 올빼미 원숭이의 일차체감각 피질에서 기능적 재구성을 일으킨다는 것을 보여 주었다(Jenkins, Merzenich, Ochs, Allard, & GukRobles, 1990). 신경 생성을 지지하는 이러한 결과와 후속 연구는 상식적인 원리를 강조한다. 어떤 행동이든 연습하거나 반복하면 신경 성장을 자극하고, 해당 분야의 기술을 강화할 가능성이 높다. 이것이 Carl Rogers처럼 될 수 있는 방법에 대한 우리의 설명이자 처방이다.

연구자들은 최근 들어 공감적 경험을 하는 동안 뇌의 여러 영역에서 무슨 일이 일어나는지에 대한 이론을 발전시켜 오고 있다. 요약하자면, 다양한 뇌 영역과 구조는 개인이 공감을 경험할 때 활성화되는 것으로 보인다. 특히, 섬(insula) 혹은 **섬 피질**(insula cortex)은 전두엽과 두정엽으로부터 측두엽을 구분해 주는 열(fissure)의 깊은 곳에 있는 작은 구조다. 섬은 공감적 경험, 자기조절, 타인을 돕고자 하는 행동과 관련 있다.

자비 명상(일명 자애 명상)은 섬의 신경 활동 및 구조적 발달(굵어짐)과 관련 있다. 특히, 연구자들은 자비 명상을 많이 하는 사람의 섬이 더 굵고, 이들이 곤경에 처한 사람을 보거나 들었을 때, 자비 명상을 경험하지 않은 사람보다 섬 관련 신경 활동을 더 많이 보인다고 보고했다(Hölzel et al., 2011). 다른 연구자들은 메타 분석 및 서평을 통해 인지-정서적 지각, 조절, 반응을 하는 동안 여러 뇌 구조가 활성화되고, 그 관계가 매우 복잡하다는 것을 보여 주었다. 공감적 반응에 있어 전방 섬 피질(anterior insular cortex)의 역할을 설명할 때 Mutschler, Reinbold, Wankerl, Seifritz와 Ball(2013)은 다음과 같이 기술했다.

> 축적된 증거는 공감에 있어 섬 피질의 중요한 역할을 보여 준다. 특히, 전방 섬 피질(AIC) 은 실비안 열(Sylvian fissure)의 깊은 곳에 위치한 뇌의 한 영역으로, 해부학적으로 수많은 다른 피질 영역들과 상호 연관되어 있다(p. 1).

복잡한 신경학적 과정을 지나치게 단순화시킬 위험이 있기에, 자비 명상 및 공감적 경험과 관련된 다른 인간의 활동이 섬을 굵게 하는 데 어떤 식으로든 기여하고, 이후 공감적 반응을 향상시킬 수 있다고 결론짓는 것이 일반적으로 안전하다.

뇌에서 실제로 일어나고 있는 일에 대한 우리의 지식은 제한적이지만, 이러한 발견은 공감 및 자기조절과 관련 있는 중뇌대상엽(middle cingulate cortex)과 일차보조운동 영역(pre-supplementary motor area)뿐만 아니라, 섬을 강화하고 성장시키기 위해 엄격한 훈련을 해야 함을 시사한다(Kohn et al., 2014). 이 '훈련 요법'은 당신이 더 공감하고 치료적 기술을 쌓는 데 기여할 수 있을 것이다. 자비 명상을 하는 것 외에도 다음과 같은 요법이 있다.

1. 다른 사람의 말을 수용하고, 공감하며, 존중하는 방식으로 경청하는 사람이 되고자 의도하기
2. 공감적 경청 연습하기. 여기에는 이 장에서 설명하는 적극적 경청 기술을 사용하는 데 시간을 할애하는 어떠한 형태의 정기적인 대인관계 경험도 포함될 수 있다. 이 연습을 할 때 주된 목표로, 자비심을 가지고 경청하는 것이 중요하다.
3. 상담 수업, 추가 외부 서적 그리고 이 책 전반에 걸쳐 소개되는 적극적 경청, 다문화 역량, 공감 개발 활동에 참여하기
4. 텔레비전을 시청하고, 문헌을 읽고, 기술 장비를 통해 정보를 얻을 때, 이러한 일상적인 활동이 유발하는 감정에 머무르고 경험하기
5. 이러한 경험을 되돌아보고 반복…… 반복…… 몇 번 더 반복하기

Rogers는 상담 및 심리치료를 위한 핵심 조건에 대해 자신의 생각을 담은 글을 썼다. 그의 관점을 고려하는 것은 당신과 함께 할 다양한 사람에 대해 공감적 성향(empathic orientation)을 개발하기 위한 우리의 처방 중 하나다.

나는 이제 나에게 매우 중요한 의미를 가진 핵심적인 깨달음에 이르렀다. 나는 이러한 깨달음을 다음과 같이 말할 수 있다. **내가 다른 사람을 이해하도록 스스로에게 허용할 수 있을 때 그것이 엄청난 가치를 지닌다는 것을 알았다.** 내가 말한 방식이 당신에겐 이상하게 보일 수 있다. 다른 사람을 이해하도록 스스로에게 **허용하는 것**이 필요할까? 난 필요하다고 생각한다. 다른 사람들로부터 듣는 대부분의 말에 대한 우리의 첫 반응은 이에 대한 이해라기보다는 즉각적인 평가나 판단이다. 누군가 어떤 감정이나 태도 또는 신념을 표현하면, 우리는 거의 즉각적으로 "맞아", "바보 같아", "비정상이군", "비합리적이야", "틀렸어", "별로야"라고 느끼는 경향이 있다. 우리는 거의 대부분 상대방의 말이 그들 자신에게 어떤 의미를 가지고 있는지 **이해하려** 하지 않는다. 나는 그 이유가 이해하는 것이 위험하기 때문이라고 생각한다. 내가 정말로 다른 사람을 이해하게 내버려둔다면, 난 그 이해에 의해 달라질지도 모른다(Rogers, 1961, p. 18; **진하게** 표기된 부분은 원문을 의미).

다문화 하이라이트 4-1 　게이 내담자와 상담하는 이성애자 인턴(Gregory Sandman)

다음의 글에서, University of Wyoming의 박사 과정 학생은 게이 내담자를 상담하면서 Rogers의 핵심 조건과 관련된 태도를 받아들이게 되는 자신의 경험을 공유한다.

* * *

치료자와 내담자 간 문화적 차이를 이해하는 것은 긍정적인 상담 관계를 위해 필수적이다. 이론상으로는 흥미롭지만, LGBTQ 클리닉(Lesbian, Gay, Bisexual, Transgender, Queer, and Questioning Clinic)에서 인턴십을 하는 동안 이는 나에게 현실이 되었다.

초기에 슈퍼바이저는 치료적으로 중요하지 않는 한, 내담자에게 나의 성적 지향(sexual orientation)을 공개할 이유가 없다고 권고했다. 일부는 이에 동의하지 않을 수 있으며, 상담자가 분명히 개인 정보를 공개해야 할 때도 있다. LGBTQ 클리닉에서 첫 면담을 할 때 내담자는 나의 성적 지향을 공개할 것을 강력히 요구했다. 이러한 정보가 어떤 도움이 될지 물었을 때, 내담자는 흥분하고 고집을 부렸다. 난 결국 이성애자임을 밝혔고, 내담자는 사전 동의서를 구겨 내 얼굴에 집어던진 후 뛰쳐나갔다.

이 경험으로 나는 나의 성적 지향을 공개하는 문제에 대해 슈퍼바이저에게 다시 질문하게 되었다. 그는 원래 계획에 따라 진행해야 한다고 생각했다. 나의 성적 지향 이슈는 이후의 상담에서 다시 나타났지만, 다행히도 내가 작업 관계(working relationship)를 발전시키고 난 후였다. 한 내담자는 내가 이성애자라는 사실을 안 후, 다음과 같이 말했다. "만약 치료자가 이성애자라는 걸 상담하기 전에 알았다면 상담 받으러 오지 않았을 거예요. 하지만 상담은 매우 도움이 되었고, 이를 통해 얻은 게 많아요."

게이인 남성 내담자가 이성애자인 남성 치료자와 어떻게 작업하는지 더 잘 이해하기 위해, 나는 연구윤리위원회로부터 승인받아 이전 내담자의 사례를 연구했다. 'Chris(가명)'는 이성애자인 여성 치료자만 보기 원했다. 그는 첫 예약을 잡을 때 치료자가 이성애자인지 게이인지 물어봤다. 하지만 성적 지향을 공개하지 않는 것이 규정이었다. Chris는 이성애자 남성에게 상담받는 것에 대해 두려움, 불안감, 초조감, 수치감을 느낀다고 보고했다. 그의 우려는 이성애자인 남성이 자신의 경험을 이해할 수 있을지 여부에 집중되었다. 그는 내가 '게이에 대해 잘 몰라서' 가질 수 있는 편견들에 대해 걱정하고 있었다(Kort, 2008).

Chris는 나의 태도가 이성애자인 남성으로부터 기대했던 것과는 다르다고 말했다. 그가 전에 보았던 '편견의 얼굴'이 내게선 보이지 않는다고 말했다. 그는 오해를 받는 느낌이 들지 않아 이전의 치료자와 상담할 때보다 더 솔직하고 깊은 이야기를 할 수 있었다고 말했다. 그는 단순한 고개 끄덕임이나 "네(uh huhs)"와 같은 피드백에 고마움을 나타냈다. 이전의 치료자는 조용히 앉아서 그를 뚫어지게 쳐다보았다고 말했다. 마침내 Chris는 "당신은 흔쾌히 저와 악수를 했어요."라고 말했다. Chris는 HIV 보균자였다. 그는 많은 사람들이 자신이 HIV 보균자임을 알면 방에 같이 들어가지 않을 것이라고 말했다. Chris는 누군가가 신체적으로 그에게 악수를 청하고, 존중과 품위를 가지고 대하는 것이 자신에게 얼마나 큰 의미인지 말하면서 감정이 벅차오른 모습을 보였다.

Chris와 다른 게이 남성과의 상담을 통해, 나는 단순히 친절하고 긍정적인 사람이 되는 것만으로도 강력한 치료적 경험을 제공할 수 있는 기회가 있다는 것을 깨달았다. 많은 내담자는 인생에서 자신을 지지해 주는 사람을 만난 적이 없기 때문에, 이들에게 치료적 경험을 제공하는 것은 영광스러운 일이다.

의사소통은 항상 양방향이다

Meryt은 어머니의 삶에 대해 이야기하고 있는 내 얼굴을 조용히 쳐다보면서 들었다······. 내 친구는 움직이거나 말을 하진 않지만, 얼굴 표정에선 공포, 분노, 연민이 드러나 마음이 어떻게 변화하는지 보여 주었다(Diamant, 1997, p. 93).

인간의 의사소통은 정보를 주고받는 것을 포함한다. 이것은 양방향 고속도로와 같다. 메시지는 동시에 양방향으로 이동한다.

누군가 정보를 보낼 때 당신의 목표는 좋은 경청자나 수신자가 되는 것이다. 하지만 물론, 당신이 열심히 경청하고 입을 다물고 있다고 해도, 당신은 여전히 정보를 보내고 있다.

이것이 바로 의사소통 관련 전공 교수가 말하는 "당신은 의사소통을 하지 않을 수 없다"를 의미하는 것이다. 인간의 의사소통은 언어적 · 비언어적 메시지를 끊임없이 상호적으로 주고받는 것이다.

당신이 무슨 말을 하든 간에(심지어 말을 하지 않아도), 당신은 뭔가를 전달하고 있는 것이다. 친구와 전화통화 하던 때를 떠올려 보도록 하라. 아마도 당신은 뭔가를 말했고, 뒤이어 침묵이 있었다. 이때 무슨 생각이 드는가? 대부분의 사람들은 침묵에 의미를 부여하고, 대화가 잠시 멈춘 것에 어떤 의미가 있다고 결론짓는다.

내담자가 당신에게 갖는 인상은 그들이 말하는 동안 당신을 관찰한 것도 포함할 것이다. 당신의 행동은 내담자에게 보내는 메시지, 이상적으로 말하면 자유로이 말할 수 있는 초대장으로 해석되는 메시지다. 이 섹션에서는 어떻게 하면 좋은 경청자처럼 보고, 말하고, 행동하는 것을 배울 수 있는지에 초점을 맞춘다.

좋은 경청자처럼 보이는 연습을 하라고 제안하는 것은 솔직하지 못한 것 같다. 그럼에도 불구하고, 좋은 치료자는 대부분의 내담자들이 관심과 걱정의 표시로 해석할 특정한 행동을 의식적이고 의도적으로 한다. 이러한 행동을 집중 행동(attending behaviors)이라고 한다 (Ivey, Normington, Miller, Morrill, & Haase, 1968).

집중 행동

집중 행동(attending behaviors)은 적극적 경청의 토대가 된다. 집중 행동은 내담자에게 당신이 경청하고 있다는 것을 확인시켜 주는 비언어적이고 최소한의 언어적 행동으로 구성되어 있다.

집중 행동을 때로 **최소한의 촉진물**(minimal encouragers)이라고 부르기도 하는데, 이는 집중 행동이 내담자가 말하도록 유도하기 때문이다.

성공적이기 위해 치료자는 반드시 존중과 관심을 전달해야 한다. 긍정적인 집중 행동의 중요성은 다양한 분야와 이론적 배경에 걸쳐 인정받고 있다. 이에 대해서는 논란의 여지가 없다(Cormier, Nurius, & Osborn, 2017; Wright & Davis, 1994).

집중 행동은 주로 비언어적이다. 인류학자이면서 비교문화 연구자인 Edward T. Hall(1966)은 의사소통을 10%의 언어와 90%의 '숨겨진 문화적 문법'이라고 주장했다(p. 12). 다른 연구자들은 메시지의 의미 중 65% 이상이 비언어적이라고 주장했다 (Birdwhistell, 1970). 통상적으로 언어적 메시지와 비언어적 메시지가 상충될 때, 사람들은 비언어적 메시지를 더 신뢰할 것이다. 이것이 바로 내담자와 의사소통할 때 비언어적 채

널을 인식하고 사용하는 매우 중요한 이유다.

Ivey, Ivey와 Zalaquett(2010, p. 65)는 여러 문화권에 걸쳐 연구된 네 가지 범주의 집중 행동을 설명했다.

1. 시각/눈맞춤
2. 목소리
3. 언어 추적
4. 보디랭귀지

시각/눈맞춤

눈맞춤(eye contact)에 대한 규범은 문화권마다 다르다. 무엇이 적절하고 부적절한 눈맞춤 인지는 같은 문화권 내에서도 개인마다 다르다. 어떤 치료자에게는 면담 동안 눈을 계속 마주치는 것은 자연스러운 일이다. 다른 치료자에게는 이것이 어려울 수 있다. 이들은 존중, 수줍음 또는 문화적 역동성을 이유로 아래를 쳐다보거나 내담자의 시선을 피하는 경향을 보일 수 있다. 내담자도 마찬가지다. 어떤 내담자는 더 강하고 직접적인 눈맞춤을 선호한 다. 다른 내담자는 바닥이나 벽 또는 당신의 눈을 빼고는 어디든 쳐다보는 것을 선호한다.

일반적으로, 백인 내담자와는 대부분의 시간 동안 눈을 마주쳐야 한다. 반면, 아메리카 원주민, 아시아인, 몇몇 아프리카계 미국인의 경우, 눈맞춤을 별로 선호하지 않을 수 있다 (더 자세한 정보를 위해 다문화 하이라이트 4-2 참조). 대체적으로, 내담자가 말할 때는 눈맞 춤을 더 많이, 당신이 말할 때는 눈맞춤을 덜 하는 것이 적절하다.

다문화 하이라이트 4-2   **눈맞춤! 다양한 관점**

다음은 두 명의 흑인/아프리카계 미국인 교수의 눈맞춤에 대한 상반된 의견이다.

Teah Moore, PhD, Associate professor, Fort Valley State University, Robins, Georgia: 나에 게는 대화하는 동안 뚫어지게 쳐다보는 슈퍼바이저가 있었다. 보통 사람들은 이따금씩 그녀를 힐끗 쳐다보지만 그녀는 그렇지 않다. 그녀와 대화하는 것은 심란하고 불안했다. 아프리카계 미 국인으로 나는 내가 눈길을 돌리거나 그녀의 셔츠에 시선을 고정시키는 것을 발견했다. 나는 다 른 아프리카계 미국인에게서도 동일한 경험담을 들었다(개인교신, 2012년 8월 11일).

Kimberly Johnson, EdD, Senior Executive Advisor/Advocate, EdD, Devry University Online:

흑인 여성으로 나는 어렸을 때부터 대화 중에 항상 상대방의 눈을 쳐다보라고 배웠다. 그렇게 하지 않는 것은 자신감이 없어 보이고, 진실하지 않으며, 수줍고, 불확실하다는 것을 나타낸다. 우리 문화권에서는 집중해야 할 때 눈맞춤은 필수적이다. 문화적으로 우리는 눈이 해석에 관한 이야기를 한다고 믿는다(개인교신, 2012년 7월 28일).

* * *

비록 앞의 두 사람이 표면적으로 비슷한 특성과 인종 정체감을 가지고 있지만, 이들은 서로 다른 문화적·가족적·교육적 경험을 가지고 있었을 것이다. 동일한 문화권 내에서조차 개인의 경험은 다른 신념과 관점을 초래할 수 있다.

이는 왜 Stanley Sue가 다문화적 기술로 역동적 조정을 강조했는지 보여 주는 좋은 예시다. 역동적 조정(dynamic sizing)(제1장 참조)은 특정 문화적 특성이 그 문화의 개별 구성원에게 '적합'할지 여부를 정하는 것이다. S. Sue와 Zane(2009)은 다음과 같이 기술했다.

우리는 문화적 지식과 기술이…… 종종 부적절한 방식으로 적용된다고 생각한다. 이 문제는 치료자와 다른 사람들이 충분하지 않은 지식으로 행동하거나, 이들이 문화가 다른 집단에 대해 배운 것을 지나치게 일반화할 때 특히 명백해진다(p. 5).

결론: 다른 사람에 대해 추측하는 것은 나쁜 생각이다. Teah Moore 박사와 Kimberly Johnson 박사가 기술했듯이, 명백하게 유사한 인종적·문화적 배경을 가진 두 사람은 대인관계 양상이나 선호도가 다를 수 있다. 또한 눈을 덜 마주친다고 해서 이것이 정상적인 문화적 차이 이외에 부족한 자존감, 부정직함, 무례함과 같은 다른 어떤 것을 나타낸다고 절대로 가정하지 말도록 하라.

목소리

누군가의 목소리를 매우 주의 깊게 듣고 표현해 보려고 노력한 적이 있는가? 만약 그렇다면, 당신은 아마도 그 사람의 의사 언어를 표현했을 것이다. 의사 언어(paralinguistics)는 목소리의 음량, 고저, 속도, 리듬, 억양, 유창성으로 구성된다. 이러한 변인이 내담자에게 어떤 영향을 미칠지 생각해 보도록 하라. 대인관계의 영향력은 종종 당신이 말하는 내용이 아니라 말하는 방식에 의해 결정된다.

유능한 치료자는 목소리를 통해 라포를 증진시키고, 관심과 공감을 전달하며, 특정 문제나 갈등을 강조한다. 보디랭귀지와 마찬가지로, 내담자가 이끄는 대로 따라가면서 내담자와 비슷한 성량과 톤으로 말하는 것이 유용하다. Meier와 Davis(2011)는 이를 "내담자와 보조 맞추기"라고 불렀다(p. 9).

또한 목소리 톤과 말하는 속도를 통해 내담자를 특정한 내용이나 감정으로 이끌 수도 있다. 예를 들면, 부드럽고, 느리고, 온화한 어조로 말하면 내담자가 감정을 더욱 자세히 탐색하도록 촉진하고, 빠르고 크게 말하면 당신의 신뢰성이나 전문성을 확신하게 하는 데 도움이 될 수 있다(Ekman, 2001).

언어 추적

언어 추적(verbal tracking)은 내담자의 이야기 중 일부 내용을 재진술하는 것(restating)을 포함한다. 이는 당신의 개인적인 의견이나 전문적인 소견을 덧붙이는 것이 아니다. 언어 추적은 보조를 맞추는 반응이다. 당신은 내담자의 대화 내용에 주의를 기울여야 하며, 대화에서 주도권을 잡으려 해서는 안 된다.

정확한 언어 추적은 특히 내담자가 수다스러울 때 어려울 수 있다. 내담자가 하는 말에 정신이 팔려 자신의 생각에 빠져들 수도 있다. 예를 들면, 내담자는 최근의 여행 경험, 낙태, 마리화나의 합법화, 포르노, 정치적 성향, 이혼 또는 당신이 개인적인 의견을 표현하거나 감정적으로 반응할 수 있는 기타 주제에 대해 언급할 수 있다. 효과적으로 언어 추적을 하기 위해 당신은 내적·외적 개인 반응을 최소화해야 하고, 당신의 주의를 내담자에게 유지해야 한다. 이는 명료화, 의역(paraphrasing), 요약과 같은 보다 고급 차원(advanced)의 적극적 경청 기법에서도 마찬가지다.

보디랭귀지

보디랭귀지는 인간의 의사소통에 있어 또 다른 중요한 차원이다. 보디랭귀지의 두 가지 측면에는 동작 언어와 접촉 거리가 있다(Knapp, Hall, & Horgan, 2013). **동작 언어**(kinesics)는 눈, 얼굴, 머리, 손, 다리, 어깨와 같은 신체 부위의 특징 및 움직임과 관련 있다. **접촉 거리**(proxemics)는 두 사람이 떨어져 있는 거리와 그 사이에 어떤 물체가 있는지의 여부와 같은 개인적 공간과 환경적 변인을 말한다. 개인적인 경험에서 알 수 있듯이, 많은 것들이 간단하고 미묘한 신체 움직임을 통해 전달된다. 제2장에서 내담자-치료자의 좌석 배치를 다룰 때, 면담 시 접촉 거리 요인과 이의 잠재적인 영향을 분석했다.

긍정적인 보디랭귀지는 다음과 같다(Walters, 1980).

- 내담자를 향해 몸을 약간 기울이기

- 편안하지만 주의를 기울이는 자세 유지하기
- 발과 다리를 눈에 띄지 않는 위치에 두기
- 손짓은 눈에 띄지 않고 부드럽게 유지하기
- 불필요한 동작 최소화하기
- 당신의 얼굴 표정을 자신의 감정이나 내담자의 감정과 일치시키기
- 내담자와 한 팔 길이 정도의 거리를 두고 앉기
- 내담자와 치료자가 가까이 앉을 수 있도록 가구 배치하기

이러한 긍정적인 보디랭귀지의 예시는 서구적 문화 규범에 근거한다. 실제로는 이러한 행동에 대해 개인적·문화적 차이가 나타난다.

미러링(Mirroring)은 보디랭귀지의 한 측면으로서, 임상가와 내담자 사이의 동시성 (synchrony) 또는 일관성(consistency)과 관련 있다. 미러링이 발생할 때, 임상가의 신체 움직임과 언어 활동은 내담자의 것과 일치한다. 미러링은 비언어적 기술로써 잠재적으로 라포와 공감을 증진시켜 주지만, 제대로 구사하지 않으면 재앙이 될 수 있다(Maurer & Tindall, 1983). 만약 미러링을 너무 티 나게 사용하거나 과하게 사용하면, 내담자는 당신이 자신을 조롱한다고 생각할 수 있다. 따라서 의도적인 미러링은 적당히 사용하는 것이 가장 좋다. 미러링은 아마도 긍정적인 라포를 형성하는 요인이라기보다는 긍정적인 라포의 자연스러운 결과물에 가까울 것이다.

부정적 집중 행동

긍정적 집중 행동은 의사소통을 활성화시키고, 자유로운 의사표현을 촉진한다. 부정적 집중 행동은 내담자가 말하는 것을 억제하는 경향이 있다. 긍정적 집중 행동과 부정적 집중 행동을 구분하는 데 있어 보편적인 법칙은 거의 없다. 한 내담자에게 통하는 것이 다른 내담자에게는 통하지 않을 수 있다. 내담자에게 주의를 기울이는 방법은 각 내담자의 개인적 요구, 성격 유형, 가족 및 문화적 배경에 따라 달라질 것이다.

부정적 집중 행동을 저지르는 가장 흔한 방식 중 하나는 긍정적 집중 행동을 과도하게 사용하는 것이다. 경청을 과하게 하는 경우, 상대를 당황하게 만들 수 있다. 예를 들면,

- **고개 끄덕임.** 과도하게 고개를 끄덕이는 것은 성가시게 느껴질 수 있다. 머지않아, 내담자는 치료자가 고개를 끄덕이는 것을 쳐다보지 않기 위해 시선을 피할 수 있다. 한 아

이는 열정적으로 고개를 끄덕이는 치료자와 함께 시간을 보낸 후, 다음과 같이 말했다. "제 생각에 선생님의 머리는 목이 아니라 흔들리는 스프링에 얹어 놓은 거 같아요."

• **"네~(uh huh)"라고 말하는 것.** 새내기나 전문가 모두 이러한 언어적 촉진물을 과도하게 사용할 수 있다. 실제 많은 내담자들도 과도하게 "네~"라고 하는데, 이에 대한 우리의 해결책은 내담자가 "네~" 말고 다른 이야기를 하게끔 유도하는 것이다.

• **눈맞춤.** 과도한 눈맞춤은 조사당하는 느낌을 들게 할 수 있다. 당신이 개인적으로 깊은 이야기를 하거나…… 눈물을 흘리는 동안 치료자가 당신을 무자비하게 빤히 응시한다고 상상해 보도록 하라. 눈맞춤은 중요하지만 과한 것은 과한 것이다. 눈맞춤은 문화에 따라 다르다.

• **내담자의 마지막 말을 되풀이함.** 일부 치료자들은 내담자가 한 말에서 하나의 핵심 단어, 종종 마지막 단어를 되풀이하는 언어 추적 기법을 사용한다. 이러한 패턴을 과도하게 사용하면, 내담자가 30~60초 동안 한 말을 치료자가 한 단어로 줄이기 때문에 내담자는 과도하게 분석당한다고 느낄 수 있다.

연구자에 따르면 내담자는 다음과 같은 치료자의 행동을 부정적으로 지각한다고 보고했다(Cormier et al., 2017; Smith-Hanen, 1977).

• 드물게 눈을 마주치는 것
• 내담자로부터 45도 이상 자세를 트는 것
• 몸을 뒤로 기대고 앉는 것
• 다리를 꼴 때 위로 올린 다리가 내담자 반대 방향으로 향하는 것
• 가슴에 팔짱을 끼는 것

앞 장에서 언급했듯이, 다른 사람에게 어떻게 다가가고 있는지 알기란 쉽지 않다. 당신의 집중 행동에 대한 피드백을 받는 것이 필수적이다.

왜 비지시적 경청은 지시적이기도 한가

집중은 보통 보상적(rewarding)이다. 비지시적으로 경청할 때, 내담자가 이야기하는 특정한 주제에 의도하거나 의도치 않게 집중할 수 있다. 예를 들면, 내담자가 어머니와의 관

계에 대해 이야기하기 원한다면, 내담자가 어머니를 언급할 때마다 눈맞춤, 머리 끄덕임, 언어 추적, 긍정적인 얼굴 표정을 할 수 있다. 반대로, 내담자가 어머니 이외의 다른 주제에 대해 이야기할 때, 무관심한 것처럼 보이거나 언어 추적을 덜 사용할 수 있다. 행동주의적 관점에서 보면, 당신은 내담자의 언어적 행동에 영향을 줄 수 있는 사회적 강화를 사용하는 셈이다. 이런 선택적 집중은 아마도 임상 장면에서 자주 발생하는데, 이는 치료자의 개인적 관심사보다는 이론적 선호도와 관련 있다.

비록 경청하는 동안 당신이 선호하는 이론과 개인적 관심사에서 벗어나기로 결심했더라도, 당신은 여전히 내담자를 이끌게 될 것이다. 내담자는 광범위한 주제에 대해 이야기하기 때문에 모든 사안들에 대해 동등한 관심을 기울이는 것은 불가능하다. 선택은 필수다. 한 젊은 여성이 다음과 같은 말로 회기를 시작한다고 상상해 보도록 하라.

> 어린 시절 저희 집은 가난했는데, 이게 아버지를 좌절시켰어요. 아버지는 우리 다섯 아이를 때렸어요. 아버지는 돌아가셨지만, 오늘날까지 어머니는 저희에게 훈육이 필요하다고 말씀하세요. 전 이런 게 정말 싫었고, 절대 아버지처럼 되지 않겠다고 다짐했어요. 이제 전 어른이 되었고 아이가 있어요. 나름 잘 지내고 있어요. 그러나 이따금씩 자녀를 더 엄격하게 훈육해야 할 필요성이 있다는 기분이 들어요……. 제 말이 무슨 뜻인지 아시겠어요?

만약 당신이 이 여성의 치료자라면 어떻게 하겠는가? 당신은 어떤 사안에 집중할 것인가? 가난, 아버지의 폭력, 아버지의 죽음, 아직까지도 그녀가 맞아야 한다고 주장하는 어머니, 절대로 아버지처럼 되지 않겠다는 다짐, 지금은 잘 지내고 있다는 것, 그녀의 자녀들을 더욱 엄격하게 훈육할 필요가 있다고 느끼는 것은 불과 회기가 시작한 지 30초 만에 나온 내용이라는 것을 기억하도록 하라.

진정으로 비지시적이려면, 내담자의 모든 이야기에 동등하게 반응해야 한다. 이는 명백하게 비현실적이다. 전문가로서, 당신은 대화 내용 중 일부에 집중하고 다른 부분은—적어도 일시적으로—다루지 않을 것이다. 상담 장면에서 내담자를 이끌어 가는 것은 피할 수 없는 일이기 때문에, 현명한 치료자는 언제, 왜, 어떻게 비지시적 경청 행동을 지시적으로 사용해야 할지 알고 있어야 한다.

이 장의 나머지 부분에서 설명하고 있는 기법은 주로 내담자가 말하고 치료자가 경청하는 것에 대한 것이다. 이는 간단하게 들릴 수 있으나 다음의 예시를 고려하도록 하라 (Walsh, 2015에서 발췌).

세 명의 친구와 함께 앉아 대법원의 동성 결혼 결정에 관한 다큐멘터리를 보고 있다. 다큐멘터리 중 일부는 2015년 6월 26일 오전 10시경에 있었던 Anthony Kennedy 대법관의 발언이다. 대법관은 일어나 말했다. "결혼에 대한 권리는 인간의 자유에 내재한 근본적인 권리입니다. 제14조 수정안의 적법 절차 및 평등 보호 조항(Due Process and Equal Protection Clauses of the Fourteenth Amendment)에 따라 동성 커플은 그 권리와 자유를 박탈당하지 않을 수 있습니다. 법원은 이제 동성 커플이 결혼할 기본적인 권리를 행사할 수 있음을 견지하는 바입니다."

몇 분 후, John Roberts 대법원장이 반대 의견을 내놓았다. "인간 역사의 시초부터 결혼은 사회 제도였습니다…… 그러나 오늘 다섯 명의 변호사가 결혼에 대한 정의를 바꿀 것을 요구하고 있습니다. 우리가 누구라고 생각합니까? 저는 반대할 수밖에 없습니다."

다큐멘터리를 보고 난 후, 친구들은 열띤 토론을 한다. 놀랍게도, 같은 방에 앉아서 같은 말을 들었지만 주제에 대해 서로 다른 견해를 내놓았을 뿐만 아니라 기억하고 있는 내용에서도 차이가 있음을 발견하게 된다. 어떻게 이럴 수 있을까? 어떻게 네 명의 사람들이 같은 말을 들었지만 다른 메시지로 받아들일까?

인간은 자신만의 고유한 선호, 관심사, 방해물, 희망, 개인적 경험을 바탕으로 다른 사람의 말을 듣는다. 그렇기 때문에 완전히 객관적인 것은 존재하지 않는다. 전문가가 되기 위한 수련 과정에서, 당신이 내담자의 이야기를 듣는 것에 점점 더 영향을 줄 또 다른 요인이 있다. 그것은 바로 이론적 배경이다. 여러 명의 치료자들이 동일한 내담자의 녹음된 대화를 듣더라도, 이들의 이론적 배경에 따라 내담자가 한 말이 무엇인지 여러 의견을 내놓을 수 있다. 이 치료자들은 또한 여러 가지 다른 (그리고 합리적인) 치료 계획을 세울 수 있다.

비록 이 책이 상담 및 심리치료 이론을 다루진 않지만, 이론이 임상면담을 수행하는 방식에 불가피하게 어떻게 영향을 미칠지 아는 것은 중요하다. 우리는 이러한 영향을 '경청의 초점(listening focus)'이라고 부른다. 모든 이론들은 경청의 초점을 두는 데 있어 약간씩 차이를 보인다. 정신분석치료자는 과거와 현재의 대인관계 패턴에 초점을 둔다. 행동치료자는 강화 수반성에 초점을 두어 경청한다. 당신의 이론적 배경을 발달시킬 때, 경청의 초점을 두는 데 있어 의식적이고 의도적인 태도를 취하도록 노력하도록 하라.

세 부분으로 나누어진 경청의 연속체

비지시적 경청 행동은 내담자에게 무엇에 대해 말할지 선택할 책임을 부여한다. 인간중심 접근에 부합하는 이러한 행동은 내담자에게 고삐를 건네주고 회기의 방향을 내담자가 이끌도록 한다. 이와는 대조적으로, 지시적 경청 행동(제5장)과 지시적 행동(제6장)은 점점 더 인간중심 접근으로부터 멀어진다. 각 장에서 논의되는 이러한 세 가지 범주의 경청 행동은 전반적으로 경청의 연속체라고 불린다. 경청의 연속체를 시각적으로 이해하기 위해 〈표 4-1〉을 참조하도록 하라.

〈표 4-1〉 경청의 연속체

비지시적 경청 행동 왼쪽 끝 (제4장)	지시적 경청 행동 가운데 (제5장)	지시적 행동 오른쪽 끝 (제6장)
집중 행동 혹은 최소한의 촉진물	감정 타당화	폐쇄적 및 치료적 질문
치료적 침묵	감정의 해석적 반영	심리교육 및 설명
의역	해석(고전적 해석 혹은 재해석)	제안
명료화	직면	동의/비동의
감정 반영	즉시성	조언하기
요약	열린 질문	승인/비승인
		촉구

궁극적인 목표는 모든 경청의 연속체에 걸쳐 관련 행동 기술을 습득하는 것이다. 더 나아가, 당신이 이런 기술을 **의도적으로** 그리고 **목적**에 따라 적용할 수 있길 바란다. 그렇게 하면, 회기를 녹화한 비디오를 슈퍼바이저와 함께 볼 때, 슈퍼바이저가 비디오를 잠시 멈추고 "정확히 이때 무엇을 하고 있었죠?"라고 물어본다면 당신은 다음과 같이 대답할 수 있을 것이다.

저는 감정의 해석적 반영을 하고 있었어요. 해석적 반영을 선택한 이유는 화난 감정 이면에 감추어진 것에 대해 내담자가 탐색할 준비가 되었다고 생각했기 때문이에요.

우리를 믿도록 하라. 이러한 상황은 당신과 슈퍼바이저 모두에게 행복한 순간일 것이다. Hill(2014)은 주요 목적의 측면에서 다음과 같은 세 가지 경청의 연속체를 구성했다.

1. 비지시적 경청 행동은 내담자의 대화를 촉진한다.
2. 지시적 경청 행동은 내담자의 **통찰**을 촉진한다.
3. 지시적 행동은 내담자의 **행동**을 촉진한다.

비지시적 경청 행동: 내담자의 대화를 촉진하는 기술

우리는 당신이 여전히(그리고 언제나) Rogers의 태도를 기억하고, 이를 치료적 역량 개발 시 중심에 놓기를 바란다. 또한 이 시점에서 의사소통의 양방향적 속성과 네 가지 유형의 집중 행동, 경청의 초점이 문화와 이론적 배경을 포함한 다양한 요인들에 따라 어떻게 바뀔 수 있는지 이해하기 바란다.

다음으로 임상면담을 수행하는 데 필요한 전문 기술에 대해 알아볼 것이다. 비지시적 경청 행동과 이의 효과에 대해 요약은 〈표 4-2〉를 참조하도록 하라. 지금까지 집중 행동에 대해 살펴보았고, 이제 치료적 침묵에 대해 알아볼 것이다.

치료적 침묵

대부분의 사람들은 사회적 상황에서 침묵하는 것에 어색함을 느낀다. 일부 연구자들은 수련 중에 있는 치료자가 침묵을 '무례한' 반응으로 본다고 말했다(Kivlighan & Tibbits, 2012). 침묵은 불안을 생성할 수 있지만, 또한 치료적일 수 있다.

치료적 침묵(therapeutic silence)은 내담자의 대화를 촉진하고, 내담자의 정서적 공간을 존중하거나 통찰, 정서, 방향성에 대한 본인의 목소리를 찾을 기회를 제공하는 시기적절한 침묵으로 정의된다. 일본인의 관점에 따르면,

> 침묵은 일상생활에서 인간의 대화에 용서와 관대함을 가져다준다. 침묵이 없다면 대화는 쉽게 피상적이게 되는 경향이 있다. 침묵은 공자가 가장 중요한 인간의 태도라고 말한 'shu' (자비심과 이타심을 나타내는 행위로 타인의 감정을 느끼거나 용서하거나 자비를 베푸는 것) 가 발생하는 곳이다(Shimoyama, 1989/2012, p. 6; Nagaoka et al., 2013, p. 151에 의해 번역됨).

<표 4-2> 비지시적 경청 행동과 이의 효과에 대해 요약

경청 반응	설명	주요 의도/효과
집중 행동	눈맞춤, 몸을 앞으로 기울이기, 고개 끄덕이기, 얼굴 표정 등	내담자의 자발적인 대화를 촉진하거나 억제한다.
치료적 침묵	언어적 활동의 부재	내담자가 말하도록 허용한다. 마음을 진정시키는 시간을 제공한다. 임상가에게 다음 반응을 준비할 시간을 준다.
의역	내담자가 말한 내용을 반영하거나 바꿔 말하기(rephrasing)	정확하게 경청하고 있다는 것을 확인시켜 주고, 내담자가 말한 내용을 들을 수 있도록 한다.
명료화	내담자의 메시지 재진술하기, 닫힌 질문에 선행하거나 또는 뒤따르기(예: "제 말이 맞나요?")	모호한 내담자의 말을 분명하게 하고, 임상가가 들은 것이 정확한지 확인한다.
감정 반영	명확하게 언급된 감정을 재진술하거나 바꿔 말하기	내담자의 공감 경험을 증진시키고, 이후의 정서적 표현을 촉진한다.
요약	회기 중에 다루어진 몇 가지 주제에 대한 간략한 검토	회기에서 다룬 내용을 기억하게 돕고, 회기에서 다룬 주제들을 묶거나 통합한다.

침묵은 또한 내담자가 방금 한 말을 되돌아보게 해 준다. 정서가 강하게 분출된 후의 침묵은 치료적이며 평화로울 수 있다. 실제적인 의미에서 침묵은 치료자가 성급하게 반응하기보다는 의도적으로 반응을 선택할 시간을 준다.

정신분석치료에서 침묵은 자유연상을 촉진시키는 데 사용된다. 정신분석치료자는 내담자에게 정신분석치료가 자유연상과 이후의 치료자 의견(comments)이나 해석으로 구성되어 있다고 설명한다. 내담자에게 치료나 면담 과정을 설명하는 것은 언제나 중요하나, 특히 침묵과 같은 잠재적으로 불안을 유발하는 기법을 사용할 땐 더욱 그러하다(Meier & Davis, 2011).

사례 예시 4-1 **침묵을 설명하도록 하라**

정신분석 인턴십을 하는 동안, 나(John)는 한 슈퍼바이저가 치료 회기(그리고 슈퍼비전)에서 껄끄러운 방식으로 침묵하고 있음을 알게 되었다. 그는 늘 말없이 치료 회기를 시작했다. 그는 자리에 앉아 내담자(혹은 수련생)를 쳐다보고 기대에 찬 표정을 보이며 몸을 앞으로 숙였다. 이런 비언어적 행동은 불안하게 느껴졌다. 그는 내담자나 수련생이 자유롭게 연상하여 떠오르는 생각은 무엇이든지 자유롭게 말해 주길 원했으나, 침묵하기 앞서 사전에 아무런 설명도 해 주지 않았다. 결과적으로, 그는 위협적이고 평가적인 사람처럼 보였다. 이야기의 교훈: 만약 침묵의 목적에 대해 설명하지 않는다면, 내담자를 위협해 쫓아버릴 위험이 있다.

침묵에 대해 말하는 방법 예시

치료자의 역할 중 하나는 치료 과정과 기법에 대해 능숙하게 설명하는 것이다. 여기에는 침묵에 대해 설명하는 것도 포함된다. 사례 예시 4-1은 치료자가 침묵으로 회기를 시작한 이유에 대해 설명했다면, 치료자와 내담자 모두에게 더 좋은 시간이 되었을 것이라는 것을 보여 주는 좋은 예시다.

다음은 임상가가 치료적으로 침묵을 사용하는 방법에 대한 또 다른 예시다.

> Katherine은 임상 접수면담을 실시하고 있다. 약 15분 후 내담자는 최근에 헤어진 연인 관계에 대해 말하며 울기 시작한다. Katherine은 "헤어진 연인에 대해 슬픈 감정을 느끼고 있군요. 여기에서 당신의 감정은 존중되고, 울어도 괜찮아요."라고 말하면서 감정을 반영하고 울어도 괜찮다고 안심시킨다. 이러한 말을 한 후 30초 동안 침묵이 이어진다.

Katherine이 이 상황을 다룰 수 있는 여러 가지 방법들이 있다. 그녀는 내담자에게 다음과 같이 유도할 수도 있을 것이다.

> 잠시 시간을 내서 앉은 채로 당신이 어떤 감정을 느끼는지, 그리고 당신의 신체 어디에서 이런 감정이 느껴지는지 알아보죠.

또는 자신에 대해 그리고 목적을 더욱 분명하게 이야기할 수도 있다.

> 때로는 그저 조용히 앉아서 감정을 알아차리는 게 도움이 돼요. 또한 때로는 당신의 신체 특정 부위에서 감정을 느낄 수도 있어요. 괜찮다면 우리 함께 잠시 동안 고요 속에서 내면으로 들어가 감정을 느껴 보고, 이것이 신체 어디에서 느껴지는지 알아볼까요?

앞의 각각의 장면에서, 상담자는 침묵을 사용하는 것에 대해 적어도 간략히 설명한다. 치료자가 침묵하면 내담자가 말하도록 압력을 가하기 때문에, 이는 매우 중요하다. 침묵이 지속될 경우, 압력은 더욱 거세지고 내담자의 불안은 증가할 수 있다. 결국 내담자는 지나치게 침묵하는 치료자와의 경험을 불쾌하게 느낄 수 있으며, 이는 라포 형성과 다음 만남의 가능성을 낮출 수 있다.

침묵을 치료적으로 사용하기 위한 지침

처음에는 침묵을 치료적으로 사용하는 것이 불편할 수 있다. 연습을 거듭하면 편안해질 것이다. 다음의 제안과 지침을 고려하도록 하라.

- 내담자가 말한 직후 또는 당신의 의역을 듣고 잠시 침묵할 경우, 말을 하는 대신에 몇 초간 시간이 흐르도록 두어라. 기회가 주어지면 내담자는 안내나 촉구 없이 자연스럽게 중요한 내용으로 넘어갈 수 있다.
- 내담자가 다시 말할 때까지 기다리는 동안, 스스로에게 이것은 내담자가 자기표현할 수 있는 시간이지 나(치료자)의 유능성을 입증할 시간이 아님을 말하도록 하라.
- 침묵에 대해 틀에 박힌 반응은 삼가도록 하라. 침묵이 발생했을 때, 내담자의 말을 기다려야 할 상황도 있고 상담자가 말문을 열어 침묵을 깨야 할 때도 있다.
- 만약 내담자가 혼란에 빠져 있고, 급작스럽게 정서적 위기를 경험하거나 정신병적 증상을 나타낸다고 생각하면 침묵에 주의하도록 하라. 지나친 침묵과 이것이 유발하는 불안은 이러한 상태를 악화시킬 수 있다.
- 만약 침묵하는 동안 당신이 불편감을 느낀다면, 집중 기술을 사용하고 내담자를 기대하며 바라보도록 하라. 이는 내담자가 자신이 말할 차례라는 것을 이해하는 데 도움을 준다.
- 만약 내담자가 침묵을 불편해하는 것처럼 보인다면, 자유롭게 연상(예: "마음에 떠오르는 것은 무엇이든 말해 보세요.")하도록 지시하라. 또는 공감적 반영을 사용할 수도 있다(예: "다음은 어떤 말을 해야 할지 결정하기 어려울 거예요.").
- 때로는 침묵이 가장 치료적인 반응임을 기억하도록 하라.
- 이 장의 마지막 부분에 수록된 Carl Rogers(Meador & Rogers, 1984)의 인터뷰를 읽어 보도록 하라. Rogers가 인간중심 관점에서 침묵을 어떻게 다루었는지에 대한 예시가 나와 있다.
- 침묵하는 동안 당신의 몸짓과 얼굴 표정을 모니터링하도록 하라. 냉정한 침묵과 따뜻한 수용적 침묵 간에는 큰 차이가 있다. 이러한 차이의 대부분은 침묵을 받아들이는 보디랭귀지와 태도에서 비롯된다.
- 침묵의 목적을 설명하는 데 당신의 언어를 사용하도록 하라(예: "제가 말을 꽤 많이 해서 당신이 하고 싶은 말을 할 수 있도록 몇 분 동안 조용히 있으려고 해요."). 내담자는 자유롭게 말할 기회가 주어지면 기뻐하거나 두려워할 수 있다.

의역(또는 내용 반영)

의역은 효과적인 의사소통의 초석이다. 의역은 당신이 그들이 말한 것을 듣고 있다는 것을 알리고, 그들이 어떻게 인식되었는지를 들을 수 있게 해 준다. 이는 대화 내용을 더욱 명확하게 하고, 표현을 촉진시킬 수 있다.

의역(paraphrasing)은 상대방의 언어적 대화를 다시 말하거나, 다른 단어로 바꿔 말하는 것을 말한다. 의역은 때로 **내용 반영**(reflection of content)으로 불리기도 하며, 더 간단하게는 **반영**(reflection)으로 불린다. 의역은 내담자가 한 말의 내용은 반영하지만, 기분이나 정서는 반영하지 않는다. 곧 알게 되겠지만, 보통의 경우에 의역이 내담자의 말을 반영하긴 하나 주관적인 부분도 있다. 어떤 반영은 다른 것보다 더 지시적이다. 좋은 의역은 정확하고 간결하다.

의역을 사용할 때, 뻔한 것을 단순히 다시 말하는 것처럼 보일 수 있어 어색하게 느껴질 수 있다. 실제로 내담자가 한 말을 단순히 앵무새처럼 흉내 낸다면, 경직되고 딱딱하며 때로는 불쾌하게 느껴질 수 있다. W. R. Miller와 Rollnick(1991)이 기술한 것처럼 "반영적 경청은 패러디하거나 잘하지 못하기는 쉽지만, 잘하기는 꽤 어렵다(p. 26)." 당신은 시간이 지나고 연습을 통해, 의역을 독창적으로 사용하는 것이 더 쉽다는 것, 그리고 라포와 공감을 증진시키고 내담자에게 다양한 방식으로 영향을 미치는 유연한 기술로 보는 것을 알게 될 것이다.

단순 의역

단순 의역은 의미나 방향을 덧붙이지 않는다. 치료자는 내담자가 한 말을 다른 방식으로 말하고(rephrase), 다른 단어로 바꿔 말하고(reword), 반영한다(reflect). 다음은 두 가지 예시를 보여 준다.

내담자 1: 어제는 쉬는 날이었어요. 집에 덩그러니 앉아서 아무것도 하지 않았죠. 전 해야 할 일들이 있었지만 소파에서 일어날 수가 없었고, 아무것도 하지 못했어요.

치료자 1: 힘든 휴일을 보냈군요.

내담자 2: 저는 모든 과제를 이렇게 해요. 마지막까지 미뤄 두었다가 급하게 보고서를 작성해요. 결국 밤을 새요. 이렇게 완성한 건 제가 할 수 있었던 거보다 못하다고 생각해요.

상담자 2: 마지막 순간까지 기다리는 게 당신의 패턴이 되었군요. 그리고 이런 방식이 당신이 할 수 있는 만큼 실력 발휘를 못하게 한다고 생각하고 있네요.

내담자가 말을 많이 할수록 반영적 경청은 점점 더 복잡해진다. 내담자가 말하는 것을 정확하게 따라가기 힘들 수 있다. 반영적 경청은 정확성을 유지하는 것이 중요하지만, 때로는 언어적 춤(verbal dance)과 같다. 만약 당신이 중요한 무언가를 놓쳤다면, 내담자가 바로잡아 줄 것이다. 또는 내담자가 하지 않았던 말을 할 때에도, 내담자는 당신이 한 말을 수정해 줄 것이다. 아래의 대화에서 치료자는 내담자가 한 말의 일부를 빠뜨렸고, 이에 내담자가 그 부분을 반복해서 말하는 것을 주목하도록 하라. 이로 인해 치료자에게 두 번째 기회가 찾아왔다.

> **내담자 3:** 일찍 자는 게 진짜 싫지만, 살을 빼길 원한다면 일찍 자야 해요. 이런 방식을 통해 야식을 먹지 않고 아침에 일찍 일어나 운동을 할 수 있겠죠.
> **치료자 3:** 그래서 아침에 일찍 일어나는 편이 더 낫다고 생각하는군요.
> **내담자 3:** 그러는 편이 더 낫지만, 전 올빼미형 인간이라 일찍 자는 게 너무 싫어요.
> **치료자 3:** 당신은 늦게까지 깨어 있는 걸 좋아하는군요.
> **내담자3:** 맞아요. 저는 늦게 자는 걸 좋아해요. 밤늦게 전화통화도 하고 인터넷도 하고 페이스북하는 걸 좋아해요.

단순 의역은 내담자 말의 핵심을 바꿔 전달하지만, 내담자가 말한 전부를 포함하진 않는다. 이는 간단하지만, 메아리나 앵무새 흉내처럼 간단하지는 않다. 다음을 기억하도록 하라. 의역은 긍정적이든 아니든 간에 절대로 당신의 의견, 반응, 논평을 포함하지 않는다. 만약 당신의 관점에서 무언가를 전달한다면, 그것은 의역을 사용하는 것이 아니다.

감각 기반 의역

1970년대 Richard Bandler와 John Grinder는 **신경언어학 프로그래밍**(neurolinguistic programming: NLP)이라 불리는 상담 및 심리치료 접근을 개발했다. 무엇보다도, NLP는 표상 체계(representational systems)로 불리는 개념을 강조했다(Bandler & Grinder, 1975; Grinder & Bandler, 1976). 표상 체계는 각 내담자가 세상을 경험할 때 사용하는 감각 체계—보통 시각, 청각, 운동 감각—를 말한다. 내담자의 표상 체계에 맞추고 내담자에게 보다 직접적으로 말하는 언어를 사용하면, 임상가는 더 많은 영향력을 가질 수 있다고 가정한다. Bandler(2008)는 본인이 위대한 치료자를 보면서 언어 사용과 표상 체계를 매칭하는 것에 대해 어떻게 배웠는지 회상했다. 다음은 Virginia Satir의 사례다.

[내담자는] 다음과 같이 말할 것이다. "전 그저 모든 것이 벅차다고 느껴지고, 앞으로든 뒤로든 꼼짝달싹할 수 없어요. 어떻게 헤쳐 나가야 하는지 하나도 보이지 않아요." Satir는 이렇게 답할 것이다. "여러 문제의 무게가 당신이 길을 찾는 걸 막고 있다고 느껴지네요. 그리고 당신에게 가장 좋은 길은 아직 명확하지 않은 거 같아요(2008, p. 31)."

내담자의 말을 주의 깊게 듣다 보면, 어떤 내담자는 시각적 단어(예: "~을 본다" 혹은 "~처럼 보인다"), 다른 내담자는 청각적 단어(예: "~을 듣는다" 혹은 "~처럼 들린다"), 다른 내담자는 운동 감각 단어(예: "~을 느낀다" 혹은 "그것이 나를 움직이게 했다")를 전적으로 많이 사용하는 것을 알아차릴 것이다. 비록 이 분야의 연구가 매우 제한적이긴 하나, 일부 연구 결과들은 치료자가 내담자의 표상 체계를 통해 말할 경우, 공감, 신뢰, 치료자를 다시 만나고자 하는 욕구가 증가한다고 시사한다(Hammer, 1983; Sharpley, 1984).
내담자의 감각 관련 단어를 경청하는 것은 감각 기반 의역을 사용하는 데 있어 핵심이다. 다음은 감각 기반 의역의 예시이며, 감각 단어는 **진하게** 표기했다.

내담자 1: 저의 치료 목표는 제 자신을 더 잘 알게 되는 거예요. 제 생각에 치료는 제 자신 그리고 저의 강점과 약점을 더욱 **명확히 볼 수 있는 거울**이라고 생각해요.

치료자 1: 자신을 더욱 **명확히 보고** 싶어 이 자리에 왔고, 치료가 그렇게 하는 데 도움이 될 수 있다고 믿는군요.

내담자 2: 전 얼마 전 직장에서 해고되었고, 앞으로 어떻게 해야 할지 모르겠어요. 직업은 저에게 있어 매우 중요했어요. 전 상실감을 **느끼고 있어요.**

치료자 2: 당신에게 직업은 매우 중요했고, 직장이 없어진 지금 표류한다는 **느낌**을 가지고 있군요.

감각 단어를 주의 깊게 듣는 것은 기술 개발 활동이다. 이는 내담자에게서 비롯된 미묘한 대화에 대한 당신의 민감성을 향상시킬 수 있다. 감각 단어에 잘 맞출수록, 당신은 경청을 더욱 잘 할 수 있고 내담자에게 도움이 될 수 있다. Pomerantz(2011)는 "'내담자의 언어로 이야기'하는 치료자를 둔 내담자는 편안하고 이해 받는다고 느낀다."라고 기술했다(p. 153).

은유적 의역
치료자는 은유(metaphor)나 직유(simile)를 사용해 내담자의 주요 메시지를 파악할 수 있다. 예를 들면, 종종 내담자는 개인적인 성장이나 문제 해결에 있어 가로막히거나 진척이 없을 때 치료를 받으러 온다. 이런 경우, 당신은 "바퀴가 진창에 빠져 헛돌고 있는 거 같군요." 혹은 "이를 다루는 건 실제 고지에서 전투를 벌이는 거 같군요."라고 재진술할 수 있다. 추가적 예시는 다음과 같다.

> 내담자 1: 저희 언니는 매우 까탈스러워요. 우린 같은 방을 쓰고 있는데, 언니는 제 옷을 집어 들고 제 옷장을 정리하고, 그 외의 다양한 일로 매사에 절 귀찮게 해요. 게다가 저의 모든 행동들을 지켜보고 사사건건 절 비난해요.
>
> 치료자 1: 당신은 군대에 있는 거 같고, 언니는 훈련 교관 같네요.

> 내담자 2: 제 아들이 너무 보고 싶어요. 아들의 친구나 학급 동기들을 볼 때면, 내 아들이 아니라 그들이 죽었으면 하고 바랄 수밖에 없어요. 곧 아들의 기일이어서 최근에 특히 더 힘들어요.
>
> 치료자 2: 당신은 평소에도 힘들지만, 현재와 다음 몇 주는 특히 험난한 길처럼 느껴진다고 말하는군요.

의도적인 지시적(또는 이론에 기반한) 의역

반영적 경청은 모든 상이한 이론들에서 적용이 가능할 만큼 매우 유연하다. 다음의 예시에서 치료자는 의역을 하고 있지만, 이들의 이론적 배경에 부합하는 언어를 사용하고 있다.

> 내담자 1: 저는 수업에서 발표해야 할 때가 있으면 정말 긴장하는 경우가 많아요. 말하고 싶지만 얼어붙고 말아요.
>
> 치료자 1: 스스로 "난 큰 소리로 말하고 싶어."라고 말하고 있지만, 어떤 이유에서인지 안에서는 이에 대해 불안과 긴장을 느끼고 있군요.
>
> 내담자 1: 맞아요…… 준비가 제대로 되지 않은 상태에서 큰 소리로 말하려고 하면…… 목이 막히는 거 같은 느낌이 들고 얼굴이 빨개져요.
>
> 치료자 1: 당신은 말하려고 노력하고 있군요. 하지만 그와 동시에 "난 준비가 되지 않았어."라고 생각하고 있고, 그래서 불안이 신체 증상으로 더 나타나는군요.

> 내담자 2: 그동안 제 인생은 너무 순조로웠기 때문에, 만일에 발생할 수 있는 불행에 대해 끊임없이 신경 쓰고 있어요. 특히, 제 아이에게 일어날 수 있는 불행에 대해 걱정을 해

요. 전 단지 평범하게 살고 싶을 뿐이고, 이런 절망적인 생각을 머릿속에서 다 지워버리고 싶어요. 이에 대해 이야기하면서도, 제가 항상 어느 정도 불안을 가지고 살아야 되는지 궁금해지네요.

치료자 2: 당신은 인생이 순탄했음에도 불구하고 "근원적인 불안이 있다."고 말하는군요. 당신은 무언가 크게 잘못될 것 같은…… 무언가 좋지 않은 일이 일어날 것 같은…… 곧 비극이 닥칠 것이라는 근원적인 두려움이 끊이질 않는군요.

앞의 두 가지 예시에서 치료자는 의역(일명 반영적 경청)을 자신의 이론적 배경에 부합해 사용하고 있다. 치료자 1은 인지행동적 관점을 적용하고 있다. 그의 언어를 통해서 알 수 있다. 그가 "당신 스스로에게 말하길", "당신은 ~라고 생각하고 있군요."라고 재진술할 때, 그리고 "불안이 신체 증상으로 더 나타나는군요."라는 반영은 불안 증상의 발현을 인지 및 신체적으로 구분하는 인지행동 사례 개념화에 따른 것이다.

치료자 2는 좀 더 실존적이고 정신역동적으로 들린다. 불안 유발 단어를 반복적으로 사용함으로써 내담자가 불안감 기저에 있을 수 있는 것에 대해 집중하도록 권한다. 이 예시는 의역의 유연성과 복잡성을 보여 주며, 왜 모든 치료 이론들의 임상가가 의역을 사용할 수 있고, 사용하는지 보여 준다.

앞선 예시에서의 치료자와는 상반되게, 해결중심치료자는 의도적으로 내담자의 강점을 강조하고, 문제점을 덜 강조하기 위해 의역을 사용한다. 예를 들면, O'Hanlon (1998)은 '반전이 있는 Carl Rogers식 공감 방법'이라 불리는 의역의 변형에 대해 묘사했다. 이 기법은 내담자의 부정적인 관점을 덜 부정적인 관점으로 변화시킬 수 있도록 도와주면서, 동시에 내담자에게 공감과 자비를 보여 주는 방법이다. 다음에 몇 가지 예시가 있다.

내담자 3: 자해할 거 같은 기분이 들어요.

치료자 3: 자해할 거 같은 기분을 느껴 왔군요(O'Hanlon, 1988, p. 47.). [이 예시에서, 치료자는 내담자를 인정하지만 부정적인 충동을 현재 시제에서 과거 시제로 전환시켰다.]

내담자 4: 저는 매 순간 플래시백을 경험해요.

치료자 4: 당신은 플래시백을 많이 겪는군요. [치료자는 내담자의 언어적 자기개방을 전반적인 지각에서 부분적인 지각으로 바꾸어 놓는다.]

내담자 5: 전 성적 학대를 당했기 때문에 형편없는 사람이에요.

치료자 5: 당신은 성적 학대를 당했기 때문에 스스로를 형편없는 사람이라는 생각을 갖고 있네요. [치료자는 내담자의 단어를 사실에 근거한 것에서 지각에 근거한 것으로 전환시켰다(J. Sommers-FInagan & Sommers-Flanagan, 2012).]

어떻게 의역이 선택적이고 지시적이 될 수 있는지에 대한 또 다른 예시를 보기 위해 실제 적용하기 4-1을 참조하도록 하라.

◦ 실제 적용하기 4-1: 긍정적인 것을 선택적으로 의역하기

Insoo Kim Berg는 비록 그 진술이 부정적인 내용으로 둘러싸여 있거나 덮여 있었다 해도 내담자의 아주 작은 긍정적인 진술에 집중하고, 확대하며, 의역하는 능력으로 유명했다(I. K. Berg & Dejong, 2005). Berg에게 무엇을 의역할지 결정하는 것은 쉬웠다. 그녀는 모든 치료자들이 내담자를 이끌고 있기 때문에, 그들이 의도적으로 내담자를 긍정적인 방향으로 이끌 수도 있다고 믿었다. Weiner-Davis(1993)는 이 관점을 분명하게 설명했다. "우리가 내담자를 이끌 수밖에 없다면, 우리가 해야 할 질문은 '내담자를 어디로 이끌 것인가?'이다(p. 156)."

이 장 초반에 다루었던 비지시적 경청의 예시로 돌아가서 내담자를 긍정적인 방향으로 이끄는 Berg의 관점에 초점을 둔다면, Berg가 내담자의 말에 어떻게 반응할지 알 수 있을 것이다.

아래의 발췌문을 다시 읽어 보도록 하라.

어린 시절 저희 집은 가난했는데, 이게 아버지를 좌절시켰어요. 아버지는 우리 다섯 아이를 때렸어요. 아버지는 돌아가셨지만, 오늘날까지 어머니는 저희에게 훈육이 필요하다고 말씀하세요. 전 이런 게 정말 싫었고, 절대 아버지처럼 되지 않겠다고 다짐했어요. 이제 저는 어른이 되었고 아이가 있어요. 나름 잘 지내고 있어요. 그러나 이따금씩 자녀를 더 엄격하게 훈육해야 할 필요성이 있다는 기분이 들어요……. 제 말이 무슨 뜻인지 아시겠어요?

잠시 동안 Berg가 이 진술의 어떤 부분을 긍정적으로 의역할지 상상해 보도록 하라. 아마도 Berg라면 이런 말을 했을 것이다. "이제 어른이 되어서 자식을 낳았으니, 당신은 자신이 잘하고 있다고 생각하고 있네요!" 아니면 "그래서 당신은 절대로 아버지처럼 되지 않기로 다짐했고 실제로도 아버지처럼 되지 않았네요!" 아니면 "당신은 오랫동안 열심히 일했고, 아버지와는 다르게 사는 데 성공했어요." 반전이 있는 Carl Rogers식 공감 방법과 유사하게, 강점에 초점을 둔 반영은 내담자를 긍정적인 방향으로 이끈다. 반응을 의도적으로 이끄는 것은 다음과 같이 다양한 명칭으로 불린다. 긍정적 재구성(positive reconstruction), 예외 찾기(finding the exception), 빛나는 순간에 초점 두기(focusing on sparkling moments)(J. Sommers-Flanagan & Sommers-Flanagan, 2012).

명료화

명료화에는 몇 가지 접근법들이 있다. 이 접근법들은 모두 공통된 목적을 가지고 있다. 즉, 자신과 내담자가 말한 의도를 분명하게 하는 것이다. 명료화의 첫 번째 접근법은 내담자가 말한 것에 대한 재진술(restatement)과 닫힌 질문으로 구성되며, 어느 순서로 하든 상관없다. Rogers는 명료화에 있어서 달인이었다.

> 제가 제대로 이해한 게 맞다면…… 가장 큰 상처를 주는 건 당신 자신이 줄곧 느껴 왔던 것처럼 그가 당신에게 좋은 사람이 아니라고 말한 거예요. 이게 말하고자 한 건가요? (Meador & Rogers, 1984, p. 167)

명료화의 두 번째 접근법은 이중 질문에 재진술을 포함시켜 사용하는 것이다. 이중 질문(double question)은 내담자에게 둘 혹은 그 이상의 반응 선택지를 주는 질문이다. 예를 들면

- 수업 중에 불리는 게 싫은가요? 아니면 다른 게 있나요?
- 당신의 남편과 언쟁을 한 게 영화 보러 가기 전인가요? 후인가요?

명료화를 이중 질문으로 사용하면 내담자가 말하는 것을 보다 잘 통제할 수 있다. 이는 가능한 선택지를 제공함으로써 내담자의 잠재적 반응을 추측하는 것을 포함한다.

명료화의 세 번째 접근법은 가장 기초적이다. 내담자가 한 말을 잘 듣지 못해 다시 확인할 필요가 있는 경우에 사용한다.

- 죄송해요. 제가 제대로 파악하지 못했어요. 다시 한번 말씀해 주시겠어요?
- 말한 내용이 잘 이해되지 않는군요. 상담이 끝난 후, 집에 가신다고요?

면담 동안 내담자가 하는 말을 이해하지 못하는 경우가 있을 것이다. 또한 내담자가 자신이 무슨 말을 하려는지 혼란스러워하는 때도 있다. 때때로 적절한 반응은 이해될 때까지 기다리는 것이다. 어떤 때는 내담자가 말하는 것이 무엇인지를 정확하고 명확하게 할 필요가 있다.

Brammer(1979)는 명료화를 위한 두 가지 일반적인 지침을 제공했다. 첫째, 내담자가 한

말에 대해 혼란을 느낀다는 것을 인정하도록 하라. 둘째, "재진술하거나 명료화, 반복 또는 예시를 요청하도록 하라(p. 73)." 구체적인 예시를 요구하는 것은 내담자가 추상적이고 모호하지 않으며, 실질적이고 구체적일 수 있도록 유도하기 때문에 특히 유용할 수 있다.

명료화를 사용할지 여부를 결정할 때 고려해야 할 두 가지 주요한 요인이 있다. 첫째, 정보가 사소하고 치료와 관련이 없는 것처럼 보이면, 내담자가 보다 생산적인 이야기로 넘어갈 때까지 기다릴 수 있다(아니면 내담자가 다른 것을 이야기하도록 유도할 수 있다.). 면담 목표와 관련 없는 사소한 것을 명료화하는 데 시간을 낭비할 필요는 없다. 예를 들면, 내담자가 다음과 같이 말한다고 가정해 보도록 하라.

제 아내 의붓딸의 할아버지는 저희 부모님과 연락을 거의 안 하거나 아예 하지 않아요.

위의 예시는 조용히 들을 수 있는 절호의 기회를 제공한다. 이것을 명료화하려고 하면 면 가족 관계에 대한 이야기가 길어져 면담 주제에서 벗어날 수 있다. 사실, 내담자는 더 깊은 대화를 피하기 위해 장황하고 혼란스러운 이야기를 할 때도 있다. 명확히 하려는 것은 회피하는 것을 연장시킬 수 있다.

둘째, 정보가 중요해 보이지만 명확하게 표현되지 않으면, 당신은 두 가지 선택을 할 수 있다. 내담자 스스로 명확하게 표현할 수 있는지 지켜보기 위해 기다리도록 하라. 그렇지 않으면 즉시 명료화를 사용하도록 하라. 예를 들면

잘 모르겠어요. 그녀는 달랐어요. 그녀는 다른 여자와는 절 다르게 봤어요. 다른 여자들은 없는 뭔가…… 그러니까, 눈이요. 보통 여자가 당신을 바라보는 눈빛으로 알 수 있지 않나요? 하지만 언젠가는 제가 이해할 수 있는 뭔가가 더 있을지도 몰라요.

적절한 명료화는 다음과 같다. "그녀가 다르게 보였군요. 어쩌면 그녀가 당신을 어떻게 바라보는지 혹은 당신이 완전히 이해하지 못하는 당신 자신에 대한 것일지도 모르겠네요. 제가 이해한 바가 맞나요?"

감정 반영(일명 공감)

감정 반영(reflection of feeling)의 주요 목적은 정서에 초점을 둔 의역을 통해, 당신이 내담자의 정서 상태에 맞춰져 있다는 것을 알게 하는 것이다. 비지시적 감정 반영은 정서적

표현을 더욱 촉진한다. 15세의 남학생이 선생님에 대해 이야기하는 다음의 예시를 생각해 보도록 하라.

> 내담자: 선생님이 자기 시계를 훔쳤다고 저를 도둑으로 몰아서 열 받았어요. 선생님을 때리고 싶었어요.
> 상담자: 상당히 열 받았군요.
> 내담자: 맞아요. 젠장.

위의 예시에서, 감정 반영은 내담자가 명확히 언급한 것에만 초점을 둔다. 이것이 비지시적 감정 반영의 규칙이다. 당신이 **명확하게** 들은 내담자의 감정적 내용만 재진술하거나 반영하도록 하라. 감정 반영에는 탐색(probing), 해석(interpretation), 추측(speculation)은 포함되지 않는다. 남학생의 분노를 유발하는 근원적인 정서를 추측할 수는 있지만, 비지시적 감정 반영은 명백한 정서에 초점을 맞춘다.

정서는 개인의 내적인 경험이다. 감정을 반영하려는 시도는 가까워지거나 친밀해지려는 움직임이다. 상담 관계에서 친밀감을 원하지 않는 내담자들 중 일부는 감정 반영에 부정적으로 반응할 수 있다. 당신은 특히 초기면담에서 조심스럽게 이야기함으로써 감정 반영에 대한 부정적인 반응을 최소화할 수 있다.

> 반영적 경청의 일반적 목표인 지속적인 개인 탐색을 촉진하기 위해 반영을 사용할 때, 화자(speaker)가 말한 것을 약간 과소평가하는 것이 종종 유용하다. 정서적인 내용이 관련되어 있을 때 특히 그렇다(W. R. Miller & Rollnick, 2002, p. 72).

정서 정확도(emotional accuracy)가 궁극적인 목표다. 그러나 정서를 놓치는 경우, 과장된 표현보다는 축소된 표현이 낫다. 만약 정서적 강도를 과장한다면, 내담자는 종종 감정을 부인할 것이다. 제12장에서 살펴보겠지만, 내담자의 정서를 의도적으로 과장하는 것이 적절할 때가 있다. 그러나 일반적으로 내담자의 정서적 강도를 과장하기보다는, 조심스럽게 축소하면서 정서를 명확하게 하는 것을 목표로 해야 한다. Rogers(1961)는 내담자에게 감정을 반영한 후 명료화를 사용하곤 했다(예: "당신의 목소리에서 슬픔과 고통이 느껴지는군요……. 제 말이 맞나요?").

만약 당신이 감정을 축소해서 반영하면, 내담자가 바로잡아 줄 수 있다.

내담자: 선생님이 자기 시계를 훔쳤다고 저를 도둑으로 몰아서 열 받았어요. 선생님을 때리고 싶었어요.

상담자: 그 일에 대해 조금 짜증 난 거 같네요. 맞나요?

내담자: 짜증 났다라. 젠장. 전 열 받았다고요.

상담자: 짜증 그 이상이군요. 열 받았군요.

앞의 예시에서, 내담자가 분명히 짜증보다 더 많은 것들을 표현했기 때문에 더 강한 정서적 표현이 더 적절하다. 상담자가 "〜같네요."라며 조심스럽게 이야기했고 마지막에 명료화 질문을 더했기 때문에, '정서를 놓침'으로 발생할 수 있는 부정적인 영향은 줄어든다. 그리고 나서 아마도 가장 중요한 것은 내담자가 상담자의 말을 정정했을 때 상담자는 내담자의 정서적 경험에 맞게 반영을 수정했다는 점이다. 정신분석 관점에서 보면 정서적 미러링(mirroring)이나 공감의 수정은 경청의 가장 치료적인 부분이다(Kohut, 1984, 내담자에게 사용할 정서적 반응을 연습하기 위해 실제 적용하기 4-2 참조).

● 실제 적용하기 4-2: 감정 어휘력 향상시키기

당신의 감정 어휘력을 향상시키는 데에는 여러 가지 방법이 있다. Carkhuff(1987)는 아래의 활동을 추천했다. 분노, 두려움, 행복, 슬픔과 같은 기본적인 정서를 파악한 다음, 그 정서를 다른 감정과 연관 짓도록 하라. 예를 들면, "나는 슬플 때……"라고 말해 보도록 하라. 그리고 다른 감정과 연관 지어 생각해 보고 말해 보도록 하라. 예를 들면, "속았다는 느낌이 든다."라고 할 수 있다. 예시는 다음과 같다.

내가 즐거움을 느낄 때, 충만함을 느낀다.
내가 충만함을 느낄 때, 만족감을 느낀다.
내가 만족감을 느낄 때, 편안함을 느낀다.
내가 편안함을 느낄 때, 안전함을 느낀다.
내가 안전함을 느낄 때, 차분함을 느낀다.
내가 차분함을 느낄 때, 이완됨을 느낀다.

이러한 감정 연상 과정은 당신의 정서적 삶에 대해 더 많은 것들을 발견하는 데 도움을 줄 수 있다. Izard(1982)가 파악한 10가지 주요 정서를 사용해 개별적으로 또는 다른 사람과 짝을 지어 이 연습을 하도록 하라.

흥미-흥분	혐오
즐거움	경멸
놀람	두려움
고통	수치심
분노	죄책감

요약

요약(summary)은 확장된 의역이다. 요약은 정확히 경청하고 있음을 나타내고, 주요 주제에 대한 내담자와 치료자의 기억을 강화하며, 내담자가 중요한 문제에 집중하도록 돕고, 내담자의 말에 숨어 있는 의미를 찾거나 정리하게 해 준다. 내담자가 얼마나 많은 이야기들을 하는지에 따라, 회기 중 틈틈이 요약하고 마지막에 다시 요약할 것이다.

치료자: 지난 10분 동안 많은 이야기들을 했는데, 제가 당신의 주된 걱정을 잘 따라가고 있는지 확인하고 싶어요. 지금까지 당신과 부모님 사이의 갈등, 당신이 얼마나 화나고 무시당했는지, 그리고 위탁 가정에 맡겨진 거에 안도하기도 했지만 적응하는 게 얼마나 쉽지 않았는지에 대해 말했어요. 또한 자신이 생각했던 것보다 더 잘 해 내고 있다고 말했고요. 제가 당신이 지금까지 한 말을 모두 다루었나요?

내담자: 네. 모두 다루었어요.

요약하는 것은 어려울 수 있다. 내담자가 말한 것에 대한 당신의 기억은 때때로 완전히 기억되지 않고 빠르게 사라질 것이다. 또한 치료자는 때로 너무 많은 책임을 지기도 한다.

당신은 오늘 네 가지 주요 이슈를 언급했어요. 첫째, 이사를 너무 자주 다녀서 어린 시절이 잘 기억나지 않는다고 했는데, 이사를 너무 자주 다닌 게 매우 싫었다고 했어요. 둘째, 군대에서의 경험으로 인해 신뢰하는 게 어렵다고 했어요. 셋째, 당신의 인생을 함께 나눌 파트너를 찾고 싶지만 가까워지는 게 두렵다고 했어요. 그리고 넷째, 음…… (긴 시간이 흐름), 음…… 죄송해요. 넷째는 기억이 잘 나지 않네요. 하지만 곧 기억날 거예요.

내담자가 당신과 함께 요약할 수 있도록 하는 것은 현명한 방법이다. 우리의 동료인 Carlos Zalaquett(개인교신, 2012년 8월 25일)가 언급했듯이, 상호작용적 접근(interactive approach)은 면담에서 내담자가 중요하게 여기는 관점을 보여 주거나 과제에 대한 이해를 확인하는 역할을 한다. 내담자가 말한 모든 내용들을 정확하게 요약하려는 책임을 지기보다 내담자와 협력한다면, 내담자의 가치와 관점을 존중하고, 무엇이 중요한지 결정할 책임을 내담자에게 부여하며, 존중과 팀워크를 수립할 수 있다.

요약을 위한 지침

면담 내용을 요약할 때, 비공식적, 협력적, 지지적, 균형적 태도를 취하도록 하라.

• 비공식적(Informal)

"당신이 한 말을 요약해 보자면"이라고 말하는 대신에, "제가 당신이 말한 것을 잘 따라가고 있는지 확인해 보자면"이라고 말하도록 하라.

말할 내용에 번호를 매기기보다는, 간단하게 하나씩 이야기하도록 하라. 그렇게 하면 요점을 기억하지 못해 당황하지 않을 것이다.

• 협력적(Collaborative)

요약을 주도하는 대신 내담자에게 요약해 달라고 요청하도록 하라(예: "이번 시간에 다룬 것 중 가장 중요한 건 뭐였나요?"). 이를 통해 당신이 자신의 의견을 제안하기 전에 내담자의 의견을 들을 수 있게 해 준다. 당신이 중요하다고 생각했던 것을 나중에 언제든지 추가할 수 있다.

당신이 요약을 주도할 경우, 내담자가 동의하거나 동의하지 않거나 자세히 설명할 수 있도록 간헐적으로 일시 중지하도록 하라.

요약의 마지막 부분에서는 당신이 한 말이 정확한지 물어보도록 하라(예: "당신이 기억하는 것과 일치하는 거 같나요?").

협력적 접근 방식을 사용하는 것은 내담자에게 힘을 실어 주는(empowering) 것처럼 느껴질 수 있다. 당신은 아마도 "저는 당신이 오늘 말한 것 중에서 가장 중요하다고 느끼는 거에 관심이 있어요."라거나 "우리가 이야기 나누었던 내용에 대해 어떻게 요약할 수 있을까요?"라고 말할 것이다.

• 지지적(Supportive)

내담자의 노력을 인정하는 것은 매우 지지적일 수 있다. 예를 들면, "많은 걸 이야기해 줬어요." 혹은 "오늘 솔직하게 이야기해 줘서 감사해요."라고 말하며 당신이 관찰한 것을 요약하는 것은 안도감을 주고 지지해 주는 요약 진술로써, 내담자가 자신이 공유한 것에 대해 좋게 느끼도록 돕는다. 물론, 내담자가 회기에서 보여 준 행동과 일치할 경우에만 이러한 지지적인 발언을 해야 한다.

"당신이 슬픔을 저랑 공유하고 있다는 걸 알겠어요."와 같이 내담자에게 어려워 보이는 주제를 언급하는 것 또한 지지적이다.

• 균형적(Balanced)

요약할 때 의도적으로 하도록 하라. 정확한 것도 중요하지만, 내담자의 강점이나 희망적인 부분뿐만 아니라 힘든 내용을 부각시키기 위해 요약을 균형 있게 맞추는 것도 중요하다. 사실, 해결중심적 관점을 고수하는 치료자는 부정적인 내용을 요약하는 것을 피할 것이다. 대신, 긍정적이고 희망적인 내용을 부각시킬 것이다(예: "이 회기 내내 저는 당신이 연인과의 이별에 대처하기 위해 사용했던 다양한 기술이나 자원에 대해 이야기하는 걸 들었어요. 당신이 이를 위해 노력을 많이 한 부분이 존경스러워요.").

당신의 요약 스타일은 이론적 배경과 연결된다. 예를 들면, 정신역동치료자는 관계에서의 반복적인 패턴을 강조하는 요약을 한다. 반면, 인지치료자는 왜곡되거나 부적응적인 사고 패턴을 요약하고, 최종적으로 이러한 정보를 사례 개념화로 묶어 내담자와 공유한다(Epp & Dobson, 2010).

이 섹션을 되돌아보면서, 당신의 타고난 성향과 이론적 배경 모두를 고려하도록 하라. 당신의 요약은 더 긍정적이고 낙관적일 것인가, 아니면 문제가 무엇인지 혹은 내담자의 삶에서 안 좋은 감정을 느끼는 것이 무엇인지에 더 초점을 맞출 것인가? 당신의 성향을 인식하면 균형 잡힌 스타일을 찾는 데 도움이 될 것이다.

안도감을 주어야만 한다는 느낌

종합해 보면, 집중 기술과 비지시적 경청 기법은 예의바른 행동이라고 여겨질 수 있다. 여기에는 주의 깊게 듣고, 관심을 나타내고, 감정에 동조하며, 배려하는 행동을 보여 주는 것이 포함된다. 이러한 행동은 사람을 매력적이고 인기 있게 만든다. 그러나 치료적 맥락에서 보면 이러한 행동은 단지 친절해지는 방법이 아니다. 이것은 기법이다. 그밖에 두 가지 다른 일반적이고 긍정적인 사회적 행동은 칭찬하기와 안도감 주기다.

잘 경청하고 있다면, 당신은 임상면담 도중 칭찬이나 안도감을 주는 말을 해야 된다고 느낄 수 있다. 그러나 엄밀히 말하면, 칭찬하기나 안도감 주기는 지시적인 기법이다.

행동주의 관점에서 보면, 내담자를 칭찬하는 것은 정적 강화로 작용할 수 있다. 또한 칭찬은 당신이 내담자에게 원하는 행동과 이에 대한 보상(approval)을 포함하고 있는데, 이는 의식적이고 능숙하게 사용해야 하는 또 다른 치료적 기법인 자기개방의 한 형태다. 어떤 형태로든 칭찬이나 자기개방은 조절해서 사용하는 기법이다(Farber, 2006; Zur, 2007). 안도감 주기 또한 기법이다. 내담자는 당신이 안도감을 주는 말을 하고 싶은 충동을 억누르는 방식으로 행동할 수 있다. 내담자는 자신이 좋은 부모인지, 옳은 일을 했는지, 슬픔이 나아질지 알고 싶어 한다. 어느 순간 당신은 내담자가 잘 하고 있다고 말해야 할 것 같은 느낌을 받을 수 있다.

섣부르게 또는 무분별하게 안도감을 주는 것은 권장되지 않는다. 당신이 무분별하게 안도감을 주는 것은, 섣부르게 개인이 처한 상황이나 대처 능력을 평가해 상황이 개선되거나 좋아질 것이라고 믿음을 주는 것이다. 비록 그것이 당신이 바라는 것일지라도 그러한 결과는 보장될 수 없다. 이러한 의미에서 안도감 주기는 내담자를 잘못 이끌 수 있다. 또 다른 의미에서, 무분별하게 안도감을 주는 것은 내담자의 어려움을 깎아내리는 것일 수 있다. 당신은 상황이 얼마나 나쁜지, 변화를 위해 얼마나 많은 노력이 필요한지 알 만한 위치에 있지 않다. 공감과 안도감 주기는 서로 교환할 수 있는 것이 아니다.

치료자는 반영적, 공감적 경청을 주기적으로 사용해야 하지만 안도감 주기, 칭찬, 자기개방은 세심하게 절제해서 사용해야 한다.

윤리 및 다문화적 고려사항

내담자마다 당신과 당신의 경청 기술에 다르게 반응할 가능성이 높다. 어떤 내담자는 당신이 경청하는 것을 좋아할 것이다. 이러한 내담자는 당신의 훌륭한 면담 기술에 금세 감명 받을 것이다. 다른 내담자는 별다른 반응을 보이지 않을 것이다. 또 다른 내담자는 당신의 교육과 훈련이 쓸모없고, 당신과 시간을 보내야 하는 것에 화가 난다고 생각할 것이다(그리고 아마도 당신에게 그렇게 말할 수도 있다.).

지시하지 않는 것과 관련된 윤리

경청을 잘 하는 것은 필수적인 치료 기술이지만, 많은 내담자가 훌륭한 경청자를 만나기 위해 상담을 받으러 오는 것은 아니다. 내담자는 전문가를 만나고 싶어 상담을 받으러 오는 것이다. 내담자는 지침을 원한다. 아마도 무엇을 해야 할지, 어떻게 해야 할지 답을 듣고 싶을지도 모른다.

권위 있는 상담자를 원하는 것은 일부 인종과 문화권에서 특히 두드러질 수 있다. 예를 들면, 아시아계 미국인 내담자는 상담 전문가에게 더욱 지시적인 지침을 원하는 경향이 있다(Chang & O'Hara, 2013). 물론 이는 일반화한 것이지만, 일부 아시아인 내담자들은 전문가를 원하고, 전문가가 더 지시적인 방식으로 행동하지 않을 경우 실망할 것이라는 사실을 아는 것은 유용한 정보다.

위기를 겪고 있거나 심각한 정신장애와 같은 일부 문제들에 대해서는 더 적극적이고 지시적인 개입이 필요할 수 있다. 문화적 및 개인적 기대, 현재 문제, 이론적 배경에 따라 보다 지시적이고, 권위적인 상호작용을 요구할 수 있다. 만약 그렇다면 당신이 비지시적인 경청을 고집하고 제5장과 제6장에서 설명하는 기술과 기법을 향상시키지 않는 것은 비윤리적일 수 있다. 이에 대한 예시는 사례 예시 4-2를 참조하도록 하라.

사례 예시 4-2 │ 비지시적인 것이 비윤리적일 수 있는 경우

내담자의 의뢰 정보를 읽는 동안, 당신은 새로운 내담자가 손목을 긋는 것과 준자살행동(parasuicidal behavior)의 이력이 있는 17세의 중국계 미국인 여성인 것을 알게 된다. 초기면담에서 그녀는 "손목 긋는 걸 멈추고 싶어요."라고 말한다. 당신은 손목을 긋는 내담자를 위한 기술 훈련에 대해 알고 있기 때문에 이는 특히 좋은 소식이다. 비록 당신이 적극적 경청으로 훌륭한 토대를 마련했다고 하더라도, 그저 경청만 한다면 당신은 그녀에게 해를 끼치게 될 것이다. 핵심은 다음과 같다. 내담자의 상태에 알맞은 무언가를 알고 있지만 납득할 만한 이유 없이 그저 듣기만 한다면, 당신은 윤리적 쟁점에 놓인 것이다. 이럴 경우, 내담자에게 대안적인 정서 관리 기술을 적극적으로 가르치기 시작해야 한다.

다른 상황에서는 조언을 삼가고, 덜 지시적으로 행동할 수도 있다. 예를 들면, 내담자가 아메리카 원주민이고, 라포 형성이 더디며, 손목 긋는 행동을 멈추려는 동기가 확실하지 않을 수 있다. 이러한 경우 당신은 충분한 자기개방과 함께 비지시적인 경청을 해야 하는 타당한 근거를 가질 수 있으며, 협력 관계를 발전시키는 데 초점을 둘 것이다. 아메리카 원주민 내담자에게 비지시적인 태도를 유지하면서, 이들의 변화 과정을 존중하는 것은 합리적인 전략이다. 내담자는 2회기, 3회기, 4회기까지 새로운 대처 전략을 개발할 준비가 되어 있지 않거나 노력할 의지가 없을 수도 있다. 만약 당신이 손목을 긋는 것을 멈추는 방법에 대해 성급하게 조언한다면, 내담자는 2회기에 모습을 드러내지 않을 수 있다.

성별, 문화, 정서

라틴계 남성과 초기면담을 진행하고 있다는 상상을 해 보도록 하라. 이 남성은 아내가 외부 경제 활동을 하는 것에 대해 화가 난 것처럼 보인다. 당신은 라틴계 사람이 가정에서의 남성과 여성의 역할에 있어 매우 보수적이라는 것을 알고 있다. 이러한 지식은 내담자의 정서 상태에 대한 가설을 뒷받침할 증거를 제공한다. 그래서 의도적으로 내담자의 분노에 집중해 감정 반영을 사용하게 된다.

당신은 아내가 직장에 복귀해서 약간 화난 거처럼 보여요.

그가 대답하길,

아니요. 그녀도 원하는 걸 할 수 있죠.

그의 말을 듣고 있으면, 그는 아내에게 하고 싶은 것을 할 수 있는 권한을 준 것처럼 보인다. 그러나 그의 목소리에는 짜증이 묻어나 있다. 이로 인해 당신은 더 깊은 수준으로 접촉하려고 시도한다. 당신이 말하길,

당신 말이 맞아요. 하지만 당신의 목소리에서 약간의 짜증이 들리는군요.

이러한 감정 반영은 정서 반응을 촉발하지만, 당신이 기대했던 반응은 아니다.

맞아요. 전 지금 짜증 난 상태예요. 바로 당신에게 매우 짜증 난 상태라고요. 당신은 씨×내 말을 하나도 듣지 않고 빌어먹을 감정에만 초점을 맞추는군요.

이 장면은 모든 치료자들에게 두려운 상황이다. 당신은 명확해 보이는 감정을 반영하려는 위험을 감수했으나, 돌아온 것은 적대감뿐이었다. 몇 가지 가능한 이유 중, 당신의 정서적 민감성이 역효과를 낳은 것이다. 내담자는 방어적이고 공격적으로 변했고, 관계는 깨졌다[관계 손상(relational rupture)을 다루는 방법에 대해서는 제7장 참조].

이런 감정 반영에 대한 내담자의 부정적인 반응을 설명하기 위해, 문화와 성별을 다루고 싶은 유혹이 있다. 그러나 그렇게 간단한 문제가 아니다.

문화, 성별, 인종 및 기타 광범위한 범주의 변인이 때로는 어떤 내담자가 정서를 표현하

는 데 편안함을 느낄지의 여부를 예측할 수 있지만, 내담자 간 개인차가 더욱 결정적인 요인일 수 있다. 특히, 정서 표현에 편안함을 느끼는 것은 내담자가 정서적 개방이 자연스러운 가족-지역-문화적 배경에 따라 달라지는 경우가 많다. 예를 들면, Knight(2014)는 동료에게 자신의 정서를 드러내지 않았을 가능성이 있는 흑인과 라틴계 남성이 자신의 이러한 경향성을 폭력적인 환경에서 생활한 경험 때문이라 했다고 보고했다. 이 젊은 남성들은 정서를 표현하는 것과 타인을 신뢰하는 것이 그들이 사는 지역에서 좋지 않은 생각이라는 것을 학습해 왔다. 반대로, 안전한 환경에서 성장한 흑인과 라틴계 남성은 정서 표현을 더욱 편안하게 할 가능성이 있다. 이는 상식적인 일이다. 내담자가 정서적 고민을 이야기하는 데 있어 당신을 안전한 존재로 인식하는지 여부는 아마도 내담자의 배경 및 과거 경험과 관련이 있을 것이다.

종합해 보면, 내담자가 감정 반영을 기꺼이 받아들이는 것은 그들의 문화, 성별, 개인적 경험이 혼합된 결과인 것 같다. 이러한 생각을 실제 적용하고자 하면, 내담자가 정서에 초점을 두는 것을 불편하게 여긴다고 의심되는 경우, 정서적으로 구체적이고 자극적인 단어 사용을 피해야 한다. 예를 들면, **분노**, **슬픔**, **두려움**, **죄책감**과 같은 단어가 있다.

정서적으로 구체적인 단어를 사용하는 대신, 처음에는 정서적으로 모호한(그리고 덜 자극적인) 단어를 대체해서 사용할 수 있다. 이후에 신뢰가 형성되고 나면, 보다 정서적으로 구체적인 단어를 사용할 수 있다. 아래의 문구를 고려하도록 하라.

- 그걸 실망스럽게 생각했군요.
- 그게 당신을 조금 괴롭혔던 거 같네요.
- 그 생각을 하면 조금 속상해지기만 할 뿐이군요.

실제 적용하기 4-3은 정서적으로 구체적인 단어 대신 사용할 수 있는 정서적으로 모호한 단어들을 나열하고 있다.

┌───┐
● **실제 적용하기 4-3: 정서적으로 모호하고 안전한 단어 사용하기**

정서적으로 구체적인 단어	대체(더 안전한) 단어
화난	실망한, 속상한, 신경 쓰이는, 짜증 난
슬픈	저조한, 나쁜, 불운한, "안됐네요."
무서운	신경 쓰이는, "원하지 않았다.", "뛰쳐나가고 싶었다."
죄책감을 느끼는	안 좋은, 미안한, 불행한, "엉망진창이네요."
당황한	편하지 않은, 거슬리는, 짜증 난

주: 위의 단어는 정서적으로 구체적인 단어를 대체하여 사용할 수도 있지만, 그렇지 않을 수도 있다. 문화적 또는 지역적으로 적합한, 비교적 덜 위협적인 정서 단어나 문구를 만들기 위해 동료와 함께 혹은 상담 장면에서 작업하는 것이 보다 효과적일 수 있다.
└───┘

무엇을 말해야 할지 모르는 경우

새내기 치료자로서 당신은 아주 자연스럽게 항상 옳은 말을 하고, 아무 말도 하지 말아야 할 때를 알 수 있게 해 주는 완벽한 지침을 바랄 수 있다. 하지만 우리의 직업을 신나고 복잡하게 만드는 한 가지 요인은 각각의 치료자와 내담자 사이의 고유한(unique) 관계, 그리고 면담 과정 그 자체가 사전에 설정된 공식에 비해 너무 역동적이라는 것이다. 내담자 간 차이 때문에 다양한 면담 관련 대응에 대한 그들의 반응을 신뢰롭게 예측한다는 것은 불가능하다. 어떤 내담자는 부적절하고 어색해 보이는 치료자의 행동에 긍정적으로 반응하기도 한다. 반면, 어떤 내담자는 치료자가 생각하기에 완벽해 보이는 의역에 대해 부정적으로 반응한다. 특정 전문 기술을 언제 적용할지 아는 것은 면담의 예술적인 측면이다. 좋은 타이밍을 잡는 데에는 인내심을 갖는 것과 같은 다른 무형의 것뿐만 아니라 민감성과 경험이 필요하다.

무슨 말을 해야 할지, 언제 말해야 할지 모르는 것은 당황스러울 수 있다. 시간이 흐를수록 다음에 할 말을 생각하기 위해 회기 중 잠시 멈추는 것이 더 편해질 것이다. Meier와 Davis(2011)는 다음과 같이 조언했다. "무슨 말을 해야 할지 모를 때는 아무 말도 하지 말도록 하라(p. 11)." 그리고 Luborsky(1984)는 "환자가 말하는 것을 열린 마음으로 경청하도록 하라. 현재 어떤 일이 일어나고 있는지, 다음에 어떻게 반응해야 할지 확실치 않다면, 더 많이 경청하도록 하라. 그렇다면 알게 될 것이다."라고 말했다(p. 91).

어느 순간, 당신은 자신에 대해 의심을 하게 될 것이다. Margaret Gibbs(1984)는 '가짜 치료자(The Therapist as Imposter)'라는 제목의 글에 이러한 고통을 표현했다.

> 치료자로 일을 시작하자…… 나는…… 의심이 들기 시작했다. 분명 슈퍼바이저는 나의 업무 능력을 인정하는 것 같았고, 내가 맡은 환자들도 다른 환자들만큼이나 나아졌다. 하지만 내가 실제로 하려고 했던 것이 무엇인가? 정신역동, 인간중심, 행동주의 이론을 알고 있었지만, 계속해서 읽고 답을 찾아 헤맸다. 강사가 말하지 않은 무언가, 내가 반드시 알아야만 하는 무언가가 있다고 느꼈다. 마치 요리사가 레시피를 알려 줄 때, 요리의 핵심 비법 재료 하나를 빠뜨리고 알려 준 것처럼(p. 22).

Gibbs가 찾고 있던 재료는 경험이었을 수도 있다. 하지만 역설적이게도, 경험을 통해 치료자가 옳은 말을 할 것이라는 것은 보장되지 않는다. 대신에, 경험이 아마도 가장 도움이 될 수 있는 부분은 무슨 말을 해야 할지 몰라서 오는 불안에서 벗어나도록 돕는 것이다. 정직한 전문가가 되는 것은 어떤 때는 무슨 말을 해야 할지 모른다는 사실을 인정하고 용인하는 것이다. Gibbs는 다음과 같은 말로 글을 마무리했다.

> 불명확한 임상적 판단과 개입은 전략으로 감출 수는 있으나 해결할 수는 없다. 다른 곳과 마찬가지로 수업에서는 가짜 치료자인 것 같은 의구심은 억누르지 말고 함께 나눌 필요가 있다. 임상 추론의 정확성에 대한 불확실성과 겸손이 정확성을 높이는 데 도움이 된다는 생각을 뒷받침하는 증거가 있다. 난 이러한 생각이 엄청나게 위안이 된다고 생각한다(p. 32).

당신이 유능한 임상가가 되기 위해서는 이 장에서 소개한 기술을 이해하고 적용할 수 있어야 한다. 그러나 불확실성에 익숙해지고 겸손을 기르는 것도 유능한 임상가가 되는 데 핵심적인 부분이다.

요약

비지시적 경청 기술에는 집중 행동을 비롯해 경청을 촉진시켜 주는 다양한 전문 기술이 있다. 이러한 기술은 촉진 행동, 조력 기술, 미세 기술, 촉진 기술, 상담 행동 등으로 불린다. 비록 이 장에서 경청 기술에 중점을 두었지만 비지시적 경청을 개발한 Carl Rogers는 특정 기술이나 기법보다는 임상가의 태도가 더 중요하다고 보았다.

치료적 태도에는 Rogers의 핵심 조건인 일치성, 무조건적 긍정적 존중, 정확한 공감이 있다. 최근 신경과학 연구에 따르면, 임상가는 마음챙김 명상뿐만 아니라 반복적인 연습을 통해 치료적 태도를 개발할 수 있는 것으로 보인다. 치료자와 내담자 사이의 의사소통은 항상 양방향이라는 사실을 기억하는 것이 중요하다.

집중 행동은 주로 비언어적이며 문화적으로 적절한 눈맞춤, 보디랭귀지, 목소리, 언어 추적으로 구성된다. 긍정적 집중 행동은 내담자와의 대화를 개방하고 촉진시키지만, 부정적 집중 행동은 내담자와의 의사소통을 중단시키는 경향이 있다. 치료자가 집중 행동과 비지시적 경청을 할 때조차도 치료자는 내담자가 말하는 내용에 더 집중하거나 덜 집중함으로써, 내담자를 이끌거나 지도하고 있다. 내담자가 선호하는 눈맞춤의 양과 유형, 보디랭귀지, 목소리, 언어 추적에서 상당한 문화적 및 개인차가 있다.

치료자가 사용할 수 있는 모든 기술들은 경청의 연속체에 나타낼 수 있는데, 연속체에서 왼편으로 갈수록 덜 지시적이고, 오른편으로 갈수록 지시적이고 행동 지향적인 개입을 나타낸다. 이 장에서는 가장 덜 지시적인 경청 기술을 다루었고, 제5장과 제6장에서 좀 더 지시적인 접근에 대해 다룰 것이다.

비지시적 경청 행동은 치료적 침묵, 의역(또는 내용 반영), 명료화, 감정 반영, 요약으로 구성되어 있다. 비지시적 경청 행동은 주로 내담자의 자기표현을 촉진시키기 위해 고안되었다.

비지시적이 되는 것은 윤리적이고 문화적인 의미를 지닐 수 있다. 내담자가 교육 받을 준비가 되어 있고, 임상가가 구체적인 문제 해결 방법과 변화 방법을 알고 있는 경우, 이러한 정보를 내놓지 않는 것은 비윤리적일 수 있다. 게다가 유능한 임상가는 내담자의 성별과 문화가 임상가의 행동이 적절한지 여부에 어느 정도 영향을 미칠 수 있다는 것을 알고 있다.

권장도서 및 자료

다음의 읽을거리는 집중 기술, 공감적 의사소통, 신경과학, 인간중심치료에 대한 추가적인 정보를 제공한다.

Agosta, L. (2015). *A rumor of empathy: Resistance, narrative, and recovery in psychoanalysis and psychotherapy*. London, England: Routledge.

이 저서는 정신분석학적 관점에서 공감을 고찰한 것이다. 특히, Agosta는 공감적 연결에 대한 양가감정, 꺼림, 저항이 나타나게 되는 흥미로운 이유를 다룬다.

Decety, J., & Ickes, W. (2009). *The social neuroscience of empathy*. Cambridge, MA: MIT Press.

공감에 대한 기초적인 연구와 생각의 많은 부분들이 이 편집된 저서에서 다루어지고 있다. 지적이고 실용적인 저서를 읽고 싶다면, 이 저서는 공감에 대한 연구 정보에 입각한 차원, 진화적 관점과 신경과학적 관점에 대한 섹션뿐만 아니라, 공감에 대한 임상적 관점에 대한 실질적인 섹션도 포함하고 있기 때문에 좋은 선택이다.

Gibbs, M. A. (1984). The therapist as imposter. In C. M. Brody (Ed.), *Women therapists working with women: New theory and process of feminist therapy* (pp. 21-33). New York, NY: Springer.

이 장은 치료자가 자신의 불안과 부족함을 인정하도록 강하게 호소하고 있다. 이는 숙련된 전문가가 얼마나 부족하다고 느낄 수 있는지에 대한 통찰력을 제공한다.

Kabat-Zinn, J. (2012). *Mindfulness for beginners: Reclaiming the present moment- and your life*. Boulder, CO: Sounds True.

마음챙김 명상을 시작할 생각을 하고 있다면, 수백 가지 방법이 있다. 하지만 우리는 Kabat-Zinn의 연구를 추천한다. 그의 초기 작품인 『Full Catastrophe Living』은 마음챙김을 현시대 심리치료에 통합시키는 데 중요한 역할을 했다.

Krznaric, R. (2015). *Empathy: Why it matters and how to get it*. New York, NY: Perigee.

공감에 대한 이 인기 있는 저서는 매우 공감적인 사람의 여섯 가지 습관을 기술하고 있다. Alfred Adler와 Carl Rogers 같은 공감의 선구자를 무시하고, 공감을 '최근' 과학적 발견으로 지나치게 강조했음에도 불구하고, 습관은 견고하다.

Meador, B., & Rogers, C. R. (1984). Person-centered therapy. In R. J. Corsini (Ed.), *Current psychotherapies* (3rd ed., pp. 142-195). Itasca, IL: Peacock.

Corsini의 제3판(만약 당신이 이 저서를 찾을 수 있다면)에 있는 이 장에는 Rogers가 '침묵한 젊은이'와 가진 고전적인 면담의 멋진 발췌문이 담겨 있다.

Rogers, C. R. (1951). *Client-centered therapy*. Boston, MA: Houghton Mifflin.
이 저서에는 Rogers의 감정 반영에 대한 최초의 논의가 포함되어 있다.

Satel, S., & Lilienfeld, S. O. (2013). *Brainwashed: The seductive appeal of mindless neuroscience*. New York, NY: Basic Books. Neuroscience continues to grow in its immense popularity.
이 저서는 대중적인 신경과학을 분석하고, 실제 과학에 근거를 두고 있으며, 앞으로 일어날 가능성이 있는 신경과학의 획기적인 발전을 평가하는 데 탁월한 기초를 제공한다.

Sommers-Flanagan, J., & Sommers-Flanagan, R. (2012). *Counseling and psychotherapy theories in context and practice: Skills, strategies, and techniques* (2nd ed.). Hoboken, NJ: Wiley.
많은 '이론서' 중에서, 이 저서는 우리가 개인적으로 가장 좋아하는 저서다.

제5장
지시적 경청 기술

소개

정신건강 전문가로서 당신은 단순히 듣는 것을 넘어, 더 적극적으로 면담을 구성하고 이끌어 가야 한다. 여기에는 평가와 치료 목적을 위해 질문하는 것이 포함된다. 물론 임상면담은 절대 취조하는 것이 아니지만, 때로는 내담자의 증상을 추적하고 진단을 내리기 위해 질문하고 싶어 할 것이다. 때로는 내담자의 통찰이나 향상된 문제 관리를 위해 자기점검 방식을 사용하도록 독려해야 하는 경우도 있을 것이다. 이 장에서 우리는 질문을 포함한 다양한 지시적 경청 기술에 대해 다룰 것이다.

당신도 다른 많은 학생들처럼 제4장에서 강조된 비지시적 경청이 답답해서 좌절스러웠을 수도 있다. 당신은 영향력을 행사하거나, 조언을 제공하거나, 내담자가 보이는 모순에 대해 직면시키고 싶은 갈망을 느꼈을 것이다. 하지만 이러한 행동들은 제4장에서 논의되지 않았다.

걱정하지 말도록 하라. 이 장에서 우리는 당신의 인내심에 대해 (약간의) 보상을 할 것이다. 이 장에서 다룰 기술에는 내담자에게 영향을 주기 위한 구체적인 전략이 포함되어 있다. 이 기술은 경청의 연속선상에서 중간에 위치하고 있고, 직접적인 조언까지는 아니지만 당신이 치료적이라

● 학습목표 ●
이 장을 읽은 후 다음을 수행할 수 있다.

• 지시적 경청 행동의 본질과 목적 설명하기
• 감정의 해석적 반영, 해석, 감정 타당화, 직면을 포함한 지시적 경청 행동을 설명하고 적용하기
• 내담자를 문화나 가치관에 부합하는 방향으로 밀어붙이는 대신, 윤리적인 방식으로 대안을 탐색할 수 있도록 격려하는 지시적 질문 설명하고 적용하기
• 지시적 경청 기술을 사용할 때 발생할 수 있는 윤리적·문화적 쟁점 알아보기

고 믿는 아이디어와 이슈로 내담자를 인도할 수 있다.

이 장에서 다루는 지시적 경청 행동과 기술이 바로 그것이다. 이를 통해 당신은 내담자를 적극적으로 지시하는 것까지는 아니지만 권할 수는 있다. 적극적인 지시에 대한 내용은 제6장에서 다룰 것이다. 이 장에서는 내담자가 새로운 관점이나 통찰력을 불러일으킬 수 있는 자기점검 과정을 향해 나아가도록 유도하는 미묘한 지시, 안내, 탐색에 관한 내용을 포함한다.

지시적 경청 행동: 통찰을 돕는 기술

> 우리 스스로에게 말하는 이야기라면, 우리는 이를 잘 선택하는 것이 좋다.
>
> −James Orbinski,
>
> *An Imperfect Offering*, 2008, p. 4.

지시적 경청 행동(directive listening behaviors)은 내담자가 자신의 생각이나 행동 패턴을 검토하고 변화시키거나, 자신을 바라보는 시각을 새롭게 할 수 있도록 돕는 고급 면담 기법이다. 이 기법은 평가, 내담자의 문제 탐색, 통찰 증진을 위해 사용될 수 있다. 구체적인 지시적 경청 행동은 다음과 같다.

- 감정 타당화
- 감정의 해석적 반영
- 해석(정신분석 또는 재구성)
- 직면
- 즉시성
- 질문

지시적 경청 행동(일명 기술)은 내담자와의 초기 작업 동맹이 맺어진 후에 가장 잘 이루어진다.

지시적 경청 기술을 사용하면 당신은 전문가 역할을 수행하게 된다. 이 장에서 다루는 치료자의 행동은 내담자를 중심으로 하는 것에서부터 치료자를 중심으로 하는 것까지 다양하다. 내담자 중심의 지시적 기법은 내담자가 **이미 이야기한** 것에 초점을 맞추지만, 내담자 자신을 더 깊이 바라보게 하는 것을 목표로 한다. 치료자 중심의 지시적 기법은 내담자가 아직 이야기하지 않은 것에 대해 내담자가 이야기할 수 있도록 하는 것이다. 지시적 경청 행동은 내담자가 안내나 지시를 통해 혜택을 받을 것이라는 가정하에 이루어진다.

감정 타당화

감정 반영(제4장에서 논의)은 흔히 감정 타당화와 혼동된다. 감정 반영은 보다 내담자 중심적인 반면, 감정 타당화는 내담자의 정서에 대한 당신의 의견, 승인, 타당화가 포함된 것이다. **감정 타당화**(feeling validation)는 내담자가 진술한 감정을 인정하고 타당화하는 정서 중심 기법이다. 즉, 이는 "당신이 느끼는 것은 자연스럽거나 정상적인 정서 반응입니다."라는 메시지를 전달한다.

감정 반영과 감정 타당화의 차이는 미묘해 보이지만, 숙련된 면담의 복잡성을 보여 주는 훌륭한 사례를 제공한다. 숙련된 면담자는 내담자가 자신의 정서를 평가하도록 유도하기 위해 감정 반영을 의도적으로 사용한다. 이와는 대조적으로, 숙련된 면담자는 내담자를 지지하고 안심시키기 위해 감정 타당화를 사용한다. 새내기 면담자는 그 차이를 알지 못하거나 이해하지 못할 수 있다.

정신분석 중심의 임상가는 지지적 심리치료 기법과 표현적 심리치료 기법을 구분한다. 이러한 구분에 근거해 보면, 감정 타당화는 지지적 기법이고, 감정 반영은 표현적 기법이다. 치료자가 내담자의 정서를 타당화할 때 내담자는 보통 지지를 받고 자신이 더 정상적이라고 느낀다. 만약 치료자가 감정 반영을 통해 내담자의 정서 타당성을 검토하고 판단하다면, 내담자는 더 큰 스트레스를 경험할 수 있다.

감정 타당화와 같은 지지적 기법은 **외부로부터 제공되는**(outside-in) 자존감 촉진제다. 이것이 의미하는 바는, (외부의 권위자로서) 치료자가 "뭔가를 훔쳤다고 부당하게 비난 받는 것에 대해 화를 내는 건 매우 당연해 보여요."와 같이 말하는 것에 근거하고 있다는 것이다. 이러한 자존감 촉진제의 한 가지 단점은 외부에 의존한다는 것이다. 이는 자아발견을 촉진시키지 않는다. 따라서 외부에 의존하는 감정 타당화는 일시적일 수 있고, 실질적이거나 지속적인 내담자의 변화를 이끌어 내지 못할 수 있다. 또한 내담자가 자신의 감정에 대해 외부의 인정에만 기대게 되면, 의존으로 이어질 수 있다.

감정 타당화에 대한 모든 접근법들은 내담자에게 "당신은 그러한 감정을 느낄 수 있고, 느껴도 괜찮아요."라는 메시지를 전한다는 것이다. 사실, 때로는 치료자는 감정 타당화를 통해 내담자가 특정한 감정을 **가져야** 한다고 제안할 수도 있다.

내담자 1: 어머니가 돌아가신 이후로 너무 슬퍼요. 울음을 멈출 수가 없어요. **(내담자가 훌쩍 이기 시작한다.)**

치료자 1: 어머니를 여읜 것에 대해 슬퍼하는 건 괜찮아요. 그게 정상이에요. 이런 이야기를 하면서 우는 건 자연스러운 반응이에요.

앞의 대화는 감정 타당화를 포함하고 있다. 이는 더 이상 인간중심적인 반응이 아니다. 슬픔을 느끼고 우는 것이 정상이라고 공개적으로 말함으로써, 치료자는 전문가 역할을 수행한다.

자기개방을 통해 감정 타당화를 제공하는 또 다른 방법은 다음과 같다.

내담자 2: 당신은 못 믿겠지만 전 시험 전에 너무 불안해져요! 그저 얼어붙고 모든 걸 잊어버릴 거 같은 생각뿐이에요. 그러다가 시험지를 보면 머릿속이 하얘져요.

치료자 2: 있잖아요, 저도 가끔 시험에 대해 같은 생각을 해요.

이 예시에서 치료자는 내담자의 불안을 타당화하기 위해 자기개방을 사용했다. 감정 타당화를 위해 자기개방을 사용함으로써 내담자를 안심시킬 수 있지만, 그렇다고 위험 요인이 없는 것은 아니다. 내담자는 만약 치료자가 자신과 비슷한 불안을 가지고 있다면, 치료자가 과연 자신의 불안 증상에 도움이 될 수 있을지 의문을 품을 수 있다. 물론 내담자가 "흠, 치료자도 시험에 대해 불안을 느낀다면, 아마도 나를 이해하고 도와줄 수 있을 거야."라고 생각한다면, 자기개방은 치료자에 대한 신뢰성을 높일 수 있다. 내담자의 정서를 타당화하기 위해 자기개방을 하게 되면, 내담자와의 치료적 관계에 따라 치료자에 대한 신뢰성을 낮추거나 높일 수 있다.

또한 치료자는 내담자를 타당화하거나 안심시키기 위해 보편성(universality)을 사용할 수도 있다.

내담자 3: 저는 항상 다른 사람들과 저를 비교하고, 제가 모자라다고 생각해요. 제가 정말 자신감을 가질 수 있을지 의심스러워요.

치료자 3: 당신은 자신을 너무 힘들게 하고 있어요. 저는 완전한 자신감을 가지고 있는 사람을 본 적이 없어요.

내담자는 세상의 거의 모든 사람들이 자신과 비슷한 정서를 느낀다는 것을 보거나 알게 될 때 인정받는 느낌을 받을 수 있다. Yalom은 다음과 같은 개인적인 예시를 제공했다.

> 나는 600시간에 걸쳐 정신분석을 하는 동안, 치료적 요소인 보편성과 놀랄 만한 개인적인 만남을 가졌다……. 난 [어머니에 대한] 강한 긍정적인 감정에도 불구하고 어머니의 재산 일부를 물려받기 위해, 어머니가 죽었으면 하는 바람에 사로잡혀 있다는 사실에 매우 괴로웠다. 나의 정신분석치료자는 단순하게 "그런 게 사람이에요."라고 대답했다. 이 꾸밈없는 대답은 상당한 안도감을 주었을 뿐만 아니라, 나의 양가적인 감정을 아주 깊이 탐색할 수 있게 해 주었다(Yalom & Leszcz, 2005, p. 7).

감정 타당화는 자주 사용되는 기법이다. 사람들은 자신의 감정을 인정받고 싶어 하고, 상담자도 종종 내담자의 감정을 인정하고 싶어 한다. 하지만 감정 타당화와 같은 개방적인 지지는 내담자가 중요한 이슈를 탐색하는 것을 감소시키고(즉, 치료자가 그렇게 말하면 내담자는 자신이 괜찮다고 생각한다.), 또한 내담자가 독자적으로 자신에 대한 긍정적인 태도를 발전시킬 가능성을 낮출 수 있다.

감정 타당화의 잠재적 효과는 다음과 같다.

- 라포 형성의 증진
- 문제나 감정에 대한 내담자의 탐색 증가나 감소(어느 방향으로든 진행될 수 있음)
- 적어도 일시적으로 내담자의 불안 감소
- 내담자의 자존감이나 정상적인 느낌 향상(아마도 일시적으로만 가능)
- 치료자에 대한 내담자의 의존성 증가

감정의 해석적 반영(일명 발전적 공감 반응)

감정의 해석적 반영(interpretive reflections of feeling)은 내담자의 분명한 정서 표현을 넘어서는 정서 중심의 진술이다. 이 기법은 종종 발전적 공감 반응이라고도 한다(Egan, 2014). 이는 인간중심치료자가 종종 내담자의 인식 범위 안에 희미하게 남아 있는 정서를 다룬다는 Rogers(1961)의 생각에 바탕을 두고 있다.

감정의 해석적 반영의 목표는 표면적인 감정이나 정서보다 더 깊이 들어가 근원적인 정서를 발견하고, 잠재적으로 통찰력을 만들어 내는 것이다(즉, 내담자는 이전에 의식하지 못했거나 부분적으로 의식했던 것을 인식하게 된다.). 비지시적 감정 반영은 분명하고 명확하며 표면적인 정서에 초점을 두는 반면, 해석적 반영은 부분적으로 감춰져 있고 더 깊은 정서를 목표로 한다.

선생님에게 화가 많이 났던 열다섯 살 소년을 다시 생각해 보도록 하라.

> **내담자:** 선생님이 자기 시계를 훔쳤다고 저를 도둑으로 몰아서 열 받았어요. 선생님을 때리고 싶었어요.
>
> **상담자:** 그래서 상당히 열 받았군요. **(감정 반영)**
>
> **내담자:** 맞아요. 젠장.
>
> **상담자:** 선생님이 한 일에 대해 다른 감정도 있었을 거라고 느껴지네요. 선생님이 당신을 믿지 않았다는 것 때문에 상처를 받았을 거 같아요. **(감정의 해석적 반영)**

상담자의 두 번째 진술은 내담자가 직접 말하지 않은 깊은 감정으로 들어가는 것이다.

감정의 해석적 반영은 내담자의 방어를 불러일으킬 수 있다. 다음에 설명하겠지만, 해석에는 좋은 타이밍이 필요하다(Fenichel, 1945; Freud, 1949). 그렇기 때문에 앞의 예시에서 상담자는 처음에 비지시적 감정 반영을 사용했고, 반영이 확인된 후에는 좀 더 해석적인 반응을 사용했다. W. R. Miller와 Rollnick(2002)은 『동기강화상담』에서 이러한 점을 지적했다.

> 숙련된 반영은 개인이 이미 말한 과거로 가는 것이지만, 너무 멀리 가지는 않는다. 이 기술은 정신역동 심리치료에서의 해석 타이밍과 다르지 않다. 만약 그 사람이 꺼려 한다면 당신은 당신이 너무 멀리, 너무 빨리 진행했다는 것을 알게 된다(p. 72).

감정의 해석적 반영은 많은 영향을 미칠 수 있다. 가장 두드러진 것은 다음과 같다.

- 만약 감정의 해석적 반영이 너무 이르거나 적절한 근거 없이 제공된다면, 내담자는 낯설어하거나 불편함을 느낄 수 있다. 이러한 불편함은 내담자의 저항, 주저함 또는 부정으로 이어질 수 있다.
- 긍정적인 치료적 관계의 맥락에서 감정의 해석적 반영이 잘 사용되면, 치료자가 더 깊은 정서적 수준에서 내담자를 '경청'하고 있기 때문에 도움이 될 수 있다. 이는 치료자의 신뢰성을 높이고 관계를 강화시킬 수 있다.

감정의 해석적 반영은 중요한 치료적 돌파구를 만들어 낼 수 있는 섬세한 기법이다. 게슈탈트 치료자인 Fritz Perls는 종종 표면적인 감정 아래의 더 깊은 감정과 접촉하는 것을 돕기 위해 내담자를 실험에 참여시켰다. 예를 들면, 내담자가 죄책감을 느꼈다고 말할 때 그는 내담자에게 죄책감에 대해 계속 이야기하게 하되, '죄책감'을 '원망'이라는 단어로 바꾸게 했다. 이 전략은 때로 내담자가 죄책감의 기저에 있는 분노와 원망을 인식하도록 도왔다.

감정의 해석적 반영을 사용할 때 다음의 원칙을 명심하도록 하라.

- 다음의 때까지 기다리기:
  ○ 좋은 라포를 형성할 때까지
  ○ 당신이 내담자의 표면적인 정서를 정확하게 들을 수 있다는 것을 내담자가 알 때까지
  ○ 당신의 해석에 대한 합리적인 토대를 제공하는 증거(예: 비언어적 신호, 내담자의 이전 진술)가 있을 때까지
- 해석적 진술 표현하기:
  ○ 잠정적으로(예: "제가 생각하기에는……")
  ○ 협력적으로(예: "만약 제가 틀렸다면 바로잡아 주세요.")

잠정적으로 그리고 협력적으로 진술할 때의 원칙은 어떤 형태의 피드백이나 해석을 할 때도 똑같이 적용된다. 이러한 진술이 더 잘 받아들여질 수 있도록 다양한 표현이 사용될 수 있다.

- 제가 듣기에는 당신이 자신의 성정체감에 대해 아버지께 직접 말씀 드리고 싶은데, 아버지의 반응을 두려워하고 있는 거 같군요.
- 만약 제가 틀렸다면 바로잡아 주세요. 이 관계에서 당신의 불안은 결국 그녀가 당신이 사랑스럽지 않다는 걸 알게 될 거라는 깊은 믿음에 바탕을 둔 거 같아요.
- 제가 추측하기에는 당신은 이 관계에서 벗어날 수 있는 방법을 찾고 있는 거 같아요. 맞나요?
- 정확하지 않을 수 있지만, 당신의 앉은 자세를 보면 슬픔뿐만 아니라 약간의 짜증도 함께 섞여 있는 거 같아요.

사례 예시 5-1 ┃ 분노 이면의 수치심 알아차리기

24세의 흑인 여성이 상담을 위해 자발적으로 내원했다. 그녀는 폭발적인 분노 반응이 있다고 보고했는데, 그녀의 말에 따르면 "도를 훨씬 넘어요. 제 말은, 약간 짜증 날 만한 상황에서도 폭탄처럼 터져버려요."라고 했다. 그녀의 치료 목표는 자신의 분노를 이해하고 더 잘 통제하는 것이었다.

접수면담의 일환으로, 임상가는 내담자와 함께 분노를 촉발하는 요인을 탐색했다. 그녀는 "누군가가 나를 비난하거나 가르치려 드는 것"과 "누군가가 사람들 앞에서 나를 바보로 만들려는 것"에 극도의 분노를 느낀다고 보고했다.

접수면담이 끝날 무렵, 임상가는 다음과 같은 감정의 해석적 반영을 했다.

> 당신은 비난받거나 사람들 앞에서 바보 같이 보이게 될 때 분노에 휩싸이는군요. 하지만 당신이 이 상황을 설명할 때, 분노 이면에 또 다른 감정이 숨어 있는 걸 들었어요. 제 말이 맞으면 말해 주세요. 제가 보기엔 거기엔 약간의 수치심이나 당혹감이 섞여 있는 거 같아요. 그리고 그 감정은 당신의 분노를 다른 감정보다 더 크게 만드는 거 같네요.

이에 대해 내담자는 깊고 오래된 수치심을 인정했다. 임상가의 감정의 해석적 반영은 내담자가 분노의 본질을 이해하고, 분노 관리 능력을 향상시키는 데 중요한 요소가 되었다.

해석

해석(interpretation)은 내담자의 통찰을 불러일으키고, 내담자가 보다 정확하게 현실을 인식하도록 돕는 데 사용된다. Fenichel(1945)이 오래전에 말했듯이, "내담자가 상황을 개선하려고 노력하는 가운데, 해석은 무의식적인 것을 의식하도록 돕는 것을 의미한다(p. 25)." 치료자는 해석을 할 때, 과거의 정서 패턴이나 관계 패턴을 현재의 정서 패턴이나 관계 패턴과 연결시키는 피드백을 제공한다.

정신분석적 또는 '고전적' 해석

해석은 무의식 과정이 행동에 영향을 미친다는 정신분석 이론의 원리에 기초한다. 무의식적인 갈등과 패턴을 지적함으로써, 치료자는 내담자가 자기인식과 기능을 향상시키도록 돕는다. 이는 통찰만으로 행동 변화를 만들어 낸다는 것을 의미하지는 않는다. 대신 통찰은 내담자가 보다 적응적인 감정을 느끼고, 생각하며, 행동하도록 이끌기 시작한다.

마지막으로, 화가 난 열다섯 살 학생을 생각해 보도록 하라.

내담자: 선생님이 자기 시계를 훔쳤다고 저를 도둑으로 몰아서 열 받았어요. 선생님을 때리고 싶었어요.

상담자: 그래서 상당히 열 받았군요. (비지시적 감정 반영)

내담자: 맞아요, 젠장.

상담자: 있잖아요. 선생님이 한 일에 대해 다른 감정도 있었을 거라고 느껴지네요. 선생님이 당신을 믿지 않았다는 거 때문에 상처를 받았을 거 같아요. (감정의 해석적 반영)

내담자: (망설이며) 네, 음, 바보 같은 생각이네요⋯⋯. 그건 더 이상 상처가 되진 않지만⋯⋯ 아무도 나를 믿지 않은 경험을 한 후에, 제가 하지 않은 일에 대해 다시 비난받는 건 별로 놀랄 만한 것도 아니에요.

상담자: 그래서 선생님이 보인 불신에 분노로 반응할 때, 이는 마치 선생님에게만 반응하는 게 아니라, 부모님이 당신을 믿어 주지 않았던 과거의 그 시절에 반응하는 것과 같군요. (해석)

이 대화에서 학생은 상담자의 감정의 해석적 반영을 비난하지만('바보 같은 생각'), "더 이상 상처가 되진 않아요."라고 언급함으로써 이에 동의한다. 이 문구는 내담자에게 상처와 관련된 과거 경험이 있을 수 있다는 신호를 준다(즉, 더 이상이란 단어가 과거를 가리킨다.). 이는 정확한 해석이 종종 **발생학적**(genetic) 경험(즉, 과거의 경험)을 드러내게 만드는 것으로 간주된다는 점에서 정신분석 이론과 일치한다. 그러므로 상담자는 내담자의 신호를 인지하고 해석을 진행한다.

고전적 해석은 내담자 정보, 내담자의 과거와 현재의 관계에 대한 정보를 가지고 있을 때 가장 효과적이다. 앞의 예시에서 상담자는 학생이 부모로부터 부당한 처벌을 받았다고 인식했다는 것을 면담 초반부터 알고 있다. 상담자는 학생의 첫 번째 진술 후에 해석을 할 수 있었지만, 학생이 처음 두 번의 개입에 긍정적으로 반응할 때까지 기다렸다. 이는 해석을 할 때 타이밍의 중요성을 보여 준다. Fenichel(1945)은 "준비되지 않은 환자는 분석가로부터 들은 말과 정서적 경험을 결코 연결시키지 못한다. 그러한 경우의 '해석'은 아무것도 해석하지 못한다(p. 25)."라고 기술했다.

초기 임상면담의 맥락에서 개인적인 문제에 깊이 파고들기 위해 고전적 정신분석적 해석을 사용하는 것은 거의 적절하지 않다. 왜냐하면 한 번의 면담으로 내담자의 정신역동을 탐색하기에 충분한 라포나 관계를 형성하는 경우는 드물기 때문이다. 하지만 정신분석 임상가가 초기면담에서 평가 정보를 모으기 위해 시험적 해석을 사용하는 것은 드문 일이 아니다.

시험적 해석(trial interpretation)은 현재의 행동을 과거의 행동과 시험적으로 연결시키는 진술이다. 주로 반복적인 대인관계 패턴에 중점을 둔다. 이론적으로 시험적 해석은 추가적인 분석과 수정이 필요한 반복적인 부적응적 행동 패턴에 대해 내담자의 인식을 심화시킨다.

시험적 해석은 내담자가 통찰 지향적 치료에 어떻게 반응하는지 평가하는 데 사용된다. 이는 반드시 시험적으로 진술되고 협력적으로 제공되어야 한다. 내담자가 시험적 해석에 관심을 갖고 반응한다면 통찰 지향적 접근이 적절할 수 있다. 만약 반응이 적대적이거나 방어적이거나 주제에서 벗어났다면, 이는 타이밍이 좋지 않았거나 구체적이고 실질적인 행동 접근법이 더 적합하다는 것을 의미할 수 있다.

가장 간단하고 위협적이지 않은 시험적 해석은 **패턴을 알아차리는 것**이다. 당신은 반복되는 패턴과 관련된 의미를 이끌어 낼 필요는 없고, 다만 패턴이 있다는 것을 알려 주면 된다. 시험적 해석을 할 때 허락을 받는 것 또한 도움이 된다.

> **치료자**: 제가 알아차린 것에 대해 말해도 괜찮을까요?
>
> **내담자**: 네. 물론이죠.
>
> **치료자**: 저는 방금 당신이 자신을 묘사하는 방식에 어떤 패턴이 있는지 알게 됐어요. 제가 보기에 당신은 적어도 세 번은 자기 자신이나 당신이 한 일에 대해 "얼간이" 또는 "바보"라고 표현했어요.

허락을 받고, 시험적 해석을 하면 내담자는 두 가지 방식, 즉 개방적이고 긍정적이거나 폐쇄적이고 부정적인 것 중 하나로 반응할 것이다. 다음은 폐쇄적이고 부정적인 반응이다.

> **내담자**: 제가 한 짓이나 말투가 얼간이나 바보 같았기 때문에 그렇게 말한 거예요. 전 돌려 말하는 걸 좋아하지 않아요. 전 있는 그대로를 말한 거예요.
>
> **치료자**: 당신은 그냥 보는 대로 부르는 거군요.

이와는 대조적으로, 시험적 해석에 대한 개방적이고 긍정적인 반응은 다음과 같다.

> **내담자**: 저도 그걸 느꼈어요. 아버지가 항상 저를 "멍청한 놈"이라고 불렀다는 사실과도 관련

이 있을 거 같아요. 어쨌든 전 그게 사실이라고 믿고, 그래서 제가 직접 말하는 거예요. 당신이 절 멍청이로 판단하게 하는 거보다는 더 안전하니까요.

치료자: 그 말이 아버지로부터 많이 들었던 말이군요. 그리고 가끔 당신이 그 말을 먼저 사용하는 거처럼 들리네요. 다른 사람들이 당신에 대해 판단하지 않도록 스스로를 보호하려는 거 같아요. 그리고 스스로를 보호하기 위해 다른 사람들이 당신을 판단하기 전에 가끔 그 말을 사용하는 거 같아요.

첫 번째 사례에서, 내담자는 치료자의 관찰을 무시한다. 두 번째 사례에선 내담자가 치료자의 관찰에 관심을 갖고 가능한 문제 패턴의 기원에 대해 이야기하기 시작한다. 이 예시에서와 같이 내담자의 반응이 긍정적이든 부정적이든, 치료자는 내담자의 반응을 받아들이는 수단으로 다른 말로 바꾸어 말하기를 해야 한다.

정신분석적 해석의 기법적인 측면, 즉 무엇을 해석해야 하는지, 언제 해석해야 하는지, 어떻게 해석해야 하는지에 대해 많은 내용들이 쓰여 왔다(Fenichel, 1945; Greenson, 1965; Weiner, 1998). 기본적인 정신분석 교재를 읽고, 정신분석 치료 과정에 등록하고 슈퍼비전을 받는 것은 고전적 해석을 하기 위한 전제 조건이다. 감정의 해석적 반영과 마찬가지로, 시기적절하지 않은 해석은 대개 저항과 방어를 불러일으킨다.

재구성 또는 포스트모던 해석

비정신분석 실무자는 무의식적 과정을 인식하도록 하는 대신, 해석을 사용하여 내담자가 자신의 문제를 바라보는 관점을 전환시킨다. 가족 체계, 해결중심, 실존적, 인지행동치료자는 이러한 접근을 **재구성**(reframing) 또는 **인지적 재구성**(cognitive reframing)이라고 부른다(D'Zurilla & Nezu, 2010; de Shazer, 1985; Frankl, 1967).

재구성은 임상가가 내담자가 부정확하거나 부적절한 방식으로 세상을 보고 있다고 믿을 때 사용된다. 상담자와 내담자의 다음 대화를 생각해 보도록 하라.

TJ: 제가 도움을 청하거나 감정을 드러낸다면, 그건 단지 제가 약하다는 신호일 뿐이에요.

상담자: 당신은 슬픔이나 두려움과 같은 감정이 있다는 게 자신이 약하다는 걸 의미한다고 믿도록 자랐다고 전에 말한 적이 있어요. 전 다르게 생각해요. 당신이 슬픈 감정에 직면하고 대처할 수 있다는 건 강하다는 표시예요. 슬픈 감정을 피하는 것보다 당신을 불편하게 만드는 감정에 대해 직면하고 이야기하는 데는 힘이 필요하지 않나요?

비록 TJ가 이러한 강점이 되는 약점의 재구성을 받아들이거나 받아들이지 않을 수도 있지만, 상담자는 TJ가 이후에 받아들일 수 있을 만한 대안적 관점을 제시했다. 이러한 재구성은 대안적 현실을 내담자의 지각의 장으로 밀어 넣는다.

여기에 한 임상가가 재구성을 통해, 법적인 문제를 겪은 청소년을 위한 외래 환자 집단의 두 구성원 간 관계에 대해 언급하는 장난스러운 예시가 있다.

> Peg: Dan은 항상 저를 괴롭혀요. 저를 모욕하고요. 저는 걔가 바보라고 생각해요. 저는 서로 괴롭히는 것을 그만하고 싶은데 걔는 그러지 않을 거예요.
>
> Dan: Peg이 문제예요. 항상 자기가 옳다고 생각해요. 절대 뒤로 물러서려고 하지 않아요. 저는 걔랑 맞출 방법이 없어요. 걔는 변하지 않을 거예요.
>
> 상담자: 나는 오늘 너희 둘이 또 서로 옆에 앉아 있는 걸 보는구나.
>
> Peg: 그럼, 차라리 옆에 앉지 않는 게 좋겠어요!
>
> 상담자: 너희 둘은 거의 항상 옆에 앉아 있고 티격태격하고 있는데, 내 생각엔 너희가 서로 싫어하는 것처럼 행동하고 있지만, 실제론 서로 좋아하고 있을 거 같아.
>
> 다른 사람들: 와, 맞아요. 저흰 항상 그렇게 생각했어요.

이 10대 청소년들은 집단에서 끊임없이 서로를 괴롭히고 있었다. 임상가는 이러한 패턴이 10대 청소년들이 서로 짜증 내는 것보다는 서로 호감을 표현하는 것이라고 제안했다. 비록 10대 청소년들은 재구성을 부인했지만, 다른 집단 구성원들은 호감일 가능성이 있다는 것에 동의했다.

효과적인 재구성은 반드시 합리적인 대안 가설에 근거해야 한다. 다음은 몇 가지 다른 예시다.

- 우울 증상이 있는 내담자에게: 당신은 실수를 하면 이를 실패의 증거로 보지만, 노력과 학습의 증거로도 볼 수 있어요. 결국 대부분의 성공한 사람들은 성공하기 전에 많은 실패들을 경험해요.
- 반항적인 행동을 하는 어린 소녀에게: 너는 부모님에게 좋게 말하는 게 아부하는 거라고 생각하는구나. 때로는 엄마나 아빠에게 긍정적인 말을 하는 게 너의 진심일 때도 있는지 궁금하네(J. Sommers-Flanagan & Sommers-Flanagan, 2007b).
- 사회불안이 있는 내담자에게: 사람들이 인사하지 않으면 당신은 그들이 당신을 거부한다고 생각해요. 하지만 그들이 안 좋은 날을 보내고 있거나 뭔가 다른 생각을 하고 있

는 것일 수도 있어요.

인지적 재구성은 부인될 수 있지만, 내담자가 문제를 새로운 방식으로 보는 연습을 하면 불안, 분노 또는 슬픔을 줄일 수 있다. 재구성은 지각적 유연성을 촉진한다. 모든 형태의 해석과 유사하게, 재구성은 내담자를 신뢰하거나 내담자와 긍정적인 관계를 맺을 때, 합리적인 근거를 제공할 때, 그리고 협력적으로 작업할 때 가장 효과적이다.

직면

내담자는 종종 타인, 세상, 자기 자신에 대해 부정확하거나 도움이 되지 않는 관점을 가지고 있다. 이러한 부정확성은 대개 모순이나 불일치로 나타난다. 주먹을 움켜쥐고, 거칠고 화가 난 목소리로 말하는 내담자를 상상해 보도록 하라.

> 당신이 제 전처를 언급하지 않았으면 좋겠어요. 제가 전에 말했잖아요. 끝났어요! 난 그녀에 대해 어떤 감정도 갖고 있지 않아요. 이미 지난 일이에요.

분명 이 내담자는 여전히 전처에 대해 강한 감정을 가지고 있다. 어쩌면 관계는 끝났고 내담자는 이를 묻어두고 싶어 하지만 목소리, 자세, 얼굴 표정과 같은 그의 비언어적인 행동은 그가 여전히 전처에게 해결되지 않은 감정이 있다는 것을 보여 준다.

직면(confrontation)은 내담자의 정확하지 않거나 일치하지 않는 지각(perception) 부분을 분명히 하는 반영 또는 피드백 진술이다. 직면의 목적은 내담자가 자신과 타인을 보다 적응적이고 정확한 방식으로 인식하도록 돕는 것이다.

직면은 내담자와 협력적 관계를 맺고, 감정이나 행동상의 불일치를 증명할 수 있는 충분한 증거를 가지고 있을 때 가장 효과적이다. 앞의 예시에서 우리는 내담자가 전처에 대해 해결되지 않은 감정을 가지고 있다는 추가적인 증거가 없다면, 직면을 사용하는 것을 권장하지 않을 것이다. 만약 뒷받침되는 증거가 있다면 다음과 같은 직면이 적절할 것이다.

> 지난주에 전처를 생각할 때마다 복수하고 싶다고 했잖아요. 오늘 당신은 그녀에 대해 아무런 감정이 없다고 말하고 있어요. 하지만 당신의 꽉 쥔 주먹, 어조 그리고 그녀가 "당신을 망쳤다."고 한 말을 보면, 당신은 여전히 그녀에 대해 강한 감정을 가지고 있는 거 같군요. 아마도 당신은 감정이 사라지길 바랄 수도 있겠지만 여전히 감정이 있는 거처럼 보여요.

이 상황에서 임상가는 내담자가 전처에 대한 미해결된 감정을 인정하고 처리함으로써 이득을 얻을 것이라고 믿었다. 임상가는 직면을 사용하여 내담자가 문제를 직시하도록 했다. 내담자가 자신의 비언어적 행동과 내적 감정 사이의 불일치를 인정할 가능성을 높이기 위해 임상가는 부드럽게 직면하고 증거로 뒷받침했다.

직면은 부드러운 것에서 가혹한 것까지 다양하다. 심리치료에서 (비록 아내가 약 2,000마일 떨어진 학교로 돌아가기 위해 이틀 일찍 떠났다는 사실에도 불구하고) 35분 동안 아내에 대해 언급하지 않은 젊은 신혼 남성의 경우를 예시로 들어 보자. 그 젊은 남성이 자신의 분노와 좌절감의 고조에 대해 이야기하던 중, 이를 관찰하던 치료자는 "아내가 떠난 이야기는 한 번도 안 했네요."라고 부드럽게 직면했다.

이 상황에서 치료자는 내용(또는 내용의 부재)을 반영해 아내가 떠난 것을 짜증 나는 기분으로 연결시키는 데 도움을 주었다. 이는 부드러운 직면의 한 예시다.

단호한 직면은 때때로 유용하다. 하지만 치료자가 공격적인 직면을 할 땐 내담자의 저항을 불러일으킬 위험이 있다(W. R. Miller & Rollnick, 2013). 다음은 물질남용을 하는 내담자에게 단호한 직면을 하는 예시다.

> **내담자 1:** 선생님, 그건 문제가 아니에요. 전 제가 원할 때 술을 마시긴 하지만, 그게 제 인생에 큰 영향을 미치진 않아요. 전 파티를 좋아해요. 저는 주말엔 좀 내려놓고 싶어요. 다들 그렇지 않나요?
>
> **치료자 1:** 당신이 파티를 좋아하고 주말엔 좀 쉬고 싶다는 게 대개 보편적이라는 거에 저도 동의해요. 하지만 당신은 지난해에 두 번 음주 운전을 해서 걸렸고, 직장을 두 번이나 옮겼으며, 여섯 차례의 싸움을 했어요. 이건 좀 문제가 있어 보이네요. 술 때문에 문제가 생긴다는 걸 인정하고, 어떻게 대처해야 할지 고민하기 위해 함께 작업하기 시작한다면 더 나을 거 같아요.

많은 사람이 직면은 공격적이어야 한다는 잘못된 생각을 가지고 있다. 하지만 이는 사실이 아니다.

> 사실, 중독 행동이나 다른 문제를 치료하는 데 있어 우월하거나 바람직한 전략은 고사하고, 공격적인 직면이 심지어 도움 된다는 설득력 있는 증거는 없다(W. R. Miller & Rollnick, 1991, p. 7).

비록 어떤 내담자에게는 더 강한 직면이 필요하긴 하지만, 만약 당신이 부드러운 직면으로 시작한다면, 이는 더 치료적이고 합리적이며, 저항을 불러일으킬 가능성이 적을 것이다. 당신은 나중에 언제든 더 단호하게 할 수 있다.

직면할 만한 비일치성의 마지막 예시는 41세의 기혼 남성과 관련이 있는데, 그는 인터넷을 통해 20세 여성을 어떻게 알게 되었는지 이야기하고 있다. 내담자의 진술 후에는 세 가지 잠재적 직면이 이어지며, 각 직면은 점차적으로 단호해진다.

내담자 2: 저는 채팅방에서 그녀를 만났어요. 제 결혼생활은 10년 전에 이미 끝나 버렸기 때문에 제 자신을 위해 무언가를 해야 할 필요가 있었어요. 그녀는 겨우 스무 살인데 다음 주에 Dallas에서 만날 예정이에요. 전 초조하고 걱정돼요. 저보고 미쳤다고 하는 친구도 있지만, 전 제 인생에서 다시 무언가 행동할 필요가 있다고 생각해요.

직면 A: 당신은 15년의 결혼생활을 한 아내와의 관계에 공을 들이는 거보다는 이 젊은 여성과 만나는 게 당신의 기분을 더 나아지게 할 수도 있다고 생각하고 있군요.

직면 B: 당신의 계획은 조금 위험해 보여요. 제가 보기에 당신은 15년의 결혼생활보다 한 번도 만난 적이 없는 사람과의 성적 만남을 더 중요하게 생각하는 거처럼 들립니다. 제 말이 맞나요?

직면 C: 제가 보기에 당신은 중년의 판타지를 가지고 있는 거 같군요. 당신은 이 여자를 한 번도 본 적이 없어요. 그녀가 정말 스무 살인지, 성병을 가지고 있는지, 아니면 당신에게 사기를 치려고 하는 건지도 모르고 있어요. 당신은 그녀와 함께 지내면 기분이 더 좋아질 거라고 생각하지만, 당신은 그저 당신의 문제에서 도망치고 있을 뿐이에요. 그녀와 함께 하는 건 장기적으로는 더 나빠질 뿐이에요.

내담자의 반응은 직면의 효과를 확인하는 가장 좋은 척도다. 내담자는 직면의 정확성을 노골적으로 부정하거나, 부분적으로 받아들이거나, 완전히 받아들일 수 있다.

순수한 직면은 변화를 위한 명시적인 처방이 포함되어 있지 않다. 직면은 단지 일관되지 않은 두 가지 진술이나 행동을 연결시켜, 내담자로 하여금 비일치성을 마주하게 하는 것이다. 이는 변화를 위한 처방 대신, 비일치성을 다루어야 하고 행동이 필요할 수 있음을 의미한다(하지만 어떠한 행동도 명시하거나 처방하지 않는다.). 다음 장에서는 행동을 명시적으로 암시하거나 처방하는 기법을 살펴볼 것이다.

즉시성(일명 자기개방)

즉시성(immediacy)은 지금-여기(here-and-now)에서의 자기개방, 피드백, 직면의 통합을 의미한다. Carl Rogers는 그의 저서에서 일반적으로 자신과 회기에서의 경험을 피드백 제공 수단으로 사용했다. 잘 알려진 한 사례에서 그는 다음과 같이 진술했다.

> 제 자신도 이해할 수 없지만, 당신이 억양이 없는 어조로 당신의 문제에 대해 계속 이야기를 시작하면 제가 매우 지루해져요(R. C. Berg, Landreth, & Fall, 2006, p. 209).

이 즉각적인 개방은 내담자가 Rogers에게 어떤 영향을 미치는지에 대한 피드백을 제공했으며, 이후에 Rogers의 감정과 관련된 내담자의 행동과 관계 속에서의 내담자의 반응을 탐색할 수 있게 했다. 당신은 아마도 Rogers의 순간적인 개방에 내재된 직면을 감지할 수 있을 것이다.

즉시성은 직면에 수반되는 많은 위험들을 공유한다. 또한 이 위험들은 흔히 내담자보단 상담자와 더 관련될 수 있다. 앞의 예시에서 Carl Rogers가 왜 지루하다는 감정을 공유했는지 설명하기 위해 사용한 한 가지 근거는, 그와 같은 감정을 갖는 것이 그에게 매우 이례적인 일이었기 때문이다. 이론적 배경에 따라, 즉시성은 정신분석치료자가 치료자와 내담자 사이에서 나타나는 대인관계 역동을 탐색하는 수단으로써 사용되는 역전이 과정을 포함한다고 볼 수 있다(역전이에 대한 자세한 내용은 제7장 참조).

즉시성은 여러 가지 목적으로 사용될 수 있는 융통성 있는 치료자 반응이다(Hill, 2014; Mayotte-Blum et al., 2012). 예를 들면, 즉시성은 지지를 표현하는 방법으로 사용될 수 있다.

> 당신이 경험한 학대에 대해 이야기하는 걸 들으면서, 저는 당신의 목소리와 당신의 이야기에서 들리는 강인함에 감탄하고 있어요.

즉시성은 또한 주로 직면적일 수 있다.

> 룸메이트가 당신의 공간을 더 깨끗하게 사용하고 당신을 더 존중해 주길 바란다고 말하지만, 여기서 그 이야기를 할 때 당신은 제가 알고 있던 유능하고 자원이 많은 성인이 아니라 무기력한 아이 같이 느껴져요.

그리고 즉시성은 내담자를 특정 행동으로 이끌 수 있다.

제가 듣기론 당신의 직업에 전혀 만족하지 않는 거 같군요······. 그리고 당신과 함께 있으면 불만이 느껴져요······. 그럴 때 전 다른 직업을 찾아 나가고 싶어지는데 당신은 그렇지 않은 거 같군요.

즉시성은 치료자가 사용할 수 있는 모든 지시적 경청 행동들 중에서 내담자 중심 행동과 치료자 중심 행동이 단일 치료 회기 내에서 어떻게 통합되는지 보여 주는 가장 좋은 예시일 것이다. 앞의 예시에서 볼 수 있듯이, 즉시성은 내담자를 관찰하는 것과 치료자의 자기개방을 모두 포함함으로써, 내담자와 치료자 모두에게 치료적 이익을 제공한다.

질문

삽 없이 구멍을 파거나 망치 없이 집을 짓는 것을 상상해 보도록 하라. 많은 임상가들은 질문을 사용하지 않고 면담을 해 이와 비슷한 문제를 만들어 낸다. 가장 기본적인 도구를 사용하지 않고 어떻게 주어진 일을 끝낼 수 있겠는가?

임상면담에서 질문이 중요한 역할을 함에도 불구하고 우리는 지금까지 이를 다루려고 하지 않았다. 마찬가지로 비슷하게 임상면담 기술을 가르치는 강의에서도 우리는 대개 질문하기는 후반부로 미룬다(J. Sommers-Flanagan & Means, 1987). 질문은 쉽게 그리고 종종 잘못 사용된다. 또한 질문은 듣는 것과 같지 않기 때문에, 학생들이 대안적인 정보 수집 전략을 개발하는 것이 우리의 목표다. 질문하는 것은 내담자로부터 중요한 정보를 얻는 데 방해가 될 수 있다. 『어린 왕자』에서는 많은 질문들을 함으로써 근본적인 문제를 드러낸다.

어른들은 외형을 좋아한다. 당신이 그들에게 새로운 친구를 사귀었다고 말할 때 그들은 결코 당신에게 본질적인 문제에 대해 어떠한 질문도 하지 않는다. 그들은 당신에게 "그 아이의 목소리는 어떠니? 가장 좋아하는 게임은 무엇이니? 나비를 수집하니?"와 같은 질문 대신, "그 아이는 몇 살이니? 형제는 몇 명이니? 몸무게는 어느 정도니? 아버지는 돈을 얼마나 많이 버니?"와 같은 질문을 요구한다. 그들이 생각하는 이러한 외형으로부터는 그 아이에 대해 어떠한 것도 알 수 없다(de Saint-Exupéry, 1943/1971, p. 17).

불행하게도, 질문을 받는 사람에게 당신이 물어보는 질문은 아무런 가치가 없을지도 모른다. 이상적으로, 당신의 질문은 내담자에게 가장 중요한 것으로 보이는 것에 초점이 맞춰져야 한다.

과도한 질문에 대한 우리의 의구심에도 불구하고 질문은 다양하고 유연한 면담 도구다. 질문은 다음의 목적으로 사용될 수 있다.

- 내담자의 이야기 촉진하기
- 내담자의 이야기 제한하기
- 라포 형성 촉진하기
- 내담자에게 관심 표시하기
- 내담자에게 무관심 표시하기
- 정보 수집하기
- 내담자 직면시키기
- 해결에 초점두기
- 내담자의 관점 무시하기

질문에는 다양한 형태와 유형들이 있다. 서로 다른 질문 유형들이 서로 다른 내담자의 반응들을 이끌어 내기 때문에 질문을 구분하는 것이 중요하다. 여기서는 열린 질문, 닫힌 질문, 전환 질문, 간접 질문, 투사 질문에 대해 설명하고, 제6장에서는 치료적 질문에 대해 다룰 것이다. 일반적인 질문 유형과 치료적 질문을 구분하긴 하지만, 모든 질문들은 평가나 치료 목적으로 사용될 수 있다.

열린 질문

열린 질문(open questions)은 대화를 촉진하기 위해 사용되는 것으로, 한 단어 이상의 반응을 이끌어 낸다. 열린 질문은 일반적으로 **어떻게** 또는 **무엇**으로 시작된다. 종종 **어디서, 언제, 왜, 누가**로 시작하는 질문도 열린 질문으로 분류되지만, 이러한 질문은 어떻게 그리고 무엇으로 시작하는 질문만큼 대화를 촉진하지 않기 때문에 부분적으로 열린 질문으로 본다(Cormier, Nurius, & Osborn, 2017). 다음의 가상 대화는 전통적으로 열린 질문으로 분류된 질문을 사용하는 것이 내담자의 대화를 촉진할 수도 있고, 촉진하지 않을 수도 있음을 보여 준다.

치료자: 공황 발작이 처음 시작된 적은 언제인가요?

내담자: 1996년이요.

치료자: 처음 공황 발작이 일어났을 때 어디에 있었나요?

내담자: 뉴욕에서 지하철에 막 올라타고 있었어요.

치료자: 무슨 일이 있었나요?

내담자: 지하철 안으로 들어서자 가슴이 두근거리기 시작했어요. 죽는 줄 알았어요. 넘어져서 창피를 당할까 봐 그냥 제 자리 옆의 손잡이를 붙잡고 있었어요. 어지럽고 메스꺼웠어요. 그러다가 목적지 역에서 내렸는데, 그 이후론 다시는 지하철을 타 본 적이 없어요.

치료자: 누구와 같이 있었나요?

내담자: 아무도 없었어요.

치료자: 왜 다시 지하철을 타려고 시도하지 않았죠?

내담자: 왜냐하면 또 공황 발작이 일어날까 봐 겁이 났어요.

치료자: 공황 발작에 대한 두려움으로 인해 일상생활에 지장을 받고 있는데 어떻게 대처하고 있나요?

내담자: 잘 못하고 있어요. 점점 더 나가기가 무서워졌어요. 너무 무서워서 집을 나가지 못 할 거 같아요.

이 예시에서 볼 수 있듯이, 열린 질문은 개방성에 차이가 있다. 열린 질문은 대화의 깊이와 폭을 균일하게 촉진하지 않는다. **무엇** 또는 **어떻게**로 시작하는 질문이 대체로 내담자로부터 가장 구체적인 반응을 이끌어 내지만, 항상 그런 것은 아니다. 더 중요한 것은 **무엇** 또는 **어떻게**로 시작하는 질문이 표현되는 방식이다. 예를 들면, "몇 시에 집에 왔나요?"와 "기분이 어때요?"와 같은 경우엔 매우 간결하게 대답할 수 있다. 특정 질문의 개방성은 주로 질문이 끌어내는 반응에 의해 판단되어야 한다.

왜로 시작하는 질문은 일반적으로 방어적인 설명을 끌어낸다는 점에서 독특하다. Meier와 Davis(2011)는 "질문, 특히 '왜'로 시작하는 질문은 내담자를 방어적으로 만들고 그들의 행동을 설명하도록 요구한다."(p. 23)고 말했다. 왜로 시작하는 질문은 종종 두 가지 반응 중 한 가지로 나타나게 된다. 첫째, 앞의 예시에서와 같이, 내담자는 "왜냐하면!"의 형식으로 반응할 수 있다. 그리고 때로는 내담자가 상세하고 지적인 반응을 통해, 왜 특정한 방식으로 생각하거나 행동하거나 감정을 느끼는지 설명할 수 있다. 둘째, 일부 내담자들은 "왜 안 되나요?"라는 반응으로 자신을 방어한다. 또는 자신이 공격받는다고 느끼기 때문에 "여기에 무슨 문제가 있나요?"라고 대립적인 자세로 반응한다. 이것이 바로 치료자가 **왜**로 시작하는 질문을 최소화하는 것에 대한 근거다. 왜로 시작하는 질문은 방어와 주지화 문제를 악화시키고 라포 형성을 해친다. 이와는 대조적으로, 만약 라포가 잘 형성되고 내담자에게 무언가에 대해 고민해 보게 하거나 이성적으로 판단해 보게 하고 싶다면, 왜로 시작하는 질문은 내담자가 특정 문제를 더 가깝고 깊이 살펴보도록 하는 데 적절하고 유용할 수 있다.

닫힌 질문

닫힌 질문(closed questions)은 예 또는 아니요로 대답할 수 있는 질문이다. 때로는 열린 질문으로 분류되지만, 누가, 어디, 언제로 시작하는 질문은 내담자에게 매우 구체적인 정보를 제공하도록 지시한다. 따라서 이 질문은 닫힌 질문으로 간주되어야 한다(실제 적용하기 5-1 참조).

닫힌 질문은 말로 표현하는 것을 제한하고, 내담자가 특정 반응을 하도록 유도한다. 이러한 질문은 내담자가 말하는 양을 줄이거나 조절할 수 있다. 말하는 것을 제한하는 것은 말을 너무 많이 하는 내담자와 함께 상담할 때 유용하다. 또한 닫힌 질문은 특정 행동과 증상을 명확히 할 수 있으며, 진단면담을 할 때 흔히 사용된다(예를 들면, 뉴욕 지하철에서의 공

●● 실제 적용하기 5-1: 열린 질문과 닫힌 질문

다음 네 가지 질문 세트는 동일한 주제에 대한 정보를 얻도록 고안되었다. 내담자의 입장이 되어 이러한 질문이 어떻게 다르게 느껴지고, 대답하도록 이끄는지 상상해 보도록 하라.

1. (열린 질문) "치료를 받는 기분이 어떤가요?"
   (닫힌 질문) "치료를 받는 게 기분이 좋나요?"
2. (열린 질문) "지하철을 타고 나서 심장이 두근거린다는 걸 느꼈는데, 그다음에는 어떻게 됐죠?"
   (닫힌 질문) "지하철을 타고 나서 몽롱하거나 어지러움을 느꼈나요?"
3. (열린 질문) "그렇게 오랫동안 아버지에게 화를 내고 나서 아버지와 대면하는 건 어떤 기분이 었나요?"
   (닫힌 질문) "그렇게 오랫동안 아버지에게 화를 내고 나서 아버지와 대면하는 게 기뻤나요?"
4. (열린 질문) "기분이 어때요?"
   (닫힌 질문) "화가 나나요?"

열린 질문과 닫힌 질문으로 당신(그리고 내담자)이 어떻게 영향을 받을 수 있는지 차이점에 주목하여 동료들과 토론하도록 하라.

황 발작에 대한 앞의 예시에서 진단면담자는 "몽롱하거나 어지러움을 느꼈나요?"라고 물어볼 수 있다. 이 질문은 공황장애가 있는지 없는지 확인하는 데 도움이 될 수 있다.).

때로는 치료자가 꼬리말 잇기(tag query)를 통해 의도치 않게 또는 의도적으로 열린 질문을 닫힌 질문으로 변형시킨다. 예를 들면, "이렇게 오랜 세월이 흐른 뒤에 아버지와 대면한 건 어떤 기분이었나요?"로 시작한 다음, "기뻤나요?"라고 꼬리말을 잇는 것이다.

열린 질문에서 닫힌 질문으로 바꾸면 내담자가 상세하게 설명하는 것을 제한하게 된다. 닫힌 질문을 받은 내담자가 적극적으로 대화에 참여하거나 주관이 뚜렷한 경우가 아니라면, 앞의 예시에서와 같이 아버지와 대면할 때 기뻤는지 여부에만 초점을 맞출 것이다. 내담자는 두려움, 안도감, 원망 또는 자신이 경험한 그 밖의 특정 감정에 대해 자세히 설명할 수도 있고, 그렇지 않을 수도 있다.

닫힌 질문은 대개 ~을 하나요?, ~을 했나요?, ~인가요?, ~이었나요?로 마무리한다. 닫힌 질문은 특정 정보를 얻고 싶다면 유용할 것이다. 전통적으로 닫힌 질문은 라포가 형성되고, 시간이 부족하며, 효율적인 질문과 짧은 답변이 필요한 면담 후반에 사용된다(Morrison, 2007).

비지시적 접근을 사용해 면담을 시작하지만, 나중에 더 구체적인 정보를 얻기 위해 닫힌 질문으로 형식을 바꾼다면, 역할 유도(role induction)를 통해 이러한 전략의 변화를 내담자에게 알려 주는 것이 좋다. 당신은 다음과 같이 말할 수 있다.

> 이제 15분 정도 남았는데, 지금까지 다룬 내용 중 제가 확실하게 하고 싶은 게 몇 가지가 있어서 더 구체적인 질문을 하려고 해요.

새내기 치료자는 종종 닫힌 질문을 지양하도록 권고 받는다. 닫힌 질문은 간접적인 제안으로 해석되기 때문에 이는 좋은 조언이다. 예를 들면,

내담자: 남편이 아프가니스탄에서 돌아온 후로는 우울하고 짜증을 내고 관계적으로 고립되어 있어요. 남편이 집에 있는데도 남편이 너무 그리워요. 저는 그저 남편이 이전 모습으로 돌아왔으면 좋겠어요.

치료자: 남편에게 지금 기분이 어떤지 말해 봤나요?

이 사례에서 내담자는 치료자의 질문을 남편에게 자신의 감정을 털어놓자는 제안으로 받아들일 수 있다(사례 예시 5-3 참조). 이것이 타당한 생각일지라도, 열린 질문 대신 닫힌

질문을 사용하는 것은 내담자를 특정한 방향으로 이끈다. "이러한 감정을 어떻게 다루어 왔나요?"와 같은 열린 질문은 닫힌 질문과는 달리 내담자가 자신이 무엇을 하고 있었는지 당신에게 자발적으로 말할 수 있게 한다. 전반적으로, 닫힌 질문은 목적에 부합하는 방식으로 그리고 의도적으로 사용되는 한 유용한 면담 도구다.

전환 질문

전환 질문(swing questions)은 닫힌 질문이나 열린 질문 중 하나로 기능할 수 있다. 전환 질문은 예 또는 아니요로 대답할 수 있지만, 감정, 생각 또는 문제에 대해 보다 구체적인 대화를 유도하기도 한다(Shea, 1998). 전환 질문은 보통 ～해 줄 수 있어(요)? 또는 ～해 줄래(요)?로 마무리한다. 예를 들면,

- 임신한 걸 처음 알았을 때 어땠는지 말해 줄 수 있어요?
- 당신이 떠나는 걸 알게 되면 부모님이 어떻게 반응할 거라고 생각하는지 말해 줄래요?
- 그것에 대해 더 자세히 말해 줄 수 있어요?
- 어젯밤 당신과 딸 사이의 말다툼에서 무슨 일이 있었는지 말해 줄래요?

Ivey, Ivey와 Zalaquett(2011)는 전환 질문이 모든 질문들 중에서 가장 개방적이라고 생각한다. "～해 줄 수 있어(요)? 또는 ～해 줄래(요)? 질문은 가장 개방성이 높은 열린 질문이면서 닫힌 질문의 장점을 포함하고 있다. 내담자는 '아니요, 전 그 얘긴 하고 싶지 않아요.'라고 자유롭게 말할 수 있다(p. 85)."

전환 질문이 효과적으로 기능하려면 두 가지 기본 규칙을 지켜야 한다. 첫째, 라포가 형성되지 않는 한 전환 질문을 사용하지 않도록 한다. 만약 라포가 적절하게 형성되지 않은 경우, 전환 질문은 역효과를 낼 수 있고 닫힌 질문으로 기능할 수 있다(즉, 내담자가 수줍어하거나 저항적으로 예 또는 아니요로 반응한다.). 둘째, 특히 관계 초기에 아동과 청소년에게 전환 질문을 사용하지 않도록 한다. 왜냐하면 아동과 청소년은 전환 질문을 말 그대로 받아들이는 경우가 많아 반대로 반응할 수 있기 때문이다(J. Sommers-Flanagan & Sommers-Flanagan, 2007b). 다음 두 가지 예시는 전환 질문의 잠재적인 문제점을 설명한다.

상담자 1: 반 친구와의 싸움에 대해 좀 더 말해 줄래요?
어린 내담자 1: 아니요.

상담자 2: 아버지가 떠나셨을 때 어떤 기분이었는지 말해 줄래요?

어린 내담자 2: 아니요.

어린 내담자(특히, 긍정적인 라포가 형성되지 않은 경우)에게 전환 질문을 사용하면, 어색하고 도움이 되지 않는 상황을 만들 수 있다.

간접 질문

간접 질문은 대개 궁금해요 또는 ~일 거예요로 마무리한다(Benjamin, 1987). 이 질문은 치료자가 내담자에게 직접적으로 물어보거나 내담자에게 압력을 가하고 싶지 않을 때 사용된다. 간접 질문의 예시는 다음과 같다.

- 다가오는 결혼식에 대해 어떻게 생각하고 있는지 궁금해요.
- 졸업 후의 계획이 궁금해요.
- 일자리를 찾는 일에 대해 생각해 본 적이 있는지 궁금해요.
- 아들이 트랜스젠더라는 사실을 알게 된 거에 대해 어떤 생각이나 감정이 있을 거예요.
- 당신은 아내가 해외로 떠나는 것에 대해 감당하기 어려울 거예요.

질문을 포함하거나 내담자가 주제에 대해 이야기하도록 유도하는 많은 간접 문장 유형들이 있다. 일반적인 예시로는 "~에 대해 듣고 싶어요"와 "~에 대해 말해 주세요"가 있다.

간접 질문은 면담 초반 또는 민감한 주제에 접근할 때 유용할 수 있다. 즉시성과 마찬가지로, 간접 질문은 내담자를 지지하는 치료자의 자기개방을 포함할 수 있다. 부드럽고 강압적이지 않기 때문에, 말수가 적은 내담자에게 직접적인 질문을 하는 것의 대안으로 특히 유용할 수 있다(C. Luke, 개인교신, 2012년 8월 7일). 또한 과도하게 사용될 경우 간접 질문은 교묘하거나 조종하는 것처럼 보일 수 있다는 점에 유의해야 한다. "궁금해요"와 "~일 거예요"를 반복적으로 사용하면, 내담자는 "저는 왜 당신이 궁금한 것을 그냥 물어보지 않는지가 궁금해요!"라고 생각할지도 모른다.

투사 질문 또는 가정 질문

투사 질문(projective questions)은 내담자에게 특정 시나리오를 상상해 보도록 요청하고, 내담자가 무의식적이거나 표현되지 않은 갈등, 가치관, 생각, 감정을 확인하고, 탐색하며, 명확하게 하는 데 도움을 주고자 사용된다. 해결중심치료자는 투사 질문을 가정 질문이라

부른다(Murphy, 2015). 이러한 질문은 일반적으로 만약 ~라면 형식으로 시작되고, 이에 대해 내담자가 추측해 보도록 유도한다. 투사 질문은 심상을 유발하고, 내담자가 특정 상황에 처했을 때 가질 수 있는 생각, 감정, 행동을 탐색하는 데 도움을 주고자 사용할 수 있다. 예를 들면,

- 만약 100만 달러를 받는다면 어떻게 할 건가요?
- 만약 세 가지 소원이 있다면 뭘 원할 건가요?
- 만약 도움이 필요하거나 정말로 겁이 나거나, 아니면 돈이 완전히 바닥나서 돈이 좀 필요하다면 지금 당장 누구한테 의지하겠어요?(J. Sommers-Flanagan & Sommers-Flanagan, 1998, p. 193)
- 만약 그 파티(또는 다른 중요한 생활사건)로 다시 돌아가 다르게 행동한다면 어떻게 하겠어요? 어떻게 다르게 할 건가요?

투사 질문은 내담자의 가치, 의사결정, 판단을 평가하는 데도 사용된다. 예를 들면, 치료자는 "100만 달러로 뭘 할 건가요?"라는 질문에 대한 반응을 분석해 내담자의 가치와 자기통제력을 간접적으로 엿볼 수 있다. 투사 질문은 때때로 정신상태검사의 한 부분으로 포함되기도 한다(제9장 및 〈부록〉 참조).

사례 예시 5-2 **가치를 이끌어 내기 위한 투사 질문**

투사 질문을 제한적으로만 사용하지 말고 창의성을 발휘하도록 하라. John은 투사 질문을 통해 관계의 역동과 가치를 탐색하는 것을 좋아한다. 예를 들면, 아버지와의 관계가 소원하고, 학교에서 어려움을 겪고 있는 15세 소년 내담자의 경우, John은 "만약 시험을 정말 잘 본다면 누구에게 가장 먼저 얘기하겠어요?"라고 질문했다. 내담자는 "우리 아빠요."라고 대답했다. 이 대답을 들은 John은 (소년이 아버지의 인정을 계속 중시한다는) 정보를 이용해 소년과 아버지가 함께 상담에 참여해 의사소통과 관계를 개선해 볼 것을 권했다.

〈표 5-1〉은 다양한 유형의 질문과 일반적인 내담자의 반응을 요약한 것이다.

<표 5-1> 질문 분류

다음의 단어로 시작하거나 마무리하는 질문	질문 유형	일반적인 내담자 반응
무엇	열린 질문	사실적 및 기술적 정보
어떻게	열린 질문	과정 또는 순차적 정보
왜	부분적으로 개방적인 열린 질문	설명과 방어
어디에서	가장 개방적이지 않은 열린 질문	위치 관련 정보
언제	가장 개방적이지 않은 열린 질문	시간 관련 정보
누가	가장 개방적이지 않은 열린 질문	사람 관련 정보
~을 했나요?	닫힌 질문	특정 정보
~해 줄 수 있어요? ~해 줄래요?	전환 질문	다양한 정보(가끔 거부됨)
궁금해요/~일 거예요/ ~에 대해 듣고 싶어요	간접 질문	생각과 감정 탐색
만약 ~라면	투사 질문 또는 가정 질문	판단과 가치에 대한 정보

질문의 이점과 위험성

치료자 사이에서는 질문에 대한 생각과 질문을 사용하는 방식이 다르다. 이를 알아보기 위해 우리는 종종 학생들에게 질문만 하는 간단한 면담 과제를 준다(의역은 허용하지 않는다!). 일부 학생들은 이 과제를 정말 좋아하지만 다른 학생들은 싫어한다. 해결중심 질문을 사용할 때도 비슷한 반응을 보인다. 학생들의 반응은 다음과 같다.

- 통제감을 더 많이 느꼈다.
- 더 많은 부담감을 느꼈다.
- 똑같은 질문(긍정적인 목표에 관한 질문)을 반복해서 하는 것 같았다.
- 내담자의 말을 들으려고 애쓰는 동안 질문을 생각하기 어려웠고, 다음에 해야 할 좋은 질문을 생각하고 있으면 내담자의 말에 집중하기 어려웠다.
- 인내심이 줄어든 것 같았다. 나는 그저 다음 질문을 하고 싶었고, 더 많은 질문들을 하기 위해 계속 끼어들었다.
- 부담감이 덜했다. 질문하는 것이 정말 좋았다!

평가 또는 치료 도구로서 질문은 이점과 위험성을 가지고 있다. 주어진 질문이 긍정적이거나 부정적인 방식으로 기능하는지 여부는 치료자의 기술과 내담자의 민감성을 포함한 여러 요인들에 따라 달라진다. 〈표 5-2〉는 질문의 잠재적인 이점과 위험성을 보여 준다.

〈표 5-2〉 질문의 잠재적인 이점 및 위험성

이점	위험성
내담자가 자신의 생각과 감정을 깊이 있고 상세하게 이야기하도록 이끈다.	치료자는 자신의 관심사와 가치에 너무 집중하기 시작할 수도 있고, 내담자가 이야기하고 싶어 하는 것에 너무 신경을 쓰지 않을 수도 있다.
치료자는 특정 내담자 정보를 효율적으로 수집할 수 있다.	내담자는 자신의 관점이 평가절하되었다고 느낄 수 있다.
내담자는 치료자가 중요한 질문으로 이끌면 안도감과 이해 받는다는 느낌을 가질 수 있다.	치료의 중심이 치료자 측으로 과도하게 치우칠 수 있다.
치료자는 내담자가 자신의 강점과 가능한 긍정적인 결과에 초점을 맞추도록 격려하기 위해 질문을 사용할 수 있다.	내담자는 탐색적인 질문에 대답해야 한다는 압박감을 느낄 수 있다.
치료자는 내담자 행동의 구체적이고 명확한 사례를 얻을 수 있다.	내담자는 자발성이 떨어지고 더 수동적이 될 수 있다.

일반적인 질문을 사용할 때의 지침

질문을 최적으로 사용하기 위해 우리는 다음 지침을 제공한다.

질문에 대해 내담자를 준비시키도록 하라

질문의 부정적인 영향을 줄이는 간단한 기법은, 집중적인 질문을 하기에 앞서 내담자에게 미리 알리는 것이다. 이는 종종 내담자가 덜 방어하고, 더 협력하도록 돕는다. 당신은 내담자에게 다음과 같이 미리 알릴 수 있다.

당신에게서 구체적인 정보를 얻어야 하는데, 그래서 한동안은 제가 그 정보를 얻는 데 도움이 될 질문을 많이 할 거예요. 질문 중 일부는 이상하게 보일 수 있지만, 질문을 하는 이유가 있다는 걸 알려드려요.

비지시적인 경청 없이 질문을 사용하지 말도록 하라

일반적으로, 질문은 비지시적인 경청 기술과 함께 이루어져야 한다. 이는 질문이 평가 목적으로 사용되었는지 아니면 치료 목적으로 사용되었는지의 여부와 관계없다. 적어도 가끔은 당신의 질문에 대한 내담자의 답변에 경청 반응을 보이도록 하라.

상담자: 지하철에 타자마자 무슨 일이 일어났나요?

내담자: 지하철 안으로 들어서자 가슴이 두근거리기 시작했어요. 죽는 줄 알았어요. 쓰러져서 창피를 당할까 봐 그냥 제 자리 옆의 손잡이를 붙잡고 있었어요. 어지럽고 메스꺼웠어요. 그러다가 목적지 역에서 내렸는데, 그 이후론 다시는 지하철을 타 본 적이 없어요.

상담자: 무서운 경험이었군요. 당신은 통제력을 유지하기 위해 최선을 다하고 있었네요. 이런 공황 상태에 있을 때 누구와 함께 있었나요?

반복되는 질문과 함께 경청 기술을 사용하지 않는다면, 내담자는 공격 받거나 심문 받는다고 느끼기 쉽다. W. R. Miller와 Rollnick(2002)은 치료자가 세 가지 이상의 질문을 연속적으로 하지 않도록 권고했다.

내담자의 문제 및 목표와 관련된 질문을 만들도록 하라

만약 당신이 내담자의 주요 문제와 목표에 초점을 맞춘다면, 내담자는 당신을 유능하고 신뢰할 수 있는 사람으로 볼 가능성이 더 높다. 내담자가 중요하다고 생각하는 사항에 대해 직접 질문하도록 하라.

내담자는 특정 진단이나 정신 상태를 파악하기 위해 하는 질문의 목적을 이해하기 어려울 수 있다. 예를 들면, 우울한 내담자를 면담할 때 다음과 같은 질문을 할 수 있다.

- 식욕은 어떤가요?
- 밤에 자주 깨나요?
- 집중하는 데 어려움이 있나요?
- 최근에 성관계에 관심이 있나요?

예민하고 심리적으로 미성숙하며, 자신의 안 좋은 기분이 지난 10년 동안 배우자에게 정서적 학대를 받은 것과 관련이 있다고 어느 정도 확실하게 믿고 있는 우울한 내담자가 앞의 질문을 어떻게 인식할지 상상해 보도록 하라. 그녀는 이렇게 생각할지도 모른다. "난 저 상담자를 믿을 수가 없어! 식욕, 성생활, 집중력과 내가 상담을 받으러 온 이유가 무슨 상관이야?" 내담자가 그 관련성을 볼 수 없는 한, 질문은 라포 형성을 해치고 치료에 대한 관심을 감소시킬 수 있다(진단면담에 대한 자세한 내용은 제11장 참조).

마찬가지로, 해결중심의 관점에서 가정 질문은 내담자의 목표에 초점을 맞출 때 내담자에게 더 의미가 있을 것이다. 예를 들면, 10대 내담자에게 "선생님과 잘 지내는 모습을 상상해 본다면 어떤 모습일까요?"라고 물어보는 것은 학생이 '선생님과 잘 지내기'를 치료 목표로 삼고 있을 때 더 효과적이다.

질문을 사용해 구체적인 행동 사례를 이끌어 내도록 하라

아마도 질문의 가장 좋은 용도는 내담자로부터 명확하고, 구체적인 과거, 현재 또는 미래의 행동 사례를 얻는 것일 것이다. 내담자의 추상적인 설명에 의존하는 대신, 질문을 사용해 특정 행동 사례를 얻을 수 있다.

> **내담자:** 전 사회적 상황에서 너무 많은 어려움들을 겪고 있어요. 전 그저 불안하고 불안정한 사람일 뿐이에요.
>
> **상담자:** 불안함을 느끼고 불안정하다는 생각이 들었던 최근의 사회적 상황에 대한 예를 하나 들어 줄래요?
>
> **내담자:** 네, 생각해 볼게요. 음, 전날 밤에 클럽에서 파티가 있었어요. 다른 사람들은 모두 즐거운 시간을 보내고 있는 거 같았고, 전 그냥 소외된 기분이었어요. 아무도 저랑 이야기하고 싶지 않았을 거예요.

이 대화에서 치료자는 특정 정보를 얻기 위해 전환 질문을 하지만, 내담자는 다소 모호하게 반응한다. 내담자는 종종 자신의 문제를 구체적으로 설명하기 어려워한다는 것을 명심하도록 하라. 이 상황에서는 내담자를 안심시키는 것이 도움 될 수 있다(예: "때로는 구체적인 사례를 생각해 내기 어려울 수도 있어요."). 내담자를 안심시키고 지지를 제공한 후에는, 당신이 내담자가 자신의 불안을 더 구체적으로 설명하도록 반복적으로 열린 질문과 닫힌 질문을 할 필요가 있을 것이다. 예를 들면

- 파티에서 당신이 불안하고 불안정했을 때 정확히 무슨 일이 있었나요?
- 이러한 감정이 들었을 때 근처에 누가 있었나요?
- 어떤 생각이 들었나요?
- 만약 당신이 그 상황으로 다시 돌아갈 수 있다면, 어떤 식으로 행동했을까요?

또한 치료자는 내담자가 자신의 이야기를 할 때 가끔 질문을 던지는 방식으로 이야기를

따라가는 것이 도움 된다. 예를 들면, 내담자가 이야기를 하다 빠진 부분이 있었을 때, "어머니에게 찾아갔나요?"와 같은 닫힌 질문보다 "그때 무슨 일이 있었나요?"와 같은 열린 질문을 하는 것이 가장 좋다. 내담자가 이야기할 때 시기적절하게 열린 질문을 하는 것은 내담자가 생산적으로 이야기를 계속하게 하는 데 도움을 준다.

민감한 영역에 조심스럽게 접근하도록 하라

민감한 주제에 대해 내담자에게 질문할 때는 특히 조심하도록 하라. Wolberg(1995)가 지적했듯이, 상담에 갓 온 내담자에게 민감한 주제[예: 외모, 지위, 성(性)적 어려움, 실패 경험]에 대해 즉시 질문을 하지 않는 것이 중요하다. Wolberg는 내담자가 민감한 주제에 대해 자유롭게 이야기할 수 있도록 허용할 것을 제안했지만, 만약 차단 현상(blocking)이 발생하면 관계 형성이 일반적으로 정보 수집보다 더 우선시되기 때문에, 관계가 더 잘 형성될 때까지 질문을 피해야 한다고 말했다.

Wolberg(1995)의 도움이 되는 조언에도 불구하고, 때때로 관계 형성과 정보 수집은 동일하게 우선시 되어야 하는 경우도 있다. 이는 특히 접수면담을 할 때, 내담자가 위험에 처했을 때 또는 신속한 평가가 필요할 때 해당된다. 예를 들면, 내담자가 자살하거나 살인을 할 것 같으면, 임상적 결정을 내리기 위해 평가 정보를 수집하는 것이 관계 형성과 함께 최우선 되어야 한다. 만약 당신이 임상 장면에 있고 구체적이고 민감한 질문을 하는 것이 괜찮은지에 대해 확신하지 못한다면, 당신은 언제든지 "몇 가지 개인적인 질문을 해도 괜찮을까요?"라고 물어보거나, 내담자에게 사적인 정보에 대한 허락을 구하면서 당신의 의도를 말하도록 한다(예: "당신에게 몇 가지 개인적인 질문을 하려고 하는데, 원하지 않으면 대답하지 않아도 돼요.").

지시적 경청 행동에 대한 요약은 〈표 5-3〉을 참조하도록 하라.

〈표 5-3〉 지시적 경청 행동과 이의 일반적인 효과

경청 반응	설명	주요 의도/효과
감정 타당화	내담자의 감정을 지지하거나 인정하거나 타당화하는 진술	라포 형성을 증진시킨다. 불안을 일시적으로 감소시킨다. 치료자를 전문가로 보는 이유가 될 수 있다.
감정의 해석적 반영	치료자가 내담자의 생각이나 행동 기저에 있다고 생각하는 감정을 탐색하는 진술	공감을 증진하고, 정서의 탐색과 통찰을 촉진한다.
해석	치료자가 내담자의 감정, 생각, 행동을 나타낼 수 있다고 생각하는 것을 표현하는 진술, 종종 과거 경험에 대한 언급 포함	내담자의 감정, 생각, 행동에 대한 반영과 자기관찰을 촉진한다. 내담자의 통찰 또는 인식 변화를 촉진한다.

직면	내담자의 모순이나 불일치를 지적하거나 확인하는 진술, 부드러운 표현에서 공격적인 표현에 이르기까지 다양함	내담자가 자신과 자신의 생각, 감정, 행동 패턴에 대해 검토하도록 권장한다. 개인적인 변화와 발전을 이끌어 낼 수 있다.
즉시성	지금-여기의 치료자의 경험과 개방을 통합하는 진술, 직면, 지지, 안내로 사용될 수 있음	지금-여기 치료적 관계에 대한 검토나 탐색을 시작한다. 내담자가 치료자에게 어떻게 영향을 미치는지 혹은 치료자에게 어떻게 인식되는 지에 초점을 맞춘다.
열린 질문	내담자로부터 광범위한 정보를 얻기 위해 고안된 문장 혹은 구절. 열린 질문은 일반적으로 무엇과 어떻게라는 단어로 시작함	치료자가 선택한 하나의 일반적인 주제에 대해 내담자가 자유롭게 말하도록 독려한다. 열린 질문은 내담자가 탐색적인 방식으로 말하도록 유도한다.
닫힌 질문	내담자로부터 특정 정보를 찾고, 일반적으로 한두 단어로 대답할 수 있는 문장이나 구절. 닫힌 질문은 보통 ~을 하나요?, ~을 했나요?, ~인가요?, ~이었나요?로 마무리함	닫힌 질문은 보통 내담자가 '예', '아니요'로 대답하도록 제한한다. 면담자는 닫힌 질문을 통해 내담자가 말하는 것을 지시하거나 조절한다.

지시적 경청 기술을 사용할 때 윤리적 및 다문화적 고려사항

일반적으로, 당신이 질문을 많이 하면 할수록 당신의 힘과 권위가 더 부각된다. 이는 좋은 것일 수 있다. 윤리적인 임상가는 자신의 전문적인 훈련과 지위에 내재된 힘, 책임, 권위를 인식하고 이를 남용하지 않기 위해 노력한다. 윤리적인 임상가는 또한 내담자와 암묵적으로 그리고 명시적으로 힘을 공유하기 위해 협력하는 전략을 사용한다.

질문을 많이 하면, 수사관이나 심문관으로 인식될 수도 있다. 질문을 자주 하면, 치료적 관계에서 주도권을 가지게 되어 면담 과정에서 지시적이고, 통제적이게 된다. Benjamin(1987)은 과도한 질문의 사용에 대해 다음과 같이 언급했다.

그렇다. 나는 면담에서 질문을 사용하는 것에 대해 많은 의구심을 가지고 있다. 나는 우리가 너무 많은 질문들을 하고, 종종 의미 없는 질문들을 한다고 확신한다. 우리는 내담자를 혼란스럽게 하고, 방해하는 질문들을 한다. 우리는 내담자가 대답할 수 없는 질문들을 한다. 우리는 심지어 대답을 원하지 않는 질문들도 하고, 그 결과 대답을 들을 수 없게 된다(p. 71).

Benjamin은 비지시적 면담 옹호론자였다. 질문에 대한 그의 우려는 잘 설명되어 있지만, 다른 이론적 배경의 실무자는 그의 관점에 동의하지 않는다. 사실 어떤 내담자는 질문이 면담에서 무엇을 기대하는지에 대해 명확한 지침을 제공하기 때문에, 질문 받는 것을 더 선호한다(D. W. Sue & Sue, 2016). 비록 때때로 남용되기도 하지만, 질문은 정보를 수집하고 환자의 증상을 탐색하며, 내담자의 강점에 집중할 수 있게 해 주는 훌륭한 도구다.

호기심, 문화, 직업 윤리

우리는 종종 우리 자신과 학생들에게서 부적절한 질문을 하고 싶은 충동이 있다는 것을 알아차렸다. 이러한 충동은 내담자의 최선의 이익을 위한 것이기보다는 임상가의 호기심을 위한 것에 더 가깝다. 예를 들면, 만약 내담자가 당신이 잘 아는 어떤 곳에서 자랐다고 이야기를 한다면, 당신은 다음과 같은 질문을 하고 싶은 충동을 느낄 수 있다.

- 어느 고등학교를 다녔나요?
- 3번가에 있는 정말 맛있는 빵집에 가 본 적 있어요?
- 어떤 운동을 했었나요?

이러한 질문은 진단이나 치료 계획을 위한 정보를 이끌어 내기보다는 당신의 호기심을 충족시킨다. 또한 이러한 질문은 면담에 대해 치료적인 느낌보다는 사교적인 느낌을 줌으로써 내담자를 혼란스럽게 할 수도 있다. 게다가, 만약 당신이 호기심을 이겨내지 못하면 부적절한 자기개방으로 이어질 수 있다("맞아요, 어느 날 밤에 저는 친구 두 명과 술을 마시고 있었는데……"). 당신은 이러한 개방이 초래할 안 좋은 결과를 예상할 수 있을 것이다. 질문을 포함한 당신의 모든 행동들은 내담자의 복지에 초점을 맞추어야 한다(Bloomgarden & Mennuti, 2009).

앞서 언급한 것과는 달리, 치료자가 사회적 호기심을 통해 연결고리를 만드는 방법으로 잡담을 사용할 수 있는 시간, 장소, 목적이 있을 수 있다. 예를 들면, 라틴계 여성 치료자에 대한 질적 연구에서 많은 치료자들은 라틴계 여성 내담자에게 임상 서비스를 제공할 때, 잡담(가벼운 대화)의 가치에 대해 구체적으로 이야기했다. Gallardo는 다음과 같이 기술했다.

'가벼운 대화'가 '전통적인' 훈련에서 '공식적인' 요소는 아니지만, 잡담을 통해 라틴계 사람들과 작업하는 것은 치료적 관계 형성을 촉진하면서, 향후 작업을 위한 토대를 마련한다(2013, p. 47).

상황에 따라 윤리적이고 효과적인 면담을 위해 다양한 면담 기법을 활용할 수 있다. 심지어 가벼운 대화도 내담자에게 가장 필요하거나 치료적 관계 형성에 도움이 되는 방식으로 사용될 수 있기 때문에 고려해야 한다.

만약 당신이 자유롭게 어떤 충동에 따라 부적절한 질문을 한다면, 관계의 경계와 관련된 윤리적 문제가 나타날 수 있다. Lazarus(1994)에 의해 많은 사람들에게 알려진 윤리적 딜레마에서는, 치료 시간이 끝나갈 때 치료자가 내담자에게 어딘가(내담자가 가는 방향일지라도)로 태워달라고 부탁하는 것이 허용되는지 여부에 초점을 두었다. 우리의 입장은, 정신건강 전문가가 차를 타거나 고향에 대한 일말의 호기심을 충족시키는 것과 같이 악의가 없는 욕구라 하더라도, 개인의 욕구는 치료 장면 밖에서 해결해야 한다는 것이다. 물론, 이러한 원칙을 적용하는 것이 너무 엄격할 수도 있다. 하지만 우리는 일반적으로 경계 위반을 삼가는데, 왜냐하면 이는 더 빈번한 부적절한 충동 그리고 결국 윤리적 위반으로 이어질 수 있기 때문이다(R. Sommers-Flanagan, Elliott, & Sommers-Flanagan, 1998).

내담자를 지시하는 데 있어서의 윤리

법정에서 변호사는 유도 신문에 대해 반박할 수 있다. 평가 및 치료 장면에서, 몇몇 질문들은 너무 유도적이어서 사용에 대한 반대가 있을 수 있고, 다소 비윤리적일 수 있다. 다음을 생각해 보도록 하라.

- 남편과 헤어지는 것에 대해 생각을 해 봤나요?
- 성전환 수술에 대해 생각해 본 적이 있나요?
- 만약 당신이 딸에게 딸의 성정체감에 대해 실제로 어떻게 생각하는지 말한다면, 일어날 수 있는 최악의 상황은 무엇일까요?
- 당신이 말한 스트레스를 감안하면, 군대에서 전역하는 게 더 나은 삶을 살 수 있지 않을까요?

이러한 질문들은 내담자가 특정 행동을 하도록 이끌 수 있다. 적절한 맥락과 틀 안에서 이러한 질문은 윤리적으로 사용될 수 있다. 하지만 맥락을 벗어난 질문이나 부적절한 질문은 비윤리적일 수 있다. 질문을 통해 내담자를 이끌 때 다음의 세 가지 주요 사항을 고려하도록 하라.

1. 당신은 **당신의** 개인적 가치관에 부합하는 방식으로 내담자를 행동하도록 이끌고 있는가? (이러한 형식의 질문은 윤리적으로 문제가 될 수 있다.)

2. 당신은 내담자가 고려하고 있는 잠재적인 행동과 관련된 감정과 결과를 탐색하기 위해 **내담자와** 협력하고 있는가? (이러한 질문 방법은 윤리적이고, 근거 기반 문제 해결 접근법의 일부로서 결과에 대한 생각을 이끈다[Bell & D'Zurilla, 2009])

3. 만약 당신의 동료(또는 몇몇 변호사)가 당신의 질문을 듣고 있다면, 그들은 그 질문을 적절하다고 생각할까, 아니면 부적절하다고 생각할까? (의구심이 든다면 자문이나 슈퍼비전이 합리적이고 때로는 필수적인 선택이다.)

사례 예시 5–3에서 임상가는 인간중심 접근과 문제 해결 접근을 균형 있게 사용해 질문한다.

사례 예시 5-3 **문제 해결 맥락에서의 윤리적인 질문**

Maria는 21세의 백인 대학생이다. 그녀는 스트레스와 우울함을 느끼는 것에 대해 불평하며 면담을 시작한다. 그녀의 표현을 빌리자면, 그녀는 미성숙한 남성과 동거 중이다. Maria는 풀타임으로 학교를 다니고, 두 가지의 아르바이트를 계속할 예정인 반면, 그녀의 남자친구는 무직인 데다가 건물 지하에서 온라인 게임에만 매달려 있다고 설명한다. 그녀가 어제 귀가했을 때, 남자친구는 그가 맡은 유일한 집안일인 개를 산책시키는 것을 빼먹고 친구들과 함께 술을 마시러 나갔다는 것을 알았다. 그녀는 눈물을 흘리며 이렇게 말한다. "이 상황을 바꾸려면 뭔가를 해야 해요. 그게 절 미치게 만들어요."

Nelson은 Maria와 만나는 27세의 흑인 인턴이다. 그가 처음으로 떠올렸던 생각은 Maria가 이런 일방적인 관계에서 벗어나야만 하는 착하고 열심히 일하는 젊은 여성처럼 보인다는 것이다. 하지만 그는 자신의 가치관이 질문에 영향을 끼치지 않도록 정서적으로 중립을 유지한다.

현재 일상생활을 힘들게 하는 부분이 있다고 말했는데, 괜찮다면 당신이 이 상황을 어떻게 다룰지에 대해 가졌던 다른 생각을 들어 보고 싶어요.

Nelson은 좋은 판단을 하고 있다. 그는 가능한 행동에 초점을 맞추고 문제 해결 과정을 시작하려 하고 있다.

이러한 상황에서는 많은 전문가들이 좋은 판단을 내리지 못한다. 대신에 이들은 분별없이 다음과 같은 유도 질문을 할 수 있다. "그가 집안일에 동등하게 기여하지 않고 있다는 것에 대해 당신이 어떻게 느끼고 있는지 얘기를 나누어 본 적이 있나요?" 이는 합리적인 질문처럼 보이지만, Maria가 자신의 감정에 대해 남자친구와 이야기해야 한다는 것을 암시한다. 여기에는 다음과 같은 문제점이 있다. 만약 상담자가 내담자의 문화적 맥락, 이전 대인관계, 그녀의 말을 경청할 수 있는 남자친구의 능력이나 의지에 대해 잘 알지 못하고 있는 상황이라면, 그녀가 자신의 필요와 욕구에 대해 남자친구와 대화를 해야 한다는 생각은 시기상조이며 심각한 역효과를 유발할 수 있다(예: 언어적 혹은 신체적 학대로 이어져 상담 종료).

일단, Nelson이 문제 해결의 틀을 만들고 Maria가 자신의 생각을 나눈다면, Nelson은 Maria에게 각각의 가능한 행동의 장단점에 대해 생각하도록 지도할 수 있다.

> Maria, 당신이 가졌던 생각 중 하나는 남자친구에게 당신이 지금 어떤 심정이고 또 상호 간의 관계에 있어 원하는 것을 직접 말하는 거예요. 당신이 저보다 그에 대해 훨씬 잘 알고 있으니까, 당신이 그런 이야기를 하면 그는 어떻게 반응할 거 같나요?

그러고 나서

> 당신은 헤어질 생각도 있다고 했잖아요. 목록을 한 번 만들어 봐요. 무엇이 당신이 이 관계를 유지하고 싶게 하는지, 그리고 무엇이 당신이 헤어지고 싶게 하는지 말이에요. 그러고 나서 만약에 당신이 이별을 선택한다면…… 아니면 이 관계를 유지하기로 선택한다면 당신의 인생이 1년 후에는 어떻게 될지 한번 말해 보죠.

보시다시피, 문제 해결 틀을 통해 윤리적으로 균형 잡힌 유도 질문을 할 수 있다.

치료적 영역에서 내담자가 특정 행동의 장단점에 대해 충분한 논의를 하는 한, 내담자가 특정 행동을 하도록 유도하는 질문은 윤리적이다. 달리 표현하자면, 협력적이고 내담자가 잠재적 행동을 탐색할 수 있도록 하는 질문은 허용된다.

요약

지시적 경청 행동은 내담자가 자신의 생각이나 행동 패턴을 검증하고 바꿀 수 있도록 촉진하는 고급 면담 기법이다. 지시적 경청 기술을 사용하면 당신은 전문가 역할을 수행하게 된다. 이러한 기술은 내담자가 안내나 지시를 통해 혜택을 받을 것이라는 가정하에 사용한다.

이 장에서 다루어진 지시적 경청 행동(또는 기술)에는, ① 감정 타당화, ② 감정의 해석적 반영, ③ 해석, ④ 직면, ⑤ 즉시성(일명 자기개방), ⑥ 질문이 있다. 초기 라포나 작업 동맹을 형성하는 것은 이러한 기술을 효과적으로 사용하는 데 중요하다.

치료자가 사용할 수 있는 질문의 종류는 가장 개방적인 열린 질문(무엇, 어떻게)부터 가장 개방적이지 않은 열린 질문(어디서, 언제, 누가), 그리고 닫힌 질문('예', '아니요'로 대답할 수 있음)까지 다양하다. ~해 줄 수 있어요? 또는 ~해 줄래요?로 마무리하는 전환 질문은 적절한 라포 형성이 필요하지만, 종종 심층적인 반응을 이끌어 내곤 한다. **궁금해요** 또는 **~일 거예요**로 마무리하는 간접 질문은 내담자가 대답할 수 있게 하거나 대답하지 못하게 만드는 질문이다. 주로 **만약 ~라면**으로 시작하는 투사 질문이나 가정 질문은 내담자가 추측해 보도록 유도한다.

내담자에게 질문을 하면 이점과 위험성이 따르게 된다. 이점으로는 보다 큰 치료자 통제, 잠재적으로 더 심층적인 탐색, 정보 수집의 효율성이 있다. 위험성으로는 치료의 중심이 치료자 측으로 치우칠 수 있고, 내담자의 관심사보다는 치료자의 관심사에 초점을 맞추게 되며, 내담자의 자발성을 억제하는 것이 있다. 질문의 효과를 극대화하기 위해 치료자는, ① 내담자를 준비시키고, ② 비지시적인 치료자 반응을 질문과 함께 사용하며, ③ 내담자의 문제와 관련된 질문을 하고, ④ 구체적인 행동 정보를 이끌어 낼 수 있는 질문을 하고, ⑤ 민감한 영역에는 조심스럽게 접근해야 한다.

종종 남용되는 경우가 있지만, 질문은 정보를 수집하고, 내담자의 증상을 탐색하며, 내담자의 강점에 집중하는 데 있어 더할 나위 없이 좋은 도구다. 임상가는 자신의 호기심을 충족시키기 위해 내담자에게 질문하지 않도록 주의해야 한다. 치료자가 내담자를 행동으로 이끌 때, 협력적이고 문화적으로 존중하는 방식을 통해 하는 것이 가장 윤리적이다.

권장도서 및 자료

다음의 읽을거리는 다양한 이론적 배경에서의 치료적 기법에 대한 추가 정보를 제공한다.

Bloomgarden, A., & Mennuti, R. B. (2009). *Psychotherapist revealed: Therapists speak about self-disclosure in psychotherapy*. New York, NY: Routledge.

이 편집된 저서는 자기개방에 대한 균형 잡힌 관점을 제공한다. 편집자와 저자는 자기개방 경험에 대해 솔직하게 기술하고 있고, 이러한 솔직하고 깊이 생각할 수 있게 구성된

장을 읽는 것은 당신이 자기개방을 사용하는 데 있어 좀 더 깊이 생각하고 의도적이 되도록 도울 것이다.

Farber, B. A. (2006). *Self-disclosure in psychotherapy.* New York, NY: Guilford Press.

Farber는 자기개방의 대가와 이점, 그리고 치료자가 치료적 관계를 강화하기 위해 어떻게 자기개방을 사용할 수 있는지 설명한다.

Greenson, R. R. (1967). *The technique and practice of psychoanalysis* (Vol. 1). New York, NY: International Universities Press.

이 고전서는 해석 기법을 사용하는 데 있어 광범위한 기본 규칙을 제공한다.

Hill, C. E. (2014). *Helping skills: Facilitating exploration, insight, and action* (4th ed.). Washington, DC: American Psychological Association.

Hill의 저서 제14장은 해석 기법에만 초점을 맞추고 있다.

Jordan, J. (2010). *The power of connection: Recent developments in relational-cultural theory.* New York, NY: Routledge.

관계-문화 이론 접근법을 사용하는 임상가들은 변화를 촉진하기 위해 공감과 즉시성을 자유롭게 사용할 가능성이 크다.

Messer, S. B., & McWilliams, N. (2007). *Insight in psychodynamic therapy: Theory and assessment.* Washington, DC: American Psychological Association.

이 저서에는 해석을 통해 통찰력을 촉진하는 방법에 대한 훌륭한 고급 정보가 포함되어 있다.

Nezu, A. M., Nezu, C. M., & D'Zurilla, T. (2013). *Problem-solving therapy: A treatment manual.* New York, NY: Guilford Press.

이 저서는 증거 기반 문제 해결 접근법을 적용하고자 하는 학생과 실무자를 위한 포괄적인 치료 매뉴얼이다. 여기에는 특정 문제를 해결하기 위한 도구 일체와 이 접근법을 효과적으로 사용하는 방법에 집중할 수 있는 훈련의 핵심 포인트가 포함된다.

Van Deurzen, E. (2013). *Existential counseling and psychotherapy in practice* (3rd ed.). London, England: Sage.

실존주의치료자는 내담자와의 연결, 인식의 함양, 변화를 촉진하기 위한 노력으로 자기개방을 광범위하게 사용하는 경향이 있다.

Wubbolding, R. (2011). *Reality therapy*. Washington, DC: American Psychological Association.

Wubbolding은 부드럽게 직면하고, 내담자가 자기평가에 참여할 수 있도록 돕는 데 사용할 수 있는 인상적인 질문을 제공한다.

제6장
내담자를 행동으로 이끄는 기술

소개

지시적인 면담 기법(directive interviewing techniques)은 내담자가 생각하고, 느끼며, 행동하는 방식을 바꾸도록 돕는 설득 기법이다. 임상가는 지시적인 면담 기법을 사용할 때 내담자에게 바람직한 변화가 무엇인지 결정하는 역할을 하게 된다. 이는 당신이 협력적으로 내담자와 상담해야 하는 상황에서도 마찬가지다. 왜냐하면 무엇을 언제 조언할지 결정하는 사람은 바로 당신이기 때문이다. 비록 당신의 조언을 받아들일지 말지 결정하는 것은 내담자의 몫이지만, 정신건강 전문가로서의 역할은 여전히 당신에게 권위와 책임을 부여한다. 이 장에서 우리는 치료적 질문, 심리교육, 암시, 동의–이견, 조언하기, 자기개방, 촉구하기, 승인–비승인, 그 밖의 다른 행동 지향적인 임상면담 기법을 검토하고, 설명하며, 분석할 것이다.

변화 준비

나는 내면세계에 대한 어떠한 증거도 보지 못했다…….
우리가 많은 문제들을 해결하지 못하는 이유는 인지적 상

●학습목표●

이 장을 읽은 후 다음을 수행할 수 있다.

- 임상면담에서 변화 단계 원리가 어떻게 적용되는지 설명하기
- 내담자의 태도 및 행동 변화에 도움이 되는 치료적 질문 설명 및 적용하기
- 심리교육, 암시, 동의–이견, 조언하기, 자기개방, 촉구하기, 승인–비승인 등으로 구성된 지시적 행동 기법 설명 및 적용하기
- 임상가의 가치관, 교차 문화적 조언, 자기개방과 관련된 윤리적 및 문화적 쟁점 알아보기

태와 과정에 초점을 잘못 맞췄기 때문이다. 우리는 행동을 바꿔야 한다…….

-B. F. Skinner, "Why I Am Not a Cognitive
Psychologist," *Behaviorism*, p. 10.

이상적인 세계에서(또는 이상적인 임상면담에서), 내담자는 긍정적인 변화에 대한 동기가 매우 높은 상태로 상담 장면에 올 것이다. 게다가 당신은 지혜로 가득 차 있을 것이고, 내담자는 당신의 말을 주의 깊게 경청하며, 세상에 나가 행복하고 충만한 삶을 살기 위해 올바른 변화를 만들 것이다. 물론, 당신이 앞서 설명한 일이 일어날 가능성이 있다고 믿는다면, 당신은 아마도 과대망상을 하고 있을지도 모른다(제9장 정신상태검사 참조).

지시는 내담자가 변화할 준비가 되어 있을 때 더 효과적이다. 사실, 연구자는 지시를 사용하는 것이 저항을 불러일으킬 수 있다는 것을 발견했다(Beutler, 2011). 따라서 구체적인 지시 기법을 설명하기 전에, 우리는 개별 내담자가 임상가의 지시에 어떻게 그리고 왜 다르게 반응하는지 살펴볼 것이다(W. R. Miller & Rollnick, 2013).

일반적으로 이 장에서 다루는 면담 기법, 특히 이 섹션에서 다루는 면담 기법은 내담자에게 긍정적인 개인적 변화를 가져오도록 명시적으로 이끈다. 하지만 이전 문단에서 암시했듯이, 이러한 기법이 얼마나 효과적일지는 적어도 다음의 두 가지 기본 요인에 달려 있다.

1. 내담자의 변화에 대한 동기
2. 내담자의 동기 수준에 따른 안내(guidance)

내담자에게 긍정적인 변화에 대한 동기가 있을 것이라는 보장은 없다. 사실, 내담자의 동기는 매우 가변적이다. 어떤 내담자는 유난히 동기가 높고 협조적인 반면에, 어떤 내담자는 당신의 의역을 정확하게 받아들이지 않고 당신의 안내를 재빨리 거부한다. 특히, 내담자(그리고 때로는 우리 친구와 우리 자신)가 분명히 바람직한 조언(예: 금연하거나 운동을 더 많이 하는 것)에 적극적으로 저항하는 것은 흥미롭다. 제12장에서는 동기가 낮은 내담자에게 사용할 수 있는 특정 면담 전략에 초점을 맞출 것이다. 현재로서는 내담자의 변화 준비도가 질문과 지시에 어떻게 반응하는지 간략하게 검토할 것이다.

James Prochaska(1979)는 원래 내담자가 어떻게 변화하는지 임상가가 이해할 수 있도록 돕기 위해 복합적이고, 통합적이며, 다차원적 체계인 범이론적 모형(transtheoretical model)을 개발했다(Prochaska & DiClemente, 2005). Prochaska의 이론은 초기에 사람들이 어떻게 변화하는지에 초점을 맞추었지만, 나중에는 '변화 단계'라는 이론적 요인을 만들었다

(Prochaska, Norcross, & DiClemente, 1994, p. 38). 범이론적 모형의 이 특정 요인은 유용하며, 널리 사용되고 있다.

범이론적 모형의 변화 단계에서는 인간은 다음과 같이 비교적 뚜렷한 다섯 가지 단계로 변화에 접근한다고 가정한다.

1. **전숙고**(precontemplation): 변화에 대한 관심이 없음
2. **숙고**(contemplation): 긍정적인 변화에 대해 가끔 생각하거나 약간의 자기점검과 자기 평가를 함
3. **준비**(preparation): 긍정적인 변화가 가능하고 바람직하다고 생각하지만, 아직 중요한 행동은 취하지 않음
4. **실행**(action): 긍정적인 변화를 만들어 나가는 데 적극적으로 참여함
5. **유지**(maintenance): 긍정적인 변화에 적응하고, 변화를 유지하기 위해 새로운 기술을 적극적으로 연습함

Prochaska는 내담자가 어떤 변화 단계에 있는지에 따라 같은 상담 기술에도 더 긍정적이거나 더 부정적으로 반응한다는 가설을 세웠다. 당신이 상상할 수 있듯이, 이 개념은 임상면담에서 매우 중요하다. Prochaska의 변화 단계에 따르면, 변화 단계(즉, 실행과 유지 단계)를 따라 나아가는 내담자는 의역과 요약에는 관심이 별로 없고, 심리교육과 조언을 더 바랄 것이다. 반대로 전숙고 단계에 있는 내담자는 이 장에서 다루는 지시적 기법에 종종 부정적으로 반응할 것이고, 심지어 해석과 같은 부드럽지만 지시적인 치료자의 행동에 대해 강한 부정적인 반응을 보일 수 있다. 따라서 치료자가 내담자의 '준비도' 또는 변화 단계에 맞는 기법을 선택하는 것이 도움이 될 수 있다(실제 적용하기 6-1 참조).

실제 적용하기 6-1: 임상면담에서 변화 단계 원리 활용 방안

여기서 우리는 임상면담 상황에서 변화 단계 원리를 적용하는 방법에 대해 네 가지 질문을 제기하고 이에 답할 것이다.

Q1: 심리교육이나 조언과 같은 지시적 기법은 언제 사용해야 하는가?

A1: 내담자가 실행 또는 유지 단계에 있을 때, (만약 내담자의 문제에 유용한 정보를 알고 있다면) 당신은 좀 더 지시적일 수 있다.

Q2: 의역, 감정 반영, 요약과 같은 비지시적인 경청 반응은 언제 사용해야 하는가?

A2: 내담자가 전숙고 또는 숙고 단계에 있을 때 변화 동기를 자극하기 위해 비지시적 경청 기술을 사용해야 한다. 비지시적 경청 기술에는, ① 집중 행동, ② 의역, ③ 명료화, ④ 감정 반영, ⑤ 요약이 있다. 많은 질문들, 특히 열린 질문, 해결중심 질문, 치료적 질문은 전숙고 또는 숙고 단계에 있는 내담자에게 적합할 수 있다. 최선의 전략은 인간중심적, 해결중심적, 동기강화상담 접근을 기반으로 한다.

Q3: 내담자가 어떤 변화 단계에 있는지 어떻게 알 수 있는가?

A3: 우리는 당신이 보면 알게 될 것이라고 말하고 싶다……. 그리고 이는 사실이다. 만약 당신이 행동 지향적인 개입을 하고 내담자가 방어적으로 대응한다면, 이는 당신이 너무 서두르는 것일 수 있으며 반영적 경청으로 되돌아가는 것이 바람직하다. 반대로, 내담자가 비지시적 경청에 좌절감을 느끼면서 변화에 관심을 보인다면, 당신은 보다 지시적인 접근법을 시도해야 한다. 또한 우리는 George Kelly(1955)의 신뢰적(credulous) 접근법을 사용할 것을 권한다(즉, 내담자에게 원하는 것이 무엇인지 물어보도록 하라.). 예를 들면, 부모와 작업할 때 우리는 다음과 같이 말한다.

이건 당신 상담이에요. 제가 너무 많이 말하면, 그냥 조용히 들어달라고 말해 주세요. 그러면 저는 그렇게 할 거예요. 또는 더 많은 조언과 제안들을 원한다고 느끼면 그 또한 저에게 알려 주세요(J. Sommers-Flanagan & Sommers-Flanagan, 2011, p. 60).

내담자의 변화 준비도를 평가하기 위한 측정 도구도 있다. 이러한 질문의 대부분은 내담자가 변화에 대한 동기, 변화가 얼마나 어려울 것이라고 생각하는지, 변화할 준비가 얼마나 되어 있는지에 대해 질문하는 것을 포함하고 있다(이 모든 것은 George Kelly의 신뢰적 접근법 정신에 기반한다. 또한 내담자의 금연을 위한 준비도를 평가하는 네 가지 측정 도구의 예측 타당도에 대해 Chung 등의 2011년 연구 참조).

Q4: 변화 단계에 대한 개념은 경험적으로 지지되고 있는가?

A4: 내담자의 변화 단계에 맞는 개입을 하는 것이 효과가 있는지에 대한 결과는 혼재되어 있다.

일부 연구자들은 내담자의 변화 단계에 맞는 기법을 훈련하는 것을 지지한다(Johnson et al., 2008). 반면에 다른 연구자들은 이러한 개입이 다른 개입보다 더 나은 것은 아니라고 주장한다(Salmela, Poskiparta, Kasila, Vahasarja, & Vanhala, 2009). 우리는 이것이 당신이 바라는 명확하고, 결정적인 연구 결과가 아니라는 것을 알고 있지만, 이러한 점이 우리 직업의 특성이다.

행동을 촉진하는 기술: 질문 사용하기

치료적 행동을 촉진할 수 있는 방법으로 내담자에게 질문하는 몇 가지 접근법이 있다.

치료적 질문

모든 질문들은 평가나 치료 목적으로 사용될 수 있지만, 일부 질문들은 특정 이론과 연결되어 변화를 촉진하도록 고안되었다. 다음 단락에서는 몇 가지 이론에 근거한 질문을 설명할 것이다. 제5장에서 다루었던 일반적인 질문에 대한 지침과 주의사항은 이러한 이론 중심의 질문과도 관련이 있다.

질문

Alfred Adler는 모든 인간 행동에 목적이 있다고 믿었다(Carlson, Watts, & Maniacci, 2006). 그는 이 믿음을 적응적인(건강한) 행동과 부적응적인(건강하지 않은) 행동 모두에 적용했다. 창의적인 면담자였던 Adler는 건강하지 않은 행동의 목적을 밝히기 위한 '질문'을 개발했다. 이 질문은 내담자가 건강하지 않은 행동을 포기한다면, 무엇을 잃을 수 있는지 명확하게 말하도록 돕는다. 예를 들면, "당신이 잘 지낸다면 어떤 부분이 달라질까요?"라고 질문할 수 있다.

비록 Adler 질문의 목표는 다소 다르지만, 이 장 뒷부분에 설명된 해결중심치료에서 사용하는 기적 질문의 전조로 간주되는 경우가 많다(de Shazer, 1985). 두 가지 질문 모두 내담자가 현재 자신이 가지고 있는 문제가 없는 삶을 상상해 보게 하는 데 도움이 된다. Adler는 '이차적 이득'이라고 불리는 것을 보다 강조했는데, 그는 건강하지 않은 행동을 유지하는 기저의 의도나 동기가 무엇인지 이해하는 데 관심이 있었다. Adler의 이론에 따르면, 내담자는 권력, 통제, 복수 또는 타인의 관심을 위해 건강하지 않은 행동을 하고 있거나, 다른 사람이 자신을 돌보게 하기 위해 부적절한 행동 패턴을 유지하고 있을 수 있다.

현실치료의 네 가지 주요 질문

선택 이론과 현실치료를 사용하는 실무자들은 네 가지 주요 질문을 강조한다. 내담자에게 이 질문을 직접 할 수도 있고, 안 할 수도 있다. Wubbolding(2011)은 WDEP라는 약어(wants, doing, evaluation, planning)를 사용해 현실치료의 네 가지 주요 질문을 요약했다.

1. 당신은 무엇을 원하는가?
2. 당신을 무엇을 하고 있는가?
3. 그것이 효과가 있는가?
4. 새로운 계획을 세워야 하는가?

Wubbolding(2011)은 내담자가 목표를 확인하고 자기평가에 참여하며, 목표 달성을 위한 계획을 세우는 데 사용할 수 있는 위와 같은 질문과 많은 추가 질문들에 대해 광범위하게 저술했다. 이러한 질문은 융통성이 있으며, 다양한 문화 집단에 맞게 수정되어야 한다(Wubbolding et al., 2004). 그가 일본인 내담자와 상담했던 경험을 통해, 그는 특정 행동이 효과가 있는지(평가)에 대해 직접적으로 질문하기보다는 그 질문을 다르게 표현해야 한다고 제안했다(예: "이게 당신에게 이익이에요, 아니면 손해예요?")

Adler와 Glasser(그리고 현재는 Wubbolding을 포함)는 내담자 행동의 목적을 강조했다. 이러한 강조는 내담자가 최선의 이익에 부합하는 방식으로 행동하고 있는지에 대해 임상가가 초점을 맞추게 한다(Glasser, 1998, 2000). 이러한 질문은 다양한 치료 체계에 통합되었고, 심지어 TV 프로그램에서도 대중화되었다. 예를 들면, Phil 박사[1]는 자신의 TV 쇼에 출연하는 게스트에게 "그렇게 하니까 어땠어요?"라고 묻는다면, 아들러 학파나 선택 이론 접근법을 이용해 본인의 행동이 유용한지 스스로 평가하도록 돕는 것이다.

이야기치료 및 해결중심치료에서의 질문

이야기치료 및 해결중심치료에서는 질문을 적극적으로 활용한다(De Jong & Berg, 2008; Madigan, 2011). De Shazer와 Dolan(2007)은 질문의 실제적 · 이론적 중요성을 해결중심의 관점에서 분명히 밝혔다.

> 해결중심 단기치료(Solution-Focused Brief Therapy: SFBT) 치료자는…… 질문을 주된 의사소통 도구로 삼는데, 이러한 질문은 매우 중요한 개입이다. SFBT 치료자는 해석을 하지 않는 경향이 있으며, 내담자에게 직접 도전하거나 직면시키는 경우는 거의 없다……. 질문은 대부분 현재나 미래에 초점을 맞춘다. 이는 내담자의 과거나 문제의 근원에 초점을 맞추기보다는 이미 잘 적응하고 있는 부분 그리고 내담자가 자신의 삶이 어떻게 되기를 바라

---

1) 역자 주: 본명은 Phillip McGraw로 미국 최고 인기 토크쇼인 'Dr. Phil Show'의 진행자며 심리학자다.

는가에 초점을 맞출 때 문제가 가장 잘 해결된다는 기본적인 믿음을 반영한다(pp. 4-5).

이야기치료자 및 해결중심치료자는 치료자가 의도적으로 내담자를 긍정적인 생각, 감정, 행동, 방안으로 이끌어야 한다고 생각한다. 이야기치료 및 해결중심치료자의 경우, 평가와 개입 간 구분이 거의 없다. 결과적으로 당신은 아래에 제시되는 치료적 질문 전략이 평가와 개입의 기능을 모두 포함하고 있는 질문이라는 것을 알게 될 것이다. 이러한 질문은 '내담자가 자신의 삶의 긍정적이고, 희망적이며, 건설적인 주제에 초점을 두도록 한다.'라는 공통적인 핵심 요소를 공유한다.

치료 전 변화 질문

내담자는 종종 상담을 신청하고 치료자와 처음 만나기 전까지의 시간 동안 호전되기 시작한다(De Vega & Beyebach, 2004). 해결중심치료자는 이러한 경향성을 이용하여 내담자에게 자발적인 호전에 대해 구체적으로 설명해 달라고 요청한다. 이들은 첫 번째 회기가 시작할 때 다음과 같은 질문을 할 것을 권고한다.

상담을 예약한 이후 어떤 변화가 일어났거나 일어나기 시작한 게 있나요?(de Shazer & Dolan, 2007, p. 5)

내담자가 눈에 띄는 호전을 보고하지 않을 경우, 해결중심치료자는 "오늘 이 시간을 성공적으로 보내기 위해 이번 회기에서 어떤 일이 일어나기를 바라나요?"와 같은 질문으로 회기를 시작할 가능성이 높다. 또는 내담자가 "변한 게 하나도 없어요."라고 한다면 해결중심치료자는 "당신은 어떻게 해서 상황이 악화되지 않도록 할 수 있었나요?"라고 반응할 수 있다.

내담자가 증상의 호전을 보고하는 경우(예: "네, 전화한 이후에 저는 친구와 만나기로 했고, 친구와 대화를 나누며 즐거운 시간을 보냈어요."), 임상가는 다음과 같은 질문을 하기 시작한다.

- 친구를 만나서 좋았던 점은 뭔가요?
- 친구와 만나기로 했던 그 좋은 아이디어는 어떻게 생각해 냈나요?
- 친구와 만난 시점 이후에 또 다른 좋은 아이디어가 떠올랐나요?

이러한 질문은 (치료 받지 않아도) 긍정적인 변화를 시작할 수 있는 내담자의 능력을 구체화하고 강조한다. 또한 내담자가 치료를 받으러 오는 데 필요한 용기와 헌신을 공감하며 인정한다. 이 전략을 통해 내담자는 '문제 대화'가 아닌 '해결 대화'에 참여할 수 있다(de Shazer & Dolan, 2007).

척도 질문

척도 질문(scaling questions)은 눈에 띄는 호전을 위해 내담자에게 필요한 변화가 무엇인지에 초점을 맞춘다. 구성주의 관점에서 보았을 때, 치료자가 내담자에게 긍정적인 결과에 초점을 맞추도록 할수록 긍정적인 변화가 일어날 가능성이 더 높다. 다음의 예시를 보도록 하라.

> **상담자:** 1부터 10까지의 점수에서 1이 '가장 최악'이고 10이 '가장 최고'라고 할 때, 지난 한 주 동안 분노를 얼마나 잘 다스렸는지 점수로 말해 주세요.
>
> **내담자:** 아, 4점 정도인 거 같아요.
>
> **상담자:** 알겠어요. 그러면 다음 주에 점수가 5점으로 올랐다고 가정해 봐요. 만약 다음 주에 당신이 여기에 와서 분노를 5점 정도로 다스렸다고 한다면, 구체적으로 어떤 점이 달라지는 걸까요?
>
> **내담자:** 제 생각에 가장 큰 건 제가 소리 지르는 걸 그만둘 거 같아요.
>
> **상담자:** 그건 어떤 모습일까요? 점수를 5점까지 올리려면 소리 지르는 걸 얼마나 멈춰야 하나요?

척도 질문의 또 다른 형태는 백분율 질문이다.

> **상담자:** 그동안 얼마나 우울했는지 말해 줬는데, 정말 힘들어 보여요. 만약 우울이 1% 줄어든다면 당신의 삶은 구체적으로 어떻게 달라질까요?
>
> **내담자:** 아마 아침에 침대에서 일어날 수 있을지도 모르겠어요.
>
> **상담자:** 훌륭해요. 이게 1% 개선된 모습이에요. 그렇다면 10% 덜 우울한 경우는 어떨까요? 그때는 어떤 모습일까요?
>
> **내담자:** 아마도 아침에 일어나, 나가서 일자리를 찾기 시작할 수도 있을 거예요.
>
> **상담자:** 좋아요. 그렇다면 당신이 50% 덜 우울하다면 어떨까요? 그때는 어떤 모습일까요?
>
> **내담자:** 꽤 좋아 보일 거예요.
>
> **상담자:** 그만큼 좋아졌을 때, 구체적으로 당신이 어떻게 보이고, 어떤 소리가 들리고, 어떤 감

촉이 느껴지고, 심지어 어떤 향기가 날까요?

앞의 예시에서 살펴보아야 할 가장 중요한 점은 임상가가 내담자를 어떻게 체계적으로 성공이나 호전의 모습, 소리, 느낌, 냄새에 집중하게 하는지다. 이는 내담자의 입장에서는 작은 변화가 어떻게 보일지 바로 설명하기 어려워할 수 있기 때문에, 여기에 설명된 것보다 더 심도 있는 상호작용이 필요할 수 있다. 인지치료 관점에서 보면, 척도 질문과 백분율 질문은 우울 증상과 관련된 흑백 사고를 다루는 데 사용된다(J. Beck, 2011).

독특한 결과 또는 재묘사 질문

이야기치료자는 내담자의 개인적인 이야기를 분석하고 재구성하기 위해 협력적인 과정을 사용한다. 이때의 목표는 내담자가 보다 더 긍정적이거나 강점에 기반한 이야기를 만들도록 돕는 것이다. Michael White(1988)는 원래 이러한 목표를 달성하기 위해 독특한 결과 (unique outcomes)나 재묘사 질문(redescription questions)을 개발했다. 내담자는 자신이 어떻게 긍정적인 일을 해 냈는지 설명하도록 요청받는다. Winslade와 Monk(2007)는 독특한 결과 질문을 사용할 때 상담자가 어디에 초점을 맞추어야 하는지 다음과 같이 설명했다.

> 내담자의 문제 이야기와는 거리가 먼, 아무리 사소한 경험이라 해도 상담자는 주의를 선택하여 기울일 수 있다. 이러한 경험의 단편은 새로운 이야기가 만들어질 수 있는 기반이다. 상담자는 이러한 '독특한 결과'에 대해 질문함으로써 내담자가 문제 이야기에 미치는 영향을 탐색한다(p. 10).

다음은 독특한 결과 및 재묘사 질문의 예시다(J. Sommers-Flanagan & Sommers-Flanagan, 2012, p. 384).

- 어떻게 두려움을 극복하고 쇼핑하러 나갔나요?
- 어떻게 침착해질 수 있었나요?
- 우울증에도 불구하고 침대에서 일어나 여기 오게 만든 건 무엇이었나요?
- 지난주에 술을 단숨에 끊었군요! 어떻게 해 냈나요?

아무리 작더라도 내담자가 개별적인 성취를 보고할 때마다, 독특한 결과 및 재묘사 질문을 사용할 수 있다. 이러한 질문 기반의 개입은 전통적인 문제중심면담에 대한 입장을 바꾸어 놓았다. 문제중심 접근법은 내담자가 다음과 같은 질문으로 자신의 문제를 분석하도록 권장한다.

- 공황 발작이 일어났을 때 무슨 생각을 했나요?
- 보통 가족 내에서 싸움과 학대를 유발하는 게 뭔가요?

이와는 대조적으로, 독특한 결과 질문은 강점에 초점을 맞추고, 성공에 대한 더 깊은 분석을 촉진한다.

- 침착하게 불안을 떨쳐내고 있을 때 어떤 생각을 하고 있었나요?
- 가족이 평화를 유지하는 데 도움이 되는 건 뭔가요?

비록 체계적이고 지속적으로 내담자의 강점에 초점을 맞추는 것은 큰 매력이 있지만, 내담자가 이를 기꺼이 받아들이게 하는 것은 어렵다. 많은 내담자들은 자신의 증상과 강하게 결부되어 있어, 부정적인 경험에 대해 이야기하는 것을 편안해한다. 이는 해결중심 및 이야기치료 기법을 사용하는 것이 항상 간단하지 않다는 것을 의미하고, 또한 실습, 슈퍼비전, 피드백이 필요한 몇 가지 이유 중 하나다.

가정 질문

가정 질문(presuppositional questions)은 사실상 투사 질문(제5장 참조)과 동일하지만, 해결중심적 관점으로 사용된다. 이 질문은 긍정적인 변화가 이미 발생했다는 것을 **가정하고**, 내담자에게 이러한 변화에 대해 자세히 설명해 줄 것을 요청한다. 면담하는 동안, 구성주의치료자는 가정 질문을 하면서 치료 목표를 설정한다. 척도 질문 및 백분율 질문과 마찬가지로, 가정 질문은 내담자가 긍정적인 경험에 초점을 맞추도록 안내한다. 예를 들면 다음과 같다.

- 당신의 성적이 향상되었다는 소식을 듣고 가족 중 누가 가장 크게 놀라게 될까요? 누가 가장 작게 놀라게 될까요?(Winslade & Monk, 2007, p. 58)
- 다른 학생이 당신을 화나게 할 때조차도 당신이 침착해진다면 뭐가 변할 거라고 상상하나요?
- 2년이 지났고, 이제 술에서 벗어난 삶을 살고 있다고 가정해 봅시다. 당신은 금주하기

위해 매일 무엇을 하고 있나요?

기적 질문

기적 질문은 모든 해결중심 질문들 중에서 가장 유명한 질문이다. 기적 질문은 대부분의 해결중심 질문과 마찬가지로 내담자가 미래에 대한 긍정적인 시각을 갖기 시작하고 유지하는 데 도움을 주는 치료적 질문이다. 또한 기적 질문은 어떤 요소가 긍정적인 미래에 기여할 수 있는지에 대한 분석을 용이하게 한다. Insoo Kim Berg는 처음에 절망적인 상황에 있는 한 내담자가 기적만이 도움이 될 것이라고 말했을 때 이 아이디어를 우연히 발견했다(De Jong & Berg, 2008). 이후, 기적 질문은 Berg의 동료인 Steven de Shazer(1988)에 의해 다음과 같이 표현되었다.

오늘밤 집에 가려고 했는데, 잠든 사이에 기적이 일어나서 이 문제가 해결되었다고 가정해 보세요. 기적이 일어났다는 걸 어떻게 알 수 있나요? 뭐가 달라질까요?(p. 5)

기적 질문에 대한 보다 자세한 내용은 Berg와 Dolan(2001)에 의해 설명되었고, 실제 적용하기 6-2에 제시되어 있다. 실제 적용하기 6-2에서는 기적 질문의 최면적 또는 암시적인 특징에 대해 논의한다.

기적 질문은 긍정적인 기대와 목표 달성에 초점을 맞춘 융통성 있는 개입이다(Reiter, 2010). 많은 치료자들이 다양한 내담자 집단에게 사용하기 위해 기적 질문을 확장하거나 약간 수정했다. 예를 들면, Bertolino(1999)는 청소년과 작업할 때 '기적'이라는 단어를 '이상한 일'로 대체할 것을 권고했다. 마찬가지로, 내담자가 강요에 의해 상담 장면에 온 경우에도 다른 형태의 기적 질문을 사용할 것을 제안했다(Tohn & Oshlag, 1996; J. Sommers-Flanagan & Sommers-Flanagan, 2012).

외현화 질문

전통적인 진단면담 절차에는 특정 정신병적 증상의 유무를 확인하고 명확히 하는 일련의 질문들이 포함된다. 그런 다음 이러한 증상은 진단과 후속 치료를 결정하는 데 사용된다. 알다시피, 인간의 심리적 고통의 기원, 위치, 영속성에 대해 생각할 수 있는 여러 방법이 있다. 구성주의 관점에서 보면, 정신장애는 사회적·문화적·개인적 요소로 구성되어 있다. 이야기치료 관점에서 볼 때, 개인이 자신의 삶의 어려움과 문제를 내적 장애나 실패로 본다면, 이러한 문제는 더욱 내면화되고 뿌리내리게 될 것이다.

이야기치료자 및 해결중심치료자는 내담자에게 증상을 질문하기 위해 비전통적 접근법을 사용한다. 이는 외현화(자아로부터 정신 증상을 분리시키는 것)를 포함한다는 점에서 전통적 진단면담과는 근본적으로 다르다.

예를 들면, 문제라고 평가를 받고 있는 어린 내담자와 상담하고 있다면, 어떻게 내담자가 문제를 일으키는지에 대해 묻는 대신 "학교에서 Trouble 씨가 처음 발생한 건 언제였나요?"라고 묻는다. 그리고 이어서는 "당신은 Trouble 씨가 점점 더 강해진다고 생각하나요, 아니면 약해진다고 생각하나요?", "당신은 Trouble 씨에 극복하려고 대적하는 편인가요, 아니면 때로는 Trouble 씨와 함께하는 게 편한가요?"(Winslade & Monk, 2007, pp. 6-7, p. 9, p. 12). 이 예시에서 '문제'는 10대의 내적 성격 특질로부터 그를 억압하고 있는 외부의 힘이자 그가 대항하여 싸울 수 있는 것으로 바뀌었다.

치료자가 우울한 내담자와 상담할 때, 외현화 질문은 내담자가 우울증이나 우울 증상에 맞서 싸우는 데 도움을 줄 수 있다. 예를 들면, 우울증은 상징적인 방식으로 기술될 수 있다(예: 구름, 안개, 검은색, 터널, 구덩이 또는 무거움; Corcoran, 2005). 우울 증상이 있는 내담자를 위한 외현화 질문은 다음과 같다.

- 다음번에 그 검은 구름이 당신의 삶을 지배하려 할 때, 어떻게 맞서 싸울 수 있을까요?
- 우울증의 안개에서 벗어나면 뭘 할 건가요?
- 더 가볍고 행복하며 우울의 무게에서 벗어난 거처럼 느낄 때, 당신은 누구와 함께 있을까요?
- 우울증에게 감사와 작별 인사를 어떻게 할 건가요?

예외 질문

해결중심치료의 핵심은 내담자에게 문제의 예외적 상황에 초점을 맞춰 질문하는 것이다. Guterman(2013)은 이 개념을 다음과 같이 설명했다.

> 상담자로서 우리의 일은 문제 자체에 초점을 맞추기보다는 내담자의 문제에 대한 예외적 상황을 확인하고 증폭시키는 데 초점을 맞추는 것이다(p. 5).

이야기치료자도 비슷한 것을 강조하지만, 긍정적인 예외를 '반짝이는 순간' 또는 '독특한 근거'라고 표현한다(J. Sommers-Flanagan & Sommers-Flanagan, 2012). 더 큰 변화를 유발하기 위해 필요한 것은 단지 작은 변화라는 이론적 입장에 따라, 예외 질문은 내담자의 문제가 항상 거대하고 위압적인 것은 아니라는 사소한 증거를 찾는다. 다음의 질문(Corcoran, 2005, p. 12)을 사용하여 내담자가 예외적 상황을 상세히 설명하도록 도울 수 있다.

누구: 예외적 상황이 일어났을 때 누가 있었나요? 그들은 무엇을 다르게 행동했나요? 그들은 당신이 어떤 측면에서 다르게 행동하고 있다고 말할까요?

무엇: 예외적 상황이 일어나기 전에 어떤 일이 일어나고 있었나요? 예외적 상황에서 당신이 한 행동은 뭐가 달랐나요? 그 후에는 무슨 일이 일어날까요?

어디: 어디에서 예외적 상황이 일어났나요? 예외적 상황을 만드는 환경의 특징은 뭔가요?

언제: 예외적 상황이 일어나는 시간은 언제인가요? 얼마나 자주 예외적 상황이 일어나나요?

어떻게: 어떻게 이러한 예외적 상황을 만들 수 있나요? 어떤 강점, 재능 또는 자질을 활용하고 있나요?

해결중심치료자는 내담자의 기존 강점과 자원을 강조하기 위해 예외적 상황의 맥락을 활용한다. 예외적 상황의 맥락을 통해 비적응적 문제 중심의 내담자 이야기와 달리, 새롭거나 적응적인 내담자 이야기를 만들거나 재구성한다.

교육 및 지시 기법 사용하기

교육과 지시는 내담자의 변화를 촉진하는 가장 효과적인 방법 중 하나다.

심리교육

심리교육(psychoeducation)은 내담자의 진단, 치료, 예후, 개입 전략에 대한 정보를 중점적으로 다루는 교육과정이다. 심리교육은 종종 그 자체로도 개입의 일환으로 사용된다(Bond & Anderson, 2015). 어떤 면에서 심리교육은 역할 유도와 비슷하지만(제3장 참조), 보다 구체적이고 심도 있게 진단과 치료 이행에 대해 내담자를 교육하는 데 초점을 맞춘다.

내담자가 정신건강 문제를 경험할 때 대개 곤혹스럽거나 혼란스러운 증상을 호소한다. 예를 들면, 불안장애가 있는 내담자는 종종 자신이 '미쳐 가고 있다'거나 '죽어 가고 있다'고 생각한다. 대부분의 불안장애에 대한 예후가 긍정적임에도 불구하고, 이러한 증상은 매우 고통스럽다(Lebowitz, Pyun, & Ahn, 2014). 심리교육은 불안장애(또는 다른 장애)가 있는 내담자에게 증상에 대해 교육하는 데 사용할 수 있다.

> 당신이 느끼는 감정이 아주 무섭기 때문에, 당신 마음이 뭔가 잘못되었다고 생각한다는 걸 알고 있어요. 그러나 당신의 개인력과 가족력 그리고 당신이 묘사한 증상을 바탕으로 저는 당신이 미쳐 가는 게 아니라는 걸 알 수 있어요. 대개 죽을지도 모른다는 생각을 포함한 당신의 여러 증상을 전문가들은 공황장애 증상이라고 불러요. 좋은 소식은 공황장애 증상이 상담에 매우 잘 반응한다는 거예요.

다음은 임상가가 증상보다는 과제에 대한 설명을 제공하는 데 초점을 맞춘 또 다른 예시다.

내담자: 우울증의 원인이 뭔지 모르겠어요. 그냥 불쑥 튀어나와요. 불쑥 튀어나오는 이 압도적인 슬픔을 제가 잘 다룰 수 있는 방법이 있을까요?

치료자: 우울증을 관리하는 첫 번째 단계는 보통 당신의 정서 그리고 정서와 관련된 상황, 생각, 행동을 일지에 기록하는 거예요. 저는 당신의 우울한 경험을 여러 부분으로 나눠 기록할 수 있는 유인물을 가지고 있어요. 또한 당신의 행복한 경험도 알아보고자 해요. 오늘 끝내기 전에 이 칸을 채우는 걸 같이 해 봤으면 해요. 괜찮을까요?

이 경우, 인지행동치료자는 자기감찰 과제에 대해 설명하고 있다. 심리교육을 안내할 때는 항상 간헐적으로 내담자에게 질문이 있는지(예: "감정을 추적하는 방법에 대해 궁금한 점이 있나요?") 물어봐야 한다.

당신의 이론적 배경과 실무 환경은 당신이 제공하는 심리교육 정보를 결정할 것이다. 만약 면담의 초점이 진단이라면, 당신은 진단 그리고 이와 관련된 치료 과정에 대한 교육 정보를 제공할 것이다. 의료 장면에서는 향정신성 약물, 부작용, 대처 전략을 논의하는 것을 포함할 수 있다. 만약 대학상담센터에서 학업 문제가 있는 학생과 상담하는 경우, 초기면담은 학습 기술에 대한 간략한 심리교육 개입과 대학 자원에 대한 설명이 포함될 것이다.

암시

암시는 그다지 지시적이지 않은 흥미로운 지시 기법이다. 비록 대부분의 교과서에서 암시를 가벼운 조언의 형태로 분류하지만, 사실 암시는 최면 학문에 뿌리를 두고 있다

(Erickson, Rossi, & Rossi, 1976). 암시와 조언은 두 가지의 뚜렷한 치료자 행동이다. 암시하는 것은 간접적으로 또는 분명한 표현 없이 사람의 마음속에 떠오르게 하는 것을 의미하지만, 조언하기는 따를 만한 가치가 있는 의견을 제시하거나 조언하는 것이다. 조언이 암시보다 더 지시적이다.

암시(suggestion)란 특정 현상이 발생할 것을 직간접적으로 제안하거나, 암시하거나 예측하는 치료자 진술이다. 암시는 의식적이거나 무의식적으로 내담자가 특정 행동을 하거나, 사고 패턴을 바꾸거나 특정 감정을 경험하도록 하기 위해 고안되었다. 암시는 대부분의 사람들이 인식하는 것보다 훨씬 더 자주 사용된다. 사실, 기적 질문은 암시의 한 형태다. 또한 대부분의 이완 또는 심상화 절차에는 다음과 같은 암시가 포함된다.

> 몸을 편안하게 하고, 원한다면 눈을 감아도 좋아요. 눈을 감으면 스트레스와 긴장은 사라질 거고, 당신의 깊은 내면으로 들어가 휴식을 취할 수 있어요.

비록 내담자가 최면 상태에 있을 때 암시가 종종 주어지지만, 내담자가 완전히 각성하고 깨어 있을 때도 암시를 할 수 있다. 예를 들면 다음과 같다.

내담자: 저는 지금까지 한 번도 어머니에게 맞설 수 없었어요. 마치 제가 어머니를 두려워하는 거 같아요. 어머니는 항상 성공적인 삶을 살았고, 저보다 강해요.

상담자: 잠시 시간을 내서 당신이 어머니만큼 강하거나, 심지어 더 강하다고 생각해 봐요. 무슨 생각이 드나요?

암시를 사용하는 또 다른 방법은 치료자가 내담자에게 특정 문제에 대해 꿈을 꿀 것이라고 암시하는 것이다. 다음의 예시는 정신분석치료자가 무의식 과정에 영향을 주기 위해 암시를 사용한다는 점에서 고전적이다.

내담자: 이제 정말 결정을 해야 해요. 저는 두 가지 직업을 제안 받았지만 아직 어떤 걸 선택해야 할지 모르겠어요. 어찌할 바를 모르겠어요. 며칠 동안 장단점을 분석해 봤지만 마음이 계속 왔다 갔다 해요. 어느 순간에는 한 직업을 원하지만, 곧바로 저는 왜 그 직업이 저와 전혀 맞지 않은지에 대해 생각하고 있어요.

치료자: 오늘 밤 잠자리에 들기 전에 긴장을 풀고 마음속으로 최대한 명확하게 결정에 대한 갈등을 떠올린다면, 아마도 이 결정에 대해 느끼고 있는 감정을 명확하게 하는 꿈을

꾸게 될 거예요.

이 예시에서는 암시와 조언이 섞여 있다. 치료자는 내담자에게 잠들기 전에 긴장을 풀고, 갈등에 대해 명확하게 생각하도록 조언하며, 그 후에 명확한 꿈이 일어날 것이라고 암시한다.

암시는 비행 행동을 보이는 어린 내담자를 상대로 사용할 수 있다(J. Sommers-Flanagan & Sommers-Flanagan, 1998). 우리는 어린 내담자와 대안 행동에 대해 논의할 때 다음과 같은 기법을 사용한다.

내담자: 그 애송이는 완전히 패배자예요. 걔는 나한테 맞을 만해요.
치료자: 그럴지도 모르지. 하지만 앞으로 너는 폭력을 사용하는 것보다 더 나은 행동을 할 수 있어. 나는 네가 그것보다 잘할 수 있다는 걸 알아.

아들러 학파의 관점에서 볼 때, 위와 같은 암시는 내담자를 격려하는 방법으로 볼 수 있다(Adler, 1930).

암시는 신중하게 사용해야 한다. 암시는 조종하는 것처럼 보일 수도 있다. 때로 암시는 역효과를 일으키고 반발을 불러일으키기도 한다. 이 섹션의 예시에서 사용된 암시는 역효과를 불러일으킬 수 있으며, 다음과 같은 결과를 가져올 수 있다.

• 내담자는 이완하라는 암시를 거부하고 짜증과 적대감을 경험한다.
• 여성은 계속해서 어머니가 더 강하다고 주장한다.
• 내담자는 자신의 꿈을 기억하지 못하거나 꿈과 의사결정을 연결시키지 못한다.
• 비행 청소년은 신체적 폭력이 최선의 선택이라고 주장한다.

실제 적용하기 6-2: 기적과 암시

우리는 '기적 질문'이라는 이름에 아쉬움을 갖고 있는데, '기적 질문'이라는 말이 마치 해리포터 시리즈에서 손을 튕기거나 '타란탈레그라' 주문을 외우는 것과 같이, 무언가 빠르고 쉽게 기적적인 일이 일어난다는 잘못된 함의를 품고 있기 때문이다. 당신은 주문을 외워 볼 수는 있겠지만, 기적은 일어나지 않을 것이다.

기적 질문을 위해 구체화시킬 수 있는 언어적 능력이 필요하다는 것은 놀라운 일이 아니다. Insoo Kim Berg와 Steven de Shazer(기적 질문 개발자)는 유명한 최면치료자인 Milton Erickson

으로부터 많은 영향을 받았다. 이것이 기적 질문이 최면 유도와 유사한 이유 중 하나일 수 있다. De Shazer는 기적 질문을 하고 탐색하는 데 치료의 한 회기가 걸릴 수도 있다고 말했다.

우리는 구체화된 기적 질문의 한 예시를 제시하고자 한다(Berg & Dolan, 2001). 다음의 예시를 읽으면서 다음을 기억하도록 하라. 기적 질문은 천천히 말해야 하고, 반복적인 멈춤이 있어야 하며, 치료자는 모든 내담자들이 이미 긍정적인 삶으로 변화를 위한 내재된 능력을 가지고 있다는 해결중심치료의 원리를 깊이 믿어야 한다. 왜냐하면 이것이 좋은 최면 암시를 하는 방법이기 때문이다. 다음과 같은 질문이 있다.

> 저는 당신에게 다소 이상한 질문을 하려고 해요[잠시 멈춤]. 이상한 질문은 다음과 같아요[잠시 멈춤]. 우리가 이야기를 나눈 후, 당신은 당신의 일(집, 학교)로 돌아갈 거고, 당신은 오늘 남은 시간 동안 해야 할 일, 예를 들면 아이를 돌보고, 저녁을 준비하고, TV를 보고, 아이를 목욕시키는 등 당신이 해야 할 일을 할 거예요. 그러고 나면 잠자리에 들 시간이 될 거예요. 집안에 있는 모두가 조용하고, 당신은 평화롭게 잠을 자고 있어요. 한밤중에 기적이 일어나고, 당신이 오늘 저에게 이야기한 문제가 해결되었어요. 하지만 이는 자고 있는 동안 일어났기 때문에, 당신은 문제가 해결된 하룻밤의 기적이 있었다는 걸 알 수 있는 방법이 없어요[잠시 멈춤]. 그래서 내일 아침에 일어났을 때, "와, 무슨 일이 있었던 게 분명해. 문제가 사라졌어!"라고 말하게 만드는 작은 변화는 뭘까요?(Berg & Dolan, 2001, p. 7, 괄호와 **진하게**로 표기된 부분은 원문을 의미)

동의-이견

동의는 매력적인 면담 반응이다. 대부분의 사람들은 다른 사람들에게 동의하고 다른 사람들이 우리에게 동의하는 것을 좋아한다.

동의(agreement)는 임상가가 내담자의 의견에 부합하는 진술을 할 때 발생한다. 부분적으로는 사람들이 자기와 비슷한 태도를 가진 사람과 함께하기 원하기 때문에, 동의는 임상가와 내담자 모두가 인정받는다고 느끼게 한다(Yalom & Leszcz, 2005).

다른 지시와 마찬가지로, 당신은 왜 내담자에게 동의하는 경향이 있는지 생각해 봐야 한다. 동의가 치료적으로 사용되는가, 아니면 다른 사람에게 당신의 의견이 비슷하다는 것을 알리는 것이 좋아서 동의하는가? 당신이나 내담자의 관점을 지지하기 위해 동의하는가?

동의에는 몇 가지 잠재적인 효과가 있다. 첫째, 동의는 라포를 증진시킬 수 있다. 둘째, 만약 내담자가 당신을 믿을 만한 권위자라고 생각한다면, 동의는 자신의 의견("치료자가 내

말에 동의하니 내 말이 맞을 거야!")이 옳다는 믿음을 강화시킨다. 셋째, 동의는 당신이 전문가의 역할을 하게 하고, 내담자는 앞으로도 당신의 의견을 구할 가능성이 높다. 넷째, 동의는 내담자의 탐색을 감소시킬 수 있다("치료자가 나한테 동의하는데, 굳이 왜 내 생각을 더 탐색해야 하나").

동의가 있는 곳이라면 어디든 이견(disagreement)이 있을 수 있다. 동의를 표하는 것이 간단하고 보람 있고 자연스러운 일이지만, 이견은 사회적으로 별로 바람직하지 않다. 사람들은 확신하지 못하거나 갈등이나 거부를 두려워하기 때문에, 종종 이견을 있다는 것을 드러내지 않는다.

그러나 임상면담에서 당신은 힘과 권위가 있는 위치에 있다. 당신은 자제력을 잃고 이견을 표출하는 자신을 발견할 수도 있다. 사안에 따라, 그 결과는 내담자에게 치명적일 수 있고, 치료에 지장을 줄 수 있으며, 힘과 권위를 남용하는 것으로 간주될 수 있다(사례 예시 6-1 참조).

사례 예시 6-1 이견에 견디기

우리 인턴 중 한 명의 사례를 요약한 다음의 시나리오를 상상해 보도록 하라.

내담자: 대통령 선거에 대해 굉장히 화가 나는데 여기서 그런 얘기를 하면 안 될 거 같아요.
상담자: 당신이 말하고 싶은 건 뭐든지 하길 바라요.
내담자: 저는 Obama 대통령이 싫어요. 저는 그저 그가 암살되기를 바랄 뿐이에요.
상담자: 당신의 정치적 신념이 무엇이든, 저는 당신이 방금 말한 게 완전히 부적절하고 정말 애국적이지 않다고 생각해요.

이러한 상호작용을 통해 알 수 있듯이, 상담자와 내담자의 상호작용은 사회적 또는 정치적 문제에 대한 이견이나 논쟁으로 악화될 수 있다. 우리의 요점은 이견이 종종 내담자로 하여금 방어적이 되게 하거나, 갈등을 악화시킨다는 것이다. 어느 쪽이든, 상호작용의 평가적 가치나 치료적 가치는 상실된다. 예를 들면, 만약 상담자가 내담자가 대통령에 대해 위협을 표현하는 것이 염려된다면, 중립성을 유지하고 내담자의 폭력적인 충동을 탐색하는 것이 중요하다. 위의 사례에서 이견을 표현하는 것은 임상면담의 평가 기능을 방해한다. 마찬가지로, 이견은 면담의 치료적 기능을 방해할 것이다.

이견은 또한 미묘할 수 있다(Herlihy, Hermann, & Greden, 2014). 침묵, 고개를 끄덕이지 않는 것, 팔짱을 끼는 것 또는 치료자의 중립적 태도 등은 때로 이견이나 반대로 해석된다. 당신이 비언어적으로 또는 무심코 이견이나 반대를 표현하는지 알 수 있도록, 내담자에 대한 당신의 반응을 관찰하는 것이 좋다.

이견의 목적은 내담자 의견을 바꾸는 것이다. 이견의 문제는 한 의견을 다른 의견으로 반박하는 것이 논쟁으로 악화되어 양측의 방어가 강해질 수 있다는 것이다. 일반적으로 이견을 치료적 개입으로 사용하지 않는 것이 현명하다. 이견은 대가가 너무 크고, 잠재적인 이득은 다른 방법을 통해 얻을 수 있다.

당신이 내담자에게 동의하지 않고 싶은 경우, 다음과 같은 두 가지 기본적인 지침을 적용한다.

1. 철학적인 쟁점(예: 낙태 또는 성행위)에 대해 내담자와 다른 의견을 가지고 있는 경우 명심하도록 하라. 내담자의 의견을 바꾸는 것은 당신의 일이 아니라, 부적응적인 생각, 감정, 행동을 바꾸도록 돕는 것이 당신의 일이다.
2. 당신의 전문적 판단하에 내담자의 신념이나 행동이 부적응적인 경우(예: 위험하거나 스트레스를 유발하는 경우), 당신은 내담자가 보다 적응적인 신념이나 행동을 취하도록 촉진하기 위해 사실에 입각한 정보를 제공해 직면시킬 수 있다. 이견을 표현하는 것보다는 심리교육을 제공하는 편이 낫다.

임상가가 이견을 제시하는 대신 심리교육을 진행해야 하는 상황의 좋은 예시는 양육 분야다. 내담자는 종종 비효과적인 양육 방식을 사용하고, 자신의 의견이나 경험을 이야기하며, 자신이 사용하는 방법을 옹호한다. 당신은 내담자에게 그 의견이 '잘못된' 것임을 보여 주는 연구 결과가 있다고 직설적으로 말하면 안 된다. 대신에 당신은 내담자가 특정 양육 방식을 사용하는 것이 지속적으로 훈육 목표를 달성하는 데 도움이 되는지 여부를 검토하도록 권장할 수 있다.

내담자: 어떤 사람들은 매를 드는 게 좋지 않다고 말하는 걸 알고 있어요. 하지만 저는 어렸을 때 맞으면서 컸고 저는 괜찮았어요.

상담자: (이 시점에서 상담자는 내담자에 동의하지 않으려는 충동에 저항하고, 대신에 의역을 사용한다.) 어릴 때 맞았던 게 당신에게 아무런 부정적인 영향을 주지 않았다고 생각하는군요.

내담자: 네. 저는 괜찮아요.

상담자: 많은 부모들이 아이에게 매를 들고, 다른 많은 부모들은 그렇지 않다는 건 사실이에
요. 매를 드는 게 좋은지 나쁜지를 생각해 보는 대신에 아들을 양육하기 위한 목표부
터 살펴보죠. 그러면 매를 드는 걸 포함해서 어떤 전략이 당신의 양육 목표를 달성하
는 데 가장 도움이 될지에 대해 이야기할 수 있어요.

연구자들은 일관되게 체벌이 바람직하지 않은 결과를 초래할 수 있다고 보고했다
(Gershoff, 2013; Lee, Altschul, & Gershoff, 2015). 수많은 전문 단체들(미국심리학회, 미국소아
과학회 등)은 부모가 자녀에게 체벌하는 것을 지양하라고 권고한다. 결국 상담자는 때리는
것의 잠재적인 부정적 결과에 대해 논의할 수도 있지만, 일반적으로 이러한 논의는 상담자
가 "매를 드는 것의 효과를 믿느냐 믿지 않느냐"보다는, 내담자의 양육 목표에 초점을 맞추
어야 한다. 치료자가 내담자가 아이를 신체적으로 학대하고 있다고 의심하는 경우, 이 지
침의 예외가 발생한다. 그러나 아동 학대가 의심되어 신고하는 경우에도 결정은 치료자-
내담자 간의 철학적인 이견이 아닌 법적 기준 위반에 근거하여 내려진다.

조언하기

조언하기(giving advice)는 치료자 중심의 지시적 활동으로, 공통의 핵심 메시지가 포함되
어 있다. "제가 생각하기에 당신은 이걸 해야 해요."라고 조언을 하면 당신은 전문가로 보
일 수 있다.

조언하기는 쉽고, 흔하며, 때로는 내담자가 중요하지 않게 받아들이기 때문에 면담 초
기에는 조언을 하지 않는 것이 중요하다. 친구나 친척은 서로 자유롭게 조언을 하는데, 때
로는 효과적일 수도 있고, 효과적이지 않을 수도 있다. 아마도 당신은 조언을 이미 치료 장
면 밖에서 쉽게 구할 수 있는데 왜 치료자가 이것을 사용하려고 애쓰는지에 대해 의문을
가질 수 있다.

이 질문에 대한 두 가지 주요 답변은 다음과 같다.

1. 사람들은 조언, 특히 전문가의 조언을 원한다.
2. 때로는 조언하기가 유용한 치료적 변화 기술이 될 수 있다.

조언하기는 여전히 논란이 되고 있다. 일부 치료자들은 종종 조언을 하는 반면, 일부 치

료자들은 최대한 조언하는 것을 피한다(Benjamin, 1987; Rogers, 1957). 많은 전문가들은 Publius Syrus가 기원전 42년에 "많은 사람들이 조언을 구하지만, 그로부터 얻는 이익은 거의 없다."고 주장한 것이 옳았다고 믿는다(Jing-ying, 2013).

내담자는 종종 상담 초반에 신속하게 조언을 구하려고 노력할 것이다. 그러나 임상면담에서 조급한 문제 해결이나 조언은 종종 효과가 없다. 일반적으로 라포가 형성되고, 조언에 대한 동의를 구한 후에 하는 것이 더 효과적이다. 또한 내담자가 문제 해결에 대해 더 책임감을 가지고 노력할 수 있다는 점에서, 내담자가 문제 해결 과정에 협력적으로 참여할 때 도움이 된다(Hill, 2014). 하지만 상담자나 심리치료자가 종교 지도자와 같은 지위를 가진 경우, 이러한 규칙에 대한 예외가 발생할 수 있다. 이 경우, 내담자는 좋든 나쁘든 간에 심사숙고하지 않고 조언을 따를 것이다(Meier & Davis, 2011). 전문가가 아닌 대부분의 사람들에게 보다 합리적인 접근법은 조언하기 전에 내담자와 특정 문제에 대해 충분히 탐색하는 것이다. 탐색하는 과정에서 내담자는 자신의 문제에 어떻게 접근해야 하는지에 대한 자신만의 아이디어를 개발할 수 있다. 조언하기 전에 내담자가 시도한 모든 것을 확인하는 것이 현명할 것이다.

조언하는 것을 거부하기가 힘들 때도 있다. 당신에게 다음과 같이 말하는 내담자와 상담한다고 상상해 보도록 하라.

임신 중인데 어떻게 해야 할지 모르겠어요. 이틀 전에야 알았는데 아무도 몰라요. 제가 어떻게 해야 할까요?

당신은 아마도 이 젊은 여성에게 해 줄 수 있는 좋은 조언이 있을지도 모른다. 어쩌면 당신도 비슷한 경험을 했거나 계획하지 않은 임신으로 어려움을 겪고 있는 사람을 알고 있을지도 모른다. 이 이야기에 등장하는 여성은 (기본 정보뿐만 아니라) 건설적인 조언이 절실히 필요할지도 모른다. 그러나 이는 추측에 불과하다. 왜냐하면 그녀가 말한 것을 감안할 때 당신은 그녀가 정보나 조언이 필요한지에 대해 전혀 모르기 때문이다. 우리가 아는 것은 그녀가 "어떻게 해야 할지 모르겠어요."라는 것이다. 그녀가 임신했다는 것을 이틀 전에 알았다면, 그녀는 아마도 48시간 동안 자신이 선택할 수 있는 여러 대안에 대해 고민하고 있을 것이다. 그녀에게 무엇을 해야 할지 바로 조언하는 것은 무신경하고 부적절할 것이다.

섣부른 조언은 문제와 가능한 해결책에 대한 추가적인 탐색을 차단할 수 있다. 우선 의역과 감정 반영으로 시작하는 것이 좋다. 조언은 나중에 언제든지 할 수 있다.

그래서 아무에게도 임신했다고 말하지 않았군요. 제가 이해한 게 맞다면, 당신은 어떠한 행동을 해야 한다고 느끼지만, 무슨 행동을 해야 할지 아직 확신하지 못하는군요.

일부 내담자들은 열심히 조언을 구하며, "하지만 당신은 제가 어떻게 해야 한다고 생각하나요?"라고 계속 물을 것이다. 만약 그렇다면, 당신은 역할 유도와 열린 질문을 통해 계속 경청하여 조언을 생각해 낼 수 있다. 예를 들면,

당신이 무엇을 해야 하는지에 대해 이야기하기 전에, 당신의 상황에 대해 지금껏 생각하고 있는 것과 느낀 것에 대해 이야기해 봐요. 그러고 나서 대안에 대해 이야기해 볼 수 있을 거 같아요. 하지만 먼저, 당신이 임신했다는 걸 알고 나서 무엇을 생각하고 느꼈는지 이야기해 주세요.

또는 열린 질문이 적합할 수 있다.

당신이 이미 생각해 본 대안은 뭔가요?

당신이 조언을 할 때, 조언은 거의 항상 내담자가 결정을 내리는 데 필요한 자원이나 정보를 얻는 방법에 대한 것이어야 한다. 앞의 예시에서는 젊은 여성에게 어떤 행동을 취하도록 조언하기보다는, 내담자가 즉각적인 선택과 장기적인 결과를 어떻게 분석할 수 있는지에 초점을 맞춰야 한다.

● 실제 적용하기 6-3: 조언하기에 대한 조언

우리는 당신에게 조언하는 것에 대해 조언을 하고자 한다. 다음 질문을 고려해 보도록 하라. 당신이 조언하고 싶은 느낌이 들 때,

1. 그냥 도움이 돼서인가?
2. 회기가 제한되어 있고 압박감을 느끼기 때문인가?
3. 당신이 유능하다는 것을 증명하기 위해서인가?
4. 당신에게 같은 문제가 있었고, 그 답을 알고 있다고 생각하기 때문인가?
5. 내담자보다 더 좋은 아이디어를 갖고 있다고 생각하기 때문인가?
6. 내담자가 건설적인 아이디어를 전혀 생각해 내지 못할 것이라고 생각하기 때문인가?

　　이러한 질문에 대한 답변은 조언을 하는 동기를 명확히 하는 데 도움이 될 수 있다. 한편으로는 우리는 조언을 강력하게 지지하는 사람은 아니다. 반면에, 우리는 적절한 사람으로부터 적절한 시기에 행해진 조언은 엄청나게 강력할 수 있다고 믿는다. 시기와 관계가 핵심이다.

　　결론적으로 조언을 할 때, 우리의 조언은, ① 조언을 하는 이유를 알고, ② 조언을 할 적절한 시간을 기다려야 하며, ③ 도덕적이거나 가치 판단적인 조언을 지양하고, ④ 내담자가 다른 사람으로부터 이미 받은 조언을 하는 것을 피하는 것이다.

　　내담자는 대개 단순하지 않고, 사려 깊으며, 건설적인 해결책으로 가득하다. 또한 내담자는 종종 자신이 생각하는 것보다 훨씬 더 많은 자원을 가지고 있다. 내담자 내면의 지혜를 존중하는 한 가지 방법은, 해결중심 질문을 통해 내담자의 기술과 자원을 강조하고 내담자가 자신에게 조언을 하도록 하는 것이다.

- 이전에는 어떻게 좋은 결정을 내렸나요?
- 이러한 상황에서 친구에게 어떻게 하라고 말할 건가요?
- 당신이 생각하는 최선의 목표라고 생각하는 거에 집중하죠. 그리고 거기에 도달할 수 있도록 계획을 세워 보죠.

　　중복된 조언(즉, 다른 사람이 이전에 했거나 내담자가 이미 시도한 행동을 취하라는 조언)을 하는 것은 신뢰와 치료 동맹에 손상을 줄 수 있다. 이를 피하기 위해 내담자에게 친구, 가족, 이전 상담자로부터 어떤 조언을 받았는지 물어보도록 하라(실제 적용하기 6-3 참조).

자기개방

　　자기개방(self-disclosure)은 여러 가지 목적으로 사용될 수 있는 복잡하고 유연한 면담 반응이다. 제5장에서는 자기개방이 지금-여기의 즉각적인 반응 형태로 어떻게 사용될 수 있는지 논의했다. 그러나 자기개방은 당신의 관점을 공유하고, 내담자에게 당신을 더 알려 주는 방법으로도 사용될 수 있다.

　　Hill(2014)은 내담자를 더 큰 통찰로 이끌기 위해 상담자에게 자기개방을 사용하도록 권고한다. 그녀는 내담자의 핵심 문제에 초점을 맞춰 간단한 자기개방을 하도록 권고하고, 그다음에 내담자의 생각을 듣기 위한 간접 질문("궁금해요.")을 하는 것을 권고한다. 그녀는 다음과 같은 예시를 제시한다.

> 네, 저도 그래요. 조심하지 않으면 의존적으로 행동하는 경향이 있다는 걸 깨달았어요. 당신도 그런지 궁금하네요(p. 279).

> 저 또한 전문직 여성으로서의 삶과 아이를 가지는 거에 대해 고민이 있어요. 저의 경우, 제가 둘 다 원하는지 확신이 없어요. 저는 당신이 직업과 가족 둘 다를 원하는 거에 대해 양가적인 마음을 경험하고 있는지 궁금하네요(p. 279).

위의 예시에서 알 수 있듯이 자기개방은 내담자의 통찰을 이끌어 내기 위해 사용될 수 있다. 각 사례에서 임상가는 내담자와 공통적인 부분이 있다는 것을 암시할 뿐만 아니라, 자신의 삶에 대해 생각하거나 다루는 방식이 내담자를 위한 모델이 될 수도 있다는 것을 암시한다. 치료자는 시가/처가와의 관계, 재정, 양심, 대인관계 및 개인 내 이슈를 다루는 것에 만족감을 느낄 수 있기 때문에, 내담자를 위한 좋은 아이디어를 가지고 있다고 생각한다. 이러한 가정에는 분명히 문제가 있다. 특히, 문화적, 인종적, 성정체감이 다른 내담자와 작업하는 것에 대해서 말이다. 이는 자기개방이 자기성찰, 수업에서의 토론, 슈퍼비전 시간을 통해 적절히 사용되었는지에 대해 검토할 만큼 고도의 기법이라는 점을 시사한다.

촉구하기

촉구하기(urging)는 조언하기 이상의 단계다. 촉구하기는 내담자에게 구체적인 조치를 취하도록 압력을 가하는 것이다. 치료자는 내담자에게 행동을 취하라고 촉구할 때, 변화를 촉진하기 위해 직접적으로 압력을 가하는 방식을 사용한다.

임상면담에서 내담자를 촉구하는 것이 흔한 일은 아니지만, 촉구하기가 적절할 수도 있는 상황이 있다. 이러한 상황은 주로 위기와 관련된다(예: 내담자가 위험한 상황에 처해 있거나 위험한 경우). 예를 들면 아동 학대의 경우, 학대를 하고 있다고 의심되는 부모나 보호자와 면담할 때 이들에게 지역 아동 보호 기관에 연락을 취하도록 촉구할 수 있다. (내담자에게 지지와 격려를 제공하면서) 자진하여 연락하게 함으로써, 치료적 관계를 유지하고 더 나은 아동 보호를 촉진할 수 있다.

배우자나 연인의 폭력이 있는 상황에서, 치료자는 종종 피해자나 잠재적 피해자에게 안전을 위해 학대하는 파트너를 떠나 보호소로 가라고 촉구하기를 원할 것이다. 하지만 이처럼 합리적으로 보이는 조언조차도 부적절할 수 있는데, 부분적으로는 안전에 대한 잠재적 피해자의 본능과 직관을 존중하는 것이 중요하기 때문이다. 잠재적 피해자에게 파트너를 떠나라고 촉구하면 폭력이 심해질 수 있을 뿐만 아니라, 심지어 살인까지 초래할 수 있다. 따라서 위험에 노출된 경우에도 내담자와 협력하여 대안을 탐색하는 것이 좋다(Rolling & Brosi, 2010).

위기가 아닌 상황에서는 촉구하기가 흔히 사용되지 않는다. 촉구하기가 적절할 수 있는 비위기 상황 중 하나는 불안을 치료하는 상황이다. 불안장애가 있는 내담자는 불안을 유발하는 상황을 피함으로써 두려움을 강화하는 경향이 있기 때문이다. 이들은 예기 불안과 회피 행동으로 인해 점점 더 무력해진다. 치료의 주된 요소는 불안이나 두려움을 유발하는 상황에 대한 점진적 노출이다. 불안장애가 있는 사람에게는 종종 두려움에 직면하도록 적극적으로 권장할 치료자가 필요하다(Hayes-Skelton, Roemer, & Orsillo, 2013).

승인-비승인

승인(approval)이란 치료자가 내담자의 생각, 감정, 행동을 인정하는 것을 말한다. 승인한다는 것은 호의적인 판단을 내린다는 것이다. 승인과 비승인은 상담에서 치료자에게 주도권을 부여한다. 이론적 배경과 현재 문제에 따라 치료자는 흔히 내담자가 외부평가에 의존하기보다는 자신의 생각, 감정, 행동을 판단하고, 받아들이고, 승인하는 것을 선호한다. 면담 기법으로서 승인과 비승인을 사용하려면, 내담자의 아이디어와 행동에 대한 판단을 내리는 데 필요한 지식, 전문성, 민감성을 갖추어야 한다.

많은 내담자들이 치료자로부터 승인을 구한다. 이러한 점에서 내담자는 취약하다. 내담자는 전문가의 승인을 필요로 하거나 원한다. 치료자로서 우리는 도움이 필요하고 취약한 내담자가 우리에게 주는 책임, 권력, 도덕적 권위를 받아들여야 하는지 묻지 않을 수 없다. 어떤 감정, 생각 또는 행동이 좋은지 나쁜지 결정하는 사람은 누구인가? 아마도 더 중요한 것은, 당신의 개인적 가치관에 근거해 내담자의 행동을 불허하는 것이 비윤리적일 수도 있다는 것이다(Herlihy et al., 2014). 대신 내담자의 적응적인 행동을 승인하는 것을 제한하고, 부적응적인 행동을 승인하지 않는 것을 좀 더 권고한다.

일부 치료자들은 내담자에게 자유롭게 승인을 해 주고, 이를 매우 적절하다고 생각한다. 치료자는 종종 내담자가 과제를 해 왔을 때 "잘했어요!"라고 말하고, 아동과 상담하는 치료자는 승인의 의미로 편하게 하이파이브나 주먹인사(fist bump)를 한다. 승인이 기법으로써 사용된다면 의도적으로, 명시적으로, 치료 목적으로 사용되는 것이 가장 좋다. 해결중심치료자인 Yvonne Dolan과 젊은 내담자의 면담에서 발췌한 다음의 내용은 격려의 한 형태로 승인을 사용하는 것에 대해 긍정적인 관점을 제시한다(de Shazer & Dolan, 2007).

> Yvonne: 음. 저는 그냥 당신을 정말로 믿는다고 말하고 싶어요. 저는 그냥 본능적인 게 있어요. 그리고 가끔 젊은 사람을 만난 후에 제 자신에게 이렇게 말하곤 하는데, 아마 제가 당신을 다시 볼 거면 그렇게 말하지 않을 거예요. 아마 1~2년 후에 우연히 마주치면 그렇게 말할지도 모르겠어요. 하지만 아마 당신을 볼 기회는 이번뿐이기 때문에, 저는 이렇게 말해 주고 싶어요. 당신에게 받은 인상은…… 저에게 다음 세대에 희망을 주는 청년…… 당신은 그런 사람이에요. 그냥 그런 느낌이 들어요. 당신이 그걸 알았으면 해요(p. 33).

내담자에게 승인을 제공하는 것은 강력할 수 있다. 명백한 승인은 라포를 증진시키고 내담자의 자존감을 높일 수 있다. 한편, 의존적인 관계를 조장할 수도 있다. 내담자의 승인을 구하는 행동이 강화 받는다면, 내담자는 불안한 감정이 다시 들 때 승인을 구하려고 할 가능성이 있다. 일부 내담자들은 더 '필요하다'라고 말하고, 계속해서 당신의 승인을 구하려고 할 것이다.

때때로 당신은 거부당한 느낌을 경험하게 될 것이다. 특히, 내담자가 아동 학대, 데이트 폭력, 성폭력, 살인에 대한 생각과 충동 또는 일탈적인 성행위에 대해 이야기한다면 전문적인 중립성을 유지하기가 어렵다. 다음을 명심하도록 하라.

- 일탈적인 행동이나 학대를 하는 내담자는 대개 자신에게 중요한 의미를 지닌 사람이나 사회로부터 승인받지 못한 경험이 있다. 외부로부터 승인받지 못한 경험은 이들이 일탈적인 행동과 학대를 하는 것을 막지 못했다.
- 비승인은 당신의 도움이 필요한 내담자와 당신의 사이를 멀어지게 만들 수 있다.
- 객관성과 중립성을 유지한다고 당신이 내담자의 행동을 암묵적으로 승인하는 것은 아니다. 내담자에게 변화가 필요하다고 믿는다는 것을 보여 주기 위한 비승인(예: 설명, 직면) 외에 다른 기법이 있다.
- 비승인은 손상된 라포, 거부감, 상담의 조기 종결과 관련이 있다.

동의 및 이견과 마찬가지로 승인과 비승인도 미묘하게 전달될 수 있다. 예를 들면, **그래요** 또는 **맞아요**와 같은 단어를 사용하는 것은 승인으로 해석될 수 있다. 심지어 이 단어를 언어 추적반응으로 사용하는 경우에도 말이다. 당신의 언어적 행동과 비언어적 행동이 비승인으로 해석될 수 있으며, 잘못된 치료의 증거로 법적 절차에서 인용되었다는 것을 알아두도록 하라(Walden v. Centers for Disease Control and Prevention, No. 10-11733 [11th Cir. Feb. 7, 2012]).

꾸짖기와 거절같이 여기에서 논의되지 않은 일부 치료자들의 행동은 승인과 비승인보다 훨씬 더 치료자 중심적이어서 피해야 한다(Benjamin, 1987 참조). 유머와 같은 치료자 행동은 앞선 장에서 언급한 경청의 연속체에 포함시키기 어렵다. 〈표 6-1〉에 이 섹션에서 다룬 지시적 기법이 요약되어 있다.

내담자의 행동 촉진 시 윤리적 및 다문화적 고려사항

제4장에서 다룬 비지시적 기법을 강조하는 임상가는 내담자를 판단하기 위해 개인적인 가치관을 사용한다고 해서 곤경에 처할 가능성은 낮다. 왜냐하면 이 기법을 사용하는 임상가는 자신의 생각을 표현하거나 가치 판단에 기초해 제안하지 않고, 의역과 반영 기법을 사용하기 때문이다. 이들의 주된 초점은 마치 거울처럼 되는 것이고, 이들의 목표는 내담자가 자신의 감정, 생각, 행동을 탐색하도록 돕는 것이다.

제5장에서 논의한 지시적 경청 기법을 사용하는 임상가 또한 개인적인 가치관을 표현할 가능성은 낮다. 그들은 질문, 직면, 해석을 통해 내담자를 중요한 감정과 이슈로 이끌어 갈 것이다.

이와는 대조적으로, 이 장에서 다루는 기법은 과감하게 지시할 수 있다. 임상가는 전문적인 판단하에 이러한 기법을 사용하며 치료를 이끌 것이다. 물론 전문적인 의견은 항상 경험적 증거와 임상적 지식에 근거해야 한다.

〈표 6-1〉 지시적 기법 및 이의 일반적인 효과

지시적 기법	설명	주요 의도/효과
치료적 질문	내담자가 긍정적인 변화에 참여하도록 유도하는 이론 기반 질문	내담자가 동기 부여나 긍정적이고 치료적인 결과에 초점을 맞추게 하여, 이러한 결과가 발생할 가능성을 높인다.
심리교육	내담자의 증상이나 진단에 대한 사실적 정보를 제공하는 진술, 주요 치료법으로 사용될 수 있음	내담자가 자신의 상태를 이해하고 권장하는 치료를 받을 수 있도록 돕는다.

암시	특정 현상이 발생할 것임을 직간접적으로 암시하거나 예측하는 치료자의 진술	내담자가 의식적이거나 무의식적으로 특정 행동이나 사고 과정을 관찰할 수 있도록 도울 수 있다.
동의-이견	의견의 일치나 불일치를 나타내는 진술	동의는 내담자를 지지하거나, 안심시키거나, 라포를 증진시키거나, 탐색의 필요성을 차단할 수 있다. 이견은 갈등을 유발할 수 있고, 언쟁과 방어적인 반응을 불러일으킬 수 있다.
조언하기	내담자에게 특정 방식으로 행동하거나, 생각하거나, 감정을 느끼도록 권장하는 것	내담자에게 행동하거나, 생각하거나, 감정을 느낄 수 있는 새로운 방법을 제공한다. 섣불리 제공할 경우, 효과가 없을 수 있고, 신뢰에 손상을 줄 수 있다.
자기개방	내담자와 개인적인 생각이나 감정을 공유하는 것	임상가에 대한 내담자의 신뢰를 높이거나 떨어뜨릴 수 있다.
촉구하기	특정 행동을 하도록 내담자에게 압력을 가하거나 호소하는 것	원하는 변화를 일으키거나, 역효과를 만들어 내고 저항을 일으킬 수 있다. 공격적인 것으로 간주될 수 있다.
승인-비승인	내담자의 생각, 감정 또는 행동에 대한 호의적이거나 비호의적인 판단	승인은 라포를 증진하고 내담자의 의존을 높일 수 있다. 비승인은 라포를 손상시키고 수치심을 불러일으킬 수 있다.

이 모든 기법에는 공통된 윤리적 쟁점이 있다. 임상가가 평가와 치료를 이끌기 위해 전문적인 판단하에 이 기법을 자유롭게 사용할 때, 전문적인 의견과 개인적인 가치관 사이의 경계가 모호해질 위험이 있다. 더욱이, 비승인이 특히 문화에 영향을 더 받는다는 점을 고려할 때, 윤리적인 전문가는 자신의 가치관에 기반한 비승인의 사용이 적절한지 면밀히 검토할 필요가 있다.

시작에 앞서 당신의 가치관 점검하기

모든 임상가들은 자신만의 가치관을 가지고 있다. 이러한 가치관은 깊게 자리 잡고 있고, 종종 삶에서 중요한 것에 대한 특정 종교적 또는 철학적 신념과 직접 관련이 있다. 유감스럽게도 당신이 개인적인 가치관, 의견 또는 종교적 신념을 자유롭게 표현한다면 내담자에게 해를 끼칠 수 있다. 내담자의 복지에 주의를 기울이고 해를 끼치지 않는 것은 타인에게 도움을 주는 직업 윤리 강령의 핵심 교리다.

지난 15년 동안 여러 법률 사례와 주(state) 법률은 임상가의 종교적 가치관과 내담자 행동 사이의 갈등에 초점을 맞추어 왔다. 특히, 상담 프로그램에서 임상가와 대학원생은 성소수자 내담자와 상담하는 것을 반대해 왔다. 이러한 반대는 특정 기독교 신앙에 근거하고 있지만, 다른 종교 단체가 가지고 있는 신념을 반영할 수도 있다. 일부 사례들에서 이러한 반대는 성소수자 내담자와 상담하는 것을 '거부'하는 것으로 여겨지기도 했고, 어떤 때는 역량이 부족하기 때문에 내담자를 다른 치료자에게 의뢰하고자 하는 것으로 여겨지기도 했다(Hermann & Herlihy, 2006; Kocet & Herlihy, 2014). 최근의 법적 쟁점을 요약하기 전에 미국심리학회와 미국상담학회가 각각의 윤리 강령에서 치료자의 가치관을 어떻게 다루고 있는지 간단히 살펴보고자 한다.

미국심리학회(APA)가 심리학자의 가치관을 다루는 방법

APA는 내담의 복지가 가장 높은 윤리적 우선권을 가진다는 것을 명확히 한다. 선행의 윤리적 원칙(즉, 선을 행하고 다른 사람에게 도움을 주는 것에 기초해 결정을 내려야 한다.)과 무해성의 윤리적 원칙(즉, 사람들은 정당하지 않은 해를 끼치지 않도록 노력해야 한다.)이 APA 강령에 깊게 녹아 들어가 있다. 그러나 이 강령은 임상가의 개인적인 가치관을 명시적으로 다루지는 않는다. 대신 이는 긍정, 자각 강조[2], 존중, 편향의 제거에 초점을 맞춘다(APA, 2010a, '심리학자 윤리 강령 및 행동 강령'에 포함된 '원칙 E: 인권과 존엄성 존중' 참조). 그러나 APA 강령에는 다음과 같은 문구가 포함되어 있다.

> 심리학자는 서비스 역량을 확보하기 위해…… 필요한 자격을 갖추거나 훈련을 받거나 아니면 **적절한 의뢰를 한다**(APA, 2010a, p. 5, **진하게** 표기된 부분은 강조를 의미).

위와 같은 진술은 APA가 심리학자의 능력이 부족한 경우, 내담자를 의뢰하는 것을 지지한다는 것을 분명하게 나타낸다.

또한 APA는 심리학자가 자신의 개인적인 편견이 내담자에게 불리한 영향을 미치지 않도록 하는 진술을 포함하고 있다.

> 심리학자는 합리적인 판단을 내리고, 자신의 잠재적인 편견, 역량의 한계, 전문성의 한계가 부당한 행위로 이어지거나 용인되지 않도록 예방 조치를 취한다(APA, 2010a, 원칙 D: 정당성).

---

2) 역자 주: 치료자의 가치관이 치료에 영향을 줄 수 있다는 점을 자각할 것을 강조한다.

마지막으로, APA는 과학적 방법론에 대한 강조와 일관되게, 윤리 강령에서 의사결정의 기반은 과학과 지식이라고 분명히 제시한다. "심리학자의 업무는 심리학에서 확립된 과학적 지식과 전문적 지식을 기반으로 한다(APA, 2010a; code 2.04: 과학적·전문적 판단에 대한 기반)."

요약하면, APA 강령은 심리학자의 가치관, 편견, 역량, 의뢰 행위에 관해 다음과 같은 사항을 제시한다.

- 심리학자는 모든 소수계층이나 취약계층을 존중하는 방식으로 일하도록 권고된다.
- 심리학자는 다양한 문화 집단에 서비스를 제공할 수 있는 역량을 갖추고 있거나 역량을 갖추기 위해 훈련을 받는다.
- 심리학자는 부당한 행위로부터 내담자를 보호하기 위해 자신의 편견과 개인적 한계 및 전문성의 한계를 다룬다.
- 심리학자는 훈련 및/또는 역량의 한계에 근거해 '적절한 의뢰'를 할 수 있다.
- 심리학자의 업무는 과학적 지식에 기반한다.

Paprocki(2014)는 APA 윤리 강령의 모호성을 요약했다. "이 문구를 감안할 때, 어떤 경우에는 인구통계학적 특성에 근거해 언급하는 것이 적절하고, 다른 경우에는 부적절하다고 가정하는 것이 합리적이다"(p. 281). 우리의 요약도 이와 비슷하다. APA 윤리 강령에 따르면, 심리학자가 항상 특정 소수계층의 구성원을 다른 제공자에게 의뢰한다면, 이는 **아마도 윤리적이지 않을 것이다.**

미국상담학회(ACA)가 상담자의 가치관을 다루는 방법

APA와는 달리 ACA는 회원이 내담자에게 개인적인 가치관을 '강요하지' 않도록 더 분명하게 규정한다. ACA 윤리 강령의 섹션 A: 상담 관계, 하위 섹션 4.b에서는 다음과 같이 제시하고 있다.

상담자는 자신의 가치관, 태도, 신념, 행동을 인식하고 내담자에게 강요하지 않는다. 특히, 상담자의 가치관이 내담자의 목표와 일치하지 않거나 본질적으로 차별적일 때 더욱 그렇다. 상담자는 내담자, 수련생, 연구 참가자의 다양성을 존중하고, 내담자에게 자신의 가치관을 강요할 위험이 있는 부분에서 훈련을 받는다(ACA, 2014).

다음은 ACA 회원들 사이에 몇 가지 논쟁을 불러일으킨 내용이다. 명확하게 하기 위해 ACA의 이사장인 Richard Yep은 다음과 같은 성명을 발표했다.

> 지적했듯이…… ACA 윤리 강령은 상담자의 개인적인 신념에 대해 말하고 있지 않습니다. 오히려, 내담자에게 가장 이익이 되는 행동에 초점을 맞추고 있습니다. A.4.b 섹션은 상담자가 내담자에게 개인적인 가치관, 태도, 신념, 행동을 강요하는 것을 지양하라고 규정하고 있습니다. A.4.b 섹션의 초점은 (강요하는) 행동에 있으며, 상담자가 가지고 있는 특정 가치관에 대해 말하고 있지 않습니다. 따라서 상담자는 내담자에게 강요하지 않는 한 자신이 선택하는 어떤 개인적인 가치관과 신념 체계를 가질 수 있습니다.

Yep은 ACA가 **강요**라는 단어가 내담자에게 잠재적으로 해를 끼칠 수 있는 행동(즉, 무해성의 원칙 위반)으로 규정한다는 것을 강조하고 있는 것이다. 이러한 입장은 서비스 제공이 '부당한 행위로 이어지거나 용인되지 못하게 하는' APA의 진술과 유사해 보인다.

ACA의 윤리 개정 특별위원회는 개인적인 가치관을 다루기 위한 질적 연구 기반의 괄호 치기 절차를 승인했다. Kocet와 Herlihy(2014, p. 182)는 **윤리적 괄호치기**(ethical bracketing)를 다음과 같이 정의했다.

> 모든 내담자, 특히 세계관, 가치관, 신념 체계, 의사결정이 상담자의 가치관과 현저하게 다른 내담자에게 윤리적이고 적절한 상담을 제공하기 위해 상담자의 개인적인 가치관을 전문적인 가치관과 의도적으로 분리하거나, 상담자의 개인적인 가치관을 의도적으로 배제한다.

윤리적 괄호치기에 대한 자세한 내용은 사례 예시 6-2를 참조하도록 하라.

법률(현재진행형)

현재까지 네 건의 법적 소송에서 기독교 기반의 종교적 가치관을 가지고 있는 임상가가 성소수자 내담자와 상담하지 않고 다른 상담자에게 의뢰하는 것이 허용되는지 여부를 조사했다. 두 소송은 기관에서 일하는 임상가에 관한 것이었고, 다른 두 소송은 종교적 자유를 보호 받기 위해 소송을 제기한 학생 상담자에 관한 것이었다. 네 건의 소송 모두, 원고는 성소수자 내담자를 다른 상담자에게 의뢰하기를 원했고, 성소수자 내담자 상담의 역량강화를 위해 추가적인 다문화 훈련이나 재교육(remediation) 받는 것을 거부했다.

이러한 법적 소송의 결과는 혼재되어 있는데, 이는 갈등이 뜨겁고 골이 깊다는 것을 반영한다. 또한 최소 하나의 미국 주의회는 개인적인 가치관에 따라 학생이 즉각 퇴학당하는 것을 막기 위해 법을 제정했다. 당연히, 깊이 자리 잡고 있는 철학적 또는 종교적 신념과 전문 서비스 사이의 간극은 모호함, 강한 정서, 미래의 법적 판결에 의해 지속적으로 영향을 받을 것이다. 이후에 논의하겠지만, 당신의 임무는 내담자에게 해를 끼치지 않고, 당신의 업무에 윤리 강령, 법률, 당신의 신념 체계를 통합하는 것이다. 지속적인 교육, 상담, 슈퍼비전은 이러한 어려운 문제를 해결하는 데 도움이 되는데, 이를 대체할 수 있는 것은 없다.

학생과 임상가를 위한 시사점

ACA과 APA의 윤리 강령, 최근의 법적 판결, 새로운 법리는 상담 및 심리치료 업무에 영향을 미친다. 우리는 모든 학생과 전문 임상가들이 미래의 법적·윤리적 변화에 대한 업데이트가 계속 이루어져야 한다는 주의사항과 함께 다음과 같은 요약문을 제공한다.

- **내담자에게 당신의 가치관과 다르다는 것을 알리지 말도록 하라.** 이는 당신의 가치 체계가 성소수자의 성적 행동을 지지하는 것을 허락하지 않기 때문에, 당신이 내담자에게 다른 치료자에게 의뢰하겠다고 직접 말하는 것은 용납할 수 없다는 것이다. 실제로 이는 임상가와 수련생에게 발생할 수 있는데, 그렇게 행동하는 것은 내담자에게 잠재적인 해를 끼친다. 당신의 종교적 신념을 인용한다고 해서 무해성의 원칙 의무로부터 당신을 법적으로 보호해 주지 않는다. 일부 윤리학자들은 가치에 기반한 갈등에 대해 내담자와 협력적으로 논의할 것을 권고하지만, 현재의 판례법은 그렇게 하는 것이 법적 위험을 높인다는 것을 보여 준다(S. Anderson & Handelsman, 2010; Kocet & Herlihy, 2014).
- **모든 내담자들을 계층에 따라 판단해 다른 치료자에게 의뢰하지 말도록 하라.** 이는 당신의 내담자가 소수자 또는 법적으로 보호되는 계층의 구성원인 경우 특히 그렇다. 비록 당신은 모든 계층의 내담자들(예: 성소수자 내담자)과 상담하는 것을 거부할 수는 없지만, 어떤 경우에는 더 잘 맞는 상담자를 찾기 위해 특정 문제를 갖고 있는 내담자와 협력하고 존중하는 것이 윤리적일 수 있다. 당신이 학생인 경우에는 의뢰를 위해 어떤 조치를 취하든 슈퍼바이저의 검토와 승인을 받아야 한다.

역량의 부족으로 의뢰하는 것은 허용될 수 있다. 이 행위는 ACA 및 APA 윤리 강령에 부합한다. Herlihy 등(2014)은 다음과 같이 기술했다.

현재로서는 상담교육자들이 역량 부족으로 내담자를 의뢰하는 것이 허용될 수 있다는 데 일반적으로 동의한다는 것이 정확할 것이다(p. 152).

그러나 앞서 강조한 바와 같이, 수련생이나 상담자가 자신의 역량 부족을 호소하며 모든 무슬림 내담자, 모든 흑인 내담자, 모든 성소수자 내담자, 모든 기독교 내담자 또는 기타 계층의 모든 내담자들은 다른 치료자에게 의뢰하는 패턴을 보인다면, 합리적 문제 제기를 할 수 있고, 또한 그렇게 할 수 있어야 한다. 왜냐하면 이는 심리학자와 상담자가 문화적으로 다양한 내담자나 소수계층의 내담자와 상담하기 위해 훈련을 받아야 한다는 윤리적인 의무와 상충되기 때문이다.

이와는 반대로, 같은 인종끼리 심리치료를 했을 때 나온 성과에 대한 연구 증거는 의뢰 행위를 좀 더 복잡하게 만든다. 무슬림 임상가는 무슬림 내담자와 상담하고, 흑인 임상가는 흑인 내담자와 상담하는 것을 예로 들 수 있다. 만약 문화나 가치관이 일치하는 수련생이나 전문 임상가가 있다면, 이는 정중하고 협력적인 의뢰에 대한 추가적인 근거를 제공할 수 있다.

내담자를 다른 제공자에게 의뢰하는 것은 내담자의 현재 문제(예: 섭식장애나 중독 문제)에 근거해 의뢰할 경우 허용된다. 또한 내담자가 원하는 특정 치료 양식(예: 임상적 최면, 점진적 노출)에 역량이 없는 경우 내담자를 의뢰할 수 있다. 마지막으로, 일부 인구통계학적 범주는 역량에 기반해 의뢰(아동 및 노인, 남성 또는 여성 문제 또는 영적/종교 기반 상담을 전문으로 하는 임상가에게 의뢰)하는 것이 정당한 이유가 될 수 있다.

교수 및 훈련 프로그램을 위한 시사점

현시점에서 법적 선례와 법률에는 정신건강 전문가 훈련 프로그램 및 교수진은 일반적으로, ① 직업 윤리 강령을 준수하고, ② 전문 서비스를 제공하는 역량에 따라 수련생을 판단할 권리가 있다는 내용이 명시되어 있다. 그러나 제6연방순회법원이 Ward v. Wilbanks 사건을 재판으로 송부했을 때, 중요한 주의사항이 대두되었다. 제6연방순회법원은 다음과 같이 기술했다.

Ward는 모든 내담자와 상담하길 원했고, 그렇게 하는 데 있어서 대학의 차별 금지 지시를 존중할 용의가 있었다. 그래서 그녀는 만약 게이나 레즈비언 내담자(몇몇의 이성애자)와의 상담에서 내담자가 자신의 성적 행동을 지지해 줄 것을 요구한다면, 다른 치료자에게 의뢰하겠다는 것을 학교에 요구했다. 규정이 더 이상 무엇을 요구할 수 있을까? 확실히, 예를 들면 내담자의 종교에 기반한 차별 금지는, ① 대화의 방향이 종교적인 것으로 흘러가면, 무슬림 상담자가 유대인 내담자에게 자신의 종교적 믿음이 옳다고 말할 것을 요구하지 않고, ② 내담자가 믿음의 문제로 씨름을 한다면 무신론자 상담자가 내담자에게 신이 있다고 말할 필요는 없다. 관용은 양방향적이지만 만약 그렇지 않다면, 이 규정은 차별에 무조건적으로 반대하는 것이 아니라 사회적 통념을 따라야 한다는 것을 시사한다(2016년 6월 4일 www.ca6.uscourts.gov/opinions.pdf/12a0024p-06.pdf에서 검색).

이러한 내용은 내담자의 행동과 믿음이 치료자의 종교적 가치관과 일치하지 않을 때, 대학이 수련생에게 내담자의 행동과 신념을 지지하도록 강요할 수 없다는 것을 의미한다. 제6연방순회법원은 차별이 불법이라는 것을 인정하면서도, 개별 수련생이 **자신의 신념에 반하여 말할 필요가 없다**는 것을 지적한다. 전문 교육 프로그램에 대한 이 판결의 실질적인 문제는 성소수자 내담자를 위한 '긍정(affirmative)' 상담이 이 내담자와 상담하는 데 일반적으로 받아들여지는 접근법이라는 것이다(Heck, Flentje, & Cochran, 2013). 결과적으로, 기독교, 무슬림 또는 기타 종교적 믿음을 가진 학생은 성소수자의 성적 태도와 행동을 지지할 수 없기 때문에, 차별보다는 '역량 부족'을 주장할 수 있다. 역량 부족의 문제로 의뢰하는 것은 윤리적으로 허용된다.

해결 방안

대부분의 윤리학자들은 임상가와 내담자 간 가치관으로 인한 갈등을 다루기 위해 윤리적 의사결정 모형이나 윤리적 괄호치기를 사용할 것을 권장한다. 일반적인 윤리적 의사결정 모형을 보완하기 위해 Kocet과 Herlihy(2014)는 학생과 임상가가 가치관의 문제에 대해 자기점검을 할 수 있도록 상담자 가치관 기반 갈등 모형(Counselor Values-Based Conflict Model: CVCM)을 만들었다. 이 모형은 다음과 같은 단계를 포함한다(Kocet과 Herlihy가 요약).

1. 가치관 기반 갈등의 본질을 파악하도록 하라: 갈등이 개인적인 것인가 전문적인 것인가?
2. 적절한 치료를 제공하기 위해 핵심 문제와 잠재적인 방해물을 탐색하도록 하라: 어떤 개인적(예: 종교적 편견) 및/또는 전문적(예: 기술 부족 또는 역전이) 문제가 상담 과정에 영향을 미치는가?

3. 적절한 치료를 제공하기 위한 지원/재교육을 찾도록 하라: 여기에는 윤리 강령, 동료 또는 슈퍼바이저에게 자문 받기, 필요한 훈련 받기, 윤리적 괄호치기 사용하기, 개인 상담 받기, 효과적인 치료를 제공하면서 개인적인 신념을 유지하는 방법 알아보기 등 이 포함된다.

4. 가능한 사후 과정을 떠올리고 평가하도록 하라: 이는 가능한 의뢰에 대한 근거를 검토하고, 재교육 계획의 유용성을 평가하며, 다른 제공자에 대한 의뢰가 윤리적인지 여부를 판단하는 것을 포함할 수 있다.

사례 예시 6-2 **윤리적 괄호치기**

이견에 견디기

윤리적 괄호치기는 상담자가 개인적인 가치관을 배제하고, 다양한 내담자들에게 도움을 주기 위해 사용할 수 있는 방법으로 권장된다(Kocet & Herlihy, 2014). 다음은 윤리적 괄호치기가 어떻게 적용될 수 있는지에 대한 예시다.

상담교육 전공 대학원생인 Peter는 그리스 정교회의 평신도 목회자였다. 목회자로서 그는 결혼의 신성함을 지키기 위해 헌신했다. 수업과 슈퍼비전을 받는 과정에서, 현재 상담 중인 부부가 이혼하기로 결정하면 다른 상담자에게 의뢰할 것이라고 했다. 그의 논리는 이혼하는 것을 도울 수 없다는 것이었다.

Peter의 슈퍼바이저는 그의 종교적인 가치 판단을 괄호치기하도록 하여, Peter가 이혼을 생각하거나 이혼을 한 모든 커플들과 상담할 수 있도록 도왔다. Peter는 추가적인 훈련과 자원을 제공받았고, 부부의 원만한 이혼을 위해 사용할 수 있는 방법을 배웠다. 게다가 슈퍼바이저는 Peter가 별거와 이혼을 원하는 내담자와 함께 (의역과 열린 질문을 강조하는) 비지시적 문제 해결 절차를 사용하는 것을 연습할 수 있는 역할극을 실시했다. 마지막으로, 이혼할 수밖에 없다고 느끼는 사람들에 대한 공감 반응을 증진시키기 위해, Peter는 다섯 번의 이혼 지지 집단 회기에 참석하도록 배정되었다.

결국 Peter는 결혼의 신성함에 대한 그의 믿음을 유지하면서도, 이혼 과정에 있는 부부를 상담할 수 있다고 느꼈다고 보고했다. 실제로 그는 지역사회에서 결혼생활 강화 및 향상 프로그램을 개발하여 제공함으로써 그의 도덕적 가치를 (괄호치기의 방법으로) 만족시킬 수 있었다.

---

5. 제안된 조치가 내담자의 복지를 증진시키는지 확인하도록 하라: 이는 임상가의 행동 (치료를 계속 진행하거나 의뢰를 하기 위한)이 내담자에게 가장 이익이 되는지에 대한 재검토가 수반된다.

내담자의 복지

어떤 비유를 들더라도 적절하지 않겠지만, 특정 집단의 구성원과 상담하는 것을 거부하는 것은 다른 전문 직업의 시각에서 살펴볼 수 있다. 예를 들면, 의료 장면에서 의사의 의료 행위와 관련된 시나리오를 상상해 보도록 하라. 이때, 흑인, 기독교인 또는 성소수자 치료를 거부하는 의사를 옹호하는 것은 어려울 것이다. 응급실에서 일하는 무슬림 의사가 갑자기 환자가 기독교인이라는 것을 알고서는 뒤로 물러서서, "죄송하지만 이 환자의 생활 방식과 믿음이 저와 상충되기 때문에 이 환자를 치료할 수 없어요."라고 말하는 것을 상상할 수 있는가?

의사는 모든 환자들의 건강, 복지, 치료에 대해 분명하고 확고한 약속을 한다. 일부 환자들에게 약속을 지키지 않을 것이라는 생각은 사실 상상도 할 수 없다. 내담자의 복지에 대한 전문상담자, 심리학자, 사회복지사의 헌신은 그만큼 깊어야 한다.

결론은 내담자와 상담자 모두 특정 권리(예: 표현의 자유와 종교의 자유)가 있다는 것이다. 그러나 윤리적인 전문가는 자신이 돕는 사람에게 강요하지 않으면서 자신의 가치관에 부합하는 실천 방법을 찾아야 한다. 지금까지 법적 선례는 특정 기독교 상담자가 경험한 갈등에 초점을 맞추었음에도 불구하고, 무슬림, 유대인, 불교도, 무신론자인 임상가도 마찬가지로 자신의 신념을 내담자에게 강요할 권리가 없다.

마지막으로, 미국 내외 많은 임상 장면에서 신앙 중심의 임상 서비스를 제공한다는 점에 유의해야 한다. 또한 건학 정신에 신앙에 기반한 헌신을 명시적으로 포함하는 수많은 대학들이 있다. 교육자, 서비스 제공자, 전문가로서 우리는 이러한 교육 및 실무 환경이 있다는 것을 높이 평가한다. 신앙에 기반한 경험을 선호하는 학생과 내담자에게 봉사하는 이들의 능력은 사회의 중요한 자원이다. 그렇지만 우리의 의견으로는, 공공 기관이 시민사회 내의 모든 계층의 사람들에게 훈련과 의료, 건강, 심리 서비스에 평등하고 공정하게 접근할 수 있도록 보장하는 것이 필수적이다.

교차 문화적 조언하기

문화적 차이는 가치관의 차이와 관련되어 있기 때문에 문화 간 조언에는 많은 위험들이 있다. 한 문화권에서 높은 가치를 두는 것이 다른 문화권에서는 어리석거나 병적인 것처럼 보일 수 있다. 다음의 예시들은 교차 문화적(cross-cultural; 치료자와 내담자의 문화가 상이할 경우) 조언의 위험성과 조언하기 전에 자문을 받아야 하는 이유를 설명하는 데 도움이 된다.

사례 1: 무슬림 부부는 10대 딸을 상담에 데리고 온다. 이들의 고민은 딸이 대학에 가는 것을 허락해야 하는지에 관한 것이다. 이 부부는 딸이 상담자 없이는 대학 진학과 관련해 대화하는 것을 거부했기 때문에 상담자를 찾아왔다. 부모는 자신이 이슬람에 깊이 헌신하고 있으며, 딸을 위해 대학에 가는 것을 허락하기보다는 결혼을 시키고 싶다고 말한다. 당신의 문화에 기반을 둔 가치관은 교육에 대한 여성의 권리를 옹호한다. 부모에게 딸을 대학에 보내라고 조언해야 할까? 만약 당신이 그렇게 조언하고 딸이 대학에 입학해서 수업 첫 주에 성폭행을 당하면 어떻게 할 것인가?

사례 2: 17세 아들이 담배를 끊었으면 하는 마음에 아메리카 원주민 출신의 엄마가 당신에게 온다. 당신은 담배가 일부 부족들에서 영적 또는 예식적 가치가 있음을 깨닫게 된다. 어머니는 예식을 위해 담배를 피우며, 자신의 아들도 그렇게 하기를 원한다. 당신의 문화적 가치관과 담배, 니코틴, 중독에 대한 지식을 고려할 때, 당신은 어머니가 아들을 위해 완전히 담배를 끊도록 돕는 것이 최선의 조언이라고 믿는다. 당신이 그 조언을 꼭 해야 하는가?

사례 3: 당신은 아프리카계 미국인 남성과 상담하고 있다. 첫 면담에서 그는 동료와의 어려움에 대해 호소했으며, 자신의 문제가 자신이 흑인인 것에서 비롯되었다고 말한다. 그는 자신의 사무실에서 유일한 유색 인종이라고 말한다. 인지행동 이론적 관점, 당신의 개인적 경험, 문제에 대한 그의 초기 진술을 고려할 때, 당신은 그가 생각하는 차별에 대해 파국적이고 과민하게 반응하고 있다고 생각한다. 면담이 끝날 때, 당신은 그의 상황에 얼마나 공감하고 있으며, 동료가 그를 대하는 방식에 대한 기대치를 바꿀 수 있도록 치료를 얼마나 권하겠는가?

윤리, 다양성, 자기개방

대부분의 다문화 전문가들은 다른 문화권의 내담자에게 자기개방을 신중하게 할 것을 권고한다(Barnett, 2011). 자기개방은 내담자가 당신에게 더 접근하기 쉽게 만들고 신뢰 쌓는 것을 돕는다. 하지만 모든 면담 기법들과 마찬가지로 자기개방의 효과는 당신이 그것을 어떻게 (그리고 왜) 사용하는지에 달려 있다.

일반적으로 라포 형성의 목적으로 자기개방을 하는 것은 적절하다. 예를 들면, 최근에 크로우족(Crow)의 한 젊은 여성과 상담할 때, 우리가 같은 사람을 알지도 모른다고 이야기했다. 이러한 개방은 중립적이거나 약간 긍정적인 태도로 이루어졌다. "학교상담 프로그램에 크로우족 학생이 몇 명 있어요. 그녀의 이름은 Salena예요." 내담자의 정서적인 반응은 긍정적이었다. 그리고 그녀는 자신의 가족 중에서 그 학생을 알지도 모르는 사람을 잠시 떠올렸고, 우리는 상담을 이어갔다.

이와는 대조적으로 다른 문화권의 내담자에게 자기개방을 조언하거나 제안하는 방법으로 사용하면 관계를 손상시킬 수 있다. 예를 들면, 주류 문화권의 상담자가 아프리카계 미국인 남성에게 이렇게 말하는 것을 상상해 보도록 하라. 상담자가 자신은 가끔 직장에서 존재감이 없는 것처럼 느껴진다면서 내담자도 똑같이 느끼는지 궁금해한다. 흑인 남성이 가지고 있는 비존재감 콤플렉스의 정도와 고통을 감안할 때, 이러한 자기개방은 상담자가 직장에서 흑인 남성이 되는 것이 어떤 것인지 전혀 모른다는 내담자의 믿음을 더 키울 수 있다(Franklin, 2007).

일반적으로, 주류 문화권의 사람이 비주류 문화권의 사람의 감정과 곤란을 이해하고 있다는 것을 의미하는 교차 문화적 자기개방은 제대로 받아들여지지 않을 가능성이 높다. 대신에 내담자의 문제를 탐색할 때, 연구를 인용하거나 그 문화권 사람의 말을 인용하는 것이 더 낫다. 상담자는 비존재감에 대한 자신의 개인적인 경험에 의존하기보다는, Anderson Franklin의 흑인 미국인의 비존재감에 대한 연구와 글을 언급한 다음, 내담자가 비슷한 경험을 했는지 확인하는 것이 더 효과적일 것이다(Franklin, 2004, 2007; Franklin, Boyd-Franklin, & Kelly, 2006). 만약 당신이 자녀와 격리되어 있는 크로우족 출신의 아메리카 원주민 여성을 면담하고 있다면, 당신의 감정을 나누기보다는 자녀에 대한 크로우족 족장 Plenty Coup의 생각에 대해 읽어 본 내용을 공유하는 것이 더 낫다(Linderman, 2002). 전반적으로, 자기개방은 효과적일 수 있지만 이는 문화적 지식을 대체할 수 없다.

요약

지시적 면담 기법(지시)은 내담자가 생각하거나, 감정을 느끼거나, 행동하는 방식을 바꾸도록 권장하는 데 사용하는 설득 기법이다. 내담자가 변화할 준비가 되어 있다면 지시는 더 효과적이다. Prochaska의 범이론적 모형의 변화 단계는 내담자가 행동 지향적인 지시 기법을 사용할 준비가 되어 있는지 여부를 결정하기 위한 접근 방법이다.

행동을 촉진하는 많은 면담 기법들이 있다. 아들러 학파나 선택 이론 그리고 이야기/해결중심 접근법에 기초한 평가 질문은 특히 내담자의 변화를 돕는 데 적합하다. 이러한 질문들은 다음과 같이 구성된다. ① 질문, ② 선택 이론의 네 가지 주요 질문, ③ 치료 전 변화 질문, ④ 척도 질문, ⑤ 백분율 질문, ⑥ 독특한 결과 또는 재묘사 질문, ⑦ 가정 질문,

⑧ 기적 질문, ⑨ 외현화 질문, ⑩ 예외 질문.

또한 지시적 면담 기법에는 설명, 암시, 동의—이견, 조언하기, 자기개방, 촉구하기, 승인—비승인이 있다. 각각의 기법은 임상가의 판단을 포함하고 내담자의 행동 촉진을 이끈다.

지시적 기법을 사용하는 것은 윤리적·문화적 쟁점을 야기할 수 있다. 최근 여러 법적 소송에서는 상담자가 성소수자 내담자에게 서비스를 제공하지 않을 수 있는지 여부에 대한 문제를 다루었다. 역량 부족으로 인한 의뢰는 윤리적이지만, 수련생이나 상담자가 특정 내담자 계층을 판단적으로 차별한다면 이는 비윤리적이다.

교차 문화적 조언을 하거나 자기개방을 하는 것도 문제가 될 수 있다. 소수계층 내담자에 대한 주류 문화권 치료자의 조언이나 자기개방은 잘 받아들여지지 않을 수 있다. 대신, 치료자는 내담자의 문제를 탐색할 때 연구나 그 문화권 사람의 말을 인용하는 것이 더 낫다.

권장도서 및 자료

다음의 읽을거리는 질문, 지시적 행동 기술, 다양한 이론적 배경의 치료적 기법 사용에 대한 추가 정보와 연습을 제공한다.

de Jong, P., & Berg, I. K. (2008). *Interviewing for solutions*. Belmont, CA: Thomson.
이 저서는 해결중심의 관점에서 다양한 조력 반응들을 검토하고, 설명하며, 예시를 제공한다.

de Shazer, S., Dolan, Y., Korman, H., McCollum, E., Trepper, T., & Berg, I. K. (2007). *More than miracles: The state of the art of solution-focused brief therapy*. New York, NY: Haworth Press.
이는 고(故) Steve de Shazer의 가장 최근의 해결중심 관련 저서다.

Glasser, W. (2000). *Counseling with choice theory*. New York, NY: Harper Collins.
이 저서에서 선택 이론과 현실치료의 창시자인 William Glasser는 그가 능동적이고 지시적인 선택 이론 면담 접근법을 사용하는 몇 가지 사례를 설명한다.

Herlihy, B. J., Hermann, M. A., & Greden, L. R. (2014). Legal and ethical implications of using religious beliefs as the basis for refusing to counsel certain clients. *Journal of Counseling & Development, 92*(2), 148153.

이 법률 논문은 최근 네 건의 사례를 설명하고, 한 계층의 내담자를 차별하는 상담자의 위험성을 분명히 설명하고 있다.

Kocet, M. M., & Herlihy, B. J. (2014). Addressing value-based conflicts within *the counseling relationship: A decision-making model. Journal of Counseling & Development, 92*(2), 180186. doi:10.1002/j.1556-6676.2014.00146.x.

이 논문에서는 이 장에서 언급한 가치관 중심의 윤리적 의사결정 모형을 설명한다.

Welfel, E. R. (2016). *Ethics in counseling and psychotherapy: Standards, research, and emerging issues* (6th ed.). Belmont, CA: Thomson Brooks/Cole.

이는 훌륭한 현시대 윤리 관련 저서다.

제7장

증거 기반 관계

소개

거의 모든 임상가와 연구자들은 임상가가 처음부터 내담자와 긍정적인 작업 관계를 형성하고 유지하면, 상담과 심리치료의 성공 가능성이 더 높다는 데 동의한다. 이 장에서는 증거 기반 관계로 알려진 다양한 차원을 살펴볼 것이다.

●학습목표●

이 장을 읽은 후 다음을 수행할 수 있다.

• '증거 기반 치료 관계'의 발달 배경으로서 심리치료의 대논쟁 설명하기
• Carl Rogers의 핵심 조건인 일치성, 무조건적 긍정적 존중, 정확한 공감에 근거한 증거 기반 관계 요인 나열하고 적용하기
• 다른 이론적 토대(예: 정신분석, 행동주의, 여성주의)에서 파생된 증거 기반 관계 요인 나열하고 적용하기
• 증거 기반 관계 요인이 다양한 문화적 배경의 내담자에게 어떻게 적용되는지 설명하기

심리치료의 대논쟁

심리치료의 대논쟁에서 Wampold가 그토록 꼼꼼하게 분석한 심리치료의 의학 모형은 우리가 내담자를 조작하고 약물을 처방하는 둔하고 수동적인 대상으로 보도록 이끌었다.

—Gene V. Glass, in *The Great Psychotherapy Debate*, 2001, p. ix.

1957년 『Journal of Consulting Psychology』에 실린 논문에서 Carl Rogers는 대담하게 다음과 같이 주장했다.

1. 치료적 변화를 이루기 위해 어떠한 심리치료 기법이나 방법도 필요하지 않다.
2. 진단을 위한 정보 수집은 "대부분 엄청난 시간 낭비다"(1958, p. 102).
3. 심리치료에서 변화가 일어나기 위한 **필요충분조건**은 심리치료자와 내담자 사이의 특정 유형의 관계를 맺는 것이다.

이 혁명적인 진술로 인해 상담 관련 직업에 다시 초점이 맞추어졌다. Rogers 때까지 치료는 주로 이론에 기초한 방법, 기법, 개입에 관한 것이었다. Rogers 이후, 연구자와 실무자들은 긍정적인 변화를 만들어 내는 것은—사용하는 방법과 기법이 아니라—내담자와 치료자 사이의 관계일 수 있다는 가능성에 대해 논의하기 시작했다.

이 논쟁은 계속되고 있으며 '심리치료의 대논쟁'으로 불리고 있다(Wampold, 2001; Wampold & Imel, 2015). 이는 다음 질문에 의해 이분법적으로 요약될 수 있다. "치료가 장애를 치료하는가, 아니면 관계가 사람을 치료하는가?"(Norcross & Lambert, 2011, p. 4).

치료자와 내담자의 관계를 중시하는 심리치료자들은 매뉴얼화 된 기법적 절차를 심리치료에 대한 '능욕'으로 기술한 반면, 심리치료는 오직 경험적으로 검증된 절차만을 사용해야 한다고 생각하는 사람들은 경험적인 연구의 중요성을 무시하는 실무자들에 대해 한탄하고 있다. 경험을 지향하는 집단은 개입의 기반을 과학에 두는 임상가들을 다른 임상가들과 구분하기 위해 새로운 용어[즉, '심리학 · 임상과학자(psychological clinical scientist')]를 홍보한다(T. Baker & McFall, 2014, p. 482; Fox, 1995). 이 격렬한 논쟁은 부분적으로는 우리가 건강보험 비용이 제한되어 있는 세상에서 살고 있기 때문에 계속된다. 분명히, 어떤 치료법이 '타당'하고, 따라서 비용 환급이 가능한지를 결정하기 위한 싸움은 계속될 것이다(J. Sommers-Flanagan, 2015).

이 장에서는 현재 논란의 여지가 없지만, 초기에 논란이 된 쟁점에 초점을 맞춘다. 지난 20년 동안, 연구는 이 논쟁의 적어도 한 가지 차원은 해결했다. 긍정적인 치료적 관계는 모든 치료와 장면에서 긍정적인 결과에 기여한다(Laska, Gurman, & Wampold, 2014; Norcross & Lambert, 2011). 문제는 더 이상 치료적 관계가 중요한가가 아닌, 얼마나 중요한가 하는 것이다. 이 점을 강조하기 위해, 치료자와 내담자의 관계를 중시하는 심리치료자는 이제 이러한 관계 요인을 '증거 기반 치료 관계'라고 언급한다(Norcross & Lambert, 2011).

Carl Rogers의 핵심 조건

Carl Rogers(1942)는 심리치료에서 변화를 일으키기 위해 필요충분한 세 가지 핵심 조건이 필요하다고 믿었다. ① 일치성, ② 무조건적 긍정적 존중, ③ 공감적 이해. 그에 따르면,

그러므로 내가 도움이 된다고 생각하는 관계의 조건은, ① 나의 실제 감정이 분명하게 나타나는 일종의 투명성, ② 다른 사람을 정당한 자신만의 가치를 갖고 있는 개인으로 수용하는 것, ③ 사적인 세계를 그 개인의 눈으로 볼 수 있게 해 주는 깊은 공감적 이해를 하는 것으로 특징지어진다. 이러한 조건이 충족되면, 나는 내담자의 동반자가 되고, 내담자는 나와 함께 두려워하는 자신에 대한 탐색을 기꺼이 할 수 있다(Rogers, 1961, p. 34).

일치성

일치성(congruence)은 사람의 생각, 감정, 행동이 일치한다는 것을 의미한다. Rogers(1957)가 강조한 것처럼, 일치성은 **기술**보다는 **경험**이다.

일치성은 복잡하다. 이는 '추상적이고 이해하기 어려운' 것으로 묘사되어 왔다(Kolden, Klein, Wang, & Austin, 2011, p. 187). 일치성을 이루기 위한 능력에는 임상가가 자신의 내적 감정이 **현실 자기**(real self)와 접촉하는 내적 차원과, 내담자가 이해할 수 있는 방법으로 임상가의 내적 경험을 명확하게 표현할 수 있는 외적 차원이 포함된다. 일치성을 가진 치료자는 진실되고, 자기 자신을 편안하게 느낀다. 일치성은 자발성과 정직성을 포함할 수 있다. 이는 대개 즉시성 기술과 관련이 있고, 제한된 자기개방을 포함한다(제5장, 제6장 참조). Rogers의 연구에서 발췌한 다음의 내용은 일치성을 경험하고 표현하는 내적 차원과 외적 차원을 설명한다.

우리는 감정의 **바깥** 가장자리를 표현하는 경향이 있다. 이로 인해 **우리**는 보호받지만 다른 사람들을 위험하게 만든다. 우리는 "이런 행동(**당신**이 한 일)이 **나를 힘들게 했다**."라고 말하지, "당신이 이런 행동을 했을 때, 나의 이러한 약점이 **나를 힘들게 했다**."라고 말하지 않는다.

내 감정의 내면 가장자리를 찾으려면, 내 자신에게 "왜?"라고만 물어보면 된다. 내가 지루하고, 화나고, 긴장하고, 상처받고, 상실감에 시달리거나 걱정하는 자신을 발견할 때면, 나는 스

스로에게 "왜?"라고 묻는다. 그러고 나서, "당신은 절 지루하게 해요." 혹은 "이게 절 화나게 해요."라는 말 대신, 나는 **내 안에서** 그렇게 만드는 '왜?'를 발견한다. 이는 항상 더 개인적이고, 긍정적이며, 표현하기에 훨씬 안전하다. 나는 "당신은 절 지루하게 해요."라는 말 대신, "전 당신에게 좀 더 개인적인 것을 듣고 싶어요." 혹은 "무슨 일이 있었는지 말해 주세요. 근데 저는 그게 당신에게 어떤 의미였는지도 듣고 싶어요."를 발견한다(1967, pp. 390-391).

또한 Rogers는 표면적으로 좋은 관계에 도움이 되지 않는 태도, 생각, 감정이 있을 때에도 일치된 표현이 중요하다고 강조했다. 그는 말하기 어려운 것에 대해 말하는 것이 허용되고, 심지어 성장을 촉진할 수도 있다고 제안했다. 그러나 위의 발췌문에서 볼 수 있듯이, Rogers는 치료자가 내면을 들여다보고, 부정적인 감정을 긍정적이고 건설적인 일치성의 표현으로 바꿀 것을 기대했다.

일치성에 대한 증거

메타 분석에서 Kolden과 동료들(2011)은 16개의 연구와 863명의 참가자를 분석했다. 대부분의 연구들은 1990년 이전에 실시되었다. 연구자들은 종합적으로 0.24의 효과 크기를 보고했다. Cohen의(1977)의 기준을 사용하면, 0.24는 중간 정도의 효과 크기로 간주된다. 검토된 연구들에서 일치성은 치료 변량의 약 6%를 설명하는 것으로 나타난다.

또한 Kolden 등(2011)은 자료를 세분화해 분석했다. 내담자중심, 대인관계 혹은 절충주의로 묘사된 연구들은 정신역동($r=0.04$)으로 묘사된 연구보다 유의하게 더 높은 효과 크기($r=0.36$)를 보였다. 게다가, 결과는 치료 장면의 특성에 따라 다양하게 나타났다. 연구자들은 다음과 같은 효과 크기를 보고했다.

- 학교상담센터: 효과 크기=0.43
- 입원 장면: 효과 크기=0.27
- 혼합 장면: 효과 크기=0.23
- 외래 정신건강 장면: 효과 크기=−0.02

결론적으로, 작지만 유의한 결과들은 임상면담에서 일치성의 긍정적인 영향을 지지한다. 또한 조력 관계를 촉진하는 일치성 또는 진실성에 대한 강력한 이론적 및 일화적 증거가 있다(Grafanaki, 2013; Rogers, 1961). 일치성의 중요성을 감안할 때, 우리는 이제 이 '추상적이고 이해하기 어려운' 개념을 임상면담에서 어떻게 적용해야 하는지에 초점을 맞출 것이다.

일치성 사용에 대한 지침

학생들은 종종 임상면담에서 일치성이 어떻게 들리고 보이는지에 대해 질문한다. 일반적인 질문(그리고 간단한 답변)은 다음과 같다.

- 일치성이란 회기에서 제가 정말 생각하고 있는 것을 말하는 걸 의미하나요?

  보통은 그렇지 않다. 당신의 생각은 중요한 의미를 지니고, 어느 시점에 공유될 수는 있지만, 내담자에 대해 초기에 드는 생각과 반응은 즉각적으로 개방하는 것이 아니라 자기성찰의 기회로 활용해야 한다.

- 만약 제가 내담자의 말이나 행동이 싫으면 어떻게 해야 하나요? 제가 싫어하는 것을 표현하지 않으면 저는 불일치 상태가 되나요?

  그렇지 않다. 내담자의 말이나 행동에 반감을 느낀다면, 판단적으로 반응하기보다는 성찰하도록 하라. Rogers가(1967) 권고한 대로, 만약 부정적인 반응을 느낀다면, 내담자를 비난하는 대신 자신의 문제로 생각하도록 노력하라. 예를 들면, 내담자의 분노에 반응하는 데 머뭇거린다고 느끼면, 당신은 분노에 대한 불편감에 주의를 기울이고 "당신이 너무 화가 났을 때, 저는 뒤로 물러나고 싶기도 하지만, 당신 분노 아래 있는 감정에 대해서도 좀 더 듣고 싶다는 걸 알아차리게 돼요."와 같이 말할 수 있다.

- 만약 제가 내담자에게 성적으로 끌린다고 느낀다면, 저는 '일치성'을 토대로 제 감정을 공유해야 하나요?

  절대로 그렇지 않다. 제2장에서 논의했듯이, 당신은 내담자와 성적 매력에 대한 감정을 절대 공유해서는 안 된다. 그렇게 하는 것은 내담자를 조종하는 것이고, 비윤리적이다. 당신의 성적인 문제는 슈퍼비전과 당신의 자기성찰 시간에 다루도록 하라.

언제, 어떻게 투명성과 일치성의 태도를 보여야 하는지 결정하는 일반적인 지침은 다음과 같다. "개방이 내담자와의 상담을 용이하게 하는 데 도움이 될까?" 이 결정을 내리는 것은 (누구에게나 어렵지만, 특히 새내기 임상가에게는 더 어려운) 임상적 판단에 달려 있다. 일치성이나 진실성을 위해 노력하는 동안에도 과도한 자기개방은 평가나 치료의 초점을 흐리게 할 수 있다. 핵심은 균형을 유지하는 것이다. 일치성에서의 자기개방은 제한적이고, 목적성을 띠고 있으며, 탄탄한 이론적 토대를 기반으로 해야 한다(Ziv-Beiman, 2013).

Rogers(1957)는 과도한 자기개방에 대해 경계했다.

확실히 그 목적은 치료자가 자신의 감정을 표현하거나 말하는 것이 아니라, 주로 자신에 대해 내담자를 속이지 말아야 한다는 것이다. 때로 자신의 감정이 방해가 되는 경우, 이에 대해 (내담자나 동료나 슈퍼바이저에게) 말할 필요가 있을 수 있다(p. 98).

당신이 내담자와 상담을 하면서, 일치성을 보이고자 자신을 개방하고 싶은 충동을 느낀다고 상상해 보도록 하라. 만약 당신의 의견이 도움이 될 것이라고 확신하지 못하거나 내담자에게 **초점을 맞추고 있다고** 확신하지 못한다면, 자신을 개방해서는 안 된다. **어떻게 일치성을 보일 것인지** 결정하는 과정에서 생기는 어려움을 생각한다면, 당신은 자기개방과 관련된 어려움을 동료나 슈퍼바이저에게 이야기해야 한다. 이는 치료적으로 일치성을 어떻게 사용해야 하는지에 대한 이해를 깊게 할 수 있다.

문헌(Farber, 2006; Kolden et al., 2011; Ziv-Beiman, 2013)의 권고사항과 우리 자신의 임상 경험에 근거해, 다음과 같은 자기개방에 대한 지침을 제안한다.

- 마음속에 있는 자기개방의 동기를 살펴보도록 하라. 당신에 관한 것인가, 아니면 내담자에 관한 것인가?
- 개방이 도움이 될지 자신에게 질문하도록 하라.
- 당신의 개방이 내담자에게 초점을 계속 맞추는지, 아니면 내담자의 문제와 치료 과정으로부터 주의를 돌리는 것인지 자신에게 질문하도록 하라.
- 부정적인 반응이 일어날 가능성을 고려하도록 하라. 내담자가 부정적이거나 예측할 수 없는 방식으로 반응할 수 있는가?
- 일치성은 생각나는 대로 말하는 것이 아님을 기억하도록 하라. 이는 솔직함과 진실성을 가지고 말하는 것을 의미한다.

사례 예시 7-1 문화에 따른 일치성

문화적 정체감에는 많은 차원들이 있다(Collins, Arthur, & Wong-Wylie, 2010). 이 사례에서, 임상가는 아프리카계 미국인인 10대 남자 청소년과의 초기 임상면담 동안 다양한 문화적 영역에서 일치성을 사용한다.

내담자: 이건 바보 같은 짓이에요. 선생님이 저와 제 삶에 대해 뭘 알아요?
임상가: 네가 우린 매우 다르다고 말하고 있다고 생각해. 난 그 말에 전적으로 동의해. 짐작할 수 있겠지만, 난 조폭에 들어가거나 네가 살고 있는 곳에서 살아 본 적이 없어.

알다시피, 난 10대 흑인 청소년이 아니야. 그래서 난 너에 대해, 그리고 너의 삶이 어떤지 잘 몰라. 하지만 알고 싶어. 그리고 우리가 함께하는 동안 어떤 식으로든 너에게 도움이 되고 싶어.

이 임상가는 개방적이고, 일치성을 보이며, 임상가와 내담자의 관계를 방해할 수 있는 분명한 차이점에 대해 말하고 있다. 이와 같이 개방하는 것이 항상 임상가와 내담자의 관계를 향상시킨다고 주장하는 것이 좋겠지만, 항상 효과적인 것은 아니다. 그러나 연구자들이 보고한 바와 같이, 일치성은 긍정적인 치료 과정에 도움이 되는 경향이 있고, 최소한 부분적이라도 긍정적인 결과에 기여한다(Kolden et al., 2011; Tao, Owen, Pace, & Imel, 2015).

무조건적 긍정적 존중

Rogers(1961)는 **무조건적 긍정적 존중**(unconditional positive regard)을 다음과 같이 정의했다.

치료자가 내담자의 다양한 경험을 진심으로 수용할 수 있는 정도에 따라…… 내담자는 무조건적 긍정적 존중을 경험하고 있다……. 이는 수용에는 조건이 없고, "당신이 이러저러해야만 당신을 좋아한다."라는 감정도 없다는 것을 의미한다. 이는 Dewey가 사용한 용어인 개인을 '존중하는 것(prizing)'을 의미한다……. 이는 내담자를 분리된 개인으로 존중하는 것을 의미한다(p. 98).

무조건적 긍정적 존중은 내담자가 자신의 경험에 대해 최고의 권위자라는 것을 암시한다. 치료자의 판단은 항상 충분하지 않은 정보에 근거한다. 우리는 내담자와 함께 살지 않았고, 오랫동안 함께하지 않았으며, 내담자의 내적 동기, 생각 혹은 감정을 직접적으로 알 수 없다.

Rogers에게 무조건적 긍정적 존중은 변함없는 따뜻함, 수용, 존중이 내담자의 성장 잠재력을 촉진한다는 근본적인 믿음에 근거했다. 그는 "개인으로서 호감과 존중을 받는 데서 오는 안전감은 조력 관계에서 매우 중요한 요인으로 보인다."고 언급했다(1961, p. 34). 내담자에게 긍정적이고 수용 받는다는 느낌을 주면 내담자는 자기의심, 불안정, 약점을 탐색할 수 있을 만큼 안전하다고 느낄 수 있다. 이러한 생각은 상식적일 뿐만 아니라 연구에 의해서도 지지받고 있다.

무조건적 긍정적 존중에 대한 증거

Farber와 Doolin(2011)은 1,067명의 내담자를 대상으로 18개의 치료 연구에 대해 메타분석을 실시했다. 이 연구들은 모두 무조건적 긍정적 존중 척도를 포함했다. 전체 18개 연구의 효과 크기는 0.27로 나타났다. 무조건적 긍정적 존중은 중간 정도의 긍정적인 효과를 보였고, 치료 결과의 약 7%를 설명했다.

이 결과는 약하지만 통계적으로 유의했고, 다양한 인종의 내담자들이 많이 속한 연구에서 더 긍정적인 결과를 얻는 경향성을 보였다. Farber와 Doolin(2011)은 다음과 같이 추측했다.

> 우리는 비소수계층 치료자가 소수계층 내담자와 상담할 때, 긍정적 존중을 전달하는 것이 치료 결과의 주요 요인이 될 수 있다고 잠정적으로 가설을 세웠다. 이러한 경우, 치료 과정에서 떠오를 수 있는 불신과 이와 관련된 어려움은…… 치료자의 긍정적 존중을 명확하게 전달함으로써 약화될 수 있고, 결과적으로 긍정적인 결과의 가능성을 촉진할 수 있다(p. 182).

이러한 연구 결과에 대한 해석은 다문화 이론 및 실천에 부합한다(D. W. Sue & Sue, 2016). 소수계층 내담자와 상담할 때, 특히 긍정적 존중을 확고하게 보여 주는 것이 중요하다.

무조건적 긍정적 존중을 사용하는 방법

Rogers에(1957) 따르면, 무조건적 긍정적 존중은 엄밀히 말해 기술이 아니라 경험이다. 앞서 언급한 것처럼, 그는 "치료자가 내담자의 다양한 경험을 진심으로 수용할 수 있는 정도에 따라…… 내담자는 무조건적 긍정적 존중을 경험하고 있다."라고 기술했다(p. 98). 그럼에도 불구하고, 치료자와 내담자 사이의 상호작용에서 무조건적 긍정적 존중이 어떻게 나타날지 논의하는 것은 유용하다. 학생들이 자주 묻는 질문은 다음과 같다. "어떻게 하면 무조건적 긍정적 존중을 표현하거나 보여 줄 수 있나요?"

포옹하거나 다독이거나, "당신을 좋아해요(사랑해요).", "마음이 쓰여요.", "당신을 무조건적으로 받아들일 거예요.", "여기서 당신을 판단하지 않을 거예요."와 같은 말을 통해 내담자에게 직접적으로 긍정적인 감정을 표현하고 싶을 수 있다. 그러나 내담자에게 무조건적 긍정적 존중을 표현하는 것은 역효과를 일으킬 수 있다. 관심을 직접적으로 표현하면 인위적이거나 부적절한 친밀감을 표현하는 것으로 해석될 수 있고, 친구 관계나 연인 관계를 원한다는 것을 암시함으로써 윤리적 경계를 위반할 수 있다(R. Sommers-Flanagan, 2012). 또한, 당신은 인간으로서 내담자에 대해 부정적인 감정을 가지게 될 것이다. 당신이 '무조건적 수용'이라고 명시적으로 주장한다면, 당신은 불가능한 것을 약속하고 있는 것이다.

만약 무조건적 긍정적 존중을 직접적으로 전달하는 것이 적절하지 않다면, 내담자에게 긍정적 존중, 수용, 존중을 간접적으로 어떻게 표현할 것인가? 몇 가지 일반적인 원칙과 이에 대한 예시를 소개한다.

1. 제시간에 도착하여, 내담자에게 어떻게 부르면 좋을지 물어보고(그리고 내담자가 말한 것을 기억하고), 주의 깊게 들으며, 자비심을 보이고, 정해진 시간을 지킨다.
   - 당신을 어떻게 부르면 좋을까요? ~씨, ~양, 혹은 다른 선호하는 호칭이 있나요?
2. 내담자가 자신에 대해 자연스럽게 말할 수 있도록 한다.
   - 저는 의사로부터 당신에 대한 정보를 받았어요. 당신이 불안을 경험하고 있다고 들었지만, 그 불안이 어떤지 당신에게 직접 듣고 싶어요.
3. 내담자의 이야기를 기억함으로써 내담자가 당신에게 하는 말에 대한 관심과 중요성을 전달한다.
   - 아까 룸메이트가 당신을 존중해 주길 바란다고 말했어요. 그리고 지금 다시 그녀의 행동이 무례하다고 말하고 있네요.
4. 내담자의 정서적 고통의 내용을 판단하지 않고도 그 고통에 자비심이나 공감으로 반응하면, 내담자는 수용받는다는 느낌을 받을 수 있다.
   - 실직으로 인해 지금 정말 큰 충격을 받았군요. 다음에 뭘 해야 할지 몰라서 혼란스러워하고 있군요.
5. 내담자는 당신의 판단과 의견에 민감하기 때문에, 단순히 내담자를 받아들이고 존중하기 위한 진실한 노력을 기울임으로써 당신은 다른 어떤 치료 기법보다 더 강력한 메시지를 전달하고 있는 것이다.
   - 당신이 겪은 일에 대해 제가 이해할 수 없다는 걸 알아요. 그리고 그건 맞는 말이에요. 하지만 저는 당신이 기꺼이 공유하고자 하는 만큼 당신이 겪은 외상에 대해 듣고 싶어요.
6. 무조건적 긍정적 존중을 직접적으로 표현하는 것은 바람직하지 않지만, 연구 결과는 특정 행동에 대해 격려와 인정을 직접적으로 표현하면 긍정적인 영향을 미칠 수 있음을 시사한다.
   - "저는 당신이 순종적이거나 약하다고 생각하지 않아요. 사실 감정을 드러내는 건 당신에게는 어렵기 때문에, 저는 이걸 정반대라고 봤어요(Farber & Doolin, p. 173)."
   - 저는 당신이 이걸 할 수 있다고 확신하고 있어요.

- 당신에 대해 많은 걸 공유해 줘서 감사해요.

7. Linehan(1993)이 제시한 급진적인 수용의 개념과 기법을 사용하도록 하라(예시를 위해 제12장 참조).

Rogers(1957)조차도 치료자가 끊임없이 무조건적 긍정적 존중을 할 수 없다는 것을 인식했다. 그는 "무조건적 긍정적 존중은 불행히도"(p. 98)란 문구를 언급하면서, 치료자가 간헐적으로 무조건적 긍정적 존중을 한다고 말하는 것이 더 정확하다고 지적했다. 그는 또한 치료자가 때로는 조건적 긍정적 존중을 하거나, 심지어는 내담자에 부정적 존중을 할 수 있다고 강조했는데, 이는(치료자가 부정적 존중을 할 때) 효과적이지 않은 치료와 관련될 가능성이 높다. Rogers의 핵심 메시지는 임상가가 내담자를 항상 수용하는 것이 불가능하다는 것을 인식하면서, **무조건적 긍정적 존중**을 하도록 노력해야 한다는 것이다(W. B. Webber, 개인교신, 2015년 8월 13일; 사례 예시 7-2 참조).

사례 예시 7-2 **간헐적인 무조건적 긍정적 존중과 유사 과정**

Abby는 백인 이성애 여성으로 26세의 대학원생이다. 그녀는 35세의 이성애 남성이며 라틴계 미국인인 Jorge와 초기 임상면담 후, 슈퍼바이저를 만난다. 슈퍼비전을 받는 동안, 그녀는 Jorge에 대한 자신의 판단적인 태도에 대해 좌절감을 표현한다. 그녀는 Jorge가 모든 사람들이 자신을 적대시한다고 말한 것을 슈퍼바이저에게 보고한다. 그는 전처에게 매우 화가 나 있고, 이혼 후 학교에 복학했으며 자신의 저조한 성적이 인종차별 때문이라고 믿고 있다. Abby는 슈퍼바이저에게 자신은 Jorge를 이해하지 못한다고 말한다. 그녀는 두 번째 회기를 하는 대신 그를 다른 상담자에게 의뢰해야 한다고 생각한다.

Abby의 슈퍼바이저는 공감적으로 경청했고, Abby의 걱정과 좌절을 수용하고 있다. 슈퍼바이저는 자신이 장애가 있는 내담자에게 긍정적 존중을 보이는 데 어려움을 겪었던 간단한 사례를 공유한다. 그런 다음, 그녀는 Abby에게 Jorge의 입장이 되어 35세의 라틴계 남성이 학교에 복학하는 것이 어떨지 상상해 보라고 한다. 그녀는 Abby에게 전처에 대한 Jorge의 명백한 분노 '기저'에 무엇이 있을지 상상해 보도록 한다. 슈퍼바이저는 Abby에게 이렇게 말한다. "모든 사람들을 적대적으로 보는 내담자를 만났을 때, 그 사람과 함께하기 위해 진정한 노력을 하는 게 더 중요해요." 슈퍼비전이 끝나갈 때, Abby는 Jorge와 두 번째 회기를 가지고, 더 깊은 수준에서 그의 관점을 탐색하고 이해하는 데 동의한다. 다음 슈퍼비전 회기 동안, Abby는 Jorge에게 간헐적으로 무조건적 긍정적 존중을 보이는 데 큰 진전을 보고하고 있으며, 향후 그와 상담하는 데 열의를 보인다.

무조건적 긍정적 존중을 하는 능력을 향상시키는 한 가지 방법은 당신의 좌절과 간헐적으로 나타나는 판단적인 태도를 수용해 주는 슈퍼바이저를 두는 것이다. 만약 치료 회기에서 발생하는 문제가 슈퍼비전에서 일어나는 문제와 유사할 경우, 이를 유사 과정(parallel process)이라고 한다(Searles, 1955). 그러므로 당신이 슈퍼비전에서 무조건적 긍정적 존중을 받는 것이, 내담자에게 무조건적 긍정적 존중을 전달하는 데 도움이 될 수 있는 한 가지 이유다.

공감적 이해

Rogers(1980)는 **공감**(empathy)을 다음과 같이 정의했다.

내담자의 생각, 감정, 고통을 내담자의 관점에서 이해하려는 치료자의 민감한 능력과 의지. [이는] 내담자의 눈을 통해 온전히 볼 수 있고, 내담자가 가지고 있는 참조 틀(frame of reference)을 취하는 능력이다[p. 85]…… 이는 상대방의 사적인 지각 세계로 들어가고…… 상대방이 느끼는 감정 변화의 흐름에 민감하며, 매 순간에 초점을 맞추는 것을 의미한다. 이는 내담자가 거의 인식하지 못하는 의미를 감지하는 것을 의미한다(p. 142).

Rogers의 공감에 대한 정의는 여러 가지 요소들로 구성된다.

- 치료자의 능력이나 기술
- 치료자의 태도나 의지
- 내담자의 생각, 감정, 갈등에 초점 맞추기
- 내담자의 참조 틀이나 관점 채택하기
- 내담자의 사적인 지각 세계로 들어가기
- 내담자가 느끼는 감정에 매 순간 민감하게 반응하기
- 내담자가 거의 인식하지 못하는 의미 감지하기

일치성 및 무조건적 긍정적 존중과 마찬가지로, Rogers의 복잡한 정의는 공감에 대한 연구에 장애가 되지만, 많은 경험적인 연구들이 공감의 긍정적인 효과를 지지하고 있다.

공감에 대한 증거
3,000명이 넘는 내담자를 포함하는 47개의 연구에 대한 메타 분석에서, Greenberg,

Watson, Elliot과 Bohart(2001)는 공감과 치료 효과 사이에 .32의 상관관계가 있다고 보고했다. 비록 큰 상관관계는 아니지만, 이들은 "공감은…… 결과 변량의 거의 10%를 설명한다." 그리고 "전반적으로, 공감은 특정 개입보다 훨씬 더 많은 결과 변량을 설명한다."고 언급했다(p. 381).

Elliot, Bohart, Watson과 Greenberg(2011)는 보다 최근에 메타 분석을 실시했다. 여기에는 3,599명의 내담자를 대상으로 한 57개의 연구와, '공감-치료 효과의 연관성에 대한 224개의 개별 검증'이 포함되었다(p. 139). 이들은 공감이 결과 변량의 약 9%를 설명한다고 결론 내렸다.

메타 분석과 다양한 이론적 명제를 바탕으로, Greenberg 등(2001)은 공감이 긍정적인 치료 효과에 기여하는 다섯 가지 방법을 확인했다.

1. 공감은 치료적 관계를 향상시킨다. 내담자가 이해받는다고 느낄 때, 내담자는 치료를 계속 받고, 치료자에 만족할 가능성이 더 높다.
2. 공감은 정서 경험을 교정한다. 내담자는 치료에서 정서적으로 고통스러운 상호작용을 예상하지만, 대신 수용과 이해를 경험할 때 교정적 정서 경험이 일어날 수 있다.
3. 공감은 내담자의 언어적·정서적·지적 자기탐색과 통찰력을 촉진시킨다. Rogers(1961)는 다음과 같이 표현했다. "공감을 통해 내가 당신이 보는 것처럼 그것들을(당신의 감정과 생각을) 보고 그것들과 당신을 수용하여, 당신은 아무에게도 말하지 못한 경험과 내면의 두려움, 숨겨진 구석 모두를 자유롭게 탐색할 수 있다고 느낀다(p. 34)".
4. 공감은 내담자를 자기치유의 방향으로 인도한다. 내담자가 자신에 대해 더 깊이 이해할 때, 내담자는 자신의 개인적인 변화 과정에서 주도권을 잡을 수 있다.
5. 공감은 긍정적인 치료 효과와 강하게 연결되어 있다. 일부 저자들은 공감이 모든 효과적인 치료 개입의 기초라고 제안했다. "공감은 이해를 위한 기초이기 때문에, 공감 없이는 효과적인 개입을 할 수 없고, 모든 효과적인 개입은 공감적이어야 한다고 결론지을 수 있다(Duan, Rose, & Kraatz, 2002, p. 209)".

공감에 대해 더 깊게 살펴보기

공감의 정의에는 여러 가지가 있다(A. Clark, 2010; Duan et al., 2002; Gonzalez-Liencres, Shamay-Tsoory, & Brüne, 2013). Elliott 등(2011)에 따르면, 최근 신경과학의 발전은 공감이 세 가지 핵심 하위 과정으로 구성되어 있음을 시사한다.

1. **정서적 자극**: 이는 한 사람이 경험적으로 다른 사람의 감정을 반영할 때 일어난다. 정서적 고통 속에 있는 다른 사람의 말을 들으며, 이에 대한 반응으로 당신이 '눈물을 흘릴 때'를 생각해 보도록 하라. 정서 자극은 거울 뉴런, 변연계 내의 구조, 신경전달물질 및 기타 요인(예: 양측성 배내측 시상, 섬, 옥시토신)을 포함한다.

2. **조망 수용**: 이는 다른 사람의 관점에서 세상을 '보려고' 할 때 일어난다. 이는 지적 추론을 필요로 한다. 조망 수용은 공감에 대한 인지적 혹은 지적인 기초로 간주되고, 전두엽과 측두엽 피질과 관련된 것으로 보인다(Stocks, Lishner, Waits, & Downum, 2011).

3. **정서 조절**: 치료자는 자신의 정서에 대처하고 처리한 다음 공감 반응을 보여야 한다. 이 과정은 당신 자신의 정서적 반응을 재평가하고 진정시키는 과정을 포함한다. 이는 도움이 되는 반응을 위한 발판이다. 이 과정에서 가장 일반적인 기법적 반응은 감정 반영이나 감정 타당화를 포함하지만, 거의 모든 잠재적인 면담 행동들에는 공감을 포함하는 언어적·비언어적 요인이 포함될 수 있다. 정서 조절은 안와전두피질, 전전두피질, 우하두정피질과 관련 있을 수 있다.

공감은 경험, 추론, 행동을 필요로 하는 다차원적인 대인관계 과정이다. 그러나 모든 신경과학 모형과 마찬가지로, 공감 반응의 어느 하나의 측면도 뇌의 특정 영역에서 확인된 것보다 뇌 전체적으로 관여되었을 가능성이 더 크다. 예를 들면, 만약 당신이 내담자를 공감적으로 대하면서 정서적 반응을 경험한다면, 당신은 동시에 여러 가지 신체적 반응(예: 느린 호흡, 눈물이 잘 흐름, 눈을 아래로 향함)을 알아차릴 수 있다. 이러한 인식은 인지적 반영 과정(예: "나에게 무슨 일이 일어나고 있지?"), 판단("나는 너무 감정적인 상태야. 감정적으로 물러날 필요가 있어."), 고통을 유발할 수 있다. 내담자의 감정 상태가 당신의 기억을 불러일으키는 것도 드문 일이 아니다. 여기에는 해마의 활성화 및 인지적(전두엽), 신체적(운동피질), 시각적(후두엽) 차원이 당신의 경험과 관련되어 있을 수 있다(Gonzalez-Liencres et al., 2013; Messina et al., 2013).

공감하고 표현하는 데 있어 간단한 지침은 공감 능력을 강화시킬 수 있지만, 공감과 관련된 다양한 기술들을 온전히 습득하는 데 도움이 되는 단일 전략은 없다. 예를 들면, Carkhuff(1987)는 공감의 지적인 혹은 조망 수용 요소를 '공감 질문을 하는 것'이라고 언급했다. 그는 다음과 같이 기술했다.

공감 질문에 답함으로써 우리는 도움을 받는 사람이 표현하는 감정을 이해하려고 노력한다. 우리는 도움을 받는 사람의 감정에 대한 단서를 요약한 다음의 질문에 답한다. "내가

Tom이고 이런 말을 한다면 기분이 어떨까?"(p. 101)

Carkhuff의 공감 질문은 내담자의 감정을 들여다보는 데 유용한 도구지만, 공감 과정을 지나치게 단순화시킨다. 첫째, 공감 질문은 치료자가 내담자의 감정을 완벽하게 알 수 있는 바로미터를 가지고 있다고 가정한다. 불행하게도 이는 사실이 아니다. 내담자의 입장에서 특정 감정을 느낀다고 해서 내담자가 그렇게 느끼는 것은 아니다. 만약 당신이 Carkhuff의 공감 질문에 전적으로 의지한다면, 당신은 내담자에게 자신의 감정을 투사할 위험이 있다.

내담자는 행복한 표정을 짓고 있지만, 치료자가 비관적인 경향을 보인다면 어떤 일이 일어날지 생각해 보도록 하라. 다음과 같은 일이 일어날 수 있다.

내담자: 저는 왜 아빠가 상담 받으러 와서 서로 이야기하자고 하는지 모르겠어요. 우리는 그동안 대화할 수 없었어요. 이젠 신경도 안 써요. 저는 이걸 받아들이고 있어요. 아빠도 이걸 받아들였으면 좋겠어요.

치료자: 너와 효과적으로 대화할 수 없는 아버지에 대해 화가 났구나.

내담자: 그렇지 않아요. 아까도 말했지만, 전 신경 쓰지 않아요. 저는 부모님과의 관계에 개의치 않아요.

이와 같은 경우, "아버지와 잘 소통하지 못한다면 기분이 어떨 거 같아?"라고 공감 질문을 하면 내담자는 치료자에게 화가 날 수 있다. 이 과정은 내담자가 화를 내지 않더라도 치료자가 내담자에게 화난 감정을 투사하는 결과를 가져온다. 정확한 공감 반응은 내담자 말의 내용과 비언어적인 메시지를 포함한다. 만약 내담자가 이전에 화를 냈거나 화가 나 있거나 화가 난 것처럼 보였다면(예를 들면 화난 얼굴 표정, 격앙된 목소리), 치료자는 분노에 대해 반영하는 것을 선택할 수도 있다. 하지만 치료자의 의견은 부정확하고, 내담자에 의해 거절된다. 치료자는 내담자가 표현하는 핵심 단어에 초점을 맞춤으로써 적절한 공감 반응을 할 수 있다.

지금 치료를 받는 게 너에겐 별로 의미가 없구나. 아마 너는 아빠와 소통이 부족한 거에 대해 감정을 가지고 있었을지도 모르지만, 이 시점에서 너는 이 상황에 대해 상당히 무덤덤하고, 그냥 넘어가기 원하는 것처럼 들리네.

이 두 번째 반응이 더 정확하다. 이는 내담자가 이전에 어떻게 느꼈는지, 현재 어떤 생각을 하고 있는지, 그리고 무덤덤한 정서 반응에 대해 다루고 있다. 내담자는 미해결된 슬픔, 분노 혹은 실망감을 가질 수도 있지만, 치료자가 이러한 억압된 감정과 연결하기 위해서는 보다 해석적 개입이 필요하다. 제5장에서 언급한 것을 기억하도록 하라. 감정의 해석과 해석적 반영은 근거가 뒷받침되어야 한다.

조망 수용의 지적(intellectual) 과정을 돕기 위해, 내담자의 입장에서 어떤 느낌일지에만 집중하는 대신, 적어도 세 가지 방법으로 당신의 레퍼토리를 확장시킬 수 있다.

1. 다른 내담자가 어떤 감정을 느끼거나 느낄 수 있는지 반영하도록 하라.
2. 이 특정 경험에 대한 반응으로 친구나 가족이 어떤 감정을 느끼고, 어떤 생각을 할 수 있는지 반영하도록 하라.
3. 내담자가 경험하는 것과 유사한 경험에 대한 글을 읽고 연구하도록 하라.

A. Clark(2010)은 Rogers의 글을 이론적 근거로 삼아, 공감적 이해를 객관적 공감으로 확장하기 위한 지적인 접근법을 언급했다. **객관적 공감**(objective empathy)은 "이론에 기반한 관찰 자료와 신뢰로운 자료를 내담자를 이해하는 과정에 활용하는 것"이다 (p. 349). 객관적 공감은 공감 과정에 외부 지식을 적용하는 것에 기초한다. 이는 당신의 개인적인 경험을 넘어 공감 반응을 확장시킬 수 있다.

또한 Rogers(1961)는 내담자가 자유롭게 받아들이거나 기각할 수 있도록 감정 반영을 잠정적으로 해야 한다고 강조했다. Elliot 등(2011)은 공감의 잠정적 특성을 다음과 같이 설명했다. "공감은 항상 겸손한 태도로 제공되어야 하고, 강압적이지 않아야 하며, 항상 정정할 준비가 되어 있어야 한다(p. 147)."

Carkhuff의 공감 질문이 단순한 두 번째 이유는 공감을 내담자의 감정을 정확하게 반영해야 하는 것처럼 다루는 것이다. 정확한 감정 반영은 공감의 중요한 부분이지만, 공감은 또한 내담자와 함께 **생각하고 경험하는** 것을 포함한다(Akhtar, 2007). 내담자에 대해 Rogers가 공감할 때는 종종 감정보다는 의미에 더 초점을 맞추었다. Rogers의 공감에 대한 본래 정의를 생각해 보면, 그는 공감을 "상대방이 느끼는 감정 변화의 흐름에 민감하며, 매 순간에 초점을 맞추는 것"(p. 142)이라고 기술했다. 공감적 이해는 단순하지 않은데, 이는 내담자의 경험의 타당성을 존중하고, 함께 느끼고 생각하며, 내담자의 감정을 알아차려 이 모든 것을 반영하기 때문이다.

잘못된 공감 시도

가끔 당신은 공감을 표현하기 위해 너무 열심히 노력하거나, 내담자가 느끼는 감정을 완전히 놓치거나, 아니면 공감 반응을 소홀히 해 곤경에 처할 수 있다. 새내기 치료자가 종종 사용하지만 피해야 하는 고전적 진술은 다음과 같다(J. Sommers-Flanagan & Sommers-Flanagan, 1989).

1. "어떤 기분인지 알아요." 혹은 "이해해요."

   내담자는 이렇게 반응할 수 있다. "아니요. 당신은 제가 어떤 기분인지 이해하지 못해요." 그들의 반응이 전적으로 옳을 것이다. "이해해요."는 피해야 할 거만한 반응이다. 그러나 "이해하고 싶어요."나 "이해하려고 노력 중이에요."라고 말하는 것은 용인된다.

2. "저도 비슷한 일을 겪었어요."

   내담자는 회의적으로 반응하거나, 당신의 경험을 자세하게 설명해 달라고 요청할 수 있다. 갑자기 역할이 뒤바뀐다. 면담자가 면접을 받게 된다.

3. "세상에, 정말 끔찍했겠어요."

   외상을 경험한 내담자는 가끔 자신의 경험이 얼마나 충격적이었는지 확신하지 못한다. 당신은 내담자의 정서적 경험을 이끌어 가고 있는지, 따라가고 있는지 관찰해야 한다. 만약 내담자가 자신의 경험에 대해 '끔찍한' 감정을 느낀다고 표현하면, 그 경험이 "정말 끔찍했겠어요."라고 반영하는 것은 공감하는 것이다. 그렇다고 하더라도, 더 나은 공감적 반응은 "분명히 그랬겠군요."라는 판단과 '세상에'라는 표현을 빼고, "그일에 대해 끔찍하다고 느끼는 것 같군요."와 같이 말하는 것이다.

사례 예시 7-3 **무엇을, 어떻게 타당화하는가: 외상과 학대에 대한 공감 반응**

공감은 종종 정서적 타당화를 포함한다. 그러나 가끔 내담자는 자신의 경험에 대해 양가감정을 가지기도 하는데, 이는 타당화 과정을 더 복잡하게 만든다. 특히, 외상이나 학대 생존자가 자신으로 인해 외상이 일어난 것처럼 느끼는 희생자의 죄책감을 경험할 때 더욱 그러하다.

치료자: 부당한 대우를 받았다고 느꼈던 때가 생각나나요? 어쩌면 벌 받을 상황이 아닌데 벌 받은 상황 같은 거요.

내담자: 아뇨. 그런 적 없어요(15초 동안 잠시 멈춤). 음, 아마 한번 그런 적이 있었던 거 같아요. 어머니가 없는 동안 집안 청소를 해야 했어요. 어머니가 돌아왔을 때, 청소가 끝나지 않아서 어머니가 빗자루로 제 등을 때려서 빗자루가 부러졌어요.

> 치료자: 빗자루가 부러졌다고요? (말투를 약간 바꿔, 어머니의 행동에 대해 비승인과 놀람
> 을 나타냄)
> 내담자: 네. 아마 혼날 만했을 거예요. 어머니가 시킨 대로 집을 깨끗하게 청소하지 않았으
> 니까요.

이러한 상황에서 내담자는 어머니에 대해 복잡한 감정을 표현했다. 비록 어머니가 폭력적이었지만, 내담자는 어머니 지시를 따르지 않은 것에 대해 죄책감을 느꼈다. 치료자는 목소리 톤과 억양을 사용해 미묘한 공감 반응을 시도했다. 내담자의 고통이나 분노에 과도하게 초점을 맞추게 되면 죄책감에 대한 탐색이 조기에 끝날 수 있기 때문에 이 방법이 사용되었다. 최소한의 공감 표현에도 불구하고, 내담자는 어쨌든 어머니의 신체적 학대를 변호했다. 이는 내담자가 자신에 대한 어머니의 부정적인 평가를 받아들이고 있음(11세까지, 그리고 여전히 42세까지)을 시사한다. 인간중심 또는 정신분석학적 관점에서, "그건 단지 학대일 뿐이에요. 어머니는 빗자루가 부러질 정도로 딸의 등을 때려서는 안 돼요."와 같은 지지적 진술은 사건에 대한 내담자의 죄책감 탐색을 차단했을지도 모른다.

대신에, 온화하고, 개방적이며, 공감적인 질문을 사용하면 치료자가 내담자의 고유한 경험을 더 깊게 이해할 수 있고, 내담자가 분노와 같은 다른 감정을 탐색하는 데 도움이 될 수도 있다. 예를 들면, 치료자는 다음과 같은 질문을 할 수 있다.

> 당신은 그런 상황에서 어머니에게 맞을 만 하다고 말하고 있지만, 이에 대해 느끼는 다른 감정이 있는지 궁금해요.

혹은 치료자는 내담자가 자신에 대해 공감할 수 있도록 돕기 위해 3인칭 질문을 사용할 수 있다.

> 만약 당신이 경험한 것과 같은 경험을 한 친구가 있다면, 그 친구에게 뭐라고 말해 주겠어요?

이 상호작용의 첫 번째 예시에서 치료자는 비지시적 모형을 사용했다. 그는 어머니의 폭력을 공개적으로 비난하지 않았다. 당신은 그가 너무 비지시적이었을 수도 있다고 생각하는가? 어쩌면 상담자가 공감적 자기개방을 통해 내담자를 그 방향으로 이끌었다면, 내담자는 어머니에 대한 분노를 탐색할 수 있었을지도 모른다.

> 당신과 같은 상황에 처해 있다고 상상해 보면 저도 죄책감을 느낄 수 있지만, 한편으로는 어머니가 청소에 너무 신경을 쓰고 저에 대해 거의 신경을 쓰지 않는 것에 화가 날 거 같아요.

이러한 자기개방은 공감적이고 유도적이다. 당신은 이러한 자기개방이 지나치게 유도적이라고 생각하는가? 아니면 정신분석치료에서 흔히 강조하는 중립성보다 더 나은 반응이라고 생각하는가?

공감에 대한 결론

공감은 매우 중요하고, 강력하며, 복잡한 대인관계 현상이다. 사람들은 서로 상반되는 의미와 감정을 동시에 표현할 수 있다. Rogers는 공감을 경험하면 내담자를 판단하고자 하는 욕구가 줄어들고, 부적절한 상황에서 일치성을 보이려고 하는 욕구를 억제할 수 있다고 생각했다. 공감, 무조건적 긍정적 존중, 일치성은 서로 경쟁하는 개별 구성 요인이 아니다. 서로 보완하고 영향을 주는 요인이다.

Greenberg 등(2001)은 공감적 태도를 보이는 데 있어 어려움에 대해 논의했다.

일부 취약한 내담자들은 공감의 표현이 너무 거슬린다는 것을 알게 될 수도 있고, 반면에 저항적인 내담자는 공감이 너무 지시적이라고 생각할 수도 있다. 그러나 다른 내담자들은 공감이 너무 이질적인 감정에 초점을 맞춘다고 생각할 수도 있다. 따라서 치료자는 언제 공감적으로 반응하고, 언제 하지 말아야 하는지 알아야 한다. 치료자는 공감적 이해를 언제, 어떻게 전달해야 하는지, 그리고 매 순간마다 공감 반응을 어느 수준에서 해야 하는지 결정하기 위해 지속적으로 과정 점검을 해야 한다(p. 383).

앞의 설명에서처럼, 내담자 개개인에게 공감 반응을 끊임없이 맞추는 것이 만만치 않게 들릴 수 있다……. 그리고 이는 실제로 만만치 않다. 이러한 어려움에 문화적 다양성을 더하면, 그 과제는 더욱 복잡해진다. 그럼에도 불구하고, 우리는 당신이 기대, 낙관, 인내심을 가지고 이 어려움에 도전할 것을 권장한다. 제4장에서 논의한 것처럼, 정서적 고통과 괴로움을 표현하기 위해 애쓰는 사람과 함께 앉아 있는 것은 공감과 관련된 신경 발달에 도움이 된다.

기타 증거 기반 관계 개념

이론적으로나 경험적으로 지지받고 있는 다음의 관계 요인은 다양한 이론적 관점에서 도출된다. 우리는 정신역동치료 접근과 관련된 관계 개념으로 시작하고자 한다.

전이

Freud(1949)는 **전이**(transference)를 "환자가 정신분석가에게서 어린 시절이나 과거 중요한 인물의 귀환, 즉 환생(reincarnation)을 보고, 결과적으로 이 인물에 의심할 여지없이 적용되는 감정과 반응을 정신분석가에게 전이할 때 일어나는 과정"이라고 정의했다(p. 66). 정신분석과 대인관계치료의 주요 목표는 내담자가 반복되는 부적응적 관계 패턴에 대한 인식을 가지도록 돕는 것이기 때문에, 전이는 특히 중요하다. 반복되는 관계 패턴에 대한 더 많은 인식이나 통찰력을 가짐으로써, 내담자는 이러한 패턴을 바꾸기 시작할 수 있다. 인식이나 통찰력은 변화의 전제 조건으로 간주된다.

전이는 일반적으로 부적절하게 느껴지는데, 예를 들면, 내담자가 당신에게 너무 격렬하고, 너무 극단적이고, 너무 변덕스러운 행동, 생각 혹은 감정을 가지고 반응하고, 끈기 있게 집착하는 경우 등이다(Greenson, 1967). 전이는 "이성적이거나 합리적인 근거에서 정당화될 수 있는 것은 무엇이든 모두 능가한다"(Freud, 1912/1958, p. 100). 항상 그렇지는 않지만, 가끔 강렬하고 명백한 전이가 면담 초기에 나타날 수 있다. 예를 들면, 화가 난 젊은 남성은 여성 상담자에게 부정적인 반응을 보였고, 초기면담에서 공격적인 언어를 사용했다. 그는 반복적으로 다음과 같이 말했다.

> 씨×, 당신과 같은 여자들은 내가 어떤 의도로 이런 말을 하는지 이해 못해요. 절대로. 여자들은 날 이해 못하고, 당신도 날 이해 못해요.

상담자의 행동이 강한 반응을 유발했다고 확신할 수 없기 때문에, 내담자는 자신의 삶에서 중요한 여성과 경험했던 이전의 상호작용을 바탕으로 '감정, 태도, 행동'을 대체했을 가능성이 높다(Gelso & Hayes, 1998, p. 51).

전이에 대한 증거

연구자들은 상담 회기 동안 전이 반응이 신뢰롭고 타당하게 측정될 수 있다고 보고하고 있다(Kivlighan, 2002). 또한 치료에서 전이(예: 핵심 갈등 관계 주제; core conflictual relationship theme 혹은 CCRT)를 측정하면, 치료 장면 밖에서 관찰되는 관계 패턴과 매우 유사한 패턴을 확인할 수 있다는 증거도 있다(Zilcha-Mano, McCarthy, Dinger, & Barber, 2014). 마지막으로, 연구자들은 정신분석 모형을 사용해 전이를 직접 다루면 긍정적인 치료 효과를 얻을 수 있다고 보고했다(Shedler, 2010). 예를 들면, 장기 정신분석치료에 초점을 맞춘

10개의 연구에 대한 메타 분석에서 0.78의 효과 크기가 보고되었다(Driessen et al., 2010). 비교를 위해 말하자면, 주요우울증 약물치료 효과에 대한 메타 분석에서는 0.31의 효과 크기가 보고되었다(E. Turner, Matthews, Linardatos, Tell, & Rosenthal, 2008).

이러한 결과는 임상면담 초반에 유의해야 할 점을 보여 준다. 초기 및 후속면담에서 내담자는 전이를 나타내는 행동을 보일 가능성이 있다. 비록 이러한 행동을 치료적으로 다루려면 광범위한 훈련이 필요하지만, 당신은 슈퍼바이저와 함께 내담자에게 시험적 해석을 사용할 수 있는 가능성을 탐색하는 것을 원할 수 있다(시험적 해석에 대한 지침은 제5장 참조).

전이에 대한 예시

전이는 종종 추상적이고, 모호하며, 이해하기 어렵다. 내담자는 주어진 상황에서 요구되는 것보다 더 정서적으로 반응할 수도 있고, 당신에 대해 현실에 근거가 거의 없는 가정을 할 수도 있으며, 당신이나 치료에 대해 근거가 없고 비현실적인 기대를 표현할 수도 있다.

전이의 한 가지 일반적인 예시는 내담자가 당신이 자신을 부정적으로 판단할 것이라고 예상할 때 발생한다. 예를 들면, 한 내담자가 심리검사와 과제에 대한 불안을 표현했다. 그녀는 잠정적으로 말했다.

> 음…… 있잖아요, 성격검사 결과가 정확하지 않은 거 같아요. 검사할 때 제가 뭔가 잘못한 게 틀림없어요.

위의 진술은 시사점을 제시한다. 보통 내담자가 부정확한 심리검사 결과를 받으면, 자신의 수행보다는 검사의 타당성에 대해 의문을 제기한다. 마찬가지로 잠정적인 맥락에서, 그녀는 "제가 과제를 하긴 했지만, 제대로 했는지 확실하지 않아요."라고 말했다. 그녀는 자신이 지침대로 정확하게 검사를 했다는 사실에도 불구하고 이렇게 언급했다. 그녀는 치료자를 자신을 부정적으로 평가할 수 있는 권위자로 보기 때문에 자기의심이 촉발되었다. 그녀가 비판 받을 것이라는 예상은 그녀가 과거에 가혹한 비판을 경험했을 수도 있다는 것을 암시했다. 이러한 의미에서 그녀의 반응은 성인이 다가올 때 움찔하는 아이의 반응과 비슷하다. 이 아이는 이전의 신체적 학대 때문에 움찔할 수도 있다. 움찔거림은 자동적이고 무의식적인 반응일 수도 있다. 마찬가지로, 과도한 비판에 노출된 내담자는 평가 상황에 노출되었을 때 스스로를 준비(또는 움찔)하기 위해 자동적이고 무의식적인 경향을 가질 수 있다. 이는 전이의 한 예시다.

전이는 긍정적(예: 다정한, 좋아하는, 사랑하는) 혹은 부정적(적대적인, 거절하는, 차가운) 태도,

감정 혹은 행동으로 나타날 수 있다. 치료가 진행됨에 따라 이러한 전이를 다루는 것은 생산적일 수 있다. 그러나 초기 임상면담에서 가장 현명한 방법은 부적절하게 보이고, 내담자의 과거 관계로부터 비롯될 수 있는 반응 패턴을 알아차리는 기민한 관찰자가 되는 것이다. 이러한 패턴에 대해 이야기하는 것은 추후에 이루어져야 한다(제5장 해석에 관한 섹션 참조).

전이 알아차리기와 탐색하기

내담자의 전이를 다루는 일은 고급 기술과 확고한 이론적 근거가 필요하다. 그러나 다음 네 가지 원리와 실제는 내담자의 전이를 알아차리고 탐색하는 첫 번째 단계가 될 수 있다.

1. 면담 중에 반복적인 전이 반응이 일어날 수 있는 가능성을 인지하도록 하라.
2. 반복되는 패턴을 내적으로 알아차린 다음, 패턴이 명확해지면 명시적으로 언급하되, 주관적인 의견일 수도 있다는 것을 인정하며 잠정적으로 말하도록 하라.
   • 제가 틀릴 수도 있지만, 당신이 아버지에 대해 이야기할 때 화를 내는 것 같다는 걸 알아차렸어요.
   • 그저 관찰일 뿐이지만, 당신은 여러 번 자신에 대해 부정적인 말을 했어요.
3. 중요할 수 있는 반복 패턴을 협력적으로 탐색하도록 하라.
   • 아버지에 대해 이야기할 때 반복적으로 화를 내는데, 이에 대해 어떻게 생각하나요?
   • 과거에 비슷한 감정을 느낀 적이 있나요?
4. 당신의 전이 관찰을 내담자의 상담 밖 관계와 너무 많이 관련지으면 부정적인 영향을 미칠 수 있다는 점을 명심하도록 하라(Safran, Muran, & Eubanks-Carter, 2011). 따라서 이러한 연결은 가끔, 잠정적으로만 다음과 같이 하도록 하라.
   • 당신의 의견을 말하면 혼날 거라고 예상하는 이런 패턴은 상담실 밖의 관계에서도 일어날 거 같아요. 그런가요?

기억하도록 하라. 비록 전이는 내담자의 과거, 현재, 그리고 상담 관계가 어떻게 엮여 있는지 엿볼 수 있는 특별한 기회를 제공하지만, 심리치료 초기에 전이에 너무 많이 집중해서는 안 된다.

역전이

Freud는 역전이에 대해 부정적인 견해를 가지고 있었다. 그는 다음과 같이 기술했다.

"어떤 정신분석가라도 자신의 콤플렉스와 내적 저항 수준을 넘어서서 상담할 수 없다 (1910/1957, p. 145)." 이후 정신분석학 실무자들은 역전이에 대해 네 가지 다른 의견을 제공했다.

1. **고전적**(classical). 이것은 Freud의 견해다. 내담자의 전이는 정신분석가의 해결되지 않은 어린 시절의 갈등을 촉발시킨다. 이러한 촉발은 해결되지 않은 갈등에 부합하는 방식으로 행동하게 만든다. 역전이는 부정적이고 '극복'되어야 한다.
2. **전체적**(totalistic). 이 역전이는 치료자가 내담자에 대해 가지고 있는 모든 반응을 가리킨다. 이러한 반응은 가치 있고, 연구와 이해가 필요하며, 치료 과정과 효과를 향상시키기 위해 활용해야 한다.
3. **상보적**(complementary). 이 역전이는 상담 장면에서 치료자가 (치료 밖) 다른 사람들이 내담자에게 반응하는 방식으로 '행동하게 되는' 특정 상호작용 패턴에서 나온다. 좋은 치료자는 이러한 충동을 억제하고, 상호작용 패턴의 본질을 이해하며, 이 지식을 통해 내담자의 부적응적 관계 스타일 수정을 위한 개입을 구성할 수 있다.
4. **관계적**(relational). 이 역전이는 내담자와 치료자 모두 충족되지 않은 욕구와 갈등의 조합이나 통합으로 구성된다.

대부분의 현시대 이론가와 치료자들은 역전이에 대해 Freud의 부정적인 견해를 넘어 하나 이상의 다른 견해를 가지고 있다.

역전이에 대한 증거

연구자들은 역전이 반응이 치료자에게 내담자의 대인관계 역동뿐만 아니라 자신의 중요한 근원적 갈등을 알려 줄 수 있다는 것을 발견했다(Betan, Heim, Conklin, & Westen, 2005; Fatter & Hayes, 2013). Betan 등은 정신과 의사와 임상심리사 181명을 대상으로 설문조사를 실시해 다음과 같이 보고했다.

환자들은 (임상가의 과거 및 환자와 임상가의 역동적인 상호교류에 기반해) 특정 임상가로부터 특이한 반응을 이끌어 낼 뿐만 아니라, 평균적으로 예상할 수 있는 역전이 반응을 이끌어 내는데, 이는 환자의 삶에서 중요한 사람이 보이는 반응과 유사할 수 있다(p. 895).

이러한 결론은 역전이가 자연스러운 현상이고, 치료 과정과 효과에 기여할 수 있는 유용한 정보원이라는 견해와 일치한다.

J. Hayes, Gelso와 Hummel(2011)은 역전이와 치료 효과를 측정한 10개의 양적 연구에 대한 메타 분석을 실시했다. 이들은 전반적으로 치료 효과에 대한 역전이의 효과 크기가 작았음을 보고했는데(weighted r = 0.16), 이는 역전이가 약간 나쁜 치료 효과와 관련이 있음을 의미한다.

J. Hayes 등(2011)은 역전이 관리가 부정적인 치료 효과를 감소시켰는지 여부에 초점을 맞춘 메타 분석을 실시했다. 이들 연구의 이론적 근거는 다음과 같다. "이 문헌에서 핵심적인 개념은, 역전이가 방해물이 아닌 도움이 되기 위해서는 치료자가 역전이에 대해 어떤 노력이라도 해야 한다는 것이다"(p. 251). 이들은 역전이를 관리하거나 통제하기 위해 노력한 11개의 양적 연구를 확인했다. 전반적으로, 이들은 작은 효과 크기를 보고했는데, 이는 역전이를 관리하려는 노력이 역전이의 감소와 관련이 있음을 시사한다(weighted r = −0.14).

세 번째 메타 분석에서 J. Hayes 등(2011)은 역전이 관리와 치료 효과의 관계에 대해 조사했다. 이들의 질문은 역전이 관리가 치료 효과 향상에 기여할 수 있는지의 여부였다. 7개의 양적 연구를 바탕으로, 이들은 '유의하고 큰' 효과 크기를 보고했다(weighted r = 0.56). 이는 치료자가 내담자에 대한 자신의 역전이 반응을 적극적으로 관리할 때, 보다 긍정적인 치료 효과에 기여할 수 있다는 것을 의미한다.

역전이에 대한 예시

거의 모든 행동들이나 정서적 반응이 역전이를 나타낼 수 있다는 점을 감안할 때, 무한한 수의 잠재적 역전이 행동들이 있다. 예를 들면,

- 당신과 악수하거나 포옹을 원하는 내담자에게 다가가거나 회피하는 것
- 상담에서 말을 지나치게 많이 하거나 억압되고 자유롭게 말할 수 없다고 느끼는 것
- 지루하거나 흥미를 느끼는 것
- 너무 많은 농담을 하거나 부정적이고 우울한 생각과 감정을 떨칠 수 없다고 느끼는 것
- 내담자가 오는 것을 고대하거나 크게 두려워하는 것

다양한 이론적 배경의 임상가들은 역전이의 실체에 대해 인정했다. 행동적 관점에서 Goldfried와 Davison(1976)은 다음과 같이 권고했다. "치료자는 계속해서 자신의 행동과 정서적 반응을 관찰해야 하고, 내담자의 어떤 행동을 통해 그러한 반응이 일어났는지 살펴보아야 한다"(p. 58). 마찬가지로, Beitman(1983)은 기법 지향적인 상담자조차도 역전이에

부정적인 영향을 받을 수 있다고 제안했다. 그는 다음과 같이 기술했다. "모든 기법들은 역전이의 부정적인 영향을 알아차리는 것을 회피하기 위해 사용될 수 있다"(p. 83). 예를 들면, 임상가가 내담자의 욕구보다 자신의 욕구를 다루기 위해 기법을 적용한다는 사실을 알아차리지 못한 채, 내담자에게 반복적으로 특정 기법(예: 점진적 근육 이완, 심상 혹은 사고 중지)을 적용할 수 있다(사례 예시 7-4 참조).

역전이 관리

포괄적인 측면에서, 역전이는 내담자에 대한 치료자의 모든 정서적 · 행동적 반응들로 정의된다. 어릴 적에 어머니를 암으로 잃은 치료자를 상상해 보도록 하라. 그의 아버지의 슬픔은 극심했다. 그 결과, 아버지는 치료자가 어렸을 때 정서적 지원을 거의 못해 주었다. 상황은 결국 호전되었고, 아버지는 회복되었으며, 많은 사람들이 경험하듯 어머니를 잃은 것은 치료자에게 힘들었던 기억으로 남았다. 몇 년이 지난 지금, 그는 대학원생으로 첫 면담을 진행한다. 최근 아내를 잃은 우울한 중년 남성이 들어오기 전까지는 모든 것이 괜찮았다. 치료자에게 어떤 반응을 예상할 수 있는가? 어떤 반응이 치료자를 놀라게 할 수 있을까?

역전이 반응은 어느 정도 의식적일 수 있다. 이러한 반응이 관리되지 않는다면 치료에 부정적인 영향을 미칠 수 있다. 다음 지침은 당신이 역전이 반응을 대처하는 데 도움이 될 수 있다.

- 역전이는 정상적이고 불가피하다는 것을 인식하도록 하라. 내담자에게 강한 정서적 · 인지적 혹은 행동적 반응을 경험한다고 해서, 그것이 당신이 '나쁜' 치료자라는 것을 의미하는 것은 아니다.
- 역전이 반응은 개인적인 작업을 해야 한다는 신호일 수 있다. 특히, 초기에 이 작업은 자기주도적으로 진행되며, 역전이 반응을 인식하는 데 초점을 둘 수 있다.
- 당신이 내담자에 대해 부정적인 반응을 보이는 경우, 동료나 슈퍼바이저와 상의하도록 하라.
- 역전이에 대한 도서(자료)를 더 읽도록 하라. 내담자가 나타내는 문제(예: 섭식장애, 우울, 반사회적 행동)에 대한 도서(자료)를 읽으면, 내담자의 문제와 자신의 정서적 반응을 좀 더 지성적인 관점에서 볼 수 있다.
- 명상 연습을 규칙적으로 하면, 당신은 내담자에 대한 반응성을 낮추고 역전이 관리를 향상시킬 수 있다(Fatter & Hayes, 2013).
- 만약 최선의 노력에도 불구하고 역전이가 지속되면, 내담자를 다른 상담자에게 의뢰

하거나 개인 심리치료를 받는 것을 고려하도록 하라. J. Hayes 등(2011)은 "치료자를 위한 개인치료는 만성적인 역전이 문제를 다룰 때 특히 중요한 것으로 보인다."고 지적했다(p. 255).

[사례 예시 7-4] 역전이에 있어 임상가의 역할

내담자의 행동은 역전이를 촉발시키는 요인이다. 가끔 내담자는 적대감이나 존경심을 드러내며 치료자를 대하기 때문에, 치료자가 전이-역전이에 쉽게 휘말리게 될 수 있다. 이는 당신이 평소와는 매우 다른 방식으로 행동하도록 만들 수 있다. 예를 들면, 정신병원에서 한 환자가 치료자에게 잊을 수 없는 비난을 퍼부었다.

당신은 내가 만난 사람 중 가장 차갑고, 로봇 같은 사람이야. 당신은 로봇 같애! 내가 말을 하면 당신은 그냥 앉아서 기계처럼 고개를 끄덕 거리고 있어. 당신 팔을 자르면 거기서 정맥이 아니라 전선이 나올 거야!

표면적으로, 이 비난은 순수한 전이로 간주될 수도 있다. 아마도 내담자는 과거에 중요한 남성과 정서적인 교감이 없었기 때문에, 이런 방식으로 치료자에게 반응했는지도 모른다. 더 깊은 차원에서, 손바닥도 마주쳐야 소리가 난다는 속담처럼, 치료자 또한 이러한 특정 상호작용에서 자신이 기여한 부분이 있는지 확인할 필요가 있다.

치료자는 동료, 슈퍼바이저와 상의하고, 자기성찰을 하며, 여러 가지 결론을 내렸다. 첫째, 그는 다른 내담자들보다 그녀를 더 차갑게 대했다는 것을 알아차렸다. 둘째, 그는 그녀가 정서적 친밀감을 강하게 요구하는 것에 두려워하고 있었다는 것을 알게 되었다. 그는 더 로봇 같이 행동하는 것이 자신을 방어하기 위한 반응이라고 알아차리기 시작했다. 셋째, 슈퍼바이저는 그가 역전이를 경험한 첫 임상가가 아니라면서 안심시켰다. 마지막으로, 그는 자신의 두려움에 반응하기보다는, 내담자에게 더 치료적으로 반응하기 위해 노력했다.

작업 동맹(일명 치료적 관계)

긍정적인 효과를 위해 치료자와 내담자가 협력해야 한다는 생각은 Freud(1912/1958)로부터 비롯되었다. 이후, 정신분석 이론가는 **치료 동맹**(therapeutic alliance)과 **작업 동맹**(working alliance)이라는 용어를 소개했다(Greenson, 1965; Zetzel, 1956). Greenson(1965, 1967)은 이 두 용어를 구분했는데, 작업 동맹은 정신분석치료에서 내담자가 분석가와 협력할 수 있는 능력으로 보았고, 치료 동맹은 내담자와 분석가 사이의 유대로 보았다. 결국,

Bordin(1979, 1994)은 그가 작업 동맹으로 언급한 범이론적 모형을 소개했다. Bordin의 모형은 세 가지 차원으로 구성되어 있다.

1. 목표 합의 혹은 동의
2. 치료에서 진행하는 과제에 대한 협력적 참여
3. 관계 유대의 발달

오늘날 Bordin의 모형은 많은 사람들에 의해 받아들여지고 있다. 본문 전체에 걸쳐, 우리는 **작업 동맹**(working alliance), **치료 동맹**(therapeutic alliance), **동맹**(alliance) 용어를 상호 교환적으로 사용한다.

작업 동맹은 임상 연구의 빈번한 주제가 되었다. Horvath, Re, Flückiger와 Symonds (2011)는 2010년에 **동맹**(alliance), **조력 동맹**(helping alliance), **작업 동맹**(working alliance), **치료 동맹**(therapeutic alliance)이라는 주제어로 학술 데이터베이스를 검색한 결과, 7,000건 이상이 검색되었다고 언급했다. 이 방대한 연구는 모든 이론적 배경의 모든 치료자들이 작업 동맹의 형성과 유지를 위해 의도적이고 체계적으로 노력해야 한다는 강한 공감대가 있음을 보여 준다(Constantino, Morrison, MacEwan, & Boswell, 2013; Safran, Muran, & Rothman, 2006). 더욱이, 최근의 경험적인 증거는 소수계층 내담자에게서 긍정적인 작업 동맹이 긍정적인 치료 효과와 관련이 있음을 나타낸다(Asnaani & Hofmann, 2012).

몇몇 연구자들은 동맹을 맺을 수 있는 내담자의 능력이 심리치료의 혜택을 받을 수 있는 잠재력을 예측한다고 언급하고 있다. 만약 내담자가 작업 동맹을 맺을 수 없거나 맺지 않을 경우, 변화에 대한 희망은 거의 없지만, 이러한 관계에 온전히 발을 들여놓을수록 긍정적인 변화의 기회는 더욱 커진다(Falkenström, Granström, & Holmqvist, 2013; Hardy, Cahill, & Barkham, 2007). 역설적이게도, 치료적 관계가 가장 필요한 사람이 그러한 관계에 발을 들여놓는 데 가장 힘들어한다.

작업 동맹에 대한 증거

치료자에 따라 동맹을 맺는 능력에 차이가 있다(Baldwin, Wampold, & Imel, 2007). 메타분석에서 Ackerman과 Hilsenroth(2003)는 동맹을 가장 잘 형성하고 유지할 수 있는 임상가는 따뜻하고, 유연하며, 능숙하고, 신뢰롭다는 것을 발견했다. 이러한 임상가는 또한 정서 표현을 촉진하고 내담자의 경험에 직접적으로 초점을 맞춘 반영적이고 인정하는 기법을 사용했다.

Horvath 등(2011)은 심리치료에서 작업 동맹에 대한 메타 분석을 실시했다. "총 14,000개 이상의 사례를 포함하는 190개의 작업 동맹과 치료 효과 간의 관계를 알아보는 연구"에 근거하여(p. 47), 이들은 중간 정도의 효과 크기($r = 0.275$)를 보고했다. 다른 많은 종류의 치료법에 걸쳐, 더 높은 수준의 동맹은 더 나은 치료 효과와 관련이 있었다. 이러한 결과는 이전 고찰 연구 및 최근 연구의 결과와 일치한다(Falkenström et al., 2013; Martin, Garske, & Davis, 2000).

Bordin의 작업 동맹 모형 요소에는 협력과 목표 합의가 포함된다. Tryon과 Winograd (2011)는 이 두 동맹 차원과 치료 효과 사이의 관계에 대한 메타 분석을 실시했다. 이들은 총 1,302명의 내담자를 대상으로 목표 합의에 초점을 맞춘 15개의 연구를 검토했다. 목표 합의에 대한 효과 크기($r = 0.34$)는 중간 정도였다. 또한 이들은 2,260명의 내담자를 대상으로 협력에 초점을 맞춘 19개의 연구를 분석했고, 유사한 효과 크기($r = 0.33$)를 보고했다.

임상가가 내담자에게 치료 과정(즉, 진전도 모니터링)에 대한 피드백을 명시적으로 부탁할 때, 작업 동맹과 치료 효과 모두 향상되는 경향이 있었다(진전도 모니터링에 대한 자세한 내용은 제3장 참조). 구체적으로, Lambert와 Shimokawa(2011)는 치료 과정에 대한 피드백 연구들을 메타 분석하고, 사용한 특정 피드백 척도에 따라 다양한 효과 크기를 보고했다. 전반적으로, 모든 척도들은 치료 효과와 정적 관계를 보였고, 효과 크기의 범위는 $r = 0.23$ 에서 $r = 0.54$였다.

작업 동맹을 맺고, 협력, 목표 합의, 피드백 혹은 진전도 모니터링을 수행하는 것은 긍정적인 치료 효과와 상당한 관련이 있다. 이러한 변인과 효과 간의 관련성 강도는 특정 치료 기법보다 더 크다(Wampold & Imel, 2015). Horvath와 동료들(2011)은 다음과 같이 기술했다. "치료 성공에 영향을 미치는 요인을 탐색하는 연구 결과를 고려했을 때, 이러한 상관관계의 크기는 작업 동맹, 협력, 목표 합의, 피드백을 수행하는 것이 치료 성공의 가장 강력한 예측 변인이라는 것을 시사한다"(p. 56). 이러한 지식을 당신의 레퍼토리에 통합하면 임상 업무를 향상시킬 수 있다는 것에는 의심의 여지가 없다.

긍정적인 작업 동맹을 맺기 위한 권장사항

긍정적인 작업 동맹을 맺고자 하는 치료자는 첫 만남부터 동맹 구축 전략을 사용할 것이다. 동맹 구축 전략은 Bordin(1979)의 모형을 이용하여, ① 협력적 목표 설정, ② 치료에서 진행하는 과제에 내담자를 협력적으로 참여시키기, ③ 긍정적인 정서적 유대 발전에 초점을 맞춘다. 진전도 모니터링 또한 권장된다. 다음의 목록에는 동맹 구축 개념 및 예시가 포함되어 있다.

1. 초기면담과 상담 초기는 동맹 구축에 특히 중요하다. 많은 내담자들은 심리치료에 대한 경험이 없을 것이다. 그렇기 때문에 역할 유도는 필수적이다. 여기에 인지행동치료 예시가 있다.

> 오늘 남은 시간 동안, 우리는 구조화된 임상면담을 할 거예요. 이 면담에서는 다양한 심리적 어려움에 대해 평가할 거예요. 이 방법은 우리가 상담에서 다루어야 할 중요한 부분을 빠뜨리지 않게 하는 확실한 방법이에요. 우리는 사회불안이 당신의 문제를 가장 잘 설명하는지, 그리고 우리가 알아야 할 다른 어려움이 있는지 알고 싶어요(Ledley, Marx, & Heimberg, 2010, p. 36).

2. 내담자가 상담에서 원하는 것이 무엇인지 직접적으로 물어보고, 그 정보를 당신의 치료 계획에 통합하는 것이 동맹을 구축하는 데 도움이 된다. 인지행동치료에서는 문제 목록을 작성하는 것이 포함된다(J. Beck, 2011).

임상가: 무엇 때문에 상담에 오게 되었고, 제가 어떻게 도와드릴 수 있을까요?

내담자: 제가 요즘 엄청 우울해요. 있잖아요, 아침에 일어나서 세상과 마주하기가 힘들어요. 그냥 기분이 엉망이에요.

임상가: 그럼 그걸 우리 상담 목표 목록에 넣어야겠어요. 적어도 될까요? (내담자는 동의한다는 뜻으로 고개를 끄덕인다.) 이렇게 말하는 건 어떤가요? '기분이 좀 더 좋아질 수 있는 방법 찾기'

내담자: 좋아요.

3. 목표 합의를 위해 협력적으로 목표를 설정하는 것은 동맹 구축의 핵심이다. 인지행동치료에서는 문제 목록을 일련의 협력적 치료 목표로 변형한다.

임상가: 지금까지 제가 세 가지 목표를 적었어요. ① 기분이 좀 더 좋아질 수 있는 방법 찾기, ② 누나가 가족과 함께 사는 스트레스 다룰 수 있도록 도와주기, ③ 운동에 대한 태도 개선하기. 이게 맞는 거 같나요?

내담자: 완전히요. 이것들을 성공적으로 다루는 건 대단한 일이 될 거 같아요.

4. 문제 목록과 목표 설정은 좋은 출발이지만, 문제 수집 후 목표 달성을 위해 필요한 치

료 계획을 내담자가 안다면 임상가와 더 좋은 관계를 맺을 수 있다. 치료 계획은 치료에서 발생할 수 있고, 첫 임상면담에서 시작될 수 있는 특정 과제를 포함한다. 여기에 내담자가 가지고 있는 부정적인 생각을 임상가가 말하면, 내담자는 합리적인 반론으로 대응하도록 하는 '악마의 대변인' 기법에 대한 예시가 있다(Newman, 2013). 상호 간에 협력적으로 작업하면 보다 깊은 관계를 맺고 임상가와 내담자 간 유대감을 쌓을 수 있는 자연스러운 기회를 얻을 수 있다는 것을 알게 될 것이다.

> **임상가**: 당신은 이성 관계를 원한다고 말했지만, 한편으로는 이 관계가 너무 고통스럽고 의미 없다고도 생각하고 있어요. 이런 기법을 한번 써 보죠. 제가 당신이 가지고 있는 부정적인 생각을 말하면, 당신은 합리적인 반론으로 대응하는 거예요. 한번 해 볼래요?
>
> **내담자**: 물론이죠. 할 수 있어요.
>
> **임상가**: 좋아요. 자, 시작할게요. "이성 관계는 항상 고통스럽게 끝나기 때문에, 이걸 추구하는 건 의미가 없어."
>
> **내담자**: 고통스럽게 끝날 수도 있지만, 그 과정에서 좋은 시간을 보낼 수도 있을 거예요.
>
> **임상가**: (웃으면서 역할에서 벗어남) 역대 최고의 반론이에요.

5. 작업 동맹의 질과 방향을 모니터링하기 위해 첫 회기부터 내담자에게 피드백을 요청하는 것은 동맹 구축에 도움이 된다. 이를 위해 평가 도구를 사용할 수 있지만, 직접적으로 질문할 수도 있다.

> 20분 동안 이야기하고 있는데, 지금까지 함께한 시간에 대해 당신이 어떻게 느끼는지 확인하고 싶어요. 지금까지 진행한 거에 대해 어떻게 생각하나요?

6. 방어적이거나 되받아치는 태도를 보이지 않고도 내담자의 분노에 대응할 수 있도록 하는 것은 긍정적인 작업 관계에 필수적이다. 우리는 대개 급진적인 수용을 적용한다(Linehan, 1993). 여기에 18세 남성과의 첫 회기에서 발췌한 내용이 있다. 이 회기에서 임상가는 내담자의 공격적인 말을 수용하고, 이를 관계 문제로 전환했다.

> **임상가**: 치료에 참여하는 걸 환영해요. 그리고 당신에게 도움이 되는 방법으로 함께 작업할 수 있길 바라요.
>
> **내담자**: 당신은 정신과 의사처럼 말하는군요. 전 제 마지막 치료자의 코에 주먹을 날렸어요(내

담자는 치료자를 노려보면서 반응을 기다린다.)(J. Sommers-Flanagan & Bequette, 2013, p. 15).

임상가: 저에게 그걸 말해 줘서 고마워요. 저는 당신이 절 때리고 싶은 그런 관계를 갖고 싶지 않아요. 제가 당신에게 어떤 불쾌한 말을 한다면, 그냥 저한테 말해 줬으면 좋겠어요. 그럼 하지 않을게요.

관계(동맹) 단절 회복하기

중요한 치료적 요소로서 작업 동맹에 대한 강력한 과학적 지지는 관계 단절에 대한 연구를 촉진했다. 관계 단절(relationship rupture)은 임상가-내담자 간 협력적 관계에서의 긴장이나 붕괴로 정의된다(Safran & Muran, 2006). 관계 단절과 유사한 개념에는 공감 실패(empathic failures)와 치료적 난국(therapeutic impasse)이 포함된다(Kohut, 1984; Safran et al., 2011). 이 개념은 만약 임상가가 관계의 격동을 이겨낼 수 있다면, 이는 작업 동맹을 강화하고, 치료 효과를 향상시킬 수 있다는 것이다.

작업 동맹과 마찬가지로, 관계 단절과 회복의 개념은 정신분석의 전통에 뿌리를 두고 있다(Kohut, 1984). 그러나 작업 동맹과 유사하게, 심리치료에서 단절과 회복은 현재 범이론적 개념으로 간주되고 있다. 인지행동치료의 관점에서 Newman(2013)은 다음과 같이 기술했다. "치료적 관계에서 긴장이나 단절을 관리하는 치료자 역량의 중요성은 아무리 강조해도 지나치지 않다"(p. 57).

모든 임상가들은 이론적 배경과 상관없이 관계 긴장과 단절을 경험하게 되는 것이 현실이다. 가끔 이러한 단절은 거의 눈에 띄지 않을 것이다. 다른 때에는 크고 명백할 것이다. 작든 크든 단절은 치료 과정을 방해하고, 부정적인 결과를 초래하며, 내담자가 치료를 중단하게 만들 수 있다(Safran & Kraus, 2014). 단절을 해결하는 능력을 갖추는 것은 필수적이다. 단절이 일어날 것이라는 점은 의심의 여지가 거의 없으며, 이를 회복하는 것은 치료 효과를 향상시킬 수 있다.

단절 회복에 대한 증거

Safran과 동료들(2011)은 단절 회복과 치료 효과 사이의 관계에 대해 메타 분석을 실시했다. 이들은 총 148명의 내담자를 대상으로 한 세 개의 연구를 통해, $r = 0.24$의 "집계 상관(aggregated correlation)"을 보고했는데, 이는 단절 회복 경험이 긍정적인 치료 효과와 유의한 관련이 있음을 의미한다($p = .002$).

Safran 등은 또한 단절 해결 훈련 또는 슈퍼비전이 치료 효과에 미치는 영향에 대해 메타 분석을 실시했다. 다시 한 번, 이들은 긍정적인 효과를 보고했다. 대조군과의 비교를 통한 일곱 개 연구 결과에 따르면, 단절 회복 훈련을 받은 치료자는 좀 더 긍정적인 효과를 나타냈다($r = .15, p = .01$). 연구자들은 "단절 회복 훈련/슈퍼비전을 통한 치료는 그렇지 않은 치료에 비해 작지만 통계적으로 유의하게 향상된 치료 효과로 이끈다."고 결론을 내렸다(Safran et al., 2011, p. 84).

관계 단절의 예시

관계 단절은 철수 단절과 직면 단절, 두 가지 유형으로 구성되어 있다(Safran & Kraus, 2014). **철수 단절**(withdrawal ruptures)은 내담자의 침묵, 주제 이동, 과도한 순응의 표시와 관련이 있다. 치료자가 알아차릴 만한 불응은 철수 단절을 나타낼 수 있다.

임상가: 당신은 커리어 목표에 초점을 맞추고 싶다고 말했어요. 좋은 생각이에요. 그러나 오늘 우리가 함께한 시간을 통해 살펴보면, 불안이 당신이 커리어를 향해 나아가지 못하게 막는 거 같아요. 그래서 저는 우리가 먼저 불안 감소에 대해 다루고, 그다음 당신의 경력에 초점을 맞추는 걸 권장해요.

내담자: (10초 동안 침묵) …… 알겠어요.

임상가: 이 계획이 별로인가요?

내담자: 아니에요, 괜찮아요.

임상가: 이 계획에 대해 드는 생각이나 느낌이 있나요?

내담자: 아니요.

철수 단절과는 대조적으로, 직면 단절은 보통 공격적인 말을 포함한다. 내담자는 불만이나 원망을 표현할 수 있다. 또한 환자는 보통 치료자가 무능하다고 비난하거나 폄하하는 말을 한다(예: "이런 치료는 저에게 효과가 없을 거예요. 말도 안 돼요."). 예를 들면,

내담자: 저는 불안 감소에 대한 책을 대여섯 권 읽었고, 제 시간과 노력을 들여도 그 정신질환 치료 기법이 소용없다는 결론을 몇 달 전에 내렸어요.

대부분의 경우, 철수 단절 행동과 직면 단절 행동은 서로 다른 기저의 역동을 가지고 있다. 철수는 흔히 불안이나 두려움의 산물이며, 치료자가 내담자가 느끼고 생각하는 것을

거부할 것이라는 예상과 관련이 있다. 이는 의식적이거나 무의식적인 취약성과 철수 혹은 회피로 이어진다. 많은 내담자에게 있어 자신의 표현 때문에 일어날 수 있는 치료자의 거부 반응이나 비판적인 반응을 감수하기보다는 실망감을 표현하지 않는 것이 더 안전하다고 느낄 수 있다.

직면 단절은 종종 더 깊은 실망감과 상처를 덮는 표면적인 분노 표현이다. 이는 "당신은 절 이해하지 못해요."라는 공격적인 메시지의 한 형태로 볼 수 있다. 임상가가 내담자의 분노를 다루고 내담자에 대해 더 깊은 탐색을 할 때, 실망감과 돌봄에 대한 바람이 드러나는 것은 드문 일이 아니다.

단절 회복: 일반적인 지침과 구체적인 전략

단절 회복은 직접적이거나 간접적일 수 있다. 단절을 직접 다루는 것에는 자기개방/즉시성, 부드러운 질문, 공감 실패에 대한 인정, 내담자의 관점 인정 등 다양한 면담 기법이 포함될 수 있다. 다음은 임상가의 진술에 대한 몇 가지 예시다.

- **자기개방/즉시성**: 치료 받고 있던 어느 날, 치료자는 제 관심 밖의 영역으로 나아갔던 때가 생각나요. 제가 실제로 생각했던 걸 말하지 말고, 그냥 잠자코 있어야 한다고 느꼈던 기억이 나요. 그런 일이 우리에게 일어날까 봐 걱정이에요. 그래서 만약 상담에서 불안에 초점을 맞추는 것에 조금이라도 의문이 있다면, 말해 주길 바라요.
- **부드러운 질문**: 평소보다 조용해 보이네요. 커리어 목표로 넘어가기 전에 불안을 다루는 것에 대해 실제로 어떻게 생각하는지 궁금해요. 실망했거나 화가 났다 해도 당신의 진짜 생각을 듣고 싶어요. 그리고 당신이 원하는 바에 따라 방향을 바꿀 수 있어요.
- **공감 실패에 대한 인정**: 있잖아요······ 아까 불안에 대해 했던 말을 가볍게 여겼던 거 같아요. 아까 그 부분으로 다시 돌아가서 당신의 생각과 감정을 더 잘 들어보고 싶어요.
- **내담자의 관점 인정**: 제 생각에는 당신이 커리어 목표를 작업하는 거에 더 열중하고 있는 거 같아요. 당신이 괜찮다면, 순서를 바꾸는 건 어때요? 우선 커리어 목표에 대해 작업하고, 필요하다면 나중에 불안으로 옮겨 갈 수 있어요.

간접적 단절 회복은 당신이 단절에 대해 언급하지 않고, 대신 당신이 놓친 부분이나 당신 생각에 내담자가 다루고 싶어 할 만한 부분으로 초점을 전환할 때 발생한다. 위의 사례에서, 치료자는 쉽게 방향을 바꿀 수 있다.("미안해요. 상황을 다시 생각해 보니 커리어와 관련된 부분을 지금 다루어야 할 거 같네요. 괜찮나요?") 마찬가지로, 임상가로서 당신은 치료 기법

(예: "오늘은 점진적 근육 이완 대신 심상을 해 보죠.")을 바꾸거나 공감 실패("미안해요. 당신이 이전에 불안한 거 같다고 제가 말했었는데, 다시 보니 무감각한 게 맞는 거 같아요.")에 대한 책임을 독자적으로 받아들이기로 결정할 수도 있다.

단절을 해결하기 위한 단계는 이론적 배경과 임상가의 스타일에 따라 달라질 수 있지만, Safran 등(2011)은 일반적인 여섯 단계를 소개했다.

1. 치료적 근거 다시 말하기

이를 생각하는 한 가지 방법은 **역할 재유도**(role re-induction)를 다시 제공하는 것이다. 이는 현재 사용하는 치료적 접근법에 대한 합당한 이유를 다시 설명하는 것을 포함한다.

불안을 직접적으로 마주하는 건 매우 어려운 일이긴 하지만, 연구와 임상 경험을 통해 우리가 확실히 알고 있는 한 가지는 불안을 피하는 것이 오히려 불안이 당신을 더 많이 통제하게 만들 뿐이라는 거예요.

2. 기법 혹은 목표 변경하기

"목표 목록에서 이 부분을 빼죠." 혹은 "제외한 목표는 목록으로 만들어 필요한 경우, 나중에 다시 한번 생각해 봐요."

당신이 좋아하는 게 뭔지 솔직하게 말해달라고 부탁했는데, 이 방법은 당신에게 별로 도움이 안 되는 거 같아요. 제가 몇 가지 더 질문해서 당신이 원하는 목표에 초점을 맞춰 보고, 목표를 새로 정하는 게 어떤지 한번 보는 게 어떨까요?

3. 표면적 수준에서 오해 명료화하기

제가 불안을 먼저 다루자고 말했을 때, 목록에서 불안 문제를 가장 위에 두어야 한다는 걸 의미한 건 아니었어요. 커리어 목표를 먼저 다루든 불안 문제와 동시에 다루든 전 괜찮아요.

4. 단절과 관련된 관계 주제 탐색하기

제 직감일 뿐이지만, 당신이 저한테 말을 안 하고, 생각을 솔직하게 얘기하지 않는 이유 중 일부는 제가 당신을 부정적으로 판단할 것으로 예상하기 때문인 거 같은데, 이게 맞는 거 같나요?

5. 동맹 단절과 환자의 삶에서 공통적인 패턴 연결하기

일상생활에서 당신의 감정/관점을 받아들이고 이해하려고 노력하는 사람과도 주저하고 솔직하게 얘기하지 않는 경우가 있나요?

당신의 삶과 주위 사람들을 살펴보고, 당신이 얘기하고 싶을 때 믿고 말할 수 있는 사람은 누구인지, 믿고 말하기 힘든 사람은 누구인지 먼저 생각해 보는 건 어떨까요?

6. 새로운 관계 경험

치료 장면에서:

방금 당신의 감정을 저한테 직접 말했어요. 기분이 어땠어요?

치료 장면 밖에서:

방금 저한테 자신감 있는 모습으로 자기주장을 했던 경험에 대해 이야기했는데, 그 결과가 정말 좋은 것처럼 들렸어요. 그렇게 할 수 있었고, 좋은 결과를 얻을 수 있었던 거에 대해 어떻게 생각해요?

단절 회복은 여러 단계에서 발생한다. 종종 내담자는 단절과 관련된 철수나 공격성의 근본적인 원인을 완전히 알지 못한다. 정신분석학 관점에서 단절 회복을 위한 치료자의 노력은 내담자의 안정을 위해 다음과 같은 무의식적 의사소통을 포함한다. "괜찮아요. 우리는 이 문제에 대해 얘기할 수 있고, 고통스러운 감정을 함께 다룰 수 있어요." 행동적 관점에서 보면, 단절 회복을 위한 노력은 불편한 감정을 직면하는 수단으로서 치료자의 효과적이고 개방적인 의사소통의 모델링으로 볼 수 있다.

치료자의 모델링

현시대 심리학 전반에 걸쳐 **모델링**(modeling)은 중요한 요소다. 인간이 모델링을 통해 학습한다는 사실은 Mary Cover Jones가 공포증이 있는 아동을 대상으로 한 초기 연구에서 분명히 밝혀졌고, 이후 Bandura의 사회학습 이론의 초석이 되었다(J. Sommers-Flanagan & Sommers-Flanagan, 2012). 모델링은 그 자체가 치료의 한 형태로 간주된다. 이는 불안장애와 부족한 대처 기술을 치료하는 데 널리 사용되고 있는 경험적으로 지지된 접근법이다

(Spiegler & Guevremont, 2016). 그러나 이 장의 목적상, 모델링은 치료자와 내담자 관계 내에서 발생하는 현상으로 간주된다.

정신분석학자와 대상관계 이론가는 행동주의자가 말하는 모델링을 설명하기 위해 **동일시**(identification)와 **내면화**(internalization)라는 용어를 사용한다(Safran et al., 2011). 사람들은 사랑하거나, 존경하거나, 비슷하다고 생각하는 타인과 자신을 동일시한다. 이 동일시 과정을 통해, 사람들은 자신이 사랑하거나 존경하는 사람이 생각하고 행동하고 감정을 느끼는 독특하고 구체적인 방법을 통합하거나 내면화하기 시작한다.

사람들이 다른 사람들의 행동을 모방하거나 모델링하게 만드는 정확한 심리적 역동이 무엇인지 아는 사람은 아무도 없다. 이는 동일시-내면화 과정과 관련이 있을 수 있다. 아니면 다른 요인에 의해 발생할 수 있다(사례 예시 7-5 참조).

사례 예시 7-5 모델링 혹은 내면화?

다음 시나리오를 상상해 보도록 하라. 젊은 성인 보호관찰관은 몇 차례 사소한 범죄에 대해 유죄 판결을 받은 내담자를 정신건강 전문가에게 의뢰한다. 초기 임상면담을 위해 내담자가 도착하지만, 솔직하게 이야기하는 것을 꺼린다. 결국 내담자는 치료자를 편안하게 느끼기 시작하고, 그와 함께 시간 보내는 것을 즐긴다. 이들은 과거에 내담자를 곤경에 빠뜨린 특정 촉발 요인에 대해 이야기하고, 충동적으로 행동하기 전에 어떻게 멈추고 성찰해야 하는지 이야기한다. 치료는 성공적이며, 마지막 회기에서 치료자는 어떤 것이 가장 도움이 됐는지 그녀에게 묻는다. 비록 이들이 문제 해결과 결과 예측적 사고와 같은 인지행동 전략에 대해 함께 작업했지만, 내담자는 자신의 성공 요인이 다른 데 있다고 설명한다.

두 가지가 있었던 거 같아요, 박사님. 당신은 좋은 사람이고, 함께 있을 때면 저는 당신과 더 비슷하게 지내는 게 괜찮다고 생각하기 시작했어요. 그리고 제가 보통 나쁜 결정을 내리는 상황에 직면했을 때, 마치 당신의 목소리가 제 머릿속에 떠오른 것 같았어요. 그리고 저는, 음, 당신이라면 어떻게 할 것인지 궁금했어요. 그리고 나서 저는 제가 평소에 하던 거 대신 당신이 할 거라고 생각했던 걸 했어요.

정신분석 이론에 따르면, 동일시는 내면화의 전조다. 수십 년 전, 대상관계 이론가는 사람들은 발달함에 따라 초기 환경에서의 보호자 및 타인과의 관계를 내면화한다고 가정했다. 이러한 내면화는 우리가 자신에 대해 어떻게 생각하고 타인과 어떻게 상호작용하는지에 대한 기초가 된다(Fairbairn, 1952). 만약 우리가 '나쁜 대상(bad object)'(즉, 학대하는 부

모, 방임하는 보호자, 복수심에 가득 찬 형제자매)을 내면화한다면, 우리는 혼란스러운 자기인식과 대인관계를 경험할 수 있다. 심리치료에서는 부적응적 내면화를 적응적 혹은 긍정적 내면화로 대체할 수 있는 관계를 요구한다. Strupp(1983)은 다음과 같이 요약했다. "나쁜 대상의 내면화는 환자를 '병들게' 만들었기 때문에, 치료자가 '좋은 대상'으로 내면화되는 정도에 따라 성공 여부가 결정된다"(p. 481).

내담자는 동일시와 내면화로 인해 좋아지거나, 관찰 학습으로 인해 좋아질 수 있다. 어느 쪽이든, 치료자가 내담자가 동일시하거나 모방할 수 있는 긍정적이고, 존경스럽고, 공감적인 사람이라면, 긍정적인 결과에 도움이 된다.

상호관계와 상호공감

여성주의 접근법은 내담자와 치료자 사이의 평등한 관계를 강조한다(Worell & Remer, 2003). 이러한 관계는 상호관계와 힘 실어 주기(empowerment)를 수반한다. 여성주의자는 인간중심의 핵심 조건을 지지하고 수용하지만(Rogers, 1957), 또한 내담자가 자신과 자신의 세계를 경험하는 방식에 영향을 미치는 사회적·문화적 요인, 성 역동, 권력의 불균형에 초점을 맞춘다(L. Brown, 2010).

상호관계(mutuality)란 공유 과정을 의미한다. 이는 권력, 의사결정, 목표 선택, 학습이 공유된다는 것을 의미한다. 다른 심리치료자들은 치료를 내담자와 치료자가 개방적이고 인간적인 상호과정이라고 생각하지만, 평등주의적 가치와 상호관계의 개념이 여성주의치료보다 더 강조되지는 않는다(Evans, Kincade, & Seem, 2011). 게다가, 상호공감은 관계문화치료(relational cultural therapy)에서 치료적 요인으로 확인되었다. 상호공감(mutual empathy)은 안전한 환경에서 내담자가 자신이 치료자에게 미치는 정서적인 영향을 생각하거나 경험하거나 아는 것으로 정의된다. 이로 인해, 내담자는 치료자와 자신이 서로 공감한다고 볼 수 있게 된다. 이러한 연결은 자녀의 깊은 감정에 반응하여 보호자가 흔히 가지고 있는 철수-고립-처벌과는 반대로, 그 자체로 치유되고 고통스러운 감정의 자기수용을 촉진하는 것으로 보인다(사례 예시 7-6 참조).

사례 예시 7-6 상호공감—여성주의 관계 요소

전문대학에 다니는 25세 여성 Chantelle는 상담을 위해 학생건강서비스센터에 왔다. 그녀는 자신이 학대 받은 어린 시절을 설명하면서 이따금씩 눈물을 흘렸다. 25세 여성 상담 인턴인 상담자는 경청, 의역, 감정 반영을 통해 Chantelle의 이야기와 그녀가 흘린 눈물에 공감할 수 있었다. 어느 순간, 내담자는 자신에 대한 증오심을 표현하고 나서, 집안의 남성들에게 차편과 음식을 얻기 위해 성적인 대가를 지불하도록 강요당한 여러 경험들에 대해 말했다. 공감에서 우러나오는 눈물을 글썽이며 치료자가 말했다. "통제권을 쥔 남자에게 성적인 수치심을 느끼며, 성적인 만족을 줄 때만 밖으로 나갈 수 있는 열쇠를 건네받는 그런 감옥 안에 있는 당신의 모습이 떠올랐어요."

내담자는 상담자의 감정을 알아차렸다. 이에 대한 반응으로 그녀는 강력한 감정을 쏟아냈다. 나중에, 상담 인턴과의 상담이 어떤 부분에서 도움이 되었는지 질문했을 때, 내담자는 상담자의 눈물이라고 말했다. 그녀는 자신의 어머니와 자매가 음식과 안식처가 있는 집에서 사는 것을 '불평'하는 자신을 항상 깔보고 창피를 주었다고 말했다. 내담자에게는 수치심과 자기비하에 대한 정서적 공감 반응을 보이는 다른 사람의 생각과 경험 자체가 치료에 큰 역할을 했다.

치료자는 공감적으로 공명을 일으키고 힘을 실어 주기 위해 상호관계를 촉진시킨다. 비록 상호관계가 상담자에게 권위가 있다는 사실을 바꾸지는 않지만, 여성주의치료자는 내담자의 손에 변화를 위한 힘을 부여한다. 치료자는 내담자의 권리를 존중하고, 내담자가 자신의 권리를 표현하여 지배적인 사회적 담론에 대응할 수 있도록 적극적으로 노력한다. 여기에는 내담자의 자기주장과 자기존중에 초점을 맞추는 것이 포함된다. 여성주의치료자는 존중과 상호공감을 포함한 상호작용이 내담자의 개인적 힘을 발전시킬 수 있다고 믿는다. 경험적인 자료는 이러한 주장을 뒷받침한다(Neff & Harter, 2003).

다문화적 관계에 대한 증거

2001년, 미국 의학연구소(Institute of Medicine)는 증거 기반 의학을 "최고의 연구 증거와 임상 전문 지식, 환자 가치와의 통합"으로 정의했다(p. 147). 얼마 후, 미국심리학회의 증거 기반 실천 특별위원회는 의학 연구소의 정의를 정신건강치료에서 증거 기반 실천으로 확대했다. 특별위원회는 다음과 같이 기술했다. "[증거 기반 실천은] 환자의 특성, 문화, 선호도의 맥락에서 임상 전문 지식과 연구 결과의 통합이다(p. 273)."

이러한 정의는 모든 증거 기반 접근법에서 내담자나 환자의 문화를 다루는 것이 필수적이라는 것을 인정한다. Morales와 Norcross(2010)는 다음과 같이 기술했다. "문화에 주의를 기울이지 않는 상담은 증거 기반 실천이라고 부를 수 없다(p. 824)." 그러나 슬픈 진실은 모든 치료자들이 증거 기반 실천을 수행할 때 내담자의 문화에 주의를 기울여야 한다는 사실에도 불구하고, 소수계층을 대상으로 하는 증거 기반 실천에 초점을 맞춘 양적 연구는 부족하다는 것이다.

이는 우리에게 난제를 남긴다. 임상적 의사결정의 기초가 되는 연구가 거의 없을 때, 미국 의학연구소와 미국심리학회의 지침을 어떻게 따라야 할까? 대답은 다음과 같다. 참고할 수 있는 자료가 부족하다면, 타 문화권 내담자와 상담할 때 증거 기반 관계를 사용하기 위한 최선의 임상 접근법은 이 장에서 논의된 관계 변수에 초점을 맞추는 것이다. 주의사항은 다음과 같다. 당신은 ① 다문화 역량(제1장), ② 주어진 질적 및 일화적 정보, ③ 기존의 양적 연구 결과에 부합하는 방식으로 해야 한다.

임상 연구자들은 문화적으로 다양한 내담자와 상담하는 데 있어 증거 기반 기법을 적용하기 위해 몇 가지 접근법을 사용해 왔다. 이러한 접근 방식은 모두 문화 간의 관계와 다문화적 역량을 강조하는 경향이 있다. 예를 들면, 연구자들은 표적 집단(focus group), 부족 지도자, 문화 관련 자문 위원에게 문화적으로 중요한 정보를 요청했다(Baker-Henningham, 2011; Bernal, Jiménez-Chafey, & Rodríguez, 2009; Morsette, van den Pol, Schuldberg, Swaney, & Stolle, 2012). 다음 단락은 증거 기반 관계 요인과 문화를 통합하는 방법을 제시한다.

1. **일치성.** 임상 실무자, 다문화 전문가, 질적 자료는 모두 임상가가 소수계층의 내담자에게 개방적이고 진실한 태도를 보이는 경우, 라포가 증진되고 결과가 더 좋아질 가능성이 높아진다고 말한다. 질적 연구 결과, Gallardo(2013)는 라틴계 내담자가 잡담(가벼운 대화)을 긍정적인 치료 요인으로 봤다고 보고했다.

2. **무조건적 긍정적 존중.** 무조건적 긍정적 존중 대신 사용할 수 있는 또 다른 단어는 존중이다. 모든 관계 변수들 중에서 존중은 아마도 가장 보편적인 유용성을 가지고 있을 것이다. 양적, 질적 연구 결과와 임상 일화에 따르면, 모든 소수계층의 내담자들은 주류 문화권 구성원으로부터 진정한 존중을 받을 때 더 잘 반응한다고 보아도 무방하다(Farber & Doolin, 2011). 까다로운 부분은 다양한 문화, 성적 지향, 능력을 가진 개별 내담자를 어떻게 존중할 것인지에 관한 것이다. 해결책으로는 아마도 다문화 역량 지침을 따르는 방법이 있을 것이다. 다문화 인식, 지식, 기술을 향상시키도록 하라(제1장 참조).

3. **공감적 이해**. 타 문화권 내담자에 대한 공감은 절대 추정해서 하면 안 된다. 이는 최대한의 잠정성(tentativeness)과 겸손으로 표현되어야 한다. Rogers(1957, 1961)는 당신이 타인의 감정 세계에 조심스럽게 발을 들여놓을 것을 권고한다. 다음과 같은 잠정적인 문구를 권장한다. "만약 제가 이걸 제대로 이해하고 있다면……" 혹은 "제가 틀리면 말해주세요, 이건 ~처럼 보이네요……." 혹은 "…… 당신이 이렇게 느끼는 게 맞나요."

4. **전이**. 당신의 인종적 혹은 문화적 정체감에 상관없이 내담자는 당신에게 즉각적인 전이 반응을 보일 수 있다. 만약 당신이 동양인 치료자이고 베트남 참전 용사를 만나고 있다면, 당신에 대한 내담자의 반응은 당신과는 아무런 관계가 없을지도 모르고, 당신의 외모와 내담자의 배경과 관련이 있을 것이다. 전문성과 결합된 잡담, 자기개방, 목적에 대한 진술 등 모든 기법들이 권장된다(Gallardo, 2013).

5. **역전이**. 역전이는 인종 및 문화와 관련된 많은 것을 촉발시킨다. 만약 당신이 이라크 전쟁 참전 용사이고, 내담자가 이라크에서 온 수염을 기른 Abdul이라는 남성이라면, 당신은 감정을 잘 조절해야 할지도 모른다. 슈퍼바이저와 소수계층 내담자에 대한 당신의 반응을 함께 돌아보고 대처 방법을 의논하는 것이 강력하게 권고된다(Ponton & Sauerheber, 2014).

6. **작업 동맹**. 캐나다 원주민 내담자와의 심리치료에서 작업 동맹이 긍정적인 효과와 중등도의 상관이 있다는 양적 증거가 있다(Shaw, Lombardero, Babins-Wagner, & Sommers-Flanagan, 출판 중). 이 결과는 실제 상담 경험에 근거한 예측과 일치한다. 문제는 임상가가 어떻게 문화적으로 다양한 내담자와 작업 동맹을 가장 잘 형성할 수 있는가 하는 것이다. 좋은 시작은 내담자의 문화적 배경에 맞게 개별화된 목적에 대한 명확한 언급을 하는 것이다. 예를 들면, 집단주의 성향을 가진 내담자의 경우 "제 목표는 당신과 당신 가족에게 제가 할 수 있는 최선의 도움을 제공하는 거예요."

7. **단절 회복**. 타문화권 내담자와 상담하는 경우, 치료적 관계는 더 깨지기 쉬울 것이고, 단절이 더 빈번하게 일어날 수 있다고 가정해야 한다. 이는 문화적으로 유능한 임상가가 잠재적인 관계 단절에 주의를 기울이고, 필요에 따라 단절 회복을 위한 진술을 하는 것을 의미한다. 최소한 이러한 진술에는 동일한 실수를 다시 하지 않기 위한 약속과 함께 명확한 사과가 포함되어야 한다.

8. **모델링**. 소수계층의 내담자가 자동적으로 주류 문화권의 임상가를 긍정적인 역할 모델로 봐야 한다고 가정하는 것은 주제넘고 용납할 수 없는 일이다(D. W. Sue & Sue, 2016). 소수계층 내담자에게는 그들만의 역할 모델이 필요하다. 그렇다고 해도, 소수계층의 내담자와 함께하고, 특정 이슈에 대응하여 비슷한 생각과 감정을 갖는 것은

여전히 허용된다. 예를 들면, 내담자가 차별에 대해 정서적 표현을 하지 않더라도, 당신은 모델링을 통해 정서적 표현을 해도 괜찮다는 것을 암시할 수 있다. "당신이 이걸 어떻게 받아들일지 잘 모르겠지만, 당신이 경험한 인종적 모욕에 대해 들을 때 화가 나고 슬퍼요."

9. **상호공감.** 타문화권 내담자와 상담할 때, 상호공감이 어떻게 작용하는지에 대한 경험적인 연구는 없지만, 소수계층 내담자에게 자신의 경험에 대해 진정성 있고 공감적인 정서적 반응을 보여 주는 것은 긍정적인 유대 관계 발달을 촉진시킬 수 있다는 것을 충분히 유추할 수 있다. 상호공감 형성의 기회를 위해 공감적 연민을 진정성 있게 표현하는 것이 좋다(Jordan, 2010).

요약

Carl Rogers(1942, 1957)는 초기에 심리치료에서 관계 변인의 중요성을 강조했다. 그는 변화는 치료 기법과 무관하고, 치료자와 내담자 사이의 특별한 관계 유형의 산물로 발생한다고 주장했다. 현시대 연구자와 실무자들은 여전히 치료에서 관계와 기법 중 무엇이 더 중요한지에 대해 논쟁하고 있다. 치료적 관계 요인은 현재 '증거 기반 관계'라고 한다(Norcross, 2011).

Rogers는 효과적인 치료를 위한 필요충분조건으로 생각하는 세 가지 핵심 조건인, ① 일치성, ② 무조건적 긍정적 존중, ③ 정확한 공감을 제시했다. 일치성은 진정성과 동의어로, 일반적으로 치료자가 내담자에게 개방적이고 진실하다는 것을 의미한다. 무조건적 긍정적 존중은 내담자를 수용하고 존중하는 것이다. 정확한 공감은 내담자와 함께 감정을 느끼는 복잡하고 다차원적인 개념이다. 경험적인 연구는 Rogers의 핵심 조건이 긍정적인 치료 효과에 도움이 된다는 것을 보여 준다.

다른 이론적 관점에서 파생된 몇 가지 관계 요인도 긍정적인 치료 효과와 관련이 있다. 여기에는 전이, 역전이, 작업 동맹, 단절된 관계 회복, 치료자 모델링, 상호관계, 상호공감 등이 있다. 치료 동맹 구축과 같은 관계 요인은 초기 임상면담부터 중요하다.

상담 및 심리치료에서 증거 기반 실천에는 문화적 요인에 대한 민감성과 고려사항이 포함되어 있다. 그러나 특정 소수계층 집단과의 상담에서 증거 기반 관계 요인이 어떻게 작용하는지에 대해 경험적인 연구가 거의 없어 어려움이 있다. 이 시점에서, 상담을 위한 최선의 지침은 이 장에서 설명한 증거 기반 관계 요인과 다문화 역량을 활용하는 것이다.

권장도서 및 자료

다음의 읽을거리는 과학적 증거와 이론적 배경이 있는 관계 요인에 대한 추가 정보를 제공한다.

Evans, K., Kincade, E. A., & Seem, S. R. (2011). *Introduction to feminist therapy: Strategies for social and individual change.* Thousand Oaks, CA: Sage.

이 저서는 여성주의 이론과 치료에 대해 체계적이고 잘 쓰인 입문서다.

Freud, S. (1949). *An outline of psychoanalysis* (J. Strachey, Trans.). New York, NY: Norton.

이 저서는 Freud 자신의 말에 담겨 있는 정신분석적 원리에 대해 간결한 설명을 제공한다.

Jordan, J. (2010). *Relational-cultural therapy.* Washington, DC: American Psychological Association.

Jordan은 저명한 여성주의 치료자 겸 작가다. 이 저서에서 그녀는 여성주의적 접근법을 치유력으로서 관계적 상호성을 강조하는 치료로 표현하고 있다.

Miller, S. D., Duncan, B., Wampold, B. E., & Hubble, D. (Eds.). (2010). *The heart and soul of change: Delivering what works in therapy* (2nd ed.). Washington, DC: American Psychological Association.

이 저서는 상담 및 심리치료에서의 긍정적인 변화와 관련된 일반적인 요인에 초점을 맞추고 있다. 이 저서는 당신의 면담에서 일반적인 요인을 통합하기 위한 실제적인 제안을 한다.

Newman, C. F. (2013). *Core competencies in cognitive-behavioral therapy: Becoming a highly effective and competent cognitive-behavioral therapist.* New York, NY: Routledge.

도움을 받을 수 있는 인지행동치료 관련 저서들이 많이 있다. 이 저서는 정교하게 구성되었고, 치료 동맹에 관한 두 개의 장을 포함하고 있다.

Norcross, J. C. (Ed.). (2011). *Psychotherapy relationships that work: Evidence-based responsiveness*. New York, NY: Oxford University Press.

이 저서는 미국심리학회의 12분과(임상심리학)와 29분과(심리치료) 특별위원회의 조사 결과를 편집한 것이다. 이 저서에는 심리치료 효과에 기여하는 관계 요인에 대한 자료를 보고하는 21개의 장이 포함된다.

Rogers, C. R. (1961). *On becoming a person*. Boston, MA: Houghton-Mifflin.

이 저서에는 일치성, 무조건적 긍정적 존중, 공감에 대한 Rogers의 생각이 많이 담겨 있다.

임상면담

제3부 | 구조화와 평가

제8장

접수면담과 보고서 작성

소개

정신건강치료는 거의 항상 접수면담으로 시작된다. 임상가는 내담자와 라포를 형성하고 유지하면서도 내담자에 대한 정보를 세심하고 효율적으로 수집해야 하는 어려운 과제에 직면한다. 이 장에서는 접수면담을 수행하는 데 필요한 세부 내용을 검토하고, 접수면담 보고서 작성에 대한 정보를 제공하고자 한다.

접수면담이란

안정과 변화의 가능성이 있는 복잡하고 고유한 존재로서 내담자를 존중하면…… 내담자의 두려움을 치료하는 과정에서…… 더 큰 만족감을 느낄 수 있다.

– Mary Cover Jones, 1975, p. 186.

접수면담(intake interview)은 내담자와 치료자 사이의 첫 만남이다. 접수면담은 면대면, 전화 혹은 온라인 형태로 진행될 수 있다. 여러 면에서, 접수면담의 목적은 내담자가 될 가능성이 있는 '환상적으로 복잡한(tantalizingly

●학습목표●

이 장을 읽은 후 다음을 수행할 수 있다.

• 접수면담을 정의하고 이의 특징과 목표 살펴보기
• 내담자 문제 및 목표 파악, 평가, 탐색하는 방법 기술하고 적용하기
• 내담자에 대한 배경 정보 수집하고, 대인관계 행동 평가하는 방법 기술하고 적용하기
• 내담자의 현재 기능 수준 평가 방법 기술하고 적용하기
• 시간 제약이 있는 상황에서 간단한 접수면담 절차 적용하기
• 체계적이고, 전문적이며, 내담자가 이해하기 쉬운 보고서 작성하기

complex) 사람'을 이해하는 데 있다. 보다 공식적으로, 접수면담은, ① 문제 파악(혹은 진단), ② 목표 설정, ③ 사례 개념화, ④ 치료 계획을 용이하게 하기 위해 정보를 수집하는 평가면담이다. 일부 기관들에서는 특정 치료자에게 내담자를 배정하기 위한 목적으로 접수면담을 실시한다. 예를 들면, 접수면담자가 내담자에게 섭식장애가 있다고 판단하면, 내담자를 섭식장애를 전문적으로 다루는 치료자에게 배정할 수 있다. 상담, 심리치료, 정신과적 치료를 시작하기 전, 대개 접수면담을 실시하는 것이 필요하다.

지난 20년 동안, 관리 의료(managed care) 및 제3자 비용 지불 기관에서는 환급 가능한 치료 회기를 크게 줄이기 시작했다. 이러한 제한은 상담 및 심리치료의 성격을 바꿔 놓았다. 수십 년 전, 대학원생은 진단을 내리고, 치료 계획을 수립하며, 치료를 시작하기 위해 50분간의 면담이 필요하다는 것을 배웠다. 이는 인지행동치료를 할 때도 그랬다.

장기치료가 보다 효과적이라는 연구 결과가 일관되게 보고되고 있음에도 불구하고(Lambert, 2007; Lopes, Gonçalves, Fassnacht, Machado, & Sousa, 2015), 다수의 직장인 지원제도 및 관리 의료보험 제도에서는 연간 이용 가능한 치료 회기 수에 엄격한 제한을 두고 있다. 이는 실무자가 내담자의 문제를 파악하고, 치료 목표를 수립하며, 치료 계획의 윤곽을 그리는 데 있어 보다 빠르고, 효율적이어야 한다는 것을 의미한다. 또한 치료가 더 교육적이고, 치료의 깊이가 얕다는 것을 의미한다. 치료 회기 수가 제한된 경우 속도와 간결함이 보다 요구되고, 치료 목표의 깊이와 범위가 얕아지게 된다.

치료자가 치료에 대한 결정을 내리는 데 있어 보다 효율적이어야 한다는 점은 합리적이지만, 간결함이 반드시 효율성을 높이는 것은 아니다. 더 빨리 일해야 한다는 압박을 받으면, 케이크를 굽든, 캐비닛을 만들든, 자동차를 수리하든, 접수면담을 하든, 무엇을 하는지는 중요하지 않게 된다. 결과는 비슷하다. 질이 저하될 수 있다.

이 장에서는 일반적으로 예상되거나 용인되는 것보다 더 포괄적인 접수면담 절차에 대해 소개할 것이다. 이 장에서는 평소에 **일어날 일**을 반영하지 못할지라도, 접수면담 상황에서 무엇을 성취할 **수 있는지**를 배우는 것이 중요하다. 또한, 보험 회사는 치료 서비스를 규제하는 이윤 추구 기관이다. 보험 회사는 정신건강 전문가가 접수면담을 진행하거나 치료 계획을 수립하는 방법을 정하는 데 필요한 전문 지식이 없다(Schoenholtz, 2012). 예비 정신건강 전문가에게 단순히 접수면담평가 접근법에 대한 '핵심적인 부분'만 교육하는 것은 비윤리적이다. 접수면담 과정에 대해 광범위하고 철저한 이해에 바탕을 둘 때 접수면담은 가장 효율적으로 이루어진다. 하지만 우리는 실용적인 태도를 가지고 있기도 하다. 만약 당신이 현재 대학원에 다니고 있다면, 상담 회기 수를 제한하는 장면에서 일할 가능성이 있다. 따라서 이 장의 마지막 부분에서는 간단한 접수면담을 실시하기 위한 개요와 체크리스트를 제공할 것이다.

세 가지 중요한 목표

대체로 접수면담의 세 가지 목표는 다음과 같다.

1. 내담자의 주호소 문제(그리고 관련 치료 목표) 파악, 평가, 탐색하기
2. 내담자의 대인관계 및 정신사회적 병력 관련 자료 수집하기
3. 내담자의 현재 생활 상황 및 기능 평가하기

이러한 정보는 사례 개념화 및 치료 계획에 사용되고, 많은 경우에 초기 진단으로 이어진다.

대부분의 정신건강 관련 장면에서, 접수면담을 실시한 후 **접수면담 보고서**(intake report)를 작성하게 된다(Zuckerman, 2010). 접수면담 보고서 작성 과정과 내용은 이 장의 뒷부분에서 다룰 것이다.

내담자의 문제 및 목표 파악, 평가, 탐색하기

내담자의 주호소 문제에 초점을 맞추는 것이 당신의 첫 번째 목표다. **주호소 문제**(chief complaint)는 내담자가 도움을 찾게 되는 이유다. 주호소 문제는 대개 한 가지 이상의 정서적으로 고통스럽거나 괴로운 증상으로 구성되어 있다. 이는 "여기엔 어떻게 오셨어요?"라는 질문에 대한 답변이다.

치료자의 첫 진술이나 질문은 내담자의 주호소 문제를 이끌어 낸다(예: "여기엔 어떻게 오셨어요?" 혹은 "어떤 도움이 필요한가요?", 제3장 참조). 치료자는 첫 진술 이후 내담자가 치료를 통해 원하는 것이 무엇인지 듣고 이해하는 데 약 5~15분을 할애한다. 어떤 경우에는 내담자가 도움을 청하는 이유에 대해 신속하게 파악하지만, 어떤 경우에는 모호하고 명확하지 않을 때도 있다.

내담자의 주호소 문제는 본질적으로 상담 목표와 관련이 있다(A. Thomas, Kirchmann, Suess, Bräutigam, & Strauss, 2012). 치료를 위해 온 많은 내담자들은 자신의 문제에서 벗어나 생각하지 못한다. 따라서 당신은 내담자가 적절한 목표나 해결책을 향해 방향을 잡도록 도

와야 할지도 모른다.

불안, 공포증, 우울, 관계 갈등은 성인 내담자가 상담을 찾게 되는 가장 흔한 문제들 중 하나다. 그밖에 알코올, 약물사용, 섭식장애, 외상, 사회적 기술 부족, 업무 관련 문제, 불면증 등이 있다. 모든 문제들에는 내재된 목표가 있다는 것을 기억하도록 하라. 접수면담 초기에, 당신은 내담자가 진술한 주호소 문제를 목표와 관련된 진술로 재구성할 수 있도록 도울 수 있다.

> 초조함과 불안에 대해 말하는 걸 들었어요. 제가 제대로 이해했다면, 당신은 더 많은 상황에서 안정을 찾고 통제력을 갖고 싶어 하는 거 같아요. 그래서 한 가지 치료 목표는 더 많은 상황에서 안정감을 느끼고, 스스로 안정감을 느낄 수 있는 방법을 찾는 것일 수도 있겠어요. 맞나요?

내담자의 주호소 문제를 목표로 재구성하는 것은 희망을 촉진하고 긍정적인 목표 설정 과정의 시작이 될 수 있다(Wollburg & Braukhaus, 2010). 그렇다고 해서 항상 주호소 문제를 목표로 삼아야 하는 것은 아니다. 때때로 내담자는 자신의 문제에 대해 이야기하고 그러한 문제를 가진 자신이 문제라고 이야기하고 싶어 할 것이다. 주호소 문제를 목표로 재구성하는 것은 치료의 방향을 명확하게 하는 한 가지 방법이다.

내담자의 문제 및 목표의 우선순위 설정, 선택하기

내담자가 첫 회기를 다음과 같이 시작한다면, (다소 위협적이긴 하지만) 좋을 수 있다.

> 저는 사회공포증이 있어요. 대중 앞에 있을 때면, 관찰되고 평가될까 걱정이 돼요. 저의 불안은 식은땀이 나고, 제 부족함에 대해 걱정하며, 대부분의 사회적 상황을 회피하는 걸로 나타나요. 치료를 통해 자신감을 키우고, 저 자신에게 긍정적인 말을 많이 하고, 화가 나기 시작할 때 진정시키는 법을 배우고 싶어요.

대부분의 내담자들은 서로 관련된 여러 가지 문제나 모호한 증상들을 가지고 접수면담에 온다. 때때로 내담자는 치료자가 어떻게 반응하는지 '시험'해 보기 위해 주호소가 아닌 부차적인 문제에 대해 먼저 언급해 볼 수 있다. 이 시험을 통과하면, 치료자는 더 깊은 문제에 대해 듣기 시작할 수 있을 것이다(C. Myers, 개인교신, 2012년 10월 14일).

처음 5분에서 15분 정도 내담자의 이야기를 듣고 증상을 분류한 다음, 당신이 할 일은 주요 문제와 목표 목록을 만드는 것이다. 내담자의 문제와 목표에 대한 이 첫 번째 요약은 비지시적 경청에서 보다 지시적 접근으로의 전환을 의미한다. 내담자의 생각과 감정을 자유롭게 표현하게 허용하는 것에서 보다 구조화된 방식으로 전환하면, 치료자는 중요할 수 있는 문제를 추가적으로 확인하고, 문제의 우선순위 설정, 선택, 목표 설정의 과정을 시작할 수 있다.

> **치료자:** 지금까지 주로 얼마나 우울한지, 아침에 일어나는 게 얼마나 힘든지, 요즘 평소에 즐겨 하는 활동이 얼마나 재밌지 않은지 얘기했어요. 아직 언급하지 않은 다른 어려운 점이 있는지 궁금해요.
>
> **내담자:** 사실, 있어요. 저는 매우 불안함을 느껴요. 가끔 너무 무서워요. 대개 제 진로나…… 경험이 부족한 것에 대해 두려움을 느껴요.

앞의 예시에서는 치료자가 추가 문제를 탐색하기 위해 간접 질문을 사용했다.

모든 문제들을 동시에 해결할 수 없기 때문에, 치료자와 내담자는 접수면담 동안 주의가 필요한 문제를 함께 선택한다. 이를 **문제의 우선순위 설정**(problem prioritization)이라고 한다. 문제의 우선순위 설정은 협력적으로 이루어져야 한다.

> **치료자:** 지금까지 당신의 주요 고민을 요약해 보자면 우울한 기분, 진로에 대한 불안, 수줍음이 있어요. 이 중 현재 가장 문제가 되고 있는 건 어떤 건가요?
>
> **내담자:** 다 힘들게 하지만, 그중에서도 우울한 기분이 최악인 거 같아요. 기분이 정말 안 좋아서 하루 종일 침대에서 일어나지 않을 때는, 다른 문제들은 눈에 들어오지도 않아요.

이 내담자는 우울이 가장 큰 걱정거리라고 말했다. 이 문제를 다른 측면에서 보는 사례 개념화에서는 사회적 억제와 불안이 우울한 기분을 만들어 낸다고 보기 때문에, 이 두 가지를 우선적으로 다룰 수 있다. 하지만, 대개(항상 그렇지는 않지만) 내담자가 주도적으로 주호소 문제를 먼저 탐색하는 것이 최선이다. 이 예시에서, 세 가지 증상들은 어쨌든 결국 모두 연결되어 있을 수 있다. 당신은 먼저 우울을 탐색하고, 불안과 수줍음 증상을 나중에 탐색할 수 있다.

만약 내담자가 언급한 것(예: 알코올 사용) 외에 다른 문제를 탐색하고 싶다면, 내담자의 관점을 먼저 주의 깊게 듣고 기다리는 것이 좋다. 내담자가 자신의 문제를 '문제'(예: 물질남용)로 정의하지 않는다면, 내담자의 걱정을 '문제'로 규정하지 말아야 한다. 시간이 제한된 상황에서 공감 반응은 대개 짧고 간헐적으로 이루어져야 하는데, 이는 문제에서 목표 설정 으로 빠르게 전환해야 하기 때문이다.

내담자의 문제 및 목표 분석하기

일단 내담자의 주요 문제를 파악하면, 다음 단계는 정서적, 인지적, 대인관계적, 행동적 요인의 측면에서 그 문제를 철저히 분석하는 것이다. 다음과 비슷한 질문을 활용하는 것 이 유용하다.

선행사건 또는 촉발 요인에 관한 질문
- 언제부터 이러한 문제나 증상이 나타났나요? (증상의 기원과 보다 최근의 발달 및 유지에 대해 탐색하도록 하라.)
- 이 문제에 대해 처음 알게 되었을 때 어디에 있었고, 무슨 일이 있었나요? (어떤 상황이 있었는지, 누가 있었는지 등)
- 이 문제에 보통 선행하는 상황이나 사람이나 사건이 있나요? (현재 선행사건은 무엇 인가?)

문제 경험에 초점을 둔 질문
- 이 문제를 얼마나 자주 경험하나요?
- 문제나 증상이 시작되면 정확히 어떤 일이 일어나나요?
- 문제나 증상이 나타날 때 어떤 생각이나 이미지가 떠오르나요?
- 문제가 나타나기 전, 나타나는 중 혹은 나타난 후에 어떤 신체적 감각을 느끼나요?
- 몸에서는 어떤 느낌이 드나요? 가능한 정확하게 말해 주세요.
- 얼마나 지속되나요?
- 보통 어떻게 끝나나요?(혹은 결국 멈추게 하는 게 무엇인가요?)

대처 질문
- 이 문제를 해결하려고 어떤 노력을 해 봤나요?
- 가장 도움이 되었던 건 무엇인가요?
- 그 외 도움이 되었던 건 무엇인가요?

문제에 대한 내담자의 성찰을 이끄는 질문

- 이 문제가 당신의 삶에서 중요한 활동에 지장을 주나요? 어떻게 주나요?
- 이 증상 때문에 겪은 최악의 경험에 대해 이야기해 주세요. 그때 어떤 생각, 이미지, 감정이 떠올랐나요?
- 이 문제를 잘 해결했던 최고의 경험에 대해 이야기해 주세요. 그때 어떤 생각, 이미지, 감정이 떠올랐나요?
- 증상이 나타날 거라고 예상했는데, 그런 증상이 일어나지 않았거나, 잠시 동안만 발생하다가 사라졌다는 사실에 놀란 적이 있나요?
- 0점은 전혀 고통이 없는 상태, 100점은 자살이나 죽음을 초래할 정도의 고통이 있는 상태라고 할 때, 오늘 문제의 심각성을 평가한다면 몇 점인가요?
- 증상이 가장 심할 때는 몇 점인가요?
- 증상이 가장 약할 때는 몇 점인가요?
- 증상이 전혀 나타나지 않았던 적이 있나요?
- 면담에서 증상에 대해 얘기하는 동안 어떤 변화가 있었나요? (문제에 집중해 얘기하면서 더 나빠졌나요, 아니면 더 좋아졌나요?)
- 책이나 연극에 제목을 붙이듯, 이 증상과 영향에 대해 제목을 붙여 본다면 어떤 제목을 붙이겠어요?

이는 당신이 문제 중심 질문을 대략적으로 경험할 수 있도록 고안된 질문 예시다. 당신은 이러한 질문이 주로 내재적이거나 문제에 초점을 두는 언어를 사용한다는 사실을 알아차렸을 것이다(Gonçalves, Matos, & Santos, 2009). 해결중심상담자나 이야기치료자는 문제를 외현화하거나 예외 상황을 파악하는 질문을 사용한다(J. Murphy, 2015). 예를 들면, "[문제가 나타났을 때] 어떤 생각이나 이미지가 떠오르나요?"라고 묻는 대신, 해결중심치료자는 "[문제가 사라졌을 때] 어떤 생각이나 이미지가 떠오르나요?"라고 물을 수 있다.

당신은 이러한 질문을 보다 해결중심적이거나 이론적 배경에 맞게 수정하고, 질문을 추가하고 삭제하며, 면담 목표에 부합하는 질문 세트를 만들 수 있다. 연습을 통해, 한 번의 면담에서 얼마나 많은 내용들을 다룰 수 있는지 파악할 수 있고, 심지어 자신에게 잘 통하는 질문 목록까지 외울 수도 있다.

아무리 좋은 계획이라도 실패할 수 있다. 내담자는 당신이 정해 놓은 계획에서 쉽게 벗어나게 할 수 있다. 그리고 때로는 계획에서 벗어나면 뜻하지 않게 더 중요한 영역(예: 성적 혹은 신체적 학대나 자살 사고 보고)으로 이어질 수 있기 때문에, 계획에서 벗어나는 것이 중요할 수도 있다. 계획된 과제에 집중하는 동안, 의역, 감정 타당화, 감정의 비지시적 경청과 같은 공감 진술을 사용하도록 하라. 다른 중요한 문제 영역에 대한 중요한 단서를 간과하지 않도록 유연한 태도를 가지도록 하라.

질문지 및 평정 척도 사용하기

접수면담에서 사용할 수 있는 다양한 질문지와 평정 척도가 있다. 전통적인 접근법은 접수면담 전후에 내담자가 질문지를 완성하도록 하는 것이다[예: 미네소타 다면적 인성검사 (Minnesota Multiphasic Personality Inventory-2 혹은 MMPI-2-RF), 벡 우울 척도(Beck Depression Inventory-2) 혹은 치료 효과 척도(Outcome Questionnaire-45; A. Beck, Steer, & Brown, 1996; Greene, 2000; Mueller, Lambert, & Burlingame, 1998)]. 이러한 질문지를 통해 수집한 정보는 내담자의 목표, 진단, 치료 계획의 공식화를 돕는 데 사용된다.

전통적으로 내담자는 자신의 검사 결과를 자세히 알지 못했고, 내담자와 검사 결과를 논의하는 데 거의 시간을 들이지 않았다. 1950년대부터 시작해 시간이 흐를수록, Constance Fischer와 Stephen Finn은 심리평가에 대한 보다 협력적이고 치료적인 접근을 주장해 왔다(Finn, Fischer, & Handler, 2012). 이들의 협력적/치료적 접근은 인지도가 높아지고 있지만, 평가에 대한 전통적인 접근은 여전히 지배적이다. 하지만 질문지를 실시하고 치료를 안내하기 위해 해당 정보를 사용하는 경우, 특별한 임상면담 기술이 필요하지 않기 때문에, 이 섹션은 평가 자료를 협력적으로 그리고 치료적으로 사용하는 Fischer와 Finn의 임상 작업에 특히 초점을 맞추고 있다.

Fischer(1994)는 여러 가지 핵심 원리를 강조했다.

- 임상가는 협력한다. 임상가와 내담자는 서로 스쳐 지나가는 사이가 아니다. 이들은 평가 과정 내내 협력해야 한다. 내담자는 자신의 경험에 대한 최고의 전문가이므로 심리평가의 모든 단계에 적극적으로 관여해야 한다.
- 맥락을 고려해 평가 결과를 해석한다. 평가 결과는 내담자의 상황, 문제, 해결책과 별개가 아니다. 임상가가 이해와 변화를 위한 수단으로 평가 결과를 사용하기 위해서는 이를—MMPI-2-RF 문항에 대해 단순하게 예-아니요로 강제하는 반응조차도—내담자의 전 생애 상황의 맥락에서 보아야 한다.
- 평가는 개입이다. 대부분의 상황에서 내담자의 현재 상태를 분류하는 것은 심리평가의 최종 목표가 아니다. 대신, 평가의 목적은 "내담자가 새로운 사고방식과 존재방식

을 발견하는 데 도움을 주는 것"이다(Finn et al., 2012, p. 3). 평가의 목적은 치료를 용이하게 하는 것이다.

- 내담자에 대해 묘사하되 꼬리표를 달지 않는다. 내담자를 우울하거나, 불안하거나, 충동적이거나, 화난 것으로 꼬리표를 다는 것은 변화를 제한시키는 것이며 억제할 수 있다. 대신, 평가는 '가능한 한 언제든지 내담자 자신의 언어를 사용해' 내담자, 내담자의 상태 및 상황을 기술할 수 있다(Finn et al., 2012, p. 3). 이러한 과정은 내담자를 참여하게 하고 더 깊은 이해에 이르게 한다.
- 임상가는 내담자의 복잡성을 존중한다. 내담자의 삶을 하나의 요인이나 단순한 설명으로 축소하면 내담자의 다양성을 놓치게 된다. 임상가는 내담자의 행동을 단순히 설명하지 말고, 이해하도록 노력해야 한다. 이처럼 더 깊은 이해는 대인관계를 촉진하고 변화를 위한 시발점이 된다.

Finn은 치료적 평가에 대해 광범위하게 기술했다(Finn et al., 2012; Finn & Martin, 2013; Finn & Tonsager, 2002). 그는 임상가에게 평가 결과를 단계별로 정리할 것을 촉구하는데, 각 단계는 내담자의 현재 자기 스키마에 해당한다. 임상가는 다음 순서로 정보를 공유한다(Finn et al., 2012, p. 5).

1단계: 내담자의 현재 자기 스키마와 일치하거나 근접한 정보로 시작하도록 하라……. 그런 다음…….
2단계: 자신을 바라보는 방식과 '약간 불일치'한 정보로 이동하도록 하라……. 그리고 마지막으로…….
3단계: '자기 자신에 대해 생각한 기존의 방식과는 매우 불일치한 정보'를 소개하도록 하라.

이러한 원리를 적용하려면 사례 예시 8-1을 참조하도록 하라.

협력적/치료적 평가는 정교한 임상 기술이 필요한 접근법이다. 때때로 내담자는 평가 결과에 대해 강력하게 이의를 제기할 것이다. 또 어떤 때는 평가가 시작되기 전에 그 과정에 이의를 제기하기도 한다. 사례 예시 8-1은 협력적/치료적 평가가 얼마나 유동적이고 상호적인지 보여 준다.

사례 예시 8-1 **치료적 평가**

다음은 치료적 평가에 대한 Fischer와 Finn의 방법을 어떻게 사용하는지 보여 주는 예시다.

Mark는 25세의 혼혈(푸에르토리코인과 백인) 이성애 남성이다. 그는 접수면담에 앞서, MMPI-2-RF를 실시했다. 당신은 면담 전 이 검사에 대한 결과를 검토했다. 당신은 회기를 시작하고, 중간에 MMPI 결과를 공유하며, 치료에 도움이 될 수 있는 방법에 대해 논의할 것이라고 말한다.

Marcus는 재정적으로나 관계적으로 손해를 끼친 몇 가지 공격적 삽화들을 보고한다. 비록 그의 MMPI 프로파일에서 재구성 임상척도 2번(낮은 긍정 정서)과 7번(역기능적 부정 정서)이 상승하지만, 그는 비구조화 면담에서 우울이나 불안 문제를 드러내지 않는다. 대신, 그는 자신의 성과 문화적 정체감에 부합하는 방식으로 자신(자기 스키마)을 바라본다.

25분간의 접수면담과 MMPI 프로파일에 대한 지식을 바탕으로, 당신은 잠정적으로 다음과 같은 피드백을 제공한다.

1단계 피드백: 평가 결과는 당신의 설명과 일치해요. 일이 공정하고 옳다고 생각하는 방식으로 흘러가지 않을 때, 당신은 매우 화가 나고 때로는 일을 바로잡기 위해 폭발해요. 맞나요? [Marcus는 긍정적으로 반응하고, 당신은 그의 현재 상황에서 예측 가능한 분노 촉발 요인에 대해 깊이 있는 대화를 나눈다.]

2단계 피드백: 당신의 분노에 영향을 미칠 수 있는 한 가지 요인은 통제에 대한 욕구예요. 제가 추측하기에, 당신이 어떤 상황에 대한 통제를 원하는 것처럼 보이고, 통제할 수 없을 때 당신은 원치 않는 불편한 감정을 가지고 있어요. 결론: 때로는 너무도 불편한 상황에서 벗어나고 싶은 마음이 간절해서—결과가 좋지 않아도—그저 앉아서 아무것도 하지 않는 것보다는 기분이 나아져요. 어떻게 생각하세요? [Marcus는 뭔가 잘못되었을 때 앉아서 아무것도 하지 않는 것을 싫어한다는 것을 인정한다. 당신은 "우리가 분노 조절에 대해 다룰 때 당신이 그냥 기분이 안 좋은 상태로 아무것도 하지 않게 하는 게 아니라 적극적으로 행동할 수 있는 방법을 파악해 볼 거예요."라고 제안한다. Marcus는 이러한 생각을 지지한다.]

3단계 피드백: 이 마지막 결과는 오늘 한 번도 언급하지 않았던 거지만, 중요한 것일 수도 있어요. MMPI 결과는 당신이 지금 당신의 삶과 자신에 대해 별로 행복하지 않다는 것을 보여 줘요. 이 결과가 분노와 관련이 있을 수 있는 부분은, 행복하지 않은 게 짜증을 유발하고 분노를 더 쉽게 야기한다는 거예요. 저는 당신이 어떤 부분에서 불행하다고 느끼는지 모르겠어요. 남자가 슬픔에 대해 말하는 게 때로는 쿨하지 않다는 걸 알고 있기 때문에, 그렇게 하고 싶지 않으면 굳이 할 필요는 없어요…… 하지만 검사 결과는 이렇게 나왔으니까…… 어떤 게 당신을 불행하게 만들 수 있는가에 대해 좀 더 자세히 말해 주면 좋겠어요. [Marcus는 2년 전 어머니의 죽음에 대해 입을 열기 시작한다. 당신은 이에 대해 그와 이야기를 주고받고, 그의 미해결 슬픔을 편안하게 풀어 나가기 위한 방법을 개념화한다.]

행동의 ABC

행동 이론가와 실무자들은 문제를 야기하고 유지시키는 인과적 요인으로 선행사건과 결과에 초점을 둔다. 이러한 관점에서 임상가는 특정 증상을 설명하고, 예측하며, 통제하기 위해 내담자 환경을 분석한다. 행동주의자는 이를 ABC 모형이라고 부르며, ① 선행사건(antecedents), ② 행동 또는 문제 자체(behavior or problem itself), ③ 결과(consequences)에 초점을 둔다(Thoresen & Mahoney, 1974). 다음의 질문은 행동의 ABC를 나타낸다.

- 파악한 문제에 앞서 어떤 사건, 생각, 경험이 선행되는가?
- 문제의 조작적 정의는 무엇인가?(즉, 문제는 어떤 행동과 증상으로 구성되어 있는가?)
- 파악한 문제에 따르는 사건, 생각, 경험은 무엇인가?

실제 적용하기 8-1: 당신의 이론적 배경이 당신의 전문성을 저해하지 않도록 하라

수년 동안 우리는 학생들이 행동치료가 냉정하고 엄격하다고 생각해 이를 선호하지 않는다는 사실에 주목했다. 이는 두 가지 이유로 문제가 된다.

첫째, 행동과학은 냉정하거나 엄격하지 않다. 내담자에게 적용하면 따뜻하고 유연할 수 있으며, 또한 그래야만 한다. 행동주의치료자가 냉정하고 엄격해야 한다는 생각은 분명히 옳지 않다. 그럴 수도 있지만, 그건 그저 나쁜 치료자일 뿐이다.

둘째, 행동 원리는 언제 어디서나 적용되기 때문에 무시해서는 안 된다. 우리는 행동 원리의 무시를 '역방향 행동 수정'이라고 부르게 되었다. 역방향 행동 수정(backward behavior modification)은 바람직하지 않은 행동을 강화하고, 바람직한 행동을 무시하거나 처벌할 때 발생한다. 이러한 일은 종종 부모와 가족 그리고 개인 내에서 발생한다. 특정 유형의 불안 관련 문제가 있는 내담자와 작업할 때, 우리는 다음과 같이 지적하고자 하는 (그러나 용감하게 통제할 수 있는) 충동을 느낀다. "물론 당신은 불안을 통제하는 데 어려움을 겪고 있어요……. 이건 불안해하는 거에 대해 당신이 계속 보상을 해 주기 때문에 그래요!"

실존적이거나 인간중심적이거나 이론적으로 절충적인 접근을 취하는 것은 잘못된 일이 아니다. 당신은 그 이상일 수도 있다. 모든 사람들이 행동치료자가 되어야 한다고 말하는 것은 아니다. 우리의 요점은 상담 관련 전문직에서는 지식의 기초적인 원천 중 하나를 무시하지 말라는 것이다. 대안적인 이론적 배경에 대한 충성심에서 행동 원리를 무시한다면, 자신의 능력을 제한하는 것이다. 더 나쁜 것은, 내담자의 복지를 희생시키면서 그렇게 하는 것이다.

배경 및 과거 정보 얻기

내담자는 일련의 증상 이상이다. 증상이 발생하면 개인 내에서 발생하고, 그 개인은 고유한 가족 체계, 지역사회, 민족 문화에 속해 있다. 결과적으로, 내담자는 유사한 증상을 보이거나 진단을 받을 수 있지만, 각 내담자는 동시에 여러 개의 교차하는 개인 및 집단 정체성을 가진다(Hays, 2008). 임상가로서 당신은 현재 문제나 증상보다 더 많은 것들을 알아야 할 것이다. 또한 더 큰 틀에서 내담자의 문제가 어떻게 발현되고 있는지 파악하고, 일반적으로 내담자가 어떤 사람이고…… 어떤 상황에 처했는지도 파악해야 한다. 이때 두 가지 유용한 정보가 있다.

1. 내담자의 개인적 또는 정신사회적 병력
2. 내담자의 대인관계 행동 관찰 및 보고

개인적 또는 정신사회적 병력으로의 전환

주호소 문제를 탐색하면 내담자가 왜 상담을 받으려고 하는지에 대해 일부 파악할 수 있다. 문제 탐색에서 개인적 또는 정신사회적 병력으로 이어지는 데 가능한 가교 역할을 하는 것은 왜 지금(Why now) 질문이다.

당신이 상담을 받으러 온 이유는 분명히 알겠지만, 왜 지금 받으러 왔는지에 대해 좀 더 자세히 알고 싶어요.

이 질문은 촉발 사건을 알아보는 데 도움이 된다. 촉발 사건(precipitating event)은 내담자가 (이전이나 이후가 아닌) 지금 전문적인 도움을 구하도록 촉진한 직접적인 사건이나 상황이다. 왜 지금 질문에 대한 대답은 치료에 대한 내담자의 동기를 알 수 있게 해 준다. 당신은 내담자가 상담에 자발적으로 참여하는지, 상담에 참여하도록 강요를 받았는지 알게 될 것이다.

만약 내담자가 왜 지금 질문에 주저한다면, 대안적인 방법을 통해 알아볼 수 있다.

• 몇 달 전 여자친구에게 차였을 땐 상담에 오지 않았어요. 그때가 아닌 왜 지금인가요?

- 이런 증상을 오랫동안 앓아 왔는데, 지금 상담을 받으러 온 이유는 뭔가요?
- 당신이 전에는 "어려움을 참고 견뎌 왔다"고 했는데, 이번엔 뭐가 다른가요?

내담자가 **왜 지금** 질문에 대답한 후(그리고 당신이 그 대답을 요약하거나 의역한 후), 당신은 **문제**에 초점을 맞추는 것에서 **사람**에 초점을 맞추는 것으로 전환할 수 있다.

> 당신이 상담에 오게 된 이유에 대해 얘기하며 대부분의 시간을 보냈어요. 이제 제가 당신에 대해 좀 더 잘 이해하고 싶은데, 당신의 과거에 대해 몇 가지 질문을 해도 괜찮을까요?

왜 지금 질문은 유용하고 흥미롭지만, 꼭 필요한 것은 아니다. 당신은 이미 내담자가 왜 지금 도움을 청했는지 잘 알고 있을 수 있다. 그렇다면 중복해서 질문할 필요는 없다. 어느 쪽이든 당신은 증상 중심의 면담에서 과거력 중심의 면담으로 전환해야 한다. 이러한 전환을 하게 되면, 당신은 비지시적 유도 방법이나 구조화된 과거력 탐색 접근법을 사용할 수 있게 된다.

비지시적 과거력 탐색 유도 방법

비지시적 유도 방법(nondirective leads)은 내담자가 자신이 하는 말을 통제할 수 있도록 하는 열린 질문이나 메시지다. 이러한 접근법의 장점은 내담자가 자신이 말하고 싶은 내용과 말하고 싶지 않은 내용이 드러난다는 점이다. 단점으로는 내담자의 불안감을 불러일으키고, 시간이 많이 걸릴 수 있다는 점이 있다.

"어린 시절부터 시작해 보죠."라는 초기면담의 고전적인 표현 외에도 다음과 같이 시도할 수 있다.

- 어린 시절에 대해 기억나는 내용이 어떤 게 있나요?
- 제가 알아야 하는 성장기 동안의 중요한 정보가 어떤 게 있나요?

많은 내담자들은 자신의 어린 시절에 대해 말하는 것을 주저한다. 이들은 구조화나 안내를 요청할 수 있다. 만약 당신이 정신역동적 또는 인간중심적 접근법을 사용한다면, 적어도 잠깐 동안은 구조화나 안내하는 것에 저항할 것이다. 즉시 구체적인 질문을 하기 시작하면 내담자의 자발적인 반응을 알 수 있는 기회를 놓치기 때문이다. 만약 내담자가 구조화에 대해 압박을 가하면, 당신은 직접 다음과 같이 말할 수 있다.

> 곧 구체적인 질문을 하겠지만, 지금은 당신의 마음속에 떠오르는 과거 경험과 기억에 관심이 있어요.

개인의 과거력은 충격적이고 혼란스러울 수 있다. 과거 사건은 기억하기 어려울 수도 있다. 때때로 내담자는 어린 시절의 특정 사건에 대해 생각하지 않으려고 적극적으로 노력할 것이다. 내담자는 "제 과거의 많은 부분을 기억할 수 없어요." 또는 "제 어린 시절이 기억나지 않아요."라고 주장할 수도 있다. 이러한 상황이 발생하면, 다음과 같은 지지적 심리교육이 도움이 될 수 있다.

> 기억이란 게 재밌어요. 가끔은 여러 가지 이유로 기억의 조각들이 여기저기서 튀어나오기도 해요. 그리고 대부분의 사람들은 불쾌하기 때문에 떠올리고 싶지 않은 기억이 있어요. 저는 당신에게 과거에 대해 이야기하는 걸 강요하고 싶진 않지만, 당신이 중요하다고 생각하는 과거 사건에 대해 이야기 나누고 싶어요.

접수면담에서는 보통 특정 외상 경험에 대한 직접적인 질문을 포함하지 않는다. 그러나 내담자는 자발적으로 외상에 대해 개방하고 공유할 수 있다(Goodman & Epstein, 2008). 이때 목표는 내담자에게 과거의 외상 사건에 대해 개방할 기회를 주되, 적절한 치료적 관계가 형성될 때까지 세부사항에 너무 깊이 파고들지 않는 것이다.

많은 학생들이 "만약 내담자가 성적 학대를 당했다면?" 혹은 "만약 내담자가 어렸을 때 부모님이 돌아가셨다면 어떻게 해야 하죠?"라고 물었다. 내담자의 과거력을 탐색할 때, 당신은 정서적으로 격앙된 이야기를 듣는 것을 예상해야 한다. 이때 가장 좋은 방법은 경청하는 것이다. 외상을 경험한 내담자에게 먼저 필요한 것은 지지와 공감적 경청이다. "그때 특히 힘들었던 거 같네요." 또는 "그때 정말 힘든 시기였네요."와 같이 내담자의 경험을 반영하는 말은 잠재적으로 치료적일 수 있다.

일부 내담자들은 정서적으로 괴로운 기억에서 벗어나는 데 어려움을 겪는다. 이러한 경우, 그때 일어났던 일과 지금 일어나고 있는 일 사이의 구분이 가능하다. 어려운 과거 상황에서 내담자가 어떻게 대처하고 견뎠는지 탐색하고 확인하고 강조하는 해결중심 접근법이 도움이 될 수 있다. 당신은 내담자가 어려운 시기에 어떻게 힘을 발휘할 수 있었는지에 대해 언급할 기회가 있을 수 있다.

정말 힘든 시기를 겪었네요. 의심의 여지가 없어요. 제가 듣기로는 상황이 최악일 때 당신 스스로 손을 뻗어서 다시 일어설 수 있게 도움을 받았네요.

또한 내담자를 점차 현재로 되돌리는 것도 유용하다. 예를 들면, "딸이 태어났을 때 가족들은 별로 지지적이지 않았네요. 딸은 현재 몇 살인가요?" 당신이 현재로 이동함에 따라, 내담자는 고통스러운 과거 경험으로부터 멀어질 수 있다. 다른 경우에는 내담자가 부정 정서에 머물러 있을 수 있다. 외상 기억은 강력하다. 내담자가 부정적인 기억 속에 갇혀 있을 때, 특히 접수면담에서 내담자는 스트레스나 공포를 느낄 수 있다. 부정적인 사고나 자살 사고에 압도된 내담자를 평가하고 다루는 전략은 제10장에서 다루게 된다. 내담자를 보다 긍정 정서 상태로 이동시키기 위한 접근은 실제 적용하기 8-2에 있다.

지시적 과거력 탐색 유도 방법

접수면담을 시작할 때 비지시적 과거력 탐색 유도 방법을 사용하더라도, 결국에는 더 지시적이고 구조화할 필요가 있는데, 이는 내담자의 전 생애에 걸친 과거력을 얻을 수 있기 때문이다. 이때 중점적으로 다룰 영역을 선택하는 것이 필요하다. 과거에 대한 지시적 질문은 초기 회상 질문(earliest recollection question; Adler, 1930; Clark, 2002)을 통해 시작할 수 있다.

상담자: 당신의 가장 초기 기억은 무엇인가요? 어린 시절, 가장 먼저 떠오르는 기억이 있다면 뭘까요?

내담자: 형들이 아빠의 픽업트럭에 저를 태우려고 했던 게 기억나요. 형들은 제가 운전하는 척 하길 원했어요. 형들은 그런 저를 보면서 웃고 있었어요. 저는 운전석에 올라탔고 어떻게 된 일인지 트럭의 주차 브레이크를 풀게 되었는데, 트럭이 앞으로 굴러가기 시작했어요. 아빠는 매우 화를 냈어요. 형들은 항상 제가 터무니없는 짓을 하도록 했어요.

상담자: 몇 살 때였나요?

내담자: 네다섯 살 정도요.

초기 기억은 내담자가 현재 어려움을 겪고 있는 주요 주제나 이슈를 나타낼 수 있다. 예를 들면, 앞서 이전 기억에 대해 말했던 내담자는 인생에서 자신이 항상 연극을 하고 있다고 믿었다. 그는 관심과 인정을 받기 위해 터무니없는 짓을 하는 것에 중독되었다고 느꼈다.

모든 내담자는 긍정적이고 부정적인 어린 시절의 기억을 가지고 있다. 일부 이론가들은 대부분 부정적인 어린 시절의 경험을 기억하는 내담자는 우울장애가 있을 수 있다고 가정하는 반면, 부정적인 경험을 전혀 언급하지 않는 내담자는 부정, 억압 혹은 해리의 방어 기제를 사용하고 있을 수 있다고 가정한다(Mosak, 1989). 내담자가 긍정적이거나 부정적인 기억만 공유하는 경우, 당신은 이에 반대되는 기억을 공유하도록 유도할 수 있다.

> **내담자:** 제가 식사를 차리려다 접시를 깨뜨린 기억이 나요. 다섯 살쯤 됐을 거예요. 엄마는 크게 화를 냈어요. 그리고 제가 차 기어를 중립으로 풀었더니 차가 후진해서 이웃집 울타리로 굴러갔어요. 부모님은 엄청 놀랐지요.
>
> **상담자:** 당신이 곤경에 처했을 때 그때가 좀 부정적인 시기인 거 같네요. 좀 더 긍정적인 것에 대한 초기 기억을 떠올릴 수 있나요?
>
> **내담자:** 네. 언니와 놀았던 기억은 정말 좋아요. 언니는 저한테 자기 드레스를 입게 해 주곤 했어요.
>
> **상담자:** 그때를 기억하나요?
>
> **내담자:** 음…… 네. 그때 언니에게 진한 파란색 실크 드레스가 있었어요. 전 그 드레스를 입고 춤을 추면서 좋아했어요. 그런데 제가 치맛단을 찢어버렸어요. 그때 언니는 엄청 화를 냈어요.

때로는 내담자의 긍정적이거나 부정적인 기억을 요청해도, 당신은 그 대답을 얻지 못할 때도 있다. 치료 초기에는 패턴을 간단히 기록하고 계속 진행하는 것이 현명하다. 나중에 당신은 패턴을 더 깊이 있게 탐색할 수 있다.

어린 시절을 탐색하는 또 다른 방법은 내담자에게 부모(혹은 양육자)를 묘사할 수 있는 세 단어를 말해 보라고 요청하는 것이다.

> **상담자:** 어머니를 묘사하는 단어 세 개를 말해 주세요.
>
> **내담자:** 그게 무슨 말이죠?
>
> **상담자:** 어머니가 어떤 사람인지 생각할 때, 어머니를 가장 잘 묘사하는 단어 세 개는 뭔가요?
>
> **내담자:** 제 생각엔…… 깔끔하고…… 예의 있고…… 그리고 어, 강해요. 바로 그거예요. 강해요.

특히, 부모-자녀 관계를 탐색할 때 감정적으로 강렬한 기억에 빠져들 수 있다. 내담자가 부모를 묘사하는 단어를 제시하면 후속 질문이 필요할 수 있다. 당신은 다음과 같이 구체적인 예시를 요청할 수 있다.

> 당신은 어머니가 강하다고 했어요. 어머니가 그 단어에 맞는 행동을 한 예시를 들어 줄 수
> 있어요?

자연스러운 과거력 문진의 흐름은 다음과 같다. ① 첫 기억, ② 부모/양육자 및 (만약 있
다면) 형제자매에 대한 기억, ③ 학교 및 또래 관계, ④ 직장 또는 고용 상태, ⑤ 기타 영역
(〈표 8-1〉에는 심리사회적 과거력에서 다루어질 수 있는 내용의 종합적인 목록이 포함되어 있다.
일반적인 접수면담에서는 모든 내용들을 다루는 것이 불가능하기 때문에 선별해 사용할 수 있다.).

간단한 접수면담에서 어떤 영역을 탐색해야 할지 선택하는 것은 종종 어렵기 때문에, 기
관과 임상가는 새로운 내담자를 위해 등록 양식이나 접수 질문지를 사용하곤 한다. 이러
한 양식은 당신에게 미리 내담자 정보를 제공하고, 당신이 면담의 초점을 맞추는 데 도움
이 된다.

대인관계 행동 평가하기

대인관계 행동은 내담자 문제의 발생 및 유지에 핵심적이다. 일부 이론가들은 모든 내
담자 문제들이 관계 문제에 그 뿌리를 두고 있다고 주장한다(Glasser, 1998). 내담자의 대인
관계 행동을 평가하는 것은 접수면담에서 필수적인 부분이다.

접수면담자는 내담자의 대인관계 행동과 관련된 다섯 가지 잠재적인 자료를 가지고
있다.

1. 내담자의 자기보고, 여기에는 ① 과거 대인관계에서의 상호작용(예: 아동기), ② 현재
   대인관계에서의 상호작용
2. 면담 시 내담자의 대인관계 행동에 대한 임상가의 관찰
3. 공식적인 심리평가 자료
4. 과거 상담 기록/보고서 정보
5. 2차 정보 제공자로부터의 정보

<표 8-1> 심리사회적 과거력 면담 질문 예시

내용 영역	질문
첫 기억	첫 기억은 뭔가요? 그때 몇 살이었나요?
부모와 관련된 묘사와 기억	당신의 어머니(또는 아버지)를 묘사할 수 있는 단어 세 개를 말해 주세요. 부모님 중 누구와 더 많은 시간을 보냈나요? 부모님은 어떻게 훈육했나요? 가족과 함께 어떤 여가 활동을 했나요?
형제, 자매와 관련된 묘사와 기억	형제나 자매가 있었나요?(있었다면 몇 명인가요?) 형제, 자매에 대해 어떤 기억을 가지고 있나요? 가장 가까운 형제, 자매는 누구였고, 그 이유는 뭔가요? 가족 중에 당신과 가장 비슷하거나 가장 비슷하지 않은 사람은 누구였나요?
초등학교 경험	학교생활은 어땠나요?(학교가 마음에 들었나요?) 학교에서 가장 좋아했던(혹은 가장 잘했던) 과목은 뭔가요? 어떤 과목을 가장 싫어했나요?(혹은 가장 못했나요?) 학교에 대한 생생한 기억이 있나요? 학교 다닐 때 겪었던 가장 큰 어려움에 대해 설명해 주세요. 특별 수업이나 보충 수업을 받았나요?
또래 관계 (교내외)	학교 다닐 때 친구들이 많았나요? 친구들과 재미로 뭘 했나요? 동성 친구나 이성 친구 중 누구와 더 잘 지냈나요? 학교 친구들에 대해 가지고 있는 긍정적인(또는 부정적인) 기억은 뭔가요?
중학교, 고등학교, 대학교 경험	고등학교 시절에 가지고 있는 긍정적인(또는 부정적인) 기억은 뭔가요? 고등학교 생활은 어땠나요?(학교가 마음에 들었나요?) 고등학교 때 가장 좋아했던(혹은 가장 잘했던) 과목은 뭔가요? 어떤 과목을 가장 싫어했나요?(혹은 가장 못했나요?) 고등학교 시절에 대한 생생한 기억이 있나요? 고등학교 때 겪었던 가장 큰 어려움에 대해 설명해 주세요. 고등학교 때 이룬 가장 큰 성과는 뭐였나요? 대학교에 진학했나요? 대학교에 진학하게 된(혹은 진학하지 않은) 이유는 뭔가요? 대학교 때 전공은 뭐였나요?
첫 직업 및 근무 경험	당신의 첫 직업은 뭐였나요? 또는 돈을 벌기 위해 했던 첫 번째 일은 뭔가요? 직장 동료들과는 어떻게 지냈나요? 직장생활에 대해 가지고 있는 긍정적인 그리고 부정적인 기억은 뭔가요? 직장에서 해고된 적이 있나요? 당신의 궁극적인 커리어 목표는 뭔가요?

군대 이력 및 경험	군복무를 한 적이 있나요? 어디에서 군복무를 했나요? 어떻게 해서 입대하기로 결정했나요? 군생활에서 가장 긍정적인(또는 가장 부정적인) 경험에 대해 말해 주세요. 최종 계급은 뭐였나요? 명예 제대를 했나요? 징계를 받은 적이 있나요? 어떤 잘못을 했나요?
연애 경험	누군가에게 이성적인 감정을 느껴 본 적이 있나요? 좋은 연인관계를 만드는 건 뭐라고 생각하나요? 연인(또는 배우자)에게 어떤 걸 기대하나요? 배우자(또는 중요한 타인)에게 처음으로 어떤 점 때문에 끌렸나요?
성경험 (첫 성경험 포함)	부모님(또는 학교, 형제자매, 또래, TV, 영화)으로부터 성관계에 대해 어떤 걸 배웠나요? 성관계에서 가장 중요하다고 생각하는 건 뭔가요? 고통스러웠던 성경험(예: 성폭행 또는 근친상간)이 있나요?
공격성 관련 이력	화가 날 때 당신은 어떤가요? 싸운 경험이 있나요? 크게 화를 내고 나중에 후회했던 때를 말해 주세요. 가장 최근에 싸운 게 언제인가요? 싸울 때 흉기를 사용해 본 적이 있나요? 누군가를 다치게 한 적(혹은 당신이 다친 적)이 있는 최악의 상황은 뭔가요?
의료 및 건강 관련 병력	어린 시절 질병이 있었나요? 병원에 입원한 적이 있었나요? 수술 받은 적이 있나요? 현재 의학적으로 걱정되거나 문제되는 점이 있나요? 처방약을 복용 중인가요? 가장 최근에 받은 신체검사는 언제였나요? 의식을 잃은 적이 있나요? 가족 중에 심각한 질병을 앓고 있는 사람이 있나요? 평소 식습관에 대해 말해 주세요. 주요 알레르기가 있나요? 운동 패턴은 어떤가요?
정신과 또는 상담 병력	상담을 받은 적이 있나요? 무엇 때문에 상담을 받았나요? 얼마나 오랫동안 받았나요? 기억에 이전 상담자가 당신에게 특별히 도움이 되었던(혹은 도움이 되지 않았던) 게 있나요? 상담이 도움이 되었나요? 만약 그렇지 않다면, 뭐가 도움이 되었나요? 심리적인 이유로 병원에 입원해 본 적이 있나요? 정신과적인 문제로 약을 복용한 적이 있나요? 가족 중 심리적인 이유로 병원에 입원했거나 정신건강에 문제가 있는 사람이 있나요? 있다면 그 사람의 문제나 진단명을 기억할 수 있나요?

알코올 및 약물 관련 병력	당신이 음주(혹은 대마초나 다른 약물)를 처음한 때가 언제인가요? 가장 최근에 음주한 때가 언제인가요?(얼마나 했나요?) 음주량이 하루(또는 일주일/한 달)에 어느 정도인가요? 어떤 술이나 약물을 사용하나요? 음주와 관련된 의학적, 법적, 가족적 또는 직업적 문제가 있나요? 음주로 얻는 이득은 뭔가요?
법 관련 이력	위법 행위로 인해 체포되거나 벌금을 부과 받은 적이 있나요? 음주 운전으로 딱지를 뗀 적이 있나요? 다른 법적 문제나 법적 개입은 없었나요?
여가생활 관련 이력	가장 좋아하는 여가 활동은 뭔가요? 싫어하거나 피하는 여가 활동은 뭔가요? 좋아하는(또는 가장 좋아하는) 여가 활동을 얼마나 자주 하는 편인가요? 이 활동을 더 자주 하지 못하게 만드는 건 뭔가요?
발달력	당신의 임신과 관련된 이야기는 어떤 게 있나요? 어머니의 임신은 정상이었나요? 태어났을 때 몸무게는 얼마였나요? 건강상의 문제나 의학상의 문제는 없었나요? 언제 앉고, 서고, 걸었나요?
영적 또는 종교 관련 이력	당신의 종교는 뭔가요? 현재 종교적 신념이나 영적 신념은 뭔가요? 교회에 다니거나 기도하거나 종교 활동에 참여하나요? 그 외 다른 영적 활동을 하나요?

일부 행동주의자와 가족치료자들도 상담실 밖(예: 학교, 집, 직장 환경)에서 내담자를 관찰하지만, 접수면담 전에 이러한 자료를 얻는 경우는 드물다.

대인관계 행동을 평가하는 것은 어렵다. 위에 제시한 자료는 모두 의심될 수 있다. 예를 들면, 내담자의 자기보고는 왜곡되거나 편향될 수 있다. 종종 내담자는 자신의 대인관계를 호의적인 관점에서 묘사하거나, 부정적인 대인관계 경험에 대해 과도하게 자신을 비난할 수 있다. 임상가의 관찰도 주관적이다. 내담자의 대인관계 행동을 평가할 때는 다음과 같은 몇 가지 기본적인 평가 원칙을 사용해 결론을 내리는 것이 현명하다.

1. 단일 관측치는 종종 신뢰롭지 않다. 이는 부분적으로 대인관계 행동이 상황에 따라 극적으로 변할 수 있기 때문이다. 행동 패턴(예: 대인 공격 혹은 대인관계 고립)에 대한 여러 관측치는 더 신뢰롭다.

2. 다특성 다방법 평가(multitrait, multimethod assessment)를 통해 구성 타당도가 확립되

는 것처럼(Campbell & Fiske, 1959) 둘 이상의 출처(예: 자기보고와 임상 관찰)로부터 자료를 모을 때 대인관계 평가가 보다 타당하다.

3. 문헌에는 대인관계평가를 위한 이론 기반 모형들로 가득 차 있다. 임상가가 강한 이론적 신념을 가지고 있을 때, 확증 편향의 가능성이 높다(다시 말해, 당신의 이론적 입장이나 가설을 확인하는 관찰을 할 것이다.). 그러므로 당신은 기존 생각을 바탕으로 한 내담자의 대인관계 행동에 대한 결론에 대해 주기적으로 의문을 제기해야 한다.

대인관계 행동을 개념화하기 위한 가장 유명한 모형 중 하나는 애착 이론이다. 이 관점을 지지하는 사람들은 초기 양육자-자녀관계 상호작용이 대인관계에 대한 내적 작동 모형(internal working models)을 만든다고 믿는다. 근본적으로 이는 내담자에게 일관된(때로는 경직된) 대인관계에 대한 기대와 반응을 갖게 한다. 예를 들면, 불안정 애착 유형의 내담자는 타인으로부터 거절이나 유기당하는 것을 생각하거나 예상할 수 있으며, 양가적 애착 유형의 내담자는 타인을 밀어내고 매달리는 방식을 번갈아 나타낼 수 있다. 전형적으로 내담자의 내적 작동 모형의 부적응적 요소는 새로운 관계의 초기 단계나 상당한 스트레스가 있는 시기에 지지와 안도감이 필요할 때 활성화된다(O'Shea, Spence, & Donovan, 2014).

애착 이론에 기초한 대인관계평가는 정신역동적 접근으로, 깊이에 초점을 두는 평가 과정을 수반한다. 그러나 개인이 자신의 대인관계 행동을 안내하는 내적 작동 모형을 가지고 있다는 생각은 많은 다른 이론적 관점에서 일관성 있게 나타난다. 구체적으로,

- 인지치료자는 대인관계에서 내담자가 기대하는 바를 형성하는 내담자 스키마나 스키마타를 강조한다(Young, Klosko, & Weishaar, 2003).
- 아들러 학파 치료자는 **생활양식평가**(lifestyle assessment)라는 용어를 자신, 세계, 타인에 대한 내담자의 기대를 평가하는 말로 사용한다(Carlson, Watts, & Maniacci, 2006).
- 정신분석치료자는 내담자의 핵심 갈등 관계 주제(core conflictual relational theme)를 치료 대상으로 언급한다(Luborsky, 1984).
- 우울증에 대해 경험적으로 지지되는 대인관계 심리치료의 주요 강조점은 문제가 되는 대인관계의 역동을 다루는 데 기반을 두고 있다(Markowitz & Weissman, 2012).

내담자가 당신에게서 이끌어 내는 감정과 반응에 주의를 기울이는 것이 좋다(Teyber & McClure, 2011). 예를 들면, 일부 내담자들은 지루함, 각성, 슬픔 또는 짜증을 유발할 수 있다. 이러한 개인적이고 정서적인 반응은 역전이로 간주될 수 있다(Luborsky & Barrett,

2006). 하지만 내담자가 당신에게서 이끌어 내는 반응이 다른 사람에게서도 이끌어 낸다는 수렴적인 증거가 있다면, 내담자의 대인관계 행동이 범인일 가능성이 높다. 만약 당신의 반응이 고유하다면, 당신의 역전이 반응은 내담자에 대한 반응이라기보다는 당신과 관련된 반응일 수 있다.

내담자의 개인 및 대인관계 행동 관련 이력을 평가하는 것은 여러 회기를 거치기 쉬운 만만치 않은 작업이다. 한 번의 면담을 통해 내담자의 대인관계 유형에 대해 정확히 이해할 수 있다고 기대하는 것은 비현실적이다. 더 좋은 목표는 내담자의 대인관계 행동 패턴에 대한 몇 가지 작업 가설을 세우는 것이다(사례 예시 8-2 참조)

사례 예시 8-2 **대인관계 관찰 기술하기**

다음의 접수면담 노트는 대인관계 관찰에 초점을 맞추고 있으며, 협력적/치료적 평가 모형에 부합되게 라벨링(labeling) 접근법보다는 서술적 접근법을 사용한다.

Miriam은 36세의 백인 여성으로 결혼생활에서 긴장과 스트레스로 고통 받고 있다고 설명했다. 그녀는 "남편은 항상 제가 모든 걸 통제하려 한다고 해요. 전 그렇게 말하는 게 싫지만, 때로는 그 말이 맞기도 해요."라고 보고했다. 회기 중 Miriam은 반복해서(약 다섯 번) 더 많은 정보를 요청했다. 그녀는 자신이 상담을 진행하고 싶어 한다는 것을 확신하기 전에, 상담이 무엇인지 정확히 알아야 한다고 불평했다. 남편의 발언에 대해 더 자세히 이야기하는 과정에서 Miriam은 자신의 '통제 욕구'가 불안과 관련이 있다고 언급했다. 우리는 함께 불안을 유발하는 몇 가지 촉발 요인을 확인했고, 그다음 그녀의 통제 행동을 확인했다. 여기에는 ① (상담과 같은) 새로운 상황, ② 남편이 자신의 계획을 말하지 않고 집을 나가는 것, ③ 남편이 소홀히 대한다고 느낄 때 등이 포함되었다. 전반적으로 이러한 촉발 요인은 Miriam의 관계에서의 안전감이 위협 받는 내적 작동 모형과 관련이 있을 수 있다. 결과적으로, 우리의 첫 번째 치료 과제 중 하나는 Miriam이 자신의 '통제' 행동을 활성화시키는 대인관계 촉발 요인에 대한 이해를 더욱 구체화하는 데 도움이 되는 자기관찰 과제를 하는 것이다.

현재 기능 평가

내담자에 관한 과거력과 대인관계 이슈를 탐색한 후에, 치료자는 내담자의 현재 기능에 대한 평가로 전환해야 한다. 현재 기능으로의 전환은 상징적이고(symbolic) 실질적인

(concrete) 현재로의 복귀다.

다음의 진술과 질문은 내담자가 현재 기능에 대해 쉽게 말할 수 있도록 한다.

- 우리는 당신의 주요 걱정과 과거에 대해 이야기했어요. 이제부터는 당신의 삶에서 현재 일어나고 있는 일에 대해 초점을 맞추고 싶어요.
- 당신의 전형적인 하루 일과에 대해 말해 주세요.
- 직장에서 보내는 시간은 얼마나 되나요?
- 연인(배우자)과 얼마나 많은 시간을 보내나요?
- 당신과 연인(배우자)이 같이 하는 활동은 뭔가요? 얼마나 자주 이러한 활동을 하나요?
- 혼자 시간을 보내나요?
- 혼자서 뭘 하는 걸 가장 좋아하나요?

일부 내담자들은 과거에 대한 이야기에서 현재에 대한 이야기로 전환하는 데 어려움을 겪는다. 특히 어린 시절 힘들고 외상 사건을 경험한 내담자가 그럴 수 있다. 만약 접수면담에서 내담자가 화를 내면, 두 가지 주요 전략을 권고한다. ① 내담자의 감정 인정해 주기, ② 긍정적인 변화에 대한 희망 심어 주기. 예를 들면, 비극적인 사고로 자녀를 잃은 직후 상담을 받는 어머니를 생각해 보도록 하라. 당신은 다음과 같이 말할 수 있다.

> 아들을 잃는 건 매우 고통스러운 일이고, 이러한 당신의 감정은 매우 자연스러운 반응이에요. 대부분의 사람은 자녀를 잃는 게 정서적으로 가장 고통스러운 경험이라고 생각해요. 또한, 아들의 죽음과 당신의 감정에 대해 저와 이야기를 나누는 게 얼마나 현명한 일인지 알았으면 해요. 이게 슬픈 감정을 마법처럼 사라지게 하진 않겠지만, 슬픔에 대해 이야기하는 건 거의 항상 바람직한 일이에요. 그건 당신이 슬픔을 헤쳐 나가는 데 도움이 될 거예요.

감정 타당화는 내담자의 감정을 자연스러운 것으로 받아들이는 것을 포함한다(제5장 참조). 이러한 기법은 접수면담이 끝날 무렵 내담자가 고통스러워하거나 원치 않는 감정을 경험할 때 적절하게 쓰일 수 있다. 다음은 접수면담이 끝나갈 무렵 내담자가 경험하는 정서적 고통이나 괴로움에 대해 어떤 말을 할지 보여 주는 보다 일반적인 예시다.

> 우리가 얘기했던 거에 대해 당신이 아직도 슬퍼하고 있다는 걸 알아요. 슬프거나 화가 나는 건 자연스러운 일이에요. 상담에 오는 많은 사람이 복잡한 감정을 안고 상담실을 떠나요.

불편한 감정 없이 문제에 대해 이야기하는 게 어렵지만, 어쨌든 이야기하는 건 좋은 거예요. 당신이 느끼고 있는 감정은 정상적인 감정이에요.

내담자를 안심시키는 것은 회기 마무리 단계에서 필수적인 부분이다(실제 적용하기 8-2 참조).

● 실제 적용하기 8-2: 내담자가 정서 통제력 회복하도록 돕기

내담자가 접수면담 동안 정서적 고통을 경험하는 것은 자연스러운 일이다. 내담자는 대개 마음을 가다듬고 면담 말미에는 상당히 좋은 정서 상태에 있게 된다. 그러나 때때로 내담자는 정서적으로 혼란스러워하기 때문에, 상담실을 나서기 전에 정서 통제력을 회복하기 위한 도움이 필요하다. 어떠한 전략도 정서적 안정(emotional reconstitution)을 보장하지는 않지만, 공감적 진술을 결합한 다음과 같은 기법이 도움이 될 수 있다.

현재 또는 가까운 미래에 초점을 맞추거나 다시 맞추도록 하라. "남은 하루 동안 무엇을 할 계획이에요? 오늘 상담이 끝난 후 바로 뭐할 거예요? 특히 정서적으로 위안이 될 만한 일이 있나요?"

내담자에게 자신을 진정시키기 위해 보통 무엇을 하는지 물어보도록 하라. "집이나 또는 상담실 밖에서 화가 나면, 기분이 나아지도록 하기 위해 주로 뭘 하나요? 보통 어떤 게 기분이 나아지도록 하는 데 도움이 되나요?"

주제를 보다 긍정적인 이슈로 다시 전환하도록 하라. "이전에 당신의 직업에 대해 이야기 나누었을 때, 당신이 업무 스트레스를 어떻게 다루고 있는지에 감명 받았어요."

칭찬하고 제안하도록 하라. "오늘 저와 함께했던 것처럼 열린 자세를 취하려면 많은 힘이 필요해요. 이걸 알아줬으면 좋겠어요."

부정적인 현실을 인정하고, 내담자에게 긍정적인 면을 검토하도록 하라. "긍정적인 면에 다시 초점을 맞추기가 어렵기 때문에, 그러한 방향으로 나아가는 데 도움이 될 몇 가지 질문을 할 거예요. 오늘 상담에서 가장 긍정적인 점은 뭐였나요?"

중심화(centering) 활동에 참여하도록 하라. "이번 회기를 끝내기에 앞서 잠시 시간을 내어 숨을 깊이 들이마시고, 지금 이 순간에 마음챙김해 보죠."(수용전념치료와 같은 특정 치료 모형의 중심화 활동을 이용할 수 있다; S. Hayes, 2004)

목표 검토 및 변화 모니터링하기

내담자는 변화를 원하기 때문에 치료를 받게 되고, 변화를 위해서는 미래에 대한 내용이 포함되어야 한다. 많은 치료자들이 접수면담이 끝날 무렵에 미래 지향적인 질문을 던지는 이유는 바로 이 때문이다.

- 치료가 성공적이고, 삶에서 긍정적인 변화를 느낀다고 해 보죠. 무엇이 변했을까요?
- 앞으로 몇 년 동안 자신이 어떻게 변할 거라고 생각하나요?
- 어떤 개인적(또는 커리어) 목표를 위해 노력하고 있나요?

접수면담이나 초기치료 회기에서 치료 목표를 논의하는 것은 종결을 위한 토대를 제공한다. 원하는 변화에 대한 명확한 비전을 세움으로써, 내담자와 치료자는 공동으로 진전도를 모니터링하고, 치료가 언제 끝날지 결정할 수 있다. 진전도 모니터링 체계를 활용하는 것은 첫 회기에서 시작할 수 있는 증거 기반 전략이다(제3장 참조).

접수면담 절차에 영향을 주는 요인

이 장에서 설명한 각 영역을 50분의 접수면담을 통해 다루는 것은 불가능하다. 당신은 무엇을 강조해야 할지, 무엇을 덜 강조해야 할지, 무엇을 무시해야 할지 선택해야 한다. 여러 가지 요인이 당신의 선택에 영향을 미친다.

내담자 등록 양식

내담자 등록 양식을 사용하면 면담 시간을 연장하지 않고도 상세한 정보를 수집할 수 있다. 등록 양식에는 이전 치료자, 주치의, 인구통계학적 정보(예: 생년월일, 연령, 성정체감, 출생지, 교육 수준)를 작성할 수 있는 공간이 포함될 수 있다. 접수 질문지는 유용하지만 과도하게 사용할 경우, 내담자를 불쾌하게 하거나 두렵게 할 수 있다. 성별, 외상, 자살 혹은 과거에 대한 개인적인 질문을 포함하는 질문지를 사용할 때, 먼저 이것의 목적을 설명해야 한다. 또한 사전 질문지 배터리의 일부로 표준화된 증상 체크리스트나 행동 척도를 포함하는 것이 적절하다. 윤리적 요점은 내담자가 떠나기 전에 접수면담 정보를 확인하는 것을 잊지 않아야 한다. 또한 과거의 외상이나 자살 경향성 또는 살인적인 분노에 표시가 되어 있다면, 내담자가 떠나기 전에 이 문제를 평가하고 다루어야 한다.

기관 장면

초기면담에서 얻는 정보는 부분적으로 기관의 규정이나 치료자의 방침에 따른다. 정신병원과 같은 일부 기관들에서는 진단 또는 과거력을 필요로 한다. 건강관리기구(health maintenance organizations)와 같은 장면에서는 문제 또는 증상 분석, 목표 설정, 치료 계획에 더 중점을 둔다. 접수면담 접근 방식은 당신이 일하는 장면에 따라 달라질 것이다.

이론적 배경

이론적 배경은 접수면담에서 어떤 정보를 어떻게 얻을 것인지에 크게 영향을 미친다. 인지행동치료를 사용하는 실무자는 현재 문제에 초점을 맞추는 반면, 정신분석치료자는 과거력 수집을 선호하여 현재 문제에 대한 분석을 경시한다. 인간중심치료자는 현재 상황과 내담자의 정서에 초점을 맞춘다. 해결중심치료자는 과거나 현재의 문제를 조사하기보다는 미래나 잠재적인 해결책을 강조한다. 여성주의치료자는 잠재적으로 억압적인 사회·문화적 요인에 대해 질문한다. 전통적 정신분석치료자, 인간중심치료자, 실존주의치료자는 접수면담에서 상세한 내담자 등록 양식, 전산화된 면담 절차 혹은 표준화된 질문지를 사용할 가능성이 적다.

전문 분야 및 이론적 배경

당신의 전문 분야 및 이론적 배경은 접수면담에서 얻는 정보에 영향을 미친다. 보통 이는 당신이 일하는 장면과 기관의 규정에 영향을 받는다. 당신의 전문 분야가 임상심리학, 상담학, 정신의학 혹은 사회복지학 중 어디인지에 따라 당신은 생물학적·사회적·개인적 또는 가족 체계적 정보에 초점을 맞출 수도 있고 그렇지 않을 수도 있다. 이 모든 영역은 중요하며, 어느 것도 완전히 무시되어서는 안 된다.

간략한 접수면담

의료비용 절감을 감안할 때, 간략한 접수면담을 수행하는 것은 종종 필수사항이다. 비록 시간의 제약이 있을 때에도 접수면담의 목표는 동일하지만, 당신은 접근 방식을 간략하게 할 필요가 있을 것이다.

• 면담 전, 내담자로부터 정보를 얻기 위해 등록 양식과 질문지를 활용하도록 하라.

- 더 많은 질문을 하고, 내담자가 질문과 관련 없는 이야기를 자제하게 하도록 하라.
- 심리사회적 병력과 대인관계 행동에 대한 정보를 얻는 데 시간을 줄이도록 하라.

등록 양식과 질문지를 사용하고 더 많은 질문을 하는 것은 치료자가 간단하게 수정할 수 있는 사항이다. 다음은 어떻게 하면 심리사회적 병력과 대인관계 행동에 대한 정보를 간단하게 얻을 수 있는지에 초점을 맞추고자 한다.

심리사회적 병력 및 대인관계 행동에 대한 정보 얻기

시간제한적 심리치료의 이론적 배경에서는 내담자의 복지에 대해 내담자 본인이 적극적으로 노력하는 것을 중요시한다(M. Hoyt, 1996). 이 모형은 내담자가 자신의 정신건강에 더 큰 기여를 할 수 있도록 힘을 실어 준다. 당신은 다음과 같이 말할 수 있다.

> 당신의 어린 시절과 과거에 대해 이야기할 시간이 몇 분밖에 없어요. 그래서 간단히 말해 주면 좋겠어요. 제가 당신의 과거에 대해 알아야 할 가장 중요한 사항은 뭔가요?

종종, 이러한 질문을 받으면, 내담자는 자신의 발달력에서 몇 가지 중요한 사건을 성공적으로 찾아낸다.

내담자의 대인관계 행동에 대한 정보는 시간이 제한되어 있는 경우 비중을 적게 둔다. 시간제한이 있는 면담은 증상 관리에 초점을 맞추기 때문에 대인관계 과정을 알아보기 위한 시간은 부족하다.

그럼에도 불구하고, 간단한 치료 방식에서도 당신은 내담자가 뚜렷하거나 문제가 되는 대인관계 행동 패턴을 가지고 있다는 것을 즉시 알 수 있다. 경우에 따라서는 이러한 대인관계 행동이 성격장애와 관련이 있을 수 있다(Dimaggio, 2015). 진단 매뉴얼을 사용해 내담자가 세 가지 성격장애 군집 중 하나 이상과 일치하는 대인관계 행동을 보이는지 여부를 확인한 다음, 적절한 진단 명명법(즉, ICD-10-CM 또는 DSM-5)을 사용해 이러한 특징을 문서화하는 것이 적절할 수 있다.

간단한 접수면담 체크리스트

관리 의료나 시간제한이 있는 접수면담에 대한 개요는 〈표 8-2〉에 제시되어 있다.

<표 8-2> 간단한 접수면담 체크리스트

☐	내담자로부터 사전 정보나 등록 정보를 세심하게 수집하도록 하라. 다음과 같이 설명하도록 하라. "이 정보는 당신에게 맞는 치료를 계획하는 데 도움이 될 거예요."
☐	치료 시작 시 내담자에게 회기 제한에 관해 안내하도록 하라. 이 정보는 등록 자료집에 있을 수도 있다. 규정에 대한 정보와 사전 동의는 치료자와 만나기 전에 내담자에게 제공되어야 한다.
☐	내담자에게 자신과 자신의 문제에 대해 소개할 수 있는 시간을 짧게(10분 이내) 허용하도록 하라. 10분이 지나기 전에 구체적인 질문을 하기 시작하도록 하라.
☐	내담자의 주요 문제(그리고 때로는 2차적 문제)를 요약하고, 이러한 문제를 해결하기 위한 동의를 얻도록 하라.
☐	내담자가 주요 문제를 현실적인 치료 목표로 재구성할 수 있도록 지원하라.
☐	간단하게 문제 이력을 살펴보도록 하라. 또한 이전에 어떤 비공식적이고 공식적인 치료법을 사용했는지에 대해 검토를 요청하도록 하라.
☐	문제의 선행사건과 결과를 알아보되, 예외적인 상황에 대해서도 질문하도록 하라. 예를 들면 "문제가 일어나지 않은 때에 대해 말해 주세요. 그 문제를 해결하는 데 도움이 되는 건 뭔가요?"
☐	내담자에게 개인력이 중요하긴 하지만 과거를 탐색할 시간이 없다고 말하도록 하라. 대신, 내담자에게 당신이 알아야 한다고 생각하는 두세 가지 중요한 사건을 말해달라고 부탁하도록 하라. 또한 ① 성적 학대, ② 신체적 학대, ③ 외상 경험, ④ 자살 시도, ⑤ 폭력 행동이나 개인의 통제력 상실, ⑥ 뇌 손상 혹은 관련 의학적 문제와 치료, ⑦ 현재 자살 또는 살인 충동에 대해 질문하도록 하라.
☐	문제와 원인보다는 목표와 해결책을 강조하도록 하라.
☐	내담자에게 다음 회기까지 할 과제를 내주도록 하라. 예를 들면, 여기에는 인지행동치료의 자기관찰이나 해결중심치료의 예외 질문 과제가 포함될 수 있다.
☐	첫 회기가 끝난 후, 내담자와 함께 검토할 수 있는 치료 계획을 작성하고 두 번째 회기 시작 시 서명하도록 하라.

접수면담 보고서

보고서 작성은 힘든 과정이다. 작성하기에 앞서 다음에 제시되어 있는 영역을 고려하도록 하라.

보고서의 독자 생각하기

당신은 접수면담 보고서를 작성할 때, 당신 자신, 내담자, 슈퍼바이저 혹은 내담자의 보험 회사 중 누구를 위해 작성하는가? 정답: 모두를 위해 작성한다. 보고서를 작성할 때, 다양한 관점을 가진 다양한 독자가 당신의 어깨너머로 들여다보고 있다고 상상해 보도록 하라.

만약 당신이 슈퍼바이저를 대상으로 보고서를 작성하고 있다고 상상해 보도록 하라. 당신은 아마도 내담자의 정신병리에 대한 구체적인 논의를 통해 당신의 진단 능력을 강조하고 싶을 것이다. 또한 당신은 '결과 예측적 사고', '반응 대가', '행동 시연'과 같은 인지행동치료 전문 용어를 사용할 수도 있다. 반대로 내담자를 대상으로 작성한다면, 인지행동치료 전문 용어를 피하고, 정신병리에 대한 복잡한 해설을 지양해야 한다.

"누가 보고서를 보게 될 것인가?"라는 질문에 대한 대답은 (적어도) 다음의 사람과 기관으로 확대될 수 있다.

- 내담자
- 슈퍼바이저
- 기관 관리자
- 내담자의 변호사
- 내담자의 전 배우자
- 내담자의 보험 회사
- 동료 전문가
- 전문 협회의 윤리위원회
- 지역, 주, 또는 전문 분야 윤리위원회

이 목록을 검토한 후, 일부 새내기 치료자는 좌절감에 휩싸여 같은 보고서를 여러 버전으로 작성하는 것을 고려하기도 한다. 이 해결책은 추가 작업이 필요하다는 점만 제외하면 괜찮을 수 있고, 법적으로 위의 목록에 있는 사람은 어쨌든 모든 보고서에 모두 접근할수 있다. 좋은 보고서를 작성하는 것은 어려운 과정이다. 이는 세부사항과 명확한 표현에 세심한 주의를 기울일 가치가 있다. 접수면담 보고서의 구조는 실제 적용하기 8-3을 참조하도록 하라.

● 실제 적용하기 8-3: 접수면담 보고서 개요

비밀 보장 접수면담 보고서

다음의 개요는 접수면담 보고서를 꼼꼼하게 작성하기 위한 초기 지침이다. 실제 임상 장면에서는 당신은 기관의 지침을 따르고자 할 것이다.

이름:	생년월일:
연령:	접수면담일:
접수면담자:	보고일:

I. 신상 정보 및 의뢰 사유

  A. 내담자 이름

  B. 연령

  C. 성별 및 성정체감

  D. 인종 및 민족에 대한 정보

  E. 결혼 상태

  F. 의뢰 과정(가능한 경우 전화번호)

  G. 의뢰 사유(내담자가 상담/접수면담에 오게 된 이유)

  H. 정보 출처(예: 검토 자료, 면담 기간, 2차 정보 제공자, 사용한 특정 평가 도구 등)

  I. 주호소(내담자의 말을 인용해 주호소를 기술하도록 하라.)

II. 행동 관찰(및/또는 정신상태검사)

  A. 외모(위생 상태, 자세, 얼굴 표정 등)

  B. 말의 질과 양, 질문에 대한 반응

  C. 기분에 대한 내담자의 기술(적절한 경우 내담자의 말을 보고서에 인용하도록 하라.)

  D. 정동(관찰된 내담자 정서의 질과 범위)

  E. 주요 사고 내용(자살 사고의 유무 등)

  F. 면담에 대한 내담자의 협조와 태도

  G. 얻어진 자료의 적합성 평가

III. 현재 문제(또는 질병) 이력

  A. 내담자의 현재 문제 및 관련 스트레스 요인에 대해 한 문단으로 기술하도록 하라.

  B. 문제가 처음 시작되었을 때와 증상의 과정이나 발달에 대해 한두 문단으로 기술하도록 하라.

C. 필요하다면 접수면담에서 확인된 추가적인 현재 문제에 대해 한 문단으로 반복 기술하도록 하라(내담자의 문제는 종종 ICD 또는 DSM 진단군을 사용해 구성된다. 그러나 자살 사고, 살인 사고, 관계 문제 및 기타 증상이나 문제를 기재할 수 있다.).

D. 필요한 경우, 관련 음성(negative) 또는 배제 기준(rule-out)을 따르도록 하라(예를 들면, 임상적으로 우울한 내담자의 경우, 조증을 배제하는 것이 중요하다. "내담자는 조증 삽화의 병력을 부인했다.").

IV. 과거의 치료력 및 가족치료력

A. 섹션 III에 포함되지 않은 이전 문제나 삽화에 대해 기술하도록 하라(예를 들면, 내담자가 현재 불안 문제가 있지만, 섭식장애에 대한 치료력이 있는 경우, 여기에 섭식장애에 대해 언급하도록 하라.).

B. 입원치료, 약물치료, 심리치료나 상담, 사례관리 등 이전에 받은 치료에 대해 기술하도록 하라.

C. 모든 혈족(즉, 부모, 형제, 조부모, 자녀는 물론 숙모, 삼촌, 사촌도 가능)의 정신질환과 물질남용장애를 기재하도록 하라.

D. 혈족의 심각한 주요 의학적 질환(예: 암, 당뇨병, 간질, 갑상선 질환)을 기재하도록 하라.

V. 관련 병력

A. 과거의 입원 여부 및 주요 의학적 질환(예: 천식, HIV 양성 상태, 고혈압)을 기재하도록 하라.

B. 내담자의 현재 건강 상태를 기술하도록 하라(내담자나 의사의 말을 인용하도록 하라.).

C. 현재 복용하고 있는 약물과 복용량을 기재하도록 하라.

D. 주치의(및/또는 전문의)와 전화번호를 기재하도록 하라.

VI. 발달력(이 섹션은 선택사항이며, 아동·청소년 사례에 가장 적합하다.)

VII. 사회력 및 가족력(필요에 따라 다음의 범주를 사용하도록 하라.)

A. 초기 기억/경험

B. 학력

C. 직업 경력

D. 군복무 경력

E. 연애 경험

F. 성 관련 병력

G. 공격/폭력 이력

H. 알코올/약물 병력(이전에 주요 문제 영역으로 다루지 않은 경우)

    I. 전과 기록

    J. 여가생활 경험

    K. 영적 · 종교적 활동 이력

VIII. **현재 상황 및 기능**

    A. 전형적인 일상 활동에 대한 기술

    B. 자신이 지각하고 있는 강점과 약점

    C. 일상생활 활동 수행 능력

IX. **공식적인 평가 자료**

    A. 자기보고식 질문지와 평정 척도

    B. 투사검사

    C. 직접 관찰이나 정보 제공자(예: 교사, 부모)의 평정으로 얻은 자료

    D. 기타 공식적인 평가 자료

X. **진단적 소견**

    A. 진단적 이슈에 대한 간략한 논의

    B. ICD-10 또는 DSM-5의 진단 코드 및 진단명

XI. **사례 개념화 및 치료 계획**

    A. 사례 개념화: 사례를 개념화하는 방법에 대해 한 문단으로 기술하도록 하라.

    B. 치료 계획: 권장 치료 절차 및 목표에 대해 한 문단으로 기술하도록 하라.

보고서 작성 윤리

보고서 작성에는 일반적으로 기록 보관 및 문서화와 관련된 윤리 원칙과 실천 방안이 동일하게 적용된다(제2장 참조). 기록 관리 규정에 대한 내용을 사전 동의서에 포함하고, 안전한 기록 저장소를 사용하며, 기록 요청을 면밀하게 관리하는 경우, 당신은 이미 대부분의 윤리적 문제들을 다루고 있다고 볼 수 있다. 그러나 접수면담 보고서에서는 다음 세 가지 윤리적 사항이 고려되어야 한다. ① 부가 정보 및 정보 제공자, ② 비차별적 언어 사용하기, ③ 내담자와 보고서 공유하기.

2차 정보 및 정보 제공자

2차 정보(collateral information)는 제3자를 통해 얻은 정보나 자료다. 이러한 정보는 별도의 면담이나 서면 문서(예: 파일 검토)를 통해 얻을 수 있다. 당신에게 정보를 제공하는 개인을 2차 정보 제공자(collateral informant)라고 한다. 일반적인 2차 정보 출처는 다음과 같다.

- 학부모 또는 교사와의 면담
- 배우자 또는 다른 가족 구성원과의 면담
- 정신병원 입 · 퇴원 기록
- 보호관찰 또는 가석방 담당자의 기록
- 학교 시험 성적
- 이전 심리평가
- 군 제대 기록

2차 정보를 얻기 위해서는 서면 허가가 필요하다. 한 가지 예외 상황으로는 당신이 기존 내담자 정보를 가지고 있는 기관에서 당신이 일하고 있는 경우다. 이 경우, 내담자는 이미 해당 기관에 고용된 치료자가 기록에 접근할 수 있도록 하는 사전 동의서에 서명했을 것이다. 서명을 이미 받았기 때문에, 당신이 직접 얻을 필요는 없을 것이다. 예를 들면, 만약 당신이 의료 기관이나 정신건강센터에서 일하고 있고, 의사가 이미 내담자를 본 경우, 당신은 내담자를 보기 전에 전자 기록 데이터베이스나 종이 기록에 자연스럽게 접근할 수 있을 것이다. 내담자는 아마도 당신이 기록을 열람할 수 있다는 것을 알 수도 있겠지만, 당신은 여전히 내담자에게 의료/상담 기록을 열람했다는 것을 알려야 한다[주: 기밀 기록을 유지하기 위해 전자 시스템에 의존하는 기관과 개인은 1996년 건강보험 정보의 이전 및 그 책임에 관한 법률(Health Insurance Portability and Accountability Act: HIPAA)을 엄격히 준수해야 한다. HIPPA 준수에 대한 정보는 인터넷과 많은 저서 및 학술지에서 볼 수 있다.]

만약 2차 정보 제공자와 면담을 하고 있는 경우, 당신은 면담의 성격과 목적을 명시하는 동의서가 필요할 것이다. 이는 내담자가 상담실에 같이 있더라도 마찬가지다. 예를 들면, 만약 매우 우울한 내담자의 배우자와 면담을 진행하고 있고 그 배우자가 상담실에 있다면, 당신은 사전 동의 정보를 반복해서 제공해야 한다.

배우자에 대한 정보를 주기 위해 와 줘서 감사해요. 당신의 관점을 듣는 건 매우 중요해요. 시작하기에 앞서, 오늘 당신이 하는 말을 통해 앞으로 당신의 배우자와 상담을 하는 과정이나 목표 설정에 있어 도움을 받을 수 있기 때문에, 저는 당신이 제공한 정보가 접수면담 보고서에 기록되고 이 정보는 당신으로부터 얻은 거라고 밝힐 것을 알려드리고 싶어요. 또한 배우자의 서면 허가를 받지 않는 한, 저는 치료에 대한 자세한 내용을 당신과 공유하진 않을 거예요. 물론 배우자가 당신에게 치료에 대한 내용을 말할 수 있지만, 오늘은 제가 당신의 관점을 듣는 것일 뿐, 당신과 배우자에 대한 정보를 공유하는 게 아니란 걸 당신에게 알려 주고 싶었어요. 이해했나요?

만약 이 자리에 배우자(내담자)가 없는 경우, 다음과 같이 추가할 수 있다.

당신이 하는 이야기는 비밀 보장이 되고, 이 상담실 밖에서는 누구와도 공유하지 않을 거예요. 하지만 당신의 배우자는 저의 내담자이기 때문에, 당신이 저에게 말하는 건 무엇이든 배우자와 공유할 수도 있어요. 시작하기 전에 분명히 하고 싶었어요.

2차 정보의 목적은 평가, 진단, 치료 계획을 향상시키는 것이다. 예를 들면, 내담자가 복합적인 정신건강 증상을 보일 때, 이전 진단과 치료 기록을 검토하면 다른 실무자가 이미 저지른 실수를 범하지 않게 할 수 있다. 마찬가지로, 내담자는 항상 증상을 표현하는 데 능숙하지 않기 때문에, 당신이 진단을 내리고 치료 계획을 세울 때 가족 구성원으로부터 정보를 얻는 것은 매우 유용할 수 있다.

비차별적 언어 사용하기
신중하고 민감한 작가는 아무리 노력해도 누군가를 불쾌하게 만드는 것이 여전히 가능하다. 모든 잠재적인 독자들에게 민감성과 자비심으로 글을 쓰는 것은 어렵지만 의무다.
미국심리학회(American Psychological Association: APA) 출판 매뉴얼은 비차별적 언어에 관한 지침을 제공한다.

APA는 과학 그리고 개인 및 집단의 공정한 대우를 위해 전념하고 있으며, 이 정책은 APA 출판물을 위해 글을 쓰는 저자가 자신의 글에 언급되는 사람들에 대해 지속적인 모욕적 태도와 편파적 가정을 지양하도록 요구한다. 성별, 성적 지향, 인종 또는 민족, 장애 또는 연령에 따라 사람에 대한 편견을 암시할 수 있는 구성은 수용될 수 없다(APA, 2010b, pp. 70-71).

편견과 모욕적 태도를 지양하는 것은 대부분 쉽게 실천할 수 있다. APA의 지침을 따르고 다차원적인 독자를 위해 글을 쓰는 것 외에도, 우리가 할 수 있는 최선의 조언은 당신이 접수면담 보고서를 협력적으로 개념화하고 작성하도록 권장하는 것이다. 이는 다음을 의미한다.

1. 회기 시작과 종료 시점에 내담자와 직접 보고서에 포함시킬 내용에 대해 이야기하도록 하라.
2. 내담자에게 단순히 진단명만 제공하는 것이 아니라, 내려진 진단과 그 근거를 명확히 설명하도록 하라.
3. 내담자와 공개적으로 치료 계획에 대해 논의하도록 하라. 이렇게 하면 내담자에게 사전 정보를 제공하고 치료에 더 많은 노력을 투자하도록 하는 이중 목적을 달성할 수 있다.
4. 내담자가 보고서에서(~ 씨, ~ 양 등) 어떻게 불리길 원하는지 확실하지 않으면 직접 물어보도록 하라. 신체장애가 있는 내담자와 면담할 경우, 먼저 사람 우선 언어나 장애 우선 언어 중 어느 것을 선호하는지 확인하도록 하라(다문화 하이라이트 8-1 참조).

다문화 하이라이트 8-1　　**사람 우선 언어 또는 장애 우선 언어?**

적어도 1980년대 초반부터 교육학, 재활학, 심리학에서는 사람 우선 언어 사용을 향한 강한 움직임이 있었다(Wright, 1983). 사람 우선 언어(person-first language)는 결함이나 장애보다는 사람을 강조한다. 목표는 '장애인의 인격을 보호하고 그들의 개성을 증진시키는 것'이다(Dunn & Andrews, 2015, p. 258). 예를 들면, 개인을 '시각장애 내담자'라고 부르는 대신, 사람 우선 언어는 '시각장애가 있는 내담자'라고 한다.

사람 우선 언어를 사용하는 데 있어 강력한 지지자와 반대자가 있다(Bickford, 2004; Jensen et al., 2013). APA는 사람 우선 언어를 지지한다. "'비장애적' 언어의 기본 원리는 개인과 인간의 인격을 존중하는 것이다. 사람을 자신의 상태와 동일시하는 언어는 지양하도록 하라"(2010b, p. 69). 그러나 장애를 우선시하는 관점에서 볼 때 전국시각장애인협회는 다음과 같이 기술했다.

우리는 눈이 먼 상태가 존중 받을 만하다고 생각한다. 비록 우리가 눈이 멀었다는 사실에 특별히 자부심을 느끼는 것은 아니지만 그렇다고 수치심을 느끼지도 않는다. 시각장애를 다른 개념이나 이미지로 전달하기 위해 둘러대는 표현을 사용하는 것에 개탄한다. 우리는 다른 사람들과 동등한 위치에서 우리만의 길을 걸을 수 있고, 그렇게 할 것이다(Bickford, 2004, p. 121에서 인용).

설상가상으로 Bickford(2004)는 장애가 있는 사람은 종종 사람 우선 언어와 장애 우선 언어 모두 선호하지 않거나 장애 우선 언어를 선호한다고 보고했다. 그리고 「American Psychologist」 학술지 최근 논문에서는 장애 우선 언어 사용을 강력히 지지했다(Dunn & Andrews, 2015).

정신건강 서비스를 필요로 하는 사람을 옹호하는 사람으로서, 우리는 이러한 논쟁이 여러 면에서 매력적이라고 생각한다. 언어는 태도를 바꾸고 의식을 높일 수 있지만, 장애가 있는 개인(일명 장애인)은 사람 우선 언어를 거부하고 장애를 정체감의 중심이라고 주장할 권리가 있다.

이 이슈는 정신건강과 관련된 라벨링에 대해서는 해당되지 않는다. 정신건강 진단 우선 언어(예: 우울한 아동)가 사람 우선 언어(예: 우울을 겪는 아동)보다 사용하기 편하더라도 그 차이를 아는 것이 중요하다. 진단 우선 언어를 사용하는 것은 만성화 및 정체감을 시사한다. 우울한 내담자가 되는 것은 우울을 겪는 내담자가 되는 것보다 긍정적인 변화와 성장의 가능성이 더 적다.

결국, 우리는 정신장애를 경험하고 있는 개인에게 사람 중심 언어를 사용하는 쪽으로 우선시하지만, 우리는 또한 이 주제에 대해 이들의 견해를 존중하고, 이들이 선호하는 표현 방식을 사용하는 것에 열린 자세를 가지고 있다.

내담자와 접수면담 보고서 공유하기

내담자는 자신의 의료-심리-상담 기록에 접근할 법적 권리가 있다. 당신이나 당신이 종사하고 있는 기관은 내담자에게 직접 보고서를 공개하기 위한 규정과 절차를 마련해야 한다. 이는 내담자가 당신이 작성한 보고서 내용을 오해하거나 오해석할 가능성을 감소시킨다.

대부분의 경우 다음과 같은 지침을 권장한다.

- 상담 초기에, 내담자에게 당신이 기록을 보관하고 있고 내담자가 그 기록에 접근할 수 있다고 알리도록 하라.
- 필요한 경우, 내담자에게 기록의 일부(예: 진단 정보, 검사 결과)가 다른 전문가와 의사소통하기 위해 작성되었음을 알리도록 하라. 결과적으로 기록을 읽거나 이해하기 쉽지 않을 수 있다.
- 가능하면 비용 청구 없이 내담자를 만나 기록을 검토한 후 공개하도록 하라.
- 내담자가 더 이상 당신을 만나지 않거나, 당신에게 화가 나거나, 기록에 대한 무료상담을 거부할 경우, ① (내담자가 오해석하지 않기를 바라면서) 무료상담 없이 기록을 공개하거나, ② (내담자와 함께 기록을 검토할 수 있는) 다른 공인 전문가에게 기록을 공개하도록 제안할 수 있다.

- 어떤 식으로든 기록을 공개해야 한다는 것을 기억하도록 하라. 따라서 기록 요청 과정 전반에 걸쳐 공손하고 협조적이어야 한다.
- 슈퍼바이저가 있거나 기관에서 일하는 경우, 슈퍼바이저의 권한이나 기관 규정(두 가지 모두 사전 동의서에 명시되어 있어야 한다)을 따르도록 하라.

내담자가 기록을 요청할 때는 침착하고, 내담자의 권리를 인정하며, 기록 공유 절차를 따르도록 하라. 만약 당신이 내담자를 자비심과 존중으로 대하고, 내담자에 대해 주의 깊고 존중하는 방식으로 기록하면 대부분의 내담자들은 만족할 것이다.

보고서의 구조 및 내용 선택하기

접수면담 보고서의 구조는 전문 단체, 임상 장면, 개인의 선호도에 따라 다르다. 예를 들면, 사회복지사는 대개 심리사회적 병력에 대해 더 길게 쓰는 반면, 정신과 의사는 병력, 정신상태, 진단 부분을 강조한다. 다음의 구조(그리고 실제 적용하기 8-3 개요)는 모든 사람들을 만족시키지는 않을 것이다. 당신은 필요와 관심사에 맞게 이를 수정해야 한다. 또한 다음에 제시되는 구조는 지나쳐 보일 만큼 상세하게 기술되어 있다는 것을 명심하도록 하라. 약식 형태의 접수면담 보고서가 선호될 수 있다.

신상 정보 및 의뢰 사유

대부분의 접수면담 보고서는 내담자의 이름과 기타 필수 정보를 나열한 후, 독자에게 보고서의 방향을 설명하는 섹션으로 시작한다. 이 섹션은 한두 개의 짧은 문단으로, 신상 정보와 의뢰 사유에 대한 요약을 포함한다. 정신과 의사는 이 초기 섹션에 '신상 정보 및 주호소 문제'라고 표기하지만, 내용은 비슷하다.

John Smith는 53세 기혼 남성으로 유럽계 미국인이며, 심리치료를 위해 그의 주치의인 Emil Rodriquez 박사(509-555-5555)에 의해 의뢰되었다. Rodriquez 박사는 Smith 씨를 '중등도 수준의 우울'과 '간헐적 불안, 불면, 그리고 최근 실직과 관련된 스트레스'로 고통받고 있다고 기술했다. 첫 회기에서 Smith 씨는 이러한 문제를 인정했고, '가정에서 아내와의 문제'와 '재정적 문제'가 그의 불편감과 '수치심'을 가중시키고 있다고 덧붙였다.

행동 관찰(및 정신상태검사)

초기 섹션이 끝난 후, 접수면담 보고서는 특정 행동 관찰로 전환된다. 당신이 종사하는 기관 장면에 따라, 이러한 관찰은 정신상태 보고서에 포함되거나 포함되지 않을 수 있다. 당신이 의료 장면에 있는 경우, 정신상태검사(mental status examination: MSE)를 포함시키는 것이 가능하고, 필요할 수도 있다. 그러나 다음 장에서 MSE에 대해 다루기 때문에, 다음 예시에서는 정신상태에 대한 언급은 최소화하면서 치료자의 행동 관찰에 초점을 맞추고 있다.

> Smith 씨는 키가 작고 약간 과체중으로, 대략 그의 나이대로 보인다. 그는 유럽계 미국인 혈통이다. 면담 당시 그의 머리는 흐트러져 있었고, 몸에서 약간 냄새가 났다. Smith 씨는 간헐적으로 눈을 내리깔았다. 그는 자주 손을 만지작거렸고, 다리를 꼰 상태로 다리를 흔들었다. 그는 신중하게 말하고, 모든 질문에 직접 대답했다. 그는 자신을 '비참한' 그리고 '들뜬'으로 묘사했다. 그는 자살 사고를 인정하면서도 "생을 마감할 생각은 해 봤지만 결코 그렇게 하지 않을 거예요."라며 의도는 부인했다. Smith 씨는 면담과 검사 과정에 협조적이었다. 결과적으로, 다음의 정보는 그의 과거와 현재 상태를 적절하게 나타낼 가능성이 높다.

현재 문제 이력 혹은 병력

이 섹션에서는 내담자의 특정 문제와 고유한 발달 과정을 상세히 보고하는 것이다. 몇 가지 문제에 대한 병력과 설명이 포함될 수 있다. 의학 중심 실무자는 이 섹션의 제목으로 '질환'이라는 용어를 사용한다.

> Smith 씨는 지역 목제품 회사에서 공장 노동자로 일하다가 해고된 후, 지난 6주 동안 "믿을 수 없을 정도로 우울했다"고 보고했다. 해고 통보를 받은 후 약 2주 동안, 적극적으로 해고 반대 운동을 벌이고, 여러 동료와 함께 변호사에게 자문을 구했다. 회사에 대한 정당한 청구권이 없다는 것이 명백해진 후, 그는 두 번의 면접을 보러 갔지만, 두 번째 면접에서 "공황 상태에서 면접을 끝내고 나왔다"라고 보고했다. 그 후, 그는 잠을 잘 못 자기 시작했고, 밤낮으로 간식을 먹기 시작했으며, 빠르게 4.5kg이 늘었다. 그는 또한 집중의 어려움, 무가치감, 자살 사고 등을 보고했다. 그는 다음과 같이 말했다. "자신감을 잃었어요. 저는 할 수 있는 게 없어요. 이젠 제 자신이 누군지도 모르겠어요."
>
> Smith 씨는 이전에 '결코' 우울하거나 불안한 증상이 없었다고 말했다. 그는 반복되는 공황 발작을 부인하면서, "저는 제 현실을 깨닫게 되었고, 고용주에게 어필할 만한 게 별로 없다는 걸 알게 되었어요."라고 말하며 면접 상황에서의 '공황 발작'의 중요성을 축소했다.

과거 치료력(정신과적 병력) 및 가족치료력(정신과적 병력)

이 섹션은 간단하거나 광범위할 수 있다. 여기에는 종종 이전 기록을 언급하는 것이 포함된다. 만약 이전의 치료법(예: '변증법적 행동치료'와 같은 특정 치료)에 대해 자세한 설명이 필요하지 않으면, 간단히 요약해 진술할 수 있다.

> 이 내담자는 이전에 외상후 스트레스장애, 물질남용, 우울증으로 여러 명의 정신건강 전문가에게 치료를 받은 적이 있다.

정신과적 문제에 대한 가족력도 이 섹션에 포함된다(일부 임상가들은 이 주제에 별도의 섹션을 할애한다.).

> Smith 씨는 이전에 정신건강치료를 받은 적이 없다. 그의 주치의는 Smith 씨가 항우울제 처방을 받았지만, 심리치료를 선호하여 약물치료는 거부했다고 보고했다.
>
> 처음에 Smith 씨는 가족 중 어느 누구도 정신건강 전문가를 만나 본 적이 없다고 보고했지만, 후에 그의 삼촌이 1960년대에 우울증을 앓았다는 사실을 시인하고 '전기충격요법'을 받았다고 보고했다. 그는 삼촌이 가진 문제의 본질을 잘 알지 못했고, 그 외 가족 관련 정신건강 문제는 부인했다.

관련 병력

내담자의 주치의로부터 얼마나 많은 정보를 받았는지, 그리고 접수면담 동안 이 부분을 얼마나 자세히 다루었는지에 따라, 당신은 포함해야 할 병력이 많을 수도 있고 없을 수도 있다. 최소한 ① 일반 건강, ② 최근 또는 만성적인 신체 질환이나 입원 경험, ③ 처방약, ④ 가장 최근의 건강 검진에 대해 내담자에게 물어보도록 하라.

> Smith 씨의 주치의는 병력을 제공하지 않았다. 접수면담에서 Smith 씨는 자신이 건강하다고 말했다. 그는 어린 시절의 주요 질환과 입원 사실을 부인했다. 그는 '아픈 적이 거의 없었고', 직장 근태 관리도 잘하고 있다고 말했다. 그가 보고한 유일한 주요 의학적 문제와 관련된 치료 경험은 신장 결석(1999년과 2010년)과 대장에서 양성 용종을 제거(2008년)한 것이었다. 그는 현재 비타민을 복용하고 있지만, 처방약은 복용하고 있지 않다고 보고했다. Smith 씨의 주치의는 Emil Rodriquez 박사다.

발달력

발달력은 출생 전부터 시작하고, 주로 발달 이정표에 초점을 맞춘다. 발달력은 주로 아동이나 청소년 내담자와 면담할 때 사용된다.

사회력 및 가족력

사회력 및 가족력을 작성하는 것은 소설을 쓰는 것과 같을 수 있다. 모든 사람들의 인생에는 우여곡절이 있다. 당신의 목표는 내담자의 삶을 압축하여 기술하는 것이다. 간략하고, 적절하며, 체계적이고, 필수 강조점만 포함하도록 하라. 사회력/발달력의 깊이, 폭, 분량은 목적과 장면에 따라 달라진다.

Smith 씨는 Seattle 교외에 위치한 Washington 주 Kirkland에서 태어나고 자랐다. 그는 Edith와 Michael Smith 사이에서 태어난 다섯 자녀 중 셋째였다. 현재 70대 후반인 그의 부모는 결혼해서 Kirkland에 살고 있다. Smith 씨는 1년에 몇 차례 부모를 방문하며 가깝게 지내고 있다. 그는 부모의 건강이 나빠지는 것에 우려를 표시했다. 그는 부모나 형제와의 관계에서 큰 갈등이나 문제는 없다고 보고했다.

Smith 씨는 어린 시절 초기 기억에 대해 "평범했어요"라고 했다. 그는 부모님을 "다정하면서도 엄격했다"고 묘사했다. 또한 원가족으로부터 성적 또는 신체적 학대를 부인했다.

Smith 씨는 1980년 Kirkland에 위치한 Lake Washington 고등학교를 졸업했다. 그는 자신을 "평범한 학생"이라고 표현했다. 그는 (보통 과제를 제출하지 않아) 수많은 방과 후 학교에 남는 벌과 (학교 운동장에서의 싸움으로) 한 번의 정학 처분 등 사소한 징계 문제가 있었다.

졸업 후 Smith 씨는 Washington 주의 Spokane으로 이사했고, 잠시 Spokane Falls Community College에 다녔다. 이 기간 동안 그는 지금의 아내를 만났고, 대학을 졸업하기보다는 취업하기로 결정했다. 그는 여러 곳에서 잠시 일했고, 결국 31년 동안 일했던 지역 목제품 회사에서 일자리를 얻었다. Smith 씨는 군복무를 하지 않았다.

태도 면에서 Smith 씨는 자신이 (최근까지) 항상 "친절하고 자신감이 넘쳤다"고 말했다. 그는 고등학교 때 연애를 했다. 그는 아내 Irene과 1981년 19세 때 만났다. 그는 그녀를 '천생연분'이라고 묘사하고 '행복한 유부남'이라고 보고했다. 현재 그는 성적인 어려움을 부인했지만, 지난 한 달 동안 성적 흥미와 욕구가 줄어들었다는 것을 인정했다.

Smith 씨 부부는 35년 동안 결혼생활을 하고 있다. 이들에게는 세 명의 자녀(2남 1녀, 26~32세)가 있는데, 모두 Smith 씨 부부와 160km 이내에 거주하고 있다. Smith 씨에 따르면, 자녀는 모두 잘 지내고 있다고 한다. 그는 자녀 및 다섯 명의 손주와 꾸준히 연락하며 지낸다고 보고했다.

Smith 씨는 학창시절 가끔 '싸움'이나 '실랑이'를 하기도 했지만, 이를 '정상적'인 행동이라 강조했다. 그는 싸움에서 흉기 사용을 부인했고, 가장 최근의 신체적 충돌은 '스무 살쯤 되었을 때' 대학을 그만둔 직후였다고 보고했다.

Smith 씨는 고등학교와 대학교 때 재미로 술을 마셨다. 그는 또한 퇴근 후 매주 금요일마다 친구들과 '맥주'를 마시러 나갔다. 그는 대학 시절 대마초를 잠깐 피워 본 적은 있지만 "좋아하진 않았어요."라고 주장했다. 그는 "가능한 한 피해요."라고 말하면서 '더 강한' 약물을 사용한 적이 결코 없고, 처방약과 관련된 문제를 부인했다.

Smith 씨는 몇 장의 속도위반 딱지를 받은 것 외에는 법적 문제를 부인했다. 대학 시절 그는 친구들과 술집에서 '풍기 문란 행위'로 한 번 법정에 소환된 적이 있었다. 그는 소정의 벌금을 내고 업주에게 사과문을 써야 했다.

Smith 씨가 가장 좋아하는 여가 활동은 볼링, 낚시, 오리 사냥이다. 그와 그의 아내는 지역 카지노에서 도박을 즐긴다. 그는 상당한 돈을 잃어 본 적은 없다고 보고했다. 그는 자신의 도박을 문제 삼지 않는다. 그는 실직 후 여가 활동에 대한 관심이 줄어들었다.

Smith 씨는 가톨릭 신자로 성장했고, 대부분의 생애 동안 성당에 '띄엄띄엄' 나가고 있다고 보고했다. 그는 현재 '나가지 않고' 있다. 그는 약 9개월 정도 성당에 나가지 않았다. 그의 아내는 정기적으로 성당에 나간다. 그는 자신을 '기독교 신자'이자 '가톨릭 신자'라고 생각한다.

현재 상황 및 기능

이 섹션에서는 세 가지 주요 주제에 대해 초점을 맞춘다.

1. 일상 활동
2. 개인적 강점에 대한 내담자의 자기인식
3. 생활 연령에 맞는 일상생활 활동(activities of daily living: ADL) 수행 능력

당신은 내담자의 심리적 기능, 인지적 기능, 정서적 기능 또는 성격적 기능에 대한 설명을 통해 이 섹션을 확장할 수 있다. 이는 다양한 영역에서 현재 내담자의 기능에 대한 주관적인 평가를 포함할 수 있는 기회다.

Smith 씨의 전형적인 하루 일과는 다음과 같다. 오전 7시에 일어나 아내와 커피와 아침식사를 하고, 신문을 읽은 다음 거실로 이동해 아침 뉴스를 본다. 그는 구직을 위해 신문의 '광고'란을 자세히 읽으면서 관심 있어 하는 광고에 체크한다. 하지만 그는 후속 조치를 취하지 않는다. 대신 그는 TV를 보거나, 차고나 뒷마당에서 '어슬렁거리면서' 시간을 보낸다. 그는 점심식사 이후에도 어슬렁거리면서 시간을 보낸다. 오후 5시 30분쯤 그의 아내가 지역 비영리협회의 관리자 일을 마치

고 집으로 돌아온다. 가끔 그녀는 그에게 새 직장을 구하려는 그의 계획을 상기시켜 주지만, Smith 씨는 대개 짜증스럽게 반응("제가 심하게 그녀에게 화를 내는 거 같아요.")한다고 말했다. 그녀는 부엌으로 물러나 저녁식사를 준비한다. 저녁식사 후 그는 밤 늦게까지 TV를 계속 본다. 그의 평소 일상은 주말이 되면 달라지는데, 종종 자녀와 손주들이 방문하기도 하고, 가끔은 아내와 함께 지역 카지노에 '몇 푼의 돈을 쓰러' 나가기도 한다(그러나 그는 재정 긴축으로 인해 주말 활동이 제한되어 있다고 말했다.).

Smith 씨는 자신이 여러 가지 강점을 가지고 있다고 생각한다. 그는 자신을 정직하고, 근면하며, 헌신적인 남편이자 아버지라고 생각한다. 그는 자신이 좋은 친구라고 믿는다. 그는 다음과 같이 보고했다. "과거에 문제없이 일하면서 제 삶을 살 때는 유쾌한 사람이었어요." 지적 능력의 측면에서 Smith 씨는 자신에 대해 '바보'는 아니지만, 최근에는 집중하고 기억하는 데 문제가 있다고 주장했다. 자산의 약점에 대해 물었을 때, Smith 씨는 "당신의 펜에 잉크가 많이 남아 있었으면 좋겠네요, 박사님"이라고 말했지만, "다시 돌아갈 용기가 없다는 것이 문제예요."라고 표현하며 자신의 현재 마음 상태에 주 초점을 맞췄다.

위생 상태가 나쁘고 직업 활동을 하지 않음에도 불구하고, Smith 씨는 대부분의 일상생활 활동을 적절하게 수행할 수 있는 것으로 보인다. 그는 가끔 저녁을 요리하고, 제초기를 수리하고, 집의 유지 보수 작업을 한다고 보고했다. 그는 산만하고 건망증 때문에 대부분의 일에 있어 자신이 덜 능률적이라고 생각한다. 그가 현재 외부 활동에 대해 상대적으로 적게 보고한 점으로 보아, 그의 대인관계 기능은 제한적으로 보인다.

공식적인 평가 자료

접수면담에서 많은 심리검사들을 진행한 경우, 이 섹션은 길고 상세할 수 있다. 보다 일반적으로 임상가는 치료 반응을 모니터링하는 데 사용할 광범위한 증상 중심의 질문지[예: 치료 효과 척도(Outcome Questionnaire-45); Mueller et al., 1998]를 실시한다. 대안적으로, 임상가가 내담자의 현재 문제를 미리 알고 있다면, 보다 문제에 초점을 둔 질문지[예: 벡 우울 척도(Beck Depression Inventory-II; BDI-II); A. Beck et al., 1996]를 사용할 수 있다.

검사 결과에 대한 척도 점수와 설명은 접수면담 보고서에 포함되어야 한다. 타당도에 대한 우려도 포함되어야 한다. 해석적 진술을 제한하는 것은 다른 문화권 내담자에게 특히 중요하다.

Smith 씨는 상담 전에 BDI-II를 실시했다. 총점은 22점으로, '중등도 수준의 우울' 범위에서 가장 낮은 점수다. 면담 중 그가 보고한 것과 일관되게, 무쾌감증, 자기비하, 수면장애와 관련된 여러 항목에 표기했다. Smith 씨는 우울 증상을 모니터링하기 위한 한 가지 방법으로 상담 전에 매주 BDI-II를 하는 데 동의했다.

진단적 소견

대부분의 접수면담 보고서는 광범위한 진단 범주(예: 우울, 불안, 물질사용)에 대해서만 논의하지만, 감별 진단에 대한 논의를 포함하기도 한다. 환자는 보험 혜택을 받기 위해 진단이 필요할 수 있다. 최종 진단명을 간단히 나열하는 것이 때로는 허용될 수 있지만, ICD-10-CM 또는 DSM-5 진단에 이어 진단 문제에 대한 간략한 논의를 제공하는 것이 바람직하다. 간략한 논의는 독자가 당신의 진단적 고려사항에 대해 이해할 수 있도록 한다. 다음 발췌문에서는 증상 패턴을 설명하기 위해 가장 덜 심각한 진단명을 내리는 Morrison(2007)의 지침을 사용한다.

> 이 53세의 남성은 적응장애에 대한 진단 기준을 충족한다. 비록 그는 주요우울장애 진단 기준 역시 충족하지만, 그의 우울 증상은 최근 삶의 변화와 관련이 있고, 그는 기분장애에 대한 개인력과 가족력이 없기 때문에, 초기 진단은 적응장애가 더 적절해 보인다. Smith 씨는 또한 몇 가지 불안 증상을 경험하고 있다. 이러한 증상은 그가 새로운 직장을 구하는 능력에 방해가 되는 우울 증상보다 더 중요한 것일 수 있다. 마찬가지로 그에게 불안장애 진단을 내릴 수 있지만, 실직과 직접적으로 관련되어 증상이 갑자기 나타났기 때문에 그의 현재 정신상태가 덜 심각한 진단명으로 더 잘 설명된다는 것을 시사한다.
>
> 그의 ICD-10-CM 진단은 다음과 같다.
>
> | 축 I: | F43.23 (ICD) 불안과 우울한 기분이 동반된 적응장애(임시 진단) |
> |---|---|
> | 배제 진단 | F32.0 (ICD) 주요우울장애, 단일 삽화, 경도 |
>
> 주: '임시 진단' 꼬리표와 '배제 진단'(주요우울장애)은 진단의 불확실성을 표현하는 방법이다.

사례 개념화 및 치료 계획

사례 개념화(case formulation or case conceptualization)는 현재 문제에 기여하는 요인에 대한 당신의 설명이다. 이는 당신이 그 사건을 어떻게 보고 그것이 당신의 치료 계획과 논리적으로 어떻게 관련되어 있는지 명확하게 표현할 기회를 제공한다. 내담자가 이 섹션을 이해할 수 있도록, 당신은 전문 용어를 최소한으로 사용해야 한다.

> Smith 씨는 갑작스런 실직에 대한 적응 반응을 경험하고 있는 안정적이고 신뢰할 수 있는 사람이다. 수년 동안 그의 정체감의 대부분은 직장생활과 관련이 있었다. 그는 평소처럼 일하지 않으면 우울하고 불안해한다. 우울과 불안 증상은 그의 자신감을 흔들어 놓았다. 그는 현재 취업을 할 수

없다고 느낀다. 이는 그의 자신감과 자존감을 더욱 떨어뜨린다.

Smith 씨와의 심리치료는 동시에 두 가지 목표에 초점을 맞춰야 한다. 첫째, Smith 씨가 일자리를 구하기 위해 일관된 노력을 하기 시작하는 것이 중요하다. 이 일반적인 목표와 관련된 치료 목표는 다음과 같다.

1. Smith 씨가 구직 활동을 끝까지 따를 수 없는 요인 분석하기
2. 신체적 불안 대처 전략(이완 및 일상 운동 포함) 개발하기
3. 인지적 대처 전략(인지 재구성 및 자기교시 기법) 개발하고 실행하기
4. 사회적 대처 전략(구직 활동을 위한 동료나 배우자의 지지 포함) 개발하고 실행하기
5. 사회–정서적 대처 전략 개발하고 실행하기(Smith 씨는 짜증 나거나 사회적으로 혐오스러운 행동을 통해 친구와 가족을 밀어내지 않고, 자신의 개인적인 상황에 대한 감정을 가까운 사람에게 표현하는 법을 배워야 한다.)
6. Smith 씨가 ① 취업하기, ② 취업 지원서를 제출하고 면접에 최선을 다하는 것으로 목표 재설정하는 것 돕기

Smith 씨의 두 번째 일반적인 목표는 목제품 회사에서 장기 근무했던 자신의 정체감을 넘어서서 확장시킬 수 있도록 도움을 주는 것이다. 이 두 번째 목표와 관련된 치료 목표는 다음과 같다.

1. Smith 씨가 취업 외에 대인관계 및 활동의 중요한 측면을 인식할 수 있도록 돕기
2. Smith 씨와 비슷한 상황에 처한 사람에게 어떻게 말할지 확인한 다음, 그 태도와 '말'을 자기 대화 전략으로 바꾸게 하기
3. Smith 씨와 최종 은퇴 계획 탐색하기

Smith 씨의 치료는 개인상담으로 시작하지만, 평가와 지지를 위한 목적으로 그의 배우자가 몇 회기를 함께할 수 있다. 그가 이 어렵고 갑작스런 삶의 변화에 더 효과적으로 대처하도록 돕기 위해 함께 상담하는 것이 그들에게 도움이 될 수도 있다. 전반적으로, Smith 씨에게 이미 존재하는 긍정적인 개인 기술과 자원을 그의 삶에서 새로운 도전에 대처하도록 권장하는 것이 중요하다. 우리는 매주 BDI-II로 그의 우울 증상을 모니터링할 것이다. 이 접근법을 사용해 10회기를 마친 후, 치료의 진전도를 공식적으로 평가할 것이다.

명확하고 간결하게 작성하기

접수면담 보고서를 명확하고 간결하게 작성하기 위해서는 시간과 노력이 필요하다. 보고서를 처음부터 완벽하게 작성할 것이라고 기대하지 말도록 하라. 누군가에게 보여 주기 전에 초안을 여러 번 작성해야 할 수도 있다. 우리는 보고서 작성 과정을 좀 더 견딜 수 있게 만들기 위한 몇 가지 권고안을 가지고 있다.

- 보고서를 가능한 한 빨리 작성하도록 하라(회기가 끝난 직후가 이상적이다. 뒤로 미룰수록 회기를 재구성하는 것이 더 어려워진다.).
- 완벽한 표현이나 문체를 걱정하지 말고 즉시 초안을 작성하도록 하라. 그런 다음 이후 편집을 위해 안전한 위치에 저장하도록 하라.
- 개요를 잘 따르도록 하라. 개요를 따르는 것이 내담자에 대해 장황하게 이야기하는 것보다 낫다.
- 슈퍼바이저나 기관장으로부터 접수면담 보고서에 대해 기대하고 있는 바를 명확하게 파악하도록 노력하라. 표준 양식을 사용할 수 있는 경우, 이 형식을 따르도록 하라.
- 기관의 견본 보고서가 있는 경우, 그 보고서를 검토해 당신 보고서의 모델로 활용하도록 하라.
- 여느 기술과 마찬가지로 보고서 작성도 연습을 통해 수월해진다. 많은 노련한 전문가들은 10분 이내에 접수면담 보고서를 작성한다. 당신도 그렇게 할 수 있다.

간결하게 작성하는 것과 관련된 또 다른 사안은 접수면담 보고서에 포함할 정보를 선택하는 것이다. 얼마나 간략하고 얼마나 자세해야 하는가? 개인 정보가 얼마나 포함되어야 하는가? 이러한 사안에 대해 슈퍼바이저와 상의하고, 때로는 더 간략한 것이 더 좋을 수 있다는 것을 기억하도록 하라.

다른 문화권 내담자와의 접수면담 과정에서 해야 할 것과 하지 말아야 할 것

당신은 당신과 다른 내담자를 대상으로 접수면담을 할 수 있는 기회가 많을 것이다. 이러한 차이에는 문화, 인종, 민족, 종교, 성별 또는 기타 인생 경험이 포함될 수 있다. 다음 제안의 적용 가능성과 관련성은 당신의 특정 임상적 상황에 따라 달라질 것이다.

열린 질문을 하는 경우……

- 내담자가 제공하는 정보에서 명시되거나 이들의 외모에서 유추할 수 있는 부족, 민족, 배경에 대해 질문하도록 하라.
- 내담자가 제공하는 정보 그 이상으로 차이점을 탐색하려고 애쓰지 말도록 하라.
- 문화 적응과 문화적 정체감은 유동적이라는 것을 알아차리도록 하라.
- 가족이나 부부의 모든 구성원들이 동일한 문화적 정체감을 가지고 있거나 주류 문화권의 영향을 받는다고 가정하지 말도록 하라.

가족과 상담하는 경우……

- 많은 혹은 대부분의 비주류 문화권에서 가족은 정체감의 중심이라는 것을 인식하도록 하라. 따라서 높은 인식과 민감성을 가지고 가족 문제에 주의를 기울이도록 하라.
- 당신의 내담자에게 가족에 대한 엄격한 정의를 강요하지 말도록 하라. 가족에 대한 내담자의 정의에 대해 열린 태도를 가지도록 하라.
- 가족 구성원이 초기면담에 참여하고자 하는 의사를 보일 경우 너그럽게 허락하도록 하라.

의사소통 유형에 대해……

- 눈 맞춤, 자신의 문제 이야기하기, 이야기 꾸미기(storytelling), 필기 방법은 모두 문화적 규범이 있다는 것을 기억하도록 하라.
- 수다는 떨어도 되지만 그들이 친근한 방식으로 답할 것이라는 것을 기대하지 말도록 하라. 존중을 표하도록 노력하라.
- 뭔가 명확하지 않으면 추가 설명을 요청하도록 하라.
- 당신의 오해를 내담자 탓으로 돌리는 방식으로 추가 설명을 요청하지 말도록 하라.

종교 및 영적 문제에 대해……

- 고통의 근원에 대한 내담자의 신념을 받아들이도록 하라: 조상의 노여움, 악마의 눈, 하나님의 진노 또는 전생에 지은 죄. 내담자의 신념 체계에 부합하는 접근법을 사용하도록 하라.
- 내담자가 자신의 신념이나 신념 체계에 대해 모두 이야기할 것이라고 가정하지 말도

록 하라. 신뢰를 쌓는 데는 당신이 생각하는 것보다 더 많은 시간이 걸린다.

- 내담자의 고통을 해결하는 데 도움이 될 수 있는 의미 있는 영적 또는 종교적 신념이나 관계인을 활용하도록 하라.
- 존경 받는 종교인이나 영적인 사람의 의견을 받아들이는 것을 주저하지 말도록 하라.

요약

접수면담은, ① 문제 확인(또는 진단), ② 목표 설정, ③ 사례 개념화 그리고 ④ 치료 계획을 용이하게 하기 위해 정보를 수집하는 평가다. 이 장에서는 관리 의료 장면에서 일반적으로 기대되거나 용인되는 것보다 더 포괄적인 접수면담 절차에 대해 설명했다.

접수면담의 세 가지 주요 목표는 다음과 같다. ① 주호소 또는 문제(및 관련 치료 목표) 확인, 평가, 탐색하기, ② 대인관계 행동 및 심리사회적 병력 관련 자료 얻기, ③ 현재 일상생활과 기능 평가하기.

내담자의 문제는 본질적으로 목표와 연관되어 있다. 내담자의 문제와 목표는 잠재적인 치료적 개입을 위해 우선순위를 정할 필요가 있다. 많은 이론 기반 평가 체계는 내담자의 증상을 분석하고 개념화하는 데 도움이 된다. 공식적인 평가도 사용할 수 있다. 공식적인 평가를 임상면담과 함께 사용할 경우, 협력적 또는 치료적 접근 방식이 권장된다.

임상가는 내담자의 문제와 목표의 고유한 맥락을 알아야 한다. 여기에는 개인력 수집과 내담자의 대인관계 행동에 대한 평가가 포함될 수 있다. 개인력에는 부모와 가족에 대한 초기 기억과 묘사, 학교와 친구관계 그리고 고용이 포함된다. 한 번의 면담에서 다루어질 수 있는 것보다 훨씬 더 많은 병력이 있기 때문에, 치료자는 내담자 병력에 대해 선택적이고 유연해야 한다.

접수면담은 또한 내담자의 현재 기능에 초점을 맞춘다. 치료자는 접수면담이 끝나갈 무렵 현재 기능에 초점을 맞추어야 한다. 왜냐하면 이것이 내담자를 현재의 상황과 다시 접촉하게 하는 데 도움이 되기 때문이다. 접수면담의 마지막 부분은 내담자의 개인적 강점과 환경적 자원을 강조해야 하며, 미래, 목표 설정, 진전도 모니터링에 초점을 맞추어야 한다.

여러 가지 요인이 접수면담 과정에 영향을 미친다. 내담자 등록 양식, 접수 질문지, 기관 장면은 접수면담의 초점을 어디에 둘지 결정하는 데 도움이 될 수 있다. 또한 이론적 배경, 전문 분야, 소속에 따라 접수면담의 초점이 달라진다.

비용 지급 관련 보험 규정은 접수면담 및 평가에 할애할 수 있는 시간을 제한할 수 있다.

간단한 접수면담의 경우에는 주로 증상이나 진단적 평가, 치료 계획, 증상 완화에 초점을 맞춘다. 이 장에는 간단한 접수면담 체크리스트가 포함되어 있다.

접수면담 보고서를 작성하는 것은 어려운 작업이다. 접수면담 보고서를 작성할 때 독자, 윤리적 이슈, 보고서의 구조와 내용을 고려하고, 명확하고 간결하게 작성하도록 하라. 2차 정보 제공자를 면담하는 것은 유용할 수 있지만, 그렇게 할 때 비밀 보장은 여전히 중요하다. 이 장에는 소수 문화 계층과 면담할 때 해야 할 것과 하지 말아야 할 것이 포함되어 있다.

권장도서 및 자료

다음의 읽을거리는 접수면담, 보고서 작성 및 이 장의 내용과 관련된 기타 문제에 대한 추가 정보를 제공한다.

Carlat, D. (2012). *The psychiatric interview* (3rd ed.). Philadelphia, PA: Lippincott, Williams & Wilkins.

의학적 모형의 관점에서 이 저서는 정신과적 면담(일명 임상면담)의 여러 가지 차원을 생생하게 표현하고 있다. 이는 정신과 병력에 대해 상세히 기술하고 있다.

Davis, S. R., & Meier, S. T. (2001). *The elements of managed care: A guide for helping professionals*. Belmont, CA: Thomson Brooks/Cole.

Davis와 Meier는 상담자와 심리치료자에게 관리 의료와 제3자 비용 지불인이 관여될 때 겪게 되는 어려움에 대한 지침을 제공한다.

Lichtenberger, E. O., Mather, N., Kaufman, N. L., & Kaufman, A. S. (2004). *Essentials of assessment and report writing*. Hoboken, NJ: Wiley.

Wiley의 '핵심' 시리즈 중 일부인 이 저서는 현시대 평가와 보고서 작성에 대해 안내할 것이다.

Zuckerman, E. L. (2010). *The clinician's thesaurus: The guide to conducting interviews and writing psychological reports* (7th ed.). New York, NY: Guilford Press.

이 방대한 자료는 심리평가 보고서 작성에 상당한 부분을 차지하고 있다.

제9장

정신상태검사

소개

역사적으로, 정신상태검사는 정신의학과 의학에서 중요한 위치를 차지하고 있다. 최근 몇 년 동안 정신상태검사를 시행하는 데 있어 모든 정신건강 전문가들이 전문적인 역량을 갖추도록 확대되었다. 전반적으로 정신상태검사는 의사, 심리치료자, 상담자에게 내담자(혹은 환자)의 정신상태를 평가하는 고유한 방법을 제공한다.

정신건강 전문가로서 당신은 정신상태검사를 이해하고, 시행하며, 소통하기 위한 지식과 기술이 필요할 것이다. 제9장에서는 정신상태검사의 기본 구성 요소에 초점을 맞출 것이다.

정신상태검사란 무엇인가

원자물리학에서 관찰 과정을 면밀히 분석한 결과, 아원자 입자는 고립된 실체로서 의미가 없지만, 실험 준비와 후속 측정 사이의 상호 연관성으로만 이해할 수 있는 것으로 나타났……. 원자물리학에서 우리는 우리 자신에 대해 이야기하지 않고는 결코 자연에 대해 말할 수 없다.

–Fritjof Capra, *The Tao of Physics*, 1975, p. 19.

●학습목표●

이 장을 읽은 후 다음을 수행할 수 있다.

- 정신상태검사와 간략한 정신상태검사 보고서 작성 방법 설명하기
- 정신상태검사를 하는 동안 개인 및 문화적 이슈 파악하고 다루기
- 정신상태검사의 기본 요소, 즉 외모, 행동, 태도, 정동과 기분, 말과 사고, 지각장애, 지남력과 의식, 기억과 지능, 신뢰도, 판단, 병식 나열하고 설명하기
- 전체(complete) 정신상태검사를 해야 할 필요가 있을 때와 없을 때 구분하기

정신상태검사(mental status examination: MSE)는 정신상태와 관련된 임상 관찰을 촉진하고 조직화하기 위해 고안된 반구조화된 면담 과정이다. MSE의 주요 목적은 현재의 인지 과정을 평가하는 것이다(Strub & Black, 1977; Zuckerman, 2010). 정신상태를 평가하는 데에는 여러 가지 다른 방법들이 존재한다. 일부 접근들에서는 정신과적 증상에 초점을 맞추고, 또 다른 일부 접근들에서는 주로 신경학적 증상에 초점을 맞춘다. PsycINFO 검색을 통해 지난 몇 년간의 문헌을 살펴보면, ① 간이정신상태검사(Mini-Mental State Examination), ② 간이정신상태검사 수정판(Modified Mini-Mental State Examination), ③ 세인트루이스 정신상태검사(Saint Louis University Mental Status Examination), ④ 자폐증 정신상태검사(Autism Mental Status Examination)와 같이 다양한 형태의 정신상태검사가 있음을 확인할 수 있다(Brown, Lawson, McDaniel, & Wildman, 2012; Grodberg, Weinger, Kolevzon, Soorya, & Buxbaum, 2012; Zimmer, Chovan, & Chovan, 2010). 이 장에서 설명하는 MSE는 엄격하게 구조화된 프로토콜을 따르는 대신, 신경학적 기능보다 잠재적 정신질환에 좀 더 초점을 맞춘 일반 정신의학적 모형이다. 이 책의 다른 장들에서는 접수면담(제8장), 자살평가(제10장), 진단 및 치료 계획(제11장)과 같이 관련된 주제를 다룰 것이다.

정신과 의사에게 MSE는 일반의학에서의 신체검진과 비슷하다. 병원에서 정신과 의사는 때때로 급성 환자를 대상으로 매일 MSE를 요청하기도 한다. 결과는 환자별로 한 문단 정도의 간결한 설명으로 보고된다(실제 적용하기 9-1 참조). 의료 분야에서 일자리를 찾는 사람은 누구나 정신상태와 관련한 의사소통을 할 수 있어야 한다. 이것이 바로 의사, 심리치료자, 상담자를 위한 훈련에서 모두 MSE 기술 증진 훈련을 포함시키는 이유다. 의료 전문가들은 MSE와 간략한 정신상태 보고서를 통해 이해할 수 있는 방식으로 중요한 정보를 서로 소통할 수 있다.

● **실제 적용하기 9-1: 정신상태검사 보고서** -------------------------------

좋은 보고서는 짧고 명확하고 간결하며, 이 장에서 앞으로 설명할 영역을 다룬다.

정신상태검사 보고서 1

48세의 이성애자인, 백인 남성 Gary Sparrow는 부스스하고 헝클어진 모습으로 병원 응급실에 도착했다. 그는 더러운 카키색 바지와 단추가 없는 골프 셔츠를 입고, 하얀 신발을 신고 있었다. 그는 자신이 말한 나이보다 약간 어려 보였다. 그는 안절부절못했고, 자주 일어나서 자리를 바꿔 앉았다. 그는 참을성이 없었고 때로는 무례했다. Sparrow 씨는 프로 골프 대회에 참가하기로 결심했다면서 오늘이 인생 최고의 날이라고 보고했다. 그의 정동은 불안정했지만, 그가 하는 이야기에는 적절했다[그는 보기(bogey)[1]를 범했다며 눈물을 흘렸다.]. 그의 목소리는 컸고, 발화량이 많고 속도가 빨랐으며, 과장되게 말했다. 연상의 이완과 사고의 비약을 보였다. 이야기 주제는 골프에서 거위들의 짝짓기 습관, 그리고 외계 생명체 존재의 가능성으로 예측할 수 없게 옮겨 갔다. Sparrow 씨는 자신의 성적 활동과 운동 수행 능력에 대한 과대망상을 보였다. 그는 환청을 보고했다. (신이 그에게 프로 골프 선수가 되기 위해 일을 그만두라고 말했다.) 시간과 장소에 대한 지남력은 있었으나, 그가 Jack Nicklaus[2]의 사생아라고 주장했다. 그는 자살 및 타살 사고를 부정했다. 그는 지적 능력 혹은 기억과 관련된 영역을 측정하는 검사 시행을 거부했다. Sparrow 씨의 진술은 신뢰도가 낮았고, 판단력은 빈약했다. 병식은 없었다.

정신상태검사 보고서 2

77세의 아프리카계 미국인 여성인 Audrey George는 Cedar Springs Nursing Home에서 회진 중에 평가를 받았다. 키는 5피트(약 152cm)였고, 꽃무늬 여름 드레스를 입고 있었고, 그것과 어울리는 핸드백을 들고 있었으며, 실제 나이 정도로 보였다. 적절하게 몸단장을 한 상태였으며, 협조적이었다. 최근에 안경을 찾지 못해 기분이 절망적이라고 보고했다. 그녀의 정동은 간헐적으로 불안해 보였는데, 이는 주로 물건 둔 곳을 잊어버리는 것 그리고 검사자의 질문에 답변을 잘하지 못하는 것과 관련이 있었다. 말은 느렸고, 중단되기도 했으며, 소리는 작았다. 그녀는 개인 물품, 옷, 전반적인 외모에 대해 거듭 신경을 쓰게 되었고, 스카프를 어디에 두고 왔는지 궁금해했고, 가끔 그녀의 외모가 괜찮은지 물어보았다(예: "제가 괜찮아 보여요? 좀 이따 손님들이 오기로 해서요."). George 씨는 사람과 장소에 대한 지남력은 있었으나, 당일 날짜를 1981년 1월 9일(실제는 2015년 7월 8일)이라고 했다. 그녀는 숫자를 연속해서 7씩 빼나가는 계산을 할 수 없었다. 불러준 세 단어를 전혀 기억하지 못한다는 것을 알고는 잠시 불안해하고 걱정하면서, "아이고, 이봐 젊은 양반, 다른 거를 좀 해 봐요."라고 말했다. 그녀는 즐거워하면서 "또다시 왔으면 좋겠네요."라고 이야기를 했다. 속담에 대한 해석은 추상적이지 않았다. 판단력, 신뢰도, 병식은 상당히 손상되었다.

---

1) 역자 주: 골프에서 해당홀 규정 타수보다 1타 많은 스코어로 홀인을 하는 것이다.
2) 역자 주: 미국의 유명 남성 프로 골프 선수다.

개인적 · 문화적 고려사항

만약 당신이 정기적으로 MSE를 시행하고 있다면, 내담자의 정신건강에 대해 신속하게 판단을 내리는 당신의 능력에 대해 과신하기 쉽다. 객관적으로 생각하고 단일 증상에 대한 과잉 일반화의 위험성을 인식하는 것이 당신이 내리는 결론의 강도를 낮추는 데 도움이 될 수 있다.

객관적으로 생각하기

다른 사람의 정신상태를 빠르게 평가할 수 있다고 가정하는 것은 흥분되기도 하며, 한편 주제넘기도 한 것이다. 그 흥분은 다른 사람의 정신상태를 신중하고 도움이 되는 방식으로 객관적으로 분석하고 평가할 수 있는 데서 온다. 하지만 누구든지 타인의 정신적 기능을 완전하고 정확하게, 게다가 빠르게 평가할 수 있다는 생각은 다소 건방져 보이기도 한다. 그러나 좋든 싫든 정신건강 전문가는 상대와 장기적으로 관계를 맺을 수 없는 상황에서 판단을 내려야 한다. 이러한 상황에서는 내담자를 평가하고 다른 전문가들과 평가에 대해 소통할 수 있는 표준 형식의 구조화된 혹은 반구조화된 면담 프로토콜이 필수적이다.

절대적인 객관성에는 정서적 중립성이 필요하다. 이 장의 서두에 인용한 Capra(1975)의 글에서 왜 객관성과 중립성이 불가능한지 분명히 했다. Capra의 관찰 대상이었던 아원자 입자와 마찬가지로, 정신상태를 검사하는 사람은 수검자와 완전하게 분리되지 않는다. MSE를 실시할 때, 당신은 참여자이며 동시에 관찰자이기도 하다. 자신을 완전히 분리하고 객관적으로 내담자를 관찰하고 평가하는 것은 불가능하다. 예를 들면, 우리는 누군가의 기분 혹은 누군가 당신에게 한 말이 정서적으로나 심지어 신체적으로도 영향을 미쳤던 때를 기억할 수 있다고 확신한다. 그리고 우리는 당신이 다른 사람들의 기분이나 행동에 비슷한 영향을 끼쳤다고 확신한다. 이것이 바로 인간 상호작용의 본질이다.

이러한 점을 고려한다면, 내담자를 객관적으로 평가하는 것은 훨씬 더 복잡해진다. 당신의 기분이나 신념은 객관적인 정신상태검사를 방해할 수 있을 뿐만 아니라, 오히려 이로 인해 더욱 나은 평가자가 될 수도 있다. 이는 당신이 함께 작업하는 사람을 더 완전하게 이해하기 위해 당신의 정서적 유대감과 정서적 반응을 이용하는 것이 가능하기 때문이다. 내담자가 어떻게 그리고 왜 당신을 괴롭히는지 이해하는 것은 도움이 될 수 있다. MSE를 하는 데 있어 어려운 점은 정서적 민감성과 적절한 객관적 거리 간의 균형을 맞추는 것이다.

모든 평가 절차들과 마찬가지로, MSE도 오류에 취약하다. 특히 검사자가 다문화적 지식, 민감성, 겸손함이 부족한 경우 그러하다. 내담자의 정신상태가 부분적으로 문화의 영향으로 인한 것이라는 주장은 과소평가되어 왔다. 문화는 한 개인의 정신상태를 **결정**할 수 있다. 나이지리아의 소설가인 Chinua Achebe(1994)의 글에서 발췌한 다음의 글은 광기를 지각하는 것이 문화적 관점에 달려 있다는 것을 보여 준다.

노래가 끝난 후 통역사는 예수 그리스도라는 이름의 하나님의 아들에 대해 이야기했다. Okonkwo는 사람들이 마을 밖으로 선교사와 통역사를 쫓아내거나 때리기를 희망하면서 이렇게 말했다.

"당신은 우리에게 오직 하나의 신만 있다고 말했어요. 이제 아들 얘기를 하네요. 그렇다면 아내도 있는 게 틀림없겠군요." 군중들이 동의했다.

통역사는 "난 신에게 아내가 있다고 말하진 않았어요."라고 다소 어설프게 말했다.

선교사는 그를 무시하고, 성 삼위일체에 대해 이야기를 계속했다. 결국 Okonkwo는 그 남자가 완전히 미쳤다고 확신했다(pp. 146-147).

특정 문화적 믿음, 특히 영적 믿음은 외부인에게는 미친 것(혹은 망상)처럼 들릴 수 있다. 신체적 질병, 여가 활동, 결혼 및 가족 의례와 관련된 믿음과 행동에 대해서도 마찬가지다. 어떤 경우에는 단식이 비자발적인 입원에 대한 정당한 이유가 될 수 있지만, 다른 경우에는 단식이 영적 또는 신체적 훈련과 관련되기도 한다(Polanski & Hinkle, 2000). 전반적으로 면담자는 내담자의 정신상태에 대한 결론을 내리기 전에 개인적, 문화적 이슈를 민감하게 고려해야 한다(자세한 내용은 제9장의 끝부분에 있는 다문화 하이라이트 9-2 참조).

단일 증상 일반화의 위험

이 장을 읽고 특정 증상의 잠재적인 진단적 의미에 대한 지식을 얻게 되면, 최소한의 정보를 바탕으로 내담자에 대한 전체적인 판단을 내리고 싶은 유혹을 느낄 수 있다. 이는 자연스러운 유혹이며, 많은 유혹들과 마찬가지로 이에 저항해야 한다. 예를 들면, 『The Mental Status Examination and Brief Social History in Clinical Psychology』라는 저서에서 H. F. I. Smith(2011)는 다음과 같이 기술했다.

양 끝이 아래로 쳐진 팔자 콧수염(Fu-Manchu mustache)을 가진 사람은 나쁜 사람이라고 보이는 것에 대해 별로 신경 쓰지 않는다는 것을 시사하지만, 양 끝이 위로 올라간 콧수염(handlebar mustache)을 가진 사람은 멋쟁이이거나 자기애적인 사람일 수도 있다는 것을 시사한다(p. 4).

이 내용을 읽고 우리는 미국 Montana 주에 사는 Fu-Manchu 콧수염을 가진 사람들을 대상으로 소규모 연구를 하기로 결정했다. 우리는 Fu-Manchu 콧수염을 뽐내는 남성을 만날 때마다 자신이 '나쁜 사람'으로 여겨지는 것을 개의치 않는지의 정도를 7점 리커트 척도로 평가해 달라고 부탁했다. H. F. I. Smith(2011)의 관찰과는 달리, Fu-Manchu 콧수염을 가진 대부분의 남성들이 더 멋지고 매력적으로 보이기 위해 콧수염을 기르고 있다고 보고했다. 물론 우리는 이 조사를 실제로 수행하지는 않았지만, 그럴 생각을 했고 그 결과를 상상했다. 이러한 사실은, 정신상태검사자가 Fu-Manchu(혹은 handlebar) 콧수염을 가진 모든 내담자들의 '머릿속으로' 재빨리 들어가 이들의 내재된 개인적 신념이나 의도를 정확하게 해석했다는, 심지어 더 안 좋은 점은 성격장애를 진단할 수 있다는 무모한 가정과 거의 동일하다는 것이다.

이는 H. F. I. Smith(2011)의 과잉 일반화 사례를 가지고 농담처럼 이야기한 것이기는 하지만, 우리의 의도는 정신상태에 대한 판단을 내릴 때 과신하는 것이 얼마나 쉬운가에 주목하는 것이다. Smith처럼 우리는 때로 특정 행동의 병리적 의미에 대해 위험한 가정을 하곤 한다(예를 들면, 저자 중 한 명인 John은 몇 년 전에 태닝 행위와 자기애 성향에 대한 자신의 이론을 만들기도 했었다.). 자연스레 발생하는 과신을 다루는 비결은 Stanley Sue(2006)의 과학적 사고 개념을 이용하는 것이다. 증상은 더 탐색할 가치가 있는 가설로 보아야 한다.

H. F. I. Smith(2011)의 또 다른 예시가 이해에 도움이 될 수 있다. 그는 "만약 어떤 사람이 면도를 하지 않았다면, 이는 우울증, 알코올 중독 혹은 …… 사회 적응 능력 부족을 시사하는 징후일 수 있다."라고 진술했다(p. 4).

면도를 하지 않은 내담자에 대한 Smith의 가설이 맞을 수도 있다. 사실, 만약 면도를 하지 않은 상태와 관련된 진단이나 증상에 대한 연구를 한다면, 부분적으로는 위생 상태가 좋지 않은 것이 우울증과 연관될 수 있기 때문에 우울 증상과 약간의 상관관계를 보일 수 있다. 그러나 추가적인 증거가 없는 상황에서 면도를 하지 않았다는 것은 면도를 하지 않았다는 것일 뿐이다. 그리고 사회 적응과 관련해서, 우리는 면도하지 않은 것을 바람직하고 섹시하게 여기는 많은 젊은 사람들(그리고 많은 영화배우들)을 알고 있다. 마찬가지로, 이를 통해 면도를 하지 않은 것이 특히 멋지거나 높은 사회 적응 수준을 가지고 있다는 가설을 만들어 낼 수도 있다.

단일 증상에 근거해 부적절하게 과잉 일반화하는 것을 피하려면 다음 세 가지 지침을 염두에 둘 것을 권한다.

1. 특별히 관심을 가질만한 단일 증상이나 내담자의 양상을 발견하면, 과학적 사고를 하도록 하라.
2. 가설은 결론이 아님을 기억하도록 하라. 가설은 추가적인 증거가 필요한 추측일 뿐이다.
3. 동료, 슈퍼바이저와 먼저 상의하지 않고 과도하고 성급한 추론을 하지 말도록 하라. 혼자서 작업하면 부적절한 판단을 내리기 더 쉽다.

앞의 지침을 명심하면서, 일반 MSE의 아홉 가지 영역을 살펴보도록 하자.

일반 정신상태검사

정신과 중심의 일반 MSE 주요 범주는 실무자나 장면에 따라 다소 다르다(R. Baker & Trzepacz, 2013). 여기서는 다음과 같이 구성한다.

1. 외모
2. 행동/정신 운동 활동
3. 검사자(면담자)에 대한 태도
4. 정동과 기분
5. 말과 사고
6. 지각장애
7. 지남력과 의식
8. 기억과 지능
9. 신뢰도, 판단, 병식

MSE가 진행되는 동안 관찰을 통해 내담자의 **현재 정신** 또는 **인지 기능**에 대한 가설을 설정한다. MSE는 중요한 진단 정보를 제공하고, 특정 MSE 프로토콜의 신뢰도와 타당도를 나타내는 연구가 존재하지만, MSE는 유일하거나 주요한 진단 절차는 아니며, 공식적인 객관적 심리평가로도 보지 않는다(Polanski & Hinkle, 2000; Zuckerman, 2010). MSE는 반구조화된 평가면담으로 분류되는 것이 가장 적절하다.

외모

정신상태검사자는 내담자의 전반적인 외모에 주목한다. 관찰은 주로 신체적 특징에 국한되지만, 때로는 인구통계학적 정보도 포함된다.

MSE에서 흔히 언급되는 신체적 특징으로는 정돈 상태(특정한 콧수염의 유무 포함), 의복, 동공 확장/수축, 얼굴 표정, 땀, 화장, 피어싱, 문신, 흉터, 신장, 체중, 의학적 상태와 관련된 신체적 징후 등이 있다(Daniel & Gurczynski, 2010). 검사자는 내담자의 외모뿐만 아니라 신체적으로 반응하거나 상호작용하는 방식도 면밀히 관찰해야 한다. 예를 들면, Shea(1998)는 "경험 많은 임상가는 그가 통제권을 갖기 위해 애쓰는 Hercules의 강한 손을 마주하고 있는지, 아니면 거절당할 것을 염려하는 Charlie Brown[3]의 축축한 손을 마주하는지에 주목할 수 있어야 한다."고 언급했다(p. 9).

내담자의 외모는 최소한 부분적으로는 정신상태를 드러낸다. 외모는 정신장애의 진단과도 관련이 있을 수 있다. 예를 들면, 확장된 동공은 때로는 약물 중독과, 수축된 동공은 약물 금단과 관련될 수 있다. 물론 확장된 동공이 약물 중독의 결정적인 증거는 아니다. 더 많은 증거들이 필요하다.

MSE 과정에서 내담자의 성별, 나이, 인종 및 민족적 배경 또한 주목해야 한다. 이 요인은 정신과적 진단 및 치료 계획과 관련이 있을 수 있다. Othmer와 Othmer(2002)가 언급한 바와 같이, 외모와 생물학적 나이와의 관계는 의미가 있을 수 있다. 내담자가 실제보다 나이가 더 들어 보이는 데에는 여러 가지 이유가 있다. 나이 들어 보이는 외모는 약물이나 알코올 남용, 심한 우울증, 만성질환 혹은 오래 지속된 정신장애와 관련이 있을 수 있다.

정신상태 보고서에 내담자의 외모는 다음과 같이 기술될 수 있다.

외모 기술의 예시

49세 미혼 여성인 호주계 미국인 Maxine Kane은 스스로 내원했다. 그녀는 실제 나이보다 훨씬 어려 보였다. 그녀는 키가 크고 마른 체형이었으며, 선글라스에 미니스커트를 입고, 높은 굽의 구두를 신고 있었으며, 짙은 화장에 유행하는 금발로 염색한 헤어스타일을 하고 있었다.

---

3) 역자 주: 코믹 스트립의 주인공으로 주기적으로 고통 받는 인물상으로 묘사되며, 이는 불안과 자신감 결핍이라는 결과로 나타난다.

내담자의 외모는 그녀의 환경이나 상황을 나타내는 것일 수 있다(Paniagua, 2010). 앞선 예시에서 Kane 씨가 자신이 일하고 있는 TV 드라마 세트장에서 평가를 받기 위해 곧장 왔다는 사실을 아는 것은 중요할 것이다.

행동 또는 정신 운동 활동

정신상태검사자는 과도하거나 제한된 눈맞춤(문화적 차이를 염두에 두어야 함), 얼굴 찡그림, 지나친 눈 움직임(훑어봄), 기이하거나 반복되는 동작과 자세 같은 신체 움직임을 관찰한다. 내담자는 특정 생각이나 감정(예: 편집증이나 우울증)을 경험하는 것을 부정할 수 있지만, 신체 움직임(예: 경계하는 듯한 자세와 훑어봄 혹은 정신 운동 지체와 부족한 얼굴 표정)은 그렇지 않다고 시사한다.

과도한 신체 움직임은 불안, 약물 반응 또는 양극성 장애의 조증과 관련이 있을 수 있다. 움직임의 감소는 뇌의 기질적 문제, 긴장형 조현병 혹은 약물로 인해 야기된 혼미일 수 있다. 우울증은 초조나 정신 운동 지체를 통해 나타날 수 있으며, 특히 심한 우울증은 정신 운동 지체를 포함할 가능성이 더 높다(Buyukdura, McClintock, & Croarkin, 2011). 편집 증상을 가진 내담자는 외부 위협으로부터 경계를 늦추지 않도록 훑어볼 수도 있다. 반복적인 운동 근육 움직임(예: 신발의 먼지를 터는 행위)은 강박장애가 있다는 신호일 수 있다. 실재하지 않는 옷의 보풀이나 피부의 일부를 떼어내는 것은 섬망이나 약물에 대한 중독 반응일 수 있다.

이러한 단일 증상이나 관찰은 정신병리와 관련될 수도, 관련되지 않을 수도 있다. 면담 그 자체를 포함한 많은 맥락적 요인들은 행동이 진단 조건에 맞는 것처럼 보이는 데 영향을 줄 수 있다. H. F. I. Smith(2011)의 또 다른 예시는 증상이 나타나는 맥락의 중요성을 보여 준다.

> 예를 들면, 나는 검사 중에 다리를 빠르게 떠는 환자는 심각한 병리적 문제를 갖고 있음을 알게 되었다(p. 5).

이 상황에서 내담자는 단순히 치료자가 평범치 않게 큰 콧수염을 기르고 있다는 이유 때문에 긴장할 수 있다.

> **행동/정신 운동 활동 기술의 예시**
>
> 내담자는 면담을 하는 내내 다리, 등, 배를 긁었다. 그 이유를 물었더니, 그녀는 "아, 어젯밤에 쓰레기를 버리러 나갔다가 얼마나 많은 모기떼에 물렸는지 모르실 거예요. 57군데나 물린 거 같아요."라고 말했다.

검사자(면담자)에 대한 태도

검사자에 대한 태도(attitude toward the examiner)는 면담자와의 관계에서 내담자가 어떻게 행동하는지를 의미한다. 태도(attitude)는 사람이나 사물에 대한 안정된 사고방식으로 묘사될 수 있으며, 대개 명시적인 혹은 미묘한 행동을 통해 나타난다. 태도는 상황이나 검사자에 대한 내담자의 평가와 연관될 수 있는 정동적 요인이 포함되어 있다. 면담 동안 내담자가 보여 줄 수 있는 태도의 범위(예: 공격적, 반항적, 유혹하는)를 고려하면, 태도의 복잡한 인지적, 정동적, 대인관계적 구성 요소에 대해 이해할 수 있다.

신체적 특징과 움직임은 내담자의 태도를 평가하는 기초를 제공한다. 또한, 면담자의 질문에 대한 내담자의 반응(예: 음성 톤, 눈맞춤, 자세와 같은 비언어적 요소와, 반응하는 데 걸리는 시간과 반응의 솔직성 혹은 회피)에 대해 관찰하는 것은 면담자가 내담자의 태도를 판단하는 데 도움을 준다. 말과 음성에 대해서는 이 장의 뒷부분에서 다룰 것이다.

내담자의 태도에 대한 판단은 면담자의 주관성에 민감하다. 예를 들면, 이성애자인 남성 면담자는 매력적인 여성의 행동을 유혹하는 행동으로 해석할 수 있다. 이는 그녀가 실제로 유혹적인 행동을 했다기보다는 그녀가 유혹적으로 행동하기를 그가 바랐기 때문일 수도 있다. 검사자가 유혹한다고 판단하는 것은 내담자가 유혹한다고 판단하는 것과는 맞지 않을 수 있다. 개인적 배경이나 문화적 배경이 지각과 판단의 차이에 영향을 줄 수 있다.

내담자의 태도를 기술할 때 그 기술을 뒷받침할만한 관찰 결과를 확인하는 것이 특히 도움이 된다. 정신건강 장면에서 임상가로 하여금 자신의 진술을 뒷받침하기 위해 '확인된 바와 같이'라는 표현을 사용하도록 권장할 수 있다(J. Swank, 개인교신, 2012년 8월 7일).

> **검사자에 대한 태도 기술의 예시**
>
> 내담자는 계속해서 눈을 굴리고, 빈정대듯 말하며, 간헐적으로 "당연한 거 아니에요?"라는 표현을 사용한 바와 같이 검사자에 적대적인 태도를 보였다.

〈표 9-1〉에 검사자에 대한 내담자의 태도를 기술하는 단어를 제시했다.

<표 9-1> 내담자의 태도를 기술하는 단어

공격적(aggressive): 내담자가 신체적 혹은 언어적으로, 혹은 찡그리는 표정과 몸짓을 통해 검사자를 공격한다. 내담자는 검사자를 향해 가운데 손가락을 치켜세우거나 그냥 단순히 "정말 바보 같은 질문이네요."라는 식으로 말할 수도 있다.

협조적(cooperative): 내담자는 면담자의 의견이나 질문에 대해 직접 반응한다. 면담자와 협력하여 자료를 수집하거나 문제를 해결하려는 노력을 한다. 대개 고개를 자주 끄덕이고 수용적인 자세를 취한다.

신중한(guarded): 내담자가 정보를 제공하는 것을 꺼려 한다. 내담자가 약간 편집적일 때 자기개방이나 정서 표현에 대해 신중할 수 있다.

적대적(hostile): 내담자가 간접적인 방식으로 적개심을 보이거나 괴롭힐 수 있다. 냉소적이거나, 눈을 굴리거나, 허공을 쳐다보는 것은 미묘하거나 미묘하지 않은 적대적인 태도일 수 있다. 이러한 행동 양상은 젊은 내담자들에게서 더 흔하게 나타난다.

참을성 없는(impatient): 내담자가 안절부절못한다. 내담자는 시간이 잠깐 지체되거나 면담자가 성급하지 않게 이야기하는 것을 못 참는다. 내담자는 즉각 대답을 요구할 수 있다.

무관심한(indifferent): 내담자의 외모나 행동을 보면 면담에 대해 관심이 부족해 보인다. 내담자는 하품을 하거나, 박자에 맞춰 손가락으로 어딘가를 가볍게 두드리거나, 무관한 세부사항에 주의가 산만해질 수 있다.

비위를 맞추는(ingratiating): 내담자는 지나치게 면담자의 인정을 받으려고 한다. 내담자는 면담자가 이야기하는 모든 것에 긍정적인 태도를 보이려고 하거나 동의하려 한다. 과도하게 고개를 끄덕이고, 눈을 맞추며, 웃음을 지을 수 있다.

조종하는(manipulative): 내담자는 면담자를 이용하려 한다. 면담자가 하는 말은 내담자의 이해관계에 맞게 왜곡될 수 있다. "그 사람 행동은 공정하지 않죠. 그죠 박사님?"과 같은 말은 조종하는 것을 의미할 수도 있다.

열린(open): 내담자는 문제와 걱정에 대해 열린 태도로 논의한다. 내담자는 또한 면담자의 생각이나 해석에 대해 긍정적인 반응을 보일 수 있다.

반항적(oppositional): 내담자는 면담자가 말하는 것에 반대한다. 정확한 표현으로 보이는 의역이나 요약에 동의하지 않을 수 있다. 내담자는 질문에 대한 답변을 거부하거나 침묵할 수도 있다. 이런 행동도 반항적이라고 부른다.

유혹적(seductive): 내담자는 유혹적이거나 도발적인 방식으로 행동할 수 있다. 내담자는 신체를 드러내거나, 면담자에게 '너무 가까이' 붙으려고 하거나 신체적 접촉을 하기 위해 노력할 수 있다. 내담자는 추파를 던지거나 선정적인 말을 할 수 있다.

의심이 많은(suspicious): 내담자는 계속해서 방을 둘러볼 수 있다(예: 숨겨진 녹음기가 있는지 확인). 눈을 가늘게 뜨고 보거나 곁눈질로 보는 것은 의심이 많다고 해석할 수도 있다. 내담자는 면담자의 메모나 그러한 정보가 필요한 이유에 대해 질문할 수도 있다.

정동과 기분

정동(affect)은 당신이 관찰을 통해 볼 수 있는 순간순간의 정서 상태다. 정동은 보통 비언어적 행동을 관찰함으로써 이루어진다. 정동은 외적인 정서 표현이라고도 한다(K. Hope, 개인교신, 2012년 10월 7일). 이와는 대조적으로, **기분**(mood)은 내담자의 내적이고 주관적이며 언어적으로 **스스로 보고한** 기분 상태다(Serby, 2003).

정동

정동은 일반적으로, ① 내용이나 유형, ② 범위와 지속성(일명 가변성과 지속성), ③ 적절성, ④ 깊이 혹은 강도로 기술된다.

• 정동 내용

정동 내용 지표는 얼굴 표정, 자세, 움직임과 음성 톤으로 구성된다. 예를 들면, 만약 내담자가 울거나, 시선을 내리깔거나, 움직임이 거의 없는 경우(정신 운동 지체)라면, 그의 정동은 '슬픈' 상태라고 결론 내릴 것이다. 반면에 주먹을 꽉 쥐고, 이를 꽉 깨물며, 격한 욕설을 사용한다면 '화난' 상태임을 시사한다.

사람들은 일상의 대화에서 감정을 묘사하는 다양한 단어들을 사용하지만, 정동 내용은 대체로 다음 중 하나를 사용해 정확하게 기술할 수 있다.

화난(angry)	죄책감을 느끼는(guilty) 혹은 후회하는(remorseful)
불안한(anxious)	행복한(happy) 혹은 즐거운(joyful)
창피한(ashamed)	과민한(irritable)
다행감을 느끼는(euphoric)	슬픈(sad)
두려운(fearful)	놀란(surprise)

• 범위와 지속성

다양한 정서를 경험하고, 식별하며, 표현할 수 있는 능력은 긍정적인 정신건강과 관련이 있다(Pennebaker & Ferrell, 2013). 그러나 어떤 경우에는 정동 혹은 정서 표현이 과도하게 가변적일 수 있다. 예를 들면, 조증 혹은 연극성 특성을 가진 내담자의 경우에는 행복에서 슬픔으로, 분노로 그리고 다시 행복으로 급격하게 변화할 수 있다. 정서 양상의 변화가 매우 큰 경우는 **불안정한 정동**(labile affect)이라 한다.

때때로 내담자는 면담 중에 거의 또는 전혀 정동을 보이지 않는 경우가 있다. 이는 마치 내담자의 삶에서 감정이 꺼져버린 느낌과 같다. 정서 표현이 부재한 상태를 **무정동**(flat affect)이라 한다. 무정동은 조현병, 심한 우울증 혹은 파킨슨병과 같은 신경학적 상태로 진단 받은 내담자에게 나타날 수 있다. 대학생은 특히 길고 지루한 강의 후에 이런 상태를 종종 보고하기도 한다.

내담자가 항정신병 약물을 복용하고 있을 때, 정동 표현의 감소가 나타나는 것은 드문 일이 아니다. 무정동과 유사하게 이 상태는 **둔마된 정동**(blunted affect)이라고 불리는데, 이는 정서 반응이 표면 아래에는 존재하지만 드러나지 않기 때문에 그렇다. 이에 반해, **제한된 정동**(constricted affect)이라는 용어는 개인이 자신의 정동을 제한하는 것처럼 보일 때 사용된다. 강박적 성격 특성을 가진 사람들 중 일부는 정서를 느끼거나 표현하는 것을 원치 않기 때문에 의도적으로 정서를 제한할 수도 있다.

• 적절성

정동은 내담자 말의 내용이나 상황에 따라 적절하거나 부적절한 것으로 판단된다. 부적절한 정동은 조현병이나 양극성장애와 같은 심각한 정신장애를 가지고 있는 내담자에게서 가장 자주 관찰된다. 자폐스펙트럼 장애를 가진 내담자 또한 부적절한 정동을 보일 수 있다.

내담자 정동의 적절성을 판단하는 것은 주관적이다. 만약 내담자가 끔찍한 사고(예: 자녀의 죽음)에 대해 이야기하면서 합리적인 이유 없이 킥킥거리거나 웃으면, 이는 내담자의 정동이 "말의 내용에 비춰 봤을 때 부적절하다"고 결론 내릴 수 있는 증거가 된다. 그러나 일부 내담자들은 부적절해 보이는 상황에서 웃거나 울 만한 개인적인 이유가 있다. 예를 들면, 사랑하는 사람이 긴 병 끝에 사망했다면, 안도감이나 종교적인 믿음과 관련된 이유로 웃는 것이 적절할 수 있다. 마찬가지로 다른 문화권의 내담자들은 전문가 앞에서 정서를 표현하는 것이 불편할 수 있어 이를 표현하지 않기도 한다. 특히, 다른 문화권의 내담자 정동의 적절성을 판단하는 것은 조심해서 하는 것이 가장 좋다(Hayes, 2013).

일부 내담자들은 정서적 무관심을 보이기도 한다. 대학생이 특정 교과서를 읽을 때 느끼는 정서 강도로 내담자가 심각한 신체적 혹은 상황적 문제에 대해 이야기하는 상태를 **만족스러운 무관심**(la belle indifference; 만족스러운 무관심을 의미하는 프랑스어)이라고 부르기도 한다. 만족스러운 무관심은 전환장애, 신체화장애, 해리장애 혹은 신경학적 문제와 가장 흔하게 관련이 있다(J. Stone, Smyth, Carson, Warlow, & Sharpe, 2006).

- 깊이 혹은 강도

내담자 정동은 깊이나 강도의 측면에서도 묘사될 수 있다. 어떤 내담자는 심하게 슬퍼 보일 수 있고, 어떤 내담자는 겉으로만 슬퍼 보일 수 있다. 많은 내담자들은 전문가 앞에서 감정적으로 보이는 것을 좋아하지 않기에, 내담자 정동의 깊이를 확인하는 것은 어려울 수 있다. 그러나 내담자의 음성 톤, 자세, 얼굴 표정, 새로운 주제로 빠르게 전환하는(혹은 전환하지 않는) 능력을 면밀히 관찰한다면, 내담자 정동의 깊이나 강도에 대한 증거를 수집할 수 있다. 내담자가 명백히 지나치게 감정적이거나 믿기 어려울 정도로 피상적일 때에는 정동의 강도를 제한적으로만 평정하는 것을 권한다.

정신상태 보고서에 가능한 모든 정동의 영역들을 논의할 필요는 없다. 가장 일반적으로는, 정동의 내용, 범위, 지속성을 기술한다. 필요에 따라 정동의 적절성과 강도가 포함된다. 우울 증상을 보이는 내담자 정동에 대한 정신상태 보고서는 다음과 같이 기술할 수 있다.

정동 기술의 예시 I

검사 전반에 걸쳐 Brown 씨의 정동은 가끔 슬픈 상태이기는 했지만, 종종 제한적이었다. 이야기하는 내용에 비춰 봤을 때 그녀의 정동은 적절했다.

한편, 조증 증상을 가진 내담자(Johnson 씨)의 경우에는 다음과 같은 정동 징후를 보일 수 있다.

다행감을 느끼는(euphoric) (내용이나 유형): 행동에 따라 조증을 시사한다. 예를 들면, 내담자는 전지전능함을 주장하고, 증가된 정신 운동을 보이며, 과장된 몸짓을 할 수도 있다.

불안정한(labile) (범위와 지속성): 짧은 시간 동안 정동의 표현이 다양함을 의미한다. 예를 들면, 내담자는 울다가 웃는 행동으로 빠르게 전환한다.

이야기의 내용이나 상황에 비추어 봤을 때 부적절한(inappropriate) (적절성): 예를 들면, 내담자가 실직과 별거에 대해 다행감을 표현한다면, 내담자의 정동 상태는 합리적으로 정당화될 수 없다.

얕은(shallow) (깊이 혹은 강도): 정서의 깊이가 거의 없음을 의미한다. 예를 들면, 내담자는 "제가 웃고 있고", "웃는 게 모든 걸 잘 되게 해요."라고 하기 때문에 현재 행복하다고 주장한다.

> **정동 기술의 예시 II**
>
> 검사 내내 Johnson 씨는 불안정하고, 대체로 다행감을 보였으며, 부적절하고, 얕은 정동을 보였다. 그는 회기 도중 여러 차례 울었다 웃었다를 반복했다.

기분

기분(mood)은 내담자의 지배적인 정서 상태에 대한 자기보고로 정의된다(Serby, 2003). 기분이 "우울한가요?"라는 답을 암시하는 닫힌 질문과 유도 질문보다는 "요즘 기분이 어때요?" 혹은 "기분이 어떤지에 대해서 이야기해 줄래요?"와 같이 단순한 열린 질문을 통해 직접 평가해야 한다.

정서 상태에 대한 질문을 받았을 때, 일부 내담자들은 자신의 현재 신체 상태나 자신의 현재 상황에 대해 이야기한다. 만약 그렇다면, 그냥 듣고 나서 "그래서 기분은 어때요?[그런 신체 상태나 생활 상황에 대해] 어떤 기분이 들어요?"라고 질문을 이어서 하도록 하라.

기분을 묻는 질문에 대한 내담자의 반응은 MSE 보고서에 정확히 말 그대로 기술해야 한다. 그래야만 한 상황에서 내담자가 보고한 기분과 다른 상황에서 보고한 기분을 비교하기 쉽다. 게다가 내담자의 기분에 대한 보고와 정동을 비교하는 것이 중요하다. 왜냐하면 기분이 더욱 지배적인 정서 상태이기는 하지만, 많은 내담자들이 자신의 기분이 다소 빠르게 변한다는 것을 알아차리게 될 것이기 때문이다. 주관적 기분과 사고 내용 또한 비교해야 한다. 왜냐하면 사고 내용은 우세한 특정 기분을 설명할 수 있기 때문이다. (이에 대해서는 다음 섹션에서 다룰 것이다.)

기분은 여러 가지 특징들에 근거해 정동과 구분될 수 있다. 기분은 정동보다 좀 더 오래 지속되는 경향이 있다. 기분은 정동보다 자발적으로 잘 변화화지 않는다. 기분에는 그 정서적 배경이 존재한다. 내담자는 기분을 보고하는 반면에 면담자는 정동을 관찰한다(Othmer & Othmer, 2002). 달리 표현하자면, 기분이 기후라면 정동은 날씨이다.

MSE 보고서에서 내담자의 기분은 일반적으로 내담자의 표현 그대로 적는다.

> **기분 기술의 예시 I**
>
> 내담자는 "대부분 시간 동안 끔찍하고, 불행하며, 화가 나요."라고 보고했다.

기분은 척도를 이용해 좀 더 자세히 평가할 수 있다(〈부록〉 참조). 일반적인 기분에 대한 설명을 들은 후에는, 내담자에게 ① 현재 기분, ② 평상시 기분, ③ 지난 2주간 가장 나빴던 기분, ④ 지난 2주간 가장 좋았던 기분에 대해 평정해 보라고 할 수 있다. 척도로 평정하게 하기 위해, 다음과 같이 물을 수 있다.

> 0부터 10까지의 척도로 볼 때, 0점은 당신이 경험할 수 있는 최악의 기분이고, 10점은 가능한 최고의 기분이에요. 지금 기분은 몇 점일까요?

ICD-10-CM이나 DSM-5의 우울장애 진단 기준에 부합하는 후속 질문을 MSE의 이 부분에 통합할 수 있다.

기분에 대한 평정을 한 후에 "어떤 일로 기분 상태를 4점이라고 했나요?"나 "어떤 일로 지금 그렇게 행복한[혹은 슬픈] 건가요?"라고 추가적인 질문을 할 수도 있다. MSE를 하는 동안에도 공감 반응을 해야 한다. MSE 보고서에서 기분에 대한 부분을 작성할 때, (상황, 내담자의 증상, 임상가의 성향에 따라) 내담자의 기분을 좀 더 자세히 기술하는 것이 적절할 수 있다. 다음의 예시를 참조하도록 하라.

기분 기술의 예시 II

내담자의 현재 기분에 대한 평정값은 0~10점 척도에서 4점이었다. 지난 2주간 최저점은 3점이었고, 최고점은 5점이었으며, 3~5점이 일반적이었다. 그는 자신의 처진 기분에 대해 슬프다기보다는 '짜증이 나는' 기분이라고 표현했다.

말과 사고

정신상태검사자는 주로 내담자의 말을 통해 사고 과정과 내용을 관찰하고 평가한다. 그러나 사고 과정을 관찰하고 평가하는 다른 방법도 있다. 비언어적 행동, (청각장애를 가진 내담자의 경우) 수화와 글쓰기 샘플도 사고 과정에 대한 의미 있는 정보를 제공한다. 말과 사고는 별도로 그리고 함께 평가된다.

말

말(speech)은 속도와 크기의 측면에서 기술된다. 속도(rate)는 관찰된 내담자 말의 속도를 의미하며, 크기(volume)는 소리의 강도를 의미한다. 속도와 크기는 다음과 같이 분류될 수 있다.

- 높은(빠르거나 큰)
- 보통의(중간 혹은 평균)
- 낮은(느린 혹은 작은)

내담자의 말은 보통 압박된(빠른 속도), 시끄러운(목소리가 큰), 느린 혹은 멈칫거리는(느린 속도), 작은 혹은 듣기 어려운(작은 크기)으로 기술된다. 말에 문제가 없으면, "내담자의 말은 보통의 속도와 크기였다."라고 기술하면 된다.

최소한의 직접적인 지시나 질문에 말을 하게 되면 자발적이라고 기술한다. **자발적인**(spontaneous) 표현을 하는 내담자는 자신의 내적 사고 과정에 쉽게 접근한다. 그러나 일부 내담자들은 말이 적거나 솔직하게 말하지 않을 수도 있다. 내담자가 현저히 빈약한 언어나 내용 없는 언어를 사용하는 경우, **언어 빈곤**(poverty of speech)을 나타내는 것으로 기술한다. 내담자가 질문에 대해 느리게 반응하는 경우, **반응 지연**(response latency)이라고 기술한다. 말의 속도와 크기가 증가하는 것은 조증이나 공격성과 관련될 수 있고, 감소하는 것은 우울이나 수동성과 관련될 수 있으나, 다른 설명도 가능할 수 있다. 나이(예: 노인 내담자는 질문을 더 느리게 처리할 수 있다)와 언어 유창성(내담자의 모국어가 아닌 경우) 모두 말의 속도와 크기에 영향을 줄 수 있다.

말의 독특한 특성이나 말장애(speech disturbance) 또한 주목해야 한다. 여기에는 억양, 음정의 높낮이, 불분명하거나 왜곡된 발음 등이 포함된다. 말장애는 다음과 같이 구성되어 있다.

- **조음장애**(dysarthria): 조음상의 문제(예: 웅얼거림) 혹은 불분명한 발음
- **억양장애**(dysprosody): 중얼거림, 음절 간 긴 멈춤이나 지연 반응과 같은 억양의 문제
- **속화증**(cluttering): 말이 빠르고, 혼란스러우며, 혀가 꼬이는 현상
- **말더듬**(stuttering): 음성이 자주 반복되면서 더듬거리는 말

조음장애, 억양장애, 속화증은 특정 뇌장애나 약물 독성과 연관될 수 있다. 예를 들면, 웅얼거림은 헌팅턴병을 가진 환자에게 나타날 수 있으며, 약물에 취한 환자는 불분명한 발음을 할 수 있다. '외국어 말투 증후군(foreign accent syndrome)'이라는 드문 상태를 포함해, 일반적인 말과는 편차가 뚜렷한 상태들이 많이 있을 수 있다. 이 증후군을 가진 사람은 모

국어가 아닌 억양으로 말을 한다. 이 사람이 정말로 외국어의 억양을 차용하는 것인지, 아니면 음정이나 억양이 독특해서 사람들이 특별한 외국어의 억양으로 지각하게 되는 것인지는 의문이다(Kanjee, Watter, Sévigny, & Humphreys, 2010).

사고 과정

사고의 관찰과 평가는 크게 사고 과정과 사고 내용 두 범주로 나뉜다. **사고 과정**(thought process)은 내담자가 자신을 **어떻게** 표현하는지 나타낸다. 다시 말해, 조직화되고 논리적인 방식으로 사고가 진행되는가? 정신병리적인 문제의 과정을 잡아내기 위해서는 내담자가 말한 것을 그대로 기록한 샘플을 얻는 것이 도움이 된다. 다음의 예시는 더 전문적인 훈련을 받고자 다른 지역으로 떠나는 치료자에게 내담자가 보낸 편지다.

> Bill에게
>
> 내 성공이 마침내 이루어졌고 나는 마침내 내 태도로 좋은 상식을 만들었고 나는 네 여동생이 지금 정말 잘 와서 그녀가 부탁하는 것이 어떤 것이든 정말로 나쁜 합병증으로 발전되지 않을 수 있다는 것을 그녀의 초등학교에서 배우길 바라. 나는 네가 아직 결혼했는지 아닌지 확실하지 않지만 나는 네가 오기를 바라. 의사가 어디선가 뭐든 그러나 되려는 당신의 계획은 또한 지금 그렇게 잘 될지도 몰라. 내 생각엔 내가 요양원에 가서 일이 잘 풀릴 것 같아. 그리고 이제 곧 괜찮아질 거야. 안녕.

이 내담자의 편지는 사고 과정상의 문제를 보여 준다. 그의 사고는 와해되었고 지리멸렬하다. 처음에, 그의 편지에서는 연상의 이완이 나타난다. 흥미롭게도, '의사'라는 단어를 쓴 후에 내담자는 말비빔 현상(word salad)을 보였다(MSE 사고 과정에 대한 용어는 〈표 9-2〉 참조).

〈표 9-2〉 사고 과정에 대한 용어

차단(blocking): 이야기하는 도중에 말이 갑자기 멈춤. 차단은 내담자가 ① 불편한 주제에 접근하고 있었거나 ② 망상적 사고나 환각의 침투를 경험하고 있었음을 나타낸다.

우원증(circumstantiality): 내담자가 과도하고 불필요하게 세부사항을 제공하는 경우. 매우 지적인 사람(예: 교수)이 우원증을 보일 수 있다. 결국 핵심을 말하지만 효율적으로 하지는 않는다. 우원증 혹은 과도한 정교화(overelaboration)는 방어를 나타내거나 편집증적 사고와 연관될 수 있다(이는 또한 교수가 강의 준비를 제대로 하지 않았다는 신호일 수도 있다.).

음향 연상(clang association): 관련 없는 단어나 구를 비슷한 소리와 결합하는 것. 일반적으로 각운을 맞추거나 두운을 맞춘다. 예를 들면, "I'm slime, dime, do some mime" 혹은 "When I think of my dad, rad, mad, pad, lad, sad."와 같이 이야기한다. 음향 연상은 주로 장애가 심각한 내담자(예: 정신병적 장애를 가진 사람)에게 나타난다. 모든 정신과적 증상들과 마찬가지로, 문화적 규범도 이러한 행동을 촉진할 수 있다(예를 들면, 래퍼들에게 음향 연상은 정상적인 현상이다.).

사고의 비약(flight of idea): 내담자의 생각이 한 생각에서 다른 생각으로 '날아가는' 말. 연상의 이완(아래 참조)과는 달리, 내담자의 사고에는 논리적 연결이 있다. 그러나 우원증과는 다르게, 내담자는 핵심에 도달하지는 못한다. 사고의 비약을 보이는 내담자는 종종 지나치게 활동적이거나 흥분되어 있다(예: 조증 혹은 경조증). 저자 중 한 명을 포함한 많은 보통의 사람들은 과도한 카페인 섭취 후에 사고의 비약을 보이기도 한다.

연상의 이완(loose associations): 거의, 그러나 완전히는 아닌 무작위의 사고 과정(예: "당신을 사랑해. 빵이 생명이야. 널 교회에서 본 적이 있던가? 근친상간은 끔찍해."). 이 예시에서 내담자는 사랑 그리고 성찬을 통해 표현된 하나님의 사랑, 교회 그리고 교회에서 들었던 근친상간 관련 발표에 대해 생각한다. 이 연계를 좇아가는 것은 어렵다. 연상의 이완은 보통 정신병적 장애나 전(pre)정신병적 장애와 연결되어 있다. 극도로 창의적인 사람도 역시 연상의 이완을 보이지만, 자신의 아이디어를 표현하기 위해 사회적으로 수용 가능한 방법을 알고 있다.

함구증(mutism): 반응성 언어 표현(responsive speech)의 부재. 함구증은 전반적이거나 선택적일 수 있다. 전반적인 함구증은 자폐증이나 긴장형 조현병과 관련이 있다. 선택적 함구증은 내담자가 어떤 상황에서만 선택적으로 말을 하고, 다른 상황에서는 말을 하지 않는 것이다. 이는 불안에 기반해 나타날 수 있다.

신어조작증(neologism): 새로운 단어를 만들어 내는 것. 정신과에서 신어조작증은 정신병적 장애와 관련이 있고, 숙고에 의해 나타난 창의성이라기보다는 순간적으로 만들어 낸 것이다. 우리는 'slibber', 'temperaturific'과 같은 표현을 들은 적이 있다. 당신은 내담자에게 단어의 의미와 기원에 대해 확인해야 한다. 이 단어는 인터넷이나 TV에서 따왔거나 언어를 결합한 산물일 수도 있다.

보속증(perseveration): 단일 반응, 생각, 동작의 비자발적인 반복. 반향어(echolalia)와 강박 행동이 그 예다. 보속증은 고집스러움과는 다르다. 보속증은 어쩔 수 없이 하는 것이라면 고집스러움은 의도적인 것이다. 보속증은 대부분 신경학적 장애, 자폐증, 정신병적 장애와 관련이 있다.

사고 이탈(tangential speech): 연상의 이완과 유사하지만 사고 간의 연결은 덜 명료하다. 사고의 비약은 언어 압박이 포함되었다는 점에서 사고 이탈은 사고의 비약과 다르다.

말비빔(word salad): 연관성이 없는 일련의 단어들. 말비빔은 극심하게 혼란된 사고를 나타낸다. 말비빔을 보이는 내담자는 지리멸렬하다(앞서 언급한 Bill에게 보내는 편지의 후반부 참조).

때때로 다른 비주류 문화권에서 온 내담자들은 MSE 질문에 대답하는 것을 어려워한다. 예를 들면, Paniagua(2001)가 지적한 것처럼 "영어가 유창하지 않은 내담자는 사고 차단이 일어난 것처럼 보일 수 있다(p. 34)." 만약 문화와 언어적 이슈를 무시한다면, 반응 지연을 불안, 조현병 혹은 우울 증상을 나타낸다고 잘못 결론내릴 수 있다. 이러한 결론은 많은 문화권의 사람들에게 정확하지 않을 수 있다.

사고 내용

사고 내용(thought content)은 내담자가 무엇을 이야기하는가를 의미한다. 내담자가 말하는 내용은 면담자에게 정신상태에 대한 중요한 정보를 제공한다.

MSE에서는 몇 가지 특정 내용 영역들을 탐색한다. 여기에는 망상, 강박 사고, 자살이나 타살 사고나 계획 등이 포함된다. 자살평가는 제10장에서 다룰 예정이기 때문에, 여기서는 망상과 강박 사고를 평가하는 데 초점을 맞추고자 한다.

망상(delusion)은 잘못된 믿음이다. 망상은 사실, 실제 사건 혹은 경험에 근거한 것이 아니기 때문에, 현실로부터 벗어나 있음을 나타낸다. 망상이기 위해서는 내담자의 문화, 종교, 교육적 배경으로부터 벗어나 있어야 한다. 검사자는 망상적 신념에 대해 직접적으로 논박해서는 안 된다. 대신에, "CIA가 당신의 전화를 감청하고 있다는 것을 어떻게 알게 되었나요?"와 같이 그 믿음을 탐색할 수 있는 질문이 유용할 수 있다(Robinson, 2007).

망상에는 다양한 유형이 있다. **과대망상**(delusion of grandeur)은 능력이나 지위와 관련된 잘못된 믿음이다. 과대망상을 가진 내담자는 자신이 특별한 정신적 능력, 신체적 능력, 재산 혹은 성적 능력을 가지고 있다고 믿는다. 이들은 대개 자신의 믿음과 객관적 현실 간의 괴리에 영향을 받지 않는다. 이들은 자신이 특정 역사적 인물이거나 현대 인물이라고 믿을지도 모른다(나폴레옹, 예수 그리스도, 잔 다르크가 흔한 역사적인 인물로 보고된다.).

피해망상(delusions of persecution)이나 **편집망상**(paranoid delusion)을 가진 내담자는 다른 사람들이 자신을 쫓아온다는 잘못된 믿음을 갖는다. 이들은 자신이 미행당하고 있다는 잘못된 믿음을 가지고 있을지도 모른다. 편집망상을 가진 내담자는 종종 **관계 사고**(idea of reference), 즉 관련 없는 사건이 자신과 관련되어 있다는 잘못된 믿음(예를 들면, TV, 신문 혹은 라디오에서 자신에 대해 언급한다는 믿음). 입원 중인 한 환자는 매일 밤 TV 뉴스에서, 자신의 인생 이야기를 방송하고, 다른 환자들 앞에서 자신을 모욕하고 있다고 심하게 불평했다.

자신이 외부 힘의 통제 혹은 영향하에 있다고 믿는 내담자들은 **조종망상**(delusion of alien control)을 경험하고 있는 것이다. 흔한 증상으로는 개인적인 의지의 상실이 있다. 내담자는 마치 자신이 꼭두각시 같아서 자신을 통제할 수 없다고 보고할지도 모른다. 예전에는 러시아 사람이나 공산주의자에 의해 조종당한다는 보고가 흔했다. 최근에는 러시아 사람에 대한 언급은 사라지고, 초자연적이거나 외계의 힘에 의해 조종당한다는 망상이 더 많아졌다.

신체망상(somatic delusion)은 의학적·신체적 상태에 대한 잘못된 믿음이다. 신체망상은 전형적인 질병(예: AIDS나 임신)이나 어떤 특이한 신체적 상태와 관련이 있을 수 있다. 문헌에 보고된 한 사례를 보면, "내부 장기가 기능하지 않고, 심장이 멈췄으며, 심장이 가슴의 우측으로 옮겨졌다."고 믿는 사람도 있었다(Kotbi & Mahgoub, 2009, p. 320). 모든 망상들과 마찬가지로, 신체망상은 현재 사건이나 최근의 의학적 발견과 관련이 있다(Hegarty, Catalano, & Catalano, 2007).

우울증으로 입원한 환자의 25%와 우울증으로 진단된 외래 환자의 15% 정도가 망상을 보고한다(Maj, 2008). 여기에는 종종 **자기비하망상**(delusion of self-deprecation)이 포함된다. 우울증을 앓고 있는 내담자는 자신이 '역대 최악의 경우'이거나 자신의 기술과 능력이 (실제로 그렇지 않을지라도) 엄청나게 손상되었다는 믿음을 굳게 가지고 있을 수 있다. 흔한 자기비하적 표현으로는 죄악, 추함, 어리석음이 있다.

내담자가 가지고 있는 망상의 타당성을 확인하기 위해 사실적인 증거를 찾는 것이 중요할 수도, 그렇지 않을 수도 있다. 이런 정보를 확인해야 하는지의 여부는 주로 임상적 · 진단적 상황에 달려 있다. 내담자가 신체망상을 가지고 있는 것이 의심된다면, 의학적 검진을 의뢰할 필요가 있다.

망상적 믿음에 대해 살펴보는 것은 내담자 증상의 기저에 있는 정신역동에 대한 가설을 발전시키는 데 도움이 될 수 있다. 예를 들면, '외계 세력'이 부모를 향해 음란한 말을 외치게 만든다고 주장하는 내담자는 자신이 그들의 통제를 받고 있다고 느낄 수 있고, 분노 충동을 부인하는 것이 자신에게 덜 위협적이라는 것을 알게 될지도 모른다. 유사하게, 웅대한 내담자는 자신이 중요하지 않다고 느끼고 있으며, 이에 대해 자신이 특별히 중요하다는 믿음(망상)(예: 나는 예수 그리스도다)으로 보상하는 것일 수 있다. 내담자의 유전적, 생물학적 소인이 대인관계의 역동과 결합하여 고유한 망상적 내용을 만들어 낼 수도 있다.

그러나 때로는 내담자의 망상이 주로 심리적 역동보다는 생물유전학적인 요인에 의한 것이기도 하다. 예를 들면, 외계인이 부모를 향해 음란한 말을 외치도록 강요하고 있다고 믿는 젊은 내담자는 부모와 좋은 관계를 맺고 있지만, 뚜렛장애를 앓고 있을 수 있다.

강박 사고

강박 사고(obsessions)는 반복적이고 지속적인 사고 및 심상이다. 진정한 강박 사고는 비자발적이고 고통과 장애를 야기하며, 그 **경험을 하는 사람조차도** 과도하고 비합리적이라고 생각한다.

내담자는 많은 문제들에 대해 걱정하거나 의도적으로 반추할 수 있지만, 강박 사고는 일반적인 걱정의 수준을 넘는다. 우리가 상담했던 한 강박장애 내담자는 평지인 주차장에 주차할 때조차도 자신의 차가 굴러갈 것이라는 침습적인 강박 사고를 가지고 있었다. 이 생각을 다루기 위해 그는 주차를 하고 차에서 나오기 전에 주차 브레이크를 당기고 푸는 과정을 일곱 번씩 확인하는 의례적 강박 행동을 했다.

강박 행동을 하는 사람의 좀 더 전형적인 모습은 **씻기나 확인 행동**이다. 강박적으로 씻는 내담자는 보통 전염이나 오염에 대한 생각이나 공포에 반응한다. 강박적으로 확인 행동을 하는 내담자는 침입자, 가스 누출, 부엌의 화재 등에 대한 생각이나 공포에 반응한다. 강박 사고에는 종종 의심이 포함된다.

- 내 손은 깨끗할까?
- 내가 오염된 것일까?
- 현관문은 잠갔나?
- 오븐(조명, 오디오 등)은 껐던가?

누구나 가끔 강박 사고를 경험하지만, 그 사고는 임상적, 진단적으로 의미가 있을 수도 있고 없을 수도 있다. 정보가 치료 계획에 영향을 준다면, 그 정보는 **임상적으로** 의미 있는 것이고, 진단적 평가에 영향을 준다면 **진단적으로** 의미 있는 것이다. MSE를 하는 동안 강박 사고를 평가하는 것은 중요하다. 왜냐하면 강박 사고는 내담자가 무슨 생각을 하며 시간을 보내는지 알려 주기 때문이다. 이러한 정보는 공감과 치료 계획을 향상시킬 수 있기 때문에, 임상적으로 의미 있을 수 있다. 그러나 동일한 강박 사고라도 진단적으로 의미가 있을 수도 있고 없을 수도 있다. 예를 들면, 만약 내담자가 가끔 강박 사고나 강박 행동(예를 들면, 계단을 오를 때 항상 계단 개수를 세어야 한다는 느낌이 듦)을 보고하지만, 그 강박 행동이 직장, 학교, 가정 혹은 여가의 기능에 영향을 주지 않는다면, 그것은 진단적으로 의미가 없을 수도 있다. 이 경우 '정상적인 강박 사고'라고 한다(Rassin, Cougle, & Muris, 2007; Rassin & Muris, 2007).

강박 사고를 평가하기 위한 질문은 다음과 같다.

- 떨쳐버리기 어려운 생각이 반복적으로 나타나나요?
- 현관문을 잘 잠갔는지 확인하거나 손을 씻는 등 불안을 가라앉히기 위해 반복적인 행동을 하나요?
- 때때로 사람들은 어떤 노래나 선율 같은 게 머릿속에 자꾸 떠올라서 이에 대해 생각하지 않는 게 어려울 때가 있어요. 그런 경험을 해 본 적이 있나요?

불안은 강박장애의 핵심이다. 강박 사고와 강박 행동이 뒤따르는 불안은 강박장애나 불안에 기초한 다른 상태를 나타낼 수 있다. 예를 들면, 외상(예: 성폭력)을 경험한 내담자는 때때로 강박적인 불안을 보이고, 안전함을 느끼기 위해 강박 행동을 하기도 한다. 이러한 내담자는 강박 행동을 통해 불안을 상당히 감소시킬 수 있다(또는 그렇지 않을 수도 있다). 이러한 경우, 그 내담자는 강박장애가 아니라 외상후 스트레스를 경험할 가능성이 높다.

말과 사고 기술의 예시

내담자는 큰 소리로 말했고 언어 압박을 보였다. 그녀의 말은 때때로 지리멸렬했다. 그녀는 한 주제에 머물러 있지 못하는 사고의 비약과 'waddingy'와 'ordinarrational'과 같은 신어조작증을 보였다. 강박 사고에 대한 질문에 대해 논리 정연하게 대답하지 못했으나, 앞에 놓여 있는 작은 노트의 내용에 몰두한 것처럼 보였다.

지각장애

지각장애는 감각 입력 신호의 지각 및 해석의 어려움과 관련 있다. 지각장애의 본질을 이해하는 것은 진단을 하는 데 도움이 될 수 있다. 다음 섹션에서는 세 가지 주요한 지각장애인 환각, 착각, 플래시백에 대해 다룰 것이다(지각장애의 특징은 〈표 9-3〉 참조).

환각

환각(hallucination)은 잘못된 감각적 인상 혹은 경험이다. 청각 입력 신호가 없는데 소리를 듣는 경우가 가장 흔한 환각 유형이다. 환각 내용은 진단적으로 관련이 있을 수 있다. 우울한 상태에 있는 내담자들은 반복적으로 경멸하는 말을 듣는 환각을 보일 수 있다(예: "넌 쓸모없는 쓰레기일 뿐이야. 그냥 죽어버려.").

환각은 모든 감각 양상, 즉 시각, 청각, 후각, 미각, 촉각에서 나타난다. 환청은 흔히 기분장애(극심한 조증이나 우울증)나 조현병과 관련이 있다. 그러나 환청은 약물 중독이나 급성 외상성 스트레스와 관련이 있을 수도 있다. 별로 심각하지 않은 경우, 내담자는 청력이 유난히 좋다고 보고하거나, 자신의 '내면의 목소리'를 듣는다고 보고할 수도 있다. 이에 대해 탐색해 볼 가치는 있으나, 그것이 반드시 지각장애인 것은 아니다.

<표 9-3> 다양한 지각장애의 특성

	환각	착각	플래시백
정의	잘못된 감각 경험	지각적 왜곡	이전 경험에 대한 감각적 기억
진단적 관련성	환청은 일반적으로 조현병, 양극성장애 혹은 심각한 우울증과 관련이 있다. 환촉이나 환시는 종종 신경학적 또는 물질 관련 문제와 관련이 있다.	착각은 생생한 상상력을 갖고 있거나, 신비주의를 믿거나, 조현형 성격장애 증상을 갖고 있는 내담자 사이에서 더 흔하다.	플래시백은 PTSD를 가진 내담자 사이에서 가장 흔하다.

유용한 질문	다른 사람들이 보지 못하거나 듣지 못하는 것을 듣거나 본 적이 있나요? 보통 언제, 어디서 이런 것들을 보거나 듣게 되나요?[수면의 입면 단계 경험이나 출면 단계 경험 확인하기] 라디오나 TV가 당신에게 직접 말을 한 적이 있나요? 당신의 생각을 훔치거나 마음을 읽으려고 했던 사람이 있나요?	당신이 본[혹은 경험한] 것을 보았을 때[혹은 경험했을 때], 주변에서 어떤 일이 일어났나요? 환영[혹은 심상, 소리]이 갑자기 나타났나요? 아니면 무슨 일이 있었나요?	전에 유사한 경험을 한 적이 있나요? 때때로 힘들거나 나쁜 일을 경험하면, 사람들은 계속해서 그 기억을 떠올리기도 해요. 이런 적이 있었나요? 과거에 대한 기억이나 플래시백을 촉발시킨 것이 있었나요?

환시나 환촉은 흔히 기질적 상태와 관련이 있다(Tombini et al., 2012). 이러한 상태에는 약물 중독(intoxication)이나 금단, 뇌 손상, 파킨슨병 또는 기타 뇌 관련 질병 등이 포함된다. 급성 섬망 상태에 있는 내담자는 환각의 대상이나 조직을 제거하기 위해 옷이나 피부에서 뭔가를 뜯어내기도 한다. 피부에 벌레가 기어 다니는 것을 볼 수도 있다. 마찬가지로, 내담자는 실재하지 않는 사람이나 대상을 잡으려 하거나 부르기도 한다. 내담자가 이러한 경험을 보고하거나 당신이 이러한 지각장애를 관찰한다면, 이는 보통 내담자를 무력하게 만드는 심각한 상태다.

이상한 지각 경험은 수면 개시 또는 각성 중에 발생할 수 있다. 흔히 볼 수 있는 예로는 잠들 때 침대 발치에서 누군가를 보고, 때로는 마비되는 듯한 느낌이 동시에 들 수도 있다. 무섭긴 하지만, 이러한 지각장애는 수면의 입면 단계(hypnogogic)나 출면 단계(hypnopompic)에서 자연적으로 발생하는 현상이다(Cheyne & Girard, 2007). 환각을 평가할 때 이러한 경험이 대개 언제 일어나는지 확인해야 한다. 수면의 개시나 종결과 관련이 있다면, 이는 진단적으로 크게 관련이 없다.

착각

착각(illusion)은 지각적 왜곡이다. 이는 감각 입력 신호에 근거하고, 엄밀히 말하면 오지각과 관련이 있다. 예를 들면, 문 뒤에 걸려 있는 외투를 침입자로 오지각한다면, 이는 착각을 경험하고 있다고 할 수 있다. 착각은 지속적으로 일어나거나 두려움에 사로잡힌 침입자가 실제로 침입자가 아니라, 문에 걸려 있는 외투라는 사실을 금방 깨달을 때처럼 순간적으로 일어날 수도 있다.

환청은 일반적으로 기분장애나 조현병과 관련이 있지만, 착각은 어떤 특정 정신장애와 연관시키기 더 어렵다. 이는 정상적인 기능 범위에 속하는 많은 사람이 창의적인 상상력과 관련이 있는 특이한 믿음과 경험을 가지고 있기 때문일 것이다.

플래시백

플래시백(flashback)은 외상후 스트레스장애의 핵심 증상이다. 이는 이전 경험에 대한 갑작스럽고, 생생한 감각적인 기억으로 구성되어 있다. 플래시백은 일반적으로 즉각적인 감각 입력 신호에 의해 촉발된다(Muhtz, Daneshi, Braun, & Kellner, 2010). 전쟁 참전 용사가 폭죽이나 불꽃놀이를 듣거나 볼 때 플래시백을 경험하는 것은 드문 일이 아니다. 마찬가지로, 성적 학대의 생존자는 특정 접촉, 냄새 또는 목소리 톤에 대한 반응으로 플래시백을 경험할 수 있다. 플래시백은 순간적이고 심하지 않을 수 있으나, 긴 해리 삽화로도 나타나 '몇 시간 또는 심지어 며칠에 걸쳐' 마치 외상 사건을 재경험하는 것처럼 행동할 수도 있다(DSM-5, p. 275 참조).

플래시백은 일반적으로 외상과 관련이 있으므로, 플래시백과 기타 지각장애(착각이나 환각)를 구분하는 것은 진단적으로 중요하다. 플래시백은 흔히 악몽, 과각성, 정서적 무감각, 촉발 자극의 회피, 높은 수준의 불안과 같은 다른 PTSD 증상들과 관련이 있다.

내담자에게 지각장애에 대한 질문하기

내담자는 망상, 환각 혹은 플래시백에 대한 질문에 높은 반응성을 보일 수 있다. 이러한 경험을 탐색하는 데 있어 민감해질 필요가 있다. Robinson(2007)은 다음과 같은 세 영역에서의 접근을 제안했다.

1. 환자가 편안하게 정보를 공유할 수 있도록 **좋은 관계 맺기**
2. 망상의 내용과 관련된 **논리 밝히기**
3. **내담자의 병식을 판단**하고 내담자가 증상을 어느 정도 구분하는지 판단하기

다음은 이러한 세 가지 영역에서의 질문 예시다(Robinson, 2007, pp. 239-240).

- 이야기한 내용이 흥미로운데요, 조금 더 얘기해 주겠어요? (좋은 관계 맺기)
- 이 모든 게 어떻게 시작됐죠? (좋은 관계 맺기)
- 지금까지 무슨 일이 있었어요? (논리 밝히기)

- 누군가가 당신에게 이런 행동을 하려고 하는 이유가 뭔가요? (논리 밝히기)
- 상황이 이런지 어떻게 알 수 있나요? (병식 판단하기)
- 일어난 일들에 대해 어떻게 설명할 수 있을까요? (병식 판단하기)

다음의 대화는 망상이나 기괴한 경험이 의심되는 내담자가 이에 대해 이야기할 수 있도록 어떻게 도와줄 수 있는지 보여 주는 예시다.

> **면담자:** 흔치 않은 경험에 대해 몇 가지 물어볼게요. 질문 중에는 당신에게 해당되는 것이 있을 수 있고, 또 그렇지 않은 것도 있을 수 있어요.
>
> **내담자:** 알았어요.
>
> **면담자:** 때로는 라디오나 TV 뉴스나 쇼에서 마치 거기 나오는 사람들이 당신에게 직접 말하는 것처럼 개인적인 감정을 느낄 수도 있어요. 혹시 라디오나 TV 프로그램에서 당신에 대한 이야기를 하거나 당신에게 개인적으로 말을 걸고 있다고 생각해 본 적이 있나요?
>
> **내담자:** 지난 밤 프로그램이 제 삶에 대한 이야기였어요. 나와 Taylor Swift[4]에 대한 이야기였죠.
>
> **면담자:** Taylor Swift를 어떻게 알아요?
>
> **내담자:** 그녀가 저에 대한 노래를 만들었고, 그래서 저는 그녀와 연락했어요.

다음의 내용은 청각적 지각장애와 비슷하게 환시와 시각적 착각을 확인하기 위한 평가의 예시를 보여 준다.

> **면담자:** 보니까 관찰력이 꽤 뛰어난 거 같아요. 청력이 특별히 좋은가요?
>
> **내담자:** 예, 사실은 다른 사람보다 듣는 거 하나는 잘해요.
>
> **면담자:** 정말요? 대부분의 사람들이 듣지 못하는 걸 들을 수 있나요?
>
> **내담자:** 지금도 벽을 통해서 어떤 목소리가 들리는 걸요.
>
> **면담자:** 그래요? 뭐라고 하는 소리인가요?
>
> **내담자:** 저하고 Taylor에 대해 이야기하는데…… 우리의 성생활에 대한 얘기요.
>
> **면담자:** 시력은 어때요? 당신 눈에만 그렇게 보이는 건가요?

---

4) 역자 주: 미국의 유명 여성 싱어송라이터다.

다음의 대화에서는 내담자의 플래시백을 탐색하는 방법을 보여 준다.

면담자: 당신처럼 매우 어려운 상황을 경험한 사람들에게는 그 당시의 생각이나 심상이 현재에 다시 나타나기도 하는데, 이는 드문 일이 아니에요. 이런 사실을 알고 있었나요?

내담자: 끔찍해요. 가끔은 제가 친구와 함께 다시 거기에 있는 거 같아요. 그리고 거기서 우린 폭행당하고 총에 맞고 칼에 찔리는 것처럼 느껴져요.

면담자: 가끔은 조폭에 있을 때로 돌아간 거 같네요. 그게 갑자기 튀어나온 건가요, 아니면 어떤 촉발 요인 같은 게 있었던 건가요?

내담자: 대부분은 누군가 나에게 대들면 그래요. 저는 화가 나고, 겁이 나서 공격할 준비를 해요.

앞의 예시에서 면담자가 "관찰력이 꽤 뛰어난 것 같아요."라거나 "이는 드문 일이 아니에요."와 같은 진술을 통해, 병리적일 수 있는 부분을 어떻게 정상화하고 이후 그 증상에 대해 질문하는지 주목하도록 하라. 이러한 기법은 흔하지 않은 지각 경험에 대해 신중하게 접근하는 방법을 보여 준다. 흥미롭게도 "당신 눈에만 그렇게 보이는 건가요?"라고 50명의 환자에게 질문했을 때, 이들은 솔직하게 응답했고, 그중 26%가 환시를 보고했다는 연구 결과가 있다(Jefferis, Mosimann, Taylor, & Clarke, 2011).

> **지각장애 기술의 예시**
> 내담자는 다양한 장면에서 목소리를 듣는다고 자발적으로 보고했다. 이러한 목소리는 보통 그가 '나쁜 사람'이기 때문에 "기어" 혹은 "무릎 꿇어"라고 말한다. 그는 착각이나 플래시백은 보고하지 않았다.

지남력과 의식

정신상태검사자는 내담자가 사람, 장소, 시간, 상황에 대한 지남력이 있는지의 여부를 일상적으로 평가한다. 이는 보통 검사 초반부에 행해진다.

1. 이름이 뭐예요?
2. 지금 어디에 있죠?(즉, 어느 도시 혹은 어떤 빌딩)
3. 오늘은 며칠인가요?
4. 지금 무엇을 하고 있죠? [혹은] 여기 있는 이유는 뭔가요?

만약 내담자가 이러한 질문에 정확하게 답할 경우, 노트나 보고서에 사람, 장소, 시간, 상황에 대한 지남력이 있다고 기록한다. 내담자의 지남력을 평가하는 것은 혼동(confusion)이나 **지남력 저하**(disorientation)를 평가하는 직접적인 방법이다. 내담자가 이 질문 중 하나 또는 그 이상에 정확하게 답하지 못하는 이유는 여러 가지가 있을 수 있다. 예를 들면, 오늘 날짜나 요일에 대한 질문에 대한 답은 은퇴한 지 오래되었거나 보호시설에 거주 중인 사람일 경우 정확하지 않을 수 있다(J. Winona, 개인교신, 2012년 9월 16일).

어떤 경우에는 지남력에 대한 질문에 저항하는 것(혹은 답변을 거부하는 것)이 지남력이 없음을 시사할 수도 있다. 다음의 예시는 최근 두부 외상을 입은 병원 환자를 대상으로 지남력에 대해 면담한 것이다.

면담자: 몇 가지 질문을 할게요. 할 수 있는 만큼 답하면 돼요. 오늘은 무슨 요일인가요?

내담자: 사람들이 제가 자전거를 타고 있었고, 헬멧을 쓰지 않고 있었다고 말했어요.

면담자: 맞아요. 근데, 제가 궁금한 건 오늘이 무슨 요일이죠?

내담자: 물 한 잔 마실 수 있을까요?

면담에서 단순히 시간에 대한 지남력을 묻는 질문을 했는데, 환자는 이에 직접적으로 답하지 않았다. 질문을 반복했을 때도 환자는 계속해서 회피했다. 환자가 지남력을 묻는 질문에 답을 피하면, 이는 답을 모르기 때문일 수도 있다.

지남력은 어느 정도 깊이 있게 검사할 수 있다. 내담자에게 어느 도시에 사는지, 시장이나 도지사는 누구인지, 지역 일간지의 이름은 무엇인지 질문할 수 있다. 또한 병원 직원, 방문객, 가족을 인식하는지 질문할 수도 있다. 선출된 공직자의 이름이나 그 지역에 연고를 둔 축구팀의 이름과 같이, 일부 지남력에 대한 질문들은 더 큰 문화적 몰입을 요구하거나 가치에 기반을 둔다.

내담자에게 지남력 저하가 나타나게 되면, 일반적으로 상황에 대한 인식부터 상실하고, 이후 시간, 장소, 정체감의 순서로 상실하게 된다. 지남력은 반대의 순서로 회복된다(사람, 장소, 시간, 상황). 지남력이 없는 것은 흔히 기질적인 과정과 관련이 있다(예: 두부 손상, 약물 독성, 알츠하이머병).

지남력이 온전한 내담자는 지남력에 대한 질문을 불쾌하게 받아들이기도 한다. 쉬운 질문에 대해 답을 요구하는 것은 자신을 얕본다고 느낄 수 있다. 인지적인 손상이 있는 내담자의 경우 분개할 수도 있는데, 이는 아마도 당황하거나 지남력이 없는 상태를 감추기 위해서일 수 있다. 지남력에 대한 질문은 의례적인 절차라는 점을 내담자에게 알리고, 내담자의 불편한 감정에 대해 공감을 표하는 것이 도움이 될 수 있다.

노인 내담자, 특히 급성 및 만성질환 관리 장면에서의 내담자는 섬망을 경험할 수 있다. 섬망(delirium)은 매일 의식, 주의력, 지각, 기억의 변화가 몇 분에서 며칠씩 지속되는 상태다(Moraga & Rodriguez-Pascual, 2007). 섬망을 평가하기 위한 몇 가지 공식적인 정신상태검사 도구들이 있는데, 여기에는 간이정신상태검사(Mini-Mental State Examination; Edlund et al., 2006), 기질적 뇌 증후군 척도(Organic Brain Syndrome Scale; Edlund et al., 2006), 리치먼드 흥분 진정 척도(Richmond Agitation-Sedation Scale; Peterson et al., 2006)가 포함된다. 섬망은 대개 독성, 혈액 전해질(blood electrolytes), 뇌 손상 또는 질병과 관련이 있다. 섬망 환자는 시간이 지나면서 점차 의식이 맑아지는 것을 경험할 수도 있다.

다음의 질문들은 친근함을 보일 수 있는 질문들을 하면서 중간중간에 내담자의 지남력을 평가하는 데 사용할 수 있다.

- 자기/사람

  이름이 뭐예요? 어느 지역 출신이에요?

  어디서 살고 있어요?

  일을 하나요? [만약 그렇다면] 어떤 일을 해요?

  결혼은 했어요? [만약 그렇다면] 배우자의 이름이 뭐예요?

  자녀가 있어요? [만약 그렇다면] 자녀의 이름이 뭐예요?

- 장소

  지난 며칠간 [혹은 몇 시간 동안] 많은 일이 있었어요. 우리가 어디에 있나요?

  지금 여기 도시 이름은 뭐예요?

  지금 우리가 있는 건물의 이름은 뭐예요?

- 시간

  오늘은 며칠이죠? [만약 내담자가 기억하지 못하겠다고 하면, 대충이라도 이야기해 보라고 요청하도록 하라. 이것이 지남력의 손상 정도를 평가하는 데 도움이 될 수 있다.]

  오늘은 무슨 요일이죠?

  지금은 몇 월 달이죠? [올해는 몇 년도죠?]

  여기에 얼마나 오랫동안 있었나요?

  곧 다가오는 공휴일이 무엇인가요?

- 상황

  여기에 왜 있는지 아나요?

여기에 어떻게 왔어요?

우리가 다음에는 무엇을 할 것인지 추측해 보겠어요?

의식(consciousness)은 명료에서 혼수까지 연속선상에서 평가된다. 의식과 지남력이 관련이 있지만, 동일하지는 않다. 면담 동안 내담자의 반응과 행동을 관찰하면서 당신은 다음과 같은 의식 관련 용어를 선택하게 된다.

- 명료(alert)
- 혼란(confused)
- 혼탁(clouded)
- 혼미(stuporous)
- 의식 없음(unconscious)
- 혼수(comatose)

지남력과 의식은 다음과 같이 기술될 수 있다.

> **지남력과 의식 기술의 예시**
> 내담자의 의식은 혼탁했다. 그녀는 사람에 대한 지남력이 있었으나, 2016년을 1999년이라고 인식하고 있었고, 면담 장소나 목적에 대해서는 인식하지 못했다.

기억과 지능

MSE에는 내담자의 인지 능력에 대한 대강의 평가가 포함된다. 이는 기억, 추상적 추론, 일반 지능에 대한 평가로 이루어져 있다.

기억

MSE를 통해 기억 선별 검사를 빠르게 시행할 수 있지만, 결정적인 정보를 얻지는 못한다. 기억장애의 특성과 정도에 대해 확인하고자 할 때는 공식적인 신경심리학적 평가가 필요하다.

기억(memory)은 경험을 회상하는 능력으로 광범위하게 정의된다. 기억은 원격 기억, 최근 기억, 즉시 기억 세 가지 유형으로 평가된다. **원격 기억**(remote memory)은 먼 과거의 사건, 정보, 사람에 대한 회상을 의미한다. **최근 기억**(recent memory)은 지난 주 또는 그 이후의 사건, 정보, 사람에 대한 회상을 의미한다. **즉시 기억**(immediate memory)은 방금 노출된 정보나 자료를 저장(retention)하고 있음을 의미한다.

원격 기억에 대한 질문은 접수면담 때 얻은 심리사회적 정보와 통합될 수 있다. 생일, 출신 학교명, 결혼기념일, 내담자와 형제자매 간 나이차 등과 같은 질문이 이에 해당된다. 내담자의 보고에 근거해 원격 기억을 측정하면, 그 기억이 정확한지의 여부를 판단할 근거가 없기 때문에 문제의 소지가 있다. 이 문제는 원격 기억장애 평가에서의 주요 딜레마, 즉 작화증의 가능성을 보여 준다.

작화증(confabulation)은 자발적이고 때로는 반복되는 기억의 조작 또는 왜곡을 의미한다(Gilboa & Verfaellie, 2010). 작화증은 회상할 때 나타나며, 일반적으로 기억 인출의 문제다(Metcalf, Langdon, & Coltheart, 2007). 어느 정도까지는 작화증은 정상적인 현상이다(Gilboa & Verfaellie, 2010). 사실, 우리는 중요한 사건에 대한 기억이 일치하지 않을 때 격렬한 부부 싸움이 일어날 수 있다는 것을 발견했다.

인간의 기억은 완전하지 않아서, 시간이 지나면 사건은 재해석될 수 있다. 특히, 내담자가 특정 질문에 대해 답변해야 한다는 부담을 느끼는 상황에서 그러하다. 이러한 이유로 법적인 상황에서 목격자를 면담할 때 강압적인 질문이 금지된다(Stolzenberg & Pezdek, 2013). 예를 들면, 내담자는 특정 기억 중 일부만 회상할 수 있다. 그러나 더 자세한 설명을 요구하는 압박을 받게 될 경우 작화를 할 수도 있다. 다음은 원격 기억 검사에 대한 작화의 예시다.

면담자: 기억을 테스트하기 위해 몇 가지 물어볼게요. 준비됐나요?

내담자: 네, 그런 거 같아요.

면담자: 1950년 이후 미국 대통령 이름을 다섯 명만 대보세요.

내담자: 네, 그게, 음, Obama…… 그리고 Ronald Reagan, 어, 음…… Bush하고 또 다른 Bush요. 나머지 한 명은 알겠는데 잘 떠오르지 않네요.

면담자: 잘하고 있어요. 한 명만 더 말해 보세요.

내담자: 네, 알아요. 할 수 있어요.

면담자: 천천히 하세요.

내담자: Washington. 바로 이거예요. William Washington.

이 경우 검사자의 지지와 열의는 수행에 대한 압박으로 인식될 수 있었다. 압박이 발생하면, 인간은 압박에서 벗어나려고 무언가를 지어내는 경향이 있다.

앞선 예시는 역사적 사실에 대한 기억과 관련이 있다. 반면에 내담자의 기억이 맞는지 맞지 않는지 확인하는 것은 불가능할 수 있다. 만약 내담자가 어린 시절에 '유괴'된 적이 있다고 주장하면, 이 주장이 정확한지 판단하기 어려울 수 있다.

개인력을 묻는 질문에 대한 내담자의 답변에는 거의 항상 사소한 부분에서 정확하지 않거나 만들어 낸 이야기가 포함된다. 기억은 그렇게 작동한다. 내담자가 개인사 사건을 정확하게 보고하는지의 여부를 판단하는 것은 검사자의 몫이다. 진실을 추구하는 것은 도전적인 경험이 될 수 있다.

작화증이나 기억장애가 의심된다면, 객관적인 과거 사건에 대해 내담자에게 물어보는 것이 도움이 될 수 있다. 그 사건에는 의미 있고, 기억에 남는 사회적 혹은 정치적 사건이 포함된다(예: 성장기에 대통령은 누구였나요? 걸프 전쟁에는 어느 국가가 참전했나요? 고등학생 때 유행했던 음악이 뭐였죠?). 사회적 · 정치적 질문을 하는 것은 문화적 소수계층에게는 불리할 수 있으므로 주의해야 한다.

내담자 개인력에 대한 보고의 신뢰성이 의심스럽다면, 내담자의 친구나 가족에게 확인을 요청하는 것이 유용(혹은 필요)할 수 있다. 이는 2차 정보 제공자 면담을 위해 법적으로 서면 동의를 받아야 하기 때문에 복잡할 수 있다(제8장 참조). 게다가, 친구와 가족이 면담자에게 솔직하지 않을 수 있고, 이들도 기억상의 손상이 있을 수 있다. 내담자 개인력의 사실 여부를 확인할 필요가 있겠으나, 그것이 쉽지만은 않다.

내담자가 자신의 기억 감퇴를 인정할 수도 있다. 이를 **주관적인 기억 감퇴**(subjective memory complaints)라 한다(Kurt, Yener, & Oguz, 2011). 그러나 주관적인 기억 감퇴가 기억장애의 증거가 되지는 않는다. 사실 뇌 손상이 있는 내담자는 기억 감퇴를 부인하고 작화를 통해 이를 숨기려고 할 가능성이 높다. 반면 우울증이 있는 내담자는 자신의 인지 기능의 저하 정도를 과장해, 자신의 뇌에 문제가 있다고 열심히 호소할 수 있다(Othmer & Othmer, 2002).

그럼에도 불구하고, 우울증이 있는 내담자는 인지장애를 경험하기도 한다. **가성 치매** (pseudodementia)(Dunner, 2005)라는 용어는 기질적 손상이 없는 우울증 내담자가 정서로 인해 기억 문제를 갖고 있는 경우에 사용된다. 일단 우울증이 완화되면, 기억 문제는 종종 해결된다. 그러나 원상회복이 가능한 가성 치매가 이후 치매 발병의 예측 요인이 될 수 있다는 연구 보고가 있다(Sáez-Fonseca & Walker, 2007).

최근 과거의 경험은 보다 쉽게 확인 가능하기 때문에, 즉시 기억은 원격 기억보다 평가하는 것이 더 간단하다. 내담자가 입원한 경우, 입원 이유, 받았던 치료, 내담자가 다닌 병원의 직원에 대해 질문할 수 있다. 아침 식사로 무엇을 먹었는지, 전날에는 어떤 옷을 입었는지, 지난주 날씨는 어땠는지 물어볼 수 있다.

MSE를 하면서 즉시 기억을 평가하는 방법에는 여러 가지가 있다. 100에서 7씩 빼나가기, 짧은 이야기 회상하기, 숫자외우기가 가장 흔하다(Folstein, Folstein, & McHugh, 1975). 이 방법은 각각 내담자에게 지속적 주의와 집중력을 요구한다.

100에서 7씩 빼나가기(serial seven)를 실행할 때는 "100에서 7씩 빼 보세요."라고 지시한다(Folstein et al., 1975, p. 197). 주의 지속 (그리고 적절한 계산 능력)이 가능한 내담자는 어려움 없이 이를 수행할 수 있다. 그러나 불안장애가 있는 내담자뿐만 아니라 계산에 어려움이 있는 내담자의 경우, 불안으로 인해 집중에 어려움을 겪고 수행하는 데 지장을 받는다. 다양한 문화적 배경을 가진 내담자는 이 과제를 어려워할 수도 있는데, 이는 이러한 활동을 해 본 경험이 없거나 이해하는 데 어려움이 있기 때문이다(Paniagua, 2010). 연구 결과를 보면, 인지 기능을 평가하기 위해 이 과제를 활용하는 것은 그 근거가 빈약하다(Spencer et al., 2013). 100에서 7씩 빼는 과제를 이용해 내담자의 기억이나 주의 폭을 측정할 때는 불안 수준, 문화적 및 교육적 배경, 주의산만함, 절차가 타당하지 않을 가능성을 모두 고려해야 한다.

숫자 외우기(digit span)는 웩슬러 지능검사의 소검사지만, MSE에서 종종 실시되기도 한다. 숫자 외우기를 실시할 때는 미리 준비된 일련의 숫자를 1초 간격으로 환자에게 읽어 준다. 신뢰도와 타당도를 높이기 위해 표준화된 절차와 숫자 목록을 사용해야 한다(Woods et al., 2011). 짧은 일련의 숫자로 시작한 다음 더 긴 목록으로 진행한다.

면담자: 집중력을 확인하기 위해 간단한 검사를 할 거예요. 먼저 여러 숫자들을 불러줄게요. 제가 다 부르면, 그 숫자를 저에게 다시 말해 주세요. 알았죠?

내담자: 네.

면담자: 시작할게요. 6-1-7-4.

내담자: 6…… 1…… 7…… 4.

면담자: 그래요. 다음 걸 해 볼게요. 8-5-9-3-7.

내담자: 음…… 8…… 5…… 9…… 7…… 3.

면담자: 네. 다른 것도 해 볼게요. 2-6-1-3-9. (검사자는 내담자의 틀린 반응을 지적하지 않고, 다섯 개의 숫자로 이루어진 또 다른 세트를 불러 준다. 내담자가 두 번의 시행 중 한 번이라도 성공하면, 두 시행을 모두 실패하지 않을 때까지 다음 단계로 넘어갈 수 있다.)

바로 따라 외우기(digit span forward)가 끝나면, 거꾸로 따라 외우기(digit span backward)를 시행하는 것이 일반적이다.

> **면담자:** 이제부터는 다른 방식으로 해 보죠. 숫자를 불러 줄 텐데요, 이걸 듣고 거꾸로 따라 외우면 돼요. 예를 들어, 7-2-8이라고 하면, 뭐라고 하면 될까요?
> **내담자:** 음…… 8…… 2…… 7. 이건 꽤 어렵네요.
> **면담자:** 그렇지만 잘 이해하고 있어요. 다른 걸 해 볼게요. 4-2-5-8.

내담자는 특정 인지 과제에서 자신의 수행에 대해 민감해질 수 있다. 반응은 지나친 자신감(예: "물론이죠. 문제없어요. 정말 쉬운 문제네요.")부터 변명(예: "오늘은 컨디션이 썩 좋지 않네요."), 수행에 대한 우려("틀린 거 같네요. 이런 건 정말 못해요.")까지 다양하다. 내담자가 인지 과제를 수행하면서 보이는 반응은 웅대성, 잘하지 못하는 것에 대한 합리화나 변명, 또는 자기비하 경향과 같은 중요한 임상적 정보를 드러낼 수 있다. 그러나 항상 그렇듯이 이러한 관찰은 내담자 행동 양상에 대한 잠정적인 가설만 제공한다. 다른 인지평가와 같이 숫자 외우기에서의 수행은 교육 수준, 모국어인지의 여부, 문화적 배경의 영향을 강하게 받는다(Ostrosky-Solís & Lozano, 2006).

내담자가 특히 기억 문제로 의뢰될 경우, 처음에 MSE를 하는 것이 적절하지만 추가적인 임상평가가 뒤따라야 한다. 기억 문제를 평가할 때는 가족이나 내담자에 대해 잘 알고 있는 사람들을 면담할 수 있도록 적절한 법적 허가를 받는 것이 좋다. 그리고 기억 문제의 발생 시기, 지속 기간, 심각도에 대해 가족이 어떻게 지각하고 있는지 물어보아야 한다.

많은 다른 형태의 기억들이 광범위하게 연구되어 왔다. 여기에는 **삽화 기억**(episodic memory: 사건에 대한 기억), **의미 기억**(semantic memory: 사실에 대한 기억), **기술 기억**(skill memory: 활동에 대한 기억), **작업 기억**(working memory: 한 번에 여러 개의 정보를 기억) 등이 포함된다. 기억에 대한 연구는 흥미 있고, 추가로 읽어 볼 만하다(Gluck, Mercado, & Myers, 2013).

지능

지적 기능에 대한 평가는 논란의 여지가 있으며, 특히 짧은 임상면담 중에 평가가 이루어질 때 더욱 그러할 수 있다(Mackintosh, 2011). 이러한 논쟁에도 불구하고 지적 기능에 대한 일반적인 진술은 보통 MSE 보고서에서 이루어진다. 지적 기능에 대한 진술은 광범위하고 잠정적으로 표현되어야 한다.

지능(intelligence)에 대한 단일 정의에 동의하는 사람은 거의 없다. Wechsler(1958)는 지능을 "목적의식을 가지고 행동하고, 합리적으로 생각하며, 그 주변 환경을 효과적으로 다룰 수 있는 …… 전반적인 능력"이라고 정의했다. 일반적이긴 하지만, 이 정의는 여전히 유용하다. 질문으로 바꿔 보면, "내담자가 자원이 풍부하고 삶의 다양한 영역에서 적절히 기능한다는 증거가 있는가?" 혹은 "내담자가 임상적인 정신병리가 아닌 제한된 '지적 능력'으로 인해 생활하는 데 문제가 있는가?"일 수 있다.

지능을 일반적인 적응 경향보다는 여러 특정 능력들의 조합으로 보는 것이 더 합리적일 수 있다(H. Gardner, 1999; Sternberg, 2005). 그러나 다중 지능에 대한 개념은 경험적 지지의 부족으로 널리 비판을 받아 왔다(Waterhouse, 2006). 그럼에도 불구하고 MSE의 목적상, 이러한 이론을 뒷받침하는 경험적 증거의 부족은 사람들이 다양한 방식으로 지적 능력을 표현할 수 있다는 것을 상기시키는 것보다 중요하진 않다. 이는 단일 지적 차원(예: 언어/어휘의 사용)에 근거해 소수계층 내담자나 낮은 사회경제적 배경의 내담자가 지적이지 못하다는 부적절한 결론을 내리는 것을 막을 수 있다.

MSE에서 다음과 같은 여러 가지 방법을 사용해 지능을 측정할 수 있다.

1. 교육 수준을 통해 지능을 추론한다. 이 방법은 학업적(academic) 지능을 과대평가한다.
2. 언어 이해와 사용(즉, 어휘 또는 언어 이해)을 통해 지능을 추론한다. 이 방법은 문화적 소수계층보다 정규 교육을 받은 사람에게 유리하다(Ortiz & Ochoa, 2005).
3. 축적된 지식을 묻는 질문에 대한 답변을 통해 지능을 추론한다. 축적된 지식은 종종 교육적 배경의 부산물이고, 지식을 평가하는 데 사용되는 질문은 문화적으로 편향되어 있다.
4. 추상적 사고 능력과 관련된 질문에 대한 답변을 통해 지능을 측정한다. 이러한 질문은 언어에 대한 정교한 지식과 질문의 취지에 대한 이해를 필요로 한다.
5. 사회적 판단을 측정하기 위한 질문을 통해 지적 기능을 평가한다. 충동적이거나 가상의 시나리오를 빠르게 이해할 수 없는 사람은 이러한 질문에 불리하다.
6. 다른 인지 기능(예: 지남력, 의식, 기억) 검사에 대한 반응을 통해 지능을 추론한다.

지적 기능에 대한 기술은 특히 소수계층 내담자인 경우 잠정적으로 해야 한다(축적된 지식, 추상적 사고, 사회적 판단에 대한 질문 예시는 다문화 하이라이트 9-1 참조).

> **기억과 지능에 대한 기술의 예시**
>
> 내담자의 지적 능력은 최소 평균 이상일 수 있다. 그는 100에서 7씩 빼는 과제와 다른 주의 집중 과제를 어려움 없이 수행했다. 사회적 판단 및 추상적 사고 관련 질문에 대한 반응은 정교했다. 원격 기억, 최근 기억, 즉시 기억은 손상되지 않았다.

신뢰도, 판단, 병식

지금까지 다루었던 MSE의 모든 영역들에서 검사자의 주관성이 개입된다는 점은 분명하다. 평가가 신뢰도, 판단, 병식에 초점을 맞출 때 주관성은 더 많이 나타날 수 있다.

신뢰도

신뢰도(reliability)는 진실성을 의미한다. 신뢰로운 정보 제공자는 자신의 개인력과 현재의 개인 정보를 솔직하고 정확하게 보고한다. 반면에 어떤 내담자는 매우 신뢰롭지 못하다. 이런저런 이유로 이들은 자신의 주변 환경과 개인력에 대해 왜곡하고, 이야기를 만들어 내며, 노골적으로 거짓말을 한다.

내담자가 언제 진실한지 판단하기는 어려운 경우가 많다. 지난 수년간 우리가 만나 본 내담자들 중에는 (약물을 사용하고 있음에도) 약물을 사용한 적이 없다고 하고, (자녀가 있었다는 증거가 없음에도) 자녀가 사망했다고 하며, (돈이 한 푼도 없으면서) 수십 억의 소송에서 이겼다고 이야기하고, (수정 구슬이 없음에도) 수정 구슬에 악귀의 영혼을 담아 놓았다고 하며, (발달적으로 불가능함에도) 9개월 된 자녀가 무술을 할 줄 알고 문장으로 이야기를 할 수 있다고 한 사람도 있었다.

아마도 이러한 상황에서 가장 흥미로운 것은 거짓말을 많이 한 것이 아니라 내담자가 거짓말을 할 충분한 이유가 있었다는 것이다. MSE를 하는 동안 정직하지 않고 신뢰롭지 못한 것은 검사 과정이나 검사자에 대한 불신 때문일 수 있다. 또는 오랫동안 지속되어 온 강박적인 거짓말이나 그 밖의 알려지지 않은 이유 때문일 수도 있다. 사실과 허구를 구분하는 것은 매우 어렵기 때문에, 내담자의 신뢰도에 대한 기술은 잠정적이어야 한다.

신뢰도 추정은 몇 가지 관찰 가능한 요인들에 기초한다. 세부사항에 주의를 잘 기울이고 질문에 대해 자발적이고 상세한 답변을 하는 내담자는 신뢰로운 정보 제공자가 될 수 있다. 반면에 모호하고 방어적인 방식으로 질문에 답변하거나, 과장되거나 거짓으로 이야기하는 것처럼 보이는 내담자는 신뢰롭지 않을 가능성이 더 높다. 어떤 경우에는 내담자가 자신의 개인력의 일부를 의도적으로 생략하거나 축소하고 있다는 것을 분명히 느낄 것이다.

만약 내담자가 신중하고 방어적인 태도로 행동할 경우, "이 과정이 불편한가 보네요. 제가 더 편안하게 해 줄 수 있는 부분이 있을까요?"와 같이 이 이슈에 대해 직접적으로 언급하는 것이 도움이 될 수 있다. 내담자가 신뢰롭지 않다고 의심될 경우, 확증 가능성을 높이기 위해 가족, 고용주 또는 내담자의 동료에게 연락하는 것이 유용하다. 이 단계는 내담자의 동의를 받아야 하지만, 사실을 확인하는 데 도움이 될 수 있다. 내담자의 신뢰도에 대한 우려는 정신상태검사 보고서에 기술한다.

판단

판단력이 좋은 사람은 자신의 삶에 긍정적인 영향을 줄 수 있는 적응적인 결정을 일관되게 내린다. 내담자의 판단력은 활동, 관계, 직업 선택 등을 탐색함으로써 평가할 수 있다. 불법 행위, 파괴적 관계, 생명을 위협하는 행동을 늘 하는 것은 그 사람이 미숙한 판단을 하고 있다는 증거가 된다.

청소년 내담자는 종종 미숙한 판단을 한다. 우리와 함께 작업했던 17세 소년은 근무 시간 1시간 전에 자신이 마음에 들지 않는 직원과 함께 일하도록 배정되었다는 것을 알게 되자 고급 식당의 보조일을 그만두었다. 6개월 후에도 그는 여전히 돈이 없다고 불평하고 일자리를 찾고 있지만, 근시안적인 행동의 본보기로 보이는 충동적인 행동을 계속 옹호했다.

일부 내담자들, 특히 조증 삽화 기간 중에 충동적인 청소년이나 성인의 경우, 판단력에 상당한 손상을 보일 수 있다. 이들은 자신의 신체적·정신적·사회적 능력을 매우 과대평가하거나 과소평가할 수도 있다. 예를 들면, 조증 환자는 종종 재정적인 문제에 있어 매우 미숙한 판단력을 보이며, 허울뿐인 벤처 사업이나 도박에 많은 돈을 쓴다. 마찬가지로 만취 상태에서 운전을 하거나, 무방비 상태로 성관계를 맺거나, 계획되지 않은 범죄 활동에 가담하는 것은 모두 판단력이 미숙하다는 증거로 간주된다.

특정 행동에 대한 내담자의 보고를 토대로 판단력을 평가하는 것 외에도, 당신은 가상의 시나리오에 내담자가 반응하도록 함으로써 판단력을 평가할 수 있다. 시나리오의 예시는 다문화 하이라이트 9-1의 판단력 범주에 제시되었다.

다문화 하이라이트 9-1 | **지능을 평가하기 위한 정신상태검사 질문 샘플**

파트 1

MSE에서 지능을 평가하는 데 사용되는 많은 질문들은 저작권이 있다. 이에 대한 예시는 다음과 같다.

축적된 지식

미국의 대도시 여섯 군데를 말해 보세요.

뉴욕에서 로마로 여행하기 위해서는 어느 방향으로 가야 하나요?

베트남전 당시 미국 대통령은 누구였나요?

노예를 해방시킨 대통령은 누구였나요?

자동차 배기가스에는 어떤 독성 화학 물질이 있나요?

Jay Z[5]의 직업은 무엇인가요?

추상적 사고

연필과 타자기는 어떤 면에서 비슷한가요?

고래와 돌고래는 어떤 면에서 비슷한가요?

"유리로 된 집에 사는 사람들은 다른 사람에게 돌을 던져서는 안 된다."라는 속담은 무엇을 의미하나요?

"손에 있는 새 한 마리가 덤불에 있는 두 마리보다 가치 있다."라는 속담은 무엇을 의미하나요?

판단

공원의 풀 속에 숨겨져 있는 총을 발견한다면 어떻게 할 건가요?

만약 10억 원이 생긴다면 무엇을 할 건가요?

LA에서 시카고까지 거리가 얼마나 될까요?

만약 당신이 사막에 24시간 동안 갇혀 있다면, 살아남기 위해 무엇을 할 건가요?

만약 당신의 가장 친한 친구가 상사의 배우자와 바람을 피우고 있다는 사실을 알게 된다면 어떻게 할 건가요?

---

5) 역자 주: 미국의 유명 남성 래퍼다.

파트 2

위의 지능 관련 질문 목록을 검토한 후, 소규모 그룹으로 모여 각 문항과 관련된 개인적 또는 문화적 편향에 대해 논의하도록 하라. 일부 질문들은 나이 어린 내담자, 일부 질문들은 나이 많은 내담자, 그리고 일부 질문들은 미국에서 태어나지 않은 내담자에 대해 분명히 편향되어 있다. 많은 경우, 정신건강 전문가는 축적된 지식을 묻는 질문에 제대로 답변하지 못한 내담자에 대해 편향을 보인다. 이러한 편향은 단순히 교육 기회가 부족했음에도 불구하고 지적 능력이 부족하다고 판단하기 때문에 이 문제에 대해 논의해야 한다. 그룹별로 각 질문을 분석하고, 내담자의 지능을 간단히 평가하기 위해 더 나은 질문을 생각해 보도록 노력하라. 지능을 평가하기 위한 완벽한 질문이 있는가?

주: 이 질문들은 예시 목적으로 개발되었다. 지능에 대한 공식적인 평가를 수행할 때는 출간된 표준화된 검사를 참조해야 한다. 단지 몇 개의 면담 질문들에 근거해 내담자의 지적 기능에 대해 확정적으로 기술하는 것은 부적절하다.

병식

병식(insight)은 내담자가 자신의 문제에 대해 이해하는 것을 의미한다. 예를 들면, 탈진 증상을 보이는 남성 내담자의 사례를 살펴보도록 하자. 그에게 면담을 하는 동안 불안이나 긴장을 경험할 때도 있는지 물었다. 그는 얕은 호흡, 붉어진 목덜미, 불끈 쥔 주먹에도 불구하고, 긴장과 관련해서는 문제가 없으며 그래서 이완하는 법을 배울 필요가 없다고 주장했다. 만성적으로 높은 긴장 수준과 탈진 사이의 연관성이 있는지에 대한 추가 조사에서, 그는 "아니요. 긴장하는 것에는 문제가 없다고 이야기했잖아요."라고 간단히 답변했다. 이 내담자는 상당한 근거가 있는 문제 영역에 대해 병식을 보이지 않았다.

내담자에게 증상의 원인에 대해 추측해 보라고 하는 것이 유용할 수 있다. 일부 내담자들은 높은 수준의 병식을 보이며, 일부는 걸렸을지도 모르는 신체적 질병에 대해 이야기하기 시작한다[예: "아마도 제가 감염성 단핵구증(mono)에 걸린 거 같아요."]. 일부는 잠재적인 원인이나 역동에 대해 전혀 생각이 없기도 하다.

병식이 있는 내담자는 자신의 증상에 영향을 주는 정서적·심리사회적 요인의 가능성에 대해 지적인 측면에서 이야기할 수 있다. 반면에 병식이 거의 없거나 전혀 없는 내담자는 가능한 심리사회적 또는 정서적 요인에 직면했을 때 방어적이 된다. 많은 경우에 병식이 없는 내담자는 노골적으로 어떠한 문제도 없다고 부인한다.

내담자의 병식을 기술하는 데 있어 네 가지 용어가 사용된다.

- **부재**(absent): 병식이 없는 내담자는 문제가 있다는 것을 인정하지 않는다. 자신의 치료나 입원에 대해 다른 누군가를 비난할 수도 있다. 만약 문제가 있다는 것을 시사하면, 내담자는 방어적이 된다.
- **빈약**(poor): 병식이 빈약한 내담자는 사소한 문제는 인정할 수 있지만, 주로 증상에 대한 신체적·의학적 또는 상황적 설명에 의존한다. 만약 내담자가 문제가 있다는 것을 인정한다면, 내담자는 약물, 수술 또는 자신이 선호하는 치료법을 통해 비난하는 사람에게서 벗어나는 것에 의존할 가능성이 높다.
- **부분**(partial): 부분 병식이 있는 내담자는 문제에 대해 도움을 구할 수 있지만, 치료를 조기에 중단한다. 이러한 내담자는 종종 상황이나 정서적 요인이 자신의 상태에 어떤 영향을 미치는지, 그리고 자신의 행동이 그 문제에 어떤 영향을 미칠 수 있는지 분명히 이야기하지만, 이러한 요인에 직접적으로 초점을 맞추는 것을 꺼린다. 조심스럽게 상기시켜 주면 내담자로 하여금 비의학적인 치료적 접근법을 사용할 수 있도록 동기를 부여할 수 있다.
- **양호**(good): 병식이 양호한 내담자는 심리사회적 치료로 혜택을 받을 수 있는 문제가 있다는 것을 쉽게 인정한다. 내담자는 자신의 생활 상황을 바꾸는 데 있어 책임감을 가진다. 내담자는 자신의 문제에 대해 명확하게 설명하며, 심리사회적인 치료적 접근을 활용한다. 비의학적 방법을 통해 자신의 문제를 해결하는 데 창의적일 수도 있다.

신뢰도, 판단, 병식 기술의 예시

전반적으로 내담자는 솔직하고 신뢰로운 것으로 보인다. 그는 자신의 약물남용 이력에 대해 솔직하게 말했으며, 도움을 받는 것에 관심을 보였다. 사회적 판단력을 평가하는 질문에 대한 그의 답변은 긍정적이었다. 그는 공감과 합리적 의사결정에 근거해 사회적 관계를 설명했다. 병식과 판단력은 양호했다.

정신상태검사 사용 시기

공식적인 MSE가 항상 적절한 것은 아니다. 여기 좋은 기본 지침이 있다. MSE는 내담자의 정신병리가 심각할수록 더욱 필요해진다. 내담자가 잘 적응하는 것처럼 보이고, 당신이 의료 장면에서 일하지 않는다면, 전체 MSE를 시행할 가능성은 낮다. 그러나 진단이나 내담자의 정신병리에 대해 의문을 가지고 있고, 또 의료 장면에서 일한다면 일반적으로 공식적인 MSE가 권장된다(MSE 체크리스트는 〈표 9-4〉 참조).

　일부 실무자들은 문화적 소수계층 내담자를 대상으로 전통적인 MSE를 시행하는 것이 거의 항상 부적절하다고 제안해 왔다(Paniagua, 2001). 이는 MSE를 통한 평가적 판단이 문화적으로 민감하지 못하고 편향될 수 있기 때문이다(이 문제를 줄이려면 다문화 하이라이트 9-2 참조).

<표 9-4> 정신상태검사 체크리스트

범주	관찰	가설
외모		
행동/정신 운동 활동		
검사자에 대한 태도		
정동과 기분		
말과 사고		
지각장애		
지남력과 의식		
기억과 지능		
판단, 신뢰도, 병식		

다문화 하이라이트 9-2　　**정신상태에서의 문화적 차이**

파트 1

MSE에서는 문화적 규준을 고려해야 한다. 다음의 MSE 범주와 관찰 내용을 읽고, 설명과 함께 부적절한 결론을 신중히 생각해 보도록 하라. 문화를 고려하지 않고서는 관찰을 통해 부적절한 결론을 내리는 것이 쉽다는 점에 유의하도록 하라.

범주	관찰	부적절한 결론	설명
외모	많은 문신과 피어싱	반사회적 경향	문신과 피어싱이 일반적인 지역이나 하위 문화권에서 왔음
행동/정신 운동 활동	눈을 아래로 처다봄	우울 증상	문화적으로 적절한 눈맞춤임
검사자에 대한 태도	비협조적이고 적대적	적대적-반항적 또는 성격장애	주류 문화권에서 학대를 경험했음

정동과 기분	아들의 죽음에 대해 정동을 보이지 않음	부적절하게 제한된 정동	죽음에 대한 정서를 표현하는 것이 내담자의 문화권에서는 받아들여지지 않음
말과 사고	지리멸렬한 말	정신증의 가능성	영어를 제3외국어로 말하고 극심한 스트레스 받음
지각장애	환영 보고	정신병적 증상	환영은 원주민의 문화에 부합함
지남력과 의식	세 개의 사물을 기억하는 것이나 100에서 7씩 빼나가는 것을 하지 못함	주의력 결핍 혹은 중독 (intoxication)	언어 문제로 인해 질문을 잘못 이해함
기억과 지능	이전 대통령을 회상하지 못함	기억장애	이민자 신분임
신뢰도, 판단, 병식	개인력에 대해 거짓으로 이야기함	빈약한 신뢰도	백인 검사자를 신뢰하지 않음

파트 2

기존의 MSE 각 범주에서 다르게 나타나지만 여전히 해당 문화 집단이나 인종 집단의 '일상적인' 조건 안에 있는 문화를 생각해 보도록 하라. 그 예시로는 슬픔, 스트레스, 굴욕 또는 외상의 문화적 표현의 차이가 있다.

다문화 하이라이트 파트 1에 언급된 관찰 내용 외에 가능한 MSE 관찰 내용을 파트너와 함께 만들어 내어, 내담자의 정신상태에 대해 부적절하고 타당하지 못한 결론을 내리도록 유도하라.

범주	관찰	부적절한 결론	설명

MSE를 포함한 모든 평가 절차들은 어떤 식으로든 문화적으로 편향되어 있다. 예를 들면, 인도의 연구자는 정동과 기분이 문화와 국가에 따라 서로 다르게 정의된다는 점을 지적했다(Manjunatha, Saddichha, Sinha, & Khess, 2008). 이는 인도의 정신건강 전문가가 미국 주류 문화권의 사람들을 정확하게 평가할 수 있다고 가정할 수도 없고, 또 가정해서도 안 된다는 명백한 사실을 시사한다. 문화는 MSE 내에 존재하는 변인으로 고정된 상태로 취급되는 것을 거부한다. 모든 면담 절차들이 그렇듯이, 내담자의 개성, 문화적 배경, 기타 정

체감 요인 및 중요한 최근 사건(예: 스트레스 요인 또는 외상)에 대한 존중이 결론에 포함되어야 한다.

요약

정신상태검사(MSE)는 현재의 정신상태를 평가하기 위해 임상적 관찰을 조직화하는 방법이다. 검사 시행은 의료 장면에서 흔히 볼 수 있다. 비록 정신상태 정보가 진단 과정에서 유용하기는 하지만, 본질적으로 MSE는 진단 절차가 아니다.

문화는 내담자 정신상태를 결정짓는 강력한 요인이다. 따라서 검사자가 문화적 요인에 민감하지 못할 때, MSE에서 임상적 관찰의 타당성은 훼손될 수 있다. 마찬가지로, 단일 증상에 근거해 어떤 결론에 도달하고자 하는 것은 유혹적일 수 있지만 이를 뿌리쳐야 한다.

전체 MSE는 아홉 가지 영역에서 내담자의 기능을 관찰하고 질문한다. ① 외모, ② 행동 또는 정신 운동 활동, ③ 검사자(치료자)에 대한 태도, ④ 정동과 기분, ⑤ 말과 사고, ⑥ 지각장애, ⑦ 지남력과 의식, ⑧ 기억과 지능, ⑨ 신뢰도, 판단, 병식이다.

MSE는 일반적으로 정신병리가 의심될 때 시행된다. 만약 내담자가 일상생활과 관련된 문제에 대해 외래에서 도움을 받고 있다면, MSE는 덜 중요하다. 모든 평가 절차들에서와 마찬가지로, 내담자의 문화적 배경, 연령, 중요한 사건, 기타 정체감 및 상황적 요인들을 고려하고 평가 보고서에 통합해야 한다.

권장도서 및 자료

MSE는 상당한 지식과 기술을 필요로 하는 복잡하고 미묘한 과정이다. 다음의 자료는 이 중요한 영역에서 지식과 기술을 더 발전시키는 데 도움이 될 수 있다.

Baker, R. W., & Trzepacz, P. T. (2013). Conducting a mental status examination. *Psychologists' desk reference* (3rd ed., pp. 17-22). New York, NY: Oxford University Press. doi:10.1093/med:psych/9780199845491.003.0002.

이 저서는 심리학자의 관점에서 MSE를 수행하기 위한 모형에 대해 간단하게 설명한다.

Folstein, M. E., Folstein, S. E., & McHugh, P. R. (1975). "Mini-mental state": A practical method for grading the cognitive state of patients for the clinician. *Journal of Psychiatric Research, 12*, 189-198.

이 논문은 내담자의 정신상태를 평가하기 위해 빠르고 일반적으로 사용하는 방법을 제시한다. 간이정신상태검사는 종종 정신과 장면과 노인을 주로 보는 장면에서 사용된다.

Garcia-Barrera, M., & Moore, W. R. (2013). History taking, clinical interviewing, and the mental status examination in child assessment. In D. H. Saklofske, C. R. Reynolds, & V. L. Schwean (Eds.), *The Oxford handbook of child psychological assessment* (pp. 423-444). New York, NY: Oxford University Press.

만약 당신이 아동에 면담과 MSE를 수행하는 방법에 관심이 있다면, 이는 좋은 자원이다.

Gluck, M., Mercado, E., & Myers, C. E. (2013). *Learning and memory: From brain to behavior*. New York, NY: Worth.

일화 기억과 의미 기억에 대한 훌륭한 고찰을 보려면 제3장을 참조하도록 하라.

Morrison, J. (2007). *The first interview: A guide for clinicians* (3rd ed.). New York, NY: Guilford Press.

본문에는 MSE에 대해 논의하는 두 개의 장이 포함되어 있다. 특히, 특정 정신상태 증상과 관련된 잠재적 진단명에 대한 지침을 제공하는 데 유용하다.

Othmer, E., & Othmer, S. C. (2002). *The clinical interview using DSM-IV-R: Vol. 1. Fundamentals*. Washington, DC: American Psychiatric Press.

이 저서의 제4장 '정신상태를 평가하는 세 가지 방법'에는 정신상태검사에 관한 유용한 정보가 수록되어 있다.

Paniagua, F. A. (2001). *Diagnosis in a multicultural context*. Thousand Oaks, CA: Sage.

Paniagua는 다문화 환자들을 대상으로 적절하고 부적절한 진단 및 평가 절차와 결론에 대해 많은 예시들을 제공한다.

Polanski, P. J., & Hinkle, J. S. (2000). The mental status examination: Its use by professional counselors. *Journal of Counseling and Development, 78*, 357–364.

상담 관련 주요 학술지에 게재된 이 간략한 논문은 모든 정신건강 관련 직업들에서 내담자 평가와 관련해 MSE가 자리 잡아 온 중심적인 위치를 보여 준다.

Robinson, D. J. (2001). *Brain calipers: Descriptive psychopathology and the psychiatric mental status examination* (2nd ed.). Port Huron, MI: Rapid Psychler Press.

이 저서는 예시, 샘플 질문, 특정 결과의 타당성에 대한 논의를 포함한 MSE의 개요를 제공한다. 이는 삽화, 유머, 기억술, 요약 도표로 완성된 재미있는 접근법을 사용한다. 또한 간이정신상태검사에 대한 유용한 정보를 제공하는 장이 포함되어 있다.

Strub, R. L., & Black, W. (1999). *The mental status examination in neurology* (4th ed.). Philadelphia, PA: F. A. Davis.

이는 의대생을 위한 인기 있는 고전적인 MSE 훈련 교재다. 이는 특정 인지 과제에 대한 환자의 수행을 평가하기 위해 몇 가지 규준과 함께 내담자의 정신상태를 판단하는 데 있어 매우 실용적이고 민감한 방법을 제공한다.

Zuckerman, E. L. (2010). *The clinician's thesaurus: The guide to conducting interviews and writing psychological reports* (7th ed.). New York, NY: Guilford Press.

이 종합적인 자료는 MSE에 초점을 맞춘 세 개의 장을 포함한다.

제10장

자살평가

소개

●학습목표●

이 장을 읽은 후 다음을 수행할 수 있다.

• 최근 국가 자살률의 통계적 동향 설명하기
• 자살 위험성을 판단하는 데 있어 자살 위험 요인, 보호 요인 및 경고 신호를 이용하는 것의 장단점 설명하기
• 자살평가 및 개입을 위한 이론적 토대 및 연구기반 토대 논의하기
• 철저한 그리고 임상적 정보에 근거한 자살평가 면담 실시하기
• 안전 계획을 포함한 특정 자살개입 적용하기
• 자살 경향성이 있는 내담자와의 협력을 위한 윤리적·전문적 이슈 설명하기

자살은 많은 사람이 이야기하거나 생각하기 꺼리는 문제다. 그러나 임상면담의 맥락에서 자살에 대해 이야기하는 것은 필수적이다. 이 장에서는 자살평가면담을 실시하기 위한 최신 방법에 대해 개관하고 논의하고자 한다.

자살 상황에 직면하기

자살에서 주요한 사고장애는 마음의 초점이 병리적으로 협소해지는 것인데, 이를 수축(constriction)이라고 한다. 이는 오직 두 가지 선택 중 하나(고통스러울 정도로 만족스럽지 않거나 그만두거나)를 보는 형태를 취한다.

－Edwin Chneidman, "Aphorisms of Suicide
and Some Implications for Psychotherapy,"
in *American Journal of Psychotherapy*, 1984,
pp. 320-321.

자살 경향성이 있는 내담자와 상담을 하는 것은 정신건강 전문가가 직면하는 가장 큰 스트레스 중 하나다

(Fowler, 2012). 이러한 스트레스를 떠올리는 데는 상상력이 거의 필요하지 않다. 다음의 상황을 생각해 보도록 하라. 당신이 새롭게 만나게 된 내담자가 자살에 대해 생각하고 있다고 말한다……. 당신은 그가 안전할 수 있도록 치료 계획을 세우려고 한다……. 그는 당신에게 자신이 괜찮을 것이라고 확신시키고, 당신의 걱정에 감사한다……. 하지만 그다음 주에 그는 자신의 생을 마감한다.

이러한 일련의 사건들은 개인적으로나 직업적으로 끔찍한 것일 수 있다.

정신건강 전문가가 내담자가 자살하려 한다는 것을 알게 되었을 때, 법적으로는 명확하다. 당신은 **보호해야 할 직업적인 의무**가 있다. Jobes와 O'Connor(2009)는 다음과 같이 기술했다.

> 모든 주에서는……. 이러한 투쟁이 자신에게 임박한 위험을 초래할 때, 내담자의 정서적 및 행동적 문제의 심각성을 임상적으로 평가해야 하는 보호 의무에 대한 기대를 명확하게 가지고 있다(p. 165).

보호 의무는 윤리적·법적 의무다(Tarasoff v. Board of Regents of California, 1974; Tarasoff v. Regents of the University of California, 1976). 만약 내담자가 실제로 자살을 할 것이라고 판단된다면, 당신은 안전 계획을 세울 법적 책임이 있다(Pabian, Welfel, & Beebe, 2009).

당신의 내담자가 자살을 할지의 여부를 미리 아는 것은 불가능하기 때문에, 모든 임상가들은 자살 경향성이 있는 내담자와 상담할 준비를 해야 한다(J. Sommers-Flanagan & Sommers-Flanagan, 1995a). 이 장에서는 자살 경향성이 있는 내담자와 관련된 전문적이고 개인적인 이슈들을 살펴볼 것이다. 또한 모든 예비 치료자들이 숙달해야 하는 최신의 자살평가면담 접근법에 대해 개관할 것이다.

자살에 대한 개인적 반응

1949년 자살학의 선구자인 Edwin Shneidman은 Los Angeles 재향군인국에서 일하고 있었다. 그는 자살로 사망한 두 명의 군인 미망인에게 조문 편지를 써달라는 요청을 받았고, 우연히 LA 카운티 검시소에서 유서 보관함을 발견했다(Leenaars, 2010). 그는 이를 회고하며 다음과 같이 썼다.

자살학 연구자로서 버팀목이 되었던 시점은 내가 보훈 병원장의 지시를 수행하던 중 검시소의 납골당에서 수백 통의 유서를 발견했을 때가 아니었다. 그보다는 이 유서들을 대조 맹검 실험법(controlled blind experiment)을 통해 모의 유서와 비교한다면, 이 유서들의 잠재적 가치가 증가할 수 있다는 것을 어렴풋이 알았을 때였다. 나의 오래된 정신적 동반자인 John Stuart Mill의 차이법(Method of Difference)이 떠올랐고, 이는 내 경력에 도움을 주었다(Leenaars, 1999, p. 247).

Shneiderman은 자살 예방이 필요하다고 확고하게 주장하게 되었다. 그의 연구를 통해 자살 사고와 충동을 가진 개인의 내면세계를 생생하게 묘사할 수 있게 되었다.

자살에는 항상 내적으로 느끼는 견디기 어려운 정서적 상태에서 한 개인의 괴로움과 협소한 사고가 수반된다. 그리고 이 협소한 사고와 견디기 어려운 고통의 혼합물은 그 개인의 의식적이고 무의식적인 (증오, 의존, 희망 등의) 정신역동에 스며들어 사회문화적 맥락 안에서 나타나는데, 이것이 자살 행위에 대해 다양한 수준의 자제력을 가하거나 촉진할 수도 있다 (Leenaars, 2010, p. 8).

Shneidman의 자살하려는 마음에 대한 묘사는 도발적이다. 그의 생각과 이 장을 읽는 것은 물론, 수업 중에 자살평가면담을 연습하면 힘든 감정이 떠오를 수 있다. 이러한 반응은 특히 가까운 누군가가 자살을 시도하거나 자살했거나, 많은 사람들처럼 삶의 어느 시점에 자살을 생각했을 때 일어날 가능성이 높다. 우리는 당신이 이 장에 대한 당신의 반응을 동료, 강사, 상담자와 논의해 보기를 권한다. 이 장의 마지막 부분에서는 정신건강 전문가를 위해 자살의 정서적 파장에 대해 다시 논의할 것이다.

자살 통계

매년 질병통제센터(Centers for Disease Control and Prevention: CDC)에서는 자살로 인한 사망에 대한 국가 통계를 제공한다. 이 자료는 CDC의 웹 기반 안전사고 통계 집계 및 보고 체계(Web Based Injury Statistics Query and Reporting System: WISQARS; www.cdc/gov/injury/wisqars/index.html)를 통해 제공된다.

자살률은 보통 10만 명당 사망자 수로 보고된다. 이 지표를 이용하면, 미국에서 자살률은 보통 매해 거의 비슷하다. 그러나 지난 14년 동안 미국에서 자살로 인한 사망은 꾸준히 증가하여 30% 이상 증가했다(1999년 10만 명당 10.0명에서 2014년 10만 명당 13.4명으로). 미국의 현재 자살률은 최근 역사에서 가장 높은 수준이다.

자살은 보건의료 분야에서 국가 차원의 주요 관심사다. 그 수는 비극적이기는 하지만, 통계적으로 볼 때 자살에 의한 사망은 매우 낮은 비율(10만 명당 13.4명)로 일어난다. 이 비율이 낮기 때문에 예측에 문제가 있다. 유명한 자살학자인 Robert Litman(1995)은 다음과 같이 기술했다.

> 현재 어떤 사람이 자살할지 정확하게 예측하는 것은 불가능하다. 정교한 통계 모형과······ 많은 경험에 근거한 임상적 판단 모두 성공적이지 못하다. 누군가 나에게 우울하고 자살 경향성이 있는 한 환자는 자살을 하는데, 동일하게 우울하고 자살 경향성이 있는 다른 아홉 명의 환자들은 왜 그렇지 않느냐는 질문에 나는 "잘 모르겠다."라고 대답한다(p. 135).

임상가에게 Litman의 예측 문제는 예방 문제로 연결된다. 10만 명당 13.4명이 자살로 사망할지 예측하는 것은 사실상 불가능하다. 좋은 소식은 Litman(1995)의 글 이후에 자살로 인한 사망 예측과 예방에 도움이 될 만한 연구가 축적되었다는 것이다. 그러나 나쁜 소식도 있다. CDC의 지난 15년 동안의 자살 자료를 보면 자살 예측과 예방 능력이 향상되었다는 증거가 없다는 것을 보여 준다. 이로 인해 자살을 이해하고 예방하기 위한 새로운 접근법이 요구되었다(M. Silverman & Berman, 2014; Tucker, Crowley, Davidson, & Gutierrez, 2015).

자살 위험 요인, 보호 요인, 경고 신호

지난 20년 이상 동안, 연구를 통해 수백 가지의 위험 요인과 수십 가지의 경고 신호가 확인되었다(Tucker et al., 2015). 각 연구는 자살 행동과 관련된 새로운 연관성을 지속적으로 밝혀내고, 자살 예측과 예방의 개선 가능성에 희망을 주고 있다(Bernert, Turvey, Conwell, & Joiner, 2014).

안타깝게도 자살의 위험 요인과 경고 신호에 대한 평가를 면밀히 분석한 결과, 임상가에게는 그다지 도움이 되지 않는 것으로 보인다(Lester, McSwain, & Gunn, 2011; Tucker et al., 2015). 여기에는 ① 지나치게 많은 수의 위험 요인과 경고 신호들, ② 매우 낮은 자살 사망률(그리고 만연한 거짓 양성 예측), ③ 가장 예측을 잘 하는 위험 요인과 경고 신호조차도 자살과 비자살자를 구분하지 못한다는 사실 등 많은 이유들이 있다(Bolton, Spiwack, &

Sareen, 2012; Tucker et al., 2015).

다음에서 위험 요인과 경고 신호들을 다루겠지만, 이는 일부에 불과하다. 그런 다음 우리는 자살의 다차원적이고 다결정적인 특성에 대한 보다 복잡한 시각을 제공하고자 한다. 이 섹션을 읽으면서 자살의 위험 요인과 경고 신호를 아는 것이 지적으로 흥미로울 수 있겠으나, 잠재적으로 자살할 가능성이 있는 내담자와 긍정적인 작업 동맹을 맺는 것이 훨씬 더 중요하다는 것을 기억하도록 하라(Jobes, Au, & Siegelman, 2015). 그리고 또한 이 본질적인 사실에 주목하도록 하라. 내담자에게 위험 요인이나 경고 신호가 없다고 해서 자살 충동으로부터 안전을 보장하는 것은 아니다.

위험 요인

자살 위험 요인(suicidal risk factor)은 자살 시도 및/또는 자살로 인한 사망과 정적 상관관계가 있는 측정 가능한 인구통계학, 특성, 행동 또는 상황이다. 과거에는 연구자와 임상가가 개별 내담자 내에서 자살 위험 요인의 존재 여부를 기억하고 체계적으로 평가하는 전략을 개발했다. 그러나 우리는 자살 위험 요인 체크리스트가 확산된 것이 특별히 도움이 되지 않는다고 생각한다(Warden, Spiwak, Sareen, & Bolton, 2014). 우리는 자살에 대한 시각의 변화가 미묘하기는 하지만, 그래도 중요하다고 생각되는 것은 자살 **위험** 요인과 이 요인이 자살 위험에 어떻게 그리고 왜 기여하는지 이해하는 데 시간을 할애하는 것이다.

정신장애와 정신과적 치료

자살 예방 웹 사이트와 자료를 보면, 자살로 사망한 사람의 90% 이상이 진단 가능한 정신장애 진단을 가지고 있음을 강조한다. 90%라는 수치가 인상적으로 들리지만, 이 통계는 기본적으로 의미가 없다. 왜냐하면 당신이 임상 장면에서 볼 수 있는 거의 100%의 내담자가 진단 가능한 정신장애를 가지고 있기 때문이다. 그러나 일부 특정 정신장애, 증상군, 정신과적 치료는 더 큰 위험을 유발한다는 점에서 이 정보는 중요하다.

우울증. 우울증과 자살 행동 간의 관계는 잘 정립되어 있다(Bolton, Pagura, Enns, Grant, & Sareen, 2010). 임상적 우울증 그리고 다음 증상 중 하나 이상이 있는 내담자는 상당한 위험에 처해 있다(Fawcett, Clark, & Busch, 1993; Marangell et al., 2006).

- 무망감
- 심한 불안

- 공황 발작
- 심한 무쾌감
- 알코올 남용
- 주의집중력의 상당한 저하
- 불면증
- 반복적인 고의적 자해
- 신체적 · 성적 학대 경험
- 실직
- 관계 상실

외상후 스트레스장애. 200명의 외래 환자 자료를 검토한 바에 따르면, 아동기 성적 학대는 우울증보다 자살을 더 잘 예측했다(Read, Agar, Barker-Collo, Davies, & Moskowitz, 2001). 이와 유사하게, 국가동반질병조사(National Comorbidity Survey; $n=5,877$)의 자료에 따르면, 아동기에 성적 학대를 경험한 여성의 경우 그렇지 않은 여성에 비해 자살을 시도할 확률이 2~4배, 아동기에 성적 학대를 받은 남성의 경우 그렇지 않은 남성에 비해 자살을 시도할 확률이 4~11배 더 높았다(Molnar, Berkman, & Buka, 2001). 전반적으로, 외상은 인생 초기에 발생하고, 폭력적이고, 만성적이며 심각할 때 자살을 더 잘 예측한다(Wilcox & Fawcett, 2012).

양극성장애. 연구자들(Azorin et al., 2009; Cassidy, 2011)은 양극성장애가 있는 내담자들 사이에서 자살률을 예측하는 많은 특정 위험 요인들을 확인했다.

- 여러 차례의 입원
- 첫 삽화가 우울이거나 혼재성인 경우
- 장애 발병 이전에 생애 스트레스 사건의 존재
- 발병 당시 어린 나이
- 삽화 사이에 증상이 없는 경우가 없음
- 여성
- 이전 삽화의 횟수가 많은 경우
- 순환형 기질(cyclothymic temperament)
- 자살의 가족력
- 코카인이나 벤조다이아제핀 남용 경험

물질남용 혹은 의존. 연구 결과는 알코올과 약물사용이 자살과 분명히 관련되어 있다고 보고한다(Sher, 2006). 물질남용이 우울이나 사회적 고립과 같은 다른 위험 요인들과 연합되면, 자살 위험은 훨씬 더 크게 증가한다. 알코올과 물질은 억제 능력을 감소시키기 때문에 즉각적인 자살 위험을 증가시킨다.

조현병. 조현병 진단은 일반적으로 자살 위험을 증가시키지만, 조현병 진단을 받은 사람들 중에서 자살 위험을 증가시키는 구체적인 요인은 다음과 같다(Hor & Taylor, 2010).

- 연령(어린 나이)
- 성별(남성)
- 높은 교육 수준
- 이전 자살 시도 횟수
- 우울 증상
- 환각과 망상의 활성화
- 자신의 문제에 대한 병식이 있는 경우
- 자살의 가족력
- 물질오용을 함께 보이는 경우

신경성 식욕부진증. 신경성 식욕부진증은 더 높은 자살률과 관련이 있지만, 직접적으로 사망을 야기할 수 있는 정신장애라는 안 좋은 특징도 가지고 있다. 이로 인해 일부 사람들은 신경성 식욕부진증 증상이 낮은 수준의 만성적인 자살 경향성을 나타낸다고 주장했다. 연구자들은 제거형(purging)과 우울 양상이 일부 내담자들의 자살 경향성을 증가시키는 반면, 제한형(restricting)은 동반된 불안이 자살 위험을 증가시킨다고 보고한다(Forcano et al., 2011).

경계성 성격장애. 경계성 성격장애 진단을 받은 내담자는 반복적인 자해 행동이나 유사 자살 행동을 보이는 것으로 잘 알려져 있다. 이들은 또한 자살로 인한 사망 위험도 높다. 변증법적 행동치료(dialectical behavior therapy: DBT)와 DBT 자살 위험성 평가 및 관리 프로토콜 사용에 대한 교육은 이 집단과 효과적으로 상담하는 데 필수적이다(Linehan et al., 2015).

품행장애. 품행장애 진단을 받은 청소년들은 자살 위험이 더 높다. 우울증 및/또는 물질 남용이나 의존이 존재하는 경우 특히 그러하다. 충동성, 좋지 않은 가족 관계, 비행과 관련된 기타 요인들이 자살 위험을 증가시키는 데 기여할 수 있다(Vander Stoep et al., 2011).

불면증. 다른 정신장애와 관련된 불면증은 오래전부터 자살 위험을 증가시키는 것으로 알려져 왔다. 그러나 최근에는 불면증이 독립적인 위험 요인임을 나타내는 결과들이 축적되고 있다. 군대에 있는 젊은 성인을 대상으로 한 연구에서, 자가 보고한 불면증은 여러 기존의 위험 요인들(예: 무망감, PTSD 진단, 우울의 심각도, 알코올과 약물남용)보다 더 중요했다 (Ribeiro et al., 2012).

퇴원 후. 정신과 환자는 퇴원 직후 자살 위험이 증가한다. 이는 특히 이전의 자살 시도, 부족한 사회적 지지, 만성 정신장애와 같은 추가적인 위험 요인을 가진 사람에게 해당된다 (Links et al., 2012).

선택적 세로토닌 재흡수 억제제(SSRI). 미국의 모든 SSRI 의약품 라벨에는 블랙박스 경고문(black box warning)이 적혀 있다(US Food and Drug Administration, 2007). 경고문에는 다음과 같이 적혀 있다.

주요우울장애와 다른 정신과적 장애들을 대상으로 한 단기 연구에 따르면, 항우울제는 아동, 청소년, 젊은 성인의 자살 사고와 행동(자살 경향성) 위약 집단에 비해 자살 위험을 증가시켰다. 항우울제 치료를 시작하는 모든 연령대의 환자들은 임상적 악화, 자살 경향성 혹은 행동에서의 특이한 변화를 적절하게 모니터링하고 면밀히 관찰해야 한다. 가족과 보호자에게는 면밀한 관찰과 약을 처방하는 의사와의 의사소통의 필요성에 대해 알려야 한다.

초조와 폭력적 사고는 SSRI의 투여 후(30분 후부터 30일이 경과할 때까지) 활성화될 수 있다(Healy, 2009; D. Healy, 개인교신, 2004년 2월 17일).

사회적 · 개인적 · 맥락적 · 인구통계학적 요인

많은 사회적 · 개인적 · 맥락적 요인들이 자살 위험의 증가와 관련이 있다. 이러한 요인들에 대한 목록과 간략한 설명은 다음과 같다.

사회적 고립/고독. 이혼, 사별, 별거 중인 사람들은 자살 위험이 더 높다. 비혼자는 기혼자에 비해 자살률이 거의 두 배나 높다(Van Orden et al., 2010). 연구자들은 전통적으로 외로움과 관련된 요인(예: 사회적 희생양, 실직, 신체적 무능력)이 무망감과 결합될 때 자살에 가장 강력하게 기여할 것이라고 보고했다(Hagan, Podlogar, Chu, & Joiner, 2015).

이전의 시도. 이전에 자살 시도를 한 경험이 있는 사람들은 자살 위험이 더 높다(Fowler, 2012). Van Orden 등(2010)은 이전의 시도를 "이후의 자살 사고, 시도, 그리고 자살로 인한 사망을 예측하는 가장 신뢰롭고 강력한 변인 중 하나"(p. 577)라고 언급한다.

비자살자해. 비자살자해 또는 자학(self-mutilation)은 일반적으로 정서 조절의 수단으로 간주되며, 자살 위험의 증가를 암시하지 않는다. 그러나 반복적인 자해는 특히 젊은 여성의 경우 궁극적인 자살을 예측한다(Zahl & Hawton, 2004). 구체적으로, 자해가 점차적으로 단일 입원이나 반복되는 입원으로 이어지는 경우, 자살에 의한 사망으로 이어지는 실험적이거나 실제적인 행동이 될 수 있다.

신체적 질병. 수십 년 동안의 연구를 통해 신체적 질병과 자살 간에 연관성이 있음이 확인되었다. 자살 위험을 증가시키는 특정 질병으로는 뇌암, 만성통증, 뇌졸중, 류마티스 관절염, 혈액 투석, 치매 등이 있다(Jia, Wang, Xu, Dai, & Qin, 2014).

실직 또는 개인적 상실. 개인적 상실을 겪는 사람들은 자살 위험이 더 높다. 실직은 자살 시도와 자살로 인한 사망과 관련된 특정 상실 상황이다. 부분적으로는 개인이 다른 사람들에게 짐이 된 느낌을 경험하기 때문에 위험이 증가할 수 있다(Joiner, 2005). 위험을 증가시키는 다른 상실 상황들로는, ① 지위 상실, ② 사랑하는 사람의 상실, ③ 신체 건강이나 이동성의 상실, ④ 애완동물의 상실, ⑤ 수치스러운 사건에 따른 체면의 상실 등이 있다(Hall, Platt, & Hall, 1999; Mandal & Zalewska, 2012).

군인 및 퇴역 군인 신분. 군인 및 퇴역 군인 신분에 대한 자료는 해석하기 어렵다. 그러나 일반적으로 퇴역 군인 신분, 특히 그 나이가 어린 경우 자살 위험이 상당히 높은 것으로 보인다. 그 이유는 ① 외상후 스트레스, ② 총기 접근성, ③ 민간인 생활 적응에의 어려움, ④ 정서적인 문제를 인정하거나 도움을 요청하는 것에 대한 주저 등이 있을 수 있다.

성적 지향과 성정체감. 레즈비언, 게이, 양성애자, 트랜스젠더 또는 퀴어(queer)인 사람들이 자살 위험이 더 높은지에 대한 보고가 엇갈리고 있다. 2011년에 「Journal of Homosexuality」에 출간된 논문에 따르면, 동성애자와 양성애자가 일반 인구에 비해 자살로 사망하는 비율이 더 높다는 명확한 증거가 없다고 보고했다(Hass et al., 2011). 그러나 레즈비언, 게이, 양성애자, 트랜스젠더 또는 퀴어인 사람의 자살 시도율은 상당히 높다. 특히, 부모의 거부, 우울증, 무망감, 성정체감 관련 언어적 학대와 이전의 자살 시도는 이 집단의 자살 위험을 상당히 증가시킨다(D'augelli et al., 2005; Mustanski & Liu, 2013).

총기 접근성. 총기는 매우 치명적인 자살 도구다. 이것이 미국에서 자살로 인한 사망자 중 50% 이상이 총기를 사용하는 이유일 수 있다. 총기 접근성은 미국 내 및 기타 국가에서 자살 위험 요인이다(Runyan, Brown, & Brooks-Russell, 2015). 총기의 안전성과 제한은 특히 남성들 사이에서 자살률 감소와 관련이 있다(T. Hoyt & Duffy, 2015; Rodríguez Andrés & Hempstead, 2011).

자살 전염. '자살 전염(suicide contagion)'은 한 사람에서 다른 사람으로 자살 행동을 직간접적으로 전달하는 것을 의미한다. 연구자들은 자살 전염이 기존의 다른 자살 위험 요인들과 함께 영향을 미친다고 보고한다(Lake & Gould, 2014). 지역에서 일어난 자살이든 유명인의 자살(예: Robin Williams[1])이든, 우울증 병력이나 자살 시도의 경험이 있는 사람들은 전염의 위험이 가장 높다(A. Cheng et al., 2007).

학대와 집단 따돌림. 사회적 외상과 집단 따돌림은 자살 사고, 시도, 자살로 인한 사망과 관련된 뚜렷한 맥락적 요인이 될 수 있다. 집단 따돌림과 학대는 온라인(사이버 집단 따돌림)과 학교 안팎에서 일어날 수 있다. 일부 연구자들은 우울증과 다른 기존의 위험 요인들과 관련이 없는 것처럼 보이는 '자발적이고 계획되지 않은 청소년 자살'이라고 불리는 현상을 설명하는데, 이 현상은 사회적 관계 역동의 산물일 수도 있다(K. Reed, Nugent, & Cooper, 2015, p. 128).

인구통계학. 연령, 성별, 인종은 자살의 강력한 예측 변인은 아니지만, 일부 임상가들은 고위험군과 저위험군에 대해 알고 있는 것이 도움이 된다고 생각한다. 〈표 10-1〉에 주요 경향성이 요약되어 있다.

〈표 10-1〉 인구통계학과 자살*

성별
남성 자살률은 여성 자살률의 거의 네 배에 달한다. 남성 = 20.2/100,000 여성 = 5.5/100,000
여성은 남성보다 네 배 정도 더 자주 자살을 시도한다.

연령
자살은 14세 미만 아동의 경우 극히 드물다: 0.7/100,000
15~24세의 자살률은 낮다: 10.9/100,000
45~64세의 자살률이 가장 높다: 19.1/100,000

인종/민족
백인의 자살률이 가장 높다: 14.2/100,000
아메리카 인디언은 그 다음으로 높은 자살률을 보인다: 11.7/100,000
흑인, 아시아계/태평양 도서인, 히스패닉/라틴계는 모두 6.0/100,000을 밑돌고 있다.

인구통계학적 조합
백인, 특히 백인 남성들 사이에서 연령에 따라 위험이 증가하는 경향이 있는데, 특히 다른 위험 요인들이 있을 경우(예: 질병, 독신) 위험은 증가한다.

---

1) 역자 주: 미국의 유명 영화배우로 2014년에 자살했다.

자살률은 젊은(15~24세) 아메리카 원주민들 사이에서 높고 연령에 따라 감소하지만, 성인 알래스카 원주민들 사이에서는 증가한다.

성인 흑인 여성의 자살률은 약 2.0/100,000으로 가장 낮다.

*모든 수치는 미국 질병관리본부의 2013년 자료를 기반으로 한다.

보호 요인

자살에 대한 **보호 요인**(protective factor)은 자살 위험을 감소시키거나 자살 충동에 저항하는 데 도움이 되는 것으로 밝혀진 개인적이거나 맥락적인 요인이다. 연구자들은 두 가지 유형의 보호 요인을 확인했다. ① 미국 일반 인구의 자살 위험 감소와 경험적으로 연결된 요인, ② 특정 집단(예: 군인, 트랜스젠더, 아메리카 원주민 청소년)의 개인에 대한 자살을 보호하는 요인.

일반적인 자살 보호 요인은 다음과 같다.

- 삶의 이유(예: 타인의 롤 모델이 되는 것, 자녀를 낳거나 사랑하는 사람이 있는 것)
- 높은 수준의 전반적 기능(즉, 전반적인 생활 기능에서 더 높은 점수를 받은 사람은 자살률이 낮은 경향이 있다.)
- 사회적 지지(예: 많은 친구 관계를 보고하는 것)
- 삶에 대한 평가(예: 삶을 의미 있게 바라보는 것)
- 빈번한 종교 활동
- 자살 관련 신념(예: 자살은 받아들일 수 없는 삶의 선택이라고 믿는 것)

특정 보호 요인은 다음과 같다.

- 부모와의 애착(청소년의 경우)
- 거주지역의 안전성(청소년의 경우)
- 학업 성취(청소년의 경우)
- 지지적인 학교 분위기(성소수자인 청소년의 경우)
- 커밍아웃(트랜스젠더인 성인의 경우)

위험 요인과 마찬가지로, 자살 보호 요인은 임상가에게 눈에 띌 정도의 통계적이거나 예측적인 이점을 주지 못한다. 그러나 보호 요인에 대한 지식과 사고는 자살로부터 개인을 보호하는 데 도움이 될 수 있는 것에 대한 이해를 심화시킬 수 있다. 게다가 보호 요인을 이해하는 경우, 당신은 내담자 개인적으로 가장 의미 있고 관련성이 있다고 생각하는 고유한 보호 요인을 확장하기 위해 개별 내담자와 협력할 준비를 더 잘할 수 있다.

경고 신호

2003년 미국자살학회(American Association of Suicidology: AAS)는 자살의 위험 신호에 대한 근거 기반 목록을 개발하기 위해 자살학 전문가 집단을 모았다(Juhnke, Granello, & Lebrón-Striker, 2007). 그 목적은 위험 요인 평가에 대한 대안을 제공하는 것이었다. 희망하는 바는 심장마비에 경고 신호가 사용되는 방식과 유사한 방식으로 자살 경고 신호를 사용하는 것이었다. 즉각적인 자살 위험 신호는 의학적 개입을 유도할 수 있다.

AAS 전문가 집단은 연구 문헌과 공공 인터넷 사이트에 나와 있는 수백 개의 경고 신호를 검토했다. 이들은 10대 자살 경고 신호를 추려냈다. 약자 IS PATH WARM은 경고 신호를 기억하는 데 도움을 주기 위해 사용되었다.

I = Ideation(자살 사고)

S = Substance Use(물질사용)

P = Purposelessness(삶의 목적 상실)

A = Anxiety(불안)

T = Trapped(궁지에 몰린 듯한)

H = Hopelessness(무망감)

W = Withdrawal(철회)

A = Anger(분노)

R = Recklessness(무모함)

M = Mood Change(기분 변화)

IS PATH WARM은 AAS 전문가 집단이 경험적 연구에 근거해 결정을 내렸기 때문에 증거 기반이라고 한다. 안타깝게도, 후속 연구에서는 IS PATH WARM이 지지되지 않았다. 한 연구에서는 자살 시도를 한 사람과 자살 사고를 가진 사람(그러나 자살 시도는 하지 않음)을 구분하는 유일한 경고 신호는 분노/공격성이었다(Gunn, Lester, & McSwain, 2011). 또 다른 연구에서는 IS PATH WARM이 실제 유서와 모의 유서를 구분하지 못했다는 것을 보여 주었다(Lester et al., 2011). 비록 이러한 연구가 IS PATH WARM의 종말을 의미하지는 않지만, 자살 행동을 예측하는 과정에서 겪게 되는 좌절감을 보여 준다. IS PATH WARM을 사용하는 것이 자살평가 프로세스를 개선하는 데 도움이 되는지 실험해 볼 것을 권장하지만, 이것이 경험적으로 지지되는 접근법이라고 오해해서는 안 된다. 자살 경고 신호나 위험 요인을 활용하는 평가 접근법들 중 경험적으로 지지되는 것은 없다(Bolton et al., 2012).

이론과 연구에 기반한 근거 구축하기

만약 자살 위험 요인과 경고 신호가 경험적으로 지지되지 않는다면, 지침으로 사용할 만한 어떤 합리적인 방안이 있을까? 이 질문에 대한 훌륭한 정답은 없다. 그러나 현재로서는, 실용적이고 내담자 친화적인 전략을 제공하기 위해 광범위한 이론적 모형을 사용하는 것이 통계적 모형에 과도하게 의존하는 것보다 더 나은 접근 방식일 수 있다.

Shneidman의 이론

Shneidman은 자살에 직접적으로 기여하는 세 가지 요인을 제시했다.
1. 심리적 고통(psychache)
2. 정신적 수축(mental constriction)
3. 마음의 혼란(perturbability)

Schneidman은 자살 위기와 관련된 극심한 개인적 고통, 괴로움, 수치심 그리고 기타 부정 정서들을 표현하기 위해 **심리적 고통**(psychache)이라는 용어를 사용했다. 그는 심리적 고통이 증가하고 견딜 수 없게 되면서, 자살이 잠재적인 해결책으로 등장한다고 믿었다. 심리적 고통의 강도가 중요할 뿐만 아니라, 심리적 고통이 참을 수 없고 영구적인 것으로 경험되는 정도 또한 자살 행동을 유발한다. 심리적 고통에 무망감이 더해지면 자살 위험은 증가한다.

정신적 수축(mental constriction)은 자살 경향성이 있는 사람이 두 가지—① 계속되는 심리적 고통과 비참함, ② 심리적 고통을 없애기 위한 생의 마감—대안 외에 볼 수 없도록 사고가 좁아져 문제 해결 능력이 결핍된 상태를 의미한다. 연구자들은 우울증과 자살 사고가 증가함에 따라 문제 해결 능력이 저하된다고 보고했다(Ghahramanlou-Holloway, Bhar, Brown, Olsen, & Beck, 2012). 이는 자살개입에 적극적이고 협력적인 문제 해결이 포함되어야 한다는 것을 시사한다(Quiñones, Jurska, Fener, & Miranda, 2015).

마음의 혼란(perturbability)은 초조하거나 각성이 증가된 상태다. 이는 행동하거나 "뭔가를 하라."는 내면의 추동(drive)을 특징으로 한다. 심리적 고통이 있을 때, 마음의 혼란은 내담자로 하여금 관련 고통과 비참함을 멈추게 한다. 연구자들은 또한 "특히 수면장애 및 초조와 같은 급성 과각성 상태는 자살 행동과 관련되어 있음이 반복적으로 나타났다."고 언급하면서, 마음의 혼란을 초조, 각성 혹은 과각성이라고 불렀다(Ribeiro, Silva, & Joiner, 2014, p. 106).

Scheidman의 세 요인은 모든 자살평가면담과 개입 모형에 근거를 제공한다. 정신건강 전문가로서 우리는 어떻게 하면 내담자의 고통을 줄이고, 문제 해결 능력을 향상시키며, 초조/각성에 대처하는 데 도움을 줄 수 있을지 고민해야 한다.

Joiner의 대인관계 이론

자살과 관련된 많은 위험 요인과 보호 요인들은 Thomas Joiner의 자살에 대한 대인관계 이론(interpersonal theory of suicide)의 큰 틀 안에 있다(Joiner & Silva, 2012). Joiner(2005)는 두 가지 대인관계 요인들이 자살 의도의 가까운 요인(proximal cause)이 될 수 있다고 이론화했다.

- 좌절된 소속감(사회적 고립)
- 짐스러움

사회적 고립이 자살 위험에 기여하고, 반대로 사회적 지지가 보호 요인으로 작용한다는 것을 보여 주는 50편 이상의 경험적 연구들이 있다. 당신의 주요 목표 중 하나는 자살 사고를 가진 내담자와 공감적 대인관계를 구축하는 것이어야 한다.

새로운 경험적 · 개념적 접근

자살과 자살 예방에 대한 과학적 지식은 시간이 지남에 따라 자연스럽게 변한다. 실무자들은 때때로 오래되고 시대에 뒤떨어진 정보를 활용하기도 한다. 자살 경향성이 있는 내담자와 상담하기 위해 최신 연구 및 실무 관련 정보를 아는 것이 필수적이다(자살에 대한 오래된 신화와 새로운 이야기에 대한 요약은 〈표 10-2〉 참조).

〈표 10-2〉 자살에 대한 오래된 신화와 새로운 이야기

오래된 신화 또는 방식	새로운 이야기와 접근
병리를 찾는다.	강점을 찾는다.
자살 사고를 일탈로 본다.	자살 사고를 정상적인 것으로 보고, 이를 괴로움이나 심리적 고통을 소통하는 것으로 본다.
위험 요인 평가와 진단면담을 강조한다.	위험 요인과 보호 요인 평가의 균형을 맞추고, 진단이 거의 무관하다는 것을 인식한다.
내담자에게 치료를 제공하고, 자살 방지 서약을 맺는다.	내담자를 공감적으로 이해하면서 평가, 치료, 안전 계획의 협력 과정에 참여시킨다.

의학 모형을 넘어서: 구성적 접근

의학 모형(medical model)은 질병의 진단과 치료를 의미한다. 질병에 초점을 맞추고 이를 확인하거나 이름을 붙인 다음, 치료를 적용하여 이를 없애는 접근법은 많은 건강 상태들에 적합하다. 그러나 질병을 강조하는 것은 자살평가와 치료에서 적합하지 않다.

현시대 실무자들은 1990년대에 구성적(이야기 및 해결중심) 관점을 자살 예방 작업에 통합하기 시작했다. 이러한 관점은 적어도 어느 정도는 개인이 자신만의 개인적 의미와 현실을 구성한다는 것을 보여 준다(J. Sommers-Flanagan & Sommers-Flanagan, 2012).

구성 이론가들은 우리가 의식적으로 초점을 두는 것이 무엇이든—이완이든 불안이든 우울이든 행복이든 간에—우리의 개별적인 현실을 형성한다고 가정한다(Gergen, 2009; S. Hayes, 2004). 앞으로의 자살평가와 치료를 위해 이것이 의미하는 바는 **임상가는 질병에 기반한 약점, 결점, 한계에서 벗어나 내담자의 강점, 자원, 잠재력을 더 강조해야 한다**는 것이다.

자살 사고: 일탈이 아닌 괴로움의 신호

역사적으로 자살 사고와 행동은 일탈된 정신 상태를 나타내는 것으로 보았다. 그러나 이러한 관점은 정확하지도, 실용적이지도 않다. 자살 사고가 미국 일반인들 사이에서 높은 비율로 발생한다는 점에서 이는 정확하지 않다. 예를 들면, 대학생의 자살 사고의 연간 유병률은 약 21%에 이른다(Center for Collegiate Mental Health, 2015; Farabaugh et al., 2015). 따라서 자살 사고는 정상으로부터 일탈한 것이 아니다. 많은 사람이 이러한 경험을 공유하고 있다.

자살 사고는 주로 정서적 고통과 괴로움을 전달하는 수단이기 때문에, 이를 일탈로 보는 것 또한 비현실적이다. 내담자가 자살에 대해 이야기할 때, 이는 심리적 고통을 표현하는 것이고 지원과 지지의 필요성을 전달하는 것이다(Schneidman, 1980).

자살 사고가 병리적이라는 믿음을 가지고 있으면 임상가와 내담자 사이에 거리가 생긴다. 만약 내담자가 임상가의 부정적인 판단을 감지한다면, 내담자는 자신의 자살 사고에 대해 솔직하게 말하지 않을 것이다. 한 연구에 따르면, 병원에서 자살로 사망한 환자의 78%가 사망 전 마지막 회기에서 자살 사고를 부인했다고 보고했다(Busch, Fawcett, & Jacobs, 2003). 자살 사고를 괴로움을 전달하는 자연스러운 수단으로 보는 것은 임상가와 내담자 모두 자살 충동을 야기하는 문제에 대해 보다 효과적으로 작업할 수 있게 한다.

위험 요인보다는 보호 요인, 진단보다는 건강(wellness) 강조하기

무엇이 잘못되었거나, 병들었는지에 초점을 맞추는 의학 모형은 설득력 있는 관점이다. 정신장애 진단을 내리려고 하는 것은 거부하기 어려울 수 있다. 그러나 그렇게 하는 것은 위험 요인 평가에 대해 지나치게 강조하는 것으로 해석될 수 있다. 예를 들면, 당신의 초점이 지나치게 부정적일 수 있다.

- 자살을 시도해 본 적이 있나요?
- 가장 최근에 약물이나 술을 먹었던 적은 언제였나요?
- 가족 중에 자살을 한 사람이 있나요?

마찬가지로 임상적 우울증 진단평가를 수행할 때 임상가는 다음과 같이 부정적인 부분을 과도하게 강조할 수 있다.

- 지난 2주 동안 하루의 대부분, 그리고 거의 매일 기분이 처지거나 우울한 적이 있었나요?
- 가치가 없다고 느끼거나 뭔가에 대해 죄책감을 느끼는 게 얼마나 자주 있나요?
- 잠자기 어렵거나 아침에 깨는 데 문제가 있나요?

많은 연구는 사람들로 하여금 처지고 우울한 기분을 경험하게 하는 것이 얼마나 쉬운지 보여 주었다(Lau, Haigh, Christensen, Segal, & Taube-Schiff, 2012; Teasdale & Dent, 1987). 임상면담 중에 위험 요인과 진단 기준에만 초점을 맞추면 내담자의 우울한 기분 상태를 활성화하거나 악화시키고, 잠재적으로 문제 해결을 저해할 수 있다. 이는 질병 중심의 관점이 어떻게 부주의하게 의원성(iatrogenic) 과정을 촉진할 수 있는지 보여 주는 예시다(A. Horwitz & Wakefield, 2007).

내담자의 우울 증상과 자살 증상을 지속적으로 파고드는 것보다는 위험 요인 및 진단평가와 보호 요인 및 건강 중심의 질문 간에 균형을 맞추는 것이 좋다. 내담자에게 긍정적인 경험에 대해 묻는 것을 잊는 것은 밖에 나가 신선한 공기를 마시는 것을 잊는 것과 같다.

자살 경향성이 있는 내담자와 협력하기

의료 전문가가 자살 경향성이 있는 내담자를 평가하고 치료할 때 권위적인 역할을 해야 한다는 생각은 문제가 있는 것으로 밝혀졌다. 권위적인 임상가는 내담자의 반항이나 저항 행동을 활성화시킬 수 있다(W. Miller & Rollnick, 2013). 만약 당신이 자살 사고와 충동에서 벗어나도록 내담자를 설득하려 한다면, 내담자는 입을 다물고 말하지 않을 것이다.

수십 년 동안 **자살 방지 서약**(no-suicide contract)은 자살 예방과 개입을 위한 표준 관행이었다(Drye, Goulding, & Goulding, 1973). 이 서약서는 "나는 치료 기간 동안 자살을 시도하지 않을 것을 서약합니다."와 같은 진술에 서명할 수 있게 구성되었다. 1990년대 흥미로운 변화가 있었는데, 이때 자살 방지 서약은 강압적이고, 내담자의 복지보다 실무자의 책임에 더 중점을 둔다는 비난을 받았다(Edwards & Sachmann, 2010; Rudd, Mandrusiak, & Joiner, 2006). 자살 전문가들은 더 이상 자살 방지 서약을 사용하는 것을 지지하지 않는다.

대신에, 자살 경향성이 있는 내담자와 협력적으로 작업하는 접근 방법이 더욱 강하게 권장되었다. 이러한 접근법 중 하나는 **자살의 협력적 평가 및 관리**(collaborative assessment and management of suicide: CAMS; Jobes, 2016)라고 불린다. CAMS는 자살 사고, 감정, 상황에 대한 전문가로서 내담자를 존중하는 인간적인 만남을 통해 자살평가와 개입을 할 것을 강조한다. Jobes, Moore와 O'Connor(2007)는 다음과 같이 기술했다.

> CAMS는 '전문가로서의 상담자' 접근에서 의식적으로 벗어나는 것을 강조한다. 왜냐하면 이러한 접근은 입원과 강압적인 성격을 띤 '안전 계획 서약서'의 통상적이고 적절치 않은 사용으로 이끌어 상담자와 내담자 간 적대적인 주도권 싸움을 유발할 수 있기 때문이다(p. 285).

Jobes(2016)는 Schneidman의 이론과 일관되게 내담자의 자살 사고와 행동을 개인적인 고통과 괴로움을 대처하고 다루기 위한 노력으로 볼 것을 권고했다. CAMS 모형을 이용하여, 치료자와 내담자는 협력을 통해 자살 사고를 모니터링하고 개별화된 치료 계획을 개발한다(Jobes et al., 2004). 자살 가능성이 있는 내담자를 치료할 때는 이제 첫 만남부터 협력적 치료 동맹을 강조한다(제7장 참조).

자살에 대한 개인적 반응, 자살 통계, 위험 요인, 보호 요인, 경고 신호, 자살 이론 및 자살 신화에 대한 앞선 모든 정보는 당신의 주요 자살평가 및 개입 과제를 위한 기반을 구축하기 위한 목적(즉, 최신의 그리고 과학에 기반한 협력적인 자살평가면담을 수행하기 위한 목적)으로 제시되었다.

자살평가면담

종합적이고 협력적인 자살평가면담은 자살 위험을 평가하기 위한 전문적이고 핵심적인 표준 절차다. 자살평가 척도와 도구는 자살평가면담에 대한 귀중한 보완재가 될 수 있지만, 대체재가 될 수는 없다(실제 적용하기 10-1 참조).

종합 자살평가면담은 다음과 같은 구성 요소를 포함한다.

- 자살 위험과 보호 요인에 대한 정보 수집하기. 이는 위험성을 추정하기 위한 체크리스트로서가 아니라 내담자를 이해하고자 하는 당신의 바람을 강조하는 방식으로 이루어져야 한다.
- 가능성 있는 자살 사고에 대해 직접적으로 질문하기
- 가능성 있는 자살 계획에 대해 직접적으로 질문하기
- 내담자의 자기통제력과 초조에 대한 정보 수집하기
- 내담자의 자살 의도와 자살하지 않는 이유에 대한 정보 수집하기
- 한 명 이상의 전문가에게 자문 받기
- 최소한 개별화된 안전 계획 수립에 대한 협력 작업을 포함하여 하나 이상의 자살개입 실행하기
- 평가 및 의사결정 과정에 대해 문서화 작업 상세하게 하기(〈표 10-3〉에는 종합 자살평가면담의 구성 요소를 기억하는 데 도움이 되는 약자 RIP SCIP가 포함되어 있다.)

<표 10-3> RIP SCIP-자살평가 약자

R = 위험 및 보호 요인(Risk and Protective Factors)
I = 자살 사고(Suicide Ideation)
P = 자살 계획(Suicide Plan)
SC = 내담자의 자기통제력과 초조(Client Self-Control and Agitation)
I = 자살 의도와 자살하지 않는 이유(Suicide Intent and Reasons for Living)
P = 안전 계획(Safety Planning)

자살 사고 탐색하기

다른 많은 위험 요인들(예: 인구통계학적 요인)과 달리 자살 사고는 잠재적인 자살 행동과 직접적으로 연관되어 있다. 자살 사고를 경험하지 않고 자살로 사망하는 사람을 상상하기란 어렵다.

이 때문에 당신은 모든 내담자들에게 초기 임상면담에서 자살 사고에 대해 체계적으로 질문하기로 결정할 수 있다. 이는 보수적인 접근 방식이며, 당신이 자살에 대해 물어보았어야 했지만 그렇지 않은 상황에 직면하지 않게 한다. 또는, 당신은 필요에 따라 자살 사고에 대한 질문을 임상면담에 포함시키기로 결정할 수 있다. 적어도 초기에는 전문성을 키우는 데 있어 우리는 체계적인 접근법을 사용하는 것을 권고한다. 그러나 우리는 이런 방식이 기계적으로 보일 수 있다는 것을 알고 있다. 우리의 관점에서 보면, 질문을 하지 않고 후회하는 것보다는 몇 번이고 되풀이하여 효과적으로 물어보는 법을 배우는 것이 낫다.

의사소통의 비언어적 특성은 자살 사고, 우울 증상, 이전의 시도 그리고 다른 정서적인 문제에 대해 언제 어떻게 질문하느냐에 직접적인 영향을 미친다. 예를 들면, 내담자에게 비언어적으로 "제발, 제발 아니라고 대답해 주세요!"라고 말하는 동안, "자살에 대해 생각해 본 적이 있나요?"라고 질문하는 것이 가능하다. 따라서 자살 사고에 대해 어떻게 질문할 것인지를 결정하기 전에, 그 질문을 하는 것에 대한 올바른 태도를 취해야 한다.

자살 사고가 있는 사람은 사회적 판단에 극도로 예민할 수 있다. 이들은 '미친'이나 다른 오명으로 평가될 것을 두려워하여 자살 사고에 대해 말하는 것을 피했을지도 모른다. 이들은 당신을 면밀히 모니터링하고, 당신이 아주 사적인 정보를 나눌 수 있을 정도로 믿을 만한 사람인지 여부를 가늠하고 있을 것이다. 이 무언의 신뢰 테스트를 통과하기 위해서는, 다음과 같은 믿음을 받아들이고 직간접적으로 전달하는 것이 중요하다.

- 자살 사고는 정상적이고 자연스러우며, 상담은 내담자가 이러한 생각을 나누기에 좋은 장소다.
- 만약 내담자가 정서적 고통, 괴로움, 자살 사고를 털어놓는다면, 나는 내담자에게 더 나은 도움을 줄 수 있다.
- 나는 내담자가 자신의 자살 사고를 말하기 원한다.
- 내담자가 자신의 자살 사고와 계획을 말한다면, 나는 이를 다룰 수 있다.

만약 당신이 이러한 믿음을 받아들이지 않는다면, 자살 사고를 경험하는 내담자는 털어놓지 않는 쪽으로 선택할 수도 있다.

자살 사고에 대해 직접적으로 질문하기

자살 사고에 대해 질문하는 것은 어색할 수도 있다. 어려운 질문을 신중하고, 자비심을 가지며, 전문적이고 침착한 태도로 하는 것을 배우는 것은 연습을 필요로 한다. 또한 Hahn과 Marks(1996)의 연구에서 이전에 자살 경험이 있는 내담자의 97%가 접수면담에서 치료자와 자살에 대해 이야기 나누는 것에 대해 수용적이거나 중립적이었다. 자살에 대해 질문하는 데 있어 지구상에 존재하는 가장 효과적인 세 가지 방법은 다음과 같다.

정상화의 틀을 사용하도록 하라. 대부분의 오늘날 예방 및 개입 프로그램은 "최근에 자살에 대해 생각해 본 적이 있나요?"와 같은 질문을 직접 하는 것을 권장한다. 당신이 잘 알고 있는 사람이고 솔직한 반응을 기대할 수 있는 상황이라면, 이러한 접근법은 적절하다.

좀 더 미묘한 접근법은 자살 사고에 대한 정상화 진술이나 보편화 진술과 함께 자살에 대해 질문하는 것이다. 여기 고전적인 예시가 있다.

> 글쎄, 나는 이 질문을 한 적이 있는데 왜냐하면 거의 모든 사람들이 인생에서 자살에 대해 생각해 왔기 때문이다. 이러한 생각에는 이상할 것이 없다. 사실, 쓰레기 더미에서 그렇게 우울해하는 것은 매우 정상적인 일이다. 그 생각 자체는 해롭지 않다(Wollersheim, 1974, p. 223).

정상화의 틀을 사용한 세 가지 예시가 더 있다.

1. 저는 청소년의 최대 50% 정도가 자살에 대해 생각해 본 적이 있다는 내용을 읽었어요. 당신에게도 해당되는 말인가요?

2. 때때로 사람들은 처지거나 비참한 느낌이 들면, 자살에 대해 생각했다가 이를 부정하기도 하고, 아니면 자살을 해결책으로 생각하기도 해요. 자살에 대해 이런 생각을 해본 적이 있나요?

3. 전 만나는 모든 사람들에게 자살에 대해 물어봐요. 그래서 여쭤보는데요, 죽음이나 자살에 대해 생각해 본 적이 있나요?

임상가들에게는 자살에 대해 물어보는 것이 내담자의 마음에 자살에 대한 생각을 심어주는 것은 아닐까 하는 일반적인 두려움이 있다. 그러나 이를 지지하는 증거는 없다(Jobes, 2016). 오히려 임상가가 내담자에게 자살 사고에 대해 이야기해 달라고 제의하면, 내담자로 하여금 임상가가 이런 주제에 대해 편안해하고, 상황을 통제하며, 그 문제를 다룰 수 있는 능력이 있다는 점을 보여 주어 내담자를 안심시킬 수 있을 것이다.

조심스럽게 가정하도록 하라. 20년 이상 자살평가에 대한 임상 경험을 바탕으로 Shawn Shea(2004; Shea & Barney, 2015)는 **조심스러운 가정**(gentle assumption)이라는 프레이밍(framing) 전략을 사용할 것을 권고했다. 조심스러운 가정을 사용하기 위해 면담자는 어떤 일탈 행동이나 난처한 행동이 이미 내담자의 생활에서 있다고 가정하고, 이에 따라 질문을 조심스럽게 한다. 예를 들면, "자살에 대해 생각해 본 적이 있나요?"라고 묻는 대신에, 당신은 다음과 같이 질문할 것이다.

가장 최근에 자살에 대해 생각해 본 게 언제였나요?

조심스러운 가정은 내담자가 자살 사고를 더 쉽게 이야기할 수 있도록 한다.

기분평정을 활용하도록 하라. (정신상태검사에서와 같이) 기분에 대한 평가를 하는 과정에서 자살에 대해 질문하는 것이 도움이 될 수 있다. 다음과 같은 척도 질문은 내담자를 공감적으로 이해하면서 기분 수준을 평가하는 데 사용할 수 있다(사례 예시 10-1 참조).

1. 기분에 대해 몇 가지 물어봐도 될까요? (이는 협력을 위한 초대다. 내담자는 아니라고 말할 수 있지만, 이런 경우는 매우 드물다.)

2. 현재 기분 상태가 어떤지 0에서 10점으로 평가해 주세요. 0점은 최악의 기분 상태예요. 사실, 0점은 죽고 싶을 정도로 아주 우울한 상태를 의미해요. 10점은 최상의 기분 상태예요. 10점은 최고로 행복하다는 의미예요. 아마도 당신은 아주 행복할 때 춤을 추거나 노래를 부르거나 뭐든 할 거예요. 그렇다면 현재 기분 상태는 몇 점쯤 되나요?

(상호이해를 위해 척도의 양극단의 의미는 정해져야 한다.)

3. 어떤 일 때문에 기분을 그렇게 평가했나요? (이는 기분평정을 외부 상황과 연결시켜 준다.)

4. 지금까지(혹은 지난 2주 동안) 가장 나쁘거나 가장 낮은 기분은 몇 점인가요? (이는 면담자에게 가장 낮은 점수를 알려 준다.)

5. 그 당시에는 어떤 이유로 그렇게 기분이 처졌을까요? (이는 가장 낮은 점수를 외부 상황과 연결시켜 주고, 이전의 시도에 대해 이야기하게 할 수도 있다.)

6. 평상시의 기분은 몇 점인가요? (내담자는 평상시의 기분 점수를 말한다.)

7. 지금까지 경험해 본 기분 중 최고의 기분은 몇 점인가요? (이 과정은 긍정적인 기분을 평정하는 것으로 마무리된다.)

8. 그렇게 높은 점수를 주게 만든 일이 어떤 게 있었나요? (이는 긍정적인 평정을 외부 상황과 연결시켜 준다.)

앞선 프로토콜에서는 내담자가 적어도 최소한의 협조를 보일 때를 가정한다. 내담자가 저항할 때는 보다 고도의 면담 절차가 추가될 수 있다(제12장 참조). 이 과정을 통해 부정적인 기분 및 자살 사고와 관련된 생애 사건을 더 깊이 이해하도록 돕는다. 이는 안전 계획뿐만 아니라 공식적인 상담이나 심리치료로 이어질 수 있다.

자살 사고에 대해 반응하기

당신이 그 질문을 꺼냈고, 내담자가 자살 사고의 존재를 솔직하게 털어놓았다고 가정해 보도록 하자. 그다음은 어떻게 할 것인가?

먼저, 내담자의 자살 사고에 대해 듣는 것은 좋은 소식임을 기억하도록 하라. 이는 신뢰를 반영한다. 또한 우울 증상과 자살 증상은 괴로움에 대한 정상적인 반응의 일부라는 것을 기억하도록 하라. 타당화하고 정상화하도록 하라.

> 당신이 경험하고 있는 스트레스를 고려할 때, 자살에 대해 가끔 생각하는 건 드문 일이 아니에요. 최근에 정말 힘들었나 보네요.

자살 경향성이 있는 많은 사람은 사회적으로 단절되어 있고, 정서적으로 지지 받지 못하며, 자신이 마치 사회적인 짐처럼 느껴지기 때문에 이러한 타당화는 중요하다(Joiner, 2005). 당신의 공감적 반영은 내담자가 당신에게 얼마나 자세한 정보를 제공했는지에 따라 어느 정도 구체적일 수 있다.

평가를 진행하는 동안 내담자의 자살 사고 빈도, 촉발 요인, 기간, 강도를 협력적으로 탐색하도록 하라.

- 빈도: 얼마나 자주 자살에 대해 생각하나요?
- 촉발 요인: 어떤 게 자살 사고를 촉발시키는 거 같나요? 언제 그런 생각을 하게 되나요?
- 기간: 이런 생각이 시작되면 얼마나 오래 가나요?
- 강도: 자살에 대한 생각이 얼마나 강한가요? 그냥 머릿속에 떠오르는 정도인가요, 아니면 정말 강력해서 그 생각에서 빠져나오지 못하는 정도인가요?

자살 사고를 탐색할 때, 판단하기보다는 침착함과 호기심을 발산하도록 노력하라. "이러한 생각을 없애야 한다."고 생각하는 대신, 협력적이고 공감적으로 탐색하도록 하라.

일부 내담자들은 자살 사고를 부인할 것이다. 만약 내담자가 자살 사고를 부인하고, 이러한 부인이 진실되게 느껴진다면, 당신이 단지 표준 절차를 따랐을 뿐이라고 언급하면서, 그 부인에 대해 인정하고 수용하도록 하라.

> 네, 고마워요. 자살 사고에 대해 묻는 건 어느 누구에게나 중요한 부분이기 때문에 하는 거예요.

그러나 자살 사고에 대한 부인이 강요된 것처럼 보이거나 우울 증상이나 여러 가지 위험 요인들과 결합되면, 당신은 여전히 인정하고 수용하고 싶어 하지만, 나중에 회기 중 이 주제로 돌아갈 방법을 찾고 싶어 할 것이다.

우울 증상 탐색하기

임상 장면에서 당신의 역할에는 우울증에 대한 공식적인 진단평가를 수행하는 것이 포함될 수도 있다. 그렇다면 진단평가 절차나 프로토콜을 사용해야 한다(제11장 참조). 그러나 가능하면 긍정적인 질문과 부정적인 질문의 균형을 맞추는 것이 좋다. 우울증의 다양한 차원에 초점을 맞춘 질문 예시는 다음과 같다.

기분 관련 증상. 열린 질문이 유용하다.

- 요즘 기분이 어떤가요?
- 기분이 어떤지 저에게 설명해 주겠어요?

이에 대한 반응으로 내담자는 '슬픔'이나 '과민성'과 같이 진단적으로 명확한 단어를 사용할 수도 있고 사용하지 않을 수도 있다. 대신, 당신은 "최근 들어 기분이 정말 안 좋아졌어요."라는 말을 들을 수도 있다. 그렇다면 내담자와 유사한 언어로 의역하도록 하라(사례 예시 10-1 참조).

사례 예시 10-1 **기분평정 활용하기**

열린 질문은 내담자의 기분을 질적으로 파악하는 데 유용하다. 이 예시에서는 기분평정을 통해 기분에 대해 양적 수치를 얻는 과정을 보여 준다.

치료자: 기분이 처지고 좋지 않다고 했어요. 기분이 얼마나 처지고 안 좋게 느껴지는지 좀 더 자세히 물어봐도 괜찮을까요?

내담자: 네, 물론이죠.

치료자: 그래요, 고마워요. 0에서 10점 척도로 볼 때, 0점은 가장 최악일 때예요. 죽고 싶을 정도로 정말 우울한 상태라고 보면 돼요. 그리고 10점은 매우 행복한 상태예요. 그렇다면 지금 슬프거나 안 좋은 느낌은 몇 점 정도 될까요?

내담자: 아마 한 3점이요.

치료자: 지금 3점인 이유는 무엇일까요?

내담자: 지금 여기 있어야 하잖아요. 기분도 처지고요. 심리학자와 이야기하는 것도 별로 좋아하지 않아요.

치료자: 지난 2주 동안 어땠어요? 똑같은 방식으로 최악의 기분은 몇 점 정도 되나요?

내담자: 지난 주말에는 2점이었어요. 지금까지 느꼈던 것 중 최악이었어요.

치료자: 절망적으로 들리네요. (여기서 보다 깊이 들어갈 수 있다.)

내담자: 네, 그랬죠.

치료자: 지난 2주 동안 가장 좋았던 기분은 몇 점 정도였나요?

내담자: 지난 주말에 5점이었던 거 같아요.

치료자: 어떤 일이 있었죠?

내담자: 딸하고 손주들이 찾아왔었어요. 그때는 정말 좋았죠.

치료자: 딸하고 손주들과 좋은 시간을 보낸 거 같네요.

내담자: 보통은 그래요.

치료자: 처지지 않거나 우울하지 않거나 저와 만날 필요가 없다면, 평상시 기분은 어때요? 지난 2주 동안이나 특별히 처지는 때 말고 평상시 기분은 몇 점 정도 될까요?

내담자: 평상시에는 전 꽤 행복한 사람이에요. 평상시 기분은 6에서 7점 정도예요.

이 대화에서 치료자는 중요한 평가 정보를 얻었다. 간단한 평정 척도를 사용해 치료자는 이제 내담자의 현재 기분, 지난 2주 동안의 기분 범위와 촉발 요인, 그리고 내담자의 평상시 기분을 파악하게 되었다.

균형을 유지하기 위해, 기분과 관련된 질문을 할 때 긍정적인 부분에 초점을 맞추는 것이 유용하다.

- 어떤 때 행복하거나 즐거운가요?
- 언제 특별히 기분이 좋았나요?
- 어떤 사람은 다른 사람을 위해 뭔가 좋은 일을 할 때 특히 기분이 좋아져요……. 이것 또한 당신을 기분 좋게 하는 데 도움이 되나요?

긍정적인 기분에 대한 질문은 내담자를 좀 더 행복한 기분으로 이끌 수 있다. 만약 내담자가 생기를 찾는다면, 당신은 기분에 대한 내담자의 긍정적인 반응을 보게 될 것이다. 만약 질문이 효과가 없다면, 우울한 상태는 더 깊어지고 바꾸기 더 어려울 수도 있다.

무쾌감증은 일반적으로 즐거움을 느끼는 활동에서 흥미나 즐거움을 잃어버리는 주요우울장애의 기분 관련 증상이다. 말 그대로, **무쾌감증**(anhedonia)은 '즐거움이 없음'을 의미한다. 무쾌감증에 대한 긍정적인 질문은 다음과 같다.

- 어떤 여가 활동을 즐겨요?
- 취미생활이 뭐예요?
- 시간을 함께 보내고 싶은 사람은 누구예요?

신체적 증상 또는 신경식물적 증상. 우울증이 있는 내담자들은 종종 섭식 및 수면 관련 신체 증상을 경험한다. 정신과 의사는 이러한 증상을 **신경식물 징후**(neurovegetative sign)라고 부르고, 생물학적 우울증의 주요 특징으로 본다. 신경식물 증상에 대한 긍정적인 질문은 다음과 같다.

- 언제 가장 잘 자나요?
- 어떤 생각을 하면 잠을 자는 데 도움이 되나요?
- 어떤 생각을 하면 활기가 생기나요?
- 가장 최근에 정상적인 식욕을 가졌던 때는 언제였나요?

인지적 증상. 부정적인 인지는 우울증의 특징이며, 종종 Beck(1976)의 인지삼제에 초점이 맞춰져 있다. ① 자신에 대한 부정적인 생각, ② 타인에 대한 부정적인 생각, ③ 미래에 대한 부정적인 생각.

자살 경향성과 관련된 특히 중요한 인지적 증상들 중 하나는 무망감이다(Van Orden et al., 2010). 임상가가 숫자를 활용한 평정 방법을 얼마나 선호하는지, 내담자가 이 방법을 얼마나 받아들이는지에 따라, 임상가는 무망감에 초점을 맞춰 기분을 반복적으로 평정할 수 있다.

앞서 얘기했던 0에서 10점까지 점수에서, 이번에는 0점은 삶이 나아질 희망이 전혀 없는 상태를 의미하고, 10점은 상황이 나아지고 기분이 좋아질 것이라는 희망으로 가득 찬 상태를 의미해요. 지금 몇 점 정도 될까요?

무망감은 "모든 것이 어떻게 달라질지 모르겠어요"라거나 "제가 기억하는 한 이런 기분을 오랫동안 느껴 왔어요"와 같이 다른 방식으로 표현될 수 있다. 내담자가 건설적이고 즐거운 미래를 계획할 수 있는 능력은 희망의 중요한 척도다. 미래 지향적인 질문은 다음과 같다.

- 내일 어떤 계획을 가지고 있나요?
- 앞으로 5년 뒤엔 뭘 하고 있을 거 같아요?
- 다시 희망을 갖는 데 무엇이 도움이 될까요? (C. del Rio, 개인교신, 2012년 8월 15일)
- 내담자에게 과거의 성공이나 3인칭 관점에서 내담자가 자신의 문제에 대해 생각해 보게 하는 질문은 내담자의 희망을 북돋을 수 있는지 평가하는 데 유용할 수 있다.
- 전에도 기분이 처져 있었다는 건 알고 있어요. 과거에는 어떻게 해서 다시 회복하게 된 건가요?
- 당신과 똑같은 경험을 하고 있는 친한 친구에게 어떤 조언을 해 주겠어요? [이 질문을 잘하려면 내담자로 하여금 친한 친구가 누구인지 정하고, 구체적이고 개인적인 시나리오를 만들게 하는 것이 중요하다.]

사회적/대인관계 증상. 우울 증상을 보이는 내담자는 자신이 고립된 것을 완전히 인식하지 못할 수도 있다. 만약 당신이 내담자에 대해 전체적인 그림을 가지고 있지 않다고 생각한다면, 당신은 가족이나 친구와 이야기하기 위해 내담자에게 정보 공개 동의를 받는 것이 필요할지도 모른다. 내담자가 이전과 달라져 거리감이 느껴지거나, 다가가기 어렵거나, 풀이 죽어 있거나, 유달리 민감하거나 짜증을 낸다는 진술을 듣는 것은 도움이 된다.

당신이 도움이 되려고 노력하고 있지만, 잠재적으로 자살할 가능성이 있는 일부 내담자들은 당신을 적대적으로 대할 것이다. 이를 다루는 기본 원칙은, ① 개인적으로 받아들이지 말고, ② 필요한 만큼만 깊이 들어가고, ③ 모든 것에 자비심과 공감으로 대응하며, ④ 도움을 주고자 하는 태도를 유지하는 것이다.

자살 계획 평가하기

일단 라포가 형성되고 내담자가 자살 사고에 대해 이야기하면, 자살 계획을 탐색하는 것이 적절하다. 자살 계획 탐색은 다음과 같은 의역과 질문으로 시작할 수 있다.

당신이 죽으면 모두에게 더 좋을 거라고 가끔 생각한다고 했잖아요. 비슷한 생각을 가진 사람들 중에는 자살을 계획하는 사람도 있어요. 만약 그런 생각을 따르기로 마음먹었다면 어떻게 자살할 건지 계획해 봤나요?

많은 내담자들은 자살 계획에 대한 질문에 실제로 자살 사고를 행동으로 옮기려는 생각을 해 본 적이 없다는 식으로 반응을 한다. 이들은 자살하지 않는 이유로 종교, 두려움, 자녀 또는 그밖에 다른 이유들을 언급할 수 있다. 전형적으로 내담자는 "아, 그래요. 자살에 대해 몇 번 생각해 본 적은 있지만, 절대로 그렇게 하진 않을 거예요. 계획은 없어요."라고 말한다. 물론 때로는 내담자가 실제로 계획이 있음에도 불구하고 이를 부인하기도 한다. 만약 계획을 인정한다면, 추가적인 탐색이 중요하다.

내담자의 자살 계획을 탐색하고 평가할 때, 다음의 네 가지 영역을 평가하도록 하라. ① 계획의 **구체성**(specificity), ② 방법의 **치명성**(lethality), ③ 계획한 방법의 **접근성**(availability), ④ 사회적 자원 또는 조력 자원의 **근접성**(proximity). 이 네 가지 조사 영역은 SLAP이라는 약자로 쉽게 기억할 수 있다.

구체성

구체성(specificity)은 계획의 세부사항을 의미한다. 내담자는 자살로 죽는 데 필요한 세부사항을 생각해 왔는가? 어떤 내담자들은 명확한 자살 방법을 개략적으로 설명하고, 어떤 내담자들은 질문을 피하며, 또 어떤 내담자들은 "아, 죽는 게 더 쉬울 거 같은데, 전 정말 계획이 없어요."와 같은 말을 할 수도 있다.

만약 내담자가 자살 계획을 부인하면, 당신은 두 가지 선택을 할 수 있다. 첫째, 내담자가 솔직하다고 판단되면, 그 주제를 더 이상 다루지 않을 수 있다. 둘째, 내담자가 계획을 가지고 있지만 이에 대해 말하기를 꺼려 한다고 판단되면, 앞에서 설명한 정상화 틀을 사용할 수 있다.

> 자살에 대해 생각해 본 대부분의 사람들은 적어도 어떻게 자살할지 스쳐 지나가듯이 생각하곤 해요. 자살하기로 마음먹었다면, 어떻게 자살할 것인가에 대해 어떤 생각을 했었나요?(Wollersheim, 1974, p. 223)

치명성

치명성(lethality)은 자살 계획이 얼마나 빨리 사망을 초래할 수 있는지를 의미한다. 더 큰 치명성은 더 큰 위험과 관련이 있다. 치명성은 특정 방법을 사용하는 방식에 따라 달라진다. 만약 내담자가 자살 위험이 매우 높다고 판단되면, 당신은 일반적인 방법(예: 총기, 약물 과다 사용, 면도날)뿐만 아니라 그 방법이 어떻게 사용될지에 대해서도 질문할 수 있다. 예를 들면, 내담자가 아스피린이나 청산가리를 사용할 계획인가? 면도날로 손목이나 목을 그을 것인가? 이 두 가지 예시에서 후자의 방법이 더 치명적이다.

접근성

접근성(availability)은 방법의 가용성을 의미한다. 만약 내담자가 특정 약물을 과다 복용할 계획인 경우, 해당 약물을 구할 수 있는지 확인하도록 하라(대부분의 사람들은 자살로 사망할 만큼 충분한 약물을 집에 보관하고 있다는 점을 명심하도록 하라.). 명백한 사실을 과장해서 말하면, 만약 내담자가 절벽으로 차를 몰아 자살할 생각을 가지고 있지만 차도 없고 근방에 절벽도 없다면, 총기를 사용할 계획을 가지고 있는 사람이 장전된 총을 잠금장치가 되어 있지 않은 장소에 보관하고 있는 것에 비해 당장의 위험은 낮을 것이다.

근접성

근접성(proximity)은 사회적 지지의 근접성을 의미한다. 도움 받을 자원이 얼마나 가까이에 있는가? 자살 시도가 있을 경우, 내담자에 개입하고 구조할 수 있는 사람들이 있는가? 내담자가 가족이나 룸메이트와 함께 사는가? 내담자는 하루의 대부분을 혼자 보내는가? 아니면 사람들과 같이 보내는가? 일반적으로 내담자가 도움을 받을 자원으로부터 멀어질 수록 자살 위험도 커진다.

만약 당신이 내담자와 지속적으로 상담하고 있다면, 자살 계획과 관련하여 주기적으로 확인해야 한다. 한 가지 권고사항은 자살 사고, 계획, 행동이 3회기 연속으로 없을 때까지 매 회기마다 협력적 재평가를 하는 것이다(Jobes et al., 2007).

내담자의 자기통제력 평가하기

자기통제력에 대해 직접 질문하고 초조/각성에 대해 관찰하는 것이 내담자의 자기통제력을 평가하는 주된 방법이다.

직접 질문하기

자기통제력에 대해 직접적으로 질문하면서 긍정적인 측면에 초점을 맞추고 싶다면, 다음과 같이 질문할 수 있다.

> 통제력을 유지하고 자살을 막는 데 도움이 되는 건 뭔가요?

긍정적이지 않은 측면을 탐색하고 싶다면, 다음과 같이 질문할 수 있다.

> 통제력을 잃고 자살할지도 모른다는 걱정을 해 본 적이 있나요?

자기통제력의 양 측면(자기통제력의 유지에 도움이 되는 것과 자기통제력의 상실을 유발하는 것)을 탐색하는 것은 치료적일 수 있다. 이러한 탐색은 내담자의 자기통제력을 이해하기 위한 노력으로 내담자와 함께 수행되어야 한다. 내담자가 자기통제력을 치료로 해결할 수 없다는 의구심을 표현할 때는 입원을 고려해야 한다. 입원을 통해 내담자가 내적 통제력을 보다 많이 느낄 때까지 외부의 통제와 안전을 제공할 수 있다.

다음의 대화는 ① 통제력 상실에 대해 내담자가 느끼는 공포에 초점을 맞춘 면담자와 ② 내담자가 자살 예방에 대해 이야기하도록 유도하는 간접 질문을 보여 준다.

내담자: 네, 종종 밤늦게 통제력을 잃는 게 두려워요.
치료자: 밤이 가장 힘든 때인 거 같군요.
내담자: 한밤중이 싫어요.

치료자: 그래서 밤늦게, 특히 자정 무렵에는 통제력을 잃고 자살할까 봐 두려울 때가 있군요. 그렇게 행동하지 않은 데 도움이 된 건 무엇인지 궁금해요.

내담자: 네, 전 아이들이 아침에 저를 깨우는 데 일어나지 못할 때 어떤 느낌일지 생각해요. 그 생각에 큰 소리로 울기 시작해요. 항상 그 생각 때문에 못해요.

이와 같이 짧은 대화가 안전이나 위험을 최종적으로 결정짓는 것은 아니다. 그러나 자녀에 대한 이 내담자의 사랑은 자기통제력의 상실에 대항할 수 있는 완화 요인이다.

각성/초조 관찰하기

각성(arousal)과 초조(agitation)는 Shneidman이 원래 마음의 혼란(perturbation)이라고 불렀던 것을 묘사하는 데 사용되는 현대적 용어다. 그가 지적했듯이, 마음의 혼란은 사람을 자살 행위로 몰아가는 내적인 추진력이다. 각성과 초조는 SSRI 약물과 관련된 좌불안석증 (akathisia), 양극성장애에서 나타나는 정신운동초조(psychomotor agitation), 조현병에서의 명령 환각(command hallucination)과 같은 여러 다른 위험 요인들의 기본 구성 요소다.

각성이나 초조는 자기통제력에 악영향을 미친다. 불행하게도, 각성을 평가하는 체계적인 방법은 부족하다. 이로 인해 임상가는 각성을 평가하는 네 가지 접근법에 의존하게 된다.

1. (정신상태검사에서와 같이) 내담자의 정신운동활동 증가에 대한 주관적 관찰
2. 불안함, 비정상적인 과민반응 또는 충동성에 대한 내담자의 보고
3. 초조를 나타내는 질문지 반응 혹은 척도 점수(예: MMPI-2-RF의 9번 척도의 상승)
4. 초조와 관련된 자살 제스처(gesture)나 시도의 이전 경험

자살 의도 평가하기

자살 의도(suicide intent)는 개인이 자살로 얼마나 죽고 싶어 하는지를 의미한다. 자살 의도는 대개 자살 시도 後에 평가된다(Hasley et al., 2008; Horesh, Levi, & Apter, 2012). 자살 의도가 높을수록 더 치명적인 방법, 더 광범위한 계획, 자살 행위에서 살아남는 것에 대한 부정적인 반응 및 기타 변인들과 관련이 있다. 소규모의 종단 연구에 따르면, 벡 자살 의도 척도(Beck Suicide Intent Scale: BSIS)로 측정한 자살 의도는 자살로 인한 사망을 중등도 (moderate) 정도로 예측하는 변인이었다.

잠재적인 시도 **이전**에 자살 의도를 평가하는 것은 더 어렵고, 연구가 잘 되어 있지 않다.

척도를 사용해, 다음과 같이 직접적으로 질문할 수 있다.

> 0에서 10점 척도로 볼 때, 0점은 정말 죽고 싶다는 것이고, 10점은 정말 살고 싶다는 것이라면 지금 몇 점정도 될까요?

또한 내담자의 자살 계획에 대한 SLAP 평가에 근거해 의도를 추론할 수 있다. BSIS의 자살 계획 문항은 자살로 인한 사망을 가장 강력하게 예측하는 문항이기 때문에, 이는 어느 정도 증거에 기반을 두고 있다(Stefansson et al., 2012).

이전 시도에 대한 자세한 정보를 수집하는 것은 의학-진단-예측적 관점에서는 중요하지만, 현재와 미래에 초점을 맞춘 구성적(constructive) 관점에서는 중요하지 않다. 과거의 시도를 탐색할 것인가, 아니면 긍정적인 측면에 초점을 맞출 것인가 하는 것은 자살평가 프로토콜의 변증법적인 문제다. 한편, D. Clark(1998)와 다른 연구자들(Packman, Marlitt, Bongar, & Pennuto, 2004)은 자살 계획, 시연, 실험 행동과 자살에의 몰두(preoccupation)가 더 큰 자살 위험을 의미하기 때문에 중요한 정보라고 지적했다. 반면에, 의도, 계획, 과거의 시도에 대해 어느 정도 자세하게 질문하는 것은 내담자가 자살 계획에 대해 더 깊이 몰두하게 할 수 있다.

균형과 협력이 권장된다. 의도에 대해 질문할 때, 긍정적인 부분에 초점을 둔 질문을 계속해서 프로토콜에 통합하도록 하라.

- 자살에 대해 생각하는 것에서 어떻게 주의를 돌리나요?
- 자살에 대해 생각할 때, 살고 싶다는 또 다른 생각이 자연스럽게 떠오르나요?
- 지금까지 당신의 자살 계획에 대해 이야기했으니, 이제 삶에 대한 계획에 대해서도 이야기해 볼 수 있을까요?
- 그러한 자살 생각에 맞서 싸우기 위해 어떤 강점이나 내면의 자원을 활용하나요?

결국 당신은 이전 시도에 대해 직접 질문하고 탐색해야 할 지점에 도달할 수 있다.

이전 시도 탐색하기

이전 시도는 모든 자살 예측 변인들 중 가장 강력한 것으로 여겨진다(Fowler, 2012). 이전 시도에 대한 정보는 대개 내담자의 의료-심리 기록이나 접수면담지를 통해 또는 우울 증상에 대해 이야기를 나누는 과정에서 얻어진다(사례 예시 10-2 참조). 또한 이전 시도에 대한 정보를 얻지 못할 수도 있지만, 당신은 직접 질문하기로 결심할 수 있다.

기분이 너무 쳐지고 희망이 없다고 느껴 자살하려 했던 적이 있었나요?

일단 이전 시도나 현재 시도에 대한 정보가 있거나 정보를 얻으면, 당신은 해결중심 질문을 통해 이에 대해 인정하고 탐색해야 한다.

이전에도 자살을 시도한 적이 있지만, 지금은 저와 함께 있지요……. 어떤 게 도움이 되었나요?

심각한 우울증을 앓고 있는 내담자와 상담하고 있다면, 해결중심 질문으로 다음과 같은 반응을 이끌어 내는 것은 드문 일이 아니다.

아무것도 도움이 되지 않았고, 아무것도 도움이 되지 않을 거예요.

이 시점에서 임상가가 종종 저지르는 한 가지 오류는 어떤 것이 도움 될 수 있는지 또는 과거에 어떤 것이 도움이 되었을 수 있었는지에 대해 예-아니요 질문 과정을 위험을 무릅쓰고 진행하는 것이다. 다시 한번 말하지만, 만약 당신이 극심하게 우울하고 정신적 수축으로 인해 문제 해결 능력이 부족한 사람과 상담하고 있다면, 그 내담자는 부정적인 반응을 보일 것이고, 아무것도 도움이 되지 않았고, 아무것도 도움이 되지 않을 것이라고 주장할 것이다. 이러한 끊임없는 부정적인 반응은 다른 평가 접근법을 필요로 한다. 매우 심각한 우울증을 겪고 있는 내담자도 기회가 주어진다면, 우울증과 자살을 해결하려는 모든 시도들이 똑같이 나쁘지 않다는 것을 인정할 수 있다. 심각한 우울증과 정신적 수축이 있는 내담자가 개입 전략을 순위로 매길 수 있는 연속선 방식을 사용하는 것이 (일련의 예-아니요 질문보다) 더 나은 접근법이다.

치료자: 우울한 기분과 자살 사고를 이겨내기 위해 여러 가지 시도를 해 본 거 같네요. 함께 살펴보죠. 제가 보기에 모두 동일하게 나쁜 건 아닌 거 같네요. 그중 일부는 다른 것보다 더 나쁜 것도 있을 거예요. 예를 들면, 운동을 하기도 했고, 형제자매와 한 명의 친구에게 대화를 시도했고, 다른 약을 먹기도 했어요. 이 목록을 정리해서 이 중 어떤 게

가장 나빴고, 어떤 게 좀 덜 나빴는지 살펴보죠.

내담자: 약이 최악이었어요. 약을 먹었더니 이미 죽은 거 같은 느낌이 들었어요.

치료자: 그래요. 지금까지 경험한 것 중에 약을 최악의 선택으로 놓죠. 그러면 약보다 조금 덜 나쁜 건 뭐였나요?

우울증/자살을 다루는 데 있어 어떤 노력은 다른 노력보다 그 결과가 더 나빴다는 점을 치료자가 강조한 것을 알 수 있다. 이런 표현에는 우울한 내담자의 부정적인 정서 상태가 담겨 있다. 모든 전략들 중에서 가장 쓸모없는 전략을 찾아내서 '약간 덜 나쁜' 전략으로 발전시키는 것부터 시작하면 더 쉬울 것이다. 내담자에게 도움이 되는 개인적이고 고유한 연속선 방식을 만들어 내는 것이 목표다. 그런 다음 당신이나 내담자가 제안하는 새로운 아이디어를 추가하여 이를 연속선상에서 적절한 위치에 둘 수 있다. 이 접근법이 효과가 있다면, 앞으로 실험해 볼 가치가 있는 여러 가지 아이디어들(일부는 새로운 아이디어, 일부는 오래된 아이디어)이 나올 것이다.

위험 요인과 보호 요인 평가를 시작하기 위해 외부 정보 사용하기

공식적인 자살평가면담 외에도, 자살 위험 요인과 보호 요인에 대해 내담자와 논의를 시작하기 위해 세 가지 주요 정보 출처들을 사용할 수 있다.

1. 내담자 기록
2. 평가 도구
3. 2차 정보 제공자

내담자 기록

가능하다면, 내담자의 이전 의료 기록이나 정신건강 관련 기록은 내담자의 위험 요인과 보호 요인을 신속하고 효율적으로 알 수 있는 정보의 출처다. 이 장에서 소개된 많은 위험 요인들이 당신의 내담자 기록에는 없겠지만, 이전의 자살 사고와 시도, 우울증 병력, 가족의 자살 등과 같은 두드러진 요인은 주의 깊게 살펴보아야 한다. 접수면담을 시작하고 라포 형성을 한 이후, 당신은 이러한 문제를 꺼내기 위해 기록을 활용할 수 있다.

이전 기록을 봤더니 지난 2012년에 자살 시도를 한 것으로 되어 있네요. 그 당시에 자살을 시도하게 된 이유가 뭔지 저에게 이야기해 줄 수 있나요?

이전의 자살 시도를 탐색할 때 치료에 도움을 줄 수 있는 건설적인 방법으로 하는 것이 중요하다(사례 예시 10-2 참조). 내담자에게 과거에 대해 질문하는 이유를 설명하기 위해 심리교육을 활용하는 것은 그 과정을 구조화하고 촉진하는 데 도움이 된다.

이전 자살 시도에 대해 물어보는 이유는, 최근 연구에 따르면 과거에 자살 시도를 촉발한 특정 스트레스 요인에 대해 더 많이 알수록, 우리가 현재와 미래에 그 스트레스에 대처하는 데 더 잘 협력할 수 있다는 걸 보여 주기 때문이에요.

이전 자살 시도에 대한 질문과 긍정적인 측면에 초점을 맞춘 질문 사이의 균형을 유지하는 것을 잊지 말도록 하라.

종종 자살 시도 후에 사람들은 특히 도움이 된 새로운 강점이나 자원 또는 특정 사람들을 발견했다고 말해요. 당신은 어때요? 자살 시도 후 그 당시 뭔가 긍정적인 걸 발견했나요?

내담자의 의료 기록에서 보호 요인을 확인하는 것은 어려울 수 있다. 그러나 보호 요인이나 개인적인 강점의 근거를 발견한다면, 자살평가면담 중 적절한 상황에서 이에 대한 이야기를 꺼내야 한다. 예를 들면, 현재의 우울 삽화와 관련된 절망에 대해 이야기하고 있는 내담자를 면담할 때, 당신은 다음과 같이 말할 수 있다.

기록을 보니, 2년 전에 지금과 비슷하게 매우 쳐지고 낙담한 적이 있었다는 걸 알게 됐어요. 그리고 당시 치료자에 따르면, 당신은 이를 극복하려고 매우 열심히 노력했고, 우울에서 빠져나올 수 있었네요. 그 당시에는 어떤 게 도움이 되었나요?

내담자 기록에 있는 정보를 협력적인 방식으로 활용하도록 노력하라. 설명한 것처럼 당신은 민감한 이슈(긍정적인 이슈와 부정적인 이슈 모두)를 끄집어내기 위해 정보를 사용할 수 있다.

사례 예시 10-2 내담자의 스트레스원과 대처 전략을 이해하기 위한 방법으로서 이전 시도 탐색하기

이전 자살 시도를 탐색하는 것은 평가 과정이다. 이는 과거 스트레스원을 밝힐 수 있지만, 내담자가 과거, 현재, 미래의 대처 반응을 명확하게 표현할 수 있도록 돕는 데도 동일하게 유용하다.

치료자: 접수면담지에 약 1년 반 전에 자살 시도를 했다고 적었네요. 이에 대해 좀 말해 줄 수 있어요?

내담자: 맞아요, 머리에 총을 쐈어요. 여기 흉터가 보이죠?

치료자: 그때 어떤 일이 있었나요?

내담자: 학교에서 집단 따돌림을 당하고 있었어요. 새아버지가 싫었어요. 인생이 엿 같아서 방과 후 어느 날 엄마 방에서 권총을 꺼내 머리에다 대고 쏴버렸어요.

치료자: 그러고는 어떻게 되었나요?

내담자: 골이 깨질 정도로 아파서 깨 보니 병원이었어요. 그리고 재활치료를 받았어요. 긴 여정이었는데, 지금은 여기 있네요.

치료자: 그래요, 여기 있네요. 어떻게 그럴 수 있었어요?

내담자: 운이 좋았어요. 자살하는 데 영 소질이 없네요. 잘 모르겠어요. 살라는 이야기인 거 같기도 하고.

치료자: 최근에는 자살에 대해 생각해 본 적이 있나요?

내담자: 아니, 전혀요.

치료자: 이야기한 걸 들어 보면, 집단 따돌림을 당하거나 가족 내의 문제가 여전히 힘들 수 있다고 생각하는데, 지금은 어떻게 대처하고 있나요?

내담자: 친구가 몇 명 있고, 여동생도 있어요. 그들과 이야기를 나눠요. 만약 당신이 제가 한 짓을 하면, 누가 당신을 정말 아끼는지 알게 될 거예요. 누가 저를 정말 아끼는지 이제는 알아요.

평가 도구

자살평가 도구는 많은 다양한 자살과 관련된 차원들에 대해 광범위하고 신뢰로운 정보를 수집하는 효율적인 수단이다(Hughes, 2011). 일부 내담자들은 질문지를 작성할 때 자신의 자살 사고와 과거에 대해 말하는 것이 더 쉽다고 생각한다. 이러한 도구는 표준화된 형식으로 상당히 많은 양의 자살 관련 정보들을 비교적 빨리 제공할 수 있는 장점이 있다.

평가 도구의 단점은 주로 비인격성(impersonalness)과 표준화된 일관성에 있다. 평가 도구는 융통성이 없거나 틈을 주지 않고 내담자에게 공감하는 표정이나 격려의 말을 하지 않

는다. 평가 도구는 치료적 동맹에 직접적인 도움이 되지 않는다. 또한 당신이 많은 정보들을 가지고 있더라도, 그 정보들은 내담자가 솔직하게 응답하는 경우에만, 그리고 당신이 회기 전에 도구를 검토하는 경우에만 유용하다. 한 가지 위험은 질문지 응답을 서둘러 훑어볼 경우 잠재적으로 의미 있는 내담자의 반응을 놓칠 수 있다. 많은 연구자들과 일부 실무자들은 매우 짧은 자살 스크리닝 질문지를 임상면담과 함께 사용할 것을 주장한다. 기타 몇 가지 평가 질문지와 척도들은 실제 적용하기 10-1에서 간략하게 설명되어 있다.

평가 도구는 당신에게 잠재적인 자살 위험을 알려 준다. 내담자가 자살 경향성을 나타내는 항목에 표시를 한다면, 명백하고 협력적인 방식으로 이에 대해 언급해야 한다.

> 제가 그 질문지를 작성하게 한 이유는 우리가 함께 작업하는 데 도움을 주기 위해서예요. 당신이 응답한 걸 살펴보니, 몇 가지 이야기 나누어 볼 게 있네요. 첫째, 요즘 생활하는 데 상당한 스트레스를 받고 있다고 했어요. 둘째, 자살에 대한 생각을 가지고 있네요. 셋째, 질문에 응답한 방식을 보니 상당히 화가 난 거 같아요. 우리가 이야기할 세 가지 문제들을 들어 봤어요. 또 어떤 이야기를 해야 할까요?

자살 사고와 자살 충동이 있다고 해서 바로 위기 상황으로 이어지는 것은 아니다. 내담자가 자살 관련 항목에 표시할 때 과민 반응을 보일 필요는 없다. 권장하는 접근법은 자살 사고와 자살 충동을 많은 중요한 논의 주제들 중 하나로 인정하고 받아들이는 것이다.

● 실제 적용하기 10-1: 자살평가 도구와 척도

자살평가 도구는 내담자의 자살과 관련된 광범위한 정보를 수집하는 고유하면서도 효율적인 방법이다. 임상면담의 맥락에서 5점, 6점 또는 7점 리커트 척도를 사용해 수많은 자살 관련 항목들에 내담자가 응답하도록 하는 것은 매우 어려울 것이다. 이는 복잡하고 중요한 정보다. 그러나 자동화된 해석 서비스를 사용한다고 해도, 임상가는 질문지 결과를 해석하고, 임상면담과 사후설명(debriefing)을 후속적으로 할 필요가 있다. 잠재적으로 유용한 수많은 조치들에 대한 당신의 욕구를 자극하기 위해, 우리는 여기에 다음과 같이 몇 가지를 열거하고 설명하고자 한다.

자살하지 않는 이유 척도(The Reasons for Living Inventory: RFL; Linehan, Goodstein, Nielsen, & Chiles, 1983). RFL은 48문항의 척도다. 문헌에 소개된 바로는, RFL은 위험 요인 대신 보호 요인(즉, 자살하지 않는 이유)에만 초점을 맞춘다는 점에서 독특했다. 이 척도는 여섯 가지 요인들로 구성된다. ① 생존과 대처 신념, ② 가족에 대한 책임감, ③ 자녀에 대한 걱정, ④ 자살에 대한 두려움, ⑤ 사회적 비난에 대한 두려움, ⑥ 도덕적 금기(Linehan et al., 1983, p. 283). 축약

형도 사용 가능하다(Ivanoff, Jang, Smyth, & Linehan, 1994).

벡 무망감 척도(The Beck Hopelessness Scale: BHS; Beck & Steer, 1988). 이 20문항의 진위형 자기보고식 질문지는 무망감에 초점을 맞춘다. 문항 내용에는 미래에 대한 부정적인 신념과 긍정적인 신념이 포함되어 있다. 신뢰도가 높고(.87~.93), 자살 시도와 자살로 인한 사망을 예측하는 것으로 나타났다(G. Brown, Beck, Steer, & Grisham, 2000).

자살 위험에 대한 문화적 평가(Cultural Assessment of Risk for Suicide: CARS; Chu et al., 2013). 이 39문항의 척도는 최근에 개발되었다. 초기 자료는 이 도구가 아시아계, 라틴계, 아프리카계 미국인, 성소수자에게 특히 유용할 수 있음을 나타낸다(Chu et al., 2013). 이 문화적 측면에 초점을 둔 척도의 항목을 읽으면, 문화적으로 고유한 자살 위험 요인에 대한 민감성을 높일 수 있다.

자살 사고 척도(Suicide Ideation Scale: SIS; Rudd, 1989). 이는 5점 리커트 척도로 자살 사고를 측정하는 10문항의 자기보고식 척도다. Rudd(1989)는 SIS가 자살을 시도한 사람과 시도하지 않은 사람을 구분할 수 있다고 보고했다.

정서 상태 질문지(Affective States Questionnaire: ASQ; Hendin, Maltsberger, & Szanto, 2007)와 자살 정서-행동-인지 척도(Suicidal Affect-Behavior-Cognition Scale: SABCS; K. Harris et al., 2015)와 같은 새로운 척도들이 많이 개발되고 있다.

2차 정보 제공자

2차 정보 제공자(제8장 참조)는 내담자의 위험 요인 및 보호 요인과 견줄 수 없는 정보의 출처다. 그러나 그 중요성에 더해 2차 정보 제공자는 또한 사회적 지지의 잠재적인 출처이기도 하다.

정보 제공자는 초기 임상면담 이전, 도중 또는 이후에 정보를 제공할 수 있다. 법적·윤리적 이슈로 인해, 내담자에 대해 무엇이든 공유할 수 있는 정보 공개 동의를 내담자로부터 받아야 한다. 그러나 정보 공개 동의 없이도 2차 정보 제공자가 말하는 것을 들을 수 있다. 다음의 전화 시나리오에 대해 생각해 보도록 하라.

치료자: 여보세요, Rita Sommers-Flanagan입니다.

정보 제공자: Rita 씨, 안녕하세요. 저는 Megan McClure예요. 제 친구 Krinstin Eggers 때문에 전화했어요. Kristin이 오늘 찾아갈 거예요. 그리고 당신이 알아야 할 게 있어요.

치료자: 네, 말해 줘서 고마워요. 물론 정보 공개 동의 없이는 그런 이름으로 아는 사람이 있는지조차도 말할 수는 없어요.

정보 제공자: 알고 있어요. 전 그녀의 친한 친구예요. 그리고 그 친구가 저한테 말해서 오늘

당신을 만나는 걸 알아요.

치료자: 이렇게 하죠. 전 어떤 이야기도 할 수 없어요. 하지만 들을 순 있어요. 만약 당신이 이 야기한 분을 제가 보고 맞는 거 같으면, 우리가 다시 이야기할 수 있도록 정보 공개 동 의서에 서명을 받을 수 있을 거예요.

정보 제공자: 아, 상관없어요. 전 그냥 그녀가 자살에 대해 이야기해 왔고, 친구가 매우 걱정된 다는 걸 말하고 싶을 뿐이에요. 친구가 얼마나 솔직하게 이야기할지는 잘 모르겠어요. 그래서 당신이 알았으면 했어요.

치료자: 알려 줘서 고마워요. 그런 이름을 가진 사람을 만나든 안 만나든, 전 당신이 믿을 만 하고 관심을 가져주는 친구라는 걸 말해 주고 싶어요…… 아주 좋은 친구예요.

이 치료자는 내담자에 대한 정보를 듣고 받기로 했다. 당신이 항상 이런 선택을 할 수 없 지만, 만약 한다면 이를 통해 윤리적 의사결정의 후속 단계적 효과(cascade effect)[2]가 나타 나게 된다. 이 경우, 발신자(Megan)는 치료자와 전문적인 관계가 아니기 때문에 비밀 보장 의 의무가 없다. Kristin이 상담을 받으러 왔을 때, 회기 초반에 Megan이 전화한 것과 말한 것을 그녀에게 알리는 것이 적절할 수도 있다. 아니면, 치료자가 Megan에게 즉시 다음과 같이 말할 수도 있었다.

당신이 뭔가 이야기하기 전에 말씀드리고 싶은 건, 저희 규정은 당신이 이런 전화를 걸기 전에 내담자와 먼저 직접 상의하는 거예요.

만약 치료자가 Megan과 전화 통화를 나눴다는 것을 이야기하면, Kristin은 지지 받는다 고 느끼거나 배신감을 느낄지도 모른다. 만약 그녀가 지지 받는다고 느낀다면, 자살 위험 이 증가할 경우 지지를 제공하기 위해 Kristin의 친구로서 Megan을 상담에 포함시키는 방 법이 있을 것이다. 그러나 Kristin이 이 과정에서 어느 시점에든 배신감을 느낀다면, 치료 자와 Kristin 사이의 동맹 단절(alliance rupture)이 일어날 수 있다(제7장에서 제시한 단절과 회복에 대한 지침을 이용해 이를 다룰 수 있다.).

---

2) 역자 주: 어떤 현상이 폭포처럼 순차적으로 증가해 영향을 주고, 그 영향이 다시 연쇄적으로 영향을 주는 현상을 뜻 한다.

다문화 하이라이트 10-1　**문화적으로 민감한 자살위험평가**

　　자살률은 문화 집단(예: 아메리카 원주민)과 소수계층(예: LGBTQ)에 따라 다르지만, 대부분의 자살평가 도구와 프로토콜들은 문화적 보편성을 전제로 시행된다. 이로 인해 문화적으로 소수 집단 특유의 자살 위험과 보호 요인을 감지하기 위해, 기존의 도구나 면담 프로토콜을 민감하게 만드는 방법에 대한 지침은 거의 없다.

　　Joyce Chu와 동료들은 연구 문헌에서 이러한 격차를 다루고 있다. 그녀는 자신의 접근 방식을 **자살의 문화 이론 및 모형**(cultural theory and model of suicide)이라고 지칭한다. 그녀는 문화적으로 뚜렷한 네 가지의 자살 관련 범주와 아시아계, 라틴계, 아프리카계 미국인, 성소수자 내담자에게 적절하고 의미 있는 여덟 가지의 요인을 포함하는 도구(CARS)의 심리측정적 속성을 평가하는 과정에 있다(Chu et al., 2013). Chu의 질문지의 요인에 해당하는 범주와 문항 예시는 다음과 같다.

　　사회적 불화. 이 범주에서는 '소외, 갈등이나 가족, 지역사회 혹은 친구와의 통합의 부족'에 초점을 맞춘다. 예를 들면, 아시아계 가족 내에서의 가족 갈등은 더 높은 자살 위험과 관련이 있다.

　　가족 갈등 관련 문항: "나와 가족 구성원 사이에 갈등이 있다"(p. 429).

　　사회적 지지 관련 문항: "나는 지역사회 안에서 많은 자원에 접근할 수 있다"(p. 429).

　　소수계층의 스트레스. 이 범주에서는 단일 혹은 여러 소수계층(예: 문화적 정체감이나 성정체감과 관련된 학대나 괴롭힘)에 속해 있는 사람들에게 고유한 스트레스에 초점을 맞춘다.

　　성소수자 스트레스 관련 문항: "다른 사람에게 나의 성적 지향을 숨기거나 드러내기로 한 결정은 나에게 심각한 고통을 야기한다"(p. 429).

　　문화 적응 스트레스 관련 문항: "미국에 적응하는 것은 나에게 어려운 일이었다"(p. 429).

　　비특이성 소수자 스트레스 관련 문항: "사람들은 내 인종이나 성정체감 때문에 나를 불공평하게 대한다"(p. 429).

　　괴로움에 대한 관용적 표현. 이 범주에서는 자살이 어떻게 표현되는지에 대한 문화적인 차이와 잠재적인 자살 방법에 대해 초점을 맞춘다(예를 들면, 라틴계 사람들은 고위험 행동을 통해 자살을 표현하는 것으로 보인다.).

　　괴로움에 대한 관용적 표현 관련 문항(정서적·신체적): "내가 어떤 일이나 누군가에 대해 화가 나면, 이를 극복하는 데 오랜 시간이 걸린다"(p. 429).

　　괴로움에 대한 관용적 표현 관련 문항(자살 행위): "나는 가재도구들을 자살에 사용할 수 있다고 생각했다"(p. 429).

　　문화적 제재. 이 범주에서는 자살의 용인 가능성에 대한 문화적 가치나 관행 그리고 자살 위험을 증가시킬 수 있는 특정 생애 사건에 대해 문화적 소수 내담자가 느낄 수 있는 수치심이나 수용에 초점을 맞춘다.

문화적 제재 관련 문항: "자살은 우리 가족에게 수치심을 가져다줄 것이다"(p. 429).

Chu의 연구의 짧은 요약을 통해, 특정 문화 집단 내에서 자살 위험이 어떻게 고유할 수 있는 지를 엿볼 수 있다. 문화적 소수계층과 상담할 때, Chu의 질문지를 사용하거나 그 질문지에서 나온 내용을 자살평가면담에 포함하여 활용하는 것이 도움이 될 수 있다. 예를 들면, 집단주의 문화 성향을 가진 내담자와 면담할 때, 가족 갈등이나 친밀감의 유무에 대해 부드럽게 질문하는 것이 좋다. 마찬가지로, 성소수자와 면담할 때, 성정체감을 숨기거나 드러내는 것과 관련된 정서적 또는 심리적 고통(혹은 안도감)에 대해 질문하는 것이 중요하다.

자살개입

다음의 지침은 자살 위기 시 자살개입 방법에 대한 기본적인 아이디어를 제공한다. 이 지침은 자살 경향성이 있는 내담자와 상담하는 치료자를 위해 Shneidman(1996)이 제시한 홀륭한 조언과 맥을 같이한다. "고통을 줄여 주도록 하라. 눈을 가리는 것을 치우도록 하라. 압박감을 덜어 주도록 하라. 이 세 가지 모두, 심지어 조금만이라도(p. 139)."

경청과 공감하기

자살 경향성이 있는 내담자와 치료적으로 작업하는 데 첫 번째 원칙은 공감적으로 경청하는 것이다. 내담자는 자신의 자살 생각과 느낌을 다른 누구와도 드러내어 이야기해 본 적이 없을 것이다. 내담자의 정서적 고통의 깊이에 대한 공감을 보여 주는 기본적인 집중행동과 경청 반응을 사용하는 것이 중요하다.

치료적 관계 형성하기

성공적인 자살평가와 효과적인 치료에는 긍정적인 치료적 관계가 중요하다. 위기 상황(예: 자살 예방 핫라인 전화)에서는 치료적 관계를 형성할 시간이 줄어들고, 개입에 더욱 초점을 맞춘다. 그러나 당신이 위기 장면에서 일하든 치료 장면에서 일하든, 당신에게 주어진 장면의 제약을 감안해 관계 형성을 위한 상담 반응을 최대한 활용해야 한다.

CAMS 접근법에서 평가는 치료자가 '내담자가 보이는 자살 경향성의 특이성'을 이해하도록 도와, 쌍방이 내담자의 자살의 고통과 괴로움을 상세히 평가할 수 있도록 한다(Jobes et al., 2007, p. 287). 내담자의 자살 경향성에 대해 '깊이 이해'한 후에, 당신은 희망을 촉진하기 위해 다음과 같은 공감적 진술을 할 수 있다.

> 당신이 몹시 우울하다고 말했는데, 그런 감정에도 불구하고 우울증에 걸린 대부분의 사람들이 그 감정을 극복하고 결국엔 기분이 나아진다는 걸 아는 게 중요해요. 우리가 오늘 만나서 당신이 정서적인 고통에 대처할 수 있도록 도와주는 계획을 세우는 건 올바른 방향으로 나아가는 한 걸음이에요.

우울하거나 정서적으로 고통스런 내담자는 긍정적인 사건이나 정서를 회상하는 데 어려움을 느낄 수 있다(Lau, Segal, & Williams, 2004). 따라서 당신이 내담자가 긍정적인 사건과 과거의 긍정적인 정서적 경험에 초점을 맞추는 것을 도울 수 있지만, 자살 경향성이 있는 대부분의 내담자들이 긍정적인 경험을 회상하는 것이 쉽지 않다는 사실에 공감할 필요가 있다.

임상가: 기분이 좀 나아졌던 때를 생각해 보고, 그때 어떤 일이 있었는지 말해 줄 수 있어요?

내담자: (거의 들리지 않는 목소리로) 없어요. 기분이 나아졌던 기억이 없어요.

임상가: 괜찮아요. 우울한 사람들이 긍정적인 때를 기억하지 못하는 건 아주 자연스러운 일이에요.

자살 경향성이 있는 내담자는 또한 당신이 하는 말에 주의를 기울이는 데 어려움을 겪을 수도 있다. 때때로 중요한 메시지를 반복하면서, 천천히 그리고 분명하게 말하는 것이 중요하다.

안전 계획

내담자가 심리적인 고통에 대처하고 이를 줄이기 위한 실질적인 계획을 세우도록 도움을 주는 것이 자살개입의 핵심이다. 이 계획에는 자기를 치유하고, 사회적 고립을 줄이며, 문제 해결 능력을 향상시키고, 사회적 짐이 된다는 느낌을 줄이는 이완, 마음챙김, 전통적인 명상, 인지적 재구성, 사회봉사 및 기타 전략 등이 포함될 수 있다.

전통적인 자살 방지 서약 대신, 현재는 내담자로부터 성실히 치료를 받겠다는 서명을 받는 것을 강조한다(Rudd et al., 2006). 이러한 치료 관련 진술문이나 계획은 치료에의 전념(commitment to intervention), 위기 대응 계획(crisis response plan), 안전 계획(safety plan), 안전 계획 개입(safety planning intervention)과 같은 다양한 이름으로 진행된다(Jobes, Rudd, Overholser, & Joiner, 2008; Stanley & Brown, 2012). 이러한 진술문은 내담자가 하지 않아야 할 행동(즉, 자살)에 초점을 맞추기보다는, 우울하고 자살 관련 증상을 해결하기 위해 내담자가 할 활동을 기술한다. 또한 이러한 계획에는 National Suicide Prevention Lifeline (800) 273-TALK나 이와 유사한 위기 서비스 전화번호와 같이 내담자가 일과 시간 이후에도 긴급 지원 서비스를 이용할 수 있는 방법이 포함된다.

Stanley와 Brown(2012)은 안전 계획 개입(Safety Planning Intervention: SPI)이라고 불리는 자살 경향성이 있는 내담자를 위한 단기치료법을 개발했다. 이 개입은 인지치료 원리에 바탕을 두고 개발되었으며, 입원 장면 및 외래 장면뿐만 아니라 병원 응급실에서도 사용할 수 있다(G. Brown et al., 2005). SPI에는 여섯 가지 치료 구성 요소가 포함된다(Stanley & Brown, 2012, p. 257).

1. 자살 위기가 임박했다는 경고 신호 인식하기
2. 내적 대처 전략 사용하기
3. 자살 사고에서 벗어나기 위한 수단으로 사회적 접촉 활용하기
4. 위기를 해결하는 데 도움을 줄 수 있는 가족이나 친구에게 연락하기
5. 정신건강 전문가나 기관에 연락하기
6. 치명적인 방법 사용 가능성 줄이기

Stanley와 Brown(2012)은 여섯 번째 치료 구성 요소(치명적인 방법의 사용 가능성 줄이기)는 다른 다섯 가지 안전 계획 구성 요소들을 수행하기 전까지 다루지 않는다고 언급했다. 여섯 번째 구성 요소는 상황에 따라 가족이나 친구의 도움을 필요로 할 수도 있다. 이 여섯 가지 구성 요소들은 총기 관리를 포함하여 치료 관련 진술문에 모두 포함되어야 한다.

자살 이외의 대안 찾기

자살을 용인하는 풍조에 대한 논쟁이나 자살 충동이 있는 내담자는 자살을 시도해야 하

는지 여부에 대해 논쟁을 하면 역효과를 낳을 수 있다. 때때로 자살 경향성이 있는 사람들은 너무 무기력하다고 느껴서 스스로 목숨을 끊는 가능성을 그들의 몇 안 되는 통제력 중 하나로 인식한다. 논쟁하기보다는 내담자가 자살 충동에 대처하는 방법을 찾고, 좀 더 바람직한 삶의 대안을 찾도록 돕는 데 초점을 맞출 필요가 있다.

자살 경향성이 있는 내담자는 자살 이외의 대안을 찾을 수 없을지도 모른다. Shneidman (1980)이 제안한 것처럼, 내담자는 삶의 선택에 대한 자신의 시야를 '넓히는 데' 도움이 필요하다.

Schneiman(1980)은 임신한 10대가 자살 위기에서 자신에게 찾아온 상황에 대해 기술했다. 그녀는 지갑에 총을 가지고 있었다. 그는 자살이 하나의 선택사항이라는 점에 동의하는 한편, 자살 이외의 대안을 적기 위해 종이와 펜을 꺼냈다. Schneidman이 대부분의 대안들을 생각해 내었지만(예: "아이를 낳고 입양을 보낼 수 있다."), 그녀는 계속 거부했다("그럴 수 없어요."). 어쨌든 그는 두 사람이 함께 대안 목록을 만들고 있다는 사실을 언급하면서, 그 내용을 적었다. 결국 그는 그녀에게 대안 목록을 건네주고, 그녀가 선호하는 순위를 매겨달라고 부탁했다. 놀랍게도 그녀는 자살로 인한 죽음이 세 번째로 선호하는 대안이라고 말했다. 그리고 그들은 함께 첫 번째와 두 번째 대안을 실행했다. 다행히도 그녀는 세 번째 대안을 선택할 필요가 없었다.

이는 간단한 개입이다. 동료와 함께 연습한 후에 자살 경향성이 있는 내담자에게 시행할 수 있다. 내담자는 당신이 중요한 평가 정보를 얻은 시점에서 자살로 인한 죽음이 최우선적인 선택이라고 결정할 가능성은 항상 있다. 그러나 구체적인 대안 행동을 찾는 데 도움을 주면, 자살 경향성이 있는 내담자들이 자신의 삶을 받아들이는 선택을 자살 이외의 대안으로 한 가지 이상 선호한다는 사실은 놀랍다.

자기로부터 심리적 고통 분리하기

Rosenberg(1999)는 "치료자는 내담자가 진정으로 원하는 것이 자기를 없애는 것이 아니라 참을 수 없는 정서적 고통을 없애는 것이라는 점을 이해하도록 도울 수 있다."(p. 86) 고 기술했다. 이 기법은 자살 경향성이 있는 내담자의 고통에 대해 공감할 수 있도록 도와주는 동시에, 없애고자 하는 것이 자기 자신이 아니라 고통이라는 점을 내담자가 깨닫도록 도와준다.

Rosenberg(1999)는 또한 내담자가 **자살하고 싶다**는 문구가 의미하는 바를 재구성하도록 도울 것을 권고했다. 그녀는 내담자가 자신의 자살 사고와 충동을 '행동하려는 실제적인 의도'가 아니라, 자신의 감정의 정도에 대한 의사소통으로 보는 것이 이득이라고 지적했다 (p. 86, **진하게 표기된 부분은 원문을 의미**). 다시 말해, 이러한 접근법은 부분적으로는 인지적 재구성 때문에, 그리고 부분적으로는 치료자와의 공감적 연결 때문에 자살 충동에 대한 행동의 필요성을 감소시킬 수 있다.

지시적이고 책임감 있는 모습 보이기

내담자가 명백한 위험에 처해 있을 때, 개입하고 보호를 제공하는 것은 치료자의 윤리적이고, 법적인 책임이다. 이 의무는 지시적인 역할을 취하는 것을 의미한다. 당신은 내담자에게 무엇을 해야 하고, 어디로 가야 하며, 누구에게 연락해야 하는지를 알려 주어야 할지도 모른다. 또한 여기에는 내담자가 일상 운동, 여가 활동, 교회 활동 또는 자신의 고유한 욕구에 따라 자살을 예방할 수 있는 모든 활동에 참여하도록 촉구하는 것과 같은 지시적인 치료적 개입이 포함될 수 있다.

급성 자살 위험이 있는 내담자는 입원해야 할 수도 있다. 많은 전문가들은 입원이 최선은 아니라고 보지만, 급성 자살 사고를 가진 내담자의 경우 입원이 최선의 대안이 될 것이다. 만약 그렇다면, 긍정적이고 직접적인 태도를 취하도록 하라. 환자들은 정신 병원에서의 생활에 대해 부정적인 시각을 가질 수 있다. 다음과 같은 진술은 논의를 시작하는 데 도움이 될 수 있다.

- 당신이 더 안전해지고 통제력을 갖게 될 때까지 병원에 있는 것에 대해 어떻게 생각하는지 궁금해요.
- 병원에 있는 게 당신에게 맞는 거 같아요. 안전한 공간이니까요. 당신에게 필요하고, 또 원하는 대처 기술을 배우고 약물에 적응하기 위한 작업을 할 수 있을 거예요.

Linehan(1993)은 변증법적 행동치료를 통해 자살 행동을 줄이기 위한 몇 가지 지시적인 접근법에 대해 논의했다. 그녀는 다음과 같이 주장했다.

- 내담자에게 자살하지 말 것을 강력하게 지시하기
- 내담자에게 자살은 좋은 해결책이 아니며, 더 나은 해결책을 찾도록 반복해서 알리기
- 내담자가 두려움에 얼어붙어 긍정적인 행동 계획을 세울 수 없는 경우, 내담자에게 조언하고 무엇을 해야 하는지 알려 주기

이러한 제안은 자살 경향성이 있는 내담자와 상담할 때 얼마나 지시적이어야 하는지에 대한 정보를 제공할 수 있다.

입원과 의뢰에 대해 결정하기

자살 경향성은 전혀 없는 상태에서 극심한 상태까지 연속선상에서 측정될 수 있다. 경도에서 중등도의 자살 위험이 있는 내담자는 대개 외래 장면에서 자살 충동을 조절할 수 있다. (SLAP을 사용하여 평가되는) 더 빈번한 사고, 더 큰 초조감, 더 명확한 계획은 더 긴밀한 모니터링을 필요로 한다. 우리는 협력적인 치료 계획을 개발하고, 많은 대안들 중 하나로서 자살을 논의하며, 자기와 자살의 고통을 분리하고, 앞서 언급한 개입을 시행할 것을 권고한다.

경도에서 중등도의 자살 사고를 가진 일부 내담자들은 심각한 자살 위험을 가진 것처럼 다루어질 수도 있다. 예를 들면, 매우 가변적인 자살 사고, 막연한 계획, 목적 상실감을 보이는 55세의 우울한 남성을 상상해 보도록 하라. 이러한 증상은 경도나 중등도로 분류될 수 있지만, 추가적인 위험 요인이 있을 수도 있다. 만약 그가 사회적으로 고립되어 있고, 공황 발작이 있으며, 알코올 사용이 증가한다면, 그는 아마도 안전 계획을 세우거나 입원을 고려해야 할 필요가 있을 것이다.

극심한 자살 위험 범주에 속하는 내담자에게는 신속하고 지시적인 개입이 필수적이다. 이러한 내담자는 혼자 두면 안 된다. 당신은 내담자에게 조심스럽지만 지시적인 방식으로 내담자의 안전을 확보하는 것이 당신의 전문적인 책임이라는 점을 알릴 필요가 있을 것이다. 관련 조치에는 경찰이나 정신건강 전문가와의 접촉이 포함될 수 있다. 만약 특별한 훈련을 받은 적이 없고 당신이 소속된 기관의 규정이 아니라면, 절대 혼자서 자살 위험이 매우 높은 내담자와 이동하지 말도록 하라. 자살 위험이 높은 내담자는 입원을 피하기 위해 이동 중인 차량에서 뛰어내리고, 물에 뛰어들려고 하며, 고속도로에 몸을 던질 수도 있다.

자살 위험이 매우 높은 내담자의 경우 입원이 아마도 최선의 선택이겠지만, 최선의 선택이 아닐 수도 있는 몇 가지 이유들이 있다. 어떤 사람들에게는 입원이 큰 정신적 충격일 수 있다. 이는 자존감을 떨어뜨리거나, 기능이 저하되는 퇴행을 일으키거나, 사회적 지지망으로부터 멀어지게 할 수 있다. 직장이 있고, 적절한 사회적 지지를 받으며, 안전 계획을 시행하고 있는 자살 위험이 매우 높은 내담자의 경우, 입원하지 않는 것이 더 나을 수 있다. 이러한 경우, 내담자와 만나는 시간을 늘릴 수도 있고, 어쩌면 매일 짧게 만날 수도 있으며, 내담자를 위한 종합적인 안전 계획을 협력적이고 지속적으로 수정할 수도 있다. 모든 경우, 당신은 자살 경향성이 있는 내담자에게 취한 조치에 대해 슈퍼바이저 및 동료와 상의하고 모든 것을 문서화해야 한다.

윤리적 · 전문적 이슈

제2장에서 언급한 바와 같이, 자살의 경우 비밀 보장을 깨야 한다는 사실은 사전 동의서와 비밀 보장의 한계에 대해 구두로 설명할 때 포함되어야 한다. 그러나 자살평가와 관련된 많은 추가적인 전문적 이슈들이 있다. 이 이슈 중 일부는 개인적인 것이고, 일부는 전문적이거나 법적인 것이다. 개인적인 것과 전문적-법적인 것을 분리하는 것은 어려울 수 있다.

자살 경향성이 있는 내담자와 작업할 수 있을까

일부 치료자들은 자살 경향성이 있는 내담자와 작업하는 데 적합하지 않다. 만약 당신이 우울증이나 자살 사고에 취약하다면, 자살 경향성이 있는 내담자와 정기적으로 작업하는 것을 피하고 싶을 것이다. 자살 경향성이 있는 내담자와 작업하는 것은 우울 사고를 유발하고 정서적인 안녕감에 불필요한 짐을 더할 수 있다.

우울하고 자살 경향성이 있는 내담자는 종종 전문 서비스 제공자에게 분노와 적대적 태도를 보인다. 이는 불쾌하고 스트레스를 줄 수 있다. 그러나 라포를 유지하고 지나치게 짜증을 내지 않는 것은 당신의 책임이다. 화를 내거나 자살 경향성이 있는 내담자의 발언을 개인적으로 받아들이지 말도록 하라.

자살에 대해 가지고 있는 강한 가치관은 중요한 전문적 고려사항이 될 수 있다. 일부 전문가들은 내담자가 자살하는 것을 막아서는 안 된다고 강하게 믿고 있다(Szasz, 1986).

> 이 모든 것은 (엄격한 정치적-철학적 관점에서) 기본적 인권으로서 자살이 타당하다는 것을 가리키고 있다. 나는 자살하는 것이 항상 좋은 것이거나 칭찬받을 만하다는 것을 의미하는 것이 아니다. 나는 단지 공권력이 사람들이 자살하는 것을 금지하거나 막기 위해 합법적으로 발동되거나 사용되어서는 안 된다는 것을 의미한다(p. 811).

만약 당신이 자살에 대해 찬성하거나 반대하는 강한 철학적 · 종교적 신념이 있다면, 그러한 신념은 객관성을 갖고 도움이 될 만한 능력을 저해할 수 있다(Neimeyer, Fortner, &

Melby, 2001). 당신은 여전히 자살평가면담을 전문적으로 수행할 수 있겠지만, 동료나 슈퍼바이저의 지원이나 지도가 추가적으로 필요할 수도 있다.

자문

동료와 슈퍼바이저에게 자문을 받는 것에는 두 가지 목적이 있다.

첫째, 이는 전문적인 지원을 제공한다. 자살 경향성이 있는 내담자를 다루는 것은 어렵고, 스트레스가 많으며, 다른 전문가의 조언은 도움이 된다. 당신의 건강과 온전한 정신을 위해, 자살 경향성이 있는 내담자와 단둘이서 작업해서는 안 된다.

둘째, 자문을 통해 당신이 적절한 표준 절차를 진행하고 있는지에 대해 피드백 받을 수 있다. 만약 자살 후 재판에서 당신의 조치와 선택을 변호할 필요가 있다면, 당신은 당신이 전문적인 기준을 충족시키고 있다는 것을 보여 줄 수 있을 것이다. 자문은 정기적으로 당신의 전문적인 역량을 모니터링하고, 평가하며, 향상시키는 방법들 중 하나다.

문서화 작업

문서화 작업은 필수적이며, 여기에는 당신의 임상적 판단의 근거에 대한 설명이 포함된다. 예를 들면, 만약 당신이 심각하거나 자살 위험이 매우 높은 내담자와 작업하면서 입원시키지 않기로 결정했다면, 당신은 그러한 결정을 내린 이유에 대해 정확하게 문서화 작업을 해야 한다. 협력적인 안전 계획이 세워지고 내담자가 좋은 사회적 지지(예: 가족이나 직장)를 받는다면, 당신은 내담자를 입원시키지 않기로 결정한 것은 원칙에 맞는 일일 것이다.

자살 경향성이 있는 내담자와 작업할 때 다음의 사항을 수행했다는 것을 문서화하도록 하라.

- 자살위험평가를 실시함
- 적절한 병력 정보를 취득함
- 이전 치료에 대한 기록을 확보함
- 자살 사고와 충동에 대해 직접적으로 질문함
- 한 명 이상의 전문가에게 자문을 받음
- 비밀 보장의 한계에 대해 논의함
- 자살개입을 시행함

- 협력적인 안전 계획을 세움
- 내담자에게 안전을 위한 자원(예: 전화번호)을 제공함
- 총기나 기타 치명적인 방법에 접근을 제한하는 것에 대해 논의함

문서화 작업과 관련해 법적으로 중요한 것은, 만약 어떤 사건이 문서화되지 않은 경우 그 사건은 발생하지 않았다는 것이다(실제 적용하기 10-2 참조).

사망에 이른 자살 다루기

당신의 내담자 중 한 명이 자살로 인해 사망하는 불행한 사건이 발생한다면, 관련된 개인적·법적 이슈를 알고 있는 것이 중요하다(McGlothlin, 2008). 첫째, 슬픔과 죄책감을 다루기 위해 전문적이고 개인적인 지원을 구하도록 하라. 지지적인 동료와 자살 이후에 대해 이야기하는 것만으로 충분할 수 있다. 일부 전문가들은 자살에 영향을 준 요인을 파악하기 위한 노력으로 '심리 부검'을 실시한다(Pouliot & De Leo, 2006). 심리 부검은 자살 경향성이 있는 내담자와 정기적으로 작업하는 전문가에게 특히 도움이 된다.

둘째, 당신은 즉시 변호사에게 자문을 받아야 할 수도 있다. 당신이 처한 법적 상황과 자신을 보호하는 최선의 방법을 아는 것이 도움이 된다(McGlothlin, 2008). 법률 지원은 당신이 속한 학회나 주(state) 협회를 통해 가능할 수 있다.

변호사, 슈퍼바이저 혹은 자문가 집단이 단호하게 반대하지 않는 한, 당신은 사망한 내담자의 가족에 대응해야 한다. 그들은 당신을 직접 만나거나 전화로 상실 경험에 대해 논의하고 싶어 할 수도 있다. 만약 당신이 그 상황에 대해 논의하는 것을 거부하면, 그들은 실망하고 분노할 수 있다. 분명히, 화가 난 가족은 당신을 솔직하고 정중하다고 보는 가족보다 고소할 가능성이 더 높다. 사망한 내담자의 가족에게 하는 말은 무엇이든 자신에게 불리하게 사용될 수 있다는 것을 알아야 하지만, 아무 말도 하지 않으면 냉정하고, 거리감이 있으며, 비정한 사람으로 보일 수도 있다는 것을 알아야 한다. 비밀 보장 규정은 사후에도 그대로 유지된다는 사실을 기억하도록 하라. 서명된 동의서가 없는 한, 당신은 내담자가 치료 상황에서 한 말의 구체적인 내용을 친구나 가족에게 공개할 수 없다.

당신이 가족에게 보이는 태도가 실제 말하는 것보다 더 중요할 수도 있다. "제 변호사가 그 질문에 대답하지 말라고 했어요." 식의 발언은 삼가도록 하라. 내담자의 사망에 대해 당신 자신의 슬픔을 솔직하게 드러내도록 노력하되, 죄책감이나 후회에 대해서는 말하지 말도록 하라(예를 들면, "아, 지난번 상담 후에 그를 입원시키기로 결정했더라면 좋았을 텐데"

라고 말하지 말도록 하라.). 치료적 차원에서 가족과의 대화가 그들과 당신 모두에게 중요할 수 있다. 대부분의 경우, 그들은 당신을 사랑하는 사람이 나아지도록 도우려 했던 사람으로 여길 것이다. 그들은 당신의 노력에 감사할 것이고, 어느 정도는 당신이 그들의 슬픔과 상실을 함께 나누기를 기대할 것이다. 각각의 경우는 다르지만, 법적인 문제에 대한 두려움으로 인해 당신의 인간성을 포기하지 말도록 하라.

● 실제 적용하기 10-2: 자살 관련 문서화 작업 체크리스트

다음 항목을 체크하여 자살평가 문서화 작업이 전문적인 기준에 부합하는지 확인하도록 하라.

☐ 1. 비밀 보장의 한계와 사전 동의에 대해 논의했다.
☐ 2. 자살평가가 철저하게 수행되었고, 여기에는 다음과 같은 내용이 포함되었다.
    ☐ 위험 요인에 대한 평가
    ☐ 자살평가 도구 혹은 질문지
    ☐ 자살 사고, 계획, 내담자의 자기통제력(초조), 의도에 대한 평가
☐ 3. 자살 행동에 대해 내담자로부터 관련 병력(예: 가족의 자살 행동, 이전 시도, 이전 시도에서 방법의 치명성)을 얻었다.
☐ 4. 이전 치료 기록을 요구했다/얻었다.
☐ 5. 한 명 이상의 정신건강 공인 전문가의 자문을 받았다.
☐ 6. 협력적으로 안전 계획을 수립했다(총기 안전 포함).
☐ 7. 환자에게 위기 상황에서 이용할 수 있는 자원에 대한 정보를 제공했다.
☐ 8. 자살 위험이 높은 경우, 적절한 당국자(경찰) 및/또는 가족에게 연락했다.
☐ 9. 자살개입을 수행했다.

요약

자살 경향성이 있는 내담자와 작업을 하는 것은 스트레스가 매우 심하다. 당신은 이 장의 내용에 대해 정서적인 반응을 보일 수 있으므로 지지를 구하는 것이 좋다. 미국의 자살률은 최근 몇 년 동안 약간 상승하고 있지만, 일반적으로 인구 10만 명당 13명 정도 된다. 이로 인해 자살은 드물고 예측하기 어려운 현상처럼 보인다.

많은 다양한 위험 요인, 보호 요인, 경고 신호들은 자살 행동과 관련이 있다. 불행하게

도, 자살 위험과 관련된 대부분의 통계 정보는 개별 실무자에게 그다지 도움이 되지 않는다. 그러나 많은 잠재적인 위험 요인과 보호 요인 그리고 경고 신호들 기저에 있는 역동을 이해하면 실무자가 자살 내담자를 더 깊은 수준에서 이해하는 데 도움이 될 수 있다.

Shneidman의 자살에 대한 이론적 접근은 심리적 고통, 마음의 혼란, 정신적 수축을 강조한다. Joiner의 대인관계 모형에서는 좌절된 소속감과 짐이 되는 느낌의 핵심적인 역할을 강조한다. Shenidman과 Joiner의 모형은 모두 경험적인 지지를 받고 있으며, 자살평가와 개입을 용이하게 하는 데 사용될 수 있다.

자살위험평가 수행에는, ① 위험 요인 및 보호 요인, ② 자살 사고, ③ 자살 계획, ④ 내담자의 자기통제력과 초조, ⑤ 자살 의도, ⑥ 안전 계획의 여섯 가지 요소가 포함된다. 이러한 구성 요소는 약자 RIP SCIP로 요약할 수 있다. 이 구성 요소의 대부분은 종합 자살위험평가 면담에서 다루어진다. 2차 정보 제공자나 평가 도구와 같은 외부 자원으로부터 정보를 수집하는 것도 도움이 될 수 있다.

자살 경향성이 있는 내담자와 작업할 때, 효과적인 경청을 통해 라포와 치료적 관계를 형성하는 것이 중요하다. 지지적인 공감은 필수적이다. 자살 경향성이 있는 내담자는 이전에 자살에 대한 생각과 소망을 누구에게도 알리지 않았을 것이다. 이 장에서는 안전 계획, 자살 이외의 대안 찾기, 자기로부터 심리적 고통을 분리하기 등 몇 가지 구체적인 자살 개입 전략들에 대해 논의했다. 자살 상황에서 의사결정은 어렵다. 경도 혹은 중등도의 자살 위험이 있는 내담자는 일반적으로 외래 장면에서 증상을 관리할 수 있지만, 심각하고 극심한 자살 사고를 가진 사람은 종종 입원이 필요하기도 하다.

자살평가와 관련된 몇 가지 윤리적·전문적 이슈들이 있다. ① 자살 경향성이 있는 내담자와 작업하는 자신의 능력에 민감해지기, ② 자문, ③ 문서화 작업, ④ 사망에 이른 자살 다루기.

권장도서 및 자료

이 장에서 자살평가와 치료에 대한 흥미가 생겼다면, 관심을 가질 만한 추가 자료들이 있다. 다음의 읽을거리와 자료들은 이 중요한 주제에 대해 유용한 많은 자료 중 일부에 불과하다.

전문도서 및 논문

Healy, D. (2000). Antidepressant induced suicidality. *Primary Care in Psychiatry, 6*, 23-28.

이 논문은 특정 세로토닌 재흡수 억제제가 어떤 경우에 내담자의 자살률을 증가시킬 수 있는지에 대해 기술한다.

Jobes, D. A. (2016). *Managing suicidal risk: A collaborative approach* (2nd ed.). New York, NY: Guilford Press.

Jobes의 저서는 자살 경향성이 있는 내담자와 함께 작업하게 될 사람들에게 훌륭한 자료다. 이 장에서 논의한 바와 같이, 자살평가와 개입의 초석으로서 공감적 협력을 강조한다.

Joiner, T. (2005). *Why people die by suicide.* Cambridge, MA: Harvard University Press.

이 저서는 Joiner의 자살에 대한 대인관계 이론을 설명한다.

Jordan, J. R., & McIntosh, J. L. (2011). *Grief after suicide: Understanding the consequences and caring for the survivors.* New York, NY: Routledge.

이는 자살로 인한 사별과 관련된 문헌 중 획기적인 저서로 자살 사망자 유족의 지원에 대한 정보와 함께 유족을 위한 유망한 국가 및 국제 프로그램에 대한 정보를 제공한다.

Juhnke, G. A., Granello, D. H., & Granello, P. F. (2011). *Suicide, self-injury, and violence in the schools: Assessment, prevention, and intervention strategies.* Hoboken, NJ: Wiley.

조직화가 잘 되어 있는 이 저서는 학교에서 직면하는 세 가지 도전적인 문제와 관련된 내용을 다룬다.

Shea, S. C. (2011). *The practical art of suicide assessment: A guide for mental health professionals and substance abuse counselors* (2nd ed.). Hoboken, NJ: Wiley.

이 저서는 주로 내담자의 자살 사고와 의도를 밝혀내기 위한 면담 방법에 초점을 맞추고 있다.

Shneidman, E. S. (1996). *The suicidal mind*. New York, NY: Oxford University Press.
세계에서 가장 유명한 자살학자는 이 영향력 있는 저서를 통해 자살 충동과 관련된 심리적 고통을 보여 주는 세 가지 사례를 고찰한다.

Stanley, B., & Brown, G. K (2012). Safety planning intervention: A brief intervention to mitigate suicide risk. *Cognitive and Behavioral Practice, 19*(2), 256-264.
이 논문은 자살 경향성이 있는 내담자를 위한 간단한 개입인 안전 계획 개입(Safety Planning Intervention: SPI)에 대해 기술하는데, 이 개입은 자살예방센터(Suicide Prevention Resource Center)와 미국자살예방재단(American Foundation for Suicide Prevention)에 의해 가장 효과적인 개입으로 인정되어 왔다.

자살 예방 지원 기관 및 웹 사이트

American Association of Suicidology, Alan L. Berman, PhD, executive director, 4201 Connecticut Avenue, NW, Suite 310, Washington, DC 20008. Phone: 202-237-2280. www.suicidology.org

American Foundation for Suicide Prevention, 120 Wall Street, 22nd Floor, New York, NY 10005. Phone: 888-333-AFSP or 212-363-3500. www.afsp.org Centers for Disease Control and Prevention: http://www.cdc.gov/violenceprevention/suicide/

National Organization for People of Color Against Suicide, P.O. Box 75571, Washington, DC 20013. Phone: 202-549-6039. Email: info@nopcas.org

Suicide Assessment Five-Step Evaluation and Triage (SAFE-T): Pocket Card for Clinicians. Available for free at http://store.samhsa.gov/product/Suicide-Assessment-Five-Step-Evaluation-and-Triage-SAFE-T-Pocket-Card-for-Clinicians/SMA09-4432

Suicide Prevent Triangle: Lists support groups, suicide self-assessment procedures, software, and educational/resource information on suicide. http://Suicide PreventTriangle.org

Suicide Prevention Resource Center (SPRC), Education Development Center, Inc., 43 Foundry Avenue, Waltham, MA 02453. Phone: 877-GET-SPRC or 877-438-7772. www. sprc.org

제11장

진단 및 치료 계획

소개

진단과 치료 계획은 모든 정신건강 서비스의 핵심이다. 이는 의심의 여지없는 상식처럼 보인다. 결국 내담자의 문제를 파악하고, 그 문제를 해결하는 계획을 세우는 것이 항상 임상면담을 하는 이유가 아닌가? 불행하게도 진단과 치료 계획은 당신이 예상하는 것만큼 간단하지 않다. 왜냐하면 인간은 작은 상자 안에 완벽하게 집어넣을 수 없는 존재이기 때문이다. 이는 정신건강 진단에 대한 논쟁과 어떤 치료 접근법이 어떤 문제에 가장 효과가 있는지에 대한 치열한 논쟁으로 이어진다. 이 장에서 우리는 정신장애 진단의 기본 원칙으로 시작해, 진단 및 치료 계획 과정을 안내하는 연구 기반 원칙으로 끝을 맺을 것이다.

현대의 진단 분류 체계

조발성 치매[조현병]의 경미한 모습에서조차도 환자의 행동이 이해되기 어렵고, 한 상태에서 다른 상태로 급작스레 바뀌는 혼란스런 경향성이 지속된다.

– Emil Kraepelin, *Lectures on Clinical Psychiatry*, 1913, p. 21.

●학습목표●

이 장을 읽은 후 다음을 수행할 수 있다.

• 두 가지 주요 진단 분류 체계(ICD 및 DSM)를 알아보고, 이들의 복잡한 관계 설명하기
• 『국제질병분류 제10차 개정판-임상적 변형』과 『정신장애 진단 및 통계편람(5판)』에서 정신장애가 정의되는 방법 그리고, 평가 및 진단과 관련된 일반적인 문제 설명하기
• 구조화된 진단면담, 반구조화된 진단면담, 종합 (comprehensive) 진단면담, 국지적(circumscribed) 진단면담 정의하기
• 구조화된 진단면담 및 반구조화된 진단면담과 관련된 신뢰도, 타당도, 장단점 설명하기
• 진단면담에 대한 구조화되지 않은 접근 방식의 구성 요소 알아보기
• 보다 효과적인 치료 계획을 세우는 데 사용할 수 있는 경험적 지지를 받는 대응 변인(matching variables) 나열하기
• 인지행동치료자가 사례 개념화와 치료 계획 세우는 방법 설명하기
• 진단적 의사결정 및 문화적으로 민감한 진단면담에 적용되는 문화적 변용 및 조정 알아보기

Emil Kraepelin(1856~1926)은 정신건강의 진단과 치료에서 가장 위대한 근대의 혁신가로 떠올랐다. 그가 언급한 핵심적인 '정신질환'의 범주 중 많은 부분이 여전히 현대 진단 체계에 대한 틀을 제공했다. Kraepelin은 정신과 환자에 대한 직접적인 관찰을 바탕으로 기술 체계를 개발했다. 그의 1902년 판『Clinical Psychiatry』에는 소수의 진단 범주가 포함되어 있었으며, 총 114페이지에 불과했다.

ICD와 DSM 체계

정신장애를 범주화하기 위한 분류 체계로 **정신역동적 진단 매뉴얼**(Psychodynamic Diagnostic Manual: PDM), **국제질병분류**(International Classification of Diseases: ICD), **미국국립정신보건원의 연구 영역 기준**(Research Domain Criteria: RDoc), **정신장애 진단 및 통계편람**(Diagnostic and Statistical Manual of Mental Disorders: DSM) 등이 있다. 임상 실무자와 가장 관련이 있는 두 체계는 ICD와 DSM이다.

Kraepelin의 원저 출간이래로 정신과적 진단은 다차원적이고 실제적인 거대한 조직체로 폭발했다. DSM의 1판(130쪽, 106개의 정신장애)은 1952년에, 2판은 1968년에, 3판은 1980년에, 4판은 1994년에, 그리고 2000년에는 DSM-IV의 텍스트 개정판(DSM-IV-TR)이 출간되었다. DSM 최신판(5판)(DSM-5)에는 947페이지 걸쳐 거의 300개의 정신장애가 포함되어 있다(American Psychiatric Association, 2013). ICD-10 역시 어마어마하다. Keeley와 동료들(2106)은 DSM-5와 ICD-10의 현재 상태에 대해 다음과 같이 기술했다.

> 현재 분류 체계의 임상적 유용성에 심각한 문제가 있다는 것은 명백하다. 예를 들면, 과도한 수의 범주, 과대 특정화(overspecification), 의사 동반 이환(spurious comorbidity)은 시간이 지남에 따라 악화되었다(p. 5).

정신장애의 진단 분류는 간단치 않다. 사실, 모든 부분에서 논쟁의 여지가 있다.

세계보건기구(World Health Organization: WHO)는 1990년 ICD-10을 승인했으나, ICD-10-CM은 2015년 10월 1일까지 미국의 의료 서비스 제공자를 위한 필수 진단 명명법이 되지 못했다. 이때까지는 DSM과 ICD 체계를 모두 사용했다. 이러한 지연은 대부분 "새로운 질병 분류를 수용하기 위해 정보 체계를 변경하는 데 저항하는 의료 체계와 건강보험사의 압력으로 인한 것"이었다(Reed, 2010, p. 458). 지금은 DSM-5 기준을 사용하는 대신 ICD-10-CM 기준과 코드를 사용해 정신장애를 진단한다. DSM-5는 ICD-10-CM 코드로 변경되어서 둘 중 하나를 사용할 수 있게 되었다. 예를 들면, DSM은 편집형 조현병에 295.3을 사용하는 대신 ICD-10-CM 코드인 F20.0을 사용한다(Reed, 2010).

정신장애에 대한 서술과 진단 기준은 ICD와 DSM 체계 간 유사하다. 두 매뉴얼 모두 정신건강과 정신병리에 대한 흥미로운 통찰을 포함하고 있다. ICD가 필수 명명법이긴 하지만, 일부 실무자들은 보다 광범위한 배경, 서술, 보조 자료(예: 문화적 개념화 면담) 때문에 DSM을 계속 사용하고 선호한다. 물론 두 체계 모두 문제가 있지만, 그동안 진전도 있었고 더 많은 진전을 희망하고 있다. 미래에 대한 한 가지 희망적인 소식은 ICD-11이 2018년에 나올 예정이며, WHO는 이 개발에 있어 임상적 유용성을 강조하고 있다는 것이다(Keeley et al., 2016). ICD와 DSM 체계 간의 관계에 대한 자세한 내용은 실제 적용하기 11-1을 참조하도록 하라. ICD-10-CM은 무료로 다운로드 받을 수 있다(검색: WHO international classification of diseases mental and behavioural disorders filetype: pdf).

실제 적용하기 1-1: ICD-10-CM과 DSM-5 간의 관계 이해하기: Jared Keeley 박사와의 질의응답

대학원 정신병리 수업에서 ICD-10-CM과 DSM-5 간의 차이를 다루는 것에 대해 어떻게 생각하는가?

개인적으로, 나는 이 사안을 다루는 것이 우리 학생들에게 매우 가치 있는 교육적 경험이라고 생각한다. 왜냐하면 우리 분야 대부분의 사람이 꽤 오랫동안 이 차이에 대해 혼란스러워했기 때문이다.

ICD와 DSM 체계 간 어떤 관계가 있는가?

ICD는 의료 정보에 대한 보고를 표준화하기 위해 WHO가 만든 것이다. WHO는 유엔 산하 기관으로 회원국은 ICD를 사용해 의료 통계를 보고하기로 합의했다. (DSM-I이 ICD-6에 대응하는 것을 시작으로) 대략 DSM의 각 판은 ICD의 판에 대응한다. 일부 논평과는 달리, 각 체계의 저자들은 상대 매뉴얼을 잘 알고 있었고, 매뉴얼을 최대한 서로 조화시키려고 하는 노력도 있었다. ICD-10은 DSM-IV에 해당하며, 의도적인 차이를 둔 것이 여러 가지 있지만 많은 진단적 개념이 유사하다.

왜 미국은 2015년 10월에 DSM-5 대신 ICD-10CM을 채택했는가?

미국은 ICD-10의 채택에 매우 뒤처져 있었다. 각 회원국은 해당 국가 상황에 맞게 적용할 수 있다. 이것이 ICD-10-CM이다. ICD-10은 1992년에 사용 승인을 받았고, ICD-10-CM은 1996년에 최종 확정되었다. 따라서 DSM-5는 실제로 ICD-11과 조화를 이루고 있다. 따라서 DSM-5와 ICD-10-CM을 비교하는 것은 사과를 오렌지에 비교하는 것과 약간 비슷하다. 이것들은 동등하게 만들려고 의도한 것은 아니었다. 그러나 둘 다 분명히 과일이다.

두 체계를 모두 공부해야 하는 이유는 무엇인가?

정신건강 서비스 전문가 및/또는 소비자로서, 이 둘의 차이를 인식하고, 각 매뉴얼이 다른 이유를 수용하기 위해 인지적인 유연성을 개발하면 장기적으로 학생들에게 도움이 될 것이다. DSM으로 정의하건 ICD로 정의하건, 우울증은 우울증이다. 이 정의에서 보이는 차이점은 우리 학생들이 검토할 기회를 가져야 할 흥미로운 경험적 · 인식론적 질문이다. 이러한 차이가 진단, 유병률, 치료, 정책에 어떤 영향을 미치는가? 또한 우리의 진단적 정의가 시간이 지남에 따라 어떻게 변했는지, 새로운 경험적 증거와 함께(또는 없이) 진화하고 있는지도 살펴볼 필요가 있다.

ICD-10 증상 기준이 장애별로 다른 이유는 무엇인가?

ICD-10의 기술은 좀 다른데, 그 이유에 대해 논의할 가치가 있다. ICD-10 지침을 만든 실무 집단 간 표준화 과정이 별로 이루어지지 않았기 때문에, 일부 진단 기술과 기준들은 다른 진단 기술과 기준들보다 훨씬 상세했다. 따라서 일부 진단들은 작은 산문 단락으로 이루어져 있고, 일부는 DSM의 진단 기준과 같이 글머리 기호 목록으로 이루어져 있다. 도움이 될지 모르겠지만, ICD-11에서는 표준화된 형식으로 더 많은 정보를 담을 것이다.

Keeley 박사는 Mississippi State University의 부교수다.

정신장애 정의하기

의학과 과학에서의 다른 많은 개념과 마찬가지로, 정신장애의 개념은 모든 상황을 다루는 일관된 조작적 정의가 부족하다(American Psychiatric Association, 2000, p. xxx).

정신적 문제와 신체적 질병 사이에 명확한 선을 긋는 것은 종종 어렵다. 신체적으로 아프면 스트레스, 수면 부족 또는 정신상태가 원인이 될 수 있다는 것은 분명하다. 다른 경우에는 심리적 고통을 경험할 때, 당신의 신체적 상태는 상황을 더 악화시킬 수 있다(Witvliet et al., 2008).

왜 정신질환이 아니라 정신장애인가

많은 전문가, 기관, 미디어에서는 ICD와 DSM 분류 체계에 포함된 진단적 실체 (diagnostic entities)를 기술하기 위해 **정신질환**(mental illness)이라는 용어를 일상적으로 사용한다. 이러한 관행은 흔하긴 하지만, ICD와 DSM 정신에 부합하지 않는다. 두 매뉴얼 모두 명시적이고 의도적으로 **정신장애**(mental disorder)라는 용어를 사용하고 앞으로도 계속 사용할 계획이다. ICD-10에는 다음과 같이 언급되어 있다.

> '질병'이나 '질환'과 같은 용어의 사용에 내재된 훨씬 더 큰 문제를 피하기 위해, 분류 전체에 걸쳐 '장애'라는 용어를 사용한다. '장애'가 정확한 용어는 아니지만, 여기에서는 대부분의 경우 고통 및 개인 기능에 대한 방해와 관련된 임상적으로 인식 가능한 일련의 증상이나 행동의 존재를 암시하기 위해 사용된다(1992, p. 11).

ICD와 DSM 체계는 기술적이고, 이론에 기반하지 않은 분류 체계다. 이 체계는 특정 징후(관찰 가능한 지표)와 증상(주관적인 지표)의 유무에 근거해 진단을 내린다. ICD의 F00-F09의 장애(예: F00: 알츠하이머형 치매, F01: 혈관성 치매)를 제외하고 ICD의 정신장애 중 신체적·기질적 또는 유전적 병인에 대한 가정은 하지 않는다.

ICD와 DSM 정신에 부합하여 우리는 정신질환이라는 용어를 이 책에서 사용하지 않는다. 우리는 또한 정신질환이 정신장애보다 더 문제가 되는 용어라고 생각한다. 사실, 우리는 종종 질환의 관점에서 한 걸음 더 나아가 **정신건강 문제**(mental health problems)라는 말을 대신 사용한다. 그러나 결국 정신장애는 우리가 뭐라고 부르든 간에 종종 효과적으로 치료될 수 있는 상당히 견고하고, 교차문화적인(cross-cultural) 개념이다.

정신장애의 일반적 기준

DSM-5에는 정신장애의 일반적인 정의가 다음과 같이 포함되어 있다.

> 정신장애는 정신 기능의 기초를 이루는 심리학적·생물학적 혹은 발달 과정에서의 기능 이상을 반영하는 개인의 인지, 정서 조절 또는 행동에서 임상적으로 유의미한 장애라는 특징을 가진 증후군이다. 정신장애는 대개 사회적·직업적 혹은 다른 중요한 활동에서의 심신 장애 또는 유의미한 정신적 고통과 관련되어 있다(American Psychiatric Association,

2013, p. 20).

이 정의는 ICD-10-CM과 일치하지만, 여전히 상당한 모호함은 남아 있다. 정신장애에 대한 DSM-5의 정의를 여러 차례 다시 읽어 보면, 명확성이 상당히 결여되어 있음을 알 수 있을 것이다. 무엇이 '임상적으로 유의미한 장애'인지에 대해 논쟁의 여지가 있다. 또한 인간의 행동이 "정신 기능의 기초를 이루는 심리학적ㆍ생물학적 혹은 발달 과정에서의 기능 이상을 반영한다."(p. 20)라는 것은 어떻게 판단할 수 있는가? 아마도 정신장애의 가장 명확한 구성 요소는 상대적으로 관찰 가능한 두 가지 현상 중 하나일 것이다.

1. **주관적 고통**: 개인 자신이 고통스러워야 한다.
2. **사회적ㆍ직업적 혹은 다른 중요한 활동에서의 심신장애**: 인지, 정서 조절 혹은 행동적 장애는 반드시 손상을 초래해야 한다.

여러 해 동안 DSM 체계는 사회적으로나 문화적으로 억압적이라는 비판을 받아 왔다 (Erisksen & Kress, 2005; Horwitz & Wakefield, 2007). 1960년대부터 Thomas Szasz는 정신질환을 정신과 체제에 의해 영속된 신화라고 주장했다. 그는 다음과 같이 기술했다.

어떤 종류의 사회적 일탈이 정신질환으로 간주되는가? 그 답은 정신건강에 대한 정신의학적 정의와 기준에 부합하지 않는 개인적인 행위다. 만약 마약을 사용하지 않는 것이 정신건강의 기준이라면, 마약을 사용하는 것은 정신질환의 징후가 될 것이다. 만약 평정심이 정신건강의 기준이라면, 우울과 고양은 정신질환의 징후가 될 것이다(1970, p. xxvi).

Szasz의 주장은 상당히 납득할 만하다. 하지만 가장 흥미로운 것은 ICD와 DSM 체계가 기본적으로 Szasz의 주장에 동의한다는 것이다. ICD에는 다음과 같은 진술이 포함되어 있다. "개인적인 기능 부전이 없는 사회적 일탈이나 갈등 그 자체로는 여기에 정의된 정신장애에 포함시켜서는 안 된다."(World Health Organization, 1992, p. 11). 그리고 DSM-5 저자들은 다음과 같이 기술했다.

사회적으로(예: 정치적ㆍ종교적ㆍ성적) 정상에서 벗어난 행동과 주로 개인과 사회 간의 충돌은 개인의 기능 부전으로부터 나온 결과가 아닌 한 정신장애가 아니다(American Psychiatric Association, 2013, p. 20).

ICD와 DSM의 정신장애에 대한 일반적인 정의와 개별 정신장애에 대한 기준은 신중하게 연구되고, 세심하게 서술되어 있으며, 정치적으로 영향을 받은 주관적인 판단으로 구성되어 있다. 과학, 논리학, 철학, 정치가 관련되어 있다. 우리가 진단과 치료 계획의 방법으로 임상면담을 향한 길을 계속 나아갈 때, 이는 명심해야 할 중요한 관점이다.

왜 진단을 하는가

Szasz(1961, 1970)처럼 우리 학생 중 많은 수가 진단하는 것을 원하지 않는다. 이들은 진단 체계에 비판적이고 냉소적이며, 진단을 적용하면 내담자의 개인의 특성을 무시하기 때문에 이들의 인간성을 해친다고 생각한다. 우리는 학생들의 불만에 공감하고, 고유한 개인을 진단하면서 발생할 수 있는 문제에 대해 안타까워하며, 부적절한 진단의 확산(예: 아동 · 청소년의 양극성장애)에 대해 비판한다. 하지만 결국 우리는 계속해서 진단평가 전략과 절차를 중시하고 가르치면서, 철학적이고 실제적인 주장으로 정당화한다.

진단에 대한 교육과 훈련의 이점은 다음과 같다.

- 임상가가 특정 내담자의 증상과 진단 지표를 면밀히 관찰하고 모니터링하도록 한다.
- 정확한 진단은 내담자의 예후에 대한 예측을 향상시킨다.
- 특정 진단에 대한 치료법을 개발할 수 있다.
- 다른 전문가 및 제3자 비용 지불인과의 의사소통이 더 효율적일 수 있다.
- 정신장애의 탐지, 예방, 치료에 대한 연구를 촉진한다.

진단명에 대해 회의적인 태도를 유지하는 것이 좋지만, 정신장애에 대한 지식을 갖추는 것은 전문적인 요구사항이다.

역설적으로 보이지만, 때로는 진단명이 내담자에게 큰 안도감을 주기도 한다. 내담자가 혼란스럽고, 무서운 증상을 경험할 때, 이들은 종종 외롭고 이전에 겪어 본 적 없는 괴로움을 느낀다. 진단을 받고, 자신의 문제가 명명되고, 분류되고, 규정되는 것은 큰 안도감을 줄 수 있다. 다른 많은 사람들이 유사한 방식으로 정신적 충격에 반응하고, 유사한 방식으로 우울증을 경험했으며, 유사한 방식으로 비합리적인 생각이나 문제가 되는 강박 행동을 나타낸다는 것을 깨닫는 것은 위안이 될 수 있다. 진단은 희망을 암시한다(Mulligan, MacCulloch, Good, & Nicholas, 2012).

특정 진단 기준

ICD-10-CM과 DSM-5는 정신장애 진단을 위해 구체적이고 어느 정도 측정 가능한 기준을 제공한다. 진단은 일반적으로 핵심 특징에 대한 기술과 그 상태를 확인하기 위한 증상 목록으로 구성된다. 예를 들면, 범불안장애(generalized anxiety disorder: GAD, F41.1)에 대한 ICD-10-CM의 핵심 특징은 다음과 같다.

> 광범위하고 지속적인 불안으로, 특정 환경에 국한되거나 심지어 특정 환경 조건에서 강력하게 나타나지 않는다[즉, '부유(free-floating) 불안']. 다른 불안장애에서와 마찬가지로, 주된 증상은 매우 다양하지만, 지속적인 신경과민, 떨림, 근육 긴장, 발한, 어지러움, 심계항진, 현기증 그리고 상복부 불편감 등에 대한 호소가 일반적이다. 환자 자신이나 친척이 곧 병에 걸리거나 사고를 당할 것이라는 두려움은 종종 다른 여러 가지 걱정 및 불길한 예감과 함께 표현된다. 이 장애는 여성에게 더 흔하게 나타나며, 만성적인 환경 스트레스와 관련이 있는 경우가 많다. 이 장애의 경과는 다양하지만, 기복이 있고 만성적인 경향이 있다(WHO, 1992, p. 115).

핵심 특징 섹션(일명 서술 섹션)에서는 장애에 대해 개관하지만, GAD 진단을 내리기 위해서는 구체적인 기준을 사용한다(GAD에 대한 ICD-10-CM과 DSM-5 진단 기준의 비교는 〈표 11-1〉 참조).

〈표 11-1〉 범불안장애(F41.1)에 대한 DSM-5와 ICD-10-CM 진단 기준

	DSM	ICD
일반적 기술	DSM에는 특정 기준(A-F)에 기간 구분이 포함된다.	환자는 한 번에 적어도 몇 주 동안, 그리고 보통 몇 달 동안 대부분의 날에 주요 불안 증상을 가지고 있어야 한다. 이러한 증상에는 일반적으로 기준 A, B, C가 포함되어야 한다.
기준 A	내담자는 '수많은 일상 활동'에 있어서 '지나치게 불안해하거나 걱정'을 하고, 그 기간이 '최소한 6개월 이상 그렇지 않은 날보다 그런 날이 더 많아야' 한다.	근심(미래의 불행에 대한 걱정, '초조한' 느낌, 집중의 어려움 등)
기준 B	내담자는 불안이나 걱정을 조절하기 어려워한다.	운동성 긴장(안절부절못함, 긴장성 두통, 떨림, 이완 불능)

기준 C	불안과 걱정은 다음 특정 증상 중 세 가지 이상의 증상과 관련이 있다. 1. 안절부절못하거나 '낭떠러지 끝에 서 있는 느낌' 2. 쉽게 피곤해짐 3. 집중하기 힘들거나 머릿속이 하얗게 되는 것 4. '과민성' 5. '근육의 긴장' 6. 수면 교란	자율신경계 항진(어지러움, 발한, 심계항진, 상복부 불편감, 현기증, 입마름 등)
기준 D	(기준 C의 목록에 있는) 증상이 '사회적, 직업적 또는 다른 중요한 기능 영역에서 임상적으로 현저한 고통이나 손상을 초래한다.'	
기준 E	증상이 물질이나 다른 의학적 상태로 인한 것이 아니다.	
기준 F	증상이 다른 정신장애로 더 잘 설명되지 않는다.	
감별 진단을 위한 지침		다른 증상들, 특히 우울증이 일시적으로(한 번에 며칠씩) 나타난다고 해서 주 진단으로 범불안장애 진단을 배제하는 것은 아니다. 하지만 그 증상이 우울 삽화(F32,−), 공포불안장애(F40,−), 공황장애(F41.0) 혹은 강박장애(F42.−)의 완전 진단 기준(full criteria)을 충족시켜서는 안 된다.

이 표는 범불안장애에 대한 ICD-10-CM과 DSM-5 주요 진단 기준을 비교한 것이다. 두 매뉴얼의 표현 중 일부는 명확성을 위해 약간 수정되었다.

범불안장애에 대한 진단 기준(ICD와 DSM 모두)은 정확한 진단을 내리는 데 있어 어려운 부분이 있다는 것을 보여 준다. 분석을 위해, DSM 기준 A−F에 초점을 맞춰 보도록 하자.

진단면담자는 내담자가 기준 A를 충족시키기 위해서는 그 내담자가 '지나친' 불안과 걱정을 경험하고 있는지, 얼마나 자주 불안을 느끼는지, 얼마나 오랫동안 불안을 느끼는지, 얼마나 많은 사건이나 행동들에 대해 불안해하거나 걱정하는지 여부를 확인해야 한다. 이러한 정보는 증상 관련 정보를 수집하는 면담자의 능력과 증상 관련 정보를 명확하게 보고하는 내담자의 능력에 달려 있다. 기준 A에서 요구하는 정보를 얻는 것은 면담자와 내담자의 주관성[즉, 무엇이 '과도한'에 해당되는지의 결정]을 포함한다.

기준 B에서 면담자는 내담자가 자신의 걱정을 통제하는 것이 얼마나 어려운지 평가해야 한다. 이 정보는 내담자의 대처 능력과 노력(예: 내담자가 자신의 불안을 진정시키기 위해 노력한 것과 이러한 대처 노력이 얼마나 효과적이었는지)에 대한 평가를 필요로 한다.

기준 C(아마도 가장 직접적인 진단 작업)에서 면담자는 내담자가 특정 불안 관련 증상을 경험하고 있는지 확인해야 한다(〈표 11-1〉 참조). 이 작업조차도 내담자가 증상을 과대 혹은 과소 보고하려고 하는 경우 복잡해진다. 예를 들면, 내담자가 불안장애에 대한 진단을 원할 경우 증상을 과장할 수 있으며, 그렇지 않은 경우에는 증상을 축소할 수 있다. 따라서 면담자는 이러한 특정 불안 증상에 대한 질문과 함께, 내담자가 보고한 증상의 타당성과 신뢰성에 주의를 기울여야 한다(Gilboa & Verfaellie, 2010).

기준 D에는 고통과 손상 기준이 포함되어 있다. 이는 면담자가 불안 증상이 '사회적 · 직업적 혹은 다른 중요한 기능 영역에서 임상적으로 현저한 고통이나 손상'을 초래하는지 여부를 평가해야 한다. 이 기준은 주관적이다. DSM-5의 어느 곳에도 임상적으로 현저한 손상에 대해 정의되어 있지 않다.

기준 E의 경우, 면담자는 불안 증상이 물질에의 노출이나 사용에 의한 것인지 또는 일반적인 의학적 상태에 의한 것인지 판단해야 한다. 물질과 의학적 상태는 사실상 모든 DSM-5와 ICD-10-CM의 진단 범주에서 배제해야 하는 인과적 요인이다.

기준 F는 다른 진단 기준에 대한 상당한 지식을 요구한다. 배제해야 하는 11개의 다른 진단은 DSM-5에 열거되어 있다. 이는 작은 일이 아니다. 이를 위해서는 오랜 교육, 훈련, 슈퍼비전이 필요하다.

전반적으로 GAD에 대한 예시는 진단면담자가 해결해야 하는 과제와 문제의 범위를 보여 준다. 모든 정신장애는 고유한 개인의 맥락에서 나타난다. 사실, 만약 이것이 개인적인 경험을 보고하는 데 혼란스럽고 복잡한 동기와 대인관계 역동을 가지고 있는 고유한 개인과 그로 인한 다양함이 아니었다면, 정신과적 진단은 훨씬 간단했을 것이다.

평가와 진단 문제

내담자가 GAD 진단 기준을 충족하는지 여부를 확인하기 위해, 면담자는 내담자가 기준 C의 여섯 가지 증상 중 세 가지 증상을 가지고 있는지 여부를 결정해야 한다(〈표 11-1〉 참조). 이러한 점을 감안할 때, 면담자는 내담자에게 이 여섯 가지 특정 증상에 대해 일련의 질문을 직접 하는 것이 충분하다고(그리고 타당하다고) 생각할 수 있다. (예를 들면, "지난 6개월 동안 안절부절못하거나 초조한 날이 그렇지 않은 날보다 더 많았었나요?") 이 접근법을 사용하는 것은 바람직해 보이고, 정확하게 진단을 내릴 수 있을 것 같아 보인다. 그러나 DSM-5에서는 진단 기준을 체크리스트처럼 적용해서는 안 된다고 강조한다.

> 특정 환자에 대한 사례 개념화에는 특정 정신장애의 발달에 영향을 미쳤을 수 있는 사회적·심리적·생물학적 요인에 대해 간결한 요약과 임상 병력에 대한 철저한 정보가 포함되어야 한다. 따라서 정신장애 진단을 위해 진단 기준에 있는 증상을 확인하는 것만으로는 충분하지 않다(American Psychiatric Association, 2013, p. 19).

증상 체크리스트는 충분하지 않기 때문에 다른 정보와 함께 활용되어야 한다. 정신건강 전문가는 정신장애를 진단할 수 있는 권한을 갖고 있다. 이 권한에는 취약하고 정보를 갖지 못한 내담자를 돌보고 보호해야 할 큰 책임이 따른다. 이 책임의 일부에는 개별 내담자에게 정확한 진단을 내리는 것과 관련된 문제를 이해하는 것이 포함된다.

내담자 기만 혹은 잘못된 정보. 내담자는 자신의 증상에 대해 솔직하거나 정직하지 않을 수 있다(Jaghab, Skodenk, & Padder, 2006). 정직할 때조차도 내담자는 자신의 증상을 DSM 기준에 맞춰 정확하게 기술하는 것이 어렵다. 2차 정보 제공자(예: 교사, 부모, 연인)의 정보가 타당하다는 보장도 없다. 최소한 2차 정보 제공자는 내담자가 자신을 평가하는 것과는 다르게 내담자를 평가할 가능성이 있다(Rothen et al., 2009).

면담자의 역전이. 임상가가 객관성을 잃거나 내담자의 정보를 왜곡할 수 있다. 이는 부분적으로 역전이 때문에 발생할 수 있다(Aboraya, 2007). 만약 내담자가 당신에게서 부정적인 반응을 유발하면, 당신은 더 심각한 진단명으로 그 내담자를 '처벌'하고 싶은 충동을 느낄 수 있다. 반대로 내담자가 마음에 들면, 정신병리 증상 및 관련된 진단을 축소할 수도 있다.

동반 이환. 내담자는 종종 두 가지 이상의 진단 기준에 부합하기도 한다. 아동의 경우 동반 이환은 그렇지 않은 경우보다 더 자주 발생한다(Watson, Swan, & Nathan, 2011). 동반 이환은 적절한 진단을 내리는 것을 더 어렵게 만든다.

감별 진단. 때때로 내담자는 명확하지 않은 증상군을 보고하기도 하는데, 이때 진단의 명확성을 위해 광범위한 질문이 필요하다. 일부 진단(예: 정신병적 양상의 기분장애, 조현정동장애, 조현병, 망상장애)을 구별하는 것은 악명 높게 어렵다. 이러한 어려움에도 불구하고, 진단 특이도(specificity)는 치료적 함의(즉, 약물 유형, 치료 접근법, 입원, 예후) 때문에 중요하다.

명확하지 않은 문화적 혹은 상황적 요인. 문화와 맥락은 진단에 영향을 미친다. "정상과 병리의 경계는 특정 행동 유형에 따라 문화마다 다르다"(DSM-5, p. 14). 따라서 진단 과정에서는 내담자의 사회적·문화적·상황적 맥락을 고려해야 한다.

이러한 문제를 감안할 때, 많은 치료자와 연구자들은 '다중 방법(multi-method), 다중 평정자(multi-rater), 다중 장면(multi-setting) 평가 절차'를 사용할 것을 권한다(J. Sommers-Flanagan & Sommers-Flanagan, 1998, p. 191). 이는 이상적인 상황에서 진단 전문가가, ① 다양한 평가 방법(예: 임상면담, 행동 평정 척도, 투사적 평가), ② 다양한 평정자(예: 부모, 교사, 임상가 및/또는 연인), ③ 다양한 장면(예: 학교, 집, 상담센터, 직장)으로부터 광범위한 진단 관련 정보를 수집한다는 것을 의미한다.

진단면담

진단 정보를 수집하는 데에는 많은 방법이 있다. 여기에는 진단면담, 사회력/발달력 수집, 설문지 및 평정 척도, 신체 검진, 행동 관찰, 투사적 기법, 수행 기반 검사가 포함된다. 이 책은 면담에 기반을 둔 접근 방식을 다루기 때문에, 여기서는 진단면담에 초점을 맞추고자 한다.

진단면담에 대한 접근 방법

진단면담은 대개 반구조화된 또는 구조화된 면담으로 구성되어 있다.

- **반구조화된 면담**: 미리 정해진 일련의 질문, 그리고 계획되지 않은 질문 또는 탐색이 뒤따른다.
- **구조화된 면담**: 임상가가 사전에 정해신 후속 질문을 포함하여 일련의 미리 정해진 질문을 하는 엄격한 프로토콜. 계획되지 않았거나 자발적인 임상가의 질문이나 내담자의 반응을 얻을 기회가 거의 없거나 아에 없다.

미국에서 사용하는 대부분의 진단면담 프로토콜은 DSM-III-R 혹은 DSM-IV의 진단 기준을 기반으로 한다. 상담자, 사회복지사, 심리학자, 의사 혹은 특정 훈련을 받은 테크니션이 이러한 프로토콜을 수행할 수 있다(Segal & Hersen, 2010). 특정 진단면담을 수행하기 위해 필요한 훈련이 광범위한 경우도 있다.

구조화된 혹은 반구조화된 진단면담에서 핵심적인 초점은 정확한 정신장애 진단을 위해 신뢰롭고 타당한 자료를 수집하는 것이다. 진단면담은 또한 척도, 스케줄(schedule), 프로토콜이라고도 한다. 자료 수집의 방법으로서 진단면담은 표준화된 평가 도구와 동일한 심리측정적 기준(신뢰도와 타당도)에 의해 평가된다.

비록 임상가가 질문을 글자 그대로 읽고, 그 과정이 표준화되어 있을지라도, 진단면담 역시 임상가의 판단에 의존한다. 예를 들면, 개별 임상가는 환자 반응의 의미를 판단한다. 때로 임상가는 다음에 해야 할 질문이나 (진단 결정 나무의 다른 가지에 해당하는) 다른 질문으로 넘어갈지 여부를 선택한다.

구조화된 혹은 반구조화된 진단면담 외에도 두 가지 주요 진단면담 하위 유형이 있다. ① DSM 체계에 맞춘 종합 면담 프로토콜, ② 특정 증상군이나 정신장애에 사용하기 위한 국지적 면담 프로토콜. DSM-IV 제1축 장애에 대한 구조화된 임상적 면담–임상가용(Structured Clinical Interview for DSM-IV Axis I Disorders–Clinician Version; SCID-CV; First, Spitzer, Gibbon, & Williams, 1996)은 종합적인 반구조화된 진단면담이다. 이는 주요 DSM 정신장애(성격장애 제외)의 존재 여부를 평가하는 데 사용된다.

구조화된 혹은 반구조화된 국지적 진단면담 프로토콜은 (ICD나 DSM 체계에 맞춘 것이라 기보다는) 증상 혹은 장애 특정적이다. 이는 더 간단하고 임상적 개입에 더욱 쉽게 통합할 수 있다. 예를 들면, 해밀턴 우울증 평가 척도(Hamilton Rating Scale for Depression: HAM-D)는 임상면담의 맥락에서 임상적 우울증을 평가하는 데 사용되는 17문항의 척도다. 49년간 409개의 연구에 대한 메타 분석에서 국제 연구 집단은 HAM-D가 임상적 우울증에 대한 신뢰로운 평가 도구라고 결론 내렸다. 총괄(overall) 평정자 간 신뢰도 알파 계수는 0.937이었다(Trajković et al., 2011).

또한 아동을 대상으로 사용하기 위한 수많은 진단면담 스케줄도 있다. 이 역시 넓은 스펙트럼의 스케줄[예: 아동평가 스케줄(Child Assessment Schedule); Hodges, 1985]이나 국지적 스케줄[예: 아동을 위한 불안장애 면담 스케줄(Anxiety Disorders Interview Schedule for Children); Silverman, 1987]로 분류될 수 있다.

원형으로서 DSM-IV 제1축 장애에 대한 구조화된 임상적 면담 (Structured Clinical Interview for DSM-IV Axis I Disorders: SCID-I)

SCID-I은 반구조화된 진단면담의 좋은 예시다. 여기에는 두 가지 형태가 존재한다. ① 임상가용(Clinician Version of DSM-IV Axis I Disorders: SCID-CV), ② 연구용(Research Version of DSM-IV Axis I Disorders: SCID-RV). DSM-IV 제2축 장애에 대한 구조화된 임상적 면담

(SCID for DSM-IV Axis II Disorders: SCID-II, 성격장애 평가를 위해 사용)도 있다.

　SCID는 거의 완전히 구조화되어 있다. SCID를 시행할 때 프로토콜에서 변용되는 것은 '삽입 질문(parenthetical questions)'과 필요한 질문이나 삽입 질문을 구성할 때 임상가가 내담자 '자신의 말'을 사용하도록 유도하는 섹션에서만 가능하다. 예를 들면, 만약 내담자가 자신의 기분을 침울하다고 언급하면, 면담자는 질문할 때 우울을 **침울** 혹은 **침울한**이라는 단어로 대체할 수 있다. 그렇지 않으면, 질문은 정확히 글자 그대로 해야 한다.

　원래 SCID는 연구자와 실무자를 위해 개발되었다. 그러나 연구자들은 초기 버전이 너무 구조화되지 않은 반면, 실무자들은 이를 너무 번거롭다고 생각했다. 이후 별도의 SCID 버전(임상용과 연구용)이 개발되었다. 이는 임상 연구와 임상 실무 간 존재하는 긴장을 보여 준다. 간소화된 프로토콜로도 임상용 SCID(즉, SCID-CV)는 실무자 사이에서 많이 사용되지 않는다. 그 이유 중 일부는 이를 시행하는 데 약 45~90분이 걸리기 때문이다.

임상면담의 과학: 진단의 신뢰도와 타당도

　임상면담은 진단평가의 초석이다(J. Sommers-Flanagan, Zeleke, & Hood, 2015). 자존심이 있는(혹은 윤리적인) 정신건강 전문가라면 임상면담 없이 내담자를 진단하는 것을 고려하지 않을 것이다. 하지만 과학적 의문은 여전히 남아 있다. 임상면담이 신뢰롭고 타당한 진단적 자료, 그리고 보다 정확한 결론을 제공하고 있는가?

　신뢰도(reliability)는 반복 가능성과 안정성을 의미한다. 만약 진단면담과 같은 절차가 신뢰롭다면, 동일한 결과를 일관되게 생성한다. 두 명의 치료자가 동일한 내담자를 면담하면, 동일한 진단을 내릴 것이다. 통계적으로 말하면, 도구나 절차가 타당하기 위해서는(정확하거나 진실한 결과를 위해서는) 반드시 신뢰로워야 한다(결과의 재현이 가능해야 한다.). 그러나 두 명 이상의 면담자가 일관되게 진단에 동의하지만 진단이 잘못된 경우, 면담 절차의 신뢰도는 매우 높지만 타당도는 낮을 것이다.

　1980년 DSM-III가 출판되자 많은 정신건강 전문가, 특히 정신과 의사들은 안도의 한숨을 내쉬었다. 거의 30년 동안 만연했던 진단의 주관성 문제를 넘어, 객관적으로 정신장애를 진단할 수 있는 종합적이고 비이론적인 체계가 마련되었다. DSM-III는 많은 찬사를 받았다. 신뢰도의 문제(동일한 환자를 짧은 시간 안에 본 두 명의 다른 정신과 의사가 종종 각자 내린 진단에 대해 동의하지 않는다는 문제)가 마침내 해결되었다. 일부 정신건강 전문가들의 마음속에서 신뢰도 문제가 사라졌다.

그러나 다른 전문가들은 DSM 진단의 신뢰도 문제가 해결되지 않았다고 생각했다. 현시대 진단에 대해 Kutchins와 Kirk(1997)는 다음과 같이 비판했다.

신뢰도 문제가 DSM의 핵심적인 초점이 된 지 20년이 지난 지금도 (모든 판의) DSM이 정신건강 임상가에 의해 높은 신뢰도로 일상적으로 사용되고 있다는 것을 보여 주는 주요 연구는 단 한 건도 없다. 또한 DSM의 어떤 판도 이전 판에 비해 신뢰도를 크게 향상시켰다는 믿을 만한 증거도 없다. 신뢰도의 측면에서 DSM의 혁명은 현실이 아닌 수사학(rhetoric)의 혁명이었다(p. 53).

Kutchin과 Kirk(1997)의 입장은 극단적이기는 하지만, 주류 연구자들 역시 DSM의 신뢰도와 타당도에 대해 의문을 제기했다(Craig, 2005; Hersen & Turner, 2003). 예를 들면, 임상가가 청소년의 정신장애에 대해 어떻게 판단하는지에 대한 연구는 사회적 맥락과 인종에 따라 진단적 판단이 달라진다는 점을 보여 주었다. 그러나 임상가의 이론적 배경, 연령, 직업 또한 진단적 판단과 유의한 관련이 있었다(Pottick Kirk, Hsieh, & Tian, 2007).

진단의 타당도를 확인하는 것은 더욱 문제가 되는데, 이는 부분적으로 타당도 연구에서 최적의 표준(gold standard)으로 삼을만한 정신장애의 신체적 또는 유전적 지표가 없기 때문이다. 이로 인해 연구자들은 예후, 치료 반응, 장기적인 적응과 같은 미래의 행동에 대한 진단의 예측 타당도를 평가하는 종단 연구 외에 타당도를 확인할 수 있는 방법이 거의 없다.

일반적으로 정신건강 진단과 특히 DSM 또는 ICD에 초점에 맞춘 비판은 지겹도록 지속될 가능성이 있다. 그러나 현재로서는 DSM과 ICD 체계가 최선이다. 많은 권위 있는 연구자들은 주요 정신장애(예: 우울증, 불안)에 대해 DSM에 기반한 구조화된 또는 반구조화된 면담의 진단 신뢰도 계수는 의학적 장애(medical disorders)에 대한 진단 신뢰도 계수(α는 보통 0.80 이상; Lilienfeld, Smith, & Watts, 2013; Lobbestael, Leurgans, & Arntz, 2011)와 유사하다고 결론 내렸다. 다른 목적으로 비구조화된 혹은 덜 구조화된 면담 형식을 선호하는 것은 지극히 합리적이겠지만, 당신의 목적이 신뢰롭고 타당한 진단을 내리고자 하는 것이라면 출간된 진단면담 프로토콜을 사용하는 것보다 더 좋은 방법은 없다. 이를 염두에 두고, 구조화된 진단면담의 장단점을 살펴보도록 하자.

구조화된 진단면담과 관련된 장점

구조화된 진단면담과 관련된 장점은 다음과 같다.

- 구조화된 진단면담 스케줄은 표준화되어 있다. 치료자는 내담자에게 진단 관련 질문을 체계적으로 한다.
- 진단면담 스케줄은 일반적으로 진단을 내리는 데 사용하며, 결과적으로 많은 대체 진단을 주관적으로 평가하는 임상가의 부담을 덜어 준다.
- 진단면담 스케줄은 덜 구조화된 방법보다 더 나은 진단 신뢰도와 타당도를 보여 준다.
- 진단면담은 과학적 연구에 매우 적합하다. 타당하고 신뢰로운 진단은 특정 장애의 성격, 과정, 예후, 치료 반응에 대한 연구 결과를 뒷받침한다.

구조화된 혹은 반구조화된 진단면담은 심리학과 상담학의 과학적 기초의 일부다. 현 체계는 항상 수정되고 있다. 현실적으로 (완전한 체계가 아닌) 진보가 목표다. DSM-III와 DSM-IV 그리고 ICD-9과 ICD-10의 진단 기준은 이전 판에 비해 개선되었고, DSM-5와 ICD-11은 신뢰도, 타당도, 임상적 유용성에서 추가적인 개선을 보여 줄 것으로 기대된다 (Keeley et al., 2016).

구조화된 진단면담과 관련된 단점

구조화된 진단면담과 관련된 단점도 있다.

- 많은 진단면담에는 상당한 시간이 소요된다. 예를 들면, 학령 아동을 위한 정동장애 및 조현병 면담 스케줄(Schedule for Affective Disorders and Schizophrenia for School Age Children; Puig-Antich, Chambers, & Tabrizi, 1983)은 부모와 자녀가 모두 면담하는지 여부에 따라 1~4시간이 걸릴 수 있다.
- 진단면담에서는 경험이 많은 진단 전문가들이 쉬운 길을 택하는 것을 허용하지 않는다. 정신과적 진단 전문가는 새내기 치료자에 비해 내담자를 정확하게 진단하는 데 필요한 정보가 적을 수 있기 때문에 이는 번거롭다.
- 일부 임상가들은 진단면담이 지나치게 구조화되고 경직되어, 내담자와 치료자 간의 라포 형성과 기본적인 의사소통을 경시한다고 불평한다. 직관을 사용하는 것을 선호하고, 치료적 관계를 강조하는 실무자에게는 방대한 구조가 받아들여지지 않을 수 있다.
- 구조화된 진단면담은 신뢰도를 입증했지만, 일부 임상가들은 타당도에 대해 의문을 제기한다. 모든 진단면담은 제한적이며, 내담자의 개인력, 성격 유형, 기타 맥락적 요인에 대한 중요한 정보를 생략한다. 앞서 언급했듯이, 두 명의 다른 치료자가 동일한

면담을 시행하고 일관되게 동일한 잘못된 진단을 내릴 수 있다.

시간 효율적이고 시간 집약적인 평가에 대한 정신건강 제공자의 요구사항을 고려하면, 진단면담 절차가 충분히 활용되지 않고 때로는 임상 실무에 활용되지 않는 것은 놀라운 일이 아니다. 비판하는 사람들은 진단 기준 자체도 임상가보다 연구자 지향적이라고 주장한다(Phillips et al., 2012).

진단 기준은 균일한 연구 모집단을 보장해야 하는 연구자에게 주로 유용하다는 결론을 피하기는 어렵다(p. 2).

연구자와 학자들은 현시대 구조화된 진단면담 절차의 주요 사용자와는 거리가 멀다.

덜 구조화된 임상면담

만약 최신의 진단적 임상면담을 하는 것이 목표라면, 당신은 구조화되거나 반구조화된 형식을 사용할 것이다. 하지만 모든 임상가들이 이 접근법을 선택하는 것은 아니다. 덜 구조화된 접근법의 특징은 다음과 같다.

1. 문화적으로 민감한 따뜻함과 적극적 경청이 특징인 평가 과정에 대한 소개(일명 역할 유도). 상황과 임상가의 선호에 따라 임상가는 문화적으로 적절한 표준화된 질문지와 접수/의뢰 정보(예: MMPI-2-RC; BDI-2; OQ-45)를 활용할 수 있다.
2. 내담자의 문제 및 관련된 목표에 대한 광범위한 검토 그리고 내담자의 주요 문제와 목표에 대한 상세한 분석. 여기에는 ICD-10-CM 혹은 DSM-5를 지침으로 사용하거나 국지적 증상 중심의 진단면담 프로토콜(예: HAM-D)을 사용하여 내담자의 증상에 대한 질문이 포함될 수 있다.
3. 내담자의 주요 문제와 관련된 경험(개인력)에 대한 간단한 논의(개인력을 수집하지 않은 경우 현재 병력 포함).
4. 필요한 경우, 간단한 정신상태검사를 포함시킬 수 있지만, 내담자의 사회적 지지 연결망, 대처 기술, 신체적 건강 상태, 개인적 강점과 같은 내담자의 현재 상황을 검토할 가능성이 더 높다.

도입 및 역할 유도

진단 및 치료 계획을 세운다는 목표로 인해 내담자를 고유한 개인으로서 관심을 가져야 하는 치료자의 태도가 바뀌어서는 안 된다. 비밀 보장의 제한에 대해 검토한 후, 다음과 유사한 진술을 사용해 내담자에게 진단면담을 소개해야 한다.

> 오늘, 우리는 당신을 힘들게 하는 게 뭔지 이해하기 위해 함께 노력할 거예요. 이 말은 당신이 저와 자유롭게 이야기하기를 바란다는 뜻이기도 하지만, 또한 당신이 경험해 온 걸 가능한 한 정확하게 밝히기 위해 많은 질문을 할 거예요. 만약 우리가 당신이 주로 걱정하는 게 뭔지 알 수 있다면, 그 문제를 해결할 계획을 세울 수 있을 거예요. 괜찮죠?

이러한 진술은 협력을 강조하고 병리를 강조하지 않는다. '이해하기 위해 노력'과 '주로 걱정하는 게'라는 표현은 진단적 이슈에 대한 내담자 친화적인 대화 방식이다. 이 진술은 면담 과정에 대해 내담자를 교육하는 역할 유도다.

새내기 치료자는 종종 지나치게 구조화해 내담자의 자발성을 떨어뜨리거나 지나치게 비구조화해 내담자가 장황하게 요점 없이 이야기하게 한다. 진단면담 내내 적극적 경청과 진단 질문을 통합해서 사용해야 한다.

내담자 문제 검토하기

내담자의 문제를 검토하는 동안 다음 사항을 고려하도록 하라.

내담자의 관점을 존중하되 내담자의 자가진단이 타당하다고 자동적으로 받아들이지 말도록 하라.

일반 대중들은 진단적 정보에 접근 가능하다. 이로 인해 많은 내담자들이 면담 초반에 자가진단을 내린다.

- 우울해 죽겠어요. 정말 짜증 나요.
- 우리 아이가 ADHD인 거 같아요.
- 온라인 검사를 통해 제가 양극성장애라는 사실을 알게 되었어요.
- 강박 행동 문제가 있어요.

• 제 문제는 공황이에요. 저는 사람들 앞에만 있으면, 그냥 얼어 버려요.

일부 진단적 용어들은 너무 대중화되어 그 특정성이 상실되었다. 특히, 우울증이라는 용어가 그렇다. 많은 사람들이 슬픔을 표현하기 위해 우울증이라는 단어를 사용한다. 기민한 진단가는 우울증이 기분 상태가 아니라 증후군이라는 것을 인식한다. 내담자가 '우울하다'고 보고할 때, 수면 문제, 식욕 혹은 체중 변화와 주의 집중력 문제에 대한 추가 질문이 필요하다. 연구에 따르면 "우울하세요?"라는 단 하나의 질문을 사용하는 것은 진단 면담을 대신하기에 적절하지 않다는 것을 보여 줬다(Kawase et al., 2006; Vahter, Kreegipuu, Talvik, & Gross-Paju, 2007).

마찬가지로 일반 대중은 **강박, 공황, 과잉 행동, 양극성**이라는 용어를 남용한다. 진단 영역에서 강박 행동은 일반적으로 임상가에게 강박장애나 강박성 성격장애와 관련된 증상이라고 생각하게 만든다. 반면에 섭식장애와 물질남용장애가 있는 사람들 중 상당수는 자신의 행동을 강박적이라고 말한다. 마찬가지로 공황장애는 ICD-10-CM과 DSM-5의 특정 증후군이다. 그러나 사회공포증, 광장공포증 혹은 발표 불안이 있는 사람들 중 상당수는 공황을 언급한다. 따라서 내담자가 자신이 공황 상태에 빠졌다고 말할 때, 당신은 다른 불안장애에 대한 추가 정보를 수집해야 한다. 마지막으로 청소년과 성인 모두에게서 양극성장애의 진단 비율이 급증했다(Balder & Carlson, 2007; Moreno et al., 2007). 그 결과, 일반 대중들(그리고 일부 정신건강 전문가들)은 과민성 및/또는 감정 기복을 양극성장애라고 바로 생각한다. 그럼에도 불구하고, 우리는 확립된 진단 기준을 사용할 것을 권고한다.

진단 체크리스트를 준비하도록 하라.

내담자에게 문제에 대해 질문할 때는 진단 기준을 명심하되, ICD나 DSM 체계의 진단 기준을 완벽하게 기억할 수 있을 것이라 기대하지 말도록 하라. 체크리스트를 활용하면 특정 진단 기준을 떠올리는 데 도움이 된다. 회상하는 데 도움이 될 수 있도록 체크리스트를 활용하도록 하라. 하지만 진단을 간단한 체크리스트로 내리려고 하지 말도록 하라.

단일 면담으로 내담자를 정확하게 진단할 수 있다고 기대하지 말도록 하라.

높은 목표를 갖는 것은 좋지만, 많은 경우 한 번의 면담 후 내담자에 대해 정확한 진단을 내리기는 어렵다. 사실, 당신이 첫 면담을 시작할 때보다 더 혼란스러워질 수도 있다. 두려워하지 말도록 하라. ICD-10-CM과 DSM-5에서는 실무자에게 진단의 불확실성을 다루는 절차를 제공한다. 이 구성 요소는 다음과 같다.

V코드(DSM-5)와 Z코드(ICD-10-CM): V코드와 Z코드는 치료가 정신장애 진단 기준을 충족시키지 못하는 문제에 초점을 맞추고 있음을 나타내는 데 사용된다.

F99: 이 코드는 **명시되지 않은 정신장애**(Unspecified Mental Disorder)를 가리킨다. 증상은 존재하나 특정 정신장애의 진단 기준을 충족시키지 않을 경우 사용된다. 또한 임상가는 진단 기준에 충족되지 않는 이유를 명시할 필요가 없다.

잠정 진단(provisional diagnosis): 특정 진단 뒤에 괄호 안에 **잠정**(provisional)이라는 단어를 제시할 때, 이는 불확실함의 정도를 나타낸다. 잠정 진단은 작업(working) 진단이며, 추가 정보를 통해 진단이 수정될 수 있음을 나타낸다. ICD-10-CM에서는 또한 **잠정**(tentative)이라는 용어를 사용할 수 있게 하는데, 이는 불확실하지만 "더 이상의 정보가 가능하지 않을 것 같다"는 것을 의미한다.

접수면담 후 내담자의 진단에 대해 확신이 서지 않는다면, 이는 다음 회기 전에 추가적으로 관련 자료를 찾아보게 하는 좋은 자극제가 될 것이다.

내담자 개인력

시간이 제한되어 있을 때에도 사회발달력 관련 정보는 정확한 진단을 내리는 데 도움이 된다. 예를 들면, DSM-5에는 우울 증상이, ① 지속성 우울장애, ② 주요우울장애, ③ 다양한 적응장애, ④ 제1형 양극성장애, ⑤ 제2형 양극성장애, ⑥ 순환성장애 등과 같이 수많은 장애의 주요 특징 중 하나로 제시되고 있다. 또 다른 많은 장애에서는 우울 증상이나 이전에 언급한 우울장애와 함께 나타나는 증상을 포함한다. 여기에는 ① 외상후 스트레스장애, ② 범불안장애, ③ 신경성 식욕부진증, ④ 신경성 폭식증, ⑤ 품행장애 등이 포함된다. 문제는 우울 증상이 특정 내담자에게 존재하느냐의 여부가 아니라 어떤 우울 증상이 어떤 맥락에서, 얼마나 오랫동안 존재하느냐다. 적절한 병력 정보 없이는, 당신은 다양한 우울장애와 동반 이환 장애를 구분할 수 없다.

어떤 경우에는 정확한 진단이 내담자의 개인력과 직접 연결되기도 한다. 예를 들면, 공황장애 진단을 위해서는 과거 공황 발작에 대한 정보가 필요하다. 마찬가지로 외상후 스트레스장애는 정의상 외상 경험이 필요하다. 그리고 ADHD(DSM-5)와 운동과다성장애(ICD-10-CM)의 경우, 12세 이전(DSM)이나 6세 이전(ICD-10-CM)에 그 증상이 있었다는 증거가 없으면 진단을 내릴 수 없다.

현 상태

내담자의 현재 기능에 대한 정보를 얻는 것은 접수면담에서 기본적인 부분이다. 몇 가지 중요한 문제들을 검토하고 중요시해야 한다.

내담자의 현 상태에 대해 상세히 검토하는 것에는 내담자의 일상, 사회적 지지 연결망, 대처 능력, 신체적 건강(만약 병력에서 이 영역을 다루지 않은 경우), 개인적 강점에 대한 평가로 구성된다. 이러한 각 영역은 진단 과정에 중요한 정보를 제공할 수 있다.

일상

Yalom(2002)은 '환자의 일상생활'에 대한 조사가 특히 환자에 대해 시사하는 바가 있다고 믿었다. 그는 다음과 같이 기술했다.

> 최근 초기면담에서 나는 이 조사를 통해 몇 달 동안 알지 못했던 활동에 대해 알 수 있었다. 하루에 두 시간 컴퓨터 카드 게임하기, 밤에 다른 아이디로 세 시간 인터넷 섹스 채팅하기, 직장에서 일을 엄청 미루고 난 후 느끼는 수치감, 듣기만 해도 지칠 정도의 힘든 '일과', 매일 아버지와 (때때로 매시간) 통화하는 중년의 여성, 싫지만 헤어질 수 없다고 느끼는 전 연인과 매일 통화하는 여성 동성애자(pp. 208-209).

내담자의 일상에 대해 물어보면 진단적으로 풍부한 자료 저장소가 열리고, 이 저장소는 적절한 치료 목표와 관련 치료 계획을 파악하는 데 도움이 된다.

내담자의 사회적 지지 연결망

어떤 경우에는, 특히 어린 내담자와 면담할 때 내담자 이외의 사람으로부터 진단적 정보를 얻는 것이 중요할 수 있다. 부모는 진단 작업의 일환으로 면담을 하는 경우가 많다(제13장 참조). 그러나 성인을 면담할 때에도 외부 정보가 필요할 수도 있다.

> 성인 또한 가족력이나 자기 자신의 발달 과정에 대해 세부사항을 알지 못할 수도 있다. 정신증이나 성격장애가 있는 환자의 경우, 자신의 증상 중 많은 부분을 정확하게 판단할 수 있는 충분한 능력을 가지고 있지 않을 수 있다. 이러한 상황에서는 환자에 대해 잘 알고 있는 사람에게서 얻은 기록이 진단에 큰 영향을 미칠 수 있다(Morrison, 2007, p. 203).

진단적 정보를 얻기 위해 2차 정보 제공자를 면담할 필요가 있는지 여부는 사례별로 판단해야 한다.

내담자의 대처 능력 평가

내담자의 대처 능력은 진단과 관련이 있을 수 있으며, 치료 계획을 세우는 데 용이할 수 있다. 예를 들면, 불안장애가 있는 내담자는 불안을 줄이기 위해 회피 전략을 자주 사용한다. (예를 들면, 광장공포증이 있는 사람은 집을 떠나지 않는다. 폐쇄공포증이 있는 사람은 밀폐된 공간에서 멀리 떨어져 있다.) 내담자가 자신의 문제에 대처하고 그 대처 능력을 습득해 나가고 있는지, 문제에 반응하고 증상을 악화시키는지 그리고/또는 사회적 또는 직업적 활동으로부터 자신을 제한시키는지 조사하는 것이 중요하다.

대처 능력은 또한 투사 기법이나 행동 관찰을 통해 평가할 수 있다. 내담자에게 특히 스트레스가 많은 시나리오(때로는 시뮬레이션이라고 부르기도 한다)를 상상하게 하고, 내담자가 어떻게 대처할 것인지 설명하게 할 수도 있다. 행동 관찰은 상담실이나 외부(예: 학교, 집, 직장)에서 이루어질 수 있다. 또한 2차 정보 제공자는 상담실 밖에서 내담자가 어떻게 대처하는지에 대한 정보를 제공할 수 있다.

신체 검진

최종적인 정신장애 진단은 종종 의학적 검진 없이 이루어질 수 없다. 새로운 내담자를 면담할 때, 치료자는 가장 최근의 신체 검진 결과에 대해 질문해야 한다. 일부 치료자들은 이 정보를 접수 양식에 기재하도록 요청하고, 이에 대해 내담자와 논의한다.

신체적, 정신적 상태는 서로에게 강력한 영향을 미칠 수 있다. 예를 들면, 장기간의 질병이나 심각한 부상은 불안과 우울에 영향을 줄 수 있다. 진단평가를 수행할 때 다음의 방법을 고려하도록 하라.

- 신체 검진 결과에 대한 정보를 수집하도록 하라.
- 내담자의 주치의와 직접 의논하도록 하라.
- 신체 검진을 의뢰하도록 하라.

정신장애에 영향을 주는 잠재적인 의학적 혹은 신체적 원인이나 요인을 고려하고 이에 주목하는 것은 윤리적인 의무다.

내담자의 강점

전문적인 도움을 위해 내원한 내담자는 자신의 개인적인 강점과 긍정적인 자질을 제대로 보지 못할 수도 있다. 또한 한 시간 동안의 진단면담 후, 내담자는 더욱 슬픔을 느끼거나 의기소침해질 수 있다. 앞서 언급한 바와 같이, 특히 자살평가면담의 맥락에서 내담자에게 면담 내내 긍정적인 개인적 자질을 찾아보고 자세히 설명하도록 요청하는 것이 중요하지만, 특히 평가/진단 과정이 끝날 무렵에는 더욱 중요하다. 예를 들면 다음과 같다.

지금까지 당신의 문제와 증상에 대해 말해 줘서 감사해요. 하지만 당신이 가진 긍정적인 면에 대해서도 더 듣고 싶어요. 예를 들면, 어떻게 한부모 가장으로 학교를 다니면서 당신이 얘기했던 그런 우울한 감정을 물리칠 수 있었는지 말이에요.

내담자의 강점을 탐색하는 것은 중요한 진단적 정보를 제공한다. 보다 우울하고 의기소침한 내담자는 자신의 강점을 찾지 못할 수도 있다. 그럼에도 불구하고, 지지, 안심, 긍정적인 피드백을 반드시 제공하도록 하라. 또한 해결중심 이론가가 강조하듯이, 진단 및 평가 절차에는 긍정적인 부분에 대한 일관된 방향이 포함될 수 있고, 포함되어야 한다는 점을 잊지 말도록 하라. Berolino와 O'Hanlon(2002)은 다음과 같이 언급했다.

공식적인 평가 절차는 종종 내담자와 내담자의 삶에 대한 결점과 이상을 찾기 위한 수단으로만 간주된다. 하지만 우리가 배운 것처럼, 이 절차는 내담자의 능력, 강점, 자원을 파악하고 예외사항과 차이점을 찾는 데 도움을 줄 수 있다(p. 79).

효과적인 진단면담은 사실만을 확인하는 과정이 아니다. 면담 내내 숙련된 진단가는 곤경에 처한 인간에 대한 연민과 지지를 표현한다. 진단면담의 목적은 내담자에 대한 진단이나 '분류'하는 것 그 이상이다. 진단면담은 개별화된 치료 계획을 세우기 위한 초기 단계다.

치료 계획

많은 다른 치료 계획 모형들이 존재한다. 절충적이거나 이론에 기반하지 않은 모형에는 BASIC ID(Lazarus, 2006), DO A CLIENT MAP(Seligman & Reichenberg, 2012), '치료 계획서(treatment planners)'(Jongsman, Peterson, & Bruce, 2006)가 있다. 이론에 기반한 개념 체계

역시 많이 존재한다(Greenberg, 2002; Luborsky & Crits-Christoph, 1998; Shapiro, 2002).

정신건강 치료 계획에 대한 대부분의 현대적 접근 방식들은 생물심리사회적(biopsy-chosocial) 모형과 맥을 같이한다(Engel, 1980, 1997). 이 모형은 통합적이며, 생물학적·심리적·사회적 요인이 모두 내담자 문제에 영향을 주고, 잠재적으로 완화시킬 수 있다는 가능성을 포함하고 있다. 생물심리사회적 모형이 가지고 있는 한 가지 일관된 문제는 아마도 이것이 의학 모형에 기반하고 있기 때문에 정신장애의 생물의학적 차원이 종종 사례 개념화와 치료의 방향을 주도한다는 것이다. 이는 약물치료에 대한 지나친 강조로 이어질 수 있다(J. Sommers-Flanagan & Campbell, 2009 그리고 생물심리사회적 모형에 대한 다른 관점은 다문화 하이라이트 11-1 참조). 비의료 전문 분야(즉, ACA, APA, NASW)와 일관되게, 여기서는 심리사회적 치료 계획에만 초점을 맞추고자 한다.

다문화 하이라이트 11-1 *Dalai Lama*에게 귀 기울이기: 사회-심리-생물 모형

Emory University에서의 한 회의에서 의학박사인 Charles Nemeroff는 Dalai Lama 앞에서 논문을 발표했다(Nemeroff, 2007). Nemeroff는 발표에서 모든 우울장애의 3분의 1은 유전에 기반하고, 3분의 2는 환경에 기반한다고 권위 있게 말했다. 그리고 나서 Nemeroff는 외상과 우울증에 대한 동물 및 인간 대상 연구 결과를 제시하면서 '우울증'의 궤적을 논의했다. 그는 외상이 일부 사람들(그리고 쥐)의 뇌에서 생물학에 기반한 우울 경향성을 촉발시키는 것 같지만, 다른 사람들에게는 그렇지 않다고 결론 내렸다. 발표 도중 어느 순간 Dalai Lama, 통역사, Nemeroff 사이에 혼란스러운 대화가 오갔다. 마지막으로, 통역사가 Nemeroff에게 다음과 같은 질문을 던졌다. "Dalai Lama가 궁금해하는 부분은, 우울증의 3분의 2가 인간의 경험에 의한 것이고, 3분의 1은 유전에 의한 것이라고 했는데, 유전적으로 우울증에 걸리기 쉬운 인간은 반드시 우울증을 유발하는 외상 경험을 가지고 있어야만 한다면, 모든 우울증은 인간의 경험에 의한 것이라고 할 수 있지 않을까요?" 잠시 침묵이 흐른 후 Nemeroff는 "네, 그렇겠네요."라고 인정했다.

우리가 그동안 관찰해 왔던 것에 더해 Nemeroff의 이러한 인정은 우리가 생물심리사회 모형의 용어 순서가 오해의 소지가 있다고 믿게 만들었다. 초기의 사회적(social) 상호작용이나 관계가 특정 생물학적(biological) 상태에 영향을 주는 심리적(psychological) 또는 인지적(cognitive) 패턴을 만들어 내기 때문에, 사회-심리-생물(social-psycho-bio) 모형이라고 말하는 것이 더 정확할 수도 있다.

증상에서 진단으로 다시 돌아가기

한 걸음 물러서서 정신건강 전문가가 진단과 치료 계획을 어떻게 연결 짓는지 살펴보는 것이 유용하다.

보통, 내담자가 면담을 위해 방문하면, 내담자는 증상과 문제에 대해 이야기한다. 내담자가 이야기하는 동안, 임상가는 내담자가 경험하고 있는 것을 일관된 증상들(즉, 증후군)로 전환하기 위해 내담자의 증상과 문제를 경청하고, 질문하고, 관찰하고, 평가하고, 분석한다. 그런 다음 필요한 경우, 이 증후군을 정신장애 진단에 맞추어 연결한다. 중등도 우울 삽화(ICD-10-CM의 moderate depressive episode: MDE)의 예시를 들어 보자.

MDE 진단 기준을 충족하려면 다음과 같은 증상이 필요하다.

다음 세 가지 중 적어도 두 가지 이상
1. 우울한 기분
2. 흥미와 즐거움의 상실(일명 무쾌감증)
3. 피로의 증대
그리고 다음 일곱 가지 증상 중 적어도 세 가지(되도록이면 네 가지) 이상
1. 집중력과 주의력의 감소
2. 자존감과 자신감의 감소
3. 죄책감과 무가치감
4. 미래에 대해 암담하고 비관적인 견해
5. 자해 혹은 자살 사고
6. 수면장애
7. 식욕 저하

만약 당신이 DSM-5의 주요우울장애 진단에 익숙하다면, 둘 사이에 유사성을 발견할 수 있을 것이다. 일반적으로 이 장애들은 서로 거의 동등한 것으로 본다.

ICD와 DSM 체계의 서술 섹션과 정신병리학에 대한 기타 정보를 읽어 보길 강력하게 권장한다(Ingersoll & Marquiss, 2014). 그러나 치료 계획(그리고 보험 환급)을 위해 진단을 내린 후, 당신은 이를 특정 내담자의 증상, 문제, 목표로 전환해야 할 것이다. 예를 들면, 'MDE로부터의 회복'은 궁극적인 치료 목표가 될 수 있지만, 이를 단독으로 치료 목표로 삼는 것은 적절하지 않다. 대신, 이론에 근거한 구체적인 기법이나 증거 기반 기법을 활용하여 측

정 가능한 MDE 관련 증상이나 문제를 직접 다루고자 할 것이다. 예를 들면 다음과 같다.

1. ① 활동 계획하기와 ② 문제 해결 전략을 통해 기분 좋게 하기
2. ① 즐거운 활동 목록 만들기, ② 매일 하나 이상의 즐거운 활동 선택하기, ③ 활동을 평정할 때 수행에 기반한 기준 대신 즐거움에 기반한 기준을 활용함으로써 흥미와 즐거움 높이기(무쾌감증 줄이기)
3. ① 마음챙김 명상과 ② 수면 위생 교육 및 실행을 통한 초기 불면증(잠이 들 때까지의 시간) 줄이기
4. 안전 계획의 협력적 개발과 시행을 통한 자살 사고와 행동 줄이기
5. ① 사회적 역할 연기와 ② 효과적인 사회 기술을 실제 상황에 적용함으로써 자존감과 자신감 높이기

내담자의 특성, 선호도, 문제에 치료 계획 맞추기

1969년에 Gordon Paul은 다음과 같이 질문했다.

> 어떤 상황에서 어떤 특정 문제를 가진 이 개인에게 가장 효과적인 치료는 누구에 의해 가능하며, 어떻게 일어날까?(p. 44)

이는 누가(Who)-어떻게(How)-누구를(Whom) 질문으로 알려지게 되었다. 많은 상황에서 Paul의 질문에 답할 만한 연구는 아직 부족하다. 그러나 최근 및 현재의 연구는 정신건강 실무자가 치료, 치료자, 내담자, 내담자 문제를 치료 효과를 촉진하는 방식으로 짝을 맞출 수 있도록 빠르게 축적되고 있다(Beutler, 2011; Morcross, 2011). 여기서는 임상가들이 효과적인 치료법을 선택할 때 사용할 수 있는 대응 변인(matching variables)에 대한 문헌을 간략하게 검토하고자 한다.

내담자 진단과 경험적으로 지지되는 치료

임상가들은 내담자의 진단을 경험적으로 지지되는 치료(empirically supported treatments: EST)와 연결시킬 수 있다. EST의 역사는 복잡하고 논쟁의 여지가 있지만, 현재 50개 이상의 EST가 있다. EST는 ① 매뉴얼이 있고, ② 위약 대조군이나 다른 치료법보다 우월하다고 판단되거나 적어도 두 개의 '좋은' 집단 설계 연구 또는 다른 연구자들에 의해 수행된 일련

의 단일 사례 설계 실험에서 확립된 치료법과 동등하다는 것이 밝혀진 심리사회적 치료로 정의된다(Chambless & Hollon, 1998).

EST를 통해 진단에 맞는 치료를 선택하기도 한다. 하지만 적절한 EST를 선택하기 어려운 경우가 많이 있다(Eells, 2009). 예를 들면 다음과 같다.

- 내담자의 진단이 명확하지 않다.
- 치료 선택을 어렵게 만드는 동반 이환 상태가 있다.
- 내담자가 EST를 시행하는 것에 반대한다.
- 치료자가 내담자의 진단과 관련된 EST를 훈련 받지 않았다.
- 다양한 문화나 인종으로 인해 EST를 직접 적용하는 것이 어렵다.
- 내담자는 정산장애의 진단 기준을 충족시키지 않는 문제(V코드 또는 Z코드)를 가지고 있다.

특정 정신장애를 치료하기 위해 EST를 활용한다는 개념은 의학 모형에서 유래되었다. 그러나 미국심리학회 12분과와 다른 단체가 지지하는 EST는 (의학적 개입이 아니라) 심리사회적 개입이다. 대부분의 경우 EST는 인지행동치료이고, 매뉴얼이 있으며, 특정 정신장애를 치료하기 위해 고안되었고, 상대적으로 시간이 제한되어 있다(Dickerson & Lehman, 2011).

ESTs를 확인할 수 있는 여러 웹 사이트들이 있다. 이러한 치료법과 이러한 치료법이 경험적으로 지지되는 지위를 획득한 과정을 알아보려면 미국심리학회 12분과의 웹 사이트(http://www.apa.org/divisions/div12/cppi.html)를 참조하도록 하라.

내담자 선호도

내담자 선호도는 치료 계획과 효과의 측면에서 중요하다. 내담자 선호도는 다음과 같이 세 가지 차원으로 구성되어 있다(Swift, Callahan, & Vollmer, 2011).

1. **역할 선호도**(role preferences). 이는 내담자가 치료 중에 참여하기 원하는 행동, 그리고 내담자가 치료자로부터 원하거나 기대하는 행동을 다룬다. 회기 시간의 대부분을 자유롭게 이야기할 수 있도록 하거나, 효과적인 의사소통을 연습하거나 조언 받는 것을 예시로 들 수 있다.
2. **치료자 선호도**(therapist preferences). 이는 내담자가 치료자에게 원하는 이상적인 특징을

포함한다. 예시로는 진솔성, 같은 인종, 특정 성적 지향 혹은 경험 정도를 들 수 있다.

3. **치료 방식 선호도**(treatment-type preferences). 이는 어떤 종류의 개입을 원하는지 가리킨다. 예시로는 이론적 배경(예: 정신분석), 약물치료 혹은 영성에 초점을 둔 상담이 있다.

내담자 선호도(client preference)는 내담자가 기대하는 것이라기보다는 내담자가 원하는 것으로 정의된다. 이러한 치료 계획 요인은 내담자가 자신의 삶에서 전문가라는 철학에 근거한다(Tomkins, Swift, & Callahan, 2013). 35개 연구에 대한 메타 분석에 따르면, 내담자 선호도를 수용하는 것이 더 좋은 효과 및 탈락률 감소와 유의한 관련이 있었다(Swift et al., 2011).

저항

일부 내담자들은 다른 내담자보다 변화에 더 저항한다(어려운 내담자를 면담하는 것에 대한 자세한 내용은 제12장 참조). 일반적으로, 내담자가 치료에 매우 저항적일 때 부정적인 결과가 발생할 가능성이 더 높다는 것은 연구를 통해 확인된 바 있다(Karno, Beutler, & Harwood, 2002; Piper, McCallum, Joyce, Azim, & Ogrodniczuk, 1999).

또한 전통적으로 어렵거나 저항적이라 여겨지는 내담자(예: 물질 관련 진단을 받은 내담자)는 동기강화상담(motivational interviewing: MI)에 잘 반응한다는 것을 보여 주는 많은 연구 결과들이 있다(W. Miller & Rollnick, 2013). MI는 비지시적 접근법이기 때문에, 이러한 증거는 저항적인 내담자와 작업할 때 비지시적 접근법을 사용하는 것이 더 효과적일 수 있다는 생각을 뒷받침한다.

MI 문헌 이외에도, Beutler, Harwood, Michelson, Song과 Holman(2011)은 12개의 연구(1,103명의 내담자)에 대한 메타 분석을 실시했다. 이 메타 분석을 통해 치료자의 지시성, 내담자 저항, 치료 효과 간의 관계를 검증했고, 그 결과 큰 효과 크기가 보고되었다. 저자들은 협력적인 내담자와 작업할 때 치료자는 지시적인 기술을 효과적으로 사용할 수 있다고 결론지었다. 그러나 저항적인 내담자와 작업할 때는 치료자는 덜 지시적인 접근법이 더 효과적이라는 것을 알게 될 것이다. 연구자들은 다음과 같은 조언을 했다(p. 140).

- 치료자의 권위나 지시 강조하지 않기
- '자기조절과 자기주도성을 강화'하는 과제 사용하기
- '융통성 없이 과제 부여'하지 않기
- 행동 실험해 보는 과제 부여하기

- 더 많이 경청하고, 더 적게 이야기하기
- 지시사항 적게 제공하기
- 자기주도적 작업과 관련 자료 읽기 강조하기

종교/영성

치료를 위해 오는 많은 내담자들은 특정 종교나 영적 신념을 갖고 있으며, 치료의 맥락에서 이러한 신념에 대해 이야기하기 원한다. 이로 인해 임상가들은 기존 치료 내에서 종교와 영성을 수용하고 포용하게 되었다.

Worhington, Hook, Davis와 McDaniel(2011)은 46개 연구와 3,290명의 내담자에 대해 메타 분석을 실시했다. 그 결과, 종교적 혹은 영적 치료를 받은 내담자는 세속적인 치료를 받은 내담자에 비해 더 나아진 모습을 보였다고 보고했다. 이러한 호전은 심리적, 영적 효과 지표 모두에서 나타났다.

복잡한 분석과 결과를 참고하여, 연구자들은 다음과 같은 결론과 권고사항을 제시했다(Worthington et al., 2011, p. 212).

- 종교적 혹은 영적 치료는 적어도 단기적으로는 효과적이며, 장기적으로도 긍정적인 효과를 보일 수 있다.
- 자신의 종교적이거나 영적인 부분이 수용되길 원하는 내담자와의 치료에 종교적이거나 영적 개념을 통합하면, 내담자의 영적 안녕이 향상된다.
- 영적 혹은 종교적 내용을 치료에 통합하고자 하는 결정은 '내담자의 욕구와 필요'에 따라 이루어져야 한다.
- 전반적으로, 내담자의 종교적 혹은 영적 배경은 초기 임상면담에서 평가해야 하며, 내담자의 희망에 맞춰 치료 계획에 통합해야 한다.

대처 방식

서로 다른 대처 방식들을 가진 내담자들은 서로 다른 치료 접근법들에 최적으로 반응할 수 있다고 오랫동안 알려져 왔다. 특히, 연구자와 실무자들은 내담자가 내재화 혹은 외재화 대처 방식을 가지고 있다고 설명했다.

내재론자(internalizers)는 민감하다고 묘사된다. 이들은 환경적 스트레스 요인에 공포, 사회적 철수, 회피, 자기비하의 방식으로 반응하는 경향이 있다. 이들은 우울과 불안 증상을 포함한 문제를 가지고 있는 경향이 있다.

외재론자(externalizers)는 외향적이고, 사교적이며, 자극적인 것을 추구하는 것으로 묘사된다. 이들은 자신의 내적 경험에 훨씬 덜 민감하다. 외재론자는 공격 행동, 사회적 둔감성, 공감 부족과 같은 문제를 가지고 있는 경향이 있다.

Beutler, Harwood, Kimpara, Verdirame과 Blau(2011)는 내재화하는 내담자와 외재화하는 내담자를 대상으로 서로 다른 치료 접근법의 효과성에 초점을 맞춘 12개의 연구(1,291명의 내담자)에 대해 메타 분석을 실시했다. 분석 결과, 중간 정도의 효과 크기가 나타났다. 회피와 자기비난의 경향을 보이는 내재화하는 내담자는 통찰 중심의 대인관계치료로부터 많은 혜택을 받은 것으로 나타났다. 반면에, 외재화하는 내담자는 문제 증상을 경감시키는 데 초점을 맞춘 기술 증진 치료에 보다 긍정적인 효과를 보였다.

긍정적인 기대

50년 이상 동안, 치료의 성공에 대한 내담자의 기대나 희망이 긍정적인 치료 효과를 달성하는 데 중요하다고 여겨져 왔다(Frank, 1961). Constantino, Arnkoff, Glass, Ametrano와 Smith(2011)는 내담자의 치료 전이나 초기에 치료 효과에 대한 기대와 치료 효과 간의 관계를 검증한 46개의 연구(8,016명의 내담자)에 대해 메타 분석을 실시했다. 그 결과, 작지만 유의한 효과 크기($d = 0.24$)가 나타났다. 결론적으로 이들은 다음과 같이 권고했다.

- 치료 시작 시 내담자의 치료 효과에 대한 기대치를 평가하도록 하라.
- 달성 가능한 치료 효과에 대해 온화하고, 공감적이며, 긍정적인 진술을 사용하도록 하라. (예를 들면, "당신의 문제에 이 치료가 도움 될 수 있어요.", p. 190)
- 회기 전이나 회기 중 내담자가 이룬 성과에 대해 인식하고 언급하도록 하라.
- 회기 중 나타나는 어느 정도의 좌절 경험은 정상이라는 점을 지적하면서 이러한 경험을 정상화하도록 하라.

내담자의 치료 효과에 대한 기대에 주의를 기울이고 이를 다루는 것은 치료 계획에 통합될 수 있고 통합되어야 한다.

문화

이 책 전반에 걸쳐 언급한 바와 같이, 문화와 문화적 맥락은 임상면담에서 중요한 역할을 한다. 많은 연구자, 실무자, 전문 기관들은 서비스를 제공할 때 문화적 이슈를 해결하지 않으면 증거 기반 치료를 증거 기반 치료라고 할 수 없다고 강조한다. 그러나 의문점은 다음과 같다. 어떻게 임상가가 문화적 지식과 전문 지식을 치료 계획에 통합할 수 있을까?

　Smith, Rodríguez와 Bernal(2011)은 기존 치료 접근법과 유색 인종 내담자에게 특별히 맞춘 접근법을 비교하는 메타 분석을 실시했다. 연구는 65개 연구 8,620명의 내담자를 대상으로 했다. 그 결과, 중간 정도의 효과 크기($d = .46$)가 나타났으며, "가장 효과적인 치료법은 문화에 맞춰 적용한 것이다."라고 언급했다(p. 166). 이들은 다음과 같은 권고를 했다.

- 내담자의 문화적 배경에 맞추도록 하라. 특히, 나이가 많고, 문화적으로 적응이 덜 된 경우(예: 나이가 많은 아시아계 미국인)에 그러하다.
- 내담자의 모국어나 선호하는 언어로 치료를 진행하도록 하라.
- 여러 차원에서 내담자의 문화에 치료를 맞추도록 노력하라. 특정 절차를 사용하는 것보다 치료자가 문화적으로 맞추려는 노력이 더 중요할 수도 있다.
- 가능한 경우, 일반적인 문화적 특성 대신 특정 내담자의 문화적 배경에 접근하도록 치료법을 맞추도록 하라. 예를 들면, 내담자의 목표에 맞춰 목표를 기술하고, 내담자의 세계관에 맞춰서 은유와 상징을 사용하도록 하라.

　전반적으로, 문화적으로 다양한 내담자들과 작업할 때 치료 계획에서 문화를 더 많은 방법으로 그리고 더 구체적으로 다룰수록, 효과적인 치료 계획을 세울 가능성이 더 커진다.

증거 기반 관계

　제7장에서 논의한 바와 같이, 관계 요인은 긍정적인 치료 효과와 유의한 관련이 있다(Norcross, 2011). 따라서 경험에 근거한 치료 계획을 개발하기 위해서는 관계 요인을 치료 계획에 통합해야 한다. 협력적인 목표 설정 및 진전도 모니터링과 같은 특정 상호작용은 관계에 기반하고 기술적인 전략이기도 한다. 또한, 작업 동맹의 발달과 유지에 주의를 기울이는 것은 치료 계획의 구성 요소로서 타당하다. 작업 동맹을 발전시키고 유지하는 방식이 내담자마다 다를 수 있음에도 불구하고, 이는 사실이다.

치료자 능력 혹은 전문성

　치료자 역량은 치료 계획에서 윤리적이고 실제적인 고려사항이다(S. Anderson & Handelsman, 2013). 치료자는 치료 계획에 포함시키고자 하는 모든 접근 방식들에 대해 전문성을 가지고 있어야 한다. 예를 들면, 당신이 특정 치료 기법(예: 최면 혹은 안구 운동 민감소실 및 재처리)에 대해 훈련을 받지 않았거나 경험이 없는 경우, 그 기법은 사용되어서는 안 되며, 사용할 경우 면밀한 슈퍼비전하에서만 사용해야 한다.

내담자 자원

치료는 비용이 많이 든다. 일부 내담자들은 제3자 비용 지불인으로부터 보험 혜택을 받을 수 있지만, 보건의료 서비스에는 정신건강 보험에 대한 구체적인 혜택과 한계가 있다. 내담자의 의료보험 보장 범위와 보장 범위가 소진되었을 때 가능한 자원은 치료 계획을 세울 때 실제적이고 윤리적인 고려사항이다.

윤리적으로 치료자는 이론적으로나 경험적으로 근거가 있는 치료법 중 하나를 선택하고, 책임감을 갖으며, 치료를 종결하거나 다른 상담자나 서비스로 의뢰하는 등의 합리적인 대안을 제공해야 한다(S. Anderson & Handelsman, 2013). 따라서 치료 과정에 동의함에 있어 당신이 시간이 있는지, 치료비를 낮출 수 있는지, 적절한 의뢰 연결망을 가지고 있는지, 적절한 슈퍼비전을 받을 수 있는지, 2차 전문가(예: 변호사, 의료인)에 대해 접근 가능한지와 같은 자신의 자원에 대해서도 평가해야 한다.

재정과 보험 혜택 그리고 앞서 언급한 전문가의 자원 외에 치료 계획에서도 고려해야 할 자원이 있다. 여기에는 내담자의 동기, 자아강도, 심리적 마음자세 등이 포함된다. 공식적으로든 비공식적으로든 치료에 대한 내담자의 역량을 평가하는 것은 당신의 의무다.

사례 개념화와 치료 계획: 인지행동 사례

사례 개념화는 임상적 평가와 치료 계획 사이를 잇는 가교 역할을 한다. 이 과정이 어떻게 진행되는지 알려 주기 위해, 여기서는 인지행동(CBT) 사례를 사용할 것이다. Persons(2008)는 CBT 관점에서 다음과 같은 네 가지 사례 개념화 단계가 있다고 보았다.

1. 문제 목록을 작성하도록 하라.
2. 문제를 일으키는 가능한 기제를 확인하도록 하라.
3. 현재 문제를 활성화하는 촉발 요인을 확인하도록 하라.
4. 내담자 문제의 개인사적 기원을 고려하도록 하라.

다음 섹션에서는 CBT 사례 개념화를 특정 치료 계획과 연결시키는 방법을 설명하기 위해 Ledley, Marx와 Heimberg(2010)의 사례를 자세히 설명하도록 한다.

문제 목록

40세 백인 남성인 Michael은 만성적인 사회불안을 이유로 치료를 위해 자발적으로 내원했다(Ledley et al., 2010). DSM 진단에 대한 의견을 포함한 초기 평가를 기반으로 다음과 같은 문제 목록을 협력적으로 작성했다.

- 사회불안
- 진로 선택에서의 혼란
- 가족 갈등

초기 및 주요 문제의 초점은 사회불안이었다.

기저 기제

Persons(2008)는 특정 문제의 기저 기제(underlying mechanism)를 확인하는 세 가지 단계를 설명했다. ① 초점을 두어야 할 증상을 선택하도록 하라, ② 그 증상을 설명할 이론을 선택하도록 하라, ③ 선택한 이론을 사용하여 개별 사례를 추정하도록 하라.

Michael의 경우 사회불안이라는 현재 문제는 공포/불안, 홍조/발한과 회피 행동 등 여러 요소의 증상들로 구성되어 있었다. Beck(2011)의 인지 이론은 Michael이 자신의 증상을 이해하도록 돕는 데 활용되었다. 증상과 이에 대한 인지적 관점에서의 설명은 다음과 같이 요약되었다(Ledley et al., 2010, p. 70에서 발췌).

사회적 접촉 전 및 접촉 중 발생하는 자동적 사고
- 난 항상 불안해 보여.
- 그들은 나를 바보라고 생각할 거야.
- 그들은 내가 무능하다고 생각할 거야.

중간(왜곡된) 사고
- 실수를 하는 사람은 거부될 거야.
- 나는 다른 사람들보다 실수를 더 많이 해.
- 실수를 하는 건 끔찍해.

• 난 항상 '제대로' 해야 해.

핵심 신념

• 내가 완벽하지 않다면, 거부될 거야.

현 촉발 요인

Michael과의 초기면담에서 사회불안에 대한 두 가지 상황적 촉발 요인이 확인되었다. 이는 ① 일상적인 사회적 만남과 ② 대중 연설이었다. Michael은 또한 이러한 사회적 접촉이 예상되거나 사회적 접촉 도중에 일어난 구체적인 자동적 사고를 보고했다.

문제 기원

CBT에서는 주로 현재에 초점을 맞춘다. 그럼에도 불구하고, CBT에서도 역시 내담자 문제의 기원에 대해 탐색한다. Ledley 등(2010)은 이에 대한 근거를 다음과 같이 설명했다.

> 평가 과정에서 초기 경험을 탐색하는 데 시간을 할애하면, 애초에 문제 행동이 어떻게 발달했는지 그리고 왜 부적응적인 생각과 행동이 현재까지 유지되는지에 대한 몇 가지 의미 있는 단서를 찾을 수 있다. 게다가 내담자의 개인력을 공유하면 내담자로 하여금 이해 받는다는 느낌을 주어 치료적 관계를 강화하는 데 도움이 될 수 있다(p. 71).

Michael의 치료 계획

사례 개념화는 내담자의 현재 문제에서 치료 계획으로 가는 가교라는 점을 기억하도록 하라. Persons(2008)의 모형을 이용하면, Michael의 증상을 만들어 내고 유지시키는 인지적 기제에 초점을 맞춘다. 치료에는 Michael의 증상 기저에 존재하는 인지적 기제를 직접적으로 다루는 특정 요소들이 포함된다. 이 사례에서 치료 계획에는 사회불안에 대한 근거 기반 치료 매뉴얼이 포함되었다.

다음의 치료 계획은 Ledley 등(2010)의 자료에서 발췌한 것이다.

1회기

문제: Michael의 왜곡되고 부적응적인 신념

개입: 사회불안에 대한 교육 자료 제공하기

목표: 사회불안이라는 현상 정상화하기; Michael에게 CBT 모형 소개하기

2회기

문제: Michael의 왜곡되고 부적응적인 신념

개입: 공포 상황 위계 작성하기

목표: 공포를 느끼는 사회적 상황 파악하기; 노출을 진행하는 방법 계획하기

3회기

문제: Michael의 왜곡되고 부적응적인 신념

개입: 인지 재구성 시작하기

목표: Michael에게 자신의 역기능적 사고 파악하고, 질문하며, 재구성하도록 가르치기

4회기

문제: Michael의 왜곡되고 부적응적인 신념

개입: 인지 재구성 지속하기; 초기 노출 경험 계획하기

목표: 부적응적인 사고 확인하고, 질문하며, 재구성하기 위한 지속적인 기술 습득하기; Michael에게 행동 노출 시작하는 방법 가르치기

5회기

문제: Michael의 신념, 사회적 접촉 시에 나타나는 생리적 반응, 회피 행동의 양상

개입: 첫 노출 회기

목표: 노출이 부적응적인 신념에 어떻게 도전할 수 있는지에 대한 시연과 경험적 학습하기

6~18회기

문제: Michael의 신념, 사회적 접촉 시에 나타나는 생리적 반응, 회피 행동의 양상, 자기 자신에 대한 핵심 신념

개입: 노출 지속하기; 인지 재구성 지속하기

목표: 사회적 접촉 시에 나타나는 생리적 반응 최소화하기; 사회불안과 회피에 대한 새로운 신념 내재화하기, 자신에 대한 핵심 신념 수정하기

19, 20회기
문제: Michael의 신념, 사회적 접촉 시에 나타나는 생리적 반응, 회피 행동의 양상, 자기 자신에 대한 핵심 신념
개입: 재발 방지, 목표 설정, 종결
목표: 향후 기대와 목표를 포함하여 종결 준비하고 계획하기

앞에서 언급한 근거 기반 CBT 치료 계획은 여러 면에서 최신의 치료 계획이다. 사례 개념화에 대한 Persons(2008)의 접근 방식에 따라 임상가는 치료를 개별화할 수 있게 되어, 증거 기반 치료의 잠재력을 확대한다. 그러나 이러한 접근 방식에도 많은 한계가 있다. 예를 들면, 제3자 비용 지불인은 20회기 치료 프로토콜을 보장하지 않을 수 있다. 또한 이 방식이 주류 문화권의 백인 내담자에게 적절한 치료법이라는 증거가 있지만, 이 접근 방식이 문화적으로 다양하거나 소수계층 내담자에게 적절하거나 효과적이라는 설득력 있는 증거는 없다.

추가적인 문화적 변용과 조정

현시대 임상가들은 문화적으로 다양한 내담자들에게 적용할 수 있도록 진단과 치료 계획의 절차를 변용하고 조정한다.

진단

국제 문서로서 ICD-10에는 다양한 문화와 국가의 의사, 과학자, 심리 전문가의 노력이 투입되었다. 따라서 진단 체계가 문화적, 국가적 경계를 넘어 어떻게 번역될 수 있는지에 세심한 주의를 기울였다. ICD-10-CM의 도입부에는 문화적 상황에 따라 특정 장애가 어떻게 다르게 나타날 수 있는지 다음과 같이 언급했다.

latah, amok, koro 및 기타 다양한 문화 특이적 장애와 같은 장애에 대해 별도 범주의

필요성이 근래에는 이전에 비해 덜 언급되어 왔다……. 현재 문헌에서 볼 수 있는 이러한 장애에 대한 설명은, 이 장애들이 불안, 우울, 신체형장애 혹은 적응장애의 지역별 변형(local variants)으로 간주될 수 있다는 것을 시사한다. 따라서 필요한 경우, 가장 근접한 진단 코드를 사용해야 하며, 문화 특이적 장애와 관련된 내용을 추가로 기재해야 한다(p. 19).

ICD-10-CM에는 또한 '지역적으로 수용되는 문화적 신념과 양상'으로 인해, 다음과 같은 증후군을 망상이라고 간주해서는 안 된다고 명시하고 있다.

- Dhat 증후군: 정액이 빠져나가는 것과 관련해 쇠약해진다는 지나친 염려
- Koro: 성기가 수축되거나 몸 안으로 수축되어 들어가 죽음을 초래할 것이라는 공포와 불안

문화적 개념화 면담

진단에서 문화적 이슈를 다루기 위해 DSM-5에는 문화적 개념화 면담(Cultural Formation Interview: CFI)을 포함시켰다. CFI는 진단 평가에 도움을 주기 위한 반구조화된 면담 프로토콜이다.

CFI는 임상적 진단을 하기 위한 수단은 아니다. 이 방법은 잠재적인 문화적 요인에 대한 이해를 높일 수 있는 보충 면담으로 활용된다. 이는 또한 진단의 의사결정 과정에도 도움이 될 수 있다. CFI는 개요와 함께 네 부분(총 16개 질문)으로 구성되어 있다. 네 부분은 다음과 같다.

1. 문제에 대한 문화적 정의
2. 원인, 맥락, 지지에 대한 문화적 지각
3. 자기대처와 과거 도움 추구에 영향을 미치는 문화적 요인
4. 현재 도움 추구에 영향을 미치는 문화적 요인

각 부분의 질문은 임상가가 내담자 문제에 대한 문화적 차원을 협력적으로 탐색할 수 있도록 구성되었다. 2번 문항이 그 좋은 예다. "때로는 가족이나 친구, 혹은 지역사회의 다른 사람들에게 자신의 문제를 설명하는 방식이 달라요. 그 사람들에게 당신의 문제를 어떻게 설명할 거예요?"(American Psychiatric Association, 2013, p. 1).

임상가는 연구와 임상 장면에서 CFI를 사용하도록 권장된다(온라인에서 무료로 이용할 수 있다.). 또한 사용자가 미국정신의학회에 CFI의 유용성에 대해 피드백을 할 수 있는 체계도 마련되어 있다. CFI의 사용에 대해 자료를 수집하기 위한 이 협력적인 과정을 통하면 진단과 치료 계획에서 문화적 민감성을 높이는 데 있어 긍정적인 발걸음을 내딛을 수 있다.

요약

정신장애 진단은 정신건강 업무와 치료 계획의 핵심이다. 가장 두드러진 두 진단 체계는 ICD-10-CM과 DSM-5다. 비록 두 체계 모두 사용되고 있지만, 2015년 10월부터 미국의 모든 정신건강 서비스 제공자들은 ICD-10-CM 코드를 사용해야 한다.

정신과적 진단에 대한 논란은 많지만, 모든 정신건강 전문가들이 진단 기술을 발전시켜야 하는 중요한 이유가 있다. 진단은 전문적인 의사소통을 촉진시키고, 연구를 자극하며, 치료 계획에 도움을 준다. 일부 내담자들은 다른 내담자들도 자신과 같이 유사한 반응을 보이고, 고군분투하며, 호소 문제로 시달리고 있다는 확신을 주는 진단을 받고 안심한다. 이 장에는 범불안장애의 구체적인 진단 기준이 포함되어 있다. 상당한 진전에도 불구하고, 평가와 진단에 대한 문제는 남아 있다.

공식적인 진단면담은 구조화되거나 반구조화되어 있다. 또한 진단면담은 광범위한 스펙트럼이나, 특정 장애에 초점을 맞추기 위해 국지적으로 구성될 수도 있다. 이 장에서는 DSM-IV의 제1축 장애의 구조화된 임상적 면담(Structured Clinical Interview for DSM-IV Axis I Disorders: SCID-I)을 반구조화된 면담의 전형으로 설명했다. 진단의 신뢰도와 타당도에 한계가 있음에도 불구하고, 구조화된 면담은 정확한 진단을 내리는 데 가장 좋은 방법이다.

많은 임상가들은 진단면담에서 덜 구조화된 접근법을 사용한다. 그렇게 할 때, 치료자는 다음과 같은 구성 요소를 포함해야 한다. ① 진단평가와 역할 유도에 대한 따뜻한 소개, ② 내담자 문제와 관련된 목표에 대한 폭넓은 평가, ③ 내담자의 개인력, 특히 내담자의 주요 문제와 밀접하게 관련된 개인사적 경험에 대한 짧은 평가, ④ 사회적 지지, 대처 능력, 신체적 건강, 개인적 강점, 그리고 필요한 경우 간략한 정신상태검사를 포함한 내담자의 현재 상태에 대한 평가. 모든 진단 기준을 암기하는 것은 불가능하며, 종종 진단이 한 회기에 내려질 수 없다는 것을 인식하는 것이 중요하다.

치료 계획은 진단이나 문제 분석으로부터 직접 나온다. 치료 계획을 세울 때 고려해야 하는 몇 가지 증거 기반 요소들이 있다. ① 내담자 진단과 경험적으로 지지되는 치료, ② 내담자 선호도, ③ 내담자 저항, ④ 내담자의 종교/영성, ⑤ 내담자 대처 방식, ⑥ 긍정적인 기대, ⑦ 문화적 요인, ⑧ 증거 기반 관계, ⑨ 치료자 능력 혹은 전문성, ⑩ 내담자 자원.

사례 개념화는 내담자 진단/문제와 치료 계획 사이의 가교다. 이 장에서는 인지행동적 관점에서의 사례 개념화 및 치료 계획과 관련된 예시를 제시했다.

진단과 치료 계획에 대한 문화적 조정은 문화적으로 다양한 내담자에게 맞추는 데 활용된다. ICD-10-CM에는 진단에 있어 다양한 문화적 이슈들에 대한 논의가 포함되어 있다. 또한, DSM-5에는 문화적으로 다양한 내담자와 면담할 때 문화적 민감성을 촉진시키기 위해 무료로 다운로드할 수 있는 반구조화된 문화적 개념화 면담이 포함되어 있다.

권장도서 및 자료

수많은 간행물이 정신의학, 심리학, 상담학, 사회복지학에서의 진단과 치료 계획에 초점을 맞추고 있다. 다음의 목록은 그 일부지만, 더 많은 읽을거리와 연구를 위한 아이디어를 제공한다.

American Psychiatric Association. (2013). *Diagnostic and statistical manual of mental disorders* (5th ed.). Washington, DC: Author.

이는 DSM-5에 대한 출처다. 여기에는 문화적 개념화 면담(Cultural Formulation Interview: CFI)도 포함되지만, CFI는 온라인에서도 무료로 이용할 수 있다.

Bryceland, C., & Stam, H. J. (2005). Empirical validation and professional codes of ethics: Description or prescription? *Journal of Constructivist Psychology, 18*(2), 131-155.

이 논문은 치료자가 경험적으로나 이론적으로 뒷받침되는 치료법을 사용하도록 의무화하는 윤리 규정의 추세에 대해 논의하고 비판한다.

Ingersoll, R. E., & Marquis, A. (2014). *Understanding psychopathology: An integral exploration.* New York, NY: Pearson.

이 저서에는 다양한 진단 분류 체계(DSM, ICD 및 기타)를 검토하는 장이 있다. 또한 다양한 정신장애에 초점을 맞춘 종합적인 문헌 고찰도 있다.

Kutchins, H., & Kirk, S. A. (1997). *Making us crazy: DSM: The psychiatric bible and the creation of mental disorders*. New York, NY: Free Press.

이 저서에서 저자들은 정신장애를 분류하는 방법으로 DSM 체계의 개발과 추진에 대해 강한 비판을 하고 있다. 특히, 동성애와 인종차별에 관한 장은 계몽적인 내용을 전달한다.

Norcross, J. C., Beutler, L. E., & Levant, R. F. (Eds.). (2006). *Evidence-based practices in mental health: Debate and dialogue on the fundamental questions*. Washington, DC: American Psychological Association.

이 편집된 저서에서는 증거 기반 치료와 관련된 질문을 광범위하게 다룬다.

Schaffer, J., & Rodolfa, E. R. (2015). *A student's guide to assessment and diagnosis using the ICD-10-CM: Psychological and behavioral conditions*. Washington, DC: American Psychological Association.

ICD-10-CM은 온라인에서 무료로 이용할 수 있지만, 매뉴얼과 그 임상적 적용을 더 잘 이해하는 데 도움이 되는 자매서를 가지고 있는 것은 결코 나쁘지 않다.

Seligman, L., & Reichenberg, L. W. (2012). *Selecting effective treatments: A comprehensive, systematic guide to treating mental disorders* (4th ed.). Hoboken, NJ: Wiley.

이 저서는 Seligman의 진단 및 치료 계획에 대해 실제적이고 사용하기 쉽게 구성되어 있다.

임상면담

제4부 | **특수 집단 및 상황**

제12장

어려운 내담자와 힘든 상황

소개

대부분의 치료자는 처음에 편안하고, 안전하며, 비밀이 보장되는 환경에서 협력적인 내담자와 작업하는 것을 선호한다. 동기 수준이 높고, 변화에 대한 의지가 있으며, 라포와 작업 동맹이 원만하게 형성되는 내담자와 작업하는 경우, 스트레스를 덜 받고 만족감을 더 느낀다.

그러나 결국 많은 정신건강 전문가들은 어려운 내담자와 작업하는 것을 좋아하거나 편안한 상황보다는 더 혼란스러운 상황에서 내담자와 작업하는 것을 좋아하는 자신을 발견하게 된다.

이 두 면담 시나리오와 관련된 한 가지 문제는 언제 이러한 상황이 나타날지 모르는 경우가 많다는 것이다. 이 장에서는 어려운 내담자를 면담하고 힘든 상황에서 면담을 진행하는 방법에 대해 소개하고자 한다.

어려운 내담자

내담자가 항상 치료자의 제안을 따르는 것은 아니다. 이는 저항으로 간주되지 않는다. 이러한 일이 벌어지면,

내담자는 단순히 치료자에게 자신이 변화하도록 돕는 가장 생산적이고 적절한 방법에 대해 교육하고 있는 것이다.

– William O'Hanlon and Michelle

Weiner-Davis, *In Search of Solution*, 1989, pp. 21-22.

일부 내담자들은 긍정적인 기대를 갖고 상담을 받으러 열심히 오지만, 모든 내담자들이 똑같이 협조적인 것은 아니다. 지난 몇 년 동안 면담을 시작할 때 우리가 들었던 내담자의 첫 발언은 다음과 같다.

- 제가 꼭 여기 있어야 하나요?
- 무례하게 굴 생각은 없지만, 전 상담자가 싫어요.
- 중요한 이야기는 절대 하지 않을 거예요.
- 여긴 형편없는 곳이고, 당신 또한 형편없는 치료자야.
- 얼마나 걸릴까요?
- 정말 돈 받고 하는 거예요?

청소년이나 젊은 성인과의 작업에서, 우리는 치료를 별로 받고 싶지 않아 하고, 우리와는 아무 상관도 없는 사람들과 많은 면담을 하는 즐거움(또는 고통)을 누려 왔다. 우리는 상담실에 치료자와 단둘이 있는 것을 거부한 내담자, 말하기를 거부하는 내담자, 서서 하겠다고 한 내담자, **상담에 대해 믿지 않는다고** (때로는 욕설을 퍼부으며) 말하는 내담자를 만났다.

이 장의 첫 부분은 조력 과정에 대해 반대하는 내담자를 면담하는 것에 관한 것이다. 이는 또한 서서히 혹은 갑자기 태도를 전환하는 내담자와의 작업에서 깊은 만족감을 느끼는 것에 관한 것이다. 이러한 내담자가 결국 상담실에 들어와 말하기 시작하고, 욕설을 멈추고, 앉는 것에 동의하고, 상담(그리고 상담자!)에 대해 믿기 시작할 때, 이는 매우 보람 있는 경험일 수 있다.

저항 정의 및 탐색하기

Freud는 저항을 피할 수 없고, 어디서나 볼 수 있는 것으로 보았다. Freud를 선두로, 오랜 시간 동안 심리치료자들은 사실상 내담자가 하는 행동이나 말을 저항의 잠재적인 징후로 여겼다. 예를 들면,

- 말을 지나치게 많이 하기
- 말을 지나치게 적게 하기
- 늦게 내원하기
- 빨리 내원하기
- 심리치료에 준비되지 않은 상태
- 심리치료에 과도하게 준비된 상태

저항의 죽음(혹은 재구성)

지난 수십 년 동안 일부 이론가와 실무자들은 개념적 차원에서 저항의 본질과 유용성에 대해 의문을 갖기 시작했다. 1984년 해결중심적 관점에서 글을 쓴 Steven de Shazer는 「저항의 죽음」이라는 논문을 발표한 다음, 뒷마당에 논문을 묻으며 의식을 치렀다. 다른 이론가와 연구자들도 그에 동조했다(Eagle & Arkowitz, 2006; Hunter, Button, & Westra, 2014). 이 연구자들은 저항을 쓸모없는 언어 표현이라고 보았는데, 이는 내담자가 때때로 자신을 '밀어붙이는' 치료자의 말을 따르고 싶지 않을 수 있기 때문이다. 다시 말해, 저항은 내담자의 문제가 아니라, 밀어붙이는 치료자가 만들어 내는 문제다.

de Shazer가 뒷마당에 저항을 묻었던 시기 전후로 William R. Miller는 물질남용 내담자와 작업하면서 성찰, 공감, 격려가 직면과 행동적 개입보다 더 나은 결과를 보인다는 것을 깨닫고 있었다(W. Miller, 1978, 1983). 이 발견은 동기강화상담의 개발로 이어졌다(W. Miller & Rollnick, 1991). 동기강화상담(motivational interviewing: MI)은 현재 다양한 신체건강, 물질, 정신건강 문제에 효과적인 치료로 널리 인정받고 있다(Magill et al., 2014; Romano & Peters, 2015). MI는 "내담자의 양가감정을 탐색하고 해결하는 것을 도와 행동 변화를 이끌어 내기 위한 지시적이고 내담자 중심적인 상담 양식"으로 정의된다(Rollnick & Miller, 1995, p. 326). Miller가 부분적으로는 내담자의 저항을 자연스러운 양가감정에서 비롯된 것으로 재구성했기 때문에, MI는 특히 범이론적 모형의 변화 단계인 전숙고 단계나 숙고 단계의 내담자에게 적합하다(Prochaska & DiClemete, 2005와 제6장 참조).

저항의 다양한 측면

초기 분석가들이 주장했던 것과는 달리, 저항은 불가피하거나 어디에서나 일어나는 것은 아니지만, 그렇다고 일어나지 않는 것도 아닐 것이다. 대신에 저항(혹은 양가감정이나 내키지 않는 마음)은 세 가지 주요한 원천에서 기인할 수 있다.

1. **내담자로부터의 저항.** 저항은 때로 실재하고 체감할 수 있으며, 내담자의 믿음, 태도, 양가감정 또는 치료에 대한 반대에서 비롯된다는 것은 명백해 보인다. 내담자로부터 저항이 나타날 경우, 대개는 전숙고 단계(변화에 관심이 없음)나 숙고 단계(변화에 대해 가끔 하는 일시적인 생각)에 있다(Prochaska & DiClemete, 2005).

2. **치료자에 의한 저항.** 가끔 치료자는 협력보다는 저항을 일으키는 방식으로 행동한다. 예를 들면, 내담자의 긍정적인 변화 가능성에 초점을 맞추기보다는 직면이나 해석을 지나치게 사용하면, 내담자의 저항을 자극할 수 있다(Romano & Peters, 2015). 특히, 10대 청소년 내담자, 마지못해 내원한 내담자, 의무적으로 상담 받는 내담자 혹은 다양한 문화나 배경을 가진 내담자의 경우 그렇다.

3. **상황에 의한 저항.** 저항은 내담자나 치료자의 잘못이 아닐 수도 있다. 대신, 이는 자연적으로 반발심(즉, 부정적인 기대와 방어; Beutler, Harwood, Michelson, Song, & Holman, 2011)을 유발하는 어렵고 불편한 상황의 산물로 볼 수 있다. 의무적으로 상담 받는 대부분의 내담자들과 양가감정을 가진 많은 내담자들에게 치료에 대한 저항은 상황이 촉발시킨 자연스러운 행동으로 보아야 한다(J. Sommers-Flanagan, Richardson, & Sommers-Flanagan, 2011).

우리는 저항이 일반적인 현상이고 다양한 요인들에 의해 영향을 받는다는 것을 파악하고 있어도, 이를 다루기 쉽지 않다는 것을 인정한다(J. Sommers-Flanagan & Bequette, 2013). 저항은 여전히 공격적이고 도발적이며, 반항적이고, 위협적일 수 있다.

전반적으로, 모든 내담자, 특히 전숙고 단계나 숙고 단계에 있는 청소년이나 의무적으로 상담 받는 성인 내담자가 바로 숨김없이 말하고, 권위가 있는 다른 낯선 성인과 효과적으로 작업할 것이라 기대하는 것은 비현실적이다. 또한 치료가 낯설고 불편한 내담자에게 내면에 있는 생각을 바로 공유할 수 있기를 기대하는 것도 비현실적이다. 만약 당신이 저항이라는 단어를 선택한다면, 여기에 '자연스러운'이라는 단어를 추가하는 것이 도움이 된다. 이렇게 하면 내담자가 불편한 상황에 처한 것에 공감하고, 어려운 내담자 행동을 다루기 위한 효과적인 전략과 기법의 필요성을 인정할 수 있을 것이다. 그러면 다음과 같은 질문이 생각날 수 있다. 내담자의 자연스러운 저항과 방어를 줄일 수 있는 임상가의 행동은 무엇인가?

저항 작업을 위한 동기강화상담과 기타 전략

『동기강화상담(Motivational Interviewing)』이라는 획기적인 책을 통해 W. Miller와 Rollnick(1991, 2002, 2013)은 내담자의 저항을 인식하고 이에 대해 작업하는 실용적인 접근 방식을 설명했다. 이들은 대부분의 인간들은 경쟁 동기를 가지고 있기에, 변화를 만들어 내는 데 양가감정을 가지고 있다는 점을 강조했다. 예를 들면, 내담자는 흡연에 대해 뚜렷한 동기와 경쟁 동기를 동시에 가질 수 있다.

• 담배 피우는 건 비싸고 건강에 좋지 않기 때문에 끊어야 해.
• 담배 피우는 건 즐겁고 안정감을 주기 때문에 계속 피워야 해.

면담 상황에 있다고 상상해 보도록 하라. 당신은 내담자가 자기파괴적 행동(예: 흡연, 자해, 벽을 주먹으로 치기)을 하고 있다는 것을 인식한다. 이에 대해 당신은 내담자를 교육하고 자기파괴적인 행동을 그만두도록 주장한다. W. Miller와 Rollnick(2002)은 이 시나리오를 다음과 같이 기술했다.

> 그런 다음 [치료자]는 [내담자]의 양가감정을 해결하기 위해 [내담자]에게 조언하고, 가르치고, 설득하고, 상담하거나 논쟁을 하게 된다. 이러한 상황에서 [내담자]의 반응이 어떨지에 대해 예상하는 데는 심리학 박사 학위가 필요한 것은 아니다. 양가감정의 특징대로 [내담자]는 [치료자]가 제안하는 해결책에 대해 반대 의견을 내거나, 아니면 적어도 제안된 해결책의 문제나 단점을 지적할 것이다. [내담자]로서는 그렇게 행동하는 것이 자연스러운 것이다. 왜냐하면 [내담자]는 어떠한 해결책이 제안되거나 처방되더라도 그 해결책에 대해 적어도 두 가지 이상의 느낌을 가지게 되기 때문이다. 이것이 바로 양가감정의 특징이다(pp. 20-21).

MI에서는 저항이 변화에 대한 자연스러운 양가감정에서 비롯된다고 본다. 물리적인 차원에서 이를 생각해 보자. 만약 당신이 손바닥을 펼쳐서 내밀고 다른 사람에게도 똑같이 해달라고 부탁한 다음 그 손바닥을 대서 밀면, 상대방은 보통 당신이 밀친 힘에 맞춰 뒤로 밀릴 것이다. 임상면담에서 이 과정은 언어적인 방식으로 일어날 수 있다. 당신이 건강한 행동 변화를 밀어붙일수록, 내담자는 건강하지 않게 지내는 자신을 정당화하며 뒤로 물러설 것이다(Apodaca et al., 2015; Magill et al., 2014).

이는 내담자의 양가감정을 해결하고 동기를 활성화하기 위한 MI의 중심 가설을 이끌어 낸다.

이 모든 것은 양감감정의 해결을 위해 일어나야 하는 근본적인 역동 문제로 주의를 기울이게 한다. **변화에 대한 주장을 표명해야 할 사람은 내담자다**(W. Miller & Rollnick, 2002, p. 22).

하지만 어떻게 하면 임상가가 내담자가 변화를 위한 주장을 할 수 있게 도울 수 있을까?

MI 모형에서 내담자가 변화에 대해 자신의 주장을 표명할 때, 이를 **변화 대화**(change talk)라고 한다. 내담자가 변화에 반대하는 주장을 할 때, 내담자는 건강하지 않은 행동을 지속하거나 유지하려고 주장하기 때문에 이를 **유지 대화**(sustain talk)라고 한다. MI의 중심 가설에 따르면, 내담자가 변화 대화를 더 많이 할수록 긍정적인 변화가 발생할 가능성이 더 높아진다.

MI에는 관계적 요소와 기술적 요소가 있다. 관계적 요소에는 협력, 수용, 공감의 태도가 포함된다. 기술적 요소에는 의도적인 환기와 내담자의 변화 대화에 대한 강화가 포함된다(W. Miller & Rose, 2009). 실제로 관계적 요소와 기술적 요소를 분리하는 것은 어렵고, 이 둘이 함께 전달될 때 더 효과적일 가능성이 높다. 변화를 꺼려 하거나, 양가감정을 가지고 있거나, 저항적인 내담자와 작업할 때, Rogers의 인간중심적 접근을 유념하고, 동시에 변화 대화를 불러일으키고 강화하기 위해 좋은 행동 기술을 사용해야 할 것이다.

열린 질문, 시작 질문, 목표 설정 전략 사용하기

열린 질문을 하는 것은 기본적인 MI 기술이다. 그러나 W. Miller와 Rollnick(2013)은 열린 질문을 포함해 너무 많은 질문을 하는 것에 대해 경고했다.

MI에서는 왈츠와 같이 한 번의 열린 질문을 한 다음 내담자가 말한 내용을 두 번 반영하는 단순한 리듬으로 이루어진다. 하지만 열린 질문이라 해도 연속적으로 여러 번의 질문을 하는 것은 피해야 한다. 그렇지 않으면 질문-대답 패턴 함정에 빠질 수 있다(p. 63).

W. Miller와 Rollnick은 2대 1 왈츠 은유를 엄격하게 따르지 않을 것을 권장했다. 요점은 질문보다는 더 많은 반영을 하도록 상기시키는 것이다. 이들은 "일련의 닫힌 질문을 연이

어 하면 관계를 형성하는 데 치명적일 수 있다(p. 63)."고 지적하면서, 반복적인 닫힌 질문에 대해 더 강하게 경고했다.

마지못해 상담하거나, 양가감정을 가지고 있거나, 저항적이거나, 적대적인 내담자와 상담을 시작하는 경우, 긍정적이고, 강점에 초점을 맞추고, 공감적이고, 비난하지 않는 방식으로 면담을 시작한다면, 좋은 만남을 가질 수 있는 더 좋은 기회를 갖게 될 것이다. 해결중심치료자와 이야기치료자는 다음과 같은 목표 지향적인 시작 질문을 통해 이러한 성과를 달성한다.

• 우리가 어떻게 하면 오늘 만남이 도움이 될까요?
• 오늘 우리가 좋은 만남을 갖게 된다면, 어떤 일이 일어날까요?
• 여기서 생산적인 시간을 보내려면 어떤 일이 일어나야 할까요?

응급실 장면에서 일어나는 다음 사례에 대해 생각해 보도록 하라(M. Cheng, 2007, p. 163, 괄호 안의 **진하게** 표기된 부분은 저자의 주석을 의미).

임상가: 우리가 어떻게 하면 오늘 만남이 도움이 될까요? **(임상가가 목표에 대해 질문한다.)**

환자: 자살하고 싶어요. 그냥 죽게 내버려둬요. ……**(환자는 건강하지 않은 목표/과제를 언급한다.)**

임상가: 그렇게 느끼는 이유가 분명히 있을 거예요. ……스스로를 해치고 싶은 이유가 무엇인가요? **(임상가는 기저의 건강한 목표를 찾는다.)**

환자: 우울증하고 집에서 벌어지는 싸움을 더 이상 견딜 수가 없어요. **(기저의 건강한 목표/과제는 우울증과 싸움에 대처하기 위한 것일 수도 있다.)**

임상가: ……그래서 당신이 우울증과의 싸움에 대처할 수 있도록 도움을 주는 방법을 찾을 필요가 있겠네요. 예전에는 집에서 싸우는 일이 적었다고 말했잖아요. 싸움을 줄일 수 있는 방법을 찾고, 사람들과 더 잘 지낼 수 있다면 어떨 거 같아요?

환자: 훨씬 낫겠지요. 하지만 그런 일은 일어나지 않을 거예요.

임상가: 그래요. 당신이 낙담한 이유를 알 수 있을 거 같아요. 또 우울증 때문에 희망이 보이지 않는다는 것도 이해해요. 하지만 제 생각에는 당신에게 더 강하고 희망적인 부분도 있는 거 같아요. 그렇지 않았다면 이렇게 저와 이야기조차 나누지 않았겠죠. **(임상가는 건강하지 않은 생각이나 행동을 우울증의 일부로 외현화하고, 환자가 우울증에 대항하는 데 도움을 주려고 한다.)** 희망적인 부분은 당신이 예전엔 기분이 좋았다고 했

었죠. 만약 기분을 다시 좋아지게 만들 수 있다면 어떨 거 같아요?

환자: 훨씬 나아질 거 같아요.

임상가: 제가 제대로 이해하고 싶은데요, 기분이 어떻게 달라졌으면 하는 거예요? (임상가는 내담자가 목표를 명확히 설명하게 함으로써 내담자의 목표를 강화한다.)

환자: 다시 행복해지고 싶어요.

임상가: 그리고 집에서는 사람들과 어떻게 지내기를 원하는 건가요?

환자: 사이가 더 좋아졌으면 좋겠어요.

임상가: 기분이 좋아질 수 있도록 하는 방법뿐만 아니라 사람들과 잘 지낼 수 있는 방법을 함께 찾아보조? (임상가는 환자의 건강한 목표를 의역한다.)

환자: 좋아요…… (환자는 목표에 동의한다.)

이 예시에서 M. Cheng(2007)은 환자가 목표를 명확히 하고 긍정적인 변화의 잠재적인 이점을 인정하도록 돕는 방법을 보여 주었다. 비록 의사는 부정적인 표현이 담긴 질문(스스로를 해치고 싶은 이유가 무엇인가요?)으로 대화를 시작했지만, 그는 자살 동기 기저에 있는 긍정적이고 건강 지향적인 목표를 듣고 있었다. 이는 중요한 원칙이다. 내담자의 정서적 고통을 탐색할 때에도, 그 고통에 영향을 주는 이루지 못한 긍정적인 목표를 경청하고 깊이 공감할 수 있다.

반영, 확대 반영, 과소 반영 사용하기

이 책 전반에 걸쳐, 우리는 의역, 감정 반영, 요약 등 비지시적 면담 기술을 강조해 왔다. MI에 대한 연구에서는 이러한 반영 기법이 저항을 다루고 없애는 강력한 도구라는 것을 보여 주면서 이러한 강조를 지지한다(Magill et al., 2014). W. Miller와 Rollnick(2002, pp. 100-101)은 저항을 줄일 수 있는 간단한 반영의 예시를 제공했다.

내담자 1: 노력하고 있다고요! 보호관찰관이 감시만 안 해도, 저도 제 인생을 바로잡을 수 있을 거라고요.

치료자 1: 필요한 변화를 위해 열심히 노력하고 있군요.

혹은

치료자 1: 보호관찰관이 감시하니 짜증 나겠어요.

내담자 2: 당신이 뭔데 나한테 충고해? 마약에 대해 뭘 알아? 마리화나를 해 본 경험도 전혀 없으면서!

치료자 2: 제가 다 이해한다고 말하면 그건 거짓말이겠지요.

내담자 3: 살을 뺐는데도 유지하기가 어려워요.

치료자 3: 어떤 방법도 효과가 없다고 생각하는군요.

　　혹은

치료자 3: 다시 시도하고 싶지 않다는 말이군요.

치료자가 내담자의 노력, 좌절, 적대감, 낙담을 정확하게 반영하면, 내담자가 자신의 입장을 방어할 필요성이 줄어든다.

반영은 또한 양가감정의 건설적인 측면에 대해 이야기하도록 자극할 수 있다. 최근, 우리는 심리학개론 수업을 통해 내담자로 자원한 학부생들과 수백 차례의 짧은 면담을 진행한 상담심리학을 전공하는 대학원생들을 대상으로 슈퍼비전했다. 우리는 이들이 반영을 정확하게 하지 않았을 때, 자원한 내담자들은 자신의 양가감정을 재조정하는 방법으로 자신의 감정과 생각을 명확히 할 수 밖에 없다고 느꼈다는 것을 알아차렸다. 예를 들면 다음과 같다.

내담자: 룸메이트한테 화가 나요. 걔는 옷 정리, 설거지 포함해서 아무것도 안 해요.

치료자: 룸메이트를 내쫓고 싶겠네요.

내담자: 아니요, 그 정도는 아니에요. 제가 걔에 대해 좋아하는 점은 많아요, 근데 어지럽히는 건 절 정말 짜증 나게 해요.

이 대화는 면담자가 룸메이트에 대한 내담자의 부정적인 생각을 무심코 과장하는 것을 보여 준다. 이에 대해 내담자는 즉시 뒤로 물러서며 "제가 걔에 대해 좋아하는 점은 많아요."라고 분명히 말한다.

이 면담자는 무심코 MI 기법인 확대 반영을 사용했다(W. Miller & Rollnick, 2013). **확대 반영**(amplified reflection)은 내담자의 주요 메시지를 의도적으로 과장하는 것이다. W. Miller와 Rollnick은 "일반적인 원리로서, 표현된 정서의 강도를 과대평가하면, 그 사람은 원래의 진술에서 물러나 이를 부정하고 최소화하는 경향이 있다(p. 59)."고 기술했다.

확대 반영은 의도적으로 사용할 경우 내담자에게 조작적인 반응으로 보일 수 있다. 이

것이 바로 확대 반영을 할 때 진정으로 공감하고 절대로 빈정거리지 않는 이유다. 확대 반영은 조작적인 반응이 아니라, 내담자의 좌절, 분노, 낙담에 깊이 공감하려는 치료자의 노력으로 간주된다. 다음은 확대 반영의 예시다.

> 내담자 1: 우리 아이는 심각한 장애가 있어서 제가 집에 있어야 해요.
>
> 치료자 1: 집에 24시간 내내 있어야 하고, 외출해서 쉬는 건 사치라는 얘기네요.
>
> 내담자 1: 사실, 그건 아니에요. 가끔은 집에 있을 때 일을 더 잘 할 수 있도록 쉴 필요가 있다고 생각해요.

> 내담자 2: 할머니가 지난 학기에 돌아가셨을 때, 수업에 빠졌는데 따라가느라 힘들었어요.
>
> 치료자 2: 당신을 정말 불편하게 하는 것 말고는 할머니가 돌아가신 거에 대해 다른 정서적인 반응을 별로 보이지 않네요.
>
> 내담자 2: 음, 할머니를 그리워하지 않는다는 건 아니에요.

확대 반영은 내담자의 양가감정의 한쪽 면을 깊이 공감하려는 노력이다. 이는 자연스럽게 내담자를 반대 방향으로 이끈다.

또한 내담자가 하는 말을 의도적으로 축소해서 반영을 사용하는 것도 가능하다. W. Miller와 Rollnick(2013)은 이를 **과소 반영**(undershooting)으로 언급하고, 내담자가 자신의 생각과 감정을 계속 탐색하도록 격려하기 위해 이를 사용하는 것을 지지한다. 당신이 내담자의 정서, 신념, 가치 및 기타 중요한 이슈에 초점을 맞출 때 축소 반영이나 과소 반영을 할 수 있다.

> 내담자: 우리 엄마가 제 앞에서 친구들을 비난하면 참을 수가 없어요.
>
> 치료자: 좀 짜증 났겠네.
>
> 내담자: 짜증 이상이에요. 열 받았어요.
>
> 치료자: 엄마가 친구들을 비난할 때 어떤 부분 때문에 화가 나니?
>
> 내담자: 엄마가 저와 제 판단을 믿지 못하는 거요.

이 예시에서 치료자는 축소해서 반영한 다음, 열린 질문을 사용해 어머니의 비난에 대해 어떤 부분이 상처를 주는지 계속 탐색한다.

나란히 가기(역설 사용하기)

내담자가 특정 방향으로 이야기하도록 의도적으로 과소 반영하거나 확대 반영하면 조작한다는 느낌을 줄 수 있다. 이의 극단적인 형태가 역설이다. 역설은 전통적으로 증상 개선을 위한 처방으로 사용되어 왔다(Frankl, 1967). 예를 들면, 술을 과도하게 마시는 내담자에게 전통적인 역설적 개입은 "제가 보기에는 술을 충분히 많이 마시지 않고 있는 거 같아요."라고 하거나, "다음 주에 술 양을 좀 더 늘리는 게 도움이 될 거 같아요."라고 언급하는 것이다.

역설은 위험성이 높고, 노골적으로 조작하는 개입이라는 것을 아마 감지할 수 있을 것이다. 우리는 이러한 형태로 역설을 사용하라고 주장하지 않는다. 흥미롭게도, 1900년대 초반에 역설에 대해 쓴 Viktor Frankl은 역설을 유머에 기초한 전략으로 보았다. 무의식적으로나 의식적으로 마치 내담자가 극단적이고 파괴적으로 행동하는 어리석음을 이해하고, 결과적으로 반대 방향으로 돌아가는 것과 같다. 이러한 개념화는 MI와 유사한 방식으로 양가감정을 다루는 것으로 볼 수 있다.

W. Miller와 Rollnick(2013)은 저항을 다루기 위해 역설을 활용하는 것에 대해 논의했고, 이를 나란히 가기(coming alongside)라고 불렀다. 확대 반영과 유사하게, 나란히 가기는 공감 및 존중과 함께 사용한다. 다음은 두 가지 예시다.

내담자 1: 이게 통할 거라고 생각하진 않아요. 정말 절망적이에요.
치료자 1: 한번 더 시도해 보고 나서도 여전히 나아지지 않을 가능성이 있으니 아예 시도하지 않는 게 나을지도 모르겠어요. 어떠세요?

내담자 2: 사실, 그게 다예요. 가끔 술을 너무 많이 마시고 숙취도 싫지만, 별로 걱정되진 않아요.
치료자 2: 술이 약간의 문제를 일으키기는 하지만, 계속 술을 마시는 게 좋을 수도 있어요. 그럴 만한 가치가 있어요.

나란히 가기를 사용하는 경우, 양가감정의 덜 건강한 측면에 대해 진정한 공감이 필요하다.

W. Miller와 Rollnick(2002)은 전통적인 역설적 전략과 나란히 가기 간의 차이점에 대해 다음과 같이 언급했다.

우리는 때때로 치료적 역설이 설명되는 방식에 대해 마음이 상당히 편치 않음을 인정하지 않을 수 없다. 역설적 방법은 종종 내담자를 속여 바람직한 방향으로 이끄는 영리한 방법이라는 느낌이 있다. 역설에 관한 몇몇 글을 읽어 보면, 무슨 일이 일어나고 있는지 깨닫지 못한 채 내담자를 속일 수 있는 혁신적인 방법을 찾았을 때 거의 희열을 느낀다. 이러한 방법이 영리할지 모르지만, 여기에는 동기강화상담의 기본적인 대화 과정인 내담자를 존중하고 내담자와 협력하는 느낌이 없다(p. 107).

역설적 기법은 인간중심의 핵심 태도인 일치성, 무조건적 긍정적 존중, 공감적 이해에 통합되어야 한다. 이는 내담자를 교묘하게 비꼬거나 속이는 수단으로 이용해서는 안 된다.

정서 타당화, 급진적 수용, 재구성, 진정한 피드백 사용하기

내담자는 때때로 적대감, 분노 또는 원망을 드러내며 면담을 시작한다. 만약 임상가가 이러한 도발에 잘 대처하면, 내담자는 결국 마음을 열고 협력할 수 있다. 관건은 수용적인 태도를 유지하고, 내담자가 적대감을 표현할 때 가르치거나 꾸짖거나 보복하는 행위를 자제하는 것이다. 정신과적 관점에서 Knesper(2007)는 다음과 같이 말했다. "어려운 환자의 잘못된 행동을 꾸짖고 비난하는 것은 문제를 더 악화시키는 것 같다(p. 246)."

공감, 정서 타당화, 수용, 양보가 더 효과적인 반응이다. 우리는 종종 대학원생에게 권력 투쟁이 일어날 때, 특히 청소년 내담자와 작업할 때 양보를 사용하도록 지도한다(J. Sommer-Flanagan & Sommers-Flanagan, 2007b). 예를 들면, 젊은 내담자가 "저는 말하지 않을 거고, 저를 마음대로 할 수도 없어요."라는 말로 회기를 시작한다면, 권력과 통제력을 양보하는 것이 보다 긍정적인 과정을 촉진시킬 수 있다. "맞아요. 전 당신이 말하게 할 수도 없고, 당신이 말하고 싶지 않은 거에 대해 말하게 할 수도 없어요." 이러한 진술은 내담자의 관점을 타당화하고, 내담자가 권력 투쟁으로 볼 수 있는 부분에 대해 내담자가 초기에 주도권을 가진 것을 인정하는 것이다. MI 치료자는 이를 내담자 **인정하기**(affirming)라고 지칭한다.

공감하고 정서적으로 타당화하는 진술도 중요하다. 만약 내담자가 당신과의 만남에 대해 분노를 표현한다면, 감정 반영 및/또는 감정 타당화 반응은 당신이 내담자의 정서적 메시지를 크고 분명하게 듣는다는 것을 전달한다. 경우에 따라 공감과 정서 타당화를 넘어서서 내담자와 유사한 정서적 반응을 보일 수도 있다.

- 저를 만나야 한다고 해서 화가 난 당신을 탓할 수는 없어요.
- 저를 믿지 않는다고 말하는 걸 들었는데, 그건 지극히 정상적인 거예요. 어쨌든 전 낯선 사람이니까요. 저를 알게 될 때까지는 절 믿어서는 안 돼요.
- 판사가 당신이 저를 만날 필요가 있다고 한 건 정말 안타깝네요.
- 어쩔 수 없이 만나게 되는 건 알지만, 억지로 함께 나쁜 시간을 보내는 건 아니에요.

급진적 수용(radical acceptance)은 변증법적 행동치료와 인간중심 이론에 근거한 원리와 기법이다(Linehan, 1993). 이는 이상하거나, 방해하거나, 노골적으로 도발적인 언급을 하는 경우에도 내담자의 모든 표현을 수용하고 적극적으로 환영하는 것을 포함한다(J. Sommers-Flanagan & Sommers-Flanagan, 2007a). 다음은 내담자가 상담에 대해 분노하며 회기를 시작한 사례다.

내담자의 첫 진술: 저한테 이런 바보 같은 상담은 필요 없어요. 아내가 강요해서 왔을 뿐이에요. 이 상담은 아무짝에도 쓸모가 없어요. 이런 건 실제로 어떤 걸 하기보다는 당신같이 앉아서 말이나 지껄이는 찌질한 사람들한테나 필요할 뿐이라고요.

급진적 수용을 통한 반응: 와, 생각을 솔직하게 말해 줘서 고마워요. 많은 사람들이 상담하는 걸 정말 싫어하지만, 그냥 여기 앉아서 협력하는 척해요. 그래서 당신이 어떤 생각으로 왔는지 정확히 말해 줘서 정말 고마워요.

급진적 수용은 왜 내담자가 치료를 받으러 왔는지에 대해 더 깊은 이해를 전달하기 위해 재구성과 결합할 수 있다. **사랑 재구성**(love reframe)이 이 중 하나다(J. Sommer-Flanagan & Barr, 2005).

내담자: 이건 말도 안 되는 소리예요. 전 상담이 필요 없어요. 판사가 요구한 것뿐이라고요. 그러지 않으면, 감독하는 사람 없이 제 딸을 볼 수가 없어요. 그러니 그냥 끝내죠.

치료자: 당신이 생각하기에 말도 안 되는 걸 하기 위해 여기 온 걸 보니 당신은 정말 딸을 사랑하는가 봐요.

내담자: (누그러진 목소리로) 네, 전 제 딸을 사랑해요.

사랑 재구성은 내담자가 누군가를 사랑한다는 긍정적인 의견에는 거의 항상 동의한다는 마법적 특성을 가지고 있다. 이 틀은 면담을 좀 더 즐겁고 협력적인 방향으로 바꿀 수 있다.

종종, 화가 났거나 적대적인 내담자와 작업할 때, 우선 감정을 반영하고 타당화한 후……
잠시 멈추고…… 그리고 나서 진실한 피드백과 해결중심적 질문을 던지는 것이 좋다.

> 저와 이야기하는 게 싫다고 말하는 걸 들었어요. 그렇다고 당신을 탓하진 않아요. 저도 모
> 르는 사람에게 제 사생활에 대해 이야기할 수밖에 없는 상황이라면 싫을 거 같아요. 하지만
> 잠시만 솔직하게 말해도 될까요? [내담자가 동의하며 고개를 끄덕인다.] 아시다시피, 당신은
> 법적으로 문제가 있어요. 저는 조금이라도 도움이 되고 싶어요. 우리는 서로 만날 수밖에 없
> 는 상태예요. 우리는 앉아서 서로 쳐다보며 불행한 시간을 보낼 수도 있고, 아니면 당신이 이
> 법적인 문제에서 어떻게 빠져나갈 수 있는지에 대해 이야기할 수도 있어요. 어느 쪽이든 갈
> 수 있어요. 만약 우리가 오늘 좋은 만남을 갖는다면, 무엇을 얻을 수 있을까요?

거짓말을 하거나 망상을 가지고 있을 수 있는 저항적인 내담자 다루기

내담자는 종종 사실이 아닌 이야기를 하기도 한다. 특히 젊은 내담자는 종종 자신의 문
제나 관점을 최소화하거나 과장한다(J. Sommers-Flanagan & Bequette, 2013).

초기면담 중 일부 시간을 내거나, 초기면담 내내 가족 구성원이나 부모 또는 보호자를
참여시키면 내담자의 문제와 가능한 해결책에 대해 더 균형 잡힌 그림을 그리는 데 도움이
될 수 있다. 내담자의 신뢰성에 대해 의문점이 있는 경우, 중요한 타인에게 연락하는 것도
합리적인 대안이다. 이러한 것들은 사전 동의서에 설명되어 있어야 한다.

가끔 거짓말을 잘 하거나 망상을 가진 내담자는 "제 말을 믿나요?"라고 직접 묻곤 한다.
이 질문은 당신을 난처하게 하기 때문에 문제가 될 수 있다. 만약 "네, 믿어요."라고 말한다
면, 거짓말을 하고 있는 내담자에게 그의 거짓말을 믿고 있다고 말하는 것일 수도 있다(아
니면 당신이 망상을 가진 내담자에게 내담자가 FBI에 의해 괴롭힘을 당하고 있다고 말할 수도 있
다.). 하지만 당신이 내담자를 믿지 않는다고 말한다면, 협력 관계가 손상될 수 있다. 이러
한 어려운 상황을 다루기 위해 D. Robinson(2007, p. 241, 괄호 안의 **진하게** 표기된 부분은 저
자의 주석을 의미)은 내담자가 좀 더 개방할 수 있도록 촉진하기 위해 다음과 같은 방법을
제시했다.

내담자: 제 말을 믿나요?
면담자: 열린 마음으로 듣고 있어요.

　　혹은

면담자: 더 많은 정보 없이는 아직 모르겠어요.

　　혹은

면담자: 제 일은 당신의 생각이 무엇인지 이해하는 거예요.

　　혹은

면담자: [당신의] 이야기는 흔치 않은 이야기라서, 결정을 내리기 전에 좀 더 들었으면 해요.
　　…… ~에 대해 [좀 더] 이야기해 주세요. (**감정적으로 말했던 부분에 대해 환자에게**
　　다시 자세하게 물어본다.)

이러한 상황에서 우리가 평소에 보인 반응은 Robinson의 반응과 유사하다.

　　그거 좋은 질문이네요. 당신이 진실을 말하고 있는지 판단하는 게 제 일은 아니에요. 당신
이 한 말이 사실인지는 당신만이 알아요. 전 수사관이나 경찰이고 싶지는 않아요. 제 일은 당
신의 말을 듣는 거고, 제 목표는 당신에게 도움이 되는 거예요. 그리고 당신이 솔직하게 말한
다면 제가 더 도움이 될 수 있어요. 하지만 그건 당신에게 달렸어요.

　　거짓말을 하는 동기는 많다. 여기에는, ① 수치심이나 당혹감을 감추거나, ② 자기보호
를 하거나, ③ 가상의 이득이나 실제적 이득을 얻는 것이 포함된다. 일반적으로 사람들은
신뢰를 경험할 때 거짓말을 덜 하고, 거짓말을 할 필요가 있다고 느끼면 거짓말을 더 많이
한다. 당신의 목표는 내담자가 솔직하게 말할 수 있도록 충분한 신뢰를 쌓은 동맹을 구축
하는 것이다. 명백하거나 교묘한 거짓말을 하는 행동에 직면시키는 것은 내담자와의 라포
와 신뢰가 쌓이고, 내담자가 솔직하게 개방하는 것이 자연스럽게 나타나기를 기다리는 것
보다 덜 생산적일 수 있다.

　　저항은 한 사람의 내면의 중심에서 비롯되고, 내담자는 타인과의 상호작용에서 일관적
인 반응을 보일 수 있기 때문에 자신과 타인의 반응이 예측 가능하다는 것을 유념하도록
하라. 오래된 부적응적인 방식을 유지하는 것보다 변화와 고통이 위협적이고 직면하기 더
어렵기 때문에 저항이 존재한다. 문화적으로나 발달적으로 다양한 내담자에게, 치료자가
실제로 문화적 민감성이나 발달적 민감성을 보이지 않을 경우 내담자의 저항을 유발할 수
도 있다(J. Sommers-Flanagan & Sommers-Flanagan, 2007b). 〈표 12-1〉에는 내담자의 양가
감정이나 내담자의 자연스러운 저항을 다루기 위한 전략과 기법이 포함되어 있다.

<표 12-1> 자연스러운 저항을 다루기 위한 전략과 기법 체크리스트

☐ 1.	치료 동맹을 형성하는 것이 거의 항상 직면보다 더 우선적이기 때문에 수용과 이해의 태도를 취하도록 하라.
☐ 2.	내담자가 긍정적인 변화를 향해 노력하고 성취하는 것에 대해 양가감정을 느낄 것이라는 것을 인식하도록 하라.
☐ 3.	내담자가 건강한 결정을 하도록 가르치고, 훈계하고, 설득하려는 충동을 억누르도록 하라.
☐ 4.	처음부터 끝까지, 가능한 긍정적인 목표와 연결되는 열린 질문을 하도록 하라.
☐ 5.	내담자의 정서적 고통과 낙담의 바탕에 깔린 긍정적인 목표를 찾고 난 다음, 그 목표를 내담자가 명확하게 표현하도록 도움을 주도록 하라.
☐ 6.	내담자가 저항을 보일 필요를 줄이기 위해 간단한 반영을 사용하도록 하라.
☐ 7.	양보를 하거나 인정하도록 하라. "당신 말이 맞아요. 당신이 나와 얘기하게 할 수는 없어요." 이는 내담자가 자신이 말하는 데 통제권을 가지고 있다는 것을 인정하는 것이다.
☐ 8.	내담자가 양가감정의 건강한 측면에 대해 논의할 수 있도록 권장하기 위해 확대 반영이나 축소 반영을 사용하도록 하라.
☐ 9.	내담자가 화를 내거나 적대적인 경우 정서 타당화를 사용하도록 하라.
☐ 10.	내담자의 솔직함이 공격적이거나 방해가 될지라도, 급진적 수용을 사용해 이에 대해 칭찬하도록 하라.
☐ 11.	가능할 때마다 내담자의 적대감과 부정성을 긍정적인 원동력으로 재구성하도록 하라.
☐ 12.	염려되는 내담자의 행동에 대해 진정한 피드백을 제공하도록 하라.
☐ 13.	역설을 신중하게 사용해 존중하는 태도를 보이며 내담자의 저항과 나란히 가도록 하라.
☐ 14.	진실성에 대해 염려된다면, 정확한 정보를 얻기 위해 중요한 타인과 면담하도록 하라.
☐ 15.	내담자가 "제 말을 믿어요?"라고 묻는다면, "판사의 자격으로 여기 있는 게 아니에요. 당신의 말에 귀를 기울이고 도움이 되기 위해 있는 거예요."와 같이 좀 더 개방을 촉진하는 반응을 사용하도록 하라.
☐ 16.	당신은 정신건강 전문가이지 판사가 아니라는 사실을 유념하도록 하라.

물질 이슈나 문제를 가진 내담자와 면담하기

물질남용이나 물질의존 문제를 가진 내담자를 면담하려면 전문적인 훈련과 경험이 필요하다. 이 섹션에서는 이 분야에서 추가 훈련에 대한 욕구를 자극할 수 있는 기본적인 정보를 제공할 것이다.

물질사용 내담자와 작업하는 일부 전문가들은 물질남용이나 의존에 대한 개인 병력을 가지고 있다. 연구자와 임상가는 당신의 물질남용 병력이 유익하거나 골칫거리가 될 수 있다고 지적했다(Curtis & Eby, 2010; Gallagher, 2010). 만약 당신이 물질남용 문제를 경험했다면, 아마도 당신은 그 문제가 가지고 있는 중요한 이슈를 명확히 알 수 있을 것이다. 이로 인해 당신은 내담자의 역동에 대해 더 큰 공감과 이해를 할 수 있다. 또는, 당신이 물질 남용 문제를 가지고 있으면, 자신의 문제와 자신만의 해결책을 내담자에게 투사할 가능성이 더 높아진다(실제 적용하기 12-1 참조).

정보 수집하기

물질남용 내담자로부터 타당한 정보를 수집하는 것은 어려울 수 있다. 이러한 과정을 돕기 위해 연구자와 임상가는 수많은 간단한 면담법을 개발했다. 이러한 접근법은 진단 정보를 빠르고 효율적으로 획득하는 것이 최우선 과제인 장면에서 특히 중요하다.

● 실제 적용하기 12-1: 물질에 대한 자신의 태도 탐색하기

알코올과 약물사용에 대한 당신의 태도를 성찰해 보는 것은 도움이 된다. 당신이 음주를 강하게 금지하는 가정에서 자랐든, 복합 중독(multiple addiction) 가정에서 자랐든 간에, 당신의 가족 경험은 당신이 알코올과 기타 약물을 사용하는 (혹은 사용하지 않는) 사람에 대해 어떻게 생각하는지를 형성한다. 물질사용 내담자와 효과적으로 작업하기 위해서는, 당신의 알코올 및 약물 병력, 물질에 대한 현재 태도, 그리고 가족의 알코올 및 약물 병력을 성찰하는 것이 도움이 된다.

이 장을 읽으면서 알코올과 약물에 대한 당신의 태도를 계속 성찰하도록 하라. 또한, 물질남용 내담자를 평가하고 치료하기 위한 다양한 접근법을 고민할 때, 치료자와 내담자의 입장에서 자신을 상상해 보도록 하라. 다음의 질문을 스스로에게 던져 보도록 하라.

- 나는 물질남용 내담자를 면담할 때 치료자로서 어떻게 행동해야 하는지에 대한 가정을 해 보는가?
- 내담자가 자신의 물질사용에 대해 '자백'하도록 하기 위해 직면시킬 필요가 있는가? 아니면 직면이라는 기법이 내담자의 방어를 증가시키고 정직성을 감소시키는가?
- 만약 내가 중독된 내담자를 물질에 직면시키지 않는다면, 내담자는 자신에게 문제가 있다는 사실을 인정하는 것을 회피할 것인가?
- CAGE 평가 질문[본문 참조]에 대해 어떻게 생각하는가? 알코올 소비에 대한 NIAAA 기준[본문 참조]은 어떠한가? 나는 그 질문에 어떻게 대답할까? 내가 알코올이나 기타 약물과 관련된 문제가 있는가, 아니면 문제가 있었던 적이 있는가?

이러한 질문에 대한 당신의 대답과는 상관없이, 개인적으로나 당신이 신뢰하는 사람과 함께하는 상황에서, 알코올과 기타 약물에 대한 당신의 태도와 경험에 대해 반드시 누군가와 이야기하도록 하라. 당신의 이슈를 인식하고 극복하고자 하는 것은 전문적인 치료자로서의 지속적인 발전의 일부분이다.

물질사용장애 여부를 판단하는 것은 특정 진단 절차다. 이에 직면하면, 일부 치료자들은 단순하게 DSM(또는 ICD)의 최신판을 꺼내 진단 기준에 따라 내담자에게 질문한다. 이와는 대조적으로, 알코올과 약물 연구자는 물질관련장애가 존재하는지 여부를 판단하기 위해 좀 더 상세하고 긴 진단면담 도구를 표준 도구로 사용할 가능성이 높다(Dawson, Smith, Saha, Rubinsky, & Grant, 2012).

'지나치게 많은' 물질사용이 어느 정도인지는 종종 대답하기 어렵다. 그럼에도 불구하고, 몇 가지 방법이 있다. 알코올 문제를 확인하기 위해 흔히 사용되는 간단한 면담은 CAGE 질문지다(Williams, 2014). CAGE는 내담자에게 알코올 사용에 대해 질문하기 위한 네 가지 중요한 질문들을 기억하기 쉽도록 만든 약어다.

C: 술을 반드시 끊어야겠다고(CUT DOWN) 생각한 적이 있는가?

A: 자신의 음주에 대해 사람들이 비난해서 화가 난(ANNOYED) 적이 있는가?

G: 자신의 음주에 대해 스스로 죄책감(GUILTY)을 느낀 적이 있는가?

E: 신경을 안정시키거나 숙취 증상을 없애려고 이른(EARLY) 아침에 일어나자마자 해장술을 마신 적이 있는가?

알코올장애 진단은 CAGE 질문지와 같이 단일하고 간단한 면담 절차에 기초해서는 안 되지만, 많은 치료자들과 미국국립알코올중독 및 알코올남용연구소(National Institute on Alcoholism and Alcohol Abuse: NIAAA)는 CAGE 질문 중 (둘 이상의 질문에 "예"라고 응답하는 것이 더 타당한 절단점이긴 하지만) 하나라도 "예"라고 응답하면 알코올 문제를 가지고 있을 가능성을 고려한다(Williams, 2014).

NIAAA에서는 다음과 같은 사용 기준을 확립해 놓았다. 남성의 경우, 주당 14잔 또는 한 번에 4잔 이상의 술을 마시는 것은 알코올남용이나 알코올중독의 징후로 간주한다. 여성의 경우, 주당 7잔 이상의 음주 또는 한 번에 3잔 이상의 음주를 하는 것이 문제가 되는 것으로 간주한다(Welsh et al., 2014).

물질사용 내담자와의 동기강화상담: 절차와 기법

그리 멀지 않은 과거에는 일반적으로 직면 기법을 사용해 물질남용 내담자를 면담해야 한다고 가정했다. 알코올과 기타 약물을 남용하는 사람은 자신의 물질 관련 문제를 부인하거나 최소화하기 때문에, 내담자의 방어를 무너뜨리기 위해 직접적인 직면이 필요하다고 보았다. 알코올 중독자와의 전통적인 면담은 다음과 같다.

내담자: 정말이지, 선생님, 저는 단지 사교를 위해 술을 마실 뿐이에요. 저한테는 아무 문제가 없어요.

면담자: 당신에게는 선택권이 있어요. 술에 대한 문제에 마주하거나, 아니면 당신의 건강, 안전 그리고 가족을 위험에 빠뜨리거나 할 수 있어요. 만약 당신이 문제에 마주하기로 선택한다면, 당신은 제가 말한 대로 하고 우리 치료 프로그램을 따라야 할 거예요. 그렇게 하지 않으면, 아마 당신은 밑바닥으로 떨어져 헤어 나오지 못할 수도 있어요. 아니면 결국 감옥에 가게 될지도 몰라요. 사실은 당신에게 문제가 있고, 당신은 지금 당장 이 문제를 인정하는 게 좋을 거예요.

이러한 접근 방식에서는 치료자가 변화에 대한 주장을 한다. 치료자가 제시한 합리적인 증거는 아마도 내담자가 자신의 문제와 치료를 수용하는 데 도움이 될 것이다. 그러나 앞에서 언급한 바와 같이, MI는 이러한 접근 방식을 뒤집는다. 내담자가 변화를 위한 주장을 해야 한다.

MI 절차는 대체로 비지시적이지만, 물질 관련 면담을 수행하려면 몇 가지 물질사용과 남용 관련 질문 및 이슈들에 대해 면담을 구성해야 한다. 최소한 열 가지의 내용 영역을 다룰 수 있다(Rollnick & Bell, 1991).

1. 물질사용에 대한 주제를 꺼내고, 이에 대해 이야기해도 괜찮은지 내담자의 허락을 구하도록 하라. 허락을 구하는 것은 내담자의 자율성을 존중하는 기법이다. 약 5~10분 정도 라포를 형성한 후, 요약 진술을 사용할 것을 고려하도록 하라(예: "최근에 스트레스를 좀 받은 것 같은데요."). 그리고 나서 비지시적 질문과 전환 질문을 하도록 하라. "알코올 사용에 대해 좀 이야기할 수 있을지 궁금해요. 몇 분 동안 이 문제를 이야기해도 괜찮을까요?"(W. Miller, 2015, p. 255)

대부분의 경우 내담자는 긍정적으로 반응한다. 이러한 접근 방식은 잠정적이고, 내담자에게 통제권을 부여하며, 물질사용과 관련된 대화를 시작하게 한다.

2. 물질사용 혹은 남용에 대해 자세히 물어보도록 하라. "당신은 어떤 유형의 음주자인가요?" 혹은 "마리화나 사용에 대해 이야기해 주세요. 마리화나가 당신에게 어떤 영향을 미치나요?"(Rollnick & Bell, 1991, p. 206)와 같은 질문은 내담자가 자신의 음주나 약물 사용을 어떻게 보는지에 대해 이야기하게 하고, 이어서 구체적인 질문을 계속 할 수

있게 해 준다. "일 끝나고 친구들과 맥주 몇 잔 마시는 걸 좋아한다고 했잖아요. '맥주 몇 잔'이라는 게 어느 정도인가요?"

3. **일상에 대해 물어보도록 하라.** 내담자가 습관적인 사용자인 경우, 내담자는 종종 일관된 패턴으로 사용한다. 내담자에게 "평소의 음주 패턴에 대해 말해 주세요."라고 요청하면, 도움이 될 만한 평가 정보를 들을 수 있을 것이다. 이러한 일반적인 질문 후에 좀 더 구체적인 질문으로 들어갈 수 있다. "취하려면 얼마나 마셔야 하나요?" 혹은 "좋아하는 술집에 가면, 좋아하는 술은 무엇이고, 가장 친한 술친구는 누구며, 몇 잔이나 마시나요?"

4. **생활방식과 스트레스에 대해 물어보도록 하라.** 개념적이고 실용적인 관점 모두에서, 물질에 대해 질문하는 것에 집착하지 않는 것이 중요하다. 물질에 대해 이야기하는 것에서 벗어나 생활 스트레스에 대해 이야기하는 것으로 옮겨 가면, 당신은 물질사용에 대한 정보를 수집하는 것 이상의 내용에 관심이 있다는 것을 내담자로 하여금 알게 한다. 이는 내담자가 물질에 대해 더 적게 이야기하게 하기보다는 더 많이 이야기하도록 개방하는 효과를 가져 올 수 있다. 만약 내담자가 스트레스에 대처하기 위해 물질을 사용한다고 말하면, 당신은 생활 스트레스 요인에 대한 논의를 다음과 같이 확장할 수 있다.

> **내담자:** 저는 그냥 긴장을 풀고, 맥주 몇 잔 마시면서, 쉬고 싶어요.
>
> **면담자:** 긴장을 풀고 쉰다는 게 당신에게 중요한 것처럼 들리네요. 삶에서 벗어나고 싶은 게 뭐예요?

5. **건강에 대해 먼저 질문한 다음, 물질사용에 대해 물어보도록 하라.** 내담자에게 물질사용과 관련된 건강 문제가 있다면, 먼저 건강 문제에 초점을 맞춘 다음 건강과 물질사용 사이의 관계를 조심스럽게 탐색하는 것이 도움이 된다. 천식 증상에 대해 이야기한 후, 당신은 이렇게 질문할 수도 있다. "천식과 관련해 마리화나를 어떤 목적으로 사용하나요?"

6. **좋은 것과 덜 좋은 것에 대해 물어보도록 하라.** 이 전략은 내담자가 물질사용에 대해 좋아하는 것뿐만 아니라 물질사용에 대해 별로 좋아하지 않는 것에 대해 이야기할 수 있게 한다. 궁극적으로, 내담자로 하여금 별로 좋아하지 않는 것을 확대시키는 것(내담자의 관점에서의 변화 대화)이 목표다. 예를 들면, 내담자는 취하는 느낌이 좋아 이를 좋은 것으로 인식할 수 있으며, '공복감', 비용, 여자친구로부터의 부정적인 평가를 별로 좋지 않은 것이라 인식할 수 있다.

7. **과거와 현재의 물질사용에 대해 물어보도록 하라.** 내담자의 물질사용 패턴은 대개 시간

이 지나면서 변한다. "음주 패턴은 어떻게 변했나요?"라는 질문을 통해 치료자는 기억 상실(blackout), 내성, 역내성(reverse tolerance), 해장술(eye opener)과 같은 이슈에 대한 논의를 시작할 수 있다.

8. 정보를 제공하고 "어떻게 생각하세요?"라고 물어보도록 하라. 중독교육을 제공할 때, 개방적이고 협력적인 방식으로 하도록 하라. 당신은 이렇게 말할지도 모른다. "최근에 1970년대와 비교해서 마리화나 효능에 대한 흥미로운 정보를 봤어요. 이 정보를 같이 좀 나누어 봐도 될까요?" 정보를 공유한 후에는 "이에 대해 어떻게 생각하세요?"라고 질문한 다음, 다시 반영적 경청 기술을 사용해야 한다.

9. 당신이 걱정하는 바를 직접 표현하고. 내담자가 걱정하는 바를 직접 물어보도록 하라. 물질사용 관련 면담 중 어느 시점에서는 내담자의 사용 패턴에 대해 내담자가 걱정하는 바를 직접 물어보도록 하라. "음주에 대해 좀 더 물어보고 싶은데요. 물론 무엇을 할지 결정하는 건 당신 몫이에요. 하지만 술로 인해 우울증이 더 악화되는 건 아닌지 궁금해요. 그럴 수도 있다고 생각하나요?"(W. R. Miller, 2015, p. 256). 또 다른 방안은 "음주와 관련해서 걱정하는 게 뭔가요?"라는 열린 질문을 사용해 직접 물어보는 것이다. 닫힌 질문은 피하도록 하라. (예를 들면, 음주와 관련해서 걱정하는 게 있나요?)

10. 변화 대화를 불러일으키는 질문을 하도록 하라. 내담자가 자신의 물질사용을 탐색한 후에는 투사적 질문이나 가상 질문을 사용해 어떤 행동을 취할 수 있는지 물어볼 수 있다. "술을 줄이거나 끊기로 결심한다면, 가장 좋은 첫 단계로는 뭐가 있을까요?"

폭력과 위험평가 및 예측

16세 내담자와의 다음 대화를 고려해 보도록 하라.

John: 기술 선생님에게 화가 많이 났다고 들었어.

내담자: Smith 선생님이 정말 싫어요. 바보예요. 단지 기분 나쁘게 하려고 우릴 깔아뭉개요. 선생님은 벌 받아도 싸요.

John: 선생님한테 좀 열 받은 거 같네.

내담자: 뭐…… 때론 잘 지내기도 해요.

John: "벌 받아도 싸다."고 말한 건 무슨 뜻이야?

내담자: 저는 복수를 믿어요. 정말, 선생님이 불쌍해요. 하지만 제가 선생님을 죽인다면, 저는

선생님에게 호의를 베푸는 걸 거예요. 왜냐하면 선생님의 비참한 삶을 끝내고, 다른 사람들 기분 X 같게 하는 걸 멈출 수 있으니까요.

John: 그래서 선생님을 죽이는 거에 대해 생각해 봤어?

내담자: 선생님 등 뒤로 가서 목을 베어 볼까 하고 생각해 봤어요.

John: 얼마나 자주 생각해 봤어?

내담자: 거의 매일요. 선생님이 수업 시간에 지껄일 때마다요.

John: 정확히 어떤 이미지가 마음속에 떠오르는 거야?

내담자: Cassie[동료 학생]와 대화를 하고 있는 동안 제가 선생님 뒤에 몰래 다가가요. 그러고 나서 용접봉으로 선생님 목을 베어요. 목에서 피가 쏟아져 나오고 Cassie는 비명을 지르기 시작해요. 하지만 가엾은 바보가 모두를 괴롭히지 않는다면 세상은 더 좋은 곳이 될 거예요.

John: 그럼 어떻게 되는 거야?

내담자: 그럼 사람들이 저를 그냥 데려가겠죠. 하지만 상황은 더 좋아질 거예요.

John: 사람들이 널 어디로 데려갈까?

내담자: 감옥에요. 하지만 모든 사람들은 선생님이 얼마나 나쁜 놈인지 알기 때문에 저를 동정할 거예요.

초기면담이나 치료가 진행되는 동안에, 내담자는 공격적인 생각과 심상을 묘사할 수 있다. 앞의 예시에서와 같이, 일부 내담자들은 자신의 생각, 감정, 심상에 대해 간결하게 말할 것이다. 다른 사람들은 명확하게 말하지 않을 것이다. 또 다른 사람들은 피하고 당신에게 폭력적인 생각이나 의도에 대해 어떤 것도 말하지 않을 것이다.

폭력 가능성에 대한 평가는 자살 가능성에 대한 평가와 유사하다. 이는 고된 작업이고, 폭력을 예측하는 것은 매우 어렵다. 그러나 자살평가와 마찬가지로 임상가는 여전히 전문 기준에 맞는 폭력이나 위험평가를 수행할 법적 · 윤리적 책임이 있다.

지난 몇 년 동안 폭력을 가장 정확하게 예측하는 방법에 대한 논쟁이 있었다(Hilton, Harris, & Rice, 2006). 여기에는 세 가지 관점이 있다.

1. 일부 연구자들은 구체적이고 미리 결정된 통계적 위험 요인에 근거한 계리적 (actuarial) 예측이 일관되게 가장 정확한 절차라고 주장한다(Quinsey, Harris, Rice, & Cormier, 2006).

2. 일부 임상가들은 계리적 변인이 차원적이고 개인 및 상황적 특성과 상호작용하기 때문

에, 임상가의 경험과 직관에 기초한 예측이 가장 정확하다고 생각한다(Cooke, 2012).

3. 다른 사람들은 계리적 접근법과 임상적 접근법을 결합하는 것이 최선이라고 생각하며 중도적인 입장을 취한다(Campbell, French, & Gendreau, 2009).

전반적으로, 폭력 예측에 대한 계리적 접근은 임상적 판단보다 더 정확하다(Monahan, 2013). 하지만 계리적 폭력 예측에 결함이 없는 것은 아니다(Szmukler, 2012).

특정 폭력 행동으로 좁히기

모든 형태의 폭력 행동들을 예측할 수 있는 단일 위험 요인은 존재하지 않는다. 대신, 다양한 폭력 행동들은 특정 예측 요인과 관련되어 있다. 다음 섹션에서는 세 가지 특정 폭력 행동이나 집단에 대한 폭력성 예측 요인의 세 가지 예시를 제공한다. 다양한 폭력 행동 패턴에 대해 당신이 민감하게 반응하게 만드는 것이 목표다.

방화

방화는 대인 폭력과 관련될 수도 있고 그렇지 않을 수도 있는 위험한 행동이다. 그럼에도 불구하고, 업무 환경과 만나게 되는 임상 집단에 따라, 당신은 방화 가능성이 있는 행동에 대해 가족이나 잠재적 희생자에게 경고해야 하는 상황에 처하게 될 수도 있다.

Mackay와 동료들(2006)은 방화를 예측하는 요인을 다음과 같이 제시했다(예측 수준이 높은 변인에서 낮은 변인 순).

- 최초 방화 행동 당시의 어린 나이
- 높은 방화 발생 건수
- 낮은 지능
- 최초 방화와 관련된 추가 범죄 행위
- 단독으로 행한 최초 방화
- 낮은 공격성 점수(흥미롭게도 공격성 점수가 높은 범죄자는 폭력적일 가능성은 더 높았지만, 방화 가능성은 더 낮았다.)

방화를 예측하는 요인은 폭력 예측 원리의 일반적인 예시다. 미래의 폭력 행동을 예측하기 위해서는 구체적인 것에 초점을 맞출 필요가 있다. 예를 들면, 미래의 방화 가능성은 과거 방화 행동에 의해 가장 잘 예측된다. 마찬가지로, 미래의 신체적 공격은 과거의 신체적 공격으로 가장 잘 예측된다. 하지만 신체적 공격의 이력은 방화에 대한 좋은 예측 요인이 아니다.

젊은 남성 간의 살인

Loeber와 동료들(2005)은 Pittsburgh에 사는 젊은 남성 간에 일어난 살인 사건에 대해 대규모 연구를 실시했다. 이 연구는 전향적이고 종합적인 연구였기 때문에 주목할 만하다. 저자들은 도심 지역 청소년 1,517명을 대상으로 63개의 위험 요인(예측 요인)을 추적했다. 물론 대규모 연구라 하더라도 범위가 제한적이고, 그 결과는 엄밀히 말해 연구 당시 Pittsburgh 도심의 젊은 성인을 넘어 일반화할 수 없다. 그럼에도 불구하고, 그 결과는 다른 모집단에서의 살인 폭력에 영향을 줄 수 있는 위험 요인에 대한 통찰력을 제공한다.

폭력 범죄자는 비폭력 범죄자보다 아동, 가족, 학교, 인구통계학적 위험 요인과 관련된 63개의 위험 요인 중 49개에서 유의하게 높은 점수를 받았다. 이러한 예측 요인의 범위와 특성은 놀라웠다. 저자들은 다음과 같이 보고했다.

> 예측 요인에는 임신 중 산모의 담배나 알코올 사용, 10세 이전 비행 시작, 신체적 공격성, 잔인함, 냉담함/비정서적 행동과 같은 생애 초기의 명백한 요인들이 포함되었다. 게다가, 검거에 대한 낮은 기대와 같은 인지적 요인은 폭력을 예측했다. 가난과 10세 이전에 두 명 이상의 보호자 교체, 신체적 처벌, 불충분한 감독, 의사소통의 부족을 포함한 불안정한 양육 요인이 폭력을 예측했다. 부모 보고나 자기 보고에 기초한 바람직하지 않거나 비행을 저지르는 또래의 행동은 폭력을 예측했다. 낮은 학업 수행과 무단결석 또한 폭력의 예측 요인 중 하나였다. 마지막으로, 어려운 가정 형편(낮은 사회경제적 상태, 복지, 10대인 어머니)과 노후화된 지역의 거주자와 관련된 인구통계학적 요인도 폭력을 예측했다. 폭력과 가장 밀접한 관련 요인에는 무기 소지, 무기 사용, 조직폭력단의 일원, 마약 판매, 지속적인 마약 사용이 있었다(Loeber et al., 2005, p. 1084).

살인 폭력은 일반적인 폭력 예측 변인의 하위 요인에 의해 가장 잘 예측되었다. 구체적으로, 살인은 '아홉 개의 중요한 위험 요인의 존재 여부'에 의해 예측되었다(Loeber et al., 2005, p. 1086).

• 고위험군에 해당하는 점수

- 물질사용에 대한 긍정적인 태도
- 품행장애
- 무기 소지
- 갱단 싸움
- 마약 판매
- 또래 비행
- 학교에서의 유급
- 기초 생활 수급자

특히, 아홉 개의 위험 요인 중 적어도 네 개 이상의 위험 요인을 가진 소년은 네 개 미만의 위험 요인을 가진 폭력 범죄자에 비해 미래에 살인 유죄 판결을 받을 가능성이 열네 배나 높았다.

폭력과 조현병

조현병 진단은 폭력 위험을 증가시키지 않는다. 대신, 조현병으로 진단 받은 사람 중에서 특정 증상은 위험의 증가와 관련이 있다. 이러한 증상(Fresan, Apiquian, & Nicolini, 2006)은 다음과 같은 심각한 징후를 포함한다.

- 환각
- 망상
- 흥분
- 사고장애

이 연구 결과는 조현병으로 진단 받은 내담자가 다른 때가 아닌 정신병적 증상의 강도와 빈도가 급격히 증가할 때, 임상가는 특히 폭력 가능성에 신경을 써야 한다는 것을 시사한다.

연구 대 실무

정확한 폭력평가를 수행하고자 하는 치료자는 계리적 폭력 예측 위험 요인을 잘 알고 사용해야 한다고 결론 내릴 수 있다. 그러나 흔히 그렇듯이 과학적인 연구가 반드시 실제 상황과 유사한 것은 아니다. 계리적 폭력 연구의 대부분은 법정 혹은 교도소 수감자를 대상으로 폭력 재범률을 결과 측정치로 설정해 수행했다. 보다 전형적으로, 치료자는 학교나 주거치료센터, 개업 장면에서 폭력 상황에 직면한다(Juhnke, Granello, & Granello, 2011). 계리적 위험 요인이 도움이 될 수 있지만, 상담자가 한 번의 임상면담을 통해 교사의 목을 베는 생생한 심상을 보고하는 (한 번도 수감되어 본 적이 없는) 학생에 대해 교사를 보호해야 할 (그리고 경고해야 할) 의무가 있는지에 대한 판단하는 상황에서 이 요인을 가지고 일반화하기 어렵다.

이러한 한계를 감안하면 학교와 기관 장면에서의 임상면담에 기반한 평가를 **폭력 예측**(violence prediction)보다는 **폭력평가**(violence assessment)라고 표현하는 것이 더 정확하다. 대부분의 임상가들이 공립학교와 사립학교를 포함한 일반적인 실무 현장에서 하는 것은 계리적 자료에 근거한 과학적인 폭력 예측에 훨씬 못 미친다.

폭력 위험평가에 대한 합리적인 접근

폭력은 낮은 기저 비율의 행동이며, 이 때문에 정확한 예측은 통계적으로 불가능하다. 관련 변인은 많은 요인과 상황들에 따라 달라진다. 이러한 어려움에도 불구하고, 이 섹션에서는 폭력평가가 필요한 상황에서의 일반적인 지침을 제공한다. 이 지침 외에도, 당신은 폭력 가능성이 있는 내담자와 작업할 때 자문과 슈퍼비전을 받아야 한다.

〈표 12-2〉에는 일반적인 폭력평가 지침이 수록되어 있다. 여기에는 두 가지 일반적인 도구인 폭력 위험평가 지침(Violent Rate Appraisal Guide: VRAG; Harris, Rice, & Quinsey, 1993) 또는 사이코패시 체크리스트 개정판(Psychopathy Checklist-Revised: PCL-R; Hare et al., 1990)에 제시된 계리적 위험 요인은 포함되지 않았다는 점에 유의하도록 하라. 만약 당신이 폭력 위험평가에 관심이 있다면, VRAG와 PCL-R에 대해 더 많이 배우고 법정 심리학 분야에서의 진로 가능성에 대해 더 탐색해 보고 싶을지도 모른다.

〈표 12-2〉 폭력평가에 대한 일반적인 지침

☐ 1.	폭력 행동 이력에 대해 직간접적인 질문을 하도록 하라. 특히, 신체적 공격과 잔인함에 경각심을 가지도록 하라. 위협적인 행동이 과거의 폭력 행동과 유사하다면 위험은 더 높다.
☐ 2.	폭력 가능성이 있는 사람은 항상 자신의 폭력 이력에 대해 솔직하지 않기 때문에, 당신은 (정보 공개에 대한 동의가 필요하거나 누군가를 위험으로부터 보호할 윤리적·법적 책임이 있음을 감안해) 2차 정보 제공자와 면담할 필요가 있을 것이다.
☐ 3.	내담자가 건강한 결정을 하도록 가르치고, 훈계하고, 설득하려는 충동을 억누르도록 하라.
☐ 4.	계획에 대한 구체적인 내용을 듣고, 호기심 어린 질문과 간접 질문을 사용해 내담자의 폭력 계획의 구체성을 더 자세히 평가하도록 하라. 더 구체적인 계획은 폭력 위험의 증가와 관련이 있다.

☐ 5.	내담자가 당신에게 계획된 폭력 행위를 저지르기 위한 무기나 도구에 대해 말하지 않는다면, 당신은 물어보아야 한다. 치명적인 도구에 접근한다는 것은 폭력의 위험을 증가시킨다는 의미다.
☐ 6.	이력에 대한 정보는 두 배로 중요하다. 일반적으로 말해, 폭력적인 행동 패턴이 빨리 시작될수록, 이 패턴은 계속될 가능성이 높다. 혼란스럽고 폭력적인 환경(조직폭력 활동 포함)에서 성장한 내담자는 폭력의 위험이 더 높다.
☐ 7.	진단 정보가 도움이 될 수 있다. DSM에서, 가장 좋은 폭력 예측 변인은 DSM-5의 반사회적 성격 진단 기준의 A항목이다(American Psychiatric Association, 2013, p. 659).
☐ 8.	폭력과 관련된 인지를 평가하도록 하라. 만약 내담자가 자신의 범죄 사실을 들키거나 그 대가를 치르지 않을 것이라는 기대를 갖거나, 그 대가를 (심지어 자신의 죽음일지라도) 긍정적인 것으로 본다면 위험성은 더 높다.
☐ 9.	물질사용 여부를 고려하도록 하라. 물질사용에 대한 긍정적인 태도나 무기를 소지한 상황에서 물질을 사용하는 경우 더 큰 위험을 가져온다.
☐ 10.	직관을 참고하도록 하라. 직관은 어떤 것도 예측할 수 있는 훌륭한 요인은 아니지만, 위험 요인이 존재하고 특정 내담자가 폭력 행동을 저지르는 심상을 가지고 있다면, 동료나 슈퍼바이저와 상의하고, 혹시 모를 위기 상황을 위해 잠재적인 피해자에게 경고하도록 하라.

주: 이 체크리스트는 폭력평가 수행을 위한 일반적인 지침이다. 이 지침은 계리적 예측을 대신해 사용해서는 안 된다.

힘든 상황: 위기와 외상

이 섹션에서는 응급 상황, 재난 또는 외상 장면에서 발생할 수 있는 것과 같은 힘든 면담 상황에 대한 지침을 제공한다. 치료자는 상당한 문화적 차이, 한정된 자원, 제한된 환경, 심리적인 고통에 대처하려고 애쓰는 자신을 발견할지도 모른다. 신체적 부상 그리고 거주지, 사랑하는 사람 또는 정체감 상실은 이러한 상황을 더욱 복잡하게 만들 수 있다.

어려운 상황에서 면담하기

인재와 자연 재난은 생존자에게 심각하고 돌이킬 수 없는 영향을 미칠 수 있다. 인터넷을 통해 즉각적으로 정보를 얻고, 교통수단을 쉽게 이용할 수 있게 되면서, 세계는 계속해서 좁아지고 있다. 전 세계적으로 응급 사태, 재난, 비극의 지역으로 신속하게 이동하는 것은 가능하다. 이러한 손쉬운 접근성은 그러한 상황에서 도움을 주기 위해 자원봉사하기로 선택한 경우 필요한 기술과 지식의 복잡성을 경시한다(North & Pfefferbaum, 2013). 치료자는 필요한 기술과 지식 외에도, 위기 상황과 인도주의적인 정신건강면담에서의 윤리적 고려사항에 주의를 기울여야 한다(R. Sommers-Flanagan, 2007).

정신건강 전문가가 원하면 인도주의적이거나 위기개입 작업에 참여하는 기회는 흔히 찾을 수 있다. 지역, 국가, 국제적 차원에서, 단기간의 자원봉사자를 조직하고 배치하는 데 도움이 되는 비정부 기구, 교회, 지역사회 단체, 정부 프로그램이 있다. 장기 유급 고용이나 자원봉사 또한 가능하다. 지역 및 주(state) 차원에서 재난개입이 주요 업무가 아닌 기관이 지역사회의 재난이나 비극에 대응하는 경우도 있다. 이러한 다양한 기회는 그에 따른 요구사항, 지침, 교육 또는 준비를 바탕으로 실행된다. 일부는 언어 몰입, 문화적 지식, 경험적 요소를 포함한 포괄적인 훈련을 제공한다. 다른 경우에는 자원봉사자에게 이러한 배움의 기회를 제공하기에는 한계가 있다.

1991년 적십자사와 미국심리학회(American Psychological Association: APA)는 현재 재난 자원 네트워크(Disaster Resource Network)라고 불리는 재난 대응 네트워크(Disaster Response Network)를 출범시켰다. APA 웹 사이트에는 재난 구호 상황에서 심리학자의 역할이 제한적이라는 진술이 제시되어 있다.

> 재해 구호 활동 시 심리학자는 치료를 제공하지 않는다. 대신, 심리학자는 훈련과 전문적 판단을 통해 사람들이 극심한 스트레스와 종종 절망적인 상황에 대처하기 위해 자신의 대처 능력과 자원을 사용하도록 돕는다. 심리학자는 사람들이 문제를 해결하도록 돕고, 지역사회 자원을 알아보고, 노동자와 생존자의 요구를 지원하며, 정보를 제공하고 경청한다(2013년 2월 3일 미국심리학회 http://www.apa.org/practice/programs/drn/에서 검색).

APA의 산하 조직 또한 만들어졌고, 이 조직들은 책임감 있고 문화적으로 민감한 훈련과 서비스 제공을 위해 노력하고 있다. 유사하게, 미국상담학회(American Counseling Association: ACA)는 미국사회복지사협회(National Association of Social Workers)와 마찬가지로 위기 대응 서비스를 개발했다. 이러한 개발은 자연 재난이나 인재가 발생할 경우, 어느 문화권의 사람이든지 상관없이 숙련되고 즉각적인 심리적 도움이 필요하다는 것을 보여 준다.

당신이 위기 상황에서 숙련되고 윤리적인 정신건강면담에 대비할 수 있게 하는 것은 이 책의 범위를 넘어서는 것이다. 다만, 여기에서는 재난과 위기 상황에서 정신건강면담을 자원해 수행하는 데에는 전문적인 훈련이 필요하다는 인식을 높이기 위해 기본적인 지침을 제공한다. 충분한 준비 없이는 이득보다 더 많은 해를 끼칠 수 있다(B. G. Collins & Collins, 2005; H. B. Smith, 2006). 또한, 대비하지 못한 어려운 상황에 처하게 될 수도 있다.

재난은 언제, 어디에서건 발생할 수 있으며, 당신이 특별히 준비되어 있지 않더라도 도움 요청을 받을 수 있다.

재난개입 지침: 심리적 응급 처치

심리적 응급 처치(psychological first aid: PFA)는 재난과 외상 대응에 가장 보편적으로 사용되는 모형으로, 아래에 기술되어 있다. 그러나 이 섹션을 읽으면서 2013년 지역사회 재난에 대한 정신건강 대응 관련 리뷰 논문에서 언급된 다음과 같은 의견을 유념하도록 하라.

심리적 응급 처치, 심리적 사후 보고(psychological debriefing), 위기상담, 괴로움을 겪는 개인에 대한 심리교육과 같은 심리사회적 개입은 재난 상황에서 그 유익성이나 위해성이 확립될 만큼 충분히 평가되지 않았다(North & Pfefferbaum, 2013, p. 507).

PFA에 대한 첫 논문은 1945년에 출간되었다. 이 논문에서는 피해자의 부적응을 예방하고 특정 사건으로 인해 발생하는 어려움과 개인적인 문제를 다루도록 돕는 데 초점을 맞췄다(Blain, Hoch, & Ryan, 1945). 이후 21세기 초까지 문헌에서는 PFA에 대한 논의는 거의 없었다.

Ruzek과 동료들(2007)은 오늘날 PFA의 목적을 다음과 같이 기술했다.

PFA는 초기 외상 후 괴로움을 줄이고 장단기 적응 기능 회복을 지원하기 위한 것이다. 이는 외상 생존자가 발견될 수 있는 곳이라면 어디서든 실시될 수 있게끔 고안되었다. 재난 후에 이는 쉼터, 학교, 병원, 집, 집결지, 급식소, 가족지원센터, 기타 지역사회 장면에서 제공될 수 있다. 이 원칙은 또한 외상 후에 병원외상센터, 강간위기센터, 전쟁 지역 등 많은 재난 외의 상황에서도 즉시 적용될 수 있다. PFA는 현장에서 간단하고 실용적으로 시행할 수 있도록 고안되었다(p. 18).

부분적으로, PFA는 위기 상황 스트레스 디브리핑(critical incident stress debriefing: CISD)의 대안으로 개발되었다. CISD에 대한 연구 결과는 혼재되어 있고, 일부 내담자들에게는 부작용의 가능성에 대한 우려가 있었다(Campfield & Hills, 2001; Everly Jr. & Boyle, 1999). CISD를 PFA로 대체하는 데에는 논리적인 근거가 있지만, PFA를 사용할 수 있는 경험적인 증거는 거의 없다.

PFA 모형의 여덟 가지 핵심 작업을 중심으로 다음과 같은 지침이 구성되어 있다(Everly, Phillips, Kane, & Feldman, 2006; Ruzek et al., 2007).

1. 첫 접촉과 관계 형성
2. 안전과 지지
3. 안정화
4. 정보 수집: 현재 요구와 우려사항
5. 문제 해결 지원
6. 사회적 관계 연결
7. 대처 방법 정보 제공
8. 협력 기관 연계

첫 접촉과 관계 형성

모든 정신건강 서비스 제공자들은 '구조화된 사고 현장 지휘 체계(Incident Command System)하의 지원 단체'의 일환으로 재난 상황에 참여해야 한다(Ruzek et al., 2007, p. 24). 재난 상황에서 개별적인 지원 활동은 삼가야 한다.

생존자는 종종 도움을 주는 사람들의 지도를 따르려고 한다. 이것이 정신건강 전문가가 침착하고 자제력 있게 재난 상황에 접근하도록 지도 받는 이유다.

첫 접촉과 관계 형성의 목표는 당신에게 접근하는 피해 입은 사람에게 대응하고, 공감적이고 비강압적인 방식으로 도움을 주는 접촉을 시작하는 것이다. 제공자는 접촉하기 전에 허락을 얻어야 한다. 어느 경우든 서비스 제공자는 자신과 그 상황에서 자신의 역할에 대해 간략하고 관련된 정보를 제공해야 한다.

안전과 지지

많은 위기 상황들은 본질적으로 혼란스럽다. 우리 동료들은 쓰러진 나무 위에 앉아서 면담을 하거나, 한때 집이었던 곳의 뒷마당에 서 있거나 피해 입은 내담자와 함께 토네이도 잔해를 뒤지며 잃어버린 소중한 물건을 찾기도 했다. 상담은 체육관 뒤편, 이웃집 현관, 창고 혹은 텅 빈 사무실에서 실시될 수 있다. 어쨌든 현장은 개인 사무실이 아니기 때문에 당신은 면담 환경을 조정할 수도 있고 그렇지 않을 수도 있다. 그럼에도 불구하고, 개인 정보를 보호하고 편안함을 주는 것이 좋다.

재난이나 테러 사건은 예상치 못하고 충격적이며 혼란스러운 경우가 많기 때문에, 생존자에게 정확한 정보, 예를 들면 다음에 무엇을 할지, 생존자를 돕기 위해 어떤 일을 하고 있는지, 현재 벌어지는 일에 대해 알려진 내용, 이용 가능한 서비스, 생존자와 그 가족 보호에 대한 정보를 제공함으로써 안전감과 통제감을 강화할 수 있다. 그러나 PFA의 다른 요소들과 마찬가지로, 조력자도 정보를 제공할지의 여부와 시기에 대한 판단을 해야 한다. 생존자가 현재 말하고 있는 내용을 이해할 수 있는 것처럼 보이는지, 메시지를 들을 준비가 되어 있는지, 그리고 지금 당장 다른 것이 더 중요한지에 대해 판단해야 한다(Ruzek et al., 2007, p. 27).

안전 및 보안이 확보된 장소로 이동하고, 생존자의 기능을 관찰하며, 필요한 경우 의료적 개입을 하는 것이 안정화 이전에 중요한 요소다.

안정화

위기와 외상 후에 나타나는 격렬한 감정은 정상적인 반응이다. 하지만 어떤 경우에는 사람들이 너무 강력하게 영향을 받아 상황을 이해할 수 없고 도움에 반응할 수도 없다. 이러한 경우 안정화가 필요할 수도 있다. 잠재적으로 유용한 개입은 다음과 같다(Ruzek et al., 2007에서 발췌).

- 가족이나 친구에게 도움 청하기
- 피해 입은 사람을 조용한 장소로 데려가기
- 가까운 친구나 가족과 조용히 대화하기
- 개인의 주요 우려사항 다루기
- 몇 분간 홀로 두기
- 착지 기법(grounding) 사용하기(예: 생존자에게 지금 여기에서 볼 수 있는 것을 보고하도록 요청하기)

안정화는 PFA의 다음 단계로 이동하는 데 있어 중요하다.

정보 수집: 현재 요구사항과 우려사항

정보 수집의 목표는 생존자의 당면한 우려사항과 요구사항을 파악하는 것이다. 이를 통해 이후 PFA 개입을 생존자에 따라 개별화할 수 있다.

정보 수집에서 신경 써야 하는 부분은 생존자가 어느 정도로 질문에 반응할 수 있는지 판단하는 것이다. 여러 면에서, 정보 수집은 안정화에 우선순위가 밀리지만, 안정화에 기여할 수도 있다. 중요한 정보는 다음과 같다.

- 진행 중인 위협의 성격
- 사랑하는 사람의 위치와 안전
- 신체적 건강 상태 및 의약품의 필요 여부
- 즉각적인 의뢰의 필요 여부
- 생존자의 기존 지원 연결망
- 과거와 현재의 물질사용 병력, 미래의 물질사용 가능성, 과거의 정신건강치료 이력

PFA 제공자는 정보를 수집하는 과정에서 얼마나 많은 정보들을 조사하고 얼마나 지원할지 결정할 때 임상적 판단을 해야 한다.

문제 해결 지원

문제 해결 지원에는 생존자가 당면한 우려사항과 요구사항을 해결하도록 돕는 것을 포함한다. PFA의 이 단계에는 보통 생존자의 주요 문제와 그 문제에 도움이 될 수 있는 것에 대한 보다 구체적이고 상세한 정보를 조심스럽게 수집하는 것이 포함된다. 생존자가 자신의 요구사항을 명확하게 표현할 수 있는 경우, 당신은 적극적으로 대응하기 위해 노력해야 한다. 이는 서류 작업을 돕고, 약속을 정하며, 도움이 되는 다른 구체적이고 실제적인 방법을 포함할 수 있다.

사회적 관계 연결

사회적 관계 연결을 재개하면 위기나 재난 시 대부분의 사람들에게 안정과 회복을 촉진한다. 이러한 연결에는 가족, 친구 그리고 과거에 도움을 주었던 지역사회 지원 담당자가 포함될 수 있다. 이 단계에서, 생존자의 삶에서 중요한 타인과 연결하고 의사소통을 하도록 돕는 사람이 바로 당신이 될 수 있다. 이는 전화, 이메일, 인터넷 채팅, Skype 혹은 사용 가능한 모든 형태의 의사소통 수단을 통해 이루어질 수 있다.

대처 방법 정보 제공

PFA 기간 동안 주요한 교육적인 조치는 대처 전략에 대한 지원 정보를 제공하는 것이다. 여기에는 현재와 미래에 도움이 될 수 있는 정보가 포함된다.

일부 생존자들은 상황뿐만 아니라 그 상황에 대한 자신의 반응에도 놀랄 수 있다. 이들은 자신이 약하거나 결점이 있거나 부적절하다는 등의 부정적인 말을 자기 자신에게 할 수도 있다. 이러한 경우, 위기와 외상 반응을 정상화하기 위한 정보를 제공할 수 있다. 특히, 생존자의 증상을 진단하거나 병리적으로 다루거나 부정적으로 명명하지 않는 것이 중요하다. 생존자의 수용 정도에 따라 긍정적인 대처와 부정적인 대처 간 차이를 이야기하는 것도 중요하다.

협력 기관 연계

일부 생존자들은 추후 지원 서비스를 원하는 반면, 일부는 더 주저할 것이다(지속적인 지원이 필요하다는 것은 나약하다는 신호라고 믿기 때문일 수도 있다.). 다시 말하지만, 생존자와 유용한 서비스를 연계시키는 것은 민감성과 임상적 판단을 필요로 한다. 그러나 많은 경우 생존자를 서비스 받을 수 있는 곳으로 안내하거나, 전화를 통해 기관과 연계하는 것이 생존자에게 필요한 지원이다. 받을 수 있는 서비스에 대한 정보가 포함된 유인물도 도움이 될 수 있다. 만약 당신이 유인물을 건넨다면, 생존자가 그러한 유인물을 보관할 수 있는 곳이 있는지 확인하도록 하라.

전문적인 책임

PFA를 넘어, 위기나 재난 상황에서 일하는 정신건강 전문가는 추가적인 전문적 책임을 지게 될 수 있다. 여기에는 정신건강 전문가로서 지켜야 하는 일반적인 윤리적 기준이 포함된다. 다음의 내용은 PFA 접근법과 중복될 수 있으며 통합될 필요가 있다.

사전 동의와 기록 보관

생존자와의 접촉의 성격에 따라 사전 동의가 어느 정도 필요할 수 있다. 만약 당신의 접촉이 PFA와 관련이 있고 위기 서비스 기관 산하에 있다면, 기관은 당신이 지켜야 하는 윤리적 절차를 감독할 가능성이 높다. 예를 들면, 당신이 APA의 재난 자원 네트워크를 통해 심리학자로서 일하고 있다면, 적십자사의 정책과 절차 그리고 **심리학자를 위한 윤리적 원칙과 행동 강령**(Ethical Principles for Psychologists and Code of Conduct, 2010a)은 사전 동의와 기록 보관에 대한 지침이 될 것이다. 마찬가지로, 전문상담자는 연례 ACA 학술 대회에서 무료로 적십자사 재난 훈련을 받을 수 있다. 이 훈련을 통해 당신은 윤리 지침을 제공 받고, 적십자사가 관리하는 재난 현장에 투입될 수 있는 준비가 된다.

당신은 또한 위기나 재난 생존자를 다른 서비스 기관으로 연결하는 역할을 할 수도 있다. 재난에서 살아남았거나 외상을 경험한 사람은 통제감을 느낄 수 없다는 점을 기억하는 것이 좋다. 이들은 통제력을 확보할 필요가 있으며, 동시에 임상면담에서 일반적으로 제공되는 것보다 더 많은 구조와 방향이 필요할 수 있다.

생존자와 접촉하는 상황에서, 사전 동의 과정은 아마도 통상적인 서류 작업, 보험 양식, 정보 공개 동의와는 관련이 없을 것이다. 서로 대화하면서 진행되어 간단한 과정이 될 가능성이 높다. 여기에는 당신이 누구며 무엇을 제공할 수 있는지, 여기에 왜 있는지, 얼마나 오랫동안 면담할 수 있는지, 얼마나 많이 만날 수 있는지, 대화를 비밀로 하는 것에 어떤 한계가 있는지, 내담자가 이 대화 과정을 통해 얻을 수 있는 것이 무엇인지, 그리고 당신이 활용하게 될 기법에 대한 정보가 포함되어야 한다. 만약 당신이 의뢰할 수 있는 선택권을 가지고 있다면, 내담자는 이에 대해 알고 있어야 한다. 사례 기록을 보관하려면 내담자는 그 이유, 보관 장소, 기간에 대해 알아야 한다. 이 모든 것의 요점은 생존자에게 당신과 당신의 역할에 대해 통제감을 갖게 하는 방식으로 기본적인, 하지만 너무 많지는 않은 정보를 제공하는 것이다. 이러한 상황에 내재된 혼란을 감안하면, 사전 동의 받는 것을 쉽게 잊을 수 있다.

평가 결정

당신에게 어떤 임무가 부여되었는가에 따라 공식 또는 비공식 평가 전략을 사용해 스크리닝 작업에 참여해야 할 수 있다. 생존자의 충격, 해리 및/또는 자살 사고의 징후를 모니터링할 책임이 있다. 기타 관련 평가 영역에는 의학적 서비스 요구/생필품 서비스 요구, 사회 지원 체계의 가용성, 의사소통 능력이 포함될 수 있다. 대부분의 경우 현재 기능(정신상태검사 및 지남력을 생각하도록 하라.) 그리고 자원을 파악하고, 접근하며, 효과적으로 활용할 수 있는 능력을 모니터링할 가능성이 높다(Myer, 2001).

외상과 위기에 대한 인간의 반응은 적어도 세 가지 광범위한 영역에 따라 다르다(Chang, Lu, & Wear, 2005).

1. 위기의 성격
2. 대처 능력, 자아강도, 생존자에게 가용한 자원
3. 외상과 연관된 문화적인 믿음과 관례

외상 관련 상황에서 진단적 명명은 반드시 잠정적이어야 한다. H. B. Smith(2006)는 비정상적이고 외상 상황에 대한 정상적인 반응을 즉시 병리적으로 보는 것이 빈번한 오류라고 지적했다. 재난 생존자에게 개인적인 결점이나 정신장애를 암시하는 진단적 명명의 낙인을 덧붙일 필요는 없다(Yehuda & Bierer, 2005). 그러나 정확한 진단은 충격의 크기를 이해하는 데 기여할 수 있고 치료 계획 수립에도 역할을 할 수 있다. 위기 상황에서 부적절하게 (그리고 도움이 안 되는) 명명하는 것을 지양하고 정확한 (그리고 도움이 되는) 진단을 내리는 것은 어렵다.

비밀 보장

위기 상황에서의 비밀 보장은 종종 제한적이다. 생존자와 작업할 때 다른 사람들이 보고 들을 수 있는 환경에 있을 수도 있다. 내담자가 속 깊은 사적인 내용을 말하고 있는 경우, 가능하면 장소를 이동하거나, 내담자가 원하는 것 이상으로 노출되지 않도록 보호할 다른 방법을 찾아야 한다. 내담자는 개인 정보 보호에 대한 결정을 내리지 못할 수도 있다. 때문에 비밀을 보장하는 것은 치료자에게 더 큰 책임이 된다.

당신이 피면담자와의 면담 내용을 이야기할 수 있는 허락을 특별히 받지 않았다면, 이에 대해 이야기할 수 없다. 이는 당신이 기존의 거주 지역이나 일상 업무로 돌아갔을 때에도 마찬가지다. 이러한 이야기를 다시 하게 되는 것은 그 상황이 가지는 강력하고 극적인 특성 때문에, 그리고 대리 외상(vicarious trauma)에 대해 이야기할 필요성 때문에 유혹적일 것이다. 여러 가지 요인들에 따라, 당신은 자신이 겪은 전반적인 재난 경험 또는 일반적인 사람들이 재난과 그 여파를 경험한 것에 대해 논의할 수도 있다. 그러나 그렇게 하기 전에 전문적인 자문을 구하는 것이 현명하다. 만약 당신이 목격하거나 들었던 끔찍한 외상에 대해 이야기해야 한다는 강한 압박을 느낀다면, 최선의 선택은 이에 대해 전문가와 편하고 안전하게 이야기하는 것이다.

기법과 저항

외상 생존자는 종종 안전감의 상실을 경험한다. 전쟁에 노출된 우리 친구들 중 일부는 외상을 배신 경험이라고 묘사한다. 즉, 친구들이 세상에 대해 알고 의지했던 모든 것이 찢겨진 경험이다. 외상 경험이 배신감과 깊이 연관되어 있다는 것을 알게 되면, 왜 일부 생존자들이 인도주의적 개입에 저항하게 되는지 더 잘 이해할 수 있을 것이다.

많은 생존자는 사람과 대상을 믿는 데 있어 양가적인 태도를 보일 수도 있다. 이로 인해 생존자 간에 다양한 증상이 나타날 수 있다. 어떤 사람들은 극도로 화를 내고, 요구적이고, 의존적이며, 무엇을 해야 하는지, 어떻게 기분이 나아지고, 자신의 끔찍한 경험을 어떻게 이해할 수 있는지 말해 달라고 애원할 것이다. 다른 경우에는 자신의 경험과 관련된 정서나 인지를 탐색하는 데 경계하고, 의심하며, 저항할 수 있다. 또 다른 사람들은 요구적이고 의심하는 증상을 같이 보일 수도 있다.

이차적 외상 혹은 대리 외상

우리는 오래전부터 외상에 대한 이야기를 듣는 것이 조력자에게 정신적 충격이 될 수 있다는 것을 알고 있었지만, 1990년이 되어서야 이 현상이 **대리 외상**(vicarious trauma)으로 명명되었다(McCann & Pearlman, 1990). 만약 부상을 당하거나, 사별하거나, 심리적으로 황폐해진 내담자와 작업하면, 당신은 직접 경험하지 않은 장면 및 상황과 관련된 **플래시백**(flashback)이나 악몽을 경험할 수 있다(Pearlman & Mac Ian, 1995). 대리 외상은 다음의 세 가지 외상후 스트레스 증상 범주 중 하나의 증상을 포함할 수 있다.

1. 재경험(플래시백 혹은 악몽)
2. 부정적인 인지 혹은 기분(예: 자기비난)
3. 각성(예: 과각성)

외상 생존자와 작업할 때, 당신의 기본적인 욕구에 주의를 기울이는 것이 필수적이다. 그렇지 않으면, 당신 자신이 고통스러울 뿐 아니라 외상 피해자에게도 도움이 덜 될 것이다. 대리 외상에 대처하기 위해 취할 수 있는 조치에는, ① 슈퍼비전 받기, ② 합리적인 범위 내에서 사례 건수 유지하기, ③ 진행 중인 교육과 훈련에 참여하기, ④ 전문적이고 개인적인 자기관리하기가 있다(Trippany, Kress, & Wilcoxon, 2004). 대리 외상을 잘 관리하면 개인의 성장과 발달을 촉진할 수 있다(Cohen & Collens, 2012; Hernandez-Wolfe, Killian, Engstrom, & Gangsei, 2015). 외상 생존자와 자주 작업하는 많은 전문가들은 지속적인 도움을 받을 수 있는 개인치료자를 두고 있다.

경계에 대한 고려사항

위기 상황에서 일하는 것은 전문적인 경계와 관련된 문제를 일으킬 수 있다. 당신이 내담자가 고통 받는 것에 정서적인 영향을 받으면, 적절한 치료적 거리를 유지하기 어렵다. 당신의 목표는 개방적이고 공감하는 것이지만, 비참함을 공유하는 것 이외에는 아무것도 할 수 없는 비극적인 사건에 정서적으로 몰두하라는 것은 아니다. 위기 생존자가 치료자를 위로해야 하는 상황이라면, 적절한 경계와 역할은 유지되지 않은 것이다.

재난 상황은 강렬하다. 이는 내담자와 치료자 모두 평소보다 더 강하고 광범위한 정서적인 반응을 보이게 할 수 있다. 이러한 복합적인 정서 강도는 강한 전이와 역전이 반응을 일으킬 수 있다(Weaver, 1995). 예를 들면, 당신의 친절함과 공감은 사별하거나 외상을 입은 내담자에게서 긍정적인 로맨틱(romantic) 전이 반응을 일으킬 수 있다. 위기 속에서 고조된 이러한 끌림은 때때로 **외상적 유대 관계**(trauma bonding)라 불리며, 도움이 되지 않고 비윤리적인 행동으로 이어질 수 있다.

또 다른 중요한 경계 관련 이슈는 자기의뢰(self-referral)다. APA 재난 자원 네트워크는 재난 상황에서 내담자와 작업하는 정신건강 전문가가 지역 내에 다른 대안이 없는 한, 자기의뢰를 하지 말아야 한다는 미국 적십자사의 입장에 동의한다. 자기의뢰를 하더라도 의뢰는 반드시 국가 기관의 승인을 받아야 한다(American Psychological Association, 2013).

복잡하고 힘들지만, 위기 상황이나 인도주의적 위기 상황에서의 자원봉사는 보람 있고 개인적인 성장을 이끌 수 있다. 이 장의 마지막 부분에는 인도주의적 봉사 활동을 하고자 하는 정신건강 전문가를 위한 훈련과 지원을 제공하는 기관의 웹 사이트와 연락처를 제공한다.

외상 생존자 면담하기

자연 재해, 학교나 직장 내 총격, 성폭행 또는 전쟁 관련 폭력과 같은 외상 사건에 노출되면 사람들은 종종 즉각적이고 장기적인 정서적·심리적 증상을 경험하게 된다. 이 섹션에서는 외상 장면을 벗어난 일반적인 임상 장면에서 생존자를 면담할 때 발생할 수 있는 이슈를 간략하게 검토한다.

외상 정의하기

1980년 외상후 스트레스장애가 처음으로 DSM-III에 포함되었을 때, 외상은 "일상적인 인간 경험의 범위를 벗어난" 사건으로 정의되었다(American Psychiatric Association, 1980, p. 236). Judith Herman(1992)이 『Trauma and Recovery』에 쓴 것처럼 "안타깝게도 이 정의는 부정확한 것으로 판명되었다(p. 33)." 많은 사람, 특히 여성들은 '일상적인 인간 경험'의 일부로 성적 학대, 강간, 또는 신체적 폭행을 경험한다. 게다가 군인, 경찰관, 응급 의료 종사자는 직업적 역할의 일부로 외상을 경험한다.

최근에 업데이트된 DSM-5의 외상 정의에는 외상에 대한 일반적인 진술이 포함되어 있으며, 그다음에 외상 사건 노출이 발생할 수 있는 네 가지 구체적인 방법을 제시하고 있다. 개인은 "실제적이거나 위협적인 죽음, 심각한 부상 또는 성폭력에의 노출이 다음과 같은 방식 가운데 (또는 그 이상)"에서 경험해야 한다(American Psychiatric Association, 2013, p. 271).

1. 외상 사건에 대한 직접적인 경험
2. 그 사건이 '다른 사람에게 일어난' 것을 생생하게 목격(p. 271)
3. "외상 사건이 가족, 가까운 친척 또는 친한 친구에게 일어난 것을 알게 됨"(p. 271)
4. "외상 사건의 혐오스러운 세부사항에 대한 반복적이거나 지나친 노출의 경험"(p. 271). 여기에는 특히 구급대원과 경찰이 포함되며, 반복적인 노출을 경험한 다른 전문가가 외상후 스트레스장애 진단을 받을 수 있음을 시사한다.

외상을 경험한 사람들은 임상면담에 그들만의 개인적인 이슈를 가지고 온다.

외상을 경험한 내담자 면담하기: 이슈와 어려움

외상에 대해 이야기한다는 것의 이점은 사실상 논쟁의 여지가 없다(Cochran, Pruitt, Fukuda, Zoellner, & Feeny, 2008; Pennebaker, Zech, & Rimé, 2001). 외상을 경험한 거의 모든 사람들은 언제든, 어느 정도든, 어떤 방식으로든, 이에 대해 이야기해야 한다. 하지만 외상에 대해 이야기하는 것의 분명한 이점에도 불구하고, 외상을 입은 사람은 종종 대화를 꺼린다. 이는 외상에 대해 생각하고 이야기하는 것이 불편한 감정을 불러일으키기 때문이다. 외상은 또한 종종 배신감이나 신뢰의 상실(예: 성폭행)을 수반하여 외상 피해자가 정신건강 서비스 제공자를 포함한 누구든 신뢰하기 어렵게 만든다. 게다가, 외상 생존자는 때때로 살아남은 것에 대해 죄책감을 느끼거나, 자신에게 일어난 외상 사건에 대해 부끄러워하기도 한다(Foa & Riggs, 1994). 이러한 특성은 DSM-5의 급성 스트레스장애 섹션에 적절히 설명되어 있다.

급성 스트레스장애가 있는 개인은 외상 사건에서 자신의 역할, 외상 경험에 대한 자신의 반응 혹은 미래의 피해 가능성에 대해서 흔히 파국적이거나 극도로 부정적인 생각에 몰입한다. [이들은] 외상 사건을 방지하지 못한 것 혹은 그 경험에 좀 더 성공적으로 대처하지 못한 것에 극도의 죄책감을 느낄 수 있다(American Psychiatric Association, 2013, p. 283).

생존자가 외상 사건을 보고하는 데 있어 방해가 되는 것은 민감하게 다루어야 한다

(Steenkamp et al., 2011). 라포와 신뢰를 쌓는 것이 가장 중요하다. 그렇지 않으면, 내담자는 자신의 이야기를 공유하기 꺼릴 수도 있고, 만약 그렇다면 당신의 질문으로 다시 외상을 입을 수도 있다.

외상 생존자와 작업할 때 또 다른 어려움은 외상을 입은 내담자가 종종 외상 사건 후 약 48시간 이내에 자신의 경험에 대해 이야기하는 것이 도움이 된다는 것이다(Campfield & Hills, 2001; G. Miller, 2012). 결과적으로, 치료자에게 있어 시간이 걸리는 신뢰를 구축하려는 노력과 내담자에게 외상 경험에 대해 바로 이야기하도록 격려하는 것 사이에는 큰 갈등이 있다.

내담자가 외상에 대해 개방할 때, 외상을 공유하는 것이 부정적인 영향을 끼치지 않도록 해야 할 전문적인 책임이 당신에게 있다. 차분하고 배려하는 태도를 보이고 시간 경계(time boundaries)를 지키는 것이 필수적이다. 누군가가 외상을 둘러싼 고통스러운 감정에 너무 깊이 빠져들어 감정을 가다듬을 수 있는 충분한 시간을 갖지 못하고 그 회기를 끝내는 것은 무책임한 행동이다. 외상에 대해 이야기하는 것에서 문제 해결을 위한 치료적 대처 전략으로 자연스레 이동하는 것이 도움이 될 수 있다. 또한 외상 자체에 대해 직접적으로 이야기하도록 요청하는 것보다는 외상 증상에 대해 질문하는 것이 도움이 될 수 있다.

외상 생존자가 고통에 대처하기 위해 술을 마시고 회피 전략을 사용하는 것은 드문 일이 아니다. 이는 외상 생존자가 자신의 증상을 다루기 위해 부적응적인 전략에 의존하고 있기 때문에 치료적 면담을 더 어렵게 만들 수 있다(Collins & Collins, 2005). 이러한 대처 노력이 자신을 보호한다고 느꼈기 때문에 생존자는 부적응적인 전략을 포기하기 어렵다.

외상을 입은 사람을 면담하려면 일반적인 정신건강 장면에서나, 외상이 일어난 직후거나, 외상 발생이 어느 정도 지난 후에 상관없이 숙련된 슈퍼비전과 전문적인 훈련이 필요하다. 임상 장면에서 외상을 입은 내담자가 흔한 것을 감안할 때, 외상 치료를 위한 많은 증거 기반 접근법들 중 하나에 대해 특화된 훈련을 받는 것이 좋다.

재난 정신건강에서의 문화적 역량

위기와 재난 상황에서 적절한 문화적 지식을 준비하거나 모색할 시간이 거의 없을 수 있다. 또한 내담자의 문화적 관례와 신념에 대한 지식을 얻기 위해 공감적 경청, 협력적 목표 설정 및 기타 절차를 사용할 시간이 없을 수 있다. 따라서 효과적인 인도주의적 재난 서비스를 제공하기 원한다면, **사전에 구체적인 문화적 지식 습득을 훈련 목록에 추가해야**

한다. 이를 위해 미국 보건복지부(US Department of Health and Human Services: USDHHS, 2003)에서는 '재난 정신건강 프로그램에서 문화적 역량의 개발'이라는 제목의 온라인 자료를 무료로 제공한다.

재난 정신건강 서비스 제공을 위한 문화적 역량은 무엇인가

정신건강 역량을 개발하고 특화하는 일은 대개 문제와 논란으로 가득 차 있다(Sommers-Flanagan, 2015). 어떤 역량도 모든 사람들을 만족시키는 경우는 드물다. 선의의 노력에도 불구하고, 전문적 역량은 종종 지나치게 일반적이거나 세부적이다. 재난 정신건강 서비스 역량의 개발도 이 과정에서 예외가 아니다. 39편의 논문을 리뷰하고 분석한 연구에서 다음과 같은 결론을 내렸다.

정부와 전문 기관/협회들은 재난 의료 인력에 대한 수백 가지의 역량들을 개발하고 승인했다. 이 역량들을 검토해 보면, 용어와 구조가 전반적으로 부정확하고 일관성이 없다는 점이 분명하게 나타난다. 이러한 역량 개발 훈련은 누구에게나 동일하게 제공할 수 없고, 이에 대한 결과도 입증되지 않았다(Daily, Padjen, & Birnbaum, 2010, p. 395).

이러한 비판에도 불구하고 재난 구호 장면에서 필요한 USDHHS 정신건강 문화적 역량은 널리 받아들여지고 있다. 재난 위기 상담 프로그램을 위한 문화적 역량 체크리스트는 다음과 같이 구성되어 있다.

- 문화의 중요성을 인식하고 다양성을 존중하도록 하라.
- 어떤 문화권 사람들이 지역사회를 구성하고 있는지 지속적으로 파악하도록 하라.
- 지역사회나 서비스 지역을 대변할 수 있는 재난 서비스 인력을 모집하도록 하라.
- 재난 정신건강 인력에게 지속적으로 문화적 역량 훈련을 제공하도록 하라.
- 서비스가 접근 가능하고, 적절하며, 공정한지 확인하도록 하라.
- 도움을 구하는 행동, 관습과 전통 그리고 사적인 관계에서의 지원 네트워크의 역할을 인식하도록 하라.
- 다양한 문화 집단을 대표하는 지역사회 지도자와 기관을 문화적 매개체로 참여시키도록 하라.
- 서비스와 정보가 문화적으로나 언어적으로 적합한지 확인하도록 하라.

- 프로그램의 문화적 역량 수준을 평가하도록 하라.

앞의 목록에 내재된 위기 및 재난 대응 역량의 범위와 복잡성을 생각할 때, 이러한 역량을 갖추는 것이 얼마나 어려운지 알 수 있을 것이다. USDHHS 역량의 사본은 무료로 http://store.samhsa.gov/product/Developing-Cultural-Competence-in-Disaster-Mental-Health-Programs/SMA03-3828에서 받아볼 수 있다.

문화적 겸손으로 돌아가기

내담자의 위기 극복 능력은 내담자 자신의 문화적 생존 방식에 기초하기 때문에, 다른 문화권 출신의 내담자와 작업하는 위기 대응 요원은 자신의 방식과 차이가 있을 수 있다는 점을 알아야 한다(James & Gilliland, 2013, p. 29).

주류 문화권이나 타문화권 출신의 사람들은 종종 자신의 문화적 관점을 옳고, 좋으며, 때로는 우월하다고 여긴다. 이러한 경향은 다문화적 역량을 갖추는 것이 임상가가 문화적으로 다양한 내담자와의 작업에 효과적이기에는 충분하지 않다는 것을 암시한다. 임상가는 또한 자신의 문화적 관점을 버리고 내담자의 관점을 존중해야 한다(Hook, Davis, Worthington, & Utsey, 2013).

제1장에서 문화적 겸손에 대해 기술했다. 문화적으로 겸손한 태도를 갖는 것은 다양한 내담자와 효과적인 치료적 관계를 맺고, 작업하는 능력을 향상시킨다는 점은 반복해서 강조할 만하다. 문화적 겸손은 위기, 재난, 외상을 둘러싼 취약한 상황에서 특히 중요하다. 새로운 문화적 상황에 조심스럽게 접근하고, 문화적 겸손의 핵심 원리와 적용 방법을 기억하도록 하라. 당신 자신의 가치에 초점을 맞추기보다는 타인의 관점을 수용하고, 다양한 문화의 가치와 존재 방식을 존중하며, 자신의 우월성과 관련된 어떤 생각도 버리도록 하라.

요약

초기에는 힘들겠지만, 많은 정신건강 전문가들은 결국 어려운 내담자와 작업하거나, 특히 어려운 상황에서 작업하는 것을 즐기게 된다.

모든 내담자가 똑같이 협조적인 것은 아니며, 일부는 어렵고, 도전적이며, 저항적이라고 분류된다. 역사적으로, 저항은 효과적인 면담과 개입에 장애물이라고 보았다. 하지만 현재의 이론가와 임상가는 이를 인간의 변화 과정의 자연스러운 부분으로 여긴다. 저항은 부분적으로는 내담자와, 부분적으로는 치료자와, 부분적으로는 상황과 관련이 있다.

동기강화상담은 저항적이거나, 양가감정을 가지고 있거나, 주저하는 내담자와 작업하기 위한 증거 기반 접근법이다. 또한 해결중심상담, 변증법적 행동치료, 기타 이론적 모형에는 저항과 함께, 그리고 저항을 통해 작업하기 위한 기술적 전략이 포함되어 있다. 구체적인 전략으로는 열린 질문, 해결중심 관점에서의 시작 진술, 목표 설정, 반영, 확대 반영, 과소 반영, 나란히 가기, 정서 타당화, 급진적 수용, 재구성, 진정한 피드백 제공이 있다. 동기강화상담은 물질사용, 남용, 의존과 같은 어려운 문제를 다루기 위한 적절한 치료다.

전문 치료자에게 폭력 가능성을 평가하는 것은 일상 업무에서 요구될 수 있다. 연구에 따르면 계리적 체계가 더 정확히 폭력을 예측한다고 하지만, 대부분의 실제 면담 상황은 연구에 사용되는 폭력 예측 시나리오와 일치하지는 않는다. 결과적으로 임상가는 잠재적으로 폭력적이거나 위험할 수 있는 내담자에 대해 판단하기 위해 연구에 기반한 지식과 함께 임상적 직관과 민감성을 사용해야 한다. 이 장에는 그 과정을 돕기 위한 체크리스트가 포함되어 있다.

위기 또는 인도주의적 재난 시 임상면담에서는 특화된 기술 및 이러한 활동과 관련된 고려사항에 대한 지식이 필요하다. 현재 치료의 기준은 심리적 응급 처치(psychological first aid: PFA)라고 불린다. PFA의 여덟 가지 주요 구성 요소는 다음과 같다. ① 첫 접촉과 관계 형성, ② 안전과 지지, ③ 안정화, ④ 정보 수집, ⑤ 문제 해결 지원, ⑥ 사회적 관계 연결, ⑦ 대처 방법 정보 제공, ⑧ 협력 기관 연계.

외상 생존자의 정신건강을 다루는 것은 개별적인 윤리적 시나리오와 잠재적인 외상 증상에 대한 인식과 민감성을 유지하는 것을 포함한다.

위기와 재난상담과 관련된 많은 다양한 문화적 역량들이 있다. 이러한 역량들에 대한 지식은 필수적이지만, 그 설명은 결함이 있고, 불완전하며, 과할 수 있다. (제1장에서 논했던) 문화적 겸손의 개념을 다시 생각해 보는 것이 좋다.

권장도서 및 자료

저항을 다루고 위기와 외상 작업을 위한 많은 읽을거리와 자료들이 있다. 이 짧은 목록은 맛보기용 읽을거리다.

도서

de Shazer, S. (1984). The death of resistance. *Family Process, 23,* 79-93.

이는 de Shazer가 저항에 대한 장례식을 치르고 상징적으로 뒷마당에서 묻은 de Shazer의 원작이다.

James, R. K., & Gilliland, B. E. (2012). *Crisis intervention strategies* (7th ed.). Pacific Grove, CA: Brooks/Cole.

이는 위기개입 전략에 대해 배우는 데 좋은 자료다.

Miller, G. (2012). *Fundamentals of crisis counseling.* Hoboken, NJ: Wiley.

이 책에는 내담자가 위기 회복을 돕기 위한 실제적인 기법뿐만 아니라 이론도 포함되어 있다.

Sommers-Flanagan, J., & Sommers-Flanagan, R. (2004). *The challenge of counseling teens: Counselor behaviors that reduce resistance and facilitate connection.* Amherst, MA: Microtraining Associates.

이 훈련 비디오에서는 저항 행동을 보이는 청소년과 효과적으로 작업하는 방법에 대한 예시를 제공한다. 하지만 우리가 모집한 학생들이 예상했던 것보다 훨씬 더 협조적이었음을 인정해야 한다.

Webber, J., Bass, D., & Yep, R. (Eds.). (2005). *Terror, trauma, and tragedies: A counselor's guide to preparing and responding.* Alexandria, VA: American Counseling Association.

이 편집된 저서는 인도주의적 위기 상황에서 작업하기 원하는 상담자에게 생각해 볼 만한 다양한 자료를 제공한다.

웹 사이트

미국물질남용 및 정신건강서비스국(Substance Abuse and Mental Health Services Administration) 관련 정보를 얻고 싶은 전문가를 위한 웹 주소는 http://www.samhsa.gov/

Disaster/professional_disaster.aspx이다. 이 웹 사이트는 국가적 재난 상황에서 참여할 수 있는 자원봉사 프로그램 정보로 가득 차 있다.

USDHHS의 '재난 정신건강 프로그램에서 문화적 역량의 개발'이라는 제목의 무료 자료에 접근하려면 http://store.samhsa.gov/product/Developing-Cultural-Competence-in-Disaster-Mental-Health-Programs/SMA03-3828을 방문하도록 하라.

미국심리학회 재난 자원 네트워크 웹 주소는 http://www.apa.org/practice/programs/drn/이다. 이 홈페이지에서는 재난 및 위기 개입 업무에 자원하고자 하는 구성원에게 배정, 훈련, 지원에 대한 정보를 제공한다.

학교 관련 자료는 미국학교심리학자협회가 후원하는 http://www.nasponline.org/resources/crisis_safety/와 미국학교상담협회가 후원하는 http://www.schoolcounselor.org/content.asp?contentid=672를 방문하도록 하라. 특히 학교 총격 사건의 여파와 관련된 지침을 제공한다.

제13장

아동·청소년과 면담하기

소개

아동·청소년과 상호작용하는 것은 성인과 상호작용하는 것보다 훨씬 더 어렵다. 이 장에서 우리는 어린 내담자들과 면담하고 이들과 치료를 시작할 때 유용할 수 있는 실질적인 조언을 하고자 한다.

어린 내담자와 작업하는 데 있어서의 고려사항

Quimby 씨는 접시를 닦아 찬장에 놓았다. "미술 수업을 듣고 있어요. 미술을 가르치고 싶어서요. 그리고 아동 발달에 대해 공부할 거예요."

Ramona가 끼어들었다. "아동 발달이 뭐예요?"

"아이들이 어떻게 자라는지에 관한 거야." Ramona의 아빠가 대답했다.

Ramona는 아동 발달을 공부하기 위해 왜 학교에 가야만 하는지 궁금했다. 지금까지 Ramona는 잘 자라기 위해서는 좋아하지 않아도 몸에 좋은 음식을 먹어야 하고, 자고 싶지 않아도 충분한 수면을 취하려 일찍 자러 들어가야 한다고 들었다.

- Beverly Cleary, *Ramona Quimby*, 8세, 2009, p. 13.

Ramona는 어른들과는 다른 방식으로 생각한다. 어린 내담자의 상이한 시각은 당신에게 흥미를 자아내거나 두려움, 혹은 그 외의 감정을 불러일으킬 수 있다.

지금까지 우리는 성인에 집중하여 이들과의 면담, 평가, 치료 계획에 대해 논의했다. 이는 좋은 시작이다. 하지만 알고 있는 '성인면담 기술'을 아동·청소년면담에 그대로 적용하기는 힘들다(J. Sommers-Flanagan & Bequette, 2013). 어린 내담자들은 성인과는 아주 다른 방식으로 생각하고, 행동하며, 상호작용한다.

역전이 발생의 가능성

아동, 청소년 그리고 이들의 부모와 작업하는 것은 당신을 짜증 나게 하고 균형을 유지하는 당신의 능력을 시험할 수 있다. 아동·청소년은 우리와 **같지 않다**. 또한 계속적으로 변화하는 세상 때문에 현재의 아동·청소년은 우리가 살던 시절의 아동·청소년과는 다를 수 있다. 그럼에도 불구하고, 이들은 이해 불가능한 존재가 아니다. 대신, 이들은 빠르게 발달하며, 때로는 상상하기 어려울 정도로 힘든 삶을 잘 대처하며 살고 있다. 아동·청소년은 존중 받고, 연령에 적합한 방식으로 의사소통하며, 정보와 도움을 받을 자격이 있다.

어린 내담자들과의 작업에서 발생하는 두 가지 공통적인 역전이 반응은 문제의 과다동일시(overidentification)와 정서적 철회(withdrawal)다(Tishby & Vered, 2011). 아동 문제를 과다동일시하는 치료자, 교사, 성인들은 자신의 어린 시절의 갈등을 아동에게 투사하는 경향이 있고, 경계를 설정하는 데 어려움을 보이며, 아동 내담자가 가진 고유한 특징을 이해하지 못하곤 한다. 정서적으로 아동을 멀리하는 성인들은 아동을 통제하거나 관리해야 하는 외계 생명체로 볼 수도 있다. 정서적 철회는 아동에 대한 공감을 방해할 가능성이 높다.

어떤 의미에서, 아동면담은 비교문화상담(cross-cultural counseling)의 한 형태라 할 수 있다(Richardson, 2016; Vernon & Barry, 2013). 세대 차이를 극복하기 위해 당신은 특수한 교육이나 훈련을 받을 필요가 있다(Mellin & Pertuit, 2009). 발달 이론을 잘 알고 있고 아동과 직접적으로 교류한 경험이 있어야 하는 것은 기본이다. 또한 당신은 독특하고 예기치 못한 것에 대비할 필요가 있다.

당신은 문자 그대로 혹은 은유적 의미로 '눈을 찔릴 수 있다.' 때때로, 당신은 착한 아이 대 나쁜 아이와 같이 아동을 이분법적으로 평가하고자 하는 유혹에 빠질 수 있다. 아니 이에 앞서, 부적절한 스트레스, 외상, 양육에 노출시킨 부모나 양육자를 비난하고 싶은 유혹에 빠질 수 있다. 만약 당신이 어느 한쪽으로 치우치게 되거나 판단적이게 되면, 치료 효과에 악영향을 미칠 수 있다(J. Sommers-Flanagan & Sommers-Flanagan, 2011).

아동, 청소년, 부모와의 상담 시 겁이 나거나 화가 나게 될 경우, 이런 당신의 반응을 탐색하고 극복하는 것은 중요하다. 당신은 어린 내담자들과의 작업에 잘 맞을 수도, 잘 맞지 않을 수도 있다. 괜찮다. 모든 이들이 어린 내담자와 효과적으로 작업할 수 있는 것은 아니다.

어린 내담자와의 작업을 좋아하더라도 고려해야 할 몇 가지 숨겨진 위험들이 있다. 예를 들면, 어린 내담자는 당신이 가진 구원 환상(rescue fantasies)을 자극하기 쉽다. 당신은 "이 아이를 집에 데리고 가 더 나은 생활환경을 제공해 주고 싶어"라고 생각할 수 있다. 구원 환상에 따라 행동하는 것은 비윤리적일 뿐 아니라 거의 항상 이런저런 형태의 재앙으로 끝난다. 만약 당신이 어린 내담자를 구원하거나 입양하기 원한다면, 전문가에게 자문을 구하고, 개인상담을 통해 이 문제를 탐색해 보도록 하라.

건강한 전문적·심리적 균형을 유지하는 것은 아동과의 작업에서 특히 더 요구된다. 아동은 취약 집단이다. 대부분의 성인 내담자들은 아동 내담자들보다 성숙도, 교육, 인생 경험에서 더 나은 위치에 있으며, 자기감각이 더 발달되어 있다. 이들은 자기를 더 잘 방어할 수 있고, 더 많은 자원을 가지고 있으며, 더 자율적이다. 대부분의 성인 내담자들은 착취적이고 도움이 되지 못하는 정신건강 서비스 제공자로부터 자신을 보호할 능력이 있다. 하지만 아동들은 그렇지 못하다. 당신의 초기 과업 중 하나는 아동 내담자와 건강하고 균형 잡힌 작업 동맹을 형성하는 방법들을 생각해 보는 것이다.

도입 단계

면담의 도입 단계에는 첫 접촉과 평가 및 치료 관계 구축이 포함된다. 여기에 또한 계획하기가 포함된다. 그리고 어린 내담자와 작업할 때에는 구조화와 계획이 무엇보다도 중요하다.

준비와 계획

어린 내담자들이 자신의 의지로 정신건강 서비스를 찾는 경우는 드물다(J. Sommers-Flanagan, Richardson, & Sommers-Flanagan, 2011). 아동·청소년은 부모, 보호자, 양육자 혹은 학교 관계자에 의해 의뢰된다(Dugger & Carlson, 2007). 어린 내담자들은 자신에게 문제가 있다는 것을 믿지 않는 경우가 많으며, 심지어 상담 장소에 도착할 때까지 상담이 예약되어 있는지조차 모르는 경우도 있다. 반면, 자신의 고통이나 타인의 고통을 매우 절실히 인식하고 있는 아동·청소년도 있다.

미성년자와의 면담에서 양육자(예: 부모, 조부모, 양부모, 위탁부모, 나이가 있는 형제, 그룹홈 매니저)의 역할은 핵심적이며, 신중함을 요구한다. 어떤 양육자는 자신이 면담에 참석해야 한다는 생각을 가진 반면, 어떤 양육자는 "데려다는 줄 테니 치료는 당신이 해라"라는 식의 생각을 가지고 있다. 대부분의 경우, 무엇이 아동에게 최선인가에 대한 당신의 평가가 양육자를 치료에 참여시킬지의 여부를 결정할 것이다. 호소 문제, 아동 연령, 기관 규정과 같은 몇몇 요인들이 당신의 의사결정에 영향을 미칠 것이다. 치료자들 중 일부는 아동, 부모 모두와 시간을 보낸 후 치료 과정으로 나아간다. 또 다른 치료자들은 부모나 양육자를 먼저 만나 목표를 정한 후 치료 계획을 실행하는 접근을 선호한다. 두 접근 모두에는 숨겨진 위험이 있을 수 있다.

- 부모만 별도로 만나는 경우, 아동(특히 청소년)은 당신을 신뢰하지 못할 수 있다.
- 전체 가족을 함께 만나는 경우, 불쾌한 갈등이 표면화될 수 있다. 만약 당신이 이런 갈등을 관리하는 데 탁월한 능력을 가지고 있지 않다면, 이 상황은 치료란 무엇인가에 대한 모든 이들의 지각을 손상시킬 수 있다. 또한 부모는 아동 앞에서 아동이 듣기에 자신이나 상황에 대해 부적절한 정보를 나눌 수도 있다. 부모가 분노, 적대감, 스트레스로 가득 차 있는 경우라면, 부모와 별도로 만나는 것이 부정적인 측면에 이미 많이 노출된 아동에게 더 나을 수 있다.

시간 관리는 특히 더 어려울 수 있다. 초기면담 회기를 좀 더 길게 잡아 놓는 것이 시간 관리 문제를 해결하는 한 방안일 수 있다. 이러한 안배는 아동에게 자기 이야기를 할 수 있는 충분한 시간적 여유를 제공함과 동시에 양육자에게 자신의 걱정을 충분히 전달할 수 있는 시간적 여유를 제공한다.

첫 접촉

어린 내담자 및 양육자와의 첫 접촉은 당신을 자극하고, 압도할 수 있다. 첫 접촉에서 수행해야 할 몇 가지 관리적 차원의 과업들이 있다. 서면 사전 동의서를 제공하는 것은 매우 중요하며, 사전 동의와 비밀 보장 규정에 대한 구두 설명을 제공하는 것도 여기에 포함된다. 예를 들면, 부모를 먼저 만나지만 당신의 주된 내담자가 아동이라면, 아동은 적어도 부모가 자신에 대해 말한 내용을 알 권리를 가지고 있다. 논의된 이야기가 아동과 공유될 것임을 양육자에게 미리 알려 주는 것은 의미 있는 반투명 경계(semipermeable boundary)를 세우는 데 도움이 될 것이다(이에 대한 사항은 사전 동의 섹션에서 좀 더 자세히 다룰 것이다). 사전 계획이 없을 경우, 당신은 의지가 강한 가족 구성원에게 초기면담의 주도권을 넘기게 되는 위기 상황을 초래할 수 있다(사례 예시 13-1 참조).

사례 예시 13-1   누가 통제권을 가지고 있는가

12세의 혼혈아인 Sandy Smith는 혼혈 커플에 의해 입양되었다. (이 커플은 나중에 이혼을 했다.) Sandy는 재능이 있는 바이올린 연주자이며 운동선수이다. 하지만 안 좋은 무리들과 어울리기 시작했다. 아버지와 양어머니는 상담을 고집했다. 어머니와 양아버지는 상담에 그다지 큰 열정을 보이지는 않았지만, Sandy의 반항적인 태도에 대해서는 무언가 조치가 필요하다고 생각했다. 전화 예약에서 계획한 대로, 네 명의 부모(아버지, 어머니, 양아버지, 양어머니)와 Sandy, 그리고 Sandy의 네 살배기 배다른 남동생이 상담센터에 내원했다. Sandy의 아버지가 상담 비용을 지불했고, 다른 가족들은 상담자와 면담하기 전 자신이 먼저 상담자와 독대할 것을 기대하고 있었다.

대기실에서 상담자는 Sandy의 아버지에게 잠깐 미소를 보냈지만, 곧이어 Sandy를 바라보며 다음과 같이 말을 시작했다. "안녕, 네가 Sandy로구나. Sandy는 상당히 큰 팬클럽을 가졌네!"

Sandy는 어깨를 으쓱하더니 "안녕" 하고 중얼거렸다.

상담자는 말했다. "여러분 모두 제 방에서 함께 이야기를 나누는 것이 어떨까요?"

Sandy의 아버지는 날카로운 말투로 "잠깐 저 먼저 선생님과 따로 이야기를 나눌 수 있을까요?"라고 물었다.

상담자는 따뜻함을 보이는 동시에 한계를 설정하며 다음과 같이 대답했다. "전 먼저 여러분 모두에게 제가 아동과 작업하는 방식에 대해 소개하고 싶어요. [의미심장한 미소를 Sandy에게 보낸다.] 만약 여러분 모두가 함께한 자리에서 Smith 씨 당신의 걱정을 듣지 못하게 된다면, 그 후 개별적으로 만남의 시간을 갖도록 하지요."

Smith 씨는 수긍의 의미로 고개를 끄덕였고, 가족 모두는 상담실로 따라 들어갔다.

아동의 보호자는 많은 법적 권리를 가지고 있다. 하지만 만약 아동과 개인치료를 진행하고 있다면, 당신은 아동으로 하여금 상담자가 보이는 충성의 주 대상이 보호자가 아닌 아동 자신임을 알게 해야 한다(C. Stone, 2013). 아동의 권리와 부모의 권리 사이에서 균형을 잡는 일은 어렵다. 당신은 양육자의 걱정에 마땅한 주의를 기울여야 하지만, 아동이 무시당했다고 느낄 만큼 양육자에게 치중해서는 안 된다. 이 경우, 초반에 양육자와 양육자의 역할을 명확히 해 두는 것이 좋다. 다음은 15세 남자 청소년의 어머니와 상담자가 통화한 내용이다.

> **상담자:** 안녕하세요. 제 이름은 Kalinda Perry예요. Riverside 상담센터로 전화하셨지요? 그래서 전화 드렸어요.
>
> **엄마:** 아, 제가 아들 때문에 상담을 예약하려고 어제 전화 드렸어요. 전 혼자 아이를 키우고 있는데, 아들과 소통하기가 너무 힘들어요. 아들은 항상 화가 나 있고, 다루기 정말 불가능한 상태에 있어요. 언제 아이를 거기로 데려갈 수 있을까요?
>
> **상담자:** 다음주 1:00~3:00 사이가 비어 있어요.
>
> **엄마:** 3시에 데려갈게요.
>
> **상담자:** 좋아요. (치료자는 비용, 작성해야 할 서류, 상담센터 위치 등에 대해 설명해 준다.) 회기 초반에 전 아이와 어머니 모두와 만날 겁니다. 그 시간에 아이와 작업하는 방식에 대해 설명드릴 거고, 그런 다음 상담의 목표를 함께 정할 거예요.
>
> **엄마:** 저도 만나길 원하시나요? 전 아들만 데려다 주고 직장으로 가려 했는데.
>
> **상담자:** 네, 초반에 제가 아이와 어머니 모두와 만나는 게 중요해요. 아마 20분 정도 걸릴 거예요. 그런 다음, 아이와 따로 만날 거예요. 그래야 아이에 대해 더 잘 알 수 있고 함께 작업할 수 있어요.
>
> **엄마:** 그럼 이에 맞게 직장 시간을 조정해야겠네요.
>
> **상담자:** 네, 그래 주시면 감사하겠어요. 그럼 다음 주 월요일 아이와 어머니 모두와 만나도록 할게요.

* 주: 경험이 많은 아동치료자들은 부모가 자녀와 치료자가 작업하고 있는 동안 자기 볼 일을 보거나 자리를 뜨길 원한다고 지적하고 있다. 이는 당신이 일하고 있는 기관의 규정에 따라 허용될 수도 허용되지 않을 수도 있다(C. Berger, 개인교신, 2012년 8월 10일).

전화를 통해서든(위의 예시와 같이) 면담에서든, 양육자의 면담 참여 여부에 대해 내담자들에게 명확히 해 주는 것은 면담 과정의 일부라 할 수 있다. 상황마다 다를 수는 있겠지만, 초기에 당신의 규정이나 지침을 명확히 해 주는 것은 이후 발생할지도 모르는 혼란을 정리해 주며, 아동(그리고 부모나 양육자)과 동맹을 맺는 것을 돕는다.

● **실제 적용하기 13-1: 첫 접촉을 위한 준비 체크리스트**

□ 가족 전체, 부모만 또는 아동만 만나는 것의 장단점을 생각해 보도록 하라. 누구를, 그리고 얼마나 첫 면담에 포함시킬 것인지 결정하도록 하라.

□ 당신이 어떤 접근을 취할 것인지, 그리고 당신이 내담자 비밀을 어떻게 다룰 것인지 설명하는 사전 동의서를 만들어 보도록 하라. 여기에는 당신이 아동과 상담하는 동안 부모가 자리에서 벗어나는 것이 허용되는지 여부에 대한 정보도 포함되어야 한다.

□ 통상적인 회기보다 회기 시간을 좀 더 길게 잡도록 하라. 이는 당사자(성인과 아동) 모두가 자신에 대해 이야기할 수 있는 기회를 제공할 것이다.

□ 상담자는 양육자, 아동, 그리고 이들이 보이는 갈등을 다룰 수 있어야 한다. 초기 회기에서 한계를 설정해야 할 상황이 드물지 않게 발생할 수도 있다.

□ 아동 및 부모와 작업할 때 예상할 수 있는 다양한 시나리오에 대해 미리 익혀 두도록 하라.

시작 단계

우리 마을 아이들 모두가 Piggle-Wiggle 아줌마를 좋아하는 이유는 Piggle-Wiggle 아줌마가 마을 아이들을 좋아하기 때문이다. Piggle-Wiggle 아줌마는 아이들을 좋아하고, 아이들과 이야기 나누는 것을 즐기며, 더군다나 아이들이 아줌마를 짜증 나게 하지 않는다 (MacDonald, 1947/1987, p. 1).

아동 · 청소년면담은 다음의 두 가지 일반적인 목표를 가진다.

1. 따뜻하고 존중하는 관계 형성하기
2. 내담자에 대해 가능한 많이 알아내기

어린 내담자들은 면담 및 상담 절차에 익숙하지 않고, 수줍어하거나 꺼리거나 저항할 수 있다(J. Sommers-Flanagan & Bequette, 2013). Piggle-Wiggle 아줌마의 선례를 따른다면, 당신은 이 같은 도전을 좀 더 쉽게 해결할 수 있을 것이다.

어린 내담자들은 정신건강 전문가가 자신을 좋아하는지 그리고 자신들과 함께 있는 시간을 즐기는지 매우 빨리 탐지해 낸다. 이들은 또한 전문가가 자신의 태도와 행동에 위협을 느끼는지 혹은 자신의 태도와 행동을 짜증스러워하는지 쉽게 알아챈다. Piggle-Wiggle 아줌마가 아이들과 그렇게 잘 지낼 수 있었던 이유 중 하나는 아이들을 아이들로 흔쾌히 받아들이고 이들을 성인의 세계로 끌고 가기보다는 이들의 수준에 맞는 언어로 대화했기 때문이다. 만약 자신이 수용 받고 존중받고 있다고 믿지 않으면, 어린 내담자들은 상담자의 말을 들으려 하거나 상담자에게 자신을 개방하려 하거나 치료(만약 선택권이 어린 내담자에게 있을 경우)를 계속해 나가려 하지 않을 것이다(Oetzel & Scherer, 2003).

첫인상

상담자는 대기실에서 부모와 잡담을 나누고 싶은 유혹을 느낄 수 있다. 그럼에도 불구하고, 부모와 잡담하는 것은 어린 내담자와의 라포 형성을 어렵게 만들 수 있다. 상담자는 먼저 어린 내담자와 관계를 맺을 필요가 있다. 손을 흔들어 인사를 하거나, 주먹을 가볍게 맞부딪치거나, 악수를 하거나, "안녕, 네가 Maggie로구나."와 같은 친근한 말을 던지는 것은 좋은 시작이 될 수 있다. 그런 다음 "만나서 반가워." 혹은 "자전거 타기 정말 좋은 날씨 아니니?" 혹은 "정말 근사한 배트맨 셔츠구나!"와 같은 간단한 대화를 시도하는 것이 좋다. 많은 아동상담자들은 아동의 눈높이로 내려오기 위해 노력한다. 아동상담자에게 있어 첫 만남의 목표는 아동과 만나고 싶고 함께 적극적으로 작업하고 싶다는 메시지를 전달하는 것이다. 성인과 잡담하는 것도 좋다. 하지만 이는 아동과의 관계 형성을 망각하지 않았을 때에 한해서다.

아동은 비자발적인 내담자라고 할 수 있다. 비자발적인 성인 내담자와 작업할 때와 마찬가지로, 동의를 구하고 면담이라는 틀 안에서 창조적으로 아동에게 선택권을 주는 것은 현명한 접근이 될 수 있다. 예를 들면, 당신은 다음과 같이 말할 수 있다.

- 안녕, Felix. 너와 내가 이야기하는 동안 엄마와 양아버지는 재미없는 서류들을 작성할 거야. 여기 장식장 안에 장난감이 몇 개 있어. 너는 이 중 두 개를 골라 선생님 방으로 가져 갈 수 있어.
- Helen, 선생님이 오늘 세 가지 중요한 사실을 Helen에게 설명해 줄 거야. 하나는 오늘 우리가 어떻게 함께 시간을 보낼 것인가에 관한 거고, 또 다른 건 **비밀 보장**(confidentiality)이라 불리는 단어에 관한 거야. 마지막으로 선생님 방이 너무 더럽다

는 이야기인데, Helen은 이 중 어떤 이야기부터 듣고 싶니?

어린 내담자에게 힘을 실어 주면서 동시에 이들과 연결을 꾀할 수 있는 또 다른 방법에는 먹을 것이나 마실 것을 제공하는 방법이 있다. 상담자의 가치관, 예산, 보호자의 동의, 상담 환경 등에 따라 다소의 차이는 있겠지만, 우유, 코코아, 주스, 스포츠 드링크가 대체로 제공할 수 있는 음식 목록에 포함된다. 물론 내담자의 음식 알레르기를 고려해야겠지만, 스낵으로는 프리첼(pretzels), 칩(chips), 그래놀라 바(granola bars), 신선한 과일 스낵(fresh fruit), 크래커(crackers), 캔디(candy), 요구르트(yogurt)가 있다. 음식을 줄 것인가 말 것인가는 이 책에서 길게 논할 수 없는 전문가적 판단이 요구되는 영역이다. 여기서 논의할 수 있는 부분은 먹을 것의 제공이 어린 내담자와의 관계를 강화할 수 있다는 사실이다(J. Sommers-Flanagan & Sommers-Flanagan, 2007b). 배고픈 사람들은 허기에 몰두하는 경향이 있다. 심지어 Freud도 허기를 느끼는 내담자에게 음식을 제공한 바 있다(J. Sommers-Flanagan & Sommers-Flanagan, 2012). 음식 제공은 방과 후 상담이 곧바로 잡혀 있는 아동들에게 특히 더 중요하다. 비록 카페인이 함유된 음료수나 설탕이 과다 함유된 음식은 피해야 하겠지만, 우리가 아는 몇몇 치료자들은 부모나 보호자로부터 허락을 받은 후 이런 음식들을 제공하기도 한다.

상담실 관리와 상담자 복장

상담실이 항상 아동 · 청소년 친화적으로 꾸며진 것은 아니다. 몇몇 물품들만 잘 보이는 곳에 비치한다면 도움이 될 수 있다. 스포츠 카드,[1] 공상 소설, 트럼프, 도화지, 점토, 모자면 충분하다. 유행하는 장난감은 쿨한 상담자의 상징이다. 물론 이렇게까지 최신일 필요는 없으나, 적어도 상담자는 유행을 따르려 노력할 필요가 있다. John의 어린 내담자 중 그 누구도 Carl Rogers 인형을 가지고 놀려 하지 않을 것이다. 우리는 이 책에서 일부 물품들을 제안할 수 있으나, 당신이 이 책을 읽을 즈음에는 제안한 물품들이 더 이상 최신이지 않을 수 있다. 무엇이 쿨하고 쿨하지 않은가에 대한 판단, 당신이 어떤 장난감까지를 당신 방에 비치할 수 있겠는가에 대한 판단은 당신에게 맡겨 두겠다. 어떤 때는 너무 아동 중심이 아닌가 느껴질 때도 있다. 당신이 할 일은 상담실을 아동 친화적인 동시에 일정 정도의 품위를 가진 공간으로 만드는 것이다. 일반적으로 동물 봉제 인형과 같이 안정을 주고

---

1) 역자 주: 유명 스포츠 선수의 사진이 들어 있는 카드다.

달래는 놀잇감이 아동의 편안함을 높일 수 있다. 때때로 10대 내담자들은 이 같은 물품에 대해 부정적으로 말하곤 한다. 이것들이 너무 어린애 같기 때문이다. 하지만 이런 언급은 그 청소년 내부에 존재하는 안위 욕구나 의존 욕구에 대해 무언가를 말해 줄 수도 있다(J. Sommers-Flanagan & Bequette, 2013). 전반적으로 상담실은 어린 내담자들에게 재미를 주는 동시에 그들을 환영하는 분위기를 자아내어야 한다.

상담자는 아동이 가지고 놀 만하거나 안고 있을 만한 장난감이나 물품을 상담자 자신이 골라 아동에게 제공할 수 있다. 하지만 이들 물품을 아동 스스로 선택해 보도록 하는 것이 더 나은 결정이 되곤 한다. 아동의 자연스러운 탐색 행동은 새로운 환경에의 적응을 도울 수 있다. 게다가 상담실에 있는 물품에 대한 아동의 반응은 중요한 평가 정보를 제공한다. 일부 아동들은 스포츠 카드에 관심을 보일 것이고, 다시 팔 때 그 가치가 얼마인지 계산해 볼 것이다. 다른 아동들은 베개나 인형을 부둥켜안고 가만히 앉아 있을 수 있다. 또 다른 아동들은 이 모든 것을 무시하고 퉁명스러운 얼굴로 눈을 굴리며 앉아 있을 수도 있다. 한편, 상황 통제가 필요할 경우, 당신은 어질러진 물품들을 서랍이나 상자에 넣어야 할 수도 있다. 점토나 낙서 패드와 같은 물품들은 이야기할 때 만지작거릴 수 있는 것들이다. 뭔가 손에 쥐고 있거나 누르거나 그릴 것이 있다면 이는 아동 내담자의 불안을 감소시키는 데 도움을 줄 수 있다(Hanna, Hanna, & Keys, 1999).

청소년은 때때로 **상담자의 의상**을 눈여겨본다. 이는 상담자가 최신 브랜드의 옷이나 최신 스타일의 옷을 갖추어 입어야 함을 의미하는 말이 아니다. 하지만 우리가 알고 있는 가장 성공적인 여성 치료자들 중 하나는 아주 까다로운 여자 청소년을 옷을 '잘 입음'으로써 매료시켰다. 우리가 어떻게 이 사실을 알았는지 당신은 궁금해할 수 있다. 그것을 알 수 있었던 이유는 치료 장면에서 10대 내담자들이 자신의 '치료자'에 대해 서로 이야기를 주고받고 있었기 때문이었다. 또한 이들은 다른 치료자에게 치료를 받고 있는 친구들의 경과에 대해서도 이야기한다. 이들의 이야기를 분석함으로써 정보를 얻을 수 있었다.

반대로, 상담자의 어떤 의상 선택은 정이 가지 않을 수 있다. 전통적으로, 보수적인 의상(정장 재킷, 셔츠, 넥타이)을 입은 남성은 반항 및 행동 문제가 있는 청소년에게 꽉 막힌 권위적인 인물로 비춰질 수 있다. 많은 청소년들은 권위적인 인물에 강한 전이 반응을 보이며, 이러한 반응은 초기 라포 형성을 방해하거나 라포에 손상을 가한다(J. Sommers-Flanagan & Sommers-Flanagan, 2007b).

어린 내담자와의 면담 작업에서는 일반적으로 캐주얼 복장이 추천되고 있다. 이는 어린 내담자가 정장을 입은 임상가에 대한 전이 반응을 극복할 수 없음을 말하는 것이 아니다. 하지만 어린 내담자와의 작업에서는 라포 형성에 조금이라도 장애가 되는 것이 있다면 이를 제거하는 것이 유용하다. 물론 임상가는 임상 장면에서 최선을 다하고, 개인적으로 그리고 전문가적으로 진실할 필요가 있지만, 어린 내담자에게 어필하는 액세서리를 눈여겨보는 것은 이들과의 작업에 도움이 될 수 있다.

당신은 전통적인 자리 배치나 환경에서 벗어나 어린 내담자에 친화적인 면담을 진행해 보기로 결정할 수 있다. 여기에는 의자가 아닌 바닥에 앉기, 실외로 나가기, 아동용 테이블과 의자 사용하기 등이 포함될 수 있다. 이럴 경우, 당신은 구부리거나 웅크리거나 기어 다니기에 편한 의상을 원할 수 있다.

비밀 보장과 사전 동의에 대해 논의하기

비밀 보장과 관련된 사안은 보통 첫 회기 가장 초반에 논의된다. 비밀 보장이라는 개념을 제대로 이해했는지 확인하기 위해 아동·청소년과 비밀 보장에 대해 하나하나 점검해 보는 것이 바람직하다. 10대 내담자들은 흔히 자신의 개인적 내용이 양육자나 권위자에게 알려질 것을 두려워한다. 부모용 사전 동의서와 아동용 사전 동의서는 이런 내담자의 비밀이 노출되기 전 미리 검토되고 서명되어야 한다.

미성년 내담자의 비밀 보장에 관한 법은 주마다 다르다. 이 말은 당신이 속해 있는 주의 법을 잘 알아야 한다는 뜻이다. 더구나, 학교상담 장면이나 기관 장면에서는 비밀 보장에 대해 각기 다른 제한사항이 있을 수 있다. 예를 들면, 많은 학교들은 교직원에게 학생의 교내 약물 소지나 총기 소지에 대해 학교 당국에 신고하도록 의무화하고 있다. 비밀 보장을 제한하는 상황들은 서면으로 그리고 직접적으로 어린 내담자에게 설명되어야 한다.

10대 내담자와 부모들에게 내담자 비밀 보장에 관해 설명하는 일은 아주 민감한 일이다. 이를 잘 수행해 내기 위해 당신은 다음의 쟁점들을 이들에게 전달할 필요가 있다. ① 비밀 보장을 제한하는 상황, ② 10대 자녀의 기록에 접근할 수 있는 법적 권한을 부모가 어떻게 갖게 되었는가, ③ 어떻게 부모는 상담자와 자녀에게 자신의 간섭 없이 자유롭게 이야기할 수 있는 자유를 주게 되는가, ④ 10대 내담자가 상담 중 부모가 승인하지 못할 행동을 한 것을 고백한 경우, 이를 과연 부모에게 알려야 할 것인가, 그리고 알린다면 어느 정도까지 알려야 할 것인가의 쟁점들을 전달할 필요가 있다(사례 예시 13-2 참조).

10대 내담자들은 자신의 개인 정보가 어떻게 유지되고 보호되는지 보다 자세히 들을 필요가 있다. 대부분의 부모들은 자녀가 가족 외 누군가와 개인적으로 이야기할 수 있다는 점을 감사히 생각한다. 진단면담의 결과가 의뢰 주체 혹은 아동 연구팀과 공유되는 경우, 아동은 사전에 이러한 사실을 통보 받아 알고 있어야 한다. 만약 부모가 상담실에 계속 머무르길 고집하거나 치료 세부사항에 대해 보고받을 것을 주장한다면, 가족 체계 면담이나 개입이 더 적절하다(청소년용 사전 동의서의 예시를 보고 싶다면, Center for Ethical Practice 웹 사이트의 http://www.centerforethicalpractice.org/Form-AdolescentConsent를 방문하도록 하라.).

사례 예시 13-2 10대 내담자와의 비밀 보장 줄타기

다음은 부모 및 10대 내담자와 비밀 보장을 논의하는 방법에 대한 예시다(J. S. Sommers-Flanagan & Bequette, 2013, pp. 15-16을 수정).

치료자: 따님(Eva)과 제가 자유롭게 이야기할 수 있는 분위기를 확보하는 게 상담에서 얼마나 중요한지 말씀드리고 싶어요. 그래서 저는 지금 부모님께 Eva의 사생활을 존중해 주십사 부탁드려요. 비록 두 분이 부모님이고 언제든 따님의 기록을 요구할 수 있지만 말이지요. 이 부탁에 동의하시나요?

부모: 알겠어요. 전 Eva가 선생님과 솔직하게 대화할 수 있기를 원해요.

치료자: 좋아요. 솔직하게 이야기할 수 있는 개인적 공간이 확보되지 않는 한 치료가 제 괘도에 오를 수 없다는 점을 두 분이 인지하고 있어서 다행이에요.

부모: 네, 잘 알고 있어요.

치료자: (Eva 쪽을 바라보며) 사생활 존중의 권리가 제한되는 상황에 대해서도 이야기 할 필요가 있어요. 예를 들면, Eva 네가 나에게 자살이나 누군가를 해친다든가 아니면 아동 학대를 보고할 때, 나는 이를 네 엄마나 경찰 혹은 가정 지원국(family service)에 보고해야 할 의무가 있어. 무슨 뜻인지 알겠니?

Eva: 네, 알겠어요. 괜찮아요.

치료자: 엄마가 너의 사생활을 존중하고 있는 것과 마찬가지로, 난 여기서 논의된 이야기의 일부를 네 엄마가 알 권리가 있다고 봐. 물론, 엄마가 세세한 부분까지 다 알 필요는 없다고 생각해. 그러니 한 달에 한 번 엄마를 상담에 초대해 치료가 어떻게 진행되고 있는지 알려 드리는 건 어떨까? 이 제안에 찬성하니?

Eva: 네, 괜찮아요. 만약 엄마에게 아무 얘기도 해 주지 않는다면 엄마는 미칠 거예요.

치료자: 잘됐다. 우리의 작업을 알고 싶어 하는 엄마의 권리를 존중해 주다니, Eva 넌 정말 멋지구나! (엄마를 바라보며) 이 제안 엄마도 괜찮으시겠어요?

부모: 네, 괜찮은 것 같네요.

치료자: 그래요. 한 가지만 더 Eva. 네가 아직 미성년자이기 때문에, 열다섯 살이지, 네가 어떤 위험한 행동을 취할 경우 난 이걸 엄마에게 말할 수 있기를 원해. 자살이나 그와 유사한 행동이 아니라고 할지라도 말이야. 네가 기억을 잃을 정도로 술을 마신 일,

불법 약물을 사용한 일, 파티에서 네 자신을 위험한 상황에 밀어 넣은 일 등을 나에게 이야기할 경우에 말이야. 엄마를 모시고 무슨 일이 벌어지고 있는지 함께 이야기하는 건 내가 Eva 너를 위해 할 수 있는 최선의 행동이라고 봐. 난 그렇게 할 수 있었으면 좋겠어. 괜찮겠니?

Eva: 그 말은 제가 파티를 즐기고 있으면 선생님이 엄마를 불러 고자질하겠다는 말인가요? 그건 쿨하지 않네요.

치료자: 네 말이 맞아. 그건 쿨하지 않을 수 있어. 하지만 내가 하고자 하는 말은 그게 아니야. 내가 하고자 하는 말은 만약 음주 운전을 했다고 말하거나 메스(meth) 같은 불법 약물을 사용했다고 말하는 것 같이 선을 넘게 되면…… 그때는 네 엄마에게 말할 필요가 있다는 말이야. 예를 들어볼게. Eva가 파티에서 술을 몇 잔 마셨어. 그러면 난 엄마에게 말하지 않을 거야. 만약 Eva가 파티에서 술을 마시고 기억을 잃었어. 그러면 난 엄마에게 말할 거야. 왜냐하면 네가 강간을 당할 수도 있고, 통제력을 잃어 친구들과 파티 이상의 위험한 무엇인가를 할 가능성이 있기 때문이야.

Eva: 알겠어요. 그런 경우라면 괜찮겠어요.

치료자: 어머님, 괜찮겠어요?

부모: 네, 그게 바로 제가 정말 알고 싶은 것들이에요.

의뢰 및 배경 정보 다루기

아동·청소년의 치료나 평가는 이들의 행동을 걱정하는 교사, 가족 구성원, 기타 누군가에 의해 의뢰되곤 한다. 많은 경우, 치료자는 내담자에게 이들이 왜 의뢰 되었는지 말해 주어야 한다. 우리는 이를 **현실 인정**(acknowledging reality)이라 칭하며, 라포 형성의 핵심적인 부분으로 간주한다(J. Sommers-Flanagan & Sommers-Flanagan, 2007b).

현실 인정은 당신이 들은 것 모두를 내담자에게 그대로 알려 주는 것을 의미하지 않는다. 하지만 당신은 당신이 알고 있는 그 무언가를 내담자에게 확실히 말해 주어야 한다. 예를 들면, 점심 식사 후 화장실에서 토하고 있는 학생을 목격한 한 교사가 학교상담자에게 연락을 취했다고 하자. 교사의 요청으로, 상담자는 학생을 미팅에 오도록 할 수 있다. 만약 상담자가 학생에게 무엇이 걱정되는지 그 이유를 설명해 주지 않는다면, 이는 실수라 할 수 있다. 물론, 당신은 의뢰자에게 이런 규정에 대해 먼저 명확히 해 주어야 한다. 만약 당신이 그렇게 하지 않으면, 의뢰자는 배신감을 느낄 수 있기 때문이다. 정보 제공자는 익명으로 남거나 남지 않을 수도 있다. 하지만 정보 그 자체는, 대부분의 상황에서 재치 있게, 동정적으로 그리고 정직하게 전달되어야만 한다. 여기 『Tough Kids, Cool Counseling』

이란 책의 본문에서 발췌한 시나리오가 있다(J. Sommers-Flanagan & Sommers-Flanagan, 2007b).

> 자신을 소개하고 비밀 보장의 한계에 대해 요약한 후 치료자는 다음과 같이 말한다. "이 미팅 전 내가 네 부모님 그리고 보호관찰관과 나눈 이야기를 네가 알고 있으리라 생각해. 대화 내용을 네가 모르게 하기보다는 난 내가 들은 걸 너와 공유하고 싶어. 이 서류는 그분들과 이야기 나눈 내용을 정리한 거야(상담자는 종이를 들고 있다). 공유하는 거에 대해 어떻게 생각하니?"
>
> 내담자의 동의를 얻은 후, 의뢰 문제를 함께 읽는다는 상징적 의미를 주는 동시에 내담자의 영역을 존중한다는 의미에서 치료자는 의자를 내담자 옆자리로 옮긴다. 그런 다음 치료자는 긍정적인 정보(내담자는 호감이 가고 똑똑하며 친구가 많다)와 청소년 내담자가 최근 경험한 법적 · 행동적 문제에 대한 정보 모두를 내담자와 함께 검토한다. 각 정보를 공유한 후, 치료자는 "여기 네가 훔치다 세 번 걸렸다고 쓰여 있는데 이게 사실이니?" 혹은 "엄마는 네가 갑작스럽게 화를 크게 낸다고 말하던데, 여기에 더 추가하고 싶은 내용이 있니?"라고 말하며 내담자의 변화를 살핀다. 긍정적인 정보에 대해 이야기할 때, 치료자는 "담임선생님은 네가 아주 똑똑하고 학교에서 인기가 많은 거로 생각하고 계시던데…… 사실이니?…… 정말 똑똑하고 인기가 많다는 거지?"(p. 32)

당신이 가지고 있는 모든 정보가 부정적이라면, 어린 내담자에게 압도적이거나 불쾌하지 않도록 정보를 선별하고 재구성하도록 하라. 또한 부정적인 정보를 공유할 때는 부정적인 행동은 지지하지 않으면서, 동시에 내담자를 공감하고 내담자 감정에 편드는 태도가 중요하다.

> 이 이야기를 할 때 네가 엄마에게 얼마나 화가 나 있는지 알 거 같아. 난 너를 비난하지 않아. 비록 그 의도가 좋다 할지라도 사람들이 네 이야기를 하는 걸 듣기란 쉽지 않지.

치료에 의뢰된 이유를 어린 내담자에게 비밀로 하는 것은 내담자와의 관계를 해칠 수 있다. 비록 의뢰자나 정보 제공자가 중요하다고는 하나 이들이 당신의 주된 내담자는 아니다.

비밀 보장과 사전 동의를 논한 후에는 내담자가 치료에 오게 된 이유를 듣는 시간이 뒤따른다. 다음의 목록은 비록 포괄적이지는 않지만, 학령전기 혹은 학령기 아동들(4~12세)이 면담에 오게 된 공통된 이유가 무엇인지 이해할 수 있는 기회를 제공한다.

- 기분의 변화, 과민성, 공격적 행동
- 양육자에게 비정상적으로 보이거나 거슬리는 행동
- 특이한 공포 혹은 연령에 맞는 놀이 활동의 회피
- 외상 혹은 힘든 인생 상황(예: 이혼, 사망, 학대)에의 노출
- 과잉 행동 혹은 부주의 문제
- 유뇨증 혹은 유분증
- 부모의 양육 분쟁
- 학업이나 왕따와 같은 학교 문제

다음은 청소년의 공통된 치료 의뢰 사유들이다.

- (양육자 혹은 교사가 지각한) 우울 증상
- (권위적 인물에 의해 경험된) 반항적/적대적 행동
- 분노 조절
- 섭식 혹은 체중 문제
- 외상(강간, 성학대, 부모 이혼, 가족 구성원의 사망)
- 자살 사고, 자살 제스처 혹은 자살 시도
- 법원의 명령이나 청소년 보호관찰 의무
- 약물남용 문제(보통 사용하다 걸림)

아동기 정신병리와 전형적인 호소 문제를 이해하는 것은 중요하다. 하지만 내담자가 처한 각 상황은 고유하다 할 수 있으며, 따라서 개별적인 관심을 가지고 각 내담자에게 접근할 필요가 있다. 아동이 치료에 올 경우, 방문 목적을 이해하고 있는지 확인하는 질문이 필요하다. 하지만 어린 내담자는 이 질문에 모호하고 예상치 못한 방식으로 반응할 가능성이 높다.

- 제가 착하게 굴지 못해 엄마는 제가 선생님과 이야기해 보길 원하고 있어요.
- 모르겠어요. 전 제가 오늘 여기에 오는지조차 몰랐어요.
- 선생님을 싫어하고 숙제를 하지 않았기 때문이에요.
- 부모님이 이상하고, 그 분들은 제가 문제를 가졌다 생각하고 있어요.

상담에 오게 된 경위를 물었을 때 어린 내담자들 중 일부는 침묵할 수 있다. 몇 가지 가능성이 있는데, ① 질문을 이해하지 못해서, ② 어떤 내용으로 어떻게 대답할지 확실하지 않아서, ③ 한 방에 있는 부모 앞에서 자신의 진짜 생각과 느낌을 이야기하고 싶지 않거나 이야기하기가 두려워서, ④ 낯선 이 앞에서 자신에 대해 솔직하게 이야기하고 싶지 않거나 이야기하기가 두려워서, 혹은 ⑤ 자신의 문제를 인지하지 못하거나 이를 인정하기 너무 싫어서 침묵할 수 있다.

저항적이거나 반응이 없는 아동은 치료자에게 도전이 된다. 당신은 어떻게 이들로부터 정보를 얻을 것이며, 어떻게 이들과 작업 동맹을 맺을 것인가? 다음에 설명된 아동의 소원과 목표에 집중하면 아동의 참여를 촉진하고 저항을 피할 수 있다.

소원과 목표

다음의 문구/질문은 양육자와 동석한 6세 아동에게 사용할 수 있도록 고안된 것이다. 더 어린 아동의 경우에는 부모와 별도로 만나 양육 전략에 집중하는 것이 가장 좋다.

전 여러분들을 이곳으로 오게 한 이유에 관심이 있어요. 그래서 여러분들에게 상담의 목표가 무엇인지 질문 드릴 거예요. (부모를 바라보며) 부모님도 여기 계시지만, 전 이 방 안의 가장 어린 아이부터 시작했으면 해요. Rosie, 네가 가장 어리니까, 너부터 시작하자. 그 이유가 무엇이든, 네가 한동안 여기에서 상담을 받았고, 인생이 더 나아졌다고 가정해 보자. 무엇이 변해 있을까? 인생에서 뭐가 달라졌으면 하니?

일부 아동 · 청소년들은 이 질문에 대해 이해하고 적절한 응답을 내놓을 수 있다. 하지만, 적절한 대답을 내놓지 못하는 경우도 있다. 아동은 질문을 이해하지 못했을 수 있다. 가족 내 역동이 질문에 대답을 못하도록 만들었을 수도 있다. 아동은 이야기의 핵심을 부모의 문제로 돌릴 수 있다. 부모가 아동을 격려할 수 있고, 이 와중에 부모는 아동이 상담자의 질문에 어떤 식으로 답해야 할지 유도할 수 있다. 부모가 끼어들어 비난을 쏟아낼 가능성도 있다.

적절한 응답이 나오지 못하는 이유가 무엇이든 간에, 임상가는 다음의 두 가지 규칙을 따를 필요가 있다. ① 가족 역동을 관찰하고 이를 머릿속에 기억해 둔다. ② 아동 · 청소년이 질문에 만족스럽게 대답하지 못할 경우, '바라는 바'라는 용어를 사용하여 다시 질문한다.

소원이라는 개념 소개하기

문제 영역을 평가하고 치료 목표를 설정하기 위해 '소원'을 활용하는 것은 유용하다. 이는 대부분의 어린 내담자들이 이해할 수 있는 언어이기 때문이다(J. Sommers-Flanagan & Sommers-Flanagan, 1995b). 다음의 소원과 관련된 질문은 문제 해결 접근에서 사용하는 기적 질문과 유사하다(de Shazer & Dolan, 2007).

다른 방법으로 질문하도록 할게. 만약 너에게 세 가지 소원이 있다면, 혹은 네가 〈알라딘〉의 마법 램프를 가지고 있고 이 램프를 사용하여 너 자신, 부모님, 학교의 그 무엇인가를 바꾸고자 한다면, 그건 무엇이겠니?

이 질문은 세 가지 영역에서의 목표 설정이라는 구조를 만들어 낸다.
1. 자기 변화
2. 가족 변화
3. 학교 변화

아동·청소년은 이 중 어느 한 영역 혹은 세 영역 모두에서 자신의 목표가 무엇인지 탐색할 기회를 갖게 된다. 아동에 따라 혹은 부모로부터 영향 받은 정도에 따라 소원을 찾는 과정에서 저항이 나타날 수 있다. 만약 저항이 나타난다면, 다음의 질문들을 할 필요가 있다.

네 인생에서 바라는 게 없어? 와우! 그렇다면 난 네가 되고 싶구나. 부모님도? 부모님에게서 아주 작은 부분이라도 변화되었으면 하는 부분이 없어? [대답을 기다린다.] 네 자신에 대해서는? 자신에 대해 아주 작은 부분이라도 변화되었으면 하는 부분이 없어? [다시 잠깐 멈춘다.] 그럼 이제 너의 학교와 교사, 교장선생님에 대해 생각해 보자. 내가 보기엔 여기서는 무언가 바꾸고 싶은 게 있을 거 같은데. 여기는 아주 완벽할 리 없어.

불안하고, 부끄럼을 타며, 말이 없는 아동·청소년은 이 같은 질문들에 계속 저항할 수 있다. 만약 그렇다면, 소원 질문은 넘어가도록 한다.

지금은 이 질문을 그냥 넘기는 게 어떠니? 그럼, 다음은 부모님 차례야. 하지만 부모님과 이야기하는 중이라도 말하고 싶은 소원이 떠오르면 언제든 이야기해도 좋아.

소원과 목표에 대해 질문하는 이유는 아동으로 하여금 긍정적인 변화를 위한 자신의 소원을 타인과 공유하도록 만드는 데 있다. 진단적 정보가 여기서 나타날 수도 있다. 흔히, 파괴적 행동장애(예: ADHD, 적대적 반항장애, 품행장애)를 가진 내담자들은 학교와 부모가 문제이지 자신이 문제라고 보고하지 않는다. 반대로, 내재화장애(예: 불안, 우울)를 가진 내담자들은 문제를 자신에게 돌리고 자신의 변화를 치료의 목표로 삼는다(예: "좀 더 행복해지고 싶어요.").

아동이 중간에 끼어들어 부모에 대한 부정적인 말이나 추궁하는 말을 하는 경우도 드물지 않다. 만약 이런 상황이 발생한다면, 침착하게 아동이 그 상황을 경청하고 수용하며 재구조화하는 것을 모델링할 수 있는 기회로 삼도록 하라. 부모가 건강하고 수용적인 방식으로 아동에게 반응하도록 돕는 것이 중요하며, 이는 경험이 많은 아동/가족치료자들이 우리에게 상기시키고 있는 바다(J. Pereira, 개인교신, 2012년 8월 12일).

부모 혹은 양육자의 목표 탐색하기

아동이 하나라도 소원을 이야기하게 되면, 부모의 소원을 듣는 단계로 넘어간다. 부모의 걱정에 직접적으로 반응하고 관심을 보이는 것은, 치료를 위한 큰 그림을 얻고 치료 동조를 얻는 데 매우 중요하다. 부모는 치료자가 자신의 걱정을 다루고 있다고 생각하지 않으면 치료를 지지하지 않을 것이다.

부모, 아동이 합동 회기를 하고 있는 중이라면, 부모가 아동에 대해 할 수 있는 부정적인 말의 수를 제한하는 것이 필요하다. 세 개면 충분하다. 이 같은 제한을 설정하는 것은 아동이 부모의 비난으로부터 상심하거나 압도되는 것을 막을 수 있다. 이 외의 다른 걱정이 더 있다면, 나중에 검토할 수 있도록 부모로 하여금 이를 적어 두게 지시한다. 또 다른 전략은 부모로 하여금 아동의 강점에 대해 말해 보도록 요구하는 것이다. 당신은 부모의 걱정을 긍정적인 말로 재정의할 수 있다. 만약 부모가 "Annie는 책임감이 없고 무례해요."라고 말하면, 당신은 "어머님은 Annie가 좀 더 책임감이 있고 친절했으면 하고 바라시는군요."라고 말할 수 있다.

부모의 걱정을 직접적으로 다루기 위해 당신은 부모와 별도의 미팅을 계획할 수 있다. 하지만 이렇게 할 경우, 당신은 당신과 아동과의 관계에 민감해져야 한다. 예를 들면, 당신은 부모와 별도의 미팅을 갖는 이유를 다음과 같이 아동에게 설명해야 한다. "엄마, 아빠의 걱정 목록을 만들기 위해 부모님과 따로 만나려고 하는데 괜찮겠니?" 만약 아동과 초반 신뢰 관계가 잘 형성되어 있다면, 이런 방식의 정보 수집은 아동에게 저항을 거의 불러일으키지 않을 것이다.

긴장 관리하기

소원을 빌 때, 특히 자신의 부모가 어떻게 변화했으면 하는지 소원을 빌게 될 때, 어린 내담자들은 긴장이 고조될 수 있다. 이 같은 긴장에도 불구하고, 아동·청소년에게 부모에게 바라는 변화가 무엇인지 이야기해 보도록 하는 것은 평가 과정상 매우 중요하다. 만약 치료자가 "내 부모님도 완벽하지 않아."라고 말한다면, 어린 내담자들은 크게 안도할 것이다. 초기 회기에서 완벽하지 않은 부모 행동에 초점을 두는 것은 이후 부모와의 작업에 기초가 될 수 있다. 마지막으로, 전에도 말했지만 목표 설정 절차 동안 나타난 부모-자녀 상호작용은 흥미로운 가족 역동을 드러낼 수 있다. 우리는 지금까지 부모 행동에 대해 언급하기를 두려워하는 아동들(그리고 부모들은 이들을 안심시키고 있지 않음)과 부모를 맹렬히 비난하는 아동들을 많이 보아 왔다. 도움, 격려, 유머를 제공한 후에도 그리고 인생에서 변화시키고자 하는 바를 이야기한 후에도 어린 내담자들이 여전히 목표에 대해 이야기할 수 없거나 이야기하기를 꺼린다면, 치료 예후는 매우 제한적일 것이다.

부모나 양육자 관찰하기

면담에 아동을 데려오는 양육자가 아동보다 더 큰 문제를 가진 경우가 종종 있다. 이는 임상가의 연령이나 임상 경험과 상관없이, 어떤 임상가에게라도 매우 민감한 상황이 될 수 있다.

만약 부모가 심한 심리적 문제를 호소하고 있고 아동과의 상호작용도 크게 와해되어 있다면, 당신은 이에 조치를 취할 전문가적 의무가 있다. 당신이 부모-자녀 문제의 심각도를 어떻게 지각하느냐에 따라 이런 조치는 경한 것에서부터 극심한 것까지 다양할 수 있다. 예를 들면,

- 첫 회기에서는 이런 건강하지 못한 패턴을 무시할 수 있다. 피드백 제공은 충분한 라포가 형성될 때까지 기다린다.
- 즉각적으로 부드러운 피드백을 제공할 필요가 있다.
- 아동이 심각한 위험 상태에 있는지 평가하기 위해 정보를 더 수집해야 할 필요가 있다.
- 부모에게 아동 학대를 신고해야 할 의무가 당신에게 있음을 알린 후, 해당 기관에 신고한다.

만약 가능하다면, 견고한 치료적 관계의 형성이 가능하도록 한 회기를 더 기다려 보도록

하라. 즉, 강한 치료적 관계를 형성하여 상담자가 부모에게 어떤 피드백이나 제안을 할 수 있게 만들어 보자는 것이다. 이렇게 제안하는 이유는 부모들이 보통 취약하고 방어적이기 때문이다(J. Sommers-Flanagan & Sommers-Flanagan, 2011). 하지만 건강하지 않은 행동이 경미한 수준이고 부모가 개방적일 경우에는, 첫 회기부터 곧장 피드백을 제공할 수 있다. 또한 당신은 이 문제 행동을 전달하는 치료적 과제를 부모에게 부여할 수도 있다.

가족의 상태와 아동의 생활환경은 중요한 평가 요소라 할 수 있다. 많은 어린 내담자들은 부모의 이혼, 재혼 혹은 재혼 가족 상황을 거쳤거나 지금 거치고 있는 중일 수 있다. 다른 아동들은 그룹홈, 거주센터(residential living center), 일반 가정위탁/친인척 가정위탁하에서 살고 있다. 이 같은 고유한 상황이나 생활환경은 이들의 일상생활에 도전이 된다.

평가 및 치료 절차에 대해 논의하기

상황에 따라, 당신은 질문지(예: 발달력 질문지 혹은 문제 행동 체크리스트)나 기타 다른 과제를 주며 부모를 대기실에서 기다리게 할 수 있다. 만약 부모와 단독으로 면담할 필요가 있다면, 그림을 그리게 하거나 질문지를 완성하게 하면서 어린 내담자들을 대기실에서 기다리게 할 수 있다. 청소년 내담자의 경우, 개별면담 시간을 갖고 그다음 부모를 회기 끝에 다시 불러 5~10분 정도 치료나 그 이후 절차(예: 상담 횟수, 누가 기다릴 것인지 혹은 분노 조절이나 우울증을 위한 인지행동치료와 같은 특정 치료 접근)에 대해 논의할 수 있다.

평가나 치료의 원칙은 부모 그리고 어린 내담자와 함께 구체적으로 논의하는 것이 중요하다. 평가, 치료 절차, 치료 원칙에 대해 치료자로부터 직접 설명을 듣는 것은 작업 동맹과 과제 수행을 증진시키며, 긍정적인 치료 효과와 관련이 있다(Jungbluth & Shirk, 2013; Shirk, Karver, & Brown, 2011).

면담의 본론 단계

호소 문제와 목표에 대한 아동 및 부모의 관점을 얻은 다음에는 면담의 본론 단계로 이동한다.

부모 혹은 양육자와 따로 만나기

21세기의 자녀 양육은 어렵고 때로는 혼란스럽다. 부모는 많은 정보의 출처를 가지고 있으며, 치료에 대한 너무 많은 정보를 가지고 있거나, 잘못된 정보를 가지고 있거나, 정보가 없을 수 있다. 비록 우리가 아동과의 단독 회기나 부모, 아동이 함께 만나는 공동 회기를 강조해 왔기는 하지만, 적절한 치료 계획을 찾기 위해 초반에 부모와 별도로 만나는 것이 최선인 경우도 많다.

급진적 수용 사용하기

부모와 면담하는 것은 아동이나 청소년과 면담하는 것보다 훨씬 더 어려울 수 있다. 부모와 작업할 때는 급진적 수용(radical acceptance)을 사용하길 강력하게 추천한다(J. Sommers-Flanagan & Sommers-Flanagan, 2011).

급진적 수용이란 인간중심 이론과 불교 철학으로부터 나온 개념이다(Linehan, 1993; Rogers, 1980). 급진적 수용은 비록 터무니없거나 기분을 상하게 하는 내담자 발언이라도 상담자가 이를 정중하게 그리고 적극적으로 수용하는 것을 의미한다. 급진적 수용을 구현하는 일반적인 반응 중 하나는 "그 이야기를 해 줘서 고마워요."이다.

급진적 수용은 부모가 상담자인 당신과 개인적으로나 철학적으로 반대되는 말을 할 때 특히 더 필요하다(J. Sommers-Flanagan & Sommers-Flanagan, 2007a). 이러한 발언은 유별나고, 불쾌하고, 인종차별적이거나 성차별적이고, 감수성이 떨어지는 방식으로 나타날 수 있다. 부모의 불쾌한 발언과 이에 뒤따르는 급진적 수용의 예시를 제시하면 다음과 같다.

부모 1: 전 훈육의 효과를 믿어요. 부모는 가정에서 권위적인 존재가 될 필요가 있어요. 그래 맞아요. 이는 애들이 일정 선을 넘으면 한두 대 때려도 괜찮다는 걸 의미해요.

임상가 1: 아이 체벌에 대한 주제를 꺼내 주셔서 감사해요.

부모 2: 전 동성애를 허용할 수 없어요. 아들은 동성애에 저항해야 해요. 그리고 전 아들의 행동을 인정할 수 없어요. 아들은 죄 짓는 걸 피해야 하고, 그러지 못하겠다면 이 집을 떠나야 해요.

임상가 2: 많은 부모들이 당신과 같은 견해를 가지고 있지만, 여기서 그런 말을 직접적으로 하지는 않아요. 부모님의 신념을 이렇게 솔직하게 공유해 주셔서 감사해요.

급진적 수용은 내담자의 어떤 말이나 모든 말을 적극적으로 환영하는 것을 의미한다 (Theriault, 2012). 이 기법을 사용하기 위해서 당신은 부모가 한 말에 위협을 느끼거나 분개하거나 평가적이 되어서는 안 되며, 균형과 객관성을 유지한 상태에서 부모가 거론하는 주제에 대해 포용해야 한다.

급진적 수용은 앞서의 예시에서 알 수 있듯이, 전통적인 인간중심치료보다 더 적극적이고, 더 지시적이며, 더 가치 지향적이다. 초기 부모와의 면담에서 당신이 성취해야 할 목표는 부모가 어떤 말을 해도 당신은 이에 열린 태도를 보일 것이라는 메시지를 전달하는 데 있다. 만약 당신이 개방성에 높은 가치를 두고 있지 않고 이를 환영하지 않는다면, 부모는 자신의 신념을 결코 이야기하지 않을 것이다. 신념이 개인적으로나 전문적으로 점검되지 않는다면, 부모는 통찰을 경험하거나 자신의 신념이나 행동을 수정하고자 하지 않을 것이다.

또 다른 한편으로 급진적 수용은 부모 문제를 즉각적으로 교정하거나 반박하거나 부모에게 새로운 방식을 가르치고자 하는 당신의 욕구를 버려야 함을 의미한다(J. Sommers-Flanagan & Sommers-Flanagan, 2011). 대신, 당신은 건강하지 않은 신념이 수용되고 따라서 결과적으로 이러한 신념이 감소하거나, 소멸하거나, 박살 나거나, 해체되도록 그 과정에 헌신해야 한다. 예를 들면, 체벌을 사용하는 부모는 치료 시작부터 자신의 입장이 어떠한지 설명하고 변호하고자 애쓴다. 체벌에 대한 권리를 선언한 후에야 부모는 자신도 체벌을 좋아하지 않는다는 사실을 인정하게 되고, 체벌에 대한 대안을 고려할 수 있게 된다. 유사하게, 10대 자녀의 동성애를 인정하지 못하는 부모는 자신의 고통이 먼저 확인된 후에야 이 고통을 넘어 나아가거나 사랑과 애정에 대한 자신의 원래 감정을 회복할 수 있게 된다. 전반적으로, 급진적 수용을 사용할 때, 치료자는 다음과 같은 메시지를 부모에게 간접적으로 전달하게 된다. "전 당신을 있는 그대로 수용해요. 그리고 저는 당신이 좀 더 나은 방향으로 변화할 수 있도록 돕는 데 최선을 다할 거예요."

가족 유관 평가하기

많은 부모들은 의도치 않게 자녀의 부정적이거나 바람직하지 않은 행동에 지나치게 많은 주의를 두고, 긍정적이거나 바람직한 행동에는 지나치게 적은 주의를 두는 경향이 있다. 예를 들면, 양육자는 아동이 잘못하면 곧바로 혼을 내거나 소리를 지르는 반면, 아동이 긍정적인 행동을 하면 무시하는 경향이 있다. 행동주의적 관점에서 보면, 이는 부정적인 행동의 정적 강화와 긍정적인 행동의 소거에 해당한다(Kazdin, 2008). 부모와의 작업에서 우리는 이러한 부모의 행동 패턴을 '역방향 행동 수정(backward behavior modification)'이라

부른다(J. Sommers-Flanagan & Sommers-Flanagan, 2011, p. 68).

이론적 배경이 어떠하든 간에, 아동, 가족과 작업하는 모든 임상가들은 가족의 유관 (contingency) 패턴을 평가해야 한다. 유관과 관련된 평가 자료는 다음의 두 가지 방법을 통해 얻을 수 있다. ① 양육자–아동 회기 동안 긍정적이거나 역기능적인 강화 패턴을 직접 관찰하거나 ② 양육자와 아동을 분리시킨 후, 가족 간의 갈등 중에 "다음에는 무슨 일이 벌어지나요?"라는 질문을 사용해 직접 묻는 방법이 그것이다.

부모 중 일부는 정적 강화에 대해 부정적인 견해를 가지고 있다. 이들은 정적 강화를 뇌물로 생각한다. 만약 부모가 정적 강화를 사용하길 거부한다면(혹은 정적 강화를 사용하길 거부하기 전에), 당신은 부모에게 다음과 같이 설명해 줄 수 있다. **뇌물**(bribery)이란 '불법적인 무엇인가를 하기 전 사람들에게 지불하는 것'이고, 선행 연구는 정적 강화가 처벌보다 더 효과적인 행동 수정 방법임을 보여 주고 있다(Kazdin, 2008)고 설명해 줄 수 있다. 당신은 부모에게 부모 자신이 일상생활에서 얻는 정적 강화가 무엇인지 질문하며, 이 점을 강조할 수 있다. 부모에게 아동과 함께 시간을 보내도록 격려함으로써(물품에 의지하기보다는) 당신은 가장 강력한 정적 강화물을 부모가 사용할 수 있도록 도울 수 있다.

사용자 친화적인 평가 및 정보 수집 전략

치료자들은 진단이나 치료 계획 수립에 도움이 되는 정보를 얻기 위해 공식적 평가 및 검사 절차를 사용하고 있다(Weisz & Kazdin, 2010). 여기에는 행동 체크리스트, 지능검사, 성격검사가 포함된다[예: 아동 행동 체크리스트(Child Behavior Checklist), 웩슬러 지능검사 (Wechsler Intelligence Scales), 미네소타 다면적 인성검사(Minnesota Multiphasic Personality)]. 비록 많은 정신건강 전문가들이 이런 전통적인 평가 절차를 사용하기는 하지만, 또 많은 전문가들은 이를 사용하지 않기도 한다. 전통적인 평가를 사용하지 않는 이들은 이들 검사가 타당하지 않거나 유용하지 않다고 생각할 수 있다(Schneider & Krug, 2010).

어린 내담자들은 종종 전통적인 평가에 참여하도록 요청 받았을 때 비난하거나 빈정거린다("이 검사는 완전 구려."). 이들은 검사를 끝까지 하거나 신경 써서 하는 것을 거부할 수 있다. 다행히도, 공식적 평가 절차에 대한 대안이 있다. 다음의 절차들은 질적 혹은 비공식적 평가라 불리기도 하는데, 이들 절차는 치료자가 내담자 정보를 얻도록 도움을 줄 수 있으며 동시에 내담자의 흥미와 협조를 얻어내는 데도 효과적이다. 하지만 이러한 평가 절차들이 공식적 평가를 대체할 수는 없다. 이들은 보완적으로 사용되거나 공식적 평가가 불필요하거나 거부되는 상황에서 사용될 수 있다.

너의 장점에는 어떤 게 있을까

어린 내담자와 상담자 간 상호작용에 대한 풍부한 정보를 제공하는 관계 형성 평가 절차에는 "너의 장점에는 어떤 게 있을까?"로 질문하고 대답하는 게임 형태의 평가 절차가 있다(J. Sommers-Flanagan & Sommers-Flanagan, 2007b). 이 절차는 아동·청소년의 자아존중감에 대한 유용한 정보를 제공한다. 이 평가 절차는 초반에 다음의 규칙을 가진 게임으로 소개되고 있다.

> 난 너와 게임을 하고 싶어. 게임은 이렇게 하는 거야. 내가 너한테 같은 질문을 열 번 할 거야. 게임의 유일한 규칙은 같은 대답을 두 번 할 수 없다는 거야. 이제부터 너에게 같은 질문을 열 번 할게. 하지만 너는 열 가지 다른 대답을 내놓아야 해.

다음으로, 임상가는 "너의 장점에는 어떤 게 있을까?"라는 질문을 하고 내담자의 대답을 받아 적는다. 각 대답에 "고마워."라고 웃으며 대답한다. 만약 내담자가 "모르겠어요."라고 응답하면, 처음에는 그 반응을 그냥 적어둔다. 만약 "모르겠어요."라는 대답이 또 나오면, 치료자는 내담자에게 같은 대답은 한 번밖에 하지 못한다는 규칙을 상기시킨다.

"너의 장점에는 어떤 게 있을까?"라는 질문은 내담자에게 자기지각과 자아존중감에 대한 통찰을 제공한다. 어떤 어린 내담자들은 재능, 기술 혹은 긍정적인 특성을 이야기하는 데 어려움을 보인다. 이들은 "저는 스노보드를 가지고 있어요." 혹은 "제 친절한 성격이 친구 사귀는 데 도움이 되고 있어요."라는 식으로 자신이 가지고 있는 것을 말하곤 한다. 이들은 또한 특정 역할을 잘하게 하는 특정 행동(예: "전 부모님을 배려해서 좋은 아들이에요.")을 말하기보다 역할(예: "저는 좋은 아들이에요.") 그 자체를 말할 수 있다. 긍정적인 개인의 특성을 논리정연하게 이야기할 수 있는 내담자는 건강한 자아감을 가지고 있는 내담자라 할 수 있다.

대인관계 관련 평가 정보는 "너의 장점에는 어떤 게 있을까?"의 절차를 통해 얻어낼 수 있다. 자기주장적이거나 공격적인 아동과 작업할 때는 방법을 약간 수정하기도 하는데, 이 경우 우리는 "너의 장점에는 어떤 게 있을까?"를 아동이 치료자에게 역으로 질문할 수 있게 한다. 그리고 아동에게 모델링과 힘 실어 주기 경험의 기회를 제공하기 위해 우리는 아동의 질문에 성실히 대답해 준다. 이 질문에 대한 어린 내담자들의 반응으로부터 우리는 이들의 대인관계적 요구에 대한 반응 방식을 알아내기도 한다. 일부 어린 내담자들은 이 절차를 비웃거나 조롱하지만 다른 내담자들은 협조하고 이 과정을 즐긴다.

투사적 그림검사 활용하기

사람 그림검사(Draw a Person), 동적 가족화 그림검사(Kinetic Family Drawing), 집−나무−사람 그림검사(House-Tree-Person) 그리고 기타 창의적 그림 기법을 포함한 투사적 평가 방법은 정보를 얻고 라포를 형성하는 데 탁월한 전략이 될 수 있다(Kim & Suh, 2013). 투사적 평가는 낮은 신뢰도와 낮은 행동 예측력으로 비판을 받고 있다(Wood, Nezworski, Lilienfeld, & Garbm, 2008). 하지만 어린 내담자로 하여금 자신을 개방하고 표현하도록 하는 데에는 매우 유용한 전략이 될 수 있다.

투사적 그림검사는 재미있고, 흥미로우나, 과대 해석되는 경향이 있다. 예를 들면, 한 아동이 성에 대한 관심을 그림에 표현한 경우, 이 그림은 성학대가 있었을 것이라는 빠르고 때로는 부적절한 결론으로 이끄는 데 활용될 수 있다. 이보다, 투사적 그림검사는 대화를 이끌고, 가설을 생성하며, 라포를 형성하는 데 활용될 필요가 있다. 앞서의 그림을 예시로 든다면, 이 그림은 성이나 성적 지향에 대한 대화를 유도하는 용도로 사용될 수는 있으나 성학대가 있었다는 성급한 결론을 내리는 방식으로 사용되어서는 안 된다.

투사적 그림검사는 문화적 이슈에 대한 대화를 촉발하기도 한다. 아동은 개인적이거나 문화적인 의미를 가진 물건들을 자신의 그림에 포함시키는 경향이 있다. 이러한 특징은 어린 내담자의 문화에 대해 대화할 수 있는 시작점을 치료자에게 제공한다.

면담의 본론 단계에서의 일반적인 고려사항

한계를 설정하는 일은 많은 임상가들에게 어려울 수 있다. 특히 아동과 장난스럽게 상호작용하는 경향이 있는 임상가들의 경우, 한계를 설정하는 일은 특히 더 어려울 수 있다. 활동적인 10세 소년과의 초기면담 작업이 우리 중 한 명에게 한계 설정에 대해 배워야겠다는 영감을 불러일으켰다. 임상가의 심기를 건드린 그 사건이 부드럽고 공감적이며 확고한 한계 설정의 방법을 배우게끔 한 계기가 되었다. 아동과의 작업에서 당신이 원하는 경계나 한계가 무엇인지 생각해 볼 것을 우리는 당신에게 권장한다. 다음의 지침이 도움이 될 것이다.

- 당신의 상담실에서 어떤 행동이 수용될 것이고 어떤 행동이 수용되지 않을 것인지 미리 생각해 두도록 하라.
- 간단한 사전 규칙을 가지고 있도록 하라(예: "놀이 시간 동안 너는 여기 있는 장난감 중 그 어떤 것이라도 가지고 놀 수 있어. 하지만 두 가지 규칙은 지켜야 해. '장난감 부수지 않기'와

'장난감 던지지 않기'가 그것이야."). '싫어요'라고 대답할 경우를 대비하여 이에 대한 대안으로 제공할 만한 다른 무엇인가를 가지고 있어야만 한다.

• 규칙이 적으면 표현이 자유로워지고, 그 반대도 마찬가지라는 것을 기억하도록 하라.

• 자신의 한계를 검증할 준비를 갖추도록 하라. 우리는 상담실을 허락 없이 떠나거나, 창문에 올라가거나, 허락 없이 상담자의 물건을 집어 들거나, 휴대전화로 문자 메시지를 보내거나, 자거나, 30분간 욕설을 내뱉거나, 담배를 피우거나 하는 어린 내담자들을 본 경험이 있다.

모든 가능성을 망라하는 수많은 규칙들을 가지기보다는, 필요시 확고한 한계를 세울 준비 태세를 갖추는 편이 낫다. 일부 이론들은 규칙을 갖지 않는 것을 선호한다. 반면 다른 이론들은 하나나 두 가지 기본 규칙을 가질 것을 추천한다(J. Sommers-Flanagan, Murray, & Yoshimura, 2015). 예를 들면,

Carlos, 이 방 안의 장난감은 그 어떤 거라도 가지고 놀아도 돼[장난감 장에서 가져다 놀아도 돼). 우리는 놀이와 관계된 아주 많은 규칙들을 가지고 있지 않아. 하지만 너도 알다시피 물건을 부수는 것과 장난감이나 미술 재료로 너나 다른 사람을 아프게 하는 건 안 돼.

뒷정리와 물건 치우기도 평가와 관련된 자료를 제공한다. 아동들은 장난감이나 게임에 대한 태도를 갑자기 바꿀 수 있다. 당신이나 장난감을 향한 감정은 아동이 어떻게 환경 변화나 좌절을 다루는지에 대한 정보를 제공할 수 있다. 아동이 당신을 무시하거나 협조하기를 거부하는가? 지나치게 순응하는가? 이처럼 회기가 끝날 때 몇 분의 뒷정리 시간이 아동에 대한 정보를 제공할 수 있다. 당신은 당신의 기대를 아동에게 명확히 밝히고, 회기 종료 시간에 대해 주기적으로 '신호'를 보내야 한다.

저기 Jameel, 회기가 끝나려면 이제 10분 남았어. 5분 후에는 뒷정리하는 시간을 가질 거야.

아동과의 작업에 도움이 될 준비물이 다음에 소개되어 있다. 실제 적용하기 13-2는 이런 물품들을 소개하고 있고 집단 미술 과제를 제안하고 있다.

• 실제 적용하기 13-2: 미술 활동 – 준비물과 연습

미술치료는 석사 이상의 훈련이 필요한 전문 직업 영역이다. 하지만 어린 내담자와의 작업에서 미술을 활용할 때는 미술치료 학위가 요구되지 않으며, 이 작업은 당신과 내담자 모두에게 좋은 경험이 될 수 있다. 대부분의 준비물들은 간단하고 저렴한 것들이다. 고급 재료(예: 아크릴 물감)를 치료 작업에 포함시키기 위해서는, 먼저 당신이 이 재료를 사용하는 데 친숙하고 편안해져야 한다. 만약 어린 내담자와의 소통을 촉진하거나 내담자의 문제를 탐색하기 위한 목적으로 미술을 활용하고자 한다면, 다음의 물품들을 사용할 것을 추천한다. 그리고 교수나 동료 대학원생들을 설득하여 이들 물품을 공유재로 사놓는 것을 생각해 보도록 하라.

- 드로잉 연필(또는 목탄 연필)
- 색연필
- 두툼한 혹은 얇은(수용성) 마커나 크레용
- 색깔 점토
- 흰 종이 혹은 색깔 판지
- 신문지
- 오래된 잡지
- 앞치마
- 색깔 분필
- 오일 파스텔
- 수채화 물감
- 기본 색상의 아크릴 물감
- 템페라 페인트
- 물감 섞기를 위한 달걀판
- 그림붓
- 종이 수건 혹은 천 걸레
- 초콜릿(선택사항)

최종 회기 직전이 체험적인 미술 파티를 위한 최적의 시간이다. 집단을 만들어 표현 미술을 해 보게 하라. 두 명을 한 조로 하여 지금까지 했던 과정을 되돌아보게 하라. 여기서 명심해야 할 점이 있다. 자기에게나 상대방에게 개방적이 되어야 하고, 비지시적이 되어야 하며, 비판단적이 되어야 한다. "너의 작품에 대해 이야기해 봐." 또는 "이걸 하면서 어떤 느낌이 들었지?" 또는 "네 작품에서 무엇을 볼 수 있지?"와 같은 비지시적 혹은 열린 질문을 하도록 하라.

각 작품을 정중하게 다루도록 하라. 당신이 선택한 매체에 주목하도록 하라. 핑거 페인팅은 통제가 가장 적은 매체다. 색연필은 다소 통제된 매체다. 내담자에게 미술을 치료의 한 양식으로 제시할 때, 당신이 최근에 이 미술 매체를 직접 사용했다면 더 효과적이고, 통찰력이 있고, 여유로우며, 설득력이 있을 것이다.

미술과 공예

그림 그리기(drawing)는 많은 아동 그리고 일부 성인들이 선호하는 활동이다(특히, 길고 따분한 미팅 동안 끄적거릴 만한 활동이 바로 이런 그림 그리기다). 연필 몇 개, 지우개, 종이 그리고 평평한 면이 필요한 것의 전부다. 크레용, 수성 마커, 파스텔은 색깔을 낼 수 있다. 앞서 논의한 투사적 그림 절차와는 달리, 이 절차에서는 추상적이고 자발적인 과제가 부여될 수 있다. "수학이 어떻게 느껴지는지 그림으로 표현해 줘."

내담자가 그림을 그리고 있는 동안 당신은 무엇을 해야 할지 막막해할 수 있다. 다음과 같은 몇 가지 선택사항이 있다.

- 아이의 주의를 산만하게 하지 않는 방식으로 뭔가 끄적거린다.
- 인내심을 가지고 앉아 있는다. 그리고 때때로 드러나지 않게 아이를 쳐다보고 하고자 하는 말을 전한다(예: 격려: "열심히 그리고 있구나!" 혹은 탐색: "지금 무엇을 그리고 있니?").
- 당신도 그림을 그린다. 그림을 그리고 있는 아이 모습을 스케치한 후 당신이 관찰한 것에 대해 아이에게 말해 준다.

아동이 수줍어하거나 민감해하지 않게 아동 주변을 맴돌지 않도록 하라. 비록 아동·청소년이 자발적으로 자기 그림을 설명하기도 하나, 자연스럽게 궁금해하는 치료자의 태도는 도움이 될 수 있다(예: "이 사람 머리 위에는 무엇이 있는 거야?" 혹은 "그림에 대해 이야기해 줄래?").

플레이도(play-doh)는 아동치료자의 상담실에서 쉽게 발견할 수 있는 재료다. 플레이도는 촉감적이고 표현적인 매체로, 대부분의 아동들이 편안해하는 재료다. 플레이도 작업에 있어 세척할 수 있는 판을 가지고 있는 것은 중요하다. 만약 상담실에 카펫이 깔려 있다면, 비닐 천을 까는 것이 뒷정리를 도울 수 있다. 플레이도 장비에는 금형과 기계가 포함된다. 혹은 아동이 뭔가를 자유롭게 만들 수 있도록 투사적 과정을 사용할 수 있다.

점토(clay)는 플레이도와 유사하다. 하지만 플레이도보다 덜 빨리 마르고 쉽게 주무를 수 있게 되기까지 더 많은 시간과 노력이 필요하다. 가열을 필요로 하는 점토는 원하는 방향으로 주무르기가 훨씬 더 어렵다.

페인팅(painting)은 미술치료에서 흔히 사용하는 표현 방식이다(Moon, 2010). 비록 소묘(drawing)보다 더 쉽게 지저분해지고 작업하기 더 어렵기는 하나, 물감은 더 많은 정서를 끌어낼 수 있다. 템페라나 수채화 작업의 기회가 주어졌을 때, 일부 아동들은 무반응적이고 무관심한 태도에서 행복하고 언어적이며 참여적인 태도로 변하기도 한다.

콜라주 만들기(collage building; 사진이나 단어를 사용하는)는 당신에게 낡고 버리는 잡지를 치료적으로 활용할 수 있는 기회를 제공한다. 풀(혹은 테이프), 가위, 잡지나 사진 달력, 포스터 보드가 주재료다. 당신은 내담자에게 인생사건, 내적 상태, 가족 문제, 학교에서의 걱정과 같은 문제를 드러내는 사진이나 어휘 혹은 정서 상태를 드러내는 사진이나 단어를 고르도록 할 수 있다. 내담자는 자신이 고른 것을 원하는 방식으로 붙일 수 있다. 때로는 이런 작업이 단어로는 표현 불가능한 그 무언가를 만들 수 있게 한다.

사례 예시 13-3 **정서적 자기개방 촉진을 위해 콜라주 사용하기**

Cary는 12세 영재 소년으로, 통제적인 아버지와 우울 증상을 보이는 어머니가 있다. Cary 어머니는 55세이고 아버지는 61세이다. 외조부모는 현재 Cary 가족과 함께 살고 있다. 할아버지와 할머니는 모두 건강이 좋지 않아 돌봄이 필요한 상태이고, 현재 이 일을 Cary 어머니가 맡고 있다. Cary는 급격한 성적 하락, 학교 활동 거부, 수업 중 자기파괴적인 언행으로 학교상담자에 의해 치료에 의뢰되었다. 치료자는 Cary에게 가족에 대한 콜라주를 만들어 보도록 요구했다. 그때까지, Cary는 풍부하고 인상적인 어휘로 조부모의 아픈 상황에 대한 이해와 조부모를 돌보는 어머니에 대한 자긍심을 표현했었다. 하지만 Cary의 콜라주에는 어린아이들과 함께 있는 젊은 부부의 사진들과 행복하고 낙관적인 광고지 문구들이 가득 차 있었다. 치료자가 콜라주의 내용에 대해 언급하자, Cary는 갑자기 눈물을 흘리기 시작했다. 그리고는 젊은 부모를 둔 '정상적인' 가족과 건강하고 행복한 조부모를 원한다고 이야기했다. 비록 치료자가 Cary의 현 가족 상황을 바꿀 수는 없었지만, 콜라주 프로젝트는 슬픔의 표현과 개인적 성장 도모를 목표로 하는 Cary의 치료 계획 수립에 도움을 주었다.

일반적으로, 습식 재료로 표현하는 미술 양식들은 일부 아동들에게 더 많은 정서를 표출하게 하고 자기통제력을 잃게 만들 수 있다. 한 미술치료 동료는 우리에게 핑거페인팅이 어린 내담자에게 정서적으로 느슨함(emotional looseness)을 유발할 수 있다고 경고했는데, 이는 회기 내 소변이나 대변 조절을 어렵게 만들 수 있다(K. B. Campbell, 개인교신, 2007년

11월 3일).

부모-자녀 미술심리치료(parent-child art psychotherapy: PCAP)는 최근 인기를 얻고 있는 치료 모형 중 하나다(Regev & Snir, 2015). PCAP는 공동 미술 활동을 통해 부모-자녀 간의 상호작용과 아동 복지를 향상시키는 데 초점을 맞추고 있다. 이 접근은 전통적인 임상면담과 미술치료에 흥미로운 대안을 제공하고 있다. 물론, 미술 영역과 부모-자녀 상호작용 촉진 영역 모두에서 고도의 훈련이 필요하지만 말이다(Buck, Dent-Brown, Parry, & Boote, 2014).

비지시적, 상호적 혹은 지시적 놀이 옵션

아동에게 있어, 놀이는 고통을 쏟아내고, 숙달을 경험하며, 새로운 영역을 탐색하고, 위험을 무릅쓰는 수단이 된다. 또한 놀이는 다루기 어려운 것들로부터 개인을 분리시키는 수단이 된다.

아동과 작업하는 치료자들은 놀이를 사용하는 정도에 있어 큰 차이를 나타낸다. 일부 치료자들은 비지시적이고 상호작용이 상대적으로 적은 놀이치료 형식을 옹호하는 Virginia Axline[그녀의 입장은 『Dibs: In Search of Self』(Axline, 1964)란 책에 잘 기술되어 있다.]의 입장을 따른다. 다른 이들은 치료적 관계를 증진시키고 아동의 문제를 탐색하기 위해 놀이와 이야기 꾸미기(storytelling)를 사용한다(J. Sommers-Flanagan & Sommers-Flanagan, 2007b). 한편, 다른 이들은 공감과 적응적인 행동을 가르치기 위해 놀이와 놀이적 상호작용을 하는 데 있어 좀 더 직접적인 방법(예: 컴퓨터 게임)을 선택하고 있다(Brezinka, 2014; Gotay, 2013).

모든 치료자들이 모든 놀이 물품을 접할 수 있는 것은 아니다. 놀이치료 전문가들은 흔히 다음과 같은 범주에 속하는 장난감을 추천한다.

- 가족/양육
- 무서운
- 공격적
- 표현적
- 실제 인생
- 가상/상상

다음의 장난감과 물품들은 아동-치료자 놀이적 상호작용을 촉진하는 데 사용될 수 있다. **영웅이나 캐릭터 인형**(action figures), **일반 인형**(dolls), **꼭두각시 인형**(puppets)은 표현을 독려하는 데 있어 매우 탁월한 기능을 수행한다. 매체 기반 혹은 문화 기반 영웅이나 캐릭터 인형과 일반 인형들이 많다. 켄(Ken)과 바비(Barbie), 세서미 스트리트(Sesame Street) 주인공들, 일반적인 꼭두각시 인형들은 풍부한 상호작용을 이끌어 낸다. 슈퍼 히어로 인형들은 공포, 강인함 그리고 초능력을 갈망하는 것에 대한 대화를 이끌 수 있다. 미국 문화에서는 군대의 영향이 강하다. 따라서 '군인' 컬렉션을 비치할 것이 추천되는데, 이는 전쟁, 갈등, 부모의 군대 관련 상호작용이나 아동의 정서를 자극하는 데 유용하다.

모래 상자(sand trays)는 여러 크기와 형태가 있다. 모래 상자 작업은 그 자체로 주요 치료 양식이 될 만큼 전문적인 기술이다(Richards, Pillay, & Fritz, 2012). 하지만 이야기를 나누면서 놀이나 촉감 활동을 하는 용도로도 사용된다. 모래는 아동의 저항을 줄이는 데 유용하고 흥미로운 매체인 동시에 운반이 가능한 매체다. 모래 상자 사용에 있어서는 튼튼한 뚜껑과 적당한 바닥 커버가 필수적이다. 당신은 트랙터, 트럭, 영웅이나 캐릭터 인형, 돌멩이와 같은 놀이 물품들을 소장하고 있어야 한다.

동물 봉제 인형(stuffed animals)은 편안함을 제공한다. 때때로, 아동 중심 정신건강 전문가들은 진열이나 상호작용 목적으로 동물 봉제 인형들을 소장해 둔다. 동물 가족 인형들이 있으면 아동 내담자의 가족 역동을 드러내 보이게 할 수 있다.

변장 놀이용 복장(dress-up clothes)은 많이 쓰이지는 않지만 구입하기는 쉽다. 변장 놀이용 복장들은 반응이 적은 아동과의 작업에 돌파구가 될 수 있다. 카우보이, 소방관, 예술가, 배관공, 발레리나와 같이 특정 주제 복장들은 시중에서 쉽게 구입할 수 있다. 또한 복장이 들어 있는 가방 자체가 놀이를 만들어 낼 수 있다. 어린 내담자들은 변장 놀이 활동에 강하게 매료될 수 있다.

만들기 세트(construction sets)는 크기, 부속품 수, 연령에 따라 여러 가지 종류가 있다. 레고 블록(Lego blocks), 링컨 로그(Lincoln Logs), 틴커 토이(Tinker Toys)는 어린 내담자들을 치료적 활동에 참여시킨다. 만들기 세트는 너무 어린 아동들에게는 사용하지 말아야 한다. 또한 충동 통제 문제나 폭력 문제를 가진 아동과의 작업에서는 만들기 세트가 적합하지 않을 수 있다. 이는 쉽게 실제 혹은 상상의 무기가 될 수 있다.

특별한 물품(special props)은 청소년 내담자와의 작업에서 특히 유용하게 사용될 수 있다. 예를 들면, 매직 8볼(Magic 8-Ball)[2], 퍼즐, 스트레스볼, 이야기하면서 만지작거릴 수 있는 물품들이 여기에 속한다.

공격 물품(aggression items)은 조심스럽게 고려되어야 한다. 가치관, 전문 훈련, 기관 규

---

2) 역자 주: 운세를 보거나 충고를 위해 사용된다.

정이 장난감 총, 칼, 기타 장난감 무기 등에 대한 당신의 편안함 수위를 좌우할 것이다. 치료자들 중 일부는 공격적인 표현을 허용한다. 치료자들 중 일부는 이들 물품이 지나치게 도발적이고 폭력을 조장한다고 걱정한다. 다른 치료자들은 이것들을 치료실에 비치하고 있는 것 자체가 폭력을 조장한다고 걱정한다. 이는 상담실에서 편안하게 놀 수 있는 물품을 결정할 때 수업 시간에 그리고 슈퍼바이저 및 동료들과 함께 논의해야 할 사안들이다. 물품 선택을 위해 할 수 있는 질문은 바로 "이들 물품이 치료적으로나 평가적으로 어떻게 사용될 수 있겠는가?"이다.

인형의 집(dollhouses) 혹은 기타 집과 같은 환경들은 아동에게 인생 드라마와 외상을 재현할 수 있도록 하는 고전적인 물품이다. 많은 장난감 회사들이 학교, 주유소, 놀이터, 동네, 그리고 사람, 자동차, 애완동물, 가구, 소형 장난감들로 채워진 여러 다른 플라스틱 환경들을 제조하고 있다. 아동들은 친구, 적, 가족 공동체를 만들어 내기 위해 이들 물품과 환경을 사용한다. 놀이에서 드러난 주제들은 상담 장면 밖에서 아동이 직면하고 있는 도전이나 상황에 대한 통찰을 제공할 수 있다.

해부학적 인형(anatomically correct dolls)은 흔하지만 논란을 불러일으킬 수 있는 물품이다. 아동 학대 조사관은 어린 아동에게 해부학적 인형을 사용해 보고 싶은 유혹을 느낄 수 있다. 아동이 인형을 성적으로 교류시키면, 이는 아동의 성 관련 경험의 증거로 해석되곤 했다. 하지만 이런 해석이 정확한가에 대한 논란이 제기되었다(Dicinson, Poole, & Bruck, 2005; Faller, 2005; Hungerford, 2005). 해부학적 인형이 여전히 유용한 기능을 수행하고는 있지만, 이 인형을 사용하기 전 임상가는 제대로 된 훈련과 슈퍼비전을 받아야 한다(실제 적용하기 13-3 참조).

장난감에 대한 마지막 언급은 다음과 같다. 당신은 의도치 않게 어떤 한 문화 집단이나 사회경제적 집단을 대표하는 장난감들만을 소유하고 있을 수 있다. 이를 주의하도록 하라. 일반적인 지침은 지나치게 비싸지 않고, 다양한 인종적 특징을 지닌 튼튼하고 친근한 장난감과 인형을 구입하라는 것이다.

●— 실제 적용하기 13-3: 아동과의 작업에서의 질문 및 탐색적 면담

3세 어린 아동이 자신의 경험에 대해 믿을 만한 타당한 보고를 할 수 있다는 사실은 그다지 놀랍지 않다. 하지만 아동의 개인적 경험, 때로는 외상적 경험을 면담을 통해 탐색하려는 작업은 치료자에게 도전이 되며 특별한 전략을 요구한다.

임상면담을 통해 아동으로부터 신뢰롭고 타당한 정보를 얻어내는 일은 고도의 교육, 훈련, 슈퍼비전을 요하는 작업이다. 이 점을 고려하여, 우리는 아동 정보 수집을 위한 일반적인 지침으로 다음의 정보를 제공한다. 아래의 사항들은 탐색적 면담 업무와 연구에 있어 강조되어야 할 내용이다.

- 동료 중 한 사람이 다음과 같이 지적했다. "아동의 감정과 기억의 문은 안에서 잠겨 있다. 부모나 전문가로서 우리가 할 수 있는 최선의 노력은 부드럽고 공손하게 아동의 문을 두드리는 것이며, 충분한 신뢰를 쌓아 아동 스스로가 자신의 감정의 문을 열고 우리에게 접근하도록 하는 것이다."

- 질문에 반응하는 방식에서 아동은 발달적 한계를 나타낸다. 예를 들면, 아동은 열린 질문에 매우 짧게 답하는 경향이 있다.

- 9세 이하 아동들은 성인에 순응하는 경향이 있고, 질문이 무엇인지 제대로 이해하고 있지 못할 때조차도 질문에 답하는 경향이 있다. 충분한 주의가 기울여지지 않으면, 면담은 의도치 않게 아동에게 이해 못하는 질문에 억지로 답하게 하는 상황을 초래할 수 있다.

- Salmon(2006)이 지적했듯이, "부모는 끔찍하고 외상적인 경험에 대한 아동의 고통을 과소평가하는 경향이 있다. 특히, 고통을 야기한 사건에 부모가 함께했을 때 부모는 아동의 고통을 과소평가하는 경향이 있다"(p. 54). 부모는 자녀의 고통 강도에 대한 타당한 정보 제공자가 아닐 수 있다.

- 탐색적 임상면담에서 장난감과 인형들은 아동의 불안 감소에 특별한 도움을 줄 수 있다. 또한 장난감과 인형들은 아동의 외상 사건 재현에도 도움을 줄 수 있다. 하지만 장난감과 인형들이 아동의 자기개방에 도움이 되었느냐의 여부는 면담자가 이들 물품을 증거에 기반한 방식으로 사용했느냐 그렇지 못했느냐에 달려 있다(Chang, Ritter, & Hays, 2005; Salmon, 2006; Vig, 2007).

- 열린 촉구("~에 대해 말해 줄래")와 단서 초대법(cued invitation; "그 사람이 너를 너무 아프게 했다고 말했지. 아프게 한 것에 대해 말해 줄래?")은 아동으로부터 정확한 정보를 얻어내는 매우 효과적인 접근일 수 있다. 또한 Salmon(2006)은 다음과 같이 지적했다. "면담 초반 중립적 사건(예: 학교 활동)에 대해 이 같은 방식으로 질문을 던지는 것은 라포 형성을 촉진할 수 있으며, 아동에게 경험을 인출하고 이를 보고할 수 있는 기회를 제공한다. 동시에 앞으로 다가올 것에 대한 정확한 기대도 만들어 낼 수 있다"(p. 55).

이상으로 아동과의 면담 과정을 고찰했다. 이를 통해, 우리는 아동의 발달적 능력과 한계에 민감하고 이를 잘 아는 것이 면담자에게 얼마나 중요한지 깨달을 수 있게 되었다. 또한 이 특정 영역에서의 역량은 고도의 훈련 없이 성취가 불가능하다는 사실을 알 수 있었다.

환상과 게임

환상(fantasy)과 게임(games)은 면담의 본론 단계에서 평가와 치료의 목적으로 사용될 수 있다.

이야기 꾸미기(storytelling)는 여러 세기 동안 아동을 사로잡았고, 아동에게 영향을 주었다. 이야기를 듣고, 꾸미고, 이 과정을 공유하도록 하는 것은 아동에게 즐거움을 줄 수 있으며, 동시에 아동과 관련한 흥미로운 사실을 드러내 줄 수 있다(R. Gardner, 1993). 이야기와 이야기 꾸미기 활동은 다양한 방법으로 활용될 수 있다(BigFoot & Dunlap, 2006; Cook, Taylor, & Silverman, 2004). 재료는 거의 필요하지 않다. 하지만 적극적 상상(active imagination)은 도움이 된다. 몇 개의 좋아하는 이야기를 가지고 있는 것 또한 도움이 될 수 있다(실제 적용하기 13-4 참조).

연기하기(acting) 혹은 무언극하기(miming)는 매우 투사적인 활동이다. 아동은 보통 연극을 꾸미고 역할을 부여하기를 좋아한다. 이러한 활동은 아동과 관련된 중요한 주제를 드러내 줄 수 있다. 아동에게 각본을 쓰게 하고 이를 연기하도록 하는 것은 아동과 치료자 모두에게 흥미로운 사실을 알려 줄 수 있는데, 특히 아동이 연극에서 다양한 인물 역할들을 맡았을 때 그러하다.

● 실제 적용하기 13-4: 이야기 꾸미기

사람들은 훌륭한 이야기꾼이 만들어지는 것이 아니라 타고난 것이라고 믿는다. 이야기 꾸미기 활동을 위해서는 한 명 이상의 파트너가 필요하며, 자신의 성격의 창조적인 측면에 접근할 수 있어야 한다.

한 명 이상의 학생들과 함께 앉아 이야기를 시작하도록 하라. 원하는 어떤 이야기라도 좋다. 여기서의 규칙은 하나뿐이다. 이야기는 시작, 중간, 마지막이 있어야 한다는 것이다. 사고와 감정을 가진 캐릭터들(예: 사람들, 화성인들, 개미들)이 이야기 안에 있다면 더 도움이 될 것이다. 이야기는 당신에 관한 것일 수도 있고, 동물에 관한 것일 수도 있으며, 우주선에 관한 것일 수도 있고, 그외 다른 것에 관한 것일 수도 있다. 그냥 이야기를 시작하도록 하라. 그런 다음 30~60초 후에 이야기를 멈추도록 하라. 비록 이야기가 끝이 나지 않았더라도 말이다. 이 시점에서, 또 다른 사람이 이야기를 넘겨받는다. 그리고 자신이 원하는 방향으로 이야기를 전개시켜 간다. 30~60초 후 다시 이야기꾼을 바꾸도록 하라. 이 활동의 목표는 파트너들과 함께 이야기를 꾸미는 것이며, 더 나아가 당신의 이야기 꾸미기 기술과 재능을 개발하는 것이다. 이야기 끝에 당신은 사람들에게 가벼운 해석을 제시할 수 있다(예: "D'Angelo는 항상 이야기에 갈등이나 긴장을 가져다 놓는구나. 반면 Joyce는 사건을 해결해 놓은 것 같네. 그래서 주인공들이 다시 기분이 좋아지는구나!). 하지만 각 화자의 이야기를 해석하기 전 반드시 허락을 구해야 한다. 이 활동은 어린 내담자와의 창의적 이야기 꾸미기 활동을 준비하는 데 도움이 될 것이다. 당신은 다양한 이야기 꾸미기 자료들을 원할 수 있다(예: Gardner의 상호 이야기 꾸미기 기법(Mutual Storytelling Technique)이나 『Tough Kids, Cool Counseling』 책 제5장; 권장도서 및 자료 참조).

아동에게 친숙한 게임인 젠가(Jenga), 커넥트 포(Connect Four), 캔디 랜드(Candy Land)나 크레이지 에잇(Crazy Eights), 우노(Uno)와 같은 카드 게임은 냉랭한 분위기를 깨고 아동과 관계를 맺는 데 도움을 줄 수 있다. 체커(checkers), 체스(chess), 백가몬(backgammon) 게임은 청소년에게 치료적으로 사용될 수 있거나 이야기를 나누면서 함께 할 수 있는 그 무엇인가가 될 수 있다. 게임을 하는 와중에도, 평가와 치료는 회기의 초점이 되어야 한다(예: 어린 내담자의 게임 구성, 교대, 규칙 준수, 좌절 사건, 전략, 승패를 다루는 방식에 대한 관찰).

치료 게임(therapeutic game)은 정신건강 전문가들의 요구에 맞춰 게임을 제작하는 제작회사들을 통해 구입할 수 있다. 게임은 형식, 주제, 매력, 정교함에 있어 다양하다. 게임 카탈로그를 구해 치료자가 의도하는 작업에 기초해 선택사항을 선정해 놓는 것이 필요하다.

* * *

아동과의 효과적인 작업을 위한 방법들은 문헌에 상당히 많이 소개되어 있다(Martinez & Lasser, 2013; Vernon & Barry, 2013). 내담자의 요구, 기술, 발달 수준, 확인된 문제 영역, 치료 장면과 장면의 한계를 평가하는 것이 중요하며, 이 섹션에서 소개된 다양한 도구나 전략들에의 노출 정도 및 이에 대한 편안함 정도를 파악하는 것이 중요하다.

정리 및 종결 단계

아동은 성인과 다른 방식으로 시간을 경험한다. 사실상, 어린 내담자들은 시간의 선형적이고 불가역적인 속성을 제대로 이해하지 못한다(Henderson & Thompson, 2011). 따라서 아동에게 10분 남았다고 말하는 것은 좀 더 구체적인 방식으로 말하는 것보다 도움이 되지 않을 수 있다.

이제 회기가 끝나기까지 몇 분 안 남았어. 한 장 정도는 더 읽을 시간이 남은 것 같네(한 장 정도는 더 칠할 수 있는 시간, 짧은 이야기 하나쯤은 더 읽을 수 있는 시간). 그런 다음 회기에서 나눈 이야기를 요약해 볼 거고 요약이 정확한지 너에게 물어볼 거야. 그런 다음, 다음 주 계획을 세울 거야. 알겠니?

성인면담에서와 마찬가지로, 당신은 50분 분량으로 얻을 수 있는 정보보다 더 많은 정보를 얻기 희망할 수 있다. 그러나 안타깝게도 당신은 놀이 진행이나 정보 수집을 멈춘 후 부드럽고 서두르지 않는 마무리를 위해 서서히 정리를 시작해야 한다.

어린 내담자를 안심시키고 지지하기

어린 내담자들로 하여금 상담자와 관계 맺도록 노력하게 만들기 위해서는 지지가 필요하다. 따라서 당신은 면담 과정 전반에 걸쳐 이들을 지지해 주어야 한다. 특히, 정리 단계 동안에는 안심시키기와 지지적 피드백을 제공해야 한다. 다음과 같은 말을 사용하도록 하라.

- 레고로 정말 멋진 걸 만들었구나.
- 상담은 처음이라고 했는데, 근데 너 알고 있니? 정말 잘하고 있어!
- 가족과 선생님, 그리고 너에 대해 이야기해 준 거 정말 고마워.
- 나랑 이야기해 주어서 고마워.

대부분의 아동 내담자들은 치료하러 자발적으로 오지 않는다. 따라서 이들이 감수한 위험에 대해 치료자가 감사히 생각하고 있음을 아동에게 알려 주는 것이 중요하다. 일부 어린 내담자들은, 특히 도발적인 청소년들은 무례하게 행동하거나 방어적으로 행동할 수 있다. 당신은 아동을 밀어내거나, 훈계하거나, 심지어는 처벌하고 싶은 역전이 충동을 느낄 수 있다(Willock, 1987). 반항적이거나 방어적이거나 조용한 어린 내담자들에게 실망을 표현하는 것은 부적절하다. 이러한 반응은 아동의 추후 전문적인 도움을 받을 가능성을 줄인다. 대신, 내담자가 방어적이라면 낙관적인 관점을 유지하는 것이 좋다.

오늘 여기 오게 된 게 네 뜻이 아니라는 걸 잘 알고 있어. 나는 네가 화난 데 대해 충분히 이해해. 이 상담이 너에게 부담이 덜 되도록 혹은 고통이 덜 되도록 하는 방법을 우리 함께 찾아보자. 좀 더 빨리 작업해서 상담을 가능한 빨리 종결하는 것도 하나의 방법이라 할 수 있어.

종결 전략에 대한 더 많은 정보는 J. Sommers-Flanagan & Sommers-Flanagan(2007b)

의 저서 『Termination as Motivation』에서 얻을 수 있다.

요약하기, 명료화하기, 참여하기

어린 내담자들과의 면담에서 가장 중요한 종결 업무는, ① 문제 영역에 대한 당신의 이해를 요약하여 전달하기, ② 내담자의 문제와 가능한 상담적 개입 연결시키기, ③ 양육자를 치료에 포함시킬지의 여부를 내담자에게 알려 주기, ④ 내담자를 치료에 가능한 적극적으로 참여시키기다. 두 가지 정리 단계의 예시가 사례 예시 13-4에 제시되어 있다. 첫 번째는 악몽으로 고통을 겪고 있는 7세 아동의 예시다. 두 번째는 물건을 훔치다 여러 번 학우들에게 들킨 청소년의 예시다.

사례 예시 13-4 정리 단계에 대한 두 가지 예시

아래의 두 사례에서 치료자는 회기 종결로의 전환을 돕기 위해 지지적이고 정보적인 요약을 전하고 있다.

정리 단계 1

Beth야, 우리에게 주어진 시간이 다 됐어. 너는 밤에 잠들려 할 때 네가 경험한 것에 대해 나에게 알려 줬어. 잠자는 게 너에겐 상당히 두려운 일이지. 그런데 다른 사람들은 네가 자지 않는다고 화만 내고. 우리가 함께 해 볼 수 있는 몇 가지 일들이 있어. 이것들은 너를 도울 거야. 먼저, 너하고 좀 더 많은 이야기를 나눌 필요가 있어. 그런 다음 부모님과도 이야기를 나눌 거야. 다음 주 우리가 만날 시간을 정해 줄게. 다음 주 우리는 그림 몇 개를 더 그릴 거고, 난 너와 같이 나눌 이야기도 준비해 갈 거야. 가기 전에 질문 있니?

정리 단계 2

Tommy야, 끝나려면 이제 몇 분밖에 남지 않았어. 지금까지 벌어진 일들이 너에게 즐겁지 않았다는 걸 알아. 빌렸을 뿐이라고 말했음에도 사람들은 네가 물건을 가져간 데 대해 상당히 화를 냈고, 그리고 이게 실제보다 더 크게 너에게 문제가 되고 있다는 것을 알아. 이 모든 걸 나에게 이야기해 주고 내 질문에 대답해 줘서 정말 고마워. 난 우리가 네 인생의 열기를 조금은 식힐 만한 무엇인가를 함께 할 수 있다고 생각해. Tommy는 아주 영리하기 때문에 이것들을 하는데 오랜 시간이 걸리지 않을 거야. 그래도 몇 회기는 더 해야 해. 매 회기 엄마를 만나 체크하는 시간이 몇 분 있을 거야. 하지만 대부분은 너와 내가 함께 작업하게 될 거야. 우리는 도움이 되는 몇 가지 아이디어들을 생각해 낼 수 있어. Tommy야, 몇 번 더 회기에 나와서 나와 함께 이야기할 수 있을까?

어린 내담자에게 힘을 실어 주고 피드백 구하기

어린 내담자들은 자신의 삶의 많은 영역에서 주도권을 가지지 못했기 때문에 질문의 기회를 제공받는 것을 좋아한다. 따라서 질문이나 피드백을 구하는 것은 아동·청소년과의 면담에서 중요하다. 비록 면담 초반 임상가는 아동·청소년의 상태를 계속 확인해야 하지만, 이와 더불어 임상가는 회기가 끝나갈 무렵 아동·청소년에게 질문하거나 함께한 시간에 대해 묻는 것을 잊지 말아야 한다.

- 내가 주로 질문을 많이 했지. 반대로 나에게 할 질문은 없니?
- 오늘 회기에서 너의 신경을 거슬리게 했거나 짜증 나게 한 건 없니?
- 나에게 말하고 싶은 건데 오늘 내가 묻지 않았던 건 없니?
- 혹시 나에게 해 주고 싶은 조언이 있니? 예를 들면, 이건 좀 이런 식으로 했으면 좋겠다 혹은 이렇게 했으면 좀 더 나았을 텐데 하는 것 말이야.

이러한 질문은 어린 내담자에게 힘이나 통제감을 줄 수 있다. 또한, 성인 심리치료에서와 마찬가지로, 피드백을 구하는 것은 협력적인 전략인 동시에 근거에 기반한 전략이라 할 수 있다(Lambert & Shimokawa, 2011). 면담이 끝날 때까지 통제력을 유지하는 것은 중요하다. 하지만 그 통제력의 일부를 아동과 조심스럽게 나누는 것 또한 중요하다.

끝마무리하기

회기 마지막 부분에 부모나 양육자와 다시 만나는 것은 회기 종결에서 중요하다. 아동은 다음 회기에 필요한 세부사항들을 잘 정리하지 못할 뿐만 아니라, 회기 중 주어진 조언을 혼자서는 잘 따르지 못할 수 있다. 당신은 이런 것들을 부모와 함께 논의하고 준비할 필요가 있다.

성인면담에서의 회기 종결 원칙은 아동·청소년에게도 대부분 적용된다(제3장 참조). 아동의 종결 행동은 더 외현적이고 극단적일 수 있다. 성인 내담자는 치료자와 포옹하고자 하나 이를 억누를 수 있다. 하지만 아동은 당신의 품으로 뛰어들 수 있다. 성인은 면담 끝에 치료자에게 "꺼져 버려!"라고 외치는 상상을 할 수 있다. 하지만 청소년은 그냥 그렇게 말해 버린다. 성인은 슬픔을 느낄 수 있다. 하지만 아동은 실제 눈물을 흘릴 것이다. 성인은 실망을 표현할 수 있다. 하지만 아동은 시간이 다 되었다는 말에 불평을 쏟아 내거나 예정된 시간이 끝나기도 전에 상담실을 나가 버릴 것이다. 당신은 관찰자, 공감자, 부드러운 한계 설정자로서 그 역할에 머무를 필요가 있다. 때때로, 아동은 어떤 것을 느끼고, 생각하고, 정확히 그리고 극적으로 이를 실현한다. 이는 아동이 작별 인사를 하는 방식이다.

어린 내담자와의 면담에서의 문화

다양한 문화적 배경을 가진 아동·청소년과의 작업을 성공적으로 이끄는 데 도움이 되는 연구 기반 정보는 드물다. 문제를 더 복잡하게 만드는 것은, 이 장 초반에서 언급한 바 있듯이, 아동·청소년 문화가 성인 문화와는 다르다는 점이다. 만약 당신이 어린 내담자와 다른 인종이라면, 당신은 이중의 문화적 괴리를 경험할 가능성이 크다. 이런 복잡성으로, 한 작가는 서로 다른 인종, 종족, 사회계층의 어린 내담자와 작업하는 과정에서 발생하는 전이, 역전이 문제들을 논하기 위해 'A Knot in the Gut'이라는 제목의 글을 썼다(Levy-Warren, 2014; 다문화 하이라이트 13-1 참조).

이런 복잡성에 직면하여, 우리는 문화적으로 다양한 아동·청소년들과의 작업을 안내하는 단순한 연구 기반 및 상식 기반 목록을 만들었다(Bhola & Kapur, 2013; Norton, 2011; Shirk et al., 2011; Villalba, 2007).

- 성인 소수계층 구성원에게 효과적인 대인관계 기술들(예: 공감, 진솔성, 존중)을 사용하도록 하라.
- 어린 내담자의 장점과 강점에 집중하면서 동시에 이들에게 진솔한 관심을 표현하는 방법을 찾도록 하라.
- 새롭고 열의에 찬 마음으로 만남, 인사, 첫 회기를 맞이하도록 하라.
- 절차와 원칙에 대해 명확히 설명하고, 필요하다면 이를 좀 더 깊이 다루도록 하라.
- 내담자에게 인내심을 보이도록 하라. 신뢰와 동맹을 형성하는 것은 시간이 필요하기 때문에, 반드시 첫 회기에서 이를 이룰 필요는 없다.
- 자신에게 인내심을 보이도록 하라. 당신의 인내 수준을 넘어서는 행동을 자행하는 어린 내담자에게 공감하는 것은 시간이 필요하다.

다문화 하이라이트 13-1 어린 내담자 각각에 맞게 소개 진술 개별화하기

회기 첫 몇 분 동안 당신이 무슨 말을 하든, 이는 당신의 성격에 맞아야 한다. 만약 당신이 표준화된 내용으로 소개를 했지만 불편감을 떨칠 수 없다면, 아동은 이러한 당신의 행동으로부터 뭔가 이상하거나 거짓된 기류를 감지할 것이다. 다음의 활동은 당신 성격에 맞으면서도 동시에 어린 내담자에게 사용할 수 있는 소개 진술을 만들어 보는 것을 포함한다. 소개 진술은 다음에 초점을 둔다.

1. 아동과 가족에게 당신을 소개한다.
2. 비밀 보장의 원칙과 한계에 대해 아동과 가족에게 설명한다.
3. 기타 면담/상담의 특징(예: 심리평가)에 대해 설명한다.

위의 사안을 아동과 논할 때 사용할 단어들을 생각해 보도록 하라. 이제 초점을 바꾸어 다른 인종적 배경을 가진 내담자와 만날 때 소개 진술을 어떻게 할 것인지 상상해 보도록 하라. 아메리칸 인디언, 아프리카계 미국인, 아시아계 미국인, 히스패닉계 미국인 아동 및 가족과 작업할 때 당신은 첫 발언을 어떻게 바꿀 것인가? 경제계층이나 출신 지역이 다른 집단과 작업할 때 당신은 말을 바꿔 사용할 것인가? 어떤 쟁점이 수면 위로 떠오를 것인가? 만약 당신이 소수 인종이라면, 당신과 같은 인종의 아동과 작업할 때와 백인 아동과 작업할 때 어떤 차이점이 있을지 상상해 보도록 하라. 동료와 이러한 쟁점에 대해 토론해 보도록 하라.

미국 내 다섯 명의 아동 중 한 명은 이민자의 자녀다(US Government Printing Office, 2012). 적응과 관련된 스트레스와 긴장은 다른 언어를 사용하는 부모나 양육자에 의해 혹은 다른 문화적 전통을 가진 부모나 양육자에 의해 증폭된다. 임상가는 이민자 가족이나 이민자 가족 자녀에 대해 섣부른 가정을 하지 말아야 한다. 이민자 가족의 세대 간 스트레스를 무시하는 것은 위험한 일이다. 반대로, 이민자 가족이 이중 문화적 요구(bicultural demands)로 고통을 받을 것이라고 무작정 가정하는 것도 위험한 일이다. 도전은 가족의 삶을 흥미롭게 만들 수 있다. 혹은 이런 도전들은 벅차고 고통스러울 수 있다. 관찰 후 당신은 다음과 같이 부드럽게 시작 질문을 할 수 있다.

Tu야, 네 엄마가 전통 몽족 치마를 입고 있는 거 봤어. 넌 청바지와 티셔츠를 입고 있고. 너도 때로는 몽족 전통 복장을 하니?

혹은

부모님께서 멋진 억양을 갖고 계시네. 집에서 너는 어떤 언어를 쓰니?

어느 정도 긍정적인 관찰을 하고 이 관찰에 기반해 어린 내담자가 자신의 모국 문화에 얼마나 관여되어 있는지를 질문하는 것은 둘 이상의 문화에 걸쳐진 가족들이 보이는 고군분투와 자긍심에 대한 당신의 관심을 전달한다.

요약

아동을 면담하는 것은 성인을 면담하는 것과 다르다. 이 장은 아동과 성인 사이에 존재하는 기본적 차이를 찾고, 이러한 차이를 전문적으로 전달하는 방법들을 논하고 있다. 임상가는 어린 내담자를 과소동일시하거나 과다동일시할 수 있다. 많은 역전이 시나리오가 나올 수 있다.

면담의 도입 단계에서 당신은 아동 및 양육자와의 첫 만남을 계획하고 준비해야 한다. 당신은 아동과 만나기 전이나 후에 부모나 양육자와 따로 면담하는 것을 원할 수도 원하지 않을 수도 있다. 이는 명확하면서도 동시에 포괄적인 사전 동의서를 요구한다.

면담의 시작 단계 동안, 치료자는 대기실에 있는 아동과 양육자 모두에게 관심을 주어야 한다. 대부분의 아동·청소년들은 다소 캐주얼한 복장의 치료자와 아동·청소년 친화적 물품을 갖춘 상담실을 선호한다. 비밀 보장과 관련된 몇 가지 특수한 쟁점들이 있으며, 이들은 첫 회기 초반에 구두로 아동·청소년 내담자 및 부모에게 전달되어야 한다. 아동은 법적으로 미성년자 신분에 있다. 따라서 부모와 법적 보호자는 아동의 치료 정보에 접근할 권한을 가진다. 어린 내담자가 치료 목표를 찾는 데 어려움을 보이고 있다거나 치료 목표를 찾을 의향이 없어 보이는 경우, **소원과 목표**라 불리는 절차를 사용할 것을 추천한다. 이 절차는 긍정적인 분위기를 조성하고, 치료 참여를 촉진하며, 부모에게 경청되고 있다는 느낌을 전달해 줄 수 있다. 첫 회기는 양육자를 공식적으로나 비공식적으로 평가하는 기회를 제공한다.

면담의 본론 단계는 평가를 촉진하는 여러 다양한 언어적·비언어적 상호작용 전략들을 포함하고 있다. 이러한 전략에는 미술과 공예, 비지시적 혹은 지시적 놀이, 상상이나 게임이 있다. 이들 방법을 통해 평가 정보를 얻을 수 있을 뿐 아니라 작업 동맹도 형성할 수 있다. 때때로 부모와 별도의 만남을 가지는 것이 필요하기도 하다.

아동면담의 정리 및 종결 단계는 성인면담의 정리 및 종결 단계와 유사하지만 몇몇 이유로 더 복잡할 수 있다. 고려해야 할 사람들이 더 많고, 균형을 맞추기 위해 더 많은 시간을 요구한다. 또한, 아동은 면담에 대한 반응을 성인보다 더 명시적이고 직설적으로 표현할 수 있다. 면담 회기에 대한 지지적이고 힘을 실어 주는 방식의 반영은 도움이 될 수 있다.

다양한 문화적 배경을 가진 어린 내담자와의 초기면담에 대한 연구는 매우 적다. 상식이나 문화적 민감성을 활용하고, 부족하지만 가용한 연구 결과에 기반하는 것이 좋다.

권장도서 및 자료

다음의 자료는 어린 내담자 및 이들의 부모와 효과적으로 작업하기 원하는 당신에게 도움이 될 수 있다.

Castro-Blanco, D., & Karver, M. S. (2010). *Elusive alliance: Treatment engagement strategies with high-risk adolescents.* Washington, DC: American Psychological Association.
이 저서는 10대 내담자들이 어렵거나 도발적인 행동을 할 때 어떻게 하면 이들과 효과적으로 관계를 맺을 수 있는지에 대한 많은 아이디어를 제공한다.

Dugger, S. M., & Carlson, L. (Eds.). (2007). *Critical incidents in counseling children.* Alexandria, VA: American Counseling Association.
이 저서는 수십 개의 정신건강 및 학교 기반 아동상담 시나리오에 대한 임상적 관점에서의 논평을 제공한다.

Hersen, M., & Thomas, J. C. (2007). *Handbook of clinical interviewing with children.* Thousand Oaks, CA: Sage.
이 완벽한 지침서는 정신상태검사에서 화재 장면에 이르기까지 다양한 아동면담과 관련한 주제를 다룬다.

Kottman, T. (2011). *Play therapy: Basics and beyond.* Alexandria, VA: American Counseling Association.
Kottman은 상담자들이 장난감, 미술 용품, 게임, 기타 놀이 매체를 다양한 발달 단계에 있는 아동과의 의사소통을 위해 어떻게 활용할 수 있는지 기술한다. 그녀는 의사소통에서 감정 정화(catharsis)에 이르는 다양한 문제들을 다루는 놀이의 힘에 초점을 맞춘다.

Murphy, J. (2015). *Solution-focused counseling with middle and high school students* (3rd ed.). Alexandria, VA: American Counseling Association.
이 저서는 아동·청소년 상담에 관한 많은 책들 중에서 우리가 가장 좋아하는 책이다.

Murphy는 해결중심상담을 잘 알고 있고, 또한 공감적이면서도 아동·청소년 중심의 해결중심상담을 제공한다.

Richardson, B. (2016). *Working with challenging youth: Lessons learned along the way* (2nd ed.). New York, NY: Routledge.

Richardson은 다루기 힘들거나 도발적인 아동·청소년을 상담할 때 유용할 수 있는 50가지 이상의 교훈을 제공한다. Richardson은 아동·청소년과 가족 체계를 '이해'하는 훌륭한 이야기꾼이다.

Shapiro, J. P. (2015). *Child and adolescent therapy: Science and art* (2nd ed.). Hoboken, NJ: Wiley.

이 저서는 이론 기반 장(예: 행동치료)과 문제 기반 장(예: 스트레스 및 외상)을 포함하는 입문 단계의 아동·청소년치료에 대해 다룬다.

Sommers-Flanagan, J., & Sommers-Flanagan, R. (2007). *Tough kids, cool counseling: User-friendly approaches with challenging youth* (2nd ed.). Alexandria, VA: American Counseling Association.

이 저서는 많은 기법과 전략들을 포함하고 있는데, 이 모든 것이 치료적 관계를 수립하고 심화시키는 목표를 가지고 있다고 간주된다.

Sommers-Flanagan, J., & Sommers-Flanagan, R. (2011). *How to listen so parents will talk and talk so parents will listen.* Hoboken, NJ: Wiley.

이 저서에서 우리는 부모와 효과적으로 작업하기 위해 필요한 전문 지식과 기술에 초점을 맞춘다. 부모는 독특한 집단이기 때문에 우리는 당신이 이들과 효과적으로 작업하는 방법에 대해 지속적으로 교육, 슈퍼비전, 훈련을 받을 것을 권고한다.

제14장
커플 및 가족과 면담하기

소개

커플 · 가족이 당신 상담실로 찾아온다면, 임상면담의 역동은 더욱 복잡해지게 된다. 이는 매우 흥분되는 일이긴 하나 동시에 겁나는 일일 수 있다. 충분한 준비가 필수적이다. 이 장은 당신을 아주 유능한 커플 · 가족면담자로 만들지는 못할 것이다. 하지만 이 장은 당신에게 이들을 상대하는 데 필요하고도 중요한 기초를 제공해 줄 것이다.

커플 · 가족을 면담하는 데 있어 발생하는 문제와 역설적 측면

> 누군가를 사랑하는 일은 무척 힘든 일이고, 최고의 시험이며, 극한의 시험일지도 모른다. 다른 모든 노력들은 이를 위한 준비라 할 수 있다.
>
> – Rainer Maria Rilke, *Letter to a Young Poet*,
> 1929 · 2000, p. 60.

임상 현장에서 개인을 면담한다는 것은 어려운 일이다. 이제 둘 혹은 그 이상의 개인과 동시에 면담하는 장면을

●학습목표●

이 장을 읽은 후 다음을 수행할 수 있다.

- 커플 · 가족과의 작업에서 나타나는 고유한 문제와 역설적인 측면 파악하기
- 준비, 첫 접촉, 커플 · 가족과의 만남과 인사, 커플 · 가족교육, 한계 설정 등 커플 · 가족과의 면담 도입 단계와 관련된 사안 설명하고 다루기
- 동맹 형성, 시작 진술, 초기 관찰과 구조화, 균형 유지하기로 구성된 커플 · 가족면담의 시작 단계와 관련된 사안 설명하고 다루기
- 이론적 배경의 인지, 연애사 수집, 내담자들의 일상적 문제 해결 양상 추적, 공감 표현, 파트너 동기의 재구성, 심리교육 제공으로 구성된 커플 · 가족면담의 본론 단계와 관련된 사안 설명하고 다루기
- 시간 관리, 지지적 요약 제공, 과제 부여와 같은 커플 · 가족면담의 정리 및 종결 단계와 관련된 사안 설명하고 다루기
- 커플 · 가족과의 작업에서 발생할 수 있는 특별한 고려사항 및 관계 경계 파악하기
- 커플 · 가족면담을 더 복잡하게 만들 수 있는 다양성 관련 사안 파악하기

상상해 보라!

커플을 면담할 때는 한 내담자의 문제 영역, 동기, 기대를 평가하고 다루는 대신, 두 사람 혹은 방 안에 있는 모든 이들의 문제, 동기, 기대를 평가하고 다루어야 한다. 일반적으로 내담자의 수가 증가할수록, 당신이 수행해야 할 면담 과업의 복잡성도 증가한다.

커플·가족은 명백하거나 혹은 감춰진 감정의 연합(coalition)과 갈등을 가진 강력한 체계다. 전문가로서 임상가는 이 체계와 이들의 힘을 존중해 주어야 한다. 때때로, 커플·가족치료에 대해 가르칠 때, 우리는 학생들에게 **두려워하라⋯⋯ 매우 두려워하라**라고 경고한다. 이는 학생들을 겁주어 커플·가족상담이라는 만족스러운 직업 영역으로부터 이들을 내쫓기 위함이 아니다. 이는 커플·가족상담이라는 직무의 깊이와 강도를 강조하기 위함이다.

커플·가족상담 및 심리치료는 여러 가지 역설적 측면을 포함하고 있다.

더 많은 내담자, 더 적은 시간

비록 커플·가족을 면담하는 일이 개인을 면담하는 일보다 더 복잡하고 힘들긴 하나, 대부분의 치료자들은 커플·가족과 작업할 때 개인과 작업할 때보다 더 빠르게 면담을 진행한다. 이는 보통 커플·가족이 개인만큼 오래 상담을 받지 않기 때문이다(Gurman, Lebow, & Snyder, 2015). 여기에는 몇 가지 이유가 있다.

- 방에 두 사람 이상이 있다는 것은 복수의 동기, 기대, 의제(agendas)가 존재한다는 의미다. 이런 다양성이 조기 종결을 야기할 수 있다.
- 보험 회사는 흔히 커플치료나 가족치료에 실비 지원을 해 주지 않는다. 상황이 이렇기 때문에 가족이나 커플은 치료비를 충당하는 데 어려움이 있다.
- 커플·가족치료에는 문화적 장벽이 존재한다. 예를 들면, LGBTQ 커플·가족은 전문가가 LGBTQ에 우호적인 태도를 가지고 치료에 임한다는 확신이 없으면, 치료에 참여하거나 치료에 머무르려 하지 않을 것이다.
- 치료자는 한 사람 이상과 치료적 관계를 맺고 발전시켜 나가야 한다. 이 중 누군가가 치료자에게 부정적인 반응을 가지고 있다면 치료는 조기 종결될 것이다(Friedlander, Escudero, Heatherington, & Diamond, 2011).
- 여러 사람과 일정을 맞추는 데 어려움이 있다면 커플·가족이 상담에 참여하는 시간은 줄어들 것이다.

커플이라는 용어에 대해 정의하기

커플·가족과의 작업에서 관찰되는 또 다른 역설적 측면은 일을 시작하기 전 내담자를 기술하는 용어를 제대로 정의해야 한다는 데 있다. 어떤 전문가들은 부부치료(marital therapy)라는 용어를 사용하고, 또 다른 전문가들은 **커플상담**(couple counseling) 혹은 **커플치료**(couple therapy)라는 용어를 사용한다.

'커플'과 '부부' 중 어떤 용어를 사용하느냐는 누구를 치료에 포함시키느냐에 달려 있다. 이 장 전반에서 우리는 사랑하는 관계에 있는 두 사람을 포함하는 면담 및 상담 기법을 지칭할 때 **커플상담**(couple counseling)이란 용어를 사용할 것이다. 커플상담은 결혼하지 않은 게이·레즈비언 커플, 결혼하지 않은(결혼할 계획이 전혀 없는) 이성 커플, (결혼 전 상담을 위해 방문한) 결혼하지 않은 커플, 법적 혼인 상태는 아니지만 일평생 함께 살기로 언약한 커플, 법적으로 혼인한 커플, 이 모두와의 작업을 포함할 수 있다. 반면, 결혼치료(marital therapy)는 법적으로 혼인 상태에 있는 두 사람에 대한 치료를 특정할 때 사용하는 용어다.

커플상담은 **관계치료**(relationship therapy) 혹은 **관계 증진**(relationship enhancement)이라고 부르기도 한다. 하지만 당신이 특정 관계 증진 치료 접근(Guerney, 1977)을 사용하고 있지 않는 한, 이 용어를 사용하지 않기를 제안하는 바이다. 왜냐하면 이 용어는 커플치료, 가족치료, 매개 등과 같은 여러 용어들 사이의 차이를 구분해 주지 못하기 때문이다. 더군다나, 두 가족 구성원(예: 어머니와 딸, 아버지와 아들)이 관계 증진을 위해 치료를 구할 수도 있기 때문이다. 이 경우 **가족치료**(family therapy)라는 용어가 더 적당한데, 이는 커플이나 부부가 아닌 다른 조합의 가족 구성원이 포함되어 있기 때문이다.

가족 정의하기

가족의 개념은 정치적 의미를 내포하고 있다. 그럼에도 불구하고, 대부분의 정신건강 전문가들은 가족을 정의함에 있어 포괄적 정의를 사용하고 있다. 즉, 가족을 다양한 형태와 유형의 체계라고 믿고 있다. 가족이론가와 치료자들은 가족치료를 진행할 때 가족의 하위 체계를 다룰 것인지 여부에 따라 가족에 대한 다른 정의를 가지고 있다(Goldenberg, Stanton, & Goldenberg, 2016). 현재와 같이 과도기적이고 변화하기 쉬운 사회에서는 언제든지 지금의 가족이 한 주 전이나 한 주 후의 가족과 다르게 정의되고 구성될 수 있다.

공동 육아 상황에 있는 아동은 자신을 둘 혹은 그 이상의 가족을 가진 이로 인식하고 있다. 아메리칸 인디언 문화에서 관찰되듯, 대가족 체계에서 자란 아동은 일정 기간을 조부모, 삼촌, 이모 혹은 나이 많은 형제와 함께 살기도 한다(Ho, Rasheed, & Rasheed, 2004). 가정에 위탁된 아동, 노인 친척, 비상근 구성원(예: 보모)이 가족 구성원으로 포함되는 경우도 있다. 또 다른 예로, 아프리카계 미국인 레즈비언 커플·가족은 혈족, 확장된 혈족 체계, 형제와 같은 평생 친구, LGBTQ 청소년, LGBTQ 소수계층, 종교 지도자, 공동체 구성원 등을 가족으로 생각한다(K. Johnson, 개인교신, 2012년 8월 9일). 또한, 가족이라 생각되는 사람이라 할지라도 그 사람의 선택이나 법원 명령에 의해 함께 거주하고 있지 않아 실질적으로 가족이라 볼 수 없는 경우도 있다. 치료자는 가족 구성원 중 하나가 소년원, 그룹홈(group home) 혹은 재활시설에 수용되어 있는 가족과 치료를 진행하는 경우도 드물지 않게 경험한다.

가족을 면담하고 치료하는 이론적·실제적 접근은 매우 다양하다(Murray, Sommers-Flanagan, & Sommers-Flanagan, 2012). 가족면담 및 치료의 이론적·실제적 다양성과 더불어, 앞서 언급한 가족 역동의 복잡성 때문에 새내기 임상가는 가족과 작업할 때 강도 높은 슈퍼비전을 받아야 한다. 우리는 슈퍼바이저와 공동으로 가족치료를 진행하는 훈련 방식이나 동료·슈퍼바이저가 일방경을 통해 관찰하고 치료에 대해 반영해 주는 **반영팀**(reflecting team)을 활용하는 훈련 방식을 선호한다(Mitchell, Rhodes, Wallis, & Wilson, 2014).

면담 단계와 과업

Shea(1998)의 임상면담 5단계를 통해 커플·가족면담의 과정을 살펴보는 것은 도움이 된다.

도입 단계

도입 단계는 준비와 계획, 첫 접촉 혹은 약속 일정 잡기, 초기 만남과 인사, 내담자교육으로 구성된다.

준비와 계획

당신이 가진 신념과 가치관은 임상 작업 시 당신이 어떤 접근을 취할지에 영향을 준다.

이는 가족·커플과 작업할 때 특히 그러하다. 내 자신의 문제에 대한 인식을 증진시키는 것이 임상 작업에서 얼마나 중요한지는 이미 알고 있겠지만, 가족과 관련된 편견이나 가족 내 해결되지 않은 쟁점·사안은 우리를 놀라게 할 수 있다(Fuenfhausen & Cashwell, 2013). 특히, 당신은 당신 가족으로부터 일이 이렇게 전개되더라 하는 식의 사고를 형성하게 되고 이렇게 형성된 준거 틀은 가족이나 커플의 정상성·비정상성을 판단하는 데 영향을 준다. 이런 이유로 서로 다른 방식(다른 규칙, 역할, 의례, 가치관 등)으로 작동하는 가족을 이해하고 공감하기란 어려운 일이 될 수 있다. 면담 과정은 당신의 개인적인 경험으로 인해 다음과 같이 영향 받을 수 있다.

- 이미 답을 알고 있다고 생각해 중요한 질문을 하지 않을 수 있다.
- 당신이 생각하는 '정상적' 가족 기능에서 벗어난 행동을 관찰하거나 언어적 반응을 관찰하게 될 때 당황할 수 있다.
- 당신 자신의 미해결된 커플·가족 문제를 내담자에게 투사할 수 있다.

가족상담자 K. Fuenfhausen(개인교신, 2012년 9월 12일)은 커플·가족과 작업하기 전 다음을 시도해 볼 것을 추천하고 있다. ① 정상적인 가족의 모습에 대한 자신의 생각을 인식하도록 노력하기, ② 정상적인 가족과 커플이 존재하는지 생각해 보기, ③ 자신의 가족력, 가족 패턴, 가족 경험을 철저히 탐색하고 이를 되돌아보기.

첫 접촉 I: 커플과 약속 일정 잡기

커플이 전문적 도움을 요청할 때, 한 파트너는 흔히 다른 파트너보다 상담에 더 큰 열정을 보이곤 한다. 전화로 처음 연락을 취하는 사람은, 물론 항상은 아니지만, 보통 다른 파트너보다 더 동기화된 사람이다. 때때로, 한쪽은 다른 한쪽의 강요로 전화를 걸기도 한다.

내담자: 안녕하세요. 제 이름은 Bert Smith예요. 결혼상담을 예약하기 위해 전화했어요.

임상가: 네, 예약을 잡기 전 먼저 우리 기관에 대해 몇 가지 알려 드릴게요. 그리고 몇 가지 질문을 할게요. (임상가는 비용에 대해 내담자에게 정보를 제공했고, 내담자의 보험과 방문 가능 시간에 대해 질문했다.)

내담자: 네, 저희는 금요일 오후 괜찮아요. 아내가 전화하라 해서 그리고 전화 안 하면 이혼할 거라 해서 전화하게 되었어요. 아내는 우리 부부에게 상담이 필요하다고 생각하고 있

어요. 그래서 가능한 한 빨리 예약을 잡고 싶어요.

전화한 이가 덜 동기화되었든 더 동기화되었든 간에, 이 두 경우 모두 당신은 커플 사이에 존재하는 관계 역동에 대해 약간은 이해할 수 있을 것이다.

> 결혼상담을 예약하기 위해 전화했어요. 제 결혼생활은 너덜너덜한 상태에요. 전 여러 해 동안 남편을 상담에 오게 하려고 노력했어요. 이제서야 예약을 하게 됐네요. 남편과 함께 갈 수도 있고, 저 혼자 갈 수도 있어요.

전화한 사람이 임상가로부터 동정을 얻으려 하는 경우는 드물지 않다. 이러한 행동은 연합을 형성하려는 노력이다. **연합 형성**(coalition building)은 힘을 얻기 위한 흔한 전략이긴 하지만 최선의 전략은 아니다(그리고 때로는 병적인 전략이라 할 수 있다.)(Weeks, Odell, & Methven, 2005). 하지만 앞서 언급했듯이, 연합을 형성하고자 하는 욕구나 자신의 입장을 이해하고 지지하는 그 누군가를 찾고자 하는 욕구는 지극히 자연스러운 것이다.

임상가의 성별이나 성적 지향은 중요한 변인이 된다. 두 파트너는 어떤 한 성별 혹은 다른 성별이 자신들의 문제를 더 잘 이해해 줄 것이라고 믿는다. 때때로 서로 다른 성별로 구성된 공동치료팀이 커플 · 가족과 함께 할 수 있다. 공동치료가 이미 복잡할 대로 복잡해진 구성에 치료자 간 소통 문제까지 증폭시킬 수 있지만, 대체로 공동치료는 이득이 있는 것으로 간주되고 있다. 특히, 수련 클리닉에서는 이득이 큰 것으로 간주되고 있다. 경험이 적은 치료자들은 치료를 어떻게 진행해야 할지 분명하지 않을 때 기꺼이 서로에게 지지와 방향성을 구한다. 어느 정도 수준을 갖춘 치료자는 공동치료자를 짐으로 여겨 공동치료자의 지적이나 언급을 효과적인 치료 과정의 방해물로 간주하기도 한다. 하지만 만약 공동치료자가 서로 비슷한 실력을 갖추고 있고 서로 간 의사소통을 잘하고 있다면, 두 관점을 가진다는 것은 흔히 커플 · 가족에게 더 큰 서비스 제공으로 귀결될 수 있다.

내담자에게는 불행한 일이지만, 임상가들은 클리닉이나 개업 장면에서 공동치료를 좀처럼 시도하지 않는다. 하지만 예외는 있고, 일부 이론들은 두 명의 치료자가 한 팀이 될 것을 주장하고 있다(Young-Eisendrath, 1993). 그러나 일반적으로 두 명의 전문가가 커플 · 가족치료에 들어가게 되면 비용은 배가 된다. 한편, 일부 수련 클리닉에서는 커플치료가 의뢰되었을 때 내담자에게 치료자의 성별을 선택하도록 하는 옵션을 제공하고 있다.

임상가: 때때로 커플상담을 받으러 오는 사람들은 남성 치료자나 여성 치료자와 함께 작업하

는 걸 선호하기도 해요. 당신은 어떤가요?

> **내담자:** 아내가 직접적으로 특정 성별의 치료자를 선호한다고 말한 적은 없어요. 하지만 제 생각에는 아내가 여성 상담자와 작업하길 더 원할 거 같아요. 하지만 전 남성 상담자와 이 일에 대해 이야기하고 싶어요. 남성 상담자와 예약을 할 수 있도록 해 주시면 감사하겠어요.

이 사례의 경우, 남편은 성별에 입각한 연합을 희망하고 있는 것으로 보인다. 남편은 남성 임상가가 남편의 관점으로 결혼 문제를 봐 줄 것이라 생각하고 있다. 평소와 같이 첫 전화 접촉으로부터 얻은 내담자에 대한 인상(예: 전화한 이가 임상가의 동정이나 지지를 얻으려고 노력했다.)을 임상가가 기억해 둘 것을 제안하는 바다. 커플이 선호하는 바를 제공한다는 것은 항상 가능한 일이 아니다. 하지만 이를 유념해 두는 것은 언제나 중요하다.

한편 게이나 레즈비언 커플은 치료자의 기술이나 태도를 궁금해하여 이에 대해 질문할 수 있다. 이런 질문에 솔직하게 대답하는 것은 중요하다. 당신은 당신 자신의 성적 지향을 이들과 공유하기 원할 수도, 원치 않을 수도 있다. 하지만 당신은 당신이 이들과 함께 작업하는 것에 대해 얼마나 개방적인지 그리고 이전에 게이, 레즈비언 커플과 작업한 경험이 얼마나 있는지 이들에게 알려 줄 필요가 있다.

커플과 만나고 인사하기

커플과 인사할 때 임상가는 양쪽에 상대적으로 동등한 정도의 친밀감을 가지고 인사를 해야 한다. 커플은 당신이 한쪽을 다른 한쪽보다 더 선호하는 미묘한 단서에 민감할 것이다. 어느 한쪽과 연합하는 것을 피하도록 하라. 커플 양쪽을 동등하게 대하도록 하라.

대기실에서 커플과 가벼운 대화를 나누는 것은 생각과 관찰을 요하는 매우 민감한 작업이라 할 수 있는데, 그 이유는 연합 형성의 가능성 때문이다. 만약 당신이 날씨에 대해 이야기할 때, 한쪽 파트너는 화를 낼 수 있다. 왜냐하면 그것이 관계에서 흔히 나타나는 문제 행동이기 때문이다. 상담실을 찾아오는 과정에 대해 여담을 나누는 중에도, 커플은 상담실을 찾아오던 도중 누가 어디서 차를 어떻게 잘못 돌렸는지 이야기하며 갈등으로 치달을 수 있다. 갈등 중에 있는 커플과 첫 인사를 나눌 때, 당신이 하는 말은 거의 전부가 당신에게 불리하게 사용될 수 있으며, 실제 불리하게 사용될 것이다.

이 같은 위험에도 불구하고, 대기실에서의 친근하고 가벼운 대화는 여전히 도움이 된다. 가벼운 대화를 할 때는 상대적으로 중립적이고 사소한 주제를 택하도록 하라. 하지만 여전히 이런 사소한 주제도 반응을 촉발할 수 있음을 염두에 두도록 하라. 악수(만약 악수가 문화적으로 허용된다면)를 한다면, 양쪽 모두와 하고, 지나치게 개인적인 것으로 해석될 수 있는 말이나 당신이 한쪽을 더 선호한다는 인상을 줄 만한 말은 피하도록 하라.

첫 접촉 II: 가족과 약속 일정 잡기

앞서 제공한 많은 조언들이 가족치료를 위해 초기 전화 연락을 취할 때 적용될 수 있다. 주된 차이는, 만약 당신이 가족치료 클리닉에서 일하지 않는 한, 가족 구성원이 전화를 해서 가족상담을 직접 요청하는 경우가 매우 드물다는 사실이다.

이론적 배경, 연구 결과, 임상적 판단이 당신으로 하여금 가족치료로 할지 혹은 개인치료로 할지 결정하는 데 도움을 줄 것이다. 연구자들은 다음과 같이 보고하고 있다.

- 약물남용이나 반사회적 행동을 보이는 청소년의 경우, 다중 체계(multisystemic) 가족 치료는 매우 효과적이다(Henderson, Dakof, Greenbaum, & Liddle, 2010; Tighe, Pistrang, Casdagli, Baruch, & Butler, 2012).
- 가족치료는 조현병의 치료 효과를 향상시키는 데 도움이 된다(Weisman de Mamani, Weintraub, Gurak, & Maura, 2014).
- 기능적(functional) 가족치료는 행동 문제와 청소년 비행의 개입에 효과적인 것으로 보인다(Sexton & Turner, 2011).
- 가족치료는 의료비용을 줄이는 치료로 그리고 건강 문제를 가진 아동의 가족에 개입하는 치료로 유망하다(Crane & Christenson, 2014).

가족치료에 적합한 상황에 있는 그 누군가가 전화를 해 도움을 요청한다면, 가족 구성원 모두가 초기면담에 참석할 수 있는 시간을 잡는 것이 바람직하다. 가족 구성원 모두가 모든 회기에 참석할 수는 없다 하더라도, 한 집에 사는 모든 이와 만나는 것은 가족치료를 시작하는 표준 절차라 할 수 있다(Goldenberg et al., 2016). 일부 가족치료자들은 대가족 구성원이 초기 회기에 참석하는 것을 환영하거나 권한다.

사례 예시 14-1 가족과 약속 일정 잡기

전화 통화 예시

임상가: Fallon-Tracy 씨? 대학상담센터 상담 인턴 Carrie Bolton이에요. 전화 주셔서 전화 드려요.

F-T: 아 네, 남편과 딸 문제로 전문가와 이야기할 수 있을까 해서 전화 드렸어요. 남편은 상담 받을 의향이 있다고 했는데, 무엇이 최선인지는 모르겠어요. 가능한 시간이 있을까요? Gupta 박사님은 여기 센터가 좋을 거라고 말씀하셨어요. 저희는 보험이 없거든요. 여기 센터는 소득에 맞춰 비용을 책정한다고 들었어요.

임상가: 네, 지금 약속 시간을 잡을 수 있어요. 현재 오후 몇 개 시간은 비어 있어요. 가족 관계 와 관련해 도움 받고 싶다는 걸로 들리는데 맞나요?

F-T: 글쎄요. 잘 모르겠어요. 남편 Bill은 딸 Kim에게 매우 화가 나 있어요. 딸은 열다섯 살인데 요. 입이 아주 거칠어요. 무슨 말인지 이해하시겠어요? 그리고 딸아이는 남편을 자꾸 자극 해요. 남편은 보통 때는 아주 조용한 사람이에요. 그리고 아들 Wally는 자기만의 세계에 빠져 있어요. 전 Kim을 데려와야만 할 거 같아요. 하지만 딸아이는 문제가 자기 때문이 아 니라 해요, 그리고 아빠가 가지 않으면 자기도 가지 않을 거라고 해요.

임상가: 자라나는 아이들은 모두에게 힘들게 느껴질 수 있어요. 제가 받은 임상 수련 중 하나 가 가족치료라는 거예요. 적어도 처음 몇 번은 가족 모두가 함께 오는 것이 좋을 거 같아 요. 남편, 아들, 딸 외에 집에 함께 사는 사람이 있나요?

F-T: 아니요, 그들이 다예요.

임상가: 모두 다음 주 목요일 4시에 올 수 있나요?

　　이 전화 통화 내용과 관련해 수많은 다른 버전이 있을 수 있다. 상담 약속을 잡기 위해 전화 하는 부모들은 가족치료가 자신들에게 유용한지조차 모를 수 있다.

가족과 만나고 인사하기

　　커플치료의 경우에서와 마찬가지로, 가족치료에서 가족 구성원과의 가벼운 대화는 주 의를 요구한다. 일반적으로, 한 개인에 해당하는 말보다는 가족 전체에 해당하는 일반적 인 말을 하는 것이 더 낫다. 가족 중 가장 어린 사람에게 주의를 먼저 주는 것 또한 방법이 될 수 있다. 만약 주변이 사적인 공간이라면, 상담실로 이동하기 전에 가족 구성원의 이름 을 부르며 각 구성원과 인사를 나누는 것이 좋다.

커플 · 가족교육

커플 · 가족은 상담 절차와 면담 계획에 대해 교육을 받아야 한다. 잘 작성된 사전 동의서를 통해 비밀 보장과 관련된 내용을 매우 조심스럽게 다루면서, 비밀 보장을 깨뜨릴 수 있는 법적 상황을 하나하나 다루어 주는 것이 중요하다. 아동 학대 신고를 해야 할 상황이 커플치료나 가족치료에서 더 자주 발생할 수 있기 때문에, 당신은 내담자에게 당신이 속한 주, 기관, 전문 분야의 법적 · 윤리적 관행에 대해 신중하게 알려 줄 필요가 있다. 또한 ① 커플이나 가족 각 구성원과 개별적인 만남을 가질 것인지, ② 커플이나 가족 중 한 명이 커플이나 가족 전체의 문제로 전화를 걸었을 때 전화를 받을 것인지, ③ 비밀을 지킬 것에 동의할 것인지(일시적으로 혹은 계속적으로)에 대한 방침도 설명해 줄 필요가 있다(실제 적용하기 14-1 참조).

● 실제 적용하기 14-1: 비밀을 지킬 것인가? 지키지 않을 것인가?

Raphael과 Trina 커플을 상상해 보도록 하라. Trina는 전화로 Raphael이 한동안 우울하고 무기력한 상태에 있었다고 이야기한다. Trina는 Raphael이 더 이상 섹스에 관심이 없다고 말한다. 그녀는 Raphael의 성적 무관심이 우울증 때문인 것으로 생각하고 있다. 또한 Trina는 Raphael의 아버지가 작년 자살로 사망한 사실도 보고했다. 당신은 커플과 만나는 첫 회기에서 이 모든 사실을 알고 있다고 말할 것인가?

만약 Trina가 당신에게 작년에 자신이 외도를 했고, 최근 이 관계를 끝냈다고 말한다면 어떻게 할 것인가? 그녀는 Raphael에게 외도에 대해 말한 적이 없다고 말하고, 그럴 필요도 느끼지 않는다고 말한다. 이 경우 당신은 비밀 준수와 관련해 무엇이라고 설명할 것인가?

이번에는 상황을 바꿔 Raphael이 전화해서 Trina에 대해 말하는 상황을 상상해 보도록 하라. Raphael은 임상가에게 아내에 대한 성적 관심이 사라졌다고 말하고, 성적 관심이 떨어진 이유로 Trina가 지난 2년간 체중이 13kg나 불었기 때문이라 설명한다. 그는 포르노에 중독되었고, 그 때문에 아내와 교류하기보다는 인터넷에서 야동을 보느라 많은 시간을 쓰고 있다고 말한다. 이들이 첫 회기에 참석했을 때 당신은 이 정보를 터놓고 커플과 공유할 것인가? Trina가 전화해서 똑같은 상황(13kg나 체중이 불었고 남편이 포르노에 중독된 것 같다.)을 설명한다면 어떻게 할 것인가? 당신은 이 정보를 첫 회기에서 공유할 생각이 있는가?

커플과 비밀 보장의 경계를 정하고 유지하는 것은 매우 복잡한 일이다. 당신은 전화한 이가 당신에게 실토한 내용을 다른 한쪽에 알리는 그런 방침을 가질 것인가? (만약 그렇다면, 전화한 이가 이 모든 것을 말하기 전에 당신의 방침을 인지하도록 이를 미리 상대에게 알려 주어야 한다.) 혹은 당신은 처음 전화한 이가 말한 내용을 선택적으로 기억할 것인가 아니면 이후 이 모든 내용을 전부 회기에서 꺼낼 것인가…… 그리고 만약 당신이 이에 대해 언급하지 않는다면, 이는 비밀 준수 및 연합과 관련하여 처음 전화한 이에게 어떤 메시지를 주게 될 것인가?

커플치료에 대한 전화 문의를 받기 전, 당신은 치료 방침에 대해 먼저 명확히 해 둘 필요가 있다. 우리는 내담자 비밀 준수를 거부할 뿐만 아니라 내담자의 외도 여부를 통화하는 사람에게 대놓고 묻는 일부 지역사회 치료자들을 알고 있다. 통화하는 사람이 외도를 시인하면, 이들은 '사랑의 삼각관계'가 논의되고 종결될 때까지 치료를 시작하길 거부한다.

미국 Seattle 시의 심리학자인 Laura Brown 박사는 사전 동의서에 다음과 같은 문구를 포함시키고 있다.

다음은 비밀 보장에 대한 법적 예외 상황은 아닙니다. 하지만 저와 커플치료를 하고자 한다면 당신은 다음의 규정을 인지하고 있어야 합니다.

당신과 당신 파트너가 커플치료의 일환으로 이루어지는 몇몇 개별 회기에 참석하기로 결정했다면, 이들 개별 회기에서 당신이 제공한 정보는 커플치료의 일부로 간주될 것이며, 커플이 함께 하는 회기에서 논의될 수 있습니다. 파트너에게 진정으로 비밀로 하고 싶은 내용이 있다면 이를 저한테 이야기하지 마십시오. 이와 같은 방침은 개별 회기를 진행하기 전에 다시 알려 드리도록 하겠습니다.

(http : www.drlaurabrown.com · media · PsychotherapyConsentForm.pdf에서 인출)

비밀 유지에 대해 명확히 하는 것은 커플·가족치료에서 필수적이다. 결혼 및 가족상담 국제학회(International Association for Marriage and Family Counseling)의 윤리 강령에 따르면, 달리 명시하지 않는 경우 당신의 내담자는 당신이 내담자의 비밀을 지켜 줄 것으로 가정할 수 있다고 기술하고 있다.

커플·가족 상담자들은 가족의 비밀을 지켜 주지 않을 것이고, 다른 가족 구성원을 배척하기 위해 일부 가족 구성원들과 연합하지 않을 것이며, 역기능적 가족 체계 역동에 영향을 주지 않을 것임을 내담자들에게 먼저 알려 주어야 한다(Hendricks, Bradley, Southern, Oliver, & Birdsall, 2011, p. 219).

커플 및 가족을 위한 한계 설정하기

일부 커플·가족들은 충동적이거나 파괴적인 양상을 보일 수 있으며, 치료 동안 자신을 통제하지 못할 수 있다. 이러한 경우, 당신은 커플·가족과 치료적 한계를 설정할 필요가 있다. 한계 설정의 원칙은 다음과 같다. ① 한계는 커플이나 가족이 회기 중 파괴적 행동을 하는 것을 막을 수 있다, ② 합리적이고 사려 깊은 한계를 적용하면 파괴적인 상호 교류를 멈추는 방법에 대한 모델을 제공할 수 있다, ③ 온건하고 합리적인 외적 한계는 내재화될 수 있다, ④ 고조된 갈등은 내담자의 주의를 분산시키고 문제의 핵심에 집중하는 것을 방해할 수 있다. 한계는 내담자가 치료에 다시 집중할 수 있도록 돕는다.

커플·가족상담을 위한 준비 작업 중 하나는 필요시 한계를 설정하고 이를 실행에 옮기는 것을 포함한다(이 흥미로운 면담 차원을 탐색하려면 실제 적용하기 14-2 참조). 또 다른 준비 작업은 현재 상담이 진행되는 방 안에서 최선이 아닌 방식으로 행동해 보라고 커플이나 가족에게 요청하는 것이다(우리는 이에 해당하는 내용을 다음 면담의 본론 단계에서 다룰 것이다.).

● 실제 적용하기 14-2: 두 개의 한계 설정 시나리오

다음의 상황을 상상해 보도록 하라.

시나리오 1: Antonio와 Lucy는 결혼 4년 차다. 이들은 8개월 난 딸을 데리고 접수면담에 왔다. 아이는 처음 10분 동안은 조용했으나, 결국 울고 소리치기 시작했고, 이로 인해 이야기를 나누는 것이 불가능하게 되었다. 동기, 토의 집단, 슈퍼바이저와 함께 다음의 질문을 가지고 토론하도록 하라.

1. 정중하게 회기를 끝내고 약속을 다시 잡아야 하는가?
2. 다음에는 아이를 보모에게 맡기고 올 것을 부모에게 정중하게 요청할 수 있는가?
3. 당신의 정중한 요청에도 불구하고 부모가 다음 회기에 딸을 데리고 온다면, 당신은 어떻게 할 것인가?
4. 8개월 난 아이의 비명 속에서 진행된 작업이 평가적 가치나 치료적 가치가 있다고 생각하는가?

시나리오 2: Johnson 가족은 법원으로부터 가족치료를 명령 받아 상담에 의뢰되었다. 가족으로는 Rick Johnshon과 Roy Johnson 쌍둥이 형제, 엄마 Margie Johnson, 그리고 Margie의 동거 남자친구 Calvin이 있다. Margie는 37세이고 쌍둥이는 15세다. Calvin은 Margie, 쌍둥이와 3년을 함께 살고 있다. Calvin의 딸 Mollie는 주말에만 이들과 함께 지낸다. 쌍둥이의 생부는 폭력 전과로 교도소에 있으며, 아주 어릴 때 이후로는 쌍둥이를 본 적이 없다. 첫 상담에 Margie, Roy, Rick, Calvin이 모두 참석했다. 쌍둥이가 트림 시합을 시작한다. Margie는 낄낄거리며 웃고, Calvin은 팔짱을 낀 채 험상궂은 얼굴로 앉아 있다. 상담자는 이 모든 상황이 진정되길 기다린 후 질문을 한다. Roy와 Rick은 질문에 트림으로 반응한다. Margie는 다시 웃는다. 그 누구도 질문에 대답하지 않는다. 다음의 질문을 가지고 토론을 하도록 하라.

1. 이 장면에 대한 당신의 초기 반응은 무엇인가? 당신은 청소년 법원에 전화해 이 가족을 다시 돌려보내고자 하는가? Margie와 함께 웃거나 Calvin처럼 말없이 조용하게 앉아 있는 당신 자신을 상상하는가? 혹은 겁에 질린 상태에 있거나, 혐오 상태에 있거나, 절망 상태에 있거나, 그 외 다른 상태에 있는 자신을 상상하는가?
2. 협력적인 상호작용을 할 수 있는 방법을 생각해 볼 수 있는가?
3. 아이들과 함께 트림을 하는 방안에 대해서는 어떻게 생각하는가?
4. 누구에게 가장 큰 공감을 느끼는가? 이러한 공감을 어떻게 치료적으로 사용할 수 있을 것인가?

시작 단계

시작 단계는 동맹 형성, 임상가의 시작 진술, 초기 관찰과 회기 구조화, 균형 유지로 구성된다.

동맹 형성

커플 · 가족과 작업하는 데 있어 여러 이론들이 공통적으로 강조하는 원칙 중 하나는 동맹을 형성하는 것이다. 두 명 이상의 내담자가 있다는 것은 이러한 동맹 형성 과정을 복잡하게 만들 수 있다. 하지만 노련한 커플 · 가족치료자는 신속히 그리고 효과적으로 동맹을 형성할 수 있다.

애착 이론의 관점에서 보면, 커플상담에서의 동맹은 두 파트너가 신뢰와 연결을 느낄 수 있게 치료자가 자신을 안전 기지로 만드는 것을 의미한다(S. Johnson, 2004). 한편, 가족 체계 이론에서는 동맹 형성은 합류하기로 지칭되곤 한다. **합류하기**(joining)는 치료자가 가족과 어울리기 위해 노력하고, 개인 및 가족 체계에게 공감을 표시하며, 정서적 공명(affective resonance)을 보여 줄 때 일어난다(Murray et al., 2012).

또한, 동맹 형성은 균형을 유지하고 상담 의뢰의 이유를 구성원 모두로부터 들을 때 가능하다. 완벽하게 동등한 참여를 기대한다는 것은 비현실적이나, 각 파트너나 각 가족 구성원에게 치료 목표를 묻는 것은 표준 작업이 되며, 치료자-커플 혹은 치료자-가족 간 동맹을 촉진시키는 방법이다.

커플상담자의 시작 진술

일반적인 면담 시작 진술은 적어도 다음의 두 가지 내용을 포함하고 있다.

1. 무엇을 기대해야 하는지에 대한 지침(당신의 계획이나 목표)
2. 커플이 상담을 받게 된 이유와 이들의 상담 목표에 대해 이야기하도록 유도하는 질문이나 촉진하는 질문

다음과 같은 방법으로 시작할 수 있다.

저는 오늘 몇 가지 목표를 가지고 있어요. 먼저 제가 커플과 어떻게 작업하는지에 대해 잠깐 설명할게요. 그런 다음, 두 분 각자에게 오늘 상담에 오게 된 이유를 듣고 싶어요. 두 분 중 누구라도 먼저 시작할 수 있어요. 이후, 각각 현재 문제에 대해 이야기할 시간 10분을 드릴 예정이에요. 그리고 나서 두 분의 배경 정보를 더 얻기 위해 제가 몇 가지 질문을 드릴 거예요. 마지막으로, 앞으로 우리가 무엇에 집중할 것이며 어떻게 함께 작업할 것인지 심도 깊게 논의할 거예요.

커플이 당신의 시작 진술에 어떻게 반응하는지 관찰하는 것은 평가의 일부가 된다. 누가 그다음에 이야기했고, 어떻게 이 순서가 결정되었으며, 언어적 · 비언어적 상호작용은 어떠했는가와 같은 것들은 좋은 정보가 될 수 있다. 커플상담자들 중 일부는 내담자에 관한 자료를 얻기 위해 회기 전이나 회기 후에 질문지를 사용하기도 한다.

초기 관찰과 커플상담 회기의 구조화

커플 각 구성원이 갈등, 문제, 과거력 등을 이야기할 때, 당신은 적극적이거나 지시적일 필요가 있다. 만약 한 파트너가 화가 나 있거나 불안해하면, 구조화나 한계 설정이 더 필요하게 된다. 두 파트너가 모두 차분하고 정중한 상태라면, 이들에게 더 많은 이야기를 하도록 기회를 주거나 회기의 구조화를 덜 할 수 있다(적어도 초기에는 말이다.). 초기에는 모두

차분한 태도를 보였다 하더라도, 커플 사이에는 갈등이 언제든 시작될 수 있으며, 이 이후로는 관계에 대한 감정이 분출될 수 있다.

커플은 시작부터 문제나 갈등을 파트너가 아닌 임상가와 논의할 수 있다. 마치 파트너가 그 방에 존재하지 않는 양 말이다. 의사소통 기술 모형(communication-skills model)을 사용하는 임상가는 적어도 간헐적으로라도 임상가 앞에서 자신들의 문제를 서로 직접 논의하도록 유도한다. 예를 들면 다음과 같다.

> Sara, Linda, 다소 생소하게 느껴질 수 있으나 전 이 방법을 두 분에게 제안하려고 해요. 이제부터 두 분과 관련된 이야기를 할 때에는 말이나 질문을 저에게 하기보다는 서로를 쳐다보면서 서로에게 직접 해야 해요. 제가 끼어들어 대화 패턴을 바꾸도록 요구할 수도 있어요. 하지만 전 두 분이 서로 함께 하는 걸 보길 원해요.

이 같은 지시 후에도 커플은 다음과 같은 말을 하며 상대편을 보기보다는 당신에게 고개를 돌릴 수 있다.

> 전 아내가 제 이야기에 관심이 있는지조차 모르겠어요. 제가 귀가하면 아내는 "왔어." 하고 인사하지만 대화는 하지 않아요. 그래서 전 차고로 도망가 있지요.

의사소통 모형에서 상담자가 할 개입은 다음과 같은 부드러운 지시를 포함하고 있다.

> 알겠어요, Linda. Sara 쪽을 보고 지금 한 말을 다시 해 보세요. 그녀를 보고 그녀에게 직접 이야기해 보세요.

의사소통 모형에서는 Sara와 Linda가 서로 효율적으로 의사소통하는 것을 배우는 것이 상담자와 효율적으로 의사소통하는 것보다 더 중요하다고 가정한다.

반대로, 무례하고 파괴적인 의사소통이 빠른 속도로 달아오르는 갈등이 깊은 커플과 작업할 때는 각 파트너가 상담자를 거쳐 의사소통하도록 지시하는 것이 바람직할 수 있다.

> 당분간은 대화할 때 서로에게가 아닌 저에게 이야기해 줬으면 해요. 나중에 제가 두 분을 더 잘 알게 되고 우리 모두가 더 편하게 되었을 때, 그 때는 두 분이 서로에게 직접 말을 하도록 요구할 거예요.

시작 단계와 관련해서 제기되는 하나의 중요한 질문은 얼마나 빨리, 그리고 얼마나 더 많이 효율적 의사소통을 촉진해야 하는가에 관한 것이다. 이에 대한 결정은 당신이 더 많은 평가 정보를 수집한 후로 미루어야 한다. 상담 시작 시 당신이 해야 할 첫 번째 일은 상호작용을 관리하고, 관찰하며, 긍정적인 측면에 초점을 맞추는 것이다(사례 예시 14-2 참조).

사례 예시 14-2 긍정적인 측면에 초점 두기

행동주의를 지향하는 전문가들은 커플에게서 일어나는 긍정적·부정적 행동들을 체계적으로 탐색한다. 이들은 언제 커플이 상호보상적 행동이나 교환을 하는지 그리고 언제 관계에 더 만족하게 되는지에 집중한다(Datillio, 2010). 커플치료의 시작 단계에서는 상호처벌적 교환이 일어나는 것을 피하게 하는 것이 중요하다.

상담자: 이 관계를 더 긍정적으로 만들기 위해 각자 상대방이 무엇을 해 줬으면 하는지 서로에게 이야기해 주세요.

Yoko: 직장에서 쫓겨나지 않게 남편이 좀 더 열심히 일해 줬으면 좋겠고, 더 자주 가족과 함께 했으면 좋겠고, 절 그만 비난했으면 좋겠어요.

Brandon: 지금 장난치는 겁니까? 이건 아내가 매일 저한테 하는 소리예요. 전 이 이야길 들으려고 여기에 온 게 아니에요.

앞의 치료자의 접근은 Yoko와 Brandon 사이에 이미 존재하는 상호처벌적 상호작용 패턴을 계속 양산하는 결과를 초래하고 있다(Christensen, McGinn, & Williams, 2009). 임상가는 관계 향상을 위해 상대편이 무엇을 해 줄 수 있는가를 묻기보다는 관계 향상을 위해 자신이 무엇을 할 의향이 있는가를 물어야 한다.

상담자: Brandon, 당신부터 시작할까요? Yoko와의 관계를 개선시키기 위해 당신은 무엇을 할 의향이 있나요? Yoko가 하길 원하는 것이 아니라 당신이 할 수 있는 게 무엇인지 말해 주세요.

Brandon: 좋아요. 만약 Yoko가 제 직장에 대해 잔소리만 하지 않는다면, 전 그녀와 더 많은 시간을 보낼 의향이 있어요.

상담자: 아 잠깐. Brandon 씨, 기억하세요. Yoko가 당신의 직장 이야기를 하든 말든 상관 없이 전적으로 당신 입장에서 당신이 할 수 있는 일에 집중하세요. 그건 나중에 이야기해요. 지금은 당신이 하고자 하는 일에만 집중하도록 하지요.

Brandon: 알겠어요. 전 Yoko와 더 자주 더 많이 밖에서 시간을 보낼 의향이 있어요. 그리고 한 주 정도 아이들을 떠나 Yoko와 함께 할 계획을 세울 수 있어요.

커플에게 있어 상대의 혐오적인 행동을 언급하지 않는 것은 매우 어렵다. 물론, 상대의 혐오적인 행동을 언급하는 것 자체가 또 다른 형태의 혐오적 행동이기도 하다. 행동주의적 관점에서 본다면, 본론 단계의 주요 목표는 커플이 상호처벌적 교환을 하지 않도록 돕는 데 있다.

커플 사이에서 균형 유지하기

균형 유지는 커플면담에서 성취해야 할 보편적인 목표다(Gurman et al., 2015). 이는 면담 시작 단계로부터 본론 단계에 이어 면담 전반에 이르기까지 계속된다. 종국에는 당신의 이론적 배경이 무엇이든 간에, 당신은 양쪽이 모두 당신을 균형적이고 공평한 사람으로 인정해 주길 원할 것이다.

이는 당신에게 다음과 같은 질문을 제기한다. 면담 시작 단계와 면담 전반에 걸쳐 상담자는 어떤 측면에서 균형을 유지해야 하는가? 작게는 각 파트너에게 동등한 관심을 보이고 동등한 눈맞춤을 해야 할 것이다. 당신은 각 파트너와 언어적 소통을 하고, 일이 진행되어 감에 따라 양쪽의 반응을 다 함께 확인해야 할 것이다. 특히, 시작 단계에서 평가와 개입 작업을 하면서 당신은 내담자들에게 당신의 관심을 균등하게 보여 주어야 할 것이다(J. S. Gottman & Gottman, 2015; S. Johnson, 2004). 비록 이론적 배경에 따라 다소의 차이가 있지만, 평가와 개입 활동은 다음의 것을 공통적으로 포함하고 있다.

1. 연애사 탐색하기
2. 내담자들이 긍정적이거나 부정적인 상호작용 패턴을 설명할 때 상호작용 전-후 상황 파악하기
3. 각 파트너에게 공감 표현하기
4. 파트너의 동기, 행동 교환, 정서적 입찰을 서로에 대한 비난으로서가 아니라 긍정적인 관계나 애착 욕구에 대해 말하는 방식으로 재구성하기
5. 효과적인 의사소통 촉진하기
6. 심리교육 제공하기

이상의 사안에 대한 평가 및 개입 시 균형 유지에 관한 내용은 다음 본론에서 보다 자세하게 다룰 것이다.

가족치료자의 시작 진술

모든 이가 착석하면, 다음과 같은 시작 진술로 회기를 시작할 수 있다.

> 오늘 우리는 50분 동안 함께할 거예요. 저의 첫 번째 목표는 가족에 대해 더 잘 알게 되는 것과 가족 사이에 어떤 일이 벌어지고 있는지 그리고 어떻게 해서 여기에 오게 됐는지 이해하는 거예요. 말하는 데 불편함이 없기를 바라요. Mario부터 시작해서 시계 방향으로 돌아가는 건 어떨까요. Mario, 당신 가족에 대해 가장 좋게 생각하는 점은 무엇인가요?

가족의 강점에 대한 내용으로 먼저 시작하는 것은 여러 이론적 입장을 망라해 권장되고 있다. 문제에 대한 설명으로 시작하게 되면, 너무 일찍 감정이 고조될 수 있기 때문이다. 만약 어린 아동이 가족 접수면담에 끼게 되면 임상가는 가족으로 하여금 자신들 각자의 입장에서 가족화 그림을 그려 보도록 제안할 수 있다. 임상가는 각 구성원의 관점을 알아내기 위한 초기 방법으로 이 그림 그리기 활동을 소개할 수 있으며, 이는 성인 내담자의 저항을 최소화할 수 있다. 이후에는 좀 더 구체적인 평가 질문이 뒤따르게 된다.

Satir(1967)는 가족면담을 시작하는 고전적 접근에 대해 기술했다.

> 첫 면담에서 치료자는 가족이 무엇을 원하고 치료에서 무엇을 기대하는지에 대한 질문으로 시작한다. 비록 아래 제시된 질문을 문자 그대로 할 필요는 없으나 치료자는 참석한 각 개인에게 다음과 같이 질문한다.

> "어떻게 여기에 오게 되었나요?"
> "어떤 일이 일어나길 바라나요?"
> "여기서 무엇을 성취하길 바라나요?"

> 주요 목표는 가족 기능, 기대, 희망과 관련한 기초적인 질문에 가족 구성원 모두가 대답하도록 하는 데 있다. 아동 및 부모와의 면담에서와 마찬가지로, 아동이 먼저 대답하도록 하는 것이 권장된다. 이는 부모가 대답한 것에 반응하기보다는, 아동이 자발적으로 자신의 입장을 밝히도록 하게 하기 위함이다.

초기 관찰과 가족 회기 구조화하기

당신은 시작 단계에서 종결 단계에 이르기까지 당신의 관찰력을 최고의 수준으로 유지해야 한다. 가족이 당신의 내담자다. 가족이란 구성원 간에 동시다발적으로 상호작용하는, 그리고 당신과 동시다발적으로 상호작용하는 매우 복잡한 유기체다. 특정 순간에 교환되는 메시지의 수는 생각하기 어려울 정도로 많으며, 감당하기 겁날 정도다. 하지만 의사소통의 관찰과 관리는 대부분의 가족치료 접근에서 핵심적인 요소가 되고 있다(사례 예시 14-3 참조).

사례 예시 14-3 **아버지와 딸 간의 역동**

두 딸의 어머니가 막내딸(Alissa, 14세)의 문제로 상담을 구하기 위해 전화했다. 어머니는 딸이 미친 것은 아닌가 의심이 될 정도로 기괴한 망상을 가지고 있다고 보고했다. 어머니 보고에 따르면, Alissa는 사람들 무리를 무서워하고, 밤에 잠이 들 때 목소리를 듣고, 남자친구에게 집착을 보이며, 똑똑함에도 불구하고 학교를 빠지고 부진한 학업 수행을 보이고 있다고 한다. 현재 큰딸은 가족과 함께 살고 있지 않다. Alissa에게 개인치료와 가족치료 중 어떤 것을 제공하는 것이 더 나은지 판단하기 위해 상담자는 Alissa와의 초기면담에 부모도 함께 올 것을 요청했다.

초기면담에서, 부모는 자신들의 직장생활, 종교적 신념, 딸들에 대한 자부심을 기탄없이 이야기했다. Alissa는 말이 유창했으며, 유머 감각이 있었고, 대화 도중 자꾸 끼어드는 모습을 보였다. 부모는 Alissa를 크게 비난하지 않았으며, Alissa의 안위를 걱정하고 있었다. 상담자는 가족 구성원의 교양 있는 어휘 선택과 개방적인 소통에 큰 인상을 받았다. 동시에 무엇이 이 근사하고 정상적으로 보이는 가족을 힘들게 한 것일까 궁금해졌다. 이런 의구심을 갖는 도중, 상담자는 흘낏 Alissa가 신발을 벗고 맨발로 아버지의 신발 윗등을 치는 것을 보았다. 아버지는 이러한 Alissa의 행동을 무시했고, Alissa도 달리 사람들의 주의를 끌 만한 행동을 하지 않았다.

이는 초기상담 회기에서 흔히 관찰되는 아버지와 딸 사이의 행동이 아니다. 상담자는 표면적으로 드러난 것 이상의 그 무엇인가가 이 상황에서 진행되고 있음을 간파했다. 물론 내담자들과 강력한 동맹을 맺고 Alissa에 대해 더 잘 알게 되기 전까지는 이런 Alissa의 발등 치기를 쟁점화하는 것은 좋은 생각이 아니었다. 하지만 이 관찰을 통해 상담자는 Alissa의 경계 문제(boundary issues)를 좀 더 깊이 있게 탐색할 수 있게 되었다. 더불어 상담자는 가족 내 연합을 보다 잘 이해하기 위해 가족 구성원을 개별적으로 혹은 둘씩 만나 볼 필요가 있음을 깨닫게 되었다.

가족 구성원들과의 작업에서 균형 유지하기

가족과의 작업에서 쉽게 접하게 되는 상황은 **지명된 환자**(identified patient)라는 현상이다(Goldenberg et al., 2016). 지명된 환자는 모든 가족 구성원들에 의해 문제를 가진 것으로 지목된 특정 가족 구성원을 말한다. 가족 체계 접근을 취하는 임상가들은 구성원들 중 한 사람에게 문제를 전담하지 않으며, 이보다는 가족 역동이 어떻게 지명된 환자에게 문제를 야기시켰는지에 대해 더 많은 관심을 보인다. 첫 면담 초반에 (문제가 발생했을 경우) 다루어야 할 한 가지 문제는 한 가족 구성원을 희생양으로 만들거나, 이 구성원에 지나치게 집중하는 것이다.

> James(아버지): 여기에 오게 된 이유는 딸아이인 Rachel이 자기통제력을 완전히 상실했기 때문이에요. (이 말에 Rachel은 눈을 흘긴다.) 딸아이는 통금 시간을 무시하고 있어요. 사람들에게 예의도 없고요. 학교도 빠지고. 대마초도 많이 피우고.
>
> 치료자: James 씨 고마워요. 좋은 정보네요. 하지만 이 회기는 우리가 함께하는 첫 회기에요. 전 이 회기를 Rachel에 집중하기보다는 좀 더 긍정적인 것부터 시작하고 싶어요. 여러분 가족에 긍정적인 영향을 주기 위해 각자가 하고 있다고 생각하는 거나 가족에게 도움이 되기 위해 각자 할 수 있다고 생각하는 것들을 나누는 걸로 시작하면 좋겠어요.

이 대화에서 치료자는 아버지 James의 불만을 인정해 주고 있다. 하지만 곧이어 Rachel(지명된 환자)에게 향해진 초점을 각 가족 구성원의 긍정적인 행동 및 문제 행동 탐색이라는 평가 과정으로 전환시키고 있다.

본론 단계

본론 단계는 시작 단계의 흐름을 이어가는 동시에, 좀 더 깊고 진중한 평가를 진행하는 시기다. 당신의 이론적 배경이 이 단계에서 당신이 취하게 될 접근의 대부분을 결정하게 될 것이다.

커플치료의 이론적 배경

다양한 접근이 커플과의 작업에 활용되고 있다. 『Clinical Handbook of Couple Therapy』의 가장 최신판(Gurman et al., 2015)에는 이러한 접근들이 다섯 개의 큰 범주로 구분되어 제시되고 있다.

1. 행동주의적(behavioral): 인지행동 커플치료와 통합적 행동 커플치료가 포함됨.
2. 정서중심적(emotion centered): 정서중심 커플치료(emotionally focused couple therapy: EFCT)와 가트만(Gottman) 커플치료가 포함됨.
3. 정신역동적 및 다세대적(psychodynamic and multigenerational): 통합 문제중심 초월 구조주의적 접근(integrative problem-centered metaframeworks approach), 기능 분석 (functional analytic) 커플치료, 대상관계 커플치료, 보웬(Bowen) 가족 체계 커플코칭이 포함됨.
4. 사회구성주의자(social constructionist): 이야기 커플치료와 해결중심 커플치료가 포함됨.
5. 체계적(systemic): 단기전략적(brief strategic) 커플치료와 구조적(structural) 커플치료가 포함됨.

이상의 다섯 접근 외에도, 이론 기반 커플치료[예: 아들러식(Adlerian) 커플치료와 융식 (Jungian) 커플치료] 및 성기능 향상이나 종교 집단(모르몬, 가톨릭, 이슬람 등), 군대, 게이, 레즈비안, 양성(bisexual) 커플과 같은 특정 집단을 위해 고안된 치료가 있다(Englar-Carson & Carlson, 2012; O'Brien, 2012; Poelzl, 2011; Rutter, 2012).

본론 단계에서 다루는 내용 및 과정 관련한 이슈는 가장 잘 알려진 커플상담 접근들(행동주의적 접근, EFCT, 가트만 접근)로부터 나온 것들이다.

커플의 연애사 탐색하기

커플은 흔히 전쟁 태세를 갖추고 첫 회기에 들어선다. 행동주의는 이러한 커플의 기대를 무너뜨리고, 대신 즐겁고 강화적인 상호 교환의 경험이 되도록 치료를 구성하는 것이 중요하다고 주장한다. 커플의 연애사를 알아보는 것은 긍정적인 기억과 상호작용을 양산하는 하나의 전략이 될 수 있다.

연애사(romantic history)는 그들이 어떻게 만나게 되었는지, 무엇이 서로를 끌리게 만들었는지, 긍정적인 데이트 경험은 어떤 것이었는지, 커플이 되겠다, 함께 살겠다, 결혼해야 겠다라고 결정하게 된 계기는 무엇이었는지 질문함으로써 탐색할 수 있다. 이를 위한 질 문에는 다음과 같은 것들이 있다.

언제 그리고 어떻게 처음 만나게 됐나요?

언제 처음 _____에게 끌리고 있음을 알게 되었나요?

_____의 어떤 점이 매력적이었나요?

상대가 어떻게 했기에 그런 매력을 발견하게 되었나요?

둘 간에 특별히 가깝다고 느끼게 된 특정한 날이나 시간에 대해 이야기해 주세요.

비록 이런 질문들이 긍정적인 반응을 유발하지만, 이는 또한 부정적인 반응을 유발할 수 도 있다. 한 파트너는 "아내가 외향적이고 모든 일에 열심이어서 좋아하게 됐어요. 하지만 지금은 그것 때문에 아내가 싫어요."라고 말할 수 있다. 또한 좋았던 시절을 회상하는 과 정에서 커플은 이런 시절이 사라져 버림에 슬퍼할 수 있다. 부정적인 반응이 발생할 가능 성이 있음에도 불구하고 커플의 연애사를 알아보는 것은 두 파트너 간 긍정적인 감정을 되 살릴 수 있는 행동이 무엇인지에 대한 통찰을 제공할 수 있다.

커플이 긍정적이거나 부정적인 상호작용 패턴을 드러낼 때 이를 관찰 하기

모든 커플들은 특정 상호작용 패턴을 반복해서 나타낸다. 이러한 패턴 중 어떤 것은 긍 정적이지만 어떤 것은 부정적이다. 해결중심치료 관점에서 보면, 커플상담자는 커플이 자 신의 긍정적인 상호작용 패턴을 명확히 하고, 논의하고, 재현하며, 자세히 설명하도록 유 도해야 한다. 이는 좋은 조언이기는 하지만, 대부분의 커플은 또한 잘 되어 가고 있지 않은 점들에 대해 말하고 싶어 할 것이다.

갈등 상황, 비속어, 고성에 대해 용인하는 수준은 상담자마다 다르다. 일부 노련한 전문 가들은 커플·가족의 갈등 폭발을 관찰하는 것이(평가 목적을 위해) 유용하다고 생각한다 (J. S. Gottman & Gottman, 2015). 커플의 일상적인 갈등 양상을 관찰하고 경청함에 있어 적 용되는 원칙에는 다음의 것들이 있다.

주제를 전환하는 말을 한 후 나는 커플에게 10분 동안 문제에 대해 논의해 볼 용의가 있는지 물어본다. 어떤 문제라도 논의의 주제가 될 수 있다. 집에서 하듯 상담자 앞에서 행동하는 것이 얼마나 어려운지 잘 알고 있다는 말을 커플에게 전한다. 하지만 그럼에도 커플이 가진 문제에 대해 서로 논의해 볼 것을 요청한다. 나는 중간에 개입하지 않을 것이다. 따라서 이 시점에서 나는 커플이 자신들의 방식으로 논의하는 장면을 관찰할 수 있을 것이다. 커플이 논의하는 것을 관찰하는 것은 도움이 필요한 부분이 어디이고 어떤 개입이 이들에게 유익할 것인가를 확인하는 데 도움이 될 것이다(J. S. Gottman & Gottman, 2015, p. 43).

문제를 논의하는 동안, 한 파트너나 양쪽 모두 당신을 갈등 상황에 끌어들이려 할 수 있다. Gottman의 표현을 빌리자면, 이 경우 당신은 가만히 '벽에 붙은 파리 마냥 조용히 관찰(p. 43)'만 하면 된다. 하지만 갈등이 매우 심한 커플과 작업할 때는 개입이 필요할 수 있다. 이럴 경우를 대비해 당신은 커플에게 미리 다음과 같은 말을 해 준다. 논의가 가열되면 당신이 끼어들어 타임아웃을 외칠 것이라고 말이다.

만약 두 분 중 한 분이 선을 넘거나 지나치게 흥분하게 될 경우, 저는 타임아웃을 요청할 거예요. 이렇게 하는 이유는 사람의 심박이 너무 빨라지면 갈등 조절이 어렵게 되기 때문이 에요. 이는 연구를 통해 드러난 사실이에요. 또한 한 사람이 회기를 지배하게 되면 우리는 양쪽의 입장을 들을 수 없는 상태가 되요. 제가 요청한 작업은 때에 따라선 매우 힘들 수 있어요. 하지만 우리는 이러한 갈등 상황에 긍정적이고 균형 있는 해결책을 찾기 위해 함께 노력할 거예요……. 그리고 이는 때때로 제가 두 분 중 한 분이나 모두에 끼어들 수 있다는 걸 의미해요.

벽에 붙은 파리 마냥 조용히 관찰을 하든 구조를 갖추어 관찰을 하든, 커플이 문제를 논하는 상황에서 이들의 부정적인 상호작용 패턴을 관찰하는 것은 평가와 치료 계획 수립에 도움이 될 수 있다. EFCT의 창시자 Susan Johnson(2004, 2008)은 커플의 부정적인 상호작용에 기저하는 숨은 의미를 이해하기 위해 애착 이론을 활용했다. 전반적으로, 부정적인 상호작용은 부정적인 옛 음악에 맞춰 반복적으로 춤을 추는 것으로 비유될 수 있다. 음악이 시작되면, 불안정성, 양가감정, 철회, 기타 관계적 정서와 행동이 뒤따른다.

대표적인 부정적 상호작용 패턴에는, 한 파트너는 공격이나 비난을 하고 다른 파트너는 도망이나 철회를 하는 것이 있다. 이는 역사적으로 친밀성과 자율성 욕구에서의 남녀 성차로 설명된다(즉, 금성에서 온 여성들은 정서적 친밀감이나 연결성을 추구하는 반면, 화성에서 온 남성들은 자율성의 욕구를 충족하는 방향으로 나아가고자 한다.). 이 같은 성별에 기반한 설명은 지나치게 과잉 일반화된 것일 경우가 많다. 우리는 커플의 반복적인 부정적 상호작용을 EFCT에서처럼 보다 미묘하고 개별화된 관점에서 탐색해 볼 필요가 있다.

EFCT 모형을 사용하는 임상가들은 커플을 상대의 불안정성 애착 단추를 무심코 누르는 사람들로 개념화한다. 발생하는 논쟁과 갈등은 단지 표면적인 부분에 해당한다. 즉, 빙산의 일각만을 반영한다. 뒤따르는 불안, 공황, 불안정성, 고통은 관계 유대(relationship bonds)가 위협 받고 있음을 일깨워 주는 자연적인 신호다. Susan Johnson(2008)은 갈등의 내용이 얼마나 핵심과 다를 수 있는지 다음의 기술을 통해 보여 주고 있다.

> 종국에는 **어떤** 싸움이었는지는 중요치 않게 된다. 커플이 이 시점에 이르면, 이들의 관계는 분노, 조심, 거리감으로 특징지어진다. 커플은 둘 사이에 존재하는 모든 차이점과 불일치한 부분들을 부정적인 필터를 통해 보게 될 것이다. 이들은 터무니없는 단어나 위협에 귀를 기울일 것이다. 이들은 모호한 행동을 볼 것이고, 이 행동으로부터 최악을 예측할 것이다. 커플은 파국적 두려움과 의심의 먹이가 될 것이고, 끊임없이 경계하고 방어 태세를 갖출 것이다. 심지어 서로 가까워지길 희망할 때조차도 그렇게 하지 못하는 자신들을 발견하게 될 것이다(p. 33).

EFCT 치료자는 커플이 사용하는 언어를 사용하는데, 이는 부정적인 상호작용 양상을 커플과 함께 협력적으로 그리고 공감적으로 추적할 수 있도록 도와주며, 또한 커플이 서로를 비난하기보다는 각각의 힘의 역동을 볼 수 있도록 돕는 역할을 한다(사례 예시 14-4 참조).

파트너 모두를 공감하기

Susan Johnson은 다음과 같이 기술했다.

> 우리는 커플이 서로와 소통할 수 있도록 돕기 위해 그리고 커플이 양쪽 모두를 불안하게 하고 서로에게 부정적인 감정을 갖게 하는 부정적인 상호작용 패턴을 다룰 수 있도록 돕기 위해 노력하고 있다(M. A. Young, 2008, p. 267에서 인용).

Johnson의 진술은 커플이 어떻게 서로에게 불안정 애착 문제를 촉발시키는지 보여 준다. 하지만 동시에 왜 당신이 두 파트너 모두를 균등하게 공감해야 하는지에 대한 근거도 제공하고 있다. 당신은 커플이 당신과 안정 애착을 경험하도록 만들 필요가 있다. 만약 당신의 공감이 어느 한쪽으로 치우치게 된다면, 다른 쪽 파트너는 당신에게 불안정 애착을 경험할 수 있다(사례 예시 14-4 참조).

파트너의 동기, 행동 교환, 정서적 입찰을 재구성해 설명하기

커플이 접수면담을 요청해 올 때면, 이들은 이미 서로가 서로를 비난하는 비난 게임에 능숙해져 있다. 커플이 상대의 부적응적인 행동에 높은 통찰을 보이는 반면 자신의 문제에는 낮은 통찰이나 책임을 보이는 이유가 바로 여기에 있다. 이 같은 문제를 해결하기 위해 임상가들은 커플에게 다음과 같이 말해 주곤 한다. 치료자는 커플 각각과 작업을 할 것이 아니라 이 방에 있는 제3의 실체, 즉 관계라는 실체와 작업을 할 것이라는 사실 말이다.

부정적인 상호작용 패턴을 탐색할 때, 당신은 한 파트너나 다른 파트너에게 비난의 화살을 돌리고 싶을 수 있다. 하지만 이보다는 문제가 긍정적인 관계나 애착 욕구로부터 기인했다고 설명해 줄 필요가 있다. 즉, 사랑 받을 가치가 없다거나 사랑스럽지 않다거나 결함이 있기 때문이 아니라, 긍정적인 관계나 애착 욕구 때문에 그렇게 행동한 것이라고 설명해 줄 수 있다. 커플과 작업하는 임상가들이 부정적인 상호작용 패턴을 재개념화하는 방식은 다음과 같다.

- 문제는 기저하는 파트너의 욕구가 제대로 표현되지 못해 결과적으로 이들의 욕구가 충분히 잘 해결되지 않아 발생한다.
- 문제는 기저하는 파트너의 동기가 잘못 이해되어 발생한다.
- 문제는 부정적인 행동 교환이 한 파트너나 양쪽 모두의 심박을 증가시켜, 결과적으로 이들의 논리적인 문제 해결 능력을 감소시키기 때문에 발생한다.

커플이 쉽게 이해할 수 있는 우아한 개념으로 John Gottman은 관계 만족과 관계 안정성에 대한 파트너의 '정서적 입찰(emotional bids)'의 중요성을 강조했다(J. M. Gottman & DeClaire, 2001). Gottman의 주장에 따르면, 사랑하는 커플은 파트너에게 높은 정서적 입찰을 매기며, 만약 관계가 건강하다면 이들은 상대의 정서적 욕구를 받아들이고 이에 공감적으로 반응하게 된다고 했다. 예를 들면, Betty는 다음과 같이 말할 것이다.

전 토요일 하루를 차고 청소에 매달렸어요. 반면 남편은 하루 종일 인터넷을 했어요. 제가 집으로 들어가 청소가 끝났다는 걸 알렸을 때 Barney는 저를 지지해 주는 대신 "아니 그 작은 차고 청소에 그렇게 오랜 시간을 쓴 거야."라고 말했어요.

이 상황에서 Betty는 정서적 지지와 교감에 입찰을 신청했으나 Barney는 이를 놓쳤다. 정서적 입찰을 놓치는 상황을 탐색함으로써, 당신은 정서적 교감을 촉진시킬 수 있는 기회가 언제인지를 확인할 수 있었다. 부정적인 상호작용 패턴을 평가하고 내담자 문제를 비난 없이 재구조화하는 과정에서 임상가가 어떻게 균형 있는 공감을 제공하는지에 대한 예시가 사례 예시 14-4에 제시되어 있다.

사례 예시 14-4 **정서중심 커플치료(EFCT)**

Johnson 등(2005, pp. 107-108)에서 발췌한 내용으로, 치료자는 내담자들이 문제를 어떻게 지각하고 있는지 탐색하고 있다. 내담자들의 상이한 문제 지각에도, 당신은 치료자가 ① 각 내담자의 경험에 대해 정보를 구하는 방법, ② 균형적으로 공감적 경청을 하는 방법, ③ 연결과 내 공간에 대한 관계적 욕구(일명 친밀감과 자율성)와 관련된 문제를 재구성하는 방법을 알게 될 것이다.

Inez: 한 예로 오늘 아침에 있었던 일을 이야기할게요. 여기에 오려고 준비를 하고 있었어요. 남편은 부엌에 물건을 가득 늘어놓고, 또 개한테 소리를 지르고 있었어요. 그리고는 개를 발로 걷어찼어요.

Fernando: 그래, 그때 당신이 날 비난했지!

Inez: 아니요. 그렇지 않아요. 전 뭐가 문제냐고 남편에게 질문을 했을 뿐이에요. 개가 잘못도 안 했는데 당신이 걷어찼잖아.

Fernando: 난 차지 않았어. 개가 길을 막고 있어 발로 밀어냈을 뿐이야. 난 약속에 늦을까 봐 걱정이 됐어.

치료자: 들어 보니, Fernando 당신은 다소 걱정되고 긴장된 상태에 있었던 거 같네요. 그랬나요?

'걱정' 반영하기(Fernando의 정서적 경험 탐색하기)

Fernando: 네, 불안했어요. 그리고 아시다시피 아내가 제 눈앞에 턱 서 있는 거예요. 아내는 도대체 무슨 일인지 알기 원했어요.

치료자: 그때 심정은 어땠나요?

여기서의 목표는 남편의 경험을 이해하고 역동을 이해하려는 것이다.

Fernando: 아내가 물러섰으면 했어요. 단지 좀 그만뒀으면!

치료자: 당신은 아내가 당신에게 약간의 공간을 주었으면 했나요?

> **반영하기: 약한 재구성**
>
> Fernando: 맞아요.
>
> 치료자: 그런 다음은요?
>
> Inez: 남편이 제게 잔소리를 했어요. (Inez 슬퍼 보임; 시선을 손가락에 둔다.)
>
> 치료자: 힘들었겠네요, 그렇죠?
>
> **공감적 반영**
>
> Inez: (입에 힘을 주며) 항상 이랬어요. 전 단지 제 일을 할 뿐이에요. 이제 좀 익숙해질 만도 한데.
>
> 치료자: 당신은 이런 상황을 그냥 받아들이고 있군요, 그렇죠?
>
> **관계의 역동 탐색**
>
> 이 사례 외에 다른 EFCT 사례들에 대해 더 알고 싶다면, 『The Practice of Emotionally Focused Couple Therapy: Creating Connection』(S. Johnson, 2004)을 참조하도록 하라.

커플에게 심리교육 제공하기

치료를 구하는 커플에서는 비효율적인 소통이 흔하게 나타난다. 첫 면담에서 의사소통 개입을 실제 실시하지는 않겠지만, 의사소통에 관한 심리교육은 제공할지 모른다. John Gottman의 University of Washington 사랑 연구실(Love Lab)에서의 연구 결과는 커플에게 의사소통에 대한 심리교육을 실시하는 데 있어 유용한 정보를 제공할 수 있다(J. M. Gottman, 2015).

효과적인 커플상담은 갈등을 고조시키는 구태의연하고 파괴적인 행동에서 부드럽고 효율적인 갈등 관리와 건설적 소통으로 가도록 커플을 인도하는 것을 포함한다고 J. S. Gottman과 Gottman(2015)은 지적하고 있다. 다음의 정보는 커플에게 도움이 될 수 있다.

1. **비난(criticism)하는 것을 피하도록 하라.** 비난은 Gottman이 언급한 네 개의 기수(horsemen) 중 하나다. 나머지 세 기수에 속하는 것에는 방어(defensiveness), 경멸(contempt), 소통 회피(stonewalling)가 있다. 이러한 행동이 커플 사이에서 나타나면 이혼의 가능성이 높아진다.
2. **갈등을 해결할 때는 부드럽게 시작하도록 하라.** 거친 시작은 비난을 포함하고 있다. "당

신은 항상 우리 기념일을 잊고 있어." 반면 부드러운 시작은 행동, 정서, 그리고 나-전달법 기술을 강조한다. "난 당신이 기념일을 잊었을 때 상처 받았어. 난 내가 좀 더 중요한 사람으로 느껴지길 바라."

3. **애정과 친밀함에 대한 욕구를 표현하도록 하라.** 갈등이 있다고 해서 "당신을 사랑하기 때문에 지금 이런 얘기를 하는 거야."와 같은 애정 어린 말이 나오지 않는 것은 아니다.

4. **심박이 증가할 경우 이성과 논리가 손상된다.** 커플이 정서적으로나 신체적으로 흥분하게 되면 타임아웃을 가지는 것이 좋다. 심박이 지나치게 높아진 상태에서는 생산적인 토론을 기대할 수 없다.

심리교육은 행동 변화를 촉발시킬 수 있는 유용한 정보를 제공한다. 또한 이를 통해 커플이 비현실적인 기대에서 현실적인 기대로 전환할 수 있게 도울 수 있다.

커플상담에서 다루어야 할 기타 핵심 영역

커플상담을 위해서는 성, 돈, 시댁·처가와의 관계, 양육, 관계에 대한 헌신 및 관계 안정성, 원가족 역동과 같이 다양한 영역에 대한 평가가 필요하다.

이들 영역 각각은 커플에게 강한 정서를 유발할 수 있다(임상가에게도 마찬가지다.). 예를 들면, 특히 상담 초반에 성기능에 대해 묻는 것은 임상가에게 어려울 수 있다. 수업 시간에 학우, 동료 혹은 슈퍼바이저와 이런 주제를 다루는 법을 연습해야 하는 이유가 바로 여기에 있다. 커플과 작업하기 원하는 학생들을 가르칠 때 우리가 빈번히 활용하는 과제 중 하나가 바로 모의 연습이다. "다음 한 주 동안 여러분은 공공장소에서 당신의 성생활에 대해 파트너와 자세히 이야기를 나누도록 하세요. 공공장소에서 큰 소리로 이 같은 내용의 대화를 나누는 데 적어도 몇 시간을 쓰도록 하십시오."

과제를 준 다음 (그리고 학생들 얼굴에 공포가 어린 것을 보면서), 다음을 덧붙인다. "좋아요, 음식점에서 성에 대해 큰 소리로 이야기하길 원치 않으면, 조용한 목소리로 이야기를 나누어 보세요." 이런 연습을 통해 학생, 정신건강 전문가, 커플은 앞서 언급한 다른 주제들뿐만 아니라 성이나 성생활에 대해 이야기하는 데 편안해지는 이득을 얻게 될 것이다.

다문화 하이라이트 14-1 | **무엇이 정상이고 무엇이 비정상인가: 다양한 성적 가치관과 행동에 대한 당신의 안전지대 확장시키기**

이 활동의 목적은 당신의 성적 가치관이나 행동을 변화시키는 데 있지 않다. 오히려 당신의 안전지대(comfort zone)를 넓혀 다른 성적 가치관이나 행동을 가진 내담자와의 작업을 돕는 데 있다. 활동을 위해서는 먼저 다음의 사례를 읽어 보도록 하라. 그런 다음, 당신의 반응을 되돌아보고 학우들과 이에 대한 반응을 토론하도록 하라. 다음의 두 예시는 전문 학술지에서 발췌한 것이다.

첫 번째 예시는 성기능 문제를 경험하는 게이 남성과 면담할 때 탐색할 수 있거나 탐색해야만 하는 사안을 다루고 있다. 이 내용은 『Sexual and Relationship Therapy』(Rutter, 2012)에서 발췌한 것이다.

성 관련 접수면담과 평가에서 이루어져야 할 주요 질문 중 하나는 "유흥을 목적으로 혹은 불법으로 향정신성 약물을 사용하고 있는가?"이다. [한 연구에서] 약물검사에서 양성 혈청 반응을 보인 게이 남성들은 발기부전, 사정 불능, 성욕구 감소를 동반이환으로 나타낼 확률이 높았다. 혼동을 주는 부분은 환각제(MDMA)의 기능과 관련이 있다. 환각제는 사용 순간에는 성적 흥분과 상대에 대한 매력을 증가시킨다. 하지만 파트너와 신체적 교류가 시작되면 약물은 성기능을 방해한다. 즉, 발기가 부분적이거나 불능일 수 있고 사정이 적거나 없을 수 있다(p. 37).

위의 발췌문과 관련해 생각해 볼 수 있는 질문 중 하나는 "게이 남성에게 발기의 질에 대해 질문하는 것에 대해 어떻게 생각하는가?"이다.

다음 예시는 『Journal of Bisexuality』에서 발췌한 것이다. 이 사례의 주된 초점은 개인의 성적 취향의 탐색과 안전지대 개발을 위한 섹스 대행인(sexual surrogate)의 사용에 있다. 이 논문의 저자는 섹스 대행인 역할을 경험했던 사람이다(Poelzl, 2011).

나와 작업을 시작했을 때 Sally는 자신의 성정체감을 명확히 하고 감정에 호응해 주는 여성을 만나 교제를 이어 나갈 방법을 찾는 데 필사적이었다. 그간 Sally는 양가감정을 경험했었다. 남성에게 매력을 느끼고 있으나 남편에게는 매력을 느끼지 못했고, 남편과 Sally 모두 이혼을 원하는 상태였다. 반면, Sally는 자신이 여성에게 정서적으로 그리고 성적으로 끌림을 알게 되었다. Alice와 시간을 보낼 때 성적으로 크게 흥분한 때가 종종 있었고, 둘 사이에는 포옹이나 손을 잡는 등 스킨십도 있었다. Sally는 여성스러운 여성을 선호하는 경향이 있었고(Sally는 이성애의 여성을 '사커맘[1]'이라 불렀다), '남성스러운' 여성을 무서워해 레즈비언 사회에 발을 들여놓길 거부했다. 또한 여성 성기에 특별히 성적으로 끌린다고는 한 번도 생각해 본 적이 없었다. 그녀가 선호하는 것은 대면 접촉과 눈맞춤이었다(p. 386).

만약 Sally가 당신의 내담자였다면 당신은 Sally에게 어떤 질문을 할 것인가? 양성(bisexual) 행동이 게이나 레즈비언 성정체감보다 더 혼란스러운가?

생각해 볼 마지막 두 가지 질문은 다음과 같다. 치료자로서 당신이 들어보거나 경험해 본 것중 당신의 안전지대를 벗어난 성 관련 시나리오가 있다면 그것은 어떤 것이었는가? 만약 그런시나리오가 임상면담 장면에서 실제 발생한다면, 당신은 이를 어떻게 다룰 것인가?

가족치료의 이론적 배경

가족과의 작업에 다양한 접근이 사용되고 있다. 가족치료 교과서들(Capuzzi & Stauffer, 2015; Gehart, 2014; Goldenberg et al., 2016)에서 얻은 정보는 다음의 목록을 제공하고 있다.

- 정신분석적 · 다세대 가족치료
- 체계적 · 전략적 치료
- 구조적 가족치료
- 경험적 · 인본주의적 가족치료
- 행동적 · 인지행동적 가족치료
- 해결중심 가족치료
- 협력적 · 이야기 가족치료
- 연구 기반 접근(예: 다체계적 가족치료와 기능적 가족치료)

대부분의 가족치료학자와 치료자들은 체계적 관점이나 생태학적 관점(Bronfenbrenner, 2005; Murray et al., 2012)을 많이 사용한다. 이들 관점은 가족 체계, 이웃, 기타 사회적 체계

---

1) 역자 주: 자녀를 스포츠, 음악 교습 등에 데리고 다니느라 여념이 없는 전형적인 중산층 엄마를 말한다.

가 인간 행동을 야기하고, 건강과 기능 이상 상태를 만들어 낸다는 점을 강조하고 있다. 개인의 문제는 가족 환경에서 뭔가가 잘못되고 있음을 나타내는 신호로 간주된다.

이 장 전반에 걸쳐 언급했듯이, 당신이 어떤 이론적 모형을 가졌느냐는 당신의 가족면담 접근 방식을 결정할 수 있다. 비록 이 장이 가족면담 접근을 포괄적으로 기술하는 데에는 한계가 있지만, 몇몇 평가적 접근, 영역, 개입 방법을 전달하고 있다. 이는 초기 가족면담의 본론 단계에서 주로 행해지는 활동들이다.

가계도

커플·가족치료자들은 (다)세대 간 가족 역동을 이해하는 도구로 흔히 가계도(genogram)를 사용한다. 가계도 구성 지침에는 약간의 차이가 있으나, 기본적인 가계도 실시 방법을 아는 것은 중요하다(McGoldrick, Gerson, & Petry, 2008). 상담자는 가족 앞에서 가계도 작업을 하지 않을 수도 있다. 즉, 가계도를 완성하는 데 필요한 정보만 수집하고 나중에 가계도를 완성할 수 있다. 아들러식 상담자는 가계도를 **가족 세우기**(family constellation)라 칭하며, 이를 사용하여 현재 커플이나 가족 관계에 영향을 줄 수 있는 가족력, 가족 전통, 출생 순위 및 기타 원가족 역동을 탐색한다.

가족치료 목표 알아보기

정보를 수집할 때 많은 가족치료자들은 가족 구성원 각각에 집중함으로써 균형을 유지한다. 예를 들면, Lankton, Lankton과 Matthews(1991)는 "비록 가족 구성원 간 의견이 상충되더라도 우리는 항상 각 구성원에게 가족이 어떻게 변하길 원하는지 묻고 있으며, 각 구성원에게서 나온 의견은 치료 목표를 설정하는 데 근간이 된다"(p. 241)고 언급하고 있다. 어떤 변화가 자신에게 있어야 할 것인가 혹은 어떻게 가족 상황을 변화시킬 것인가에 초점을 맞춘 목표는 달성하기 더 수월하며, 가족치료자들은 이러한 사실을 가족 구성원 모두에게 상기시킬 필요가 있다. 이는 가족 구성원들 사이에서의 비난과 희생양 찾기를 막을 수 있다. 매우 솔깃하기는 하나, 다른 누군가의 변화를 요구하는 목표는 문제가 될 수 있다(사례 예시 14-5 참조).

사례 예시 14-5 **당신의 목표는 당신의 통제하에 있어야 한다**

첫 회기 동안, 15세의 백인 여성 Cassandra는 과잉 통제하는 부모의 양육 방식에 대해 불평했다. 비록 완전히 성공하지는 못했으나, 임상가는 Cassandra가 부모의 변화가 아닌 자기변화에 초점을 맞출 수 있도록 도왔다.

Cassandra: 전 부모님이 절 그냥 내버려 뒀으면 좋겠어요. 부모님은 끊임없이 절 비난해요. 부모님은 제 친구들을 싫어하고 절 믿지 않아요. 그냥 절 놔두면 모든 일이 순조롭게 될 거 같아요.

치료자: 그러니까 부모님이 손을 떼면 좋겠다는 말이지요. 이게 본인 목표인 거 같네요.

Cassandra: 네, 맞아요.

치료자: Cassandra, 본인은 어떤 게 당신에게 도움이 될지 잘 알고 있는 거 같아요. 좋아요. 하지만 남을 변화시키는 건 매우 어려운 일이에요. 여기서 우리는 아주 열심히 무엇인가 작업할 거지만, 당신 부모는 여전히 당신에게서 손을 떼지 못할 수 있어요. 왜냐하면 우리는 남을 변화시킬 수 없기 때문이에요. 그건 그 사람이 할 일이에요. 이제 초점을 한번 바꿔 보죠. 부모님에게 원하는 걸 말하기보다 당신이 스스로 할 수 있는 걸 말해 보세요.

Cassandra: 부모님 비위를 맞춰 주는 것처럼 행동할 수 있어요.

치료자: 네, 그것도 한 가지가 될 수 있어요. 하지만 이 행동은 당신이 주체가 된 행동이라기보다는 부모님이 원해서 하는 행동으로 보이네요. Cassandra 본인이 원하는 건 뭔가요? 기분이 좋을 만한 그러면서 동시에 신뢰 기반을 다시 구축할 수 있을 만한 그런 변화는 무엇일까요? 부모님이 당신을 신뢰할지 그렇지 않을지는 우리가 통제할 수 없는 영역이기 때문에 우리는 다음과 같은 질문을 할 필요가 있어요. "나 Cassandra가 생각하기에 좋고 논리적이며 믿을 만한 행동은 무엇인가?"

비록 시작 단계에서 목표가 설정되었을지라도, 가족 구성원들은 치료 목표를 재검토할 수 있다. 또한, 회기를 진행하면서 다른 가족 구성원들의 행동을 통제하고자 하는 욕구가 더 분명하게 드러날 수 있다. 후에 가족치료자는 '통제'와 관련된 문제를 가족 구성원들에게 논의하도록 할 것이며, 건강한 협상을 할 수 있도록 가족 구성원들을 도울 것이다.

가족치료 목표를 탐색하는 데 있어서의 핵심은 가족 구성원 전원을 참여시키는 것과 지명된 환자에 대한 언급을 최소화시키는 것이다. Cassandra(사례 예시 14-5) 가족의 경우, 내담자들의 초점을 비난하기에서 변화라는 건설적인 대화로 전환할 필요가 있다. 이 과정에서 가족 구성원들이 가진 강점과 약점을 탐색하고, 이 정보를 건설적인 가족으로 변화시키기 위한 목적으로 사용하는 것이 매우 중요하다(V. Thomas, 2005).

변화하고자 하는 의지

커플면담에서 관계 헌신(relationship commitment)이란 과제를 수행하고, 새로운 것을 시도하고, 변화를 실험하며, 새로운 관점을 시도하려는 각 구성원들의 의지를 말한다. 직접적으로 질문하는 것 외에 이 영역을 평가하는 데 있어 좋은 방법은 각 구성원에게 새로운 행동을 시도해 보게 하거나 면담에서 경청 기술을 사용해 보게 하는 것이다. 치료자는 다음과 같이 말해 볼 수 있다.

- Fred, Wilma의 손을 잠시 잡고 그녀가 울 수 있도록 해 줄 수 있나요?
- 어머니, 어머니와 Malia는 다른 가족보다 더 가깝게 앉아 있네요. 아버지께서 이쪽으로 이동하는 동안 Malia는 오빠 옆에 앉아 보죠. 그런 다음 우리 이야기를 더 나누어 봐요.
- 아버지, 일어서서 지지의 표현으로 어머니 바로 뒤에 서 주세요.

과제 부여 시 가족(혹은 커플) 각 구성원에게 언제, 어디서, 어떻게 과제를 수행할 것인지 묻는 것은 유용하다. 구체적인 내용이 없다면 사람들은 과제를 무시하거나 잊어버리기 쉽게 된다.

아이, 부모, 이웃, 친구

종종 커플·가족은 광범위한 관계의 핵심이며, 서로의 안위나 고통에 영향을 준다. 커플 혹은 가족 체계에 영향을 주는 대인관계적 요구와 역할 요구를 아는 것은 중요하다. 조부모, 아동, 아동의 친구, 의붓자식, 사돈, 절친, 기타 관련자는 커플·가족의 행복과 불행에 막대한 영향을 줄 수 있으며, 관계 자원(relationship resource)에 기여하거나 이를 고갈시킬 수 있다. 외부 요인들이 커플·가족에 영향을 미치는 풍부하면서도 상호적인 방식을 고려하는 것은 생태학적인 접근을 취하는 치료에서 매우 중요하다(Bronfenbrenner, 1976, 1986, 2005).

LGBTQ 개인과 커플은 일반적으로 주류 문화권에 해당하는 이성애 가족 구성원들보다 더 큰 문화적 스트레스에 노출되어 있다. Herek(2007)은 주류 문화권의 신념이 어떻게 주류에서 벗어난 LGBTQ 정체감을 업신여기고, 모욕하고, 인정하지 않는지 묘사하기 위해 **성적 낙인**(sexual stigma)이란 용어를 사용했다. 이 낙인은 또한 제도화될 수 있다. 예를 들면, 일부 공립 · 사립 · 정부 기관들은 LGBTQ 사람들을 직간접적으로 낙인찍고 무시한다. 성적 낙인이 가지고 있는 비승인적 특성을 주장한 Herek의 생각과 일맥상통하게, 일부 연구자들은 LGBTQ 사람들의 법적 권리를 제한하는 법을 가진 주에서 LGBTQ 개인의 정신 장애 유병률이 더 높게 보고된다는 사실을 발견했다(Hatzenbuehler, Keyes, & Hasin, 2009; Heck, Flentje, & Cochran, 2013).

결과적으로, 성소수자 커플과 작업하는 임상가는 부모, 이웃, 친지, 주류 문화권이 어떻게 이들의 고통과 역기능에 영향을 미치는지(고통과 역기능을 증가시키거나 감소시키는지) 잘 인식하고 있어야 한다. 성소수자 커플을 이들을 지지하는 무대로 옮겨 주는 것이 스트레스 감소와 기능 증진에 기여할 수 있다.

마약, 알코올, 신체 폭력

마약, 알코올, 폭력에 대한 정보를 내담자로부터 얻는 것은 중요하다. 일부 내담자들은 접수면담 기록지에 포함된 약물 · 알코올 · 폭력에 관한 문항에 표시하는 것을 더 선호할 수 있다. 이것이 바로 임상가가 이런 문항이 포함된 접수면담 기록지를 사용하는 이유라 할 수 있다. 가족에게 이러한 질문을 할 때, "모든 게 좋아요"라는 식의 반응을 얻게 되는 것은 전혀 이상하지 않다. 적어도 내담자-치료자 간 신뢰가 구축되기 전에는 이런 식의 반응이 드물지 않다. 하지만 그 방법이 서면이든 구두든 이를 질문하는 것은 이런 영역 혹은 모든 영역에서 "당신의 문제가 무엇인지 듣고 싶어요"라는 메시지를 내담자에게 전달한다.

민감한 사안을 탐색하는 수단으로 질문지나 접수면담 기록지를 사용할 경우, 임상가는 보고된 내용을 꼼꼼히 살펴야 하며 이 중 주요 사안은 커플이나 가족과 다시 논의해야 한다. 하지만 이렇게 하기 위해서는 먼저 가족 · 커플에게 비밀 보장의 한계에 대해 명확히 해 주어야 한다. 즉, 질문지나 접수면담 기록지에 기재된 **비밀이 가족 · 커플 내에서 보장되지 않을 수 있다**는 것을 가족 · 커플에게 명확히 전달해야 한다. 따라서 기재된 사안은 면담 동안 논의될 수 있다.

정리 및 종결 단계

    한 방 안에 한 명 이상의 내담자가 있는 경우, 시간은 쏜살같이 지나간다. 이러한 상황은 시간 한계(time boundary)를 지키는 것을 어렵게 만들기도 한다. 만약 새로운 문제가 회기가 끝날 무렵 제기된다면, 한계를 설정하고 회기를 마무리하는 것이 더 적절하다.

>   Rosa, 통금시간 변경 건에 대해 얘기해 줘서 고마워요. 하지만 안타깝게도 오늘은 시간이 다 됐어요. 다음 주 통금시간 문제를 다시 가지고 오면, 시간이 될 때 이를 논의해 보도록 하죠.

    커플·가족면담은 강한 정서적 내용을 포함할 수 있다. '이를 다시 정리할 수 있는 시간'을 주는 것은 내담자의 정서적 상태와 당신의 시간 한계 모두를 존중하는 방법이 될 수 있다.

    치료에서 당신의 역할은 모두의 기분을 좋게 만드는 것이 아니다. 문제를 축소시켜 모두가 인위적으로 희망적이 되도록 하는 것도 당신의 책임은 아니다. 이는 윤리적인 측면에서도 옳지 않다. 하지만 당신은 도움을 받기 위해 내원한 모두의 노력을 지지하고 칭찬할 수 있다. 또한 모든 사람들에게 평정을 되찾을 기회를 주는 구조를 제공하고, 가족에게 방향성과 희망을 줄 수 있다.

    모든 정리 단계에서와 마찬가지로, 회기 요약은 중요하다. S. Johnson(2004)은 EFCT 관점에서 회기 요약의 긍정적인 측면을 기술했다.

>   첫 회기를 종결할 때 하는 요약에는 항상 내담자들이 이미 참여하고 승리한 투쟁에 대한 설명이 포함되어 있다. 비록 "그래서 도움을 받기로 결정했다"는 식의 아주 뻔한 결론이라도 말이다. 또한, 첫 회기를 종결할 때 치료자는 내담자들과 추후 건설적인 관계 형성을 위해 파트너로서 동맹을 결성해야 한다(p. 129).

    섬세하고 긍정적인 요약은 커플·가족에게 자신들이 한 이야기를 치료자가 경청했음을 알게 한다. 또한, 요약은 내담자들로 하여금 회기가 끝났으니 "상담실을 떠날 준비를 하라"라는 신호를 제공하기도 한다. 예를 들면 다음과 같다.

오늘 우리는 많은 걸 다뤘어요. 여러분은 할머니의 죽음에 대해 직접적으로 그리고 용기 있게 이야기를 해 줬고, 이것만으로도 여러분은 대단한 일을 했어요. 비록 여러분이 할머니의 죽음을 직면했다고는 하지만, 여기서 더 나아가는 건 고된 일이 될 거예요. 또한, 상실의 슬픔이 여전히 여러분을 억누르고 있는 것으로 보여요. Delvin이 최근 연루된 법적 문제, 다음 달 남자친구와 이사를 들어오겠다는 Ginny의 갑작스러운 결정, 이전보다 더 자주 화를 내는 아버지, 50가지 방법으로 슬픔을 느끼고 있는 어머니 등은 할머니의 죽음과 관련이 있다고 할 수 있어요. 이야기한 모든 내용을 오늘 다 다루지는 못했지만, 앞으로 우리는 이런 사건들 사이에 존재하는 연관성을 찾을 거예요. 그리고 이를 함께 논의할 거예요. 5주 동안 전체 가족으로서 함께 작업해 보자는 저의 제안에 대해 어떻게 생각하세요? 5주 후 우리는 우리의 작업이 어떻게 진행되었는지 다시 평가해 보는 기회를 가질 거예요.

과제 제공은 회기를 정리하는 또 다른 방법이다. 의사소통하기, 일기 쓰기, 도표 작성하기, 데이트하기, 독서하기, 훈련 테이프 청취하기, 감각 집중하기, 커플·가족과 활동하기 등이 과제로 제공될 수 있다.

정리 단계에서 회기 후 인생이 얼마나 새롭고 흥미로운 방식으로 전개될지 내담자가 인정하도록 하는 것은 도움이 될 수 있다. 이에 더해, "가정에서의 사정은 다를 수 있다"는 내용을 전달하는 짧은 문구를 만들어 볼 수도 있다. 예를 들면 다음과 같다.

여기 이 상담실에서 저와 여러분이 함께 상호작용하고 작업하는 것은 댁에서 여러분들끼리 상호작용하는 것과는 달라요. 우리는 지금까지 여기서 여러 문제들에 대해 이야기를 나누었어요. 아마도 여러분은 이런 문제들을 댁에서도 이야기 나눌 거예요. 하지만 전 여러분이 오늘 여기서 사용한 지침을 기억해 주었으면 합니다. 잊지 마세요. 집에서 이런 문제들을 논의하다 문제가 생기면, 그 경험과 내용을 다음 주에 여기로 가지고 오시는 겁니다. 해결되지 않은 상태라도 괜찮아요.

한 방에 한 명 이상의 내담자가 있다는 것은 모든 면에서 시간을 더 들게 할 수 있다. 관리자(office manager)가 없다면 당신은 다음 회기 예약에 시간을 더 쓸 수도 있다. 시간에 쫓기면서 다음 회기에 대한 설명도 못한 채 회기를 마치는 것은 어색하면서도 비전문가적인 행태라 하겠다.

회기를 종결할 때는 간단하면서도 낙관적이고 안심시키는 말을 해야 한다.

여러분 모두가 회기에 올 수 있어서 좋았어요. 또한, 적극적으로 참여해 준 데에도 감사드려요. 상담은 힘들 수 있지만, 제 생각에는 우리 모두 가족의 삶을 더 긍정적으로 만들 수 있도록 함께 노력할 수 있을 것 같아요.

특별 고려사항

아래는 커플·가족과의 면담 및 그 후속 작업에서 발생할 수 있는 고유한 상황과 문제를 다루고 있다.

갈등을 파악하고, 관리하고, 수정하기

도움을 받고자 찾아오는 커플이나 가족들은 흔히 심각한 관계 갈등을 경험하고 있으며, 갈등을 관리하는 기술 또한 부족하다. 임상가들은 커플·가족의 갈등 해결 방법을 파악하고, 이를 관리, 수정해야 한다. 어떤 커플·가족들은 갈등을 피하게 될 것이고, 다른 커플·가족들은 아찔한 속도와 위협적인 강도로 싸움을 하고 있을 수 있다.

갈등의 과정과 내용

커플에게 있어 돈, 섹스, 시가·처가는 최고의 갈등 영역에 속한다. 물론 역할 분담, 양육, 폭력, 여가·종교적 추구와 선호를 포함한 많은 잠재적 갈등 영역도 있다(Sperry, Carlson, & Peluso, 2006). 가족 또한 수많은 갈등을 가지고 상담 장면에 온다. 의무, 집안일, 자녀 독립, 훈육, 비행, 약물·알코올 사용 등은 가족상담에서 흔히 등장하는 문제다.

소수계층 커플·가족에 있어, 갈등은 흔히 양육, 공동 양육, 친권, 생물학적 자녀와 파트너 사이의 애정 경쟁, 커밍아웃, 역할 정체감, 스트레스와 낙인을 다루는 방법 등과 관련된다(K. Johnson, 개인교신, 2012년 8월 10일). 특정 문화권 집단의 갈등 영역을 인지하는 것은 중요하다. 하지만 각 커플·가족은 분쟁 사안에 있어 유사성을 보일 수도 있지만 차이점도 보일 수 있다. 따라서 이를 인지하는 것 또한 중요하다.

갈등의 내용(conflict content)은 논쟁의 대상을 가리킨다. 갈등의 과정(conflict process)은 모든 사람들이 어떻게 논쟁하는지를 가리킨다. 이는 중요한 구분이다. 임상가들은 첫 회기에서 무엇에 대해 논쟁이 되고 있는지 그리고 논쟁이 어떻게 이루어지고 있는지 그 내용과 과정을 구분할 수 있도록 커플·가족을 도와야 한다.

치료에 오는 많은 커플·가족들은 의사소통과 갈등 관리를 하는 데 필요한 기술이 상당히 부족하다. 이들은 갈등의 **과정**(how)에서 문제를 나타내고 있다. 많은 사람이 의사소통과 갈등 해결을 위한 효과적인 방법을 배울 기회를 가지지 못했다는 점을 고려할 때 이는 예측 가능한 부분이다.

당신은 갈등에 대해 어떻게 느끼는가

갈등의 내용과 과정은 가족이나 커플과 면담하는 동안 항시 존재한다. 갈등의 내용과 과정은 둘 다 모두 중요하다. 또한, 당신은 가족·커플이 논쟁하고 있는 **특정 내용**이나 논쟁 방법에 보다 고유하게 반응할 수 있다.

모든 이가 공개적 갈등을 좋아하는 것은 아니다. 일부는 갈등 회피자들이며, 일부는 갈등 추구자들이다(Wilmot & Hocker, 2013). 이는 내담자에서뿐만 아니라 상담자에서도 마찬가지다. 만약 갈등 회피자 쪽으로 기우는 자신을 발견한다면, 당신은 커플상담자 혹은 가족상담자 직종에 잘 맞지 않을 수 있다. 일반적으로 커플·가족상담 영역으로 들어오기 전 대인관계적 갈등에 대한 당신의 반응이 무엇인지 그리고 어떤 갈등 사안이 당신의 감정 버튼을 누르는지 먼저 탐색해 볼 것을 권한다(실제 적용하기 14-3 참조).

● 실제 적용하기 14-3: 당신의 갈등 버튼 탐색하기

당신이 커플·가족 갈등 시나리오에 어떻게 반응하는지 탐색하기 위해 다음의 질문들을 생각해 보도록 하라.

1. 당신은 당신의 감정 버튼을 누르는 특정 갈등 사안이 있는가? 돈, 섹스, 시가·처가 문제는 어떠한가? 대인 간 폭력은 어떠한가? 체벌하는 부모나 방임하는 부모에 대해 격한 감정이 드는가?
2. 당신은 결혼 관계나 커플 관계에서 커플이 어떻게 행동해야 하는지에 대해 편견이 있는가? 연애를 하면서 어떤 상처를 받았는가? 그 상처와 편견이 서로 관련이 있다고 생각하는가?
3. 당신은 갈등을 집에까지 가져가는가? 가족·커플과 작업하는 것은 정서적으로 부담이 될 수 있다. 또한, 당신이 목격하고 다루는 갈등은 당신을 소진시킬 수 있다.
4. 성장기 동안 당신 가족을 특징짓는 갈등 사안이나 갈등 과정은 무엇이었는가? 부모님 혹은 주 양육자는 갈등을 회피했는가? 아니면 갈등에 휘말렸는가? 이들은 갈등을 적절하게 해결했는가?

이상의 질문을 탐색하는 것이 당신의 갈등 버튼에 대한 이해에 도움을 줄 것이다.

회기 중 얼마나 논쟁하고 싸우도록 허용해야 하는가

아마 예측했겠지만, 대답은 "그다지 많이 허용하지 않는다"이다. 흔히 가족·커플은 갈등 관리 기술이 역기능적이기 때문에 상담에 찾아온다. 만약 당신이 회기 중 갈등을 허용하고 이를 개입하지 않는다면, 이들은 자신들의 역기능적 갈등 양상을 재현할 것이다. 갈등을 와해시키고, 새롭고 다르며 좀 더 적응적인 방식으로 갈등을 관리하도록 돕는 것이 당신이 할 일이다.

커플이나 가족으로 하여금 이들의 일상적인 역기능적 갈등 패턴을 보이도록 허용하는 유일한 합리적인 근거는 평가 정보를 수집한다는 명목하이다. J. S. Gottman과 Gottman(2015)은 회기 중 커플의 갈등 해결 기술을 관찰하는 것이 얼마나 유용한지 설명하고 있다. 하지만, 면담 중 나타나는 갈등은 매우 빠르게 파괴적으로 진행해 갈 수 있다. 만약 커플·가족에게 이러한 파괴적 갈등 패턴을 보이도록 허용하고자 한다면, 당신은 한계 설정 기술을 활용할 것을 미리 염두에 두어야 한다.

일부 이론적 입장은 미해결된 원가족과의 문제가 커플 간 갈등을 유발한다고 주장한다(Luquet, 2006). 갈등을 다룰 때, 세대 간 문제의 내용과 과정을 염두에 두는 것은 현명한 태도다.

갈등은 빠르게 고조된다. 학대나 갈등이 심한 커플·가족들은 흔히 정서적인 에너지와 응어리를 많이 가지고 있어서 이들의 갈등은 강력한 폭발로 이어진다(Horwitz, Santiago, Pearson, & LaRussa-Trott, 2009). 우리는 말하기를 거부하는 내담자, 상담실에서 상대를 때리거나 발로 차려 하는 내담자, 한바탕 욕설을 퍼붓고는 회기 중 갑자기 나가 버리는 내담자들을 보아 왔다. 면담에서 커플·가족은 정서적으로 폭발할 가능성이 높기 때문에, 임상가들은 회기 전반에 걸쳐 통제를 유지할 필요가 있다. 커플이나 가족 체계가 더 와해되어 있으면 있을수록, 면담 회기는 더 구조화되고 통제될 필요가 있다.

개인치료에서 커플치료 혹은 가족치료로의 전환

이 장 전반에서 우리는 임상가가 커플·가족 구성원 각각을 동등하게 대해야 한다는 점과, 구성원들이 힘과 통제력을 얻기 위해 임상가와 연합하려고 한다는 점을 강조해 왔다. 이러한 이유로, 우리는 개인상담에서 만난 개인을 커플이나 가족상담으로 전환하고자 하는 유혹을 피할 것을 권하는 바다. 또한, 우리는 같은 상담자에게 개인치료와 커플·가족치료를 동시에 받지 말 것을 권장한다. 임상가의 임상 업무 관련한 규율은 다음과 같다.

- 한번 개인치료 내담자는 영원한 개인치료 내담자다. 일반적으로, 우리는 누군가와 개인상담을 한 후 그 사람과 다시 커플상담이나 가족상담을 하지 않는다. 대신 우리는 이들을 다른 임상가에게 의뢰한다.
- 커플상담이나 가족상담이 끝난 후, 우리는 때때로 이 중 한 구성원과 개인치료를 하는 것을 고려할 수 있다. 하지만 이렇게 할 경우에는 다음의 사항을 명확히 해야 한다. 일단 개인치료가 시작되면, 커플치료나 가족치료로는 복귀하지 않는다.

수많은 이유로 치료자들은 이와 같은 제안을 지키지 않고 있다. 다음의 시나리오를 고려하도록 하라.

- 한 개인치료 내담자가 치료자에게 "이미 함께 작업했기 때문에 전 선생님을 믿어요. 전 처음부터 다시 시작하고 싶지 않아요. 결혼상담을 위해 다른 이를 만나고 싶지 않아요. 하지만 남편은 두 경우 다 문제가 없다고 말해요."라고 말한다.
- 10대 남학생과 그의 치료자는 모두 가족치료가 필요하다는 점에 동의한다. 소년은 "전 선생님 외의 다른 사람과는 치료를 하고 싶지 않아요. 다른 선생님을 볼 일은 없을 거예요!"라고 말한다.
- 내담자들은 특정 치료자가 커플치료나 가족치료에서 다룰 문제에 정통하기 때문에, 이 치료자가 가장 좋은 선택이라고 믿을 수 있다. 그래서 같은 전문가와 함께 작업하는 것을 더 선호한다.

당신도 알아차렸다시피, 우리는 '흔한 유혹' 때문에 개인치료에서 커플치료나 가족치료로 전환할 것을 고려한다. 치료자에게 있어서는 내담자와의 치료가 성공한 경우 혹은 내담자가 당신에게 계속 상담 받고자 하는 희망을 표시한 경우 혹은 상담을 계속하는 것이 경제적으로 이득이 되는 경우, 상담을 계속하고자 하는 유혹에 빠지곤 한다. 이 쟁점과 관련된 우리의 입장은 앞에서 이미 밝혔다. 이 입장에는 우리의 전문가적 의견과 편견이 녹아 있다는 것을 명심하도록 하라. 일부 임상가들은 이 같은 우리의 조심스러운 입장에 동의하지 않을 수 있다(Hecker, 2010).

충성심 갈등

개인치료를 커플치료나 가족치료로 전환하는 것을 피하는 이유 중 가장 큰 것은 아마도 이같이 될 경우 충성심 갈등이 필연적으로 뒤따르기 때문이다. 기존 내담자의 연애 상대나 가족과 신뢰와 라포를 형성하려고 아주 많이 노력하지 않는 한, 새로운 당사자들은 당신이 기존 내담자에게 더 큰 충성심을 가질 것이라고 가정할 가능성이 높다. 그리고 이러한 지각은 정확할 수 있다. 반대로, 당신이 새 내담자 편에 서면, 기존 내담자는 배신감을 느낄 것이고 버려졌다고 생각할 수 있다. 이로 인해 당신은 승산이 없는 치료에 갇히게 될 수도 있다. 둘 혹은 모든 내담자들은 당신이 기존 내담자 편에 있다거나 충성의 대상을 바꿨다고 재빨리 의심할 수 있다. 이 같은 역동은 이미 어려운 상태에 더 큰 어려움을 보탤 수 있다.

당신은 동네에서 (거의 항상) 유일한(유능한) 치료자가 아니다

같은 사람을 대상으로 개인, 커플·가족치료를 동시에 수행하는 것에 대한 변명으로 사람들이 그렇게 하자고 주장했다는 변명이 있다. 이 같은 내담자의 선호 기저에는 당신이 아주 완벽한 작업을 했다는 신념이 깔려 있다. 이는 당신에게 찬사이기는 하다. 하지만 관계 범위(relational boundary)를 넘어서는 것은 초반에 당신이 쌓은 좋은 업적을 훼손시킬 수 있다. 정신건강 전문가 윤리 강령의 윤리 지침에는 이중 혹은 다중 역할을 피하라는 지침이 있다. 이는 만약 두 역할이 당신의 객관성을 해칠 경우, 한 내담자에게 가족치료자인 동시에 개인치료자가 되지 말라는 의미도 내포하고 있다(R. Sommers-Flanagan, 2012).

당신이 최고의 혹은 유일의 방안이라는 내담자 생각을 만족시키는 것은 건강한 선택이라 할 수 없다. 보다 유연하게 기능하도록 내담자를 돕는 것, 보다 나은 관계 능력을 갖도록 내담자를 돕는 것은 대부분의 치료들이 표방하는 목표다. 개인으로 하여금 다른 치료자를 찾도록 권하는 것은 중요한 신임 투표라 할 수 있다. 이는 내담자가 다른 전문가와 관계를 형성할 수 있고, 또한 이를 성장과 변화를 위한 방향으로 활용할 수 있다는 메시지를 당신에게 전달한다. 내담자가 당신에게 의존적이 되도록 하거나 의존적이 될 것을 권하는 것은 좀처럼 정당화되지 않는다. 확실히, 시골에서는 한 가족을 대상으로 다중 치료 관계를 맺는 것이 필요할 수 있다. 이 경우, 당신은 동네에서 유일한 유능한 치료자는 아닐 수 있다. 하지만 이 경우, 당신은 동네의 유일한 치료자일 수는 있다.

다양성 쟁점

게이나 레즈비언 커플 혹은 다른 문화적 배경을 가진 커플·가족과 작업하는 것은 고유한 어려움을 수반할 수 있다(Bigner & Wetchler, 2012). 당신과 당신 내담자들 사이에 확실하고 명백한 차이가 있을 때, 내담자들은 문화적 공통점을 찾기보다는 당신을 보다 면밀히 관찰할 수 있다. 이러한 상황에서는 민감성, 재치, 명백한 것에 대한 논의가 요구된다. 다음의 상황을 상상해 보도록 하라.

당신은 백인, 이성애자, 기독교도 남성이다. 당신은 오후 3시에 Sandy Davis, Latisha Johnson과 커플상담 약속이 있다. 대기실로 갔을 때, 당신은 두 명의 흑인 여성이 나란히 앉아 있는 것을 본다. 당신을 이들에게 자신을 소개했고, 치료실로 가는 도중 여러 생각을 한다. ① 내담자는 흑인 레즈비언 커플이다, ② 전에 이런 문화적 소수 집단과 치료를 해 본 적이 없다, ③ 막막함을 느끼며, 이런 집단에 대해 아는 것이 없다는 걱정이 당신을 불편하게 만들기 시작한다. 하지만 동시에 당신은 커플이 당신을 불편하게 생각하지 않기를 바라며 이들도 당신에게 비슷한 불편감을 느끼고 있겠구나 깨닫는다, ④ 능력 범위 안에서 서비스를 제공하는 것이 당신의 윤리적·법적 의무임을 확인한다, ⑤ 비록 이 커플과의 작업에서 유능감을 느끼지는 못하겠지만, 당신은 당신이 이들에게 몇 안 되는 방안임을 깨닫는다. 그렇다면 당신은 어떻게 할 것인가?

이 같은 상황을 다루는 방법이 여기에 설명되어 있다. 목록에는 기본 원칙에 대한 설명이 제공되어 있다.

- 상담실에서 커플을 따뜻하게 환대하도록 하라(예: "클리닉에 내원해 주셔서 감사해요. 그리고 만나서 반가워요.").
- 비밀 보장과 비밀 보장의 한계에 대해 설명하도록 하라. 또한 내담자가 새로 내원한 경우라면 관련 기관 규정도 설명하도록 하라.
- 접수면담 기록지를 통해 내담자의 방문 목적(예: 커플상담)을 알고 있다면, 보통 커플과 어떻게 작업하는지 설명하도록 하라.
- 커플에게 어떤 질문이든 가능하다는 것을 알리고, 이들이 질문하기 전에 다음과 같이 설명하도록 하라.

제가 하는 커플치료는 주로 이성 커플에 적용되는 치료에요. 전 흑인 레즈비언 커플과 작업한 적이 없어요. 저와 작업하는 게 불편하지 않다면 전 두 분과 함께 작업해 보고 싶고, 그렇게 되면 도움이 될 겁니다. 현재 두 분이 이용할 수 있는 커플상담 방안이 그리 많지 않은 것으로 알고 있어요. 만약 두 분이 괜찮다면, 전 오늘부터 작업하자고 제안하고 싶어요.

전 두 분에게 오늘 많은 걸 물을 예정이에요. 상담 목표가 무엇인지, 취미, 가치관, 종교 등등…… 개인으로서 혹은 커플로서 두 분을 이해하는 데 도움이 되는 것들을 물을 예정이에요. 회기가 끝날 무렵, 저는 두 분에게 오늘 회기가 어땠는지 피드백을 구할 거예요. 저는 두 분의 피드백을 감사하게 생각할 거고, 두 분의 피드백에 기초해 두 분과의 작업을 수정할 거예요. 어떤 이유로든 두 분이 다른 치료자를 원한다면, 전 두 분에게 좋은 치료자를 소개할 거예요. 이 계획에 대해 어떻게 생각하나요?

다문화적 역량은 인식(예: 당신의 편견과 한계 인식하기), 지식(예: 특정 문화 집단에 해당하는 정보 수집하기), 기술(예: 문화적으로 민감한 방식으로 문화 특정 개입 적용하기), 지지(소수계층 내담자들의 요구를 지지하기 위해 적극적으로 활동하기) 등을 포함하고 있다. 이러한 능력에 더해, 앞서의 사례는 임상가가 다음의 전략들을 사용해 문화적 차이를 직접적으로 전달해야 할 필요성을 보여 주고 있다.

- 문화적 보편성(같은 문화적 배경을 가진 내담자들과 같이, 문화적 배경이 다른 내담자들에게도 동일한 존중을 보이며 대하기)
- 협력(내담자들의 문화와 상황적 특수성을 이해하기 위해 이들과 함께 작업하기)
- 피드백과 점검(면담에 대한 내담자들의 반응을 점검하기 위해 계속적으로 이들에게 피드백을 구하고 이 피드백에 기초해 면담 과정 수정하기)

어떤 임상가도 문화적으로 다양한 내담자 모두와 작업하기에 충분한 만큼의 인식, 지식, 기술을 갖추고 있지 않다. 내담자와의 치료 동맹을 강화하는 데 도움이 되는 문화적 보편성, 협력, 피드백의 전략을 잘 사용하고 따른다면 치료는 윤리적인 방식으로 진행될 가능성이 높다.

확인하기, 투사하기, 합류하기, 회피하기

커플·가족에 대한 치료자 역전이 반응에는 커플·가족의 갈등을 과대 추정하기, 치료자 개인의 정서나 문제를 가족 구성원에 투사하기, 생각하기 싫거나 언급하기 싫은 내용을 무의식적으로 회피하기 등이 있다. 커플(혹은 가족) 중 한 사람에게 끌리는 것 혹은 누군가를 특히 싫어하는 것 또한 치료자 역전이 반응에 속한다. 당신은 이런 역동이 임상면담에 어떤 영향을 줄지 상상할 수 있다.

이에 더해, 효과적인 평가와 치료는 치료자 자신의 인생 경험에 의해 보다 촉진될 수 있다. 비록 당신이 자신의 가족 문제와 관계 문제를(당신의 무의식적 과정과 갈등을 포함하여) 당신 일과 분리시키는 것이 가능하다 하더라도, 이러한 분리는 바람직하지 않을 것이다. 공통적인 경험은 관계의 기초를 형성하고, 다른 사람들의 경험을 이해하는 데 도움이 된다.

커플 · 가족과 작업하는 것은 보통 개인과 작업하는 것보다 더 강렬한 방식으로 연결된다. 체계 내에서의 당신의 존재는 그 체계를 바꾸기도 하며, 동시에 당신의 관점은 그 체계에 합류함으로써 변화되기도 한다. 문화적인 차이는 커플 · 가족에 합류할 때 어려움을 더욱 심화시킨다. 이 모든 상황에서 전문가적 관점을 유지하는 것은 쉬운 일이 아니다. 어떤 때는 상담자는 체계에 '지나치게 깊이 합류하게' 되어 자신의 전문가적 관점을 완전히 상실하기도 한다. 또 다른 때는 상담자는 합류하기를 피하여 그냥 냉담한 전문가로 남아 있기도 한다. 후자가 더 안전하기는 하나 덜 정보적이고 덜 치료적이라 할 수 있다.

커플 · 가족에 합류할 때, 상담자는 자신의 미해결된 가족, 관계, 문화라는 짐에 걸려 넘어질 수 있다. 당신의 일에 영향을 주는 당신의 무의식적 미해결 쟁점의 큰 문제는 이것이 '무의식적'이라는 사실에 있다. 다음의 목록은 현재 당신에게 문제가 되는 갈등 영역이 무엇인지 살필 기회를 제공한다.

- 다양한 문화적 혹은 인종적 배경을 가진 내담자들에게 당신은 편견을 가지고 있는가? 예를 들면, 어떤 상담자는 남미, 중동 혹은 독실한 커플이 가진 가부장적 혹은 남성 우월적 스타일을 받아들이기 어려워한다.
- 당신의 문화적 성향이 가족 역동을 다루는 데 방해가 되는가? 예를 들면, 크로우족(Crow)이나 나바호족(Navaho) 문화는 사위와 장모가 서로 대화하지 말 것을 가르치고 있다. 한편 어떤 문화는 눈물을 통해 슬픔을 직접적으로 표현하는 남성들을 불편하게 여길 수도 있다. 당신은 이러한 문화적 다양성을 수용할 수 있는가?
- 당신은 LGBTQ 사람들 그리고 이들이 나타내는 애정 혹은 성적인 행동에 편견을 가지고 있는가? 만약 그렇다면, 편견을 극복할 수 있는 방안에 대해 믿을 만한 슈퍼바이저와 논의하도록 하라.

내용이 더 필요하다면 자유롭게 이 목록에 내용을 첨가하도록 하라. 커플 · 가족상담이라는 흥미로운 세계를 포용하면서 동시에 편안함과 유능감을 느끼도록 당신의 인식, 지식, 기술을 자유롭게 성장 혹은 확장시키도록 하라.

요약

커플·가족과의 작업은 고유한 어려움을 수반한다. 일반적으로, 내담자 수가 많아질수록 면담 작업의 복잡성은 증가한다. 더 적은 시간으로 더 많은 사람들과 작업해야 할 필요성과 커플·가족을 정의하는 데 있어서의 논쟁이라는 두 가지 흥미로운 역설적 측면이 이러한 어려움에 더해진다.

커플·가족면담의 소개와 시작 단계에서 치료자는 내담자 비밀 보장 규정에 대해 소개해야 하고, 누가 회기에 참석할 것인지 명확히 해야 하며, 사전 동의의 세부 정보를 내담자에게 제공해야 한다. 치료자가 커플·가족에게 치료와 건강한 관계에 대해 교육을 하는 것은 중요하다. 치료자의 시작 진술은 내담자들에게 치료에 대한 방향성을 제시하며, 모든 구성원들의 목소리를 포함시키는 것에 대한 규범을 확립하는 데 도움을 준다. 구성원들 사이에서 균형을 맞추는 것 또한 면담의 시작 단계에서 성취해야 할 중요한 과업이다.

치료자의 이론적 배경은 면담 본론 단계에서 거론될 내용과 그 과정에 큰 영향을 준다. 하지만 보통 임상가들은 본론 단계에서, 자신의 이론적 배경과는 관계없이, 내담자들의 연애사를 듣고, 문제 해결에 대한 이들의 일상적인 접근 방식을 관찰한다. 구성원 각각에게 공감 표현하기, 각 당사자의 동기를 새로운 관점으로 재구성하기, 심리교육 제공하기는 면담의 본론 단계에서 흔히 이루어진다. 가계도 그리기, 가족 목표 설정하기, 치료실 내·외에서 관찰되는 상호작용 변인에 관심 기울이기는 가족면담에서 전형적으로 진행되는 활동이다.

정리 단계와 종결 단계에서 이루어지는 민감하고 긍정적인 회기 요약은 커플·가족으로 하여금 이들의 고충이 경청되고 있음을 깨닫게 만든다. 요약은 또한 내담자로 하여금 상담실을 떠날 준비를 할 수 있도록 돕는다. 시간 한계를 세우는 일은 치료자가 많은 내담자들과 함께 작업할 때 특히 더 어렵다. 균형 유지하기, 미래 전망하기, 과제 부여하기는 정리 단계와 종결 단계에서 진행되는 중요한 과업이다.

이 장은 몇몇 특별한 고려사항에 대해 논의하고 있다. 커플 간 혹은 가족 구성원 간 갈등은 커플 회기나 가족 회기에서 흔히 발생할 수 있다. 따라서 임상가는 갈등이 자신의 커플·가족과의 작업에 어떤 영향을 줄 것이며, 이러한 갈등을 어떻게 다룰 것인지 미리 생각해 두어야 한다. 갈등을 다루는 방법으로 한계 설정이 사용될 수 있다. 비록 치료 전환에 대해 임상가마다 그 견해가 다를 수 있으나, 우리는 개인치료에서 커플·가족치료로 전환하거나 이를 다시 개인치료로 전환하는 것을 권장하지 않는다.

커플·가족은 치료자에게 강력한 영향을 미칠 수 있다. 문화적으로 다양한 커플·가족은 특히 더 그러하다. 치료자는 내담자의 문제를 과대 추정할 수 있고, 커플·가족에 지나치게 깊이 합류하거나 철회할 수 있으며, 자신의 문제와 가치관을 내담자들에게 투사할 수 있다. 어떤 임상가도 문화적으로 다양한 내담자 모두와 작업하기에 충분할 만큼의 인식, 지식, 기술을 갖추고 있지 않다. 따라서 치료 동맹을 강화하기 위해 임상가는 문화적 보편성, 협력, 피드백 원칙에 근거해 내담자와 작업할 것이 권장된다.

권장도서 및 자료

커플·가족과 면담하는 일은 어렵다. 다음의 자료는 당신이 이러한 어려움을 대처하기 위해 준비하는 데 도움이 될 수 있다.

American Association for Marriage and Family Therapy. (2012). *AAMFT code of ethics*. Washington, DC: Author.
이는 미국결혼가족치료협회 회원을 위한 윤리 강령을 담은 저서다. http://www.aamft.org/imis15/content/legal_ethics/code_of_ethics.aspx를 방문하도록 하라.

Bigner, J., & Wetchler, J. L. (Eds.). (2012). *Handbook of LGBT-affirmative couple and family therapy*. New York, NY: Routledge.
이 저서는 방대한 수의 성소수 집단과 작업할 때 이들에 대한 긍정적인 태도를 갖는 것의 중요성을 강조한다. 여기에는 성별을 바꾸는 커플, 트랜스젠더 청소년, LGBT 부모 등이 포함된다.

Gottman, J. M., & DeClaire, J. (2001). *The relationship cure: A five-step guide for building better connections with family, friends, and lovers*. New York, NY: Crown.
Gottman은 미국 최고의 결혼학 연구자 겸 작가다. 그의 저서는 결혼과 가족의 기능에 대한 방대한 연구와 지식을 바탕으로 하고 있다.

Gurman, A. S., Lebow, J. L., & Snyder, D. K. (2015). *Clinical handbook of couple therapy* (4th ed.). New York, NY: Guilford Press.

이 저서는 많은 커플치료 개입과 이론적 관점을 폭넓게 다루고 있다. 또한 이혼, 다문화 커플치료, 다양한 의학적 또는 정신적으로 어려움을 겪고 있는 커플들과 작업하는 방법에 관한 자료도 포함하고 있다.

Hecker, L. (Ed.) (2010). *Ethical issues in couple and family therapy*. New York, NY: Routledge.

이 저서는 커플치료와 가족치료에서 발생할 수 있는 많은 까다로운 윤리적 쟁점들에 대해 훌륭한 개요를 제공한다.

Helm, K. M., & Carlson, J. (Eds.). (2013). *Love, intimacy, and the African American couple*. New York, NY: Routledge.

이 편집된 저서는 커플 관계에 대한 아프리카계 미국인의 규범과 가치관에 대한 구체적인 정보를 제공하고 있어, 아프리카계 미국인 커플과 꾸준히 작업하는 실무자에게 필수적이다.

Ho, M. K., Rasheed, J. M., & Rasheed, M. N. (2004). *Family therapy with ethnic minorities* (2nd ed.). Thousand Oaks, CA: Sage.

이 저서는 미국 인디언 원주민, 라틴계 미국인, 아시아계 미국인, 아프리카계 미국인 등과 같은 주요 소수민족 집단에게 가족치료 서비스를 제공하는 방법에 대한 지침을 제공한다.

Johnson, S. M. (2004). *The practice of emotionally focused couple therapy*. New York, NY: Brunner-Routledge.

이 저서는 커플과의 작업을 위한 경험적으로 지지되는 접근법인 정서중심 커플치료에 대해 기술하고 있다. 이 저서는 경험적인 증거와 이 접근법을 커플에게 어떻게 적용할지에 대한 실질적인 조언을 통합하여 제공하고 있다.

Johnson, S. M. (2008). *Hold me tight: Seven conversations for a lifetime of love*. New York, NY: Little, Brown.

이 저서는 정서중심 모형에 대한 매우 인기 있는 저서로, Sue Johnson은 커플들에게 직접 편지를 써서 미래의 연애 관계를 유지하는 데 도움이 되는 대화를 안내하고 있다.

Odell, M., & Campbell, C. E. (1998). *The practical practice of marriage and family therapy: Things my training supervisor never told me*. New York, NY: Haworth.

결혼과 가족치료에 대한 글쓰기와 가르침에 있어 이론에 치우친 메마른 접근과는 달리, 이 저서는 실제적이고 임상적인 부분에 강한 초점을 두고 있다. 예를 들면, 이 저서에는 '대학 클리닉과 같지 않다'와 '그래서 나는 접수면담 후에 무엇을 해야 하는가?'와 같은 장이 포함되어 있다. 이러한 실제적인 접근 방식은 보통 이론을 읽고 토론하는 데 충분한 경험을 가진 새내기 학생들에 의해 높이 평가되고 있다.

제15장

전자면담과 전화면담

소개

사이버 시대에 사는 대학원생으로서 당신은 온라인에서 교육 받고 가르치며 놀이하고 쇼핑하며 데이트할 기회를 더 많이 갖게 되었다. 온라인 사회는 활발하고 생기가 넘치며 방대하다. 당신이 이 책을 읽을 즈음이면, 약 10억 명의 사람이 페이스북을 일상적으로 사용하고 있을 것이다(http://www.internetworldstats.com/facebook.htm).

이 장은 상담실에서 내담자와 직접적으로 대면하는 그런 면대면 상황이 아닌 비대면 상황에서의 임상면담을 위한 것이며, 그 배경, 예시, 제안 등을 담고 있다. 이 장은 비동기적 서면 서신(예: 편지 쓰기)으로 시작하나, 전화면담, 화상회의, 문자 전용 동기적 문자메시지 소통, 아바타를 사용해 사회적이고 전문적인 상호작용이 일어나도록 설계된 가상 환경 또한 포함하고 있다. 가능한 경우의 수는 압도적이어서, 우리는 온라인과 비대면 임상적 상호작용이라는 두 가지 차원으로 초점을 제한하고자 한다.

1. 평가 절차로서의 임상면담
2. 치료 동맹을 형성하고 상담이나 심리치료를 착수하는 절차로서의 임상면담

●학습목표●

이 장을 읽은 후 다음을 수행할 수 있다.

- 첨단 기술이 어떻게 자아의 확장이 되었는지 기술하고, 대면 임상면담과 비대면 임상면담의 동일한 부분과 다른 부분 기술하기
- 다양한 비대면 의사소통 양식 파악하기
- 전화 및 온라인 치료에서의 치료 동맹과 치료 효과에 대한 연구 결과 논의하기
- 비대면 면담 관련 윤리적 · 실제적 문제와 그 해결책 파악하기
- 비대면 면담의 기본 기술을 준비하고 적용하는 방법 기술하기
- 비대면 면담 작업에서 제기되는 도전들이 무엇인지, 그리고 비대면 면담 시 다문화적 민감성을 갖는 것이 얼마나 중요한지 기술하기

자아확장으로서의 첨단 기술

사람들은 인터넷에서 서로 만나고 사랑에 빠진다. 치료적 관계라고 인터넷에서 이루어지지 말라는 법이 있는가?

-James R. Alleman, "Online Counseling," in *Psychotherapy:*
Theory, Research, Practice, Training, 2002, p. 20.

휴대전화로 문자 메시지를 보내고 통화하는 시간이 해마다 늘고 있다. 전자 시대에서 비대면 접촉이 대면 접촉을 대체하고 있다. 이러한 비대면 접촉으로의 전환은 새로운 시대적 규범일 뿐만 아니라 선호이기도 하다(Havas, de Nooijer, Crutzen, & Feron, 2011).

상담이나 심리치료 분야에서 비대면 접근은 새로운 개념이 아니다. 하지만 현대 기술력과의 결합으로 여기에 흥미로운 반전이 더해졌다(Harris & Robinson-Kurpius, 2014). 정신건강 전문가가 정보 격차를 뛰어넘으면서, 전자 미디어와 소셜 미디어에 초점을 맞춘 출판물이 증가하고 있다. 어떤 때는 이러한 도약이 내담자 요구에 부응하는 윤리적 반응으로 이해되기도 한다. 또 다른 때는 온라인 정신건강치료의 급증이 윤리성보다는 상업성에 의해 나타난 것으로 이해되기도 한다(Yuen, Goetter, Herbert, & Forman, 2012). 급변하는 인간 사회의 측면을 전문 업무에 적용하고 통합하는 문제는 전문가의 뜻에 달려 있다.

온라인 교육이 확대됨에 따라, 교사들은 교육 콘텐츠를 효과적으로 전달하기 위해 새로운 교수법을 익혀야 했다. 칠판은 더 이상 적합하지 않다. 온라인이나 전화에 기반한 정신건강 업무가 면대면 작업의 대안이나 보조가 되어 감에 따라, 전문가 또한 이러한 환경에 자신을 적응시키고 있다(Epstein & Klinkenberg, 2001). 치료자는 새로운 기술을 배우고, 새로운 윤리적 사안을 고려하며, 자신의 기존 임상적 접근을 조정하고 있다. 이렇게 말하는 것은 거의 불필요해 보이지만, 인간의 의사소통은 표현, 연결, 전달, 수용하는 방법 혹은 수단의 제약과 이점으로부터 분리될 수 없다. 화면에 있는 언어는 휴대전화나 화상채팅에서 교류된 언어와는 다르게 경험된다. 물론 이 모두는 직접 대면 상황에서 교류된 언어와 또 다르다. 하지만 각 의사소통법은 대면 접촉에서의 의사소통 규칙과 차원을 따르고 있다.

무엇이 같고 무엇이 다른가

의사소통에 기초한 전문적 관계는 윤리적이고 효과적인 면담을 이루는 핵심이다. 의사소통을 위한 다양한 기술력들은 더 많은 사람들에게 더 다양한 방식으로 다가가고 봉사할 수 있게 한다. 여전히 한쪽에는 전문가가, 다른 한쪽에는 서비스를 필요로 하는 사람이나 사람들이 위치하게 된다.

이 책의 제4장~제6장에 걸쳐 기술하고 요약한 집중 행동, 경청 행동, 행동 이끌기 기술은 여전히 면담의 기초가 되고 있다. 면담에서 반응이 소리로 전달되건, 문자로 전달되건 말이다. 이를 달리 표현하면, 의역(paraphrase)은 다른 의사소통 방식으로 표현한다는 말과 같다. 의역의 목적과 기능은 다양한 의사소통 전달 체계에 걸쳐 일관되게 유지된다.

비록 감정 타당화가 표현되는 방식이 다를 수 있음에도 이는 사실이다. 예를 들면, 문자 매체로도 이모티콘은 감정을 반영하고 타당화하는 편리한 방법이 될 수 있다.

> 문자를 읽었을 때, 당신이 연인과 헤어져 느낀 슬픔을 어느 정도 느낄 수 있었어요.

물론, 내담자의 감정이나 정서에 대한 반응은 소리가 없거나 시각적 접촉이 없어도 표현될 수 있다. 즉, 유능한 온라인 면담자는 내담자의 정서를 다룰 때 다음과 같은 다양한 반응을 사용할 수 있다.

- "화가 난 거 같네요." (비지시적인 감정 반영)
- "당신의 말에 분노가 담겨 있네요." (비지시적 감정 반영)
- "완전히 확신할 수는 없지만, 당신의 말 속에 분노나 적개심이 있는 거 같네요." (해석적 감정 반영)
- "당신은 하나를 말하지만☺, 그 밖의 뭔가 다른 게 진행되고 있다는 생각을 떨쳐 버릴 수가 없네요☹." (해석적 감정 반영)
- "당신 입장이 되었다고 상상해 보니, 화가 나요." (감정 타당화)
- 이모티콘은 그 자체로 감정 반영의 목적과 기능을 가지고 있을 수 있지만, 감정 타당화의 메시지를 전달할 수도 있다.
- "당신의 문자를 읽었을 때 슬펐어요." (이는 내담자로 하여금 아직 인정하지 않은 슬픔의 감정에 접촉할 수 있게 만드는 해석적 감정 반영의 특징을 지닌 치료자의 자기개방이다.)

전화나 화상 기반 의사소통에서는 예외지만, 비대면 면담에서는 보통 비언어적 피드백을 제공하는 시각적 단서나 청각적 단서를 접할 수 없다. 이는 여러 측면에서 문제가 될 수 있다. 제4장에서 이미 논의했지만, 의사소통의 많은 부분들이 비언어적이다. 예를 들면,

공감 표현을 위해 비언어적 수단을 사용할 수 없다는 것은 면담자에게 이를 문자로 표현해야 한다는 막중한 책임을 부여한다.

집중 행동 및 경청 기술과 관련하여, 비언어적 단서의 부족은 면담자와 내담자 모두에게 영향을 줄 수 있다. 집중 행동 기술에는, ① 눈맞춤, ② 보디랭귀지, ③ 목소리 특징, ④ 언어 추적이 있다(Ivey & Ivey, 1999). 전통적으로 상담에서는 치료자가 내담자에게 "나는 네 말을 경청하고 있어"라는 사실을 알려 준다. 적합한 그리고 문화적으로 적절한 경청 기술을 보여 주지 않는다면, 상담의 과정과 결과는 부정적이 될 것이다. 하지만 문자로만 소통하는 면담과 상담의 경우, 눈맞춤, 보디랭귀지, 목소리의 특징은 임상적 만남(clinical encounter)에 전혀 영향을 주지 않는다.

면담자-내담자 간 비언어적, 시각적 접촉을 제거하게 되면 언어는 훨씬 더 중요한 차원으로 떠오르게 된다. 흥미로운 결과는 온라인 면담과 상담 서비스를 받은 내담자가 면대면의 시각적·언어적 접촉의 부재로 오히려 안도감, 편안함, 통제감이 증가한 것을 보고했다는 점이다. 전화회의로 업무를 보는 재택근무 회사원이 종일 잠옷 차림으로 있기로 결정하는 것처럼, 온라인 상담을 받는 내담자는 대인 접촉 및 이러한 접촉과 관련된 모든 지루한 사회적 요구를 피할 수 있다. 어떤 사람들에게는 대안적인 형태의 대인 접촉을 갖는 것이 이들의 기분을 좋게 하고, 대인관계에 대한 불안을 감소시킬 수 있다. 하지만 많은 온라인 상담자들은 보다 전문가적 태도를 갖추기 위해 상담 시 옷을 갖추어 입고 있다는 사실도 유의해야 한다(K. Goodrich, 개인교신, 2012년 9월 15일).

치료적 침묵은 시각적 접촉이 없는 상태에서 다르게 다루어져야 할 또 다른 면담자 반응이다. 비언어적 단서가 없는 상태에서 침묵은 좀 더 쉽게 오해석될 여지가 있다. 전화상담 중에 묵음을 경험한 사람이라면 누구라도 생각, 감정, 행동을 빈 화면에 투사하는 능력에 대해 말할 수 있다. 유사하게, 침묵이나 공백이 온라인 상황에서 발생한다면, 이는 내담자가 화장실에 갔거나, 커피를 마시고 있거나, 다음은 무슨 말을 할까 고민하고 있거나, 화가 나 방을 나가 버렸을 가능성으로 해석할 수 있다. 상대방이 조용할 때 무슨 일이 벌어지고 있나 궁금해하는 것은 인간의 자연스러운 반응이다. 따라서 만약 면담자가 다음 반응을 기다리기로 하거나 반응하지 않기로 한다면, 이를 상대에게 먼저 명확히 알려야 한다. 다음과 같은 메시지를 적어놓는 것이 도움이 될 수 있다.

저는 그저 당신이 무슨 말을 할지 듣고 싶어 기다리는 중이에요. 그러나 부담 갖진 마세요.

이로 인해 면대면 의사소통과 온라인 의사소통 사이에는 또 다른 차이점이 생긴다. 면대면 면담에서는 접촉 시간을 따로 정해 놓고 분 단위로 측정한다. 하지만 사이버 세계에서는 시간이 늘어나고 왜곡된다. 사람들은 보통 전화나 이메일로 이야기할 때 한꺼번에 많은 일들을 함께 처리한다. 문자나 페이스북 메시지는 언제든지 게시할 수 있고, 보낸 사람이 원하는 만큼 짧거나 길게 게시할 수 있다. 온라인 상담 내담자는 흔히 문자, 인스턴트 메신저(instant messenger) 혹은 이메일을 통해 신속한 답장을 기대하는 것이 일반적이다. 이는 새로운 소식이 계속 업데이트 되는 것을 볼 수 있는 인터넷 소셜 미디어의 특성 때문일 수 있다. 만약 메시지가 게시된 후 답장이 수 분 안에 이루어지지 않으면, 그 게시물은 과거가 되고 더 이상 관심을 받지 않을 가능성이 높다. 비록 이 현상이 게슈탈트 치료의 '지금-여기' 과정과 유사해 보이지만, 이는 또한 즉각적인 반응을 집요하게 기다리게 만들고 비즉각적이고, 느리게 나타나는 반응에는 집중을 떨어뜨릴 수 있다. 비록 전자 메시지와 문자 메시지가 사라지지는 않는다 하더라도, 이것들은 사용자의 게슈탈트 전경/배경 형성 과정에서 빠르게 사람들의 관심 밖에 놓이게 된다(J. Sommers-Flanagan & Sommers-Flanagan, 2012).

즉각적인 반응에 대한 기대와 문자 분량에 대한 쟁점에 익숙해지려면, 온라인/문자면담자는 잠재적 내담자에게 상담 방침과 반응하는 데 걸리는 시간에 대해 명확하게 알려 주어야 한다. 내담자가 면담자 혹은 상담자와의 의사소통을 예상하고 여기에 의미와 중요성을 둘 수 있도록, 면담자는 반응을 일정한 속도와 양으로 제공할 필요가 있다. 전문 온라인 상담자는 자신의 의사소통을 긍정적인 기대감을 조성하기 위한 방식으로 구조화함으로써 이득을 얻을 수 있다.

용어의 정의와 의사소통 방식

비대면적 면담 전략과 방법은 다양하다. 이 섹션에서 우리는 전통적인 임상면담 반응과 전략이 비대면적 장면에서 어떻게 활용될 수 있는지와 관련한 후반부 논의를 위해 먼저 몇 가지 핵심 용어를 정의하고자 한다.

문자 전용 비동기적 의사소통(text-only asynchronous communication)

이 의사소통 방식은 글로 소통하는 것을 포함한다. 비동기적 의사소통의 주된 특징은 참여자가 다른 시간대에 메시지를 보내거나 메시지를 게시한다는 데 있다. 따라서 즉시성이 부족하다. 편지 쓰기, 이메일, 리스트 서브(listserv)[1] 소통이 여기에 포함된다. 모든 비동기적 의사소통과 마찬가지로, 문자 기반 소통은 상호적이거나 일방향적(한 사람은 쓰고 다른 사람은 읽는)일 수 있다.

문자 언어가 만들어진 이후로부터 치료적 편지 쓰기는 비공식적인 치료 양식이 되어 왔다. 우리는 손편지를 받는 것에서 오는 치료적 잠재성을 직관적으로 이해하고 있다. 종이에 쓰여 의도적으로 다른 사람에게 보내지는 언어는 상당한 대인관계적 중요성을 지니고 있으며, 강한 지적, 정서적 반응을 만들어 낼 수 있다. 어떤 이들은 편지를 수십 년간 혹은 수백 년간 보관하기도 한다.

현대 심리치료 및 선례에서 보았을 때, Sigmund Freud는 그 유명한 어린 Hans의 사례에서 편지 쓰기를 주요 치료 전략으로 사용했다(Freud, 1909). 그는 사례 개념화와 치료를 위해 Hans의 아버지와 문자 전용 비동기적 의사소통을 했다. 보다 최근에, 이야기치료자는 치료적 편지 쓰기를 강하게 지지했다. 특히, White(1995)는 편지 하나가 네 번이나 다섯 번의 면대면 치료 회기와 맞먹을 수 있다고 주장했다. 우리는 아동·청소년과의 면대면 작업에서 이 접근의 축소 버전(노트 전달)을 사용했다(J. Sommers-Flanagan & Sommers-Flanagan, 2007b).

목소리 전용 비동기적 의사소통(voice-only asynchronous communication)

이 의사소통 방식에는 당사자 간에 주고받는 음성 녹음이 포함된다. 이 방식 역시, 자발적이거나 즉시적인 상호작용을 허락하지 않는다. 예시로는 녹음된 자조(self-help) 테이프, CD, 팟캐스트가 있다. 이러한 소통은 (한 사람이 녹음된 것을 듣는) 일방향적이거나 상호적일 수 있다.

면담자는 평가나 개입을 위해 목소리 전용 비동기적 의사소통을 사용할 수 있다. 예를 들면, 평가나 인지적 자기감찰(self-monitoring) 절차의 시행을 위한 지침을 음성 녹음이나 팟캐스트를 통해 전달할 수 있다. 이와 유사하게, 임상가는 개입을 위해 긴장 이완이나 명상 절차를 녹음한 것을 내담자에게 제공할 수 있다. 전형적으로, 이러한 평가나 개입 전략은 교육적이거나 인지행동적인 이론적 기반을 가지고 있다.

---

1) 역자 주: 특정 그룹 전원에게 메시지를 이메일로 자동 전송하는 시스템을 의미한다.

목소리 전용 동기적 원격 의사소통(voice-only synchronous distance communication)

목소리 전용 동기적 의사소통은 자발적 언어 상호작용을 가능하게 하나, 음성이라는 양식 하나로 그 매체가 한정되어 있다. 음성 전용 또는 전화를 통한 임상평가 및 개입의 방법은 다양하다(Bassilios, Harris, Middleton, Gunn, & Pirkis, 2014). 예시로는 전화평가, 위기상담 핫라인, 전화로 제공되는 심리치료가 있다(Brenes, Danhauer, Lyles, & Miller, 2014).

Kramer 등(2009)은 전화평가 절차의 장점과 잠재적 한계에 대해 다음과 같이 기술했다.

> 전화는 이 방법을 선호하는 내담자, 연구센터로부터 원거리에 거주하는 내담자, 안전하지 못한 환경에 거주하는 내담자, 주중에 시간을 낼 수 없는 내담자들에게의 접근을 촉진한다. 하지만 이 같은 실행상의 장점은 전화로 얻어지는 정보가 면대면으로 얻어지는 정보에 필적하지 못할 수 있다는 한계와 견주어 평가되어어야 한다(p. 623).

전화평가와 개입은 익명성을 증가시키고 사회적 거리를 제공한다. 때문에, 내담자는 더 개방적이 될 수 있고 더 솔직해질 수 있다. 반대로, 면대면 접촉은 더 깊은 신뢰를 만들어 내어 내담자의 솔직성을 키울 수 있다. 이러한 잠재적인 장단점은 적어도 지난 70년간 논의되어 왔다(Wallin, 1949).

문자 전용 동기적 의사소통(text-only synchronous communication)

이 의사소통 방식에서, 면담자와 내담자는 전적으로 문자만 사용하며(음성이나 시각적 접촉은 없음), 비록 반응에서 지연이 있을 수 있으나 반응은 대체로 즉각적이고 지속적이다. 예시로는 인스턴트 메시지, 온라인 채팅, 스마트폰을 사용한 실시간 혹은 동시적 문자 메시지 보내기가 있다.

문자 메시지 보내기는 특히 최첨단 기기를 사용하는 젊은 사람들 사이에서 인기가 높다(Gibson & Cartwright, 2014). 고등학생과 대학생은 종종 친구, 가족, 타인들과 비교적 지속적으로 문자 연락을 주고받는다. 문자 메시지 보내기는 수업 중, 면대면 상담 회기 중, (불행히도) 운전 중에 이루어진다. 이러한 형태의 의사소통은 많은 사회 집단들에서 빠르게 규범으로 자리 잡게 되었다. 문자 메시지 보내기는 아동·청소년 내담자에게 자연스럽게 느껴지기 때문에, 이 연령 집단의 평가와 개입 목적으로 사용될 가능성이 높다.

한편, 문자 전용 의사소통이 아바타나 창조된 환경(예: Second Life)을 포함하는 3차원 가상 세계로 확대될 가능성 또한 있다. 아바타의 설정, 기타 변인의 선택은 이 방식을 순수 문자 기반에서 약간 벗어나게 한다. 하지만 '접촉'이나 시각적 입력이 상담자나 내담자로부터 직접 받은 것이 아니기 때문에, 3차원 소통은 현재까지는 문자 기반 범주에 가장 적합할 수 있다.

영상 링크 동기적 원격 의사소통(video-link synchronous distance communication)

이 의사소통 방식은 면담자와 내담자의 음성 및 시각적 표현을 실시간으로 사용하는 상호작용을 포함한다. 현재, 이러한 형식은 면대면 평가 및 개입에 기술적으로 가장 가깝지만, 그럼에도 불구하고 여전히 면대면 평가 및 개입과 차이가 있다. 여러 가지 중요한 차이점들이 있다.

완전한 음성-영상 동기적 의사소통을 통해 면담자는 눈맞춤, 몸의 자세, 목소리 특징, 언어 추적 등 비언어적 메시지를 주고받을 수 있다. 비록 면담자와 내담자는 실시간 상대방을 보고 들을 수 있지만, 내담자 신원 허위 진술, 비밀 보장, 위기 대응과 같은 심각한 문제의 발생 가능성이 여전히 남아 있다(Rummell & Joyce, 2010). 우리는 이러한 문제들을 이 장 후반부에서 더 자세히 논의할 것이다.

* * *

앞서 제시한 각 비대면 의사소통 형식에는 그 나름의 역사와 의학, 심리학, 정신건강, 상담학 분야의 문헌이 어느 정도 존재한다(Epstein & Klinkenberg, 2001; McCoyd & Kerson, 2006; Mitchell, Chen, & Medlin, 2010). Rummell과 Joyce(2010)는 다음과 같은 다양한 접근법들을 지칭하는 용어가 증가하고 있음을 논의했다.

컴퓨터를 매개로 한 온라인 상담을 지칭하는 용어가 문헌에서 다수 등장하고 있다. 예를 들면, 이메일 치료(e-mail therapy), 원격 정신과 치료(telepsychiatry), 인터넷 심리치료(internet psychotherapy), 사이버 심리(cyberpsychology), 사이버 치료(cybertherapy), 웹 상담(webcounseling), 컴퓨터를 매개로 한 심리치료(computer-mediated psychotherapy)가 그것이다(p. 483).

이 외에도 다음과 같은 용어들이 있다.

- 온라인 상담(online counseling; Mallen, Vogel, Rochlen, & Day, 2005)
- 인터넷 기반 치료(internet-based therapy; Lampe, 2011)
- E-치료(E-therapy; Rozbroj, Lyons, Pitts, Mitchell, & Christensen, 2014)
- 온라인 치료(online therapy; Hanley, 2009)
- 화상회의(videoconferencing; Bernard et al., 2009) 혹은 원격평가(tele-assessment; Bernard et al., 2009)
- 인터넷을 매개로 한 원격 정신건강(internet-mediated telemental health; Yuen et al., 2012)

이 중 많은 용어들은 매우 구체적이고, 다른 용어는 이보다는 일반적이다. 흥미롭게도, 몇몇 사례에서 이들 용어는 그 정의보다 더 구체적이다. 예를 들면, Mallen 등(2005)은 온라인 상담(online counseling)이란 용어를 사용했다. 비록 이 용어가 인터넷 사용을 시사하고 있으나 연구자들은 이 단어를 다음과 같이 정의했다.

> 면허를 가진 임상가가 비대면 장면에서 원격 의사소통 기술(예: 전화, 비동시적 이메일, 동시적 채팅, 화상회의)을 활용하여 내담자에게 치료뿐만 아니라 자문과 심리교육을 포함한 다양한 정신 및 행동 건강 서비스를 전달하는 것(p. 764).

우리는 이 장의 목표에 맞게, 비대면 평가와 개입, 전화평가, 온라인 상담 혹은 인터넷 기반 치료와 같이 각 방식에 맞는 용어에 집중했다. 아마도 이 분야 선도자들이 이런 분분한 용어들을 하나로 통일할 때가 올 것이다. 그때까지 우리는 용어의 일반적인 정의보다 어느 정도 구체성을 띤 정의를 선택하고자 한다.

비대면 평가 및 개입 연구

> 저는 컴퓨터로 당신과 심리적·정서적으로 강하게 연결되어 있어요. 하지만 신체적으로는(시각, 청각, 촉각적 접촉은 없음) 여전히 당신과 분리되어 있어요. 이는 매우 사적이기도 하지만 동시에 전혀 사적이라 말할 수 없어요(Lago, 1996, p. 288).

비대면 평가와 개입을 가능하게 한 기술의 진보는 친밀감을 구성하는 지형을 변화시켰다. Hanley(2009)는 다음과 같이 기술하고 있다. "비평가들은 온라인 임상 업무에 이의를 제기하고 있다. 왜냐하면 이 방법으로는 관계가 친밀한 수준에 도달하기 어렵다고 믿기 때문이다(p. 5)." 하지만 확실히 일부 사람들에게 있어서, 인터넷을 통한 관계는 충분히 만족스럽고 때로는 선호되는 방식이다. 다음의 섹션에서, 우리는 비대면 임상평가, 개입 과정, 치료 효과에 대한 연구들을 고찰해 볼 것이다.

치료 동맹(관계)

치료 동맹은 상담 및 심리치료의 효과를 예측하는 강력한 예측 변인으로 고려되고 있다(Safran & Kraus, 2014). 동맹은 치료를 촉진할 뿐만 아니라 면담 기반 평가의 타당도와 신뢰도를 높이는 것으로 간주된다. 치료 동맹의 역할이 막중함을 고려할 때, 비대면 형식에서 치료 동맹의 역할을 규명한 선행연구들이 우리에게 무엇을 말해 주고 있는지 검토하는 것은 중요할 수 있다.

비대면 평가와 치료에서 치료 동맹의 중요성을 평가한 연구들은 적지만, 그 수가 증가하고 있는 추세다. 고찰 논문에서 Hanley와 Reynolds(2009)는 다음과 같이 기술했다.

> 다섯 개 연구 모두(전체 $n=161$) …… 좋은 치료적 동맹이 온라인 상황에서 만들어질 수 있다는 것을 지지하고 있다……. 내담자들은 자신과 상담자와의 동맹이 중간 혹은 강한 정도라 지각했다……. 온라인 상담을 면대면 상담과 비교한 네 개 연구 중 세 개 연구에서 온라인 집단은 비교 집단보다 더 높은 수준의 동맹을 나타냈다. 이와 같은 발견은 온라인 치료의 중요성을 지지하는 증거를 제공하고 있으며, 치료적 변화를 창출할 만한 양질의 치료적 관계가 온라인에서 발달할 수 없다는 이론적 가정에 반론을 제기한다(p. 8).

또한 이 연구자들은 "161명의 전체 참여자 중 높은 비율이 치료적 변화를 야기할 만큼…… 충분히…… 높은 수준의 관계 질이 있었다고 느꼈다."고 언급했다(p. 9).

외상 환자를 대상으로 한 인터넷 기반 치료를 고찰한 논평에서 Jain(2011)은 Knaevelsrud와 Maercker(2006, 2007)의 연구 결과를 요약했다.

> 대체로, 연구자들은 인터넷을 통해 안정적이고 긍정적인 온라인 치료적 관계가 형성될 수 있다는 증거를 발견했다. 표본의 86%는 인터넷 임상가와의 경험을 개인적인 것으로 기술했으며, 60%는 면대면 소통을 아쉬워하지 않았다고 보고했다. 하지만 이 표본은 주로 다양한

PTSD 증상을 가진 젊고, 교육 수준이 높은 여성으로 구성되어 있어, 연구 결과의 일반화를 제한한다(p. 544).

보다 최근에 진행된 연구들 역시 비대면 형식이 치료 동맹을 촉진시킬 수 있다는 것을 보여 주고 있다. 다음은 이들 연구에서 몇 가지 주목할 만한 부분이다.

- 우울에 있어 전화 인지행동치료 대 면대면 인지행동치료. 345명의 참가자를 두 집단으로 무선 할당한 후, 집단 간 치료 동맹 점수를 비교했다. 연구 결과, 두 집단 간 치료 동맹 점수에서 유의한 차이가 없었다(Stiles-Shields, Kwasny, Cai, & Mohr, 2014).
- 정신증 환자 지원을 위한 전화 기반 개입. 21개 사례에서, 치료 동맹이 면대면 개입에서 와 유사한 방식으로 작동하고 있는 것으로 나타났다(Mulligan et al., 2014).
- 치료 동맹에 영향을 주는 문자 교환에 대한 자연적 연구(naturalistic study). 30명의 내담 자와 30명의 온라인 치료자 간 문자 교환의 '효과'는 "면대면 치료의 효과를 살펴본 선 행 연구 결과와 유사하거나, 어떤 면에서는 더 긍정적인 것으로 나타났다(Reynolds, Stiles, Bailer, & Hughes, 2013, p. 370)."
- 조혈 줄기세포 이식 환자의 전화치료. 치료 동맹 점수는 46명 환자의 괴로움과 우울 수 준을 예측했는데, 이는 면대면 치료에서 치료 동맹 점수가 괴로움과 우울을 예측한 결 과와 동일하다(Applebaum et al., 2012).
- 12~18세 우울증 환자의 온라인 치료 대 클리닉 치료. 전체 73명의 청소년 내담자는 온 라인 치료와 클리닉 치료 중 하나에 무선으로 할당되었는데, 두 집단은 청소년 내담자 가 평정한 치료 동맹 점수에서 유의한 차이를 나타내지 않았다(주: 단, 부모는 클리닉 치 료자와 더 강한 작업 동맹을 맺었다고 보고했다; R. Anderson et al., 2012).

한편, 비대면 치료 동맹의 특성과 질에서 한계가 있음을 보고하는 연구도 있다(Leibert, Archer, Munson, & York, 2006). 예를 들면, Hufford, Glueckauf와 Webb(1999)은 화상회의 를 통한 개입의 참여자가 대면 개입의 참여자(통제 집단)보다 더 낮은 수준의 치료 동맹을 보고함을 발견했다. 요약하면, 온라인 혹은 비대면 형식에서의 작업 동맹이나 치료적 관 계는 모두 치료 효과에 중요하게 기여하는 것으로 보인다. 많은 사례에서 온라인, 문자, 전 화에서의 치료자−내담자 관계는 면대면에서의 치료자−내담자 관계와 마찬가지로 강하 고 영향력이 있었다. 비록 이와 같은 결론이 보다 확실해지기 위해서는 더 많은 연구들이 필요하지만 말이다.

치료 효과

비대면 평가 및 개입의 효과 연구는 적지만 증가하고 있다. 이 중 대부분이 잘 통제되지 않았고, 표본 크기가 작았으며, 치료/통제 조건을 나눌 때 무선 할당을 하지 않았다(Yuen et al., 2012). 이 영역은 의심할 여지없이 추후 많은 조명이 이루어질 연구 분야다.

전화평가

전화는 역사적으로 원격 정신건강평가와 치료가 전달되는 주요한 매체였다. 전화평가 절차는 수십 년 동안 사용되어 왔고 연구 기반도 상당하다. 미국 성인의 대략 85%가 휴대 전화를 소유하고 있다는 사실은 이러한 소통 방식을 통해 내담자에게 접근하는 방식이 가 능성이 높은 방식임을 시사한다(Zickuhr, 2011).

대체로, 연구자들은 전화평가 절차가 면대면 절차와 동일하거나 거의 동일하다고 보고 한다. 전화를 통한 성인의 인지평가, 특히 전화를 통한 노인의 인지평가는 일반적으로 받 아들여지고 있다(Martin-Khan, Wootton, & Gray, 2010; Michel, Schimmelmann, Kupferschmid, Siegwart, & Schultze-Lutter, 2014; Wilson et al., 2010). 여기에는 자기보고 및 수행 기반 검사 와 같이 인지 기능이나 정신상태를 평가하는 많은 접근법들이 포함된다. Wilson 등은 전 화로 인지치료 배터리를 실시하는 것이 인지 기능을 평가하는 데 타당할 뿐만 아니라 비 용 효율적이라고 결론 내렸다. 또 다른 예시로, Martin-Khan 등은 22개 문항으로 구성된 간이정신상태검사(Mini-Mental Status Examination: MMSE)를 전화로 실시할 수 있다는 것 을 보여 주었고, 전화로 실시된 MMSE 점수와 면대면으로 실시된 MMSE 점수 간에 높은 상관이 있음을 보여 주었다(면대면, 전화, 온라인으로 실시할 수 있는 확장된 MSE 프로토콜은 〈부록〉 참조).

전화진단면담도 적절한 신뢰도와 타당도를 가지고 있다(Senior et al., 2007). 예를 들 면, 사회불안장애(social anxiety disorder: SAD)의 대면 진단 대 전화 진단 연구에서, 두 평 가 방식은 서로 '매우 높은' 일치율을 보였다. "DSM-IV 장애에 대한 구조화된 임상면담 (Structured Clinical Interview for DSM-IV: SCID)을 통해 얻은 SAD에 대한 대면 진단과 전화 진단은 필적할 만하다(Crippa et al., 2008, p. 244)." 이는 전문 면담자를 직접 방문하지 않을 가능성이 있는 내담자를 위해, 비대면 면담이 유용하게 사용될 수 있음을 보여 주는 좋은 예시다.

전화개입

다양한 내담자 문제와 상황에 대한 전화치료의 유용성과 효과에 초점을 맞춘 중요한 연구가 있다. 아래의 목록은 이러한 연구의 예시다.

- 담배 의존 및 니코틴 의존 치료(Swartz, Cowan, Klayman, Welton, & Leonard, 2005)
- 강박장애와 다른 불안장애의 치료(Brenes et al., 2014; Turner, Heyman, Futh, & Lovell, 2009)
- 외상치료(Hirai & Clum, 2005)
- 임상적 우울치료(Ransom et al., 2008; Sheldon et al., 2014)
- 불면증 개입(Bastien, Morin, Quellet, Blais, & Bouchard, 2004)
- 비만 개입(Befort, Donnelly, Sullivan, Ellerbeck, & Perri, 2010)

대부분의 경우, 전화를 통한 개입의 효과는 면대면 치료의 효과와 거의 동일했다.

온라인 상담 및 심리치료의 효과

Barak, Hen, Boniel-Nissim과 Shapira(2008)는 인터넷 기반 심리치료의 효과성을 포괄적으로 고찰한 논문을 발표했다. 이들은 92개의 연구를 평가했다. 연구는 다양한 인터넷 기반의 상담과 심리치료를 받은 총 9,764명의 내담자를 포함하고 있다. Cohen(1977)의 효과 크기 지침에 근거하여, 연구자들은 온라인 작업이 중간 효과 크기를 가지고 있다고 결론 내렸다. 연구자들은 전체 인터넷 기반 상담 및 심리치료의 가중 평균 효과 크기가 0.53이라고 발표했다. 이 크기는 면대면 상담 및 심리치료의 효과 크기보다 경미하게 낮은 수준이지만, 동일한 범주(중간 크기의 효과 범주)에 속해 있다.

후속 고찰 연구에서 Hanley와 Reynolds(2009)는 Barak 등(2008)의 자료를 재분석했다. 이들은 문자 전용 일대일 온라인 상담 및 심리치료에 초점을 맞추었고, 채팅방과 다른 감각 양식(예: 음성이나 영상 요소)에 초점을 맞춘 연구는 제외했다. 이들은 다음과 같은 결론을 내렸다.

이러한 연구들을 배제시킨 결과, 전체 16개 연구만이 남았다. 16개 연구는 614명의 내담자를 포함하고 있다. 이들 연구는 이메일(효과 크기 = 0.51)과 채팅(효과 크기 = 0.53)을 활용한 문자 기반 개입의 효과 크기를 보여 주고 있다(p. 7).

보다 최근의 연구는 이전 고찰 연구와 일관된 결과를 보여 주고 있다. 예를 들면, 75명의 사회공포증 진단을 받은 내담자를 대상으로 한 면대면 대 인터넷 기반 치료를 비교한 무선 할당 통제 연구에서, 두 집단은 증상 감소와 장해(disability) 관련 측정치에서 모두 유의한 효과를 나타냈다(Andrews, Davies, & Titov, 2011). 게다가, 면대면과 인터넷으로 제공된 치료 사이에 효과성에서 유의한 차이가 나타나지 않았다. 또 다른 무선 할당 통제 연구($n = 205$)에서, 인터넷 기반의 개입은 알코올 사용 문제를 가진 내담자에게 효과적인 것으로 보고되었다(Blankers, Koeter, & Schippers, 2011). Blankers 등은 다음과 같이 결과를 요약했다.

> 결과는 문제성 음주자를 위한 인터넷 기반 인지행동치료 + 인터넷 기반 동기강화상담과 인터넷 기반 자조치료가 효과가 있다는 것을 지지하고 있다. 무선 할당 후 6개월 된 시점에서, 인터넷 기반 인지행동치료 + 인터넷 기반 동기강화상담은 인터넷 기반 자조치료 보다 더 나은 결과를 나타냈다(p. 330).

앞서 소개한 결과는 최근 인기가 상승 중인 인터넷 기반의 심리 및 행동개입이라는 영역에서 진행된 연구의 일부에 불과하다. 긍정적인 결과를 보고하는 새로운 연구가 계속 발표되고 있다(Herbst et al., 2014). 특정 임상면담 전략과 기법이 비대면 맥락에서 어떻게 작동하는지 더 잘 이해하기 위해서는 더 많은 과정 지향 연구들이 진행될 필요가 있다.

그럼에도 불구하고, 그것이 전화로 진행되었건, 화상회의로 진행되었건, 문자로 진행되었건, 임상적 평가와 개입을 위한 비대면 접근은 장래가 유망하며 그 잠재적 유용성이 크다. 연구자들은 비대면 절차가 긍정적인 치료 동맹 형성을 가능하게 하며, 상당히 효율적이고 효과적이라고 일관되게 보고하고 있다. 이러한 결과들은 거리, 장해, 선호 혹은 기타 다른 요인으로 전문적 평가나 치료를 구하지 않았을 내담자에게 특히 중요한 시사점을 제공한다.

윤리적 쟁점 및 실제적 쟁점: 문제와 해결책

비대면 서비스를 제공하는 임상가는 많은 윤리적 쟁점과 실제적 쟁점들에 직면하고 있다. 이 섹션에서 우리는 온라인 면담이나 인터넷 면담이 가진 공통적인 도전을 고찰하고, 이들 쟁점을 해결하는 몇몇 아이디어를 제공할 것이다.

면담자는 비언어적 단서에 접근할 수 없다

대부분의 정신건강 전문가들은 행동 관찰 기술과 전략에 잘 훈련되어 있다. 하지만 비대면 면담 및 상담 방식은 비언어적 의사소통 단서를 배제시킨다. Rummel과 Joyce(2010)는 다음의 도전에 대해 논의하고 있다.

> 순수하게 문자로만 의사소통하거나 전화로 의사소통하는 것에서는 심리치료에 중요하거나 어쩌면 필수적인 몇몇 요소가 부족하다……. 시각 단서가 부재한 상태에서, 심리치료자는 내담자에 관한 중요한 비언어적 정보를 놓치게 된다……. 문자 기반 형식에서 …… 심리치료자는 내담자가 대화 창에서 제공하지 않는 것은 알지 못한다(p. 487).

비대면 면담자는 대안적인 관찰 전략이나 평가 전략에 의지해야 한다. 직접적인 청각적 혹은 시각적 관찰 자료가 부족하다는 사실이 한탄스러울지 모르지만, 놓친 것에 대한 미련은 당신이 원하는 대로 정보와 자료를 최대한 활용하는 데 방해가 될 수 있다. 우리는 정서적 애착이나 의미 있는 관계가 편지로도 형성될 수 있고 유지될 수 있다는 것을 과거 사실로부터 알고 있으며, 이러한 사실로 위안 받는다(Moules, 2003; White & Epston, 1990). 게다가 경험이 있는 온라인 임상면담자는 문자 전용 형식에서도 행간의 의미를 읽을 수 있고, 비언어적 행동을 관찰하는 중에 하는 해석과 유사한 해석을 할 수도 있다. 전화나 온라인 면담자가 비언어적 경험을 직접 묘사해 보도록 내담자에게 요청하는 것은 합리적인 처사이며 때로는 권장되는 행동이기도 하다.

- 제가 지금 당신 얼굴을 본다면, 뭐라고 말할 거 같나요?
- 저와 함께 작업하면서 느끼는 감정을 몸으로 표현해 보라고 한다면, 당신은 어떻게 표현할 건가요?

내담자의 신원이 도용되거나 위조될 가능성이 있다

임상면담에서 내담자를 인지하고 상대방이 누구인지 아는 것은 어렵다. 인터넷 채팅, 이메일, 문자 메시지 보내기와 같이 접촉이 제한된 경우라면 더더욱 그렇다. 당신은 자신이 내담자와 소통하고는 있는지, 아니면 다른 사람(배우자, 부모, 자녀, 낯선 이)과 소통하고 있는지 알지 못할 수 있다.

이 문제를 다루기 위해, Rummell과 Joyce(2010)는 초기 회기에서 내담자에게 할 **확인 질문**(challenging question)을 만들어 볼 것을 제안했다. 이 질문(및 답변)은 이후 회기 시작 시에 내담자의 신원을 확인하기 위한 용도로 사용할 수 있다. 저자들은 "만약 내담자가 명확한 답변을 하지 않으면, 치료자는 비밀 보장 위반 가능성에 대해 신경 써야 한다."고 기술했다(p. 492).

물론, 내담자가 확인 질문에 대한 답을 누군가와 공유한다면, 면담자는 여전히 내담자 이외의 누군가와 이야기하고 있을 가능성이 있다. 이러한 속임수의 동기는 내담자, 상황, 면담 의뢰 사유, 상담자-내담자 관계에 따라 다를 수 있다.

정신건강 서비스 제공자의 자격이 제공되지 않을 수 있다

인터넷에서 내담자의 신원 확인이 어려운 것과 마찬가지로, 정신건강 서비스 제공자라 주장하는 사람이 실제 자격을 갖춘 전문가인지 확인하는 것 또한 어렵다. 불행하게도, 많은 온라인 상담 서비스 제공자들은 전문가 면허를 가지고 있지 않거나 전문가 훈련을 받지 않은 것 같다. 이는 충격적인 현실이다. 무면허 제공자의 서비스 제공을 금하는 국가 방침이 있지는 않으나, 자신의 면허 상태를 증명하는 자료를 제시하는 것은 면허를 가진 서비스 제공자의 임무라 할 수 있다. Rummell과 Joyce(2010)는 치료자의 면허 상태를 확인할 수 있는 웹 링크를 장래의 혹은 현재의 내담자에게 제공할 것을 제안했다.

또한 임상가는 서비스 제공에 있어 주 경계선(심지어는 가상의 주 경계선)을 넘으면 법적 문제가 발생할 수 있다는 사실을 인지하고 있어야 한다(온라인 서비스 제공 윤리에 대한 탁월한 고찰을 보려면 Rummell & Joyce, 2010 참조. 인터넷 임상 서비스를 위한 온라인 검색의 요약에 대해 실제 적용하기 15-1 참조).

● 실제 적용하기 15-1: 온라인 상담: 윤리와 실제

이 장에 대한 정보를 검토하면서 우리는 장래의 소비자가 이용할 수 있는 인터넷 치료 방법에 대해 살펴보았다. 선행 연구들은 자격이 의심되는 인터넷 상담 및 심리치료 제공자가 많다는 사실을 제시해 주고 있다.

덜 윤리적인 접근

많은 사람들이 온라인 상담 서비스를 제공하고 있지만, 자신의 자격(예: 면허)에 대해서는 기술하고 있지 않다. 예를 들면, 학사 학위를 가진 임상가(일부는 이조차도 기술하고 있지 않았다)는 다음과 비슷한 언급을 했다.

저는 23년 경험을 가진 상담자이자 요가 교사이며 영적 인도자입니다. 저는 교육, 상담, 심리, 자기성장, 관계, 소통, 비즈니스, 컴퓨터 프로그래밍 및 기술, 언어, 영성 영역을 공부했습니다. 이러한 다양한 훈련에 더해, 현 파트너와의 18년간의 관계는 관계 문제를 가진 사람들을 돕는 저의 능력에 깊이를 더해 주었습니다.

이러한 종류의 열정적인 소개는 제공하는 서비스 범위에 대해 동일한 수준에서의 열정적인 진술로 이어졌다.

온라인 상담에서의 제 전문 영역은 다음의 문제를 포함하고 있지만 이에 국한되지는 않습니다. 죄책감 문제, 신뢰 형성 문제, 불안/공황, 자아존중감, 커플상담, 관계 조언, 인생 혹은 경력 코칭, 정서 지능, 개인적 성장, 외도, 직장과 경력, 학대/경계 문제(boundary problems), 소통 기술, 갈등 해결과 중재, 애도, 정서적 마비, 영적 성장, 스트레스 관리, 비난, 법원 명령 상담, 상호 의존성, 문제 해결, 질투, 애착, 분노 문제, 우울, 음식과 신체, 평온한 인생 만들기

흥미롭게도, 우리는 이 같은 웹 사이트의 주장이 우리 삶을 평온하게 하는 방향으로 우리를 인도하지 않는다는 사실을 알게 되었다.

좀 더 윤리적인 접근

전문가 면허를 가지고 있는 서비스 제공자의 명단을 공개하는 웹 사이트도 있다. 한 웹 사이트는 상담학, 사회복지학, 심리학 영역에서 훈련을 받은 여덟 명의 면허증 소지 임상가의 명단과 이들의 정보를 제공하고 있다. 이들 전문가는 웹캠, 문자, 이메일, 전화로 치료를 제공하고 있다.

비용에 대한 정보도 명확하게 제시하고 있다.

- 이메일치료: 온라인 상담자 답변당 25달러
- 무제한 이메일치료: 매달 200달러
- 채팅치료: 50분 회기당 45달러
- 전화치료: 50분 회기당 80달러
- 웹캠치료: 50분 회기당 80달러

윤리적 책임을 다하는 전문 인터넷 서비스 웹 사이트에는 종종 이론적 배경과 관련된 정보가 포함되어 있다. 예를 들면, '포스트모던' 접근은 "긍정적이며 …… 지금-여기에 집중하며 …… 당신의 필요를 만족시키는 해결책을 제시하고, 협력적이고 존중하는 환경에서 …… 빠른 결과를 내

는"과 같이 묘사되고 있다.

인터넷 서비스 제공자의 선택 방법

전국 온라인 상담자 명부(National Directory of Online Counselor: NDOC)는 소비자의 온라인 서비스 제공자 선택을 돕기 위해 존재한다. 웹 사이트에 따르면,

우리는 전국 온라인 상담자 명부에 실린 각 치료자의 자격과 웹 사이트의 진위를 확인해 주고 있습니다. 목록에 포함된 치료자는 주 위원회의 면허를 가지고 있고, 정신건강 영역의 석사 학위나 박사 학위를 소지하고 있으며, 온라인 상담 경험을 가지고 있으니 안심하시기 바랍니다.

목록에 있는 치료자와 웹 사이트는 보안된 통신 서비스를 마련하여 이메일 회기, 채팅 회기, 전화 회기와 같은 다양한 서비스를 제공할 준비가 되어 있습니다. 전문가 자격을 지닌 치료자에 의해 진행되는 모든 작업은 주 전문가 협회가 감독하는 엄격한 비밀 보장 기준을 충족하고 있습니다(2012년 3월 6일 http://www.etherapyweb.com/에서 검색).

온라인 치료 제공자들은 흔히 클릭 한 번이면 도움을 받을 수 있다고 강조하고 있다.

즉각적, 명시적 개방 가능성이 높다

온라인 소통은 때때로 억제를 감소시키곤 한다. 이는 이메일이나 온라인 의사소통이 순식간에 추악해질 수 있다는 말을 완화하여 표현한 것이다. Suler(2004)는 온라인에서의 행동화(때로는 '플레이밍'이라고도 불리는)를 묘사하기 위해 **유독한 탈억제**(toxic disinhibition)라는 용어를 사용했다. **플레이밍**(flaming)은 흔히 모욕, 욕설, 글쓴이와 대상 모두에 해를 끼치는 기타 다른 행동을 포함한다(Lapidot-Lefler & Barak, 2012; Suler, 2004). 문자에 기반한 플레이밍 행동은 다음과 같이 자신, 타인을 향한 직접적 혹은 간접적 협박을 포함할 수 있다.

- 누군가 그 사람을 빨리 죽게 해야 해.
- 그냥 자살해서 이 끔찍한 삶을 끝내야겠어.

거의 모든 사례들에서, 이러한 메시지는 다음과 같은 명료화 반응으로 즉각적으로 대응

할 필요가 있거나 대응해야 한다(제4장 참조).

- 그 사람이 빨리 죽어야 한다고 말했을 때, 이는 당신이 그 사람에게 화가 나 있다는 걸 말해 주고 있지만, 한편으로는 제가 아주 심각하게 받아들이는 그런 종류의 말이기도 해요. 이 사람을 해칠 생각이 있나요?
- 당신은 그냥 자살하는 게 낫다고 썼잖아요. 그래서 지금 저는 당신이 자살에 대해 진지하게 생각하고 있는지 듣고 싶어요. 그냥 자살하고 싶다는 말이에요. 아니면 자살을 계획하고 있다는 말이에요?

앞선 명료화 질문은 좋은 첫 반응이라 할 수 있다. 명료화 반응에 포함된 심각성과 경계 설정의 특성이 탈억제된(금지 해제된) 살인 혹은 자살 관련한 진술을 철회하도록 도울 수 있기 때문이다. 이러한 상황이 발생했을 때, 위협에 감추어진 내담자의 정동(affect)에 초점을 두는 것이 중요하다.

> 좋아요. 남을 해칠 의도가 없다는 말을 들으니 안심이 돼요. 하지만 당신 말에 따르면 당신은 우리가 함께 탐색해야 할 아주 큰 분노[혹은 슬픔/무망감, 기타 등등]를 느끼고 있는 것 같군요.

직접적인 질문을 통해 내담자 의도를 명확히 하는 것은 극단적인 말(의도)에서 내담자를 물러서게 할 수 있다. 하지만 때로는 이것이 힘들 경우도 있다. 이 경우, 당신은 위기 상황을 원격으로 다루어야 하는 상황에 놓이게 된다. 그리고 이는 당신을 또 하나의 온라인상에서의 윤리적·실제적 난제로 이끌 수 있다.

원격 위기 대응 절차는 복잡하고 불안을 일으킨다

자살 충동 혹은 살해 충동이 있는 내담자와 면대면으로 작업하는 상황은 면담자에게 매우 큰 스트레스가 된다(Kleespies & Richmond, 2009). 스트레스의 일부는 내담자의 자살이나 살해 충동을 통제할 수 없다는 것과 관련이 있다. 하지만 이러한 상황을 원격으로 접하게 된다면, 통제력과 영향력의 부족은 훨씬 더 커질 것이고, 따라서 스트레스와 불안 수준도 훨씬 더 증가하게 될 것이다. Rummell과 Joyce(2010)는 이와 같은 상황을 선제적으로 다루는 현명한 조언을 제공하고 있다.

내담자는 어떤 행동이 임상가에 의해 위기 상황(예: 내담자가 갑자기 채팅 회기를 끝내는 경우, 자살 암시 혹은 직접적 위협)으로 인식되는지, 그리고 이러한 상황 발생 시 어떤 조치가 취해지는지 인지하고 있어야만 한다. 유사하게, 임상가는 내담자의 사는 곳, 연락처, 개인 식별정보를 수집해야 한다. 이를 통해, 필요시 위기 관리팀이나 아동 보호서비스 직원을 해당 장소로 보낼 수 있어야 한다. 온라인 심리치료 제공자는 이를 온라인 심리치료에 참여하기 위한 의무적인 조건으로 만들 수 있다(p. 491).

Rummell과 Joyce(2010)는 온라인 서비스 제공자가 내담자가 속해 있는 지역사회 내 자원을 잘 알고 있어야 한다고 제안한다. 이는 내담자 위기 상황과 관련된 양방향의 위험성을 우리에게 상기시키고 있다. 비록 내담자의 즉각적 위험은 언제나 최우선적으로 다루어져야 하지만, 임상가에게는 동시에 법적·윤리적 위험이 도사리고 있으며, 이는 이러한 도발적인 상황에서 불안과 의심을 더욱 불러일으킨다. 위기 상황에 대해 이전 장에서 언급한 바와 같이, 사전 예방 및 위기 대응을 위한 자문을 위해 동료와 슈퍼바이저를 확보하고 있는 것만큼 중요한 것은 없다.

비밀 보장에 심각한 한계가 있다

내담자의 비밀 보장은 화상회의, 전화, 온라인 평가 및 개입 상황에서 제한적으로 유지되고 있다. 전자 혹은 인터넷 비밀 보장에 대해 말할 때, 대부분의 전문가들은 즉각적으로 인터넷 보안, 자료 보관, 비밀 번호, 방화벽(firewall), 소켓(sockets), 기타 데이터 보안 기술을 생각한다. 비록 이것이 중요한 이슈이긴 하나, 여기에 더해 온라인이나 전화 서비스 제공과 관련한 보다 실질적이고 즉각적인 비밀 보장의 위협도 있다.

아마도 내담자 비밀 보장과 관련하여 가장 큰 위협이라 할 수 있는 상황은 방 안에 내담자 외에 다른 사람이 있는 경우나 가족이나 친구에 의해 내담자의 신원이 도용된 경우다. 다음의 시나리오를 상상해 보도록 하라.

Margaret은 우울 문제로 현재 온라인 치료를 받고 있다. 치료가 진행됨에 따라, Margaret의 우울이 애인인 Ruben과의 관계와 관련이 있다는 것이 드러났다. Ruben은 온라인 치료에서 자신이 주된 화젯거리가 되고 있을 것으로 추측했다. 궁금증에 Ruben은 결국 Margaret의 컴퓨터를 사용해 치료자와 접속했다. 그리고 치료자가 자신을 어떻게 생각하는지 알아보기 위한 방향으로 이야기를 이끌어 갔다. 상황을 더 악화시킬 만한 요인은 만약 Ruben이 통제에 집착한다면, 그는 다음 회기에 그녀가 온라인 상담에 접속할 때 방 안에서 Margaret의 어깨 너머로 그녀가 치료자와 무슨 이야기를 나누는지 관찰한 것을 고집할 수도 있다.

이 시나리오는 비밀 보장이나 자료 보안을 두 가지 차원에서 다룰 필요가 있다는 것을 보여 준다. 첫 번째 차원(내담자가 회기에 실제 참여했는지 그리고 충분한 사적 공간을 확보했는지의 문제)은 사전에 준비한 확인 질문(challenge question)으로 해결할 수 있다(Rummell & Joyce, 2010). 물론 이 질문이 내담자에게 전달되었다는 전제하에 말이다. 만약 당신이 이 절차를 사용하기로 계획했다면, 당신은 이를 사전 동의서와 초기 온라인 회기에서 분명하게 밝혀야 한다. 또한, 당신은 누군가가 내담자 어깨 너머로 문자를 보고 있을지도 모른다는 가정을 항상 가지고 있음으로써 이에 대처할 수 있다. Skype, Face Time, 다른 영상 링크를 통해 상담자는 내담자의 얼굴과 내담자가 보여 주고 싶은 모습을 볼 수 있다. 물론 시각적 접근이 제한되고 개인 정보 보호가 완전히 보장되지 않을 수도 있지만, 이 경우 신원 도용이나 신원 침해의 가능성은 상당히 감소하게 된다.

두 번째 차원(자료 보안)은 대인관계적 해결보다는 기술적 해결이 요구되는 차원이다. 만약 첨단 기기에 대한 지식/기술이 부족하다면, 당신은 이러한 영역(컴퓨터나 전자 하드웨어 및 소프트웨어) 전문 지식/기술을 보유한 전문가를 고용해 볼 것을 고려한다. 자료에 암호를 거는 것이나 보완 소켓 계층(secure socket layer: SSL) 암호나 방화벽을 사용하는 것은 중요한 기술적 전문성을 요구한다. 우리는 잘못된 암호화로 우리 자신의 컴퓨터에조차 접근하지 못했던 적이 있었다. 이러한 이유로 우리는 전문성이 얼마나 중요한지를 잘 알고 있다.

미성년 내담자와의 작업에 부모 동의가 문제가 될 수 있다

비밀 보장과 부모 동의는 미성년자와 작업하는 임상면담자에게 있어 어려운 문제라 할 수 있다. 미성년자의 권리와 비밀 보장은 주마다 다르게 정의되어 있다. 게다가, 일부 부모들은 미성년자 자녀의 기록에 완전히 접근할 수 있는 권한을 갖기를 희망한다. 반면 또 다른 부모들은 임상 작업 동안 일어난 일에 관심이 거의 없거나 전혀 없다. 만약 당신이 미성년자와 온라인 작업이나 원격 작업을 할 계획이 있다면, 개인 정보 보호, 비밀 보장, 보고 규정에 대한 설명을 포함시켜야 한다. 주요 참여자가 모두 같은 이해 기반을 가지고 있는지 확인하기 위해, 우리는 부모를 전화미팅이나 화상회의에 초대하여 이들 문제에 대해 논의할 필요가 있다.

일반적인 해결책: 사전 동의를 활용하도록 하라

전문 정신건강 서비스를 온라인에서 제공하는 것과 관련된 복잡하고 골치 아픈 문제의 대부분은 명확하고, 완전하며, 협력적인 사전 동의 절차를 활용함으로써 해결할 수 있으며 그렇게 해결해야만 한다(Rummell & Joyce, 2010). 소비자의 사전 동의 절차 이해를 돕기 위해, NDOC는 사전 동의에 관한 다음의 문구를 명시하고 있다.

> 치료자는 치료 프로토콜에 관한 정보를 제공할 의무가 있다. 이는 흔히 '사전 동의'라 불리는데, 여기에는 치료의 과정, 비용, 비밀 보장 규정, 인터넷에서의 보안 절차, 종결 규정에 관한 정보가 포함되어 있다. 사전 동의에는 치료자가 작성하고 보관 중인 기록 중에서 어떤 것을 공개할 수 있고 어떤 것을 공개할 수 없는지에 관한 정보가 포함되어 있다. 또한 사용되는 치료 접근법 그리고 치료 동맹을 맺기 위한 기타 중요한 규칙에 관한 정보가 포함될 수 있다(2012년 3월 6일 http://www.etherapyweb.com/problems.html에서 검색).

사전 동의서의 사용과 관련하여 제기될 수 있는 문제 중 하나는 지나치게 상세한 내용이 온라인 치료에 대한 내담자의 관점에 부정적 영향을 미칠 수 있다는 점이다. 이와 같은 난제 상황은 윤리적인 온라인 면담자 및 상담자가 압도적이고 철저한 사전 동의서와 대충 작성된 사전 동의서 사이에서 균형을 맞출 필요가 있음을 시사한다. 가능한 해결책은 사전 동의 절차 중 일부를 사전 동의서 양식으로 제공하고, 동기적 인터넷 접촉 초기에 이해를 돕는 부가적인 설명을 제공해 주는 것이다.

이 과정도 협력적 과정이라 할 수 있다. 내담자는 보안과 비밀 보장 관련한 사안에 대해 자신의 편안함 수준에 맞춰 어떤 선택을 내릴 수 있다. 또한, 내담자는 온라인 상담자에게 자신이 사는 지역사회 내 가용한 위기 서비스가 무엇인지와 같은 중요한 정보를 제공하기도 한다.

온라인 상담을 위한 사전 동의서를 만들 때, 제2장에서 소개했던 지침을 사용하되, 제공하는 서비스 유형에 따라 필요하다면 수정을 가하도록 하라. 면허와 제3자의 비용 지불 요구사항 및 임상 업무는 주나 국가마다 크게 다를 수 있다. 수수료, 결제 방법, 기타 사안에 대해 매우 명확하게 하도록 하라. 가용한 여러 유형의 온라인 상담에 대해 제3자의 비용 지불을 받는 능력은 전통적 면대면 상담에서처럼 명확하지 않다.

온라인 면담 혹은 비대면 면담 실시하기

[인터넷 기반 가상 세계인 Second Life에 있는] 5개의 일반 상담실에는 각각 소파 2개, 커피 테이블 1개, 사이드 테이블 1개, 크리넥스 박스가 구비되어 있다. 각 상담실은 벽과 테이블이 다르게 장식되어 있다. 그중 하나는 학교상담자의 오피스와 견줄 만하다(Walker, 2009, p. 37).

비대면 관계에 들어가기 전, 임상가는 자신의 개인적·전문적 역량을 점검할 필요가 있다. 온라인 상담에 대한 명확한 전문적 기준은 아직 존재하지 않기 때문에, 이 분야에서 자신의 준비 상태와 역량을 스스로 관찰하는 것은 개인 실무자의 몫이다.

전문적 역량에 대한 점검 실시하기

역량 점검은 일부는 인터넷 치료 연구에, 일부는 현 윤리 기준에, 일부는 상식에 기반해야 한다. 효과적인 온라인 혹은 인터넷 임상평가나 개입을 위한 주요 역량은 다음과 같다.

- 타이핑 속도와 정확성(혹은 효율적이고 정확한 대체 음성 작동 시스템)
- 컴퓨터 사용 능력
- 자료 보안 및 기타 내담자 비밀 보장 방법에 대한 이해(이 영역 전문가의 자문을 얻을 필요가 있을 수도 있음)
- 통상적인 문자 기반 표현 사용과 관련한 지식과 기술(예: 약자나 이모티콘)
- 지금 사용하고 있는 방식과 상관없이 의사소통할 수 있는 자신감과 경험(예: 화상회의, 전화평가와 개입, 다양한 문자 전용 의사소통 방식)
- 접근 가능하고 철저한 사전 동의 과정(앞에서 언급한 바와 같이, 잠재적 온라인 내담자를 압도하지 않도록 사전 동의에서 다루어야 할 주요 주제를 작은 묶음별로 제시하는 것을 포함할 것이다.)
- 해당 전문 영역 윤리 기준에 대한 지식(예: ACA, APA, NASW)
- 특수 집단 혹은 소수 집단의 요구에 대한 민감성(예: 장애인 집단)

특정 영역의 임상 업무를 지원하는 세 가지 방법은 교육, 훈련, 슈퍼비전이다. 이는 다음과 같은 최소 역량 수준으로 변환된다.

- 온라인 서비스 제공과 관련한 논문과 저서 읽기
- 비대면 평가와 개입을 주제로 하는 전문 워크숍 참석하기
- 온라인 상담 업무에 대해 개인 또는 집단 슈퍼비전 및/또는 자문 받기
- 필요시 기술교육 및 지원 받기

최근 몇 년 동안, 임상 업무를 모니터링하기 위해 내담자 피드백 시스템을 활용하는 방안이 강조되고 있다(Meier, 2015). 이를 위해 비록 복잡할 수는 있겠으나, 온라인 실무자가 내담자에게 직접 그리고 익명으로 피드백을 요구하는 시스템을 자신의 온라인 상담 시스템에 통합하는 방법이 제안되고 있다.

온라인 혹은 비대면 면담의 목적 정하기

면대면 임상 접촉에서와 마찬가지로, 면담의 목적은 비대면 면담의 과정과 성과를 이끈다. 임상면담의 목적을 본질적인 측면에서 요약한다면, 평가와 치료(또는 개입)가 두 요소로 요약될 수 있다.

유사하게, 임상면담의 성격은 여러 요소로 인해 미묘하게 바뀔 수 있지만, 원격 혹은 온라인 내담자에게 제공하는 구체적인 내용은 주로 내담자의 요구사항과 당신의 역량에 따라 달라진다. 비록 간단해 보이지만, 우리는 보통 실제보다 훨씬 더 유능하다고 생각하는 경향이 있으며 이는 기억해 둘 만하다(이러한 경향에 대한 경고는 실제 적용하기 15-1 참조).

공간 준비하기

온라인 임상면담을 위해 공간을 준비한다는 이야기는 이상하게 들릴 수 있다. 그러나 몇 가지 의미에서, 방 준비는 원격면담을 진행할 때, 특히 Second Life와 같은 웹 기반의 가상현실 세계 상담실에서 아바타를 활용해 상담을 진행할 때, 매우 중요한 쟁점이 된다(Walker, 2009). 문자만으로 온라인 평가와 상담을 진행할 때조차도, 정해진 임상 공간을 가지고 있지 않다면, 당신은 자신의 개인 공간이나 내담자의 개인 공간에 대한 통제감을 상실할 수 있다. 게다가, 당신의 공간이나 내담자의 공간에 대한 통제를 잃는 것은 온라인 평가 과정의 신뢰도와 타당도를 떨어뜨리거나, 온라인 치료 개입의 효과를 저해할 수 있다.

실제 상담실에서 발생할 수 있는 여러 어려움이 온라인 상담에서도 다소 변질된 모습으로 발생할 수 있다. 정전은 두 당사자에게 모두 방해가 될 수 있다. 하지만 온라인 작업은 원격으로 진행되기 때문에, 한쪽에서 정전이 된다고 해서 다른 한쪽이 정전이 되는 것은 아니다. 면대면 상황에서는 회기가 가족 구성원, 반려동물, 시끄러운 음악, 기타 다른 방해물에 의해 방해받을 가능성이 매우 낮다. 하지만 온라인에서는 공간이 한 번에 여러 기능을 제공하기 때문에 방해를 받을 수도 있다. 여기에는 몇 가지 명백한 우발적인 상황이 있다. 온라인은 새롭고 이제 막 발달하기 시작한 임상 영역이기 때문에 이러한 우발적 상황이 훨씬 더 많을 수 있다. 이는 사전 동의 절차를 통해 혹은 필요에 따라 관리될 필요가 있다.

다문화적 이슈: 문화와 온라인 문화

온라인을 통한 의사소통은 내담자로 하여금 자신이 속한 문화적 규범과는 다른 방식으로 자신을 표현하게끔 만들 것이다. 이는 내담자에게 해방의 경험이 될 수 있다. 예를 들면, Slama(2010)는 인도네시아 청소년의 온라인 채팅 현상을 다음과 같이 기술했다. "보통 때 같으면 수줍어하고 물러나는 모습을 보였을 젊은 미혼 여성들이 제 목소리를 내고 자신의 감정을 명확하게 표현할 수 있게 되었다(p. 316)."

인터넷은 어디에도 비교할 수 없는 다문화적 접촉의 기회를 제공한다. 그 결과, 자유로운 표현이라는 온라인의 규범과 가치로 개별적인 문화적 규범을 압도하는 위험을 초래하기도 한다. 이것이 온라인 임상가로 하여금 "사이버 세상에서는 문화적 보편성이 최고의 법이다"라는 가정을 갖게 만들 수 있다. 그럼에도 불구하고, 모든 전문 면담자들은 다문화적으로 유능할 수 있도록 자기를 개발해야 한다. 즉, 자기인식을 키우고, 다문화적 지식을 축적하며, 특정 문화에 민감한 그리고 적절한 평가와 개입 방법을 개발하고, 문화적 지지(cultural advocacy)가 필요한지의 여부를 고려하는 방향으로 자신을 개발해야 한다. 문화적 겸손 또한 필요하다.

아래는 비대면 면담에 통합되어야 할 몇 가지 다문화적 의사소통 기준과 민감성에 대한 예시다.

- **잡담**(charlar)과 **인격주의**(personalismo). 일부 문화 집단들(그리고 개인들)은 좀 더 진지한 자기개방에 앞서 친근한 대화를 원하고 필요로 할 것이다.
- **가족**(familia)(가족 관계에의 초점). 많은 라틴계 그리고 아시아계 사람들과 가족들은 직

계 가족 구성원의 건강과 안위를 묻는 말을 기대하고 있다.

- **효도**(filial piety). 부모와 조상을 기리고 돌보는 것은 아시아계 청소년과 성인에 있어 매우 중요한 사안이다.
- **부족 정체감**(tribal identity). 특정 아메리카 원주민 부족에 대한 당신의 지식을 드러내는 것과 내담자가 소속된 부족에 대해 묻는 것 모두가 다 적절할 수 있다.
- **영성**(spirituality). 영적·종교적 차원은 대부분의 내담자들에게 중요할 수 있다. 하지만 미국 주류 문화권 밖에 있는 내담자에게는 더욱 그러하다.

비록 컴퓨터 면담 혹은 컴퓨터 상담 서비스를 사용하는 모든 내담자들이 현대 온라인 문화에 자신을 맞추고 있다고는 하지만, 이것이 다양한 문화적 관점을 무시하는 이유로 사용될 수 없으며 그렇게 사용되어서도 안 된다(Wood & Smith, 2005). 여러 문화에 겸손한 태도를 보이는 것, 문화적 인식을 기억하고 이에 집중하는 것, 여러 문화에 대한 지식을 가지거나 문화적 이슈를 다루는 기술을 가지는 것은 면담자를 유능하게 만드는 주요 요소다(D. W. Sue & Sue, 2016).

요약

우리는 이 장에서 자아확장의 수단으로서의 첨단 기술의 개념을 시작으로, 비대면 임상 서비스를 제공하는 데 있어 중요한 사안은 무엇인지와 같은 다양한 문제들을 상세히 다루었다. 21세기 기술력이 어떻게 상담과 심리치료 서비스 전달 방법에 영향을 주었는지 그리고 이러한 서비스 전달이 전통적인 치료 접근법과 어떻게 유사하고 다른지를 인지하는 것은 중요하다. 비록 면담자의 특정 반응을 전달하는 방법이 비언어적 정보(예: 침묵)의 부재로 변화하기는 했으나, 면담자는 면대면 면담 형식에서 필수적인 것으로 간주되는 기술을 비대면 면담에서도 사용해야만 한다.

면담자와 상담자가 사용할 수 있는 몇 가지 비대면적 의사소통 방식이 있다. ① 문자 전용 비동기적, ② 목소리 전용 비동기적, ③ 목소리 전용 동기적, ④ 문자 전용 동기적, ⑤ 영상 링크 동기적, ⑥ 아바타를 사용하는 가상현실 상담 장면이나 Second Life와 같은 프로그램이 여기에 속한다.

비록 비대면 상담과 온라인 상담에 대한 연구가 제한적이기는 하나, 연구들은 치료적 관계의 형성, 전화평가 절차, 온라인 치료 효과에 집중해 왔다. 전반적으로, 초기 연구들은 긍정적인 전망을 제공하고 있다. 치료 동맹은 형성될 수 있었고, 전화평가는 대면 평가에 거의 필적하는 기능을 수행했으며, 다양한 전화 혹은 온라인 개입은 중간 정도의 긍정적인 효과를 나타냈다.

온라인이나 전화로 평가와 치료를 실시하는 임상가는 수많은 윤리적·실제적 도전들에 직면해 있다. ① 내담자의 비언어적 행동에 대한 접근 부족, ② 내담자가 자신의 신원을 다르게 드러내거나 타인이 내담자의 신원을 도용할 가능성, ③ 서비스 제공자의 자격 증명이 부족한 경우, ④ 탈억제적 혹은 원하지 않는 개방의 가능성, ⑤ 복잡하고 불안을 불러일으키는 위기 대응 절차, ⑥ 비밀 보장에 대한 새롭고 중요한 제한점, ⑦ 부모 동의를 얻는 데 있어서의 도전이 여기에 포함된다.

비대면 면담을 위한 준비로는 전문가 역량 점검하기, 온라인 혹은 비대면 면담의 목적 정하기, 공간 준비하기 등이 있다. 다문화적 민감성, 역량, 겸손은 온라인 문화라는 맥락에서도 여전히 중요한 전문가적 태도로 남아 있다.

추천 온라인 훈련 자료

이 장에 인용된 자료에 더해, 여러 기관들이 온라인 상담 서비스 제공자를 위한 자격 수여 및 훈련 경험 제공에 노력하고 있다. 이와 관련된 기관들에는 다음과 같은 기관들이 있는데, 우리는 이 관련 자료가 앞으로 수시로 변할 것으로 예측하고 있다.

All CEUs (http://www.allceus.com/)는 전자치료 인증교육을 제공한다. 미국원격상담협회(The American Distance Counseling Association) (http://www.adca-online.org/about.htm)는 회원 혜택과 관련 자료를 제공하고 있으며, 자격증 제도를 마련하기 위해 노력하고 있다.

온라인 치료 연구소(The Online Therapy Institute) (http://onlinetherapyinstitute.com/)는 교육, 인증, 전문 자격증을 제공한다.

미국상담학회(The American Counseling Association), 미국심리학회(American Psychological Association), 전국사회복지사협회(National Association of Social Workers)는 원격상담과 심리치료를 위한 윤리적 관행에 대한 입장을 표명하고 있다. 이들은 또한 때때로 온라인 상담과 심리치료에 관한 기사를 웹 사이트에 게시한다. www.counseling.org 또는 www.apa.org 또는 www.socialworkers.org를 방문하도록 하라.

임상면담

부록 | **확장된 정신상태검사 면담 프로토콜**

이 부록에서는 면대면이나 전화나 화상회의를 통해 정신상태검사(mental status examination: MSE) 면담 시행을 위한 구조화된 프로토콜을 제시한다. 이 중 일부는 간이정신상태검사(Mini-Mental State Examination: MMSE; Folstein, Flostein, & McHugh, 1975)를 변형한 것이다. 우리는 당신이 처한 특정 상황에 맞게 그 내용이나 과정을 변형할 것을 권장한다.

프로토콜에는 내담자의 반응을 적고 점수를 매길 수 있는 여유 공간이 포함된다. 그러나 그 절차는 표준화된 것은 아니며, 규준 집단이 있는 것도 아니다. 이 프로토콜을 이용해 정보를 수집함으로써 명확하고 간결한 MSE 보고서를 작성할 수 있을 것이다. 이는 또한 광범위한 심리평가 보고서를 작성하는 데 도움이 될 수 있다. 규준을 가진 표준화된 절차를 위해서는 대안적인 접근을 사용해야 한다(예: Mini-Mental State Examination, 제2판 [MMSE-2] 참조).

이 프로토콜을 통해서는 질적 평가 자료가 만들어진다. 임상적 판단을 통해 당신은 크게 세 가지의 평가 범주로 자료에 근거한 결과를 조직화할 수 있다.

1. 우려되지 않음(no concerns)
2. 약간 우려됨(mild concerns)
3. 많이 우려됨(significant concerns)

MSE는 면담자의 관찰에 근거한다. MSE 자료를 수집하는 여러 전통적인 방법들이 있으나, MSE 면담 절차는 다양하며 MSE는 반드시 높은 수준으로 구조화될 필요는 없다. 이 과정에는 일반적으로 MSE 보고서에 들어가는 아홉 가지 범주로 구성되는 내담자 기능에 대한 정보를 얻는 방법으로, 면담자가 내담자와 상호작용하는 것이 포함된다. MSE 과정과 내용에 대한 자세한 정보는 이 책의 제9장에 기술되어 있다. 제9장의 내용을 참조하면 이 면담을 완벽하고 유능하게 실시하는 데 도움이 될 것이다.

준비

일부의 경우에는 반구조화된 면담평가 프로토콜이(그리고 모든 구조화된 면담이) 관계 발전과 면담자/상담자로서의 당신의 신뢰도를 증진시킬 수 있다. 또 다른 경우에는 면담이 구조화되어 있지 않거나 당신의 개인적이고, 전문적인 스타일에 맞게 운영된다면 라포와 신뢰 형성에 부정적인 영향을 줄 수도 있다. 우리는 협력적 관계의 발전과 유지를 강조하면서 프로토콜을 유연하게 사용할 것을 권장한다.

필요한 자료

정신상태검사자는 독립된 공간과 기록을 위한 적절한 도구를 가지고 있어야 한다.

가벼운 대화의 중요성

이 면담이나 다른 반구조화된 면담 프로토콜을 사용할 때는 면담을 시작하기 전에 친근하게 가벼운 대화(small talk)를 나누는 것이 중요하다. 내담자로부터 사전 동의를 받은 후, 만약 당신이 멀리 떨어진 지역에서 면담하는 경우 현지 날씨가 어떤지, 내담자가 어떤 공간에 있는지 또는 내담자가 편안하고 시작할 준비가 됐는지 물어볼 수 있다. 가벼운 대화를 준비하기 위해 지역 신문 사이트에서 최신 뉴스를 확인해 볼 수도 있다. 예를 들면, 먼곳에 있는 내담자를 면담할 때, 현지의 인기 있는 뉴스거리(예: 작은 마을을 돌아다니는 사슴, 지역 스포츠팀의 성적)에 대해 묻거나 언급하는 것을 통해 라포를 증진할 수 있다.

평가 프로토콜 소개하기

가벼운 대화 이후에 공식적인 평가로 전환해야 한다. 당신이 자신감을 얻고 경험을 쌓으면서, 당신은 이 면담을 소개하는 자신만의 방법을 찾게 될 것이다. 그때까지는 다음의 스크립트를 지침으로 사용할 수 있다.

이제 곧 당신을 알아가기 위해 많은 질문을 포함해 좀 더 공식적인 절차를 시작하려고 해요. 좀 쉽거나 어려운 질문을 할 수도 있고 어떤 질문들은 이상해 보이기도 하고 또 암산을 하는 것도 있을 거예요. 이 면담은 제가 당신에 대해 좀 더 잘 알 수 있게 해 주고, 또 당신의 뇌가 어떻게 작동하고 있는지 이해할 수 있도록 해 주는 표준화된 방법이에요. 면담할 때 궁금한 점이 있다면 언제든 질문하고, 저는 최대한 답변하도록 노력할게요. 시작하기 전에 질문이 있나요? [어떤 질문이건 솔직하고 직접적으로 대답하도록 하라. 내담자의 질문에 대한 대답 후 공식적인 평가 절차를 진행하도록 하라.]

준비됐나요? [당신은 여기서 준비됐다는 대답을 듣기 희망할 것이다. 만약 그렇지 않다면

계속 질문에 답하고 가벼운 대화를 하거나 절차나 그 외 다른 주제들에 대해 이야기 하도록 하라.]

MSE 범주

당신은 다음의 개요를 활용해 MSE 면담을 할 수 있다.

지남력과 의식

다음은 MSE 면담을 시작하는 원칙적인 방법이다. "쉬운 것부터 시작해서 점점 어려운 걸 하게 될 거예요."라고 말하도록 하라.

그러고는 "이름이 어떻게 돼요?"라고 질문하도록 하라.

"오늘은 몇 월 며칠인가요?"라고 질문하도록 하라.

"오늘은 무슨 요일이에요?"라고 질문하도록 하라.

"요즘 계절은 어떻게 되나요?"라고 질문하도록 하라.

"현재 살고 있는 지역은 어디인가요?"라고 질문하도록 하라.

"이번은 조금 어려울 수도 있어요."라고 말하고, "당신이 사는 지역의 도지사/시장의 이름은 뭔가요?"라고 질문하도록 하라.

의식에 대한 평가는 관찰에 근거한다. 검사가 종료된 후 내담자의 의식 수준이 어떠했는지를 다음 중 하나에 표시한다.

[명료, 혼란, 혼탁, 혼미, 의식 없음/혼수]

즉시 기억

"지금부터 간단한 기억 검사를 할 건데 괜찮을까요?"라고 물어보도록 하라.

그러고는 "세 가지 물건을 말할 거예요. 제가 다 말하면 그걸 따라 말해 주면 돼요. 준비됐나요? 컵, 신문, 바나나. 이제 저한테 말해 줄래요?"라고 말하도록 하라.

내담자가 즉시 회상한 물건을 기록하도록 하라.

만약 세 가지 물건을 회상하지 못했다면 이를 반복하도록 하라. 내담자가 이 물건들을 모두 회상할 수 있을 때까지 계속해서 반복하도록 하라. 간이정신상태검사에서는 여섯 번까지 시도하는 것을 제안하지만, 내담자의 좌절감과 인내 수준에 따라 얼마 지나지 않아 멈춰야 할 수도 있다.

주의와 계산 능력

첫 기억 과제를 내담자가 어떻게 수행했는가에 따라서 "지금부터는 조금 더 어려운 걸 해 볼 거예요."라거나 혹은 "이제 숫자 과제를 해 보면 어떨까요?"라고 말할 수도 있다. 그러고는 "숫자 100부터 시작해서 7씩 빼주면 돼요. 100에서 7을 빼고 거기에서 다시 7씩 빼주면 돼요."라고 말하도록 하라.

많은 내담자가 이 과제를 열심히 할 것이다(그리고 일부는 그러지 않을 것이다.). 어찌 됐든 다섯 번을 빼고 나면(93, 86, 79, 72, 65) 중단시킬 수 있다. 내담자의 반응을 오류 없음, 1개의 오류, 2개의 오류, 3개의 오류 혹은 과제를 수행할 수 없음으로 구분할 수 있다. 또한 인지적인 도전을 다루기 위한 내담자의 자기대화(self-talk)와 전략을 지켜볼 수도 있다.

만약 내담자가 어려워한다면 "이건 어려운 거였어요. 대학생들도 7씩 빼는 걸 어려워해요."와 같은 표현으로 공감이나 타당화를 해 주도록 하라.

주의와 계산 능력 범주는 내담자의 의식, 기억, 산수 능력(그리고 산수에 대한 자신감 또는 효능감)의 수준과 집중력과 계산 능력을 확인하는 데 도움이 된다.

최근 기억 혹은 원격 기억

"현재 우리나라(미국) 대통령은 누구인가요?"라고 질문하도록 하라.
이 질문에 뒤이어 "바로 직전의 대통령은 누구였나요?"라고 질문하도록 하라.

대통령에 대해 계속 질문하도록 하라. 정답은 Obama[1], Bush, Clinton, Bush, Reagan, Carter, Ford, Nixon, Johnson, Kennedy이다. 내담자가 더 이상 답하지 못하거나 최근 다섯 번째 대통령까지 답하면 중단할 수 있다. 만약 내담자가 다른 문화권이나 외국 출신이라면 해당 국가의 현재 및 최근 대통령을 답하도록 하게 한다. 이 과제는 기억 평가이기는 하지만, 뉴스나 일반적인 정보에 대한 축적된 지식을 측정하는 합리적 척도이기도 하다.

---

1) 역자 주: 원저가 쓰여질 당시의 미국 대통령은 Obama였다.

기분과 정동

"이제부터는 좀 다른 질문을 해 보도록 할게요."라고 주제를 전환하는 진술을 한 후에 "지금 기분이 어떠세요?"라고 내담자에게 질문하도록 하라.

(이 질문은 내담자가 자신의 지배적인 정서 상태를 스스로 보고하는 기분 평가다.)

"현재 기분 상태가 어떤지 0에서 10점으로 평가해 주세요. 0점은 최악의 기분 상태예요. 사실, 0점은 죽고 싶을 정도로 아주 우울한 상태를 의미해요. 10점은 최상의 기분 상태예요. 10점은 최고로 행복하다는 의미에요. 아마도 당신은 아주 행복할 때 춤을 추거나 노래를 부르거나 뭐든 할 거예요. 그렇다면 현재 기분 상태는 몇 점쯤 되나요?"라고 질문하도록 하라.

"지금까지 가장 나쁘거나 가장 낮은 기분은 몇 점인가요?"라고 질문하도록 하라.

"그 당시에는 어떤 이유로 그렇게 기분이 처졌을까요?"라고 질문하도록 하라.

"평상시의 기분은 몇 점인가요?"라고 질문하도록 하라.

"지금까지 경험해 본 기분 중 최고의 기분은 몇 점인가요?"라고 질문하도록 하라.

"그렇게 높은 점수를 주게 만든 일이 어떤 게 있었나요?"라고 질문하도록 하라.

정동은 관찰을 통해 볼 수 있는 순간순간의 정서 상태다. 정동은 다음의 측면에서 관찰되고 측정된다.

정동 내용(한 가지 표시하기): 화난, 불안한, 창피한, 다행감을 느끼는, 두려운, 죄책감을 느끼는, 행복한, 과민한, 즐거운, 슬픈, 놀란, 기타

정동 범위(한 가지 표시하기): 둔마된, 제한된, 팽창된, 무정동, 불안정한, 기타

정동 적절성(한 가지 표시하기): 적절, 부적절

관찰:

정동 깊이 또는 강도(한 가지 표시하기): 얕은, 정상, 강한

즉시 기억 회상

"이제 까다로운 질문을 해 볼게요. 준비됐나요?"라고 말하도록 하라.

"아까 전에 세 가지 물건 기억하라고 얘기한 거 기억나세요? 지금 그 세 가지 물건이 무엇인지 말해 주세요."라고 말하도록 하라.

회상한 물건에 표시하도록 하라: 컵, 신문, 바나나.

단서(prompt) 없이 회상한 물건의 전체 개수를 기록하도록 하라.

이 과제를 수행할 때에는 내담자가 회상할 수 있게끔 충분한 시간을 주도록 하라.

15~20초 후에 만약 단서를 주면 (각 단어에 대한) 기억을 내담자가 회상할 수 있는지 확인해 볼 수도 있다. (이 목적은 단서가 기억 인출에 도움을 줄 수 있는지 확인하는 것이며, 이는 완전히 회상하지 못하는 것보다는 덜 우려스러운 점이라고 할 수 있다.)

컵에 대해서는 "뭔가 마실 때 사용하는 거예요."라고 말할 수 있다.

신문에 대해서는 "뭔가를 읽는 것예요."라고 말할 수 있다.

바나나에 대해서는 "과일의 한 종류예요."라고 말할 수 있다.

단서가 주어질 때 회상한 물건의 전체 개수를 기록하도록 하라.

말과 사고

"이제 생각에 대해서 몇 가지 질문을 하도록 할게요. 준비 됐나요?"라고 말하도록 하라.

"어떤 생각에 사로잡혀서 그것에 대해 계속 생각해 본 경험이 있나요?"라고 질문하도록 하라(이는 강박 사고에 대해 초점을 맞춘 것이다.).

만약 내담자가 그렇다고 대답하면, "머릿속에 사로잡혔던 생각은 무엇이었나요?"라고 질문하도록 하라.

필요하다고 생각되면, "어떻게 그런 생각을 머릿속에서 지워버릴 수 있었나요?"라고 질문하도록 하라(만약 내담자의 반응이 강박 사고를 시사한다면, 빈도, 강도, 기간 및 관련된 정동을 탐색하는 추가적인 질문을 해야 한다.).

"다른 사람들이 보기에는 독특하거나 이상하다고 여길 만한 믿음을 갖고 있나요? 만약 그렇다면 어떤 것들인가요?"라고 질문하도록 하라(여기서도 마찬가지로 그 믿음의 적절성 여부를 조사하도록 하라.).

내담자에게 "No ifs, ands, or buts"를 따라 하도록 부탁하라.[2]

MSE를 하는 동안 내담자의 말을 관찰하도록 하라.

내담자 말의 크기와 속도가 어떤지 기록하도록 하라: 큰, 보통의 또는 작은, 빠른(압박된), 보통의, 느린(언어 빈곤).

또한 다음과 같은 말의 특성을 평가하도록 하라: 자발적인, 부자연스러운, 막히는.

다음과 같은 증상이 있는지도 기록하도록 하라: 말더듬, 속화증, 조음장애, 억양장애(이에 대한 추가 정보는 제9장 참조)

내담자의 사고 과정을 추적하도록 하라. 다음 용어 중 하나 이상 동그라미를 표시하도

---

2) 역자 주: 우리나라의 MMSE에서는 '간장, 공장, 공장장'과 같은 문구를 따라 하도록 한다.

록 하라.

[우원증, 음향 연상, 사고의 비약, 함구증, 신어조작증, 보속증, 사고 이탈, 말비빔, 논리적이고 조리 있는]

지각장애

"다른 사람들이 보지 못하거나 듣지 못하는 걸 보거나 들은 적이 있나요?"라고 물어보도록 하라.

만약 그렇다고 답하면, 다음과 같은 질문을 통해 내담자의 경험을 조심스럽게 탐색하도록 하라:

"당신은 듣는데/보는데 다른 사람들이 듣지/보지 못하는 게 뭔가요?"

"예를 들어 줄 수 있나요?"

"다른 사람들이 그걸 듣지/보지 못한다는 걸 어떻게 알 수 있나요?"

"라디오나 텔레비전에서 당신에 대해 직접 이야기하거나 당신에게 직접 이야기한다고 생각한 적이 있나요?"라고 물어보도록 하라.

그렇다고 하면, "그 예를 생각해 볼 수 있나요?"라고 질문하도록 하라.

"다른 사람들이 당신이 생각하는 걸 훔쳐 가려 하거나 당신의 마음을 읽으려고 한 적이 있었나요?"

그렇다고 하면, "그 예를 생각해 볼 수 있나요?"라고 질문하도록 하라.

인지 능력(지능), 추상적 사고, 사회적 판단

다음과 같은 질문을 하도록 하라.

"미국의 대도시 여섯 군데를 말해 보세요."

"자동차 배기가스에는 어떤 독성 화학 물질이 있나요?"

"연필과 컴퓨터는 어떤 면에서 비슷한가요?"

"집 근처에 있는 풀밭에 어떤 총이 숨겨져 있는 걸 발견하면 어떻게 하겠어요?"

"만약 10억 원이 생긴다면 무엇을 할 건가요?"

"당신보다 훨씬 작은 사람이 싸움을 걸어오면 어떻게 하겠어요?"

"당신보다 훨씬 큰 사람이 싸움을 걸어오면 어떻게 하겠어요?"

"친한 친구에게 약물이나 알코올 문제가 확실히 있다면 어떻게 하겠어요?"

병식과 신뢰도

병식과 신뢰도는 직접 측정하기 어렵다. 이전의 질문과 행동을 통해 추론할 수도 있다. 누군가가 정직하거나 부정직하다는 것을 구별하는 것은 어렵기 때문에 신뢰도 측정은 특별히 어렵다. 병식과 신뢰도를 평가하는 데 최선을 다하도록 하라.

병식: 부재, 빈약, 부분, 양호
신뢰도: 신뢰롭지 않은, 의심되는, 신뢰롭고 정직한

감사를 표하며 피면담자에게 질문이 있는지 물으면서 면담을 마무리하도록 하라. 피면담자의 질문에 대해 직접적이고 솔직하며 조심스럽게 답변하도록 하라. 예를 들면, 만약 내담자가 평가에서 일부 어려움을 겪고, 이에 대해 피드백을 요청하면, "면담에서 어떤 부분은 더 어려웠던 것처럼 보였어요. 7씩 빼는 것과 대통령 이름을 기억하는 것에서 문제가 좀 있었어요. 하지만 나머지 질문에 대해서는 잘했어요."와 같이 말해 줄 수 있다.

외모

면대면 상황이나 영상 링크를 통해 평가하지 않는다면, 내담자의 외모를 평가할 수 없다. 만약 내담자의 외모를 관찰할 수 있다면, 다음의 형용사 중 어떤 것이 내담자의 외모를 가장 잘 묘사하는지 생각해 보도록 하라.

깔끔한(well-groomed), 단정하지 못한(disheveled)

내담자의 눈, 얼굴 표정, 자세, 옷차림, 화장 및 기타 관찰할 수 있는 부분에서 특이한 점이 있다면 이를 기록하도록 하라. 내담자가 실제보다 나이 들어 보이거나 어려 보이거나 혹은 실제 나이처럼 보이는지도 기록하도록 하라.

행동 또는 정신 운동 활동

내담자의 행동이나 정신 운동 활동도 면대면 상황이나 영상 링크를 통해 평가하지 않으면 평가할 수 없다. 내담자의 행동을 관찰할 수 있다면, 특이하거나 독특한 신체 움직임,

몸짓, 반복되는 행동 등을 기록하도록 하라.

검사자(와 검사)에 대한 태도

MSE를 대하는 내담자들의 반응은 다양하게 나타날 수 있다. 검사자에 대한 내담자의 태도는 관찰 자료에 근거해 판단하게 된다. 이에 대해 직접 질문하지는 않는다. 평가가 종료된 후 이 섹션으로 돌아와서 내담자의 태도에 대해 가장 잘 묘사하는 단어에 동그라미를 표시하도록 하라.

[협조적, 저항적, 적대적, 무관심한, 비위를 맞추는, 유혹적, 의심이 많은, 참을성 없는, 상냥한, 열린, 호기심 있는]

평가 및 결과 보고하기

이전에 언급한 바와 같이 이 프로토콜은 표준화된 것이 아니기에 질적인 정보만 산출할 수 있다. 프로토콜을 처음 사용할 때에는 자료를 효과적으로 활용하는 방법이 어색하거나 확실하지 않다고 느낄 수 있다. 동료 및 강사와 함께 특정 항목에 대해 토론하고 조사하면 도움이 된다는 것을 명심하도록 하라. 질문들과 과제들을 소집단으로 나누어 분석해 보는 것은 훌륭한 생각이다. 예를 들면, '10억 원' 질문에 대해 다양한 답변들을 생각해 보도록 하라. 일반적인 답변은 저축을 하거나, 돈을 쓰거나 기부를 하는 것이다. 내담자 반응 분석을 통해 그들의 가치관과 판단력에 대한 정보를 알 수 있다. 당연히 여기에 정답이나 오답은 없다. 하지만 "하와이 여행을 예약하고 마리화나 한 가득 사서 그거나 다 피울래요."라고 말하는 내담자와 "그중 절반은 안전한 곳에 투자하고, 멋진 집을 산 다음, 10%는 자선단체에 기부할래요."라고 말하는 내담자는 분명 어떤 차이가 있다고 할 수 있다.

MSE의 목표는 내담자의 정신상태뿐 아니라 내담자의 다른 차원들을 평가하는 것이다. 이 과정은 본질적으로 판단적인 과정이다. 따라서 당신이 관찰한 것에 대해 강한 주장을 하기보다는 당신의 결론을 잠정적으로 그리고 가능하면 언제든지 당신이 관찰한 것을 보고하는 것이 중요하다. MSE 보고서 작성과 관련한 지침은 이 책의 제9장을 참조하도록 하라.

Aboraya, A. (2007). Clinicians' opinions on the reliability of psychiatric diagnoses in clinical settings. *Psychiatry, 4*(11), 31–33.

Achebe, C. (1994). *Things fall apart.* New York, NY: Doubleday.

Ackerman, S. J., & Hilsenroth, M. J. (2003). A review of therapist characteristics and techniques positively impacting the therapeutic alliance. *Clinical Psychology Review, 23*(1), 1–33.

Adler, A. (1930). *Individual psychology.* Oxford, England: Clark University Press.

Akhtar, S. (Ed.). (2007). *Listening to others: Developmental and clinical aspects of empathy and attunement.* Lanham, MD: Jason Aronson.

Alleman, J. R. (2002). Online counseling: The Internet and mental health treatment. *Psychotherapy: Theory, Research, Practice, Training, 39*(2), 199–209.

Amadio, D. M., & Perez, R. M. (2008). *Affirmative counseling and psychotherapy with lesbian, gay, bisexual, and transgender clients.* Reno, NV: Bent Tree Press.

American Counseling Association. (2014). *The American Counseling Association code of ethics.* Alexandria, VA: Author.

American Psychiatric Association. (1980). *Diagnostic and statistical manual of mental disorders* (3rd ed.). Washington, DC: Author.

American Psychiatric Association. (2000). *Diagnostic and statistical manual of mental disorders* (4th ed., text rev.). Washington, DC: Author.

American Psychiatric Association. (2013). *Diagnostic and statistical manual of mental disorders* (5th ed.). Washington, DC: Author.

American Psychological Association. (2010a). *Ethical principles for psychologists and code of conduct.* Washington, DC: Author.

American Psychological Association. (2010b). *Publication manual of the American Psychological Association* (6th ed.). Washington, DC: Author.

American Psychological Association. (2013). Disaster Resource Network. Retrieved from http://www.apa.org/practice/programs/drn/

Anderson, R. E. E., Spence, S. H., Donovan, C. L., March, S., Prosser, S., & Kenardy, J. (2012). Working alliance in online cognitive behavior therapy for anxiety disorders in youth: Comparison with clinic delivery and its role in predicting outcome. *Journal of Medical Internet Research, 14*(3), 86-101. doi:10.2196/jmir.1848

Anderson, S. K., & Handelsman, M. M. (2010). *Ethics for psychotherapists and counselors: A proactive approach.* London, England: Wiley-Blackwell.

Anderson, S. K., & Handelsman, M. M. (2013). A positive and proactive approach to the ethics of the first interview. *Journal of Contemporary Psychotherapy, 43*(1), 3-11.

Andrews, G., Davies, M., & Titov, N. (2011). Effectiveness randomized controlled trial of face to face versus Internet cognitive behaviour therapy for social phobia. *Australian and New Zealand Journal of Psychiatry, 45*(4), 337-340. doi:10.3109/00048674.2010.538840

APA Presidential Task Force on Evidence-Based Practice. (2006). Evidence-based practice in psychology. *American Psychologist, 61,* 271-285.

Apodaca, T. R., Jackson, K. M., Borsari, B., Magill, M., Longabaugh, R., Mastroleo, N. R., & Barnett, N. P. (2015). Which individual therapist behaviors elicit client change talk and sustain talk in motivational interviewing? *Journal of Substance Abuse Treatment,* doi:10.1016/j.jsat.2015.09.001

Applebaum, A. J., DuHamel, K. N., Winkel, G., Rini, C., Greene, P. B., Mosher, C. E., & Redd, W. H. (2012). Therapeutic alliance in telephone-administered cognitive-behavioral therapy for hematopoietic stem cell transplant survivors. *Journal of Consulting and Clinical Psychology, 80*(5), 811-816. doi:10.1037/a0027956

Asnaani, A., & Hofmann, S. G. (2012). Collaboration in multicultural therapy: Establishing a strong therapeutic alliance across cultural lines. *Journal of Clinical Psychology, 68*(2), 187-197.

Axline, V. M. (1964). *Dibs in search of self.* New York, NY: Ballantine Books.

Ayon, C., & Aisenberg, E. (2010). Negotiating cultural values and expectations within the public child welfare system: A look at familismo and personalismo. *Child & Family Social Work, 15*(3), 335-344. doi:10.1111/j.1365-2206.2010.00682.x

Azorin, J., Kaladjian, A., Adida, M., Hantouche, E., Hameg, A., Lancrenon, S., & Akiskal, H. S. (2009). Risk factors associated with lifetime suicide attempts in bipolar I patients: Findings from a French national cohort. *Comprehensive Psychiatry, 50*(2), 115-120. doi:10.1016/j.comppsych.2008.07.004

Baker, R. W., & Trzepacz, P. T. (2013). Conducting a mental status examination. In G. P. Koocher, J. C. Norcross, & B. A. Greene (Eds.), *Psychologists' desk reference* (3rd ed., pp. 17-22). New York, NY: Oxford University Press. doi:10.1093/med:psych/9780199845491.003.0002

Baker, T. B., & McFall, R. M. (2014). The promise of science-based training and application in psychological clinical science. *Psychotherapy, 51*(4), 482-486. doi:10.1037/a0036563

Baker-Henningham, H. (2011). Transporting evidence-based interventions across cultures: Using focus groups with teachers and parents of pre-school children to inform the implementation of the Incredible Years teacher training programme in Jamaica. *Child: Care, Health and Development, 37*(5), 649-661. doi:j.1365-2214.2011.01208.x

Baldwin, S. A., Wampold, B. E., & Imel, Z. E. (2007). Untangling the alliance outcome correlation: Exploring the relative importance of therapist and patient variability in the alliance. *Journal of Consulting and Clinical Psychology, 75*(6), 842-852. doi:10.1037/0022-006X.75.6.842

Bandler, R. (2008). *Get the life you want: The secrets to quick and lasting life change with neuro-linguistic programming.* Deerfield Beach, FL: Health Communications.

Bandler, R., & Grinder, J. (1975). *The structure of magic I: A book about language and therapy.* Palo Alto, CA: Science and Behavior Books.

Barak, A., Hen, L., Boniel-Nissim, M., & Shapira, N. (2008). A comprehensive review and a meta-analysis of the effectiveness of Internet-based psychotherapeutic interventions. *Journal of Technology in Human Services, 26*(2-4), 109-160. doi:10.1080/15228830802094429

Barnett, J. E. (2011). Psychotherapist self-disclosure: Ethical and clinical considerations. *Psychotherapy, 48*(4), 315-321. doi:10.1037/a0026056

Bassilios, B., Harris, M., Middleton, A., Gunn, J., & Pirkis, J. (2014). Characteristics of people who use telephone counseling: Findings from secondary analysis of a population-based study. *Administration and Policy in Mental Health and Mental Health Services Research,* doi:10.1007/s10488-014-0595-8

Bastien, C. H., Morin, C. M., Ouellet, M., Blais, F. C., & Bouchard, S. (2004). Cognitive-behavioral therapy for insomnia: Comparison of individual therapy, group therapy, and telephone consultations. *Journal of Consulting and Clinical Psychology, 72*(4), 653-659. doi:10.1037/0022-006X.72.4.653

Beck, A. T. (1976). *Cognitive therapy and the emotional disorders.* Oxford, England: International Universities Press.

Beck, A. T., & Steer, R. A. (1988). *Manual for the Beck Hopelessness Scale.* San Antonio, TX: Psychological Corp.

Beck, A. T., Steer, R. A., & Brown, G. (1996). *Beck depression inventory-II.* San Antonio, TX: Psychological Corporation.

Beck, J. S. (2011). *Cognitive behavioral therapy: Basics and beyond* (2nd ed.). New York, NY: Guilford Press.

Befort, C. A., Donnelly, J. E., Sullivan, D. K., Ellerbeck, E. F., & Perri, M. G. (2010). Group versus individual phone-based obesity treatment for rural women. *Eating Behaviors, 11*(1), 11-17. doi:10.1016/j.eatbeh.2009.08.002

Beitman, B. D. (1983). Categories of countertransference. *Journal of Operational Psychiatry, 14*(2), 82-90.

Bell, A. C., & D'Zurilla, T. J. (2009). Problem-solving therapy for depression: A meta-analysis. *Clinical Psychology Review, 29*(4), 348-353. doi:10.1016/j.cpr.2009.02.003

Bell-Tolliver, L., & Wilkerson, P. (2011). The use of spirituality and kinship as contributors to successful therapy outcomes with African American families. *Journal of Religion & Spirituality in Social Work: Social Thought, 30*(1), 48-70.

Benjamin, A. (1987). *The helping interview with case illustrations.* Boston, MA: Houghton Mifflin.

Berg, I. K., & DeJong, P. (2005). Engagement through complimenting. *Journal of Family Psychotherapy, 16*(1-2), 51-56.

Berg, I. K., & Dolan, Y. (2001). *Tales of solutions: A collection of hope-inspiring stories.* New York, NY: Norton.

Berg, I. K., & Shafer, K. C. (2004). *Working with mandated substance abusers: The language of solutions.* New York, NY: Guilford Press.

Berg, R. C., Landreth, G. L., & Fall, K. A. (2006). *Group counseling: Concepts and procedures* (4th ed.). New York, NY: Routledge/Taylor & Francis.

Bernal, G., Jimenez-Chafey, M. I., & Rodriguez, M. M. (2009). Cultural adaptation of treatments: A resource for considering culture in evidence-based practice. *Professional Psychology: Research and Practice, 40*(4), 361-368.

Bernard, M., Janson, F., Flora, P. K., Faulkner, G. E. J., Meunier-Norman, L., & Fruhwirth, M. (2009). Videoconference-based physiotherapy and teleassessment for homebound older adults: A pilot study. *Activities, Adaptation & Aging, 33*(1), 39-48. doi:10.1080/01924780902718608

Bernert, R. A., Turvey, C. L., Conwell, Y., & Joiner, T. E., Jr. (2014). Association of poor subjective sleep quality with risk for death by suicide during a 10-year period: A longitudinal, population-based study of late life. *JAMA Psychiatry, 71*(10), 1129-1137. doi:10.1001/jamapsychiatry.2014.1126

Bertolino, B. (1999). *Therapy with troubled teenagers: Rewriting young lives in progress.* Hoboken, NJ: Wiley.

Bertolino, B., & O'Hanlon, B. (2002). *Collaborative, competency-based counseling and psychotherapy.* Needham Heights, MA: Allyn & Bacon.

Betan, E., Heim, A. K., Conklin, C. Z., & Westen, D. (2005). Countertransference phenomena and personality pathology in clinical practice: An empirical investigation. *American Journal of Psychiatry, 162*(5), 890-898. doi:10.1176/appi.ajp.162.5.890

Beutler, L. E. (2011). Prescriptive matching and systematic treatment selection. In J. C. Norcross, G. R. VandenBos, & D. K. Freedheim (Eds.), *History of psychotherapy: Continuity and change* (2nd ed., pp. 402-407). Washington, DC: American Psychological Association. doi:10.1037/12353-019

Beutler, L. E., Harwood, T. M., Kimpara, S., Verdirame, D., & Blau, K. (2011). Coping style. *Journal of Clinical Psychology, 67*(2), 176-183.

Beutler, L. E., Harwood, T. M., Michelson, A., Song, X., & Holman, J. (2011). Resistance/reactance level. *Journal of Clinical Psychology, 67*(2), 133-142.

Bhola, P., & Kapur, M. (2013). The development and role of the therapeutic alliance in supportive psychotherapy with adolescents. *Psychological Studies, 58*(3), 207-215. doi:10.1007/s12646-013-0191-0

Bickford, J. O. (2004). Preferences of individuals with visual impairments for the use of person-first language. *RE:View, 36*(3), 120-126.

BigFoot, D. S., & Dunlap, M. (2006). Storytelling as a healing tool for American Indians. In T.

M. Witko (Ed.), *Mental health care for urban Indians: Clinical insights from native practitioners* (pp. 133-153). Washington, DC: American Psychological Association. doi:10.1037/11422-007

Bigner, J. J., & Wetchler, J. L. (2012). *Handbook of LGBT-affirmative couple and family therapy.* New York, NY: Routledge.

Birdwhistell, R. L. (1970). *Kinesics and context: Essays on body motion communication.* Philadelphia: University of Pennsylvania Press.

Black, L., & Jackson, V. (2005). *Families of African origin: An overview.* New York, NY: Guilford Press.

Blader, J. C., & Carlson, G. A. (2007). Increased rates of bipolar disorder diagnoses among U.S. child, adolescent, and adult inpatients, 1996-2004. *Biological Psychiatry, 62*(2), 107-114.

Blain, D., Hoch, P., & Ryan, V. G. (1945). A course in psychological first aid and prevention. *American Journal of Psychiatry, 101*, 629-634.

Blankers, M., Koeter, M.W. J., & Schippers, G. M. (2011). Internet therapy versus Internet self-help versus no treatment for problematic alcohol use: A randomized controlled trial. *Journal of Consulting and Clinical Psychology, 79*(3), 330-341. doi:10.1037/a0023498

Bloomgarden, A., & Mennuti, R. B. (Eds.). (2009). *Psychotherapist revealed: Therapists speak about self-disclosure in psychotherapy.* New York, NY: Routledge.

Bolton, J. M., Pagura, J., Enns, M. W., Grant, B., & Sareen, J. (2010). A population based longitudinal study of risk factors for suicide attempts in major depressive disorder. *Journal of Psychiatric Research, 44*(13), 817-826. doi:10.1016/j.jpsychires.2010.01.003

Bolton, J. M., Spiwak, R., & Sareen, J. (2012). Predicting suicide attempts with the SAD PERSONS scale: A longitudinal analysis. *Journal of Clinical Psychiatry, 73*(6), e735-e741.

doi:10.4088/JCP.11m07362

Bombay, A., Matheson, K., & Anisman, H. (2014). The intergenerational effects of Indian residential schools: Implications for the concept of historical trauma. *Transcultural Psychiatry, 51*(3), 320-338. doi:10.1177/1363461513503380

Bond, K., & Anderson, I. M. (2015). Psychoeducation for relapse prevention in bipolar disorder: A systematic review of efficacy in randomized controlled trials. *Bipolar Disorders, 17*(4), 349-362. doi:10.1111/bdi.12287

Bordin, E. S. (1979). The generalizability of the psychoanalytic concept of the working alliance. *Psychotherapy: Theory, Research, Practice, Training, 16*(3), 252-260. doi:10.1037/h0085885

Bordin, E. S. (1994). Theory and research on the therapeutic working alliance: New directions. In A. O. Horvath & L. S. Greenberg (Eds.), *The working alliance: Theory, research, and practice* (pp. 13-37). Oxford, England: Wiley.

Boyer, D. (Ed.). (1988). *In and out of street life: Readings on interventions with street youth*. Portland, OR: Tri-county Youth Consortium.

Brammer, L. M. (1979). *The helping relationship*. Englewood Cliffs, NJ: Prentice-Hall.

Brenes, G. A., Danhauer, S. C., Lyles, M. F., & Miller, M. E. (2014). Telephone delivered psychotherapy for rural-dwelling older adults with generalized anxiety disorder: Study protocol of a randomized controlled trial. *BMC Psychiatry, 14*(34). doi:10.1186/1471-244X-14-34

Brezinka, V. (2014). Computer games supporting cognitive behaviour therapy in children. *Clinical Child Psychology and Psychiatry, 19*(1), 100-110. doi:10.1177/1359104512468288

Bronfenbrenner, U. (1976). The ecology of human development: History and perspectives. *Psychologia Wychowawcza, 19*(5), 537-549.

Bronfenbrenner, U. (1986). Ecology of the family as a context for human development: Research perspectives. *Developmental Psychology, 22*(6),

723-742. doi:10.1037/0012-1649.22.6.723

Bronfenbrenner, U. (Ed.). (2005). *Making human beings human: Bioecological perspectives on human development*. Thousand Oaks, CA: Sage.

Brown, G. K., Beck. A. T., Steer, R. A., & Grisham, J. R. (2000). Risk factors for suicide in psychiatric outpatients: A 20-year prospective study. *Journal of Consulting and Clinical Psychology, 68*, 371-377.

Brown, G. K., Have, T. T., Henriques, G. R., Xie, S. X., Hollander, J. E., & Beck, A. T. (2005). Cognitive therapy for the prevention of suicide attempts: A randomized controlled trial. *Journal of the American Medical Association, 294*(5), 563-570. doi:10.1001/jama.294.5.563

Brown, D. H., Lawson, L. E., McDaniel, W. F., & Wildman, R. W., II. (2012). Relationships between the Nevada brief cognitive assessment instrument and the St. Louis University mental status examination in the assessment of disability applicants. *Psychological Reports, 111*(3), 939-951.

Brown, L. S. (2010). *Feminist therapy*. Washington, DC: American Psychological Association.

Bryant, C. M., Taylor, R. J., Lincoln, K. D., Chatters, L. M., & Jackson, J. S. (2008). Marital satisfaction among African Americans and Black Caribbeans: Findings from the national survey of American life. *Family Relations: An Interdisciplinary Journal of Applied Family Studies, 57*(2), 239-253. doi:10.1111/j.1741-3729.2008.00497.x

Buck, E. T., Dent-Brown, K., Parry, G., & Boote, J. (2014). Dyadic art psychotherapy: Key principles, practices and competences. *The Arts in Psychotherapy, 41*(2), 163-173. doi:10.1016/j.aip.2014.01.004

Busch, K. A., Fawcett, J., & Jacobs, D. G. (2003). Clinical correlates of inpatient suicide. *Journal of Clinical Psychiatry, 64*(1), 14-19.

Buyukdura, J. S., McClintock, S. M., & Croarkin, P. E. (2011). Psychomotor retardation in depression: Biological underpinnings, measurement, and treatment. *Progress in Neuro-Psychopharmacology & Biological Psychiatry, 35*(2), 395-409. doi:10.1016/j.pnpbp.2010.10.019

Byrne, S. L., Hooke, G. R., Newnham, E. A., & Page, A. C. (2012). The effects of progress monitoring on subsequent readmission to psychiatric care: A sixmonth follow-up. *Journal of Affective Disorders, 137*(1-3), 113-116. doi:10.1016/j.jad.2011.12.005

Cabaniss, D. L., Cherry, S., Douglas, C. J., & Schwartz, A. R. (2011). *Psychodynamic psychotherapy: A clinical manual.* London, England: Wiley-Blackwell.

Campbell, D. T., & Fiske, D. W. (1959). Convergent and discriminant validation by the multitrait-multimethod matrix. *Psychological Bulletin, 56*(2), 81-105. doi:10.1037/h0046016

Campbell, M. A., French, S., & Gendreau, P. (2009). The prediction of violence in adult offenders: A meta-analytic comparison of instruments and methods of assessment. *Criminal Justice and Behavior, 36*(6), 567-590. doi:10.1177/0093854809333610

Campfield, K. M., & Hills, A. M. (2001). Effect of timing of critical incident stress debriefing (CISD) on posttraumatic symptoms. *Journal of Traumatic Stress, 14*(2), 327-340. doi:10.1023/A:1011117018705

Capra, F. (1975). *The tao of physics.* New York, NY: Random House.

Capuzzi, D., & Stauffer, M. (2015). *Foundations of couples, marriage, and family counseling.* Hoboken, NJ: Wiley.

Carkhuff, R. R. (1987). *The art of helping* (6th ed.). Amherst, MA: Human Resource Development Press.

Carlson, J., Watts, R. E., & Maniacci, M. (2006). *Adlerian therapy: Theory and practice.* Washington, DC: American Psychological Association. doi:10.1037/11363-000

Cassidy, F. (2011). Risk factors of attempted suicide in bipolar disorder. *Suicide and Life-Threatening Behavior, 41*(1), 6-11. doi:10.1111/j.1943-278X.2010.00007.x

Castonguay, L. G., Boswell, J. F., Constantino, M. J., Goldfried, M. R., & Hill, C. E. (2010). Training implications of harmful effects of psychological treatments. *American Psychologist, 65*(1), 34-49. doi:10.1037/a0017330

Center for Collegiate Mental Health. (2015, January). *2014 annual report* (Publication No. STA 15-30).

Chambless, D. L., & Hollon, S. D. (1998). Defining empirically supported therapies. *Journal of Consulting & Clinical Psychology, 66*(1), 7-18.

Chang, C. Y., & O'Hara, C. (2013). The initial interview with Asian American clients. *Journal of Contemporary Psychology, 43*(1), 33-42.

Chang, C. Y., Ritter, K. B., & Hays, D. G. (2005). Multicultural trends and toys in play therapy. *International Journal of Play Therapy, 14*(2), 69-85.

Chao, C. M. (1992). The inner heart: Therapy with Southeast Asian families. In L. A. Vargas & J. D. Koss-Chioino (Eds.), *Working with culture: Psychotherapeutic interventions with ethnic minority children and adolescents* (pp. 157-181). San Francisco, CA: Jossey-Bass.

Cheng, A. T. A., Hawton, K., Chen, T. H. H., Yen, A. M. F., Chang, J., Chong, M., . . . Chen, L. (2007). The influence of media reporting of a celebrity suicide on suicidal behavior in patients with a history of depressive disorder. *Journal of Affective Disorders, 103*(1-3), 69-75. doi:10.1016/j.jad.2007.01.021

Cheng, M. K. S. (2007). New approaches for creating the therapeutic alliance: Solution-focused interviewing, motivational interviewing, and the medication interest model. *Psychiatric Clinics of North America, 30*(2), 157-166. doi:10.1016/

j.psc.2007.01.003

Cheung, C., Kwan, A. Y., & Ng, S. H. (2006). Impacts of filial piety on preference for kinship versus public care. *Journal of Community Psychology, 34*(5), 617–634. doi:10.1002/jcop.20118

Cheyne, J. A., & Girard, T. A. (2007). Paranoid delusions and threatening hallucinations: A prospective study of sleep paralysis experiences. *Consciousness and Cognition: An International Journal, 16*(4), 959–974. doi:10.1016/j.concog.2007.01.002

Chiang, H., Lu, Z., & Wear, S. E. (2005). To have or to be: Ways of caregiving identified during recovery from the earthquake disaster in Taiwan. *Journal of Medical Ethics, 31,* 154–158.

Christensen, A., McGinn, M., & Williams, K. J. (2009). *Behavioral couples therapy.* Arlington, VA: American Psychiatric Publishing.

Christopher, J. C., Wendt, D. C., Marecek, J., & Goodman, D. M. (2014). Critical cultural awareness: Contributions to a globalizing psychology. *American Psychologist, 69*(7), 645–655. doi:10.1037/a0036851

Chu, J., Floyd, R., Diep, H., Pardo, S., Goldblum, P., & Bongar, B. (2013). A tool for the culturally competent assessment of suicide: The cultural assessment of risk for suicide (CARS) measure. *Psychological Assessment, 25*(2), 424–434.

Chung, T., Maisto, S. A., Mihalo, A., Martin, C. S., Cornelius, J. R., & Clark, D. B. (2011). Brief assessment of readiness to change tobacco use in treated youth. *Journal of Substance Abuse Treatment, 41*(2), 137–147. doi:10.1016/j.jsat.2011.02.010

Clark, A. J. (2002). *Early recollections: Theory and practice in counseling and psychotherapy.* New York, NY: Brunner-Routledge.

Clark, A. J. (2010). Empathy: An integral model in the counseling process. *Journal of Counseling & Development, 88,* 348–356.

Clark, D. C. (1998). *The evaluation and management of the suicidal patient.* New York, NY: Guilford Press.

Cleary, B. (2009). *Ramona Quimby, age 8.* New York, NY: HarperCollins.

Cochran, B. N., Pruitt, L., Fukuda, S., Zoellner, L. A., & Feeny, N. C. (2008). Reasons underlying treatment preference: An exploratory study. *Journal of Interpersonal Violence, 23*(2), 276–291. doi:10.1177/0886260507309836

Cohen, J. (1977). *Statistical power analysis for the behavioral sciences* (Rev. ed.). Hillsdale, NJ: Erlbaum.

Cohen, K., & Collens, P. (2012). The impact of trauma work on trauma workers: A metasynthesis on vicarious trauma and vicarious posttraumatic growth. *Psychological Trauma: Theory, Research, Practice, and Policy.* doi:10.1037/a0030388

Collins, B. G., & Collins, T. M. (2005). *Crisis and trauma: Developmental-ecological intervention.* Boston, MA: Lahaska Press.

Collins, S., Arthur, N., & Wong-Wylie, G. (2010). Enhancing reflective practice in multicultural counseling through cultural auditing. *Journal of Counseling & Development, 88*(3), 340–347. doi:10.1002/j.1556-6678.2010.tb00031.x

Comas-Diaz, L. (Director). (1994). *Ethnocultural psychotherapy* [Video/DVD]. Washington, DC: American Psychological Association.

Constantino, M. J., Arnkoff, D. B., Glass, C. R., Ametrano, R. M., & Smith, J. Z. (2011). Expectations. *Journal of Clinical Psychology, 67*(2), 184–192.

Constantino, M. J., Morrison, N. R., MacEwan, G., & Boswell, J. F. (2013). Therapeutic alliance researchers' perspectives on alliance-centered training practices. *Journal of Psychotherapy Integration, 23*(3), 284–289. doi:10.1037/a0032357

Cook, J. W., Taylor, L. A., & Silverman, P. (2004). The application of therapeutic storytelling techniques with preadolescent children: A clinical description with illustrative case study. *Cognitive and Behavioral Practice, 11*(2), 243-248. doi:10.1016/S1077-7229(04)80035-X

Cooke, D. J. (2012). Violence risk assessment: Things that I have learned so far. In M. Stemmler, T. Bliesener, & A. Beelmann (Eds.), *Antisocial behavior and crime: Contributions of developmental and evaluation research to prevention and intervention* (pp. 221-237). Cambridge, MA: Hogrefe.

Corcoran, J. (2005). *Building strengths and skills: A collaborative approach to working with clients.* New York, NY: Oxford University Press.

Cormier, L. S., Nurius, P. S., & Osborn, C. J. (2017). *Interviewing and change strategies for helpers: Fundamental skills and cognitive-behavioral interventions* (8th ed.). Boston, MA: Cengage.

Craig, R. J. (Ed.). (2005). *Clinical and diagnostic interviewing* (2nd ed.). Lanham, MD: Jason Aronson.

Crane, D. R., & Christenson, J. (2014). A summary report of cost-effectiveness: Recognizing the value of family therapy in health care. In J. Hodgson, A. Lamson, T. Mendenhall, & D. R. Crane (Eds.), *Medical family therapy: Advanced applications* (pp. 419-436). Cham, Switzerland: Springer. doi:10.1007/978-3-319-03482-9_22

Creswell, J. D., Pacilio, L. E., Lindsay, E. K., & Brown, K. W. (2014). Brief mindfulness meditation training alters psychological and neuroendocrine responses to social evaluative stress. *Psychoneuroendocrinology, 44*, 1-12. doi:10.1016/j.psyneuen.2014.02.007

Crippa, J. A. S., de Lima Osorio, F., Del-Ben, C. M., Filho, A. S., Da Silva Freitas, M. C., & Loureiro, S. R. (2008). Comparability between telephone and face-to-face structured clinical interview for *DSM-IV* in assessing social anxiety disorder. *Perspectives in Psychiatric Care, 44*(4), 241-247. doi:10.1111/j.1744-6163.2008.00183.x

Cuellar, I., & Paniagua, F. A. (Eds.). (2000). *Handbook of multicultural mental health: Assessment and treatment of diverse populations.* New York, NY: Academic Press.

Curtis, S. L., & Eby, L. T. (2010). Recovery at work: The relationship between social identity and commitment among substance abuse counselors. *Journal of Substance Abuse Treatment, 39*(3), 248-254. doi:10.1016/j.jsat.2010.06.006

Daily, E., Padjen, P., & Birnbaum, M. (2010). A review of competencies developed for disaster healthcare providers: Limitations of current processes and applicability. *Prehospital Disaster Medicine, 25*, 387-395.

Dana, R. H. (1993). *Multicultural assessment perspectives for professional psychology.* Boston, MA: Allyn & Bacon.

Daniel, M., & Gurczynski, J. (2010). Mental status examination. In D. L. Segal & M. Hersen (Eds.), *Diagnostic interviewing* (4th ed., pp. 61-88). New York, NY: Springer. doi:10.1007/978-1-4419-1320-3_4

Dattilio, F. M. (2010). *Cognitive-behavioral therapy with couples and families: A comprehensive guide for clinicians.* New York, NY: Guilford Press.

D'augelli, A. R., Grossman, A. H., Salter, N. P., Vasey, J. J., Starks, M. T., & Sinclair, K. O. (2005). Predicting the suicide attempts of lesbian, gay, and bisexual youth. *Suicide and Life-Threatening Behavior, 35*(6), 646-660. doi:10.1521/suli.2005.35.6.646

Dawson, D. A., Smith, S. M., Saha, T. D., Rubinsky, A. D., & Grant, B. F. (2012). Comparative performance of the AUDIT-C in screening for DSM-IV and DSM-5 alcohol use disorders. *Drug and Alcohol Dependence, 126*(3), 384-388. doi:10.1016/j.drugalcdep.2012.05.029

De Jong, P., & Berg, I. K. (2008). *Interviewing for solutions* (2nd ed.). Belmont, CA: Thomson.

de Shazer, S. (1984). The death of resistance. *Family*

Process, 23, 79-93.

de Shazer, S. (1985). Keys to solution in brief therapy. New York, NY: Norton.

de Shazer, S. (1988). Clues: Investigating solutions in brief therapy. New York, NY: Norton.

de Shazer, S., & Dolan, Y. (with Korman, H., McCollum, E., Trepper, T., & Berg, I. K). (2007). More than miracles: The state of the art of solution-focused brief therapy. New York, NY: Haworth Press.

De Vega, M. H., & Beyebach, M. (2004). Between-session change in solution-focused therapy: A replication. Journal of Systemic Therapies, 23(2), 18-26. doi:10.1521/jsyt.23.2.18.36644

Dean, R. A. (2003). Native American humor: Implications for transcultural care. Journal of Transcultural Nursing, 14(1), 62-65. doi:10.1177/1043659602238352

Dell Orto, A. E., & Power, P. W. (Eds.). (2007). The psychological and social impact of illness and disability (5th ed.) New York, NY: Springer.

DeRicco, J. N., & Sciarra, D. T. (2005). The immersion experience in multicultural counselor training: Confronting covert racism. Journal of Multicultural Counseling and Development, 33(1), 2-16. doi:10.1002/j.2161-1912.2005.tb00001.x

Diamant, A. (1997). The red tent. New York, NY: St. Martin's Press.

Dickerson, F. B., & Lehman, A. F. (2011). Evidence-based psychotherapy for schizophrenia. Journal of Nervous and Mental Disease, 199(8), 520-526. doi:10.1097/NMD.0b013e318225ee78

Dickinson, J. J., Poole, D. A., & Bruck, M. (2005). Back to the future: A comment on the use of anatomical dolls in forensic interviews. Journal of Forensic Psychology Practice, 5(1), 63-74. doi:10.1300/J158v05n01_04

Dimaggio, G. (2015). Awareness of maladaptive interpersonal schemas as a core element of change in psychotherapy for personality disorders. Journal of Psychotherapy Integration, 25(1), 39-44. doi:10.1037/a0038770

Driessen, E., Cuijpers, P., de Maat, S. C. M., Abbass, A. A., de Jonghe, F., & Dekker, J. J. M. (2010). The efficacy of short-term psychodynamic psychotherapy for depression: A meta-analysis. Clinical Psychology Review, 30(1), 25-36. doi:10.1016/j.cpr.2009.08.010

Drye, R. C., Goulding, R. L., & Goulding, M. E. (1973). No-suicide decisions: Patient monitoring of suicidal risk. American Journal of Psychiatry, 130(2), 171-174.

Duan, C., Rose, T. B., & Kraatz, R. A. (2002). Empathy. In G. S. Tryon (Ed.), Counseling based on process research: Applying what we know (pp. 197-231). Boston, MA: Allyn & Bacon.

Dugger, S. M., & Carlson, L. (Eds.). (2007). Critical incidents in counseling children. Alexandria, VA: American Counseling Association.

Dunn, D. S., & Andrews, E. E. (2015). Person-first and identity-first language: Developing psychologists' cultural competence using disability language. American Psychologist, 70(3), 255-264. doi:10.1037/a0038636

Dunner, D. L. (2005). Depression, dementia, or pseudodementia? CNS Spectrums, 10(11), 862.

D'Zurilla, T. J., & Nezu, A. M. (2010). Problem-solving therapy. New York, NY: Guilford Press.

Edlund, A., Lundstrom, M., Karlsson, S., Brannstrom, B., Bucht, G., & Gustafson, Y. (2006). Delirium in older patients admitted to general internal medicine. Journal of Geriatric Psychiatry and Neurology, 19(2), 83-90. doi:10.1177/0891988706286509

Edwards, S. J., & Sachmann, M. D. (2010). No-suicide contracts, no-suicide agreements, and no-suicide assurances: A study of their nature, utilization, perceived effectiveness, and potential to cause harm. Crisis: The Journal of Crisis Intervention and Suicide Prevention, 31(6), 290-302. doi:10.1027/0227-5910/a000048

Eells, T. D. (2009). Review of the case formulation approach to cognitive-behavior therapy. *Psychotherapy: Theory, Research, Practice, Training, 46*(3), 400-401. doi:10.1037/a0017014

Egan, G. (2014). *The skilled helper: A problem-management and opportunity development approach to helping* (10th ed.). Belmont, CA: Brooks/Cole.

Ekman, P. (2001). *Telling lies: Clues to deceit in the marketplace, politics, and marriage.* New York, NY: Norton.

El-Ghoroury, N., Galper, D. I., Sawaqdeh, A., & Bufka, L. F. (2012). Stress, coping, and barriers to wellness among psychology graduate students. *Training and Education in Professional Psychology: Research and Practice, 6*(2), 122-134. doi:10.1037/a0028768

Elkind, D. (1964). Piaget's semi-clinical interview and the study of spontaneous religion. *Journal for the Scientific Study of Religion, 4,* 40-47.

Elliott, R., Bohart, A. C., Watson, J. C., & Greenberg, L. S. (2011). Empathy. *Psychotherapy, 48*(1), 43-49. doi:10.1037/a0022187

Engel, G. L. (1980). The clinical application of the biopsychosocial model. *American Journal of Psychiatry, 137*(5), 535-544.

Engel, G. L. (1997). From biomedical to biopsychosocial: I. Being scientific in the human domain. *Psychotherapy and Psychosomatics, 66*(2), 57-62.

Englar-Carlson, M., & Carlson, J. (2012). Adlerian couples therapy: The case of the boxer's daughter and the momma's boy. *Engaging men in couples therapy* (pp. 81-103). New York, NY: Routledge/Taylor & Francis.

Engle, D. E., & Arkowitz, H. (2006). *Ambivalence in psychotherapy: Facilitating readiness to change.* New York, NY: Guilford Press.

Epp, A. M., & Dobson, K. S. (2010). *The evidence base for cognitive-behavioral therapy.* New York, NY: Guilford Press.

Epstein, J., & Klinkenberg, W. D. (2001). From Eliza to Internet: A brief history of computerized assessment. *Computers in Human Behavior, 17*(3), 295-314. doi:10.1016/S0747-5632(01)00004-8

Eriksen, K., & Kress, V. E. (2005). *Beyond the DSM story: Ethical quandaries, challenges, and best practices.* Thousand Oaks, CA: Sage.

Erickson, M. H., Rossi, E. L., & Rossi, S. (1976). *Hypnotic realities.* New York, NY: Irvington.

Evans, K., Kincade, E. A., & Seem, S. R. (2011). *Introduction to feminist therapy: Strategies for social and individual change.* Thousand Oaks, CA: Sage.

Everly, G. S., Jr., & Boyle, S. H. (1999). Critical incident stress debriefing (CISD): A meta-analysis. *International Journal of Emergency Mental Health, 1*(3), 165-168.

Everly, G. S., Phillips, S. B., Kane, D., & Feldman, D. (2006). Introduction to and overview of group psychological first aid. *Brief Treatment and Crisis Intervention, 6*(2), 130-136. doi:10.1093/brief-treatment/mhj009

Fairbairn, W. R. D. (1952). *Psychoanalytic studies of the personality.* London, England: Tavistock and Kegan Paul, Trench, & Trubner.

Falkenström, F., Granström, F., & Holmqvist, R. (2013). Therapeutic alliance predicts symptomatic improvement session by session. *Journal of Counseling Psychology, 60*(3), 317-328. doi:10.1037/a0032258

Faller, K. C. (2005). Anatomical dolls: Their use in assessment of children who may have been sexually abused. *Journal of Child Sexual Abuse, 14*(3), 1-21.

Falvo, D. (2011). *Medical and psychosocial aspects of chronic illness and chronic disability* (4th ed.). Sudbury, MA: Jones and Bartlett Learning.

Farabaugh, A., Nyer, M., Holt, D., Baer, L., Petrie, S., DiPierro, M., . . . Mischoulon, D. (2015). Screening for suicide risk in the college population. *Journal of Rational-Emotive & Cognitive-Behavior Therapy, 33*(1), 78-94.

Farber, B. A. (2006). *Self-disclosure in psychotherapy.* New York, NY: Guilford Press.

Farber, B. A., & Doolin, E. M. (2011). Positive regard and affirmation. In J. C. Norcross (Ed.), *Psychotherapy relationships that work: Evidence-based responsiveness* (2nd ed., pp. 168-186). New York, NY: Oxford University Press.

Fatter, D. M., & Hayes, J. A. (2013). What facilitates countertransference management? The roles of therapist meditation, mindfulness, and self-differentiation. *Psychotherapy Research, 23*(5), 502-513. doi:10503307.2013.797124

Fawcett, J., Clark, D. C., & Busch, K. A. (1993). Assessing and treating the patient at risk for suicide. *Psychiatric Annals, 23*(5), 244-255.

Fenichel, O. (1945). *The psychoanalytic theory of neurosis.* New York, NY: Norton.

Finn, S. E., Fischer, C. T., & Handler, L. (2012). Collaborative/therapeutic assessment: Basic concepts, history, and research. In *Collaborative/therapeutic assessment: A casebook and guide.* (pp. 1-24). Hoboken, NJ: Wiley.

Finn, S. E., & Martin, H. (2013). Therapeutic assessment: Using psychological testing as brief therapy. In K. F. Geisinger, B. A. Bracken, J. F. Carlson, J.-I.C. Hansen, N. R. Kuncel, S. P. Reise, & M. C. Rodriguez (Eds.), *APA handbook of testing and assessment in psychology: Vol. 2. Testing and assessment in clinical and counseling psychology* (pp. 453-465). Washington, DC: American Psychological Association. doi:10.1037/14048-026

Finn, S. E., & Tonsager, M. E. (2002). How therapeutic assessment became humanistic. *Humanistic Psychologist, 30*(1-2), 10-22. doi:10.1080/08873267.2002.9977019

First, M. B., Spitzer, R. L., Gibbon, M., & Williams, J. B. W. (1996). *The Structured Clinical Interview for DSM-IV Axis I Disorders, Clinician Version (SCID-CV).* Washington, DC: American Psychiatric Press.

Fischer, C. (1994). *Individualizing psychological assessment: A collaborative and therapeutic approach.* Hillsdale, NJ: Lawrence Erlbaum.

Flentje, A., Heck, N. C., & Cochran, B. N. (2014). Experiences of ex-ex-gay individuals in sexual reorientation therapy: Reasons for seeking treatment, perceived helpfulness and harmfulness of treatment, and post-treatment identification. *Journal of Homosexuality, 61*(9), 1242-1268. doi:10.1080/00918369.2014.926763

Foa, E. B., & Riggs, D. S. (1994). *Posttraumatic stress disorder and rape.* Baltimore, MD: Sidran Press.

Foley, R., & Sharf, B. F. (1981). The five interviewing techniques most frequently overlooked by primary care physicians. *Behavioral Medicine, 8,* 26-31.

Folstein, M. F., Folstein, S. E., & McHugh, P. R. (1975). Mini-mental state: A practical method for grading the cognitive state of patients for the clinician. *Journal of Psychiatric Research, 12*(3), 189-198. doi:10.1016/0022-3956(75)90026-6

Fontes, L. A. (2008). *Interviewing clients across cultures: A practitioner's guide.* New York, NY: Guilford Press.

Forcano, L., Alvarez, E., Santamaria, J. J., Jimenez-Murcia, S., Granero, R., Penelo, E., . . . Fernandez-Arand, F. (2011). Suicide attempts in anorexia nervosa subtypes. *Comprehensive Psychiatry, 52*(4), 352-358. doi:10.1016/j.comppsych.2010.09.003

Fouad, N. A., & Arredondo, P. (2007). *Becoming culturally oriented: Practical advice for psychologists and educators.* Washington, DC: American Psychological Association. doi:10.1037/11483-000

Fowler, J. C. (2012). Suicide risk assessment in clinical practice: Pragmatic guidelines for imperfect assessments. *Psychotherapy, 49*(1), 81-90.

doi:10.1037/a0026148

Fox, R. E. (1995). The rape of psychotherapy. *Professional Psychology: Research and Practice, 26*(2), 147-155. doi:10.1037/0735-7028.26.2.147

Frances, A. J., & Widiger, T. (2012). Psychiatric diagnosis: Lessons from the DSM-IV past and cautions for the DSM-5 future. *Annual Review of Clinical Psychology, 8,* 109-130. doi:10.1146/annurev-clinpsy-032511-143102

Frank, J. D. (1961). *Persuasion and healing.* Baltimore, MD: Johns Hopkins University Press.

Frank, J. D., & Frank, J. B. (1991). *Persuasion and healing: A comparative study of psychotherapy* (3rd ed.). Baltimore, MD: Johns Hopkins University Press.

Frankl, V. (1967). *Psychotherapy and existentialism: Selected papers on logotherapy.* New York, NY: Clarion.

Franklin, A. J. (2004). *From brotherhood to manhood: How black men rescue their relationships and dreams from the invisibility syndrome.* Hoboken, NJ: Wiley.

Franklin, A. J. (2007). *Gender, race, and invisibility in psychotherapy with African American men.* Washington, DC: American Psychological Association. doi:10.1037/11500-013

Franklin, A. J., Boyd-Franklin, N., & Kelly, S. (2006). *Racism and invisibility: Race-related stress, emotional abuse and psychological trauma for people of color.* Binghamton, NY: Haworth Maltreatment and Trauma Press/Haworth Press.

Fresan, A., Apiquian, R., & Nicolini, H. (2006). Psychotic symptoms and the prediction of violence in schizophrenic patients. In D. R. French (Ed.), *Schizophrenic psychology: New research* (pp. 239-254). Hauppauge, NY: Nova Science.

Freud, S. (1909). Analysis of a phobia in a five-year-old boy. In J. Strachey (Ed.), *Standard edition of the complete psychological works of Sigmund Freud* (pp. 3-149). London, England: Hogarth Press.

Freud, S. (1957). The future prospects of psycho-analytic therapy. In J. Strachey (Ed. & Trans.), *The standard edition of the complete works of Sigmund Freud* (pp. 139-151). London: Hogarth Press. (Original work published 1910)

Freud, S. (1958). On the beginning of treatment: Further recommendations on the technique of psychoanalysis. In J. Strachey (Ed. & Trans.), *Standard edition of the complete psychological works of Sigmund Freud* (pp. 122-144). London, England: Hogarth Press. (Original work published 1912)

Freud, S. (1949). *An outline of psychoanalysis.* (J. Strachey, Trans.). New York, NY: Norton.

Friedlander, M. L., Escudero, V., Heatherington, L., & Diamond, G. M. (2011). Alliance in couple and family therapy. In J. C. Norcross (Ed.), *Psychotherapy relationships that work: Evidence-based responsiveness* (2nd ed., pp. 92-109). New York, NY: Oxford University Press.

Fuenfhausen, K. K., & Cashwell, C. S. (2013). Attachment, stress, dyadic coping, and marital satisfaction of counseling graduate students. *The Family Journal, 21*(4), 364-370. doi:10.1177/1066480713488523

Gallagher, J. R. (2010). Licensed chemical dependency counselors views of professional and ethical standards: A focus group analysis. *Alcoholism Treatment Quarterly, 28*(2), 184-197. doi:10.1080/07347321003648695

Gallardo, M. E. (2013). Context and culture: The initial clinical interview with the Latina/o client. *Journal of Contemporary Psychotherapy, 43*(1), 43-52.

Garcia-Preto, N. (1996). Latino families: An overview. In M. McGoldrick, J. Giordano, & J. K. Pearce (Eds.), *Ethnicity and family therapy* (2nd ed., pp. 141-154). New York, NY: Guilford Press.

Gardner, H. (1999). *Intelligence reframed: Multiple intelligences for the 21st century.* New York, NY: Basic Books.

Gardner, R. A. (1993). *Storytelling in psychotherapy with children*. Lanham, MD: Jason Aronson.

Gawande, A. (2014). *Being mortal: Medicine and what matters in the end*. New York, NY: Metropolitan Books.

Gazda, G. M., Asbury, F. S., Balzer, F. J., Childers, W. C., & Walters, R. P. (1984). *Human relations development: A manual for educators* (3rd ed.). Boston, MA: Allyn & Bacon.

Gehart, D. (2014). *Mastering competencies in family therapy: A practical approach to theories and clinical case conceptualization* (2nd ed.). Belmont, CA: Brooks/Cole.

Gelso, C. J., & Hayes, J. A. (1998). *The psychotherapy relationship: Theory, research, and practice*. New York, NY: Wiley.

Gelso, C. J., & Hayes, J. A. (2007). *Countertransference and the inner world of the psychotherapist: Perils and possibilities*. Mahwah, NJ: Erlbaum.

Gergen, K. J. (2009). *An invitation to social construction* (2nd ed.). Thousand Oaks, CA: Sage.

Gershoff, E. T. (2013). Spanking and child development: We know enough now to stop hitting our children. *Child Development Perspectives, 7*(3), 133-137. doi:10.1111/cdep.12038

Ghahramanlou-Holloway, M., Bhar, S. S., Brown, G. K., Olsen, C., & Beck, A. T. (2012). Changes in problem-solving appraisal after cognitive therapy for the prevention of suicide. *Psychological Medicine, 42*(6), 1185-1193. doi:10.1017/S0033291711002169

Gibbs, M. A. (1984). The therapist as imposter. In C. M. Brody (Ed.), *Women therapists working with women: New theory and process of feminist therapy* (pp. 21-33). New York, NY: Springer.

Gibbs, J. T., & Huang, L. N. (Eds.). (2003). *Children of color: Psychological interventions with culturally diverse youth*. San Francisco, CA: Jossey-Bass.

Gibson, K., & Cartwright, C. (2014). Young people'

s experiences of mobile phone text counselling: Balancing connection and control. *Children and Youth Services Review, 43*, 96-104. doi:10.1016/j.childyouth.2014.05.010

Gilboa, A., & Verfaellie, M. (2010). Telling it like it isn't: The cognitive neuroscience of confabulation. *Journal of the International Neuropsychological Society, 16*(6), 961-966. doi:10.1017/S135561771000113X

Glass, G. V. (2001). Foreword. In B. E. Wampold, *The great psychotherapy debate: Models, methods, and findings* (pp. ix-x). Mahwah, NJ: Erlbaum.

Glasser, W. (1998). *Choice theory: A new psychology of personal freedom*. New York, NY: HarperCollins.

Glasser, W. (2000). *Reality therapy in action*. New York, NY: HarperCollins.

Glasser, W. (2003). *Warning: Psychiatry can be hazardous to your health*. New York, NY: HarperCollins.

Gluck, M., Mercado, E., & Myers, C. (2013). *Learning and memory: From brain to behavior* (2nd ed.). New York, NY: Worth.

Goldenberg, I., Stanton, M., & Goldenberg, H. (2016). *Family therapy: An overview* (9th ed.). Pacific Grove, CA: Brooks/Cole.

Goldfried, M. R., & Davison, G. C. (1976). *Clinical behavior therapy*. New York, NY: Holt, Rinehart & Winston.

Gonçalves, M. M., Matos, M., & Santos, A. (2009). Narrative therapy and the nature of "innovative moments" in the construction of change. *Journal of Constructivist Psychology, 22*(1), 1-23. doi:10.1080/10720530802500748

Gonzalez-Liencres, C., Shamay-Tsoory, S., & Brüne, M. (2013). Towards a neuroscience of empathy: Ontogeny, phylogeny, brain mechanisms, context and psychopathology. *Neuroscience and Biobehavioral Reviews, 37*(8), 1537-1548. doi:10.1016/j.neubiorev.2013.05.001

Goodkind, J. R., Ross-Toledo, K., John, S., Hall, J.

L., Ross, L., Freeland, L., . . . Lee, C. (2011). Rebuilding trust: A community, multiagency, state, and university partnership to improve behavioral health care for American Indian youth, their families, and communities. *Journal of Community Psychology, 39*(4), 452–477. doi:10.1002/jcop.20446

Goodman, L. A., & Epstein, D. (2008). *Listening to battered women: A survivorcentered approach to advocacy, mental health, and justice.* Washington, DC: American Psychological Association.

Gotay, S. (2013). Enhancing emotional awareness of at-risk youth through game play. *Journal of Creativity in Mental Health, 8*(2), 151–161. doi:10.1080/15401383.2013.792221

Gottman, J. M. (2015). *Principia amoris: The new science of love.* New York, NY: Routledge/Taylor & Francis Group.

Gottman, J. M., & DeClaire, J. (2001). *The relationship cure: A five-step guide for building better connections with family, friends, and lovers.* New York, NY: Crown.

Gottman, J. S., & Gottman, J. M. (2015). *Ten principles for doing effective couples therapy.* New York, NY: Norton.

Grafanaki, S. (2013). Experiencing congruence and incongruence. *Person-Centered and Experiential Psychotherapies, 12*(3), 183–186. doi:10.1080/14779757.2013.839361

Greenberg, L. S. (2002). *Emotion-focused therapy: Coaching clients to work through their feelings.* Washington, DC: American Psychological Association.

Greenberg, L. S., Watson, J. C., Elliot, R., & Bohart, A. C. (2001). Empathy. *Psychotherapy: Theory, Research, Practice, Training, 38*(4), 380–384.

Greene, R. L. (2000). *The MMPI-2: An interpretive manual* (2nd ed.) Needham Heights, MA: Allyn & Bacon.

Greenson, R. R. (1965). The working alliance and the transference neurosis. *Psychoanalytic Quarterly, 34*(2), 155–179.

Greenson, R. R. (1967). *The technique and practice of psychoanalysis.* New York, NY: International University Press.

Grinder, J., & Bandler, R. (1976). *The structure of magic II: A book about communication and change.* Oxford, England: Science & Behavior.

Griner, D., & Smith, T. B. (2006). Culturally adapted mental health intervention: A meta-analytic review. *Psychotherapy: Theory, Research, Practice, Training, 43*(4), 531–548. doi:10.1037/0033-3204.43.4.531

Grodberg, D., Weinger, P. M., Kolevzon, A., Soorya, L., & Buxbaum, J. D. (2012). The autism mental status examination: Development of a brief autism-focused exam. *Journal of Autism and Developmental Disorders, 42*(3), 455–459.

Groth-Marnat, G. (2009). *Handbook of psychological assessment* (5th ed.). Hoboken, NJ: Wiley.

Guilamo-Ramos, V., Dittus, P., Jaccard, J., Johansson, M., Bouris, A., & Acosta, N. (2007). Parenting practices among Dominican and Puerto Rican mothers. *Social Work, 52*(1), 17–30.

Gunn, J. F., III, Lester, D., & McSwain, S. (2011). Testing the warning signs of suicidal behavior among suicide ideators using the 2009 national survey on drug abuse and health. *International Journal of Emergency Mental Health, 13*(3), 147–154.

Gurman, A. S., Lebow, J. L., & Snyder, D. K. (2015). *Clinical handbook of couple therapy* (5th ed.). New York, NY: Guilford Press.

Guterman, J. T. (2013). *Mastering the art of solution-focused counseling* (2nd ed.). Alexandria, VA: American Counseling Association.

Haas, A. P., Eliason, M., Mays, V. M., Mathy, R. M., Cochran, S. D., D'Augelli, A. R., . . . Clayton, P. J. (2011). Suicide and suicide risk in lesbian, gay, bisexual, and transgender populations: Review and recommendations. *Journal of*

Homosexuality, 58(1), 10-51. doi:10.1080/00918 369.2011.534038

Hagan, C. R., Podlogar, M. C., Chu, C., & Joiner, T. E. (2015). Testing the interpersonal theory of suicide: The moderating role of hopelessness. *International Journal of Cognitive Therapy, 8*(2), 99-113. doi:10.1521/ijct.2015.8.2.99

Hahn, W. K., & Marks, L. I. (1996). Client receptiveness to the routine assessment of past suicide attempts. *Professional Psychology: Research and Practice, 27*, 592-594.

Hall, E. T. (1966). *The hidden dimension*. New York, NY: Doubleday.

Hall, R. C. W., Platt, D. E., & Hall, R. C. W. (1999). Suicide risk assessment: A review of risk factors for suicide in 100 patients who made severe suicide attempts: Evaluation of suicide risk in a time of managed care. *Psychosomatics: Journal of Consultation Liaison Psychiatry, 40*(1), 18-27.

Hammer, A. L. (1983). Matching perceptual predicates: Effect on perceived empathy in a counseling analogue. *Journal of Counseling Psychology, 30*(2), 172-179. doi:10.1037/0022-0167.30.2.172

Hanley, T. (2009). The working alliance in online therapy with young people: Preliminary findings. *British Journal of Guidance & Counselling, 37*(3), 257-269. doi:10.1080/03069880902956991

Hanley, T., & Reynolds, D. J. (2009). Counselling psychology and the Internet: A review of the quantitative research into online outcomes and alliances within text-based therapy. *Counselling Psychology Review, 24*(2), 4-13.

Hanna, F. J., Hanna, C. A., & Keys, S. G. (1999). Fifty strategies for counseling defiant, aggressive adolescents: Reaching, accepting, and relating. *Journal of Counseling & Development, 77*(4), 395-404.

Hansen, J. T. (2013). *The future of humanism: Cultivating the humanities impulse in mental health culture*. Ross-on-Wye, England: PCCS Books.

Hardin, E. E., Robitschek, C., Flores, L. Y., Navarro, R. L., & Ashton, M. W. (2014). The cultural lens approach to evaluating cultural validity of psychological theory. *American Psychologist, 69*(7), 656-668. doi:10.1037/a0036532

Hardy, G., Cahill, J., & Barkham, M. (2007). *Active ingredients of the therapeutic relationship that promote client change: A research perspective*. New York, NY: Routledge/Taylor & Francis.

Hardy, K. M. (2012). Perceptions of African American Christians' attitudes toward religious help-seeking: Results of an exploratory study. *Journal of Religion & Spirituality in Social Work: Social Thought, 31*(3), 209-225. doi:10.1080/154264 32.2012.679838

Hare, R. D., Harpur, T. J., Hakstian, A. R., Forth, A. E., Hart, S. D., & Newman, J. P. (1990). The revised psychopathy checklist: Reliability and factor structure. *Psychological Assessment: A Journal of Consulting and Clinical Psychology, 2*(3), 338-341. doi:10.1037/1040-3590.2.3.338

Harris, G. T., Rice, M. E., & Quinsey, V. L. (1993). Violent recidivism of mentally disordered offenders: The development of a statistical prediction instrument. *Criminal Justice and Behavior, 20*(4), 315-335. doi:10.1177/0093854893020004001

Harris, K. M., Syu, J., Lello, O. D., Chew, Y. L. E., Willcox, C. H., & Ho, R. H. M. (2015). The ABC's of suicide risk assessment: Applying a tripartite approach to individual evaluations. *PLoS ONE, 10*(6). doi:10.1371/journal.pone.0127442

Harris, S. E., & Robinson-Kurpius, S. E. (2014). Social networking and professional ethics: Client searches, informed consent, and disclosure. *Professional Psychology: Research and Practice, 45*(1), 11-19. doi:10.1037/a0033478

Hasley, J. P., Ghosh, B., Huggins, J., Bell, M. R., Adler, L. E., & Shroyer, A. L. W. (2008). A review of "suicidal intent" within the existing suicide literature. *Suicide and Life-Threatening Behavior, 38*(5), 576-591. doi:10.1521/suli.2008.38.5.576

Hatzenbuehler, M. L., Keyes, K. M., & Hasin, D. S. (2009). State-level policies and psychiatric morbidity in lesbian, gay, and bisexual populations. *American Journal of Public Health, 99*(12), 2275-2281.

Havas, J., de Nooijer, J., Crutzen, R., & Feron, F. (2011). Adolescents' views about an Internet platform for adolescents with mental health problems. *Health Education, 111*(3), 164-176. doi:10.1108/09654281111123466

Hayes, J. A., Gelso, C. J., & Hummel, A. M. (2011). Managing countertransference. In J. C. Norcross (Ed.), *Psychotherapy relationships that work: Evidence-based responsiveness* (2nd ed., pp. 239-258). New York, NY: Oxford University Press.

Hayes, S. C. (2004). Acceptance and commitment therapy, relational frame theory, and the third wave of behavioral and cognitive therapies. *Behavior Therapy, 35*(4), 639-665. doi:10.1016/S0005-7894(04)80013-3

Hayes-Skelton, S., Roemer, L., & Orsillo, S. M. (2013). A randomized clinical trial comparing an acceptance-based behavior therapy to applied relaxation for generalized anxiety disorder. *Journal of Consulting and Clinical Psychology, 81*(5), 761-773. doi:10.1037/a0032871

Hays, P. A. (2008). *Addressing cultural complexities in practice: Assessment, diagnosis, and therapy* (2nd ed.). Washington, DC: American Psychological Association. doi:10.1037/11650-000

Hays, P. A. (2013). *Connecting across cultures: The helper's toolkit.* Thousand Oaks, CA: Sage.

Healy, D. (2009). Are selective serotonin reuptake inhibitors a risk factor for adolescent suicide? *Canadian Journal of Psychiatry/La Revue Canadienne de Psychiatrie, 54*(2), 69-71.

Heck, N. C., Flentje, A., & Cochran, B. N. (2013). Intake interviewing with lesbian, gay,

transgender, and bisexual clients: Starting from a place of affirmation. *Journal of Contemporary Psychotherapy, 43*(1), 23-32. doi:10.1007/s10879-012-9220-x

Hecker, L. (Ed.). (2010). *Ethics and professional issues in couple and family therapy.* New York, NY: Routledge.

Hegarty, E .L. H., Catalano, G., & Catalano, M. C. (2007). New onset delusions in the aftermath of the September 11th terrorist attacks. *Journal of Psychiatric Practice, 13*(6), 405-410.

Heinlen, K. T., Welfel, E. R., Richmond, E. N., & O'Donnell, M. S. (2003). The nature, scope, and ethics of psychologists' e-therapy web sites: What consumers find when surfing the web. *Psychotherapy: Theory, Research, Practice, Training, 40*(1-2), 112-124. doi:10.1037/0033-3204.40.1-2.112

Henderson, C. E., Dakof, G. A., Greenbaum, P. E., & Liddle, H. A. (2010). Effectiveness of multidimensional family therapy with higher severity substance-abusing adolescents: Report from two randomized controlled trials. *Journal of Consulting and Clinical Psychology, 78*(6), 885-897. doi:10.1037/a0020620

Henderson, D. A., & Thompson, C. L. (2011). *Counseling children* (8th ed.). Belmont, CA: Brooks/Cole.

Hendin, H., Maltsberger, J. T., & Szanto, K. (2007). The role of intense affective states in signaling a suicide crisis. *Journal of Nervous and Mental Disease, 195*(5), 363-368.

Hendricks, B., Bradley, L. J., Southern, S., Oliver, M., & Birdsall, B. (2011). Ethical code for the International Association of Marriage and Family Counselors. *The Family Journal, 19*(2), 217-224.

Herbst, N., Voderholzer, U., Thiel, N., Schaub, R., Knaevelsrud, C., Stracke, S., . . . Kulz, A. K. (2014). No talking, just writing! Efficacy of an Internet-based cognitive behavioral therapy with exposure and response prevention in obsessive compulsive disorder. *Psychotherapy and Psychosomatics, 83*(3), 165–175. doi:10.1159/000357570

Herek, G. M. (2007). Confronting sexual stigma and prejudice: Theory and practice. *Journal of Social Issues, 63*(4), 905–925.

Herlihy, B. J., Hermann, M. A., & Greden, L. R. (2014). Legal and ethical implications of using religious beliefs as the basis for refusing to counsel certain clients. *Journal of Counseling & Development, 92*(2), 148–153.

Herman, J. L. (1992). *Trauma and recovery: The aftermath of violence-from domestic abuse to political terror.* New York, NY: Basic Books.

Hermann, M. A., & Herlihy, B. R. (2006). Legal and ethical implications of refusing to counsel homosexual clients. *Journal of Counseling & Development, 84*(4), 414–418.

Hernandez-Wolfe, P., Killian, K., Engstrom, D., & Gangsei, D. (2015). Vicarious resilience, vicarious trauma, and awareness of equity in trauma work. *Journal of Humanistic Psychology, 55*(2), 153–172. doi:10.1177/0022167814534322

Hersen, M., & Turner, S. M. (2003). *Diagnostic interviewing* (3rd ed.). New York, NY: Kluwer Academic/Plenum.

Hill, C. E. (2014). *Helping skills: Facilitating, exploration, insight, and action* (4th ed.). Washington, DC: American Psychological Association.

Hilton, N. Z., Harris, G. T., & Rice, M. E. (2006). Sixty-six years of research on the clinical versus actuarial prediction of violence. *Counseling Psychologist, 34*(3), 400–409. doi:10.1177/0011000005285877

Hipolito-Delgado, C. P., Cook, J. M., Avrus, E. M., & Bonham, E. J. (2011). Developing counseling students' multicultural competence through the multicultural action project. *Counselor Education and Supervision, 50*(6), 402–421. doi:10.1002/j.1556-6978.2011.tb01924.x

Hirai, M., & Clum, G. A. (2005). An Internet-based self-change program for traumatic event related fear, distress, and maladaptive coping. *Journal of Traumatic Stress, 18*(6), 631–636. doi:10.1002/jts.20071

Ho, M. K., Rasheed, J. M., & Rasheed, M. N. (2004). *Family therapy with ethnic minorities* (2nd ed.). Th ousand Oaks, CA: Sage.

Hodges, K. (1985). *Manual for the child assessment schedule.* Unpublished manuscript.

Holzel, B. K., Carmody, J., Vangel, M., Congleton, C., Yerramsetti, S. M., Gard, T., & Lazar, S. W. (2011). Mindfulness practice leads to increases in regional brain gray matter density. *Psychiatry Research: Neuroimaging, 191*(1), 36–43. doi:10.1016/j.pscychresns.2010.08.006

Hook, J. N., Davis, D. E., Owen, J., Worthington, E. L., Jr., & Utsey, S. O. (2013). Cultural humility: Measuring openness to culturally diverse clients. *Journal of Counseling Psychology, 60*(3), 353–366. doi:10.1037/a0032595

Hor, K., & Taylor, M. (2010). Suicide and schizophrenia: A systematic review of rates and risk factors. *Journal of Psychopharmacology, 24*(11, Suppl. 4), 81–90. doi:10.1177/1359786810385490

Horesh, N., Levi, Y., & Apter, A. (2012). Medically serious versus non-serious suicide attempts: Relationships of lethality and intent to clinical and interpersonal characteristics. *Journal of Affective Disorders, 136*(3), 286–293. doi:10.1016/j.jad.2011.11.035

Horvath, A. O., Re, A. C. D., Flückiger, C., & Symonds, D. (2011). Alliance in individual psychotherapy. In J. C. Norcross (Ed.), *Psychotherapy relationships that work: Evidence-based responsiveness* (2nd ed., pp. 25–69). New York, NY: Oxford University Press.

Horwitz, A. V., & Wakefield, J. C. (2007). *The loss of sadness: How psychiatry transformed normal sorrow into depressive disorder.* New York, NY: Oxford University Press.

Horwitz, S. H., Santiago, L., Pearson, J., & LaRussa-Trott, M. (2009). Relational tools for working with mild-to-moderate couple violence: Patterns of unresolved conflict and pathways to resolution. *Professional Psychology: Research and Practice, 40*(3), 249-256. doi:10.1037/a0012992

Hoyt, M. F. (Ed.). (1996). *Constructive therapies* (Vol. 2). New York, NY: Guilford Press.

Hoyt, T., & Duffy, V. (2015). Implementing firearms restriction for preventing U.S. army suicide. *Military Psychology,* doi:10.1037/mil0000093

Hubble, M. A., & Gelso, C. J. (1978). Effect of counselor attire in an initial interview. *Journal of Counseling Psychology, 25*(6), 581-584. doi:10.1037/0022-0167.25.6.581

Hufford, B. J., Glueckauf, R. L., & Webb, P. M. (1999). Home-based, interactive videoconferencing for adolescents with epilepsy and their families. *Rehabilitation Psychology, 44*(2), 176-193. doi:10.1037/0090-5550.44.2.176

Hughes, C. W. (2011). Objective assessment of suicide risk: Significant improvements in assessment, classification, and prediction. *American Journal of Psychiatry, 168*(12), 1233-1234. doi:10.1176/appi.ajp.2011.11091362

Human, L. J., & Biesanz, J. C. (2012). Accuracy and assumed similarity in first impressions of personality: Differing associations at different levels of analysis. *Journal of Research in Personality, 46*(1), 106-110. doi:10.1016/j.jrp.2011.10.002

Hungerford, A. (2005). The use of anatomically detailed dolls in forensic investigations: Developmental considerations. *Journal of Forensic Psychology Practice, 5*(1), 75-87. doi:10.1300/J158v05n01_05

Hunter, J. A., Button, M. L., & Westra, H. A. (2014). Ambivalence and alliance ruptures in cognitive behavioral therapy for generalized anxiety. *Cognitive Behaviour Therapy, 43*(3), 201-208. doi:10.1080/16506073.2014.899617

Ingersoll, R. E., & Marquis, A. (2014). *Understanding psychopathology: An integral exploration.* New York, NY: Pearson.

Institute of Medicine. (2001). *Crossing the quality chasm: A new health system for the 21st century.* Washington, DC: National Academies Press.

Ivanoff, A., Jang, S. J., Smyth, N. J., & Linehan, M. M. (1994). Fewer reasons for staying alive when you are thinking of killing yourself: The brief reasons for living inventory. *Journal of Psychopathology and Behavioral Assessment, 16*(1), 1-13.

Ivey, A. E. (1971). *Microcounseling: Innovations in interviewing training.* Oxford, England: Charles C. Thomas.

Ivey, A. E., & Ivey, M. B. (1999). Toward a developmental diagnostic and statistical manual: The vitality of a contextual framework. *Journal of Counseling & Development, 77*(4), 484-490.

Ivey, A. E., Ivey, M. B., & Zalaquett, C. P. (2010). *Intentional interviewing and counseling: Facilitating client development in a multicultural society* (7th ed.). Belmont, CA: Brooks/Cole.

Ivey, A. E., Ivey, M. B., Zalaquett, C. P., with Quirk, K. (2011). *Essentials of intentional interviewing: Counseling in a multicultural world* (2nd ed.). Pacific Grove, CA: Brooks/Cole.

Ivey, A. E., Normington, C. J., Miller, C. D., Morrill, W. H., & Haase, R. F. (1968). Microcounseling and attending behavior: An approach to prepracticum counselor training. *Journal of Counseling Psychology, 15*(5, Pt.2), 1-12. doi:10.1037/h0026129

Izard, C. E. (1982). *Measuring emotions in infants and children.* New York, NY: Cambridge University Press.

Jaghab, K., Skodnek, K. B., & Padder, T. A. (2006). Munchausen's syndrome and other factitious disorders in children: Case series and literature review. *Psychiatry, 3*(3), 46-55.

Jain, S. (2011). Treating posttraumatic stress disorder via the Internet: Does therapeutic alliance matter?

Journal of the American Medical Association, 306(5), 543-544. doi:10.1001/jama.2011.1097

James, R. K., & Gilliland, B. E. (2013). *Crisis intervention strategies* (7th ed.). Belmont, CA: Wadsworth/Cengage Learning.

Jefferis, J. M., Mosimann, U. P., Taylor, J., & Clarke, M. P. (2011). "Do your eyes play tricks on you?" Asking older people about visual hallucinations in a general eye clinic. *International Psychogeriatrics, 23*(6), 1014-1015. doi:10.1017/S104161021100072X

Jeltova, I., & Fish, M. C. (2005). Creating school environments responsive to gay, lesbian, bisexual, and transgender families: Traditional and systemic approaches for consultation. *Journal of Educational & Psychological Consultation, 16*(1-2), 17-33. doi:10.1207/s1532768xjepc161&2_2

Jenkins, W. M., Merzenich, M. M., Ochs, M. T., Allard, T., & Guk-Robles, E. (1990). Functional reorganization of primary somatosensory cortex in adult owl monkeys after behaviorally controlled tactile stimulation. *Journal of Neurophysiology, 63*(1), 82-104.

Jensen, M. E., Pease, E. A., Lambert, K., Hickman, D. R., Robinson, O., McCoy, K. T., . . . King, J. K. (2013). Championing person-first language: A call to psychiatric mental health nurses. *Journal of the American Psychiatric Nurses Association, 19*(3), 146-151. doi:10.1177/1078390313489729

Jia, C., Wang, L., Xu, A., Dai, A., & Qin, P. (2014). Physical illness and suicide risk in rural residents of contemporary China: A psychological autopsy case-control study. *Crisis: The Journal of Crisis Intervention and Suicide Prevention, 35*(5), 330-337. doi:10.1027/0227-5910/a000271

Jing-ying, G. (2013). For the sake of whom: Conversation analysis of advice giving in offender counseling. *International Journal of Offender Therapy and Comparative Criminology, 57*(8), 1027-1045.

Jobes, D. A. (2016). *Managing suicidal risk: A collaborative approach* (2nd ed.). New York, NY: Guilford Press.

Jobes, D. A., Au, J., & Siegelman, A. (2015). Psychological approaches to suicide treatment and prevention. *Current Treatment Options in Psychiatry, 2*(4), 363-370.

Jobes, D. A., Moore, M. M., & O'Connor, S. S. (2007). Working with suicidal clients using the collaborative assessment and management of suicidality (CAMS). *Journal of Mental Health Counseling, 29*(4), 283-300.

Jobes, D. A., Nelson, K. N., Peterson, E. M., Pentiuc, D., Downing, V., Francini, K., & Kiernan, A. (2004). Describing suicidality: An investigation of qualitative SSF responses. *Suicide and Life-Threatening Behavior, 34*(2), 99-112.

Jobes, D. A., & O'Connor, S. S. (2009). The duty to protect suicidal clients: Ethical, legal, and professional considerations. In J. L. Werth Jr., E. R. Welfel, & G. A. H. Benjamin (Eds.), *The duty to protect: Ethical, legal, and professional considerations for mental health professionals* (pp. 163-180). Washington, DC: American Psychological Association. doi:10.1037/11866-011

Jobes, D. A., Rudd, M. D., Overholser, J. C., & Joiner, T. E. (2008). Ethical and competent care of suicidal patients: Contemporary challenges, new developments, and considerations for clinical practice. *Professional Psychology: Research and Practice, 39*(4), 405-413. doi:10.1037/a0012896

Johnson, R. (2013). *Spirituality in counseling and psychotherapy: An integrative approach that empowers clients.* Hoboken, NJ: Wiley.

Johnson, S. (2004). *The practice of emotionally focused couple therapy: Creating connection.* New York, NY: Brunner-Routledge.

Johnson, S. (2008). *Hold me tight: Seven conversations for a lifetime of love.* New York, NY: Little, Brown.

Johnson, S. S., Bradley, B., Furrow, J. L., Lee, A.,

Palmer, G., Tilley, D., & Woolley, S. (2005). *Becoming an emotionally focused couple therapist: The workbook.* New York, NY: Routledge.

Johnson, S. S., Paiva, A. L., Cummins, C. O., Johnson, J. L., Dyment, S. J., Wright, J. A., . . . Sherman, K. (2008). Transtheoretical model-based multiple behavior intervention for weight management: Effectiveness on a population basis. *Preventive Medicine, 46*(3), 238-246. doi:10.1016/j.ypmed.2007.09.010

Joiner, T. E. (2005). *Why people die by suicide.* Cambridge, MA: Harvard University Press.

Joiner, T. E., & Silva, C. (2012). Why people die by suicide: Further development and tests of the interpersonal-psychological theory of suicidal behavior. In P. R. Shaver & M. Mikulincer (Eds.), *Meaning, mortality, and choice: The social psychology of existential concerns* (pp. 325-336). Washington, DC: American Psychological Association. doi:10.1037/13748-018

Jones, K. D. (2010). The unstructured clinical interview. *Journal of Counseling & Development, 88*(2), 220-226. doi:10.1002/j.1556-6678.2010.tb00013.x

Jones, M. C. (1975). A 1924 pioneer looks at behavior therapy. *Journal of Behavior Therapy and Experimental Psychiatry, 6*(3), 181-187.

Jongsma, A. E., Peterson, L. M., & Bruce, T. J. (2006). *The complete adult psychotherapy treatment planner* (4th ed.). Hoboken, NJ: Wiley.

Jordan, J. V. (2010). *Relational-cultural therapy.* Washington, DC: American Psychological Association.

Juhnke, G. A., Granello, D. H., & Granello, P. F. (2011). *Suicide, self-injury, and violence in the schools: Assessment, prevention, and intervention strategies.* Hoboken, NJ: Wiley.

Juhnke, G. A., Granello, P. F., & Lebrón-Striker, M. A. (2007). *IS PATH WARM? A suicide assessment mnemonic for counselors (ACAPCD-03).* Alexandria, VA: American Counseling Association.

Jungbluth, N. J., & Shirk, S. R. (2013). Promoting homework adherence in cognitive-behavioral therapy for adolescent depression. *Journal of Clinical Child and Adolescent Psychology, 42*(4), 545-553. doi:10.1080/15374416.2012.743105

Kanjee, R., Watter, S., Sévigny, A., & Humphreys, K. (2010). A case of foreign accent syndrome: Acoustic analyses and an empirical test of accent perception. *Journal of Neurolinguistics, 23*(6), 580-598. doi:10.1016/j.jneuroling.2010.05.003

Karno, M. P., Beutler, L. E., & Harwood, M. (2002). Interactions between psychotherapy process and patient attributes that predict alcohol treatment effectiveness: A preliminary report. *Journal of Alcohol Studies, 27,* 779-797.

Kawase, E., Karasawa, K., Shimotsu, S., Imasato, S., Ito, K., Matsuki, H., . . . Horikawa, N. (2006). Evaluation of a one-question interview for depression in a radiation oncology department in Japan. *General Hospital Psychiatry, 28*(4), 321-322. doi:10.1016/j.genhosppsych.2006.02.003

Kazdin, A. E. (2008). *The Kazdin method for parenting the defiant child: With no pills, no therapy, no contest of wills.* Boston, MA: Houghton Mifflin Company.

Keeley, J. W., Reed, G. M., Roberts, M. C., Evans, S. C., Medina-Mora, M., Robles, R., . . . Saxena, S. (2016). Developing a science of clinical utility in diagnostic classification systems field study strategies for ICD-11 mental and behavioral disorders. *American Psychologist, 71*(1), 3-16.

Kelly, G. A. (1955). *The psychology of personal constructs.* New York, NY: Norton.

Khanna, A., McDowell, T., Perumbilly, S., & Titus, G. (2009). Working with Asian Indian American families: A Delphi study. *Journal of Systemic Therapies, 28*(1), 52-71. doi:10.1521/jsyt.2009.28.1.52

Kielbasa, A. M., Pomerantz, A. M., Krohn, E. J., & Sullivan, B. F. (2004). How does clients' method of payment influence psychologists' diagnostic decisions? *Ethics & Behavior, 14*(2), 187-195. doi:10.1207/s15327019eb1402_6

Kim, J. K., & Suh, J. H. (2013). Children's kinetic family drawings and their internalizing problem behaviors. *Arts in Psychotherapy, 40*(2), 206-215. doi:10.1016/j.aip.2012.12.009

Kivlighan, D. M., Jr. (2002). Transference, interpretation, and insight: A research-practice model. In G. S. Tryon (Ed.), *Counseling based on process research: Applying what we know* (pp. 166-196). Boston, MA: Allyn & Bacon.

Kivlighan, D. M., Jr., & Tibbits, B. M. (2012). Silence is mean and other misconceptions of group counseling trainees: Identifying errors of commission and omission in trainees' knowledge structures. *Group Dynamics: Theory, Research, and Practice, 16*(1), 14-34. doi:10.1037/a0026558

Kleespies, P. M., & Richmond, J. S. (2009). Evaluating behavioral emergencies: The clinical interview. In P. M. Kleespies (Ed.), *Behavioral emergencies: An evidence-based resource for evaluating and managing risk of suicide, violence, and victimization* (pp. 33-55). Washington, DC: American Psychological Association. doi:10.1037/11865-002

Knaevelsrud, C., & Maercker, A. (2006). Does the quality of the working alliance predict treatment outcome in online psychotherapy for traumatized patients? *Journal of Medical Internet Research, 8*(4). doi:10.2196/jmir.8.4.e31

Knaevelsrud, C., & Maercker, A. (2007). Internet-based treatment for PTSD reduces distress and facilitates the development of a strong therapeutic alliance: A randomized controlled clinical trial. *BMC Psychiatry, 7*. doi:10.1186/1471-244X-7-13

Knapp, M. L., Hall, J. A., & Horgan, T. G. (2013). *Nonverbal communication in human interaction* (8th ed.). Boston, MA: Wadsworth.

Knesper, D. J. (2007). My favorite tips for engaging the difficult patient on consultation-liaison psychiatry services. *Psychiatric Clinics of North America, 30*(2), 245-252. doi:10.1016/j.psc.2007.01.009

Knight, D. J. (2014). Toward a relational perspective on young black and Latino males: The contextual patterns of disclosure as coping. *Harvard Educational Review, 84*(4), 433-467.

Kocet, M. M., & Herlihy, B. J. (2014). Addressing value-based conflicts within the counseling relationship: A decision-making model. *Journal of Counseling & Development, 92*(2), 180-186. doi:10.1002/j.1556-6676.2014.00146.x

Kohn, N., Eickhoff, S. B., Scheller, M., Laird, A. R., Fox, P. T., & Habel, U. (2014). Neural network of cognitive emotion regulation—An ALE meta-analysis and MACM analysis. *NeuroImage, 87*, 345-355. doi:10.1016/j.neuroimage.2013.11.001

Kohut, H. H. (1984). *How does analysis cure?* Chicago, IL: University of Chicago Press.

Kolden, G. G., Klein, M. H., Wang, C., & Austin, S. B. (2011). Congruence/genuineness. In J. C. Norcross (Ed.), *Psychotherapy relationships that work: Evidence-based responsiveness* (2nd ed., pp. 187-202). New York, NY: Oxford University Press.

Kort, J. (2008). *Gay affirmative therapy for the straight clinician: The essential guide.* New York, NY: Norton.

Kotbi, N., & Mahgoub, N. (2009). Somatic delusions and treatment challenges. *Psychiatric Annals, 39*(6), 320-320, 324. doi:10.3928/00485713-20090529-01

Kraepelin, E. (1913). *Lectures on Clinical Psychiatry.* London, England: Bailliere.

Kramer, J. R., Chan, G., Kuperman, S., Bucholz, K. K., Edenberg, H. J., Schuckit, M. A., . . . Bierut, L. J. (2009). A comparison of diagnoses obtained from in-person and telephone interviews, using the semi-structured assessment for the genetics of alcoholism (SSAGA). *Journal of Studies on Alcohol and Drugs, 70*(4), 623-627.

Kurt, P., Yener, G., & Oguz, M. (2011). Impaired digit span can predict further cognitive decline in older people with subjective memory complaint: A preliminary result. *Aging & Mental Health, 15*(3), 364-369. doi:10.1080/13607863.2010.536133

Kutchins, H., & Kirk, S. A. (1997). *Making us crazy.* New York, NY: Free Press.

Lago, C. (1996). Computer therapeutics. *Journal of the British Association for Counselling, 7*(4), 287-289.

Lake, A. M., & Gould, M. S. (2014). Suicide clusters and suicide contagion. *A concise guide to understanding suicide: Epidemiology, pathophysiology, and prevention* (pp. 52-61). New York, NY: Cambridge University Press.

Lambert, M. J. (2007). Presidential address: What we have learned from a decade of research aimed at improving psychotherapy outcome in routine care. *Psychotherapy Research, 17*(1), 1-14. doi:10.1080/10503300601032506

Lambert, M. J., & Shimokawa, K. (2011). Collecting client feedback. *Psychotherapy, 48*(1), 72-79. doi:10.1037/a0022238

Lampe, L. A. (2011). Internet-based therapy: Too good to be true? *Australian and New Zealand Journal of Psychiatry, 45*(4), 342-343. doi:10.3109/00048674.2011.560138

Lankton, S. R., Lankton, C. H., & Matthews, W. J. (1991). *Ericksonian family therapy.* Philadelphia, PA: Brunner/Mazel.

Lapidot-Lefler, N., & Barak, A. (2012). Effects of anonymity, invisibility, and lack of eye-contact on toxic online disinhibition. *Computers in Human Behavior, 28*(2), 434-443. doi:10.1016/j.chb.2011.10.014

Laska, K. M., Gurman, A. S., & Wampold, B. E. (2014). Expanding the lens of evidence-based practice in psychotherapy: A common factors perspective. *Psychotherapy, 51*, 467-481.

doi:10.1037/a0034332

Lau, M. A., Haigh, E.A.P., Christensen, B. K., Segal, Z. V., & Taube-Schiff, M. (2012). Evaluating the mood state dependence of automatic thoughts and dysfunctional attitudes in remitted versus never-depressed individuals. *Journal of Cognitive Psychotherapy, 26*(4), 381-389.

Lau, M. A., Segal, Z. V., & Williams, J. M. G. (2004). Teasdale's differential activation hypothesis: Implications for mechanisms of depressive relapse and suicidal behaviour. *Behaviour Research and Therapy, 42*(9), 1001-1017. doi:10.1016/j.brat.2004.03.003

Lazarus, A. A. (1994). How certain boundaries and ethics diminish therapeutic effectiveness. *Ethics & Behavior, 4*(3), 255-261.

Lazarus, A. A. (1996). Some reflections after 40 years of trying to be an effective psychotherapist. *Psychotherapy: Theory, Research, Practice, Training, 33*(1), 142-145.

Lazarus, A. A. (2006). *Brief but comprehensive psychotherapy: The multimodal way.* New York, NY: Springer.

Lebowitz, M. S., Pyun, J. J., & Ahn, W. (2014). Biological explanations of generalized anxiety disorder: Effects on beliefs about prognosis and responsibility. *Psychiatric Services, 65*(4), 498-503. doi:10.1176/appi.ps.201300011

Ledley, D. R., Marx, B. P., & Heimberg, R. G. (2010). *Making cognitive-behavioral therapy work: Clinical process for new practitioners* (2nd ed.). New York, NY: Guilford Press.

Lee, S. J., Altschul, I., & Gershoff, E. T. (2015). Wait until your father gets home? Mothers' and fathers' spanking and development of child aggression. *Children and Youth Services Review, 52*, 158-166. doi:10.1016/j.childyouth.2014.11.006

Leenaars, A. A. (1999). *Lives and deaths: Selections from the works of Edwin S. Shneidman.* New York, NY: Routledge.

Leenaars, A. A. (2010). Edwin S. Shneidman on

suicide. *Suicidology Online, 1*, 5-18.

LeGuin, U. K. (1969). *The left hand of darkness.* New York, NY: Ace Books.

Leibert, T., Archer, J., Jr., Munson, J., & York, G. (2006). An exploratory study of client perceptions of Internet counseling and the therapeutic alliance. *Journal of Mental Health Counseling, 28*(1), 69-83.

Lester, D., McSwain, S., & Gunn, J. F., III. (2011). A test of the validity of the IS PATH WARM warning signs for suicide. *Psychological Reports, 108*(2), 402-404. doi:10.2466/09.12.13.PR0.108.2.402-404

Levy-Warren, M. (2014). A knot in the gut: Transference/counter-transference and issues of race, ethnicity, and class in an adolescent treatment. *Journal of Infant, Child & Adolescent Psychotherapy, 13*(2), 133-141. doi:10.1080/15289168.2014.905340

Lilienfeld, S. O., Smith, S. F., & Watts, A. L. (2013). Issues in diagnosis: Conceptual issues and controversies. In W. E. Craighead & D. J. Miklowitz (Eds.), *Psychopathology: History, diagnosis, and empirical foundations* (2nd ed., pp. 1-35). Hoboken, NJ: Wiley.

Linderman, F. B. (2002). *Plenty-Coups, chief of the Crows* (Rev. ed.). Lincoln: University of Nebraska Press.

Linehan, M. M. (1993). *Cognitive behavioral therapy of borderline personality disorder.* New York, NY: Guilford Press.

Linehan, M. M., Goodstein, J. L., Nielsen, S. L., & Chiles, J. A. (1983). Reasons for staying alive when you are thinking of killing yourself: The reasons for living inventory. *Journal of Consulting and Clinical Psychology, 51*(2), 276-286. doi:10.1037/0022-006X.51.2.276

Linehan, M. M., Korslund, K. E., Harned, M. S., Gallop, R. J., Lungu, A., Neacsiu, A. D., . . . Murray-Gregory, A. (2015). Dialectical behavior therapy for high suicide risk in individuals with borderline personality disorder: A randomized clinical trial and component analysis. *JAMA Psychiatry, 72*(5), 475-482. doi:10.1001/jamapsychiatry.2014.3039

Links, P., Nisenbaum, R., Ambreen, M., Balderson, K., Bergmans, Y., Eynan, R., . . . Cutcliffe, J. (2012). Prospective study of risk factors for increased suicide ideation and behavior following recent discharge. *General Hospital Psychiatry, 34*(1), 88-97. doi:10.1016/j.genhosppsych.2011.08.016

Litman, R. E. (1995). Suicide prevention in a treatment setting. *Suicide and Life-Threatening Behavior, 25*(1), 134-142.

Lobbestael, J., Leurgans, M., & Arntz, A. (2011). Inter-rater reliability of the Structured Clinical Interview for DSM-IV Axis I Disorders (SCID I) and Axis II Disorders (SCID II). *Clinical Psychology & Psychotherapy, 18*(1), 75-79. doi:10.1002/cpp.693

Loeber, R., Pardini, D., Homish, D. L., Wei, E. H., Crawford, A. M., Farrington, D. P., . . . Rosenfeld, R. (2005). The prediction of violence and homicide in young men. *Journal of Consulting and Clinical Psychology, 73*(6), 1074-1088. doi:10.1037/0022-006X.73.6.1074

Lopes, R. T., Goncalves, M. M., Fassnacht, D., Machado, P. P. P., & Sousa, I. (2015). Time to improve and recover from depressive symptoms and interpersonal problems in a clinical trial. *Clinical Psychology & Psychotherapy, 22*(2), 97-105. doi:10.1002/cpp.1873

Luborsky, L. (1984). *Principles of psychoanalytic psychotherapy: A manual for supportive-expressive treatment.* New York, NY: Basic Books.

Luborsky, L., & Barrett, M. S. (2006). The history and empirical status of key psychoanalytic concepts. *Annual Review of Clinical Psychology, 2*, 1-19. doi:10.1146/annurev.clinpsy.2.022305.095328

Luborsky, L., & Crits-Christoph, P. (1998). *Understanding transference: The core* conflictual relationship theme method (2nd ed.). Washington, DC: American Psychological Association. doi:10.1037/10250-000

Luquet, W. (2006). Short-term couples therapy: The imago model in action (2nd ed.). New York, NY: Brunner/Mazel.

MacDonald, B. (1987). Mrs. Piggle-Wiggle. New York, NY: Scholastic. (Original work published 1947)

MacKay, S., Henderson, J., Del Bove, G., Marton, P., Warling, D., & Root, C. (2006). Fire interest and antisociality as risk factors in the severity and persistence of juvenile firesetting. Journal of the American Academy of Child & Adolescent Psychiatry, 45(9), 1077-1084.

Mackintosh, N. J. (2011). History of theories and measurement of intelligence. New York, NY: Cambridge University Press. doi:10.1017/CBO9780511977244.002

Mackrill, T. (2010). Goal consensus and collaboration in psychotherapy: An existential rationale. Journal of Humanistic Psychology, 50(1), 96-107. doi:10.1177/0022167809341997

Madigan, S. (2011). Narrative therapy. Washington, DC: American Psychological Association.

Magill, M., Gaume, J., Apodaca, T. R., Walthers, J., Mastroleo, N. R., Borsari, B., & Longabaugh, R. (2014). The technical hypothesis of motivational interviewing: A meta-analysis of MI's key causal model. Journal of Consulting and Clinical Psychology, 82(6), 973-983. doi:10.1037/a0036833

Maj, M. (2008). Delusions in major depressive disorder: Recommendations for the DSM-V. Psychopathology, 41(1), 1-3. doi:10.1159/000109948

Malin, A. J., & Pos, A. E. (2015). The impact of early empathy on alliance building, emotional processing, and outcome during experiential treatment of depression. Psychotherapy Research, 25(4), 445-459. doi:10.1080/10503307.2014.901572

Mallen, M. J., Vogel, D. L., Rochlen, A. B., & Day, S. X. (2005). Online counseling: Reviewing the literature from a counseling psychology framework. Counseling Psychologist, 33(6), 819-871. doi:10.1177/0011000005278624

Mandal, E., & Zalewska, K. (2012). Childhood violence, experience of loss and hurt in close relationships at adulthood and emotional rejection as risk factors of suicide attempts among women. Archives of Psychiatry and Psychotherapy, 14(3), 45-50.

Manjunatha, N., Saddichha, S., Sinha, B. N. P., & Khess, C. R. J. (2008). Assessment of mood and affect by mental state examination in different cultural contexts. Psychopathology, 41(5), 336-337. doi:10.1159/000146072

Marangell, L. B., Bauer, M. S., Dennehy, E. B., Wisniewski, S. R., Allen, M. H., & Miklowitz, D. J. (2006). Prospective predictors of suicide and suicide attempts in 1,556 patients with bipolar disorders followed for up to 2 years. Bipolar Disorders, 8(5, Pt. 2), 566-575.

Marin, G., & Marin, B. V. (1991). Research with Hispanic populations. Thousand Oaks, CA: Sage.

Markowitz, J. C., & Weissman, M. M. (2012). Interpersonal psychotherapy: Past, present and future. Clinical Psychology & Psychotherapy, 19(2), 99-105. doi:10.1002/cpp.1774

Martin, D. J., Garske, J. P., & Davis, M. K. (2000). Relation of the therapeutic alliance with outcome and other variables: A meta-analytic review. Journal of Consulting and Clinical Psychology, 68(3), 438-450. doi:10.1037/0022-006X.68.3.438

Martinez, A., & Lasser, J. (2013). Thinking outside the box while playing the game: A creative school-based approach to working with children and adolescents. Journal of Creativity in Mental Health, 8(1), 81-91. doi:10.1080/15401383.2013.763688

Martin-Khan, M., Wootton, R., & Gray, L. (2010). A

systematic review of the reliability of screening for cognitive impairment in older adults by use of standardised assessment tools administered via the telephone. *Journal of Telemedicine and Telecare, 16*(8), 422–428. doi:10.1258/jtt.2010.100209

Matsumoto, D. (2007). Culture, context, and behavior. *Journal of Personality, 75*(6), 1285–1320. doi:10.1111/j.1467-6494.2007.00476.x

Matsumoto, D., & Yoo, S. H. (2005). *Culture and applied nonverbal communication.* Mahwah, NJ: Erlbaum.

Mattis, J. S., & Grayman-Simpson, N. A. (2013). *Faith and the sacred in African American life.* Washington, DC: American Psychological Association. doi:10.1037/14045-030

Maurer, R. E., & Tindall, J. H. (1983). Effect of postural congruence on client's perception of counselor empathy. *Journal of Counseling Psychology, 30*(2), 158–163. doi:10.1037/0022-0167.30.2.158

Mayotte-Blum, J., Slavin-Mulford, J., Lehmann, M., Pesale, F., Becker-Matero, N., & Hilsenroth, M. (2012). Therapeutic immediacy across long-term psychodynamic psychotherapy: An evidence-based case study. *Journal of Counseling Psychology, 59*(1), 27–40. doi:10.1037/a0026087

McCann, I. L., & Pearlman, L. A. (1990). Vicarious traumatization: A framework for understanding the psychological effects of working with victims. *Journal of Traumatic Stress, 3*(1), 131–149. doi:10.1007/BF00975140

McCoyd, J. L. M., & Kerson, T. S. (2006). Conducting intensive interviews using email: A serendipitous comparative opportunity. *Qualitative Social Work: Research and Practice, 5*(3), 389–406. doi:10.1177/ 1473325006067367

McGlothlin, J. M. (2008). *Developing clinical skills in suicide assessment, prevention, and treatment.* Alexandria, VA: American Counseling Association.

McGoldrick, M., Gerson, R., & Petry, S. (2008). *Genograms: Assessment and intervention* (3rd ed.). New York, NY: Norton.

McIntosh, P. (1998). White privilege: Unpacking the invisible knapsack. In M. McGoldrick (Ed.), *Re-visioning family therapy: Race, gender and culture in clinical practice* (pp. 147–152). New York, NY: Guilford Press.

McKay, D., & Ojserkis, R. (2015). Exposure in experiential context: Imaginal and in vivo approaches. In N. C. Thoma & D. McKay (Eds.), *Working with emotion in cognitive-behavioral therapy: Techniques for clinical practice* (pp. 83–104). New York, NY: Guilford Press.

Meador, B., & Rogers, C. R. (1984). Person-centered therapy. In R. Corsini (Ed.), *Current psychotherapy* (pp. 142–195). Itasca, IL: Peacock.

Meier, S. T. (2015). *Incorporating progress monitoring and outcome assessment into counseling and psychotherapy: A primer.* New York, NY: Oxford University Press.

Meier, S. T., & Davis, S. R. (2011). *The elements of counseling* (7th ed.). Belmont, CA: Thomson Brooks/Cole.

Mellin, E. A., & Pertuit, T. L. (2009). Research priorities for mental health counseling with youth: Implications for counselor preparation, professional development, and research. *Counselor Education and Supervision, 49*(2), 137–155. doi:10.1002/j.1556-6978.2009.tb00093.x

Messina, I., Palmieri, A., Sambin, M., Kleinbub, J. R., Voci, A., & Calvo, V. (2013). Somatic underpinnings of perceived empathy: The importance of psychotherapy training. *Psychotherapy Research, 23*(2), 169–177. doi:10.1080/10503307.20 12.748940

Metcalf, K., Langdon, R., & Coltheart, M. (2007). Models of confabulation: A critical review and a new framework. *Cognitive Neuropsychology, 24*(1), 23–47.

Michel, C., Schimmelmann, B. G., Kupferschmid, S., Siegwart, M., & Schultze-Lutter, F. (2014). Reliability of telephone assessments of at-risk criteria of psychosis: A comparison to face-to-face interviews. *Schizophrenia Research, 153*(1-3), 251-253. doi:10.1016/j.schres.2014.01.025

Miller, G. (2012). *Fundamentals of crisis counseling.* Hoboken, NJ: Wiley.

Miller, M. (1985). *Information center: Training workshop manual.* San Diego, CA: Information Center.

Miller, W. R. (1978). Behavioral treatment of problem drinkers: A comparative outcome study of three controlled drinking therapies. *Journal of Consulting & Clinical Psychology, 46*(1), 74-86.

Miller, W. R. (1983). Motivational interviewing with problem drinkers. *Behavioural Psychotherapy, 11*(2), 147-172.

Miller, W. R. (2015). Motivational interviewing in treating addictions. In H. Arkowitz, W. R. Miller, & S. Rollnick (Eds.), *Motivational interviewing in the treatment of psychological problems* (2nd ed., pp. 249-270). New York, NY: Guilford Press.

Miller, W. R., & Rollnick, S. (1991). *Motivational interviewing: Preparing people to change addictive behavior.* New York, NY: Guilford Press.

Miller, W. R., & Rollnick, S. (2002). *Motivational interviewing: Preparing people for change* (2nd ed.). New York, NY: Guilford Press.

Miller, W. R., & Rollnick, S. (2013). *Motivational interviewing: Preparing people for change* (3rd ed.). New York, NY: Guilford Press.

Miller, W. R., & Rose, G. S. (2009). Toward a theory of motivational interviewing. *American Psychologist, 64*(6), 527-537. http://doi.org/10.1037/a0016830

Minuchin, S., Rosman, B. L., & Baker, L. (1978). *Psychosomatic families: Anorexia nervosa in context.* Oxford, England: Harvard University Press.

Mitchell, A., Chen, C., & Medlin, B. D. (2010). Teaching and learning with Skype. In C. Wankel (Ed.), *The 16th Americas conference on information systems* (pp. 36-56). Greenwich, CT: IAP Information Age.

Mitchell, P., Rhodes, P., Wallis, A., & Wilson, V. (2014). A comparison of two systemic family therapy reflecting team interventions. *Journal of Family Therapy, 36*(3), 237-254. doi:10.1111/1467-6427.12018

Molnar, B. E., Berkman, L. F., & Buka, S. L. (2001). Psychopathology, childhood sexual abuse and other childhood adversities: Relative links to subsequent suicidal behaviour in the US. *Psychological Medicine, 31*(6), 965-977. doi:0.1017/S0033291701004329

Monahan, J. (2013). *Violence risk assessment.* Hoboken, NJ: Wiley.

Moon, C. H. (Ed.). (2010). *Materials and media in art therapy.* New York, NY: Routledge.

Moraga, A. V., & Rodriguez-Pascual, C. (2007). Accurate diagnosis of delirium in elderly patients. *Current Opinion in Psychiatry, 20*(3), 262-267.

Morales, E., & Norcross, J. C. (2010). Evidence-based practices with ethnic minorities: Strange bedfellows. *Journal of Clinical Psychology, 66*(8), 821-829.

Moreno, C., Laje, G., Blanco, C., Jiang, H., Schmidt, A. B., & Olfson, M. (2007). National trends in the outpatient diagnosis and treatment of bipolar disorder in youth. *Archives of General Psychiatry, 64*(9), 1032-1039.

Moreno, C. L. (2007). The relationship between culture, gender, structural factors, abuse, trauma, and HIV/AIDS for Latinas. *Qualitative Health Research, 17*(3), 340-352. doi:10.1177/1049732306297387

Morrison, J. (2007). *The first interview* (3rd ed.). New York, NY: Guilford Press.

Morsette, A., van den Pol, R., Schuldberg, D., Swaney,

G., & Stolle, D. (2012). Cognitive behavioral treatment for trauma symptoms in American Indian youth: Preliminary findings and issues in evidence-based practice and reservation culture. *Advances in School Mental Health Promotion, 5*(1), 51-62. doi:1754730X.2012.664865

Mosak, H. H. (1989). Adlerian psychotherapy. In R. J. Corsini & D. Wedding (Eds.), *Current psychotherapies* (4th ed., pp. 65-116). Itasca, IL: F. E. Peacock.

Moules, N. J. (2003). Therapy on paper: Therapeutic letters and the tone of relationship. *Journal of Systemic Therapies, 22*(1), 33-49. doi:10.1521/jsyt.22.1.33.24091

Mueller, R. M., Lambert, M. J., & Burlingame, G. M. (1998). Construct validity of the outcome questionnaire: A confirmatory factor analysis. *Journal of Personality Assessment, 70*(2), 248-262.

Muhtz, C., Daneshi, J., Braun, M., & Kellner, M. (2010). Carbon-dioxide-induced flashback in a healthy man with a history of near-drowning. *Psychotherapy and Psychosomatics, 80*(1), 55-56. doi:10.1159/000316798

Mulligan, J., Haddock, G., Hartley, S., Davies, J., Sharp, T., Kelly, J., . . . Barrowclough, C. (2014). An exploration of the therapeutic alliance within a telephone-based cognitive behaviour therapy for individuals with experience of psychosis. *Psychology and Psychotherapy: Theory, Research, Practice, Training, 87*(4), 393-410. doi:10.1111/papt.12018

Mulligan, J., MacCulloch, R., Good, B., & Nicholas, D. B. (2012). Transparency, hope, and empowerment: A model for partnering with parents of a child with autism spectrum disorder at diagnosis and beyond. *Social Work in Mental Health, 10*(4), 311-330. doi:10.1080/15332985.2012.664487

Murphy, B. C., & Dillon, C. (2011). *Interviewing in action in a multicultural world* (2nd ed.).

Belmont, CA: Thomson Brooks/Cole.

Murphy, J. (2015). *Solution-focused counseling in schools* (3rd ed.). Alexandria, VA: American Counseling Association.

Murray, K. W., & Sommers-Flanagan, J. (2014). Addressing sexual attraction in supervision. In M. Luca (Ed.), *Sexual attraction in therapy: Clinical perspectives on moving beyond the taboo-A guide for training and practice* (pp. 97-114). London, England: Wiley-Blackwell.

Murray, K. W., Sommers-Flanagan, J., & Sommers-Flanagan, R. (2012). Family systems theory and therapy. In J. Sommers-Flanagan & R. Sommers-Flanagan (Eds.), *Counseling and psychotherapy theories in context and practice: Skills, strategies, and techniques* (2nd ed., pp. 405-438). Hoboken, NJ: Wiley.

Mustanski, B., & Liu, R. T. (2013). A longitudinal study of predictors of suicide attempts among lesbian, gay, bisexual, and transgender youth. *Archives of Sexual Behavior, 42*(3), 437-448. doi:10.1007/s10508-012-0013-9

Mutschler, I., Reinbold, C., Wankerl, J., Seifritz, E., & Ball, T. (2013). Structural basis of empathy and the domain general region in the anterior insular cortex. *Frontiers in Human Neuroscience, 7,* 177. doi:10.3389/fnhum.2013.00177

Myer, R. A. (2001). *Assessment for crisis intervention: An assessment triage model.* Belmont, CA: Wadsworth.

Nagaoka, C., Kuwabara, T., Yoshikawa, S., Watabe, M., Komori, M., Oyama, Y., & Hatanaka, C. (2013). Implication of silence in a Japanese psychotherapy context: A preliminary study using quantitative analysis of silence and utterance of a therapist and a client. *Asia Pacific Journal of Counselling and Psychotherapy, 4*(2), 147-152. doi:10.1080/21507686.2013.790831

Nagata, D. K., Kim, J. H. J., & Nguyen, T. U. (2015). Processing cultural trauma: Intergenerational effects of the Japanese American incarceration.

Journal of Social Issues, 71(2), 356–370. doi:10.1111/josi.12115

National Association of Social Workers. (2008). Code of ethics of the National Association of Social Workers. Washington, DC: Author.

Neff, K. D., & Harter, S. (2003). Relationship styles of self-focused autonomy, other-focused connectedness, and mutuality across multiple relationship contexts. *Journal of Social and Personal Relationships, 20*(1), 81–99. doi:10.1177/0265407503020001189

Negy, C. (2004). *Cross-cultural psychotherapy: Toward a critical understanding of diverse clients.* Reno, NV: Bent Tree Press.

Neimeyer, R. A., Fortner, B., & Melby, D. (2001). Personal and professional factors and suicide intervention skills. *Suicide and Life-Threatening Behavior, 31*(1), 71–82. doi:10.1521/suli.31.1.71.21307

Nemeroff, C. B. (2007, October). *Early life factors in depression.* Paper presented at the conference Investigating the Mind: Mindfulness, Compassion, and the Treatment of Depression, Emory University Mind and Life Institute, Atlanta, G. A. Newman, C. F. (2013). *Core competencies in cognitive-behavioral therapy: Becoming a highly effective and competent cognitive-behavioral therapist.* New York, NY: Routledge.

Norcross, J. C. (2000). Psychotherapist self-care: Practitioner-tested, research informed strategies. *Professional Psychology: Research and Practice, 31*(6), 710–713. doi:10.1037/0735-7028.31.6.710

Norcross, J. C. (2011). Evidence-based therapy relationships. In J. C. Norcross (Ed.), *Psychotherapy relationships that work: Evidence-based responsiveness* (2nd ed.). New York, NY: Oxford University Press.

Norcross, J. C., & Karpiak, C. P. (2012). Clinical psychologists in the 2010s: 50 years of the APA division of clinical psychology. *Clinical Psychology: Science and Practice, 19*(1), 1–12.

doi:10.1111/j.1468-2850.2012.01269.x

Norcross, J. C., & Lambert, M. J. (2011). Psychotherapy relationships that work II. *Psychotherapy, 48*(1), 4–8. doi:10.1037/a0022180

North, C. S., & Pfefferbaum, B. (2013). Mental health response to community disasters: A systematic review. *Journal of the American Medical Association, 310*(5), 507–518. doi:10.1001/jama.2013.107799

Norton, C. L. (2011). Developing empathy: A case study exploring transference and countertransference with adolescent females who self-injure. *Journal of Social Work Practice, 25*(1), 95–107. doi:10.1080/02650530903525991

O'Brien, R. P. (2012). *Cognitive-behavioral therapy with military couples.* New York, NY: Routledge/Taylor & Francis Group.

Oetzel, K. B., & Scherer, D. G. (2003). Therapeutic engagement with adolescents in psychotherapy. *Psychotherapy: Theory, Research, Practice, Training, 40*(3), 215–225.

O'Hanlon, W. H. (1998). Possibility therapy: An inclusive, collaborative, solution-based model of psychotherapy. In M. F. Hoyt (Ed.), *The handbook of constructive therapies* (pp. 137–158). San Francisco, CA: Jossey-Bass.

O'Hanlon, W. H., & Weiner-Davis, M. (1989). *In search of solutions.* New York, NY: Norton.

Onedera, J. D. (Ed.). (2008). *The role of religion in marriage and family counseling.* New York, NY: Routledge/Taylor & Francis.

Orbinski, J. (2008). *An imperfect offering: Humanitarian action for the 21st century.* New York, NY: Walker & Company.

Ortiz, S. O., & Ochoa, S. H. (2005). *Advances in cognitive assessment of culturally and linguistically diverse individuals: A nondiscriminatory interpretive approach.* New York, NY: Guilford Press.

O'Shea, G., Spence, S. H., & Donovan, C. L. (2014).

Interpersonal factors associated with depression in adolescents: Are these consistent with theories underpinning interpersonal psychotherapy? *Clinical Psychology & Psychotherapy, 21*(6), 548-558.

Ostrosky-Solís, F., & Lozano, A. (2006). Digit span: Effect of education and culture. *International Journal of Psychology, 41*(5), 333-341. doi:10.1080/00207590500345724

Othmer, E., & Othmer, S. C. (2002). *The clinical interview using DSM-IV-TR: Vol. 1. Fundamentals.* Washington, DC: American Psychiatric Publishing.

Pabian, Y. L., Welfel, E., & Beebe, R. S. (2009). Psychologists' knowledge of their states' laws pertaining to Tarasoff-type situations. *Professional Psychology: Research and Practice, 40*(1), 8-14. doi:10.1037/a0014784

Packman, W. L., Marlitt, R. E., Bongar, B., & Pennuto, T. O. (2004). A comprehensive and concise assessment of suicide risk. *Behavioral Sciences & the Law, 22*(5), 667-680. doi:10.1002/bsl.610

Paniagua, F. A. (2001). *Diagnosis in a multicultural context.* Thousand Oaks, CA: Sage.

Paniagua, F. A. (2010). Assessment and diagnosis in a cultural context. In M. M. Leach & J. D. Aten (Eds.), *Culture and the therapeutic process* (pp. 65-98). New York, NY: Routledge/Taylor & Francis.

Paprocki, C. M. (2014). When personal and professional values conflict: Trainee perspectives on tensions between religious beliefs and affirming treatment of LGBT clients. *Ethics & Behavior, 24*(4), 279-292. doi:10.1080/10508422.2013.860029

Patrick, S., & Connolly, C. M. (2009). The token activity: Generating awareness of power in counseling relationships. *Journal of Multicultural Counseling and Development, 37*(2), 117-128. doi:10.1002/j.2161-1912.2009.tb00096.x

Paul, G. L. (1969). Behavior modification research:

Design and tactics. In C. M. Franks (Ed.), *Behavior therapy: Appraisal and status* (pp. 29-62). New York, NY: McGraw-Hill.

Pearlman, L. A., & Mac Ian, P. S. (1995). Vicarious traumatization: An empirical study of the effects of trauma work on trauma therapists. *Professional Psychology: Research and Practice, 26*(6), 558-565. doi:10.1037/0735-7028.26.6.558

Pease-Carter, C., & Minton, C. A. B. (2012). Counseling programs' informed consent practices: A survey of student preferences. *Counselor Education and Supervision, 51*(4), 308-319. doi:10.1002/j.1556-6978.2012.00023.x

Pennebaker, J. W., & Ferrell, J. D. (2013). Can expressive writing change emotions? An oblique answer to the wrong question. *Changing emotions* (pp. 183-186). New York, NY: Psychology Press.

Pennebaker, J. W., Zech, E., & Rimé, B. (2001). *Disclosing and sharing emotion: Psychological, social, and health consequences.* Washington, DC: American Psychological Association. doi:10.1037/10436-022

Persons, J. B. (2008). *The case formulation approach to cognitive-behavior therapy.* New York, NY: Guilford Press.

Peterson, J. F., Pun, B. T., Dittus, R. S., Thomason, J.W.W., Jackson, J. C., Shintani, A. K., & Ely, E. W. (2006). Delirium and its motoric subtypes: A study of 614 critically ill patients. *Journal of the American Geriatrics Society, 54*(3), 479-484. doi:10.1111/j.1532-5415.2005.00621.x

Phillips, J., Frances, A., Cerullo, M. A., Chardavoyne, J., Decker, H. S., First, M. B., . . . Zachar, P. (2012). The six most essential questions in psychiatric diagnosis: A pluralogue part 3: Issues of utility and alternative approaches in psychiatric diagnosis. *Philosophy, Ethics, and Humanities in Medicine, 7*(9). doi:10.1186/1747-5341-7-9

Piper, W. E., McCallum, M., Joyce, A. S., Azim, H. F., & Ogrodniczuk, J. S. (1999). Follow-up findings for interpretive and supportive forms of psychotherapy and patient personality variables. *Journal of Consulting and Clinical Psychology, 67,* 267-273.

Pipes, R. B., & Davenport, D. S. (1999). *Introduction to psychotherapy: Common clinical wisdom.* Englewood Cliffs, NJ: Prentice Hall.

Poelzl, L. (2011). Reflective paper: Bisexual issues in sex therapy: A bisexual surrogate partner relates her experiences from the field. *Journal of Bisexuality, 11*(4), 385-388. doi:10.1080/1529971 6.2011.620454

Polanski, P. J., & Hinkle, J. S. (2000). The mental status examination: Its use by professional counselors. *Journal of Counseling & Development, 78*(3), 357-364.

Pomerantz, A. M. (2011). *Clinical psychology: Science, practice, and culture* (2nd ed.). Thousand Oaks, CA: Sage.

Ponton, R. F., & Sauerheber, J. D. (2014). Supervisee countertransference: A holistic supervision approach. *Counselor Education and Supervision, 53*(4), 254-266. doi:10.1002/j.1556-6978.2014.00061.x

Pope, K. S. (1990). Therapist-patient sex as sex abuse: Six scientific, professional and practical dilemmas in addressing victimization and rehabilitation. *Professional Psychology: Research and Practice, 21,* 227-239.

Pottick, K. J., Kirk, S. A., Hsieh, D. K., & Tian, X. (2007). Judging mental disorder in youths: Effects of client, clinician, and contextual differences. *Journal of Consulting and Clinical Psychology, 75*(1), 1-8. doi:10.1037/0022-006X.75.1.1

Pouliot, L., & De Leo, D. (2006). Critical issues in psychological autopsy studies. *Suicide and Life-Threatening Behavior, 36*(5), 491-510. doi:10.1521/suli.2006.36.5.491

Prochaska, J. O. (1979). *Systems of psychotherapy: A transtheoretical analysis.* Chicago, IL: Dorsey.

Prochaska, J. O., & DiClemente, C. C. (2005). *The transtheoretical approach.* New York, NY: Oxford University Press.

Prochaska, J. O., Norcross, J. C., & DiClemente, C. C. (1994). *Changing for good.* New York, NY: William Morrow.

Puig-Antich, J., Chambers, W., & Tabrizi, M. A. (1983). The clinical assessment of current depressive episodes in children and adolescents: Interviews with parents and children. In D. Cantweel, & G. Carlson (Eds.), *Childhood depression* (pp. 157-179). New York, NY: Spectrum.

Quinones, V., Jurska, J., Fener, E., & Miranda, R. (2015). Active and passive problem solving: Moderating role in the relation between depressive symptoms and future suicidal ideation varies by suicide attempt history. *Journal of Clinical Psychology, 71*(4), 402-412. doi:10.1002/jclp.22155

Quinsey, V. L., Harris, G. T., Rice, M. E., & Cormier, C. A. (2006). *Actuarial prediction of violence.* Washington, DC: American Psychological Association. doi:10.1037/11367-008

Ransom, D., Heckman, T. G., Anderson, T., Garske, J., Holroyd, K., & Basta, T. (2008). Telephone-delivered, interpersonal psychotherapy for HIV-infected rural persons with depression: A pilot trial. *Psychiatric Services, 59*(8), 871-877. doi:10.1176/appi.ps.59.8.871

Rassin, E., Cougle, J. R., & Muris, P. (2007). Content difference between normal and abnormal obsessions. *Behaviour Research and Therapy, 45*(11), 2800-2803. doi:10.1016/j.brat.2007.07.006

Rassin, E., & Muris, P. (2007). Abnormal and normal obsessions: A reconsideration. *Behaviour Research and Therapy, 45*(5), 1065-1070. doi:10.1016/j.brat.2006.05.005

Rastoqi, M., & Wieling, E. (Eds.). (2004). *Voices of color: First person accounts of ethnic minority therapists.* New York, NY: Sage.

Ratts, M. J., Singh, A. A., Nassar-McMillan, S., Butler, S. K., & McCullough, J. R. (2015). Multicultural and social justice counseling competencies. Alexandria, VA: American Counseling Association. Retrieved from http://www.counseling.org/knowledge-center/competencies

Ray, D. C. (2011). *Advanced play therapy: Essential conditions, knowledge, and skills for child practice.* New York, NY: Routledge.

Read, J., Agar, K., Barker-Collo, S., Davies, E., & Moskowitz, A. (2001). Assessing suicidality in adults: Integrating childhood trauma as a major risk factor. *Professional Psychology: Research and Practice, 32*(4), 367-372. doi:10.1037/0735-7028.32.4.367

Reed, G. M. (2010). Toward ICD-11: Improving the clinical utility of WHO's international classification of mental disorders. *Professional Psychology: Research and Practice, 41*, 457- 464. doi:10.1037/a0021701

Reed, K. P., Nugent, W., & Cooper, R. L. (2015). Testing a path model of relationships between gender, age, and bullying victimization and violent behavior, substance abuse, depression, suicidal ideation, and suicide attempts in adolescents. *Children and Youth Services Review, 55*, 128-137. doi:10.1016/j.childyouth.2015.05.016

Regev, D., & Snir, S. (2015). Objectives, interventions and challenges in parent-child art psychotherapy. *Arts in Psychotherapy, 42*, 50-56. doi:10.1016/j.aip.2014.12.007

Rehfuss, M. C., Gambrell, C. E., & Meyer, D. (2012). Counselors' perceived person-environment fit and career satisfaction. *Career Development Quarterly, 60*(2), 145-151. doi:10.1002/j.2161-0045.2012.00012.x

Reiter, M. D. (2010). Hope and expectancy in solution-focused brief therapy. *Journal of Family Psychotherapy, 21*(2), 132-148. doi:10.1080/08975353.2010.483653

Reynolds, D. J., Jr., Stiles, W. B., Bailer, A. J., & Hughes, M. R. (2013). Impact of exchanges and client-therapist alliance in online-text psychotherapy. *Cyberpsychology, Behavior, and Social Networking, 16*(5), 370-377. doi:10.1089/cyber.2012.0195

Ribeiro, J. D., Pease, J. L., Gutierrez, P. M., Silva, C., Bernert, R. A., Rudd, M. D., & Joiner, T. E. (2012). Sleep problems outperform depression and hopelessness as cross-sectional and longitudinal predictors of suicidal ideation and behavior in young adults in the military. *Journal of Affective Disorders, 136*(3), 743-750. doi:10.1016/j.jad.2011.09.049

Ribeiro, J. D., Silva, C., & Joiner, T. E. (2014). Overarousal interacts with a sense of fearlessness about death to predict suicide risk in a sample of clinical outpatients. *Psychiatry Research, 218*(1-2), 106-112. doi:10.1016/j.psychres.2014.03.036

Richards, S. D., Pillay, J., & Fritz, E. (2012). The use of sand tray techniques by school counsellors to assist children with emotional and behavioural problems. *Arts in Psychotherapy, 39*(5), 367-373. doi:10.1016/j.aip.2012.06.006

Richardson, B. G. (2016). *Working with challenging youth: Lessons learned along the way* (2nd ed.). New York, NY: Routledge.

Rilke, R. M. (2000). *Letters to a young poet* (J. Burnham, Trans.). Novato, CA: New World Library. (Original work published 1929)

Robey, P. A., & Carlson, J. (2011). Adlerian therapy with couples. *Case studies in couples therapy: Theory-based approaches* (pp. 41-51). New York, NY: Routledge/Taylor & Francis.

Robinson, D. J. (2007). My favorite tips for exploring difficult topics such as delusions and substance abuse. *Psychiatric Clinics of North America, 30*(2), 239-244. doi:10.1016/j.psc.2007.01.008

Rodríguez Andrés, A., & Hempstead, K. (2011). Gun control and suicide: The impact of state firearm regulations in the United States, 1995-2004.

Health Policy, 101(1), 95-103. doi:10.1016/j.healthpol.2010.10.005

Rogers, C. R. (1942). Counseling and psychotherapy. Boston, MA: Houghton Mifflin.

Rogers, C. R. (1957). The necessary and sufficient conditions of therapeutic personality change. Journal of Consulting Psychology, 21, 95-103.

Rogers, C. R. (1967). The therapeutic relationship and its impact: A study of psychotherapy with schizophrenics. Madison: University of Wisconsin Press.

Rogers, C. R. (1961). On becoming a person. Boston, MA: Houghton Mifflin.

Rogers, C. R. (1980). A way of being. Boston, MA: Houghton Mifflin.

Rolling, E. S., & Brosi, M. W. (2010). A multi-leveled and integrated approach to assessment and intervention of intimate partner violence. Journal of Family Violence, 25(3), 229-236. doi:10.1007/s10896-009-9286-8

Rollnick, S., & Bell, A. (1991). Brief motivational interviewing for use by the nonspecialist. Motivational interviewing (pp. 203-213). New York, NY: Guilford Press.

Rollnick, S., & Miller, W. R. (1995). What is motivational interviewing? Behavioural & Cognitive Psychotherapy, 23(4), 325-334.

Romano, M., & Peters, L. (2015). Evaluating the mechanisms of change in motivational interviewing in the treatment of mental health problems: A review and meta-analysis. Clinical Psychology Review, 38, 1-12. doi:10.1016/j.cpr.2015.02.008

Roosevelt, E. (1992). The autobiography of Eleanor Roosevelt. New York, NY: Da Capo Press. (Original work published 1937)

Rosenberg, J. I. (1999). Suicide prevention: An integrated training model using affective and action-based interventions. Professional Psychology: Research and Practice, 30(1), 83-87. doi:10.1037/0735-7028.30.1.83

Rothen, S., Vandeleur, C. L., Lustenberger, Y., Jeanpretre, N., Ayer, E., Gamma, F., . . . Preisig, M. (2009). Parent-child agreement and prevalence estimates of diagnoses in childhood: Direct interview versus family history method. International Journal of Methods in Psychiatric Research, 18(2), 96-109. doi:10.1002/mpr.281

Rozbroj, T., Lyons, A., Pitts, M., Mitchell, A., & Christensen, H. (2014). Assessing the applicability of e-therapies for depression, anxiety, and other mood disorders among lesbians and gay men: Analysis of 24 web-and mobile phone-based self-help interventions. Journal of Medical Internet Research, 16(7), 144-154. doi:10.2196/jmir.3529

Rudd, M. D. (1989). The prevalence of suicidal ideation among college students. Suicide and Life-Threatening Behavior, 19(2), 173-183.

Rudd, M. D., Mandrusiak, M., & Joiner, T. E. (2006). The case against no-suicide contracts: The commitment to treatment statement as a practice alternative. Journal of Clinical Psychology, 62(2), 243-251. doi:10.1002/jclp.20227

Rummell, C. M., & Joyce, N. R. (2010). "So wat do u want to wrk on 2day?": The ethical implications of online counseling. Ethics & Behavior, 20(6), 482-496. doi:10.1080/10508422.2010.521450

Runyan, C. W., Brown, T. L., & Brooks-Russell, A. (2015). Preventing the invisible plague of firearm suicide. American Journal of Orthopsychiatry, 85(3), 221-224.

Rutter, P. A. (2012). Sex therapy with gay male couples using affirmative therapy. Sexual and Relationship Therapy, 27(1), 35-45. doi:10.1080/14681994.2011.633078

Ruzek, J. I., Brymer, M. J., Jacobs, A. K., Layne, C. M., Vernberg, E. M., & Watson, P. J. (2007). Psychological first aid. Journal of Mental Health Counseling, 29(1), 17-49.

Sáez-Fonseca, L. L., & Walker, Z. (2007). Long-term outcome of depressive pseudodementia in the elderly. *Journal of Affective Disorders, 101*(1-3), 123-129. doi:10.1016/j.jad.2006.11.004

Safran, J. D., & Kraus, J. (2014). Alliance ruptures, impasses, and enactments: A relational perspective. *Psychotherapy, 51*(3), 381-387. doi:10.1037/a0036815

Safran, J. D., Muran, J. C., & Eubanks-Carter, C. (2011). Repairing alliance ruptures. *Psychotherapy, 48*(1), 80-87. doi:10.1037/a0022140

Safran, J. D., Muran, J. C., & Rothman, M. (2006). *The therapeutic alliance: Cultivating and negotiating the therapeutic relationship.* Amsterdam, Netherlands: Elsevier.

Saint-Exupery, A. de. (1971). *The little prince.* New York, NY: Harcourt Brace Jovanovich. (Original work published 1943)

Salmela, S., Poskiparta, M., Kasila, K., Vahasarja, K., & Vanhala, M. (2009). Transtheoretical model-based dietary interventions in primary care: A review of the evidence in diabetes. *Health Education Research, 24*(2), 237-252. doi:10.1093/her/cyn015

Salmon, K. (2006). Toys in clinical interviews with children: Review and implications for practice. *Clinical Psychologist, 10*(2), 54-59. doi:10.1080/13284200600681601

Satir, V. M. (1967). *Conjoint family therapy* (Rev. ed.). Palo Alto, CA: Science and Behavior Books.

Schneider, K. J., & Krug, O. T. (2010). *Existential-humanistic therapy.* Washington, DC: American Psychological Association.

Schoenholtz, J. C. (2012). *The managed healthcare industry: A market failure* (2nd ed.). North Charleston, SC: CreateSpace.

Searles, H. F. (1955). The informational value of the supervisor's emotional experiences. *Psychiatry: Journal for the Study of Interpersonal Processes, 18*, 135-146.

Segal, D. L., & Hersen, M. (Eds.). (2010). *Diagnostic interviewing* (4th ed.). New York, NY: Springer.

Seligman, L., & Reichenberg, L. W. (2012). *Selecting effective treatments: A comprehensive, systematic guide to treating mental disorders* (4th ed.). Hoboken, NJ: Wiley.

Senior, A. C., Kunik, M. E., Rhoades, H. M., Novy, D. M., Wilson, N. L., & Stanley, M. A. (2007). Utility of telephone assessments in an older adult population. *Psychology and Aging, 22*(2), 392-397. doi:10.1037/0882-7974.22.2.392

Serby, M. (2003). Psychiatric resident conceptualizations of mood and affect within the mental status examination. *American Journal of Psychiatry, 160*(8), 1527-1529. doi:10.1176/appi.ajp.160.8.1527

Sexton, T., & Turner, C. W. (2011). The effectiveness of functional family therapy for youth with behavioral problems in a community practice setting. *Couple and Family Psychology: Research and Practice, 1*, 3-15. doi:10.1037/2160-4096.1.S.3

Shapiro, F. (2002). *EMDR as an integrative psychotherapy approach: Experts of diverse orientations explore the paradigm prism.* Washington, DC: American Psychological Association.

Sharpley, C. F. (1984). Predicate matching in NLP: A review of research on the preferred representational system. *Journal of Counseling Psychology, 31*(2), 238-248. doi:10.1037/0022-0167.31.2.238

Shaw, S. L., Lombardero, A., Babins-Wagner, R., & Sommers-Flanagan, J. (2016). *Psychotherapy with Canadian Aboriginal peoples: Therapeutic alliance, psychotherapist training, and outcome.* Unpublished manuscript.

Shea, S. C. (1998). *Psychiatric interviewing: The art of understanding* (2nd ed.). Philadelphia, PA: Saunders.

Shea, S. C. (2004). Suicidal ideation: Clear understanding and use of an interviewing strategy such as the chronological assessment of suicide events (CASE approach) can help clarify intent and immediate danger to the patient. *Psychiatric Annals, 34*(5), 385-400.

Shea, S. C., & Barney, C. (2015). Teaching clinical interviewing skills using roleplaying: Conveying empathy to performing a suicide assessment: A primer for individual role-playing and scripted group role-playing. *Psychiatric Clinics of North America, 38*(1), 147-183. doi:10.1016/j.psc.2014.10.001

Shedler, J. (2010). The efficacy of psychodynamic psychotherapy. *American Psychologist, 65*(2), 98-109. doi:10.1037/a0018378

Sheldon, C., Waxmonsky, J. A., Meir, R., Morris, C., Finkelstein, L., Sosa, M., & Brody, D. (2014). Telephone assessment, support, and counseling for depression in primary care medical clinics. *Cognitive and Behavioral Practice, 21*(3), 282-295. doi:10.1016/j.cbpra.2014.04.005

Shelton, K., & Delgado-Romero, E. A. (2013). Sexual orientation microaggressions: The experiences of lesbian, gay, bisexual, and queer clients in psychotherapy. *Psychology of Sexual Orientation and Gender Diversity, 1*, 59-70.

Sher, L. (2006). Alcoholism and suicidal behavior: A clinical overview. *Acta Psychiatrica Scandinavica, 113*(1), 13-22.

Shimoyama, T. (2012). *Barefoot psychotherapy* [in Japanese]. Tokyo, Japan: Misuzu. (Original work published 1989) (Quotation in Nagaoka et al., 2013, is translated by the authors under supervision of a native English speaker.)

Shirk, S. R., Karver, M. S., & Brown, R. (2011). The alliance in child and adolescent psychotherapy. *Psychotherapy, 48*(1), 17-24. doi:10.1037/a0022181

Shneidman, E. S. (1980). Psychotherapy with suicidal patients. In T. B. Karasu & A. S. Bellack (Eds.), *Specialized techniques in individual psychotherapy*. (pp. 306-328). New York, NY: Brunner/Mazel.

Shneidman, E. S. (1984). Aphorisms of suicide and some implications for psychotherapy. *American Journal of Psychotherapy, 38*(3), 319-328.

Shneidman, E. S. (1996). *The suicidal mind*. New York, NY: Oxford University Press.

Silverman, M. M., & Berman, A. L. (2014). Suicide risk assessment and risk formulation part I: A focus on suicide ideation in assessing suicide risk. *Suicide and Life-Threatening Behavior, 44*(4), 420-431.

Silverman, W. (1987). *Anxiety disorders interview schedule for children (ADIS)*. Albany, NY: Graywind.

Skinner, B. F. (1977). Why I am not a cognitive psychologist. *Behaviorism, 5*, 1-10.

Skovholt, T. M., & Trotter-Mathison, M. (2011). *The resilient practitioner: Burnout prevention and self-care strategies for counselors, therapists, teachers, and health professionals* (2nd ed.). New York, NY: Routledge/Taylor & Francis.

Slama, M. (2010). The agency of the heart: Internet chatting as youth culture in Indonesia. *Social Anthropology/Anthropologie Sociale, 18*(3), 316-330. doi:10.1111/j.1469-8676.2010.00110.x

Smith, H. B. (2006). Providing mental health services to clients in crisis or disaster situations. In G. R. Walz, J. Bleuer, & R. K. Yep (Eds.), *VISTAS: Compelling perspectives on counseling, 2006* (pp. 13-15). Alexandria, VA: American Counseling.

Smith, H. F. I. (2011). *The mental status examination and brief social history in clinical psychology*. lulu.com: Author.

Smith, T. B., Rodríguez, M. D., & Bernal, G. (2011). Culture. *Journal of Clinical Psychology, 67*(2), 166-175.

Smith-Hanen, S. S. (1977). Effects of nonverbal behaviors on judged levels of counselor warmth and empathy. *Journal of Counseling Psychology, 24*(2), 87-91. doi:10.1037/0022-0167.24.2.87

Sommers-Flanagan, J. (2015). Evidence-based

relationship practice: Enhancing counselor competence. *Journal of Mental Health Counseling, 37,* 95-108.

Sommers-Flanagan, J. (2016). Clinical interview. In J. C. Norcross, G. R. Vanden-Bos, & D. K. Freedheim (Eds.), *APA handbook of clinical psychology* (pp. 1-16). Washington, D.C.: American Psychological Association.

Sommers-Flanagan, J., & Barr, L. (2005). Three constructive interventions for divorced, divorcing, or never-married parents. *The Family Journal, 13*(4), 482-486. doi:10.1177/1066480705278725

Sommers-Flanagan, J., & Bequette, T. (2013). The initial psychotherapy interview with adolescent clients. *Journal of Contemporary Psychotherapy, 43*(1), 13-22.

Sommers-Flanagan, J., & Campbell, D. (2009). Psychotherapy and (or) medications for depression in youth? An evidence-based review with recommendations for treatment. *Journal of Contemporary Psychotherapy, 39*(2), 111-120.

Sommers-Flanagan, J., & Means, J. R. (1987). Thou shalt not ask questions: An approach to teaching interviewing skills. *Teaching of Psychology, 14*(3), 164-166.

Sommers-Flanagan, J., Murray, K. W., & Yoshimura, C. (2015). Filial play therapy and other strategies for working with parents. In D. Capuzzi and M. Stauffer (Eds.), *Foundations of couples, marriage, and family counseling* (pp. 361-388). Hoboken, NJ: Wiley.

Sommers-Flanagan, J., Richardson, B. G., & Sommers-Flanagan, R. (2011). A multitheoretical, evidence-based approach for understanding and managing adolescent resistance to psychotherapy. *Journal of Contemporary Psychotherapy, 41*(2), 69-80. doi:10.1007/s10879-010-9164-y

Sommers-Flanagan, J., & Sommers-Flanagan, R. (1989). A categorization of pitfalls common to beginning interviewers. *Journal of Training &*

Practice in Professional Psychology: Research and Practice, 3(1), 58-71.

Sommers-Flanagan, J., & Sommers-Flanagan, R. (1995a). Intake interviewing with suicidal patients: A systematic approach. *Professional Psychology: Research and Practice, 26*(1), 41-47.

Sommers-Flanagan, J., & Sommers-Flanagan, R. (1995b). Psychotherapeutic techniques with treatment-resistant adolescents. *Psychotherapy: Theory, Research, Practice, Training, 32*(1), 131-140. doi:10.1037/0033-3204.32.1.131

Sommers-Flanagan, J., & Sommers-Flanagan, R. (1998). Assessment and diagnosis of conduct disorder. *Journal of Counseling & Development, 76*(2), 189-197.

Sommers-Flanagan, J. & Sommers-Flanagan, R. (Directors). (2004). *The challenge of counseling teens: Counselor behaviors that reduce resistance and facilitate connection* [Video/DVD]. North Amherst, MA: Microtraining Associates.

Sommers-Flanagan, J., & Sommers-Flanagan, R. (2007a). Our favorite tips for interviewing couples and families. *Psychiatric Clinics of North America, 30*(2), 275-281. doi:10.1016/j.psc.2007.02.003

Sommers-Flanagan, J., & Sommers-Flanagan, R. (2007b). *Tough kids, cool counseling: User-friendly approaches with challenging youth* (2nd ed.). Alexandria, VA: American Counseling Association.

Sommers-Flanagan, J., & Sommers-Flanagan, R. (2011). *How to listen so parents will talk and talk so parents will listen.* Hoboken, NJ: Wiley.

Sommers-Flanagan, J., & Sommers-Flanagan, R. (2012). *Counseling and psychotherapy theories in context and practice: Skills, strategies, and techniques* (2nd ed.). Hoboken, NJ: Wiley.

Sommers-Flanagan, J., Zeleke, W., & Hood, M. E. (2015). The clinical interview. In R. Cautin and S. Lilienfeld (Eds.), *The encyclopedia of clinical psychology* (pp. 1-9). London, England: Wiley-

Blackwell.

Sommers-Flanagan, R. (2007). Ethical considerations in crisis and humanitarian interventions. *Ethics & Behavior, 17*(2), 187-202.

Sommers-Flanagan, R. (2012). *Boundaries, multiple roles, and the professional relationship.* Washington, DC: American Psychological Association. doi:10.1037/13271-009

Sommers-Flanagan, R., Elliott, D., & Sommers-Flanagan, J. (1998). Exploring the edges: Boundaries and breaks. *Ethics & Behavior, 8*(1), 37-48. doi:10.1207/s15327019eb0801_3

Sommers-Flanagan, R., & Sommers-Flanagan, J. (2007). *Becoming an ethical helping professional: Cultural and philosophical foundations.* Hoboken, NJ: Wiley.

Spencer, R. J., Wendell, C. R., Giggey, P. P., Katzel, L. I., Lefkowitz, D. M., Siegel, E. L., & Waldstein, S. R. (2013). Psychometric limitations of the mini-mental state examination among nondemented older adults: An evaluation of neurocognitive and magnetic resonance imaging correlates. *Experimental Aging Research, 39*(4), 382-397. doi:10.1080/0361073X.2013.808109

Sperry, L., Carlson, J., & Peluso, P. R. (2006). *Couples therapy: Integrating theory and technique* (2nd ed.). Denver, CO: Love Publishing.

Spiegler, M. D., & Guevremont, D. C. (2016). *Contemporary behavior therapy* (6th ed.). Belmont, CA: Wadsworth/Cengage Learning.

Stanley, B., & Brown, G. K. (2012). Safety planning intervention: A brief intervention to mitigate suicide risk. *Cognitive and Behavioral Practice, 19*(2), 256-264. doi:10.1016/j.cbpra.2011.01.001

Steenkamp, M. M., Litz, B. T., Gray, M. J., Lebowitz, L., Nash, W., Conoscenti, L., . . . Lang, A. (2011). A brief exposure-based intervention for service members with PTSD. *Cognitive and Behavioral Practice, 18*(1), 98-107. doi:10.1016/j.cbpra.2009.08.006

Stefansson, J., Nordstrom, P., & Jokinen, J. (2012).

Suicide intent scale in the prediction of suicide. *Journal of Affective Disorders, 136*(1-2), 167-171. doi:10.1016/j.jad.2010.11.016

Stern, E. M. (1985). *Psychotherapy and the religiously committed patient.* New York, NY: Haworth Press.

Sternberg, R. J. (2005). *The triarchic theory of successful intelligence.* New York, NY: Guilford Press.

Stiles-Shields, C., Kwasny, M. J., Cai, X., & Mohr, D. C. (2014). Therapeutic alliance in face-to-face and telephone-administered cognitive behavioral therapy. *Journal of Consulting and Clinical Psychology, 82*(2), 349-354. doi:10.1037/a0035554

Stocks, E. L., Lishner, D. A., Waits, B. L., & Downum, E. M. (2011). I'm embarrassed for you: The effect of valuing and perspective taking on empathic embarrassment and empathic concern. *Journal of Applied Social Psychology, 41*(1), 1-26. doi:10.1111/j.1559-1816.2010.00699.x

Stolle, D., Hutz, A., & Sommers-Flanagan, J. (2005). The impracticalities of R. B. Stuart's practical multicultural competencies. *Professional Psychology: Research and Practice, 36*(5), 574-576. doi:10.1037/0735-7028.36.5.574

Stolzenberg, S., & Pezdek, K. (2013). Interviewing child witnesses: The effect of forced confabulation on event memory. *Journal of Experimental Child Psychology, 114*(1), 77-88. doi:10.1016/j.jecp.2012.09.006

Stone, C. B. (2013). *School counseling principles: Ethics and law* (2nd ed.). Alexandria, VA: American School Counselor Association.

Stone, J., Smyth, R., Carson, A., Warlow, C., & Sharpe, M. (2006). La belle indifference in conversion symptoms and hysteria: Systematic review. *British Journal of Psychiatry, 188*(3), 204-209. doi:10.1192/bjp.188.3.204

Strassle, C. G., Borckardt, J. J., Handler, L., & Nash, M. (2011). Videotape role induction for psychotherapy: Moving forward. *Psychotherapy, 48*(2), 170-178. doi:10.1037/a0022702

Strub, R. L., & Black, F. W. (1977). *The mental status exam in neurology.* Philadelphia, PA: Davis.

Strupp, H. H. (1983). Psychoanalytic psychotherapy. In M. Hersen, A. E. Kazdin, & A. S. Bellack (Eds.), *The clinical psychology handbook* (pp. 471-488). New York, NY: Pergamon Press.

Sue, D. W. (2010). *Microaggressions in everyday life: Race, gender, and sexual orientation.* Hoboken, NJ: Wiley.

Sue, D. W., Arredondo, P., & McDavis, R. J. (1992). Multicultural counseling competencies and standards: A call to the profession. *Journal of Counseling & Development, 70*(4), 477-486.

Sue, D. W., & Sue, D. (2016). *Counseling the culturally diverse: Theory and practice* (7th ed.). Hoboken, NJ: Wiley.

Sue, S. (1977). Community mental health services to minority groups: Some optimism, some pessimism. *American Psychologist, 32*, 616-624.

Sue, S. (1998). In search of cultural competence in psychotherapy and counseling. *American Psychologist, 53*, 440-448.

Sue, S. (2006). Cultural competency: From philosophy to research and practice. *Journal of Community Psychology, 34*(2), 237-245. doi:10.1002/jcop.20095

Sue, S., & Zane, N. (2009). The role of culture and cultural techniques in psychotherapy: A critique and reformulation. *Asian American Journal of Psychology, S*(1), 3-14.

Suler, J. (2004). The online disinhibition effect. *CyberPsychology & Behavior, 7*(3), 321-326. doi:10.1089/1094931041291295

Sutton, C. T., & Broken Nose, M. A. (2005). *American Indian families: An overview.* New York, NY: Guilford Press.

Swartz, S. H., Cowan, T. M., Klayman, J. E., Welton, M. T., & Leonard, B. A. (2005). Use and effectiveness of tobacco telephone counseling

and nicotine therapy in Maine. *American Journal of Preventive Medicine, 29*(4), 288-294. doi:10.1016/j.amepre.2005.06.015

Sweeney, T. J. (2009). *Adlerian counseling and psychotherapy: A practitioner's approach* (5th ed.). New York, NY: Routledge/Taylor & Francis.

Swift, J. K., Callahan, J. L., & Vollmer, B. M. (2011). Preferences. *Journal of Clinical Psychology, 67*(2), 155-165.

Szasz, T. S. (1961). *The myth of mental illness: Foundations of a theory of personal conduct.* New York, NY: Hoeber-Harper.

Szasz, T. S. (1970). *The manufacture of madness.* New York, NY: McGraw-Hill.

Szasz, T. (1986). The case against suicide prevention. *American Psychologist, 41*(7), 806-812.

Szmukler, G. (2012). Risk assessment for suicide and violence is of extremely limited value in general psychiatric practice. *Australian and New Zealand Journal of Psychiatry, 46*(2), 173-174. doi:10.1177/0004867411432214

Tao, K. W., Owen, J., Pace, B. T., & Imel, Z. E. (2015). A meta-analysis of multicultural competencies and psychotherapy process and outcome. *Journal of Counseling Psychology, 62*(3), 337-350. doi:10.1037/cou0000086

Teasdale, J. D., & Dent, J. (1987). Cognitive vulnerability to depression: An investigation of two hypotheses. *British Journal of Clinical Psychology, 26*(2), 113-126.

Teyber, E., & McClure, F. (2011). *Interpersonal process in therapy: An integrative model* (6th ed.). Belmont, CA: Brooks/Cole.

Theriault, B. (2012). Radical acceptance: A nondual psychology approach to grief and loss. *International Journal of Mental Health and Addiction, 10*(3), 354-367. doi:10.1007/s11469-011-9359-9

Thomas, A., Kirchmann, H., Suess, H., Bräutigam, S., & Strauss, B. (2012). Motivational determinants of interpersonal distress: How interpersonal goals are related to interpersonal problems. *Psychotherapy Research, 22*(5), 489–501. doi: 10.1080/10503307.2012.676531

Thomas, V. (2005). *Initial interview with a family.* Ashland, OH: Hogrefe & Huber.

Thoresen, C. E., & Mahoney, M. J. (1974). *Behavioral self-control.* New York, NY: Holt, Rinehart & Winston.

Tighe, A., Pistrang, N., Casdagli, L., Baruch, G., & Butler, S. (2012). Multisystemic therapy for young offenders: Families' experiences of therapeutic processes and outcomes. *Journal of Family Psychology, 26*(2), 187–197. doi:10.1037/a0027120

Tishby, O. & Vered, M. (2011). Counter transference in the treatment of adolescents and its manifestation in the therapist-patient relationship. *Psychotherapy Research, 21*(6), 621–630.

Tohn, S. L., & Oshlag, J. A. (1996). Solution-focused therapy with mandated clients: Cooperating with the uncooperative. In M. F. Hoyt (Ed.), *Handbook of solutionfocused brief therapy* (pp. 152–183). San Francisco, CA: Jossey-Bass.

Tombini, M., Pellegrino, G., Zappasodi, F., Quattrocchi, C. C., Assenza, G., Melgari, J. M., . . . Rossini, P. M. (2012). Complex visual hallucinations after occipital extrastriate ischemic stroke. *Cortex: A Journal Devoted to the Study of the Nervous System and Behavior, 48*(6), 774–777. doi:10.1016/j.cortex.2011.04.027

Tompkins, K. A., Swift, J. K., & Callahan, J. L. (2013). Working with clients by incorporating their preferences. *Psychotherapy, 50*(3), 279–283.

Trajković, G., Starčević, V., Latas, M., Leštarević, M., Ille, T., Bukumirić, Z., & Marinković, J. (2011). Reliability of the Hamilton Rating Scale for Depression: A meta-analysis over a period of 49 years. *Psychiatry Research, 189*(1), 1–9.

Trimble, J. E. (2010). Bear spends time in our dreams now: Magical thinking and cultural empathy in multicultural counselling theory and practice. *Counselling Psychology Quarterly, 23*(3), 241–253. doi:10.1080/09515070.2010.505735

Trippany, R. L., Kress, V. E. W., & Wilcoxon, S. A. (2004). Preventing vicarious trauma: What counselors should know when working with trauma survivors. *Journal of Counseling & Development, 82*(1), 31–37.

Tryon, G. S., & Winograd, G. (2011). Goal consensus and collaboration. In J. C. Norcross (Ed.), *Psychotherapy relationships that work: Evidence-based responsiveness* (2nd ed., pp. 153–167). New York, NY: Oxford University Press.

Tseng, W. (2006). From peculiar psychiatric disorders through culture-bound syndromes to culture-related specific syndromes. *Transcultural Psychiatry, 43*(4), 554–576. doi:10.1177/1363461506070781

Tucker, R. P., Crowley, K. J., Davidson, C. L., & Gutierrez, P. M. (2015). Risk factors, warning signs, and drivers of suicide: What are they, how do they differ, and why does it matter? *Suicide and Life-Threatening Behavior, 45*(6), 679–689. doi:10.1111/sltb.12161

Turner, C., Heyman, I., Futh, A., & Lovell, K. (2009). A pilot study of telephone cognitive-behavioural therapy for obsessive-compulsive disorder in young people. *Behavioural and Cognitive Psychotherapy, 37*(4), 469–474. doi:10.1017/S1352465809990178

Turner, E. H., Matthews, A. M., Linardatos, E., Tell, R. A., & Rosenthal, R. (2008). Selective publication of antidepressant trials and its influence on apparent efficacy. *New England Journal of Medicine, 358*(3), 252–260. doi:10.1056/NEJMsa065779

US Department of Health and Human Services. (2003). Developing cultural competence in disaster mental health programs. Retrieved from http://store.samhsa.gov/product/Developing-Cultural-Competence-in-Disaster-Mental-Health-

Programs/SMA03-3828

US Food and Drug Administration. (2007). *FDA proposes new warnings about suicidal thinking, behavior in young adults who take antidepressant medications*. Retrieved from http://www.fda.gov/bbs/topics/NEWS/2007/NEW01624.html

US Government Printing Office. (2012). *America's children in brief: Key national indicators of well-being*. Washington, DC: Federal Interagency Forum on Child and Family Statistics.

Vahter, L., Kreegipuu, M., Talvik, T., & Gross-Paju, K. (2007). One question as a screening instrument for depression in people with multiple sclerosis. *Clinical Rehabilitation, 21*(5), 460-464. doi:10.1177/0269215507074056

Van Orden, K. A., Witte, T. K., Cukrowicz, K. C., Braithwaite, S. R., Selby, E. A., & Joiner, T. E. (2010). The interpersonal theory of suicide. *Psychological Review, 117*(2), 575-600. doi:10.1037/a0018697

Vander Stoep, A., Adrian, M., McCauley, E., Crowell, S. E., Stone, A., & Flynn, C. (2011). Risk for suicidal ideation and suicide attempts associated with cooccurring depression and conduct problems in early adolescence. *Suicide and Life-Threatening Behavior, 41*(3), 316-329. doi:10.1111/j.1943-278X.2011.00031.x

Vargas, L. (2004). Reflections of a process-oriented contextualist. In J. Sommers-Flanagan & R. Sommers-Flanagan (Eds.), *Counseling and psychotherapy theories in context and practice* (p. 20). Hoboken, NJ: Wiley.

Vazquez, C. I., & Clauss-Ehlers, C. S. (2005). Group psychotherapy with Latinas: A cross-cultural and interactional approach. *NYS Psychologist, 17*(3), 10-13.

Vernon, A., & Barry, K. L. (2013). *Counseling outside the lines: Creative arts interventions for children and adolescents-Individual, small group, and classroom applications*. Champaign, IL: Research Press.

Vig, S. (2007). Young children's object play: A window on development category. *Journal of Developmental and Physical Disabilities, 19*(3), 201-215. doi:10.1007/s10882-007-9048-6

Villalba, J. A., Jr. (2007). Culture-specific assets to consider when counseling Latina/o children and adolescents. *Journal of Multicultural Counseling and Development, 35*(1), 15-25. doi:10.1002/j.2161-1912.2007.tb00046.x

Wagner, L., Davis, S., & Handelsman, M. M. (1998). In search of the abominable consent form: The impact of readability and personalization. *Journal of Clinical Psychology, 54*(1), 115-120. doi:10.1002/(SICI)1097-4679(199801)54:1⟨115::AID-JCLP13⟩3.0.CO;2-N

Walitzer, K. S., Dermen, K. H., & Conners, G. J. (1999). Strategies for preparing clients for treatment: A review. *Behavior Modification, 23*(1), 129-151. doi:10.1177/0145445599231006

Walker, V. L. (2009). Using three-dimensional virtual environments in counselor education for mental health interviewing and diagnosis: Student perceived learning benefits. *Dissertation Abstracts International: Section A. Humanities and Social Sciences*. (MSTAR_622196210; 2010-99031-352).

Wallin, P. (1949). An appraisal of some methodological aspects of the Kinsey report. *American Sociological Review, 14*(2), 197-210.

Walsh, M. (2015, June). A "view" from the courtroom: A marriage celebration. Retrieved from http://www.scotusblog.com/2015/06/a-view-from-the-courtroom-a-marriage-celebration/

Walters, R. P. (1980). *Amity: Friendship in action. Part I: Basic friendship skills*. Boulder, CO: Christian Helpers.

Wampold, B. E. (2001). *The great psychotherapy debate: Models, methods, and findings*. Mahwah, NJ: Erlbaum.

Wampold, B. E., & Imel, Z. E. (2015). *The great psychotherapy debate: The evidence for what* makes psychotherapy work (2nd ed.). New York, NY: Routledge/Taylor & Francis Group.

Warden, S., Spiwak, R., Sareen, J., & Bolton, J. M. (2014). The SAD PERSONS scale for suicide risk assessment. A systematic review. *Archives of Suicide Research, 18*(4), 313-326. doi:10.1080/13811118.2013.824829

Waterhouse, L. (2006). Inadequate evidence for multiple intelligences, Mozart effect, and emotional intelligence theories. *Educational Psychologist, 41*(4), 247-255.

Watson, H. J., Swan, A., & Nathan, P. R. (2011). Psychiatric diagnosis and quality of life: The additional burden of psychiatric comorbidity. *Comprehensive Psychiatry, 52*(3), 265-272. doi:10.1016/j.comppsych.2010.07.006

Weaver, J. (1995). *Disasters: Mental health interventions.* Sarasota, FL: Professional Resource Press.

Wechsler, D. (1958). *The measurement and appraisal of adult intelligence* (4th ed.). Baltimore, MD: Williams & Wilkins.

Weeks, G. R., Odell, M., & Methven, S. (2005). *If only I had known: Avoiding common mistakes in couples therapy.* New York, NY: Norton.

Weiner, I. B. (1998). *Principles of psychotherapy* (2nd ed.). Hoboken, NJ: Wiley.

Weiner-Davis, M. (1993). Pro-constructed realities. In S. G. Gilligan & R. Price (Eds.), *Therapeutic conversations* (pp. 149-157). New York, NY: Norton.

Weisman de Mamani, A., Weintraub, M. J., Gurak, K., & Maura, J. (2014). A randomized clinical trial to test the efficacy of a family-focused, culturally informed therapy for schizophrenia. *Journal of Family Psychology, 28*(6), 800-810. doi:10.1037/fam0000021

Weisz, J. R., & Kazdin, A. E. (2010). *Evidence-based psychotherapies for children and adolescents* (2nd ed.). New York, NY: Guilford Press.

Welfel, E. R. (2016). *Ethics in counseling and psychotherapy: Standards, research, and emerging issues* (6th ed.). Boston, MA: Cengage.

Welsh, C., Earley, K., Delahanty, J., Wright, K. S., Berens, T., Williams, A. A., . . . DiClemente, C. C. (2014). Residents' knowledge of standard drink equivalents: Implications for screening and brief intervention for at-risk alcohol use. *American Journal on Addictions, 23*(2), 194-196. doi:10.1111/j.1521-0391.2013.12080.x

White, M. (1988, Winter). The process of questioning: A therapy of literary merit. *Dulwich Centre Newsletter,* 8-14.

White, M. (1995). *Re-authoring lives: Interviews and essays.* Adelaide, South Australia: Dulwich Centre Publications.

White, M., & Epston, D. (1990). *Narrative means to therapeutic ends.* New York, NY: Norton.

Wiarda, N. R., McMinn, M. R., Peterson, M. A., & Gregor, J. A. (2014). Use of technology for note taking and therapeutic alliance. *Psychotherapy, 51*(3), 443-446. doi:10.1037/a0035075

Wilcox, H. C., & Fawcett, J. (2012). Stress, trauma, and risk for attempted and completed suicide. *Psychiatric Annals, 42*(3), 85-87. doi:10.3928/00485713-20120217-04

Williams, N. (2014). The CAGE questionnaire. *Occupational Medicine, 64*(6), 473-474. doi:10.1093/occmed/kqu058

Willock, B. (1987). The devalued (unloved, repugnant) self: A second facet of narcissistic vulnerability in the aggressive, conduct-disordered child. *Psychoanalytic Psychology, 4,* 219-240.

Wilmot, W. W., & Hocker, J. L. (2013). *Interpersonal conflict* (9th ed.). New York, NY: McGraw-Hill.

Wilson, R. S., Leurgans, S. E., Foroud, T. M., Sweet, R. A., Graff-Radford, N., Mayeux, R., & Bennett, D. A. (2010). Telephone assessment of cognitive function in the late-onset Alzheimer's disease family study. *Archives of Neurology, 67*(7), 855-861. doi:10.1001/archneurol.2010.129

Winslade, J. M., & Monk, G. D. (2007). *Narrative counseling in schools: Powerful & brief* (2nd ed.). Th ousand Oaks, CA: Corwin Press.

Wise, E. H., Hersh, M. A., & Gibson, C. M. (2012). Ethics, self-care and well-being for psychologists: Reenvisioning the stress-distress continuum. *Professional Psychology: Research and Practice, 43*(5), 487-494. doi:10.1037/a0029446

Witvliet, C.V.O., Worthington, E. L., Root, L. M., Sato, A. F., Ludwig, T. E., & Exline, J. J. (2008). Retributive justice, restorative justice, and forgiveness: An experimental psychophysiology analysis. *Journal of Experimental Social Psychology, 44*(1), 10-25. doi:10.1016/j.jesp.2007.01.009

Wolberg, L. R. (1995). *The technique of psychotherapy* (4th rev. ed.). New York, NY: Grune & Stratton.

Wollburg, E., & Braukhaus, C. (2010). Goal setting in psychotherapy: The relevance of approach and avoidance goals for treatment outcome. *Psychotherapy Research, 20*(4), 488-494. doi:10.1080/10503301003796839

Wollersheim, J. P. (1974). The assessment of suicide potential via interview methods. *Psychotherapy: Theory, Research, Practice, Training, 11*(3), 222-225.

Wood, A. F., & Smith, M. J. (2005). *Online communication: Linking technology, identity, and culture* (2nd ed.). Mahwah, NJ: Erlbaum.

Wood, J. M., Nezworski, M. T., Lilienfeld, S. O., & Garbm, H. N. (2008). *The Rorschach inkblot test, fortune tellers, and cold reading.* Amherst, NY: Prometheus Books.

Woods, D. L., Kishiyama, M. M., Yund, E. W., Herron, T. J., Edwards, B., Poliva, O., . . . Reed, B. (2011). Improving digit span assessment of short-term verbal memory. *Journal of Clinical and Experimental Neuropsychology, 33*(1), 101-111. doi:10.1080/13803395.2010.493149

Worell, J., & Remer, P. (2003). *Feminist perspectives in therapy: Empowering diverse women* (2nd ed.). Hoboken, NJ: Wiley.

World Health Organization. (1992). *International statistical classification of diseases and related health problems* (10th revision). Geneva: Author.

Worthington, E. L., Jr., Hook, J. N., Davis, D. E., & McDaniel, M. A. (2011). Religion and spirituality. *Journal of Clinical Psychology, 67*(2), 204-214.

Wright, B. A. (1983). *Physical disability: A psychosocial approach.* New York, NY: Harper & Row. doi:10.1037/10589-000.

Wright, J. H., & Davis, D. (1994). The therapeutic relationship in cognitive behavioral therapy: Patient perceptions and therapist responses. *Cognitive and Behavioral Practice, 1*(1), 25-45. doi:10.1016/S1077-7229(05)80085-9

Wright-McDougal, J., & Toriello, P. J. (2013). Ethical implications of confirmation bias in the rehabilitation counseling relationship. *Journal of Applied Rehabilitation Counseling, 44*(2), 3-10.

Wubbolding, R. E. (2011). *Reality therapy.* Washington, DC: American Psychological Association.

Wubbolding, R. E., Brickell, J., Imhof, L., Kim, R. I., Lojk, L., & Al-Rashidi, B. (2004). Reality therapy: A global perspective. *International Journal for the Advancement of Counselling, 26*(3), 219-228. doi:10.1023/B:ADCO.0000035526.02422.0d

Yalom, I. D. (2002). *The gift of therapy.* New York, NY: HarperCollins.

Yalom, I. D., & Leszcz, M. (2005). *The theory and practice of group psychotherapy* (5th ed.). New York, NY: Basic Books.

Yehuda, R., & Bierer, L. M. (2005). Re-evaluating the link between disasters and psychopathology. In J. J. Lopez-Ibor, G. Christodoulou, M. Maj, N. Sartorius, & A. Okasha (Eds.), *Disasters and mental health* (pp. 65-80). Hoboken, NJ: Wiley.

Yellow Bird, M. (2001). Critical values and First Nations peoples. In R. Fong & S. M. Fulero (Eds.), *Culturally competent practice: Skills, interventions, and evaluations* (pp. 61-74). Needham Heights, MA: Allyn & Bacon.

Young, J. E., Klosko, J. S., & Weishaar, M. E. (2003). *Schema therapy: A practitioner's guide*. New York, NY: Guilford Press.

Young, M. A. (2008). Attachment theory's focus in EFT: An interview with Susan Johnson. *The Family Journal, 16*(3), 264-270.

Young, M. E. (2013). *Learning the art of helping: Building blocks and techniques* (5th ed.). New York, NY: Pearson Education.

Young-Eisendrath, P. (1993). *You're not what I expected: Breaking the "he said-she said" cycle*. New York, NY: Touchstone.

Yuen, E. K., Goetter, E. M., Herbert, J. D., & Forman, E. M. (2012). Challenges and opportunities in Internet-mediated telemental health. *Professional Psychology: Research and Practice, 43*(1), 1-8. doi:10.1037/a0025524

Zahl, D. L., & Hawton, K. (2004). Repetition of deliberate self-harm and subsequent suicide risk: Long-term follow-up study of 11,583 patients. *British Journal of Psychiatry, 185*(1), 70-75. doi:10.1192/bjp.185.1.70

Zetzel, E. R. (1956). Current concepts of transference. *International Journal of Psychoanalysis, 37*, 369-376.

Zickuhr, K. (2011). Generations and their gadgets. Pew Internet & American Life Project. Retrieved from http://pewinternet.org/Reports/2011/Generations-and-gadgets.aspx

Zilcha-Mano, S., McCarthy, K. S., Dinger, U., & Barber, J. P. (2014). To what extent is alliance affected by transference? An empirical exploration. *Psychotherapy, 51*(3), 424-433. doi:10.1037/a0036566

Zimmer, A. T., Chovan, M. J., & Chovan, W. L. (2010). Some observations about two versions of mental status examinations: Implications for screening dementia patients in nursing homes. *Perceptual and Motor Skills, 110*(2), 348-352.

Ziv-Beiman, S. (2013). Therapist self-disclosure as an integrative intervention. *Journal of Psychotherapy Integration, 23*(1), 59-74. doi:10.1037/a0031783

Zuckerman, E. L. (2010). *The clinician's thesaurus: The guide to conducting interviews and writing psychological reports* (7th ed.). New York, NY: Guilford Press.

Zur, O. (2007). *Boundaries in psychotherapy: Ethical and clinical explorations*. Washington, DC: American Psychological Association.

찾아보기

내용

저자 소개

John Sommers-Flanagan 박사는 임상심리학자이자 University of Montana의 상담자 교육 전공 교수다. John은 60여 편의 전문 출판물의 (공동)저자이자 미국상담학회와 미국심리학회의 오랜 회원이다. 그는 정기적으로 지역, 전국, 국제 평생 교육 관련 행사뿐만 아니라 두 학회의 학술대회에서 전문 워크숍을 제공한다. 최근 『임상심리학 APA 핸드북』, 『임상심리학 백과사전』, 『SAGE 이상 및 임상심리학 백과사전』에 임상면담에 관한 장을 저술한 John은 임상면담 분야를 주도하는 권위자다.

Rita Sommers-Flanagan 박사는 University of Montana의 명예 교수다. 그녀의 다양한 관심사에는 직업윤리, 여성 문제, 영성 그리고 이 주제들과 과학 및 인간의 복지 간 연관성이 포함된다. 그녀는 40편 이상의 논문과 북 챕터의 (공동)저자이며, 가장 최근에는 『APA 심리학 윤리 핸드북』에 '경계, 다중 역할, 전문적 관계'라는 제목의 장을 저술했다. 그녀는 또한 시인, 수필가, 임상심리학자이며 수년 동안 청소년, 가족, 부부, 여성과 함께 작업해 왔다.

John과 Rita는 미국 Montana 주에서 거주하며 일하고 있다. 여가 시간에는 저술 작업을 하고, 땅에 물을 대고, 예술 작업을 하고, 정원을 가꾸며, 가족 소유 목장의 오래된 건물을 복원한다. 궁극적으로 저자들은 작가, 치료자, 평화 유지군을 위한 Stillwater 강 휴양센터 설립을 희망한다.

역자 소개

조성근(Sungkun Cho)
서울신학대학교 신학 학사
중앙대학교 심리학 학사
Illinois Institute of Technology 임상심리학 석사
University of Hawaii at Manoa 임상심리학 박사
현 충남대학교 심리학과 부교수

양재원(Jae-Won Yang)
연세대학교 심리학 학사
연세대학교 임상심리학 석사
연세대학교 임상심리학 박사
현 가톨릭대학교 심리학과 부교수

김현수(Hyun-Soo Kim)
연세대학교 심리학 학사
연세대학교 임상심리학 석사
Northern Illinois University 임상심리학 석사
Northern Illinois University 임상심리학 박사
현 한양대학교 아동심리치료학과 부교수

임숙희(Sook Hee Im)
충남대학교 심리학 학사
충남대학교 응용심리학 석사
충남대학교 응용심리학 박사
현 건양사이버대학교 상담심리학과 조교수

임상면담
-기초와 적용-

Clinical Interviewing Sixth Edition

2020년 9월 1일 1판 1쇄 인쇄
2020년 9월 10일 1판 1쇄 발행

지은이 • John Sommers-Flanagan · Rita Sommers-Flanagan
옮긴이 • 조성근 · 양재원 · 김현수 · 임숙희
펴낸이 • 김진환
펴낸곳 • ㈜학지사
        04031 서울특별시 마포구 양화로 15길 20 마인드월드빌딩
대표전화 • 02-330-5114   팩스 • 02-324-2345
등록번호 • 제313-2006-000265호

홈페이지 • http://www.hakjisa.co.kr
페이스북 • https://www.facebook.com/hakjisa

ISBN 978-89-997-2164-9 93180

정가 34,000원

이 도서의 국립중앙도서관 출판시도서목록(CIP)은 서지정보유통지
원시스템 홈페이지(http://seoji.nl.go.kr)와 국가자료공동목록시스템
(http://www.nl.go.kr/kolisnet)에서 이용하실 수 있습니다.
(CIP 제어번호: CIP2020033535)

출판 · 교육 · 미디어기업 학지사
간호보건의학출판 학지사메디컬 www.hakjisamd.co.kr
심리검사연구소 인싸이트 www.inpsyt.co.kr
학술논문서비스 뉴논문 www.newnonmun.com
원격교육연수원 카운피아 www.counpia.com